简阳年鉴

JIANYANG YEARBOOK

2021

简阳市人民政府 主办
简阳市地方志办公室 编

方志出版社

图书在版编目（CIP）数据

简阳年鉴．2021 / 简阳市地方志办公室编．— 北京：方志出版社，2021.12

ISBN 978-7-5144-5050-7

Ⅰ．①简… Ⅱ．①简… Ⅲ．①简阳— 2021 —年鉴 Ⅳ．① Z527.14

中国版本图书馆 CIP 数据核字（2021）第 261778 号

简阳年鉴（2021）

编　　者：简阳市地方志办公室
责任编辑：王海荣

出 版 者：方志出版社
地址　北京市朝阳区潘家园东里 9 号（国家方志馆 4 层）
邮编　100021
网址　http://www.zgfzcb.cn
发　　行：方志出版社图书经销中心
电话　（010）67110500
经　　销：各地新华书店
全程设计：四川远近文化有限公司
印　　刷：成都市新都华兴印务有限公司

开　　本：889 × 1194　　1/16
印　　张：36
字　　数：1127 千字
版　　次：2021 年 12 月第 1 版　　2021 年 12 月第 1 次印刷
印　　数：0001 ~ 1000 册

ISBN　978-7-5144-5050-7　　**定价**：288.00 元

简阳市地方志编纂委员会

《简阳年鉴（2021）》编辑部

编辑说明

一、《简阳年鉴（2021）》以马克思列宁主义、毛泽东思想、邓小平理论、“三个代表”重要思想、科学发展观、习近平新时代中国特色社会主义思想为指导，坚持辩证唯物主义和历史唯物主义的立场、观点和方法，坚持实事求是，全面、系统、准确、翔实地记述简阳市政治、经济、社会、文化、生态发展情况，汇集各方信息，客观反映新成就、新经验与新问题，颇具资料性、权威性与科学性。

二、《简阳年鉴（2021）》是由简阳市人民政府主管、主办，简阳市地方志办公室组织编纂的大型综合性、资料性工具书。旨在为各级领导科学决策提供依据和参考，为各界人士认识简阳、了解简阳提供权威性资料，为续修市志积累基础资料。

三、《简阳年鉴（2021）》主要采取分类编辑法，按类目、分目、条目层次编排。以条目为基本单元，用黑体字加“【 】”表示。

四、《简阳年鉴（2021）》主要内容包括特载、专记、大事记、综述、中国共产党简阳市委员会、简阳市人民代表大会、简阳市人民政府、政协简阳市委员会、中国共产党简阳市纪律检查委员会 简阳市监察委员会、民主党派·群众团体、法治、军事、新冠肺炎疫情防控、产业功能区（园区）、农业、工业、建筑和房地产业、服务业、开放与合作、综合监督管理与服务、城乡规划建设与城市管理、居民生活、卫生健康、教育·科技、文化·体育、生态建设、镇（街道）、人物、文存、附录等篇目。记述时限为2020年1月1日至2020年12月31日，个别史事适当上溯和下延，以反映事物全貌。

五、《简阳年鉴（2021）》中省去前缀的“省”“市”分别指四川省、简阳市；市“四大班子”指市委领导班子、市人大常委会领导班子、市政府领导班子、市政协领导班子。

六、《简阳年鉴（2021）》采用文字、图片资料，主要来源于市级相关部门（单位）、镇（街道），均经供稿单位审核。全市经济和社会发展主要数据由市统计局提供；文中所用数据，一般以单位核实为准；由于统计方法、统计口径的不同，各单位提供的数据若有不一致，在使用时，则以市统计局公布数据为准。

七、《简阳年鉴（2021）》所采用的特载部分一律以原件为准，未作任何修改。

八、《简阳年鉴（2021）》中的度量衡单位，遵循国务院《关于在我国统一实行法定计量单位的命令》的有关规定；使用简化汉字，一律以1986年国务院批准的《简化字总表》为准；数字书写，按照国家标准《出版物上数字用法》（GB/T 15834-2011）执行；标点符号用法，按照国家标准《标点符号用法》（GB/T 15834-2011）执行。

2020 年简阳市机构简称、全称对照表

简　称	全　称
市委	中共简阳市委员会
市人大常委会	简阳市人民代表大会常务委员会
市政府	简阳市人民政府
市政协	中国人民政治协商会议简阳市委员会
市纪委 市监委	中共简阳市纪律检查委员会 简阳市监察委员会
市法院	简阳市人民法院
市检察院	简阳市人民检察院
市委办（市委保密机要局〈市保密局、市密码管理局〉、市政府外事办、市档案局）	中共简阳市委办公室（中共简阳市委保密机要局〈简阳市国家保密局、简阳市密码管理局〉、简阳市政府外事办公室、简阳市档案局）
市人大办	简阳市人民代表大会常务委员会办公室
市政府办	简阳市人民政府办公室
市政协办	中国人民政治协商会议简阳市委员会办公室
市委组织部（市委非公经济和社会组织工委、市直机关工委、市委老干部局、市公务员局）	中共简阳市委组织部（中共简阳市委非公有制经济组织和社会组织工作委员会、中共简阳市委直属机关工作委员会、中共简阳市委老干部局、简阳市公务员局）
市委宣传部（市文明办、市委外宣办〈市政府新闻办〉、市新闻出版局〈市版权局〉、市互联网信息办）	中共简阳市委宣传部（简阳市精神文明办公室、中共简阳市委对外宣传办公室〈简阳市政府新闻办公室〉、简阳市新闻出版局〈简阳市版权局〉、简阳市互联网信息办公室）
市委统战部（市民宗局、市政府侨台办）	中共简阳市委统一战线工作部（简阳市民族宗教事务局、简阳市政府侨务和台湾事务办公室）

续表

简　　称	全　　称
市委政法委	中共简阳市委政法委员会
市委政研室	中共简阳市委政策研究室
市委社治委	中共简阳市委城乡社区发展治理委员会
市委编办	中共简阳市委机构编制委员会办公室
市委巡察办	中共简阳市委巡察工作领导小组办公室
市委党研室	中共简阳市委党史研究室
市委党校（简阳行政学校）	中共简阳市委党校（简阳行政干部学校）
市档案馆	简阳市档案馆
市融媒体中心	简阳市融媒体中心
市发改局（市粮食和储备局）	简阳市发展和改革局（简阳市粮食和物资储备局）
市经科信局（市新经济局）	简阳市经济科技和信息化局（简阳市新经济工作局）
市教育局	简阳市教育局
市公安局	简阳市公安局
市民政局	简阳市民政局
市司法局	简阳市司法局
市财政局	简阳市财政局
市人社局	简阳市人力资源和社会保障局
市规自局（市林业局）	简阳市规划和自然资源局（简阳市林业局）
简阳生态环境局	成都市简阳生态环境局
市住建局（市人防办、市公园城市局）	简阳市住房和城乡建设局（简阳市人民防空办公室、简阳市公园城市建设局）
市交通局	简阳市交通运输局
市水务局	简阳市水务局

续表

简　　称	全　　称
市农业农村局	简阳市农业农村局
市商投局	简阳市商务和投资促进局
市文体旅局（市广电局）	简阳市文化体育和旅游局（简阳市广播电视局）
市卫健局	简阳市卫生健康局
市退役军人局	简阳市退役军人事务局
市应急局	简阳市应急管理局
市审计局	简阳市审计局
市国金局	简阳市国有资产监督管理和金融工作局
市市场监管局（市知识产权局）	简阳市市场监督管理局（简阳市知识产权局）
市统计局	简阳市统计局
市信访局	简阳市信访局
市综合执法局（市城管局）	简阳市综合行政执法局（简阳市城市管理局）
市行政审批局（市网络理政办）	简阳市行政审批局（简阳市政务服务管理和网络理政办公室）
市医保局	简阳市医疗保障局
市总工会	简阳市总工会
团市委	中国共产主义青年团简阳市委员会
市妇联	简阳市妇女联合会
市科协	简阳市科学技术协会
市侨联	简阳市归国华侨侨眷联合会
市工商联	简阳市工商业联合会

续表

简　　称	全　　称
市残联	简阳市残疾人联合会
市机关事务中心	简阳市机关事务服务中心
市投促中心	简阳市投资促进服务中心
市文旅中心	简阳市文旅产业发展服务中心
市供销社	简阳市供销合作社联合社
市老龄中心	简阳市老龄工作服务中心
市地志办	简阳市地方志办公室
市征补中心	简阳市房屋征收补偿服务中心
市惠民中心	简阳市惠民帮扶中心
市公资交易中心（公资交易简阳分中心）	简阳市公共资源交易服务中心（成都市公共资源交易服务中心简阳市分中心）
市规划中心	简阳市自然资源规划编制研究中心
市智慧治理中心（市网格化中心）	简阳市智慧城市治理中心（简阳市网格化服务中心）
市就业中心（市农民工中心）	简阳市就业服务中心（简阳市农民工服务中心）
电商物流党工委、电商物流管委会	中共简阳市委西部电商物流产业功能区工作委员会、简阳市西部电商物流产业功能区管理委员会
临空经济党工委、临空经济管委会	中共简阳市委临空经济产业园工作委员会、简阳市临空经济产业园管理委员会
空天党工委、空天管委会	中共简阳市委空天产业功能区工作委员会、简阳市空天产业功能区管理委员会（四川简阳经济开发区党工委管委会）
市税务局	国家税务总局简阳市税务局
市气象局	简阳市气象局

“一江两岸”城市风光

绿/色/都/市/农/业

Green Urban Agriculture

2020年7月18日，市委书记詹庆（右一）到云龙镇调研

杨家镇互助村规模种植

简阳市海晟隆农业科技有限公司在赤水街道建设的辣椒标准化示范基地

2020年9月22日，简阳市第三届农民丰收节在平泉街道荷桥村举办

江源镇五洞村柑橘基地

云龙镇胭脂脆桃基地

位于青龙镇的成都一口吖吖高效农业生态园

平泉街道协议村粮食丰收，进行机械化收割

位于三星镇的简阳市未来之星家庭农场

四川唯一的商用车轮胎生产基地——四川凯力威科技股份有限公司

2020年11月7日，星河动力新一代商业运载火箭创新研发生产基地自主研发的“谷神星一号·简阳号”运载火箭在酒泉卫星发射中心首飞取得圆满成功

工/业/建/设

Industrial Construction

中国五冶（成都）建筑科技产业园钢筋生产线

四川国光农化股份有限公司植物生长促进系列产品

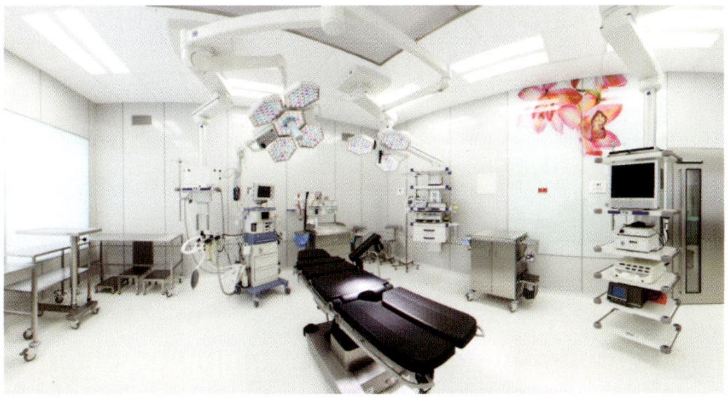

四川港通医疗设备集团股份有限公司生产的数字化手术室设备

四川空分设备（集团）有限责任公司生产的63000Nm^{3}O$_2$/h空分装置

建设中的申通西南总部暨成都电商物流科技产业园

2020年9月28日，在成都市现代商贸产业生态圈建设高品质科创空间投资推介暨集中签约活动上，西部电商物流产业功能区签约德盛总部基地项目

旭海时代广场

简阳市海捞餐饮管理有限公司简阳店

鳖山坊美食文化特色商业街区

永辉超市简阳店

Modern Service Industry

现/代/服/务/业

雄州广场商圈

城北新区公园

建设中的“东来印象”体育馆

Urban and Rural Construction
城/乡/建/设

宜居宜业山水公园城市

平泉街道荷桥村郊野型公园城市示范片区

雄州大道

平武镇尤安村新农村综合体

简阳市人民公园“应第莲池”

滨江公园

建设中的简州大道简州大桥

畅/通/简/阳
Jianyang Transportation

2020年5月19日，成都东西城市轴线（东段）简阳段开工仪式在简阳市举行

简蒲高速公路沱江特大桥

农村客运“四个统一”金通工程启动仪式

位于成安渝高速公路石钟连接线旁的水东综合停车场

G318线K2442段

G76厦蓉高速（成渝段）简阳互通立交

2020年4月16日，简阳市第三届第一期雄州教育论坛在简阳中学举行

2020年10月25日，简阳市青少年活动中心组织建档立卡贫困学生前往成都非物质文化遗产基地开展“探秘非遗文化，走进人文成都”天府文化研学活动

2020年4月3日，简阳市援助湖北医疗队在武汉市武昌医院圆满完成任务后回到简阳受到热烈欢迎

2020年10月28日，中国少年先锋队简阳市第二次代表大会在市级机关办公区会议中心举行

义诊咨询活动

社/会/事/业

Social Undertakings

2020年10月23日，“爱成都 · 迎大运”“运动成都”成都市第七届全民健身运动会暨“九九重阳节 绿道健步行”2020年成都市老年人绿道健身系列活动（简阳站）在东滨路法治广场举行

新建的阳安中学校园一角

新建的三星中心卫生院

简阳市“城市绿地公园”——鳌山公园

Ecological Tourism

生/态/旅/游

简阳第十七届羊肉美食文化旅游季开幕式

位于平泉街道的成都市AAA级林盘景区——“家风荷乡”景区

位于禾丰镇连山村的“简阳 · 中国桃花源”赏花基地

位于青龙镇的“稻花香里”生态农庄

位于平泉街道的“悠然岛”生态农庄

天府绿道健康骑行

新建的东溪镇中心卫生院

标准化建设后的壮溪镇中心小学

民/生/工/程
People's Livelihood Projects

成安渝高速公路石钟连接线

新建的标准化菜市场

2020年10月23日，简城街道安象街社区在简阳市人民公园音乐广场举行“金秋重阳 情满安象”文艺会演暨重阳节慰问活动

优化调整公交线路

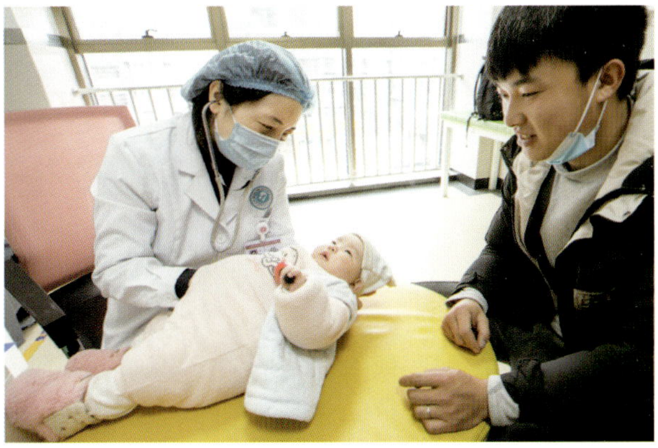

新生儿疾病免费筛查

2020 · 数字简阳（含成都东部新区）

面积：2213.4996 平方千米	外贸进出口总额：12.20 亿元
城市建成区面积：40 平方千米	地方一般公共预算收入：33.79 亿元
户籍人口：150.13 万人	地方一般公共预算支出：78.70 亿元
常住人口：111.73 万人	城镇居民人均可支配收入：39752 元
地区生产总值：551.93 亿元	农村居民人均可支配收入：19643 元
人均地区生产总值：49399 元	中小学校数：139 所
第一产业增加值：98.77 亿元	公办中小学在校学生数：13.8 万人
第二产业增加值：129.56 亿元	卫生机构数：934 个
第三产业增加值：323.60 亿元	卫生机构床位数：8303 张
社会消费品零售总额：358.09 亿元	卫生技术人员：7029 人

目　　录

特　　载

专　　记

大 事 记

综　　述

中国共产党简阳市委员会

简阳市人民代表大会

简阳市人民政府

政协简阳市委员会

中国共产党简阳市纪律检查委员会 简阳市监察委员会

民主党派·群众团体

法　治

军　　事

新冠肺炎疫情防控

产业功能区（园区）

农　　业

工　业

建筑和房地产业

服务业

开放与合作

综合监督管理与服务

城乡规划建设与城市管理

居民生活

卫生健康

教育·科技

文化·体育

生态建设

镇（街道）

人　物

文　存

附　录

索　引

特载

中共简阳市委常委会工作报告

（2021年1月12日，在中共简阳市委十五届十四次全会上）

中共简阳市委书记　詹　庆

同志们：

受市委常委会委托，现在我向全会报告工作。

2020年，是简阳发展历程中极不平常的一年。面对突如其来的新冠肺炎疫情和艰巨繁重的改革发展稳定任务，市委坚持以习近平新时代中国特色社会主义思想为指导，深入贯彻落实党的十九大和十九届二中、三中、四中、五中全会精神，全面落实党中央和省委、成都市委决策部署，团结带领全市广大党员干部群众，攻坚克难、砥砺前行，坚定践行新发展理念，坚持稳中求进工作总基调，统筹抓好疫情防控和经济社会发展，全市各项事业取得新的成绩，实现了“十三五”圆满收官。

一年来，市委重点抓了以下五件大事。

一是抓好党的十九届四中、五中全会精神学习宣传贯彻。把学习宣传贯彻党的十九届四中、五中全会精神和省委、成都市委全会精神作为重大政治任务，及时召开市委常委会（扩大）会议、市委理论学习中心组专题学习会进行传达学习，制发《关于学习贯彻党的十九届五中全会精神的通知》，分层分类组织召开宣讲报告会，在全市迅速掀起学习贯彻热潮。集中开展“大学习、大调研、大走访”活动，市级领导带头深入基层宣讲，开展蹲点调研，全面了解班子运行情况和干部思想动态，排查化解风险隐患，广泛征求各领域、各方面和社会各界对我市“十四五”规划的意见建议，研究形成《中共简阳市委关于制定简阳市国民经济和社会发展第十四个五年规划和二〇三五年远景目标的建议（讨论稿）》，提交本次全会审议。

二是全力抗击新冠肺炎疫情。疫情发生后，市委常委会将疫情防控作为头等大事，成立疫情防控领导小组和指挥部，召开24次市委常委会会议和疫情防控领导小组会议，制发“1+4”防控工作方案，组建10个督查小组开展全覆盖督查督导，第一时间启动联防联控工作，建立市、镇(街道)、村(社区)、小区(院落)四级联动机制，部署开展关口排查、社区排查和专业救治等防控工作，先后动员组织30多万人次，累计排查车辆106万余辆、人员1800多万人次，守好了成都疫情防控的“东大门”。郫都区疫情发生以来，认真落实成都市委部署要求，扎实开展隔离酒店、医疗机构、冷链食品、城乡社区等10个方面全域“体检”，全力排查中高风险地区来简人员，加强人员力量和物资调配，全面提升核酸检测能力，严格对照要求设置常备隔离点，先后对597名密切接触者和中风险地区来简人员进行集中隔离，对383名境外返简人员严格实行闭环管理。自去年2月以来，全市无新增确诊病例，确保了城市运行稳定、社会大局稳定。特别值得一提的是，在湖北“战疫”最危急的时刻，选派12名业务骨干组建医疗队，千里驰援武汉，圆满完成救治任务；为支援郫都区打赢疫情防控遭遇战，紧急调配医务工作者512名，分两批奔赴一线支援核酸检测采样工作，彰显了守望相助的“简阳担当”和温暖人心的城市力量。

三是坚决打赢脱贫攻坚收官战。把脱贫攻坚作为最重要的政治任务和第一民生工程，举全市之力下足“绣花”功夫，健全完善工作运行机制和定点精准帮扶机制，形成上下贯通、责任到底、合力攻坚的工作体系。深入开展挂牌督战行动，组建6个督导专班对整改落实情况开展三轮全覆盖抽查督导，整改销号各类问题3705个，实现历年问题全面整改清零。健全完善“产业园区+公司+贫困村+贫困户”减贫带贫机制，统筹推进乡村振兴连片发展示范区建设，高标准规划打造231平方千米扶贫产业功能区。预计2020年建档立卡贫困户家庭年人均纯收入达12670元、贫困村集体经济收入达762万元，较2015年底分别增长366.3%、662%。全市建档立卡贫困人口“两不愁三保障”高质量达到省定脱贫标准，顺利通过省级脱贫攻坚成效考核，取得脱贫攻坚战役阶段性胜利。在此基础上，我们立足长远认真研究脱贫攻坚与乡村振兴战略有机衔接的制度机制，编制“十四五”巩固脱贫成果规划，推动减贫战略和工作体系向乡村振兴平稳转型。

四是进一步明晰思路目标定位。坚持新思想指引、新理念导航，聚焦融入“双循环”、唱好“双城记”、走好“东进路”、答好“新三问”，自觉对表对标，强化使命担当，将简阳发展放在成渝地区双城经济圈建设、成德眉资同城化发展和成都东进战略大格局中思考谋划，深入分析简阳市情特征，广泛听取社会各界意见建议，召开市委十五届十三次全会，坚持传承创新、与时俱进，进一步明晰建设成都东部区域中心城市的总体目标定位和建设国际空港门户枢纽城市、宜业宜居山水公园城市、东进区域智能制造高地三个战略目标定位，研究制定《中共简阳市委关于坚定贯彻成渝地区双城经济圈建设战略部署抢抓机遇加快建设成都东部区域中心城市的决定》，充分凝聚了思想共识，汇聚了推动简阳加快发展、跨越发展的强大合力。

五是务实推进区域协同一体化发展。紧紧围绕“两区一城”建设，深度分析研判成都东部新区成立后简阳发展面临的重大战略机遇，确立了与成都东部新区协同一体化发展的战略路径，务实举措、扎实推进各项工作。建立“职能部门、分管负责同志、主要负责同志”常态化交流协作机制，多层次开展互动互访、工作对接。坚持合作共赢的理念，组建工作移交联席会议工作组9个，及时研究协调解决项目建设、债权债务移交等问题，做好信访维稳、遗留问题处置等工作，一个月内顺利完成移交工作，帮助代办行政许可事项229项。切实加强与成都东部新区在产业发展、基础设施、公共服务、生态保护等方面的协同协作，积极协调省市部门和成都东部新区，大力提升各类道路互联互通能力，金简仁、金简黄、成龙简等东进快速路，与机场连接的简州大道、迎宾大道延长线等道路加快建设，区域交通无缝衔接、一体化格局加快形成。

一年来，市委毫不放松、统筹推进疫情防控和经济社会发展，扎实做好“六稳”工作、全面落实“六保”任务，奋力夺取疫情防控和经济社会发展“双胜利”。主要做好以下工作。

一、有效应对多重困难挑战，全力促进经济稳定健康发展

面对疫情冲击和经济下行压力，市委切实加强工作统筹，强化经济运行调度，努力恢复正常经济社会秩序。

（一）统筹抓好经济运行。密切关注重点行业、重点领域和重点企业，加强经济运行监测分析和调度，每月召开专题会议研究相关问题，针对薄弱环节研究制定具体措施，全力以赴强信心、稳预期、保发展，实现经济稳定增长。预计全年实现地区生产总值520亿元、增长4%以上，完成固定资产投资344亿元、增长14.4%，地方一般公共预算收入突破30亿元、增长12.37%，城乡居民人均可支配收入同比分别增长6.6%、9.5%。连续两年被省委省政府表彰为“县域经济发展强市”。

（二）扎实开展项目招引攻坚。优化完善投资促进工作体系，研究制定项目招引实施办法等系列制度，定期召开重大在谈项目调度会，市级领导带头外出招商，新签约中通快递西南总部等重大项目64个，协议投资总额659亿元。全力以赴加快项目建设，强化资金、土地等要素保障，颐海调味品等158个项目开工建设，星空年代、申通西南总部基地等228个项目加快建设，天府绿道滨江路示范段等71个项目竣工投用，预计全年完成重点项目投资440亿元。

（三）全力帮助企业克服疫情影响。落实“送政策、帮企业、送服务、解难题”专项行动要求，开展“领导联系企业、部门帮扶企业、干部挂包企业”活动，制定《关于有效应对疫情稳定经济运行支持中小企业发展的16条政策措施》，组建工业、农业、文旅等联络专班15个，企业优惠政策兑现、企业用地保障、企业“退二进三”等问题会诊专班8个，帮助企业协调解决困难问题。兑现扶持资金3.12亿元，为企业减税降费1.6亿元，协调金融机构发放贷款70.92亿元，助力企业复工复产稳产满产。

二、加快构建现代产业体系，全面提升产业发展质量

始终突出产业对经济发展的支撑性作用，不断增强经济发展底部支撑。

（一）推动工业经济稳定健康发展。聚焦航天装备、智能制造装备主导产业开展精准招商，专人专班、挂图作战推进项目建设，深入摸排、分门别类制定企业补链需求、产品供给能力清单，全力支持保障企业稳定生产。全市91户规上工业企业实现产值148.8亿元，工业入库税金6.15亿元、同比增长6.59%，完成工业投资118.7亿元，签约引进四川能投天府云数据产业基地、中电天奥“低轨通信卫星通信载荷”、星河动力“新一代商业火箭创新研发生产基地”等重大产业化项目13个、计划总投资167.4亿元，五冶一期、二期竣工投产，华新南光、五环石化装备等项目开工建设，“谷神星一号·简阳号”商业运载火箭在酒泉卫星发射中心成功发射并同步入轨。

（二）全力提升服务业发展质效。发挥消费基础作用，出台《关于建设成都东部区域性消费中心的实施意见》，开展“云逛街·促消费”活动，创新在线消费新模式，积极培育消费新热点，推出消费新产品。大力开展招商推介活动，举行对日合作网上推介会、西部电商物流产业功能区招商引资线上推介会等招商活动16场次。预计实现社会消费品零售总额347亿元、增速列区（市）县第一。

（三）促进现代农业集约高效发展。统筹推进“11+22”现代农业产业园区建设，全市新发展现代农业产业1.22万亩，新建高标准农田3.5万亩，农业规模经营率提升至60.7%。全面推广农村集体经济“四合一”改革，集体经济年收入超100万元的村（社区）增加至5个，我市被评为全国农村承包地确权登记颁证工作典型地区。深入开展“农贷通”“银政担”等金融支农业务，发放“农贷通”贷款335笔、总金额4.01亿元。

（四）加快推进产业功能区建设。结合新一轮国土空间规划和城市总规，优化完善园区规划，简阳临空经济产业园总体规划和成都空天产业功能区东部社区城市总规、13.7平方千米控规、城市设计初步完成编制工作。坚持片区综合开发思路，与四川能投建工、成都产投、益民集团等国有企业合作，协同推进园区规划设计、建设运营、招商服务等工作。三个产业功能区累计建成标准厂房19万平方米、标准化仓库54万平方米、专业楼宇19万平方米、配套住房2000余套，学校、医院、道路等一批配套设施建成投用。

三、践行公园城市理念，加快建设宜业宜居山水公园城市

推动城市规划理念、发展路径、营城方式变革，厚植城市发展比较优势。

（一）着力完善城市规划体系。把规划作为城市建设发展的基本遵循，进一步厘清规划行政管理职能，健全完善规委会制度，制定中心城区“控规+城市设计导则+技术管理规定”系统化管理办法，提高规划编

制质量和水平。开展建设成都东部区域中心城市战略研究，加快编制《简阳市国土空间总体规划（2019—2035）》，高标准编制《践行新发展理念的公园城市示范区—简阳市建设总体规划》，加快推进高铁新城、西部电商物流产业功能区等组团控规、城市设计优化工作。

（二）着力提升城市功能品质。围绕构建“三环多射”路网结构，启动实施东西城市轴线东段（简阳段）、西内环线等项目，“双C”提升、德简高速等项目建成投用，沱东大道实现通车。加快推进“三环一带”城区绿道体系建设，累计建成绿道167.5千米，建成区人均公园绿地面积提升至15.1平方米。坚持以赛谋城，强力推进大运会比赛场馆建设，同步做好保障酒店建设和重要通道沿线风貌塑造、新机场航线大地景观打造等工作，“东来印象”体育馆、游泳馆装饰及设备安装基本完成。

（三）着力推进场景营城。把城市营销场景化作为扩大城市影响力、提升城市价值的重要手段，加快推进沱江两岸示范片区、简州里示范片区等8个公园城市示范区培育，初步建成“鳌山坊”美食文化街、滨江路南段特色商业街区。实施公园城市环境品质、公共服务、文明素质提升等七大专项行动，城区7条主要街道的芙蓉花景全面建成，成功举办“大运成都·简阳不远”第十七届羊肉美食文化旅游季，全社会关注、支持、参与大运会的氛围更加浓厚。

四、切实保障和改善民生，不断提高人民群众的获得感幸福感

始终把人民群众美好生活向往作为奋斗目标，努力让发展成果更多地惠及人民群众。

（一）社会保障切实加强。先后投入资金4.37亿元，实施民生实事76项。全市新增城镇就业6614人，城镇登记失业率为3.86%。城乡居民医疗保险参保82.74万人，参保率稳定在98%以上。全力保障食品供应和食品安全，推进农产品溯源体系建设，出台政策措施稳定恢复生猪生产，猪肉市场供应充足。

（二）社会事业蓬勃发展。推进基础教育优质均衡发展，10所城乡公办幼儿园建成投用，新增学位2000余个；全面实施农村义务教育学生营养改善计划，惠及6万多名农村义务教育学校中小学生。持续推进健康简阳建设，市疾控中心迁建、东溪中心卫生院新建等项目竣工，市精神病医院主体完工，市妇幼保健计划生育服务中心综合住院大楼和17个乡镇卫生院建设项目有序推进。不断提升文化惠民水平，围绕“三城三都”建设、“爱成都·迎大运”、疫情防控等主题，开展文艺演出、公益展览、公益讲座等文化惠民活动5384场。

（三）生态环境持续改善。实施简阳全城增绿行动，森林蓄积量达到201万立方米。加快实施国土空间生态修复，落实《湿地生态补偿试行办法》，全面实施湿地保护修复制度。强化环境污染防治力度，打好蓝天、碧水、净土保卫战，消除黑臭水体47段，全年空气质量优良天数达323天，全面完成“十三五”目标任务，首次达到国家环境空气质量二级标准。

五、突出党建引领作用，城乡社会治理水平全面提升

不断完善党委领导下的社区发展治理与社会综合治理融合治理体系，推进治理体系和治理能力现代化。

（一）深入推进社区发展治理。创新实施“五彩”社治工程，荣获2020年度“中国十大社会治理创新典范”“全国社会治理创新典范城市”荣誉称号。深入推进社区发展治理“五大行动”，打造15分钟生活服务圈，改造老旧院落10个、棚户区450户，整治背街小巷30条。大力推进12个党建引领示范社区（小区）建设，打造乡村社区连片发展示范点2个，白塔路国际化示范社区加快建设。强化城市精细治理，统筹推进“双创”工作，优化城区临时便民服务摊区6个，设立“快买快走”便民服务点15个，创建国家卫生城市顺利通过全国爱卫办技术评估。

（二）稳步推进基层治理体制机制改革。在全面完成乡镇（街道）行政区划调整和体制机制改革的基础上，科学谋划、有序实施村（社区）体制机制改革和村（居）民小组调整优化改革，全市村（社区）由678个调整为364个、调减率46.31%，村（居）民小组由4802个调减至2817个、调减率41.34%，优化了资源要素配置、重塑了乡村经济和治理版图、加强了农村基层政权和基层组织建设，形成了中心城区、产业功能区、特色镇街、城乡社区多层次城乡融合发展体系。扎实做好调整改革“后半篇”文章，持续巩固改革成效、释放改革活力。有序推进村（社区）“两委”换届工作，选优配强“两委”班子，夯实基层治理基础。

（三）切实防范化解重大风险。深入推进平安简阳建设，获评“全国2020平安创建优秀城市”。全面完成全市“雪亮工程”建设，初步构建“天网”到街、“雪亮”到村、“慧眼”到户的网络格局。深化人民调解“百米服务圈”，矛盾纠纷调处成功率达98%以上。持续推动“三张清单”化解攻坚，开展集中治理重复信访、化解信访积案专项行动，化解社会重大风险问题15件、历史遗留问题17件、突出信访问题32件。落实安全生产责任，健全完善应急管理体系，提升应急管理能力，有效应对“8·16”“8·24”洪涝自然灾害，全市生产安全事故和死亡人数同比下降25%和23%。

六、大力推进民主法治建设，巩固和发展生动活泼、安定团结的政治局面

坚持加强党的领导、人民当家做主、依法治市有机统一，坚持人民主体地位，健全民主制度，丰富民主形式，拓宽民主渠道，充分汇聚推动发展的强大合力。

支持市人大及其常委会依法行使职权，围绕疫情防控及时调整监督重点，强化公共卫生等专项监督，加强土壤污染、水资源管理等执法检查。支持市政府依法行政，推动经济持续稳定增长，大力发展民生社会事业，提升行政效能，优化营商环境。召开市委政协工作会议，支持市政协依章履职，围绕“建设国际空港门户枢纽”等中心工作加强调查研究、开展协商议政。支持法检两院依法履职、公正司法。支持各民主党派开展政治协商、民主监督、参政议政，加强新的社会阶层人士等领域统战工作，加强改进基层民族宗教工作。专题听取群团工作汇报，支持群团组织履职尽责。用心用情做好离退休干部服务管理工作。落实党管武装制度，加强“双拥共建”。

七、巩固深化主题教育成果，推动全面从严治党向纵深发展

全面落实新时代党的建设总要求，以党的政治建设为统领，深化主题教育成果，积极营造风清气正的干事创业良好政治生态。

（一）全面加强党的政治建设。坚持用习近平新时代中国特色社会主义思想武装头脑，召开“不忘初心、牢记使命”主题教育总结大会，巩固深化主题教育成果，引导全市各级党组织和广大党员干部增强“四个意识”，坚定“四个自信”，做到“两个维护”。严格落实《关于坚决维护党中央集中统一领导的规定》《中国共产党重大事项请示报告条例》，健全落实重大事项请示报告、谈心谈话等制度。持续做好“以案促改”工作，深刻汲取蒲波、彭宇行、侯晓春严重违纪违法案件教训，用易恩弟等身边人身边事开展警示教育。配合做好省委第四巡视组巡视简阳各项工作，组建3个联动巡察组同步开展巡视带巡察工作，针对巡视反馈问题制定整改方案、“三张清单”，严格落实整改责任，实行台账管理，并举一反三研究制定长效工作机制19项。紧紧围绕“三个聚焦”，对32个单位开展两轮常规巡察，督促做好问题整改，确保问题整改到位。

（二）不断壮大主流思想舆论。深入学习新思想新理论，开展党的十九届五中全会精神宣讲550余场，省委、成都市委全会精神宣讲760余场，创新开展线上抗“疫”宣讲180余场。统筹报刊台网及各类新媒体资源，积极开展城市营销，在中央和省、市级媒体上刊发稿件3000余篇次。大力实施核心价值引领、天府文化润城、先进典型示范、市民友善优雅“四大行动”，开展“感动雄州”道德模范、新时代好少年、文明家庭等评选活动，推选先进典型589例。牢牢把握意识形态工作领导权主动权，全面落实意识形态责任制“四个纳入”，全覆盖开展意识形态责任制落实专项检查、网络安全综合督查，意识形态领域总体形势保持积极向上。

（三）切实加强干部人才工作。鲜明好干部导向，提拔重用疫情防控等“五个一线”干部55人次，递进培养优秀年轻干部50名。完善干部考核评价机制，探索建立“一把手”政治素质档案指标模型。建立健全产业功能区干部人才培育制度机制，选优配强产业功能区领导班子。深入推进职务与职级并行制度，有序开展职级晋升1251人次。实施“东进英才”“风筝行动”等重点人才工程，招引高层次人才282名，评选简阳工匠36名，交付使用人才公寓72套。

（四）持续巩固风清气正的政治生态。坚持问题导向，紧盯重要节点和“关键少数”，严肃查处违反中央八项规定精神类案件9件16人。坚决向推诿扯皮、敷衍塞责问题亮剑，促进党员干部担当作为，严肃查处形式主义、官僚主义问题31件44人。深入开展“脱贫攻坚纪律作风保障年”活动，查处扶贫领域案件13件，为决战决胜脱贫攻坚提供了坚强纪律保障。坚决维护群众利益，查处三资管理、低保、征地拆迁等侵害群众利益的不正之风和腐败问题77件。纵深推进扫黑除恶专项斗争,查实涉黑涉恶“保护伞”问题2件。坚持抓早抓小、防微杜渐，党员干部廉洁意识持续提升。运用监督执纪“四种形态”处理863人次，分别占比65.70%、27.69%、1.97%、4.64%；立案282件。

一年来，市委常委会高度重视自身建设，切实发挥统揽全局、协调各方的领导核心作用，始终以更高标准、更严要求走在前列、作出表率。带头做到政治坚定。坚持用习近平新时代中国特色社会主义思想武装头脑、指导实践，带头遵守党的政治纪律和政治规矩，严格执行重大事项请示报告制度，“四个意识”更加牢固、“四个自信”更加坚定、“两个维护”更加自觉。对中央、省委、成都市委决策部署，市委常委会第一时间传达学习、研究贯彻落实具体措施，推动上级部署要求在简阳不折不扣落地落实。带头做到团结协作。坚持用习近平新时代中国特色社会主义思想的旗帜引领方向、用建设成都东部区域中心城市的目标统一思想、用推动简阳赶超跨越发展的事业凝聚人心，严格落实民主集中制，坚决执行市委工作规则和常委会议事决策规则，修订完善《关于健全“三重一大”事项决策机制的意见》。常委班子成员牢固树立“一盘棋”思想，带动全市上下形成同心同向、团结奋进的良好工作局面。带头做到务实担当。面对重大疫情、突发事件的多重考验，坚持严实标准，树立严实作风，切实履职尽责，在防控新冠肺炎疫情、稳定经济增长、处置突发事件、化解重大风险等方面主动作为、攻坚破难，引领全市党员干部奋勇争先、敢为善成。带头做到清正廉洁。认真落实中央八项规定及其实施细则精神和省市相关规定，带头遵守廉洁从政各项规定，始终保持共产党人的政治本色，以实际行动推动党风政风持续向好。

一年来，各位市委委员、候补委员在各自岗位上忠诚履职、服务大局、开拓进取、扎实工作，对市委常委会的工作给予了大力支持，我代表市委常委会，向同志们表示衷心的感谢!

总结成绩的同时，市委常委会始终保持清醒头脑，深刻认识到当前面临的挑战和不足，主要是：针对疫情防控常态化，麻痹、松懈思想有所抬头，防控工作还存在不确定性风险；宏观环境复杂多变、经济下行压力持续加大,经济高质量发展的支撑不足、动力不强，要素保障能力亟待提高，主导产业培育、重大产业项目招引、城市功能性项目建设还需不断加强；满足群众美好生活的向往，解决群众急难愁盼问题还要久久为功、常抓不懈；全面从严治党还需持续用力，基层党组织组织力有待进一步提升，少数干部进取意识、担当精神和专业能力不足，群众身边的不正之风和腐败问题还时有发生，等等。市委常委会将高度重视这些问题，采取针对性措施切实加以解决。希望同志们对市委常委会工作提出意见建议。

简阳市人民代表大会常务委员会工作报告

（2021 年 1 月 26 日，在简阳市第十七届人民代表大会第七次会议上）

简阳市人大常委会主任　钟世全

各位代表：

我受简阳市第十七届人民代表大会常务委员会委托，向大会报告工作，请予审查。

2020 年主要工作

2020 年，是简阳发展历程中极不平凡的一年。面对突如其来的新冠肺炎疫情和艰巨繁重的改革发展稳定任务，在市委的坚强领导下，全市上下坚定以习近平新时代中国特色社会主义思想为指导，全面贯彻落实党中央和省市决策部署，统筹抓好疫情防控和经济社会发展，各项事业取得新的成绩，实现了“十三五”圆满收官。

疫情发生以来，市人大常委会坚定贯彻党中央和省委、成都市委、简阳市委决策部署，及时调整监督重点，专题调研疫情防控工作，听取审议基层卫生服务能力建设情况报告，监督推动疫情防控依法科学有序开展。常委会主任、副主任第一时间深入新市、三星等 6 个镇（街道）指导做好辖区疫情防控工作。常委会机关干部职工混岗编组下沉新市街道 20 个村（社区），会同村（社区）干部抓实疫情防控基层工作。务实开展“送帮送解”专项行动，深入联系企业、重点项目调研，协调解决问题 84 个。全市人大代表主动参与疫情防控、复工复产工作，在各条战线、各自岗位上发挥积极作用，以实际行动践行了人大代表代表人民、为了人民、服务人民的光荣使命。

一年来，在市委的坚强领导下，在成都市人大常委会的有力指导下，市人大常委会坚持以习近平新时代中国特色社会主义思想为指导，深入贯彻落实党的十九大和十九届二中、三中、四中、五中全会精神，坚定贯彻成渝地区双城经济圈建设战略部署，认真贯彻落实省委十一届七次、八次全会和成都市委十三届七次、八次全会以及简阳市委十五届十三次、十四次全会精神，围绕建设成都东部区域中心城市总目标，依法履职，统筹抓好立法调研、监督、决定、代表等工作，不断加强自身建设，各项工作取得新进展新成效。市十七届人大五次、六次会议确定的目标任务全面完成。

一、坚持党的全面领导，牢牢把握正确政治方向

旗帜鲜明讲政治。认真学习贯彻习近平法治思想、习近平总书记关于坚持和完善人民代表大会制度的重要思想，增强“四个意识”，坚定“四个自信”，做到“两个维护”。严格落实第一议题学习习近平新时代中国特色社会主义思想制度，有计划有重点地学习习近平总书记关于宪法法治、人民代表大会制度、创新发展、生态文明建设的重要论述 30 次，自觉用新思想武装头脑、指导实践、推动工作。

始终坚持党的领导。自觉维护市委总揽全局、协调各方的领导地位。带头落实市委决策部署和工作要求，统筹安排人大工作。严格执行重大事项请示报告制度。主动向市委专题报告人大重要工作 24 次。就重点监督议题、常委会自身建设、代表工作和镇（街道）人大建设等事项，报请市委常委会研究决定 4 次。认真落实市委书记重要批示指示 147 件次。

坚定执行抓落实。常委会党组切实扛起把方向、管大局、保落实的政治责任，推动市委决策部署在人大工作中得到全面贯彻。按照市委统一安排，常委会主任、副主任认真做好指导镇（街道）常态化疫情防

控、乡镇（街道）行政区划及村组建制调整改革工作。贯彻市委决战决胜脱贫攻坚部署，常委会主任、副主任牵头对全市105个贫困村开展6轮全覆盖督导。落实市委加快重大项目建设要求，常委会主任、副主任在抓好各自重点项目联系基础上，持续对简州大道等5个重大交通项目开展跟踪监督。落实市委加快产业功能区建设要求，每月对临空经济产业园、西部电商物流产业功能区重点项目建设情况开展暗访督导。落实市委创卫工作要求，下沉一线持续督导，助推成功创建国家卫生城市。

二、全面加强和改进人大监督工作

监督推动党中央大政方针和省市重大决策部署落地落实。聚焦贯彻成渝地区双城经济圈建设战略部署，听取审议成资同城化发展工作情况报告，要求在健全合作机制、加快交通互联、协同产业发展上持续用力。坚决贯彻省委设立成都东部新区决策部署，依法任命成都东部新区街道人大工委组成人员，依法指导成都东部新区各镇人大工作。紧扣“三城三都”建设重大要求，调研大运会简阳赛区筹备工作，督促东来印象场馆加快建设。

围绕促进经济高质量发展，加强重点工作监督。高度关注经济运行情况，听取审议市政府上半年工作报告，审议2020年上半年国民经济和社会发展计划执行情况报告。听取审议2019年度国有资产管理情况综合报告和自然资源管理情况专项报告。听取审议2018年度审计查出问题整改、2019年度市级预算执行和其他财政收支审计以及2020年上半年预算执行情况报告，跟踪监督2020年中央财政直达资金使用情况，调研教育、卫健系统20余个部门预算编制和执行情况，要求树立过紧日子思想、强化财政预算刚性约束、加强重点项目资金监管。听取审议2020年交通建设项目目标任务完成、全市重大交通项目建设情况报告。调研投资促进工作，要求精准有效帮扶企业、加强项目招引促建、全面提升产业发展质量。检查统计法实施情况。高度关注科技创新工作，开展制造业科技创新专题调研，视察新经济发展情况，要求优化创新创业环境、加强高端资源要素集聚。高度关注宜业宜居山水公园城市建设，听取审议公园城市建设情况报告，要求强化规划刚性约束、坚持传承创新、突出山水特色、加快重大功能性项目建设。高度关注农业农村工作，听取审议农村人居环境整治实施情况报告，视察农业产业园区建设、农村公路建设管理情况，开展乡村产业发展、农村土地承包经营调研，助推乡村振兴战略全面实施。

围绕补齐民生领域短板，加强民生保障监督。连续四年听取脱贫攻坚巩固提升工作情况报告，凝聚决战决胜脱贫攻坚合力。检查房地产管理法实施情况，督促规范房地产业秩序。检查消费者权益保护法和成都市社区教育促进条例实施情况，视察成都市娱乐场所管理条例、宗教事务条例贯彻落实情况，督促解决一批事关群众切身利益的难点问题。规范人大信访工作，督促依法解决群众合理合法诉求。

围绕打好污染防治攻坚战，加强生态环保监督。听取审议2020年度环境状况和环境保护目标完成情况报告。调研土壤污染防治法贯彻落实情况。检查成都市水资源管理条例实施情况，要求坚持科学治污、提升监管能力。持续关注中央和省环保督察问题整改，调研城乡污水处理厂运营情况，监督推动阳化河流域河渠治理工程建设，督促有关部门履行污染防治法定职责，抓紧解决生态环保领域突出问题。

围绕平安简阳建设，加强城乡社区治理监督。调研“七五”普法决议贯彻落实情况，督促抓好民法典普法工作。检查成都市法律援助条例实施情况。听取审议乡镇（街道）行政区划调整及村组建制调整改革情况报告，视察城市管理、残疾人事业发展、劳动就业保障工作，要求进一步完善城乡基层治理体系、提升基层治理能力。组织代表旁听我市首例黑社会性质组织案件审判。督促抓好涉法涉诉信访问题处理。

围绕全面依法治市，加强“一府一委两院”依法行权监督。听取审议2019年度法治政府建设情况报告，备案审查规范性文件7件，监督推动行政决策科学化民主化法治化。分三批对市经科信局、市公安局、市住建局等12个市政府工作部门2016年换届以来工作开展评议，针对城区交通拥堵、欺诈老年消费者、鳌山公园供水、城区街道维修整治等群众反映集中的问题，以评议意见加任务书形式向市政府有关部门交办，督促抓好整改落实。监督支持市监察委依法行使监察权。专题听取市法院、市检察院上半年工作情况报告，视察市法院诉源治理、市检察院认罪认罚从宽制度落实情况，督促提高审判、检察工作水平。

三、依法行使重大事项决定权、人事任免权

审议同意成都东部新区国土空间总体规划，要求成都东部新区管委会和简阳市政府相互加强沟通对接、协作配合，合力推动成都东进区域协同发展、一体发展，为构筑成渝相向发展重要战略支点作出积极贡献。审议批准将简阳市高铁片区等12个片区土地征收及成片开发计划纳入简阳市2020年国民经济和社会发展计划，要求将涉及项目纳入“十四五”规划，抓好组织实施。审查批准2019年财政决算、2020年财政预算调整方案，审议批准2020年地方政府债务限额，要求进一步提高财政资金使用绩效。

坚持党管干部原则与依法任免相统一，严格落实任前法律知识考试、任职陈述、宪法宣誓制度。依法任免市人大专门委员会、常委会办事工作机构人员10人次；依法决定市政府代理市长，决定任免市政府副市长4人次、工作部门主要负责人9人次。依法决定市检察院代理检察长，任免“一委两院”人员20人次。依法补选简阳市人大代表8名，依法做好代表资格审查工作。

四、全力保障人大代表依法履职

强化常委会与代表双向联系。认真落实市委“三三”人大代表工作法。健全常委会党组会议、主任会议定期研究代表工作机制。严格落实常委会组成人员联系基层代表制度，走访代表更加密切，联系实效不断增强。邀请代表参与立法调研、执法检查、建议督办等活动145人次。

充分发挥代表主体作用。开展人大代表走访企业、走访群众专项工作和“走基层、进社区”主题活动，动员代表参与支持统筹常态化疫情防控和经济社会发展，督促解决复工复产等困难问题415个，最大限度凝聚力量、提振信心。动员全市各级人大代表为简阳市“十四五”规划编制建言献策，征集意见建议73条。组织全市各级人大代表开展“脱贫攻坚——人大代表再行动”专题视察。

加强代表履职服务保障。举办市人大代表履职培训班2期，实现基层市人大代表履职培训全覆盖。听取市人大代表建议办理情况报告，加强代表建议督办。评选优秀市人大代表建议10件。支持“一府一委两院”向代表通报重要工作情况，保障代表知情知政。严格落实市人大代表活动管理制度，提高代表出席率和活动实效。

五、全面加强常委会自身建设

突出政治建设。增强“四个意识”，坚定“四个自信”，做到“两个维护”，始终在思想上政治上行动上同以习近平同志为核心的党中央保持高度一致。认真履行全面从严治党政治责任，持续推进党风廉政建设。主动接受市纪委监督，支持派驻纪检监察组履行职责。主动配合巡视巡察，诚恳接受监督，推动整改取得实效。全面落实意识形态工作责任制，加强常委会机关意识形态工作。

持续改进作风。认真贯彻党内法规制度，加强经常性党风廉政教育，严肃党内政治生活。严格落实中央八项规定及其实施细则精神和省市实施办法，严格执行不在被调研、视察单位就餐规定。带头制止餐饮浪费，弘扬节俭风尚。改进调查研究，形成集聚高端资源要素等12篇调研报告，为市委决策提供参考。

提高履职能力。准确把握新时代人大工作规律，自觉提升工作标准，精心组织常委会组成人员和镇（街道）人大干部履职培训。在市委的关心下，提拔正局级、副局级干部各1名，内部交流局级干部5名。评选表扬优秀市人大代表10名、优秀人大工作者10名。加强常委会机关规范化建设、定点帮扶等工作，人大工作信息化水平和机关服务效能不断提升。

加强镇（街道）人大业务联系。指导石钟等12个镇依法完成乡镇（街道）行政区划调整改革涉及镇人大组建工作。指导简城、青龙等8个镇（街道）依法补选市人大代表。两级人大在业务交流中联系更加紧密。

各位代表，一年来，常委会各项工作取得新进展新成效。这是在市委的坚强领导下，全市人大代表、常委会组成人员、各专门委员会组成人员和常委会机关工作人员履职尽责、辛勤工作的结果，是“一府一委两院”和镇（街道）人大支持配合、通力协作的结果，是全市人民和社会各方面广泛参与、关心支持的结果。在此，向大家表示衷心的感谢并致以崇高的敬意！

在客观总结成绩的同时，也清醒地检视出工作中存在的差距和不足。主要是：个别法定监督项目的刚性不够；依法监督的问题导向不够鲜明；对基层群众高度关注的突出问题监督不彻底；代表和群众反映意见建议的办理机制还不完善；常委会履职能力和机关信息化建设有待提升。在今后工作中，一定切实加以改进。

2021年主要任务

2021年，是"十四五"开局之年，是全面建设社会主义现代化简阳新征程开启之年。市人大常委会一定坚持以习近平新时代中国特色社会主义思想为指导，在市委的坚强领导下，全面贯彻党的十九大和十九届二中、三中、四中、五中全会精神及全国"两会"精神，认真贯彻落实党中央大政方针和省委、成都市委、简阳市委决策部署，聚焦高质量发展攻坚年主题，围绕中心大局，依法履职行权，为建设成都东部区域中心城市作出人大积极贡献。

一、切实提高政治站位

坚持以习近平总书记关于坚持和完善人民代表大会制度的重要思想统领全市人大工作，增强"四个意识"，坚定"四个自信"，做到"两个维护"。始终把坚持党的全面领导作为人大工作的首要政治原则，确保党中央大政方针和省市决策部署在人大工作中得到全面贯彻、充分体现和有效执行。依法履行地方国家权力机关职权，努力把人大制度优势转化为地方治理效能。认真落实市委部署要求，全面完成市委重大中心工作。积极配合有关部门认真筹备召开好市委人大工作会议。

二、加强和改进监督工作

着力聚焦促进经济高质量发展，审议2021年上半年国民经济和社会发展计划执行情况报告。调研成资同城化重大项目、城市重大功能性交通项目建设情况。视察5G通讯及网络建设情况。检查招标投标法实施情况。

着力加强民生保障，检查传染病防治法实施情况，视察2020年公共卫生财政资金使用管理情况。检查成都市城市供水管理条例实施情况。审议应急管理、中小学体育教育工作情况报告。视察城市房屋征收补偿、非物质文化遗产保护、城区农贸市场规划建设、惠民帮扶政策落实、网格化服务工作。

着力推动打好三大攻坚战，审议脱贫攻坚巩固提升工作、乡村振兴战略（产业振兴）实施情况报告，视察农村产权制度改革情况。审议2021年度环境状况和环境保护目标完成情况报告，调研河长制工作落实情况，视察阳化河流域河渠治理工程建设、污水处理厂运营情况。审议国有资产管理情况、审计查出问题整改情况报告，视察2020年地方政府新增债券资金管理使用情况。

着力推进全面依法治市，审议法治政府建设、人民调解"百米服务圈"、公益诉讼服务基层治理、平安简阳建设情况报告，检查城市居民委员会组织法、村民委员会组织法和成都市公共场所治安管理规定实施情况，视察扫黑除恶、政法系统教育整顿、宗教活动场所管理工作。监督支持市监察委依法开展监察工作。依法对市政府办等4个工作部门开展工作评议，实现本届任期内对政府工作部门工作评议全覆盖。加强规范性文件备案审查。认真做好人大信访工作。

三、依法做好讨论决定重大事项和人事任免工作

聚焦市委重大决策部署，围绕弘扬"东灌"精神依法作出决定，营造加快建设成都东部区域中心城市的干事创业氛围。围绕厚植"五大新优势"，选择事关全市改革发展稳定的重大问题，纳入常委会讨论决定重大事项，依法作出决议决定。依法审查简阳市国土空间规划，保障"十四五"重大项目实施。依法审查批准财政决算、财政预算调整方案和地方政府债务限额。坚持党管干部原则和依法任免相统一，全面落实市委人事安排意图，依法做好人事任免工作，认真做好代表资格审查工作。

四、持续深化拓展人大代表工作

全面总结"三三"人大代表工作法，统筹推进代表之家、代表联络站规范化建设，密切代表同人民群众的联系。适当增加代表列席常委会会议，丰富代表闭会期间活动。改进代表建议办理方式，抓实代表业务培训，不断提高代表履职能力水平。

五、统筹谋划依法推进市镇两级人大换届选举工作

坚持把党的领导贯穿市镇两级人大换届选举工作始终，在市委的坚强领导下，严格按照上级部署要求，依法按程序做好市镇两级人大换届选举各项工作。

六、切实加强自身建设提高履职实效

深入落实全面从严治党要求，切实加强常委会党组和机关各级党组织建设。突出严实要求，坚持创新提能，扎实改进作风，加强干部队伍建设。认真抓实巡视巡察整改。发挥专门委员会职能，加强镇（街道）人大联系指导。积极争取成都市人大常委会的工作指导。加强与雁江、乐至等周边区（市）县人大常委

会的交流学习，全面提升人大工作质效。

各位代表！砥砺奋进新时代，昂首阔步新征程。人大工作大有可为，人大代表使命在肩。让我们紧密团结在以习近平同志为核心的党中央周围，坚持以习近平新时代中国特色社会主义思想为指导，在市委的坚强领导下，围绕中心，依法履职，为建设成都东部区域中心城市作出新的更大贡献，以优异成绩庆祝中国共产党成立100周年！

简阳市人民政府工作报告

（2021 年 1 月 25 日，在简阳市第十七届人民代表大会第七次会议上）

简阳市人民政府市长　罗开敏

各位代表：

现在，我代表市人民政府，向大会报告工作，请予审议，并请市政协委员提出意见。

“十三五”时期经济社会发展回顾

“十三五”时期是简阳融入成都一体化发展的第一个五年，也是简阳发展历史上具有里程碑意义的五年。五年来，我们坚持以习近平新时代中国特色社会主义思想为指导，深入贯彻习近平总书记对四川及成都工作系列重要指示精神，在党中央国务院、省委省政府、成都市委市政府及简阳市委的坚强领导下，在市人大、市政协的监督支持下，抢抓“双循环”、“双城记”、成都东进、天府国际机场建设等重大历史机遇，实施“十大行动计划”，全面推进体制机制并轨、思维理念更新、经济地理重构、基础短板补齐、民生福祉提升，推动简阳由县域经济向都市经济转型，由县级城市向区域中心城市迈进，圆满完成“十三五”各项目标任务。

一、这是转型升级的五年，城市能级在东进战略推进中大幅跃升

（一）综合实力显著增强。全市地区生产总值跨越 500 亿元大关，由 2016 年的 401 亿元增长到 525 亿元、年均增长 7.6%，经济总量跃居全省同类县（市）第六位；工业增加值年均增速 7.2%；社会消费品零售总额、地方一般公共预算收入年均分别增长 11.7%、10.98%；完成固定资产投资 1664.4 亿元，较“十二五”时期增长 42.6%；城乡人均可支配收入分别达 39836 元、19648 元，较“十二五”末分别增长 49.92%、59.44%。2018 年、2019 年连续两年被省委省政府表彰为县域经济发展强市，县域综合竞争力跻身全国百强县（市）第 92 位、西部百强县（市）第 13 位。

（二）城市竞争力大幅提升。东进战略凸显简阳时代机遇，天府国际机场建设为简阳插上了腾飞的翅膀，城市知名度、影响力持续攀升，唯品会、网易等 21 家六类 500 强企业相继入驻，申通、韵达等知名企业纷纷建立区域总部，五年来招引重大产业项目 151 个，总投资 2944 亿元，其中 50 亿元以上项目 15 个。策划实施“十大行动计划”重点项目 841 个，完成投资 1257 亿元。成功举办 2019 年中华龙舟大赛、全国广场舞大赛等国家级赛事，羊肉美食旅游节、樱桃节、“一乡一节”等特色旅游活动蓬勃开展，年均吸引游客 1200 万余人次。

二、这是产业重构的五年，现代产业体系在经济工作组织方式转变中加快构建

（一）产业结构转型升级。三次产业结构由“十二五”末的 15.5∶43.1∶41.4 调整为 2019 年的 15∶32.7∶52.3，对经济增长的贡献率分别达到 4.8%、36%、59.2%，服务业成为经济增长主动力。高新技术产业主营业务收入占工业比重由 20% 提升至 25.31%，战略新兴产业占工业比重由 15.33% 提升至 19.18%。单位地区生产总值能耗下降 14%。

（二）产业布局优化调整。积极应对多次行政区划和空间布局重大调整，着力拓展产业承载空间，重塑产业经济地理，规划建设 41.6 平方千米空天产业功能区、11.89 平方千米西部电商物流产业功能区、36 平方千米临空经济产业园，三大产业功能区被纳入成都市

66个产业功能区，成为推动我市产业转型升级的动力源。深入对接成都市产业发展规划，确立“2+2+1”主导产业体系，初步形成了主导产业明确、专业分工合理的产业布局。

（三）产业能级加快提升。航天装备、智能制造装备产业开篇破题，落户星河动力、中电天奥等商业航天领军企业4家，“谷神星一号·简阳号”商业运载火箭成功发射，空天产业功能区落户企业增至374家。电商物流产业集聚效应日益显现，西部电商物流产业功能区累计入驻电商物流龙头企业11家，企业数量由90家增至588家，2019年被评为四川十大产业园区。现代农业提质增效，“11+22”现代农业园区发展产业32万亩，农村土地适度规模经营率由24%提升至60.7%。积极培育创新生态链，全市高新技术企业达到33家，新增国家级企业技术中心1家、省级技术中心2家，全社会研发经费投入年均增长10.6%。

三、这是城乡蝶变的五年，城乡面貌在营城理念更新中焕然一新

（一）交通道路成环成网。“1空7高10轨11快”立体综合交通格局加快构建，成安渝、成宜等6条高速路建成通车，成渝客专加密开行，新增高速路179千米、快速路72.97千米，新（改）建国省干线74.11千米，全市公路通车总里程达到2467.9千米，铁路总里程90千米，路网密度由4.28千米/平方千米提升至7.23千米/平方千米。天府国际机场通航在即，简阳即将从“高铁时代”迈入“航空时代”。

（二）城市品质持续提升。坚持规划引领、组团发展，城市建成区面积由30平方千米拓展至40平方千米，新增城镇人口9万人，常住人口城镇化率从41.6%提高到55%。城市功能日益完善，投入资金334亿元，雄州大道、迎宾大道等一批市政道路建成投用，鳌山公园、滨江公园、滨江绿道成为市民群众放松休闲、夜览江景的首选。城市管理更加精细，241条背街小巷改头换面，“蜘蛛网线”等顽固问题得到有效解决，成功创建国家卫生城市。强力推进“三治一增”，$PM_{2.5}$浓度较“十二五”末下降43.6%，城市空气质量优良天数和优良率稳居成都区（市）县前五；沱江流域水质常年保持在Ⅲ类，创“十二五”以来最佳；新增森林面积2.26万亩，建成天府绿道167千米，人均公园绿地面积由14.19平方米提升至15.1平方米。

（三）乡村面貌逐步改善。大力实施农村“884”工程，不断改善农村生产生活条件，建成高标准农田24.8万亩，毗河供水工程一期基本完工。新（改、扩）建农村公路2417千米，超过去10年总和，全市行政村通客运（公交）率达100%，农村自来水集中供水率由52.3%提升至65%，光纤、闭路电视信号实现行政村全覆盖。农村人居环境明显改善，改造提升农村土坯房25645户、农村户厕83302户，创建“美丽四川·宜居乡村”108个。

四、这是发展利民的五年，人民生活在共建共享中越来越美好

（一）脱贫攻坚圆满收官。坚持将脱贫攻坚作为最重要的政治任务和第一民生工程，建立完善“领导挂点、部门包村、干部帮户”等工作机制，在成都市45名市级领导、126个部门（单位）、14个区（县）的对口帮扶下，2017年全面完成消除绝对贫困任务，86个省定贫困村、25336户76813人建档立卡贫困人口全部摘帽脱贫。2018年以来，我们持续巩固提升脱贫攻坚成果，创新“四合一”集体经济发展模式，全力推进扶贫产业功能区建设，对贫困村、经济薄弱村、建档立卡贫困户、相对贫困户开展动态跟踪监测，增强持续增收能力，全面消除返贫风险。2020年贫困户家庭年人均纯收入达到12670元，年均增长34.63%，贫困村集体经济收入由“十二五”末的80万元增长至761万元。连续4年被省委、省政府表扬为“脱贫攻坚先进县”。

（二）公共服务更加完善。实施城乡社区发展治理“五大行动”，出台《简阳市城乡社区发展治理导则》，建成蜀阳社区等一批高品质和谐宜居生活示范点。不断加大民生投入，“十三五”期间，基本公共服务支出占公共财政支出的比例达到47.93%。新（改、扩）建标准化义教学校、城乡公办幼儿园74所，新增学位6.8万个，全面配齐教育教学设施设备，获评“全国义务教育发展基本均衡县”。提标改造镇（街道）卫生院、社区卫生服务中心、村卫生室共179所，每千人口床位数、执业（助理）医师数由6.08张、1.97人增加至7.7张、3.1人，市中医医院成功创建三甲医院。每千名老年人养老床位数由“十二五”末的9.5张增加至17张。

（三）社会保障更加充分。积极开展就业帮扶，创

新实施“风筝行动”“充分就业、全民小康”行动，“十三五”期间，城镇新增就业4.06万人，2020年外出务工人员成都市域内就业率达61%，较“十二五”末提高15.4个百分点。持续提升住房保障水平，实施棚户区（城中村）改造6个、老旧院落改造54处，惠及群众7593户，公租房保障量较“十二五”末增长160%。扎实推进社会保障体系扩面提标，城乡居民养老保险、医疗保险覆盖率分别稳定在95%、98%以上；最低生活保障标准、特困人员集中供养标准分别由190元、250元提高到800元、1040元。

2020年工作回顾

2020年，简阳走过了极不寻常的发展历程，面对新冠肺炎疫情的重大冲击、外部发展环境的重大变化和艰巨繁重的改革发展稳定任务，我们统筹推进疫情防控和经济社会发展，扎实做好“六稳”“六保”工作，经济社会保持了健康良好的发展势头。全市预计实现地区生产总值525亿元、增长4%以上，规模以上工业增加值增速0.3%，全社会固定资产投资344.6亿元、增长14.5%，社会消费品零售总额334.7亿元、增长0.1%，地方一般公共预算收入30亿元、增长12.37%，城乡居民人均可支配收入分别增长6.6%、9.1%。

一、科学应对新冠疫情带来的冲击，“两手抓”，“两手硬”，奋力夺取“双胜利”

（一）疫情防控科学精准。面对突如其来的新冠肺炎疫情，我们齐心协力、严防死守，高效完成多轮社区、商超、交通卡口等重点区域全覆盖排查，累计排查1800万余人次、车辆106万余辆，牢牢守住了成都疫情防控“东大门”。我们科学防治、精准施策，制定快速响应、核酸采样检测等应急预案，全面完成应急医院、方舱医院选址设计各项准备工作。扎实开展十项基础工作“大体检”，隔离酒店全面达标，本地医疗机构核酸检测能力达到7548人次/天，累计完成重点人群核酸检测24.7万人次。我们闻令而动、向疫而行，组织医务工作者524人次，圆满完成武汉抗疫救援和郫都区、成都高新区、成华区核酸采样检测工作任务，彰显了守望相助的“简阳担当”。我们统筹兼顾、筑牢防线，制定落实“大运会场馆建设及赛时”“羊肉美食文化旅游季”“村（社区）换届选举”等专项疫情防控方案，确保重点项目、重点工作、重点人群、重点时段疫情防控同安排、同落实，全市自2020年2月8日以来连续11个月无新增病例。

（二）经济社会运行稳定有序。坚持把保市场主体、保就业、保基本民生作为落实“六稳”“六保”工作的主抓手，出台支持中小企业发展“16条”，为企业减税降费1.6亿元，兑现扶持资金3.12亿元。深入开展“联帮挂”“送帮送解”活动，帮助受疫情影响企业和个体工商户获取贷款70.9亿元、解决用工需求8910人。全年新增市场主体13747家、增长34.9%。更加重视疫情背景下的粮食安全和市场供应问题，投放储备猪肉1750吨，老百姓的“米袋子”“菜篮子”“肉盘子”安全稳定供给。

二、抢抓“双循环”“双城记”重大战略机遇，抓增量、强载体，产业转型迈开步伐

（一）空天产业功能区加快建设。聚焦航天装备、智能制造装备产业，加大建链强链补链力度，签约引进四川能投天府云数据等重大项目13个、总投资167.4亿元，中国五冶（二期）、成都建工（一期）装配生产基地竣工投产。推动功能区由“供土地”向“供平台”转变，开工建设科创空间10万平方米，建成标准厂房19万平方米，创业大道具备通车条件。

（二）西部电商物流产业功能区成势成型。签约引进中通快递西南总部等重大项目13个、总投资83亿元，申通快递西南总部等18个项目加快推进。建成专业楼宇19万平方米、标准化仓库54万平方米、配套住房2000余套。创新创业孵化平台入驻物流供应链关联企业121家。功能区预计实现销售收入320亿元、增长6.3%。

（三）临空经济产业园顺利起步。园区总体规划、城市设计编制完成。签约引进高能级产业项目8个、总投资86亿元。与成都产业集团、成都益民集团合作推进片区综合开发，全面启动1平方千米核心起步区建设，赤水大道等6条园区道路加快推进。成凉产业园完成管理运行机构和运营公司组建。

（四）现代农业园区提质扩面。全力保障粮食安全，大力发展农业适度规模经营，新建高标准农田3.5万亩，全年粮食产量45.7万吨，出栏生猪85万头。深入推进乡村振兴，8个乡村振兴连片发展示范组团、“11+22”现代农业园区建设有序推进，签约引进农业重大产业项目8个。新培育省级示范农民合作社7家、家庭农场1家，回引农民工返乡创业就业1.75万人。全面完成“六权同确”，获评“全国农村承包地确权登记颁证工作典型地区”。打通农村金融服务“最后一公里”，发放“农贷通”贷款335笔4.01亿元。平武镇被评为成都市乡村振兴先进镇，协议村等10个村（社区）被评为四川省、成都市乡村振兴示范村（社区）。

三、锚定宜业宜居山水公园城市，强功能、提品质，城市环境持续优化

（一）创造宜居生活环境。践行公园城市理念，沱江两岸等8个公园城市场景示范片区加快推进，天星公园基本建成，家风荷乡等6个精品林盘全面呈现，新建天府绿道25千米、“小游园”“微绿地”3处。有序推进城市有机更新，改造老旧院落10处、棚户区455户，完成“两拆一增”项目30个，滨江路地下停车场全面竣工。“东来印象”大运会比赛场馆推进迅速，体育馆、游泳馆装饰及设备安装基本完成。大力实施“爱成都·迎大运”城市共建共治共享七大行动，“鳌山坊”美食文化街、滨江路南段特色商业街区初步呈现，城区7条主要街道芙蓉花景全面建成。

（二）创造宜业营商环境。深化相对集中许可权改革，坚持“应进必进”，推动1084项政务服务事项进驻政务服务大厅。大力实施审批流程再造，政务服务事项“网上办”“一次办”比例分别达到100%、99%。推出12项主题式场景化审批服务，申请材料精简50%、审批时限缩减60%。建立府院联动机制，协同解决企业生产经营中的具体困难问题。设立成都市文物考古工作队简阳工作站，文勘平均工作周期缩短64.7%。

（三）创造优美生态环境。扎实开展大气污染防治百日攻坚行动，投放新能源公交车92辆，PM2.5平均浓度下降18.1%，空气质量优良天数323天，达到国家环境空气质量二级标准。系统推进沱江、绛溪河、阳化河水环境治理，老城区雨污分流一期工程全面竣工，河东污水处理厂主体竣工，河东自来水厂通水运营，城乡集中式饮用水水源地达标率分别达到100%、98%。大力实施固体废物污染防治三年攻坚行动，简阳环保发电厂建成试运行。圆满完成沱江流域禁捕和渔民退捕转产工作，337名渔民全部转产。

四、着力提高要素集聚能力，促改革、扩开放，内生动力持续迸发

（一）改革攻坚步步深入。着力重塑乡村结构体系、增强乡村发展活力，有序推进村（社区）体制机制和村（居）民小组调整优化改革，全市村（社区）由678个调整为364个、调减率46.31%，村（居）民小组由4802个调减为2817个、调减率41.34%。不断深化国资国企改革，制定国有企业转型赋能“1+6”工作方案、“一企一主业”发展规划，市属国有企业资产总额、利润总额分别增长8.17%、8.22%。加快土地利用方式改革，全力提升保障水平，全年获批土地指标9450亩，新增建设用地规模指标3326亩，盘活低效用地182亩，集体建设用地入市70余亩，城乡建设用地增减挂钩项目节余指标2424亩。

（二）开放合作层层推进。主动服务东进战略，坚持合作共赢，顺利完成与成都东部新区移交工作，建立常态化交流协作机制，推进规划衔接、产业共建、功能共享。与重庆璧山区、铜梁区缔结友好城市。与乐至、仁寿等周边区（市）县签订战略合作协议，启动交界地带“断头路”“瓶颈路”改造。聚力开展项目招引攻坚行动，健全“3+2”驻外招商网络，不断延伸招商触角，全年签约引进重大项目64个，协议引资659亿元。

（三）创新举措件件落实。鼓励企业加大研发投入，新增高新技术企业17户、准独角兽企业2户、成都市企业技术中心2家，南格尔生物智慧浆站实验室获批成都市首批未来场景实验室，全社会研发经费投入2.84亿元、增长10%。着力建强双创平台载体，搭建省级专家人才平台，组建空天产业研究院，举办“蓉城同心新经济简阳行”等双创活动，新增新经济企业827家、增长30.2%。“10+N”改革创新持续深化，“四合一”改革平台实现行政村全覆盖，全市村集体经济收入突破1亿元、增长303%。

五、着眼增强人民群众获得感，补短板、惠民生，百姓福祉更加殷实

（一）社会治理持续深化。创新实施“五彩”社治工程，整治背街小巷30条，新建城乡环卫公厕8个，培育社会组织20家，孵化种子社会企业10家。推动社会治理向社区下沉、向网格延伸，设置网格914个，切实打通疫情防控、信息核查、服务群众的“最后一米”。充分发挥人民调解“百米服务圈”作用，矛盾纠

纷调处成功率达 98% 以上。着力构建市民诉求快速响应解决工作体系，网络理政平台办理群众来信 36856 件、满意率 92.89%；百姓需求“一号通”受理群众诉求 13315 件、满意率 95.85%。

（二）社会事业不断进步。坚持教育事业优先发展，建成投用城乡公办幼儿园 10 所，新增学位 2000 余个。提升医疗服务能力，市妇幼保健院妇女儿童急救中心、市疾控中心迁建项目竣工投用，市人民医院完善三甲功能、市中医医院康复治疗中心等项目有序推进。文体事业繁荣发展，镇（街）文化馆、图书馆分馆实现全覆盖，新建全民健身路径 60 条，开展文艺演出、公益展览等文化活动 6800 余场。

（三）社会保障更加有力。大力开展援企稳岗“护航行动”，城镇新增就业 6614 人，城镇登记失业率 3.86%。切实加快安置房建设进度，建成安置房 47 万平方米，完成安置 1068 人。加强困难群众帮扶救助，及时足额发放低保金、特困人员供养金和临时价格补贴 2.38 亿元。投入资金 4.37 亿元，全面完成 76 项民生实事。

（四）社会大局和谐稳定。持续推动“三张清单”化解攻坚，妥善化解社会重大风险问题 15 件、历史遗留问题 17 件、突出信访问题 32 件。扎实开展安全生产专项整治三年行动，绘制重点行业领域安全风险电子地图，生产安全事故起数、死亡人数分别下降 25%、23%。扫黑除恶三年专项斗争全面收官，全市累计打掉涉黑组织、恶势力犯罪集团 10 个，破获涉黑恶刑事案件 67 起，获评“全国 2020 平安创建优秀城市”。

六、全面加强政府自身建设，转作风、建机制，政府运行更加规范

（一）依法行政扎实推进。自觉接受市人大及其常委会法律监督、工作监督和市政协民主监督，主动向市人大常委会报告国有资产管理、政府债务化解等重点工作，办理人大建议 64 件、政协提案 137 件，满意率 100%。坚持常务会学法制度，健全完善议事决策机制，制定《市政府“三重一大”事项决策机制及“三重一大”事项清单》。

（二）行政效能切实提升。加大政务督查力度，严格落实“红黄牌”预警问责管理，对脱贫攻坚、生态环境等重点工作推进不力、作风不实的干部记黄牌 237 张、红牌 4 张。持续深化政务公开，主动在政府门户网站公开政府信息 6 万余条，全年办理政府信息公开申请 101 件。

（三）廉政建设不断加强。严格落实全面从严治党要求，切实将落实省委巡视反馈问题和专项巡察、审计发现问题整改作为改进工作的重要抓手，深入剖析问题产生根源，以“钉钉子”精神持续推进问题整改。聚焦市属国有企业廉洁风险、工程项目建设监管等薄弱环节，建立《市属国有企业资金支付审批制度》等 13 项长效机制。强化重点领域监管，全年完成审计项目 137 个、审减金额 4 亿元。坚定不移纠正“四风”，保持反腐败高压态势，持续巩固风清气正的良好政治生态。

同时，人事、统计、住房公积金管理、供销、气象、人防、保密、地方志、机关事务管理、退役军人事务等工作取得新成绩，工会、老龄、青年、妇女儿童、民族宗教、红十字会、保险、烟草、盐业、能源保障等工作取得新进展，民兵预备役、国防动员和“双拥”工作成效进一步提升。

各位代表，五年的奋斗步履铿锵、历历在目，五年的变化真真切切、有目共睹，五年的成绩振奋人心、鼓舞信心。这是党中央国务院、省委省政府、成都市委市政府和简阳市委统揽全局、坚强领导的结果，是市人大、市政协依法监督、鼎力支持的结果，是全市上下众志成城、共同奋斗的结果。在此，我代表市人民政府，向给予我们大力支持的人大代表、政协委员、民主党派、工商联、无党派人士、人民团体，向驻简部队、武警官兵、消防指战员、政法干警，向驻简各单位、投资企业、施工企业，向在简阳开发建设、疫情防控、征地拆迁、矛盾化解、社会稳定等工作中，给予支持配合、作出积极贡献的教育工作者、医卫工作者、信访工作者、综治工作者、村（社区）工作者、工程建设者、征地拆迁群众、外来务工人员和全市广大党员干部、人民群众，以及所有关心支持简阳发展的各界人士，表示衷心的感谢，并致以崇高的敬意！

在肯定成绩的同时，我们也要清醒地认识到，全市经济社会发展还存在一些亟须解决的困难和问题：产业能级较低，高能级、高带动性项目较少，还没有产值超 30 亿元、税收超 5000 万元的规模工业企业；产业功能区承载能力与产业发展需求还不完全匹配。

城市功能、形态、品质与宜业宜居山水公园城市目标还有较大差距，常住人口、户籍人口城镇化率分别较成都市平均水平低20和32个百分点，森林覆盖率较成都市平均水平低10个百分点，绿化率仅为38.5%，居住、消费、创业、人文环境缺乏对高端人才和资源要素的吸聚力。民生社会事业发展不平衡不充分，公共服务供给总量不足、质量不高问题仍然存在，教育、医疗均衡发展还存在明显短板，农村集中供水率不高，公共交通、农贸市场等便民设施供给不足。问题矛盾化解仍需加劲加力，一些历史遗留问题亟待化解，一些开发建设中的新问题尚没有及时、有效解决。部分干部思想不够解放，担当作为的责任意识不强，发现问题、解决问题的专业水平、敬业精神欠缺。对于这些问题，我们将在今后工作中高度重视、勇敢面对、积极解决。

“十四五”主要目标和任务

“十四五”是开启全面建设社会主义现代化国家新征程、向第二个百年奋斗目标进军的首个五年，也是简阳加快建设成都东部区域中心城市的关键五年。“十四五”时期全市经济社会发展总体要求是：高举习近平新时代中国特色社会主义思想伟大旗帜，深入贯彻党的十九大和十九届二中、三中、四中、五中全会精神，全面落实习近平总书记对四川及成都工作系列重要指示精神，坚定执行党中央国务院、省委省政府、成都市委市政府和简阳市委重大决策部署，坚定不移贯彻新发展理念，以建设成都东部区域中心城市为总目标，以融入“两区一城”和成渝地区双城经济圈建设为战略牵引，以推动高质量发展为主题，以深化供给侧结构性改革为主线，大力推进改革创新，努力构建支撑高质量发展的现代产业体系、创新体系、城市治理体系，不断提升市民群众和市场主体获得感。统筹发展和安全，主动融入“双循环”，齐心唱好“双城记”，坚定走好“东进路”，全面提升发展能级和综合竞争力，加快建设国际空港门户枢纽城市、宜业宜居山水公园城市、东进区域智能制造高地，不断厚植临空新优势、生态宜居新优势、智能制造产业集群新优势、农业农村新优势、高端资源要素集聚新优势，为成都建设社会主义现代化新天府和可持续发展世界城市贡献更多简阳力量。

“十四五”时期经济社会发展的主要目标：

——综合实力显著增强。全市地区生产总值年均增长7.5%以上，地方一般公共预算收入年均增长8%以上，全社会固定资产投资年均增长8%以上，社会消费品零售总额年均增长10%以上。产业转型提质步伐加快，产业功能区能级显著提高，全市规模以上工业增加值年均增长7.5%，服务业增加值突破400亿元。经济综合实力进入全国百强县（区）行列。

——发展活力充分迸发。创新型人才队伍建设、校院企地融合发展、重大平台打造、创新主体培育等取得重大突破，重点领域改革取得重大进展，公平竞争制度更加健全，国际化一流营商环境全面形成，市场主体更具活力。研发经费投入年均增长10%以上，新经济增加值占GDP比例达到28%，培育上市企业2家以上。

——城乡发展更加协调。成渝相向发展桥头堡作用全面增强。基础设施联通水平大幅提升，新型城镇体系加快构建，城乡融合发展格局基本形成，常住人口城镇化率达到70%以上。宜业宜居水平大幅提升，人均公园绿地面积达到20平方米，森林覆盖率达到31%。乡村振兴战略全面推进，农业更加高质高效、农村更加宜业宜居、农民更加富裕富足。

——文明程度大幅提高。社会主义核心价值观融入社会发展各方面，人民群众思想道德素质、科学文化素质和身心健康素质明显提高，公共文化服务体系更加完善，文化事业和文创产业活力充分释放，城市人文内涵更加丰富。国家卫生城市创建成果持续巩固拓展，全国文明城市创建实现突破。

——生态环境持续优化。城乡人居环境明显改善，环境突出问题得到有效治理，主要污染物排放总量持续减少，单位GDP能源消耗年均下降1.5%，$PM_{2.5}$年均值和主要污染物排放总量持续下降，每年空气质量优良天数达标率高于85%。城市和镇（街道）污水处理率分别达到90%、80%以上。

——群众生活更有品质。坚持每年办好一批群众所急所需所盼的民生实事，实现城乡群众更高质量就业、高效益增收。多层次社会保障体系更加健全完善，公共交通出行分担率提升至50%以上，教育、卫生、文化等社会事业实现均衡发展。

——治理效能持续增强。党建引领双线融合治理体系进一步完善，城乡社区治理水平不断提升，社区成为人民的“幸福美好家园”。法治简阳建设取得新进展，社会公平正义进一步彰显，执法司法公信力和社会法治意识不断增强。城市安全、韧性显著增强，重大风险防范化解能力、突发公共事件应急能力、防灾减灾救灾能力持续提升，平安简阳建设体系更加完善，发展安全保障更加有力。

2021 年工作安排

2021 年是中国共产党建党 100 周年，是“十四五”开局之年。今年工作的总体思路是：坚定贯彻落实党中央国务院、省委省政府、成都市委市政府、简阳市委决策部署，站位新发展阶段、践行新发展理念、服务新发展格局，以高质量发展攻坚年为主题，围绕加快形成“五个新优势”，抓好产业赋能、城市提质、对外开放、改革创新、社会治理、民生改善和政府自身建设等重点工作，努力实现“十四五”良好开局，为建设成都东部区域中心城市奠定坚实基础。

2021 年经济社会发展的主要预期目标坚持以高质量发展指标为导向，主要包括：经济发展方面，地区生产总值增长 7.5%，全员劳动生产率增长 4%，地方一般公共预算收入增长 10%。创新驱动方面，高技术制造业主营业务收入增长 8% 以上，先进生产性服务业增加值占服务业增加值比重达到 32% 以上，新增新经济企业 500 家、高新技术企业 5 家，全社会研发经费投入增长 15%，技术合同成交额增长 20%。民生福祉方面，城乡居民人均可支配收入分别增长 7.7%、10%，城镇新增就业 4200 人。绿色生态方面，空气质量优良天数比例不低于 85%，流域国考、省考断面全面达标，森林覆盖率达到 30.8%。安全保障方面，粮食播种面积稳定在 116 万亩以上，新增高标准农田 3.5 万亩。重点抓好七个方面的工作。

一、构建高能级产业体系

（一）坚持工业挑大梁，全力发展智能制造产业。毫不动摇集中力量、集中资源、集中要素发展先进制造业，培育智能制造、航空航天两大千亿工业产业集群。大力发展智能制造装备产业。加强智能制造装备产业细分领域、发展趋势、目标企业研究，建立完善产业发展政策支撑体系，加快引进一批引领型、旗舰型企业，培育壮大一批主机生产、系统集成骨干龙头企业和“专、精、特、新”中小企业，稳步发展装配式建筑等新兴制造业。大力发展工业互联网、工业自动化，鼓励工业企业广泛运用云计算、物联网、大数据、人工智能等新一代信息技术，全面提升企业数字化、软件化、网络化、智能化运行水平。先导发展航空航天装备制造产业。围绕打造全国知名的航空航天产业基地，加强与商飞集团、航天科技、航天科工等龙头企业洽谈合作，引进航空航天生产企业和关键配套企业 10 户以上。超前谋划、整体布局商业航天产业，加快落户一批商业卫星、火箭制造、卫星数据应用项目，全力争取国家高分对地观测四川数据及应用成都分中心项目落地简阳。联合国内一流高校院所积极组建航空航天产业研发、技术转化、企业孵化平台。优化提升传统优势产业。聚焦机械制造、医疗器械等传统产业，加快制定专项扶持政策，着力解决土地、资金、人才等瓶颈问题，支持空分、润尔、南格尔、凯力威等优势存量企业实施技术改造、开拓市场，鼓励支持港通医疗等成长型企业上市，推动传统产业向高端化、智能化、数字化转型。建立低效企业提质增效机制，促进产业结构持续优化升级。

（二）推动城市添活力，高质量发展现代服务业。着眼于推进县级城市向区域中心城市进阶，创新和扩大消费供给，大力培育电商、物流两大服务业千亿产业集群。提质发展生产性服务业。以供应链思维构建流通服务体系，加快推进公路、铁路、港（站）互联互通，建设成都东部区域“空铁公水”多式联运物流港。全力争取设立保税物流中心（B 型）等海关特殊监管区域，大力培育国际化供应链平台企业和国际化中介服务企业，推动跨境电商、供应链物流、枢纽口岸物流服务、物流装备等产业加快发展，确保引进和培育电商物流及关联企业 30 家以上。提升金融服务质效，持续丰富金融业态，吸引银行、证券、保险、融资租赁、信托等金融持牌机构落户。打造区域消费中心。坚持“一场景一示范”，策划包装八大消费场景，引领消费升级、提升城市品质。支持旭海时代广场、香港城等传统商圈升级改造，加快天慧城凯颂广场、西南国际旅游集散中心等项目建设，引进一批特色鲜明、体验性好的新型商业综合体，打造地标商圈潮购场景；

制定支持夜间经济、首店经济等新兴消费业态发展政策，引育餐饮品牌首店1家，打造夜间经济示范点2个，推动5条高品质特色街区加快呈现，形成特色街区雅集场景、文艺风尚品鉴场景；依托公园、绿道、田园等空间，打造公园生态游憩场景、体育健康脉动场景、未来时光沉浸场景、原乡野趣度假场景；培育壮大在线消费、“简阳味儿”特色小店等消费新模式，打造社区邻里生活场景。

（三）促进农业多贡献，全面推进乡村振兴。充分发挥农业农村保障供给、保障民生、保障发展的重大作用，着力在增产出、提效益、促振兴上下功夫。发展高效种养业，提高农业保障能力。坚决遏制耕地“非农化”、防止“非粮化”，大力推行“良种、良田、良法”，全面推广“套种、间种、种养循环”等生产模式，确保粮食产量38.5万吨以上、出栏生猪65万头以上，切实提高“米袋子”“菜篮子”供给能力。积极引导社会资本参与“11+22”现代农业园区建设，推动晚白桃、简州大耳羊、优质蔬菜等特色产业规模发展，培育省级现代农业园区1个。发展农产品精深加工业，提升农业附加值。加快成凉产业园规划建设，大力引进发展航空食品、绿色食品等农产品精深加工龙头企业。加快天府惠农服务中心系统平台和应用体系建设，促进生产、加工、物流、营销、溯源等环节一体化发展。做好“原香简阳”品牌包装和营销，扩大“简字号”农产品市场份额，新增“三品一标”产品15个以上。促进农商文旅融合发展，推动乡村振兴。发挥农村良好生态本底优势，围绕延伸农业产业链、拓展农业多种功能、发展农业新型业态，加快乡村振兴示范环线建设，推动荷桥乡村振兴会客厅、主题民宿等项目建成投用。扩大提升“特色镇（街区）+林盘+景区（园区）”示范效应，激发乡村发展新活力。

（四）高质量建设产业功能区，做强产业发展载体支撑。坚持“功能复合、职住平衡、服务完善、宜业宜居”，科学编制空间布局规划、产业社区规划和功能区建设导则，制定生产功能、生活服务功能配套清单。全力推进三大市级产业功能区科创空间建设，加快扶贫产业功能区重点社区、园区、景区建设。建成标准厂房9万平方米并实现企业入驻，城南工业园孵化器及配套住房竣工投用，推动一批高能级项目开工建设。持续完善“管委会+专业公司”运营架构，健全产业功能区工作运行机制、考核激励机制，促进高效协同管理运行。

（五）培育发展新经济，厚植转型升级新动能。实施新经济新动能提升工程，积极规划建设新一代信息技术和智能化基础设施，加快新华三信创服务器生产线等项目建设。大力发展数字经济、智能经济、绿色经济、创意经济、流量经济、共享经济“六大新经济形态”，鼓励支持企业应用数字化、智能化手段为产业产品赋能，构建5G体验街区、智慧工厂、全景VR直播等新场景，催生一批新经济业态。深入推进“双百工程”和梯度培育，积极组建产业投资、创业投资、资本招商基金，大力推广“盈创动力”“科创通”等线上融资服务平台，畅通企业融资渠道，培育一批新经济企业。

二、积蓄高层级城市势能

（一）科学编制城市规划。高水平开展建设成都东部区域中心城市战略研究，完成国土空间总体规划编制。持续完善城市总体规划、控制性详细规划，加快编制完善高铁片区、放生坝片区、海井片区等重点区域控制性详规和城市设计。优化完善城市给排水、电力、燃气、绿道等市政专项规划，全力补齐市政基础设施短板。编制镇（街道）总体规划和村庄规划，实施分类指导、分区配套，支持河东片区镇（街道）依托资源禀赋和特色产业建设农旅融合特色小镇，打造乡村振兴示范区；河西片区镇（街道）依托天府国际机场发展适港适空产业，建设空港特色小镇，打造临港经济示范区。

（二）提升城市功能品质。坚持“山水为形、文化为魂”，做好沱江、绛溪河、鳌山等优质山水资源的包装，编制葫芦坝“中央生态区”、石桥古镇等区域策划规划。全面挖掘简州八景、状元文化、商道文化等特色文化资源，实施“文化重现”工程，厚植简阳文化底蕴，着力探索推进生态价值与美学价值、经济价值、文化价值、社会价值转化融合，诠释城山相映、人水共生的公园城市“简阳表达”。充分利用城市“金边银角”、零星用地，新建“小游园·微绿地”2处。以“留、改、建”模式推进城市有机更新，改造老旧院落8处。实施高品质公共服务设施建设工程，新建城乡环卫公厕6个、公共停车场1处，加快打造“15分钟社区生活圈”。

（三）高水平办好大运会。坚持“谋赛、营城、兴业、惠民”，统筹推进东来印象赛事场馆、赛事保障酒店等重点项目建设，确保按期保质完工。提升赛事组织能力，优化完善专项保障方案，高质量做好大地景观、氛围营造、城市管理工作，确保优质办赛、安全办赛。着眼“办好大运会、搞活一座城”，科学制定东来印象商业运营方案，延伸发展国际国内体育赛事、电竞游戏、音乐会展等新业态，着力打造集“体育+演艺、体育+会展、体育+消费、体育+科创、体育+文博”于一体的体验基地。

（四）加强生态环境保护。扎实做好中央、省生态环境保护督察及“回头看”反馈问题、长江经济带生态问题整改。打好蓝天保卫战，推进移动源污染专项治理，确保 $PM_{2.5}$ 年平均浓度低于35微克／立方米。打好碧水攻坚战，加强沱江、绛溪河、阳化河流域治理，加快推进河东污水处理厂及镇（街道）污水处理厂配套管网建设，确保成都市控以上断面Ⅲ类水质比例达到100%。打好长江流域“十年禁渔”攻坚战，健全联合执法长效机制。积极发展碳汇经济，加快推进建筑、交通等重点行业领域节能减排，大力发展碳汇林业，积极创建国家生态园林城市、国家生态文明建设示范市。

三、推进高水平对外开放

（一）提升互联互通水平。科学编制“通道+枢纽+公交”互联互通规划，推动公路铁路互补、公路和航空有效衔接，实现航空、轨道交通、高快速路和公共交通快速接驳。全力打通连接天府国际机场的重要通道，推动简州大道、迎宾大道延长线与机场高效连接，有序推动高铁南站TOD综合开发及配套设施建设。主动服务“成渝地区双城经济圈”大通道建设，全力保障沪渝蓉高铁、成都铁路外环线、成渝高速扩容等项目建设，推动金简仁、成简等快速路竣工投用。

（二）拓展招商引资路径。坚持“项目为王”，深入分析“双循环”、“双城记”形势下的政策方向、产业体系，进一步转变招商方式，大力推行互联网招商、产业链招商、供应链招商、金融链招商。修订完善产业发展支持政策，动态修编“两图一表”，提升招商精准性和靶向性。健全招商联动机制，建立目标企业、在谈企业、开工促建、增资扩产“四张清单”，为投资企业提供全生命周期优质服务，持续扩大“以商招商”成效，确保引进重大产业项目60个以上，其中，投资100亿元以上项目1个、50亿元以上项目3个、30亿元以上项目5个。

（三）搭建开放合作平台。认真研究学习新加坡樟宜、上海浦东等国内外知名空港城市在城市规划建设、临空经济发展等方面先进经验，大力培育临空总部、会展商务等临空指向性产业。主动融入成渝地区双城经济圈建设，健全与重庆璧山等区（县）互访交流机制，持续推进产业协同互补。推动“两区一城”特别是与成都东部新区协同发展，做好规划衔接、交通衔接，共同谋划实施一批跨区域重大项目。务实推进成德眉资同城化发展，与雁江区、乐至县共建农旅融合发展示范区。

四、推动高维度改革创新

（一）全力提升创新能力。聚焦主导产业需求，加快联合知名高校院所设立一批研究院（所）、工程技术研究中心、院士专家工作站等创新研发平台。借力“四川省千人计划”创新孵化平台，推动更多校企合作项目落地。大力支持科技创新，鼓励第三方专业公司投资、建设、运营、管理科创平台，全面满足入驻企业从孵化研发—小试—中试—量产全过程生产、生活服务需求。强化创新主体培育，引导企业加大创新研发投入，培育国家级、省级企业技术中心2家、高新技术企业5家。

（二）持续深化改革攻坚。深化财政预算制度改革，树立“大财政”理念，加强财政、国资等资源统筹调度，建立收入与支出、预算与执行、管理与监督相匹配的财政管理体系。坚持“总量把控、动态调整”原则，严控新增预算支出，做到预算完成有评价、评价结果有应用。大力培植税源、争取上级资金债券、规范税收征管，进一步强化财源建设。深化国资经营评价制度改革，深入实施国企改革三年行动计划，健全国有企业法人治理结构，完善“三重一大”决策机制，有序实施国有企业整合重组。支持国有企业对接资本市场，推进资产证券化，启动国有企业上市工作。深化土地资源配置制度改革，坚持土地资源“全域统筹、统一调度、滚动保障”，优先配置主导产业重大项目用地需求。全面疏通土地要素保障渠道，完成城乡建设用地增减挂钩项目7个、农民集中建房整理项目11个，推进集体建设用地入市和宅基地利用。系统梳理排查供而未建国有建设用地，实施“一宗一策”分类分批处置，确保闲置土地动工率达到70%以上。深化基本公共服务清单标准管理和动态调整制度改革，制定基本公共服务清单，鼓励引导社会资本参与公共服务投资、建设、管理和运营。深化企业扶持激励制度改革，健全分层分级企业扶持激励机制，深入实施“中小企业成长计划”“上市企业培育计划”“总部企业扶持计划”，加快培育一批瞪羚企业、总部企业和上市企业。

（三）大力推进招才引智。深入实施“蓉漂人才荟”等人才引育计划，加强实用技术型人才培育，打造与“产业链”相匹配的“人才链”，新引进高层次人才80名以上，加快培育一批简阳“工匠”。着力营造“人才之家”，推动专业人才组建工作团队、攻关小组，为人才在专业能力发挥、医疗住房、子女教育等各个方面打造全方位的“定制服务”，不断提升各类人才的成就感、归属感。强化与国家高端智库、专业院所的合作交流，建立智库决策咨询专家库，提升政府科学决策水平。

五、健全高效能社会治理体系

（一）健全政府职责体系，提升行政管理能力。实施政府职责清单化管理，编制政府权责清单和重点领域职责任务清单，优化完善市、镇（街道）事权财权划分，形成政府事权、支出责任与财力相适应的制度，加快构建“权责一致、运转高效”的行政管理体制。建立以产业功能区为单元的组织管理体系，剥离产业功能区社会事务职能，让产业功能区聚焦主责主业。

（二）健全营商环境建设体系，提升政务服务能力。全面落实“营商环境3.0”体系，推动政府职能由“以审批为中心”向“以服务为中心”转变，按照“应进必进”的原则，推动行政审批事项进驻政务服务中心并100%授权，实现真集中、真到位。建立“一窗受理、并联审批、高效运作”的行政审批管理体制，确保依申请类政务服务事项100%“最多跑一次”、90%“一窗办”，简易事项100%“马上办”。全面推行“清单制+告知承诺制”“容缺后补”制度，实现“承诺期无理由办结”。

（三）健全智慧治理体系，提升社区发展治理能力。加强智慧城市顶层设计，健全整体联动组织机构，发布《简阳市新型智慧城市建设指南》。完善城市智慧治理中心功能，搭建城市大脑管理平台、部门信息互联共享平台、多网融合平台和数据资源中心，全力推进“一网统管”。修订完善《简阳市城乡社区发展治理规划导则》，制定落实城乡社区减负提能若干措施，推动社区职能归位。深入实施“五大行动”，完成社区微更新项目10个，打造社区美空间2个。

（四）健全风险防控体系，提升重大风险防范化解能力。建立公共安全隐患排查和预防控制机制，提升安全生产、自然灾害等重大领域辨识预警，完善公共应急预案和应对重大突发风险组织动员体制机制。健全政府债务风险防范化解机制，坚决遏制新增隐性债务。完善“三张清单”工作制度，切实做好重复信访治理和信访积案化解工作。推进“平安简阳”建设，加快城（郊）区天网三期等项目建设，新建智慧社区7个，智安小区30个，积极创建社会治安防控体系建设标准化示范城市。巩固扫黑除恶专项斗争成果，打好禁毒人民战争。深入实施安全生产专项整治三年行动，扎实开展森林草原防灭火和城乡防火专项整治。

六、创造高品质幸福生活

（一）推动疫情防控更严。持续抓好疫情防控十项基础工作“大体检”，织牢织密疫情防控网。落实防控关口前移，严把来（返）简人员报告管理关，落实春节返乡人员6小时报告，实施实名制网格化管理、核酸查验检测和健康监测；严把物品流通关，持续抓好冷链食品、寄递物品等重大风险点常态化检查和监管，定期对重点部位、一线从业人员开展核酸检测；严把交通口岸关，切实加强火车站、汽车站、高速路口等交通运输关口的严防严控。突出重点防控，充分发挥基层医疗机构前沿“哨点”作用，突出抓好预检分诊点、发热门诊、留观区域、学校、养老（福利）院、看守（拘留）所等重点场所人员防护，强化外卖配送人员等人群的防疫管理。引导群众加强家庭个人防护，全力提升群众自我防范意识和防护能力。加快推动市公共卫生服务中心和集中隔离医学观察点建设，全力提升核酸检测和医疗救治能力。细化完善春节等重要节点专项疫情防控方案，落实常态化应急演练，全力提升应急处置能力。

（二）推动民生实事更暖。深入贯彻落实“幸福美好生活十大工程”，聚焦商品房办证、安置房建设、公共交通、能源保障、社区服务、教育医疗等群众关心关注的领域，广泛发动群众参与，认真编制2021年民生实事，严格实行目标管理、过程监控、结果评估，切实把每一件民生工程都办成得民心、顺民意、暖人心的务实项目，打通为民办实事"最后一公里"，让城乡群众共享城市发展的成果和红利，不断提升获得感、幸福感。

（三）推动公共服务更优。优先发展教育事业，建成城乡公办幼儿园10所，新增学位2800个，普惠性幼儿园覆盖率达到80%以上。推进"健康简阳"建设，深化医药卫生体制改革，大力推进市人民医院完善三甲功能、基层医疗巩固提升等项目建设，不断提升医疗服务水平。积极推进"全域供排水一张网"建设，完成城乡居民饮水巩固提升工程。大力发展城乡公共交通，深入实施乡村客运"金通工程"，开通接驳地铁18号线、机场、产业功能区等重点公交线路。新建新能源汽车充电桩250个，启动110千伏尖山站、高铁新城站建设，完成110千伏十里坝站、解放站扩容改造，推动建成区5G网络室外信号连续覆盖，提升城市能源及通讯保障能力。

（四）推动社会保障更实。推进脱贫攻坚与乡村振兴有机衔接，保持帮扶政策、资金支持、帮扶力量总体稳定，确保实现"零返贫、零致贫"。千方百计稳定和扩大就业，突出抓好高校毕业生、脱贫群众、退役军人等重点群体就业服务，确保"零就业家庭"动态清零。坚持"房住不炒"定位，持续扩大住房租赁补贴发放范围，促进房地产市场平稳健康发展。健全养老服务体系，加快综合社会福利中心、爱晚二期建设。落实社会救助、保障标准与物价上涨挂钩联动机制，扎实做好特殊困难群体托底帮扶。

七、提高政府推动高质量发展的能力

（一）旗帜鲜明加强政治能力建设。始终把党的政治建设摆在首位，坚持用新思想新理念武装头脑、指导实践，不断提高政治判断力、政治领悟力、政治执行力，切实增强"四个意识"，坚定"四个自信"，做到"两个维护"。坚定不移贯彻落实党中央国务院、省委省政府、成都市委市政府和简阳市委决策部署，做到思想上同心、行动上同向、节奏上同频，确保政令畅通、令行禁止。

（二）持之以恒加强法治能力建设。认真执行市人大决议决定，自觉接受市人大及其常委会法律监督、工作监督和政协民主监督，主动接受群众监督和舆论监督，切实办好人大代表建议和政协委员提案。坚持依法科学民主决策，全面落实重大行政决策程序规定，完善公众参与、专家论证、风险评估、合法性审查和集体决策程序。健全学法用法长效机制，提高运用法治思维、法治方式处理实际问题的能力。加强法治宣传教育，全面启动"八五"普法。

（三）锐意进取加强专业能力建设。着力增强见微知著、发现问题的专业水平，坚持把调查研究、学习研讨作为推进工作的重要手段，善于从纷繁复杂的工作中，科学分析研判存在的矛盾风险隐患点，精准制定管理、防范、化解政策措施。着力增强担当尽责、解决问题的专业敬业精神，以"为简阳未来发展担当、为简阳人民负责"的强烈责任感，做到矛盾风险发现一处，及时整改解决一处，决不把小事拖成大事、大事拖成难事。

（四）严字当头加强廉政能力建设。坚决落实全面从严治党部署要求，坚持把纪律规矩挺在前面，持续用力整治"四风"，做好省委巡视交办问题的立行立改和标本兼治。严格执行"三重一大"决策制度，固化工程招投标、项目建设、政府采购、国有公司投融资等方面的工作标准和程序，细化明确政府组成部门单位权责清单。教育引导政府部门和企事业单位党员干部树立浩然正气、昂扬锐气，坚决为讲原则、说实话、干实事的党员干部撑腰鼓劲，推动政府系统"正气充盈、政治清明"。

各位代表！回首过去，我们步履坚实；展望未来，我们信心满怀！让我们更加紧密团结在以习近平同志为核心的党中央周围，在党中央国务院、省委省政府、成都市委市政府和简阳市委的坚强领导下，不忘初心、逐梦前行，实心干事、科学作为，为加快形成"五个新优势"，建设成都东部区域中心城市作出新的贡献，以优异成绩庆祝建党100周年！

名词解释

1. 六类五百强：指世界500强、中国500强、中国服务业企业500强、中国民营企业500强、高能级企业500强、新经济企业500强。

2. "11＋22"现代农业园区：指规划建设的11个市级农业园区和22个镇（街道）级农业园区。

3. "1空7高10轨11快"："1空"即天府国际机

场；“7 高”即成安渝高速、成渝高速、成都天府国际机场高速、成资渝高速、成宜高速、成都第二绕城高速、成都经济区环线高速；“10 轨”即成渝铁路、成渝客专、成达万高铁、成自高铁、沪渝蓉高铁、成都地铁 18 号线、成都地铁 13 号线、S2 线、S3 线、J1 线；“11 快”即金简仁快速、金简黄快速、成金简快速、成洛简快速、成龙简快速、成简快速、成资快速、简州大道、迎宾大道延长线、金简南线快速、乐简快速。

4. “四合一”集体经济发展模式：指利用产权制度、清产核资成果，在村集体成立“股份经济合作社、农业开发公司、土地股份合作社、农民专业合作社”四种市场经营主体，发展壮大集体经济。

5. 十项基础工作：指为健全完善疫情防控体系，开展的“隔离酒店自查整改、医疗机构和个体诊所防控、冷链食品风险监管、交通口岸防控管理、特殊重点机构防控、机关企事业单位防控、社区防控、文化旅游消费娱乐场所防控、防控物资储备管理、预警监测和信息发布”十项工作。

6. “联帮挂”“送帮送解”：指为有效应对疫情冲击，帮助企业尽快复工复产，开展的“领导联系企业、部门帮扶企业、干部挂包企业”活动和“送政策、帮企业、送服务、解难题”活动。

7. “六权同确”：指为发展农村经济、解决农村土地权益归属问题开展的一项产权制度改革，即对农村土地承包经营权、农村集体土地所有权、农村集体建设用地使用权（含宅基地使用权）、农村集体建设用地上房屋（含农房）所有权、农村集体林权、农村小型水利设施产权进行确权颁证。

8. 国有企业转型赋能“1＋6”工作方案：指国企改革过程中制定的《加强市属国有企业党的建设推动国资国企转型赋能实施方案（2020—2022）》1 个总方案以及《市属国有企业做实资本资产工作方案》《市国资委授权放权清单》《市属国有企业多元化发展实施方案》《进一步完善市属国有企业法人治理结构工作方案》《市属国有企业内部控制和外部监督的实施意见》《市属国有企业经营业绩考核管理办法》6 个子方案。

9. “3＋2”驻外招商网络：指积极拓展离岸招商机构，在原有北京、上海、深圳三个驻点机构基础上，新派员赴厦门、青岛开展驻点招商。

10. “10＋N”改革创新：指 2019 年“改革创新年”实施的实质性微改革项目，“10”即优化开放合作环境、创新土地开发模式、健全集体增收机制、创新实体经济融资模式、创新人民调解模式、畅通群众诉求渠道、构建全民信用体系、开展助学解困、深化精神脱贫、干部队伍政治建设。“N”即根据工作需要，谋划推进的其他改革措施。

11. “专、精、特、新”中小企业：指具有“专业化、精细化、特色化、新颖化”特征的中小企业。

12. 多式联运：指由两种及以上的交通工具相互衔接、转运而共同完成的运输过程。

13. 保税物流中心（B 型）：指经海关批准，由中国境内一家企业法人经营，多家企业进入并从事保税仓储物流业务的海关集中监管场所。

14. 八大消费场景：指地标商圈潮购场景、特色街区雅集场景、原乡野趣度假场景、公园生态游憩场景、体育健康脉动场景、文艺风尚品鉴场景、社区邻里生活场景、未来时光沉浸场景。

15. 中央生态区：指城市里靠近山体和水体，拥有较完整的植被，而且自然生态圈没有被破坏，空气、水、阳光等无污染，生物链也较为完整的区域。

16. 碳汇经济：指由碳源碳汇相互关系及其变化所形成的对社会经济及生态环境影响的经济，即碳资源的节约与经济、社会、生态效益的提高。

17. 瞪羚企业：指创业后跨过死亡谷以科技创新或商业模式创新为支撑进入高成长期的中小企业。

18. 两区一城：指四川天府新区、成都东部新区、中国西部（成都）科学城。

19. 幸福美好十大工程：指成都市提出的“大力提升居民收入水平、继续保持生活成本竞争力、实施高品质公共服务倍增计划、持续提升城市通勤效率、抓好城市更新和老旧小区改造提升、打造稳定公平可及营商环境、建设青年创新创业就业环境友好城市、建设生态惠民示范城市、提升城市智慧韧性安全水平、建设全龄友好包容型社会”十项工作。

简阳市政协常务委员会工作报告

（2021 年 1 月 24 日，在简阳市政协十四届五次会议上）

简阳市政协主席　李崇喜

各位委员、同志们：

我受市政协常务委员会委托，向大会报告工作，请予审议，请列席会议的同志提出意见。

2020 年工作回顾

2020 年，在中共简阳市委的坚强领导下，在上级政协的有力指导下，市政协坚持以习近平新时代中国特色社会主义思想为指导，全面贯彻落实中央、省委、市委决策部署，主动作为，各项工作取得新成效，助力夺取疫情防控和经济社会发展双胜利，助推加快建设成都东部区域中心城市。

一、坚定不移维护核心，把牢政治方向凝聚新共识

（一）坚持理论武装，坚定正确政治方向。认真贯彻党的十九大精神，党的十九届四中、五中全会和省委、市委全会精神，及中央、省委、市委政协工作会议精神。全年召开市政协党组会、主席会、常委会、党组理论学习中心组学习会和机关职工会等 75 次，组织全体政协委员、政协工作者参加“守初心担使命、提升履职能力”培训班、十九届四中全会精神轮训班等 13 批次 400 余人次，进一步增强“四个意识”，坚定“四个自信”，做到“两个维护”，广大政协委员、政协工作者政治定力更加坚定、思想认识更加深化、担当使命更加自觉。

（二）坚持党的领导，保持高度政治自觉。坚定不移地维护党中央权威和集中统一领导，始终坚持在市委领导下开展工作，认真贯彻市委政协工作会议精神和市委书记重要讲话精神，全面执行《关于落实市委政协工作会议主要任务分工方案》，落实市委统战部部长兼任市政协党组副书记，重大事项及时向市委报告，重要活动围绕市委中心大局开展，重要安排报市委审批。

（三）坚持党建引领，切实担负政治职责。市政协党组认真履行全面从严治党主体责任，把方向、管大局、促落实。报请批准成立了市政协机关党委和 10 个机关党支部，构建起“政协党组+机关党组”“机关党委+党支部”的党建工作组织体系。新制定了《市政协中共党员委员双重组织生活工作意见（试行）》。

二、紧扣中心服务大局，助推改革发展彰显新作为

坚持市委中心工作推进到哪里，政协履职就跟进到哪里，全年开展各类协商 40 余次，组织实施民主监督 30 余次。

（一）紧扣成渝地区双城经济圈建设开展调研。一是围绕“抢抓机遇，助推成渝地区双城经济圈建设”课题深入“东来印象”“西南国际旅游集散中心”“金简黄北延线”等重点项目建设施工现场开展调研，从规划引领、全方位推进区域协同发展、科技创新驱动等方面提出意见建议。二是围绕成德眉资同城化发展，以全市交通路网体系建设为切入点，派出 6 个督导组、28 个工作组深入全市 28 个镇街 607 个村（社区）4718 个组，对全市 12539 条 7305 千米县乡村组道路，以及与雁江区、乐至县、仁寿县、成都东部新区、龙泉驿区、双流区、金堂县相连接的道路现状，实地开展摸底调查工作，经多轮现场调查核实，多次组织听取有关专家和部门意见，历时 7 个多月最终形成高质量调查报告提交市委、市政府，为全市科学制定“十四五”交通规划和争取上级政策支持提供了重要参考，得到市委主要领导高度评价，相关意见建议被市政府及相关职能部门采纳，用以指导全市农村公路规划建设。

（二）紧扣基层社会治理深入调查研究。围绕“城乡基层社会治理”议题，邀请资阳市政协社法委组成联合调研组，深入蜀阳社区、尤安村等地实地调查研究，形成《关于简阳市城乡社区发展治理的调研报告》，从制度管理、示范引领、优化服务、激活主体等方面提出14条有针对性的意见建议，得到省政协领导签批肯定。

（三）紧扣疫情防控有效协商议政。围绕事关疫情防控、人民群众生命安全和身体健康的基础性、长期性、节点性问题，组织政协委员深入市人民医院、石钟镇卫生院、城东社区卫生服务中心等单位详细了解全市公共卫生服务体系建设情况，开展“简阳市公共卫生服务体系建设情况”专题协商，提出意见建议，得到成都市政协领导肯定表扬。市政协常委会议2次通报全市统筹推进疫情防控和经济社会发展情况，把疫情防控工作与政协工作有机结合，选取食品药品抽检工作情况、基层医疗机构人才队伍建设情况、医保基金监管工作情况等开展协商和监督，助推疫情防控措施落地落实。

（四）紧扣热点难点广泛协商监督。围绕决战脱贫攻坚、空港大道等重大交通基础设施建设、公共文化服务效能和水平、市属国有企业监管体系、弱势群众就业难等议题开展专题调研，及时向市委、市政府反馈意见建议。围绕全面深化改革，镇街区划调整后半篇文章、住建类重点项目规划建设、国家粮油储备情况、城区饮用水源保护等议题开展民主监督，助力相关措施落实到位。围绕简阳农业发展格局新变化，选择“推动农业适度规模经营，助推农村经济发展农民增收”和“发展都市现代农业，创响简阳农业品牌”等议题开展专题调研，助推全市农村经济发展。

（五）紧扣重点提案开展办理协商。严把提案审查关，全年共征集提案231件，立案147件。重点对提交成都市政协的“加快推进简阳撤市设区”等8件提案进行跟踪促办，相关建议得到成都市委市政府重视。持续开展提案办理民主评议，市卫健局获优秀等次；成都市政协专题莅简调研评估简阳提案办理民主评议工作，给予了“四个好”的高度评价。市教育局等8个单位被评为提案办理先进单位，“勇当成渝地区双城经济圈建设桥头堡”等14件提案被评为优秀提案。

（六）紧扣中心大局积极担当作为。按照市委统一安排部署，市政协领导班子成员积极担当作为，带头深入企业、学校、镇街、村（社区），切实开展脱贫攻坚、联帮挂、大学习大调研大走访、村居建制调整、创建全国文明卫生城市、河长制等重点工作，走访联系贫困村168次，谈心谈话300余人次，巡河（水库）36条（个），现场督导110次，召开现场专题推进会40余次，全年帮助企业、学校、医院、镇街、村（社区）协调解决问题400余个，圆满完成了市委交办的各项工作任务。

三、关注民生紧贴民心，真情履职为民作出新贡献

（一）参与疫情防控，助力民生保障。在抗击疫情的伟大斗争中，市政协坚决执行中央、省、市决策部署，把疫情防控作为最紧迫的政治任务、最重要的工作，动员政协各参加单位和全体政协委员积极投身疫情防控，为我市打赢疫情防控阻击战贡献政协力量。市政协领导班子成员带头深入各镇街、企业、学校督导疫情防控工作，助推复工复产复学复市。机关全体干部职工组成11个工作组深入赤水街道各村组开展疫情防控工作。政协各参加单位、市政协委员捐赠口罩1万余个、防护服4000件、消毒剂120余吨、时令新鲜蔬菜167吨，合计价值300余万元。特别是医卫界委员白衣为甲、逆行出征、昼夜战“疫”，生动诠释了为国履职、为民尽责的政协情怀。市政协委员原创的《中华无恙》等3首抗疫歌曲先后被人民日报、新华网、学习强国等30多家媒体网站采用。2名政协委员被成都市表彰为新冠肺炎疫情防控先进个人。

（二）聚力脱贫攻坚，促进民生改善。市政协领导班子成员带领7个督导组对全市17个镇街70个贫困村、10个非贫困村的脱贫攻坚工作开展督导，发现并整改问题233个，得到市委主要领导充分肯定。市政协委员踊跃参加“我为扶贫攻坚做件事”活动，委员参与率达100%，做好事实事3574件，捐款捐物125万元。市政协机关干部600余人次入村帮扶，出资5万余元帮助石家村、牛心村、金明村改善基础设施及办公条件、发展产业，持续巩固脱贫成效。各民主党派、各界别充分发挥自身优势，广泛开展送医送药、送教助学、扶智扶贫等活动。

（三）反映社情民意，解决民生难题。紧紧围绕群众关注的医疗、教育、就业、住房、交通、食品安全、生态环境等民生社会事业，反映社情民意42条，上报成都市政协13条，其中《当前推进基层社会治理能力提升存在的差距与建议》《专门协商机构运行机理之价值分析》等被成都市政协及省政协采用。开展政协委员走访困难企业群众专项活动，政协委员累计参与1217人次，走访困难企业290家、困难群众923户，为企业、群众协调解决资金和捐款捐物合计1689万元。

四、坚持团结民主主题，维护社会稳定广聚新能量

（一）深化合作共事。坚持“有事多商量、遇事多商量、做事多商量”，建立与各民主党派、工商联负责人交流制度，听取意见、沟通思想、增进共识。鼓励各民主党派、工商联和无党派人士在调研视察、撰写提案、反映社情民意信息等履职活动中发挥作用，由各民主党派、工商联组织开展的《关于多措并举推进简阳市农村生猪生产发展的建议》《河长制推行过程中的问题与建议》《关于简阳市打造世界旅游目的地的建议》等7个调研课题先后得到省政协、成都市人大、成都市政府、成都市政协领导的肯定表扬。积极为政协委员建言献策搭建平台、创造条件，推荐政协委员参加各类监督评议活动。

（二）深化联谊交流。先后接待省政协副主席祝春秀莅简调研生猪稳产保供和提质增效，接待省政协离退休支部莅简指导成都东进区域经济社会发展及新机场和龙泉山城市森林公园建设。配合资阳市、射洪市等地政协莅简开展成渝地区双城经济圈建设、成德眉资同城化和交界地带融合发展等调研考察4次。接待邛崃市、石棉县、万源市等地政协莅简考察10余次。携同泸州市龙马潭区政协、宜宾市翠屏区政协、双流区政协、青白江区政协围绕港口门户城市开放合作等开展专题协商。组织赴重庆市、泸州市、南充市、乐山市等地学习考察20余次。

（三）深化以文聚心。启动了《简阳市政协志（2006—2020）》编纂工作。编辑出版《简阳政协70年》第34辑文史资料。市政协委员原创歌曲《爱的接力赛》《诗意成都》分别荣获全国工会职工书屋主题征集活动优秀奖（四川工会系统唯一获奖作品），四川省网络正能量“十大金曲”和2020年蓉城之秋国际音乐季“少城之声”年度最佳原创音乐作品。市政协微信公众号、微信群全年推送图文146期、268条，栏目更新632条。

五、与时俱进开拓进取，加强自身建设树立新形象

（一）加强委员服务管理。修订制发了《简阳市政协委员履职服务与管理办法》，推动委员主动履职、依章履职。严格履职要求，8名政协委员向市政协常委会述职，9个委室向市政协常委会报告年度工作情况。撤销委员职务1人，通报履职不到位委员3名。推荐政协委员列席市委市政府重要会议128人次。

（二）提升机关工作效能。致力打造“学习型、服务型、实干型”政协机关，不断健全制度机制，严格工作程序，改进文风会风，提高工作效率。制定并落实机关工作人员考核、述职等工作制度。完成市政协机关职务与职级并行套改17人，晋升12人。

（三）加强党风廉政建设。全面落实省委第四巡视组巡视简阳反馈意见整改各项要求，建立“三张清单”，确保巡视整改工作取得成效。坚持每季度向市委常委会报告市政协党组履行党风廉政建设主体责任情况。认真落实“一岗双责”，把党风廉政建设与政协工作同谋划、同部署、同落实。严格落实中央八项规定和省、市相关规定，确保政协依章履职、风清气正。

各位委员、同志们！过去一年成绩的取得，是市委坚强领导和上级政协有力指导的结果，是市人大、市政府及社会各界大力支持的结果，是全体政协委员、政协工作者共同努力的结果。在此，我谨代表市政协表示衷心感谢！

面对新形势新要求，我们清醒认识到工作中还存在一些差距和不足：建言资政的效果还有待提升；民主监督的氛围还不够浓厚；专门协商机构的作用发挥不够。针对这些问题，我们将在下一步工作中认真加以改进。

2021年主要工作

2021年是实施“十四五”规划、开启全面建设社会主义现代化国家新征程的开局之年，也是中国共产党成立100周年。市政协工作的总体要求是：坚持以习近平新时代中国特色社会主义思想为指导，在中共简阳市委的坚强领导下，发扬伟大抗疫精神，践行新发展理念，服务新发展格局，围绕中心大局，贯彻习近平总书记关于加强和改进人民政协工作的重要思想，坚持团结和民主两大主题，积极履行政治协商、民主

监督、参政议政三大职能，主动融入“双循环”，齐心唱好“双城记”，坚定走好“东进路”，认真答好“新三问”，推动政协事业高质量发展，助推简阳加快建设成都东部区域中心城市。

一、坚持党的领导，忠诚履职

坚持把思想政治引领贯穿到政协履职全过程，坚持用习近平新时代中国特色社会主义思想武装头脑、指导实践、推动工作，政协各参加单位、广大政协委员和政协工作者坚决增强“四个意识”，坚定“四个自信”，做到“两个维护”。突出抓好中央、省委、市委政协工作会议精神的贯彻落实，推动中央、省、市决策部署在市政协落地见效。全面贯彻新时代党的建设总要求，全面落实党对政协组织实施全面领导的制度规定，确保市政协始终在党的领导下积极有效地开展工作。

二、聚焦中心大局，精准履职

始终坚持市委中心工作推进到哪里，政协履职就跟进到哪里，把政协工作放到全市发展大局中去定位。聚焦加快建设国际空港门户枢纽城市、宜业宜居山水公园城市、东进区域智能制造高地等战略目标，以更高站位、更新理念、更宽视野，认真实施年度协商和民主监督计划；聚焦经济社会发展，围绕常态化疫情防控、“六稳”“六保”“十四五”规划等建言献策；聚焦唱好“双城记”，围绕成渝地区双城经济圈建设、成德眉资同城化发展、建设成都东部区域中心城市、临空经济产业园规划建设等献计出力；聚焦乡村振兴，围绕农产品质量安全监管、农业生产服务体系建设、农业发展“十四五”规划编制推进情况开展专题调研；聚焦提升城市功能品质，围绕公园城市建设、毗河引水工程推进、推动文旅融合发展等开展协商调研；聚焦改善民生，围绕冷链食品监管工作、退役军人就业创业、城区安置房建设、孤儿救助体系建设、医保便民工作、人口户籍管理规范化建设、房地产开发建设、简阳市广电网络三年提升工程、义务教育阶段学校体育工作等开展专题协商。

三、突出团结民主，勤勉履职

充分发挥政协联系各界、团结各方的独特政治优势，切实把党的主张转化为社会各界的思想共识和行动自觉，把市委的安排部署落到实处。通过定期走访、召开听取意见座谈会、开展经常性谈心谈话等形式，密切与各民主党派、工商联和无党派人士的联系。进一步加强与上级政协、外地政协的联谊交往。探索与成都东部新区政协工作协商合作模式，共同助推全域简阳协调发展。进一步发挥文史资料“存史、资政、团结、育人”重要作用，为简阳加快发展汇聚更多正能量。

四、恪守初心使命，真情履职

坚持人民政协为人民的理念，按照协商于民、协商为民的要求，不断提高建言资政的针对性和时效性，在为民服务的实践中践行初心使命。扭住民生领域重要问题，通过调研、协商、视察、提案、反映社情民意等方式，协助市委市政府破解民生热点、难点问题。扭住民主监督重点，督导关键处，不缺位、不越位、不错位。加强专门协商机构建设，更加规范、更为常态、更有成效地开展协商，最大程度发挥政协广纳群言、广谋良策、广聚共识的重要作用，全力助推全市经济社会协调发展。

五、紧扣强基固本，高效履职

加强政协委员和机关干部“两支队伍”建设，努力打造“懂政协、会协商、善议政，守纪律、讲规矩、重品行”的政协委员队伍和机关干部队伍。加强委员学习培训和履职服务管理，建设好规范化“有事来协商”平台，常态化开展协商活动。加强各专委会服务各界别工作。全面加强政协系统党建工作，严格执行各项纪律要求。正确对待进退留转，认真做好政协换届各项工作。着力建设学习型、服务型、廉洁型政协机关。

各位委员，新发展阶段已经来临，新发展征程已经开启，让我们更加紧密地团结在以习近平同志为核心的党中央周围，在中共简阳市委的坚强领导下，传承弘扬“东灌”精神，奋力开创政协工作新局面，为加快建设成都东部区域中心城市作出新的更大贡献，以优异成绩迎接建党100周年！

简阳市 2020 年国民经济和社会发展计划执行情况及 2021 年国民经济和社会发展计划草案的报告

（2021 年 1 月 25 日，在简阳市第十七届人民代表大会第七次会议上）

简阳市发展和改革局局长　杨　敏

各位代表：

受市人民政府委托，现将简阳市 2020 年国民经济和社会发展计划执行情况及 2021 年国民经济和社会发展计划草案提请市十七届人大七次会议审议，并请市政协委员和其他列席人员提出意见。

一、2020 年国民经济和社会发展计划执行情况

2020 年，是简阳发展历程中极不平常的一年。面对突如其来的新冠肺炎疫情和艰巨的改革发展稳定任务，在党中央国务院、省委省政府、成都市委市政府和简阳市委的正确领导下，在市人大、市政协的监督指导下，全市上下坚定以习近平新时代中国特色社会主义思想为指导，深入贯彻党的十九大和十九届二中、三中、四中、五中全会精神，坚持稳中求进工作总基调，坚持新发展理念，坚持以供给侧结构性改革为主线，坚持深化改革开放，扎实做好“六稳”工作、全面落实“六保”任务，认真执行市十七届人大五次会议审议批准的 2020 年国民经济和社会发展计划，经济总量稳定增长、发展质量稳步提升、创新动能持续增强、民生福祉不断改善、社会大局和谐稳定，经济社会保持了良好的发展势头，“十三五”圆满收官，决胜全面建成小康社会、决战脱贫攻坚取得决定性成就，为全面开启新时代简阳“三步走”第二步战略、推动“十四五”时期高质量发展奠定坚实基础。全年预计实现：

——地区生产总值 525 亿元、增长 4% 以上

——规模以上工业增加值增长 0.3%

——全社会固定资产投资总额 344.6 亿元、增长 14.5%

——社会消费品零售总额 334.7 亿元、增长 0.1%

——地方一般公共预算收入 30 亿元、增长 12.37%

——城镇、农村居民人均可支配收入分别增长 6.6%、9.5%

（一）有效应对疫情，经济运行保持稳定

1. 疫情防控积极有效。扎实做好疫情防控十项基础工作，高效完成多轮社区、商超、交通卡口等重点区域全覆盖排查，累计排查 1800 万余人次、车辆 106 万余辆，新冠肺炎治愈率 100%，守好了成都疫情防控“东大门”。严格落实疫情防控要求，科学制定应急响应预案，先后对 597 名密切接触者和中风险地区来简人员进行集中隔离，对 383 名境外返简人员严格实行闭环管理。自 2020 年 2 月以来，全市无新增确诊病例，确保了社会大局稳定。选派 12 名业务骨干组建医疗队驰援武汉，紧急调配医务工作者 512 人奔赴郫都区防疫一线，彰显了守望相助的“简阳担当”和合舟共济的城市力量。统筹调度全力保供，千方百计保障医疗物资、民生商品、重要原料等供应，整合 15 家企业、200 余个零售终端、50 余个农贸市场，搭建供需衔接平台和物资配送网络，有效确保我市物资供应不断、社会秩序不乱。

2. 复产复工复学稳定有序。扎实开展“送帮送解”“联帮挂”活动，制定《关于有效应对疫情稳定经济运行支持中小企业发展的 16 条政策措施》，组建工业、农业、文旅等联络专班 15 个，企业优惠政策兑现、企业用地保障、企业“退二进三”等问题会诊专班 8 个，

兑现扶持资金3.12亿元，减免企业税费1.6亿元，帮助获取贷款70.9亿元，规上企业在疫情发生一个月内复工率达到100%。统筹抓好学校疫情防控和开学复课工作，对全市142所公办学校、111所民办学校、90个培训机构开展全覆盖核验，推动学生有序返校复课。

3. 工业经济健康运行。组建工业专班，督促234名联络专员常态化驻企开展服务工作，累计解决企业反映问题355个，全市937户工业企业、38个在建工业项目全部复工复产。星空年代一期1、2号楼结构主体完工，中航油铁路专用线和卸油站竣工，五冶一期、二期竣工，华新南光、五环石化装备、瑞特机械等项目开工建设，“谷神星一号简阳号”商业运载火箭在酒泉卫星发射中心成功发射并同步入轨。全年完成工业投资118.7亿元。全市91户规上工业企业实现产值148.8亿元，工业入库税金6.2亿元、同比增长6.59%。全年预计实现规上工业增加值增速0.3%。

4. 服务业提质转型。服务业招商引资成效显著，新签约中通快递等重大项目19个、总投资98亿元。金融服务实体经济能力全面提升，为疫情受困企业提供担保贷款49笔1.36亿元；利用“盈创动力”“农贷通”“天府信用通”等融资服务平台累计获得贷款17.77亿元；推动总规模21.88亿元的成都东进产业基金（母基金）、四川省知识产权运营基金落地简阳，加快总规模37.1亿元的成都市智能制造基金、国际合作基金等产业引导基金落地进程。推动房地产市场健康发展，全年完成商品房销售面积120万平方米、销售额突破100亿元。全年预计实现服务业增加值275亿元，同比增长4.3%。

5. 农业生产稳步发展。统筹推进“11＋22”现代农业园区建设，简州大耳羊现代农业园区成功创建成都市2020年度星级园区、列入省级培育园区。农业产业提质发展，新发展现代农业产业1.22万亩，建成高标准农田3.5万亩，农业规模经营率提升至60.7%，累计创建“三品一标”106个。实施“菜篮子”“米袋子”强基行动，粮食再获丰收，粮食播种面积137.37万亩、产量突破45万吨，出栏生猪85万头。农业经营主体培育成效显著，新评定成都市级示范农民合作社11家、省级7家，新增示范家庭农场成都市级6家、省级1家。推进“十大行动计划”农业类重点项目建设，新开工建设红酒奥特莱斯、天府本草园等项目12个，德青源、2万亩稻鱼综合种养等项目提前竣工。项目招引持续加强，新引进海晟隆辣椒田园综合体、中安富海有机农业示范园等项目8个，计划总投资100.3亿元。全年预计实现农业增加值59亿元、增长4.3%。

（二）坚持新发展理念引领，产业功能区培育成效显著

1. 承载能力全面提升。结合新一轮国土空间规划和城市总规，优化完善园区规划，临空产业园总体规划和空天产业功能区东部社区城市总规、13.7平方千米控规、城市设计完成编制工作。与四川能投建工、成都产投、益民集团等国有企业合作，协同推进园区规划设计、建设运营、招商服务等工作。三个产业功能区累计建成标准厂房45.7万平方米、标准化仓库54万平方米、专业楼宇19万平方米、配套住房2000余套，学校、医院、道路等园区配套设施建成投用。

2. 深化体制机制改革。制定《简阳市产业功能区建设工作职责任务清单》《简阳市产业功能区赋权清单》，设立简阳市航天产业发展局、简阳市临空经济产业发展局。制定出台《简阳市产业功能区薪酬制度实施意见》《简阳市产业功能区编外聘用人员公开招聘办法》，3个功能区管委会全部实行员额制管理。实施“智立方”柔性引才引智计划，落实“成都城市猎头行动计划”，围绕“2＋2＋1”重点产业领域招引各类人才282名。盘活利用产业功能区存量低效工业用地967亩，获得经营性工业用地计划指标奖励45亩。

3. 项目招引成效显著。扎实开展项目招引攻坚行动，三个产业功能区分别在北京、杭州、上海等地开展主题招商推介活动。成都空天产业功能区签约引进星河动力等高能级产业项目13个。成都空天产业功能区、西部电商物流产业功能区被成都市表扬为投资和重点项目推进工作成绩突出单位。西部电商物流产业功能区签约引进重大产业项目13个，创新孵化平台新入驻企业121家，实现销售收入320亿元，获评四川省十大产业园区。简阳临空经济产业园、成京合作园片区综合开发顺利启动，签约引进高能级产业项目8个，协议引资86亿元。

（三）发展活力不断释放，改革开放稳步推进

1. 项目投资拉动有力。坚持以项目为中心组织经济工作，实施“十大行动计划”重点项目510个，申通西

南总部基地等228个项目加快建设，天府绿道滨江路示范段等71个项目竣工投用，颐海调味品等158个项目开工建设，7个省级重点项目完成投资34.8亿元、完成年度投资计划27.3亿元的127.3%，60个成都市级重点项目完成投资196.2亿元、完成年度投资计划157.8亿元的124.4%，有效支撑固定资产投资完成344.6亿元、增速由年初1%恢复提升至全年增长14.5%。

2. 消费需求稳步提升。出台《关于建设成都东部区域性消费中心的实施意见》等刺激消费政策，举办第十七届羊肉美食文化旅游季、"一镇（街道）一节"等旅游消费活动，开展"品质川货十百千万网购节""约惠春天""成都新消费·用券更实惠"等促销活动刺激消费，新增消费人数2.5万人次。传统消费稳定回升，限上餐饮业收入较上半年增长70.7%，限上住宿业降幅较上半年收窄21个百分点。新兴消费提档升级，大力发展户外消费、在线消费、夜间经济、周末经济等一批消费新业态。完成社会消费品零售总额334.7亿元。

3. 改革创新持续深化。村（社区）体制机制改革稳妥推进，全市678个村（社区）调整为364个、调减率46.3%，4802个村（居）民小组调减至2817个、调减率41.3%，村（居）换届选举有序推进，村（社区）发展内生动力显著增强。营商环境全面优化，"放管服"改革深入实施，1084项政务服务事项全部进驻政务服务大厅，政务服务事项"网上办""一次办"比例分别达到100%、99%，全市新增市场主体13747家、增长34.9%。农业农村改革持续深化，农村集体经济"四合一"改革平台覆盖所有行政村，全年村集体经济收入突破1亿元、增长303%。我市被评为全国农村承包地确权登记颁证工作典型地区、全省农机安全监管工作先进单位、成都市农民增收工作先进区（市）县。

4. 开放合作持续扩大。加入成渝轴线区（市）县协同发展联盟，签订成渝轴线联盟战略合作协议。聚焦成德眉资一体化发展，编制完成《简阳市—雁江区交界地带融合发展实施方案》和《简阳市—乐至县交界地带融合发展实施方案》，并通过成都市人大对我市成德眉资同城化发展工作审议，简雁乐融合发展区被省同城办确定为农旅融合发展示范点。探索交界地带融合发展模式，形成《简雁乐农旅融合发展示范点推进建设协议》和《简雁乐农旅融合发展示范点创建方案》，具有影响力的同城化发展示范区加快形成。务实推进与成都东部新区一体化发展，建立常态化交流协作机制，组建移交工作组9个，一个月内顺利完成移交工作，帮助代办行政许可事项229项，推动与成都东部新区在产业发展、基础设施、公共服务、生态环保等方面协同发展。加快推进成资临空经济产业带协同发展，签署《简阳临空经济产业园—资阳临空经济区战略合作框架协议》，形成区域间共建共享、协同融合的产业发展格局。

（四）推进城市更新，城市功能品质不断提高

1. 公园城市加快建设。高标准编制《简阳市国土空间总体规划（2019—2035）》《践行新发展理念的公园城市示范区——简阳市建设总体规划》，加快推动"三环一带"城区绿道体系建设，累计建成绿道167千米，天星公园基本建成，杨柳公园加快建设，建成区人均公园绿地面积达15.1平方米，创建四川省生态园林城市顺利通过专家组验收。推进城市有机更新，改造老旧院落10个，完成背街小巷环境整治30条、"两拆一增"项目30个，实施华西社区、东溪场镇（二期）、城北二期、建设路片区4个棚户区改造项目，拆除房屋455户，拆除面积约41500平方米，成功创建国家卫生城市。

2. 生态环境持续改善。实施简阳全域增绿行动，森林蓄积量达到201万立方米。打好污染防治攻坚战，纵深推进大气污染防治"650"工程、水污染防治"626"工程和土壤污染防治"620"工程，开展大气环境网格化监管设施建设，沱江流域市控及以上断面水质优良比例达到80%，城市集中饮用水水源地水质优良比例达100%，乡镇集中式饮用水水源地达标率98%，空气质量优良天数323天，优良率达88.2%，PM2.5平均浓度31.1微克/立方米，下降18.1%，全面完成"十三五"生态环境保护目标任务，首次达到国家环境空气质量二级标准。

3. 城市建设纵深推进。实施"十大行动计划"城建类重点项目129个，放生坝一级土地整理等63个项目加快推进，国道321石桥场镇段改建等23个项目开工建设，大井安置还房等19个项目竣工。高铁片区、东城新区、葫芦坝片区等重点项目加快建设，完成投资120亿元，城镇化率达55%，城市建成区面积达40平方千米。水利设施建设加快推进，毗河一期

工程（简阳段）主体完工，完成水利投入19.92亿元，完成配套各类渠道19.7千米，铺设供水管网149千米，污水管网116千米。河道整治42.3千米，治理水土流失面积27平方千米，新增高效节水面积1.8万亩。

4. 综合交通加快构建。实施“十大行动计划”交通类重点项目51个，“双C”提升、德简高速等4个项目完工。完成成都轨道交通18号线三期工程建设用地保障性工作、简阳南站TOD综合开发一体化城市设计招标，形成《简阳市轨道交通规划优化建议方案》，纳入《成都东部新区轨道交通线网优化方案》《成都市城市轨道交通线网规划（2020—2035年）》。投入新能源公交车92辆，新增线路2条、延伸线路1条。新开行农村客运线路9条，新建招呼牌258个、投入车辆12辆，实现行政村通公交（客运）率100%。

（五）始终关注民生，民生福祉切实增进

1. 脱贫攻坚取得决定性胜利。把脱贫攻坚作为最重要的政治任务和第一民生工程，举全市之力下足“绣花”功夫，组建6个督导专班对整改落实情况开展三轮全覆盖抽查督导，整改销号各类问题3705个，实现历年问题全面整改清零。健全完善“产业园区+公司+贫困村+贫困户”减贫带贫机制，统筹推进乡村振兴连片发展示范区建设，高标准规划打造231平方千米扶贫产业功能区。组织贫困劳动力转移就业1.8万人，注册“四川扶贫”公益商标32个，全市建档立卡贫困户家庭年人均纯收入达到12670元、贫困村集体经济收入达762万元，较2015年底分别增长366.3%、66%。全市建档立卡贫困人口“两不愁三保障”高质量达到省定脱贫标准，顺利通过省级脱贫攻坚成效考核，连续四年被省委省政府表彰为脱贫攻坚先进县。

2. 社会保障切实加强。就业政策全面落实，新设临时公益性岗位1782个，托底安置1252人，网络发布各地用工信息3万余条，培训人员5589人次，农村富余劳动力向城镇新增转移5130人，新增城镇就业6614人，城镇登记失业率为3.86%。稳岗力度持续加大，发放失业保险稳岗返还1294户2324.87万元，惠及职工45941人。参保覆盖持续拓宽，城乡居民医疗保险参保82.74万人，参保率稳定在98%以上。困难群体援助帮扶持续加强，建立社会救助、保障标准与物价上涨挂钩联动机制，累计发放城乡低保金、特困人员供养金和价格临时补贴2.38亿元。

3. 社会事业蓬勃发展。教育强市加快建设，建成投用城乡公办幼儿园10所、新增学位2000个，公办学位占比超50%，阳安中学新校区竣工，普通高中教学质量评估获成都市级优秀。健康简阳加快建设，市人民医院完善三甲功能、市疾控中心迁建、17家镇卫生院建设项目有序推进，妇女儿童急救中心、东溪中心卫生院竣工。文化事业繁荣发展，建成蜀阳社区、旭海广场、规划馆等4个文化馆社会分馆，实现各镇（街道）文化馆分馆全覆盖。5个文化站被成都市评定为一级站，6个文化站被成都市评定为二级站，全市100%达到三级及以上水平。云龙水酥制作技艺入选成都市第七批市级非物质文化遗产代表性项目名录，四川张氏斫琴坊文化艺术有限公司获评成都市第二批市级非物质文化遗产传承基地。

（六）完善社会治理体系，治理能力不断提升

1. 社区治理扎实推进。创新实施“五彩”社区治理工程，荣膺2020年度“中国十大社会治理创新典范”“社会治理创新城市”。强化城市精细治理，统筹推进“双创”工作，优化城区临时便民服务摊区6个，设立“快买快走”便民服务点15个。基层党组织建设持续强化，在涉改村（社区）全面推行书记、主任“一肩挑”，“一肩挑”比例达80%，村党组织书记兼任集体经济组织负责人比例达88.7%。治理机制全面优化，制定完善《简阳市城乡社区发展治理规划导则（试行）》《全市城镇物业管理居民小区党的组织和工作覆盖专项攻坚行动方案》，实现城镇物业管理居民小区党组织全覆盖。

2. 社区服务水平持续提升。推进民生服务线上集成，在简阳市民云布局16项便民服务，实现34所医院、143所学校的全面接入。实现社区服务线下供给，公开发布5个社会服务示范项目，涉及社区防疫、公共卫生等领域，累计开展150余场服务，覆盖22个镇（街道）40个村（社区），超过10000人次参与。建立枢纽型社会组织平台，现入驻社会组织21家，成功认证社会企业2家，依托平台开展项目发包、社会组织能力建设及社区发展治理研究等工作。

3. 切实维护社会和谐稳定。平安简阳建设深入推进，荣评全国2020平安创建优秀城市。全面完成全市“雪亮工程”建设，完成14150户农户“慧眼工程”建设，初步构建“天网”到街、“雪亮”到村、“慧

眼”到户的网络格局。强化基层矛盾化解，深化人民调解“百米服务圈”，设立1220个矛盾纠纷受理点，矛盾纠纷调处成功率达98%以上。持续开展“三张清单”化解攻坚，集中治理重复信访、化解信访积案专项工作，成功化解社会重大风险问题15件、历史遗留问题17件、突出信访问题32件，和谐稳定发展环境进一步巩固提升，被评为2020年人民网网民留言办理工作民心汇聚单位。

2020年，在受疫情冲击影响的情况下，全市经济社会发展依然取得较大进步。取得这一系列成绩来之不易，是市委坚强领导、市人大和市政协加强监督指导、全市人民共同努力的结果。

在看到成绩的同时，我们也深刻认识到当前面临的挑战和不足，主要是：针对疫情防控常态化，麻痹松懈思想有所抬头，防控工作还存在不确定性风险；宏观环境复杂多变、经济下行压力持续加大，经济高质量发展的支撑不足、动力不强，要素保障能力亟待提高，主导产业培育、重大产业项目招引、城市功能性项目建设还需不断加强；满足群众美好生活的向往，解决群众急难愁盼问题还要久久为功、常抓不懈。

二、2021年经济社会发展目标建议

2021年经济社会发展总体要求是：坚持以习近平新时代中国特色社会主义思想为指导，全面贯彻党的十九大和十九届二中、三中、四中、五中全会精神以及中央、省委、成都市委经济工作会议精神，坚持稳中求进工作总基调，站位新发展阶段，践行新发展理念，服务新发展格局，以建设成都东部区域中心城市为总目标，以融入区域一体化发展格局为战略牵引，以推动高质量发展为主题，以深化供给侧结构性改革为主线，以改革创新为根本动力，以构建支撑高质量发展的现代产业体系、创新体系、城市治理体系为重要路径，以提升市民群众和市场主体获得感为价值取向，统筹发展和安全，主动融入“双循环”、齐心唱好“双城记”、坚定走好“东进路”，全面提升发展能级和综合竞争力，加快建设国际空港门户枢纽城市、宜业宜居山水公园城市、东进区域智能制造高地，以优异成绩庆祝建党100周年。

综合考虑宏观经济形势、政策变化因素影响和经济发展规律，统筹考虑我市经济增长潜力，我市2021年经济预期目标是：地区生产总值增长7.5%，规模以上工业增加值增长7.5%，全社会固定资产投资总额增长10%，社会消费品零售总额增长10%，地方一般公共预算收入增长10%，城镇居民人均可支配收入增长7.7%，农村居民人均可支配收入增长10%。

三、2021年经济社会发展主要工作

为实现上述目标，按照市委、市政府决策部署，统筹做好“高质量发展攻坚年”各项工作，着力抓好九个方面重点工作。

（一）抓好常态化疫情防控

科学把握疫情防控规律，毫不放松抓好常态化疫情防控，全力巩固常态化疫情防控成果，保障各类市场主体正常经营，经济社会平稳运行。

1. 坚持做好外防输入。严格入境人员闭环管理，发挥公共场所体温监测等“哨点”及社区网格化管理作用和大数据优势，落实“四早”要求，严格做好人员登记、健康询问、体温检测和通风消杀等工作，完善健康码管理服务，及早发现异常隐患。加强进口生鲜冷冻肉加工、包装、搬运各环节防疫检测，全力消除病毒传播风险。做到“人物共防”，牢牢守住疫情“输入”防线。

2. 持续加强内防反弹。加强重点场所管理，严格落实人员密集场所防疫措施，强化院感防控，周密做好校园疫情防控。完善配套设施设备，加快建设市公共卫生服务中心、集中隔离医学观察点和市紧急医学救援中心项目，健全分级、分层、分流的传染病等重大疫情救治体系。抓好春节、清明、五一、国庆等重要时段疫情防控工作，牢牢守住疫情“反弹”防线。

3. 着力提升公共卫生安全能力。健全公共卫生体系，统筹市直医院重点专科、拔尖人才等优质资源，加强专业人才培养储备，提升核酸检测能力。健全完善现有应急预案，优化调整组织指挥体系、具体处置措施，加强检测设备配置、检测人员培训，做好防疫物资储备，积极稳妥推进疫苗接种。全面推广分餐制、公筷行动，推动健康防疫知识进学校、机关、小区、企业，引导群众养成健康生活习惯，切实维护群众的健康和安全。

（二）加快建设国际空港门户枢纽城市

坚定不移实施扩大开放战略，依托成都天府国际机场，推动优质要素、创新资源聚集，加快形成全方位深层次立体式开放新格局，打造新时代对外开放新高地。

1. 构建现代基础设施网络。加快构建便捷综合交通，优化完善“1空7高14轨20快”立体综合交通网络规划体系，启动沪渝蓉高铁、成都铁路外环线、成渝高速扩容、迎宾大道延长线与天府国际机场高速互通项目建设，加快东西城市轴线简阳段、成龙简、金简仁等快速路项目建设，争取简州大道无缝接入天府国际机场、地铁18号线延伸至简阳南站。实施城市通勤效率提升工程，丰富“轨道+公交+慢行”多样化绿色出行选择，构建“通勤圈”“生活圈”“商业圈”高度融合的通勤体系，让通勤场景处处体现城市温度，让“上班的路”“回家的路”更加舒适便利。促进新型基础设施建设，抢抓“新基建”和低轨卫星互联网基础设施建设等国家重大战略实施起步期机遇，加快5G、工业互联网、物联网、人工智能、充换电站等建设，推动天府云数据产业基地、信息技术创新服务器生产基地、110千伏十里坝变电站增容改造等项目建设，新建新能源汽车充电桩250个，实现城市建成区5G网络室外信号连续全覆盖。

2. 加强开放平台和能力建设。完善枢纽集疏运功能，借势借力现代综合交通体系建设，强化与重庆果园港、宜宾港、青白江国际铁路港联系，争取设立成都东部区域“空铁公”多式联运物流港，推动实现国际航空枢纽、中欧班列、东盟铁海联运班列、长江黄金水道在简有机连接。提升投资贸易平台和口岸服务功能，加快建设西部电商物流产业功能区和简阳临空经济产业园，争取设立保税物流中心（B型）等海关特殊监管区域，积极争创国家级电商基地。集聚具有全球资源整合能力的流通服务主体，确保引进电商物流企业16户、临空经济和总部经济企业10户、商贸流通类服务业企业10户，申通西南总部等项目建成投产，产业化项目实际到位内资74亿元，外商投资实际到位5.5亿元。

3. 建设国际一流营商环境。实施稳定公平可及营商环境建设工程，以市场主体和市民获得感为重要评价指标，营造“有无熟人一个样、大小企业一个样、国有民营一个样、内资外资一个样、投前投后一个样”的公平发展环境，让企业“办事不求人、办成事不找人”，成为城市发展的“合伙人”，放心投资、安心创业、顺心发展。持续推动放权赋能，立足作风转变、效能提升，落实“吹哨报到”机制，探索“局区合一”“区镇（街道）融合”，实行“一件事”集成服务，实现“网上可申请”“最多跑一次”“一次能办成”，实施“清单制+告知承诺制”，非关键要件“容缺后补”，压减法定时限70%以上。深化商事登记制度改革，实施企业名称登记申报、企业住所（经营场所）申报登记、未享受财政优惠政策企业市内迁移承诺制，推广企业注销网上服务平台。落实包容审慎柔性执法，推广行政处罚“三张清单”，健全市场主体信用修复和政府失信治理长效机制。完善“三个一”机制，推进政务服务“一网通办”、城市运行“一网统管”、社会诉求“一键回应”，提升精准查询、在线申报、在线评价等功能，塑造智能化城市运行指挥和服务体系，不断提升企业生产经营和群众干事创业的便利度、满意度和获得感。探索推动新建商品房“交房即拿证”、成渝地区双城经济圈城市政务服务事项区域通办。

（三）加快建设东进区域智能制造高地

以产业生态圈产业功能区为载体，以创新驱动为着力点，以先进制造业、先进生产性服务业为突破，加快传统产业向数字化智能化转型升级，培育壮大战略性新兴产业，大幅提高经济质量效益和竞争力。

1. 突出创新驱动加快动能转换。加大政策支持和项目引导，制定出台支持科技创新发展政策，鼓励支持企业开展以科技创新为主导的转型升级，推动形成以科技创新为核心的全面创新。强化企业创新主体地位，优化配置科研资源，推动产学研深度融合，力争创建国家和省级重点实验室、工程研究中心、企业技术中心2户以上。推动产业功能区“三生”融合发展，规划打造集研发设计、创新转化、场景营造、社区服务等于一体的生产生活服务高品质科创空间，确保建成科创空间10万平方米、标准厂房9万平方米、专业楼宇4.2万平方米。实施校园企地融合发展计划，推动科创型企业与高校院所、投资机构和创新型中小企业合作，突出功能性项目布局和领军型企业引育，构建新兴产业创新联合体和产业全链条供应体系，快速推进产品技术迭代创新；推动新经济企业与前沿研究机构合作，探寻理论突破方向和技术转化路径，前瞻研判创新场景产品，孕育激励颠覆式创新。

2. 推动先进制造业和先进生产性服务业融合发展。积极推动制造强国、质量强国落地落实，推进产业基础高级化、产业链条现代化。搭建传统产业与新兴产业需求对接平台，鼓励传统产业企业通过智能化改造、兼并重组等方式转型升级。支持现代物流、电子商务、信息服务和研发设计等生产性服务业发展，鼓励扶持一批重点龙头企业发展壮大。转变企业发展思路，鼓励企业通过新改扩建、技术改造、存量招商、引导转让等方式，盘活低效工业用地。落实人才新政，引育并发挥高端人才和专业技能人才对生产性服务业企业创新引领的关键作用。持之以恒招引促建，优化完善"两图一表"，运用"产业链招商""资本招商""竞争招商"模式，重点招引商业运载火箭、低轨通信卫星制造和"通导遥"卫星商业应用龙头企业、准瞪羚企业，争取国家"星网工程"重大项目在简落地，力争引进先进制造业企业16户以上。搭建航天产业研究院、孵化器、核心公共技术服务平台。

3. 优化产业生态打造新产业增长极。以产业生态圈为牵引，以产业功能区为载体，立足空间布局，制定支持航天产业、智能制造产业及新经济产业发展政策，推动星河动力、互联网数据中心（IDC）等项目开工建设，形成智能制造装备和航天装备领域规模化聚集比较优势。推动重点产业和资源要素复合集成、交互叠加，构建工业互联网、航天装备、智能制造装备等融合应用场景。加强技术创新和产品研发，提高企业自主创新能力和战略竞争力，力争全年R&D经费支持增长10%以上。

4. 增强金融服务实体经济能力。畅通融资渠道，持续开展"金融雄州行"系列活动，落实产业功能区主办牵头行制度，大力推广"盈创动力""农贷通""科创通"等线上融资服务平台，实施"蓉易贷"普惠金融工程，增加对功能区企业精准贷款力度。丰富融资媒介，出台金融招商引资专项办法，重点加大融资租赁、信托、基金、金融类中介机构招引力度。完善股权投资体系，探索开展"金融链"招商，推动国际合作基金、智能制造基金等3支股权投资基金组建。

（四）加快建设宜业宜居山水公园城市

深入贯彻习近平生态文明思想，促进生产空间集约高效、生活空间宜居适度、生态空间山清水秀，高质量建设践行新发展理念的公园城市示范区，加快建设宜业宜居山水公园城市。

1. 塑造公园城市形态。完善城乡规划体系，加快推进国土空间规划、城市控制性详细规划、城市设计等编制工作。创新公园城市营建方式，围绕山水型、绿道型、郊野型、街区型、人文型和产业型6类场景，植入生态保护、健康休闲、文化博览等功能，加快推进沱江两岸示范片区、简州里示范片区等8个公园城市示范区培育。完善"绿道+公园+微绿地"绿色空间体系，坚持"可参与、可进入、景观化、景区化"原则，实施"+公园、公园+、特色+"三大策略，推进杨柳公园、城区防洪及生态湿地走廊FH段等项目建设，加快小游园、微绿地、天府绿道项目建设，规划建设5条"回家的路"，建成绿道15千米。探索"园区+林盘+景区"模式，推进乡村振兴示范环线建设，加快丙灵村、月湾村等9个精品林盘保护修复，力争创建AAA级林盘景区1个、旅游目的地2个、旅游品牌2个。

2. 加强生态环境保护。实施生态惠民示范工程，持续涵养生态、美化大地景观，塑造山水呼应、城园相融的城市轮廓，构建绿道蓝网、天清气朗的城市新形态，让市民在城市也能"望得见山、看得见水、记得住乡愁"。深入推进长江经济带生态环境治理，全面启动国家生态文明建设示范市创建工作。坚决打好"净土保卫战"，强化分区分类防控土壤污染，严格建设用地土壤污染风险管控，开展污染地块修复治理，提升土壤环境监管能力，防范新增污染、确保用地安全。坚决打好"蓝天保卫战"，强化扬尘污染综合管控，深化工业污染防治，推进移动源污染专项治理，持续改善环境空气质量，确保空气质量优良天数达标率高于85%，PM2.5年平均浓度低于35微克/立方米。坚决打好"碧水保卫战"，加强镇（街道）污水收集管网建设，开展镇（街道）集中式饮用水水源地专项整治，做好"病害"管网维护工作，加快备用水源地建设进度，确保城乡集中式饮用水水源地水质达标率98%以上，沱江流域（简阳段）市控以上断面水质优良比例达到100%。坚决打好长江"十年禁渔"攻坚战，健全完善长效机制，强化渔政、公安、市场监管、交通等部门协调联动、联合执法机制，形成监管合力和工作闭环，确保禁得住、管得好，常态化、可持续。

3. 实施城市有机更新。大力实施城市更新和老旧小区改造提升工程，加速白塔片区、城北片区等城市更新项目进程，推进政府东街15号院落、红塔工商所宿舍等老旧小区提质改造，提升市民院落居住环境品质，保留城市记忆，延续市井文化，让老城区焕发新活力。打造具有鲜明简阳印记的文化景观，深度挖掘状元文化、商道文化、龙垭文化等文化内涵，加强文化遗址、历史风貌保护，建设简阳城市文化地标。打造简阳独特文旅IP，依托简阳文化和旅游资源，推进家风荷乡创AAAA级景区项目建设，构建旅游经济全产业链，形成旅游产业闭环。盘活大运会资产，做好东来印象后期运营。

（五）促进服务国际国内双循环

坚持扩大内需战略与深化供给侧结构性改革、加强需求侧管理有机结合，瞄准国际国内两个市场，紧扣生产、分配、流通、消费四个环节，全面促进消费，扩大有效投资，加快建设成都东进区域性消费中心城市。

1. 积极扩大有效投资。充分发挥投资稳增长优结构的关键性作用，聚焦主导产业和细分领域，策划实施“十大行动计划”重点项目373个，力争新引进重大产业项目60个以上。强化土地保障，全面梳理全市用地需求，加大向上争取力度，积极协调红斑覆盖，做到土地跟着项目走。强化资金保障，构建财政资金、政府性投资基金与各类创投资本、银行保险资金、产业资本等多元投融资体系，切实保障项目建设需要。强化服务保障，深入推进“多规合一”“多测合一”“多验合一”“多评合一”，进一步扩大区域评估范围，组建重点项目服务室，提升项目推进服务效能。强化协调调度，紧扣转化达产关键环节和核心要素，积极有效解决项目招引促建中遇到的问题，提高招引项目落地率开工率，促进项目滚动接续实施，不断提升对外投资影响力。

2. 全面激发潜在消费活力。加快消费场景营造，打造滨江路南段、鳌山坊等5条特色商业街区，重点打造“沱江+滨江”绿道、鳌山公园等夜间经济示范点，鼓励旭海时代广场、鳌山坊美食文化街等商圈、特色街区发展夜间经济。创新在线消费模式、培育消费热点，发掘培育特色小店、推出消费新产品，推广宣传简阳特色美食，发布简阳美食地图，培育“餐饮九绝”形象店，举办类型多样的购物促销活动，实现社会消费品零售总额增长10%以上。加大项目招引力度，支持跨国公司、大企业大集团在简阳设立全球总部、地区性总部以及采购中心、研发中心、结算中心、运营中心等功能性总部，引进餐饮品牌首店1个，培育标志性消费场景1个。

3. 全力推动区域协同发展。发挥东进桥头堡作用，主动融入服务成渝地区双城经济圈建设，深化与成渝轴线联盟重庆市璧山区等13个区（市）县战略合作，实现共谋发展。服务成德眉资同城化发展，推动与德阳市、眉山市、资阳市签订合作协议，实现合作内容项目化、清单化，打通“断头路”，拓宽“瓶颈路”，推动简阳、雁江、乐至交界地带融合发展，加密高快速路、通畅农村公路和开行市际公交，增强毗邻镇（街道）互联互通能力，加快建设简雁乐农旅融合发展示范点。推进与成都东部新区协同一体化发展，强化与东进区域各组团和武侯区等区（市）县战略合作，共同建立完善常态化协作机制、多层级联动机制、信息共享机制、成本分担和利益共享机制、跨区域建设投资项目利益分享与补偿机制，共建现代产业体系，推动区域交通互联互通、公共服务资源共享、生态环境联防共治。

（六）加快推进农业农村现代化

坚持农业基础地位，加快完善城乡融合发展体制机制和政策体系，促进城乡要素自由流动、平等交换和公共资源合理配置，推动农业高质高效、乡村宜居宜业、农民富裕富足。

1. 推进农业产业振兴。坚持规划引领，科学编制简阳市“十四五”农业农村现代化规划和现代农业产业发展、高标准农田建设、现代农业园区建设等专项规划。深入实施乡村振兴战略，加快启动乡村振兴示范组团建设，加快推进天府百果园、中国桃花源产业基地和东麓花溪等9个示范点建设。切实保障粮食安全，坚持藏粮于地、藏粮于技，落实最严格的耕地保护制度，坚决禁止耕地“非农化”和防止“非粮化”，规范耕地占补平衡，确保全市耕地总量不减、质量不降。深入实施“米袋子”“菜篮子”强基行动，坚持粮食稳产增产和生猪产能恢复效益提升“两手抓”，建成高标准农田3.5万亩、粮油示范基地20万亩、大中型生猪标准化规模养殖场8座，粮食总产量达到38.5万吨，出栏生猪65万头。

2. 实施美丽宜居乡村建设。完善农村人居环境管护长效机制，开展农村人居环境整治“三大革命”，启动平泉街道、平武镇农村人居环境示范村建设试点，探索人居环境整治工作与评优评先、入股分红、贷款征信等挂钩。探索农村生活垃圾分类方法，推进生活垃圾减量化、资源化、无害化处理，引导农村易腐烂垃圾分类减量、就近就地处理，鼓励实施生活垃圾分类“二次四分法”。加强农村基础设施建设，推进农村电网改造升级，推进10千伏五安线等农村电网线路建设；加快县乡村组道路改造，改造建设县乡道路120千米、村组道路200千米；启动毗河供水（二期）前期工作，开展雄州湖水库、七〇水库扩建论证工作，加快形成沱东地区自流灌溉体系；推进城乡居民饮水三年巩固提升工程，完成河东自来水厂建设，铺设供水管网150千米；完成村通燃气工程，力争全市行政村通气率达到100%；全面完成村级运动角建设，打造“农村15分钟健身圈”。

3. 深化农业农村改革。持续发展壮大集体经济，做好巩固拓展脱贫攻坚成果同乡村振兴有效衔接，大力推广应用“四合一”改革平台，力争集体经济收入增长20%。走深走实农商文旅融合发展之路，充分发挥农业在现代产业体系中“接二连三”的关键作用，积极探索“农业+”多种模式，促进农业由短链发展向全产业链发展转变，由低端供给向中高端供给转变。构建集体建设用地基层民主管理体系，完善农村集体经营性建设用地入市制度，实施农村产权抵押担保权能，加快土地经营权等产权抵押融资进程。强化乡村振兴载体建设，探索设立乡村振兴发展基金，引导金融和社会投入向“三农”倾斜；推进农民合作社质量提升试点和家庭农场省级示范县创建，突出抓好家庭农场和农民合作社两类经营主体发展，新增家庭农场名录入库1000家以上，培育简阳市级示范合作社20家、成都市级5家、省级1家。

（七）持续激发市场主体活力

坚持把企业市民需求感受作为第一标尺，全方位推进重点领域关键环节改革，推动有效市场与有为政府更好结合，加快构建高质量发展政策体系。

1. 实施新一轮“五项制度改革”。深化以绩效为导向的财政预算制度改革，加强财源建设，优化支出结构，建立“能出能进、有保有压”资金分配机制，推进财政政策绩效、项目全程绩效、部门整体绩效等改革，完善预算安排与执行进度、项目评审、绩效管理、审计监管挂钩制度，提高财政资源配置的科学性和有效性。深化以效率为导向的国资经营评价制度改革，深入实施国企改革三年行动，系统研究国企战略性重组，持续开展国企转型赋能，开展国有企业信用等级提升，启动国企上市培育工作，持续提升国企市场竞争力、管理水平。深化以产出为导向的土地资源配置制度改革，严守生态保护红线、永久基本农田、城镇开发边界三条控制线，推进国土空间规划编制，开展土地综合整治试点，运用市场机制盘活存量土地和低效用地。深化以成长为导向的企业扶持激励制度改革，构建企业成长力评价体系，精准制定产业政策和激励政策，推进要素供给侧结构性改革，建立“入库科技型中小型企业—高新技术企业”梯度培育库，推动初创企业、雏鹰企业加速成长为瞪羚企业、独角兽企业、规上企业。深化以利民便民为导向的基本公共服务清单标准管理和动态调整制度改革，实施高品质公共服务倍增工程，推动基本公共服务由户籍人口向常住人口覆盖，努力实现高品质公共服务均衡普惠。开展产业社区高品质公共服务设施建设试点，深化基本公共服务领域财政事权和支出责任划分改革，推进基本公共服务标准化等提质扩容试点，推动社会事业与产业创新融合发展，保持生活成本竞争力。

2. 促进民营经济健康发展。增强市场主体发展信心，全面落实“民营经济25条”，开展中小微企业金融纾困专项行动。降低企业经营成本，落实更大规模减税降费等支持政策，推进涉企行政事业性收费零收费。降低企业综合融资成本，发挥财政金融组合作用，扩大风险补偿资金池规模，支持国有控股融资担保公司做大做强，支持企业拓展信贷、债券、票据、股权等融资渠道，有效缓解企业融资难融资贵问题。优化企业成长环境，探索民营企业权益受损救助补偿机制，不断厚植市场主体发展沃土，力争全年新增市场主体10000户以上，民营经济增加值增长8%以上。构建亲清新型政商关系，全面落实“规范政商交往行为30条”和党政干部常态联系民营经济代表人士、企业和商（协）会等制度，激励和弘扬企业家精神，依法保护企业和企业家产权。

（八）着力增进人民群众福祉

深入践行以人民为中心的发展思想，按照成都“幸福美好生活十大工程”导向，不断保障和改善民生，加快发展各项社会事业，提高公共服务水平，提升群众满意度、获得感、幸福感。

1. 提升居民生活水平。实施居民收入水平提升工程，以富民增收为导向，坚持体现效率、促进公平，激发劳动者积极性，确保居民收入与经济增长保持同步。实施生活成本竞争力提升工程，聚焦百姓衣食住行，完善供给体系、稳定价格成本、提升服务质量，继续保持房价收入比低于成都市主城区水平。实施全龄友好包容社会营建工程，彰显“全龄共享·友善公益”城市气质，聚焦“一老一小”和特殊群体，把柔性关照渗透到城市“衣食住行育教医养”每个细微处，让每一个生活在城市的人都能感受城市的关怀和社会的温暖。

2. 织密扎牢就业和社会保障网。切实做好稳就业工作，实施职业技能提升行动，建立完善农村劳动力实名制信息数据库，及时兑现稳岗返还、吸纳就业补贴等扶持政策，做好高校毕业生、退役军人、就业困难人员等重点群体就业服务，引导支持农民工返乡创业，促进失业人员再就业，力争全年城镇新增就业4200人，解决城镇失业人员再就业1200人，城镇登记失业率控制在4%以内。实施青年创新创业就业筑梦工程，以看得见摸得着的城市机会成就青年创业梦想，以“锐意创新、宽容失败”的城市气度激扬青年奋斗勇气，以“乐观包容、友善公益”的城市温度提升青年情感归属，打造创新创业者的圆梦之都、活力之城。切实做好社会保障工作，落实“两项补贴”服务，启动2所养老敬老中心建设，完成公办敬老院护理型床位和家庭适老化改造项目，推进新经济新业态从业人员、灵活就业人员和被征地农民等参保扩面，确保城乡居民养老保险参保覆盖率90%以上，城乡居民基本医疗保险参保率98%以上。织密织牢救助网，切实解决困难群众面临的突发性、紧迫性、临时性生活困难。推进农业转移人口市民化，完善条件入户和积分入户“双轨并行”政策，健全农业转移人口权益保护机制。

3. 办好人民满意教育。持续扩大优质教育资源供给，加快推进射洪坝第四幼儿园、平泉幼儿园、杨家幼儿园等10所公办幼儿园项目建设，力争普惠性幼儿园覆盖率达到80%以上。大力实施新优质学校培育计划，新培育禾丰小学、实验中学等新优质学校6所，推进石桥初中、东溪初中等3所公办初中强校工程建设，启动农村高中办学条件提升工程。积极引进国内外优质教育资源在简阳建设学校（校区）。完善终身教育体系，优化“15分钟便民学习服务圈”。

4. 推进健康简阳建设。深化医药卫生体制改革，健全分级诊疗、现代医院管理、全民医保、药品供应保障、综合监管等制度。提升基层医疗服务水平，强化全科医生和村医队伍建设，提高乡村医生待遇，完善基层医疗帮扶机制，鼓励社会办医，加快推进紧密型县域医共体建设，扩大基层医疗机构试点工作。提升医疗基础条件，加快推进市人民医院完善三甲功能、基层医疗巩固提升等项目建设，增强应对重大疫情检验检测、救治能力和突发公共卫生事件应急响应能力。优化基层医疗资源布局，推进乡村卫生服务一体化管理，充分满足人民群众不同层次的医疗需求。推进医养深度融合，积极发展中医药健康服务新业态，推进中医药强市建设。深入开展爱国卫生运动，优化全民健康服务体系。

5. 加大优质文化供给。推动基层公共文化设施转型升级，加快文图两馆分馆建成投用，构建城市“十分钟文化圈”和农村“十里文化圈”。推进广电网络基础设施三年提升行动，做好全国广播电视基本公共服务标准化试点工作。实施文化惠民工程，围绕建党100周年、第31届世界大学生夏季运动会等主题，开展“爱成都·迎大运”“文化四季风”“体育+”、全民阅读、社区运动节等活动。打造简　　阳特色文化品牌，做优羊肉美食文化旅游季、桃花旅游宣传季、全民健身活动等文体活动，做响“简州印象”等对外输出的简阳文旅品牌，做靓“一镇（街道）一节”乡村旅游。

6. 切实解决住房问题。坚持“房住不炒”定位，支持刚性购房需求，合理制定商品房上市计划，确保全年商品房市场供需平衡。加强商品房开发建设全过程监管，建立土地供应、开发建设、竣工验收、交付办证等一体工作机制。加强房地产销售服务人员管理，规范商品房预售资金监管，保障购房人权益和项目建设。常态化推进住房租赁市场秩序整顿，规范发展长租房市场和租赁行为。探索利用集体建设用地和企事业单位自有闲置土地建设租赁住房，在区位条件好、基础设施完备以及人口集中度高、市场需求旺盛的区域建设租赁住房，增加租赁住房供应。

（九）推动基层治理体系和治理能力现代化

全面贯彻国家总体安全观，加快构建与高质量发展相适应的系统化、现代化的城市安全保障体系，加强和创新社会治理，不断提高社会治理体系和治理能力现代化水平。

1. 完善智慧城市治理体系。实施智慧韧性安全城市建设工程，围绕实现“让城市更智慧、让人民更幸福”的目标，健全智慧城市标准，完善智慧城市顶层设计，健全完善信息化一体化治安防控体系。加快建设县级智慧城市，注重条块协同、数据互联、力量整合，统筹推进智慧城管、智慧文旅、智慧体育、智慧安防、智慧应急、智慧市场监管、智慧国土、智慧环保和智慧司法等应用体系建设，推动“数字+”城市运营管理各领域深度融合，打破不同领域不同部门间的“信息壁垒”，增强智慧治理中心全局总揽、全域感知的能力。发展社区智慧服务与管理系统，增强天府市民云服务功能便民属性，新建一批智慧社区、智慧小区，切实解决社区生活与管理中的“操心事、烦心事、揪心事”。发展“智慧交通”系统，推进公交首末站、多语种电子站牌建设和国际化电子支付系统改造。

2. 切实保障城市安全。健全城市安全防控机制，建立城市安全风险常态化辨识动态化管控机制，实施安全生产专项整治三年行动、重点整治交通、建筑施工、危险化学品、工矿商贸等行业领域突出隐患，开展森林防灭火和城乡防火专项整治，深化应急管理综合行政执法改革，提升灾害事故风险监测预警和预防控制能力。健全立体化信息化社会治安防控体系，维护重点公共场所安全，加强学校、医院等公共场所安全保卫，强化车站、商超、广场等人员密集场所巡防安检，提升重点目标和公共场所防控能力。完善城市安全基础设施管理，强化交通、供水、供气、防洪排涝、污水和垃圾处理等基础设施建设运营管理。筑牢食品药品安全防线，保障食品药品市场安全稳定。加强金融、政府债务等风险防范化解，强化政府债务限额管理，化解隐性债务存量。

3. 提升应急物资保障能力。建立保障有力的生产体系，结合产业结构调整和产业功能区建设，突出生产能力和研制储备，优化物资产能和区域布局，建立突发事件紧缺重要物资生产快速恢复机制，确保应急物资统一生产、快速增产、保障质量。建立结构合理的储备体系，健全城市、机构、社区、市民四级物资储备体系，完善分类储备目录、品类、结构和轮换使用机制，构建委托、协议、代管等社会应急物资储备体系。建立协同高效的调运体系，推进物资储备与灾情管理信息共享，提升应急物资快速获取能力，完善调运部门协同、储备物流衔接机制，构建统一指挥、一键调拨、精准响应、高效配送的物资调运体系。

4. 健全应急防控救援体系。完善应急救援指挥体制，健全救援力量共训共练、救援合作、协调指挥机制，制定突发事件总体预案，实现政府预案与部门预案、企业预案、社区预案有效衔接。加强应急救援能力建设，实施应急救援能力提升三年行动，提升处突能力。发挥镇（街道）、村（社区）协同作用，开展镇（街道）、村（社区）综合减灾标准化建设，推进安全宣传“五进”活动，筑牢防灾减灾救灾人民防线。发挥社会组织协同作用，整合基层和社会力量，建立安全治理、救援队伍、灾情管理、物资储备、培训演练、社会动员协同机制，形成群防群治联防联控工作格局。

各位代表，我们将深入学习贯彻党的十九大精神，在党中央国务院、省委省政府、成都市委市政府和简阳市委的坚强领导下，在市人大、市政协的监督支持下，抢抓机遇、开拓奋进，同心同德、拼搏实干，统筹推进疫情防控和经济社会发展，确保“十四五”开好局、起好步，加快建设成都东部区域中心城市，努力完成全年经济社会发展目标任务，以优异成绩庆祝建党100周年。

简阳市2020年财政预算执行情况和2021年财政预算草案报告

（2020年1月25日，在简阳市第十七届人民代表大会第七次会议上）

简阳市财政局局长　曾文辉

各位代表：

受市人民政府委托，现将简阳市2020年财政预算执行情况和2021年财政预算草案提请市十七届人大七次会议审议，并请市政协委员提出意见。

一、2020年财政预算执行情况

2020年，在市委的坚强领导下，在市人大、市政协的监督支持下，全市各级各部门坚持以习近平新时代中国特色社会主义思想为指导，深入贯彻党的十九大、十九届二中、三中、四中、五中全会和省委十一届三次、四次、五次、六次、七次、八次全会以及成都市委十三届八次全会、简阳市委十五届十三次全会精神，全面落实简阳市第十七届人大五次会议有关决议要求，紧扣高标准全面建成小康社会目标任务，坚持稳中求进工作总基调，坚持新发展理念，坚持以供给侧结构性改革为主线，加大"六稳"工作力度，扎实落实"六保"任务，统筹推进疫情防控和经济社会发展，全力推动经济社会高质量发展，奋力建设成都东部区域中心城市，全市经济社会发展呈现出向上向好的良好态势，财政运行总体平稳。

（一）全市预算执行情况

1. 一般公共预算。2020年全市地方一般公共预算收入完成300726万元，占年初预算的102.16%，同比增长12.37%。加上上级补助收入、一般债务转贷收入、调入预算稳定调节基金、调入资金、上年结转等630250万元，收入总计930976万元。全市一般公共预算支出完成707576万元，占年初预算的117.23%，同比增长7.75%。加上上解上级支出、一般债务还本支出、安排预算稳定调节基金等163995万元，支出总计871571万元。收支相抵，结转结余59405万元，按规定结转下年继续使用。

重点报告事项：

（1）2020年财政预备费5400万元，安排用于突发公共卫生事件应急处理（主要用于新型冠状病毒感染的肺炎防控支出）、洪涝灾害应急抢险、建档立卡贫困户医保缴费、低收入群体一次性价格补贴支出等共计4918万元，剩余482万元全部补充当年预算稳定调节基金。

（2）2020年我市清理收回财政结转结余资金178318万元（其中一般公共预算76216万元），收回的资金统筹用于东溪防洪堤建设、"十二五"农村安全饮水项目、现代农业生产发展项目等重点支出、刚性支出。

（3）2020年地方政府债务转贷收入265412万元，其中：再融资地方政府债券转贷资金118320万元，用于偿还2020年到期的一般债券63270万元，专项债券55050万元；新增地方政府一般债券转贷收入42092万元，用于镇（街）污水管网改造、医院和公办幼儿园等项目建设；新增其他地方自行试点项目收益专项债券转贷收入105000万元，用于简阳市河东污水处理厂及配套管网、市妇女儿童急救中心等项目建设。

（4）2020年预算稳定调节基金余额57007万元。2019年年末预算稳定调节基金余额19998万元，2020年补充预算稳定调节基金53437万元，2020年安排预算稳定调节基金支出16428万元。

2. 政府性基金预算。2020 年全市政府性基金收入完成 349010 万元，占年初预算的 68.3%，同比下降 19.5%。加上上级补助收入、专项债务转贷收入、上年结转等 265251 万元，收入总计 614261 万元。全市政府性基金支出完成 456720 万元，占年初预算的 107.68%，同比下降 21.55%。加上调出资金、专项债务还本支出等 127308 万元，支出总计 584028 万元。收支相抵，结转结余 30233 万元，按规定结转下年继续使用。

3. 国有资本经营预算。2020 年全市国有资本经营预算收入完成 967 万元，加上上级补助收入、上年结余等 24 万元，收入总计 991 万元。全市国有资本经营预算支出完成 687 万元，加上调出资金 291 万元，支出总计 978 万元。收支相抵，年终结余 13 万元，按规定结转下年继续使用。

4. 社会保险基金预算。根据《中华人民共和国预算法》第一章第十一条“社会保险基金应当按照统筹层次和社会保障项目分别编制，做到收支平衡”规定，我市社会保险项目均属省级和成都市级统筹，按规定我市本级不再编制社会保险基金预算，因此无执行情况。

（二）市本级预算执行情况

1. 一般公共预算。2020 年市本级一般公共预算收入完成 300726 万元，占年初预算的 102.16%，同比增长 12.37%。加上上级补助收入、乡镇级上解收入、一般债务转贷收入、调入预算稳定调节基金、调入资金、上年结转等 629836 万元，收入总计 930562 万元。市本级一般公共预算支出完成 644967 万元，占年初预算的 114.31%，同口径增长 13.2%。加上上解上级支出、补助乡镇级支出、一般债务转贷支出、一般债务还本支出、安排预算稳定调节基金等 226190 万元，市本级支出总计 871157 万元。收支相抵，结转结余 59405 万元，按规定结转下年继续使用。

2. 政府性基金预算。2020 年市本级政府性基金收入完成 349010 万元，占年初预算的 68.3%，同比下降 19.5%。加上上级补助收入、乡镇级上解收入、专项债务转贷收入、上年结转等 265251 万元，收入总计 614261 万元。市本级政府性基金支出完成 446037 万元，占年初预算的 106.82%，同比下降 21.7%。加上补助乡镇级支出、上解上级支出、调出资金、专项债务转贷支出、专项债务还本支出等 137991 万元，市本级支出总计 584028 万元。收支相抵，结转结余 30233 万元，按规定结转下年继续使用。

3. 国有资本经营预算。2020 年，市本级国有资本经营预算收入完成 967 万元，加上上级补助收入、上年结余等 24 万元，收入总计 991 万元。市级国有资本经营预算支出完成 685 万元，加上补助乡镇级支出、调出资金等 293 万元，市本级支出总计 978 万元。收支相抵，年终结余 13 万元。

4. 社会保险基金预算。我市社会保险项目均属省级和成都市级统筹，按规定我市本级不再编制社会保险基金预算。

二、贯彻落实市人民代表大会预算决议情况

2020 年，市政府全面贯彻中央、省、成都市、简阳市委重大决策部署，认真落实市人代会及市人大常委会有关决议要求，不断推进财源建设，持续深化财税改革，切实规范和改善财政管理，有力有序保障重点支出，较好地完成了各项财政工作任务，财政运行质量和效益进一步提高。

（一）落实评议问题整改，回应代表关切事项

针对市人大对我市有关部门 2016 年换届以来工作评议意见中指出的问题，各部门高度重视，认真落实整改责任。一是积极寻求增收突破口，充分发挥协税护税机制作用，强化征管措施，努力确保预算收入持续实现高位增长。二是牢固树立艰苦奋斗“过紧日子”思想，进一步压缩一般性支出和“三公”经费。三是进一步严肃财经纪律，加强预算约束管理，积极清理收回财政结转结余资金，统筹用于全市重点支出、刚性支出和消化财政借垫款项。四是强化债务预警监测，坚决遏制隐性债务增量，积极化解存量债务。五是加强基层财政财务人员培训，不断提升业务能力和专业素质。六是加大对违纪违法行为的查处力度，强化风险防控。七是认真办理人大建议批评意见，把人大代表的建议意见转化为财政改革和发展动力。八是进一步探索与改进人大代表的建议意见办理方法，扎实开展调查研究，强化与人大预算委的沟通协调，努力提高办理质量。

（二）严格预算收支管理，纵深推进财源建设

一是成立了市协税护税领导小组，强化协税护税机制，多角度深研税收政策，把握税收收入新的增长

点。2020年地方一般公共预算收入首次突破30亿元大关，同比增长12.37%，增速在成都市各区（市）县中列第6位。2018年至2020年，我市地方一般公共预算收入年均递增12.54%。其中，税收收入年均递增12.71%。二是积极争取上级资金，2020年我市共争取上级资金569821万元，其中：一般性转移支付283691万元，专项转移支付139038万元，新增地方政府债券转贷收入147092万元，为全市经济社会平稳发展奠定坚实基础。三是大力调整支出结构，严控“三公”经费，坚决压减非重点、非刚性的一般性支出，2020年我市“三公”经费、一般性支出分别较上年压减11.73%、20%。四是全面盘活存量资金，收回财政结转结余资金178318万元，调整用于“六保”“六稳”等重点支出、刚性支出。

（三）全面决胜脱贫攻坚，切实改善人居环境

一是投入财政专项扶贫资金19893万元，同比增加5567万元，增长38.86%，为全面完成脱贫巩固提升任务，打赢脱贫攻坚战提供了坚强的保障。二是累计投入教育扶贫救助、卫生扶贫救助、小额信贷分险、贫困村产业扶持四项基金共11172万元，惠及贫困群众53347人次，有效解决建档立卡贫困户的现实困难。三是投入资金102800万元，建设覆盖28个镇（街道）及工业园区的污水处理厂，大大提升了我市的水环境质量。四是投入资金3733万元，改善我市大气污染防治软硬件设施。五是投入农村“厕所革命”改造资金9185万元，完成100个大型化粪池建设、110辆抽粪转运车配置、37294户农村户厕改造，全市农村无害化卫生厕所普及率达90%以上。六是投入资金4320万元，推进绿色生物防控技术推广、农药包装废弃物和农膜回收、畜禽粪污资源化利用，有效减少和治理农业面源污染。七是投入财政资金19401万元，完成3.5万亩高标准农田建设，改善了农田排涝防旱条件，解决了农业生产用水和耕种问题，有效提高了我市农业生产水平。八是投入资金12997万元，推进传统农业规模化和现代农业发展，提升了我市现代农业农机化水平。九是投入乡村振兴试点示范资金2451万元，激励镇（街）加强区域乡村振兴建设，补齐短板。十是安排人居环境整治工作考核和奖励资金999万元，深入推进我市农村人居环境整治，推动建设生态宜居乡村。

（四）兜牢兜实“三保”底线，有序保障重点支出

一是投入资金30500万元，全力抓好疫情防控工作，为全市开展“抗疫战”提供了有力保障。二是投入财政资金5692万元，启动义务教育学生营养餐改善计划，有效提升农村学生健康水平。三是投入财政资金1536万元，全面实施广电网络基础设施三年提升行动，完成4个镇（街）、52个村（社）应急广播建设，60个村广电网络数字化、双向化、智能化改造以及6431个自然村农村广播电视“社社通”的运行维护。四是投入资金1800万元，推进土坯房改造，受益群众6149户。五是投入财政资金500万元，用于全市抢险救灾物资储备，最大程度地保障人民群众生命和财产安全。六是安排财政资金940万元，为村（社区）体制机制、村（居）民小组优化调整改革工作顺利推进提供资金保障。七是安排政法系统资金7629万元，确保扫黑除恶专项斗争顺利推进。八是安排妇联、团市委资金868万元，推动妇女居家就业创业、巾帼建功行动、20个妇女儿童之家等民生项目建设。九是安排资金3452万元，用于全市高层次人才安家补贴、人才津贴及奖励发放、“蓉漂”人才荟系列活动开展以及人才引育工程的打造，为全市创造了良好的人才发展环境。十是努力筹集、调入征地拆迁资金365700万元，拨付失地农民超期过渡费19900万元，积极为全市重点项目推进提供资金要素保障。

（五）实施积极财政政策，放大财政资金效应

一是全面落实减税降费政策。全年新增减税16266万元，减免其他行政事业性收费和政府性基金4000万元。二是认真落实疫情防控相关政策。出台了《简阳市关于有效应对疫情稳定经济运行支持中小企业发展的16条政策措施》（简府发〔2020〕3号），分类制定了省13条、成都市20条、简阳市16条具体申报指南，兑现落实各类减、免、缓补助资金4251万元，有效缓解企业支出压力。三是开展“送政策、帮企业、解难题”活动，集中解决了中小企业优惠政策兑现、流动资金短缺、原材料采购难、融资难等问题，积极兑现企业扶持政策资金51897万元，为企业纾难解困。四是推进落实“吹哨报到”产业功能区跟踪服务。通过积极向上争取、发行专项债券等方式筹集资金291800万元，用于空天产业功能区、临空产业功能区、西部电商产业功能区等建设。五是建立金融机构、

担保机构及政府风险共担机制，在成都市设立的产业功能区“壮大贷”注入风险补偿金1000万元，引导支持产业发展。六是强化政府与社会资本合作（PPP）项目管理，我市PPP项目已入库5个，总投资101.92亿元。已完工进入运营的3个交通类PPP项目，实现对外交通的横向中转，极大地缓解了简阳市城区交通压力。

（六）积极推进财政改革，提升综合管理效能

一是深化公共服务领域与成都市共同财政事权和支出责任划分改革。通过积极争取，成都市将简阳市确定为第一档地区，从而获得了最大的分担比例，争取到上级最大程度的转移支付支持。二是强化绩效管理工作，以信息化平台为支撑，加快构建全方位、全过程、全覆盖的预算绩效管理体系。将年初预算批复专项项目绩效目标182个，涉及预算金额71288万元，纳入绩效监控，并将监控结果作为预算中期评估的重要依据。选取了21个单位、26个项目、11个财政政策进行重点绩效评价，涉及预算资金89966万元，通过问题通报和督促整改，提升了全市预算绩效管理水平。选取5个项目开展了事前绩效评估试点，将评估结果作为预算安排重要依据。编纂印发《简阳市绩效管理操作手册》，加强绩效管理宣传，指导单位开展全过程绩效管理业务操作，夯实了全市绩效管理工作基础。三是依法依规及时公开我市预决算、绩效、政府债务等信息，保证公开信息真实、准确、完整，提升财政工作透明度。四是管好用好直达资金，健全“建立台账、定期研究、全过程跟踪管理”机制，助力“六保”“六稳”落地落实。2020年我市中央直达资金70378万元，已拨付70378万元，拨付率达100%，重点用于疫情防控、保基本民生、保就业、保市场主体和困难群众等重要领域。

（七）强化财政监督管理，积极防范财政风险

一是开展财政财务、会计监督检查工作。对2019年镇（街）财政财务和会计监督检查整改开展“回头看”，共计查出内部控制管理不规范、会计核算不合规等问题84个；对部分市级部门开展会计监督检查工作，发现问题涉及金额948万元，并已督促单位完成整改。二是开展中央财政直达资金的监督检查。市财政局从2020年8月开始每月抽取4～5个单位开展中央财政直达资金使用情况的监督检查并及时上报检查情况。三是积极落实巡视整改工作。深入贯彻落实中央、省委、市委关于巡视巡察工作的重要部署，积极推进省委第四巡视组和第九巡视组以及简阳市委巡察组反馈意见的整改落实工作，结合反馈问题，制定切实管用的整改方案，分类建立整改台账，逐项认真研究解决对策，明确整改时间和整改目标，确保整改取得成效。四是加强财政投资评审工作，制定《简阳市评审中心咨询机构管理暂行办法》，建立健全各项内部管理制度，优化评审工作流程，规范和约束咨询单位行为。2020年完成639个建设项目的评审工作，项目送审金额2135600万元，审定金额为1881100万元，审减金额达254500万元，综合审减率为11.9%。五是强化采购监管，加大依法处置力度。建立以采购预算为源头，采购执行及采购支付“闭环”管理的政府采购监督管理平台，实现政府采购监管、执行全流程电子化操作，提升我市政府采购监管水平和效率。实施采购项目429个，采购预算资金7.82亿元。处理处罚采购代理机构1家、供应商1家，责令整改评审专家1人、采购人3家、采购代理机构1家，为优化全市营商环境提供了重要保证。六是加强债务管控。制定和完善政府性债务管理办法，做好政府债务统计和动态监测工作，及时分析研判，防范各类风险。2019年末，我市地方政府债务余额为997009万元；截至2020年12月31日，我市政府债务新增265412万元，政府债务减少118320万元；品迭2020年债务增加、减少数，2020年末我市政府债务余额为1144101万元。成都市财政局《关于下达2020年政府债务限额的通知》（成财金发〔2020〕86号）下达我市政府债务限额为1424522万元。我市于2020年12月25日报市十七届人大常委会第四十次会议批准该限额，截至2020年12月31日我市债务余额尚在限额以内，与经济社会发展需要和财政承受能力相适应。

各位代表，2020年是“十三五”的收官之年。过去五年，全市财政工作坚定贯彻新思想新理念新要求，认真落实上级各项决策部署，坚持高质量发展，克服各种困难，圆满完成了各项目标任务，财政管理与改革取得重大进步。

一是财政实力再上台阶。五年来，我们加速挖掘财源、涵养税源，地方一般公共预算收入规模由“十二五”末的不足18亿元成功跨上30亿元台阶，增幅超过68%，实现历史性突破。

二是重点支出保障有力。五年来，我市一般公共预算支出从51.82亿元提高到70.76亿元，增幅36.54%。“三公”经费年均下降10.08%，政府运行费用逐年降低。民生支出超过54亿元，基本公共服务民生支出占财政支出比重始终保持在75%以上的高位水平，其中，环境保护、城乡社区支出分别是“十二五”末的2.07倍、2.45倍，教育、文化、农林水支出分别是“十二五”末的1.28倍、1.15倍、1.54倍，人民群众过“好日子”要求有效落实。2018年至今，成功发行新增专项债券44.1亿元，涉及10个项目。

三是财政改革全面深入推进。上下级财政管理体制日臻完善，公共服务领域财政事权和支出责任划分更加明晰，现代财政制度主体框架基本搭建。完整统一、有机衔接、公开透明的政府收支预算体系基本确立，财政资金统筹调用力度大幅提升，零基预算改革纵深推进，以绩效为导向的预算制度改革“四梁八柱”基本成型；全市政府债务余额严格控制在成都市政府批准限额以内。

成绩的取得，是市委正确领导的结果，是市人大监督指导、市政协关心支持的结果，是全市各级各部门共同努力的结果。同时，当前宏观经济环境更为复杂，财政工作面临压力更大、困难更多，需要引起高度重视：一是为应对疫情变化和外部环境的不确定性，财政运行需要更加注重优结构、添动力、可持续性；二是财政支持建设成都东部区域中心城市和补齐公共服务短板两大任务并存，财政投入需要更加注重兜基本、增绩效；三是经济社会领域的分散风险有向公共财政集中的趋势，风险防范需要更加注重堵漏洞、建机制。对此，我们将积极应对，采取务实措施，切实加以解决。

三、2021年财政预算草案

（一）指导思想

坚持以习近平新时代中国特色社会主义思想为指导，坚定贯彻成渝地区双城经济圈建设战略部署，按照中央、四川省、成都市和简阳市经济工作会议要求，围绕服务中央和省委、成都市委、简阳市委重大战略，全方位推进预算制度改革、全领域优化财政资源配置、全系统实施预算绩效管理，增强财政管理工作的科学性、前瞻性、有效性。

（二）编制原则

1. 收入预算原则。收入预算编制统筹考虑了经济社会发展、减税降费政策等因素，根据年度经济社会发展目标、国家宏观调控总体要求，参考2020年预算执行情况，坚持实事求是、科学预测原则编制收入预算，做到与经济社会发展相适应，与财政政策相衔接，与财政中长期规划相协调。

2. 支出预算原则。支出预算编制坚持了量入为出原则，以收定支、量力而行，合理安排支出预算。坚持厉行勤俭节约，牢固树立“过更加艰难日子”思想，严控一般性支出和“三公”经费，削减低效无效和长期沉淀资金。严格保障序列，按照“保运转、保民生、保重点、优结构、防风险”总体要求，强化全面统筹，加强风险防范，坚持底线思维，强化政府债务和隐性债务管理、“三保”支出保障、国库库款保障等重点领域风险防范工作，促进财政健康可持续发展。

（三）2021年预算草案

1. 一般公共预算草案

（1）全市一般公共预算草案

全市一般公共预算收入为313859万元，增长10%（上年同期剔除成都东部新区）；加上上级补助收入206969万元、上年结余收入59405万元、调入预算稳定调节基金27000万元、调入资金77300万元、接受其他地区援助收入40000万元，收入总额724533万元。减去上解上级支出58479万元、地方政府一般债务还本支出47678万元后，全市预算可安排财力为618376万元，按照收支平衡原则，全市一般公共预算支出安排为618376万元。

（2）市本级一般公共预算草案

全市地方公共财政可安排财力618376万元，扣减乡镇级支出29231万元，按照收支平衡的规定，市本级可安排财力589145万元，较上年增加24897万元（2020年年初预算含划成都东部新区6个镇街，下同），同比增长4.41%。具体安排情况如下：

一般公共服务支出59570万元，较上年增加4268万元；

国防支出610万元，较上年增加297万元；

公共安全支出26123万元，较上年减少85万元；

教育支出94652万元，较上年减少15359万元；

科学技术支出520万元，较上年减少68万元；

文化旅游体育与传媒支出8203万元，较上年增加1861万元；

社会保障和就业支出84122万元，较上年增加16556万元；

卫生健康支出34728万元，较上年减少2032万元；

节能环保支出6950万元，较上年增加2484万元；

城乡社区支出12432万元，较上年减少12973万元；

农林水支出72570万元，较上年增加12066万元；

交通运输支出8770万元，较上年增加1417万元；

资源勘探工业信息等支出5357万元，较上年减少2593万元；

商业服务业等支出2484万元，较上年增加431万元；

金融支出2836万元，较上年增加2561万元；

自然资源海洋气象等支出2629万元，较上年减少521万元；

住房保障支出15131万元，较上年增加1341万元；

粮油物资储备支出4596万元，较上年增加4003万元；

灾害防治及应急管理支出2163万元，较上年增加1266万元；

预备费12368万元，较上年增加6968万元；

其他支出87419万元，较上年减少2547万元；

隐形债务化解支出30000万元，较上年增加5978万元；

债务付息支出14812万元，较上年减少429万元；

债务发行费用支出100万元，与上年增加7万元。

（3）乡镇级一般公共预算草案（汇总）

根据《简阳市人民政府关于进一步调整和完善乡镇财政体制的实施意见》（简府发〔2011〕26号）、《中共简阳市委办公室简阳市人民政府办公室关于印发〈简阳市乡镇（街道）行政区划调整和体制机制改革机构设置和人员编制方案〉的通知》（办字〔2019〕150号）精神，按照2021年预算编制口径，已编制乡镇级2021年年初支出预算23901万元，结合2021年支出需求预留乡镇级项目支出5110万元，上年结转资金支出220万元，2021年初步核定乡镇级一般公共预算总支出为29231万元。

2. 政府性基金预算草案

2021年全市政府性基金预算收入安排536725万元，加上年结余30233万元，减去调出资金77000万元、地方政府专项债务还本支出41400万元，2021年政府性基金预算可安排财力为448558万元。

2021年全市政府性基金预算支出对应安排448558万元，其中乡镇级支出0万元，市本级支出448558万元（含下达部门预算支出65031万元，财政代列支出383527万元）。

3. 国有资本经营预算草案

2021年国有资本经营收入预算拟安排1020万元，其中利润收入997万元，上级转移支付补助收入10万元，上年结转13万元，减去调出资金300万元，可安排财力为720万元。按照收支平衡原则，2021年国有资本经营支出预算拟安排720万元，具体为：

（1）国有企业退休人员社会化管理补助支出31万元；

（2）公益性设施投资支出649万元；

（3）其他国有企业资本金注入40万元；

4. 社会保险基金预算草案

根据《中华人民共和国预算法》第一章第十一条“社会保险基金应当按照统筹层次和社会保障项目分别编制，做到收支平衡”规定，我市的社会保险项目均属省级和成都市级统筹层次，按规定我市本级不再编制社会保险基金预算。

（四）市本级预算草案的补充说明

1. 预备费安排情况。2021年安排预备费12368万元，占全市当年一般公共预算支出的2%，用于预算执行中自然灾害等突发事件处理增加的支出及其他难以预见的开支。

2. 政府债务还本支出安排情况。2021年市本级应偿还到期地方政府债券本金89078万元，安排债务还本支出89078万元。

3. “三公”经费压缩情况。2021年“三公”经费预算安排1985万元，较上年预算安排减少595万元，下降23.06%。

2021年全市财政预算草案，由于乡镇级预算为市级代编，待其报经同级人代会批准汇总后，再报市人大常委会备案。

以上预算草案，请予审查批准。市本级326个预算单位的部门预算草案已书面报送大会，请一并审查。

四、2021 年财政重点工作

积极的财政政策要提质增效、更可持续，在加快建设成都东部区域中心城市的重要增长极和动力源上主动作为。坚持加强资金筹措和政策储备，努力做好应对更加突出的财政收支矛盾。坚持深化改革创新，切实增强重大战略任务财政保障能力。坚持过紧日子，勤俭办事业，全力落实民生、产业和社会政策，让简阳人民更有获得感、更加可及、更有温度。

（一）强化重大战略保障能力

一是全力抓好收入组织。充分考虑经济运行和实施减税降费政策等因素影响，科学预测、合理确定收入增长预期。充分发挥财政部门统筹协调作用，科学把握强化财政收入征管的“时、度、效”，在不折不扣落实各项减税降费政策的同时，加强和规范财政收入征管，加强税收政策研究，促进纳税服务质效提升，充分挖掘房地产业、建筑业、股权转让、总部经济等重点领域税收潜力，做到既应减尽减，又应收尽收。二是积极争取上级转移支付、债券资金及其他专项资金，加大资金统筹力度，确保市委市政府重大决策部署落实。三是清理盘活政府现有闲置、低效资产，通过转让、变现、出租等方式提高国有资产利用效率。四是围绕全面建成小康社会、乡村振兴等战略部署，做好民生保障、产业发展、乡村振兴、污染防治等重点领域资金保障，确保财政经济稳健运行。五是强化绩效管理，拓宽绩效事前评估、绩效重点评价范围，着力提高财政资源配置效率和使用效益。六是深化国有资本经营预算改革。坚持“有企业，必纳入;有资本，必问效”的原则，实行分级负责、分类实施、归口管理，实现市属国有资本经营预算管理全覆盖。按照国有企业国有资本收益收缴比例和国有资本经营预算由一般公共预算统筹两个“不低于 30%”的要求，加强预算统筹。

（二）突出重点加强财政管理

一是突出源头控制严肃财经纪律。强化预算约束，严格控制新增财政支出，建立健全常态化“过紧日子”长效机制，厉行节约办一切事业，继续从严控制一般性支出、“三公”经费、会议节会经费、培训课题经费等。严控提标扩围、深化清理退出，逐步清理规范过高承诺、过度保障的支出政策。二是建立科学规范高效的预算管理体制，增强基层财政保障能力。落实“三保”支出在各类支出中优先顺序，“三保”支出足额编列前不得安排其他支出项目。三是严格落实债务限额管理，按期足额落实还本付息资金来源。加强库款调度管理，加大清理财政暂付款力度。严格按照法定比例安排预备费，将预算稳定调节基金保持在适度合理规模，在专项预算中预留部分应急救灾资金。

（三）防范财政运行风险

一是督促重大财税政策落实。围绕“稳增长、促改革、调结构、惠民生、防风险、保稳定”各项工作，对减税降费、脱贫攻坚、政府债务、供给侧结构性改革、推动高质量发展、基础设施补短板等重大财税政策落实情况开展跟踪监督。二是加强金融风险监控，着力防范金融风险向财政传递。支持担保体系建设，健全融资风险机制，强化国有金融资本管理，提高抗风险的能力。三是坚决遏制隐性债务增量，妥善化解隐性债务存量，坚决杜绝违法违规提供担保承诺举借政府性债务行为的发生，严肃查处违法违规举债行为。

各位代表，2021 年是我国开启“十四五”新征程的第一年，是建党 100 周年，也是全面建成小康社会，开启全面建设社会主义现代化国家新征程的第一年，财政发展和改革工作任务更加艰巨，使命尤其光荣。我们将在市委的坚强领导和市人大代表、政协委员及社会各界的监督支持下，主动作为，强化担当，认真落实本次大会决议，努力完成全年预算目标和各项财政改革发展任务，坚定信心、振奋精神，主动融入“双循环”、齐心唱好“双城记”、坚定走好“东进路”，奋力建设成都东部区域中心城市，为全面建设社会主义现代化简阳开好局、起好步!

2020年简阳市国民经济和社会发展统计公报

（2021年6月）

简阳市统计局

2020年，面对新冠肺炎疫情的巨大冲击及复杂严峻的国内外经济形势，简阳市在党中央国务院、省委省政府、成都市委市政府的坚强领导下，坚持以习近平新时代中国特色社会主义思想为指导，深入贯彻党的十九大和十九届二中、三中、四中、五中全会精神，认真落实习近平总书记对四川及成都工作系列重要指示精神，抢抓“双循环”、“双城记”、成都东进、天府国际机场建设等重大历史机遇，统筹推进疫情防控和经济社会发展，扎实做好“六稳”工作、全面落实“六保”任务，国民经济与社会发展取得良好进展，“十三五”实现圆满收官。

一、综合

综合实力稳步提升。根据地区生产总值统一核算初步结果，全年实现地区生产总值（GDP）551.93亿元，按可比价格计算，比上年增长1.9%。其中，第一产业增加值98.77亿元，增长2.2%，第二产业增加值129.56亿元，下降4.5%，第三产业增加值323.60亿元，增长6.2%。三次产业结构为17.9∶23.5∶58.6。

价格水平温和上涨。全年居民消费价格指数（CPI）比上年上涨3.8%，其中，居住类价格下降0.9%，教育文化和娱乐类价格上涨0.8%，医疗保健类价格上涨4.2%，交通和通信类价格下降4.0%，衣着类价格上涨1.3%，生活用品及服务类价格下降1.2%，食品烟酒类价格上涨11.3%。

表1　2020年地区生产总值及其增长速度

指标	2020年（亿元）	比上年增长（%）
地区生产总值	551.93	1.9
第一产业	98.77	2.2
第二产业	129.56	-4.5
第三产业	323.60	6.2

表2　2020年居民消费价格指数（上年=100）

指标	指数
居民消费价格总指数	103.8
一、食品烟酒	111.3
二、衣着	101.3
三、居住	99.1
四、生活用品及服务	98.8
五、交通和通信	96.0
六、教育文化和娱乐	100.8
七、医疗保健	104.2
八、其他用品和服务	105.1
商品零售价格总指数	104.4
农业生产资料价格指数	122.8

二、民营经济

民营经济逐步恢复。全年民营经济增加值290.19亿元，比上年下降1.0%，占GDP的比重为52.6%。其中，第一产业增加值17.69亿元，增长4.6%；第二产业增加值107.46亿元，下降8.7%；第三产业增加值165.04亿元，增长7.2%。民营经济三次产业结构为6.1∶37.0∶56.9。

三、农林牧渔业

农林牧渔业生产平稳。全年实现农林牧渔业总产值155.59亿元，按可比价格计算，比上年增长1.7%。其中，农业78.86亿元，下降0.9%；林业4.87亿元，下降10.8%；畜牧业62.73亿元，增长7.2%；渔业6.53亿元，增长2.1%。粮食产量54.6万吨；油料产量7.24万吨。全年生猪出栏70.08万头，比上年增长12.8%，猪肉产量4.92万吨，增长9.5%；羊出栏53.86万只，下降0.3%；家禽出栏873.13万只，下降1.8%。

种植结构不断优化。全年粮食播种面积11.01万公顷；经济作物播种面积5.15万公顷。其中，油料作物播种面积3.00万公顷，下降10.1%；蔬菜及食用菌播种面积1.77万公顷，增长2.4%；中药材播种面积0.14万公顷，下降0.3%。

四、工业和建筑业

工业生产基本恢复。全年规模以上工业增加值比上年增长0.3%。20类行业中6类行业产值保持增长。其中，水的生产和供应业增长迅速，产值增长17.5%，食品制造业、造纸和纸制品业、文教工美体育和娱乐用品制造业、皮革毛皮羽毛及其制品和制鞋业、汽车制造业分别增长3.8%、12.5%、9.5%、9.4%、7.4%。高技术规上工业企业发展迅速，产值增长4.2%。

建筑业发展小幅回落。全年实现建筑业增加值27.23亿元，比上年下降9.1%。全年建筑业总产值下降8.5%。其中，建筑工程产值下降13.6%；安装工程产值增长17.1%。

五、固定资产投资

投资实力持续增强。全年固定资产投资比上年增长9.8%。分产业看，第一产业投资下降15.3%；第二产业投资下降6.4%；第三产业投资增长16.2%。

房地产市场稳定有序。全年房地产开发投资比上年增长36.3%，住宅投资增长31.9%。商品房销售面积130.93万平方米，增长24.6%，其中商品住宅销售面积109.34万平方米，增长56.9%。

六、市场贸易和对外经济

消费品市场持续回暖。全年社会消费品零售总额358.09亿元，比上年增长3.3%。其中限额以上企业（单位）消费品零售额为325.76亿元，增长15.8%，通过互联网实现的商品零售额231.48亿元，增长2.2%。

外贸进出口持续扩大。全市共有获权外贸进出口企业156户，外贸进出口总额12.20亿元人民币，比上年增长11.9%，其中，自营出口11.06亿元人民币，增长19.5%。

七、交通邮政和旅游

运输能力持续增强。全年完成农村公畅通工程155千米，投资3.1亿元。新开通客运班10条，新增客运车辆12辆。年末公路通车里程2557千米，其中四级以上等级公路2549千米。铁路旅客周转量104.36万人千米，比上年下降34.3%；公路旅客周转量30840万人千米，下降10%。铁路货物周转量105.84万吨千米，增长23%；公路货物周转量39286万吨千米，增长5%。

邮政电信快速发展。全年实现电信业务总量6.70亿元，快递业务收入5700万元，增长2.5%；快递业务464.95万件，增长29.2%。固定电话用户23万户，移动电话用户113万户；固定互联网用户35万户，移动互联网用户99万户。

文旅产业进一步融合。全年实现旅游收入28.43亿元，全年接待游客1007万人次。旅游资源点1098个，优良级旅游资源128个，共有A级景区1个，成都市AAA级林盘景区4个，省星级农家乐（乡村酒店）23家，旅行社35家。

八、财政和金融

财政运行状态良好。全年完成一般公共预算收入33.79亿元，比上年增长14.3%。其中，税收收入23.42亿元，增长11.4%，占一般公共预算收入比重为69.3%；地方一般公共预算支出78.70亿元，增长10.8%。

金融信贷规模扩大。全年实现金融业增加值42.96亿元，比上年增长6.0%。年末全部金融机构本外币存款余额823.93亿元，比上年末增长5.8%；全部金融机构本外币贷款余额474.58亿元，比上年末增长18.1%。年末共有境内外上市公司2家；证券营业部2家。证券交易额475.31万亿元，比上年增长45.9%。全年原保险保费收入8.58亿元，比上年增长8.5%；各类保险赔偿2.26亿元，比上年增长13.3%。

九、教育和科学技术

教育事业进一步发展。年末共有学校（园）304所（公办158所，民办146所），其中幼儿园165所，单设小学31所，单设初中21所，九年义务教育学校75所，特殊教育学校1所，普通高中8所，中等职业学校3所。小学、九年义务教育学校下设村小及教学点17个。公办在职教职工8866人，在校学生共计16.77万人，其中幼儿园2.96万人，小学生6.59万人，初中学生4.89万人，普通高中学生1.77万人，中职学生0.54万人，特殊教育学校学生152人。义务教育段残疾儿童入学率98.26%，小学毕业率100%，初中毕业率100%。

科技能力不断增强。全年专利授权592件，其中发明26件，实用新型432件，外观134件。全年高新技术企业主营业务收入68.6亿元，国家高新技术企业20家，省级企业技术中心11个，省级工程技术研究中心1个，省级高新技术产业化基地2个，省级企业技术创新示范企业1个。

十、文化、卫生和体育

文化事业健康发展。全年举办文艺演出、公益展览、公益讲座等线上线下文化活动约1.1万余场，参与群众48.9万人次，网络传播覆盖人群超6000万人次。疫情期间，线上推送慕课63期、文化馆非遗战“疫”专题40期、情缘巴蜀·艺术魅力云课堂79期、艺术公开课25期。选送节目《月光下的中国》参加四川省文化厅“万人赏月颂中秋”活动获一等奖。开展简阳市“畅游成都体验非遗”活动，对外展示简阳非遗项目。成立成都市文物考古工作队简阳工作站，完成文物勘探项目29个，总面积6020余亩，其中发掘项目5个。新建1个市级应急广播平台、10个镇（街道）52个行政村应急广播播控系统，完成50个行政村有线电视网络数字化、双向化、智能化改造，新增电视用户4400户，总用户达到28.6万户，广电产业收入8400万元。

卫生事业不断进步。年末共有医疗卫生机构934个，其中县级医院2个，卫生院59个，疾病预防控制中心1个，妇幼保健院1个，民营医院13个。各类卫生机构床位数8303张，其中医院、卫生院床位数7748张。卫生技术人员7029人，其中执业（助理）医师2820人，注册护士3289人。全年诊疗633.98万人次。共有三甲医院2个，床位数2568张。全年无偿献血5018870毫升。

体育事业蓬勃发展。全年共组织开展四川省“百城千乡万村”、“爱成都·迎大运”、简阳市首届社区运动节、天府绿道健身等各级各类全民健身赛事活动672场次，参与群众近28万人次。简阳运动员共获国际级、国家级赛事金牌2枚、银牌1枚、铜牌1枚；省级赛事金牌49枚、银牌44枚、铜牌31枚。

十一、城市建设和环境保护

建设高品质宜居城市。全年启动实施公园项目19个，完成人民公园提质升级，启动实施绿道项目22个，建成绿道174.8千米。新建“小游园、微绿地”5个，新增绿地面积184.88万平方米。培育公园城市示范片区8个。城市建成区面积达40平方千米，增长5.3%；建成区道路长度289.28千米，增长62%；路网密度7.23千米/平方千米，增长53.5%；人均公园绿地面积15.85平方米，增长5.7%；建成区绿化覆盖率43.46%。

环境保护工作进一步加强。全年总量减排有力实施，化学需氧量减排量841吨，氨氮减排量113吨，二氧化硫减排量311吨，氮氧化物减排量407吨；全年空气优良天数324天（实况），较上一年增加13天；PM2.5平均浓度31.2微克/立方米，下降16.4%，综合指数3.52，首次实现PM10、PM2.5等六项指标全面达到国家《环境空气质量标准》二级标准；城市集中式水源地水质达标率100%；张家岩水库湖中心断面水质达到Ⅱ类水质达标率100%；功能区噪声1类区、2类区和3类区昼间、夜间达标率均为100%；4类区昼间达标率100%、夜间达标率25%。昼间平均等效声级53.6分贝，夜间平均等效声级44.1分贝，昼夜平均等效声级Leq54.4分贝，道路交通噪声昼间等效声级71.5dB（A），道路交通噪声昼间质量等级为三级。

十二、人口与就业

人口结构稳定。年末户籍人口150.13万人，城镇人口44.93万人，乡村人口105.20万人。出生人口1.59万人，出生率10.6‰，死亡人口1.76万人，死亡率11.7‰，人口自然增长率-1.1‰。

就业形势保持稳定。全年新增就业6614人，城镇失业人员再就业2624人，年末城镇登记失业率3.86%。开展各类职业技能培训9674人，其中领取失保金人员技能培训890人，返乡农民工创业培训384人，农民工劳务品牌培训1013人，退捕渔民农业实用技术培训124人，企业职工培训7263人。

十三、人民生活和社会保障

居民收入稳定增长。全体居民人均可支配收入28288元，比上年增长5.0%。城镇居民人均可支配收入39752元，增长6.3%。其中，工资性收入21868元，增长7.2%，经营净收入6952元，增长5.3%，转移净收入8967元，增长4.3%。城镇居民人均消费支出22957元，下降3.5%。农村居民人均可支配收入19643元，增长9.1%。其中，工资性收入6991元，增长9.0%，经营净收入5482元，增长10.7%，转移净收入6464元，增长6.8%。农村居民人均消费支出14439元，增长4.8%。

社会保障健全有力。城镇职工基本养老保险参保人数29.93万人，失业保险参保人数7.44万人，工伤保险参保人数9.45万人。城乡居民基本养老保险参保人数为56.58万人，参保率为92.58%。年末城镇居民最低生活保障人数1036人，保障城市低保1.39万人次，发放低保金884.51万元，月人均补助637.03元。年末农村居民最低生活保障人数10929人，保障农村低保13.95万人次，发放低保金7897.75万元，月人均补助566.33元。保障农村特困对象8.57万人次，发放供养金7981.71万元。特困人员集中供养率达14%。

注：

① 公报中部分数据为初步统计数，正式数据以《简阳经济工作手册（2020）》为准。

② 公报中地区生产总值、各产业增加值绝对数按当年价格计算，增长速度按可比价格计算。

③ 2020年常住人口及相关指标数据，待第七次全国人口普查数据发布后另行公布。

④ 公报数据涵盖简阳市37个镇（街道）行政区划范围。

⑤ 公报中对外贸易、交通、旅游、财政、金融、教育、科学技术、文化、卫生、体育、城市建设、环境保护、人口、就业、人民生活和社会保障等数据来源于相关部门，具体统计范围及口径以相关部门解释为准。

专 记

脱贫攻坚

简阳市深入学习贯彻习近平总书记扶贫开发战略思想和对四川及成都工作系列重要指示精神，始终把脱贫攻坚作为首要政治任务、第一民生工程和最大发展机遇，严格按照“三落实”“三精准”“三保障”“四个不摘”要求，坚定不移打赢打好脱贫攻坚硬仗，努力实现与成都市同步高标准全面建成小康社会。2017年年底实现116个贫困村、76813名建档立卡贫困人口脱贫摘帽，圆满完成减贫任务。2018年起，全面融入成都市高标准扶贫开发进程，深入实施“五大提升”行动，“两不愁三保障”高质量达到省定脱贫标准。2020年顺利通过射洪市交叉考核组成效考核，全市建档立卡贫困户家庭年人均纯收入12670元，较2015年底增长9954元，年均增长率36.07%。简阳市连续4年被省委、省政府表彰为“脱贫攻坚先进县”。

一、提高政治站位，切实履行脱贫攻坚主体责任

（一）强化组织保障

成都市坚强领导高位推进。成都市政府高度重视、全力支持简阳市脱贫攻坚工作，制定出台《支持简阳市经济社会发展三年行动计划（2018—2020年）》《关于实施三年巩固提升行动进一步打好精准脱贫攻坚战的实施意见》等6个政策文件，进一步明确简阳市高起点扶贫开发的总体目标和重点任务。成都市级联系领导累计到贫困村开展调研指导400余次，市级部门累计到贫困村开展结对帮扶2000余次，为简阳市脱贫攻坚提供坚强保障。

简阳市主动担当扛实责任。成立由市委、市政府主要负责人任组长的脱贫攻坚领导小组，坚持党政一把手负总责，建立完善“脱贫攻坚领导小组+脱贫攻坚领导小组办公室+专项工作组”运行机制，组建“镇（街道）+九个专项工作组+帮扶力量+社会服务”的脱贫攻坚工作机构，层层压紧压实责任，形成上下贯通、责任到底、合力攻坚的工作体系，确保脱贫攻坚各项工作任务高质量完成。

坚持高点起步强化顶层设计。紧紧围绕“两年脱贫攻坚、三年巩固提升、五年高标准全面小康”总体目标，出台《关于实施三年巩固提升行动进一步打好精准脱贫攻坚战的实施方案》《关于巩固提升脱贫攻坚成效确保按期高质量打赢脱贫攻坚战的实施意见》等一系列政策文件，精细谋划精准布局，高标准落实脱贫攻坚工作。

（二）强化工作保障

加强统筹协调。建立简阳市脱贫攻坚领导小组例会、联席会议和重大事项交办制度，累计召开脱贫攻坚领导小组会31次、办公室例会44次，及时研究解决脱贫攻坚领域重点难点问题。市政府常务会议专题

研究解决贫困群众住房安全保障、扶贫资金项目建设、大排查问题整改等具体问题。

加大帮扶力度。深化“五个一”“三个一”驻村帮扶，建立完善“领导挂点、部门包村、干部帮户”和定点帮户机制，实现驻村帮扶“全覆盖、无真空”。特别是村级建制调整改革后，保持驻村阵型不乱，落实成都市33名市级领导、103个部门、12个区（县），简阳市32名县级领导、114个部门（企业）对口联系帮扶70个贫困村，并按“1名第一书记+2名队员”标准全覆盖组建贫困村驻村工作队，确保选优配齐驻村帮扶工作力量。

健全考核机制。制定《简阳市脱贫攻坚督查工作方案》《简阳市脱贫攻坚工作督查考核办法》等系列文件，建立“四位一体”常态督查工作机制，对全市脱贫攻坚工作开展情况进行定期和不定期督查，年底逗硬目标考核，促进工作落地落实。

狠抓问题整改。始终坚持问题导向，推动脱贫攻坚问题整改清零。2020年3月，对28个镇（街道）实施全覆盖挂牌督战，共核查建档立卡贫困人口、非建档立卡贫困人口21819户63596人，全面整改各类自查问题879个。2020年5月，对各级成效考核、巡察、督查、暗访、审计和本级自查中发现的问题进行全面梳理核查，组建6个督导专班对整改落实情况开展三轮全覆盖抽查督导，整改销号各类问题3705个。2020年7月以来，再次组织力量对全市脱贫攻坚问题整改质量开展随机抽查，确保所有问题清仓见底，不留任何死角盲区。

（三）强化资金保障

统筹整合扶贫资金。整合2014年以来财政专项扶贫资金11.33亿元、成都各区（市）县帮扶资金4.82亿元投入脱贫攻坚，建立教育扶贫救助、卫生扶贫救助、贫困村产业扶持、扶贫小额信贷分险“四项基金”，提升脱贫攻坚资金保障水平。

加强扶贫资金监管。建立扶贫资金绩效评价考核工作体系，制定出台扶贫资金及项目管理实施细则、贫困村产业扶持基金管理办法等13项规章制度，全面落实扶贫资金监督检查联席会议、项目公告公示制度，开展扶贫资金使用专项检查，确保扶贫资金安全、规范和有效运行。

强化扶贫资产管理。建立扶贫资产管理制度和扶贫资产动态监管台账，共清理全市扶贫领域资金33.98亿元，形成扶贫资产24.05亿元，其中集体资产10.41亿元、国有资产10.1亿元、个人资产3.54亿元。明确资产权属，切实防范扶贫资产闲置、流失。

（四）强化作风保障

整治突出问题。出台《脱贫攻坚领域落实红黄牌预警问责管理办法》《脱贫攻坚常态化约谈工作办法》，深入开展扶贫领域作风问题专项治理，扎实开展扶贫领域专项巡察，突出整治“四个意识不强”“政策落实不力”“责任落实不到位”“统筹协调不够”等问题。坚持举一反三，建立完善《教育扶贫救助基金财务管理制度》《村集体经济发展定期督查制度》等规章制度，市纪委监委累计约谈干部33人、诫勉谈话34人、提醒谈话64人、书面检讨17人。

加强社会监督。公开扶贫举报监督电话，充分发挥百姓需求“一号通”热线作用，广泛收集群众对脱贫攻坚工作的意见建议，及时解答政策疑问，积极回应群众关切，妥善化解群众信访问题，增强群众获得感和满意度。累计收到扶贫领域信访问题248件次，均已按时办结。

树立实干作风。不断完善改进对脱贫攻坚一线干部的考核体系和评价机制，鲜明重脱贫、看实干、凭实绩的选人用人导向，激励干部担当作为。累计评选表扬第一书记、驻村工作队员、农技员400余人次，其中，中共平泉街道荷桥村委员会获“全国脱贫攻坚先进集体”称号，石钟镇火烧庙村第一书记蒋青淞获“全国脱贫攻坚先进个人”称号。简阳市已先后提拔重用脱贫攻坚一线干部300余人。

二、坚持目标导向，持续巩固提升脱贫攻坚成效

（一）深化基础扶贫，着力补齐发展短板

完善道路交通设施。统筹推进“四好农村路”建设，深入实施农村道路品质提升工程，构建形成“村内循环、村外相连、社社相通”的村组道路体系，实现20户以上聚居点和村民小组通达水泥（沥青）路、具备条件的建制村全部通客车。

改善农业基础条件。围绕农业生产薄弱环节，统筹推进配套设施建设，进一步强化渠网、设施网、服务网、信息网等产业基础设施建设。累计投入财政专项扶贫资金9.21亿元，建成村组道路和生产便道1092千米，提灌站、蓄水池、山坪塘等小型农田水利

设施1848处，生产用水管道渠道223千米，安排集体经济产业类项目652个，极大改善和提高贫困村基础设施条件。

强化饮水安全保障。大力实施安全饮水工程，累计新（改）建机井2373口，改善提升2454户贫困户的饮水条件；铺设自来水管网89.54千米，覆盖8个乡镇11个村，贫困户饮水安全稳定达标。

提升农村住房安居水平。全面实施贫困户住房安全保障工程，不断改善提升人居环境，先后实施925户贫困户易地搬迁工程、3148户贫困户安居工程、4896户农村危房改造工程，极大改善了贫困户居住条件。

加强改善农村公共服务。因地制宜将贫困村卫生室、文化室、公共服务中心功能整合为党群服务中心，累计建设贫困村党群服务中心105个，村文化室、卫生室及活动广场面积功能全部达标，村卫生室医务人员管理规范。

（二）做强产业支撑，切实增强发展后劲

加快农业产业园区建设。积极探索农业龙头企业与贫困村、贫困户紧密利益联结机制的实现路径，建设包括平泉街道、禾丰镇、平武镇三个镇（街道）231平方千米区域的简阳市扶贫产业功能区，探索"后扶贫时代"的利益联结、成果共享长效机制。重点培育简阳市级以上现代农业园区10个，并以脱贫村和经济薄弱村为重点，实施5000亩以上规模的22个镇街级园区规划建设，初步构建简阳市"10＋22"现代农业园区体系，累计发展柑橘、晚白桃等特色产业32万亩。推动农商文旅融合发展。探索"特色镇＋园区＋林盘＋景区"模式，深度挖掘乡村文化内涵，大力培育休闲农业、生态康养、田园旅居等业态，促进农业生产由传统单一性向观光、体验、休闲、度假复合功能转型。2019年，金渔桃缘、家风荷乡通过AAA级林盘景区验收，荷桥林盘获评成都市乡村振兴"十佳林盘"。探索"特色小镇＋农业园区""产业园区＋国资公司＋贫困村＋贫困户"模式，大力发展现代智慧农业产业及一、二、三产业融合发展项目。做优羊肉美食旅游节、龙舟赛等节会活动，做亮"一镇一节"乡村旅游品牌，推动全域旅游发展。

强化农业品牌培育。聚焦优质粮油、优质生猪、简州大耳羊、简阳晚白桃等特色优势产业，实施品牌建设"孵化、提升、创新、整合、信息"五大工程，打造"简字号"品牌。鼓励有贷款意愿、有生产经营能力、有还款能力的贫困户申请使用扶贫小额信贷发展特色种养业，累计发放扶贫小额信贷5525笔，涉及资金总额1.19亿元。努力拓展消费扶贫，认定成功扶贫产品15个，申报成功"四川扶贫"公益商标32个，建成消费扶贫专柜2个、专馆2个。特别是疫情防控期间，积极搭建线上线下产销对接平台，帮助销售果蔬9500吨、鸡蛋30吨、猪肉7.8吨、蔬菜10吨，全市因疫情导致的扶贫产品滞销积压问题得到有效解决。

大力培育新型经营主体。鼓励科研院校、技术专家、工商资本、农技员到村领办、创办新型农业经营主体，鼓励农户以产品、资金、技术、土地、劳动力等要素入股，组建农民合作社。综合采取"订单生产""股份分红""二次返利"等方式，建立农民与合作社的利益联结机制，提高农业组织化程度。全市贫困村累计新增注册农业专合社294个、家庭农场130个，新型经营主体规模不断扩大，促农增收的龙头带动和示范引领作用得以充分发挥。

（三）落实政策兜底，坚决守住民生底线

全面落实社会救助托底。坚持"应保尽保"，3次调整农村低保标准，每人每月由450元提高到800元。通过低保、特困供养、临时救助累计救助支出1.4亿元，保障建档立卡贫困户36.61万人次，确保符合条件贫困人口兜底保障不漏一户、不落一人。

稳步提升医疗保障水平。全面落实贫困户"两提一兜底三取消""十免四补"等医疗救助扶持政策，政府全额资助贫困户参加城乡居民基本医疗保险（含大病保险），累计资助参保30万余人次，实现参保率100%。探索建立"2456"健康扶贫工作机制，推行"先诊疗后结算"制度，实现建档立卡贫困人口县域内就医医保报销目录内费用95%报销、个人自费控制在医疗总费用的10%以内。

全面打响教育脱贫攻坚战。强化"三免一补""雨露计划"等贫困家庭学生资助政策落实，抓好"控辍保学"责任落实，精确识别动态管理贫困学生，有效防止建档立卡贫困家庭学生因贫辍学、失学，因学致贫、返贫。累计资助贫困学生19.68万人次，发放各类资助资金约2.2亿元，建档立卡贫困户子女入学率达100%。

持续推进“扶贫保”落地落实。认真做好“扶贫保”产品宣传推广、费率调整、补贴落实等相关工作，在2017年启动当年便实现建档立卡贫困户“扶贫保”政策全覆盖。截至2020年，全市累计申请购买“扶贫保”的建档立卡贫困户共有62350户次，累计到位财政补贴189.30万元。

(四)加强就业帮扶，提升群众致富本领

积极搭建就业平台。抓好就业扶贫政策落地落实，累计举办各类招聘会和送岗下乡活动等140余场次，提供岗位10万余个；向贫困村发布用工信息400余批次，提供岗位信息5万余条；组织贫困劳动力转移就业1.8万人。疫情防控期间，积极开展线上招聘活动，拓宽贫困劳动力就业渠道，帮助25673名有外出务工意愿的贫困劳动力100%实现就业。

着力打造扶贫载体。充分发挥就业扶贫载体的带贫作用，打造黄金柚专业合作社、盛地农庄等一批就业扶贫基地和4个就业扶贫车间，吸纳贫困劳动力150余人。鼓励企业和农业专业合作社就近就地吸纳贫困家庭劳动力，发展种养殖、农副产品加工等农业产业合作社1900余家，吸纳贫困家庭劳动力转移就业9000余人。

深入开展职业培训。把贫困家庭劳动力纳入职业培训服务体系，依托职业技能培训、农业实用技术培训、返乡创业培训等，将就业创业精准扶贫与就业技能培训有效结合起来，提高培训的针对性和有效性。截至年底，全市累计开展贫困家庭劳动力职业技能培训4254人次。

全面开发公益性岗位。统筹开发公路养护、环境治理等公益专岗，优先保障贫困劳动力就地就近安置就业，发放500元/月的岗位补贴，动态消除“零就业”家庭。截至年底，全市累计开发贫困劳动力公益性岗位2300余个，疫情防控期间开发贫困劳动力临时公益性专岗1122个、短期公益性岗位660个，托底安置贫困劳动力1494人，有效解决了贫困劳动力因疫情暂时无法返岗和外出就业难题。

(五)注重扶贫扶志，激发群众内生动力

坚持以“精神扶贫”助推精准扶贫“最后一公里”。以乡风文明为重点，开展脱贫攻坚“四个好”创建工作，构建“市级领导牵头—市级部门负责—镇(街道)具体实施—村级效果体现”的工作体系，在确保“住上好房子，过上好日子”基础上，引导群众“养成好习惯、形成好风气”。

充分发挥农民夜校载体作用。配齐配强贫困村农民夜校副校长，广泛开展“讲好简阳脱贫好故事，凝聚攻坚拔寨正能量”等活动，充分激发贫困群众攻坚拔寨的强烈斗志。创新“点单式”农民夜校教学模式，累计开展特色种养殖技术集中培训580余场次，帮助有能力的贫困村群众至少掌握1～2项实用技术。

多渠道加强媒体舆论宣传。积极开展文化惠民走进脱贫村文艺巡演、“感恩奋进”百姓故事会走基层巡讲，《简阳在高标准扶贫中“嬗变”》《补短板兴产业缩差距——脱贫攻坚与乡村振兴有效衔接的简阳实践》等百余篇宣传报道在人民日报社、人民网、《农民日报》《四川日报》等媒体刊载，四川电视台、成都电视台等多次宣传报道简阳市脱贫攻坚工作。其中，简阳市在2019年创新开展“脱真贫·结良缘”活动，帮助贫困户实施建家计划、富家计划、兴家计划，央视《乡约》栏目进行了专题报道。

三、勇于探索创新，推动脱贫攻坚与乡村振兴有效衔接

(一)发展壮大村级集体经济

创新“四合一”集体经济发展模式，即通过设立股份经济合作联合社、集体经营开发公司、土地股份合作社、农民专业合作社，构建系统完善的农村资产资源经营管理体系，盘活集体资产资源，带动群众增收致富。截至2020年年底，全市贫困村集体经济收入总额761万元，较2016年年底增长653万元，年均增长率62.9%。同时，积极探索产业兴旺新路子，摸索出能人带动型(禾丰镇丙灵村)、龙头引领型(平泉街道荷桥村)、机制创新型(平武镇尤安村)、业主吸纳型(云龙镇龙潭村)四种产业扶贫新模式，并坚持以点带面、示范推广，为更多脱贫村发展壮大集体经济提供可持续、可复制、可推广的经验样本。

(二)抓好防止返贫动态监测

创新脱贫攻坚动态监测系统，按照“动态监测、预警核实、归口处理、成效跟踪、问题销号”五个环节，聚焦“两不愁三保障”精准发力，对全市脱贫不稳定户17户34人、边缘易致贫户15户35人常态化开展监测预警，及时发现增收点、风险点、返贫点的潜在风险，加大返贫致贫风险防控力度。同时，以此为载

体建立相对贫困人口科学监测体系，将全市相对贫困人口 268 户 708 人及时录入系统，每月至少开展一次动态跟踪监测，全面落实政策兜底、医疗救助、就业帮扶、产业扶持等各项帮扶措施，做到精准监测、精准判断、精准帮扶。

（三）稳步推进全国脱贫攻坚普查工作

成立简阳市国家脱贫攻坚普查领导小组，在全市范围内抽调 199 名精英骨干组建 22 个普查工作组，跨镇（街道）开展普查现场登记工作。2020 年 9 月 8 日前，全市顺利完成建档立卡贫困户的信息数据录入审核、验收工作，普查村表、县表均已按要求完成数据采集工作。2020 年 9 月 25 日，全市顺利完成 23703 户贫困户的入户调查登记工作，为打赢打好脱贫攻坚战、服务乡村振兴提供重要的信息来源和数据支撑。

（卿人友）

“全国文明城市”创建

简阳市自 2008 年启动省级文明城市创建工作以来，历经 11 年的创建之路，在文明城市创建方面做了许多工作，投入大量的人力、物力、财力，城市建设不断加快，城市功能不断完善，城市文明程度不断提升，创文工作积累了大量宝贵经验，获得四川省第二届、第三届文明城市荣誉称号，并于 2017 年获“四川省文明城市示范城市”称号，2015 年、2018 年两次获“全国文明城市提名城市”资格。2020 年，简阳市按照四川省委、成都市委决策部署，扎实推进文明城市创建，再次获评第七届全国文明城市县级提名城市。

一、主要做法

（一）完善五大机制

强化齐抓共管，完善组织领导机制。建立“双创”工作机制，成立“双创”指挥部，由市委书记任总指挥，相关责任单位为成员单位，设置 2 个督查组由市人大、市政协牵头实施，设置 7 个专项工作组由分管副市长牵头实施，1 个问责组由市纪委监委牵头实施。

突出问题导向，健全测评督查机制。从各单位抽调 30 人，组建“官考”队伍，常态化、全覆盖开展测评；明确社区网格员文明城市创建职能，组建“民考”队伍，收集群众的投诉建议；发挥好“曝光台”作用，不定期通过电视台、城市大屏进行问题曝光。

凝聚创建合力，建立联动共建机制。健全“市级部门包社区，责任单位包点”的责任包干机制；建立创文议事制度，每月召开一次工作会，每季度召开一次联席会，每半年召开一次推进会；建立由市委、市政府主要领导及各部门、街道一把手组成的微信群，打通创文上情下达的“快速通道”。

突出奖惩分明，落实激励问责机制。制定《简阳市“双创”工作考评办法》，严格执行红黄牌预警制度；实施创建工作单位、街道、社区评比奖励办法，纳入目标考核；创建先进单位、个人，适时进行全市通报表扬。

注重精细创建，建立常态长效机制。着力解决人员不足问题，组建“双创”办，每半年轮流从创文责任单位抽调 90 人；启用文明城市创建智能管理系统，将文明城市创建各项工作纳入平台管理；组织分级培训，并就培训内容开展专项督查；各单位、街道，成立创建工作小组，每月召开内部专题工作会。

（二）实施五大提升工程

实施公民道德提升工程。开展道德模范、“感动简阳”“简阳最美”等先进典型评选。开展全域文明提升、“关爱未成年人”等行动。

实施基础建设提升工程。着力提升公共服务水平，强化公共秩序，保障公共安全，实施城乡社区治理，加快建设未成年人阵地。

实施人民满意度提升工程。落实文化惠民，提升窗口行业服务质量，加强基层作风建设，守护生态文明，实施乡村振兴战略。开展“‘双创’——我知晓、我参与、我满意”等 10 余项主题活动。

实施示范打造提升工程。建设美丽乡村，实施古村落、古建筑、农耕文化传承保护工程，持续推进“三美四好”村示范村创建，高标准开展文明单位、文明村镇、文明家庭、文明户等创建工作，打造核心价值观展示基地、志愿服务站等示范点。

实施氛围营造提升工程。开展公益广告清理整改提升行动，设立一批固化宣传、社会主义核心价值观宣传阵地等，制作一批文明城市创建宣传用品；强化属地媒体宣传报道，多角度、多层次展示双创工作成效，开设《文明新征程》专栏，在属地网站版面设置30%以上公益广告；拓展外宣平台，多渠道、高频次发布“双创”宣传报道50余篇。

二、主要成效

（一）健全创建机制，常态长效工作格局逐步形成

建立由市委、市政府主要领导为总指挥长的创文工作指挥部和多个专项工作组，健全“党委统一领导、党政群齐抓共管、创文办统筹协调、有关部门各负其责、全社会积极参与”的创建工作格局。抽调人员组建创文办专门从事创文工作，健全创文工作测评督查、联动共建、激励问责、常态长效机制。

（二）改善基础设施，城市品质进一步提升

围绕文明城市创建，实施城建类重点项目建设119个。推进农村“884”工程。改建、新建城区农贸市场4座。完成46个老旧院落改造提升。实施8个公园城市示范区打造，建成绿道142千米，城市建成区绿地率从32.6%提升至35.1%。建成和升级改造标准化公厕35座，全面消除农村旱厕。投资30余亿加快东来印象大型文化体育中心建设。城市品质进一步提升。

（三）推动城乡治理，城市公共服务进一步完善

全力治脏，重拳治乱，全面治差，整治背街小巷153条，打造精品街区2个。开展市容秩序专项整治，城区“蜘蛛网线”、占道经营等一批老大难问题得到彻底解决，主要路段全覆盖安装电子警察。实施公共服务提升，标准化改造54所义务教育学校、20所公办幼儿园，建成10个镇（街道）文化馆分馆，3个图书馆分馆。城市公共服务进一步完善。

（四）深化文明创建，市民素质进一步提高

推进11个新时代文明实践中心（所、站）建设试点。创建文明村镇218个、文明校园115所、文明单位183个、文明家庭30户，2个单位获评全国文明单位，1个家庭获评全国文明家庭。开展道德模范、“感动简阳”“创建全国文明城市——简阳最美”等先进典型评选，103人获评市级以上荣誉，3人获评中国好人。开展爱国卫生运动、全民大整治及志愿服务行动；开展“百万市民学礼仪”“文明餐桌　厉行节俭”等主题活动；开设《文明新征程》创建专栏，播发创建宣传400余条，发放各类健康教育、文明创建宣传资料100万余份，进一步提升市民知晓度、参与度、满意率。

三、经验启示

（一）坚持正确创建方向

把学习宣传贯彻习近平新时代中国特色社会主义思想，作为最根本的政治任务、政治责任和核心任务。把党的创新理论贯穿创建全过程各方面，作为指标体系的核心内容，引导各级各部门切实用习近平新时代中国特色社会主义思想武装头脑、指导实践、推动工作。

（二）坚持为民利民导向

把满足人民精神文化生活新期待，作为适应新阶段、推动新发展的实践路径。把维护和实现人民根本利益作为出发点和落脚点，把人民满意不满意作为最高标准，推动创建工作贴近基层实际、符合群众意愿。发挥群众主体作用，倡导人人参与、人人有责、人人尽责，夯实创建工作基础。

（三）坚持融入融合发展

把围绕中心、服务大局作为基本职责，融入统筹推进“五位一体”总体布局和协调推进“四个全面”战略布局，把党委政府重大决策部署落实到城乡基层。把实施文明城市创建作为主要抓手，统筹推进项目载体，促进文明培育、文明实践、文明创建一体贯通，推动“五大创建”融合发展。

（四）坚持常态长效推进

把守正创新、常抓不懈作为基本方法，抓住关键点、找准切入点、把握时度效，推动创建工作落细落小落实。推进创建机制完善，把各级各部门、社会各界、广大市民的力量调动起来，形成创建合力。坚持问题导向和效果导向、创新思维和法治思维，推动创建依法依规、持续健康发展。

（陈婵婵）

“国家卫生城市”创建

简阳市自2004年卫生创建工作开展以来，历经十六年的时间，于2010年成功创建省级卫生城市，2015年顺利通过省级卫生城市复审，2016年正式启动国家卫生城市创建，2019年6月通过省级综合评审，2019年12月通过全国爱卫办暗访。2020年，简阳市国家卫生城市创建工作在市委、市政府坚强领

导下，在四川省、成都市上级有关部门的悉心指导下，始终坚持“抓国家卫生城市创建就是抓经济社会发展、补社会事业短板、促民生改善”的理念，将卫生创建与健康城市、疫情防控、城乡环境整洁行动相结合，深入实施基础设施建设、市容市貌整治、环境保护和生态建设、卫生达标、健康知识普及等11项集中攻坚整治行动，城市基础设施日益完善、管理水平不断提高、人居环境明显优化、市民健康意识普遍增强、综合服务能力显著提升，8月27日至30日接受并顺利通过了全国爱卫办技术评估，2021年1月，简阳市被全国爱卫办正式命名为2018—2020周期国家卫生城市。

一、工作开展

（一）加强配套建设，全面提升保障能力。完善市政基础设施，策划实施城建类重点项目建设119个，雄州大道升级改造和风貌塑造工程、成渝高速简阳北收费站改造等一大批市民关心关注的重大基础设施项目、民生项目建成投用。深入推进农村“884”工程，累计改造提升县乡道路381千米、村组道路1267千米，城市路网密度从4.29千米/平方千米提升至4.71千米/平方千米，行政村通公交（客运）率达到100%。光纤、闭路电视信号、标准九义校、镇（街道）污水处理厂和镇村就业服务中心（站）实现全覆盖，镇（街道）自来水集中供水率提升至58.4%。有序实施简州里等8个公园城市示范区打造，全市累计建成绿道155.6千米，建成区人均公园绿地由2017年的14.2平方米增长到15平方米，绿化覆盖率由37.39%增长到39.61%。补齐环卫基础短板，及时改造垃圾中转站、购置垃圾中转车、洒水车，城区新增、更换果屑箱2080个。专项配置生活垃圾投放点500余个、分类桶4907个、运输车32辆，建成生活垃圾分类分拣中心1座。深入推进厕所革命，建成标准化公厕7座、升级改造公厕28座。加强医疗卫生功能建设，全面启动两所三甲医院提升工程，加快推进市人民医院完善三甲功能、市中医医院康复治疗中心项目建设，市人民医院门急诊大楼建成投用，2020年以来，市人民医院按照成都市统一部署，高效收治简阳市确诊和成都市转诊新冠肺炎病例，无一例死亡病例。大力发展普惠医疗，组建2个医共体、1个医疗集团，提升改造乡镇卫生院（社区卫生服务中心）18家，完成240所村（社区）卫生室标准化建设，基层医疗条件不断改善。搭建“简阳市区域人口健康信息平台”，辖区内患者诊疗信息实现互联互通。

（二）坚持问题导向，全面改善市容市貌。全力治脏。深入推进“户集、村收、镇运、市处”垃圾收处体系建设，生活垃圾分类试点覆盖居民14.08万户。按照城市干道每天保洁时间不低于16小时要求，持续加大城区背街小巷、城郊接合部等重点区域保洁，全力确保卫生无死角、垃圾不堆积。重拳治乱。持续加大农贸市场整治力度，完成城南市场去功能化，新建改建城区农贸市场4座，城区活禽宰杀全面取缔。大力开展市容街景、户外广告等专项整治，全面完成241条背街小巷整治，整改拆除违法建筑物4.5万平方米、围墙2.5万平方米，城区“蜘蛛网线”、占道经营等一批老大难问题得到彻底解决。投入资金300余万元，在主要路段全覆盖安装电子警察，滨江路地下公共停车场基本建成，城区车辆乱停乱放、交通拥堵问题得到有效遏制。全面治差。有序推进建设路片区等6个棚户区（城中村）改造，累计改造41.2万平方米，奥盾大院等46个老旧院落整治全面完成，市民居住环境持续改善。大力实施城市“夜景亮化”工程和临街建筑立面美化改造，完成“印鳌拱壁”“江桥水景投影”等城市夜景打造。

（三）建设健康简阳，全面提高公卫水平。抓好常态化疫情防控。组织全市干部职工30余万人次，发动驻地单位、物业公司等各类社会力量1.5万余人，组建党员突击队、青年突击队等队伍800余支，对小区（院落）实施三轮全覆盖排查，累计检查登记200万余人次，对577名密切接触者实施集中隔离观察，自2月8日以来，全市疑似、确诊病例实现零增长，重点人群“应检尽检”率排名成都前列。提前谋划秋冬季疫情防控，按照3～5天完成10万人核酸检测目标，制定《简阳市新冠病毒核酸应急采样检测工作预案》，组建3支应急预备队。加强“八小”行业整治。整合公安、文体旅、市场监管等执法力量，扎实开展“八小”行业专项整治行动，严格督促经营单位将亮证经营、卫生管理、门前“三包”等责任制度落到实处，监督检查公共浴室、理发店、宾馆、旅店等公共场所2959户次，办理行政处罚案件113件。整治规范食品“三小”单位2000余家，打造餐饮食品安全示范店10个、食品安全示范街1条。加强“四害”消杀。认真贯彻落实《病媒生物预防控制管理规定》，积极开展主城区常见病媒生物调查监测，切实抓好每年春秋二季灭鼠及城市卫生消杀活动，全面开展城区公共无主地段病媒生物防制消杀，建成区范围内“四害”密度控制在国家C级标准以内。

（四）强化系统治理，全面夯实生态本底。强化大气污染防治。扎实开展建筑工地、渣土运输等重点领域扬尘整治，全面取缔10蒸吨及以下工业燃煤小锅炉82台，整治淘汰黄标车、老旧车755台。持续改善水环境质量。推进流域水环境综合治理，投入9000万元启动城南污水处理厂提标升级改造，全面完成33个镇（街道）污水处理厂、4个园区污水处理厂以及旧城区雨污分流改造，全市49段黑臭河渠530个排污口实现污水零排放。强化土壤污染防治。扎实开展土壤环境质量调查评估，加快推进简阳环保发电厂、危险废物综合处置等环保项目建设，累计关停畜禽养殖场1923家，禁养区内畜禽养殖全面消除。

（五）倡导健康风尚，全面推进共建共享。加强全民健康教育。结合世界防治结核病日、全国预防接种日等宣传日活动，发放各类健康教育宣传资料30万余份，为城乡居民进行健康咨询10万余人次。扎实开展健康教育进学校、进单位、进社区、进企业，举办健康讲座1000余场次，覆盖人群30.2万余人次。广泛开展全民健身活动。机关、企事业单位全面落实工间操制度，组织开展简阳市全民健身运动会、气排球比赛等形式多样的全民健身活动。加大禁烟控烟力度。完善室内公共场所、工作场所和公共交通工具禁烟警语和标识设置，积极开展无烟学校、无烟机关等无烟场所建设。营造创卫浓厚氛围。通过制发创卫倡议书、公益短信，设置创卫专栏、标语、宣传画等方式，广泛发动群众，不断提升群众知晓率、参与率、满意率。

二、主要做法

（一）加强组织领导。成立了以市委书记、市长任双指挥长的创卫指挥部，市委常委会、市政府常务会先后39次听取创卫推进情况、研究部署重点工作，特别是主要领导深入创建一线现场调研“老大难”问题20余次，各市领导多次分头召开专题会议、现场办公协调处理问题，同时还成立市人大、市政协两个督查组，每月对问题整改情况进行随机抽查，确保创建工作落地推进。从全市后备干部库中抽调78名精兵骨干组建了高效有力的创卫办，坚持创卫党政同责、党政同抓，实行各镇街、市级部门“一把手”负责制，同时创新“1+7+1”工作模式，组建由社区负责人任组长，7名相关市级部门、街道办工作人员和网格员为成员，1名“双创”办工作人员任指导员的工作团队，坚持辖区街道兜底的工作原则、运用网格化管理的工作模式、落实“每一平方米都有人负责”的精细化管理要求、时刻保持包点单位、社区荣辱与共的工作思维做好社区范围内所有创建工作。将创卫办日常工作经费纳入财政预算，落实8000余万元专项经费开展11个专项整治行动，农贸市场升级改造、背街小巷整治提升、风貌打造等一大批市民关心关注的重大基础设施项目、民生项目建成投用，城市面貌焕然一新。

（二）强化部门联动。制定“蜘蛛网”整治、垃圾收集清运、“八小”行业整治等11个专项行动方案，每个专项行动由一名市级领导牵头，一个部门牵头负责，各相关部门依据自身职能职责积极配合，各司其职、齐抓共管，逐步实现以集中整顿、突击整治为主向以制度化、规范化、日常化管理为主的转变；实行部门包联制度，即每个市级部门负责包联一个社区，每天安排人员下沉社区督促、协调落实社区各项创建工作。同时，将公安、卫健、文体、市场监管等综合行政执法力量下沉到社区，将整治触角延伸到所有死角和盲区，共治城市管理顽疾。通过大力开展集中攻坚月、周末大扫除等活动，全力清除“盲点”、打通“堵点”、治理“乱点”。尤其是市四大班子成员带头，各镇（街道）、市级部门（单位）全员参与，深入开展全民大整治及志愿服务行动，形成创建强大合力。

（三）营造浓厚氛围。利用新闻媒体、微信公众号、宣传标语、大型LED显示屏等方式对创建工作动态进行宣传，使创建工作家喻户晓。采取群众易于接受和喜闻乐见的形式，深入开展周末大扫除、病媒生物防治科普知识宣传、全民健康教育宣传等在内的国家卫生城市创建系列活动，积极引导市民参与创建，形成“简阳是我家，创卫靠大家”的广泛共识和人人关心创卫、支持创卫的浓厚氛围。通过百姓需求一号通、网络理政等平台，及时收集、处理市民关心关注的热点难点问题，让市民真切地感受到创卫带来的可喜变化，增强对城市的认同感、归属感和自豪感，市民满意度逐年攀升。

（四）严格督查考核。将创卫工作纳入政府一级目标考核，目标考核分值从4分提高到12分，严格执行市委常委会、市政府常务会上末位表态制度，打破情面展开批评，确保工作压力层层传导。严格执行一月一考评机制，落实清单管理、整改销号制度，由市纪委牵头，市委督查室、市政府督查室、市创卫办组建联合督查组，通过适时开展回头看、大排查等方式，进一步健全常态化、全覆盖督查机制，切实保障整改问题不反弹。4年来，下发通报文件100余份，交办各类问题20万余件。结合《简阳市红黄牌预警管理办法》，以建成区38个社区为创建单元，分三类分别对社区所属镇街、包联部门、责任单位、行业主管部门进行考评，考评结果在市委常委会、市政府常务会通报，截至2020年9月，共对各镇（街道）、市级部门党政领导干部71人进行红黄牌警示，并对排名靠前、创建成效好的社区给予工作经费奖励。

（李　燕）

大事记

1月

3日　简阳市乡镇（街道）区划调整改革涉及镇人大组建、街道人大工委设立工作培训会召开，市人大常委会主任钟世全主持会议并作动员讲话。

同日　成都市金牛区人力资源和社会保障局、简阳市人力资源和社会保障局主办的以“聚集产业促发展，关爱服务促就业”为主题的生活服务业专场招聘活动在简阳市宏缘镇举行，拉开了2020年对口就业扶贫帷幕。

7日　中国疾控中心结控中心中盖项目办副主管王倪、李游，四川省疾控中心结核病防控专家一行五人到简阳调研结核病防控工作。

8日　市委书记赵春淦会见大唐网络有限公司总裁杨勇一行，双方重点围绕务实深化合作，在多领域推动全方位的战略合作等方面深入交换意见。

10日　市委书记赵春淦会见凯伦拜尔格（德国）有限公司董事长迪特·拉的斯多克一行，双方就有关项目合作事宜进行交流座谈。

同日　市委书记赵春淦会见新加坡墨睿设计事务所董事长刘太格一行，双方围绕临空物流片区规划设计等有关事宜深入座谈并交换意见。

同日　2020年简阳市老干部迎春座谈会在城市名人酒店举行。

同日　甘孜州德格县人大常委会主任吴忠贵一行到简阳考察简阳市城市规划建设、人大工作开展情况。

14日　成都市中级人民法院院长郭彦到中国五冶（成都）建筑科技产业园和简城街道政府街社区党群服务中心调研，并慰问成都市道德楷模罗家顺（南街社区）、参战退役军人洪启明（政府街社区）。

15日　市委书记赵春淦、市人大常委会主任钟世全、市政协主席李崇喜等四大班子领导分别率队开展重点项目拉练，调研空港大道、高铁南站广场景观提升工程、中国五冶（成都）建筑科技产业园、天府绿道简阳新城滨江路示范段、简州八景景观提升工程、国道G76厦蓉高速（成渝段）简阳互通迁建项目。

同日　市委书记赵春淦会见川酒集团董事长曹勇一行并主持召开座谈会。

16日　成都市人大常委会主任唐川平到三星镇共和村调研脱贫攻坚工作并走访慰问困难群众。

同日　简阳市召开2019年度党政领导班子副职述职测评大会，市委书记赵春淦主持会议并讲话。

18日　中共简阳市委十五届十二次全会暨市委经济工作会议在河东新区会议中心举行，审议通过《中共简阳市委关于贯彻落实党的十九届四中全会精神推进城乡基层治理体系和治理能力现代化的决定》，总结市委十五届九次全会以来的工作，全面部署现代城市治理及2020年工作。市委书记赵春淦代表市委常委会作工作报告并讲话，对当前和今后一个时期工作作出全面部署。

同日 国家卫健委督查组到简阳市人民医院督查新型冠状病毒感染的肺炎疫情防控工作。

19—20日 简阳市第十七届人民代表大会第五次会议在市文化艺术中心召开。354名市人大代表出席会议，39名代表请假。出席政协简阳市十四届四次会议的政协委员列席大会第一次全体会议，209名有关方面负责人列席会议。

19日 中国人民政治协商会议简阳市第十四届委员会第四次会议在河东新区会议中心开幕。来自全市各行各业的政协委员们满怀豪情，齐聚一堂，围绕简阳经济社会发展的重大问题建言献策，共商发展大计。20日，政协第十四届简阳市委员会第四次会议在东城新区会议中心闭幕。

同日 简阳市简三桥通车仪式在简城街道西峰社区举行。

20日 市委书记赵春淦率队开展“走基层、送温暖”慰问活动，代表市委、市人大常委会、市政府、市政协向离休老干部、全国劳动模范、驻简阳部队官兵、困难群众致以新春祝福和诚挚问候，并为他们送去慰问金和慰问品。

21日 简阳市举行国道G76夏蓉高速简阳互通迁建工程暨简三桥改建工程竣工通车仪式。

同日 简阳市“不忘初心、牢记使命”主题教育总结大会举行。市委书记、市委“不忘初心、牢记使命”主题教育领导小组组长赵春淦、成都市委第二批主题教育第七巡回指导组组长郭建平出席并讲话。

22日 市委书记赵春淦主持召开2020年简阳籍在外人士新春座谈会。

25日 正月初一，农历新年第一天，市委书记赵春淦率队到市综治中心检查新型冠状病毒感染的肺炎疫情防控工作，走访慰问简州里绿道示范段、国网简阳市简州供电公司、沱一桥东桥头街道一体化项目、城东客运站、市级机关办公区坚守一线的干部职工，看望慰问奋战在一线的工作人员，向他们致以新春的祝福和节日的问候。

26日 市委书记赵春淦主持召开市委应对新型冠状病毒感染肺炎疫情工作领导小组第三次（扩大）会议，传达学习习近平总书记重要指示和重要讲话精神，对前一阶段疫情防控工作进行总结，对下一阶段疫情防控工作进行安排部署。

同日 简阳市人民医院收治简阳首例新冠肺炎患者。

27日 成都市政府副市长敬静到简阳检查新型冠状病毒感染的肺炎疫情防控工作，强调要以对全体医护人员和市民高度负责的使命感、责任感，坚决把各项防控措施落实到位，确保疫情防控机制健全、响应及时、措施具体、救治有效，打赢疫情防控阻击战。

2月

4日 央视新闻频道《共同关注》“战疫情·群防群控”栏目报道简阳市平泉街道荷桥村疫情防控工作。

5日 简阳市人民医院收治简阳第二例新冠肺炎患者。

7日 成都市政府副市长、民盟成都市委会主委刘旭光带队到简阳市江源镇定点帮扶村慰问贫困户。

8日 简阳市人民医院收治的首例新冠肺炎患者治愈出院。

9日 简阳市在全省率先出台《关于全面提高依法防控依法治理能力为新型冠状病毒感染肺炎疫情防控工作提供有力法治保障的若干意见》，面向社会发布《关于疫情防控期间依法坚决维护社会秩序和社会稳定的通告》。

12日 成都市委常委、统战部部长、市总工会主席吴凯到简阳市人民医院，看望慰问抗疫一线医护人员。

16日 简阳市宏缘镇自主开发的“宏缘镇联防联控车辆登记”程序投入使用，车主通过微信扫码自行填报信息，镇级专人综合分析，以信息化手段守住新冠肺炎疫情防控“雄州北大门”。

21日 简阳市援助湖北医疗队出征仪式举行，市领导赵春淦、罗开敏等出席仪式。12名医护人员随同四川省第九批援助湖北医疗队前往武汉支援。

同日 简阳市人民医院收治的第二例本土新冠肺炎患者治愈出院，标志着简阳本土病例全部清零。

同日 省委常委、省纪委书记、省监委主任王雁飞到简阳市纪委监委，看望疫情督查一线工作人员。成都市委常委、市纪委书记、市监委主任王川红陪同看望。

25日 市人大常委会主任钟世全主持召开天府绿道简阳城区滨江路示范段项目现场办公会，对项目新冠肺炎疫情防疫和复工复产作安排部署，并研究协调解决相关具体问题。

同日 成都市政协副主席杨建德到简阳调研新冠肺炎疫情对畜禽产业发展的影响情况。

28日 市委书记赵春淦率队深入空港大道、成凉合作园区等重点项目现场，调研指导统筹推进疫情防控和重点项目复工开工建设。

3月

3日 市委书记赵春淦会见江苏隆严圣鸿照明科技有限公司总经理刘春隆一行并主持召开座谈会。

同日 市委书记赵春淦会见大唐网络成都项目筹备组组长赵学红一行并主持召开座谈会。

5日 成都市委常委左正到平武镇调研乡村振兴工作。

同日 市委书记赵春淦会见四川天府机场高速公路有限公司总经理赵爱军一行，双方就深化供需对接、务实携手合作进行了交流。

10日 中国共产党简阳市第十五届纪律检查委员会第九次全体会议以电视电话会形式召开，市委书记赵春淦出席会议并讲话。

同日 简阳市2020年第一季度重大项目集中开工仪式在成都空天产业功能区简阳互联网数据中心项目现场举行。成都市政府副市长牛清报出席并宣布开工。简阳市委书记赵春淦致辞。简阳市委副书记罗开敏主持开工仪式。

11日 市委书记赵春淦会见域上和美集团董事长邱伟一行并主持召开座谈会。

同日 3万吨/年废矿物油资源化利用项目和6.5万吨/年固体废物（有机溶剂）资源化利用项目开工仪式在简阳市举行。

16日 市委书记赵春淦主持召开简阳市“送政策、帮企业、送服务、解难题”专项行动专题会。

同日 市委书记赵春淦会见博富控股有限公司董事长罗箭一行并主持召开座谈会。

17日 成都市重大交通项目集中开工仪式在简阳市举行。成都市政府副市长刘玉泉出席并宣布开工，成都市政府副秘书长张涛主持开工仪式，简阳市委书记赵春淦出席开工仪式。

同日 市委书记赵春淦会见中通快递集团董事、副总裁王吉雷一行，双方重点围绕西南物流中心、跨境电商中心等项目建设深入交换意见。

同日 简阳市乡镇（街道）行政区划调整涉改镇人大组建工作专题会召开。

18日 市政协主席李崇喜主持召开简阳市政协助推交通路网体系建设全覆盖摸底调查工作动员培训会，启动全市交通路网体系全覆盖调查摸底工作。

19日 市委书记赵春淦会见四川旅投集团党委书记、董事长任丁一行，双方重点围绕建设国际化产城融合示范区、提升简阳旅游产业竞争力等深入交换意见。

同日 成都市政协副主席郝康理到简阳调研施家镇脱贫攻坚工作，调研踏水镇产业发展工作。

20日 简阳市委、市政府成功举办2020成都·简阳投资促进网络推介会，市委书记赵春淦通过网络平台“直播+点播”方式推介简阳，向社会各界宣传推介简阳得天独厚的发展机遇、欣欣向荣的发展态势，传递加快高质量发展的信心决心。

23日 市委书记赵春淦会见凉山州委常委、州国资委书记陈文一行并主持召开座谈会。

26日 简阳市2020年重大项目集中签约仪式在乡村振兴·天府惠农服务中心举行。成都市政府副市长牛清报出席并讲话。简阳市委书记赵春淦出席并致辞。

31日 设立简阳市航天产业发展局，在市经济科技和信息化局挂牌；设立简阳市临空经济产业发展局，在市商务和投资促进局挂牌。

同日 政府采购电子系统（2.0版）在成都市公共资源交易云平台上线使用，简阳市同步启用，实现政府采购全流程电子化。

4月

1日 简阳市召开森林防火灭火暨安全生产工作会议。市委书记赵春淦出席并讲话。

3日 成都市政府副市长牛清报莅简督导森林及城乡防火安全隐患排查整治工作。

同日 简阳市“商会之家”揭牌仪式在简阳·西部电子商务集聚发展区党群服务中心举行。

7日 市委书记赵春淦主持召开市委常委会（扩大）会议暨2019年度党委（党组）书记落实主体责任述职评议会。

10日 市委书记赵春淦会见中国农业银行四川省分行党委委员、副行长毛洪一行，双方重点围绕深化银政关系、创优金融环境等方面深入交换意见。

14日 市委书记赵春淦会见光明食品香港有限公司总经理、光明国际食品产业基金总裁闵志东一行，双方重点围绕食品精深加工、贸易销售、科技创新转化等方面深入交换意见。

同日 成都市委常委左正莅简调研脱贫攻坚巩固提升和江源镇农业产业发展、村（社区）体制机制改革情况。

15日 简阳市乡镇（街道）行政区划调整和体制机制改革工作总结暨村（社区）体制机制改革工作推进会召开，市委书记赵春淦出席并讲话。

同日 简阳第四届桑葚采摘活动在江源镇石泉村开幕。

16日 简阳市知识产权纠纷人民调解委员会成立，是简阳市首个知识产权纠纷行业性、专业性人民调解组织。

21日 市委书记赵春淦会见四川电影电视学院董事长黄元文一行，双方重点围绕学院新校区建设、影视产业基地建设等事宜深入交换意见。

23日 简阳市召开领导干部大会，宣布成都市委干部任免决定：提名罗开敏任简阳市人民政府市长。

24日 简阳市房地产行业协会成立，推选第一届会长、副会长，并进行授牌、授证。

26日 市委书记赵春淦会见四川省能源投资集团有限责任公司副总经理牟俊一行，双方就建设区块链数字产业园等方面深入交换意见。

同日 成都市委副书记、市政府市长、市农村扶贫开发领导小组组长罗强前往扶贫联系点简阳市平泉街道协议村督导脱贫攻坚工作，并主持召开座谈会，收集听取意见建议。成都市政府副市长刘旭光，市政府秘书长周先毅等参加督导。

同日 成都市政府副市长刘旭光到平武镇调研恢复生猪生产工作。

27日 市委书记赵春淦率队调研重点项目，强调当前疫情防控形势稳定向好，全市上下要牢固树立“项目为王”理念，全力以赴为重点项目按下“快进键”，把失去的时间抢回来，把落下的工期赶回来，努力以重点项目加快建设推动城市转型发展和高质量发展。

27—28日 简阳市第十七届人民代表大会第六次会议在市文化艺术中心隆重召开。会议补选罗开敏为简阳市人民政府市长。新当选的市人民政府市长进行宪法宣誓。350名市人大代表出席会议，41名代表请假。56名有关方面负责人列席会议。

28日 省政府印发《关于同意设立成都东部新区的批复》（川府函〔2020〕84号），同意设立成都东部新区，规划面积729平方千米，空间范围包括简阳市所辖的13个镇（街道）所属行政区域；省发改委印发《成都东部新区总体方案》（川发改地区〔2020〕248号），成都东部新区规划范围包括简阳市所辖的13个镇（街道）所属行政区域，分别是海螺镇、芦葭镇、董家埂镇、壮溪镇、玉成街道、草池街道、石板凳街道、福田街道、养马街道、石盘街道所属全部行政区域及高明镇、三岔街道、贾家街道所属部分行政区域，面积729平方千米，天府新区简阳片区191平方千米（包括空港新城范围内的丹景街道全域和三岔街道部分区域，及由简阳市管理的武庙镇全域和高明镇、贾家街道部分区域）委托成都东部新区集中统一管理，进一步理顺成都东部新区与空港新城、简州新城及托管的简阳市部分区域的关系。

29日 成都市委常委、政法委书记刘守成到简阳专题研究交通重大项目规划建设工作。

同日 市委政协工作会议召开。市委书记赵春淦出席并讲话。

30日 由简阳市委、市政府主办的成资同城化交通“断头路”等建设项目合作签约暨启动仪式在简阳市涌泉镇同德村举行。资阳市委常委、政法委书记李丹出席并讲话。简阳市委书记赵春淦出席并致辞。

5月

7日 深化成资毗邻区域司法协同交流合作签约仪式在简阳市举行。

8日 市委书记赵春淦率队调研督导重点项目推进情况。

9日 市委书记赵春淦会见四川航天职业技术学院院长刘家騑一行，双方围绕四川航天职业技术学院新校区建设项目深入交换意见。

同日 简阳市召开2020年防汛减灾、地质灾害防治、森林防火暨安全生产工作会议，市委副书记、市长罗开敏出席并讲话。

11日 成都市委副书记、市长、市新冠肺炎疫情防控指挥部指挥长罗强主持召开成都市新冠肺炎疫情防控指挥部第44次会议。会议视频连线调度了成都高新区、武侯区、双流区、简阳市、蒲江县。市委副书记、市长罗开敏汇报简阳市近期疫情防控工作开展情况。

12日 市委书记赵春淦会见上海韵达集团董事长兼总裁聂腾云一行，双方重点围绕韵达西南（成都）电商总部基地项目规划建设推进情况交换意见。

14—15日 资阳市政协副主席廖荣江一行到简阳调研临空经济区产业导入，助推成渝地区双城经济圈建设工作。

18日 市委副书记、市长罗开敏主持召开中铁二院工程集团有限责任公司莅简对接轨道交通规划建设座谈会，双方重点围绕成渝中线高铁、成都轨道交通18号线二期工程规划建设情况交换意见。

同日 市委书记赵春淦会见嘉年华集团首席总裁周江勇一行并主持召开座谈会。

19日 简阳市森林防灭火和城乡防火专项整治工作会议召开。市委书记赵春淦出席会议并讲话。

同日 成都东西城市轴线（东段）简阳段开工仪式在简阳市柳林大桥西侧项目现场举行。成都市政府副市长牛清报出席并宣布开工。简阳市委书记赵春淦出席并致辞。简阳市委副书记、市长罗开敏主持开工仪式。

25日 成都东部新区党政代表团到简阳考察并召开座谈会。成都市政府副秘书长、成都东部新区党工委书记张瑛，简阳市委书记赵春淦出席座谈会并讲话。

同日 经简阳市人民政府同意，简城街道实施村（社区）建制调整改革，原33个村（社区）建制调整改革为22个社区，成为简阳市第一个全部由社区组成的街道。

26日 四川省决策咨询委员会副主任袁本朴莅简调研经济社会发展情况。简阳市委书记赵春淦陪同调研。

同日 民政部《社区》杂志开设专栏，特别报道《简阳：跑出城乡融合发展加速度》等系列城乡社区发展治理工作。

27日 市委书记赵春淦会见中国铁建西南区域总部副总经理、总工程师，中铁建昆仑地铁投资建设管理公司董事长、党委书记施振东一行，双方重点围绕构建多领域多层次的战略合作深入交换意见。

同日 市委书记赵春淦会见阿达驻车投资管理有限公司董事长邓建涛一行并主持召开座谈会。

28日 成凉产业园建设工作座谈会在凉山州西昌市举行，省政协副主席、凉山州委书记林书成，凉山州政协主席杨文泉，凉山州委常委、州国资委党委书记陈文，凉山州委常委、州政府常务副州长蒋刚出席座谈会。

同日 四川省总工会党组书记、副主席胥纯、成都市总工会党组书记、副主席张余松一行前往简阳市雷家镇望水寺村开展脱贫攻坚和工会工作调研。

同日 市政协文化文史委组织20余名政协委员，前往地铁18号线临江车站崖墓群发掘工地，调研历史文化遗存保护工作。

29日 市委书记赵春淦率队赴皖开展投资促进活动，先后实地考察位于合肥市的祥源控股集团有限责任公司和位于阜阳市的卡登堡酒业（安徽）有限公司，与企业高管座谈交流，务实谋划合作项目。

6月

1日 市委书记赵春淦会见博骏教育集团董事局主席王惊雷一行，双方重点围绕建设高水平民办基础教育学校深入交换意见。

2日 简阳市与中国农业银行四川省分行战略合作协议签约仪式在成都举行。简阳市委书记赵春淦，中国农业银行四川省分行党委书记、行长温学宇出席并见证签约。简阳市委副书记、市长罗开敏，中国农业银行四川省分行党委委员、副行长毛洪签署合作协议。

同日 资阳市雁江区政协主席孙家茂一行到简调研成渝地区双城经济圈建设、商贸物流产业园建设工作。

5日 省委督查室调研组莅简调研社区发展治理工作。

同日 简阳市举行2020年重大产业化项目集中签约仪式。市委书记赵春淦出席并致辞。市委副书记、市长罗开敏出席并代表市政府签约，市人大常委会主任钟世全、市政协主席李崇喜出席并见证签约。

8日 市委书记赵春淦主持召开市委中心组高质量建设践行新发展理念的公园城市示范区集中学习研讨（扩大）会。

同日 简阳市防汛减灾工作推进会召开，市委书记赵春淦出席会议并讲话。

9日 市委副书记、市长罗开敏主持召开简阳市2020年第二季度经济运行调度会暨6月经济运行分析会，听取全市经济运行情况汇报，查找分析存在问题，研究部署下一步工作。

11日 乐至县政协主席吴琪一行到简调研成资同城化建设和交界融合发展工作。

13日 简阳市召开领导干部大会，宣布省委、成都市委决定：詹庆任中共简阳市委委员、常委、书记，赵春淦不再担任中共简阳市委书记、常委、委员职务。成都市委常委、组织部部长邓涛出席会议并讲话，简阳市委副书记、市长罗开敏主持会议。

15日 市委书记詹庆率队走访调研市人大常委会、市政协机关并看望慰问部分离退休老领导。

18日 省政协副主席祝春秀到简阳调研生猪稳产保供和提质增效工作，走访受疫情影响的困难企业和群众。成都市政协副主席、民进四川省委会副主委、成都市委会主委杨建德，简阳市委书记詹庆陪同调研。

同日 资阳市雁江区人大常委会主任姚忠志一行莅简考察城市规划建设、产业发展、人大工作等。

22日 成都市人大常委会副主任陈建辉到简阳调研西部电商物流产业功能区园区规划建设、唯品会（中国）西部总部基地经营发展情况等。

同日 省人大常委会副主任刘作明率省人大常委会《四川省禁毒条例》与涉国家安全法律法规执法检查组莅简开展执法检查。成都市人大常委会副主任陈建辉、市委书记詹庆、市人大常委会主任钟世全陪同调研。

23日 市委农村工作会议召开。市委书记詹庆出席并讲话。

同日 成都市政协提案委“关于创新提案办理协商形式、进一步扩大政协提案工作影响力”重点课题调研组到简调研简阳市创新提案办理协商形式，做好提案办理民主评议工作。

28日 市委书记詹庆率队专题调研简阳历史文化古迹。

30日 市政协主席李崇喜带队到乐至县对接同城化路网建设工作。

7月

1日 成都市委常委、组织部部长、社治委主任邓涛到简阳调研经济社会发展、脱贫攻坚等相关工作，并走访慰问部分老党员及受疫情影响的困难党员。市委书记詹庆陪同调研。

同日 成都市政府副市长刘旭光到简阳市调研沱江禁捕和退捕渔民安置保障工作推进情况。市委副书记、市长罗开敏陪同调研。

同日 市政协主席李崇喜带队到资阳市雁江区对接同城化路网建设工作。

2日 资阳市政协副主席宋良华到平泉街道荷桥村调研。

3日 四川省卫健委党组书记沈骥率队莅简调研简阳市人民医院新冠肺炎疫情防控工作。

6日 市委书记詹庆率队走访调研简阳市高考各考点，检查指导2020年高考组考防疫工作。

8日 简阳市党政代表团赴成都东部新区考察对接，并与成都东部新区举行工作对接会。

9日 省委、省政府、省军区召开四川省双拥模范命名表彰大会。简阳市首次被授予"四川省双拥模范城"称号。

10日 市政协主席李崇喜到金堂县考察大学城。

同日 简阳市人民法院成功审理一起申请行政非诉强制拆除执行案件，是2011年《国有土地上房屋征收与补偿条例》实施近十年来首次进入简阳法院的司法强拆案件。

13—24日 市政协举办政协委员及政协工作者"守初心担使命、提升履职能力"专题培训。

14日 农业农村部第八专项督查组组长（代）、渔业渔政局安全处处长张信安、水科院资环中心主任李应仁等到简阳市督察、指导退捕工作。

16日 成德眉资侨联共促同城化发展战略合作协议签约仪式在简阳市举行。中国侨联副主席、四川省侨联党组书记、主席刘以勤，成都市政协副主席韩轶出席并致辞。简阳市委书记詹庆出席并讲话。四川大学侨联与德阳市侨联、简阳市侨联签署建立专家工作站协议。

同日 市委书记詹庆会见成都益民投资集团有限公司董事长游光甫一行并主持召开座谈会。

22日 市委书记詹庆会见新华三集团高级顾问淦江一行并主持召开座谈会。

同日 乐至县人大常委会主任黄廷跃到简考察简阳市推进成渝地区双城经济圈建设、成资同城化发展等工作情况。

23日 市委副书记、市长罗开敏主持召开简阳市项目招引攻坚行动调度会暨"百日擂台赛"（第一季）总结会，听取近期项目招引攻坚行动总体情况和"百日擂台赛"（第一季）完成情况汇报，安排部署下一步重点工作。

同日 简阳市创建全国文明城市测评情况反馈会召开，通报了简阳市2018年、2019年省文明办年度测评情况和2020年省文明办暗访测评情况。市委书记、市文明委主任詹庆出席并作表态发言。

同日 遂宁市安居区人大常委会主任邓立一行到简阳考察简阳市开展成渝地区双城经济圈建设、人大工作等情况。

26日 市委书记詹庆率队调研杨家镇、新市街道经济社会发展和脱贫攻坚工作。詹庆一行详细了解杨家镇经济社会发展态势，关切询问特色产业发展、脱贫攻坚工作等方面情况；了解新市街道聚焦产业融合发展，加快建设现代都市果木蔬菜基地和优质绿色现代农业种养基地，着力打造高端装备及智能制造基地，创新规划特色优质乡村旅游基地，努力探索一、二、三产业融合互动的科学路径。

29日 国务院第七次全国人口普查电视电话会在北京召开，简阳市相关负责人在简阳分会场收听收看会议。电视电话会后，简阳市召开第七次全国人口普查工作推进会，结合实际对人口普查工作进行再动员、再安排、再部署。会议要求，各部门要加强协调联动，促进数据互通，做好步骤衔接，形成人口普查工作强大合力；要加强宣传，进一步提高广大群众的知晓率，为第七次全国人口普查工作顺利进行营造良好的舆论氛围。

同日 市委书记詹庆会见中国十九冶集团有限公司党委书记、董事长潘必义一行并主持召开座谈会。

同日 市委书记詹庆会见华西集团党委书记、董事长、总经理杨斌一行并主持召开座谈会。

同日 国家广电总局批准简阳市为全国两个县级广播电视基本公共服务标准化建设试点县之一。

30日 市委书记詹庆前往市干休所看望慰问86岁高龄老战士王文华，为他送去鲜花、慰问信和慰问金，并代表市委、市政府向他及全市退役军人致以崇高的敬意和节日的问候。

31日 在建军节来临之际，市委副书记、市长罗开敏前往平泉街道长春村看望慰问优抚对象赖文禄，为他送上慰问信和慰问金，并代表市委、市政府表达关怀与问候。

同日 简阳市召开庆祝建军93周年党政军座谈会，军地欢聚一堂，共叙鱼水深情。市委书记、市人武部党委第一书记、市双拥工作领导小组组长詹庆出席并讲话。

8月

7日 简阳上榜四川2019年度县域经济发展强县。

10日 简阳市创建国家卫生城市工作推进会召开。市委书记詹庆出席并讲话。

11日 四川省农民工工作领导小组到简阳，围绕促进农民工就业创业、维护农民工劳动保障权益、推动农民工平等享受城镇基本公共服务等方面工作开展督察调研。督查组一行先后到四川港通医疗设备集团股份有限公司、鼎正优创筑梦空间、唯品会（简阳）电子商务有限公司，通过实地查看、听取汇报的方式，督导检查四川港通医疗设备集团股份有限公司、鼎正优创返乡创业孵化基地和唯品会（简阳）电子商务有限公司农民工服务保障工作的具体情况。

同日 市政协主席李崇喜到仁寿县、镇金镇调研交界道路建设。

12日 市委书记詹庆会见国家开发银行四川省分行副行长韩锡本一行并主持召开座谈会。

13日 市政协主席李崇喜到资阳市雁江区、江源镇永宁调研交界村道建设。

16日 沱江流域宏缘段水位增加，易家坝村7组群众进出道路被大水阻断，35名群众被困。简阳市宏缘镇人民政府立即启动应急预案并向上级报告，配合简阳市消防大队25名消防队员，出动3辆消防车及2艘冲锋舟于14时成功转移群众35名。

17日 四川省高层次人才创新创业总部科技园项目揭牌仪式举行。市委副书记、市长罗开敏出席揭牌仪式，并为项目揭牌，在揭牌仪式上致辞。

同日 简阳市2020年急需紧缺专业选调生见面会举行，市委书记詹庆出席见面会并讲话。

18日 中华全国总工会副主席、书记处书记、党组成员魏地春实地调研成都空天产业功能区四川港通医疗设备有限公司。

同日 国务院农民工工作督察组莅简督察农民工工作。督察组先后到四川港通医疗设备集团股份有限公司、唯品会（简阳）电子商务有限公司和简阳网易联合创新中心，通过实地查看、听取汇报等形式，详细了解简阳市农民工就业创业、权益维护等情况。

19日 市政协主席李崇喜到资阳市雁江区、杨家镇调研同城化道路建设。

20日 简阳市首个功能园区法官工作室（西部电商物流产业功能区法官工作室）挂牌成立。

27日 简阳市妇女第十次代表大会举行。

28日 省政府副省长尧斯丹一行到简阳调研退捕和禁捕工作，并主持召开长江流域退捕和禁捕工作座谈会。省政府副秘书长李君臣，成都市政府副市长刘旭光，省农业农村厅副厅长薛学深，省人力资源和社会保障厅一级巡视员张力，简阳市委书记詹庆，简阳市委副书记、市长罗开敏参加。尧斯丹一行到位于沱江沿岸的射洪坝街道东滨路北段，实地调研简阳市沱江流域渔民退捕转产和禁捕工作开展情况。

31日 市政协主席李崇喜到成都市武侯区石羊社区考察。

9月

1日 市委书记詹庆，市委副书记、市长罗开敏率队考察四川发展（控股）有限责任公司并主持召开简阳市—四川发展交流座谈会，与四川发展（控股）有限责任公司党委书记、董事长李文清，党委副书记、副董事长、总经理张宜刚开展座谈交流。

2日 邛崃市政协主席欧俊波一行到简阳调研城乡融合发展和城市规划建设管理工作。

3日 由中共成都市委统战部、成都市新经济发展委员会、中共简阳市委、简阳市人民政府共同主办的“蓉城同心·新经济简阳行”活动暨成德眉资新联会同城化发展启动仪式在简阳举行。省委统战部副部长朱云，成都市委常委、统战部部长、市总工会主席吴凯出席。简阳市委书记詹庆出席并致辞。德阳市委常委、统战部部长何雨，眉山市委常委、统战部部长来建出席。

4日 市人大常委会主任钟世全到成都东部新区贾家街道快乐村督导“三三”人大代表工作法、脱贫攻坚等工作。

7日 中国共产党简阳市第十五届委员会第十三次全体会议召开，市委委员35人、市委候补委员

3人出席。

9日　市委书记詹庆到简阳中学看望慰问一线教师和教育工作者，为他们送去党和政府的温暖，向他们并通过他们向全市广大教师和教育工作者致以节日的祝福和亲切的问候。

同日　市政协联络委组织委员40余人到简州新城，开展成都东部新区建设情况委员视察工作。

10日　市委副书记、市长罗开敏到阳安中学，看望慰问退休教师和一线教育工作者，向全市广大教师和教育工作者致以节日问候和崇高敬意。

同日　省委第四巡视组巡视简阳市工作动员会召开。会前，省委第四巡视组组长丁宗进主持召开与简阳市委书记詹庆和市委副书记、市长罗开敏的见面沟通会。动员会上，省委第四巡视组组长丁宗进传达了中央和省委有关巡视工作精神，并就即将开展的巡视工作作了讲话。简阳市委书记詹庆主持会议并作表态发言。省委第四巡视组副组长兰崇平、陈第安，成都市委常委、组织部部长、社治委主任邓涛，以及省委第四巡视组有关领导和省委意识形态专项检查组负责人出席会议。

14日　成都市郫都区区长刘印勇到对口帮扶单位简阳市江源镇调研。

15日　简阳市食品安全委员会召开2020年第一次全体会议。市委副书记、市长、市食安委主任罗开敏主持会议。

16日　重庆市璧山区人大常委会副主任吴建卿一行到简阳考察简阳市推进成渝地区双城经济圈建设等方面工作情况。

同日　简阳市人民医院儿科获批成为全国住院医师规范化培训重点专业基地。

17日　成都市政府副市长牛清报到简阳市宣讲省委十一届七次全会、成都市委十三届七次全会精神。

同日　市政协主席李崇喜到金堂县调研金简大道建设，到禾丰镇视察脱贫攻坚工作，督导江南大桥、创业大道建设。

18日　市人大常委会主任钟世全到成都东部新区武庙镇督导“三三”人大代表工作法、脱贫攻坚等工作。

同日　市政协主席李崇喜到仁寿县调研简仁路建设。

21日　市政协主席李崇喜到乐至县调研放高路建设。

22日　市政协主席李崇喜到资阳市雁江区考察成资快速通道建设。

同日　简阳市平泉街道荷桥村成功举办“第三届农民丰收节”。

25日　简阳市召开2020年禁毒人民战争百日攻坚会战誓师动员大会，会议宣读《简阳市2020年禁毒人民战争百日攻坚会战方案》。

同日　由中共简阳市委、简阳市人民政府主办，以“共享简阳新机遇·共谋航天新发展”为主题的成都空天产业功能区（北京）投资推介会在北京举行。中国科学院院士欧阳自远、中国卫星应用产业协会常务副会长王平出席。成都市委常委、统战部部长、市总工会主席吴凯出席并讲话。简阳市委书记詹庆出席并致辞。

27日　市委副书记、市长罗开敏主持召开市政府十七届六次全体（扩大）会议暨第三次廉政工作会议，传达学习党中央国务院、省委省政府、成都市委市政府和简阳市委相关会议精神，总结分析2020年上半年市政府工作，安排部署下一步工作。

28日　市委书记詹庆到平泉街道荷桥村宣讲省委十一届七次全会、成都市委十三届七次全会和市委十五届十三次全会精神，并作党风廉政建设党课报告。

同日　市人大常委会2020年下半年工作评议动员会召开。市人大常委会主任钟世全主持会议并作动员讲话。

30日　简阳市举行2020年烈士纪念日向烈士纪念碑敬献花篮仪式，市四大班子在家领导出席仪式。

10月

1日　简阳市第二届家风文化旅游活动开幕式在平泉街道荷桥村举行。

11日　简阳市全面启动第七次全国人口普查入户摸底登记工作。

12日　市政协主席李崇喜到仁寿县调研简仁路镇金至仁寿段。

15 日　资阳市人大常委会主任王荣木一行到简阳考察成都东进战略推进情况，资阳市大常委会副主任安维宁、秘书长鲁琼随同考察。简阳市委书记詹庆，市人大常委会主任钟世全陪同考察。

16 日　市委书记詹庆主持召开市委理论学习中心组专题学习会，专题学习《习近平谈治国理政》第三卷。

19 日　简阳市作为成都市唯一代表被中央农村工作领导小组办公室、农业农村部联合通报表扬为全国农村承包地确权登记颁证工作典型地区。

20 日　简阳市召开公安工作会议，深入学习贯彻习近平总书记关于新时代公安工作的系列重要论述，全面落实全国和全省、成都市公安工作会议精神，总结全市公安工作，分析研判当前形势，并安排部署下一步公安工作。市委书记詹庆出席并讲话。

21 日　简阳市渔业资源增殖放流活动在简阳市石钟镇码头举行，共向沱江石钟段投放鲢鳙鱼苗 9 万尾。

同日　中国农业科学院农业经济与发展研究所研究员夏英、农业农村部原经管司巡视员黄延信等到简阳专题调研简阳市探索农业农村集体经济新的实现形式和运行机制。

22 日　成都市人大常委会秘书长张济环一行到简阳调研并主持召开专题会议，听取关于加强改进地方人大工作和建设的意见建议。市人大常委会主任钟世全参加座谈会并作工作汇报。

23 日　主题为“爱成都·迎大运”的“运动成都”成都市第七届全民健身运动会暨“九九重阳　绿道健步行”2020 年成都市老年人绿道健身系列活动（简阳站）在简阳市举行。成都市老年人体育协会主席徐季桢出席并宣布活动开始。简阳市委书记詹庆出席活动。

同日　简阳市举行离退休干部重阳节座谈会。市委书记詹庆出席并讲话。

同日　市委书记詹庆会见四川鑫泰新实业有限公司董事长万春艳一行并主持召开座谈会。

同日　市政协完成全市交通路网体系覆盖调查摸底工作，向市委、市政府提交《简阳市交通路网体系建设情况的报告》。

27 日　市委书记詹庆率队调研成都空天产业功能区建设。

28 日　中国少年先锋队简阳市第二次代表大会在简阳市市级机关办公区会议中心召开。市委书记詹庆，市委副书记、市长罗开敏会见少代会代表。

30 日　成都市武侯区委书记陈麟率武侯区党政代表团到简阳考察经济社会发展情况，畅叙情谊，调研参观，共谋合作。简阳市委书记詹庆陪同考察。

11 月

1 日　简阳市召开第七次全国人口普查登记工作动员会，简阳市全面启动第七次全国人口普查登记工作。

2 日　市委书记詹庆会见成都金海能源有限公司董事长杨海欧一行并主持召开座谈会。

同日　市人大常委会主任钟世全带队赴上海市、杭州市考察城市建设及文明城市创建工作，并到上海市圆通速递公司、杭州市海康威视公司就项目合作开展深入交流。

3 日　市委书记詹庆会见四川金杯半山集团董事局主席金杯一行并主持召开座谈会。

4 日　市委书记詹庆会见中国卫星应用产业协会常务副会长、中国卫星应用服务平台管理中心主任王平一行，双方围绕共同推动航天产业发展进行交流。

5 日　市委书记詹庆到平泉街道开展“大学习、大调研、大走访”活动，宣讲中共十九届五中全会精神。

同日　重庆市荣昌区人大常委会主任艾亚军一行莅简考察简阳市推进成渝地区双城经济圈建设和人大建设等方面工作情况。

7 日　星河动力自主研制的“谷神星·简阳号”商业运载火箭搭载天启星座 11 星首发，取得星、箭、入轨与预定值完全一致的圆满成功。

同日　国家基层糖尿病防治管理指南培训会在简阳市召开。

10 日　成都市郫都区委书记杨东升率队到简阳市江源镇调研指导对口帮扶贫困村脱贫攻坚工作。

11 日　市委书记詹庆会见博金汇股权基金投资有限公司总经理马之光一行并主持召开座谈会。

同日　资阳市人大常委会一行到简阳调研简阳市成渝地区双城经济圈建设及成资同城化发展工作推进情况。

同日 市委书记詹庆主持召开简阳市村（居）民小组优化调整改革工作推进会。

12日 省政协老领导曾清华、解洪、方小方、高烽、罗布江村、翟占一到简阳考察成都东进区域经济社会发展情况和新机场、龙泉山城市森林公园建设工作。

13日 市委副书记、市长罗开敏到云龙镇开展"大学习、大调研、大走访"活动，宣讲解读中共十九届五中全会精神。

15日 简阳市2020年省级脱贫攻坚成效交叉考核见面会举行。省督导组组长、省民政厅机关党办副主任戴静出席会议并讲话。遂宁市射洪市考核组组长、射洪市委常委、射洪市总工会主席黎云凯出席会议并就有关工作进行安排。简阳市委书记詹庆出席会议并汇报简阳市脱贫攻坚工作情况。

16日 成都经济区环线高速公路（德简段）中江至禾丰枢纽互通开通试运营。

17日 市委书记詹庆会见海尔集团总裁周云杰一行并主持召开座谈会。

同日 市人大常委会2020年下半年第二次工作评议动员会召开。市人大常委会主任钟世全主持会议并作动员讲话。

同日 简阳市人民政府与乐至县人民政府签订《共推成资同城化简阳—乐至板块融合发展率先突破战略合作协议》。

18日 市委书记詹庆会见猪八戒网络有限公司副总裁、八戒实业总经理吴刚，旭辉集团成都事业部总经理林祝波一行并主持召开座谈会。

20日 省人大常委会副秘书长何清、研究室主任杨旭一行到简阳调研简阳市新时代县乡人大工作和建设情况。

同日 简阳市人民医院获第六届"全国文明单位"称号，简阳市人民医院感染科杨丽家庭获第二届"全国文明家庭"称号。

22日 市委书记詹庆会见上海肯耐珂萨人力资源科技股份有限公司副总裁黄萍一行并主持召开座谈会。

23日 市委书记詹庆会见中国中建设计集团有限公司郭双一行并主持召开座谈会。

同日 简阳市网易联合创新中心退役军人创业园（孵化基地）正式挂牌。

24日 简州大桥左辅桥提前通车。

25日 市委书记詹庆主持召开市委理论学习中心组现代环境治理体系专题学习（扩大）会。

同日 省委常委、省直机关工委书记曲木史哈一行到简阳调研凉山巩固脱贫攻坚成果与乡村振兴重点项目推进情况。省农业农村厅厅长杨秀彬，成都市委常委左正，凉山州委常委、州国资委书记陈文，简阳市委书记詹庆等陪同调研。

26日 市委书记詹庆会见北京元航投资管理有限公司创始人张志勇一行并主持召开座谈会。

27日 绵阳市政协副主席陈剑一行到简调研新村建设与管理、产业发展工作。

29日 成都市政府副市长牛清报到简阳调研脱贫攻坚和乡村振兴工作情况。简阳市委书记詹庆陪同调研。

同日 省委第四巡视组向简阳市反馈巡视情况。会上，省委第四巡视组组长丁宗进反馈了巡视简阳市的情况，并对抓好巡视整改工作提出要求。简阳市委书记詹庆主持会议并就做好巡视整改工作作表态发言。省委第四巡视组副组长兰崇平、陈第安及有关人员，成都市政府副市长牛清报参加会议。

12月

1日 简阳市委中心组（扩大）学习会暨学习贯彻中共十九届五中全会精神省委宣讲团报告会举行。四川大学经济学院副院长、教授，省委宣讲团第二分团成员龚勤林作宣讲报告。市委书记詹庆主持报告会。

同日 市委书记詹庆会见中国天楹股份有限公司西南区总经理赵兴稳一行并主持召开座谈会。

同日 省人大常委会法制委副主任委员江建明、省人大常委会法工委副主任杨筠、省文化和旅游厅副厅长赵红川一行到简阳开展《四川省老鹰水库饮用水水源保护条例》和《四川省公共文化服务保障条例》立法调研，调研张家岩引水工程、成都东部新区贾家街道菠萝村乡村公共文化服务建设及基层人大工作情况。

同日 在四川省第八届劳动模范和先进工作者表彰大会上，简阳市6名优秀劳动者获得表彰。

2日 简阳市森林草原防灭火工作会议召开，通报简阳市森林草原防灭火工作情况，安排部署下步工作。市委书记詹庆出席并讲话。

3日 国家统计局调查总队副总队长杜先继到踏水镇大树村调研生猪生产情况。

4日 补选市十七届人大代表动员会暨业务培训会召开，安排部署补选市十七届人大代表工作并开展业务培训。

8日 市委书记詹庆率队前往市疾控中心、市人民医院、晨阳酒店，督导检查新冠肺炎疫情防控工作应急预案落实情况。

8日、11日 简阳市紧急派出4批次共512名医护人员分别支援成都市郫都区、成华区核酸检测工作。

9日 成都市政府副市长牛清报督导成都建工项目建设情况和当前功能区疫情防控情况。

11日 市委书记詹庆率队前往简城街道安象街社区、建设路社区、城南市场、晨阳酒店，射洪坝街道园艺市场，督导检查全市疫情防控十项基础工作落实情况。

15日 市委书记詹庆主持召开简阳市“十四五”规划编制“两新组织”代表座谈会、企业家代表座谈会，听取“两新组织”代表、企业家代表对简阳市“十四五”规划编制的意见建议。

16日 简阳市召开禁毒人民战争百日攻坚会战冲刺推进会，对全市禁毒工作进行再部署、再落实。市委副书记、市长罗开敏出席会议并讲话。

同日 市委书记詹庆主持召开简阳市“十四五”规划编制社会阶层人士、社区代表座谈会，广泛听取对简阳“十四五”发展的意见建议。

同日 市委书记詹庆会见中川华宇建设集团董事长李刚、成都市汽车运输（集团）公司董事长张华德一行并主持召开座谈会。

18日 简阳第十七届羊肉美食文化旅游季在简阳市雄州广场正式启动。此次活动持续到2021年1月3日，共接待游客约170万人次，实现旅游收入（含羊肉汤销售收入）近4.5亿元。

20日 简阳市启动重点行业、重点人群新冠肺炎病毒疫苗紧急接种工作。

23日 市委书记詹庆主持召开简阳市“十四五”规划编制“两代表一委员”、劳动模范、扶贫干部、人才专家代表座谈会，听取各界人士对简阳“十四五”发展的意见建议。

24日 中共简阳市委书记詹庆主持召开简阳市统一战线建言献策座谈会，听取各民主党派基层组织、市工商联和无党派人士对简阳“十四五”规划编制的意见建议。

同日 简阳市创建四川省生态园林城市工作通过四川省住房和城乡建设厅、成都市公园城市建设管理局的联合验收，成功创建四川省生态园林城市。

25日 学习贯彻中共十九届五中全会精神成都市委宣讲团报告会在简阳举行。成都市委宣讲团第六分团负责人，成都市发改委党组书记、主任杨羽作宣讲报告。简阳市委书记詹庆主持报告会。

同日 简阳市首家托育服务机构（简阳市金橄榄幼儿园有限公司）备案成功。

26日 简阳市《四川省简阳市——“一核四治”构建城市治理新格局》案例，获得“2020年度中国十大社会治理创新典范”奖项。

28日 简阳市召开平安简阳建设、市域社会治理暨扫黑除恶、信访维稳安全工作会，深入学习贯彻习近平总书记关于平安中国建设的重要论述，全面贯彻落实中共十九届五中全会精神和中央、省、成都市部署要求，安排部署有关工作。市委书记詹庆出席并讲话。

30日 简阳市完成22个镇（街）微型空气监测自动站和4个园区空气监测标准站建设。

31日 市委书记詹庆主持召开市委常委会（扩大）会议，专题开展2020年度简阳市党政领导班子成员述责述廉工作。市党政领导班子成员通过大会以口头报告的形式述责述廉，并接受参会人员询问质询。詹庆代表市委逐一作点评。参会人员对市党政领导班子成员进行民主评议。

同日 市委书记詹庆会见申通快递股份有限公司董事长陈德军一行并主持召开座谈会。

同日 成都简阳环保发电厂正式投入使用。

综　述

市情概况

【地理位置】 简阳市位于四川盆地西部、龙泉山东麓、沱江中游，北倚成都市龙泉驿区、金堂县，东南邻资阳市雁江区、乐至县，西连成都市双流区、眉山市仁寿县，自古被誉为“蜀都东大门”，具有“密迩锦城、西控巴陵”的战略区位。东距成都市区 48 千米，南距内江 100 千米，踞成渝高速公路、成渝铁路和国道 318、321 之要。市辖范围地跨北纬 30°04′28″至 30°39′0″，东经 104°11′34″至 104°53′36″，南北长 63.3 千米，东西宽 68.3 千米，素有“天府雄州”“蜀都东大门”之美誉。

【辖区面积】 简阳市面积 2213.5 平方千米（含成都东部新区 870.23 平方千米）。

【土地资源】 根据 2018 年度土地变更调查数据库成果统计，简阳市行政区域总面积 2213.5 平方千米（含成都东部新区 870.23 平方千米），共分为农用地、建设用地、未利用地三大类，土地利用率 97.08%。农用地 183389.71 公顷，其中：其中耕地面积 107407.93 公顷、园地 17345.66 公顷、林地 35787.41 公顷、其他农用地 22848.71 公顷。建设用地 31499.16 公顷，其中：城镇村及工矿用地 22451.11 公顷、交通运输用地 7845.24 公顷、其他建设用地 1202.81 公顷。未利用地 6461.09 公顷。

【行政区划】 2020 年 4 月 28 日，省政府印发《关于同意设立成都东部新区的批复》（川府函〔2020〕84 号），同意设立成都东部新区，规划面积 729 平方千米，空间范围包括简阳市所辖的 13 个镇（街道）所属行政区域；省发改委印发《成都东部新区总体方案》（川发改地区〔2020〕248 号），成都东部新区规划范围包括简阳市所辖的 13 个镇（街道）所属行政区域，分别是海螺镇、芦葭镇、董家埂镇、壮溪镇、玉成街道、草池街道、石板凳街道、福田街道、养马街道、石盘街道所属全部行政区域及高明镇、三岔街道、贾家街道所属部分行政区域，面积 729 平方千米，天府新区简阳片区 191 平方千米（包括空港新城范围内的丹景街道全域和三岔街道部分区域，及由简阳市管理的武庙镇全域和高明镇、贾家街道部分区域）委托成都东部新区集中统一管理，进一步理顺成都东部新区与空港新城、简州新城及托管的简阳市部分区域的关系。简阳市辖 22 个镇、街道，其中镇 15 个、街道 7 个（不含成都东部新区托管区域）；186 个村民委员会，辖 1731 个村民小组；105 个居民委员会，辖 1086 个居民小组。

【人口与民族】 2020年，简阳市户籍总人口(不含成都东部新区托管区域)928308人(其中男性475730人，女性452578人)，出生9201人，死亡11937人。全市有少数民族37个，2340户2903人，城市少数民族人口480人，农村少数民族人口2423人。主要以彝族、苗族、土家族、藏族居多，其中彝族600户752人，苗族246户303人，土家族305户378人，藏族304户365人。

（李 莹 王华林 李 响 张 怡 郑键斌）

表3　　2020年简阳市所辖镇(街道)一览表

镇/街道名称	辖区面积(平方千米)	户籍人口(人)	社区(个)	村(个)	居民小组(个)	村民小组(个)	辖区村(社区)标准名称
简城街道	44.7	122466	22	0	235	0	安象街社区、滨江路社区、新民街社区、建设路社区、政府街社区、金水街社区、南街社区、顺城街社区、白塔路社区、红塔社区、花园街社区、川拖社区、川空社区、建设中路社区、华西社区、中心社区、西峰社区、龙垭社区、大井社区、升阳社区、大葫社区、棉丰社区
射洪坝街道	39.24	62500	9	2	86	23	射洪坝社区、东滨路南段社区、解放路社区、蜀阳社区、简车路社区、铁堰社区、柳林社区、沱江社区、新合社区、长顺村、裕民村
新市街道	47.06	44868	7	5	55	33	新达街社区、龙桥社区、张家社区、飞马社区、新五社区、马鞍社区、怀远社区、仁义村、五里登村、老虎嘴村、石家村、垣坝村
石桥街道	37.04	37797	6	5	71	36	利民社区、天星社区、渡坝社区、皂角社区、杨柳社区、大街社区、陈家坝村、火烧店村、黄泥堰村、永爱村、菱角村
赤水街道	61.94	46685	10	6	104	48	回龙寺社区、方家寺社区、万家堂社区、万家坝社区、飞鹅社区、太平桥社区、永达社区、增产社区、建合社区、燕子社区、福民坝村、劲松村、先明村、三溪村、永平村、深湾村
东溪街道	41.75	39304	10	2	87	14	尖山社区、江南社区、奎星社区、双河社区、新阳社区、万古社区、园艺社区、元灯社区、凉水社区、星光社区、黄岭村、龙溪村
平泉街道	80.18	46075	2	14	16	130	平泉社区、龙泉社区、荷桥村、协议村、进步村、长春村、新桥村、梓桐村、太阳村、农建村、群乐村、高坪村、龙王村、胜华村、竹湾村、杨家寺村
杨家镇	46	26982	1	9	7	68	杨家社区、民会村、长安村、桐子湾村、金星村、界牌村、常家坪村、新庙子村、互助村、模范村
石钟镇	65.86	36969	4	9	49	92	长沟社区、黄连社区、均乐社区、平窝社区、前锋村、胜锋村、民强村、石王村、山泉村、丁家村、火烧庙村、庙山村、五桂村

续表 3

镇/街道名称	辖区面积（平方千米）	户籍人口（人）	社区（个）	村（个）	居民小组（个）	村民小组（个）	辖区村（社区）标准名称
施家镇	96.54	54000	3	17	32	165	施家社区、金玉社区、平息社区、悦乐村、天才村、兰坝村、兴隆村、信义村、四益村、龙河村、法堂村、裕丰村、龙凤村、义和村、白羊嘴村、云林村、张林村、清水村、新安村、共裕村
禾丰镇	107	62719	6	13	63	135	裕民社区、普安社区、元吉社区、禾丰社区、接龙社区、潮水社区、安全村、连山村、火盆村、蒋家桥村、翰林村、牛心山村、城隍村、丙灵村、碑垭村、农云村、民胜村、农民村、南山村
三合镇	45.12	23548	1	6	15	65	石岭社区、利木村、靖水村、塘坝村、斑竹村、石马井村、沙河村
平武镇	42.82	25037	3	5	29	52	胡家街社区、进化社区、黄桷堰社区、高坡村、木桥村、皮匠街村、尤安村、八角村
云龙镇	119.7	71379	8	16	90	133	云龙社区、爱民社区、千佛社区、庄元社区、鱼荇社区、云峰社区、金马社区、五合社区、中峰村、万安村、团碾村、老河村、石塔村、新乐村、龙潭村、青锋村、红旗村、石佛村、桤木村、海棠村、红坝村、翻身村、全胜村、方井村
涌泉镇	37.5	18206	1	7	4	69	涌泉社区、文会村、凉塘村、同德村、齐心村、崇心村、清河村、石柱村
三星镇	86	54700	3	15	32	180	利济社区、新星社区、同合社区、游林村、蟠龙村、水泉村、共和村、胜天村、民桥村、宝莲村、双桂村、雷公庙村、桐麻岭村、平江村、干石山村、秀阳村、三沟村、柑子村
青龙镇	46.8	26031	1	9	14	75	青龙观社区、联合村、新堰村、极乐村、银洞村、粮丰村、明星村、水井村、芋河村、大松树村
踏水镇	42	22562	1	8	8	84	踏水社区、柏杨村、发展村、泉水村、店子村、石炮村、寨子村、双益村、大树村
宏缘镇	44.718	26833	1	8	18	74	渡口社区、金盆村、大堰村、矮桥村、人民村、红沙村、易家坝村、河心村、壮家村
镇金镇	87.38	44046	2	11	26	104	镇金社区、赵家社区、牌坊村、南山坳村、黄家厅村、红庙山村、二郎村、河坝村、小湾村、三里埂村、老龙村、干家沟村、朱家村
雷家镇	72.4	32186	2	7	21	66	团山社区、金家社区、望水寺村、石岩寺村、高桥村、黑水寺村、金竹村、高嘴村、九龙滩村

续表 3

镇 / 街道名称	辖区面积（平方千米）	户籍人口（人）	社区（个）	村（个）	居民小组（个）	村民小组（个）	辖区村（社区）标准名称
江源镇	75	41140	2	12	23	104	江源社区、红旗社区、五洞村、老鹰村、和睦村、丰产村、月湾村、顺源村、花朝村、团岭村、石泉村、双井村、红台村、芦稿村

说明：数据由各镇（街道）提供

自然地理与自然资源

【自然地理】 简阳市地貌以浅丘为主，其次为低山和河坝冲积平原，丘陵约占总面积的 88.13%。沱江自北向南流经全境，将境内丘陵分割为东、西两部分。东部丘陵以中丘中谷、深丘中谷为主，兼有浅丘宽谷，地势由北向南倾斜，海拔 400 ~ 580 米，绝大部分为棕紫泥土壤。西部丘陵以浅丘宽谷为主，兼有部分缓丘河坝和中丘中谷，地势由西北向东南倾斜，海拔 369 ~ 500 米，土壤多为棕紫泥和黄红紫泥。西北辖有龙泉山脉中段的一部分山区，占全市总面积的 7.76%，地势向东南倾斜，海拔 500 ~ 900 米，最高峰 1059 米；红棕紫泥和黄红紫泥、灰棕紫泥和棕紫泥分别约占 60%、40%。境内沱江沿岸为分散河坝地，约占总面积的 4.11%。沿江有较大的河坝 16 处。地势低平开阔，沱江入境处海拔 401 米，出境处海拔 359 米。土壤多为灰棕冲积土。

【水资源】 沱江是简阳最大过境河流，系长江 1 级支流。北自金堂县入境，南入雁江区境，在简阳境内流长 84.9 千米，常年平均流量为 255 ~ 275 立方米 / 秒；沱江东岸有支流环溪河（又称资水河）流入，主干发源于金堂竹篙，支干索溪河发源于乐至宝林。市境内环溪河流长 46.8 千米，索溪河流长 23.4 千米，系洪枯水位变幅较大的季节性溪河；沱江西岸有支流绛溪河，发源于龙泉山脉的仁寿县境内，在简城注入沱江，干流长 71.5 千米。绛溪河亦属季节性溪河，境内有小型水库 60 座，总库容 4367.76 万立方米。全市水资源总量为 3.89 亿立方米（不包括沱江过境水），其中地表水资源量为 3.28 亿立方米（都江堰外调水量 1.39 亿立方米），地下水资源量为 0.61 亿立方米。

【生物资源】 简阳市地处中亚热带湿润气候区，生物资源种类繁多，有各种生物上千种，其中动物约 300 种，植物 600 多种。

粮食作物以水稻为主，次为小麦、玉米、红苕，还有豆类和小杂粮。经济作物中，大春以花生为主，小春以油菜为主。此外，盛产水果、甘蔗、辣椒、番茄、生姜、药材、茉莉、玫瑰等。

全市树种 426 种，隶属于 117 科 257 属。按树种生活型分：乔木 218 种，隶属于 56 科 132 属，主要树种有柏木、马尾松、杉木、湿地松、火炬松、雪松、墨西哥柏、藏柏、桤木、喜树、栎类、榆树、枫杨、桉类、刺槐、泡桐、苦楝、黑杨、毛白杨、青皮树、女贞、黄连木、梧桐、南酸枣、黑弹树、八角枫、刺楸、夜合欢、悬铃木、构树、香椿、粗糠树、化香、栾树、香樟、楠木、黄檀、旱柳、垂柳、榕树、重阳木、皂荚、银桦、无患子、拐枣、桑树、油桐、乌桕、女贞、盐肤木、油橄榄、毛叶山桐子、棕榈、桂花、花椒、茶、杜仲、枣、核桃、板栗、银杏、柿子、杏、桃、李、梨、苹果、樱桃、枇杷、红橘、蜜橘、广柑、椪柑、柚、橙、柠檬、石榴、佛手。灌木 163 种，隶属于 51 科 102 属，主要树种有黄荆、金佛山荚蒾、小果蔷薇、牡荆、马桑、柄果海桐、插田泡、铁仔、胡颓子、石海椒、油用牡丹、无花果。藤本 27 种，隶属于 9 科 17 属，树种有地果、女萎、钝萼铁线莲、柱果铁线莲、白木通、中华猕猴桃、云实、喙荚云实、香花鸡血藤、美丽鸡血藤、藤黄檀、厚果崖豆藤、常春油麻藤、葛、三裂叶野葛、紫藤、短梗南蛇藤、蓝果蛇葡萄、三裂蛇葡萄、蛇葡萄、五叶地锦、三叶地锦、地锦、毛葡萄、葡萄、常春藤、忍冬。竹类 18 种，隶属于 1 科 6 属，树种有慈竹、麻竹、蓉城竹、斑竹、刚竹、毛竹、雷竹、小琴丝竹、金竹、桂竹、孝顺竹、凤尾竹、观音竹、佛肚竹、箬叶竹、紫竹、苦竹、斑苦竹。古树318株，其中二级古树26株、三级古树292株，树种有黄葛树、黄连木、皂荚、柏木、樟、木樨、细叶楠、楠木、南酸枣、银杏、云南樟、润楠、蓝花楹、紫弹树、紫藤、乌桕、楝、无患子、柞木。

简阳市野生动物资源较为丰富。兽类主要有黄鼠狼、狐狸、狗獾子、野兔、野猫、山鼠、田鼠、鼹、松鼠、水獭等。禽类主要有斑头鸭、白额鸭、黄颈鸭、河鸥、鸬鹚、画眉、白头翁、麻雀、啄木鸟、白鹭、秧鸡、老鹰、乌鸦、斑鸠、翠鸟、喜鹊、山鹧、点水雀、子规、布谷、黄莺、猫头鹰、鹞子、苍鹭、燕子、凫等。蛇类主要有菜花蛇、铜钱蛇、花颌蛇、乌梢蛇、青竹标、醋麻红、棒蛇等。昆虫主要有野蜂（常见有七里蜂、地葫芦、黄蜂、竹蜂、蜜蜂）、白蜡虫、螳螂、蚕、柞蚕、桑螵蛸、蜻蜓、豆娘、黄蚂蚁、黑蚂蚁、白蚂蚁、草蜘蛛、土蜘蛛、红蜘蛛、壁钱蛛、蛆、蝇、蚊、蛴螬、蜣螂、蝼蛄、萤火虫、鼠妇、黑蝉、叶蝉、蟋蟀、蚱蜢、蝗虫、蟑螂、斑蝥、松毛虫、金龟子、蚧壳虫、天牛、袋蛾、毒蛾、刺蛾、灯蛾、天社蛾、木蠹蛾、小蠹虫、叶甲、蝽、象甲、锹甲、瓢虫、蚜、寄生蜂、食虫虻、蠼螋、水黾、龙虱等。境内其他两栖类有蛙类、蟾蜍；爬行动物有蜥蜴、壁虎；节肢动物有蜈蚣、草履虫；软体动物有蜗牛、蛞蝓；环节动物有蚯蚓、水蛭等。天敌生物资源有瓢虫科的七星瓢虫、异色瓢虫、澳洲瓢虫、大红瓢虫、龟纹瓢虫、黑色瓢虫等13种；蜻蜓类2种；草蛉科的中华草蛉、大草蛉、丽草蛉；食蚜蝇科的黑带食蚜蝇等5种；寄生蜂类的赤眼蜂、广黑点瘤姬蜂、茧蜂、金小蜂、花角蚜小蜂、管式肿腿蜂等14种；胡蜂科的普通长脚胡蜂、细腰果赢蜂；螳螂类的中华螳螂、拟宽腹螳螂；蝽类的小花蝽、黄足猎蝽、蠋蝽；步行甲科的中华广肩步甲；虎甲科的中国虎甲；叶甲科的水花生叶甲；蜘蛛类的草间小黑蛛等7种；蚂蚁类的黑蚂蚁；捕食性螨类的深点食螨、异色食螨、龟纹食螨等；微生物类的白僵菌、苏云金杆菌、蜀柏毒蛾核型多角体病毒等。

外来入侵有害生物有空心莲子草、凤眼莲、假高粱、毒麦、牛蛙等。

鼠害有啮齿目的松鼠、褐家鼠、黑线姬鼠、小家鼠、四川短尾鼩、黄胸鼠等；食虫目的鼹鼠、鼩鼠；兔型目的野兔等8科10余种。

鱼类资源丰富，主要由沱江水系和岷江水系的鱼类组成，有6目16科99种。家养动物以猪为主，是全国闻名的商品猪生产基地之一。羊主要为大耳麻羊和无角黑羊，山羊板皮质量上乘。此外，蜜蜂、鸡、鸭、鹅、兔的饲养较为普遍。

【矿产资源】 简阳市位于成都市东南部，区内主要出露白垩系白龙组、苍溪组、侏罗系蓬莱镇组、遂宁组泥页岩、砂岩及第四系松散堆积物等一套沉积岩层，构造单一。矿产资源主要为砖瓦用泥页岩、建筑用砂岩两种。其中以砖瓦用页岩最为丰富，为区域内优势矿产。具有找矿前景的有膨润土、铜矿、地热和矿泉水，仅属于矿化点。

（唐文平　王　德　樊　良　王　冲）

旅游文化资源

【概况】 简阳既有得天独厚的自然旅游资源，又有特色鲜明的人文旅游资源、产业旅游资源。境内有成都市AAA级林盘景区3个、主题旅游目的地6个，有四川省乡村旅游示范村1个，四川省乡村旅游特色业态3个；重要旅游节庆活动1个。先后被评为四川省旅游强县（市）、四川省乡村旅游强县（市）、四川省旅游标准化示范县（市）、四川省乡村旅游示范县（市）。

【家风荷乡】 成都市AAA级林盘景区，位于平泉街道北部，距成都市约80千米，距简阳市主城区约12千米，占地面积约4636亩，是简阳市确定的2019年乡村振兴连片发展示范区之一。景区以特色鲜明的家风文化及得天独厚的自然资源为基底，融入家风学堂、家风食堂、家风文创园、乡村民宿、现代农业、休闲农业等多种业态，塑造“推窗见田、开门见绿”的林盘聚落形态。

【金色丙灵景区】 成都市AAA级林盘景区，地处简阳市禾丰镇南部，距简阳市主城区约18千米，占地面积约350亩。景区拥有黄金柚种植基地、鳜鱼养殖基地、川西林盘等特色资源，发展以“蜜柚种植为主导，林盘休闲旅游为特色”的生态观光农业，融入乡村民宿、现代农业、休闲农业、垂钓运动、林间露营等多种业态。每年定期举办黄金柚赏花节、黄金柚采摘节、鳜鱼垂钓比赛等赛事节庆活动，塑造“推窗见水、开门见绿”的林盘聚落形态，建设成“与自然和谐共处、天人合一”的乡村林盘景区。

【千佛桃源】 成都市AAA级林盘景区，位于云龙镇千佛村，种植胭脂脆桃1000余亩，集赏花旅游、观光采摘于一体，内有蜿蜒曲折的赏景步道，流水潺潺的荷花小溪，以及隐于桃林深处的特色农家乐。春来桃花娇艳，灿如云霞；夏季艳如胭脂、鲜脆多汁的果子挂满枝头。桃源外还有小巧古朴的千佛寺，徜徉其中可以享受别样的宁静。

【鳌山公园】 位于东城新区东侧的鳌山、关山一带，北起玉皇顶，南至狮子桥，东临石钟柳林村，西接城市新区，南北长4000米，东西平均宽度约600米，总面积3560亩。该项目总投资约8亿元，建设内容以园林景观工程为主，包括极限运动区、亲子拓展区、文化展示区、市民康体区、生态过渡区等功能区。

【桑海乡田】 位于江源镇，距简阳市区28千米，距成都三绕江源出口5千米，紧邻国道321，交通便利。景区有6000亩桑葚，有桑葚特色菜以及桑果酒、桑果汁、桑果茶、桑叶茶等初加工产品，是集“桑葚种植基地、自主采摘农场、环线旅游观光、餐饮休闲娱乐”于一体的生态休闲观光旅游园。

【十里荷廊】 位于平泉街道，共种植1000亩荷花。登高望千亩荷塘，层次分明，荷叶翠绿，荷花星罗棋布。新打造的荷廊夜景，让景区在夜晚别有一番风味，形成了夏赏荷花，冬品莲藕的乡村旅游景观。

【圣德寺白塔】 圣德寺白塔是全国重点文物保护单位，始建于南宋庆元三年（1197年）夏，竣工于南宋嘉泰二年（1202年）秋。塔高37.9米，属砖石仿木结构、四周攒尖顶、十三级密檐式佛塔。塔共13层，各层均有形制多样、大小不一的壁龛、斗拱、藻井等，叠涩拱顶错落有致。回廊两壁尚存百余幅宋人佛像壁画，绘制技法娴熟，色彩艳丽。

【万安石斛康养基地】 位于成渝高速简城南出口，距高铁站约4千米，距天府国际机场13千米。该基地紧依沱江，背靠佛缘寺，山清水秀，气候宜人，是休闲观光、居住养生之福地。基地以珍稀濒危“九大仙草”之一的石斛为主体特色，选配多种中药材种植和园林式花卉，打造集养生、住宿、特色餐饮、会务、休闲、健康医疗、运动广场、健身等于一体的康养基地。

【悠然岛】 位于简阳市平泉街道火连桥水库旁，是集生态农业、观光旅游、摄影艺术于一体的乡村旅游点。这里山形水岸层次分明，风景秀丽，清澈的湖泊，周围总是伴随着烟雾缭绕的气息，远山若隐若现。有些复古，有些意境，令人心驰神往。

【稻花香里】 位于简阳市青龙镇联合村，距离简阳市市区30分钟驾程。稻花香里坚持自然生态与农业创意相结合，突出稻虾、稻鱼主导产业，有特色产业示范种植、美食餐饮、休闲垂钓、儿童游乐、户外体验、竞技娱乐、亲子有机种养体验、佛系禅修、乡土民俗文化九大主题乐园和现代农业培训基地、户外拓展基地，是集农耕文化展示、艾茶制作、现代农业产业培训、种养体验于一体的旅游新业态。

【沱江绿道G段】 位于简阳河东新区，北起石桥电站，南止文教卫生花园，全长2.96千米，是全市首先启动建设的区域级绿道。全段建设有体现石桥古镇码头文化的远航乐园、展现天府国际机场的航空文化主题园、体现山水城市特质的落水广场、体现沱江水文化的水舞广场，并依托儿童乐园再现简阳糖厂历史记忆，还建设有七人足球场、3个全民综合建身场地、3个商业休闲驿站，配套鳌山坊综合商圈，繁荣夜间经济，形成综合配套、生态宜居的绿色生活圈，夜游沱江、漫步绿道、寻味美食，这里已成为新兴的网红“打卡点”和旅游目的地。

【羊扬天下】 位于简阳市凤山路288号，是一个以弘扬简阳羊文化为核心，集火锅、羊肉汤锅、羊肉特色中餐、羊肉烧烤、羊肉小吃等美食和羊肉产品研发于一体的大型美食综合体。“羊扬天下”以展示简阳城市名片“美食天堂”为己任，致力于羊肉美食的传承和创新；以呈现简阳羊肉美食特色，挖掘羊肉名菜，打造经典为目标；以羊肉主题餐厅的形式，一次性满足消费者的所有需求。

【未来之星】 位于三星镇雷公庙村，面积约332亩，其中种植芍药182亩，种植水果蔬菜120亩，水产养殖30亩。农场主要从事鱼类养殖、花卉苗木种植以及水果、中药材、农副产品生产等，探索打造融合农业休闲观光旅游、农园体验、餐饮民宿等于一体的“农业+旅游+服务”的农旅互动新模式和市民休闲旅游的理想基地。

（朱　琳）

气象水文

【概况】 简阳市属中亚热带湿润气候，气候温和，雨量充沛。冬季几乎无降雪，夏季高温多雨。全市年平均气温17℃，年平均降水量774.1毫米，夏季降水量约占全年降水总量的60%，而冬季仅占4%。年均无霜期约311天。年日照时数为约1250.9小时，无霜期300天。暴雨多出现在各年的6—9月,大暴雨多在7—8月出现。简阳市位于长江一级支流沱江中游，水资源极为丰富，境内有包括长江的一级支流沱江在内的20多条河流，主要河流有沱江、绛溪河、环溪河、索溪河等。

【气候】 2020年，年平均气温18.0℃，较历年平均气温17.1℃偏高0.9℃；年总降雨量932.6毫米，较历年平均年降雨量774.1毫米偏多20%；年总日照时数1304.0小时。

【重要气象事件】 2020年，简阳市出现了一次冬干天气，为2019年12月1日至2020年1月30日，共计61天，总降雨量为3.8毫米；1次寒潮天气过程，为3月27日至29日，过程降温11.3℃；4月5日至5月5日出现了一次春旱天气过程，过程降雨量为14.9毫米；两次暴雨天气过程：分别为6月17日、8月16日，过程降水量为53.3毫米和62.4毫米。

【主要气象灾害】 8月11—18日，简阳市出现了持续的降水天气过程，受灾情况如下：灾害受灾共5个镇（街道），受灾人口10819人，紧急转移安置2822人，无因灾伤亡人员；严重损坏房屋2户3间，一般损坏2间，造成直接经济损失约3.5万元；农作物受灾面积444.03公顷，成灾面积284.53公顷，绝收面积78.27公顷，经济损失420.43万元；其他家庭财务损失60.88万元。

（市应急局）

【气候评价】 2020年，气温较历年偏高，降水较历年偏多，日照较历年正常。年平均气温18.0℃；极端最高气温39.5℃，比历年极端最高气温40.3℃偏低0.8℃；年极端最低气温-0.2℃，比历年极端最低气温-3.1℃偏高2.9℃。全年气温除4月、9月与历年同月平均气温持平，7月、10月、12月平均气温与历年同月平均气温偏低外，其余7个月均比历年同月平均气温偏高。年总降雨量932.6毫米，全年除3月、6月、8月至10月、12月降水量比历年同月平均降水量偏多外，其余6个月均偏少。年总日照时数1304.0小时，全年除1月至5月与历年同月平均日照时数相比偏多外，其余7个月均偏少。

（许　露　杨　婷）

中国共产党简阳市委员会

市委机构

【概况】 2020 年，设置市委工作机关 10 个，即市纪律检查委员会监察委员会机关、市委办公室［市委保密机要局（市保密局、市密码管理局）、市政府外事办、市档案局］、市委组织部（市委非公经济和社会组织工委、市直机关工委、市委老干部局、市公务员局）、市委宣传部［市文明办、市委外宣办（市政府新闻办）、市新闻出版局（市版权局）、市互联网信息办］、市委统一战线工作部（市政府侨务和台湾事务办公室）、市委政法委员会、市委政策研究室、市委城乡社区发展治理委员会、市委机构编制委员会办公室、市委巡察工作领导小组办公室。设置市委议事协调机构 8 个，即市委全面深化改革委员会，办公室设在市委政策研究室；市委全面依法治市委员会，办公室设在市司法局；市委网络安全和信息化委员会，办公室设在市委宣传部；市委财经委员会，办公室设在市委办公室；市委外事工作委员会，办公室设在市委办公室；市委审计委员会，办公室设在市审计局；市委教育工作领导小组，秘书组设在市教育局；市委农村工作领导小组，办公室设在市农业农村局。市委直属事业单位 4 个，即市委党史研究室、市委党校（简阳行政干部学校）、市档案馆、市融媒体中心。

【市委部门（单位）设置与变更】 1 月 23 日，根据中共成都市委编办《关于优化调整产业功能区管理机构名称的通知》，中共简阳市委机构编制委员会印发了《关于简阳市天府国际临空经济产业功能区党工委管委会更名的通知》，将简阳市天府国际临空经济产业功能区党工委管委会更名为简阳市临空经济产业园党工委管委会。2 月 10 日，根据中共成都市委编办《关于优化调整产业功能区管理机构名称的通知》和《关于印发〈成都市产业功能区管理机构名录〉的通知》，中共简阳市委机构编制委员会印发了《关于简阳市成都空天产业功能区党工委管委会更名的通知》，将简阳市成都空天产业功能区党工委管委会更名为简阳市空天产业功能区党工委管委会，挂四川简阳经济开发区党工委管委会牌子。4 月 17 日，中共简阳市委机构编制委员会印发了《关于设立简阳市外事服务中心的通知》，同意设立简阳市外事服务中心。4 月 17 日，中共简阳市委机构编制委员会印发了《关于设立简阳市统战事务服务中心的批复》，同意设立简阳市统战事务服务中心（简阳市民族宗教事务服务中心）。

（孔　曦）

市委工作综述

【概况】 2020 年，市委坚持以习近平新时代中国特色社会主义思想为指导，全面落实中央和省委、市委各项决策部署，抢抓成渝地区双城经济圈建设、成德眉资同城化发展、成都东部新区设立等重大战略机遇，凝心聚力、攻坚克难、真抓实干，经济社会发展取得了新的成绩。

【思路目标更加清晰】 主动对表对标，在深入调研、准确把握市情特征的基础上，聚焦答好“新三问”，召开简阳市委十五届十三次全会，以“三新”简阳建设为引领，明确了建设成都东部区域中心城市的总体目标定位和建设国际空港门户枢纽城市、宜业宜居山水公园城市、东进区域智能制造高地三个战略目标定位。

【与成都东部新区协同一体化发展加快推进】 主动加强与成都东部新区的互访交流，深化务实合作，建立“职能部门、分管委（市）负责同志、区（市）主要负责同志”交流合作机制，齐心协力做好信访和遗留问题处置、基础设施建设、征地拆迁和脱贫攻坚等工作，切实服务保障金简仁、金简黄、成龙简等东进快速路建设。组建成都东部新区——简阳市移交联席会议 9 个工作组，及时协调解决项目建设、债权债务移交等问题，一个月时间完成各项移交工作。

【经济保持稳健运行】 统筹抓好疫情防控、经济社会发展和城市运行，扎实做好“六稳”工作、全面落实“六保”任务，深入开展“送政策、帮企业、送服务、解难题”专项行动，全力以赴强信心、稳预期、保发展，经济运行稳中向好。2020 年全市实现地区生产总值 525 亿元，增长 4.3%，规模以上工业增加值增速 0.1%，固定资产投资 338 亿元，增长 12.2%，社会消费品零售总额 264 亿元，增长 0.6%，地方一般公共预算收入 28.42 亿元，增长 6.2%，城镇居民人均可支配收入 39836 元，增长 6.5%，农村居民人均可支配收入 19990 元，增长 11%。连续两年被省委省政府表彰为“县域经济发展强市”。

【疫情防控有力有效】 坚决贯彻落实党中央国务院和省委省政府、市委市政府关于疫情防控各项决策部署，快速反应、周密部署、精准施策，建立市、镇（街道）、村（社区）、小区（院落）四级联动机制，扎实做好阻源、切传、诊治和服务保障“3+1”重点工作，全市确诊病例成功治愈，疫情防控取得重大战略成果。组建援鄂医疗队支援湖北抗击疫情，圆满完成成都市交办的 18 件紧急任务。

【现代产业体系加快构建】 大力推进产业功能区规划建设，高品质打造科创空间，建设产业社区，累计建成标准厂房 19 万平方米、标准化仓库 26 万平方米、专业楼宇 19 万平方米、配套住房 2000 余套，功能区基础设施全面提升。聚焦商业航天、智能制造、现代物流等细分领域，持续优化“两图一表”，做强做优产业“细分赛道”，三个功能区共签约引进星河动力、中电天奥、万纬临空物流智能产业园等 35 个重大产业项目，“谷神星一号简阳号”商业运载火箭在酒泉卫星发射中心成功发射。大力发展民营经济，全市新增市场主体 8335 户，增长 16.1%，预计全年实现民营经济增加值 215.31 亿元，增长 1.8%，完成民间投资 121.6 亿元。

【项目招引促建成效明显】 大力开展项目招引攻坚行动，出台项目招引实施办法等 5 项制度，举办“共享简阳新机遇·共谋航天新发展”等推介活动 11 场，新签约中通快递西南总部等重大项目 54 个，协议投资总额 596 亿元，实际到位内资 57.48 亿元。全力推动项目建设，强化资金、土地等要素保障，推动传化物流成都东中心等 158 个项目开工建设，简州大道、迎宾大道延长线、申通西南总部基地等 228 个项目加快建设，天府绿道滨江路示范段等 56 个项目竣工投用，预计全年完成重点项目投资 578 亿元。

【公园城市形态逐渐呈现】 科学编制《践行新发展理念的公园城市示范区——简阳市建设总体规划》，制定中心城区“控规+城市设计导则+技术管理规定”系统化管理办法。大力推动公园绿地建设，规划建设荷桥村郊野型、沱江两岸绿道型等 8 个特色公园城市示范片区，沱江两岸示范片区“文化环”绿道体系初具形态，杨柳公园加快建设，天星公园年底建成开放。深入实施“拆违治违三年行动计划”，拆除违建 6.57 万平方米，新增开敞空间 46 万平方米。

【民生福祉稳步提升】 坚持以人民为中心的发展理

念，着力改善和保障民生，投入资金 4.37 亿元，实施民生实事共 76 项。全市新增城镇就业 6582 人，城镇登记失业率控制在 3.86% 以内，城乡居民医疗保险参保 82.74 万人，城乡居民基本养老保险参保覆盖率 95.07%。顺利通过创建国家卫生城市技术评估。全力打好“三大保卫战”（蓝天保卫战、碧水保卫战、净土保卫战），空气质量优良天数 310 天以上，沱江流域市控及以上断面水质优良比例 80%。

【乡村振兴战略深入实施】 全力打好脱贫攻坚收官战，深入开展挂牌督战行动，历年问题全面整改清零，持续巩固提升脱贫成效，预计全市建档立卡贫困户家庭年人均纯收入达到 12670 元，成功迎接省级脱贫攻坚成效交叉考核。健全完善“产业园区+公司+贫困村+贫困户”减贫带贫机制，高标准打造 231 平方千米扶贫产业功能区，统筹推进乡村振兴连片发展示范区建设，新增产业基地 1.8 万亩。全面推广农村集体经济“四合一”改革，全市集体经济增长 21.5%。扎实推进农村人居环境“三大革命”，完善农村生活垃圾收运处置体系，累计建设乡镇污水处理设施 41 座，改厕 77758 户。

【城乡社区发展治理扎实推进】 创新实施“五彩”社治工程，获“2020 年度中国十大社会治理创新”“2020 社会治理创新典范城市”称号。深入推进社区发展治理“五大行动”，加快打造 15 分钟生活服务圈，改造老旧院落 10 个、棚户区 450 户，整治背街小巷 30 条。全面完成乡镇（街道）行政区划调整和体制机制改革工作，扎实做好“后半篇”文章，稳步推进村（社区）体制机制改革和村（居）民小组调整优化改革工作，全市村（社区）由 678 个调整为 282 个，调减率 58.4%，村（居）民小组由 4802 个调减至 2817 个，调减率 41.3%。

【坚定不移推进全面从严治党】 扎实开展“大学习、大调研、大走访”活动，引导党员干部深学细悟习近平新时代中国特色社会主义思想和中共十九届五中全会精神，进一步增强“四个意识”、坚定“四个自信”、做到“两个维护”。持续开展侵害群众利益不正之风和腐败问题治理，加强重点行业领域突出问题整治，处置问题线索 528 件，立案 274 件 288 人。认真配合做好省委第四巡视组巡视简阳各项工作，正抓紧制定巡视反馈意见整改方案，推动问题整改落实。充分发挥巡察监督利剑作用，对 32 个单位开展常规巡察，发现问题 897 个，问题线索 28 件。

（王　波）

重要会议

【市委十五届十二次全体会议暨市委经济工作会议】 2020 年 1 月 18 日，中共简阳市委十五届十二次全体会议暨市委经济工作会议在市级机关办公区会议中心召开，赵春淦受市委常委会委托主持会议。此次全会传达贯彻中共十九届四中全会、中央经济工作会议、省委十一届六次全会、省委经济工作会议、成都市委十三届六次全会暨市委经济工作会议精神，听取了市委常委会工作报告，总结了全市 2019 年经济工作，对全市 2020 年经济工作安排作说明，审议通过《中共简阳市委关于全面贯彻落实党的十九届四中全会精神推进城乡基层治理体系和治理能力现代化的决定（草案）》以及《中国共产党简阳市第十五届委员会第十二次全体会议决议（草案）》。此次大会分为第一、二次全体会议、分组讨论会议；市委委员、市委候补委员，以及不是市委委员、市委候补委员的市人武部政委、市人大常委会副主任、市政府副市长、市政协副主席、市人民法院代理院长，市离休及副县级以上退休干部代表，市纪委常委、市监委委员，市委各巡察组组长，市委办公室、市政府办公室班子成员，市人大各专门委员会、市人大常委会各办事机构主要负责人，市政协秘书长，市政协各工作机构、各办事机构主要负责人，各镇（街道）党政主要负责人，市人民法院、市人民检察院负责人，市级各部门（单位）和群团机关、垂管单位主要负责人，民主党派负责人，国资公司班子成员，在简金融机构主要负责人，部分学校、医院主要负责人，部分党代表、人大代表、政协委员；市委政法委、市委政研室、市委社治委、市发改局、市经科信局、市民政局、市财政局、市规自局、市住建局、市交通局、市农业农村局、市商投局、市文体旅局、市国金局、市规划中心班子成员，市临空经济产业园、市空天产业功能区班子成员，市临空经济产业园、市空天产业功能区、西部电商物流产业功能区管委会筹备组成员共 446 人参会。

【市委十五届十三次全体会议】 2020 年 9 月 7 日，中共简阳市委十五届十三次全体会议在市级机关办公区会议中心召开，詹庆受市委常委会委托主持会议；本次全会深入学习习近平新时代中国特色社会主义思想和中央财经委员会第六次会议精神，全面落实省委十一届七次全会精神和成都市委十三届七次全会精神，动员全市广大党员干部群众坚持以新发展理念为引领，抢抓历史机遇，勇担时代使命，主动融入“双循环”，齐心唱好“双城记”，坚定走好“东进路”，开启简阳建设成都东部区域中心城市的新征程。此次大会分为第一、二次全体会议、分组讨论会议；市委委员、市委候补委员，以及不是市委委员、市委候补委员的市人武部政委、市人大常委会副主任、市政府副市长、市政协副主席、市人民法院院长、市人民检察院代理检察长，副县级及以上退休干部代表，市纪委常委、市监委委员，市委各巡察组组长，市委办公室、市政府办公室班子成员，市人大各专门委员会、市人大常委会各办事机构主要负责人，市政协秘书长，市政协各工作机构、各办事机构主要负责人，各镇（街道）党政主要负责人，市政府党组成员，市人民法院、市人民检察院党组副书记，市级部门（单位）主要负责人；

9月7日，中共简阳市委十五届十三次全体会议在市级机关办公区会议中心召开

市属国有企业主要负责人，部分在简金融机构主要负责人，部分学校、医院党组织主要负责人，垂管企业主要负责人，市第十五次党代会代表中部分基层人员和专家学者；非公有制经济组织和社会组织党组织书记或出资人以及特邀列席人员共 246 人参会。

【市委常委会会议】 2020 年，市委常委会共召开会议 48 次，涉及议题 393 项。其中，学习传达贯彻类议题 114 项，约占议题总数的 29%；党建工作类议题 59 项，约占议题总数的 15%；经济政务类议题 138 项，约占议题总数的 35.1%；社会事业和民生类议题 37 项，约占议题总数的 9.4%；综合改革议题 12 项，约占议题总数的 3.1%；其他类议题 33 项，约占议题总数的 8.4%。

表 4　　2020 年简阳市委常委会会议一览表

届次	时间	主要内容
十五届第 130 次	1 月 6 日	传达学习中央财经委员会第六次会议精神
十五届第 131 次	1 月 14 日	传达学习习近平总书记在“不忘初心、牢记使命”主题教育总结大会上的重要讲话精神，研究简阳市贯彻意见
十五届第 132 次	1 月 14 日	研究干部职级晋升相关工作
十五届第 133 次	1 月 14 日	研究干部职级晋升相关工作
十五届第 134 次	1 月 22 日	传达学习习近平总书记关于新型冠状病毒感染的肺炎疫情防控重要指示精神和李克强总理批示精神及省、成都市相关会议精神，听取简阳市前期工作开展情况汇报并研究部署相关工作
十五届第 135 次	1 月 27 日	传达学习习近平总书记在中央政治局常委会会议上的重要讲话精神和省委常委会会议、成都市委常委会会议精神，听取简阳市新型冠状病毒感染的肺炎疫情防控领导小组第三次（扩大）会议精神落实情况汇报，对防疫工作进行再部署再动员

续表 4

届次	时间	主要内容
十五届第 136 次	2 月 14 日	传达学习习近平总书记在中央政治局常委会会议上的重要讲话精神和在北京市调研指导新冠肺炎疫情防控工作时的重要指示精神及省委、成都市委相关贯彻会议精神，研究简阳市贯彻意见
十五届第 137 次	2 月 20 日	传达学习习近平总书记在中央全面深化改革委员会第十二次会议上的重要讲话精神
十五届第 138 次	2 月 26 日	市委常委会会议暨市委应对新冠肺炎疫情工作领导小组第十二次（扩大）会议，传达学习习近平总书记对全国春季农业生产工作的重要指示、中央政治局会议及中央统筹推进新冠肺炎疫情防控和经济社会发展工作部署会议精神，研究简阳市贯彻意见
十五届第 139 次	3 月 9 日	市委常委会会议暨市脱贫攻坚领导小组 2020 年第二次会议、市委应对新冠肺炎疫情工作领导小组第十三次（扩大）会议，传达学习习近平总书记在中央决战决胜脱贫攻坚座谈会上的重要讲话精神，研究简阳市贯彻意见
十五届第 140 次	3 月 10 日	研究干部工作
十五届第 141 次	3 月 10 日	研究干部工作
十五届第 142 次	3 月 20 日	市委常委会会议暨市委应对新冠肺炎疫情工作领导小组第十四次（扩大）会议、市脱贫攻坚领导小组 2020 年第三次会议，传达学习中央政治局常委会会议和习近平总书记在湖北省武汉市考察疫情防控工作时重要指示精神，研究简阳市统筹推进疫情防控和经济社会发展工作
十五届第 143 次	3 月 24 日	研究干部工作
十五届第 144 次	3 月 27 日	召开市委常委会会议暨市委应对新冠肺炎疫情工作领导小组第十五次（扩大）会议、市脱贫攻坚领导小组 2020 年第四次会议，传达学习党中央决战决胜脱贫攻坚座谈会精神及省、成都市相关会议精神，研究简阳市统筹推进疫情防控、脱贫攻坚和经济社会发展工作
十五届第 145 次	4 月 7 日	召开十五届市委常委会第 145 次（扩大）会议暨 2019 年度镇（街道）党（工）委书记和市级有关部门党组（党委）书记落实主体责任述职评议会议
十五届第 146 次	4 月 9 日	传达学习习近平总书记在深入推进长江经济带发展座谈会上的重要讲话精神及成都市总河长全体会议暨锦江流域水生态治理推进会议精神，研究简阳市贯彻意见
十五届第 147 次	4 月 21 日	市委常委会会议暨市委应对新冠肺炎疫情工作领导小组第十六次（扩大）会议，传达学习习近平总书记系列重要讲话精神和中央、省委、成都市委相关会议精神，研判当前疫情防控和一季度经济运行形势，研究统筹推进疫情防控和经济社会发展工作
十五届第 148 次	4 月 26 日	传达学习成都市建设践行新发展理念的公园城市示范区领导小组第一次会议精神，研究简阳市贯彻意见
十五届第 149 次	5 月 7 日	市委常委会会议暨市委应对新冠肺炎疫情工作领导小组第十七次（扩大）会议，传达学习习近平总书记在陕西考察时重要指示精神和中央政治局常委会会议精神，研究统筹推进疫情防控和经济社会发展工作
十五届第 150 次	5 月 18 日	传达学习四川省两会精神和成都市两会精神及省委常委、成都市委书记范锐平参加成都市十七届人大三次会议简阳代表团分组审议时的讲话精神
十五届第 151 次	5 月 20 日	市委常委会会议暨市委应对新冠肺炎疫情工作领导小组第十八次（扩大）会议、全市脱贫攻坚领导小组 2020 年第六次会议，传达学习中央政治局会议和中央政治局常委会会议精神，省委常委会会议和成都市委常委会会议精神，研究统筹推进疫情防控和经济社会发展工作

续表 4

届次	时间	主要内容
十五届第 152 次	5 月 25 日	听取扶贫领域资金项目和农村人居环境整治推进情况汇报，研究统筹推进脱贫攻坚和农村人居环境整治工作
十五届第 153 次	5 月 26 日	听取全市工业经济运行情况汇报，审议多项议题
十五届第 154 次	6 月 4 日	传达学习全国两会精神，研究简阳市贯彻意见
十五届第 155 次	6 月 15 日	市委常委会会议暨市委应对新冠肺炎疫情工作领导小组第十九次（扩大）会议、全市脱贫攻坚领导小组 2020 年第七次会议，安排部署近期重点工作
十五届第 156 次	6 月 24 日	市委常委会会议暨全市脱贫攻坚领导小组 2020 年第八次会议，传达学习全国市县巡察办主任提级培训班精神和四川省市（州）党委巡察办主任会议暨市县巡察工作视频会精神，研究简阳市贯彻意见
十五届第 157 次	7 月 2 日	研究干部职级晋升相关工作
十五届第 158 次	7 月 2 日	研究干部职级晋升相关工作
十五届第 159 次	7 月 3 日	市委常委会会议暨市委应对新冠肺炎疫情工作领导小组第二十次（扩大）会议，传达学习习近平总书记在专家学者座谈会和中非团结抗疫特别峰会上的重要讲话精神以及省委应对新冠肺炎疫情工作领导小组会议、成都市委常委会会议精神，研究简阳市贯彻落实意见
十五届第 160 次	7 月 17 日	市委常委会会议暨全市项目招引攻坚行动工作动员部署会、市委应对新冠肺炎疫情工作领导小组第二十一次（扩大）会议，传达学习省委十一届七次全会、省推动成渝地区双城经济圈建设暨推进区域协同发展领导小组第一次会议、成都市委十三届七次全会精神，研究简阳市贯彻落实意见
十五届第 161 次	7 月 31 日	市委常委会会议暨市脱贫攻坚领导小组 2020 年第九次会议，传达学习中共中央政治局常委会会议关于防汛救灾工作部署要求，研究简阳市贯彻意见，安排部署相关工作
十五届第 162 次	8 月 21 日	传达学习习近平总书记在中央政治局第二十一次集体学习时的重要讲话精神，研究简阳市贯彻意见
十五届第 163 次	8 月 28 日	审议市委办《关于审定〈中共简阳市委向省委第四巡视组的汇报材料〉的请示》，审议市委巡察办《关于审定〈关于开展巡视巡察“未巡先改”工作的意见（送审稿）〉的请示》
十五届第 164 次	9 月 4 日	传达学习《关于新形势下党内政治生活的若干准则》《中国共产党廉洁自律准则》《中国共产党纪律处分条例》等党内法规，研究简阳市贯彻落实意见
十五届第 165 次	9 月 11 日	传达学习习近平总书记在经济社会领域专家座谈会上的重要讲话精神、“十四五”规划编制工作的重要指示精神和对制止餐饮浪费行为的重要指示精神，研究简阳市贯彻落实意见
十五届第 166 次	9 月 24 日	传达学习习近平总书记在省部级主要领导干部坚持底线思维着力防范化解重大风险专题研讨班开班式上的重要讲话精神、在全国抗击新冠肺炎疫情表彰大会上的重要讲话精神和《求是》杂志 2020 年第 18 期发表的习近平总书记重要文章，研究部署相关工作
十五届第 167 次	10 月 16 日	传达学习习近平总书记在中央党校（国家行政学院）中青年干部培训班开班式上的重要讲话精神，在科学家座谈会、基层代表座谈会、教育文化卫生体育领域专家代表座谈会上的重要讲话及对“十四五”规划编制工作网上意见征求活动作出的重要指示精神，研究简阳市贯彻落实意见
十五届第 168 次	10 月 26 日	市委常委会会议暨市脱贫攻坚领导小组 2020 年第十二次会议，传达学习中央政治局会议精神和省委常委会会议、成都市委常委会会议精神，研究简阳市贯彻意见

续表 4

届次	时间	主要内容
十五届第 169 次	10 月 30 日	研究干部职级晋升相关工作
十五届第 170 次	10 月 30 日	研究干部职级晋升相关工作
十五届第 171 次	11 月 2 日	传达学习中共十九届五中全会精神和省委常委会会议、成都市委常委会会议精神，研究简阳市贯彻意见
十五届第 172 次	11 月 13 日	传达学习全省基层统战工作提升年现场会精神，研究简阳市贯彻意见
十五届第 173 次	10 月 27 日	研究干部工作
十五届第 174 次	11 月 30 日	传达学习习近平总书记在全面推动长江经济带发展座谈会上的重要讲话精神、在中央全面依法治国工作会议上的重要讲话精神，研究简阳市贯彻意见
十五届第 175 次	12 月 9 日	传达学习省委十一届八次全会精神，研究简阳市贯彻意见
十五届第 176 次	12 月 21 日	传达成都市纪委有关通报，明确简阳市工作要求，安排部署相关工作
十五届第 177 次	12 月 31 日	传达学习中央经济工作会议、省委经济工作会议、成都市委十三届八次全会暨市委经济工作会议精神，研究简阳市贯彻意见

【市委农村工作会议】 2020 年 6 月 23 日，市委农村工作会议在市级机关办公区会议中心召开，市委书记詹庆出席会议并作讲话，会议由市长罗开敏主持。此次会议贯彻落实中央、省委和成都市委农村工作会议精神，分析当前“三农”工作面临的形势任务，围绕全面建成小康社会和打赢脱贫攻坚战，推动实施乡村振兴战略，研究部署全市 2020 年“三农”工作，确保与全国全省同步全面建成小康社会。在家市级领导、市级相关部门（单位）负责人、各镇（街道）党（工）委书记、镇长（办事处主任）和分管负责人，市水务局、市农业农村局、市供销社中层以上干部，龙阳公司、水投公司、交投公司、农投公司班子成员以及重点龙头企业、专合社、家庭农场代表共 212 人参会。

（王乐乐　曾　勇）

市委重要决策

【关于全面贯彻落实中共十九届四中全会精神推进城乡基层治理体系和治理能力现代化的决定】 中共简阳市委办公室于 2020 年 2 月 5 日印发了《中共简阳市委关于全面贯彻落实党的十九届四中全会精神推进城乡基层治理体系和治理能力现代化的决定》（简委发〔2020〕1 号，以下简称《决定》）。《决定》主要包括 5 个部分。第一部分是以高度的政治自觉和行动自觉全面贯彻落实中共十九届四中全会精神。提出要深刻认识推进城乡基层治理体系和治理能力现代化的重大意义，把握推进城乡基层治理体系和治理能力现代化的总体要求。第二部分是健全高标准思想引领体系，构建体现新思想新理念的治理新格局。提出从建立常态化学思践悟新思想制度、完善保障“两个维护”的制度机制等 4 个方面，将新思想新理念贯穿简阳建设发展全过程。第三部分是健全高质量城市发展体系，建设更强支撑更高能级的“三新简阳”。提出建立完善与对外开放新门户相适应的开放合作体系、与现代产业新高地相适应的产业发展体系和与重要战略新支点相适应的城市营建体系。第四部分是健全高水平社会治理体系，建设人人参与人人享有的社会治理共同体。提出深入推进基层治理制度改革，提升基层治理水平和服务管理能力；构建新型民生保障体系，增强为民惠民便民服务供给能力；建立完善文化发展制度，建设具有简阳特色的人文价值体系。第五部分是健全高效能组织保障体系，凝聚建设面向未来面向世界的成都东部新区发展合力。提出从完善法治保障体系、完善权力监督体系、完善能力提升体系 3 个方面，推进全市城乡基层治理体系和治理能力现代化。

【关于统筹推进新冠肺炎疫情防控和经济社会发展工作奋力完成 2020 年经济社会发展目标的实施意见】 中共简阳市委办公室于 2020 年 4 月 8 日印发《中共简阳市委　简阳市人民政府关于统筹推进新冠肺炎疫情防控和经济社会发展工作奋力完成 2020 年经济社会发展目标的实施意见》（简委发〔2020〕5 号，以下简称《实施意见》）。《实施意见》主要包括 8 个部分。第一部分提出认清形势，坚定夺取疫情防控和经济社会发展双胜利信心。第二部分至第八部分则从 7 个方面（即坚持问题导向，精准有效帮扶企业；坚持需求导向，推动经济高质量发展；优化产业生态路径，推动产业功能区“三生”融合发展；提升城市发展软环境，持续打造国际化市场化法治化营商环境；坚持保障和改善民生，维护社会和谐稳定；坚持补齐短板，推进城市应急管理体系建设；聚焦新使命新担当，进一步提高领导城市工作的能力和水平），提出 26 项重点工作任务，统筹兼顾抓紧抓实疫情防控和企业复工复产，强化“六稳”举措，加大政策调节力度，精准帮扶企业，奋力夺取疫情防控和实现全年经济社会发展目标双胜利，高标准全面建成小康社会。《实施意见》有效期至 2020 年 12 月 31 日。

【关于建设成都东部区域性消费中心的实施意见】 中共简阳市委办公室于 2020 年 6 月 18 日印发了《中共简阳市委　简阳市人民政府关于建设成都东部区域性消费中心的实施意见》（简委发〔2020〕6 号，以下简称《实施意见》）。《实施意见》主要包括 6 个部分。第一部分明确建设成都东部区域性消费中心的指导思想、基本原则和工作目标。第二部分提出从建设智慧型城市、着力建设保税物流中心（B 型）、加快发展总部经济、打造国际化社区等 10 个方面，建设丰富多样的消费载体。第三部分提出从大力发展夜间经济、加快培育品牌赛事、创新精品文旅活动、积极发展社区商业等 11 个方面，塑造满足人民美好生活需要的消费场景。第四部分提出从开展放心消费创建工作、落实“申请人承诺制”制度、创新消费金融产品、积极促进入境消费便利化等 6 个方面，构建积极引导消费的生态体系。第五部分提出从加快推进信息通信网络建设、深化消费发展人才支撑、加快交通路网建设、营造一流的营商环境、营造开放乐观的消费氛围 5 个方面，不断完善消费配套建设。第六部分是提出从加强组织领导、加快推进重点项目、努力营造发展氛围 3 个方面，全面保障成都东部区域性消费中心加快建设。

【关于坚定贯彻成渝地区双城经济圈建设战略部署抢抓机遇加快建设成都东部区域中心城市的决定】 中共简阳市委办公室于 2020 年 9 月 8 日印发了《中共简阳市委关于坚定贯彻成渝地区双城经济圈建设战略部署抢抓机遇加快建设成都东部区域中心城市的决定》（简委发〔2020〕8 号，以下简称《决定》）。《决定》主要包括 9 个部分。第一部分是总体要求，分别阐述了加快建设成都东部区域中心城市的重大意义、指导思想和基本原则，按 2025 年与 2035 年两个时间节点，对简阳建设成都东部区域中心城市、国际空港门户枢纽城市、宜业宜居山水公园城市、东进区域智能制造高地发展目标作出安排。第二部分至第八部分则从坚定落实东进战略、与成都东部新区协同推动区域一体化发展共建成渝相向发展桥头堡，全面提升城市能级、增强区域中心城市集聚辐射带动力，坚持开放引领发展、做强国际空港门户枢纽功能支撑等 8 个方面，提出 26 项重点工作任务，全面加快建设成都东部区域中心城市。第九部分提出从全面加强党的领导、调动各方积极参与、激励干部担当作为、加强工作督导落实 4 个方面，凝聚建设成都东部区域中心城市的强大合力。

【关于印发《“健康简阳 2030”规划纲要》的通知】 中共简阳市委办公室于 2020 年 10 月 30 日印发了《中共简阳市委　简阳市人民政府关于印发〈“健康简阳 2030”规划纲要〉的通知》（简委发〔2020〕9 号，以下简称《通知》）。《通知》共 9 章。第一章是总体战略，明确规划纲要制定的指导思想、基本原则和战略目标。第二章到第八章，从普及健康生活、建设健康环境、优化健康服务、维护重点健康人群、完善全民健康保障、健全支撑与保障七个方面，提出加强全民健康教育、开展爱国卫生运动、完善整合型医疗卫生服务体系、提高妇幼健康与计划生育服务水平、健全全民医疗保险制度、加快形成多元办医格局、强化健康政策支撑等 28 项措施，强化政策、环境、服务等相关保障。

第九章是组织实施，提出从加强组织领导、完善筹资机制等 4 个方面，全面推进健康简阳建设，为加快建设成都东部区域中心城市、奋力实现新时代简阳“三步走”战略目标奠定坚实健康基础。

【印发《关于健全“三重一大”事项决策机制的意见（修订）》的通知】 中共简阳市委办公室于 2020 年 11 月 5 日印发了《中共简阳市委印发〈关于健全“三重一大”事项决策机制的意见（修订）〉的通知》（简委发〔2020〕10 号，以下简称《通知》）。《通知》主要包括 7 个部分。第一部分是适用范围，明确《通知》适用范围为全市各级党的机关、人大机关、行政机关、政协机关、审判机关、检察机关和群团组织领导班子。第二部分是基本原则，明确坚持科学决策、坚持民主决策、坚持依法决策 3 项基本原则。第三部分是“三重一大”事项主要范围，明确重大决策、重要人事任免、重大项目安排和大额资金使用的主要事项。第四部分是“三重一大”事项决策程序，明确“三重一大”事项决策会议形式、议题准备、集体研究等相关程序。第五部分是建立健全“三重一大”事项决策相关制度，明确提出建立健全“三重一大”事项决策全程记实制度、决策及执行督查和评价制度、决策及执行情况公开制度、监督检查制度。第六部分是“三重一大”事项决策责任追究，明确追责情形、追责方式、责任减免等内容。第七部分是其他事项，明确了其他相关事项。《通知》附有《市委“三重一大”集体决策事项清单》，明确了市委“三重一大”集体决策事项具体认定标准。

【关于完善重大疫情防控体制机制健全公共卫生应急管理体系的实施意见】 中共简阳市委办公室于 2020 年 11 月 11 日印发了《中共简阳市委 简阳市人民政府关于完善重大疫情防控体制机制健全公共卫生应急管理体系的实施意见》（简委发〔2020〕11 号，以下简称《实施意见》）。《实施意见》主要包括 4 个部分。第一部分是总体要求，提出全面践行总体国家安全观和新时期卫生与健康工作方针，统筹疫情防控和经济社会发展，不断健全公共卫生应急管理体系。第二部分是建设目标，明确提出到 2025 年，建成省内一流、国内先进，与成都东部区域中心城市相匹配的公共卫生应急管理体系，应急处置、疾病防控、医疗救治、科研攻关等能力显著提升。第三部分是重点任务，从立足三大建设、夯实公共卫生应急管理基础，聚焦四大能力、提升公共卫生应急响应水平，着力三大要素、强化公共卫生应急管理支撑 3 个方面，提出了 10 项重点工作任务。第四部分是保障措施，提出从组织保障、投入保障、医疗保障 3 个方面，全面确保全市重大疫情防控和公共卫生应急管理工作落到实处。

【关于印发《简阳市进一步优化提升国际化营商环境工作方案》的通知】 中共简阳市委办公室于 2020 年 3 月 27 日印发《中共简阳市委办公室 简阳市人民政府办公室关于印发〈简阳市进一步优化提升国际化营商环境工作方案〉的通知》（办字〔2020〕34 号，以下简称《通知》）。《通知》主要包括 4 个部分。第一部分是总体要求，提出坚持国际化、市场化、法治化、便利化原则，对标国际先进水平，持续优化营商环境。第二部分是主要举措，提出紧紧围绕优化企业全生命周期服务，重点针对企业开办、企业注销等 29 个重要方面，制定优化提升举措，提升群众办事创业的便利度、满意度和获得感。第三部分是组织保障，提出从加强组织领导、强化法治保障、提升服务质量等 5 个方面，确保营商环境建设各项工作有序推进。第四部分是工作要求，提出从加强对接、明确任务，主动作为、突破创新，协调配合、统筹开展 3 个方面，全面推动优化提升营商环境工作开展。《通知》附有《成都市营商环境优化提升主要举措及简阳市责任分工》。

（吴雨潘）

市委综合事务

【概况】 2020 年是简阳市全面加快建设成都东部区域中心城市的启动之年，市委办公室坚持从适应新形势和新任务的工作要求出发，以为领导服务、为基层服务、为群众服务为宗旨，展现一流精神风貌、树立一流工作作风、争创一流工作业绩，圆满完成了各项工作任务，为全市经济发展、社会进步作出了新的贡献。

【文稿写作】 坚持“写文稿就是写工作”，着力提升文稿的领导满意度、基层认同感和实践指导性。认真分析形势，积极创新思路，撰写一些具有一定参考价值的调研文章。健全文稿起草制度，对目标要求、工作程序等做出具体规定，既各司其职又密切配合，营造了团结协作、务实高效的良好氛围。全年组织撰写重要会议讲话500余篇，向省市领导专题汇报60余篇，整理领导录音60余万字，审核把关媒体发布文稿30余万字。

【信息开发】 聚焦市委“关注点”和简阳“闪光点”，围绕经济发展、招引促建、社区治理、城市建设、疫情防控、复工复产等工作，全年上报成都信息200余条，其中每日要情采用57篇，要情增刊采用2篇，工作情况交流采用1篇，专报采用2篇，被成都市委主要领导肯定性批示专报1篇。同时简阳作为省办直报点，主要推送简阳特色亮点工作，全年往省办上报信息4篇，被采用1篇。针对各类社会现象，综合市级各部门信息人员力量，共同撰写相关材料。全年配合参与撰写中办信息36篇，其中被中办综合采用5篇，被中办单篇采用1篇。

【目标考核】 认真贯彻落实市委各项决策部署，充分发挥目标考核“指挥棒”的作用，全面落实“六稳”“六保”工作任务。将简阳市承担的83项目标任务根据内容分解到市级各部门，科学确定月、季度、半年奋斗目标任务，起草全市2020年“双百分”考评体系和产业功能（园）区考评体系及考评办法，印发镇（街道）工作考核细则88个，市级部门工作考核细则128个，产业功能（园）区考核细则35个，将目标绩效考评任务具体细化到单位、科室、责任人，形成“纵向到底，横向到边，自上而下、自下而上”的双向保证体系，确保每项目标任务落到实处。

【文会接待】 强调规范、注重细节、精益求精。截至12月8日，年内审核制发文件542件，较2019年620件同比减少14%（仅含以市委名义发文），未出现明显失误。牵头承办市委各类会议活动278次，其中全市性大会30余次，大型活动10余次，市委专题会议200余次。开展对外交流活动12次，保障市委调研工作124次，完成重大调研活动服务工作14次，完成厅级以上领导莅简调研活动45次，完成市委主要领导调研产业功能区、镇（街道）、村（社区）和重点项目116次。定期研究机要保密网管和党史工作，全年密码电报无一误办、压办、漏办。

【职能工作】 审查核改市委规范性文件及部门规范性文件28件，严格按规定时间、规定格式向成都市委办公厅报送备案文件19件，对现行有效的543件市委规范性文件进行集中清理，完成由市委办牵头的50件市委规范性文件清理工作。不断推进简阳市村（社区）体制机制改革档案工作、档案业务指导工作和档案行政执法工作，与四川省档案学校联合在简阳本地举办为期3天的档案工作业务培训，全市22个镇（街道）、60个市级各部门（单位）共90余名基层档案工作者参加培训，受到了成都市档案局、馆的充分肯定。全年共召开3次市委财经委员会会议，结合实际工作，修改出台《中共简阳市委财经委员会工作规则》《中共简阳市委财经委员会2020年工作要点》，建立健全了市委财经委工作机制。全力推进安可替代工程，研究制定《简阳市安全可靠替代工程项目实施方案》，按计划编制财政预算，市委办、市政府办安可替代100台，完成替代工程的35%。对市级机关办公区上网环境进行全天候监管，及时发现失泄密信息线索，全年共处理涉密预警信息24000余条。

【干部队伍建设】 提升干部本领能力，坚持把学习实践作为培养干部的根本路径，健全干部轮训制度、调训制度，提升“三服务”能力和水平。组织干部职工参加中共十九大和省市党代会精神宣讲等专题讲座及“东进”大讲堂。组织干部职工集中学习12次、参加干部培训12人、新任副局实职领导培训1人、知识更新培训62人次。分层次分领域分批次组织有针对性的专业化培训、学习考察。鼓励年轻干部挂职锻炼、驻村帮扶；健全完善干部正向激励机制，实现“有为者有位、无为者无位”的局面，杜绝“德不配位、能不配位”现象，调动干部干事创业积极性。全年推荐提拔新任副局1人，新任中层职务正职3人、副职2人。职级晋升10名一级主任科员、3名二级主任科员、6名三级主任科员、10名四级主任科员。认真落实集体领导、分工负责制度，常态化开展作风问题专项治理，积极召开专题民主生活会，切实解决领导班子在思想作风、工作作风、生活作风和学风中存在的突出问题。严格执行中央八项规定精神，倡导节约，杜绝浪费，狠抓“三公”经费管理，加大与财政、审计、纪委等部门的衔接力度，确保办公室经费收支合法合规。不断增强后勤工作规范性、高效性，及时修订办公室“三重一大”（重大问题决策、重要干部任免、重大项目投资决策、大额资金使用）、误餐管理、公务车管理、财务管理、办公用品管理等制度，促进办公室各项工作运行的制度化、规范化、科学化。

（王　璐）

目标管理和督查

【目标管理】 分解落实成都市下达和简阳市确定的目标任务，科学统筹，全面推进全市综合目标管理工作。探索创新，完善考评体系。修改完善目标考评指标体系和考评办法，继续实施“双百分”两套考核体系和创新实施产业功能（园）区考评体系及考评办法，突出重点工作、重大项目和重要环节的落地落实，强化目标管理责任追究制度，确保全市各项工作任务全面完成。科学细化，做好目标分解工作。印制了简阳市2020年工作绩效目标书，并印发镇（街道）工作考核细则88个，市级部门工作考核细则128个，产业功能（园）区考核细则35个。将2020年全市经济社会发展目标，精细划分，落实到镇（街道）、市级部门，形成“纵向到底，横向到边，自上而下、自下而上”的双向保证体系确保目标分工明确，责任层层压实。紧跟进度，抓好目标督查工作。对2020年工作目标任务按月、季度、全年目标进度完成情况开展督查，对成都市下达简阳市31个重点经济指标按进度情况进行每月督查，并制发工作专报、督查通报、温馨提示、工作提示，以“月专报季通报”工作方式，实时掌握任务进度，强化责任单位紧迫感、责任感；统筹协调，抓好本级目标考评工作。组织相关部门完成对各镇（街道）、市级部门的2020年综合目标考评，并将考评结果通报全市，作为市委、市政府评价镇（街道）、市级各部门工作的重要依据；高度重视，做好目标对接工作。认真准备成都市对全市的目标考评工作，加强同成都市目标工作牵头部门的对接，及时掌握目标考核动向，确保各项工作落到实处，做出实效。

【督查督办】 强化跟踪督办，确保市委重大决策、重要部署落地落实。落实专人梳理市委主要领导批示、市委常委会会议、专题会议议定事项、调研指示等工作及重要网络舆情和网民留言等的督查落实，分类建立督查督办台账，全面跟踪督办，及时销号管理。2020年，共制发督办通知195期、督查专报149期、督查通报21期。其中，对群众反映强烈的住房、交通、安全等问题限时交办相关责任单位，发出督办通知12期，督查专报9期。制发《2020年简阳市督查检查考核计划》，强化实地督查，确保重要工作重点项目高效推进，切实围绕33项简阳市级督查检查考核计划，牵头统筹各方力量，对事关群众切身利益的具体事项、涉及全市中心工作、经济社会发展的重点难点事项进行督查检查。在意识形态工作、重点项目建设、营商环境建设、脱贫攻坚工作、新冠肺炎疫情防控工作、“十四五”规划编制、成都大运会筹备工作等方面，累计开展明察暗访150余次，共发出点对点通报119份，实地了解工作推进情况，真实收集存在问题，全面、准确向市委反馈基层工作落实情况，提出解决问题和推动落实的建议，为市委决策提供依据。

（王　璐　谢雪梅　唐道军）

保密机要

【概况】 2020年，简阳市委保密机要局以中共十九届五中全会精神为统领，始终坚持“两个确保”“三个不动摇”，开展“建设密码强国，谱写四川新篇”大学习大讨论主题活动，牢记使命、担当作为、开拓创新，圆满完成各项工作任务。

【疫情防控】 年初疫情形势严峻，全体保密机要干部结束休假、提前到岗，加强值班值守，统筹安排值班力量，实行春节假日期间双人值班，建立AB角制度，其余人员原则上不离开简阳，确保随叫随到；严格值班纪律，要求凡是关于疫情防控的电文，必须第一时间呈送领导批阅，及时流转，对流转不及时造成后果的，严肃责任追究；加强出入人员管理，严禁无关人员入内，值班人员分批连续值班 14 天，切实降低疫情风险，圆满完成疫情期间机要收发文工作，有效保证了疫情期间的政令畅通。

【信息化建设】 全力推进安可替代工程，研究制定《简阳市安全可靠替代工程项目实施方案》，稳步完成替代工程的 35%。积极推进国产化替代工作，加强全市安可信息系统设备的采购指导，切实做好安可系统信息设备的日常管理和设备运维工作。加强保密防护和保密技术检查设备的使用和配备，配置计算机终端保密检查系统（临检版）一套，完成了保密综合应用机房升级改造，完成“056”平台升级部署，对全市党政机关上网环境进行全天候监管，及时发现失泄密信息线索，全年来共处理涉密预警信息 2.4 万余条。

【保密宣传】 营造良好氛围，依托“4·15”“12·4”等重要节点开展保密法治宣传教育活动。在城区中心广场、城东客运汽车站、城区临街商铺、公交车及市级机关办公区 LED 显示屏播放宣传标语口号和投放保密教育公益广告，在市级机关办公区长期摆放宣传展板 8 块，全市悬挂布制宣传横幅 6 条，张贴宣传海报 100 张；创新宣传手段，合理运用新媒体进行宣传教育。通过电信、移动手机运营商编发宣传提示短信 10 万条，在“简阳普法”“青春简阳”等微信公众号上推送保密密码法治宣传系列文章 20 余篇；宣传重点突出，以党政机关、涉密单位工作人员为重点对象，提升做好保密工作的责任感和使命感。全年召开全市范围的保密工作培训会 2 次，培训人员 200 余人次，在全市形成了全覆盖宣传、全社会共同学习的良好氛围。

【监督检查】 开展全市密码电报使用管理业务检查指导，坚持经常提醒、定期核查，确保及时运转无滞压、环节清晰无遗失、管理规范无误办；开展党政网、电子政务内网接入单位安全保密培训及检查 3 次，确保运行规范、安全有序。扎实组织开展 2020 年度保密自查自评工作督查，对市级机关办公区入驻单位的互联网电脑进行全覆盖检查，及时发现失泄密信息线索 100 余条；开展党政机关和重要军工单位周边文印店保密专项检查，检查文印店 11 家，现场处置涉密隐患 3 起。认真开展全市涉密岗位和人员保密管理备案工作，明确涉密岗位和涉密人员，依规对退伍涉密人员开展脱密期管理，组织开展涉密人员岗前、在岗、离岗前保密教育培训 2 次。完成定密事项报备和军工单位保密数据普查、上报工作，加强保密资质单位的保密日常指导工作，对保密资质单位开展保密检查和保密讲座 2 次。认真做好高考和人事考试的保密指导和监督工作，先后到市人社局、市招生办检查招考保密工作 3 次，全程参与高考、中考和公务员、事业人事招考期间试卷保密和巡考工作。

（陈荣奇）

档案管理

【档案业务指导】 2020 年，市档案局启动档案规范化管理评价工作，指导各镇（街道）、市级各部门（单位）档案规范化管理认定。平武镇、江源镇通过省三级标准认定，国家税务总局简阳市税务局通过省一级标准认定。3 月，市档案局印发《关于加强村（社区）体制机制改革中档案管理工作的指导意见》，指导村（社区）推进体制机制改革档案工作。5 月，市档案局组织人员参加省档案校开展的《脱贫攻坚档案管理》教学课程，印发《关于印发〈精准扶贫档案管理办法〉的通知》到各镇（街道）、脱贫办，实地到脱贫办、各镇（街道）、贫困村指导，摸清基本情况，找出短板问题，提出解决措施，并与扶贫办多次联合商讨，使扶贫档案规范化整理工作得到顺利推进。9 月，与市档案馆联合组成执法检查组共 8 余人，到文体旅局、团市委、总工会 3 个市级部门和镇金、江源等 6 个镇（街道）进行“双随机一公开”档案行政执法检查，从组织管理、设施设备、业务建设、信息化建设和开发利用 5 个方面入手，坚持问题导向，紧盯薄弱环节，补齐短板弱项，提升全市档案工作规范化管理水平。11 月，对重点建设项目档案工作业务指导。对简阳市人民医院三甲功能项目、简阳亿联智慧商贸城、简阳市西南国际旅游集散中心等50余个重大建设项目档案登记，完成简阳市德清源现代蛋鸡产业示范项目（禾丰青年鸡场、有机肥厂）档案专项验收，确保档案与项目同部署、同实施、同检查、同验收。

【档案工作业务培训】 2020年10月，市档案局牵头与四川省档案学校联合在简阳举办为期3天的档案工作业务培训，全市22个镇（街道）、60余个市级部门（单位）基层档案工作者纳入参训范围，共计160余人参加培训。四川省档案学校副校长童以鸿参加会议并结合多年丰富的档案经验提出建设性意见和建议，简阳市委副书记王安宁委托简阳市委办主任、档案局局长张杨出席会议并讲话，提出要围绕中心，找准定位，着眼建设成都东部区域中心城市战略部署，把握档案工作大局，掌握档案工作规律，明确档案法规标准，丰富知识储备。此次培训促进了全市档案工作者掌握档案理论知识，整体提高工作水平，为创建市镇村三级常态联动机制，构建上下贯通的档案联系指导网络体系奠定基础。

（汪黎平）

组织建设

【概况】 中共简阳市委组织部（挂中共简阳市委非公有制经济组织和社会组织工作委员会、中共简阳市委直属机关工作委员会、中共简阳市委老干部局、简阳市公务员局牌子），主管全市干部工作、组织工作和人才工作，内设科室共13个：办公室、财务科（工资科）、研究室、组织一科、组织二科、组织三科、干部一科、干部二科、公务员科、人才科、干部监督（干训）科、信息科、老干部科。设置中层干部职数19名，其中中层正职13名，中层副职6名。下属简阳市人才发展服务中心（市干部档案室），设置中层正职1名。下属简阳市老干部活动中心，内设老干部活动中心综合科，设置中层正职1名。中共简阳市委组织部党员教育中心（中共简阳市委党员干部现代远程教育中心、中共简阳市委党员干部现代远程教育工作领导小组办公室），内设远程教育综合管理室和党员教育室，设置中层正职2名。至2020年年末，全市共有党员43523名，其中女党员11862名；基层党组织2010个，其中党委159个、党总支200个、党支部1651个。

【组工干部队伍建设】 围绕把握新发展阶段、贯彻新发展理念、构建新发展格局、推动高质量发展，高质量高水平创新性开展好组织工作，巩固深化“不忘初心、牢记使命”主题教育成果。围绕“七种能力”，加强培养专业思维、提升专业能力，统筹强化组工干部教育培训，分层分类实施组工干部提能工程，推进组工干部队伍建设。发挥“传、帮、带”优良传统，采取“多带一”的以老带新工作方法，让引进的高层次人才、紧缺专业选调生、服务基层选调生，迅速适应新形势下组织工作要求。完善内控制度，修订完善《中共简阳市委组织部督查工作办法》《中共简阳市委组织部财务管理制度》《中共简阳市委组织部调查研究工作制度》等10个制度，新建了《中共简阳市委组织部加班值班补助发放制度》等7个制度，以制度管人、管事、管权。健全督查考核制度，定期督查、跟踪问效，及时掌握工作进展情况，推动各项工作提质增效。扎实开展驻村帮扶、“走基层送温暖”等活动，机关干部全覆盖联系帮扶贫困户，顺利通过省级脱贫攻坚成效考核。

【党员发展】 2020年，市委组织部严格执行《中国共产党发展党员工作细则》，做到成熟一个，发展一个。从严从实抓好发展党员工作。严格履行5大阶段25个步骤的程序，聚焦青年农民、高知识群体和非公有制经济组织、社会组织重点群体领域，全年发展党员492名。其中，“两新”组织中发展党员47名，在高知群体中发展党员7名，在农牧渔民中发展党员227名，在公有制单位中发展党员143名。其中35岁以下占83.13%，大专以上学历占71.34%。截至年底，全市共有党员43523名。

【党员教育】 2020年，党员教育以习近平新时代中国特色社会主义思想为指导，以贯彻《中国共产党党员教育管理工作条例》《2019—2023年全国党员教育培训工作规划》为主线，围绕加快建设成都东部区域中心城市，扎实开展党员教育工作。举办市级示范培训班 28 期，将新思想作为示范培训主课，累计培训基层党组织书记、贫困村驻村干部、村后备干部、青年骨干农民、重点行业系统党员、新党员等 2023 人，组织全市 4 万余名党员完成线上新思想必修课，促进学习全覆盖；疫情防控期间，制作推广“云党课”3 期，被新华网、四川在线报道，组织第一书记直播带货活动，促销农产品 20 余吨，拍摄制作党员教育电视片 4 部；举办全市及教育系统优秀党课评比观摩活动，挖掘培育县级党员教育本土讲师 30 人、成都市级党员教育本土讲师 1 人，高质量策划拍摄系列精品微党课视频 5 部，其中《发挥党支部战斗堡垒作用大力发展贫困村集体经济》党课视频获四川省“党课开讲啦”精品党课课件优秀奖；持续办好“雄州先锋”微信公众号，举办“庆祝建党 99 周年有奖知识挑战赛”线上活动，吸引 2341 人参与，平台关注人数达 56464 人，全年共推送图文信息 203 条，阅读 20911 人次，组织党员参与市级党员教育网络示范培训班学习 24 期。

【党员管理】 动员 4 万余名党员干部“一亮三先六带头”投身防疫一线、捐款捐物 450 万余元，160 名“两新”组织党建指导员上门送帮送解、助力复工复产，相关做法被《中国组织人事报》报道。沿江 8 个镇街党员干部闻“汛”而动、冲锋在前，全力保护人民生命财产安全，涌现出成都市先进基层党组织 2 个、省市优秀共产党员 4 名。认真开展民主评议党员工作，把握“组织集中学习、开展谈心谈话、查摆突出问题、开展批评和自我批评、抓好问题整改”，全市 1651 个党支部开展了民主评议工作，43523 名党员参加了民主评议，共评出优秀党员 697 名、合格党员 42630 名、基本合格党员 43 名、评为不合格党员 153 名，给予组织处置人数 153 名。

【党费收缴】 贯彻执行中央、省委、成都市委组织部关于党费收缴、管理和使用的相关规定，加强党费收缴管理的宣传引导。健全党费收缴登记制度，统一制订党费收缴专用凭证和票据，实行专用凭证、半年一结算管理。广大基层党组织充分利用会议、党务公开栏，定期公开党费收取上缴情况，主动接受监督。严格党费使用审批制度，坚持集体讨论决定使用和下拨党费，履行党费开支审批手续，严格使用范围，切实做到专款专用。坚持党费收缴考核制度，定期开展党费收缴工作督查，纳入组织工作年度考核内容，加强对全市各个基层党组织党费收缴、管理工作的规范，确保党费财尽其用、用尽其效。2020 年，全市市管党费收入总额 1034.93 万元。全市基层党委、党总支、党支部累计上缴 531.13 万元，上级拨入 121.4 万元，存款利息收入 2.36 万元，党员自愿捐款收入 380.04 万元。2020 年度，全市市管党费支出总额为 954.36 万元，主要支出项目：上解党费 411.06 万元，下拨党费 306.57 万元，培训党员 21.63 万元，订阅或购买用于开展党员教育的报刊、资料、音像制品和设备 23.19 万元，补助生活困难党员 48.73 万元，补助遭受自然灾害的党员和慰问防汛救灾一线党员干部 29.5 万元，其他支出 113.67 万元。

【驻村帮扶】 坚持党建引领脱贫攻坚，把干部驻村帮扶作为决战决胜脱贫攻坚的重要保障，紧紧围绕“两不愁、三保障”总要求，选派 459 名优秀干部到 70 个贫困村和 151 个建档立卡贫困户在 20 户以上的非贫困村担任第一书记和驻村工作队队员。全市建档立卡贫困户家庭年人均纯收入达到 12670 元，较 2016 年增加 8812 元，年均增长率 34.63%。2 个单位被省委省政府评为脱贫攻坚“五个一”帮扶先进集体，9 名优秀第一书记、3 名驻村工作队队员、2 名农技员受到省委省政府表扬。全市建档立卡贫困人口“两不愁三保障”高质量达到省定脱贫标准，顺利通过省级脱贫攻坚成效考核，取得了脱贫攻坚战役的阶段性胜利。

（钟　泉　阿拥桑娜）

基层党建

【概况】 2020 年，简阳市各级基层党组织学习贯彻习近平新时代中国特色社会主义思想和习近平总书记对四川及成都工作系列重要指示精神，全面落实中央和省委、成都市委、市委管党治党决策部署，突出党建工作“主业”定位和“主责”意识，从严处要求，实处发力，着力强引领、扎实夯基础、大力促发展，基层党建工作取得新的成绩。党建主体责任不断压实，党建工作基础持续巩固，政治引领作用有效发挥，特色示范工作亮点突出，为全市经济社会发展、各项工作创先争优提供了坚强组织保障。

【“两新”组织党建】 持续完善市委两新工委运行机制，将成员单位优化调整至31家，印发《2020年全市非公有制经济组织和社会组织党建工作要点》，清单式厘清职责任务、完成时限，压紧压实工作责任。突出抓龙头、促小微，抓行业、带个体，抓区域、保兜底，持续推动海底捞、唯品会等龙头企业，律师行业、物业协会等行业协会，产业园区、商圈楼宇等重点区域，互联网业、物流快递等新兴领域党的组织和工作覆盖，通过“一村一大”政策选聘党建工作指导员7名，组建行业、区域综合党委7个，新建“两新”组织党组织18个。坚持围绕中心、服务大局，牵头发起成资临空经济带党建联盟，首批吸纳成员单位43家，发布能力、机会“两张清单”110余项，引导“两新”组织向市委中心工作聚力用劲，推动两地资源互补、要素流动、错位发展，着力构建临空经济产业共同体。狠抓廉政建设，坚持“零容忍”态度，协同市纪委监委严肃查处“两新”组织党员违纪违法案件17件，给予党内警告处分15人、严重警告处分1人、开除党籍处分1人。

【教育系统党建】 教育系统有党组织163个，其中党委11个、党总支9个、党支部143个，党员共3180名。教育系统党委成立以来，全面清理系统党组织和党员，指导完成党员档案清理1068人、补办入党志愿书7人，全面实行中小学校党组织归口管理，创新设立学区党委7个，下派47名党建工作指导员，督促指导完成党组织换届70个，全面开展标准化验收工作，组建教育系统党建工作宣讲团，开展70余场党建微宣讲，项目被列为2020年度成都市级基层党建工作创新项目。在“简阳教育”微信公众号开设党建专栏，发布党建工作、廉政建设等图文信息300余条。

【卫健系统党建】 全市卫健系统有党委3个、党总支2个、党支部42个，党员共1408名（包括预备党员33名）。卫健系统党建工作坚持聚焦主责主业，全力动员党员干部抗击新冠肺炎疫情，抽调驰援武汉、郫都党员骨干12名，在一线发展党员5名，圆满完成采样、送检和救援任务，实行分类救治，成功救治确诊患者20名，获“成都市新冠肺炎疫情防控专项五一劳动奖状”等荣誉30项。加强支部规范化建设，指导新建党支部7个，按期换届29个，设置党员示范岗20余个。推动公立医院党的建设，督导市人民医院、市中医医院规范调整党组织设置，市妇幼保健院提档升级为党总支。发挥帮带作用，开展城乡、公私医疗机构党建结对共建各2次。

【机关党建】 2020年，市直机关工委学习贯彻省委、成都市委、市委全会精神，扎实开展机关党建各项工作。机关党员干部践行“一亮”“三先”“六带头”，深入村（社区），协助做好疫情防控。机关党员支持防疫捐款130余万元。15个联络专班扎根企业一线深入开展“送帮送解”专项行动，疫情防控成效不断巩固。制定《基层党建重点任务清单》《机关党建工作要点》，指导机关基层党组织抓好贯彻落实，建立一级抓一级，层层抓落实的工作局面，推进全市组织工作会议精神和全市基层党建工作重点任务落实，推进机关基层党建创新项目27个。其中市人民法院、市教育局、市人社局所报项目被成都市委组织部立为党建创新重点项目。全年新成立机关党委1个，指导25个直属基层党组织开展按期换届。指导各机关党组织与联系贫困村党组织结对共建，开展主题党日活动60余次。机关党员干部结合“双报到”工作到村（社区）开展创文创卫、志愿服务2万余人次。机关党建引领脱贫攻坚工作在成都市机关党建工作推进会上进行书面发言。参加“智竞未来——成都市全民科学素质大赛”，获团体三等奖，市直机关工委获最佳组织奖。

【推进党建引领社区发展治理】 健全基层组织体系，强化街道党工委“龙头”作用，吸收24名驻区单位党组织负责人担任各街道“大党工委”委员，以区域化党建联席会议制度连接126个驻区单位，选派34名优秀干警进入村（社区）两委班子，及时完成209个村(社区)党组织升格，全面加强组织领导，全覆盖培训村(社区)党组织书记，提升工作效能；健全社区发展治理体系，编制《简阳市城乡社区发展治理规划导则》，促进社治工作规范化制度化，出台社区发展治理职责清单，开展社区减负行动，下沉村(社区)政务服务事项由127项削减至50项，细化居民小区治理方案，创新跟进服务50个易地扶贫搬迁农村安置点，131个城镇物业小区实现党组织全覆盖；提升城乡社区品质，深入推进“五大行动”，完成改造棚户区400户、老旧院落10个，整治40条背街小巷和30个“两拆一增”项目，建成2条示范特色餐饮街区，优化6个便民服务区，设立15个“快买快走”便民服务点，建设50条“回家的路”“上班的路”；丰富多元服务供给，挖掘社会资源，调动全社会力量参与社区发展治理，发布机会清单244项、示范项目5个，总投资3.8亿元，12万人次参与。16项便民服务布局天府市民云，26所医院、78所学校全面接入，建立城乡社区发展治理支持中心，入驻社会组织20家，成功认证社会企业2家，开展青年志愿服务活动50余场，评定132名优秀志愿者；推进基层矛盾化解，紧扣双线融合工作要求，在简城街道实施“四个一”(一支队伍统管、一张网格统揽、一个平台统调、一套机制统筹)改革，推动社区发展治理实践向社会治理领域延伸的试点工作，深化“诉源治理”，创新构建人民调解“百米服务圈”，设立人民调解“百米服务圈”矛盾纠纷受理点1579个，矛盾纠纷调处成功率达98%以上，组织开展“社区有礼”等友善优雅礼仪主题活动143场，打造“好家风好家训”示范基地2个，彰显德治教化作用。

(钟　泉)

人事人才工作

【干部人事制度改革】 健全干部政治素质考察制度体系，探索推进“7+X”干部政治素质档案，建立“一把手”政治档案指标模型。制定《市委管理的党政领导班子和领导干部年度考核办法(试行)》，围绕不同领域构建差异化考核制度体系。坚持急难险重一线考察识别干部，聚焦疫情防控、脱贫攻坚等“五个一线”提拔重用优秀干部55人次。深化市属国企改革，市场化选聘国企高管8人。出台《员额制管理操作办法》，配齐配强产业功能区领导班子和干部队伍。紧扣成渝地区双城经济区建设和专业化干部培养，举办各类专题班、主体班，培训市管干部900余人次。选派一批优秀干部赴重庆璧山高新技术开发区、成都市级部门、大运会执委会等单位顶岗锻炼，常态化选派200余名年轻干部到产业功能区、疫情防控、创文创卫、援藏援彝、信访、维稳等一线实践历练。完成2轮22个单位选人用人专项检查；对150余名干部进行提醒函询诫勉；建立完善公务员职级晋升“三本台账”，有序组织开展职级晋升1793人次。

【干部监督】 坚持将政治监督摆在首位，从严开展选人用人监督、强化干部日常监督管理、深化各类专项整治，不断强化干部监督制度执行力，着力提高新时代干部监督工作质量和水平，推动形成风清气正的良好政治生态。全年对10名领导干部进行经济责任审计，同时对2名领导干部进行自然资源离任审计，结合巡视巡察工作完成对22个部门、镇(街道)的选人用人专项检查，受理上级转办及各类信访投诉9起，结合日常工作对150余名干部进行提醒，对3名干部进行诫勉。

【干部培训】 以建设高素质专业化执政骨干队伍为目标，注重“请进来+走出去”，采取“线上+线下”模式，综合运用集中轮训、授课辅导、专业化培训等方法，举办党的十五届四中全会精神轮训班、年度局级领导干部主体班和各类专题培训班，培训各级干部9000余人次，进一步提升各级干部综合素质。

【公务员管理】 加快推进全市公务员制度和队伍建设。2020年新录用公务员(含参公管理单位工作人员，下同)40人，取消录用2人，辞去公职1人，辞退1人。及时完成简阳市46个乡镇行政区划调整涉及的696名公务员转隶工作。完成全市综合管理类公务员晋升职级共1375人次，其中，晋升四级调研员12人次，晋升一、二级主任科员566人次，三、四级主任科员797人次，占全市公务员总数的44.41%，有效发挥职务与职级的功能作用。依据2020年度公务员考核结果给予610名公务员嘉奖，124名公务员记三等功奖励，充分发挥公务员考核和奖惩的“指挥棒”作用，进一步激励公务员干事创业、担当作为。

【谋才引才】 系统谋划“十四五”人才发展规划，加快人才发展治理体系建设，围绕智能制造、航空航天装备、电商物流等主导产业，落实“蓉漂”人才计划，实施“东进英才”招揽、“智立方”柔性引才聚智、“风筝行动”回引等工程，吸引集聚各类高层次创新型人才和急需紧缺专业人才282名，达成意向性回引项目5个。举办“蓉漂人才荟”走进云南师范大学、兰州大学专场活动2场，启动“蓉漂杯”高层次人才创新创业大赛兰州站赛事，与兰州大学签订校地合作协议，助推人才、城市、产业相融合。

【育才用才】 成立“省千专家”创新创业产业园1个，建成院士专家工作站、企业研发中心、技能大师工作室、众创空间等人才载体19个。强化产学研合作平台建设，加强与四川大学、中国民航大学等高校合作，支持企业设立高校奖学金，构建临空经济研究基地，加快科技成果转化。实施本土人才培育工程，分类开展“简商名家成长行动”和知识更新工程，组织职业培训1.9万余人次，评选“简阳工匠”36名。围绕贫困村产业布局和经济发展需要，组织专业技术人才到贫困村开展“专业服务团”工作，提供智力服务超过2万余人次。

【聚才留才】 推动服务融合，依托“蓉城人才绿卡”，落实教育、医疗、税费等优惠政策，配套人才公寓、创业担保贷款等人才服务“大礼包”，让人才在简阳居住舒心、创业安心。推动项目融合，成立四川省高层次人才创新创业总部科技园，举办简阳市创新创业大赛、青年合作创业峰会等，推进人才协作、畅通资源共享。举办创新创业大赛、青年合作创业峰会、“蓉漂人才日”“爱成都·迎大运”青年线下七夕活动等20余场，全面落实各项人才优惠政策。

【人才区域一体化】 依托成德眉资、成渝双城经济圈建设，与遂宁、资阳、重庆等地区签订联盟框架协议，与资阳雁江区、乐至县等签订区域合作协议，针对就业创业、人才服务等探索合作机制，推进人力资源服务协同发展。建立毗邻地区“研发+产业化”科技成果转化平台，推进产学研协同发展，搭建“项目+金融”创新创业扶持平台、“产品+市场”供给营销互促平台，推动金融资本互惠互利、研发产品互促互销，支持人才更好创新创业。

名词解释：

1.“智立方”柔性引才计划：在不改变人才户（国）籍、身份、社保、劳动人事关系的基础上，以契约管理为基础的人才引进方式，从而形成高端人才智力磁场吸附力量，为简阳市经济社会高质量发展提供智力支撑。

2.“蓉漂”：“蓉漂”一词，由“北漂”“硅漂”化用而来。这里的“漂”包含了三层含义，即迁移、扎根和成功。成都正加快打造国际一流的人才汇聚之地、事业发展之地、价值实现之地。追寻创新创业梦想的“蓉漂”，正成为当下最火热的成都“寻梦青年”的代表。和“北漂”不同的是，“蓉漂”一族更容易被成都“兼容并包、多元共生”的城市气质所接纳，“蓉漂”也对这座城市产生了认同感，将成都作为自己的“第二故乡”。

3.“风筝行动”：寓意外出务工人员无论到哪里、无论走多远，总有一根线与家乡紧紧相连。指通过健全机制、搭建平台、强化服务，为有意愿返乡创业的简阳籍在外优秀人才牵线搭桥，实现人才、项目和资金的回引。

（张　爽　付尚艳　李梦欣　王　璇）

老干部服务管理

【概况】 2020年，全市共有副县级及以上离退休干部193人，其中：离休干部40人（含代管1人），副县级及以上退休干部153人。全市共有离退休人员9938人（含税务局、气象局等直管单位），有离退休干部党员4149人，建有离退休干部党工委1个、离退休干部党支部91个（含二级单位）。已建立离退休干部微党校24个，其中成都市离退休干部微党校示范点2个，完成现地教育示范基地路线打造1个。建有蓉城金秋志愿服务简阳中队1个，副县级及以上离退休干部组建红色传承等分队5个，全市各单位建有志愿服务小队34个、老党员工作室33个、老干部宣讲团10个。

【老干部政治待遇】 以党建为引领，加强离退休干部“三项建设”。加强离退休干部政治建设。通过每月定期学习会、培训会等形式加强离退休干部政治建设，引导广大离退休干部把“两个维护”作为最重要的政治责任，严格执行新形势下党内政治生活若干准则，严守党的政治纪律和政治规矩，增强“四个意识”，坚定“四个自信”，做到“两个维护”。加强离退休干部思想建设。采取集中学习、专题辅导、主题宣讲、座谈讨论、信息推送、送学上门等多种形式，学习习近平新时代中国特色社会主义思想，组织离退休干部深入学习、常悟常进。落实“人人看报、天天有闻、半年通报”制度，继续增订《晚霞》《蓉城金秋》《简阳之声》等刊物200份，邀请老干部列席党政重要会议，组织老干部关注中央、省、成都市微信公众号，同时每天转发各公众号发布的信息到各离退休干部党支部和副县级及以上离退休干部微信群内，确保每名老干部都能看到适时新闻、见证祖国变化，提高老干部关注见证国家发展的知晓度参与度。加强和改进离退休干部党组织建设。将离退休干部党建工作与全市党建工作同安排、同部署、同考核；召开业务培训会并印发2020年业务指导性文件，全年共组织召开全市性老干部系统业务培训会3次，全覆盖到22个镇（街道）现场指导老干部工作2轮，有针对性到市教育局、市民政局、市发改局等离退休干部较多的市级部门调研指导老干部工作；与市委社治委和市财政局对接，落实离退休干部活动经费和相关工作经费；及时更新离退休干部党建和信息系统管理分管领导和经办人员，确保蓉城金秋志愿服务工作人员保障到位，畅通工作沟通渠道和信息上报渠道；举办“全市离退休干部党支部书记党务能力提升专题培训班”1期，全市60余名离退休干部党支部书记、委员参加培训；充分发挥好离退休干部党支部战斗堡垒作用和党员先锋模范作用，持续深化“十百千示范工程”，年底通报表扬10个标准化规范化建设离退休干部党支部、10名优秀离退休干部党支部书记和50名优秀离退休干部党员。已向成都推荐1个示范离退休干部党支部、5名优秀离退休干部党支部书记、40名优秀离退休干部党员。

【老干部生活待遇】 精准化个性化服务副县级及以上离退休干部，个性化亲情化开展离休干部精准服务工作。印发《关于进一步做好离休干部精准服务工作的通知》《简阳市离休干部个性化服务措施》文件，组织全覆盖入户走访离休干部，摸清离休干部生活状况和需求，建立了“一人一策”精准服务台账和“单位+社区+家庭”的联系制度，制发离休干部“连心卡”（卡上有老干部局、所属单位、居住社区、家庭医生、医保局等联系电话），组织卫健局、医保局协调离休干部精准服务医疗报销、看病就医等方面的问题，为离休干部提供应急救助、生活照料、精神慰藉、医疗保健等方面服务。开展各类主题活动和日常文体活动。2020年，组织老干部开展“我看脱贫攻坚新成就”参观考察活动4次、“我为建设成渝地区双城经济圈建言献策”座谈交流活动3次和小规模门球、乒乓球、诗词书画作品评选等各类比赛活动11场。定期走访慰问，传递市委关怀、解决实际困难。疫情初期全覆盖排查，动员207名老干部及其家属积极抗“疫”；配送疫情防控宣传手册、慰问信和口罩蔬菜等保障物资4批次，指导老干部健康抗“疫”。春节、重阳、国庆等重要节假日全覆盖走访慰问离休老干部及遗孀，在离退休干部生病住院期间看望慰问，发放慰问金及特殊困难帮扶资金13万余元。

【老干部作用发挥】 精准搭建志愿服务平台，引导离退休干部发挥优势作用。建好老党员工作室。指导以“党建引领+项目扎根+社区治理”模式建设村（社区）老党员工作室29个，组织镇（街道）离退休干部党支部+村（社区）老党员联建的方式，打造“双助”品牌老党员工作室，结合部门志愿服务队建老党员工作室2个，目前运行较好的有6个，正常运行的有8个，新建正陆续开展志愿服务活动的有17个。组织蓉城金秋志愿服务队，分团分类开展志愿服务活动。全市39支志愿服务小队，2020年开展“双助”主题志愿服务活动60余场次。组织蓉城金秋志愿服务简阳中队联合关工委开展文化传承、关心下一代等活动15场次。运用蓉城金秋信息化管理平台，共征集全市215

位老同志200多篇抗疫战疫文化作品，带领老干部以“艺”抗“疫”。建强老干部宣讲团。2020年“蓉城金秋”简阳市老干部宣讲团开展“成渝地区双城经济圈建设”、中共十九届五中全会精神、简阳历史文化等宣讲6场次，努力讲好中国故事、弘扬中国精神，营造“蓉城金秋”正能量传播良好氛围。

【老干部活动阵地建设】 持续推进新中心项目建设。新老干部活动中心总建筑面积3104平方米。主要包含陈列展览室、康体活动室、练歌房、乒乓球室、综合桌游室、多媒体培训室、书画室、图书阅览室、多功能厅、室外羽毛球场等24个活动室和功能用房，6间办公室。项目建设和装修过程中，对接雄州公司根据实际需求调整功能布局、修改装修方案，及时提交了设备采购清单，并多次对雄州公司反馈的清单进行修改，提出建议。该项目已完成设备采购招投标。

【老干部工作方式拓展】 加强老干部工作系统信息化管理，增强“以一化带两化促三性”工作实效性。摸清底数强业务。全市86个一级单位及其下属单位已全部录入老干部信息系统，离退休干部所在党组织入库227个，其中有离退休干部党组织91个，离退休干部信息总入库9938人，已入库99.9%，正持续动态更新。立足实际强应用。组织全市有书法、写作等兴趣爱好的离退休干部成立网上兴趣小组4个，引导离退休干部使用手机APP，通过APP丰富退休生活的同时传播正能量，共征集老同志正能量作品1217篇，通过信息系统组织开展各类线上活动423次，推送简报被成都市委老干部局采纳309篇，活动参与3500余人次，75岁以下离退休干部月登陆量为1658人，机关退休干部登录率为34.82%，事业退休干部登录率为15.53%。注重业务能力提升。以“争先、进位、提质”为工作目标，加强老干部工作部门自身建设，做到争先有目标，提质有举措，2020年获评主题征文活动优秀组织、全市老干部工作调研成果先进单位、全市老干部系统宣传报道工作先进单位等。全年上报成都市老干部局及以上各类信息30余篇，被成都市老干部局主办《蓉城金秋》杂志和微信公众号采用25篇。全年编辑刊印了4期《老干部之友》。

（程　玮）

宣传工作

【理论武装持续深化】 市委理论学习中心组率先带头，聚焦中共十九届四中、五中和省委、成都市委、市委全会精神，坚持“自己学、自己讲”，不断完善指导考核、巡听旁听、经验交流机制，提升学习效能。用好用活重要理论读本和“学习强国”平台，举办首届基层理论宣讲比赛，组建“天府雄州”宣讲队，深入基层开展1300余场重大主题宣讲，新思想新理论更加深入人心。

【意识形态工作】 牵头做好省委巡视意识形态专项检查迎检和整改工作，严格“四个纳入”推动意识形态工作责任制落地落实。创新传播方式，强化网上正面引导，作品《简州·情怀》入选中央网信办“五个一百”网络正能量精品。编报《舆情参考》等119期，充分发挥网络参谋辅政作用。开展网络专项治理50余次，办理“扫黄打非”案件28起，切实加强意识形态阵地管理，全市意识形态领域态势更加向上向好。

【主流舆论不断壮大】 紧扣成渝双城经济圈建设、成德眉资同城化发展、成都东进等重大主题，结合脱贫攻坚、大运会筹备、功能区建设等，广泛开展社会宣传，营造助推城市能级大幅跃升的良好氛围。从社区横幅到农村喇叭，从“无人机防疫”到“微课堂讲学”，防疫宣传深入群众心间，激发齐心抗疫强大合力。策划设置“简阳，不简单”城市宣传营销主议题和系列子议题，在《人民日报》、中央电视台等央级主流媒体推出经济社会发展系列成就宣传报道50余篇，简阳市获评成都对外宣传工作先进单位，城市形象辨识度更加清晰明亮。

【精神文明提质增效】 推树成都市级以上“身边好人”11名，“感动雄州”道德模范23名，简阳市人民医院获评全国文明单位，杨丽家庭入选全国文明家庭，吴钟荣获央视“特别关注孝心少年”称号，榜样力量带动更多市民崇德向善。有序推进新时代文明实践志

1月22日，2020年简阳市迎春文艺晚会举行

3月12日，简阳市开展“植绿护绿　美丽中国”志愿服务活动

愿服务，弘扬志愿精神，传播志愿文化，促进市民情感认同和文明风尚养成，城市更加温暖向上。

【文艺文创繁荣发展】 文艺战线抗“疫”发力，歌曲《我的战衣》获国家级金曲奖，短视频《等你回家》获20余万名网友点赞。迎春文艺晚会、文化艺术节、第五届优秀文艺作品评选等惠民活动广受群众好评。文创产业增加值突破28亿元，同比增长30.5%，获评成都市世界文创名城工作优秀单位，城市内涵更加丰盈充沛。

（陈婵婵）

精神文明建设

【公民思想道德建设】 2020年，评选出各类道德模范、身边好人35人，其中1人上榜“四川好人”，8人上榜“成都好人”，简阳市刘刚上榜12月“中国好人”候选人。开展“感动雄州”第四届道德模范评选表扬活动，表扬助人为乐、见义勇为、诚实守信、敬业奉献、孝老爱亲5类道德模范共23人。全面推进未成年人核心价值观教育、思想道德教育、爱国主义教育、优秀传统文化教育、心理健康教育，策划开展2020年少儿春晚，积极选树未成年人先进典型，2名学生被评为成都市“新时代好少年”，其中简阳中学吴钟同学被评为央视“最美孝心少年”。

【群众性精神文明创建】 持续推进文明城市创建，发现和整改问题7000余个，完成资料上报140条。创建“三美”示范村21个，文明村镇10个，完成“到2020年文明村镇占比达到80%，‘三美’示范村占比达到60%”的目标任务。24个文明单位顺利通过各级复审验收，简阳市人民医院成功创建全国文明单位，简阳市人民检察院成功创建第五届四川省最佳文明单位。创建简阳市级文明家庭15户，杨丽家庭成功创建全国文明家庭，徐刚家庭成功创建第二届四川省文明家庭。创建简阳市级文明校园21所，其中简阳中学被评为省级文明校园。编印《家风润雄州　我们共传承》简阳市好家风好家训汇编，制播家风家训专题播报25期，建设“家风南山坳”“家风荷乡”等家风家训示范点。

【新时代文明实践志愿服务】 2020年，全市新注册志愿者约2500人，成立志愿服务队伍36支，累积注册志愿者11.2万余人。疫情期间，开展“病毒无情，口罩有爱”等60余场志愿服务活动，常态化开展爱国卫生运动。开展“美食简阳　美在文明”“每周一小时，最暖是简阳”等行动，在社交礼仪、文明用餐、卫生习惯等方面有针对性开展精神文明教育，凝聚众志成城精神力量。开展网络文明传播活动26期，12篇信息被中国文明网采用，7篇信息被四川文明网采用，13篇信息在人民网等网站刊播。培育志愿服务组织，指导简阳市社区公益志愿者协会、爱无限等社会组织在志愿服务领域开展工作。完成11个新时代文明实践中心试点建设，创评成都市新时代文明实践示范点位4个，开展各类新时代文明实践活动4000余场次。

表 5　　2020 年简阳市各级道德模范一览表

姓名	工作（学习）单位及职务	道德模范称号	发文单位	文号（证书）	发文（发证）时间
庄春强	云龙镇庄园村人，上海铮沈实业（集团）有限公司董事长	"感动雄州"第四届助人为乐道德模范	简阳市文明委	简文明委发〔2020〕7 号	2020 年 12 月 28 日
张　全	江源镇团岭村 4 社社长	"感动雄州"第四届助人为乐道德模范	简阳市文明委	简文明委发〔2020〕7 号	2020 年 12 月 28 日
陈天慧	市公安局行政审批科民警	"感动雄州"第四届助人为乐道德模范	简阳市文明委	简文明委发〔2020〕7 号	2020 年 12 月 28 日
袁雪梅	赤水街道农业服务中心工作人员	"感动雄州"第四届助人为乐道德模范	简阳市文明委	简文明委发〔2020〕7 号	2020 年 12 月 28 日
曾少英	原高明镇白金村 5 组村民	"感动雄州"第四届助人为乐道德模范	简阳市文明委	简文明委发〔2020〕7 号	2020 年 12 月 28 日
白　伟	简阳市恒兴隆公司工作人员	"感动雄州"第四届见义勇为道德模范	简阳市文明委	简文明委发〔2020〕7 号	2020 年 12 月 28 日
吴文君	简阳惠信物业服务有限公司工作人员	"感动雄州"第四届见义勇为道德模范	简阳市文明委	简文明委发〔2020〕7 号	2020 年 12 月 28 日
汪世平	平泉街道团和村二社村民	"感动雄州"第四届见义勇为道德模范	简阳市文明委	简文明委发〔2020〕7 号	2020 年 12 月 28 日
林书茂	简阳市解放九义校教师	"感动雄州"第四届见义勇为道德模范	简阳市文明委	简文明委发〔2020〕7 号	2020 年 12 月 28 日
郭大元	原高明镇三大湾村 1 社村民	"感动雄州"第四届见义勇为道德模范	简阳市文明委	简文明委发〔2020〕7 号	2020 年 12 月 28 日
王天华	原养马街道经济办工作人员	"感动雄州"第四届诚实守信道德模范	简阳市文明委	简文明委发〔2020〕7 号	2020 年 12 月 28 日
李晓平	市人力资源社会保障信息中心工作人员	"感动雄州"第四届诚实守信道德模范	简阳市文明委	简文明委发〔2020〕7 号	2020 年 12 月 28 日
杨青旭	简阳市佳旺饲料有限责任公司董事长	"感动雄州"第四届诚实守信道德模范	简阳市文明委	简文明委发〔2020〕7 号	2020 年 12 月 28 日
陈锡全	简阳市兴成粮业有限责任公司工作人员	"感动雄州"第四届诚实守信道德模范	简阳市文明委	简文明委发〔2020〕7 号	2020 年 12 月 28 日
马　艳	射洪坝街道蜀阳社区书记	"感动雄州"第四届敬业奉献道德模范	简阳市文明委	简文明委发〔2020〕7 号	2020 年 12 月 28 日
李　娜	市融媒体中心团支部书记	"感动雄州"第四届敬业奉献道德模范	简阳市文明委	简文明委发〔2020〕7 号	2020 年 12 月 28 日
李　强	四川空分设备（集团）有限责任公司车工	"感动雄州"第四届敬业奉献道德模范	简阳市文明委	简文明委发〔2020〕7 号	2020 年 12 月 28 日
胡代伦	市委政法委政工室主任	"感动雄州"第四届敬业奉献道德模范	简阳市文明委	简文明委发〔2020〕7 号	2020 年 12 月 28 日

续表 5

姓名	工作（学习）单位及职务	道德模范称号	发文单位	文号（证书）	发文（发证）时间
王　禾	简阳市人民医院烧伤整形科主任医师	“感动雄州”第四届孝老爱亲道德模范	简阳市文明委	简文明委发〔2020〕7 号	2020 年 12 月 28 日
付孝凯	原石盘街道龙泉湖社区 4 组村民	“感动雄州”第四届孝老爱亲道德模范	简阳市文明委	简文明委发〔2020〕7 号	2020 年 12 月 28 日
张跃芬	平泉街道进步村 8 社村民	“感动雄州”第四届孝老爱亲道德模范	简阳市文明委	简文明委发〔2020〕7 号	2020 年 12 月 28 日
赵成亮	四川得力律师事务所执业律师	“感动雄州”第四届孝老爱亲道德模范	简阳市文明委	简文明委发〔2020〕7 号	2020 年 12 月 28 日
钟小珍	三星镇金盆庙村村民	“感动雄州”第四届孝老爱亲道德模范	简阳市文明委	简文明委发〔2020〕7 号	2020 年 12 月 28 日

（陈婵婵）

统一战线

【概况】 2020 年，全市统一战线坚持以习近平总书记关于加强和改进统一战线工作的重要思想为指引，按照省委、成都市委和简阳市委对统战工作的决策部署，团结全市统一战线，坚持围绕中心、服务大局，着力夯实工作基础，努力推动工作创新，切实推进统一战线各领域工作。全年有 14 篇调研成果获得省部级、成都市级、简阳市级领导肯定性批示。“同心小康”项目被成都市委统战部评选为 2020 年“蓉城星力”主题工程实践创新项目。妥善处置简阳市崇光堂基督教办学遗留问题经验做法受到成都市级领导的批示表扬，上报的经验交流信息被中央统战部采用。组织承办“蓉城同心·新经济简阳行”暨成德眉资新联会同城化发展启动仪式等活动，受到成都市领导充分肯定。荣获简阳市委、市政府单项表彰 9 项。

【思想教育】 以“不忘初心、牢记使命”主题教育为契机，通过集中学习、研讨交流等形式，结合习近平总书记对四川及成都工作系列重要指示精神，贯彻习近平总书记关于加强和改进统一战线工作的重要思想，筑牢理想信念。市委常委会、市政府常务会专题研究统战工作 4 次。举办党外代表人士、党外干部、统战干部培训班 3 期，对镇（街道）统战分管领导和党外副局级以上干部进行了全覆盖，深化市级领导联谊交友工作，进一步夯实共同思想政治基础。

【民主党派工作】 简阳市有民主党派基层组织 5 个，有民主党派成员 372 名。结合打造“四张城市名片”和重点工作明确课题调研方向及题目，支持民主党派基层组织 14 篇调研报告获得省部级、成都市级、简阳市级领导肯定性批示；召开全市统一战线建言献策座谈会，听取各民主党派基层组织、市工商联和无党派人士结合调研课题对简阳“十四五”规划编制的意见建议，共收到意见建议 20 余条，为高质量谋好谋实“十四五”规划提供了重要参考；履行人大代表、政协委员职责，各民主党派 2020 年共提交了 109 篇建议、提案。加强学习培训，通过组织民主党派、统战团体参与党外干部、党外代表人士培训班共 69 人。2020 年召开三次会议协商、传达学习全省统一战线读

4月20日，中共简阳市委召开统一战线工作领导小组会议

书班精神会，传达中央、省、市相关会议精神，加强统一战线成员的政治引领。组织开展了“同心奋进新时代·携手共圆中国梦”统一战线迎新晚会。开展春节慰问，“走基层·送温暖”共慰问困难民主党派人士 27 人。支持和协助民主党派开展“不忘合作初心，继续携手前进”专题教育活动、“爱简阳·共奋进——学习贯彻党的十九届五中全会精神暨统战知识竞赛”活动、学习中央、省、市全会精神等 50 余次。组织 5 个党派基层组织参与第二届“蓉城同心”实践交流研讨会征文，并上报 5 篇关于民主党派思想政治建设方面的征文。开展“同心脱贫随手拍”活动，其中民盟的《多元角色参与，助力精准扶贫》被“学习强国”和省委统战部刊登采用。各民主党派和无党派人士立足本职，发挥优势，为做好疫情防控，全面推动复工复产复耕复市，付出了辛勤努力，发挥了重要作用，共捐款捐物 115 万余元，全市多个民主党派及成员获得省市级抗疫先进集体和个人表彰。

【党外知识分子和新的社会阶层人士统战】 做好党外知识分子和新的社会阶层人士思想政治教育，组织开展以“创新引领未来·科技赋能产业”为主题的“蓉城同心·新经济简阳行”暨成德眉资新联会同城化发展启动仪式活动，引导全市新的社会阶层人士围绕成德眉资同城化发展献计出力。建设简阳市新的社会阶层人士统战工作实践创新基地，经前期方案设计、比选和施工建设，简阳市新的社会阶层人士统战工作在唯品会（简阳）电子商务有限公司的实践创新基地建设已于 2020 年 6 月全部完成并投入使用。由成都市委统战部知工处、新阶处指导，简阳市委统战部牵头，简阳市党外知识分子联谊会和新的社会阶层人士联谊会一行 10 余人到陕西省西安市开展“爱成都·迎大运”联合调研活动，充分发挥党外知识分子和新的社会阶层人士智力优势，助力简阳市加快推进大运会赛事献计出力。

【非公经济统战】 持续深入开展理想信念教育实践活动，先后组织 2 批次 30 余人次优秀民营企业家前往江苏南京、绵阳两弹城、广元土门会议旧址参加“守法诚信、坚定信心”“不忘创业初心，接力改革伟业”培训。引导民营企业回馈社会，德盛集团、诚卓房产等 10 余家民营企业深入贫困村开展“百企帮百村”，先后建立精准扶贫示范点 5 个。积极引导民营企业家参与光彩事业，组织“爱心企业校园行”等公益活动，捐资捐物达 40 余万元。其中引导民营企业参与疫情防控工作，仅市工商联商会会员单位捐款捐物折合资金就达 300 余万元。通过开展“联、帮、挂”“送、帮、送、解”“走基层、访民情”和“大学习、大调研、大走访”等专项活动，收集民营企业的困难和问题 58 个，并建立困难台账，累计协调相关部门解决问题 16 个。

【港澳台及海外统战】 调研摸清工作基底。深入开展“走基层、访民情”专题调研和侨情台情调研活动，到台资企业、侨属企业、归国留学人员创办的培训机构、乡镇（街道）、村（社区）调研企业生产经营情况和侨眷侨属台胞台属情况，进一步摸清工作对象情况，健全联系制度。建立分类动态管理台账。对 174 名华人华侨、186 名港澳同胞、77 名留学人员、574 户侨眷、353 名台胞台属分类建立台账，并进行动态管理，实时有效掌握工作对象情况。搭建载体拓展工作覆盖。初步建成“蓉城同心　侨之家”“简阳市留学生联谊之家”，成立侨联川空社区分会，建立海外联谊基地，进一步延伸工作手臂，拓宽服务渠道，讲好简阳故事。活动化思政引领。开展春节送温暖、粽情端午、“中秋月台侨情　抗疫情建新城”“四方联动社区共融，心系侨属共庆双节”文艺演出、《中华人民共和国归侨侨眷权益保护法》颁布实施 30 周年知识竞赛、“12·4”侨法宣传、涉台涉侨法律法规“进小区、进社区、进侨企、进园区”四进等活动 20 余场次，进一步凝心聚力。围绕中心服务大局。组织侨台界代表人士开展龙泉山城市森林公园建设、“蓉城同心　侨之家”建设等调研活动。引导侨界政协委员在简阳市政协会议召开期间关注社会民生，积极履行职责，提出《关于规范简阳市出租车上下车停靠点的建议》《关于解决迎宾大道入口交通拥堵的提案》等建议、提案 10 余条。引导美籍华人设立的周华康奖学金连续 16 年为品学兼优学子助力。举办“侨爱心　微梦想”圆梦公益活动。做好侨商企业代表团莅简考察活动相关工作，为简阳发展添动力。

【党外干部培养】 推荐优秀的统一战线成员担任人大代表及政协委员，共有 1 人任省人大代表，7 人任成都市人大代表，2 人任成都市政协委员，20 人任简阳市第十七届人大代表，78人任政协第十四届简阳市委员会委员。更新党外干部数据库，全市共有党外领导干部38人，其中，成都市管局级党外干部5人，简阳市管正局级党外干部4人，简阳市管副局级党外干部29人，党外后备干部117人，对照成都市目标考核要求向市委汇报党外干部配备情况，并提出意见建议。建立民主党派代表人士数据库，通过前期工作开展上报成都市级层面代表人士推荐人选5人，有3名民主党派人士已被纳入成都市委统战部民主党派代表人士数据库；简阳市级层面民主党派代表人士数据库33人；建立无党派代表人士数据库，简阳共向成都市推荐了3名无党派代表人士，有2名党外知识分子已被纳入成都市委统战部无党派代表人士数据库；建立简阳市无党派代表人士数据信息库，有34名党外知识分子纳入无党派代表人士数据库。

【统战信息调研】 利用"简阳统一战线"微信公众号，宣传中央、省委和成都市委关于统战工作的新思想、新理论、新要求，以及简阳统战工作动态和大型统战活动。2020年宣传信息由《人民日报》《团结报》《四川统一战线》等报刊媒体刊载178篇（条），其中《用歌声凝聚战"疫"力量：〈中华无恙〉》新闻作品，被评为2020年度成都统一战线"优秀新闻"。确定《简阳市网络人士统战工作调查研究》等理论调研课题，全年向成都市委统战部报送调研成果5篇。其中《关于统一战线服务乡村振兴的路径研究》和《关于简阳市坚持宗教中国化方向的思考》两篇调研报告荣获2020年度成都市统战理论政策研究创新优秀成果。调研报告《关于探索提升国际传播路径 助力成都建设世界文化名城的建议》获第十三届全国人大宪法和法律委员会副主任委员丛斌批示；《多措并举推动简阳市农村生猪生产发展的建议》《简阳市中小微民营企业发展情况的调研与思考》《全域旅游视角下简阳旅游新业态的培养研究》获民建中央委员、四川省委会监督委员会主任、成都市委会主委，成都市人大常委会副主任仰协批示；《中共简阳市委关于基督教办学问题整改情况的报告》获成都市委常委、统战部部长、总工会主席吴凯批示；《加快建设互联网医院培育健康简阳新场景的建议》获农工党中央委员、四川省委副主委，四川省卫生健康委员会主任何延政批示；《关于简阳市打造世界旅游目的的建议》获成都市政协副主席里赞批示；《河长制推行过程中的问题与建议》《关于东部新区"建设城乡融合大循环地理经济示范区打造东部美丽宜居公园城市"的调研报告》《坚持"三个结合" 重振生猪产业》获成都市副市长刘旭光批示；《关于推进立体化智慧化停车场建设的建议》《关于加快区块链技术在简阳市医疗卫生健康领域应用的建议》获成都市政协副主席甘华田批示；《以统战思维助力简阳市产业功能区服务成渝双城经济圈发展战略》获九三学社中央委员、四川省委会副主委、成都市委会主委，成都市政协副主席徐玖平批示；《脱贫攻坚到乡村振兴转变的"三问"——当前乡村振兴工作的再研究与再思考》获省政协副秘书长，九三学社四川省委专职副主委沈光明批示；《简阳市党外知识分子联谊会关于做好简阳市大运会比赛场馆建设及运营的建议》获詹庆书记批示。组织各民主党派、统战团体围绕"成渝地区'双城经济圈'建设"等中心工作开展重点课题调研，向市委提交17篇高质量的调研报告，为市委决策提供重要参考。

（郑健斌）

政策研究

【概况】 中共简阳市委政策研究室内设综合科、深改科、经济社会发展科，行政编制10名，设主任1名、副主任2名，中层干部职数4名。2020年，政策研究聚焦全市中心工作，突出重点工作、重大领域，开展调查研究，及时了解、掌握、分析全市政治、经济、文化、社会、生态文明和党的建设中出现的新情况和新问题，提出合理化建议和意见1000余条，为市委科学决策出谋划策、贡献智慧。

【文稿起草】 坚持"精细、规范、高效、优质"的工作标准，加强与相关部门（单位）的对接联系和协作配合，起草完成《唱好"双城记" 走好"东进路"加快建设成都东部区域中心城市》《在中共简阳市纪委十五届九次全会上的讲话》、全市脱贫攻坚领导小组会议上的讲话等会议讲话和市委常委会工作报告、市委年终总结、疫情防控部署落实情况等各类报告，研究制定《中共简阳市委关于全面贯彻落实党的十九届四中全会精神推进三新简阳治理体系和治理能力现代化的决定》《中共简阳市委关于坚定贯彻成渝地区双城经济圈建设战略部署抢抓机遇加快建设成都东部区域中心城市的决定》等重要决策文件。全年组织、参与起草市委重要会议讲话、汇报、文件等各类材料600余篇。

【调查研究】 聚焦全市中心工作、重点改革事项和工作推进中的节点难点问题，积极走上去、走下去、走出去开展调研，牵头组织全市开展成渝双城经济圈建设、建设成都东部区域中心城市主题调研2次，开展镇街运行改革、消费中心建设等专题调研10余次，完成调研报告或决策建议等各类文稿30余篇。加强智库建设，构建大调研工作格局，刊发《决策参阅》10期，简阳政研10期，《关于赴重庆璧山学习考察情况的报告》《剩余空间，城市潜藏的增值空间》等多篇参阅信息获市委主要领导肯定性批示并转送相关部门参阅，一些对策建议得到市委领导充分认可，转化为具体的政策措施。

（晋云海）

全面深化改革

【概况】 2020年，市委全面深化改革委员会深入贯彻习近平总书记系列重要讲话精神，坚持“四个全面”战略布局，按照中央和省、成都市全面深化改革部署要求，围绕成都东部区域中心城市建设，以改革破解发展难题、厚植发展优势、提升发展成效，持续有力推进各项改革措施落地落实。全年市委深改委召开会议2次，研究部署推进全市改革工作，研究制定《2020年全面深化改革工作要点》和《2020年全面深化改革工作台账》。全年印发工作通知6次。2020年，成都市下达简阳市的31项年度改革任务完成率100%，“简阳市建立健全考察评价干部政治标准制度体系”专项改革方案完成销账。《简阳市创新构建人民调解“百米服务圈”筑牢基层社会治理第一道防线》《简阳市创新实施“四合一”改革发展壮大村集体经济》分别被《四川改革动态》第9期、第54期刊发，在全省推广。

（卓思帆）

机构编制管理

【概况】 2020年，市委编办全面贯彻落实中央、省、成都市机构编制工作部署和要求，牢牢把握统筹推进“三重”工作，狠抓各项改革创新和机构编制管理，较好地完成了全年各项工作任务。“优化完善党政机构职能体系”被成都市委编办表扬为2020年度特色亮点工作。

【全面完成镇(街道)机构改革】 调整优化机构设置。规范设置镇(街道)内设机构。对28个镇(街道)内设机构按“6+X”模式进行了重新设置；整合设置镇(街道)事业机构。28个镇(街道)统一设置综合便民服务中心，作为镇(街道)直属副局级事业机构。除简城、射洪坝、新市、石桥4个街道外的镇(街道)设置农业综合服务中心，作为镇(街道)的直属副局级事业机构；调整派驻机构设置。将派驻镇(街道)国土资源所更名为规划和自然资源所，在28个镇(街道)设置派出所、司法所，设置派驻镇(街道)市场监督管理所12个；优化配置编制资源。根据镇(街道)常住人口、辖区面积、经济社会发展以及重点特色镇、百镇建设镇、涉产业功能区、整合乡镇等情况重新核定了28个镇(街道)行政事业编制，根据简城、射洪坝、新市、石桥四个老街道工作实际，在总量内调剂增加行政编制共52名、事业编制共70名；规范核定领导职数。按成都市统一标准，对28个镇(街道)党政领导职数进行了重新核定，调整后，镇(街道)领导职数为9~11名；科学制定“三定”规定。按照成都市统一要求，制定并印发了28个镇(街道)“三定”规定。

【进一步深化事业单位改革】 事业单位分类改革有序推进，完成事业单位要素规范34个；乡镇区划调整后，对镇(街道)卫生院、社区卫生服务中心的机构、编制进行了调整设置，对全市中小学校(幼儿园)的机构设置方案进行了研究，对编制进行了测算，按要求调整到位。对体制机制调整后的事业单位进行了运行评估，为下一步事业单位整体改革摸清情况。

【进一步深化综合行政执法改革】 完成农业、城市管理两个领域的行政执法改革，两个领域设置了综合执法队伍。行政执法改革工作正按照省、成都市相关精神，开展“局队合一”体制的改革。市委编办牵头拟定的《简阳市行政执法改革实施方案》经市委常委会审定通过并经成都市委编办备案同意后，按程序印发并组织实施。

【统筹推进重点领域体制机制改革】 进一步推进产业功能区体制机制创新。优化职能职责。制定印发空天、临空经济、电商物流三个功能区“三定”规定和《简阳市产业功能区建设工作职责任务清单》，明确了员额制管理，进一步理顺了各部门、镇(街道)和产业功能区的职能职责；加强局区融合。到相关兄弟区(县)学习了“局区合一”管理体制。为进一步加强功能区行业主管和服务，简阳市设置了航天产业发展局、临空经济产业发展局，分别在市经济科技和信息化局、市商务和投资促进局挂牌，并在局内相关业务科室增挂相关工作机构牌子，由一个内设科室统筹指导服务功能区；创新运行机制。制定《简阳市产业功能区体制机制创新2020年重点任务清单》，明确建立功能区专业化市场化运行、赋权清单、执法清单、逆向考核、吹哨报到、运行评估等制度，明确工作责任和完成时限。

【扎实做好事业单位登记管理工作】 事业单位登记管理及机关群团统一社会信用代码赋码工作。办理事业单位登记194件，延期换证112件，办理机关群团统一社会信用代码赋码30件；事业单位法人年度报告工作。加强对事业单位的监督管理，开展2019年度全市事业单位法人年报工作，年报率达100%，对433个事业单位法人年报内容进行了公示，公示率达99.54%；法人公示信息抽查工作。按照“双随机、一公开”要求，开展了法人公示信息抽查工作，对简阳市妇女儿童活动中心等9个事业单位进行书面抽查并公示，针对个别单位存在的问题进行督促整改；信用体系建设工作。紧紧围绕全面建设具有成都特色的国家社会信用体系建设示范城市和全市“全民信用365”建设总体目标，配合开展社会信用体系建设工作。

【加强和创新机构编制管理工作】 2020年，市委编办严格机构编制审批程序。全年召开编委会4次，严格按程序审定相关单位机构编制调整事项。重新核定全市中小学教职工编制，下达2020年度全市中小学校(园)编制使用计划668名，下达市卫健系统编制使用计划76名，下达安置2020年退役士兵和退出消防员用编计划39名，下达安置2020年军队转业干部编制使用计划18名及随调家属编制使用计划2名，下达机关事业单位编外人员使用计划579名；强化机构编制实名制管理。完成2019年度机构编制数据年报工作和2020年每季度的季报工作，完成对全市编外人员的数据审核和实名制数据系统导入工作，对全市行政事业单位的机构、编制、职数、人员等情况进行全面的梳理统计，做好镇(街道)机构改革过程中的机构编制数据管理和统计工作；进一步清理精简议事协调机构。经市委常委会和市政府常务会审定，对全市210个议事协调机构保留156个，更名15个，整合4个，撤销35个。清理精简后，全市有议事协调机构171个；强化机构编制纪律刚性约束。按照相关文件要求，5月至6月牵头在全市开展机构编制违规问题自查自纠工作，11月至12月，牵头开展2020年机构编制监督检查，全市各行政事业单位按要求开展自查自纠。会同市纪委监委机关、市委组织部、市委巡察办、市财政局、市人社局、市审计局成立2个联合督查组，对37个市级部门、7个群团、16个市委市政府直属事业单位、3个产业功能区、22个镇(街道)开展实地督查，对监督检查发现存在问题的相关单位，制发了反馈意见清单，要求限期整改，进一步强化机构编制工作纪律；做好成都东部新区机构编制划转工作。根据成都市委编办相关要求，2020年9月，成都东部新区同简阳市就简阳市划转成都东部新区的机构编制和人员签订了划转备忘录。

(孔　曦)

巡　察

【概况】 2020年，市委巡察办贯彻落实中央和省委、成都市委、市委关于巡视巡察工作的新部署新要求，统筹做好疫情防控和巡察工作，围绕“三个聚焦”，不断深化政治巡察工作，全年共巡察 35 个单位，发现问题 927 个。制发《关于深化政治巡察　推动巡察工作“上台阶、创一流”的工作方案》，扎实推进上下联动、延伸巡察和贯通监督 3 项重点工作。强化协同配合，压实巡察整改责任，开展“未巡先改”，推动巡察成果运用最大化。高度重视巡察宣传工作，《四川简阳：“巡乡带村”延伸监督触角》等 2 篇巡察工作信息在中央纪委国家监委网站刊载，《关于以“机动式”巡察护航乡镇（街道）行政区划调整改革相关情况的报告》获得成都市纪委王川红书记肯定性批示，在成都市巡察工作“上台阶、创一流”现场推进会上，以《“巡”到实处　“察”出成效　为推动经济社会高质量发展提供坚强保障》为题作交流发言。2020 年，简阳市巡察工作并列成都市巡察工作目标考核第一位，取得了连续四年目标考核第一的成绩。

【巡视相关工作】 坚持系统观念，严格对标中央和省委、成都市委巡视巡察工作方针，下借上势，不断融入巡视巡察上下联动战略格局。省委第四巡视组巡视简阳期间，同步组建 3 个联动巡察组对 3 个单位开展巡视带巡察工作，共发现问题 64 个，向市纪委监委移送问题线索 8 件。

【深化常规巡察工作】 紧紧围绕被巡察单位职能责任和“三定”规定，针对镇（街道）、市级部门、国企等不同领域的实际情况，细化监督重点，发现和推动纠正政治偏差，督促强化政治担当。2020 年，共开展 3 轮常规巡察，巡察 35 个单位。已实现对镇（街道）、村（社区）巡察全覆盖。

【疫情防控专项巡察工作】 2020 年 12 月上旬至 2021 年 2 月中旬组建专项巡察组对全市 22 个镇（街道）、市级主要部门（单位）新冠肺炎疫情防控工作情况开展专项联动巡察，共发出反馈意见 41 份，反馈问题 182 个，切实推动问题整改，为疫情防控贡献巡察力量。

【做深做实巡视巡察“后半篇文章”】 抓好巡视整改工作。积极做好省委第九、第四巡视组反馈问题整改工作，先后 10 多次召开主任办公会、干部职工大会、工作推进会等对涉及市委巡察办牵头的 1 项整改事项、配合整改的 31 项整改事项进行研究部署，抓好整改落实，牵头做好省委第九巡视组巡察工作专项检查反馈意见整改工作，对指出的 4 个方面 19 项问题，对照自查、举一反三抓好整改工作；推动巡察整改走深走实。2020 年，印发《简阳市加强巡察成果运用的实施办法（试行）》《关于开展巡视巡察“未巡先改”工作的意见》，通报巡察发现共性问题 1 期，在市委常委会上 12 次传达学习巡视巡察有关精神或汇报巡察工作情况，在市委巡察工作领导小组会、市委书记专题会上，先后选取 6 个单位汇报巡察整改落实情况，向相关市级领导印发 38 期《廉情专报》报告其分管（联系）单位巡察发现的问题情况，由其督促指导被巡察单位抓好整改工作；牵头编制《巡察发现问题相关政策规定摘要汇编手册》1100 本，印发全市副局级及以上领导干部学习掌握；向市教育局、市卫健局等部门印发《巡察移交通知书》10 份，在抓好被巡察单位整改的同时，由点到面，举一反三，推动行业系统治理、规范管理。

（赵　云）

党校（行政干部学校）

【概况】 2020 年，市委党校处于迁建过渡期，办公地租住在简阳市东滨路南段 582 号 4 号楼 4 楼。全年协调落实干部培训场地，共办 11 类 21 期培训班，培训各类干部 3000 余人；完成省委党校、成都市委党校调研课题 5 篇；参加赛课活动 2 人，其中 1 人获得简阳市首届基层理论宣讲比赛一等奖、简阳市优秀党课比赛一等奖、成都市级“本土讲师”选聘活动政治类初赛第一名、决赛第四名，1 人参加成都市党校（行政学院）系统第五届教师风采大赛，获得风采展示奖，学校获得优秀组织奖和校园文化创意奖；组织宣讲 24 场次，受众近 4000 人次；全员参与市委市政府组织的新冠肺炎防控、脱贫攻坚和全国文明卫生城市创建工作。2020 年 11 月，市委党校（市行政干部学校）内设机构理论研究室变更为理论教育科，撤销函授科，新设信息技术科。业务科室新增中层副职 2 名。简阳市委党校迁建工程于 2020 年 12 月竣工。

【干部培训】 2020年，举办局级领导干部培训班、中共十九届四中全会精神轮训班、村（社区）党组织书记集中培训班等各类培训班共11类班次21期，全年共培训各类干部3000余人。培训中始终坚持党校姓党和实事求是的原则，突出党的理论教育和党性教育、强化党章党规党纪教育，注重运用研究式、体验式、情景模拟式、现场教学、异地培训等多种教学方法，满足不同学员的不同需求。打造平泉荷桥村、平武尤安村两个现场教学基地，成功入选成都市首批干部教育培训现场教学基地。

【科研和决策咨询】 2020年，向省委党校、成都市委党校申报调研课题9篇，立项4篇，其中省委党校1篇，成都市委党校3篇，4篇课题全部结项。其中《关于地方特色品牌保护和利用的调查与思考——以简阳市大耳羊品牌发展为例》获成都市委党校优秀课题。2019年成都市委党校立项的重大课题2020年成功结项，这是党校近5年来首次立项重大课题并成功结项。《把握改革开放新特点，打造对外开放新高地》入选西南地区党校（行政学院）系统适应新发展格局打造西部改革开放新高地理论研讨会论文集。

【宣讲工作】 党校有市委宣讲团成员9人，分赴市级部门、学校、医院、企业、镇（街道）、村（社区）等单位开展中共十九届五中全会精神、省委十一届八次全会精神、成都市十三届八次全会精神宣讲24场次，直接受众近4000人次。

【分类建设】 2020年6月根据《成都市县级党校分类建设计划实施方案》，简阳市委党校确定为独立办学类县级党校，拟用2～3年时间，创建四川省、成都市一流区（市、县）党校。同年同期会同市委组织部代市委制定《简阳市推进党校分类建设实施方案》（办字〔2020〕96号）《中共简阳市委组织部关于加快推进简阳市党校分类建设工作有关事项的通知》（简组通〔2020〕69号），成立简阳市推进市委党校分类建设工作领导小组，制定2020年分类建设重点任务清单。2020年9月28日市委常委、组织部部长、党校校长黄永忠组织召开党校分类建设领导小组第一次会议，安排党校分类建设工作，开展县级党校办学质量评估。

【师资队伍建设】 2020年，党校狠抓师资队伍建设。鼓励青年教师走上讲台，建立集体备课制度和新课试讲制度，全年进行2次集体备课，9人参加新课试讲；建立教师跟班学习制度，全年选派1名教师到成都市委党校跟班学习3个月，组织教师40人次到市委组织部和党校举办的各类培训班跟班学习；组织教师参加上级党校（或高校）组织的师资培训班进修培训，全年外派10人次参加成都市委组织部、省委党校、成都市委党校等组织的师资提能班；制定全额报销学费的激励政策，鼓励在职教师攻读在职研究生；加快高层次人才引进，全年引进2名硕士研究生，为教师队伍注入新鲜“血液”；组织教师参加各类赛课活动，全年选派2名青年教师参加上级组织的赛课活动，并获得优异成绩。

（王华荣　雷　芳　邓世卓　陶茗可）

党史研究

【概况】 2020年，简阳市委党史研究室以“围绕中心，服务大局”“以史鉴今，资政育人”为工作着眼点和落脚点，围绕脱贫攻坚、经济建设等党的伟大事业，积极作为、扎实工作，有力推动各项工作高效开展。

【党史资料征编】 按照省委、成都市委党研室关于脱贫攻坚、东进战略、抗战老兵等相关党史资料的工作要求，先后完成《简阳市丙灵村返乡创业代表徐刚谈带领贫困户脱贫经历》《成都脱贫攻坚实践·简阳篇》稿件以及“抗战老兵口述历史”“成都东进图志”相关资料的征集、编辑工作；抢救性开展健在抗日老战士调查走访形成影音资料，剪辑整理予以留存；收集革命烈士资料，整理形成《简阳革命烈士英名录》；及时收集整理中共简阳市委2018年的执政基本情况、执政能力建设、发展成效等资料，编辑完成《中国共产党成都执政实录·简阳篇（2018）》，全书收录2018年1月1日至2018年12月31日的资料，主要包括市委、市人大、市政府、市政协工作综述，特刊转载、执政方略、重要讲话、政务活动、执政实践、执政思考、大事记、组织史和附录等篇目，共约77万字，图片42张，采用篇章结构和归类综述方法，以总结纪事为主，分栏目编写，系统记述在中共简阳市委领导下全市各级党组织的执政实践和执政成果；继续做好每年的“大事记”资料收集、整理工作。

【党史专题研究】 认真履行党史工作资政职能，加强改革开放和社会主义现代化建设新时期党史研究，着力发挥党研工作对经济建设、党建工作的推动引领作用，组织开展重点课题研究，积极开展调研活动，形成的高质量专题调研报告《关于加强基层青年干部党史学习工作的调研报告》被成都市委党研室评为优秀调研报告。

【党史宣传教育】 充分利用好党史研究资料和成果，扎实开展好党史进机关、社区、农村、学校、企业、军营、网络“七进”活动，先后在蜀阳社区、互助村、火烧庙村等地开展党史宣教活动20余场，引导党员干部牢记历史是最好的教科书，深入理解党的历史和优良传统教育，更加深刻地回顾过去、认识现在、规划未来；积极开展党史信息编辑和报送工作，上报党建、扶贫等领域经验信息6篇。

（陈　静）

简阳市人民代表大会

人大机构

【专门委员会设置与变更】 简阳市第十七届人民代表大会第五次会议前，简阳市第十七届人民代表大会设立6个专门委员会，即法制委员会、经济委员会、社会事业委员会、城乡建设与环境保护委员会、农业和农村委员会、预算委员会。2020年1月19日，简阳市第十七届人民代表大会第五次会议第二次全体会议依法作出《关于调整简阳市第十七届人民代表大会个别专门委员会的决定》，简阳市第十七届人民代表大会设立7个专门委员会，序列为监察和司法委员会、经济委员会、教育科学文化卫生和民族宗教侨务外事委员会、城乡建设与环境保护委员会、农业和农村委员会、社会建设委员会、预算委员会。各专门委员会按主任委员（正局级）1名、副主任委员（副局级）2至4名、委员4名配备。

【常委会办事工作机构设置】 市人大常委会设办公室（挂研究室牌子）、人事代表工作委员会和信访工作办公室。办公室设主任（正局级）1名、副主任（副局级）2名，人事代表工作委员会设主任（正局级）1名、副主任（副局级）1名，信访工作办公室设主任（副局级）1名。市人大监察和司法委员会设监察和司法科，市人大经济委员会设经济科，市人大教育科学文化卫生和民族宗教侨务外事委员会设社事科，市人大城乡建设与环境保护委员会设城环科，市人大农业和农村委员会设农业农村科，市人大社会建设委员会设社建科，市人大预算委员会设预算科，设中层干部7名。市人大常委会办公室设秘书科、行政后勤科，市人大常委会人事代表工作委员会设人事代表科，设中层干部职数3名。市人大常委会办公室下设市人大信息服务中心（公益一类事业单位）。

（范昊林）

重要会议

【简阳市第十七届人民代表大会第五次会议】 简阳市第十七届人民代表大会第五次会议于2020年1月19日至20日在简城召开。会议听取和审查了《简阳市人民政府工作报告》，审查了《关于简阳市2019年国民经济和社会发展计划执行情况及2020年国民经济和社会发展计划草案的报告》《关于简阳市2019年财政预算执行情况和2020年财政预算草案的报告》，听取和审查了《简阳市人民代表大会常务委员会工作报告》《简阳市人民法院工作报告》《简阳市人民检察

1月19日至20日，简阳市第十七届人民代表大会第五次会议召开

院工作报告》，依法作出了关于上述报告的决议；审议了《关于建议简阳市第十七届人民代表大会调整市十七届人大个别专门委员会的议案》，依法作出了《简阳市第十七届人民代表大会第五次会议关于调整简阳市第十七届人民代表大会个别专门委员会的决定》。会议补选了周斌为简阳市人民法院院长，补选了简阳市第十七届人民代表大会常务委员会委员7名，表决通过了简阳市第十七届人民代表大会个别专门委员会组成人员人选。新当选的市人民法院院长、市十七届人大常委会委员和表决通过的十七届人大个别专门委员会组成人员进行了宪法宣誓。354名市人大代表出席会议，39名代表请假。出席政协简阳市十四届四次会议的政协委员列席了大会第一次全体会议，209名有关方面负责人列席了此次会议。

【简阳市第十七届人民代表大会第六次会议】 简阳市第十七届人民代表大会第六次会议于2020年4月27日至28日在简城召开。会议补选了罗开敏为简阳市人民政府市长。新当选的市人民政府市长进行了宪法宣誓。350名市人大代表出席会议，41名代表请假。56名有关方面负责人列席此次会议。

【市人大常委会会议】 2020年，简阳市第十七届人民代表大会常务委员会召开会议13次。

表6　　2020年简阳市人大常委会会议一览表

届次	时间	主要内容
十七届二十八次	1月14日	学习国家主席习近平发表的2020年新年贺词和习近平总书记在中央财经委员会第六次会议上的讲话，传达学习成都市第十七届人大常委会第十四次会议精神；审议并表决通过市人大常委会主任会议关于提请任命石钟镇等12个镇选举委员会组成人员的议案；审议并表决通过市人大常委会主任会议关于提请审议简阳市第十七届人民代表大会第五次会议相关事项的议案；审议并表决通过个别代表的代表资格审查报告；审议市人大常委会主任会议关于提请审议接受毛传旭、彭云义辞职的议案，表决作出了接受毛传旭、彭云义辞职的决定；表决通过人事事项。会议还组织新任命人员进行宪法宣誓仪式
十七届二十九次	1月21日	学习习近平总书记在“不忘初心、牢记使命”主题教育总结大会上的讲话；传达学习了中纪委十九届四次全会和省纪委第十一届四次全会精神；传达学习省委十一届六次全会、成都市委十三届六次全会暨市委经济工作会议和简阳市委十五届十二次全会暨市委经济工作会议精神；传达学习市委书记赵春淦在市十七届人大五次会议闭幕时的讲话精神；审议并表决通过《简阳市人民代表大会常务委员会2020年工作要点》；表决通过人事事项。会议还组织新任命人员进行宪法宣誓仪式
十七届三十次	3月23日	作出关于决定许可市公安局依法对简阳市第十七届人民代表大会代表付文茂采取刑事强制措施的决定；审议市人大常委会主任会议关于提请审议接受易恩弟辞去成都市第十七届人民代表大会代表职务的议案、关于提请审议接受易恩弟辞去简阳市第十七届人民代表大会代表职务的议案、关于提请审议接受付文茂辞去简阳市第十七届人民代表大会代表职务的议案，表决作出关于接受易恩弟辞去成都市第十七届人民代表大会代表职务的决定、关于接受易恩弟辞去简阳市第十七届人民代表大会代表职务的决定、关于接受付文茂辞去简阳市第十七届人民代表大会代表职务的决定

续表 6

届次	时间	主要内容
十七届三十一次	4 月 9 日	学习习近平总书记在决战决胜脱贫攻坚座谈会上的重要讲话；传达学习成都市第十七届人大常委会第十五次、第十六次会议精神；审议并表决通过《简阳市人民代表大会常务委员会 2020 年工作要点》；表决通过人事事项。会议还组织新任命人员进行宪法宣誓仪式
十七届三十二次	4 月 23 日	学习习近平总书记在二十国集团领导人应对新冠肺炎特别峰会上的重要讲话；审议市人大常委会主任会议关于提请审议接受易恩弟辞职的议案，表决作出接受易恩弟辞去简阳市人民政府市长职务的决定；表决通过人事事项
十七届三十三次	4 月 24 日	学习习近平总书记 4 月 8 日在中央政治局常委会会议上的重要讲话；依法作出关于召开简阳市第十七届人民代表大会第六次会议的决定；审议并表决通过市人大常委会主任会议关于提请审议简阳市第十七届人民代表大会第六次会议相关事项的议案；表决通过人事事项；依法作出关于罗开敏代理简阳市人民政府市长的决定。会议还组织新任命人员进行宪法宣誓仪式
十七届三十四次	5 月 27 日	学习国家主席习近平在第 73 届世界卫生大会视频会议开幕式上的致辞；传达学习省十三届人大三次会议、成都市十七届人大三次会议精神；传达学习省委常委、成都市委书记范锐平参加成都市十七届人大三次会议简阳市代表团分组审议时的重要讲话精神；传达学习成都市第十七届人大常委会第十七次会议精神；审议市人民政府关于 2019 年度法治政府建设情况的报告，表决通过该报告的审议意见；审议市经科信局、市民政局、市国金局、市信访局 2016 年换届以来工作情况的报告，以按表决键形式进行满意度测评
十七届三十五次	6 月 8 日	学习习近平总书记在十三届全国人大三次会议期间的重要讲话精神和十三届全国人大三次会议精神；表决通过人事事项。会议还组织新任命人员进行宪法宣誓仪式
十七届三十六次	6 月 29 日	学习中共中央总书记、国家主席、中央军委主席习近平在中非团结抗疫特别峰会上的主旨讲话；传达学习成都市第十七届人民代表大会常务委员会第十八次会议精神；审议并表决通过市人大常委会执法检查组关于检查《成都市法律援助条例》实施情况的报告、关于检查《成都市水资源管理条例》实施情况的报告；审议市人民政府关于成德眉资同城化发展工作推进情况的报告、关于空港大道、迎宾大道延长线、西内环线、河东环线等重大交通项目建设情况的报告；审议市人民政府关于脱贫攻坚巩固提升工作情况的报告、关于 2018 年度市级预算执行和其他财政收支审计查出问题整改情况的报告，表决通过两项报告的审议意见；审议市人民政府关于市十七届人大五次会议以来代表建议、批评和意见办理情况的报告和市人大常委会人代工委关于市政府外其他机关、组织办理市十七届人大五次会议人大代表建议、批评和意见情况的报告，表决通过关于市十七届人大五次会议以来代表建议、批评和意见办理情况的报告的审议意见；审议并表决通过市人大常委会代表资格审查委员会关于简阳市第十七届人民代表大会个别代表的代表资格审查报告；审议市人大常委会主任会议关于提请审议接受曾智辞去简阳市第十七届人民代表大会代表职务的议案，表决作出关于接受曾智辞去简阳市第十七届人民代表大会代表职务的决定

续表 6

届次	时间	主要内容
十七届三十七次	7 月 15 日	学习习近平总书记在中央政治局第二十一次集体学习时的重要讲话；审议《成都东部新区国土空间总体规划（2019—2035 年）》，表决通过该规划的审议意见；审议并表决通过市人大常委会代表资格审查委员会关于个别代表的代表资格审查报告；审议市人大常委会主任会议关于提请审议接受杨堰宁辞职的议案，表决作出接受杨堰宁辞职的决定；表决通过人事事项。会议还组织新任命人员进行宪法宣誓仪式
十七届三十八次	8 月 31 日	学习习近平总书记对制止餐饮浪费行为作出的重要指示；传达学习成都市第十七届人民代表大会常务委员会第十九次、第二十次会议精神；审议市人民政府 2020 年上半年工作报告，表决通过报告的审议意见；审议并表决通过了市人大常委会执法检查组关于检查《中华人民共和国城市房地产管理法》贯彻实施情况的报告、关于检查《成都市社区教育促进条例》贯彻实施情况的报告；审议市人民政府关于市 2020 年上半年国民经济和社会发展计划执行情况的报告，表决通过报告的审议意见；审议市人民政府关于市 2019 年财政决算和 2020 年上半年财政预算执行情况的报告，表决作出批准 2019 年市级财政决算的决议；审议市人民政府关于 2019 年度市级预算执行和其他财政收支审计工作的报告，表决通过报告的审议意见；审议了市人民法院、市人民检察院 2020 年上半年工作报告，表决通过两个报告的审议意见；表决通过人事事项
十七届三十九次	10 月 30 日	学习习近平总书记重要讲话精神和中共十九届五中全会精神、习近平总书记在中央党校（国家行政学院）中青年干部培训班开班式上的重要讲话；审议市人民政府关于全市新冠肺炎疫情防控情况的报告、关于公园城市建设工作情况的报告、关于乡村振兴战略（农村人居环境整治）实施情况的报告、关于 2019 年全市国有资产管理情况的报告和国有自然资源管理情况的专项报告，表决通过上述报告的审议意见；评议市公安局、市市场监管局、市综合执法局、市医保局 2016 年换届以来工作情况，以按表决键形式进行满意度测评；表决通过人事事项
十七届四十次	12 月 25 日	学习习近平总书记重要讲话精神和党的十九届五中全会精神、中央经济工作会议精神，传达学习了省委十一届八次全会精神，传达学习成都市第十七届人民代表大会常务委员会第二十二次会议精神；听取审议市人民政府关于市人大常委会 2020 年度所作决议决定及审议意见落实情况的报告，表决通过相关审议意见；听取审议市人民政府关于提请审议将简阳市高铁片区等 12 个片区土地征收及成片开发计划纳入简阳市 2020 年国民经济和社会发展计划的议案，依法作出相关决定；听取审议市人民政府关于提请审议批准 2020 年地方政府债务限额的议案，依法作出了相关决议；听取审议并通过市人大常委会执法检查组关于检查《中华人民共和国统计法》实施情况的报告；听取审议市人民政府关于乡镇（街道）行政区划和村级建制调整改革工作情况的报告；听取审议了市人民政府关于 2020 年环境状况和环境保护目标完成情况的报告、关于 2020 年全市交通建设项目目标任务完成情况的报告，并表决通过了相关审议意见；听取审议市人民政府关于简阳市 2020 年财政预算调整方案的报告，依法作出了相关决议；评议市民宗局、市住建局、市商投局、市行政审批局 2016 年换届以来工作情况，以按表决键形式进行满意度测评；听取审议并通过代表资格审查报告；表决通过人事事项；依法作出关于接受罗胤辞去简阳市人民政府副市长职务的决定

【市人大常委会主任会议】2020 年，市人大常委会召开主任会议 36 次。

表 7　　2020 年市简阳人大常委会主任会议一览表

届次	时间	主要内容
十七届六十九次	1 月 14 日	讨论决定市十七届人大常委会第二十八次会议相关事项
十七届七十次	1 月 21 日	讨论决定市十七届人大常委会第二十九次会议相关事项，审定《简阳市第十七届人大常委会领导分工》《简阳市第十七届人民代表大会各专门委员会、常委会办事工作机构职责》，审议《简阳市人民代表大会常务委员会 2020 年工作要点（送审稿）》
十七届七十一次	2 月 27 日	研究接受代表辞职事项
十七届七十二次	3 月 20 日	研究许可市公安局依法对个别简阳市第十七届人民代表大会代表采取刑事强制措施的决定草案、接受代表辞职事项
十七届七十三次	3 月 23 日	讨论决定市十七届人大常委会第三十次会议相关事项
十七届七十四次	3 月 23 日	讨论决定接受代表辞职表决事项
十七届七十五次	4 月 9 日	讨论决定市十七届人大常委会第三十一次会议相关事项
十七届七十六次	4 月 9 日	听取市十七届人大常委会第三十一次会议分组审议情况
十七届七十七次	4 月 23 日	讨论决定市十七届人大常委会第三十二次会议相关事项
十七届七十八次	4 月 23 日	研究提请市十七届人大常委会第三十二次会议表决事项
十七届七十九次	4 月 23 日	讨论决定市十七届人大常委会第三十三次会议相关事项
十七届八十次	4 月 24 日	听取市十七届人大常委会第三十三次会议第一次分组审议情况
十七届八十一次	4 月 24 日	讨论决定提请市十七届人大常委会第三十三次会议审议相关事项
十七届八十二次	4 月 24 日	听取市十七届人大常委会第三十三次会议第二次分组审议情况
十七届八十三次	5 月 25 日	听取市教育局、市财政局、市交通运输局工作评议整改落实情况汇报，讨论决定市十七届人大常委会第三十四次会议相关事项
十七届八十四次	5 月 27 日	听取市十七届人大常委会第三十四次会议分组审议情况
十七届八十五次	6 月 5 日	审定并交办市人大常委会关于市经科信局、市民政局、市国金局、市信访局工作评议意见，讨论决定市十七届人大常委会第三十五次会议相关事项
十七届八十六次	6 月 8 日	听取市十七届人大常委会第三十五次会议分组审议情况
十七届八十七次	6 月 28 日	讨论决定市十七届人大常委会第三十六次会议相关事项
十七届八十八次	6 月 29 日	听取市十七届人大常委会第三十六次会议分组审议情况
十七届八十九次	7 月 14 日	讨论决定市十七届人大常委会第三十七次会议相关事项，审定市人大常委会 2020 年上半年工作总结和下半年工作计划
十七届九十次	7 月 15 日	研究提请市十七届人大常委会第三十七次会议表决事项
十七届九十一次	7 月 15 日	讨论决定提请市十七届人大常委会第三十七次会议审议相关事项
十七届九十二次	7 月 15 日	听取市十七届人大常委会第三十七次会议分组审议情况
十七届九十三次	8 月 26 日	讨论决定市十七届人大常委会第三十八次会议相关事项
十七届九十四次	8 月 31 日	听取市十七届人大常委会第三十八次会议分组审议情况
十七届九十五次	9 月 28 日	安排部署市人大常委会 2020 年下半年评议工作
十七届九十六次	10 月 21 日	讨论决定市十七届人大常委会第三十九次会议召开时间和议程草案
十七届九十七次	10 月 29 日	讨论决定市十七届人大常委会第三十九次会议相关事项
十七届九十八次	10 月 30 日	听取市十七届人大常委会第三十九次会议分组审议情况

续表 7

届次	时间	主要内容
十七届九十九次	11 月 17 日	审定并交办市人大常委会关于市公安局、市市场监管局、市综合执法局、市医保局工作评议意见
十七届一〇〇次	11 月 17 日	听取市经科信局、市民政局、市国金局、市信访局关于市人大常委会工作评议意见落实情况
十七届一〇一次	12 月 21 日	审议市人民政府关于提请审议将简阳市高铁片区等 12 个片区土地征收及成片开发计划纳入简阳市 2020 年国民经济和社会发展计划的议案
十七届一〇二次	12 月 24 日	讨论决定市十七届人大常委会第四十次会议相关事项，听取市人大各专门委员会、常委会办事工作机构 2020 年工作情况和 2021 年工作计划汇报
十七届一〇三次	12 月 25 日	听取市十七届人大常委会第四十次会议分组审议情况
十七届一〇四次	12 月 30 日	审定并交办市人大常委会关于市民宗局、市住建局、市商投局、市行政审批局工作评议意见

（范昊林）

人大工作

【概况】 2020 年，面对突如其来的新冠肺炎疫情和艰巨繁重的改革发展稳定任务，市人大常委会坚定贯彻党中央和省委、成都市委、简阳市委决策部署，及时调整监督重点，专题调研疫情防控工作，听取审议基层卫生服务能力建设情况报告，监督推动疫情防控依法科学有序开展。市人大常委会主任、副主任第一时间深入新市、三星等 6 个镇（街道）指导做好辖区疫情防控工作。常委会机关干部职工混岗编组下沉新市街道 20 个村（社区），会同村（社区）干部抓实疫情防控基层工作。务实开展“送帮送解”专项行动，深入联系企业、重点项目调研，协调解决问题 84 个。全市人大代表主动参与疫情防控、复工复产工作，在各条战线、各自岗位上发挥积极作用，以实际行动践行人大代表代表人民、为了人民、服务人民的光荣使命。一年来，市人大常委会坚持以习近平新时代中国特色社会主义思想为指导，贯彻落实中共十九大和十九届二中、三中、四中、五中全会精神，贯彻成渝地区双城经济圈建设战略部署，贯彻落实省委十一届七次、八次全会和成都市委十三届七次、八次全会以及简阳市委十五届十三次、十四次全会精神，围绕建设成都东部区域中心城市总目标，依法履职，统筹抓好立法调研、监督、决定、代表等工作，不断加强自身建设，各项工作取得新进展新成效。市十七届人大五次、六次会议确定的目标任务全面完成。

【选举任免】 依法行使人事任免权，确保组织人事意图顺利实现。坚持党管干部原则与依法任免相统一，严格落实任前法律知识考试、任职陈述、宪法宣誓制度。依法任免市人大专门委员会、常委会办事工作机构人员 10 人次；依法决定市政府代理市长，决定任免市政府副市长 4 人次、工作部门主要负责人 9 人次。依法决定市检察院代理检察长，任免“一委两院”人员 20 人次。依法补选简阳市人大代表 8 名，依法做好代表资格审查工作。

【决定重大事项】 依法行使重大事项决定权。审议同意成都东部新区国土空间总体规划，要求成都东部新区管委会和简阳市政府相互加强沟通对接、协作配合，合力推动成都东进区域协同发展、一体发展，为构筑成渝相向发展重要战略支点作出积极贡献。审议批准将简阳市高铁片区等 12 个片区土地征收及成片开发计划纳入简阳市 2020 年国民经济和社会发展计划，要求将涉及项目纳入“十四五”规划，抓好组织实施。审查批准 2019 年财政决算、2020 年财政预算调整方案，审议批准 2020 年地方政府债务限额，要求进一步提高财政资金使用绩效。

【工作监督】 监督推动党中央大政方针和省市重大决策部署落地落实。聚焦贯彻成渝地区双城经济圈建设战略部署，听取审议成资同城化发展工作情况报告，要求在健全合作机制、加快交通互联、协同产业发展上持续用力。贯彻省委设立成都东部新区决策部署，依法任命成都东部新区街道人大工委组成人员，依法指导成都东部新区各镇人大工作。紧扣“三城三都”建设重大要求，调研大运会简阳赛区筹备工作，督促东来印象场馆加快建设。围绕促进经济高质量发展，加强重点工作监督。高度关注经济运行情况，听取审议市政府上半年工作报告，审议2020年上半年国民经济和社会发展计划执行情况报告。听取审议2019年度国有资产管理情况综合报告和自然资源管理情况专项报告。听取审议2018年度审计查出问题整改、2019年度市级预算执行和其他财政收支审计以及2020年上半年预算执行情况报告，跟踪监督2020年中央财政直达资金使用情况，调研教育、卫健系统20余个部门预算编制和执行情况，要求树立过紧日子思想、强化财政预算刚性约束、加强重点项目资金监管。听取审议2020年交通建设项目目标任务完成、全市重大交通项目建设情况报告。调研投资促进工作，要求精准有效帮扶企业、加强项目招引促建、全面提升产业发展质量。检查统计法实施情况。高度关注科技创新工作，开展制造业科技创新专题调研，视察新经济发展情况，要求优化创新创业环境、加强高端资源要素集聚。高度关注宜业宜居山水公园城市建设，听取审议公园城市建设情况报告，要求强化规划刚性约束、坚持传承创新、突出山水特色、加快重大功能性项目建设。高度关注农业农村工作，听取审议农村人居环境整治实施情况报告，视察农业产业园区建设、农村公路建设管理情况，开展乡村产业发展、农村土地承包经营调研，助推乡村振兴战略全面实施。围绕补齐民生领域短板，加强民生保障监督。连续四年听取脱贫攻坚巩固提升工作情况报告，凝聚决战决胜脱贫攻坚合力。检查房地产管理法实施情况，督促规范房地产业秩序。检查消费者权益保护法和成都市社区教育促进条例实施情况，视察成都市娱乐场所管理条例、宗教事务条例贯彻落实情况，督促解决一批事关群众切身利益的难点问题。规范人大信访工作，督促依法解决群众合理合法诉求。围绕打好污染防治攻坚战，加强生态环保监督。听取审议2020年度环境状况和环境保护目标完成情况报告。调研土壤污染防治法贯彻落实情况。检查成都市水资源管理条例实施情况，要求坚持科学治污、提升监管能力。持续关注中央和省环保督察问题整改，调研城乡污水处理厂运营情况，监督推动阳化河流域河渠治理工程建设，督促有关部门履行污染防治法定职责，抓紧解决生态环保领域突出问题。围绕平安简阳建设，加强城乡社区治理监督。调研“七五”普法决议贯彻落实情况，督促抓好民法典普法工作。检查成都市法律援助条例实施情况。听取审议乡镇（街道）行政区划调整及村组建制调整改革情况报告，视察城市管理、残疾人事业发展、劳动就业保障工作，要求进一步完善城乡基层治理体系、提升基层治理能力。组织代表旁听简阳市首例黑社会性质组织案件审判。督促抓好涉法涉诉信访问题处理。围绕全面依法治市，加强“一府一委两院”依法行权监督。听取审议2019年度法治政府建设情况报告，备案审查规范性文件7件，监督推动行政决策科学化民主化法治化。分三批对市经科信局、市公安局、市住建局等12个市政府工作部门2016年换届以来工作开展评议，针对城区交通拥堵、欺诈老年消费者、鳌山公园供水、城区街道维修整治等群众反映集中的问题，以评议意见加任务书形式向市政府有关部门交办，督促抓好整改落实。监督支持市监察委依法行使监察权。专题听取市法院、市检察院上半年工作情况报告，视察市法院诉源治理、市检察院认罪认罚从宽制度落实情况，督促提高审判、检察工作水平。

【代表工作】 强化常委会与代表双向联系。认真落实市委“三三”人大代表工作法。健全常委会党组会议、主任会议定期研究代表工作机制。严格落实常委会组成人员联系基层代表制度，走访代表更加密切，联系实效不断增强。邀请代表参与立法调研、执法检查、建议督办等活动145人次。充分发挥代表主体作用。开展人大代表走访企业、走访群众专项工作和“走基层、进社区”主题活动，动员代表参与支持统筹常态化疫情防控和经济社会发展，督促解决复工复产等困难问题415个，最大限度凝聚力量、提振信心。动员全市各级人大代表为简阳市“十四五”规划编制建言献策，征集意见建议73条。组织全市各级人大代表开展“脱贫攻坚——人大代表再行动”专题视察。加强代表履职服务保障。举办市人大代表履职培训班2期，实现基层市人大代表履职培训全覆盖。听取市人大代表建议办理情况报告，加强代表建议督办。评选优秀市人大代表建议 10 件。支持“一府一委两院”向代表通报重要工作情况，保障代表知情知政。严格落实市人大代表活动管理制度，提高代表出席率和活动实效。

【其他重点工作】 按照市委统一安排，常委会主任、副主任认真做好指导镇（街道）常态化疫情防控、乡镇（街道）行政区划及村组建制调整改革工作。贯彻市委决战决胜脱贫攻坚部署，常委会主任、副主任牵头对全市 105 个贫困村开展 6 轮全覆盖督导。落实市委加快重大项目建设要求，市人大常委会主任、副主任在抓好各自重点项目联系基础上，持续对简州大道等 5 个重大交通项目开展跟踪监督。落实市委加快产业功能区建设要求，每月对临空经济产业园、西部电商物流产业功能区重点项目建设情况开展暗访督导。落实市委创卫工作要求，下沉一线持续督导，助推成功创建国家卫生城市。

【指导乡镇人大工作】 加强镇（街道）人大业务联系。指导石钟等 12 个镇依法完成乡镇（街道）行政区划调整改革涉及镇人大组建工作。指导简城、青龙等 8 个镇（街道）依法补选市人大代表。两级人大在业务交流中联系更加紧密。

【人大常委会自身建设】 突出政治建设。增强“四个意识”，坚定“四个自信”，做到“两个维护”，始终在思想上政治上行动上同以习近平同志为核心的党中央保持高度一致。认真履行全面从严治党政治责任，持续推进党风廉政建设。主动接受市纪委监督，支持派驻纪检监察组履行职责。主动配合巡视巡察，诚恳接受监督，推动整改取得实效。全面落实意识形态工作责任制，加强常委会机关意识形态工作。持续改进作风。认真贯彻党内法规制度，加强经常性党风廉政教育，严肃党内政治生活。严格落实中央八项规定及其实施细则精神和省市实施办法，严格执行不在被调研、视察单位就餐规定。带头制止餐饮浪费，弘扬节俭风尚。改进调查研究，形成集聚高端资源要素等 12 篇调研报告，为市委决策提供参考。提高履职能力。准确把握新时代人大工作规律，自觉提升工作标准，精心组织常委会组成人员和镇（街道）人大干部履职培训。在市委的关心下，提拔正局级、副局级干部各 1 名，内部交流局级干部 5 名。评选表扬优秀市人大代表 10 名、优秀人大工作者 10 名。加强常委会机关规范化建设、定点帮扶等工作，人大工作信息化水平和机关服务效能不断提升。

【各专门委员会工作】 2020 年，市人大各专门委员会学习贯彻习近平法治思想、习近平总书记关于坚持和完善人民代表大会制度的重要思想，贯彻落实中共十九大和十九届二中、三中、四中、五中全会精神，贯彻成渝地区双城经济圈建设战略部署，围绕全市工作大局，按照市人大常委会年初工作要点安排，依法按时召开专门委员会会议，组织议题调研、执法检查、工作评议、代表视察等活动，全面履行法定职责，较好地完成了全年各项工作任务。

表 8　简阳市十七届人大五次会议代表建议办理情况表

序号	代表姓名	建议内容	牵头领导	分类	主办单位	协办单位	办理情况
1	林小彬、吴光霞	关于“支持农村电商发展，助力简阳市乡村振兴战略”的建议	罗　胤	农林水利	市商投局	市农业农村局	已办结满意
2	艾正友、周厚利	关于“引导老年人早、晚高峰期错峰出行”的建议	吴　斌	社会事务与公共服务	市交通运输局		已办结满意
3	冯顺贤	关于“解决简城街道西城区饮水不足”的建议	罗　胤	农林水利	市水务局		已办结满意

续表8

序号	代表姓名	建议内容	牵头领导	分类	主办单位	协办单位	办理情况
4	钟会等4名代表	关于“尽快启动健身街（原桥北巷）危房改造”的建议	雷启锋	城乡建设与管理	市住建局	市征补中心	已办结满意
5	钟世全	关于“加快重大交通建设、促进空港经济、城区经济融合发展”的建议	吴　斌	交通邮电	市交通运输局		已办结满意
6	谢林江、雷启锋	关于“地铁18号线延长至高铁南站和简阳城区”的建议	吴　斌	交通邮电	市交通运输局		已办结满意
7	陈邦建等5名代表	关于“增设老城区交通信号灯”的建议	钟世斌	城乡建设与管理	市公安局		已办结满意
8	林剑	关于“改善共享单车乱停乱放”的建议	钟世斌	城乡建设与管理	市综合执法局	市交通运输局	已办结满意
9	郑毅	关于“加强对沱江流域河段及支流非法捕鱼的监管”的建议	罗　胤	农林水利	市农业农村局		已办结满意
10	李彦良	关于“解决老年人乘车出行难问题”的建议	吴　斌	社会事务与公共服务	市交通运输局		已办结满意
11	王幼文、陈林	关于“加强对未成年女童保护”的建议	昌朝戎	社会保障	市教育局	市妇联 团市委	已办结满意
12	钟训等4名代表	关于“开通简州新城公交车”的建议	吴　斌	交通邮电	市交通运输局		已办结满意
13	桑米娜、朱光钰	关于“合理规划简阳市幼儿园，推进城镇住宅小区配套幼儿园建设”的建议	昌朝戎	发展规划	市教育局		已办结满意
14	桑米娜、朱光钰	关于“结合城市建设改造同步完成再生水管网建设”的建议	罗　胤	农林水利	市水务局		已办结满意
15	蒋向东等3名代表	关于“简阳市简州大耳山羊特色产业发展现状及应对措施”的建议	罗　胤	农林水利	市农业农村局		已办结满意
16	毛劲松	关于“规划建设简阳市河东农产品加工物流园区”的建议	罗　胤	发展规划	市农业农村局	禾丰镇	已办结满意
17	曾德等3名代表	关于“成都至简阳的高铁实行公交化运营”的建议	吴　斌	交通邮电	市交通运输局		已办结满意
18	陈中波、毛传旭	关于“新市街道风貌改造”的建议	雷启锋	城乡建设与管理	市住建局		已办结满意
19	陈中波等5名代表	关于“加快新市街道杨家范围内的乡镇村道建设”的建议	吴　斌	城乡建设与管理	市交通运输局	新市街道	已办结满意

续表8

序号	代表姓名	建议内容	牵头领导	分类	主办单位	协办单位	办理情况
20	冯炀狄	关于“加强对既有住宅增设电梯管理”的建议	雷启锋	城乡建设与管理	市住建局		已办结满意
21	王芳等5名代表	关于“杨家镇修建规模养殖场的相关扶持”的建议	罗　胤	农林水利	市农业农村局		已办结满意
22	王芳等5名代表	关于“加强杨家镇风貌提升改善”的建议	雷启锋	城乡建设与管理	市住建局		已办结满意
23	叶枝萱、吕长芬	关于“支持简州新城农业农村基础设施建设”的建议	罗　胤	城乡建设与管理	市农业农村局		已办结满意
24	张文豪	关于“加大金融机构招引力度”的建议	吴　斌	财税金融	市国金局		已办结满意
25	张文豪	关于“城区轨道交通与地铁18号线（三期、简阳南站）同步规划同步建设”的建议	吴　斌	发展规划	市交通运输局		已办结满意
26	张文豪	关于“改善城区道路井盖高低不平问题”的建议	钟世斌	城乡建设与管理	市综合执法局		已办结满意
27	刘兰英	关于“针对性开展失地农民培训”的建议	吴　斌	社会保障	市人社局		已办结满意
28	李利平	关于“推进实施壮溪镇场镇黑化、亮化、绿化项目”的建议	吴　斌	城乡建设与管理	市交通运输局		已办结满意
29	孔志红等4名代表	关于“振兴简州大耳羊产业”的建议	罗　胤	农林水利	市农业农村局		已办结满意
30	谢丰	关于“深入推进双拥共建工作”的建议	钟世斌	社会事务与公共服务	市退役军人事务局		已办结满意
31	冯炀狄等5名代表	关于“尽快启动简阳撤市设区”的建议	罗　胤	发展规划	市民政局		已办结满意
32	尹晓玲	关于“加大青年教师培养力度，促进教育可持续发展”的建议	昌朝戎	科教文卫体	市教育局		已办结满意
33	秦学等4名代表	关于“市财政为镇（街）安排人居环境整治专项经费”的建议	吴　斌	财税金融	市财政局		已办结满意
34	秦学等4名代表	关于“区划调整后加快推进部分乡镇‘代表之家’标准化建设”的建议			市人大办		已办结满意
35	施亮	关于“在公交车内设置线路运行和接驳示意图”的建议	吴　斌	交通邮电	市交通运输局		已办结满意

续表8

序号	代表姓名	建议内容	牵头领导	分类	主办单位	协办单位	办理情况
36	曾从鲁	关于“加大对简阳河东片区发展支持力度”的建议	吴　斌	发展规划	市发改局		已办结满意
37	秦学等4名代表	关于“将河长制工作清漂专项经费纳入财政预算”的建议	吴　斌	财税金融	市财政局		已办结满意
38	秦学	关于“设立派出所司法所”的建议	钟世斌	行政法制	市公安局		已办结满意
39	毛劲松	关于“制定村集体经济发展公司管理运行指导意见”的建议	罗　胤	农林水利	市农业农村局		已办结满意
40	李继银等11名代表	关于“将三星片纳入乡村振兴示范片区规划建设”的建议	罗　胤	农林水利	市农业农村局		已办结满意
41	李继银等10名代表	关于“加快河东环线建设”的建议	吴　斌	交通邮电	市交通运输局		已办结满意
42	徐红彬等10名代表	关于“给予三星重点特色镇更多项目、资金支持”的建议	吴　斌	城乡建设与管理	市发改局		已办结满意
43	毛传旭	关于“进一步强化无纸化办公”的建议	吴　斌	行政法制	市政府办		已办结满意
44	曹强等7名代表	关于“城区新建道路及时增加垃圾桶投入”的建议	钟世斌	城乡建设与管理	市综合执法局		已办结满意
45	刘姜伟等7名代表	关于“恢复施家街道派出所职能职责”的建议	钟世斌	行政法制	市公安局		已办结满意
46	都进新	关于“启动河东环线、简乐路建设”的建议	吴　斌	交通邮电	市交通运输局	市发改局	已办结满意
47	王永明	关于“加强一般村基础设施建设”的建议	罗　胤	城乡建设与管理	市农业农村局		已办结满意
48	杨帆	关于“加强村集体经济监管，持续巩固农民增收”的建议	罗　胤	农林水利	市农业农村局		已办结满意
49	唐远英	关于“城乡教师交流问题”的建议	昌朝戎	科教文卫体	市教育局		已办结满意
50	唐远英	关于“教师负担过重问题”的建议	昌朝戎	科教文卫体	市教育局		已办结满意
51	袁志全	关于“加快推进河东环线的建设步伐”的建议	吴　斌	交通邮电	市交通运输局		已办结满意

续表8

序号	代表姓名	建议内容	牵头领导	分类	主办单位	协办单位	办理情况
52	易春容等4名代表	关于“提升城市服务特色，改善城市公交车服务”的建议	吴　斌	社会事务与公共服务	市交通运输局		已办结满意
53	李华勇	关于“滨湖路次干道、环湖西路相关问题整改”的建议		交通邮电	成都高新区		已办结满意
54	李和军等4名代表	关于“基层道路出行问题”的建议		交通邮电	成都高新区		已办结满意
55	曾军等2名代表	关于“提高乡村医生待遇”的建议		科教文卫体	成都高新区		已办结满意
56	曾军等2名代表	关于“重视基层卫生院基本科室、设备配置、重视人才引进”的建议		科教文卫体	成都高新区		已办结满意
57	毛劲松等14名代表	关于“恢复禾丰高级中学招生教学”的建议	昌朝戎	科教文卫体	市教育局		已办结满意
58	李彦良等14名代表	关于“龙泉山森林公园丹景台开园涉及交通安全隐患”的建议	吴　斌	社会事务与公共服务	市交通运输局	武庙镇	已办结满意
59	付少东等11名代表	关于“加强用水保障相关事宜”的建议	罗　胤	农林水利	市水务局	雷家镇 江源镇 镇金镇	已办结满意
60	付少东等10名代表	关于“加快道路规划建设相关事宜”的建议	吴　斌	交通邮电	市交通运输局	市公安局 市农业农村局	已办结满意
61	王永明等10名代表	关于“江源镇、雷家镇、镇金镇产业协同发展规划相关事宜”的建议	吴　斌	发展规划	市发改局	市交通运输局 市规自局 市人社局	已办结满意

（杨先菊　范昊林）

简阳市人民政府

政府机构

【概况】 2020年，市政府有工作部门28个，即市人民政府办公室、市发展和改革局（市粮食和物资储备局）、市经济科技和信息化局（市新经济工作局）、市教育局、市民族宗教事务局（与市委统一战线工作部合署办公，实行一套工作机构、两个机关名称，不计入机构限额）、市公安局、市民政局、市司法局、市财政局、市人力资源和社会保障局、市规划和自然资源局（市林业局）、市住房和城乡建设局（市人民防空办公室、市公园城市建设局）、市交通运输局、市水务局、市农业农村局、市商务和投资促进局、市文化体育和旅游局（市广播电视局）、市卫生健康局、市退役军人事务局、市应急管理局、市审计局、市国有资产监督管理和金融工作局、市市场监督管理局（市知识产权局）、市统计局、市信访局、市综合行政执法局（市城市管理局）、市行政审批局（市政务服务管理和网络理政办公室）、市医疗保障局。市政府直属事业单位12个，即市机关事务服务中心、市投资促进服务中心、市文旅产业发展服务中心、市供销合作社联合社、市老龄工作服务中心、市地方志办公室、市房屋征收补偿服务中心、市惠民帮扶中心、市公共资源交易服务中心（成都市公共资源交易服务中心简阳市分中心）、市自然资源规划编制研究中心、市智慧城市治理中心（市网格化服务中心）、市就业服务中心（市农民工服务中心）。

【市政府部门（单位）设置与变更】 3月17日，根据成都市委编办《关于简阳市妇幼保健计划生育服务中心更名的通知》，中共简阳市委机构编制委员会印发了《关于同意简阳市妇幼保健计划生育服务中心更名的批复》，将简阳市妇幼保健计划生育服务中心（简阳市妇幼保健院）更名为简阳市妇幼保健院，挂简阳市妇女儿童医院、简阳市妇幼保健计划生育服务中心牌子。3月31日，根据中共成都市委编办《关于调整优化简阳市航天产业和临空经济产业发展机构设置的通知》，中共简阳市委机构编制委员会印发《关于同意设立简阳市航天产业发展局的批复》，同意设立简阳市航天产业发展局，在市经济科技和信息化局挂牌；印发《关于同意设立简阳市临空经济产业发展局的批复》，同意设立简阳市临空经济产业发展局，在市商务和投资促进局挂牌。4月26日，中共简阳市委机构编制委员会印发《关于同意撤销简阳市人民医院加挂的资阳市第二人民医院牌子的批复》，同意撤销简阳市人民医院加挂的“资阳市第二人民医院”牌子。5月9日，根据成都市委编办《关于简阳市人民政府防汛抗旱指挥部办公室更名的通知》，中共简阳市委机构编制委员会印发《关于调整简阳市人民政府防汛抗旱指挥部办公室机构编制事项的通知》，将简阳市人民政府防汛抗旱指挥部办公室更名为简阳市水旱灾害防御中心，为简阳市水务局下属事业单位。5月29日，根据成都市委编办《关于区（市）县森林公安管理体制调整有关事项的通知》，中共简阳市委机构编制委员会印发了《关于调整简阳市森林公安管理体制的通知》，将简阳市森林公安局整建制划转简阳市公安局，按照队建制设置为简阳市公安局森林警察大队，为简阳市公安局下设执法勤务机构，机构级别为副局级。6月27日，中共简阳市委机构编制委员会印发了《关于同意调整设置镇（街道）医疗卫生机构的批复》，同意调整设置22个镇（街道）医疗卫生机构。12月22日，中共简阳市委办公室、简阳市人民政府办公室印发了《简阳市行政执法改革实施方案》：将市水政监察大队职责和人员整体划转市综合行政执法大队，机构仍然保留；将市食品药品稽查大队更名为市市场监督管理综合行政执法大队，在市市场监督管理局挂牌；将保留的市水政监察大队机构转隶市交通运输局，更名为市交通运输综合行政执法大队，在市交通运输局挂牌，市航务管理处（市地方海事处、市船舶检验处）、市公路运输管理所、市公路路政管理大队不再保留；将市农业综合执法大队更名为市农业综合行政执法大队，在市农业农村局挂牌；将市文化市场综合执法大队更名为市文化市场综合行政执法大队，在市文化体育和旅游局挂牌；将市卫生和计划生育监督执法大队更名为市卫生健康行政执法大队，在市卫生健康局挂牌；将市国土资源执法监察大队更名为市自然资源行政执法大队，在市规划和自然资源局挂牌；将市劳动保障监察大队在市人力资源和社会保障局挂牌。12月30日，根据《中共成都市委机构编制委员会办公室关于简阳市网格化服务中心更名的通知》，中共简阳市委机构编制委员会印发了《关于设立简阳市智慧城市治理中心的通知》，将简阳市网格化服务中心更名为简阳市智慧城市治理中心，挂简阳市网格化服务中心牌子。

（孔　曦）

政府工作综述

【概况】 2020年，在成都市委、市政府的坚强领导下，简阳市政府坚持以习近平新时代中国特色社会主义思想为指导，深入贯彻习近平总书记对四川及成都工作系列重要指示精神，抢抓“双循环”“双城记”、成都东部新区设立等重大历史机遇，统筹推进疫情防控和经济社会发展，扎实做好“六稳”“六保”工作，经济社会保持健康良好的发展势头。

【有效应对疫情挑战】 扎实抓好疫情防控。高效完成多轮社区、商超、交通卡口等重点区域全覆盖排查，累计排查1800万余人次、车辆106万余辆，牢牢守住了成都疫情防控“东大门”。制定快速响应、核酸采样检测等应急预案，全面完成应急医院、方舱医院选址设计各项准备工作。扎实开展十项基础工作“大体检”，隔离酒店全面达标，简阳医疗机构核酸检测能力达到7548人次/天，累计完成重点人群核酸检测24.7万人次。组织医务工作者524人次，圆满完成武汉抗疫救援和郫都区、成都高新区、成华区核酸采样检测工作任务，彰显了守望相助的“简阳担当”。制定落实“大运会场馆建设及赛时防控”“村（社区）换届选举”等专项疫情防控方案，确保重点项目、重点工作、重点人群、重点时段疫情防控同安排、同落实，全市自2020年2月8日以来连续一年无新增病例；保持经济平稳运行。出台支持中小企业发展“16条”，为企业减税降费1.6亿元，兑现扶持资金3.12亿元。深入开展“联帮挂”“送帮送解”活动，帮助受疫情影响企业和个体工商户获取贷款70.9亿元、解决用工需求8910人。全年新增市场主体13747家、增长34.9%。保障老百姓的“米袋子”“菜篮子”“肉盘子”，投放储备猪肉1750吨。

【加快构建现代产业体系】 推动工业转型升级。聚焦航天装备、智能制造装备产业，加大建链强链补链力度，签约引进四川能投天府云数据产业基地等重大产业化项目13个、计划总投资167.4亿元，中国五冶（二期）、成都建工（一期）装配生产基地竣工投产，“谷神星一号·简阳号”商业运载火箭在酒泉卫星发射中心成功发射并同步入轨。全市91户规上工业企业实现产值148.8亿元，工业入库税金6.15亿元、同比增长6.59%；提升服务业发展质效。推动生活性服务业提质升级，出台《关于建设成都东部区域性消费中心的实施意见》，组织开展“云逛街·促销费”活动，打造“鳌山坊”美食文化街、滨江路南段特色商业街区，举办“大运成都·简阳不远”第十七届羊肉美食文化旅游季，积极培育消费新热点。加快发展生产性服务业，西部电商物流产业功能区，签约引进中通快递西南总部等电商物流项目13个，入驻物流供应链关联企业121家；促进农业集约增效。深入推进乡村振兴，8个乡村振兴连片发展示范组团、“11＋22”现代农业园区建设有序推进，签约引进农业重大产业项目8个。全力保障粮食安全，大力发展农业适度规模经营，新建高标准农田3.5万亩，全年粮食产量45.7万吨，出栏生猪85万头。全面完成“六权同确”，获评“全国农村承包地确权登记颁证工作典型地区”。平武镇被评为成都市乡村振兴先进镇，协议村等10个村（社区）被评为四川省、成都市乡村振兴示范村（社区）；增强产业功能区承载能力。优化完善产业功能区规划，简阳临空经济产业园总体规划和成都空天产业功能区东部社区城市总规、13.7平方千米控规、城市设计完成编制。坚持片区综合开发，携手四川能投建工、成都产投、益民集团等国有平台公司，协同推进园区规划设计、建设运营、招商服务等工作。推动功能区由“供土地”向“供平台”转变，三个产业功能区累计建成标准厂房19万平方米、标准化仓库54万平方米、专业楼宇19万平方米、配套住房2000余套，10万平方米高品质科创空间开工建设。

【践行公园城市理念】 着力提升城市功能品质。公园城市特质逐步彰显，沱江两岸等8个公园城市场景示范片区加快推进，天星公园基本建成，家风荷乡等6个精品林盘全面呈现，新建天府绿道25千米、“小游园·微绿地”3处。有序推进城市有机更新，改造老旧院落10处、棚户区455户，完成“两拆一增”项目30个，滨江路地下停车场全面竣工。“东来印象”大运会比赛场馆推进迅速，体育馆、游泳馆装饰及设备安装基本完成；持续改善生态环境。扎实开展大气污染防治百日攻坚行动，投放新能源公交车92辆，PM2.5平均浓度下降18.1%，空气质量优良天数323天，达到国家环境空气质量二级标准。系统推进沱江、绛溪河、阳化河水环境治理，老城区雨污分流一期工程全面竣工，河东污水处理厂主体竣工，河东自来水厂通水运营，城乡集中式饮用水水源地达标率分别达到100%、98%。大力实施固体废物污染防治三年攻坚行动，简阳环保发电厂建成试运行。圆满完成沱江流域禁捕和渔民退捕转产工作，337名渔民全部转产；增强城市治理效能。创新实施“五彩”社治工程，整治背街小巷30条，新建城乡环卫公厕8座，培育社会组织20家，孵化种子社会企业10家。提升城市精细化治理水平，统筹优化城区临时便民服务摊区6个，设立“快买快走”便民服务点15个。大力推进12个党建引领示范社区（小区）建设，打造乡村社区连片发展示范点2个，白塔路国际化示范社区加快建设。

【全面深化改革开放】 深入推进改革攻坚。有序推进村（社区）体制机制和村（居）民小组调整优化改革，全市村（社区）由678个调整为364个、调减率46.31%，村（居）民小组由4802个调减为2817个、调减率41.34%。不断深化国资国企改革，制定国有企业转型赋能“1＋6”工作方案、“一企一主业”发展规划，市属国有企业资产总额、利润总额分别增长8.17%、8.22%。持续深化营商环境改革，推动1084项政务服务事项进驻政务服务大厅，政务服务事项“网上办”“一次办”比例分别达到100%、99%，申请材料精简50%、审批时限缩减60%。全力提升土地保障水平，全年获批土地指标9450亩，新增建设用地规模指标3326亩，盘活低效用地182亩，集体建设用地入市70余亩，城乡建设用地增减挂钩项目节余指标2424亩。“四合一”改革平台实现行政村全覆盖，全市村集体经济收入突破1亿元、增长303%；加强对外开放合作。顺利完成与成都东部新区移交工作，建立常态化交流协作机制，有序推进规划衔接、产业共建、功能共享。与重庆璧山区、铜梁区缔结友好城市，与乐至、仁寿等周边区（市）县签订战略合作协议，启动交界地带“断头路”“瓶颈路”改造。聚力开展项目招引攻坚行动，织密“3＋2”驻外招商网络，不断延伸招商触角，全年签约引进重大项目64个、协议引资659亿元；坚持创新驱动发展。鼓励企业加大研发投入，新增高新技术企业17家、准独角兽企业2家、成都市企业技术中心2家，南格尔生物智慧浆站实验室获批成都市首批未来场景实验室，全社会研发经费投入2.84亿元、增长 10%。着力建强双创平台载体，搭建省级专家人才平台，组建空天产业研究院，举办“蓉城同心新经济简阳行”等双创活动，新增新经济企业 827 家、增长 30.2%。

【切实保障和改善民生】 大力发展民生事业。优先发展教育事业，建成投用城乡公办幼儿园 10 所，新增学位 2000 余个。提升医疗服务能力，市妇幼保健院妇女儿童急救中心、市疾控中心迁建项目竣工投用，市人民医院完善三甲功能、市中医医院康复治疗中心等项目有序推进。文体事业繁荣发展，镇（街道）文化馆、图书馆分馆实现全覆盖，新建全民健身路径 60 条，开展文艺演出、公益展览等文化活动 6800 余场；提升社会保障水平。投入资金 4.37 亿元，全面完成 76 项民生实事。大力开展援企稳岗“护航行动”，城镇新增就业 6614 人，城镇登记失业率 3.86%。切实加快安置房建设进度，建成安置房 47 万平方米，完成安置 1068 人。加强困难群众帮扶救助，及时足额发放低保金、特困人员供养金和临时价格补贴 2.38 亿元；切实维护社会稳定。持续推动“三张清单”化解攻坚，妥善化解社会重大风险问题 15 件、历史遗留问题 17 件、突出信访问题 32 件。扎实开展安全生产专项整治三年行动，绘制重点行业领域安全风险电子地图，生产安全事故起数、死亡人数分别下降 25%、23%。扫黑除恶三年专项斗争全面收官，获评“全国 2020 平安创建优秀城市”。

【加强政府自身建设】 全面推进依法行政。自觉接受市人大及其常委会法律监督、工作监督和市政协民主监督，主动向市人大常委会报告国有资产管理、政府债务化解等重点工作，办理人大建议 64 件、政协提案 137 件，满意率 100%。坚持常务会学法制度，健全完善议事决策机制，制定《市政府“三重一大”事项决策机制及“三重一大”事项清单》；加强作风建设。持续深化政务公开，主动在政府门户网站公开政府信息 6 万余条，全年办理政府信息公开申请 101 件。逗硬督查奖惩，严格落实“红黄牌”预警问责管理，对脱贫攻坚、生态环境等重点工作推进不力、作风不实的干部记黄牌 237 张、红牌 4 张；筑牢防腐拒变底线。严格落实全面从严治党要求，切实将落实省委巡视反馈问题和专项巡察、审计发现问题整改作为改进工作的重要抓手，深入剖析问题产生根源，以“钉钉子”精神持续推进问题整改。聚焦市属国有企业廉洁风险、工程项目建设监管等薄弱环节，建立《市属国有企业资金支付审批制度》等长效机制。强化重点领域监管，全年完成审计项目 137 个、审减金额 4 亿元。坚定不移纠正“四风”，保持反腐败高压态势，持续巩固风清气正的良好政治生态。（何　兴）

重要会议

【市政府全体会议暨廉政工作会议】 2020 年 9 月 27 日，市政府十七届六次全体（扩大）会议暨第三次廉政工作会议在东城新区会议中心召开。会议深入贯彻落实中央财经委员会第六次会议、国务院第三次廉政工作会、省委十一届七次全会、省政府第六次全体会、省政府第三次廉政工作会、成都市委十三届七次全会、成都市政府第五次全体会暨第三次廉政工作会以及市委十五届十三次全会精神，总结分析 2020 年上半年工作，安排部署下一步工作。

【市政府常务会议】 2020 年，市政府召开常务会议 25 次，审议并原则通过 2020 年《政府工作报告（送审稿）》《简阳市 2019 年国民经济和社会发展计划执行情况及 2020 年国民经济和社会发展计划草案的报告（送审稿）》《简阳市 2019 年财政预算执行情况和 2020 年财政预算草案报告（送审稿）》等议题 282 项；开展会前学法 17 次 19 部。

9月27日，简阳市人民政府召开第十七届六次全体（扩大）会议暨第三次廉政工作会议

表 9　　2020 年简阳市政府常务会议一览表

届次	时间	会议议题	学法内容
第十七届第 94 次	1 月 2 日	审定《简阳市烟花爆竹燃放管理规定（送审稿）》；审定《简阳市国土资源违法行为巡查发现报告处置办法（送审稿）》；审定《简阳市关于深化养老服务综合改革提升养老服务质量的实施意见（送审稿）》；审定简阳市 2019 年度农村道路交通安全综合治理工作先进集体和个人有关事项；审定简阳市 2019 年度农村道路交通安全综合治理工作先进集体和个人有关事项；审议《简阳市桃花源项目投资合作协议（送审稿）》；审议《简阳市海晟隆辣椒田园综合体项目投资合作协议（送审稿）》；审定解决市园艺场被占土地补偿款有关事项	《成都市人民政府办公厅关于贯彻落实四川省被征地农民养老保障实施办法的若干意见》
第十七届第 95 次	1 月 7 日	审议 2020 年《政府工作报告（送审稿）》；审议《简阳市 2019 年国民经济和社会发展计划执行情况及 2020 年国民经济和社会发展计划草案的报告（送审稿）》；审议《简阳市 2019 年财政预算执行情况和 2020 年财政预算草案报告（送审稿）》；审定《简阳市市内班车客运票价调整方案（送审稿）》和《简阳市城区巡游出租汽车运价调整方案（送审稿）》；审议表扬 2018 年度城乡环境综合治理工作先进集体和个人有关事项；审定解决城北市场升级改造项目（宏馨尚苑）补助资金有关事项	《成都市人民政府办公厅关于全面落实行政执法公示制度执法全过程记录制度重大执法决定法制审核制度的实施意见》
第十七届第 96 次	1 月 22 日	审议《简阳市 2019 年经济社会发展“三年行动计划”工作表彰奖励名单（送审稿）》；审议《简阳市 2019 年“十大行动计划”重点项目优秀指挥长、项目工作能手、优秀项目、先进集体和先进个人表扬名单（送审稿）》	
第十七届第 97 次	2 月 12 日	审议《简阳市 2020 年“十大行动计划”重点项目汇编（送审稿）》；审议《简阳市关于有效应对疫情稳定经济运行支持中小企业发展的 16 条政策措施（送审稿）》；审定简阳市政府性安居工程水、电、气、视工程建设维护费用标准有关事项；听取简阳市“大棚房、挤占生态空间、违建别墅”清查整治工作有关情况的报告；审定《简阳市新增和调整违建别墅问题整改工作方案（送审稿）》；审议调整《简阳市“十三五”基层卫生硬件提升工程实施方案》；审定云龙镇污水处理厂及配套管网工程变更设计方案增加工程量有关事项；审议《简阳市人民政府　杭州东方嘉富资产管理有限公司投资框架协议（送审稿）》	
第十七届第 98 次	3 月 17 日	审议《简阳市 2019 年国家森林巡查反馈问题整改方案（送审稿）》；听取 2019 年度网络理政工作运行情况的报告；听取简阳市 2020 年“两会”期间人大代表建议和政协委员提案收集情况的报告；听取简阳市“送政策、帮企业、送服务、解难题”专项行动问题会诊专班工作开展情况的报告；听取 2019 年 1—12 月简阳市重点经济及生态指标完成情况的报告；审议《简阳市工业企业搬迁入产业功能区及园区暂行办法（送审稿）》；审议关于增加简阳市中小企业融资担保有限公司注册资本有关事项；审议《简阳市人民政府　华夏幸福基业股份有限公司东进简阳产业新城项目投资合作框架协议（送审稿）》；审议《简阳市人民政府　成都天奥集团有限公司　四川圣华投资有限公司　空天信息产业合作协议（送审稿）》；审定确认张光福见义勇为有关事项；审议《中通快递西南总部项目投资协议书（送审稿）》；审议简阳市黑臭河渠综合治理工程（阳化河流域）直接采用工程量清单报价方式开展施工招标工作有关事项	《全国人民代表大会常务委员会关于全面禁止非法野生动物交易、革除滥食野生动物陋习、切实保障人民群众生命健康安全的决定》

续表9

届次	时间	会议议题	学法内容
第十七届第 99 次	3 月 27 日	审议《关于统筹推进新冠肺炎疫情防控和经济社会发展工作奋力完成2020 年经济社会发展目标的实施意见（送审稿）》；传达学习成都市禁毒工作有关文件精神，审议关于进一步加强全市禁毒工作有关事项；审议《“6 号半岛”违建别墅整治实施方案（送审稿）》；审议关于 2019 年度民生实事工作拟表扬项目及名单有关事项	
第十七届第 100 次	4 月 7 日	审议《简阳市基本公共服务设施“三年攻坚”行动工作方案（送审稿）》；审定《简阳市村（社区）工程建设项目指导意见（送审稿）》；审定简阳市 2020 年各预算单位第一批新增支出有关事项；审议简阳市 2019 年度国际化营商环境建设先进集体和先进个人名单；审议《成都工业废物处理中心项目投资协议书补充协议（送审稿）》；审议《中安富海有机农业示范园项目投资合作协议（送审稿）》；审议简阳市西内环线道路项目三标段及简阳市西内环线景观工程采用“F + B”（融资 + 建设）模式建设有关事项；审议成都空天产业功能区新能源标准厂房项目、成都空天产业功能区智能制造标准厂房项目采用 EPC 总承包模式建设有关事项	《中华人民共和国土地管理法》
第十七届第 101 次	4 月 21 日	审定《简阳市人民政府关于部分市政府领导分工的通知（送审稿）》；审议《关于推进村（社区）体制机制改革的实施方案（送审稿）》；听取 2020 年 1—3 月网络理政工作运行情况的报告；审议关于进一步加强全市人口管理工作有关事项；审议简阳市城区防洪及生态湿地走廊工程（F、H 段湿地景观工程）项目采用“F + B”（融资 + 建设）模式招标建设有关事项；审议简阳市城北片区棚户区改造国道 321 石桥场镇段改建项目、石龙路石桥场镇段项目招标建设有关事项；审议简阳市河东环线快速通道项目三标段采用“F + B”（融资 + 建设）模式建设有关事项；审议《成资同城化交通建设项目合作框架协议（送审稿）》；干部议题	《公职律师管理办法》《公司律师管理办法》
第十七届第 102 次	5 月 8 日	审议《简阳市国家知识产权强县工程试点县建设工作实施方案（送审稿）》；审定《简阳市人民政府关于划定高污染燃料禁燃区的通告（送审稿）》；审定解决简阳市宏馨房地产开发有限公司城北综合市场升级改造项目有关事项；审定启动实施成渝铁路 K85 平交道口连接道路项目有关事项；审定新建施家镇九年义务教育学校学生宿舍有关事项；审定解决 2018 年土坯房改造“非唯一住房”补助资金有关事项；审议简阳市河东环线快速通道项目一标段采用“F+B”（融资 + 建设）模式建设有关事项；审议《简阳市殡葬事业改革工作方案（送审稿）》；审议简阳市新建殡仪馆与陵园项目有关事项；审议《成都康鸿源生鲜物联网中心项目投资协议书（送审稿）》；审议《中际集团简阳生猪养殖项目投资合作协议（送审稿）》；审议《中资国本天府实业农业产业化项目投资合作协议（送审稿）》；审议《中国西南红酒奥特莱斯田园综合体项目投资合作框架协议（送审稿）》；审议《天府国际草本文旅小镇投资框架协议书（送审稿）》；审定简阳市公共区域新能源充电基础设施建设和运营有关事项	《中华人民共和国药品管理法》《中华人民共和国疫苗管理法》

续表9

届次	时间	会议议题	学法内容
第十七届第 103 次	5 月 22 日	传达学习全省非洲猪瘟联防联控电视电话会议精神；审议《简城街道等 37 个镇（街道）村（社区）建制调整改革操作方案（送审稿）》；审议《简阳临空经济产业园　资阳临空经济区战略合作框架协议（送审稿）》；审议市属国有公司认购四川省债券平稳基金有关事项；审议《简阳市人民政府　中国农业银行四川省分行战略合作协议（送审稿）》；审定启动实施云龙镇临时便桥建设工程和兰家桥拆除重建工程有关事项；审定 2019 年度人口服务管理工作先进单位、先进个人、优秀信息采集员表扬工作有关事项	《保障农民工工资支付条例》
第十七届第 104 次	5 月 26 日	听取全市工业经济运行情况汇报；审议《简阳市稳定工业经济增长促进产业转型升级支持政策（送审稿）》；审议《简阳市公用移动通信基站规划设置管理暂行办法（送审稿）》；审议《简阳市发展新经济 2020 年工作要点（送审稿）》；审议《简阳市人民政府　四川省数字产业有限公司　四川能投天府云数据产业基地建设项目投资协议（送审稿）》；审议《简阳市人民政府　紫光股份有限公司　信息技术创新服务器生产基地项目合作协议（送审稿）》；审议《简阳市人民政府　成都天奥集团有限公司　四川圣华投资有限公司　成都华奥天星电子技术有限公司　低轨通信卫星通信载荷项目合作协议（送审稿）》；审议《简阳市人民政府　成都交投建筑工业化有限公司　装配式构件基地项目投资协议（送审稿）》；审议《简阳市人民政府　星河动力（北京）空间科技有限公司　新一代商业运载火箭创新研发生产基地项目投资协议（送审稿）》；审议《简阳市人民政府　厦门市智联信通物联网科技有限公司　物联网远程控制智能终端项目投资协议（送审稿）》；审议《简阳市人民政府　四川新金鑫照明科技有限公司　5G 云控制科技项目投资协议（送审稿）》；审议《简阳市人民政府　四川天虎工具有限责任公司　整体搬迁技改项目投资协议（送审稿）》；审议《简阳市人民政府　四川省简阳川田机械阀业有限公司　精密制造研发生产基地项目投资协议（送审稿）》；审议《简阳市人民政府　四川众宸精密铸造有限公司　精密铸件及装备制造项目投资协议（送审稿）》；审议年产 6000 吨石化机械配件生产线技改扩建项目另行选址有关事项；审议《简阳市人民政府　四川简阳能投建工发展有限公司　公园城市展示中心项目投资协议（送审稿）》；审议补偿四川引程不锈钢管业有限公司土地使用权出让年限相关损失有关事项；审议四川乾兴动物药业有限公司兽药生产迁址扩建技改项目退出有关事项；审议补助 3 个产业项目场地平整资金有关事项；审议协调解决成都空天产业功能区部分项目用地缺口有关事项；审议收购四川蜀丰新能源有限公司有关事项；审议工投公司拟成立物业管理公司有关事项	
第十七届第 105 次	6 月 3 日	传达学习范锐平在市十七届人大三次会议简阳代表团全体会议上的讲话；审定成立简阳市尘肺病防治攻坚行动工作领导小组有关事项；审议《成都成简骨科医院建设项目投资协议（送审稿）》；审议《简阳市人民政府 四川文理学院合作共建四川文理学院成都研究院项目框架协议（送审稿）》；审议《四川文化传媒职业学院整体迁建（筹	《中华人民共和国森林法》

续表9

届次	时间	会议议题	学法内容
		建本科）项目投资补充协议（送审稿）》；审议《简阳半山五星级酒店及国际商业街区综合体项目投资合作协议（送审稿）》《简阳半山五星级酒店及国际商业街区综合体项目投资合作（补充）协议（送审稿）》；审议《简阳临空经济产业园临空物流片区国际物流供应链科创空间项目投资协议（送审稿）》；审议《简阳临空经济产业园临空物流片区城市综合开发运营合作协议（送审稿）》；审议《泰信生活广场项目投资协议（送审稿）》《泰信生活广场项目投资合作（补充）协议（送审稿）》；审议《德盛集团总部基地投资协议（送审稿）》《德盛集团总部基地投资补充协议（送审稿）》；审议《简阳市人民政府 四川省千人计划专家联谊会 四川省高层次人才创新创业总部科技园项目合作协议（送审稿）》;审议《博骏教育学校项目投资协议（送审稿）》《博骏教育学校项目补充协议（送审稿）》	
第十七届第 106 次	6 月 19 日	听取市政府分管领导关于 2020 年一季度履行党风廉政建设主体责任情况的报告；研究贯彻落实十五届市委常委会第 155 次（扩大）会议精神的任务分解方案；审定《关于市政府领导分工的通知（送审稿）》；研究贯彻成都市产业项目投资促进会会议精神并听取简阳市投资促进工作推进情况的报告；听取创建全国文明城市、国家卫生城市有关情况的报告；审定国家食品安全示范城市创建迎检工作有关事项；听取地质灾害防治和森林防火工作专项督查情况的报告；听取破坏森林资源案件查处整改情况的报告；审定简阳市 2020 年各预算单位第二批新增支出事项；审议《简阳市重大功能性建设项目告知承诺制实施方案（送审稿）》；听取“十三五”基层卫生硬件提升工程有关情况的报告；听取城乡公办幼儿园和义务教育学校标准化建设有关情况的报告；审议简阳市简城三幼迁建项目采用“F+EPC”模式招标建设有关事项	《优化营商环境条例》
第十七届第 107 次	7 月 3 日	传达贯彻四川省、成都市农业生产相关会议精神，听取简阳市粮食生猪生产情况的汇报并通报各镇（街道）生猪生产情况；审议《创建国家卫生城市示范点实施方案（送审稿）》；听取成都市“两不愁三保障”回头看大排查等发现问题整改情况全覆盖检查暨省脱贫攻坚办巡回检查成都市“两不愁三保障”回头看大排查等发现问题整改情况全覆盖检查工作情况的报告（与简阳市脱贫攻坚领导小组办公室 2020 年第十次工作会套开）；审议《简阳市城市环境品质提升工作方案（送审稿）》；审议《关于进一步加强和规范城乡建设用地增减挂钩项目管理工作的通知（送审稿）》；审议《共推成资同城化简阳—乐至板块融合发展率先突破合作协议（送审稿）》；审议《简阳市人民政府　绵竹市人民政府战略合作协议（送审稿）》；审议《仁寿县人民政府　简阳市人民政府推动成眉同城化发展战略合作框架协议（送审稿）》；审议《铜梁区人民政府　简阳市人民政府关于缔结友好城市合作协议书（送审稿）》；审议《简阳市人民政府　璧山区人民政府友好城市战略合作框架协议（送审稿）》；审议《简阳市“5G 新基站·智慧新简阳”战略合作协议（送审稿）》；审议《“人工智能 + 财税金融”科技服务项目投资协议（送审稿）》	《中华人民共和国残疾人保障法》《四川省〈中华人民共和国残疾人保障法〉实施办法》《残疾预防和残疾人康复条例》《残疾人教育条例》《无障碍环境建设条例》《残疾人就业条例》《中华人民共和国精神卫生法》《中华人民共和国民法典》

续表9

届次	时间	会议议题	学法内容
第十七届第 108 次	7 月 20 日	听取近两年行政应诉工作的情况汇报；听取 2020 年上半年信访工作的情况汇报；传达《关于进一步强化县级党委、政府防范应对汛期洪涝地质灾害主体责任的紧急通知》文件精神，研究简阳市贯彻意见；听取近期疫情防控系列政策要求及简阳市贯彻建议的报告（与简阳市新型冠状病毒感染肺炎疫情防控指挥部第 11 次会议套开）；听取 2020 年 4—6 月网络理政工作运行的情况汇报；研究部署简阳市生猪生产工作；审定《简阳市沱江流域禁捕和渔民退捕转产工作实施方案（送审稿）》；审定《关于成都简阳环保发电厂项目特许经营权质押贷款确认函（送审稿）》；听取自然资源督察发现问题整改进展情况汇报；审议天星南一路建设项目、天星北二路建设项目采用“F+B”（融资 + 建设）模式实施建设有关事项；审议《简阳市深入推进全面创新改革试验实施方案（送审稿）》；审定《简阳市人民政府 XX 国有企业退休人员社会化管理交接整体协议（送审稿）》	《中华人民共和国民法典》
第十七届第 109 次	7 月 27 日	听取 2020 年上半年生态环境工作开展情况的汇报；听取简阳市长江经济带生态环境保护暨水环境整治项目专题会议定事项推进情况的汇报；审议《简阳市“爱成都 · 迎大运”城市共建共治共享总体行动方案（送审稿）》；听取近期简阳市禁毒工作有关情况的汇报；听取进一步优化提升国际化营商环境建设工作开展情况的汇报（与 2020 年简阳市进一步优化提升国际化营商环境建设领导小组第二次工作会议套开）；传达成都市工业稳链补链强链现场推进会会议精神，研究简阳市贯彻意见；听取全市农房安置还房推进情况的汇报；审定《简阳市城市基础设施配套费征收管理办法（送审稿）》；审定《简阳市人民政府 四川金鼎产融控股有限公司战略合作协议（送审稿）》	《中华人民共和国预算法》
第十七届第 110 次	8 月 4 日	研究简阳市迎接中央环保督察相关工作；听取全市森林草原防灭火和城乡防火专项整治工作推进情况的汇报，研究部署下一步工作（与简阳市森林草原防灭火和城乡防火专项整治工作推进会套开）；听取简阳市非洲猪瘟防控和生猪生产工作开展情况的汇报（与简阳市非洲猪瘟防控和生猪生产工作推进会套开）；听取近期疫情防控工作开展情况的汇报（与简阳市新型冠状病毒感染肺炎疫情防控指挥部第 11 次会议套开）；传达学习中央、省、市农村乱占耕地建房问题整治工作电视电话会议精神；审定 2020 年由政府安排工作退役士兵和退出消防员安置工作有关事项；审议简阳市 2020 年度高标准农田建设项目有关事项	
第十七届第 111 次	8 月 31 日	听取简阳市环境空气质量有关情况的汇报；审定简阳市 2020 年各预算单位第三批新增支出事项；审议《简阳市人民政府关于简阳市 2019 年财政决算和 2020 年上半年财政预算执行情况的报告（送审稿）》；审议东来印象（简阳市文化体育中心）项目投资计划调整有关事项；审定《简阳市人民政府 中国银行股份有限公司四川省分行全面战略合作协议（送审稿）》；审定《简阳市人民政府 中国建设银行股份有限公司四川省分行战略合作协议（送审稿）》；审议市属国有企业入股四川省农村商业银行有关事项；审定将涌泉镇石柱水库除险加固工	《四川省宗教事务条例》

续表9

届次	时间	会议议题	学法内容
		程列为抢险救灾工程有关事项；审定迁建老干部活动中心及老年大学建设项目增加工程费用有关事项；审定简阳市 2020 年老旧院落改造项目招标建设有关事项；听取汛情期间防汛减灾工作情况的汇报；听取全市生猪生产工作推进情况的汇报	
第十七届第 112 次	9 月 25 日	传达学习习近平总书记在省部级主要领导干部坚持底线思维着力防范化解重大风险专题研讨班开班式上的重要讲话精神，研究部署下步工作；传达学习习近平总书记在全国抗击新冠肺炎疫情表彰大会上的重要讲话精神，研究部署下步工作；审议《简阳市进一步加强农民工服务保障工作方案（送审稿）》；研究简阳市脱贫攻坚工作；审议《简阳市农村乱占耕地建房问题摸排工作实施方案（送审稿）》；审定《简阳市落实离岗乡村医生保障性待遇实施方案（送审稿）》；审议《正邦集团简阳生猪规模化养殖项目投资合作协议（送审稿）》；审议《中马农业简阳生猪规模化养殖项目投资合作协议（送审稿）》；审议《成都·大凉山农特产品加工贸易园区综合开发投资合作协议（送审稿）》；听取关于市政府十七届六次全体（扩大）会议暨第三次廉政工作会议筹备情况的汇报	《中华人民共和国公职人员政务处分法》
第十七届第 113 次	10 月 29 日	通报简阳市第七次全国人口普查工作推进情况；听取前三季度经济运行情况，研究四季度经济工作；听取 2020 年 7—9 月网络理政工作运行情况的汇报；听取近期疫情防控工作开展情况的汇报（与简阳市新型冠状病毒感染肺炎疫情防控指挥部第 16 次会议套开）；审定《简阳市市政府负责人出庭应诉工作规范（送审稿）》；审定《建立简阳市“府院联动”机制　打造一流营商环境实施方案（送审稿）》；审议《加强市属国有企业党的建设　推动国资国企转型赋能实施方案（2020—2022）（送审稿）》；审定《简阳市突发事件总体应急预案（送审稿）》；听取近期简阳市禁毒工作有关情况的汇报；审议《简阳市镇（街）场镇第二轮环卫作业市场化服务方案（送审稿）》；审定《简阳市城区第二轮环卫公厕管理市场化服务方案（送审稿）》；审议简阳市城区（郊）“天网”三期项目采用公开企业采购方式招标实施有关事项；审定《简阳市人民政府　中国电信股份有限公司 5G 三千兆“新基建”，共建“双城之心·智慧简阳”战略合作协议（送审稿）》；审定《简阳市人民政府　武侯区人民政府区域合作协议（送审稿）》；审定《简阳市企业结构调整专项奖补资金用于稳定就业分配方案（送审稿）》；审议《成都新经济产业股权投资基金合伙企业（有限合伙）合伙协议（送审稿）》及《成都新经济产业股权投资基金合伙企业（有限合伙）合伙协议之补充协议（送审稿）》	
第十七届第 114 次	11 月 27 日	研究财政工作；审议《简阳市打好防范化解重大金融风险攻坚战实施方案（送审稿）》；审定《简阳市创建省级家庭农场示范县实施方案（2020—2022 年）（送审稿）》《简阳市创建省级家庭农场示范县 2020 年工作计划（送审稿）》《简阳市省级家庭农场整县示范创建若	

续表9

届次	时间	会议议题	学法内容
		干扶持细则（送审稿）》《简阳市农民合作社质量提升整县推进试点实施方案（送审稿）》；传达中央、省、成都市关于农村乱占耕地建房问题整治工作有关会议精神，听取耕地保护专项督查发现问题整改工作和农村乱占耕地建房问题摸排工作有关情况的汇报；审定关于确认晋兆春、李可心见义勇为行为有关事项；审定简阳市2019年度安全生产和消防工作先进集体和个人名单；审定2020年军队转业干部及随调家属安置工作有关事项；审定通报表扬2019年度征兵先进单位和个人有关事项；审定《简阳市人民政府　四川天睿博裕股权投资基金管理有限公司合作框架协议（送审稿）》；审定《简阳市人民政府　雁江区人民政府　乐至县人民政府简雁乐农旅融合发展示范点推进建设协议（送审稿）》；审议《简阳市残疾人联合会改革实施方案（送审稿）》；审定贾家镇、养马生活污水处理厂污水处理服务费价格有关事项；审定《简阳市综合物流发展战略合作协议（送审稿）》；审定《简阳市巡游出租汽车特许经营权到期处置方案（送审稿）》和《简阳市城区巡游出租汽车运价调整方案（送审稿）》；审定《简阳市人民政府　旭辉集团股份有限公司战略合作协议（送审稿）》	
第十七届第115次	12月4日	传达省委第四巡视组巡视简阳市情况反馈会议精神，研究贯彻落实意见；传达成都市冬季新冠疫情防控调度述评会议精神，研究贯彻意见；听取简阳市教育局关于学校（园）诸如病毒疫情防控有关情况的汇报；审定《市政府议事协调机构清理精简结果（送审稿）》《市政府议事协调机构组成人员名单（送审稿）》；审议《2021年春节“走基层·送温暖”慰问行动方案（送审稿）》；审定《简阳市推行“蓉易贷”进一步完善普惠金融服务体系工作方案（送审稿）》；审议《川土万亩青花椒现代农业产业园项目投资合作协议（送审稿）》；审议《天府国际本草文旅（康养）小镇项目投资合作协议（送审稿）》；审议《中国西南红酒奥特莱斯·红酒小镇项目投资合作协议（送审稿）》；审定关于表扬2020年“两考”工作先进单位和个人有关事项；传达学习《中华人民共和国预算法实施条例》；传达省委第四巡视组巡视简阳市情况反馈会议精神，研究贯彻落实意见；传达成都市冬季新冠疫情防控调度述评会议精神，研究贯彻意见；听取简阳市教育局关于学校（园）诸如病毒疫情防控有关情况的汇报；审定《市政府议事协调机构清理精简结果（送审稿）》《市政府议事协调机构组成人员名单（送审稿）》；审议《2021年春节“走基层·送温暖”慰问行动方案（送审稿）》；审定《简阳市推行“蓉易贷”进一步完善普惠金融服务体系工作方案（送审稿）》；审定《川土万亩青花椒现代农业产业园项目投资合作协议（送审稿）》；审定《天府国际本草文旅（康养）小镇项目投资合作协议（送审稿）》；审定《中国西南红酒奥特莱斯·红酒小镇项目投资合作协议（送审稿）》；审定关于表扬2020年“两考”工作先进单位和个人有关事项	《中华人民共和国预算法实施条例》

续表9

届次	时间	会议议题	学法内容
第十七届第116次	12月11日	审定《关于健全市政府“三重一大”事项决策机制的意见（送审稿）》；通报2020年度全市社情民意调查结果；听取对全市诊所、医务室、门诊部新冠疫情防控工作督查整改情况的汇报；审定《简阳第十七届羊肉美食文化旅游季活动方案（送审稿）》；审议《简阳市打造特色商业街区工作方案（送审稿）》；审议简阳工业集中发展区配套住房和人才公寓PPP项目有关事项；听取简阳市生态环境保护工作情况的汇报；审定暂定简阳市城南生活污水处理厂提标升级改造后污水处理服务费有关事项；传达成都市新冠肺炎疫情防控联动巡察工作要求，安排部署疫情防控工作	《中华人民共和国政府信息公开条例》《国务院办公厅关于坚决制止耕地“非农化”行为的通知》中共成都市委办公厅《研究制止耕地“非农化”行为有关工作专题会议纪要》
第十七届第117次	12月18日	听取简阳市2020年应急管理工作情况汇报；传达学习全省冬春农田水利暨高标准农田建设工作现场会精神；传达学习长江流域重点水域禁捕和退捕渔民安置保障工作视频会议精神，听取简阳市禁捕和退捕工作情况的汇报；传达学习全省语言文字工作会议精神；审议《关于高标准高质量严要求做好村（社区）“两委”换届工作的实施方案（送审稿）》；审议《简阳市全面深化国际化营商环境建设实施方案（送审稿）》；听取2020年城乡环境综合治理工作和垃圾分类工作开展情况的汇报；审定《简阳市落实离职乡村医生保障性待遇实施方案（送审稿）》；审议《简阳市村（社区）体制机制改革后党群服务中心建设计划（送审稿）》；审议启动简阳市智慧治理中心服务采购项目有关事项；审定《简阳市人民政府关于推进健康简阳行动的实施意见（送审稿）》；审议《简阳市人民政府关于简阳市2020年财政预算调整方案的报告（送审稿）》；审议《简阳临空经济产业园临空物流片区开发城市综合运营项目公开招商文件（送审稿）》；审定《成都市简阳市声环境功能区划分方案（送审稿）》	《中华人民共和国消防法》《国务院办公厅关于防止耕地“非粮化”稳定粮食生产的意见》
第十七届第118次	12月24日	传达学习中共四川省委十一届八次全会精神；审定东来印象项目工期调整费用有关事项；听取2020年度集中治理重复信访、化解信访积案专项工作推进情况的汇报；听取2021年民生实事征集意见建议工作推进情况的汇报；听取2020年度“四合一”改革工作情况的汇报；审定表扬2019年度无偿献血先进集体和先进工作者有关事项；审定将河东新区污水管网渗漏整治作为政府抢险救灾工程实施有关事项；审定成都空天产业功能区创业大道远期排水工程建设有关事项；审定简阳西龙路项目有关事项；审议成都空天产业功能区四川能投天府云数据产业基地地块配套工程项目建设有关事项；审定简阳市原东溪中学及荣华苑小区拆除后风貌整治工程建设有关事项；审议《四川国合国际合作发展股权投资基金（有限合伙）合伙协议（送审稿）》	

（李　翔）

【2020年禁毒人民战争百日攻坚会战誓师动员大会】 2020年9月25日，简阳市2020年禁毒人民战争百日攻坚会战誓师动员大会在东城新区会议中心召开。会议宣读了《简阳市2020年禁毒人民战争百日攻坚会战方案》，简阳市委副书记、市长罗开敏出席会议，并作动员讲话。

（何　兴）

市政府综合事务

【概况】 市政府办公室内设综合室、常务办、秘书一科、秘书二科、秘书三科、秘书四科、信息科、建议提案科、督查一科、督查二科、督查三科、扶贫开发科、移民安置科、人事科、行管科、财务科、离退休人员管理科、市委市政府值班室等18个科室。2020年，市政府办公室以参谋辅政、综合协调、督促检查、后勤保障为重点，完善工作制度，提高工作效率，提升服务水平，保障市政府高效规范运转。

【综合协调】 着眼全市大局，主动加强与成都市政府办公厅和市委办、市人大办、市政协办的联系，强化各镇（街道）、各部门之间交流合作，确保政府各项工作推动高效有序。全年审核、印发市政府、市政府办公室文件908件，审核、印发疫情防控指挥部和指挥部办公室文件147件，转办上下级各类公文10300余件，其中上级来文4500余件，均做到件件有记录、事事有回音。承办市政府全体（扩大）会议等各类会议270余次，严格规范办会流程、储存会议材料。

【文秘服务】 对标成都市政府办公厅工作要求，进一步建立健全规范办文、节俭办会、高效办事的工作制度，办公室各类文件制发比例下降20%。围绕全市重大决策和各项中心工作广泛调研，深入了解市情、社情、民情，力求文稿兼具思想性、指导性和操作性，以高质量的文稿为领导提供优质服务，累计完成国家、省、市级汇报、工作总结、领导讲话、调研报告等各类材料200余篇。立足为领导决策提供及时、准确、全面的信息服务，积极督促各镇（街道）、市级各部门（单位）及时报送工作信息，全年共编发市本级《政务信息》13期。

【疫情防控】 发挥统筹协调作用，做好市新冠肺炎疫情防控应急指挥部办公室后勤保障工作，协助市政府领导统筹开展全市疫情防控工作，制发《关于实施“防控疫情，人人有责”十项措施的通告》等文件

9月9日，简阳市人民政府办公室学习贯彻中共简阳市委十五届十三次全体会会议精神

15个，组织筹办市新冠肺炎疫情防控应急指挥部会议20次，全市疫情防控形势持续保持平稳。

【政府信息公开】 围绕疫情防控、产业功能区建设等重点领域工作，持续抓好政府信息公开工作，通过“两目录一平台”公开信息1万余条。坚持“以公开为原则，不公开为例外”，办结依申请公开件49件，切实保障广大群众知情权。推动政务公开清单化、制度化管理，全面完成各镇（街道）、市级各部门（单位）政府信息主动公开目录编制。

【后勤保障】 转变思路、超前谋划，为领导日常工作的开展提供精细周到的服务保障。坚持厉行节约、精打细算，清理财政结转结余资金，高质量编报办公室预决算，并及时在政府门户网站进行公开，确保各项资金安全规范使用。结合中央八项规定，省、成都市各项规定，严格控制“三公”经费支出，全年“三公”经费下降26%；严格按照《简阳市党政机关国内公务接待管理实施细则》开展接待工作，在接待质量稳步提升的基础上，接待支出减少42%。

【督查督办】 围绕市委、市政府中心工作，抓主抓重，把握关键，强化政务督查，力求工作实效。高度重视“两案”办理工作，在常态化疫情防控背景下，灵活采取“现场督查+远程督办”相结合的工作模式，督促政府系统各部门按时保质完成56件人大建议及133件政协提案办理工作，代表委员对办理工作及结果满意率均为100%。以高度负责的精神、求真务实的作风和敢于碰硬的姿态，全力抓好成都交办及下达简阳市经济指标、重点项目、领导批示和交办事项等的督查

督办工作，全年共制发《督查通知》168期、《政务督查通报》90期、《政务督办专报》109期。

【应急值守】 严格执行领导带班、24小时值守等规定，加大周末、法定节假日等敏感时段值班值守抽查力度，全年累计电话抽查2376次，“800兆”手持电台点名335次，发送提示短信1000余条。妥善做好石盘森林火灾等重点信息报送工作，向成都市上报信息30余条；做好群众反映问题分类交办，协调处置停水停电、夜间施工扰民、群体讨薪等各类诉求100余起。

【脱贫攻坚】 坚决打赢脱贫攻坚收官战，扎实推进龙河村、燕泥村等4个贫困村结对帮扶工作，全年组织办公室干部职工开展集中走访12次，定期与结对帮扶对象共算收入账，针对性采取有效措施补短板、强弱项，持续巩固提升帮扶成效。按要求开展“回头看、回头帮”“心连心·大走访”活动，全面核实“两不愁三保障”落实情况，聚焦“一超六有”标准，全面解决贫困户房屋漏雨、饮水安全等问题。

【队伍建设】 坚持学习提能，组织举办民法典讲座、读书会等各类主题学习活动，组织参加东进大讲堂、党员e家等各类线上线下培训200余人次，干部职工进一步夯实理论之基、补足精神之钙，综合素质大幅提升。抓实抓牢纪律教育，印发《政府办2020年党风廉政建设工作意见》，集中开展纪委文件精神学习和典型违法违纪案例警示教育16次，发送廉政短信提醒400人次，切实提高政府办干部职工廉政风险意识。

（何　兴）

行政审批

【概况】 规范简阳市行政审批局审批工作流程，简化内部流转环节，提高审批效率，建立高效扁平化的审批服务团队；按照《优化营商环境条例》“持续精简涉企经营许可事项，依法采取直接取消审批、审批改为备案、实行告知承诺、优化审批服务等方式”的要求，以信用为基础，实行告知承诺制行政审批；对简阳市10家信用良好的公司企业对招牌设置许可、粮食收购许可等8项原本需要现场踏勘的行政许可，以行政审批承诺制代替现场踏勘；深入贯彻习近平总书记关于优化营商环境的系列重要论述精神，认真贯彻落实《优化营商环境条例》（国令第722号），坚持国际化、市场化、法治化、便利化原则，对标国际先进水平，创新体制机制、强化协同联动、完善法治保障，聚焦企业和群众办事创业的痛点、难点、堵点，补短板、拉长板、树品牌，提升城市竞争力和影响力，统筹做好“稳”“转”“强”“优”四篇文章，持续优化营商环境，推动经济高质量发展。2020年行政审批综合服务中心共开展11类32项行政许可事项的现场踏勘工作，较上年同期增加了6类14项（烟花爆竹经营许可、消毒产品生产企业卫生许可、取水工程及设施验收、城镇污水排入排水管网等），全年实施现场踏勘3388件次，出动踏勘人员11858人次，月均办件量282件，较2019年增加74件/月；一次性通过率52%，较2019年提升3.5%；整改（补正）后整体通过率95%，较2019年提升4%。

【层级审批及承担责任制度】 2020年4月4日，制定《简阳市行政审批局层级审批及承担责任制度》，将行政审批局行使的行政许可权共计131项分为科室负责人、分管领导、主要领导、审批工作委员会四个层级分级审批，并进行法治审核。

【实行告知承诺制】 以信用为基础，实行告知承诺制行政审批。对特定信用良好的公司企业精简行政审批环节，再造行政审批流程。扩大告知承诺制的行政许可范围，为简阳本地企业公司营造良好的营商环境。

【国际化营商环境建设】 简流程压时限降费用。企业开办按照“一件事”标准整合为1个环节，所需提交材料精简至5件以内；实现企业设立登记1个小时内办结，2小时完成印章刻制和发票申领，3小时完成企业开办全流程，实施申请人证照及文书“双向免费寄递”、免费为新开办企业提供一套印章服务、免费打印复印的政策措施。措施实行以来，为2743名群众邮寄2752份快递，节省61920元服务费，为2185家企业节省85.9万元印章刻制费；推行“政银合作、一网通办”模式。与简阳市6家银行10个银行营业网点签订合作协议，开通企业登记、开户、融资等服务办理，实现“就近办、多点办”。2020年，全年通过“政银合作”共办理531件，银行预约开户252户；推进全程电子化网上登记。取消名称预先核准，全面推行名称自主申报与设立登记合并办理，推行标准化、智能化、自动化全程电子化登记。建立企业名称自主申报规则，实现名称自动比对、实时获取。2020年度全程网上登记1004户，其中新设950户，占网办的94.6%。

探索证照组合审批实行证照联办。食品经营者全程只需“跑一次”即可办理营业执照和食品经营许可证，采取“四个一”进行证照组合审批，精简材料9份，申请人提交的纸质资料由原16份减少至7份，精简率56%；减少中间环节3个，申请人由原来的来回跑四次变为只跑一次；办证时限缩短8天，从原来的10天压缩至2天，办事效率提高80%。截至12月底，食品许可证与营业执照实现证照联办32件；探索企业住所（经营场所）申报登记制改革。申请人只需按要求填写企业住所（经营场所）申报登记承诺书，无须提交房屋产权证明、租赁合同等其他住所（经营场所）使用证明材料即可办理营业执照，从而精简注册登记材料，提升审批服务能效，为申请人提供便捷高效的市场准入服务。全年已有114户符合条件的市场主体实现了住所（经营场所）自主申报登记；宣传引导，推进企业便利化注销登记。对符合简易注销条件的企业，采用网上公告的方式退出市场，并建立企业简易注销容错机制，由申请人承诺因资料存在瑕疵自愿承担相应的责任；对不符合简易注销条件或者有特殊需求的企业，通过“企业注销一网服务”办理注销登记，减少提交纸质材料，推动税务清税注销便利化，降低了企业退出市场的制度性成本。2020年累计已核准企业简易注销1184件；推广使用“营商通”APP。及时引导办事群众使用“营商通”平台完成网上实名认证，在线仅需提交2份申请资料，还可以自主选择印章刻制、银行账户开立等业务，审批完成后企业便可取得营业执照。同时，由于“营商通”APP自动生成PDF资料，经营范围也由自由填写变为关键词搜索选择，以往常见的提交资料不规范的问题也得以避免，真正实现让数据“多跑路”，让群众“少操心”，2020年“营商通APP”共注册登记432户市场主体，位居成都市区（市）县前列；推广市内全域通办。按照“审核权限不变、资料内部流转”的方式，让群众办理市场登记注册可以在简阳市内自行选择办理辖区，个体工商户设立、变更、注销登记均可“全域通办”，从而降低了时间、费用、人工三大成本，并有利于化解市场主体登记窗口事项多、压力大、排队长的问题，进一步推动基层提高服务效率，打通服务群众的“最后一公里”。

【现场踏勘】 服务意识进一步加强。牢固树立“服务群众”的宗旨理念，切实提高服务意识。不断创新工作方法，优化服务模式，提升服务效能，主动与申请人电话沟通，做好勘前指导、预约现场踏勘时间，梳理踏勘地点，规划合理路线，约定踏勘时间，开展并联式踏勘，高效完成踏勘工作，面对不同社会群体申请人，做到同样耐心、细心、贴心，提供专业、全面的现勘意见，发挥中心作为审批局联系办事群众的桥梁和纽带作用；踏勘方式灵活多样。创新开展“一勘多项”，紧密联系审批科室，对同一申请人、同一项目多个申请事项开展并联式审批，实现一次现场，踏勘多个审批事项的目标，切实提高服务效率，主动对接监管部门，开展“联合踏勘”，形成工作合力，确保踏勘结论更专业、更准确，广泛推进“云”踏勘，通过微信、QQ等网络平台与办事群众交流互动，开展勘前指导和复勘，突破时间、空间限制，实现快速踏勘，开通消毒产品生产企业卫生许可、动物防疫条件合格证申请“绿色通道”，实现“交件即勘”。助力“主题式服务”，为进一步缩短审批时限，提高审批效率；审管协作更加密切。主动对接市经科信局、市交通局、市水务局、市综合执法局、市公安交警大队等监管部门，形成工作合力，实行“踏勘一起去，现场一起评，结论现场出”的工作模式，变“群众跑”为“干部跑”“数据跑”，变“反复跑、多头跑”为“最多跑一次”，有效地减少了企业的办事成本。面对审管协作中的问题与矛盾，主动寻求协同合作，在政策、法规中有明确要求的，始终坚持原则，依法依规办事，无明确规定的，敢于担当，承担相应工作。在监管部门召集现场会议时，主动配合参与，从审批角度提出专业的意见和建议，共同高效推进工作开展。

（周　乔）

政务服务和网络理政

【概况】 做好“网络理政平台”办理工作，是畅通民意诉求渠道,践行网上群众路线的全新实践。2020 年,市行政审批局严格按照“网上访民意，网下解民忧”的工作理念和“事事有回音，件件有落实”的工作原则，认真办理网络理政平台群众来电、来信，积极主动做好沟通解释，全力做好工作推进，共办结群众来电、来信 36856 件，满意率 92.80%，平均回复周期 3.86 个工作日。

【网络理政平台办理】 针对不断增加的来信量，强化数据分析。采取每月制发情况通报、每季度市政府常务会通报的方式，及时发现问题并进行整改，同时明确下步工作举措；加强业务指导。落实对各部门网络理政相关规定的指导，严格要求各部门网络理政平台办理回复格式、回复周期、满意率、办理周期等，规范办理流程，强化目标考核意识；提升业务水平。2020 年 6 月，组织召开简阳市网络理政工作满意度提升专题会议，组织相关部门、街道办事处赴天府新区学习网络理政工作先进经验做法，进一步增强思想认识、掌握科学方法、提升网络理政平台群众诉求处置能力和服务水平；完善工作机制。对成都网络理政工作考核指标逐一分析，制定了指标任务分解表下达给各镇(街道)和各部门，印发《简阳市网络理政平台诉求管理办法》《简阳市行政审批局关于进一步提升全市网络理政群众满意度相关工作的通知》等工作办法及制度；积极回应热点关切。按照市委要求，整理了近两年来在网络理政平台上反映的比较突出集中的信访诉求问题，请相关单位妥善处置，化解矛盾，针对不满意件，分析不满意的原因并再次交办给承办部门督促办理。

【政务公开指导】 牵头全市各部门、镇(街道)完成简阳市基层政务公开标准化目录的编制，全市共涉及 25 个试点领域，23 个市级部门、22 个镇(街道)，1000 余条目录；严格执行“谁公开、谁审查、谁负责”“先审查、后公开”等规定，统筹推进全市政务公开工作；印发了《2020 年政务公开工作重点的通知》，将工作目标任务精确细化到每个责任部门(单位)，持续加强督查力度，通过 QQ 群、电话交流等方式，督促工作开展不到位的单位限期整改。

【政府网站建设】 优化完善政府网站信息公开栏目(版块)，充分发挥政府网站作为政务公开第一平台的作用。对简阳市政府门户网站进行了技术保障并组织各单位开展信息更新，严格执行“谁公开、谁审查、谁负责”“先审查、后上网公开”“一事一审”等规定，全年通过政府门户网站累计公开信息 11279 条；将门户网站栏目内容分解到各单位，并以政府办名义发文实施。

表 10　　2020 年简阳市政务中心各窗口各部门办件情况表

部门	部门实际受理数(件)	部门实际已办结(件)	实际受理即办件数(件)	部门咨询人次(人次)
市民政局(婚姻)	18508	18508	18508	1290
市公安局(车管)	191420	191420	191420	1590
市公安局窗口	27128	27128	1124	2643
公安局(户政)	284637	284637	236917	15600
公安局(出入境)	3046	3046	0	2868
市消防大队	87	87	0	362
市规自局	93	93	0	1230
市医保局(医疗保障事务中心)	10416	10416	3703	16200

续表10

部门	部门实际受理数（件）	部门实际已办结（件）	实际受理即办件数（件）	部门咨询人次（人次）
市人社局	391569	389041	335269	94425
市财政局	51794	51794	51794	18032
市司法局（公证处）	5927	5927	4703	8000
成都住房公积金管理中心简阳服务部	28301	28301	28301	8500
市交通局	4301	4283	4118	1220
市住建局	853	853	517	1460
市税务局	67969	67969	67969	73141
简阳生态环境局	178	178	0	742
市规自局（不动产）	65260	65260	48678	4000
市行政审批局	27142	27142	7078	38641
合计	1178629	1176083	1000099	289944

（周　乔）

人力资源管理

【概况】 2020年，市人社局全面落实中央、省委、市委和简阳市委系列决策部署，实现人社事业新发展，为统筹推进全市疫情防控和经济社会发展，加快建设成都东部区域中心城市作出贡献。

【人才队伍建设】 强化专业技术人才队伍建设，实施专业技术“知识更新”工程，完成1.2万人继续教育，新培育专技人才1000余名，其中高级295名，制药工程、机械工程等专技人才队伍不断壮大，高级电子信息技术职称申报实现零突破。强化高技能人才队伍建设，全力推进“技能成都”简阳十大技能品牌培育工作，培训各类技能人才5105人次，其中，海底捞餐厅服务服务员80人、航空运输地面服务员280人、装备制造机械加工（焊工）150人，支持企业开展新型学徒制培训，新增新型学徒46人。组织开展职工技能大赛3场，新增成都市级技能大师工作室1个。

【人事聘用管理】 牵头制定简阳市深化产业功能区（园区）员额内编制人员薪酬制度改革实施意见和编外聘用人员公开招聘办法，推进员额制管理。加强公开招聘事业单位人员工作，全年公开招聘教师151人、考核招聘农村义务教育学校音体美教师19人、招募高校毕业生服务基层项目志愿者104人。招募高校毕业生服务基层项目志愿者104人，做好志愿者培训、年度考核等管理服务工作。审核全市18个机关事业单位编外聘用人员使用计划，提请市编委会研究同意使用599人。

【招才引智】 参加“蓉漂人才荟”系列活动，赴西南大学、重庆医科大学等引进卫生、教育等行业高层次人才57人；实施“东进英才”“风筝行动”等重点人才工程，招引高层次人才7名，获评“简阳工匠”13名，“成都工匠”5名，1人获四川省先进科技工作者表扬，1人获成都市新冠肺炎疫情防控五一劳动奖章，1人获成都市抗击新冠肺炎疫情先进个人表彰，24人次获市委、市政府及以上表扬。深入企业联系关心人才，及时兑现人才政策，向30名高层次高素质人才发放安家补贴和人才津贴19万元，向12名本土培育人才发放人才津贴2.7万元。

表 11　　2020 年简阳市取得高级专业技术职务资格人员一览表

姓名	工作单位	职称	取得时间	批准文号
马厚敏	简阳市石盘镇朝阳九年义务教育学校	中小学高级教师	2020.1.3	简人社职〔2020〕2 号
杨平辉	简阳市三合镇初级中学	中小学高级教师	2020.1.3	简人社职〔2020〕2 号
李锦成	简阳市石桥镇海井九年义务教育学校	中小学高级教师	2020.1.3	简人社职〔2020〕2 号
卿明康	简阳市踏水镇寨子九年义务教育学校	中小学高级教师	2020.1.3	简人社职〔2020〕2 号
钟知文	简阳市同合乡九年义务教育学校	中小学高级教师	2020.1.3	简人社职〔2020〕2 号
黄丽萍	简阳市贾家镇初级中学	中小学高级教师	2020.1.3	简人社职〔2020〕2 号
樊　梅	简阳市东溪镇新合九年义务教育学校	中小学高级教师	2020.1.3	简人社职〔2020〕2 号
陈晓军	简阳市石桥初级中学	中小学高级教师	2020.1.3	简人社职〔2020〕2 号
付文忠	简阳市灵仙乡九年义务教育学校	中小学高级教师	2020.1.3	简人社职〔2020〕2 号
巫林娟	简阳市高明乡九年义务教育学校	中小学高级教师	2020.1.3	简人社职〔2020〕2 号
曾　泽	简阳市吴仲良第四初级中学	中小学高级教师	2020.1.3	简人社职〔2020〕2 号
鲁学渊	简阳市禾丰镇潮水九年义务教育学校	中小学高级教师	2020.1.3	简人社职〔2020〕2 号
汪再猛	简阳市镇金镇吴文雅初级中学	中小学高级教师	2020.1.3	简人社职〔2020〕2 号
曾　欣	简阳市解放九年义务教育学校	中小学高级教师	2020.1.3	简人社职〔2020〕2 号
施　露	简阳市平息乡九年义务教育学校	中小学高级教师	2020.1.3	简人社职〔2020〕2 号
徐洪荣	简阳市三星中学	中小学高级教师	2020.1.3	简人社职〔2020〕2 号
袁志君	简阳市平泉镇初级中学	中小学高级教师	2020.1.3	简人社职〔2020〕2 号
蒋万学	简阳市三星镇井田九年义务教育学校	中小学高级教师	2020.1.3	简人社职〔2020〕2 号
付绍洋	简阳市永宁乡九年义务教育学校	中小学高级教师	2020.1.3	简人社职〔2020〕2 号
谢明会	简阳市云龙镇百堰九年义务教育学校	中小学高级教师	2020.1.3	简人社职〔2020〕2 号
李　丽	简阳市养马镇初级中学	中小学高级教师	2020.1.3	简人社职〔2020〕2 号
马　胜	简阳市青龙镇联合九年义务教育学校	中小学高级教师	2020.1.3	简人社职〔2020〕2 号
曾　雄	简阳市平武镇安佛九年义务教育学校	中小学高级教师	2020.1.3	简人社职〔2020〕2 号
秦玉春	简阳市平武镇九年义务教育学校	中小学高级教师	2020.1.3	简人社职〔2020〕2 号
黄本刚	简阳市三星中学	中小学高级教师	2020.1.3	简人社职〔2020〕2 号
鄢　俐	简阳市平泉镇初级中学	中小学高级教师	2020.1.3	简人社职〔2020〕2 号
李　晔	简阳市贾家镇初级中学	中小学高级教师	2020.1.3	简人社职〔2020〕2 号
邓　华	简阳市实验中学	中小学高级教师	2020.1.3	简人社职〔2020〕2 号
陈　平	简阳市新星乡九年义务教育学校	中小学高级教师	2020.1.3	简人社职〔2020〕2 号
李　红	简阳市养马镇中心小学	中小学高级教师	2020.1.3	简人社职〔2020〕2 号
吴中敏	简阳市新市镇杨家九年义务教育学校	中小学高级教师	2020.1.3	简人社职〔2020〕2 号
卿　山	简阳市贾家镇中心小学	中小学高级教师	2020.1.3	简人社职〔2020〕2 号
巫　明	简阳市贾家镇中心小学	中小学高级教师	2020.1.3	简人社职〔2020〕2 号
黄锦红	简阳市贾家镇中心小学	中小学高级教师	2020.1.3	简人社职〔2020〕2 号
张泽容	简阳市镇金镇中心小学	中小学高级教师	2020.1.3	简人社职〔2020〕2 号
李洋花	简阳市实验中学	中小学高级教师	2020.1.3	简人社职〔2020〕2 号

续表11

姓名	工作单位	职称	取得时间	批准文号
周林奎	简阳市贾家镇久隆九年义务教育学校	中小学高级教师	2020.1.3	简人社职〔2020〕2号
万乾香	简阳市周家乡九年义务教育学校	中小学高级教师	2020.1.3	简人社职〔2020〕2号
张文祥	简阳市高明乡九年义务教育学校	中小学高级教师	2020.1.3	简人社职〔2020〕2号
李晓容	简阳市平泉镇中心小学	中小学高级教师	2020.1.3	简人社职〔2020〕2号
邓根元	简阳市望水乡九年义务教育学校	中小学高级教师	2020.1.3	简人社职〔2020〕2号
付　珍	简阳市青龙镇联合九年义务教育学校	中小学高级教师	2020.1.3	简人社职〔2020〕2号
付学珍	简阳市壮溪乡中心小学	中小学高级教师	2020.1.3	简人社职〔2020〕2号
陈素英	简阳市实验小学	中小学高级教师	2020.1.3	简人社职〔2020〕2号
袁秀玲	简阳市镇金镇中心小学	中小学高级教师	2020.1.3	简人社职〔2020〕2号
陈素芬	简阳市高明乡九年义务教育学校	中小学高级教师	2020.1.3	简人社职〔2020〕2号
朱晓芳	简阳市新市小学	中小学高级教师	2020.1.3	简人社职〔2020〕2号
钟　琼	简阳市养马田家小学校	中小学高级教师	2020.1.3	简人社职〔2020〕2号
李小芳	简阳市老龙乡九年义务教育学校	中小学高级教师	2020.1.3	简人社职〔2020〕2号
宋洪英	简阳市贾家场小学	中小学高级教师	2020.1.3	简人社职〔2020〕2号
李春波	简阳市三星镇中心小学	中小学高级教师	2020.1.3	简人社职〔2020〕2号
陈艳英	简阳市普安乡中心小学	中小学高级教师	2020.1.3	简人社职〔2020〕2号
樊　琼	简阳市新市小学	中小学高级教师	2020.1.3	简人社职〔2020〕2号
范雪梅	简阳市简城第三小学	中小学高级教师	2020.1.3	简人社职〔2020〕2号
谢　俊	简阳市明德小学	中小学高级教师	2020.1.3	简人社职〔2020〕2号
王　荣	简阳市三星镇井田九年义务教育学校	中小学高级教师	2020.1.3	简人社职〔2020〕2号
周超琼	简阳市平息乡九年义务教育学校	中小学高级教师	2020.1.3	简人社职〔2020〕2号
张向科	简阳市施家镇九年义务教育学校	中小学高级教师	2020.1.3	简人社职〔2020〕2号
卿雪松	简阳市三星镇中心小学	中小学高级教师	2020.1.3	简人社职〔2020〕2号
黄雪丽	简阳市云龙镇中心小学	中小学高级教师	2020.1.3	简人社职〔2020〕2号
周素琼	简阳市新市镇杨家九年义务教育学校	中小学高级教师	2020.1.3	简人社职〔2020〕2号
罗　文	简阳市壮溪乡中心小学	中小学高级教师	2020.1.3	简人社职〔2020〕2号
江　柳	简阳市简城第一小学	中小学高级教师	2020.1.3	简人社职〔2020〕2号
张　萍	简阳市石桥镇海井九年义务教育学校	中小学高级教师	2020.1.3	简人社职〔2020〕2号
赵　丽	简阳市养马镇中心小学	中小学高级教师	2020.1.3	简人社职〔2020〕2号
汪广智	简阳市石桥初级中学	中小学高级教师	2020.1.3	简人社职〔2020〕2号
周书君	简阳市三星镇初级中学	中小学高级教师	2020.1.3	简人社职〔2020〕2号
蒋景昌	简阳市禾丰镇初级中学	中小学高级教师	2020.1.3	简人社职〔2020〕2号
秦小华	简阳市青龙镇初级中学	中小学高级教师	2020.1.3	简人社职〔2020〕2号
张　险	简阳市周家乡九年义务教育学校	中小学高级教师	2020.1.3	简人社职〔2020〕2号
贾琼先	简阳市三星镇初级中学	中小学高级教师	2020.1.3	简人社职〔2020〕2号
徐水成	简阳市江源镇九年义务教育学校	中小学高级教师	2020.1.3	简人社职〔2020〕2号

续表11

姓名	工作单位	职称	取得时间	批准文号
郑小伶	简阳市武庙乡九年义务教育学校	中小学高级教师	2020.1.3	简人社职〔2020〕2 号
胡启春	简阳市踏水镇九年义务教育学校	中小学高级教师	2020.1.3	简人社职〔2020〕2 号
袁高德	简阳市禾丰镇励志九年义务教育学校	中小学高级教师	2020.1.3	简人社职〔2020〕2 号
袁永明	简阳市五合乡吴文森初级中学	中小学高级教师	2020.1.3	简人社职〔2020〕2 号
王修山	简阳市云龙镇百堰九年义务教育学校	中小学高级教师	2020.1.3	简人社职〔2020〕2 号
杨代琴	简阳市贾家镇柏林九年义务教育学校	中小学高级教师	2020.1.3	简人社职〔2020〕2 号
徐　萍	简阳市贾家镇初级中学	中小学高级教师	2020.1.3	简人社职〔2020〕2 号
李　雄	简阳市涌泉镇初级中学	中小学高级教师	2020.1.3	简人社职〔2020〕2 号
鄢志宏	简阳市东溪初级中学	中小学高级教师	2020.1.3	简人社职〔2020〕2 号
李国春	简阳市青龙镇初级中学	中小学高级教师	2020.1.3	简人社职〔2020〕2 号
肖丽华	简阳市平武镇九年义务教育学校	中小学高级教师	2020.1.3	简人社职〔2020〕2 号
唐　英	简阳市三星镇初级中学	中小学高级教师	2020.1.3	简人社职〔2020〕2 号
刘光武	简阳市三星镇井田九年义务教育学校	中小学高级教师	2020.1.3	简人社职〔2020〕2 号
汪　军	简阳市石桥镇石堰九年义务教育学校	中小学高级教师	2020.1.3	简人社职〔2020〕2 号
林　忠	简阳市五星乡九年义务教育学校	中小学高级教师	2020.1.3	简人社职〔2020〕2 号
鲁建琼	简阳市三星中学	中小学高级教师	2020.1.3	简人社职〔2020〕2 号
黄友正	简阳市涌泉镇中心小学	中小学高级教师	2020.1.3	简人社职〔2020〕2 号
蒋建琼	简阳市金马镇九年义务教育学校	中小学高级教师	2020.1.3	简人社职〔2020〕2 号
陈碧英	简阳市禾丰镇中心小学	中小学高级教师	2020.1.3	简人社职〔2020〕2 号
华志英	简阳市平泉镇中心小学	中小学高级教师	2020.1.3	简人社职〔2020〕2 号
刘显容	简阳市石桥镇赤水九年义务教育学校	中小学高级教师	2020.1.3	简人社职〔2020〕2 号
刘利莎	简阳市实验中学	中小学高级教师	2020.1.3	简人社职〔2020〕2 号
陈传碧	简阳市同合乡九年义务教育学校	中小学高级教师	2020.1.3	简人社职〔2020〕2 号
谢　军	简阳市石桥小学	中小学高级教师	2020.1.3	简人社职〔2020〕2 号
付正家	简阳市望水乡九年义务教育学校	中小学高级教师	2020.1.3	简人社职〔2020〕2 号
殷昌浩	简阳市贾家镇柏林九年义务教育学校	中小学高级教师	2020.1.3	简人社职〔2020〕2 号
周智容	简阳市贾家镇中心小学	中小学高级教师	2020.1.3	简人社职〔2020〕2 号
唐　玲	简阳市养马镇中心小学	中小学高级教师	2020.1.3	简人社职〔2020〕2 号
曾　敏	简阳市贾家场小学	中小学高级教师	2020.1.3	简人社职〔2020〕2 号
毛金周	简阳市贾家镇久隆九年义务教育学校	中小学高级教师	2020.1.3	简人社职〔2020〕2 号
严会英	简阳市简城城北九年义务教育学校	中小学高级教师	2020.1.3	简人社职〔2020〕2 号
王修德	简阳市新市镇模范九年义务教育学校	中小学高级教师	2020.1.3	简人社职〔2020〕2 号
王利兰	简阳市解放九年义务教育学校	中小学高级教师	2020.1.3	简人社职〔2020〕2 号
马乐茹	简阳市简城第一小学	中小学高级教师	2020.1.3	简人社职〔2020〕2 号
付秀萍	简阳市镇金镇中心小学	中小学高级教师	2020.1.3	简人社职〔2020〕2 号
钟思敏	简阳市解放九年义务教育学校	中小学高级教师	2020.1.3	简人社职〔2020〕2 号

续表11

姓名	工作单位	职称	取得时间	批准文号
李晓俊	简阳市江源镇九年义务教育学校	中小学高级教师	2020.1.3	简人社职〔2020〕2号
杨小容	简阳市石盘镇中心小学	中小学高级教师	2020.1.3	简人社职〔2020〕2号
鄢定能	简阳市养马镇中心小学	中小学高级教师	2020.1.3	简人社职〔2020〕2号
汪利华	简阳市射洪坝第一小学	中小学高级教师	2020.1.3	简人社职〔2020〕2号
叶丹丹	简阳市壮溪乡中心小学	中小学高级教师	2020.1.3	简人社职〔2020〕2号
吴　敏	简阳市云龙镇中心小学	中小学高级教师	2020.1.3	简人社职〔2020〕2号
陈澌泓	简阳市贾家镇中心小学	中小学高级教师	2020.1.3	简人社职〔2020〕2号
李香毅	简阳市贾家场小学	中小学高级教师	2020.1.3	简人社职〔2020〕2号
杨　楷	简阳市实验小学	中小学高级教师	2020.1.3	简人社职〔2020〕2号
付海会	简阳市贾家镇中心小学	中小学高级教师	2020.1.3	简人社职〔2020〕2号
张咏梅	简阳市简城城西九年义务教育学校	中小学高级教师	2020.1.3	简人社职〔2020〕2号
高诗琴	简阳市石桥小学	中小学高级教师	2020.1.3	简人社职〔2020〕2号
张健英	简阳市石桥镇赤水九年义务教育学校	中小学高级教师	2020.1.3	简人社职〔2020〕2号
张雪英	简阳市贾家镇中心小学	中小学高级教师	2020.1.3	简人社职〔2020〕2号
刘华英	简阳市施家镇九年义务教育学校	中小学高级教师	2020.1.3	简人社职〔2020〕2号
李锦萍	简阳市涌泉镇初级中学	中小学高级教师	2020.1.3	简人社职〔2020〕2号
陈　宁	简阳市简城城北九年义务教育学校	中小学高级教师	2020.1.3	简人社职〔2020〕2号
彭廷武	简阳市金马镇九年义务教育学校	中小学高级教师	2020.1.3	简人社职〔2020〕2号
胡木琴	简阳市雷家乡九年义务教育学校	中小学高级教师	2020.1.3	简人社职〔2020〕2号
李素霞	简阳市老龙乡九年义务教育学校	中小学高级教师	2020.1.3	简人社职〔2020〕2号
冯　俊	简阳市石盘镇初级中学	中小学高级教师	2020.1.3	简人社职〔2020〕2号
曹心全	简阳市云龙镇初级中学	中小学高级教师	2020.1.3	简人社职〔2020〕2号
袁小兰	简阳市太平桥镇初级中学	中小学高级教师	2020.1.3	简人社职〔2020〕2号
付水英	简阳市解放九年义务教育学校	中小学高级教师	2020.1.3	简人社职〔2020〕2号
李隆军	简阳市三星中学	中小学高级教师	2020.1.3	简人社职〔2020〕2号
钟　华	简阳市安乐乡九年义务教育学校	中小学高级教师	2020.1.3	简人社职〔2020〕2号
唐占斌	简阳市太平桥镇初级中学	中小学高级教师	2020.1.3	简人社职〔2020〕2号
杨俊华	简阳市镇金镇吴文雅初级中学	中小学高级教师	2020.1.3	简人社职〔2020〕2号
徐耀斌	简阳市贾家镇久隆九年义务教育学校	中小学高级教师	2020.1.3	简人社职〔2020〕2号
黄军成	简阳市太平桥镇中心小学	中小学高级教师	2020.1.3	简人社职〔2020〕2号
李继祥	简阳市太平桥镇初级中学	中小学高级教师	2020.1.3	简人社职〔2020〕2号
张小根	简阳市简城城西九年义务教育学校	中小学高级教师	2020.1.3	简人社职〔2020〕2号
陈　妮	简阳市解放九年义务教育学校	中小学高级教师	2020.1.3	简人社职〔2020〕2号
陈海章	简阳市简城城北九年义务教育学校	中小学高级教师	2020.1.3	简人社职〔2020〕2号
杨江泉	简阳市老龙乡九年义务教育学校	中小学高级教师	2020.1.3	简人社职〔2020〕2号
苏　永	简阳市永宁乡九年义务教育学校	中小学高级教师	2020.1.3	简人社职〔2020〕2号

续表11

姓名	工作单位	职称	取得时间	批准文号
张正祥	简阳市太平桥镇初级中学	中小学高级教师	2020.1.3	简人社职〔2020〕2 号
毛家林	简阳市平窝乡九义校	中小学高级教师	2020.1.3	简人社职〔2020〕2 号
邓龙江	简阳市三星中学	中小学高级教师	2020.1.3	简人社职〔2020〕2 号
张盛水	简阳市石桥镇石堰九年义务教育学校	中小学高级教师	2020.1.3	简人社职〔2020〕2 号
邓华敏	简阳市贾家镇初级中学	中小学高级教师	2020.1.3	简人社职〔2020〕2 号
彭永贵	简阳市实验中学	中小学高级教师	2020.1.3	简人社职〔2020〕2 号
蒋延书	简阳市宏缘乡九年义务教育学校	中小学高级教师	2020.1.3	简人社职〔2020〕2 号
陈晓玲	简阳市石盘镇初级中学	中小学高级教师	2020.1.3	简人社职〔2020〕2 号
胡　庆	简阳通材实验学校	中小学高级教师	2020.1.3	简人社职〔2020〕2 号
杨　洪	简阳市禾丰镇潮水九年义务教育学校	中小学高级教师	2020.1.3	简人社职〔2020〕2 号
周正慧	简阳市东溪镇新合九年义务教育学校	中小学高级教师	2020.1.3	简人社职〔2020〕2 号
黄　勇	简阳市三合镇塘坝九年义务教育学校	中小学高级教师	2020.1.3	简人社职〔2020〕2 号
周晓兰	简阳市三星中学	中小学高级教师	2020.1.3	简人社职〔2020〕2 号
郑素芳	简阳市施家镇九年义务教育学校	中小学高级教师	2020.1.3	简人社职〔2020〕2 号
夏　宇	简阳市金马镇九年义务教育学校	中小学高级教师	2020.1.3	简人社职〔2020〕2 号
蒋统国	简阳市三星中学	中小学高级教师	2020.1.3	简人社职〔2020〕2 号
冯　平	简阳市望水乡九年义务教育学校	中小学高级教师	2020.1.3	简人社职〔2020〕2 号
田　慧	简阳市简城第一小学	中小学高级教师	2020.1.3	简人社职〔2020〕2 号
戢文武	简阳市新市镇杨家九年义务教育学校	中小学高级教师	2020.1.3	简人社职〔2020〕2 号
黄晓书	简阳市华西九年义务教育学校	中小学高级教师	2020.1.3	简人社职〔2020〕2 号
吴　旭	简阳市实验中学	中小学高级教师	2020.1.3	简人社职〔2020〕2 号
曾金水	简阳市普安乡初级中学	中小学高级教师	2020.1.3	简人社职〔2020〕2 号
曾国建	简阳市三星镇初级中学	中小学高级教师	2020.1.3	简人社职〔2020〕2 号
晋　华	简阳市金马镇九年义务教育学校	中小学高级教师	2020.1.3	简人社职〔2020〕2 号
王　建	简阳市施家镇中心幼儿园	中小学高级教师	2020.1.3	简人社职〔2020〕2 号
高维东	简阳市简城第一幼儿园	中小学高级教师	2020.1.3	简人社职〔2020〕2 号
王红霞	简阳市石钟镇中心幼儿园	中小学高级教师	2020.1.3	简人社职〔2020〕2 号
张艳华	简阳市简城第一幼儿园	中小学高级教师	2020.1.3	简人社职〔2020〕2 号
时玉华	简阳市简城第三幼儿园	中小学高级教师	2020.1.3	简人社职〔2020〕2 号
包丽萍	简阳市川空幼儿园	中小学高级教师	2020.1.3	简人社职〔2020〕2 号
周　梅	简阳市简城第三幼儿园	中小学高级教师	2020.1.3	简人社职〔2020〕2 号
施　敏	简阳市平泉镇中心幼儿园	中小学高级教师	2020.1.3	简人社职〔2020〕2 号
付安琪	四川省简阳市高级职业中学	中小学高级教师	2020.1.3	简人社职〔2020〕2 号
周　艳	简阳市华西九年义务教育学校	中小学高级教师	2020.1.3	简人社职〔2020〕2 号
杨燕丽	简阳市特殊教育学校	中小学高级教师	2020.1.3	简人社职〔2020〕2 号
王业份	简阳市特殊教育学校	中小学高级教师	2020.1.3	简人社职〔2020〕2 号

续表11

姓名	工作单位	职称	取得时间	批准文号
魏　友	简阳市特殊教育学校	中小学高级教师	2020.1.3	简人社职〔2020〕2号
罗德军	简阳市人民医院	主任医师	2020.3.27	简人社职〔2020〕14号
张　辉	简阳市人民医院	主任医师	2020.3.27	简人社职〔2020〕14号
邓云模	简阳市人民医院	主任护师	2020.3.27	简人社职〔2020〕14号
汪桂香	简阳市人民医院	主任护师	2020.3.27	简人社职〔2020〕14号
毛明英	简阳市人民医院	主任护师	2020.3.27	简人社职〔2020〕14号
李　燕	简阳市妇幼保健计划生育服务中心	主任护师	2020.3.27	简人社职〔2020〕14号
颜　刚	简阳市中医医院	主任中药师	2020.3.27	简人社职〔2020〕15号
何　江	简阳市人民医院	副主任医师	2020.4.29	简人社职〔2020〕23号
李明鹏	简阳市人民医院	副主任医师	2020.4.29	简人社职〔2020〕23号
熊洪奇	简阳市人民医院	副主任医师	2020.4.29	简人社职〔2020〕23号
彭　波	简阳市人民医院	副主任医师	2020.4.29	简人社职〔2020〕23号
许培培	简阳市人民医院	副主任医师	2020.4.29	简人社职〔2020〕23号
缑丽军	简阳市人民医院	副主任医师	2020.4.29	简人社职〔2020〕23号
钟晓莉	简阳市人民医院	副主任医师	2020.4.29	简人社职〔2020〕23号
邓智会	简阳市人民医院	副主任医师	2020.4.29	简人社职〔2020〕23号
谭秋月	简阳市人民医院	副主任医师	2020.4.29	简人社职〔2020〕23号
牟遐平	简阳市人民医院	副主任医师	2020.4.29	简人社职〔2020〕23号
张　帆	简阳市人民医院	副主任医师	2020.4.29	简人社职〔2020〕23号
张　伟	简阳市中医医院	副主任医师	2020.4.29	简人社职〔2020〕23号
晁攸霞	简阳市中医医院	副主任医师	2020.4.29	简人社职〔2020〕23号
代　陈	简阳市中医医院	副主任医师	2020.4.29	简人社职〔2020〕23号
付　静	简阳市中医医院	副主任医师	2020.4.29	简人社职〔2020〕23号
唐令洪	简阳市妇幼保健计划生育服务中心（简阳市妇幼保健院）	副主任医师	2020.4.29	简人社职〔2020〕23号
黄　建	简阳市城南社区卫生服务中心（简阳市红塔医院）	副主任医师	2020.4.29	简人社职〔2020〕23号
孙国俊	简阳市云龙中心卫生院	副主任医师	2020.4.29	简人社职〔2020〕23号
张　权	简阳市云龙中心卫生院	副主任医师	2020.4.29	简人社职〔2020〕23号
罗山洪	简阳市红十字平泉中心卫生院	副主任医师	2020.4.29	简人社职〔2020〕23号
王正刚	简阳市镇金中心卫生院	副主任医师	2020.4.29	简人社职〔2020〕23号
陈　睿	简阳市城西社区卫生服务中心	副主任医师	2020.4.29	简人社职〔2020〕23号
陈　敏	简阳空分医院	副主任医师	2020.4.29	简人社职〔2020〕23号
吴秋林	简阳市人民医院	副主任护师	2020.4.29	简人社职〔2020〕23号
谢利平	简阳市人民医院	副主任护师	2020.4.29	简人社职〔2020〕23号
李水燕	简阳市人民医院	副主任护师	2020.4.29	简人社职〔2020〕23号
刘容含	简阳市人民医院	副主任护师	2020.4.29	简人社职〔2020〕23号

续表11

姓名	工作单位	职称	取得时间	批准文号
徐洪霞	简阳市人民医院	副主任护师	2020.4.29	简人社职〔2020〕23号
方　英	简阳市人民医院	副主任护师	2020.4.29	简人社职〔2020〕23号
袁　英	简阳市中医医院	副主任护师	2020.4.29	简人社职〔2020〕23号
孙　敏	简阳市中医医院	副主任护师	2020.4.29	简人社职〔2020〕23号
杨伶俐	简阳市妇幼保健计划生育服务中心（简阳市妇幼保健院）	副主任护师	2020.4.29	简人社职〔2020〕23号
田永红	简阳市疾病预防控制中心	副主任护师	2020.4.29	简人社职〔2020〕23号
雷　艳	简阳市贾家中心卫生院（简阳市第二人民医院）	副主任护师	2020.4.29	简人社职〔2020〕23号
黄　敏	简阳市贾家中心卫生院（简阳市第二人民医院）	副主任护师	2020.4.29	简人社职〔2020〕23号
毛火云	简阳市禾丰中心卫生院（简阳市第四人民医院）	副主任护师	2020.4.29	简人社职〔2020〕23号
李红英	简阳市禾丰中心卫生院（简阳市第四人民医院）	副主任护师	2020.4.29	简人社职〔2020〕23号
李　琦	简阳市中医医院	副主任技师	2020.4.29	简人社职〔2020〕23号
王晓君	简阳市疾病预防控制中心	副主任技师	2020.4.29	简人社职〔2020〕23号
田文丽	简阳市云龙中心卫生院	副主任药师	2020.4.29	简人社职〔2020〕23号
陈　其	简阳市石桥中心卫生院	基层卫生副主任医师	2020.4.29	简人社职〔2020〕23号
万锦霞	简阳市养马中心卫生院	基层卫生副主任护师	2020.4.29	简人社职〔2020〕23号
周丽琼	简阳市云龙中心卫生院	基层卫生副主任护师	2020.4.29	简人社职〔2020〕23号
郑文杰	简阳市中医医院	副主任中医师	2020.4.29	简人社职〔2020〕24号
汤维英	简阳市中医医院	副主任中医师	2020.4.29	简人社职〔2020〕24号
黄旭钢	简阳市贾家中心卫生院（简阳市第二人民医院）	副主任中药师	2020.4.29	简人社职〔2020〕24号
郑传根	成都三零凯天通信实业有限公司	高级工程师	2020.5.22	简人社职〔2020〕26号
邱文英	华派生物工程集团有限公司	高级工程师	2020.5.22	简人社职〔2020〕26号
扶　海	华派生物工程集团有限公司	高级工程师	2020.5.22	简人社职〔2020〕26号
李　向	简阳市城乡供排水管理站	高级工程师	2020.5.22	简人社职〔2020〕26号
邓彬模	简阳市公路工程质量管理站	高级工程师	2020.5.22	简人社职〔2020〕26号
文晓枫	简阳市规划展示中心（在编）	高级工程师	2020.5.22	简人社职〔2020〕26号
贺晓燕	简阳市石桥镇农业服务中心	高级工程师	2020.5.22	简人社职〔2020〕26号
何　艳	简阳市水利工程管理站	高级工程师	2020.5.22	简人社职〔2020〕26号
郭　良	简阳市水务投资发展有限公司	高级工程师	2020.5.22	简人社职〔2020〕26号
汪群华	简阳市望水乡社会事业服务中心	高级工程师	2020.5.22	简人社职〔2020〕26号
樊　良	简阳市小型水库管理总站	高级工程师	2020.5.22	简人社职〔2020〕26号
康艳莉	简阳市小型水库管理总站	高级工程师	2020.5.22	简人社职〔2020〕26号
高莉娜	四川简阳瑞特机械设备有限公司	高级工程师	2020.5.22	简人社职〔2020〕26号
陈　勇	四川凯力威科技股份有限公司	高级工程师	2020.5.22	简人社职〔2020〕26号
黄永成	四川空分低温工程安装有限公司	高级工程师	2020.5.22	简人社职〔2020〕26号
张义平	四川空分低温工程安装有限公司	高级工程师	2020.5.22	简人社职〔2020〕26号

续表11

姓名	工作单位	职称	取得时间	批准文号
邓宗杰	四川空分低温工程安装有限公司	高级工程师	2020.5.22	简人社职〔2020〕26号
吴　琦	四川空分设备（集团）有限责任公司	高级工程师	2020.5.22	简人社职〔2020〕26号
陈李彬	四川空分设备（集团）有限责任公司	高级工程师	2020.5.22	简人社职〔2020〕26号
李　科	四川空分设备（集团）有限责任公司	高级工程师	2020.5.22	简人社职〔2020〕26号
宋先洋	四川空分设备（集团）有限责任公司	高级工程师	2020.5.22	简人社职〔2020〕26号
向润清	四川空分设备（集团）有限责任公司	高级工程师	2020.5.22	简人社职〔2020〕26号
刘　佳	四川空分设备（集团）有限责任公司	高级工程师	2020.5.22	简人社职〔2020〕26号
黄志成	四川空分设备（集团）有限责任公司	高级工程师	2020.5.22	简人社职〔2020〕26号
鲁贵玉	四川空分设备（集团）有限责任公司	高级工程师	2020.5.22	简人社职〔2020〕26号
李积贵	四川空分设备（集团）有限责任公司	高级工程师	2020.5.22	简人社职〔2020〕26号
赵　静	四川空分设备（集团）有限责任公司	高级工程师	2020.5.22	简人社职〔2020〕26号
董立亚	四川空分设备（集团）有限责任公司	高级工程师	2020.5.22	简人社职〔2020〕26号
倪宏伟	四川空分设备（集团）有限责任公司	高级工程师	2020.5.22	简人社职〔2020〕26号
钟继世	四川空分医用设备工程股份有限公司	高级工程师	2020.5.22	简人社职〔2020〕26号
王　勇	四川轮胎橡胶（集团）股份有限公司	高级工程师	2020.5.22	简人社职〔2020〕26号
付　军	四川轮胎橡胶（集团）股份有限公司	高级工程师	2020.5.22	简人社职〔2020〕26号
王继跃	四川天虎工具有限责任公司	高级工程师	2020.5.22	简人社职〔2020〕26号
颜丽丽	四川通汇建筑工程有限公司	高级工程师	2020.5.22	简人社职〔2020〕26号
马凤金	四川新开元制药有限公司	高级工程师	2020.5.22	简人社职〔2020〕26号
张红芬	简阳市农产品质量安全检验检测站	高级农艺师	2020.5.22	简人社职〔2020〕27号
叶　方	简阳市农产品质量安全检验检测站	高级农艺师	2020.5.22	简人社职〔2020〕27号
吴　凯	简阳市农业技术推广中心	高级农艺师	2020.5.22	简人社职〔2020〕27号
李淑兰	简阳市石桥镇农业服务中心	高级农艺师	2020.5.22	简人社职〔2020〕27号
李　英	简阳市种子管理站（简阳市种苗站、简阳市高新品种试验示范站）	高级农艺师	2020.5.22	简人社职〔2020〕27号
周继清	简阳市种子管理站（简阳市种苗站、简阳市高新品种试验示范站）	高级农艺师	2020.5.22	简人社职〔2020〕27号
吴国勋	简阳市农业技术推广中心	高级农艺师	2020.5.22	简人社职〔2020〕27号
程　伟	简阳市石盘镇农业服务中心	高级畜牧师	2020.5.22	简人社职〔2020〕27号
王　芳	简阳市太平桥镇农业服务中心	高级畜牧师	2020.5.22	简人社职〔2020〕27号
郑智慧	简阳市普安乡农业服务中心	高级畜牧师	2020.5.22	简人社职〔2020〕27号
王红英	简阳市三星镇农业服务中心	高级畜牧师	2020.5.22	简人社职〔2020〕27号
李世琼	简阳市石盘镇农业服务中心	高级畜牧师	2020.5.22	简人社职〔2020〕27号
曾茂萍	简阳市动物疫病预防控制中心	高级畜牧师	2020.5.22	简人社职〔2020〕27号
蒋恩建	简阳市飞龙乡农业服务中心	高级兽医师	2020.5.22	简人社职〔2020〕27号
杨文庆	简阳市太平桥镇农业服务中心	高级兽医师	2020.5.22	简人社职〔2020〕27号

续表11

姓名	工作单位	职称	取得时间	批准文号
邓佐辉	四川轮胎橡胶（集团）股份有限公司	高级会计师	2020.8.17	简人社职〔2020〕37 号
李何科	四川空分设备（集团）有限责任公司	高级会计师	2020.8.17	简人社职〔2020〕37 号
庄　薇	简阳市汇众农业投资发展有限公司	高级会计师	2020.8.17	简人社职〔2020〕37 号
李雪艳	简阳市贾家中心卫生院（简阳市第二人民医院）	高级经济师	2020.8.17	简人社职〔2020〕39 号
薛　燕	简阳市精神病医院	高级经济师	2020.8.17	简人社职〔2020〕39 号
张施领	四川轮胎橡胶（集团）股份有限公司	高级经济师	2020.8.17	简人社职〔2020〕39 号
陈顺军	简阳市规划地籍事务中心	高级经济师	2020.8.17	简人社职〔2020〕39 号
苏俊清	四川省简阳中学	正高级教师	2020.8.17	简人社职〔2020〕36 号
晋良军	四川省简阳市高级职业中学	正高级教师	2020.8.17	简人社职〔2020〕36 号
汪在文	四川省简阳市高级职业中学	正高级教师	2020.8.17	简人社职〔2020〕36 号
袁　萍	简阳市文化艺术中心	二级演员	2020.9.24	简人社职〔2020〕42 号

（周先勇　施　燕）

机关事务服务

【概况】 2020 年，简阳市机关事务服务中心深入贯彻习近平新时代中国特色社会主义思想，紧紧围绕市委、市政府中心工作和全年工作目标任务，认真贯彻落实《机关事务管理条例》《党政机关厉行节约反对浪费条例》等工作条例，履职尽责、探索创新，切实做好机关后勤各项工作，为简阳融入成渝地区双城经济圈建设战略部署抢抓机遇加快建设成都东部区域中心城市提供了强有力的后勤保障。

【接待工作】 2020 年，按照中央“八项规定”精神、《简阳市党政机关国内公务接待实施细则》等，协助和参与重要会议、重大项目开工（竣工）仪式、重要政务考察洽谈等活动筹备工作近 200 场次。在省委第四巡视组巡视简阳市和开展创建全国卫生城市期间，进一步规范公务接待、提高接待水平，获得上级领导的一致好评。

【会议服务】 完善会议服务制度，加强对会务人员、音控师业务知识和保密意识培训，增强责任及保密意识。实行台账式管理，加强设备设施检查，及时排除安全隐患。2020 年，参与保障了市委全会、市政府全会、人代会、政协会、市级领导述职述廉会等重要会议的顺利召开，全年服务大小会议共 3000 余场次，得到了广大领导干部职工的一致好评。

【车辆管理】 全面实现通过公务用车管理平台对车辆的运行情况进行实时监控，进一步强化了公务用车的管理使用。完善落实“四定点”，通过公开招标，确定了一家定点加油、三家定点保险、三家定点租赁、两家定点包车和五家定点维修企业。全市 135 辆公务用车全部完成喷涂，全面实现公务用车标识化管理，接受社会监督。同时，采取随机抽查和不定时检查等方式，对全市公务用车使用、管理情况进行督查，确保公务用车规范使用、定点停驶、安全运行。

【办公用房管理】 开展好办公用房日常管理工作，依据相关文件规定管理办公用房，从严核定办公用房使用，按照科学统筹、合理利用的原则及时解决部分单位办公用房紧缺问题。深化机关事务标准化、信息化建设，建立了办公用房信息化管理平台，规范并实现了办公用房的动态管理、台账联动更新，已将全市 91 个单位（部门）纳入平台管理，共管理办公室 4220 间 13.62 万平方米，日常管理中开展 2 次不定期抽查，共督查 60 余家单位（部门），未发现违规使用办公用房的情况。

【制止餐饮浪费】 认真贯彻落实习近平总书记对坚决制止餐饮浪费行为的重要指示精神，印发《关于开展“厉行节约、反对浪费”专项工作的通知》《关于市级机关食堂进一步做好厉行节约反对浪费的通知》等文件，通过张贴宣传标语、设立“杜绝舌尖上的浪费”个人文明就餐承诺墙、做好食材存储、实行分餐制、“少量多次”准备菜品、打餐时“少打、勤加”、开展“光盘奖励积分制”活动、设置监督岗位和“浪费现象曝光台”等方式，形成厉行节俭、反对浪费的共识及合力，全面遏制“舌尖上的浪费”，深入推进党政机关食堂、公务接待厉行节约反对餐饮浪费工作，浪费现象明显减少。

【疫情防控】 制发《简阳市机关企事业单位疫情防控全面体检工作方案》，坚持机关带头，落实企事业单位防控主体责任和办公楼宇物业管理责任，扎实做好机关事业单位疫情防控各项工作，确保广大干部职工群众的生命安全和身体健康。

【绿化保洁】 按照园林式单位的标准对公共环境管理做出安排部署，全年在办公区进行了除“四害”、花草树治虫等治理活动50余次，圆满完成了在办公区域除“四害”、花草树治虫等治理的工作目标。加强办公区花草树木常规管理养护工作，重点加强对过期、过时、枯死花草树木的替换、补植，切实维护好了办公区的环境。同时，坚持“循环式”保洁、定时保洁和零星保洁相结合，重点加强对盲区和卫生死角的清扫工作，确保办公区公共区域保洁质量稳定。

【安全保卫】 加强对办公区的监管，落实昼夜值班、重点楼层不间断巡逻、对老上访户实行全程引导陪护等制度，加强对来访人员的登记和劝导工作，确保办公区安全、稳定、有序。加大经费投入，不断完善人防、物防、技防措施，合理安排执勤备勤力量，做到了安全保卫不留死角、不出断层，确保了机关安全。加强办公区车位管理，加大过夜车、“僵尸车”的清理力度，有效地避免了办公区来往车辆的乱停乱放，保障了办公区的行、停车规范有序。对办公区所有设备设施进行日检月查及周期养护350余次。消防联动每月启动，重大节假日前定期检查，发现问题建立台账，及时整改，确保办公区设备设施正常运转。严格按照《中华人民共和国食品卫生法》的有关规定，会同市市场监管局对食堂进行食品安全大检查，食堂监管组加强日常督查，严防食物中毒事件的发生，杜绝食品安全事故发生。

（袁　巍）

公共资源交易

【概况】 2020年，简阳市公共资源交易服务中心认真贯彻落实“创新提能年”工作部署，紧扣交易平台建设发展阶段性特征，坚持疫情防控和项目交易“两手抓”，深入推进全市交易平台高质量一体化发展、成德眉资交易平台同城化发展和成渝地区交易平台融合发展，加快提升交易平台运行管理水平和公共资源智慧交易水平，实现了交易营商环境的再优化和资源配置效益的再提升。全年通过交易中心（含成都市中心）全市共完成公共资源交易项目486个（其中工程建设类交易项目207个，政府采购类交易项目239个，国有建设用地22个，资产资源项目18个），实现交易金额154.83亿元。简阳市公共资源交易服务中心获评2019年度成都市公共资源交易服务管理专项工作优秀单位和成都市2019年度交易信息工作专项工作优秀单位。简阳市人民医院完善三甲功能项目获评2019年度公共资源交易精品项目。

【提升服务效能】 认真贯彻落实《成都市公共资源交易流程规范》，建立完善配套的岗位作业指导书、制定公共资源交易服务目录，修订项目交易办事指南，梳理工作流程128项，优化岗位作业标准28项，更新服务事项39项；以创建省级“示范交易中心”为契机，更新18类273个标识标志牌，将6类51个交易环节25项制度规则全部上墙，扩充自助服务功能区增配公共免费Wi-Fi，并结合业务工作需要，优化岗位流程节点84项；立足进场统筹、机制保障、流程办理等关键环节，分行业类别编排重点项目管理清单，实行“首席服务”和会商会办的问题联动化解机制，全面保障重点项目交易，全年共组织实施简阳市“十大行动”重点项目55个、成都市重点项目32个；完善《交

9月16日，四川省首批“示范交易中心”评估验收小组到简阳评估验收创建工作

易服务效能社会评价实施细则》，以定性与定量、定期与随机相结合的评价方式，组织各方交易主体对交易活动中涉及服务规范、设施设备、信息化建设、政务公开等方面进行评价，促进服务效能提升。

【推进智慧交易】 上线政府采购电子化系统（2.0版）实现政府采购项目全流程电子化交易，截至年底实施项目56个，系统运行平稳；搭建评标专家远程视频交互系统，会同成都、新津、金堂等交易中心联动实施异地远程评标项目6个，一体推进工程建设项目电子辅助评标，实施项目70个；加快推进“不见面”开标，成功组织实施工程建设项目3个、政府采购项目1个；依托成都市电子交易云平台启用交易大数据分析系统，立足在交易数据、主体、效能、预警监管等方面深挖细剖，充分发挥数据赋能作用，向市委、市政府报送数据分析报告56期；建立电子开评标“3＋4”内外协作联动工作机制，行业主管部门、业主（代理机构）和交易中心，在宣传推广、应用联动、突发情况处理等方面实现跨部门三协作，中心内部在交易业务受理、项目交易、技术支持、后勤保障4个维度同向发力，分工协作，通力配合，高效有序推进电子开评标。

【优化营商环境】 加快推进“不跑也能办”交易服务模式，全部45项交易服务事项中41项实现全程网办，全程网办率达91%，所有服务事项办结时限原则不突破1个工作日；联合财政部门发布《清理退转政府采购类保证金及采购款通知》，对2010年以来由中心实施的政府采购项目，采购人逾期未发起履约保证金退还的和在交易中心有采购资金往来债务的，进行全面清理退转核销，共核销采购资金往来债权债务74笔，退还结余采购资金或上缴国库共126.9万元，清退超期履约保证金107笔，共634.7万元，涉及供应商80余家；按照2020年成都市区（市）县营商环境评价工作安排，积极配合完成评价涉及项目交易工作的考察考核内容共28项，顺利通过评价；联合市发改局、市经科信局、市规自局等九部门制定《简阳市工程招投标领域突出问题系统治理实施方案》，设置系统治理举报专区，对外公布系统治理投诉举报和线索征集电话，在项目开标前滚动播放警示教育片，协助各部门核查项目135个。

【强化自身能力】 始终坚定服务定位，严格执行流程标准，围绕服务质效提升，努力形成干事创业良好氛围。以“大学习、大调研、大走访”为契机，持续开展交易平台高质量一体化发展创新提能专题调研，以问题、目标和效果为导向，加强与周边区（市）县分中心的交流互动和成果互鉴。与龙泉、新津、金堂、邛崃等分中心开展学习交流活动，落实全市交易服务工作会议精神，促进平台高质量发展。

（蒋　庆）

民族宗教事务

【概况】 2020年，简阳市民宗局全面贯彻落实国家民族宗教方针政策、法律法规，依法管理民族宗教事务，妥善处置民宗领域各种矛盾纠纷，切实维护全市民族团结、宗教和谐和社会稳定。

【少数民族构成】 全市现有少数民族37个，2340户2903人，城市少数民族人口480人，农村少数民族人口2423人。主要以彝族、苗族、土家族、藏族居多，其中彝族600户752人，苗族246户303人，土家族305户378人，藏族304户365人。全市建档立卡贫困户中有少数民族139户162人，已于2017年整体脱贫。

【宗教分布】 全市有佛教、道教、天主教、基督教四大宗教。2016年成立佛教、道教、天主教、基督教4

个宗教团体。依法登记开放的宗教活动场所35处，其中佛教28处、道教4处、基督教2处、天主教1处。有备案宗教教职人员83人，其中佛教65人，道教12人，基督教5人，天主教1人。全市有信教群众11万余人，其中佛教10万余人，道教4000余人，天主教、基督教6000余人。有5名宗教教职人员为简阳政协委员。

【民族工作】 开展少数民族群众帮扶工作。宣传各项扶贫政策，走访慰问少数民族贫困户，疫情期间为少数民族群众送去价值1000元的口罩、消毒液等防疫物资，为少数民族贫困户送去慰问金和慰问品约1.4万元；用心探索创新社区民族工作。在蜀阳社区、安象街社区和东滨路南段社区打造“民族嵌入式社区”，举办篝火晚会、包粽子比赛等文艺活动，丰富少数民族群众精神生活；耐心办理少数民族申请事项。全年办理民族成分更改事项4件。

【宗教工作】 提高宗教领域法制观念。按照“强素质、补短板、保稳定”的工作思路，组织两期基层分管领导、统战委员宗教政策理论培训会和一期中青年骨干教职人员培训会，传达学习中共十九届五中全会精神和各类政策法律，进一步树立宗教界的国家意识、法律意识和公民意识，持续深入开展法律进宗教场所、宗教政策法规学习月、“以案说法”和法律专家团进场所等活动，印发宣传资料1000余册，制作展板30余个，顺利完成“七五”普法各项工作，向成都市民宗局、成都市委统战部报送各类信息67篇，信息宣传工作在成都市名列前茅；积极引导宗教与社会主义社会相适应。深入开展体现中国化方向的示范宗教活动场所建设活动，着力构建和谐健康的宗教关系，全年采取以奖代补的方式推进2个示范场所建设，全覆盖推进宗教活动场所“五进”（国旗国歌进场所、宪法和法律法规进场所、社会主义核心价值观进场所、中华优秀传统文化进场所、科普知识进场所）工作，持续开展“文明敬香”“生态寺观”和“和谐寺观教堂”创建活动。已有12个宗教活动场所被评为简阳市“文明敬香”“生态寺观”和“和谐寺观教堂”示范场所；严格监管宗教活动场所日常事务。严格做好宗教活动场所设立审批登记、宗教教职人员出入、财务监督检查、维修扩建审批等工作。通过第三方专业机构对35家场所开展财务审计检查，发现问题立即督促场所进行整改，会同应急、消防、市场监管等部门对各宗教活动场所开展消防、食品、防疫等各项安全检查，及时消除安全隐患，投入补助资金430万元，指导部分场所积极开展宗教中国化方向建设、厨卫改造、安全排危等，确保了场所安全稳定。

（郑键斌）

侨务和台湾事务

【概况】 简阳市有华人华侨174人、留学生77人、侨眷574户；侨属企业2家：简阳川空精密铸钢有限公司和四川宏远机械设备有限公司；台胞台属353人；台资企业（台资超25%为台资企业）1家：四川华东农林有限公司（合资企业）。

【强抓思想政治引领】 在元旦、春节、端午等节日期间开展重点侨眷、台胞、困难侨眷侨属台胞台属的走访慰问活动，走访慰问困难对象101人，开展谈心交流；紧抓两会、《中华人民共和国归侨侨眷权益保护法》颁布实施30周年等关键节点，开展知识竞赛、主题文艺演出等涉台涉侨宣传活动6场次，发放宣传资料600余份；开展年中及“12·4”侨法集中宣传活动2场次，发放宣传资料700余份，接受现场咨询27人次；开展涉台涉侨法律法规“进小区、进社区、进侨企、进园区”活动5场次，发放宣传资料500余份，接受

12月2日，简阳市“侨法知识进社区”知识竞赛

咨询10人次，在全市范围内进一步形成学法用法的良好氛围。

【搭建载体夯实工作基础】 依托简阳中学留学人员资源，在简阳市体育馆挂牌成立“简阳市留学生联谊之家”，并聘请2名从事留学生工作和长期在海外工作的人士，做简阳留学生工作顾问，在荷桥村建立海外联谊基地，搭建交流平台；依托蜀阳社区初步建成“蓉城同心 侨台之家”，并指导其开展活动，发挥“侨”梁作用，凝聚智慧力量；成立市侨联川空社区分会和政府街社区侨胞之家，进一步延伸工作手臂，拓宽服务渠道，讲好简阳故事。

【围绕中心服务大局发挥作用】 发挥群体力量强化职能履行。引导侨台界政协委员在简阳市政协会议召开期间关注社会民生，积极履行职责，提出《关于规范简阳市出租车上下车停靠点的建议》《关于解决迎宾大道入口交通拥堵的提案》等建议、提案10余条；参与新冠肺炎疫情防控。侨台办及侨台界机关干部、代表人士带头参与新冠肺炎疫情防控，下沉村（社区）开展疫情防控工作，广泛宣传动员归侨侨眷、台胞台属做好自身疫情防护工作，指导台资、侨属企业复工复产，帮助解决复产满产中面临的实际问题和困难，实现创利创收，利用“简阳中学海外校友”微信群，转达祖国对海外留学人员的关心，同时叮嘱他们做好疫情和安全防护；积极投入社会民生事业。美籍华人企业家周华康在简阳母校石桥中学设立周华康奖学金，从2004年连续16年（每年3万元）为母校品学兼优学生发放奖学金近50万元，先后有700余名石桥中学优秀学生获奖。由侨界人士捐资举办的“侨爱心，微梦想”的圆梦公益活动走进禾丰镇潮水九年义务教育学校，为助力脱贫攻坚贡献力量。

（郑键斌）

信 访

【概况】 2020年，全市信访工作全面贯彻落实习近平总书记关于加强和改进人民信访工作的重要思想，以“创新提能”为主题，以“减存量、控增量、防变量、强基础、严责任”为主线，深入推进信访领域治理体系建设和治理能力提升，依托“突出信访问题清单化解”“突出社会矛盾专项治理”“重复信访专项治理”“初次信访事项办理质量提升”等系列专项行动，综合运用法律、政治、经济等手段，推动突出信访矛盾化解，更好地维护群众合法权益，促进社会和谐。

【信访接待】 2020年，共接待信访群众6851件人次，其中，接待市本级走访群众1868批5852人次（集访228批2844人次），上三级（到成都赴省进京）走访群众163批258人次；受理纸质来信356件次，网上信访事项385件次。

【突出问题】 房地产领域问题占全年信访总量的40.9%，主要涉及大地国际花园、东门丽景、夜月春晓、蓝色港湾、仁和苑等楼盘产权办理，蓝湖城邦未按期交房，蓝色港湾一期转二期未网签锁定房源，仁和苑一房多卖等问题。征地拆迁领域问题占全年信访总量的13.8%，主要涉及天虎工具厂强拆、空分棚改二期和“0831”地块项目进度推进缓慢、土地流转群众要求购买社保等问题。农业农村领域问题占全年信访总量的12.7%，主要涉及农村土地确权纠纷、土地流转租金及宅基地申请审批办理问题。劳动社保领域问题占全年信访总量的10.7%，主要涉及悦隽系列、义教均衡项目欠薪问题。投融资理财领域问题占全年信访总量的1%，但涉及群众体量较大，主要涉及大华国际、文教卫生花园商铺返租等问题。

【信访办理】 持续抓好初次信访事项办理质量大提升控增量，抓实突出信访问题清单化解减存量，提升信访工作预测预警预防防变量，全面完成信访工作各项目标任务。办理初次信访事项652件次，开展满意度评价工作，信访群众对信访局满意率96%，对责任单位满意率90%，初转重率8.79%。完成32件成都市交办突出信访问题清单案件和中央、省“四重”攻坚案件化解任务，开展突出社会矛盾专项治理，梳理排查突出矛盾和风险隐患问题53件，有效化解31件。完成省委第九巡视组巡视成都期间交办的48件信访事项的办理工作；配合省委第四巡视组巡简期间接待来访群众 351 批 503 人次，完成巡视组交办的 325 件民生类信访事项的办理工作。开展重复信访专项治理集中攻坚，全市纳入重复信访治理信访事项共 85 件，其中中央交办 52 件，省交办 23 件，成都市交办 10 件，按办理要求有序推进化解。实现“群众工作之家”提能增效，291 个村（社区）群众工作之家全面覆盖，创建成都市高标准示范点 13 个，推进信访代理、人民建议征集、矛盾纠纷调解三项机制，把信访职能向基层延伸。

【信访保障】 大力开展违法信访行为整治，配合公安机关对聚集滋事、扰乱秩序等恶意制造影响的违法信访行为依法处理。做好全国、省、成都市、简阳市“两会”、中共十九届五中全会、2020 年“蓉漂人才荟——青年人才”系列招聘会、简阳市第三届农民丰收节等重要会议和重大活动信访保障 66 次。

【机制建设】 优化信访联席工作运行机制，聚焦补齐机制薄弱环节，制定并印发《简阳市健全落实信访维稳工作责任制暂行办法》《简阳市提升初次信访事项办理质量暂行办法》，形成信访联席会议制度，建立健全信访联席会议定期向市委汇报工作、定期分析研判信访形势、突出信访问题专项交办、专题听取重点案件处置情况和强化督查督办等“五项工作制度”，推动信访联席会议各专项小组、成员单位和属地镇（街道）形成协同联动做好信访工作的强大动力。

（陈晓玉）

政协简阳市委员会

政协机构

【概况】 简阳市政协有办事机构1个：市政协办公室；工作机构1个：市政协研究室；专门委员会8个：市政协提案委员会、市政协经济委员会、市政协环境资源委员会、市政协农业和农村委员会、市政协教育卫生委员会、市政协社会法制民族宗教委员会、市政协文化文史委员会、市政协委员联络委员会。

中层机构共13个，即市政协办公室综合科、行管科、信息科，市政协8个专门委员会及市政协研究室各设综合科；事业中层机构1个，即市政协综合服务中心，由市政协办公室管理。

（曾　爽）

重要会议

【市政协十四届四次会议】 2020年1月18—20日，市政协十四届第四次会议在东城新区会议中心召开。会议审议批准李崇喜代表市政协常委会所作的工作报告，审议批准黄叶全代表市政协常委会所作的提案工作报告。听取并赞同市政府工作报告、市人民法院工作报告、市人民检察院工作报告和其他报告。补选4名市政协常务委员。市委书记赵春淦在开幕会上作重要讲话，并出席联组讨论会，与各界委员共商成渝地区双城经济圈建设。

【市政协常委会会议】 2020年，共召开市政协常委会议6次。

表12　　2020年简阳市政协常委会会议一览表

届次	时间	主要内容
十四届十九次	1月17日	通报市政协十四届第四次会议筹备情况；专题协商简阳市人民政府工作报告、简阳市2019年国民经济和社会发展计划执行情况及2020年计划报告、简阳市2019年财政预算执行情况和2020年财政预算草案报告、简阳市人民法院工作报告、简阳市人民检察院工作报告；审议通过人事任命

续表12

届次	时间	主要内容
十四届二十次	1月19日	审议市政协十四届四次会议决议（草案）、增补市政协常务委员候选人建议名单、市政协十四届四次会议选举办法（草案）和总监票员、监票员建议名单，并提交各小组讨论。下午召开二十次常委会第二次会议，主要内容为：听取分组讨论情况汇报；通过补选市政协十四届常委候选人建议名单，并提请市政协十四届四次大会选举；通过市政协十四届四次会议决议（草案）、提案审查报告（草案）、选举办法（草案）、总监票员和监票员建议名单，并提请大会审议通过
十四届二十一次	4月30日	学习《中华人民共和国传染病防治法》；传达成都市委、简阳市委政协工作会议精神；通报全市统筹推进疫情防控和经济社会发展情况、全市政协系统参与疫情防控和经济社会发展情况、乡镇行政区划暨村级建制调整和体制机制改革情况、市政协2020年度协商和民主监督计划、市政协2020年度工作要点；专题协商“简阳市交通路网体系建设工作”
十四届二十二次	9月9日	学习《中华人民共和国民法典》；传达全国政协十三届三次会议、省政协十二届三次会议、成都市政协十五届三次会议精神，省委十一届七次全会、成都市委十三届七次全会、简阳市委十五届十三次全会精神，市委书记詹庆同志在十五届市委常委会第155次（扩大）会议上的讲话精神；通报简阳市2020年上半年统筹疫情防控和经济社会发展情况、简阳市村（社区）体制机制改革工作情况；专题协商“推进城乡基层治理体系现代化工作情况”“提升公共文化服务的效能和水平工作情况”
十四届二十三次	10月21日	学习《中华人民共和国野生动物保护法》；传达全国抗击新冠肺炎疫情表彰大会、李仲彬同志在成都市政协十五届十二次常委会议上的讲话精神；专题协商“决胜全面建成小康社会、决战脱贫攻坚”“简阳市公共卫生服务体系建设情况”
十四届二十四次	12月30日	学习《中华人民共和国统计法》；传达党的十九届五中全会、四川省委十一届八次全会、成都市委十三届八次全会精神；通报2020年简阳市党风廉政建设和反腐败工作情况、简阳市干部选拔任用工作情况、简阳市经济社会发展情况；政协委员年度述职；专题协商“抢抓机遇，助推成渝地区双城经济圈建设”；审议市政协常委会工作报告（征求意见稿）、市政协常委会提案工作报告（征求意见稿）；审议通过委员辞职

【市政协主席会议】 2020年，市政协共召开主席会议12次。

表13　　2020年简阳市政协主席会议一览表

届次	时间	主要内容
十四届第三十四次	1月7日	传达省委十一届六次全会、省委政协工作会议、成都市委十三届六次全会精神和省委《关于新时代加强和改进人民政协工作的实施意见》；审议市政协十四届十九次常委会议建议方案；听取市政协十四届四次会议筹备情况；审议人事任命
十四届第三十五次	4月17日	学习成都市委政协工作会议和范锐平书记、李仲彬主席在成都市委政协工作会议上的讲话精神；听取市政协助推简阳市路网体系建设全覆盖调查摸底情况；审议市政协十四届二十一次常委会议建议方案

续表13

届次	时间	主要内容
十四届第三十六次	4月24日	审议高质量开展市委十五届十三次全会重大课题研究市政协调研分工方案；审议市政协反映社情民意信息工作实施办法
十四届第三十七次	5月19日	传达省政协十二届三次会议、成都市政协十五届三次会议精神，研究市政协贯彻意见；审议成都东部新区简阳市政协委员管理办法
十四届第三十八次	6月9日	学习范锐平同志在市政协十五届三次会议开幕时和民主党派工商联无党派人士联组讨论会上的讲话；传达贯彻全国政协十三届三次会议精神，研究市政协贯彻意见
十四届第三十九次	7月10日	传达成都市政协十五届十一次常委会议精神；审议市政协十四届二十二次常委会议建议方案、市政协主席会议成员批示件办理办法、关于调整联系常委联系委员联系群众名单、关于调整专门委员会委员名单
十四届第四十次	8月24日	学习省委十一届七次全会、成都市委十三届七次全会精神和四川省委《关于深入贯彻习近平总书记重要讲话精神加快推动成渝地区双城经济圈建设的决定》；听取2020年民主协商、民主监督工作推进情况，审议《简阳市政协志2006—2020》编纂工作实施方案
十四届第四十一次	9月8日	学习市委十五届十三次全体会议精神；审议撤销委员资格
十四届第四十二次	10月13日	审议市政协十四届二十三次常委会议建议方案、简阳市政协委员履职服务与管理办法；听取全市脱贫攻坚工作推进情况，安排市政协督导脱贫攻坚工作
十四届第四十三次	11月3日	传达学习党的十九届五中全会精神，研究市政协贯彻落实意见
十四届第四十四次	12月4日	传达学习省委第四巡视组巡视简阳市情况反馈会议精神，研究市政协贯彻意见；审议市政协十四届二十四次常委会议建议方案、市政协十四届五次全会筹备工作分工方案；听取联系委员、委员活动工作开展情况；安排市政协2021年春节前后重大活动及当前重点工作；审议委员辞职
十四届第四十五次	12月28日	审议市政协常委会工作报告（征求意见稿）、市政协常委会提案工作报告（征求意见稿）、2020年度市政协委员履职统计考核情况报告

（李东京）

政协工作

【概况】 2020年，市政协坚持以习近平新时代中国特色社会主义思想为指导，全面贯彻落实中央、省委、市委决策部署，主动作为，助力简阳市夺取疫情防控和经济社会发展双胜利、加快建设成都东部区域中心城市。

【政治协商】 全年开展各类协商调研40余次。围绕“抢抓机遇，助推成渝地区双城经济圈建设”课题，深入“东来印象”“西南国际旅游集散中心”“金简黄北延线”等重点项目现场调研，从规划引领、推进区域协同发展、科技创新驱动等方面提出意见建议；围绕成德眉资同城化发展，以全市交通路网体系建设为切入点，对全市1万余条7305千米县乡村组道路及相邻区（县）连接道路现状实地摸底调查，为全市科学制定“十四五”交通规划和争取上级政策支持提供重要参考；围绕推进城乡社区发展治理体系和治理能力现代化的简阳实践及全市城乡社区发展治理工作开展情况，形成《关于简阳市城乡社区发展治理的调研报告》，得到省政协副主席赵振铣签批肯定。

7月13日，简阳市政协举办“守初心担使命 提升履职能力”培训班

【民主监督】 围绕全面深化改革、镇街区划调整后半篇文章、住建类重点项目规划建设、国家粮油储备情况、城区饮用水源保护等情况开展民主监督，助力相关措施落实到位；围绕简阳农业发展格局新变化，选择“推动农业适度规模经营，助推农村经济发展农民增收”和“发展都市现代农业，创响简阳农业品牌”等开展专题调研，助推全市农村经济发展。

【参政议政】 围绕群众关注的医疗、教育、就业、住房、交通、食品安全、生态环境等民生社会事业，反映社情民意42条，上报成都市政协13条，其中《当前推进基层社会治理能力提升存在的差距与建议》《专门协商机构运行机理之价值分析》等被成都市政协及省政协采用。

【提案办理】 市政协十四届四次会议以来共审查立案147件提案，全部办理完毕。重点对提交成都市政协的“加快推进简阳撤市设区”等8件提案进行跟踪促办。对市卫健局开展提案办理民主评议。高度重视社会建设类提案的办理协商和督办，促使《关于扩大城镇职工基本医疗保险家庭共济支付范围的提案》《关于减少幼、小、初学生网上作业的提案》等70余件涉及教育、医疗、社会保障等提案得到有效办理。成都市政协专题莅简调研评估简阳提案办理民主评议工作，给予了“制度设计好、民主监督作用发挥好、提案成果转化好、社会效益好”四个好的高度评价。

【委员服务与管理】 严格履职要求，修订制发《简阳市政协委员履职服务与管理办法》，8名政协委员向市政协常委会述职，撤销委员职务1人，通报履职不到位委员3名。推荐政协委员列席市委市政府重要会议128人次。组织全体政协委员、政协工作者参加“守初心担使命、提升履职能力”培训班。

【积极参与疫情防控】 积极动员政协各参加单位和全体政协委员投身物资保障、复工复产等第一线，为全市打赢疫情防控阻击战贡献政协力量。政协各参加单位、市政协委员捐赠口罩1万余个、防护服4000件、消毒剂120余吨、时令新鲜蔬菜167吨，合计价值300余万元。市政协委员原创的《中华无恙》等3首抗疫歌曲先后被《人民日报》、新华网、学习强国等30多家媒体网站采用。

（李东京）

表14　　2020年简阳市政协十四届四次会议立案提案一览表

提案号	提案名称（案由）	提案者	主办单位	分类	办理结果	反馈意见
1	关于在成渝地区双城经济圈建设中勇当“桥头堡”的提案	陈　平	简阳市发展和改革局	经济发展	B	满意

续表14

提案号	提案名称（案由）	提案者	主办单位	分类	办理结果	反馈意见
2	关于在江月大桥桥头（原电力新村）修建环岛缓解老城交通压力的提案	王　静	简阳市住房和城乡建设局	工交邮电	A	满意
3	关于合理规划农业设施用地的提案	王　奎	简阳市规划和自然资源局	农业水利	A	满意
4	关于改进街面盲道设置和加强盲道管理的提案	汪广飞	简阳市综合行政执法局	社会管理（并案）	A	满意
	关于畅通盲道，提升文明城市形象的提案	尹　航				
5	关于加大财政投入，促进基层卫生院的健康发展的提案	巫忠良	简阳市卫生健康局	医疗体育	B	满意
6	关于松林路与雄州大道交叉路口设立人行天桥的提案	华晓琴	简阳市住房和城乡建设局	城乡建设	C	满意
7	关于规范共享单车使用的提案	彭晓佳	简阳市综合行政执法局	社会管理	A	满意
8	关于管好用好雄州大道人行过街地道的提案	邹　鸿	简阳市综合行政执法局	社会管理	A	满意
9	关于建立“人才绿卡”制度的提案	何　颉	中共简阳市委组织部	社会管理	A	满意
10	关于简阳市教师进修学校和相关机构整合的提案	叶　祥	简阳市教育局	教育	B	满意
11	关于尽快解决场镇生活饮用水细菌超标的提案	刘　奎	简阳市水务局	农业水利	B	满意
12	关于加强建设路摩托车、电动车整治的提案	刘志燕	简阳市公安局	社会管理	A	满意
13	关于加强全市新建交通道路两侧山体绿化修复工程的提案	朱永昌	简阳市交通运输局	城乡建设	C	满意
14	关于加快高铁新城阳安中学片区排污设施规划建设的提案	唐承国	简阳市水务局	城乡建设	B	满意
15	关于提升简阳市民文明习惯的提案	唐承国	中共简阳市委宣传部	社会管理	A	满意
16	关于加强基层干部农产品质量安全意识能力培训的提案	张玉元	中共简阳市委组织部	农业水利	A	满意
17	关于提振脱贫信心，拓宽脱贫出路，实现全面脱贫的提案	谢婷婷	简阳市扶贫移民服务中心	农业水利	A	满意
18	关于清理整顿住宅小区雨棚的提案	施跃花	简阳市综合行政执法局	社会管理	A	满意
19	关于加强空分广场流动商贩管理的提案	鄢松林	简阳市综合行政执法局	社会管理	A	满意
20	关于解决市区“停车难”问题的提案	高　义	简阳市公安局	社会管理（并案）	A	满意
	关于增加城区临时停车点的提案	陈国胜				
	关于进一步解决老城区停车难的问题	卢贵权				

续表14

提案号	提案名称（案由）	提案者	主办单位	分类	办理结果	反馈意见
21	关于加强行政服务中心工作人员业务培训的建议	朱　艳	简阳市行政审批局	社会管理	A	满意
22	关于加强村“社区”卫生室（含私人诊所）药品价格及诊疗费管理的提案	施碧君	简阳市卫生健康局	医疗体育	B	满意
23	关于建立政协社情民意反馈机制的提案	施碧君	中国人民政治协商会议简阳市委员会办公室	统战政协	A	满意
24	关于持续开展城区人行道不文明行为整治的提案	蔡　斌	简阳市综合行政执法局	社会管理	A	满意
25	关于扩大城镇职工基本医疗保险家庭共济支付范围的提案	晋中良	简阳市医疗保障局	医疗体育	A	满意
26	关于加快推进老旧小区加装电梯的提案	吴红强	简阳市住房和城乡建设局	城乡建设	B	满意
27	关于加强镇（街道）、村（社区）“三资”管理的提案	丁树林	简阳市农业农村局	社会管理	A	满意
28	关于对简阳市南环线凤山路坡道暨凤山校区入口进行升级改造的提案	钟智刚	简阳市住房和城乡建设局	城乡建设	C	满意
29	关于加强场镇停车配套设施建设的提案	陈祖林	养马镇	城乡建设	A	满意
30	关于开通东城新区到简阳高铁南站快速公交专线的提案	彭育安	简阳市交通运输局	工交邮电	C	满意
31	关于尽快开通简阳城区到成都行政学院地铁口快速公交专线的提案	彭育安	简阳市交通运输局	工交邮电	C	满意
32	关于尽快搬迁东城华府A区菜市场并建设幼儿园的提案	魏　昕	简阳市商务和投资促进局	城乡建设	A	满意
33	关于在迎宾大道天桥安装路灯的提案	龙平西	简阳市住房和城乡建设局	城乡建设	C	满意
34	关于改善营商环境　促进企业健康发展的提案	龙平西	简阳市规划和自然资源局	经济发展	A	满意
35	关于加快建设公交车站的提案	刘　华	简阳市交通运输局	工交邮电	B	满意
36	关于规范城市、社区通信线路安装的提案	高　云	简阳市经济科技和信息化局	工交邮电	A	满意
37	关于加强乡村文化人才队伍建设的提案	钟　敏	中共简阳市委组织部	文化宣传	A	满意
38	关于加强幼儿园管理的提案	鲜海林	简阳市教育局	教育	A	满意
39	关于对标对表先进城市　打造简阳空港名城的提案	陈　平	简阳工业集中发展区管理委员会	经济发展	B	基本满意
40	关于简阳市晚白桃产业提档升级的提案	陈　平	简阳市农业农村局	农业水利	A	满意
41	关于提高雄州大道车辆通行能力，减少交通事故隐患的提案	晋良军	简阳市公安局	工交邮电	A	满意
42	关于建设沱一桥东桥头下穿隧道的提案	严　宽	简阳市住房和城乡建设局	工交邮电	C	满意

续表14

提案号	提案名称（案由）	提案者	主办单位	分类	办理结果	反馈意见
43	关于治理城北拥堵、乱停车的提案	谢婷婷	简阳市公安局	社会管理	A	满意
44	关于加强壮溪镇千工堰水库环库路环境卫生管理的提案	蒋延彬	壮溪乡	资源环境	A	满意
45	关于增加龙王山公园进园通道的提案	蒋延彬	简阳市自然资源规划编制研究中心	城乡建设	C	满意
46	关于减轻教师非教学工作任务，切实为基层教师减负的提案	李玉萍	简阳市教育局	教育	B	满意
47	关于规范小区衣物捐赠箱设置的提案	钟　胜	简阳市民政局	社会管理	A	满意
48	关于加快城市环线建设，禁止重型货车入城的提案	李勇（嘉汇）	简阳市交通运输局	工交邮电	B	满意
49	关于规范城市犬类管理的提案	崔玉兰	简阳市公安局	社会管理	A	满意
50	关于加强城区消防设施管理的提案	汪玲西	简阳市应急管理局	社会管理	B	满意
51	关于清理（除）通信运营商老旧线路的提案	马　辉	简阳市经济科技和信息化局	工交邮电	A	满意
52	关于简阳市脱贫攻坚与城乡融合发展的提案	九三学社简阳市委员会	简阳市扶贫移民服务中心	农业水利	A	满意
53	关于完善城乡社区网格化服务管理的提案	秦　翔	简阳市网格化服务管理指挥中心	社会管理	A	满意
54	关于举办简阳市半程马拉松比赛的提案	陈　祥	简阳市文化体育和旅游局	医疗体育	A	满意
55	关于正常开启沱江绿道路灯的提案	陈　祥	简阳市综合行政执法局	社会管理	A	满意
56	关于加大禁渔期执法力度的提案	钟守俊	简阳市农业农村局	农业水利	B	满意
57	关于振兴简州大耳羊产业的提案	九三学社简阳市委员会	简阳市农业农村局	农业水利	B	满意
58	关于加强食品安全监管的提案	九三学社简阳市委员会	简阳市市场监督管理局	社会管理	A	满意
59	关于完善城乡社区发展治理新机制的提案	九三学社简阳市委员会	中共简阳市委城乡社区发展治理委员会	社会管理	A	满意
60	关于规范管理渣土车及工程车的提案	彭　健	简阳市公安局	工交邮电	A	满意
61	关于多措并举完善学校安全管理的提案	魏　霖	简阳市教育局	教育	A	满意
62	关于持续推进简阳市软件正版化建设工作的提案	曾　爽	简阳市文化体育和旅游局	社会管理	A	满意
63	关于加强公共文化服务效能的提案	王元新	简阳市文化体育和旅游局	文化宣传	A	满意
64	关于解决简阳市柑橘苗检疫问题的提案	晋良彬	简阳市农业农村局	农业水利	A	满意
65	关于加强简阳中小学生心理健康教育的提案	胡旭东	简阳市教育局	教育	A	满意

续表14

提案号	提案名称（案由）	提案者	主办单位	分类	办理结果	反馈意见
66	关于严管电动车上人行道的提案	陈先楚	简阳市公安局	社会管理	A	满意
67	关于大力发展医养结合型养老服务模式的提案	吴立平	简阳市卫生健康局	医疗体育	B	满意
68	关于重视互联网新媒体　对简阳城市形象宣传的提案	陈　皓	中共简阳市委宣传部	文化宣传	A	满意
69	关于加快推进农村入户路硬化的提案	胡廷明	简阳市交通运输局	工交邮电	B	满意
70	关于推进立体化智慧化停车场建设的提案	汪压尘	简阳市综合行政执法局	城乡建设	A	满意
71	关于在公共场所安装 AED 自动体外除颤仪的提案	汪压尘	简阳市卫生健康局	医疗体育	B	满意
72	关于安装《触摸式红绿灯》的提案	张　卫	简阳市公安局	工交邮电	A	满意
73	关于打造“高品质区域性消费中心”加快建设旅游胜地的提案	民建简阳总支委员会	简阳市文化体育和旅游局	商贸旅游	A	满意
74	关于规范简阳市各镇（街道）道路交通秩序的提案	贾坤林	简阳市公安局	社会管理	A	满意
75	关于践行乡村振兴战略，大力发展乡村旅游的提案	民建简阳总支委员会	简阳市文化体育和旅游局	商贸旅游	A	满意
76	关于解决农村畜禽面源污染的提案	民建简阳总支委员会	简阳市农业农村局	资源环境	A	满意
77	关于提高传统制造业员工福利、稳定员工队伍的提案	民建简阳总支委员会	简阳市人力资源和社会保障局	经济发展	A	满意
78	关于发掘利用简阳农耕文化的提案	李方明	简阳市文化体育和旅游局	文化宣传	A	满意
79	关于规范道德模范宣传的提案	李方明	中共简阳市委宣传部	文化宣传	A	满意
80	关于做好市内野蜂排查，确保群众生命安全的提案	李方明	简阳市应急管理局	社会管理	A	满意
81	关于改善人民医院就诊停车难的提案	雷德财	简阳市卫生健康局	医疗体育	B	满意
82	关于加快石桥街道城北片区农房安置点建设的提案	樊邦贵	简阳市房屋征收补偿服务中心	城乡建设	A	满意
83	关于简阳城区主干道加设出租车临时停靠点的提案	叶世富	简阳市公安局	工交邮电	A	满意
84	关于唱响“三新简阳”+四张城市名片的提案	华北英	简阳市文化体育和旅游局	文化宣传	A	满意
85	关于重视和关注简阳市公职人员心理健康的提案	吴国勇	简阳市卫生健康局	医疗体育	B	满意
86	关于处理“僵尸车”解决停车难的提案	江　文	简阳市公安局	社会管理	A	满意

续表14

提案号	提案名称(案由)	提案者	主办单位	分类	办理结果	反馈意见
87	关于进一步推行普惠性学前教育建设的提案	农工党简阳支部	简阳市教育局	教育	A	满意
88	关于聚力空港餐饮产业，提升简阳美食文化的提案	农工党简阳支部	简阳市商务和投资促进局	文化宣传	A	满意
89	关于尽快规范交通参与者行为提升城市形象的提案	魏　昕	简阳市公安局	社会管理	A	满意
90	关于农村人居环境整治的提案	吴　勇	简阳市农业农村局	资源环境	B	满意
91	关于加强学校(托幼机构)传染病管理的提案	李　选	简阳市教育局	医疗体育	A	满意
92	关于艾滋病病毒感染者和病人感染状况配偶告知的提案	李　选	简阳市卫生健康局	医疗体育	B	满意
93	关于加强产业扶贫的提案	汪雅兰	简阳市扶贫移民服务中心	农业水利	A	满意
94	关于加强120体系建设的提案	周　良	简阳市卫生健康局	医疗体育	B	满意
95	关于乡镇交通安全问题的提案	王青华	简阳市公安局	工交邮电	A	满意
96	关于加强入城干道工程车辆尘土污染治理的提案	李东明	简阳市综合行政执法局	资源环境	A	满意
97	关于全力做好生猪复养的提案	曹　强	简阳市农业农村局	农业水利	B	满意
98	关于减少幼、小、初学生网上作业的提案	廖　华	简阳市教育局	教育	A	满意
99	关于加强对丁字路口摩托车电瓶车闯红灯行为的监管的提案	刘志刚	简阳市公安局	社会管理	A	满意
100	关于加大支持设施渔业发展力度的提案	王太新	简阳市农业农村局	农业水利	A	满意
101	关于在民营企业灵活执行人才引进政策的提案	张　鑫	中共简阳市委组织部	经济发展	A	满意
102	关于提高广场路与阳西街交叉路口通行安全的提案	张德山	简阳市公安局	社会管理	A	满意
103	关于预防中小学生近视的提案	蒋　慧	简阳市教育局	教育	A	满意
104	关于加强双拥工作的提案	胡燕华	简阳市退役军人事务局	社会管理	A	满意
105	关于在道路上设置宗教场所标识的提案	释照心	简阳市交通运输局	商贸旅游	B	满意
106	关于打造简阳特色民宿推动旅游发展的提案	鄢文秀	简阳市文旅产业发展服务中心	商贸旅游	C	满意
107	关于简阳市城市公共场所配置母婴室设施的提案	张　瑛	简阳市卫生健康局	社会管理	B	满意
108	关于加快区块链技术在简阳市医疗卫生健康领域应用的提案	农工党简阳支部	简阳市卫生健康局	医疗体育	B	满意
109	关于加强出租车管理争创文明城市的提案	徐小义	简阳市交通运输局	社会管理	B	满意

续表14

提案号	提案名称（案由）	提案者	主办单位	分类	办理结果	反馈意见
110	关于解决老旧小区停车难的提案	徐小义	简阳市住房和城乡建设局	社会管理	C	满意
	关于缓解老旧小区停车难问题的提案	袁　波				
	关于解决居民停车位不足的建议	冯　震				
	关于老旧小区停车难的意见和建议	肖瑞彬				
111	关于加快推进老旧小区改造，提升群众幸福感的提案	周昱如	简城街道办事处	社会管理	A	满意
112	关于推进普职融通教育教学，促进高中教育多样化发展的提案	晋良军	简阳市教育局	教育	A	满意
113	关于加强乡村儿童游乐场所安全监管和提高父母监护意识的提案	郑　研	简阳市文化体育和旅游局	社会管理	A	满意
114	关于丰富公交移动电视公益宣传片的提案	李雪梅	简阳市交通运输局	文化宣传	B	满意
115	关于加强河长制的提案	曾继元	简阳市水务局	资源环境	A	满意
116	关于规划地铁站快速公交的提案	尹　航	简阳市交通运输局	工交邮电	B	满意
117	关于整合网络资源，网播简阳新闻的提案	林忠斌	简阳市文化体育和旅游局	文化宣传	A	满意
118	关于开展乡土教育，培养学生家国情怀的提案	徐怀谦	简阳市教育局	教育	A	满意
119	关于加强城市医疗机构关键技术平台建设的提案	首　峰	简阳市卫生健康局	医疗体育	B	满意
120	关于完善残疾人辅助设施，提升城市形象的提案	徐怀谦	简阳市综合行政执法局	城乡建设	A	满意
121	关于推进源头化解物业服务纠纷的提案	李玉娟	简阳市住房和城乡建设局	社会管理	C	满意
122	关于改造亿联商贸城与天慧城之间人行横道的提案	樊秀英	简阳市西部电商物流产业功能区管理委员会	工交邮电	A	满意
123	关于在简阳市教职员工中开展急救知识培训的提案	汪辉德	简阳市教育局	医疗体育	A	满意
	关于在中小学校教职人员中普及开展疾病防控及急救知识培训的提案	贺胜芳				
124	关于加大农村农业污染治理力度的提案	陈　丹	简阳市农业农村局	资源环境	A	满意
125	关于加强对文化景点内容清理审查的提案	甘立德	简阳市文化体育和旅游局	文化宣传	A	满意
126	关于破解农村耕地撂荒的提案	涂　军	简阳市农业农村局	农业水利	B	满意
127	关于充分发挥简阳市桥头堡功能，助推巴蜀文化产业共建共荣的提案	民盟简阳市基层委员会	简阳市文化体育和旅游局	文化宣传	A	满意
128	关于加强农村拆迁垃圾处理的提案	民盟简阳市基层委员会	简阳市规划和自然资源局	资源环境	A	满意

续表14

提案号	提案名称(案由)	提案者	主办单位	分类	办理结果	反馈意见
129	关于规范校外培训机构加大监管力度的提案	民盟简阳市基层委员会	简阳市教育局	教育	A	满意
130	关于加强城区噪音污染管理的提案	民盟简阳市基层委员会	简阳市综合行政执法局	资源环境	A	满意
131	关于完善农业产业园区管理机构，提升园区建设管理水平的提案	李　毅	简阳市农业农村局	经济发展	B	满意
132	关于抢抓建设成渝地区双城经济圈机遇，加快成都·大凉山农特产品加工贸易园区建设的提案	民盟简阳市基层委员会	简阳市临空经济产业园管理委员会	经济发展	A	满意
133	关于推进城镇住宅小区配套幼儿园建设的提案	民盟简阳市基层委员会	简阳市教育局	教育	A	满意
134	关于恢复禾丰高级中学的提案	王游修	简阳市教育局	教育	C	满意
135	关于实施健康简阳，落实科普行动的提案	付建中	简阳市卫生健康局	医疗体育	B	满意
136	关于加强村集体经济监管的提案	民盟简阳市基层委员会	简阳市农业农村局	农业水利	A	满意
137	关于解决新市小学门口安全隐患的提案	王　勇	简阳市教育局	社会管理	A	满意
138	关于提升国际传播力，助力简阳建设国际新城的提案	朱国烨	中共简阳市委宣传部	文化宣传	B	满意
139	关于建立“双创”长效机制的提案	郭　惠		社会管理	B	满意
140	关于发展简阳市跨境电商的提案	尹　航	简阳市商务和投资促进局	商贸旅游	A	满意
141	关于成渝双城经济圈背景下提升简阳城市文化力的提案	苏俊清	简阳市文化体育和旅游局	文化宣传	A	满意
142	关于提高社区服务管理的提案	董泽安	中共简阳市委城乡社区发展治理委员会	社会管理	A	满意
147	关于江边小道灯光进行改进的提案	谢文华	简阳市综合行政执法局	社会管理	A	满意
148	关于“完善西部电子商务园区学校、医院等市政配套基础要素设施配置”的建议	杨钟立	简阳市西部电商物流产业功能区管理委员会	教育	A	满意
149	关于让市民有更多的体育活动空间的提案	高乙茗	简阳市文化体育和旅游局	医疗体育	A	满意
150	关于渝蓉高速公路与简阳市沱东环线快速通道(放高路县道)交汇处增设落地互通交通枢纽的提案	陈玉军	简阳市交通运输局	工交邮电	B	满意
151	关于“建立和完善社区养老服务体系”的提案	巫忠良	简阳市民政局	社会管理	A	满意

说明：总计立案 147 件，因撤并提案，提案号有空号。办理结果一栏，A 代表意见建议可行，已落实或正在落实；B 代表意见建议可行，纳入计划准备落实；C 代表意见建议不可行或暂不具备条件，不能落实

（周　刚）

中国共产党简阳市纪律检查委员会
简阳市监察委员会

主要会议

【市纪委十五届九次全会】 2020年3月10日，中国共产党简阳市第十五届纪律检查委员会第九次全体会议在会议中心召开，学习十九届中央纪委四次全会特别是习近平总书记重要讲话精神、省纪委十一届四次全会和成都市纪委十三届七次全会精神，研究安排简阳市全面从严治党、党风廉政建设和反腐败工作。市委书记赵春淦出席会议并讲话，市委常委、市纪委书记、市监委主任曾志勇代表中共简阳市第十五届纪律检查委员会常务委员会作工作报告，会议表决通过市纪委常委会工作报告和全会决议。市委常委、市纪委书记、市监委主任曾志勇主持会议，市领导钟世全、李崇喜、罗开敏、陈建龙、顾晓玲、吴斌、李建军、马佰让及26名纪委委员参加会议，210人列席会议。

（熊　伟）

3月10日，中国共产党简阳市第十五届纪律检查委员会第九次全体会议在东城新区会议中心召开

纪检监察

【概况】 2020年，全市各级纪检监察组织增强“四个意识”，坚定“四个自信”，做到“两个维护”，坚持稳中求进工作总基调，聚焦高质量发展主题主线，持续深化“七大工程”建设，一体推进不敢腐不能腐不想腐，充分发挥监督保障执行、促进完善发展作用，为全市夺取疫情防控和经济社会发展双胜利提供了坚强保障。（“七大工程”：坚定政治担当、巩固良好政治生态，大力实施“葆本色”工程；全面压实责任、凝聚管党治党合力，大力实施“聚合力”工程；强力作风整饬、倡导弘扬清风正气，大力实施“扬清风”工程；坚持力度不减、保持惩贪治腐高压，大力实施“护森林”工程；加强政治巡察、有效发挥利剑作用，大力实施“磨利剑”工程；深化标本兼治、推动工作创新发展，大力实施“创品牌”工程；对表更高标准、锻造纪检监察铁军，大力实施“铸铁军”工程。）

【护航大局】 持续强化政治监督，坚决彻底肃清周永康流毒影响、李春城恶劣影响，把意识形态工作责任制落实情况作为监督检查和常规巡察的重要内容，发现并督改问题41个，聚焦“七个有之”严肃查处违反政治纪律案件7件8人。加强对习近平总书记重要指示批示精神和中央省市重大决策部署贯彻落实情况的监督检查，督促推动打好三大攻坚战、做好“六稳”“六保”工作、成渝地区双城经济圈建设、村级建制调整等工作落到实处。紧紧围绕上级疫情防控部署要求，强力开展“拉网式”专项督查，追责问责疫情防控不力问题7件20人、1个党组织。探索构建党委主体责任、党委书记第一责任人责任、班子其他成员“一岗双责”责任和纪委监督责任“四责”协同发力的全面从严治党责任落实体系。严格落实重大事项请示报告制度，市纪委监委分别向成都市纪委监委和市委书面请示报告149次、120次。（“七个有之”：搞任人唯亲、排斥异己的有之；搞团团伙伙、拉帮结派的有之；搞匿名诬告、制造谣言的有之；搞收买人心、拉动选票的有之；搞封官许愿、弹冠相庆的有之；搞自行其是、阳奉阴违的有之；搞尾大不掉、妄议中央的也有之。三大攻坚战：防范化解重大风险、精准脱贫、污染防治。党风廉政建设“一岗双责”：国家各级政府机关党员干部在履行本职岗位应有职责的同时还应负责所在单位、部门的党风廉政建设工作。）

【执纪为民】 扎实做好扶贫领域监督执纪问责工作，严肃查处扶贫领域案件13件25人。大力开展发改、住建、卫健、人防等领域突出问题系统治理，查处违规违纪问题11件16人，健全完善制度机制7项。大力推动“阳光审批”工作，确保惠民惠农补贴项目纳入“一卡通”监管平台管理。积极推进扫黑除恶专项斗争向纵深发展，涉黑涉恶腐败问题线索全部“清仓见底”，查处涉黑涉恶“保护伞”问题2件2人，追责问责2件4人。持续深入开展“民生诉求大排查、大研判、大解决、大回访”活动，收集督改困难问题268个。坚持常态长效治理“微腐败”，严肃查处在三资管理、征地拆迁、低保等方面侵害群众利益的不正之风和腐败问题77件121人。聚焦群众生产生活“急难愁盼”问题，充分发挥百姓需求“一号通”作用，受理、转办、督办群众有效诉求13315件，群众综合满意率95.97%。

【作风建设】 严格执行中央八项规定及其实施细则精神，紧盯重要时间节点，共查处违反中央八项规定精神问题9件16人。持续整治形式主义、官僚主义问题，发现并查处31件44人。坚决落实制止餐饮浪费行为要求，细化监督执纪“十项措施”，制发问题通报2期。落实《简阳市干部落实不力、作风不实问题红黄牌预警问责管理办法》，对工作推进不力的干部共记黄牌237张、红牌4张，有力有效推动干部实心干事、科学作为。

【日常监督】 一体推进党的纪律检查体制改革、国家监察体制改革、纪检监察机构改革，完善镇（街道）纪检监察组织“两为主一报告”、派驻机构“三为主一报告”工作机制，结合实际调整派驻纪检监察组监督范围，专门设立驻市国金局纪检监察组，综合监督国金局及6家国企。建立健全“1+5+N”协作监督机制，促进党风政风监督室、监督检查室、镇（街道）纪（工）委及派驻纪检监察组强化联动配合。健全“两报一清单”制度机制，切实推动“两个责任”贯通协同，向市党政领导班子成员发放《主体责任通报》4 期、《廉情专报》234 期。扎实开展政治生态研判，健全完善“523”政治生态评价指标体系，持续推进良好政治生态建设。紧盯关键岗位和重点人员，准确运用监督执纪“四种形态”处理 863 人次，占比分别为 65.7%、27.69%、1.97%、4.64%。健全办理党风廉政意见工作流程，严格把关出具党风廉政意见 131 件。常态化开展受处分处理人员关心关爱工作，共谈心谈话 700 人次，回访教育 151 人次，提出任用参考建议 1 人次。[“两报一清单”制度机制：《主体责任通报》、《廉情专报》、主体责任清单。“523”政治生态评价指标体系：构建“5 指标”政治生态评价体系，以党委（党组）、政治生态研判工作领导小组成员单位“2 个主体”自研与共研相结合，将研判结果划分为“3 个等级”，探索推进县域政治生态建设。监督执纪“四种形态”：经常开展批评和自我批评、约谈函询，让“红红脸、出出汗”成为常态；党纪轻处分、组织调整成为违纪处理的大多数；党纪重处分、重大职务调整的成为少数；严重违纪涉嫌违法立案审查的成为极少数。]

【一体推进“三不”】 扎实开展“流动接访”工作，积极推动矛盾化解在基层，实现信访总量、检举控告量、初次举报量、重复举报量“四个下降”良好态势。始终保持惩治腐败高压态势，全市纪检监察组织共处置问题线索 542 件，立案审查调查 282 件 292 人（其中市管干部 18 人），留置 9 人，移送审查起诉 11 人。严格执行监督执纪工作规则和监督执法工作规定，建立健全集体分析研判、分片联系指导等案件办理机制和一案一反馈审理机制。严格落实《关于加强和完善监察执法与刑事司法衔接机制的意见（试行）》要求，充分发挥反腐败协调小组作用，扎实推动纪法贯通、法法衔接。有序推进执纪审查业务用房和镇（街道）标准化谈话室建设，抓实“走读式”谈话安全，定期开展全覆盖监督检查，全年未出现一起安全事故。在 2 个单位实施典型案件“三会一书两公开”，推动以案促改常态化、制度化。分层分类开展基层“流动”课、党校“固定”课、法庭“现场”课、支部“法纪”课，有针对性教育党员干部 2100 余人次。[“三不”：不想腐、不敢腐、不能腐。“三会一书两公开”：通过召开“三会”（支部大会、民主生活会、警示教育会）、纪律检查建议书或监察建议书，实行“两公开”（向党内公开案情、向社会公开整改情况）的方式，抓实做深警示教育。]

【巡察工作】 坚决抓好省委巡视反馈意见整改，及时处置巡视移交问题线索，高质量办结省委第四巡视组移交的 73 件信访件。按照成都市疫情防控专项巡察统一部署，组建专项联动巡察组，督促整改疫情防控问题 183 个，移交问题线索 2 件。完成本级两轮常规巡察，巡察 32 个单位，发现问题 897 个，移送问题线索 48 件。先后对原市国土局等 5 个单位整改情况开展回访督查，推动健全完善制度机制 148 项。探索建立巡察整改责任机制、督促机制、评估机制“三项机制”，出台《关于在全市开展巡视巡察问题“未巡先改”工作的实施意见》和《简阳市加强巡察成果运用的实施办法（试行）》。实现村级党组织巡察全覆盖，一届任期内巡察全覆盖完成率 92.3%。

【纪检监察干部队伍建设】 始终把党的政治建设摆在首位，高质量开展“大学习、大调研、大走访”活动。严格落实意识形态工作责任制，定期分析研判、研究部署机关意识形态工作，牢牢掌握意识形态工作主动权。强化机关党的建设，设立机关纪委，强化内部监督。常态化开展全员培训，分层分类培训纪检监察干部 460 人次，推进案件监督管理系统、审理文书助手系统和检举举报平台等纪检监察业务信息化建设，促进业务水平和信息化水平双提升。开门接受监督，邀请特约监察员参加重点工作监督检查 45 人次，采纳或办理反馈特约监察员意见建议 29 条次。深入开展内部监督调研，发现并督改驻市住建局纪检监察组、三星镇纪委共 16 个问题。扎实开展系统内作风建设月活动，全覆盖开展一对一谈心谈话，查纠各类问题 57 个。始终坚持刀刃向内，严防“灯下黑”，全年共处置反映纪检监察组织或干部的问题线索 13 件，组织处理 4 人，发出纪律检查建议书 2 份。

（熊　伟）

民主党派·群众团体

民主党派

【概况】 简阳市有民主党派基层组织5个，即民革简阳市支部、民盟简阳市基层委员会、民建简阳市总支、农工党简阳市支部、九三学社成都市简阳委员会，有民主党派成员372名。

【民革简阳市支部】 党员41名，主委曹强。2020年，重视理论学习，把思想建设放在首位，坚持中国特色社会主义政治发展道路，坚持中国共产党的多党合作和政治协商制度，围绕人民群众关心的、党政部门重视的工作内容，通过反映社情民意，参加人大政协会议撰写议案提案，专题调研等多种形式开展参政议政、民主监督工作。主委曹强撰写的《关于全力做好生猪复养的提案》和副主委廖华撰写的《关于减少幼、小、初学生网上作业的提案》获评2020年度优秀提案。支部撰写4篇调研课题文章，其中《关于简阳市打造世界旅游目的地的建议》得到了成都民革市委会里赞主委的肯定和批示；组织党员多人多次参加成都市委统战部组织的成都社会主义学院及眉山社会主义学院培训、简阳市政协“守初心　担使命　提升履职能力”在雅安市宝兴县夹金山干部学院的培训班、2020年简阳市党外干部培训班在小平干部学院培训和“观故居，走多党合作之路”专题活动等；订阅《团结报》20份，15篇支部党员撰写文章被成都民革微信公众号、四川省民革采纳。疫情期间，主委曹强组织全体党员捐款和防疫物资，为打赢疫情防控阻击战出力。9月，看望慰问杨宗泽等五名抗战老兵并送去慰问金，组织全体党员参与民革四川省委组织的“消费扶贫　助力稻城”活动。2020年，民革简阳市支部被表彰为省级示范支部，陈雅萍被民革成都市委评为抗疫先进个人，党员高乙铭被简阳市政协评为2020年度“我为脱贫攻坚做件事”先进个人，曹强、陈先楚、鲜海林分别被简阳市政协评为2020年度优秀政协工作者和2020年度优秀政协委员。

【民盟简阳市基层委员会】 盟员138名，主委曾继元。2020年，坚持以习近平新时代中国特色社会主义思想为指导，全面贯彻落实中央、省委、市委决策部署，坚守初心，主动作为，圆满完成各项工作任务，被民盟中央表彰为2020年度思想政治建设和宣传工作先进集体，被民盟成都市委会评为2020年度盟务工作、思想宣传、组织建设、参政议政、社会服务等五项工作先进集体，在2020年简阳市民主党派基层组织工作考评中获一等奖，60余人次获市级以上表扬，30余人次获单位表扬。迅速响应，捐资助力硬核防疫。全市盟员捐赠价值24000余元的防疫物资，还以个人名义在各单位或社会组织积极捐款捐物，1名盟员被评为成都市统一战线“同心抗疫先进个人”，3名盟员被评为简阳市政协系统抗击新冠肺炎疫情先进个人；求真务实，切实履行参政职能。利用两会平台撰写议案、提案，2020年提交人大建议案5篇，其中3篇被评为简阳市人大优秀建议，提交政协个人提案40篇，集体提案8篇，其中3篇被评为简阳市政协优秀提案，3名盟员被评为简阳市优秀政协委员；深入开展调查研究，提交课题研究论文6篇，其中《河长制推行过程中的问题与建议》等3篇受到成都市政府领导肯定性批示；倾情关注社会民生，提交社情民意16篇，其中2篇被民盟成都市委会采纳；汇聚众志，精准助力脱贫攻坚。通过捐资助学、送教下乡推进智力扶贫，提供法律咨询推进法制扶贫，帮扶贫困户40余户，送去慰问品和慰问金共计价值2万余元，3名盟员被简阳市政协评为2020年度“我为脱贫攻坚做件事”活动先进个人，四川学习平台标题“成都简阳：多元角色参与助力精准扶贫”特别报道民盟简阳市基层委员会积极参与双井村脱贫攻坚；广泛宣传，凝心聚力共谋发展。2020年上交各类稿件43篇。其中17篇通讯稿件发表在成都民盟微信公众号，1篇征文、1篇人物专访分别发表在《成都民盟》，1篇论文获2020“蓉城同心”实践工作交流优秀论文三等奖，1篇稿件被列入四川学习强国平台；主办“爱简阳·共奋进——学习贯彻党的十九届五中全会精神暨统战知识竞赛”活动，简阳电视台、成都民盟微信公众号、四川统一战线等多家新闻媒体报道。1月，召开2019年工作总结暨《简阳民盟志》发布会、参加简阳市统一战线2020年迎新春文艺晚会；2—3月，捐资助力抗击“新型冠状肺炎”疫情；4—5月，督导调研贫困村脱贫攻坚工作；6月，开展精准扶贫送教下乡活动；7月，组织盟员中的政协委员参加简阳市政协“守初心　担使命　提升履职能力”培训班学习；8月，组织盟员骨干参加简阳市党外代表人士培训班学习；9月，传达学习中共省委十一届七次、中共成都市委十三届七次和中共简阳市委十五届十三次会议精神，建言成都“十四五”规划；10月，传达学习习近平总书记关于“十四五”规划编制工作重要讲话精神、全国抗击新冠肺类疫情表彰大会精神、李仲彬在市政协十五届十二次常委会议上的讲话精神，安排部署第四季度工作并提出要求；11月，对简阳市广电网络三年提升行动工作情况开展专题调研；12月，主办“爱简阳·共奋进——学习贯彻党的十九届五中全会精神暨统战知识竞赛”活动、召开基层委员会委员民主生活会、到金马九义校开展捐资助学活动。

【民建简阳市总支】 会员63名，主委蔡纯午。定期开展学习活动，鼓励会员积极参与各项活动，认真履行参政党职能，在自身建设、参政议政、社会服务等方面取得了可喜成绩。成功创建四川省“五个好”魅力基层组织，获得“全省抗击新冠肺炎先进集体”“民建成都市委会组织工作先进集体”“民建成都市委会宣传工作先进集体”称号。全年有26名会员获得市级表扬（表彰）。加强自身建设，提升组织凝聚力、战斗力。参加或组织各种理论培训225人次，开展“穿一次红军衣、吃一次红军饭、走一次红军路”等主题教育活动9次，推荐民主党派代表人士7名。2020年向成都民建微信公众号报送信息32条，被中央级网站采用11条（含人民网、新华网等8条，民建中央网3条），省级网站10条（含四川观察等6条，同心四川等4条），成都市级网站49条（含看度新闻、红星新闻等16条，成都民建微信公众号31条，成都民迅2条）；加强参政议政，深入调查研究，积极建言献策。组织调研活动160人次，2月对企业疫情防控工作、复产复工及面临的困难问题等进行深入调研，6月赴金堂县农业农村局就“关于多措并举推动农村生猪生产发展”课题进行调研，8月组织民建会员及部分政协委员对简阳市医疗保障工作开展专题调研，9月携手西南石油大学支部组织20余名企业家会员深入调研简阳中小微企业发展现状，8—10月组织会员前往平武镇尤安村、三星镇雷公庙村、青龙镇联合村等地开展全域旅游视角下简阳旅游新业态的培养研究的调研工作，先后调研了六心甸、未来之星、稻花香里等项目，11月组织会员前往邛崃市夹关镇开展扶贫调研活动，实地调研了成都市民建帮扶基地百恒茶业公司。通过深入开展调查研究社会热点、难点问题，撰写提案18篇，两会期间提交《关于建立“人才绿卡”制度的提案》《关于挖掘地方特色元素提炼城市标识的提案》等10篇提案；形成《民建简阳总支关于全域旅游视角下简阳旅游新业态的培养研究》《简阳市中小微民营企业发展情况的调研与思考》《关于多措并举推动简阳市农村生猪生产发展的建议》等5篇调研报告，其中3篇调研报告获仰协主委批示，1篇获市委书记詹庆批示。加强社会服务，助残助困，捐资助学，助力脱贫攻坚；督导防疫，歌曲接力，阻击新冠蔓延。开展疫情防控活动6次，创作抗疫歌曲《爱的接力赛》《你就是我们最亲的人》等3首,《爱的接力赛》获“抗击疫情·防控有我”全国工会职工书屋主题系列征集活动优秀奖，是四川工会系统唯一获奖作品。并在四川省总工会和四川省网信办主办的2020年“网聚职工正能量·争做四川好网民”主题活动中被评为四川省网络正能量十大金曲。开展捐资助学、助残助困266人次。1月，组织爱心企业天府汉唐公司和会员代表前往简阳市施家镇龙河村走访慰问困难群众，慰问困难群众3户，向他们送去了新春祝福以及慰问金、食用油、米等物资，共5000元。3月，慰问12名简阳援鄂抗疫医务人员家属，送去慰问物资及民建会员们捐款2.4万元。4月，组织会员到施家镇走访慰问受疫情影响困难群众，送去3000元慰问金及价值600元慰问品。8月，民建简阳总支向民建金堂总支捐款两万余元，帮助抗洪救灾、恢复生产。9月，与新都总支、西南石油大学支部联合开展帮困助学。

【农工党简阳市支部】 党员36名，主委汪压尘。始终坚持把思想政治建设放在各项任务的首位，深入开展坚持中国特色社会主义教育实践工作，组织开展“庆祝中国农工民主党建党90周年”等系列主题活动，支部《90后党员祝您90岁生日快乐》一文获“中国农工民主党90周年征文三等奖”，并在《前进论坛》杂志进行了刊登，有7篇信息被农工党四川省委会网站采用、15篇信息被农工党成都市委会采用。调动党员积极性，开展调查研究工作，履行参政议政职能，提交集体提案4件，个人提案、建议和社情民意20余件。6月，邀请相关专家深入扬州、南京、杭州等地进行专题调研，完成《加快建设互联网医院，培育健康简阳新场景》调研课题，得到四川省卫健委、成都市政协、农工党成都市委会领导的肯定性批示。支部《关于“引导老年人早、晚高峰期错峰出行”的建议》《关于“支持农村电商发展，助力简阳市乡村振兴战略”的建议》《关于“增设老城区交通信号灯”的建议》等涉及民生社会事务与公共服务、农林水利、城乡建设与管理等方面的提案建议获得市政协充分肯定。坚持培训学习,推进组织建设。2020年，支部吸纳3名医疗界、生态环境界等不同领域的高级知识分子、中青年业务骨干入党，定期组织党员集中开展学习教育活动10余次，组织参加农工党四川省委、成都市委和中共简阳市委、市人大、市政协举办的各类专项培训20余次。2020年，支部多项工作和多位党员荣获表彰，支部被农工党成都市委会评为党史和理论先进基层组织、宣传思想先进集体、社会服务先进集体等，支部委员林小彬被农工党中央评为定点扶贫先进个人，有21人被农工党成都市委会表彰。聚力精准扶贫，发挥界别特色。多次赴施家镇、五星乡等开展脱贫攻坚开展精准帮扶行动，邀请农工党四川师范大学支部生态环境领域专家现场指导施家镇平息阳春玉桃产业园发展情况。参与疫情防控，携手共克时艰。多次组织党员到成都高铁南站驻点等地，看望奋战在疫情防控第一线的医务人员。支部成员向浙江省人民医院、四川省人民医院捐赠8台掌上超声设备器材，价值100万余元。积极联建共建，推动“一联双促”。会同农工党郫都区支部考察学习成渝地区双城经济圈建设，参观考察简阳规划馆、唯品会西部总部基地及龙泉市城市森林公园建设情况；联合农工党都江堰市总支，调研都江堰市医疗中心医院门诊、医技科室、特色专科等，借助组织智力资源实现交流共享。

【九三学社简阳委员会】 社员94名，主委首峰。汇智聚力，思想更加坚定。狠抓政治思想建设，坚定政治信念。通过社委扩大会、各支社座谈会、培训会、学习交流会等形式，开展坚持和发展中国特色社会主义学习教育活动，传达和学习中共十九届三中、四中、五中全会精神，学习传达成都市、简阳市“两会”精神，进一步增强社员的责任感和使命感，为社员参政议政提供良好的知识储备。组织社员到宜宾李庄开展了“重温革命路　牢记历史践初心”爱国主义教育活动。借助社中央“网络课堂”平台，组织社员学习社中央第六期专题政治辅导。推动社史，丰富活动内容。启动简阳社史编撰工程，大力宣传老一辈九三人的光辉事迹和崇高品质，充分发挥榜样的示范和引领作用。狠抓宣传阵地，深化活动实效。牢固树立阵地意识，加大宣传报道力度。全年刊登内部刊物《九三简阳》12期，在社市委网站共刊载各类活动信息报道共25篇。开展关爱老社员活动，给80岁以上的老社员集体庆生祝寿。众志成城，做好疫情防控。面对突如其来的新冠肺炎疫情，社员们通过实际行动，展现新时代九三人的责任担当和精神风貌，以正能量坚定信心、激励人心。深入一线，踊跃捐款捐物。组织社员向九三王选基金会捐款2.7万余元，其中“四川大美医者”“成都骄傲·大美医者”两项殊荣获得者83岁高龄的周克明社员捐款3000元，号召全体九三社员坚守工作岗位，做好本职工作，深入疫情防控一线，人民医院医生荀廷伟社员主动请缨再战“沙场”被市委统战部评为“最美统战人”；四川理创律师事务所常务副主任徐丽英社员想方设法、利用各种资源采购消毒液等紧缺防控物资送到医院、小区、政府部门，并组织律师组成志愿者参与到疫情防控事务中去，被九三成都市委评为“抗疫先进个人”。深入实地、开展复工复产。组织社员深入镇村、社区和企业开展“走基层、访民情”系列活动，充分了解复工复产情况、复工复产中的各种堵点、难点问题，帮助分析企业如何运用好当前国家出台的相关政策和法律规定，如何稳岗就业。实干担当，履职更加坚实。在省市两会期间，人大代表、政协委员积极履职，提交了25篇建议、提案，其中《关于完善城乡社区发展治理新机制的提案》《关于振兴简州大耳羊产业的提案》入选简阳政协集体优秀提案；孔志红撰写的《关于成都市食品安全监管的建议》获评成都市人大2020年度优秀建议意见。聚焦重点，开创社会服务新局面。开展《蓉城星力》主题活动5次，与四川理创律师事务所联合举办了“老年人权益保护法制宣传座谈会”社会服务活动，特邀四川水果创新团队岗位专家、四川省农业科学院园艺研究所副研究员涂美艳博士到简阳市平武镇游安村开展了“蓉城星力，同心小康”社会服务活动，与四川理创律师事务所联合到四川简阳华威机械设备有限公司、四川汇众力低温科技有限公司开展法治体检专项活动，与简阳市司法局在平武镇尤安村，联合举办义诊和法律宣传咨询活动，与简阳市人民医院联合在平武镇尤安村开展第三十二届国际和平周活动和义诊活动，与九三学社成都市妇委会再次赴镇金镇牌坊村开展“蓉城星力·爱心妈妈”同心捐助活动，共捐助了63名留守学生和贫困学生。

（郑键斌）

工　会

【概况】 2020年，简阳市总工会坚持以深化工会改革创新为主线，以推动经济高质量发展为主题，以构建和谐劳动关系为主责，以竭诚服务职工群众为主旨，有效激发基层工会组织活力，有力提升工会服务能力水平，团结动员全市职工在建设东部区域中心城市中发挥主力军作用。

【疫情防控】 组织9名工作人员下沉江源镇，开展基层抗疫工作；同时开展一线蔬菜“直通车”活动，在抗疫物资生产企业、当地菜农以及物流配送企业之间建起“绿色通道”，解决三方燃眉之急。开展防疫一线全覆盖慰问，对一线防疫工作者及家属发放慰问金71.5万元。为解决疫情居家隔离、复工复产等各个时期干部职工面临的困扰，将心理效能提升活动转至线上，推出心理团体辅导课程，举办在线心理辅导7期，听课干部职工达2682人次。扎实开展“送政策、帮企业、解难题”活动，深入企业调研，向企业发放了“新型冠状病毒肺炎疫情防控期间企业复工相关法律和政策问答”“援企稳岗就业补贴政策解读”等宣传资料1000余份，指导企业妥善预防与应对相关劳动争议。开展“增强集体协商质效·助力城乡基层治理和企业复工复产”活动，参与企业1881家，其中签订集体协商集体合同共1081份，覆盖职工78369人，集体协商建制率达到96.4%。

【职工服务中心】 简阳市职工服务中心装修基本完成，各类设施设备基本采购安装到位，预计2021年2月投用。648平方米的空间设置书店、咖啡店、便利店、花店、培训中心、职工服务区等多个功能区块。以为广大职工服务为主，公益性与经营性相结合，让广大职工感受到具有工会特点的普惠性、常态性、精准性服务。

【联处中心】 贯彻落实四川省总工会关于做好“诉调对接”、促进“多元化解”工作机制建设的要求，对接相关市级部门建立了简阳市劳动纠纷“一站式”多元化解联动处置中心，于2020年12月18日正式投入运营。截至2020年12月31日，共接待来人来访6批次，共92人；受理案件6件，调解成功2件，涉及人数40余人；调解成功金额41万余元。

【工会组织建设】 认真落实百人以下25人以上企业建会专项行动，全面摸排核查25人以上，百人以下企业276家，建会率增长至96.8%，达到成都市到2020年底全市百人以下、25人以上企业建会率85%的要求。不断推进“职代会”、厂（事）务公开职工民主管理规范化、标准化，复查全市厂务公开民主管理标准化建设A、B、C级达标情况，6家企事业单位通过A级复审，8家通过B级复审，9家通过C级复审。“八大群体”入会取得突破，八大群体（八大群体：货车司机、快递员、护工护理员、家政服务员、商场信息员、网约送餐员、房产中介员、保安员）行业企业工会组织104个，会员4513人，入会率达97%。

【维权保障】 “安全生产月”向企业和职工群众赠送安全生产类书籍、资料2000余份，面授企业安全生产管理规范和职工安全生产行为规则等1200余人次。组织全市67家企（事）业单位、371个重点班组、6194名职工开展竞赛活动438场。举办“安康杯”活动，全市25人以上企业劳动安全卫生专项集体合同签订率达98%。坚持“以职工为本”理念，切实维护职工利益，有序开展“互助保险”工作，2020年参保职工人数8643人，赔付会员178人次、41.7万元，慰问7人次、发放慰问金1.92万元。

【劳模工匠精神】 简阳市职工、单位、班组获得“四川省劳动模范”6名、“成都市劳动模范”4名、成都市工人先锋号、新冠肺炎疫情防控专项五一劳动奖状（奖章）等31个、“简阳工匠”36名。拍摄的《简州·情怀》宣传片在中央网信办“五个一百”网络正能量精品评选活动中跻身100部全国网信正能量动漫音视频作品，同时获2020年四川省“网聚职工正能量 争做四川好网民”网络正能量微视频征集活动三等奖，并登上“学习强国”平台；《创新·创造》短片获四川省第六届职工微电影大赛优秀作品奖，让更多干部职工了解简阳人自己的“工匠”。以劳模（工匠）创新工作室创建为重点，推动职工创新基地建设，已优化劳模（工匠）创新工作室5个，推荐评选成都市劳模（工匠）创新工作室3个，成功命名1家，带领150余名职工开展技术革新、技术攻关、技术创新活动22项，创造经济效益1018万元。

【帮扶工作】 坚持以职工需求为导向，开展返乡农民工“接风洗尘”、惠民“三下乡 送温暖”、大学新生“金秋助学”、留守贫困学生“关爱情·暖冬行”、女职工“妈咪宝贝屋”等系列“娘家人”暖心行动。向350名春节返乡农民工、47名建档困难职工、40名留守贫困学生发放各类励志书籍和资料1500余份，送去慰问金数万元；协助困难职工（农民工）建档立卡11户，发放助学金55000元；打造省级妈咪屋1个，市级妈咪屋3个，村镇妈咪宝贝屋1个，指导用人单位建设母婴设施，服务女性职工6800余人次；开展环卫工人和工会建档困难职工健康体检工作，为500余名环卫工人和工会建档困难职工提供免费体检；联合相关部门举办“春风行动”“就业援助”“创业扶持”等活动，为求职者提供各类政策咨询服务1.1万余人次、就业岗位6500余个，帮助3035名求职人员实现就业（签订意向性协议），并通过“成都职工”APP，开展线上就业服务活动，吸引600余家企业、5000余名职工参与在线招聘求职。

表15　　2020年简阳市职工服务中心、大群团服务中心站点一览表

名称	属地	地址
简阳市职工服务中心	简阳市简城街道	红建路北段375号4楼

表 16　　2020 年简阳市工会组织及工会会员情况表

单位类别	基层工会	单独基层工会	联合基层工会	基层工会涵盖单位	职工	女性	农民工	女性农民工	工会会员	女性	农民工	女性农民工
	个	个	个	个	个	个	个	个	个	个	个	个
总计	1846	1767	79	4535	418862	188990	269690	115311	409690	184059	264777	112560
国有企业（仅指非公司制企业，不包括国有独资公司、国有控股公司）	16	16	—	16	1209	717	49	10	1209	717	49	10
集体企业	4	4	—	4	109	29	4	—	109	29	4	—
股份合作企业	17	17	—	17	2742	963	185	29	2089	779	170	28
联营企业	2	2	—	2	8	6	—	—	8	6	—	—
国有独资公司	8	8	—	8	1209	291	79	—	1201	291	79	—
其他有限责任公司	129	129	—	129	12762	5071	4464	1404	12566	4780	4293	1344
股份有限公司中的国有控股公司	2	2	—	2	3168	1133	196	68	3163	1131	196	68
其他股份有限公司	24	23	1	27	1249	440	865	251	1218	434	838	245
私营企业	743	725	18	761	22916	8416	13566	5053	22222	8087	13232	4908
其他内资企业	1	1	—	1	30	20	—	—	30	20	—	—
港澳台商投资企业	—	—	—	—	—	—	—	—	—	—	—	—
外商投资企业	1	1	—	1	144	67	144	67	144	67	144	67
财政拨款的事业单位	229	229	—	229	15321	9771	599	425	15067	9613	502	362
其他事业单位	32	30	2	94	8023	4052	6687	3383	7998	4050	6687	3383
机关	109	103	6	143	31141	14512	21132	10146	30229	13724	20297	9577
个体经济组织	83	83	—	83	405	143	89	41	378	129	81	33
社会团体	29	29	—	29	20271	9679	19056	9016	19711	9354	18413	8715
民办非企业单位	50	50	—	50	1105	987	431	403	1092	963	431	403
基金会	—	—	—	—	—	—	—	—	—	—	—	—
其他组织	367	315	52	2939	297050	132693	202144	85015	291256	129885	199361	83417

表 17　　2020 年简阳市各级劳动模范和先进工作者一览表

姓名	工作（学习）单位及职务	劳动模范、先进工作者称号	发文单位	文号（证书）	发文（表彰）时间	备注
李建军	中国共产党简阳市委员会常委	四川省第八届先进工作者	四川省人民政府	川府发〔2020〕 7 号	2020.6.2	
张健涛	成都市简阳市人民政府办公室副主任	四川省第八届先进工作者	四川省人民政府	川府发〔2020〕 7 号	2020.6.2	
马　艳	成都市简阳市射洪坝街道蜀阳社区居民委员会	四川省第八届劳动模范	四川省人民政府	川府发〔2020〕 7 号	2020.6.2	
周富坤	成都市简阳市青龙镇联合村党支部书记、主任	四川省第八届劳动模范	四川省人民政府	川府发〔2020〕 7 号	2020.6.2	
应锡章	国网四川省电力公司简阳市供电分公司输电运检班长	四川省第八届劳动模范	四川省人民政府	川府发〔2020〕 7 号	2020.6.2	
汤志明	成都东部新区贾家街道菠萝村村民委员会党支部书记	四川省第八届劳动模范	四川省人民政府	川府发〔2020〕 7 号	2020.6.2	已转入成都东部新区
喻　波	四川港通医疗设备集团股份有限公司副总经理	2020 年成都市劳动模范	中共成都市委 成都市人民政府	成委发〔2020〕 492 号	2020.12.30	
黄安文	简阳市卫生健康局党委书记、局长	2020 年成都市劳动模范	中共成都市委 成都市人民政府	成委发〔2020〕 492 号	2020.12.30	
徐　刚	简阳市禾丰镇丙灵村党支部书记	2020 年成都市劳动模范	中共成都市委 成都市人民政府	成委发〔2020〕 492 号	2020.12.30	
汪　彬	四川海大橡胶集团有限公司半钢技术部工艺室主任	2020 年成都市劳动模范	中共成都市委 成都市人民政府	成委发〔2020〕 492 号	2020.12.30	已转入成都东部新区

表 18　　2020 年“简阳工匠”一览表

序号	工作单位	姓名	性别	民族	出生年月	政治面貌	学历	技术职称	技能等级	所属行业	曾获最高荣誉称号	备注
1	四川海大橡胶集团有限公司	黄晓丽	女	汉族	1974.9	群众	本科	高级职称	高级工程师	制造业	海大集团劳动模范	2020 简阳工匠
2	四川空分设备（集团）有限责任公司	黄震宇	男	汉族	1972.9	群众	本科	高级工程师	高级	制造业	“川空工匠”	2020 简阳工匠

续表18

序号	工作单位	姓名	性别	民族	出生年月	政治面貌	学历	技术职称	技能等级	所属行业	曾获最高荣誉称号	备注
3	四川海大橡胶集团有限公司	余　萍	女	汉族	1971.2	群众	本科	高级职称	高级工程师	制造业	四川省科技进步二等奖	2020简阳工匠
4	四川国光农化股份有限公司	刘　刚	男	汉族	1975.8	群众	大专	中级	无	制造业	无	2020简阳工匠
5	四川省诚德蓝天环保科技有限公司	谢成忠	男	汉族	1973.2	党员	高中	高级技师、汽车工程师	高级技师	制造业	无	2020简阳工匠
6	四川国光农化股份有限公司	王秀琼	女	汉族	1980.2	群众	本科	工程师	无	制造业	无	2020简阳工匠
7	四川空分设备（集团）有限责任公司	苟　钦	男	汉族	1982.8	群众	本科	高级工程师	高级	制造业	“川空工匠”	2020简阳工匠
8	四川港通医疗设备集团股份有限公司	雍思东	男	汉族	1976.12	中共党员	大学本科	高级工程师	无	制造业	港通医疗优秀管理者	2020简阳工匠
9	四川港通医疗设备集团股份有限公司	杨志刚	男	汉族	1974.1	群众	高中	无	无	制造业	成都市百万职工技能大赛二等奖	2020简阳工匠
10	四川省简阳市川力机械制造有限责任公司	钟玉国	男	汉族	1977.4	群众	高中	无	技师	制造业	五一劳动奖章	2020简阳工匠
11	四川杰特机器有限公司	张雄楚	男	汉族	1985.11	群众	大专	无	无	制造业	简阳市岗位能手	2020简阳工匠
12	四川简阳华联机械配件厂	陈洪明	男	汉族	1975.12	群众	初中	无	无	制造业	无	2020简阳工匠
13	简阳市人间印象家具有限公司	钟清炉	男	汉族	1975.10	群众	高中	无	无	制造业	无	2020简阳工匠
14	国网四川省电力公司简阳市简州供电分公司	邓家祥	男	汉族	1976.1	中共党员	大学本科	高级技师	中级职称	电力燃气行业	2018年四川省电力公司优秀专家人才	2020简阳工匠
15	国网四川省电力公司简阳市简州供电分公司	张勤雷	男	汉族	1984.8	中共党员	硕士研究生	技师	中级职称	电力燃气行业	2017年成都市“最佳安全操作手”	2020简阳工匠
16	国网四川省电力公司简阳市供电公司	薛　强	男	汉族	1984.4	中共党员	大学本科	工程师	技师	电力燃气行业	成都供电公司安全先进个人	2020简阳工匠

续表18

序号	工作单位	姓名	性别	民族	出生年月	政治面貌	学历	技术职称	技能等级	所属行业	曾获最高荣誉称号	备注
17	国网四川省电力公司简阳市供电公司	张浩杰	男	汉族	1993.4	预备党员	大学本科	无	高级工	电力燃气行业	国网成都供电公司2018年“优秀工作者”	2020简阳工匠
18	简阳港华燃气有限公司	钟　波	男	汉族	1984.7	群众	大专	无	中级	电力燃气行业	成都市安康杯优胜个人	2020简阳工匠
19	简阳市文化馆	华北英	女	汉族	1962.3	群众	大专	副研究馆员	6级	文旅产业	四川省大中专学生社会活动优秀教师、成都市优秀文化志愿者	2020简阳工匠
20	简阳市阳安中学	朱永昌	男	汉族	1965.1	无党派人士	大学本科	中小学高级教师	高级中学教师资格	教育	省骨干教师、成都特级教师	2020简阳工匠
21	简阳市中医医院	邓治林	男	汉族	1969.10	中共党员	本科	主任医师	专技三级	医疗卫生	2018年被成都市卫计委评为“四川省首届新时代健康卫士”、2017年11月，被四川省卫健委、四川省中管局授予“基层卫生拔尖人才”称号	2020简阳工匠
22	简阳市妇幼保健院	陈秀锦	女	汉族	1973.9	中共党员	本科	主任医师	正高级职称	医疗卫生	最美基层儿童保健医生	2020简阳工匠
23	简阳市人民医院	陈　艳	女	汉族	1976.1	中共党员	硕士	主任医师	正高	医疗卫生	2017年中国卒中学会4C区域进阶“优胜奖”	2020简阳工匠
24	简阳市贾家镇中心卫生院	王俊义	男	汉族	1968.6	中共党员	本科	副主任医师	专业技术六级	医疗卫生	2011年被省卫生厅评为“农村卫生拔尖人才”	2020简阳工匠
25	简阳市禾丰镇中心卫生院	王　林	男	汉族	1972.10	中共党员	大专	主治医师	中级职称	医疗卫生	优秀共产党员	2020简阳工匠
26	四川阳安律师事务所	张　雯	女	汉族	1986.4	中共党员	大学	无	无	司法行政	四川省司法厅授予“首席人民调解员”称号	2020简阳工匠
27	简阳市农业农村局	刘　遐	女	汉族	1990.1	中共党员	本科	中级职称	农艺师	检测检验	成都市种植业农产品定量检测技能大赛“二等奖”	2020简阳工匠

续表18

序号	工作单位	姓名	性别	民族	出生年月	政治面貌	学历	技术职称	技能等级	所属行业	曾获最高荣誉称号	备注
28	简阳市殡葬管理所	刘树兵	男	汉族	1977.5	群众	中专	中级工	无	火化工	无	2020 简阳工匠
29	四川新开元制药有限公司	傅　锋	男	汉族	1982.9	群众	大学本科	助理工程师	其他	医药	成都市科学技术进步奖二等奖	2020 简阳工匠
30	华派生物工程集团有限公司	潘华柱	男	汉族	1983.1	群众	研究生	中级	计算机三级	医药	无	2020 简阳工匠
31	成都泽民酒坊有限公司	王泽民	男	汉族	1964.11	群众	大专	专业技术人员	无	生活服务	被中国科技部第16届科学家论坛评为2019中国科技创新杰出人物	2020 简阳工匠
32	简阳市紫荆大酒店	欧阳恒	男	汉族	1979.6	群众	高中	高级职称	无	生活服务	无	2020 简阳工匠
33	简阳市汽输有限公司	吴忠军	男	汉族	1973.3	中共党员	高中	驾驶证	A1A2	交通运输	无	2020 简阳工匠
34	简阳市林家食品有限公司	焦叶文	女	汉族	1984.1	群众	高中	面式面点师	中级职称	食品加工	第十九届全国焙烤职业技能竞赛全国总决赛第一名	2020 简阳工匠
35	唯品会（简阳）电子商务有限公司	刘　欢	男	汉族	1989.11	中共党员	大专	无	无	电子商务	公司级优秀党员	2020 简阳工匠
36	简阳市盛地农业发展有限公司	辜良林	男	汉族	1969.6	群众	大专	初级	初级	农业	优秀创新企业家	2020 简阳工匠

【职工综合素质提升】 实施“百千万”计划，组织开展“爱成都　迎大运”系列文体活动。成功举办职工乒乓球比赛，“绿动成都能量跑”健身竞跑活动；组织两支职工队伍参加成都市职工太极拳比赛，分别获得中年组一等奖、青年组二等奖，以及赛会唯一一个特别奖项“最佳运动队”奖；以“当好主人翁·建功新时代”为主题，与相关单位联合举办“建设美食之都、创响美食天堂”“塑造公园城市新形态、培育公交服务排头”“弘扬抗疫精神、护航妇幼健康”等职工劳动竞赛12场，组织动员231个企业（单位）、1400余名职工参加技能竞赛18项，锤炼挖掘出市行业内技能标兵72名。

（魏河英　彭绍辉　吴玉珮）

共青团

【概况】 2020年，简阳团市委以“爱成都·迎大运”青年友好城市营造共建共治共享行动为抓手，以“青生活·心志愿”青年志愿全域服务年活动为总，分别实施青春聚力、青春聚才、青春领航、青春绽放、青春强基五项试点行动工程，团结带领全市广大团员青年开拓创新、砥砺奋进，各项工作有序推进。

【基层团组织建设】 2020年，全市共有团委43个、团工委10个、团总支70个、团支部766个，团员13163名，其中新建团组织300余个，新发展团员2200余名。

【青少年思想道德建设】 组织全市团员团干部、少先队员深入开展“大学习、大调研、大讨论”活动，贯彻学习中共十九届五中全会精神，全市共青团、少先队组织共计开展主题团、队会活动2300余场。每周开展“思想武装·青春脑航员”主题教育活动，开展团中央组织的“青年大学习”行动，35万人次青少年参与了集中学习。“青年大学习”成绩长期位居全省前三，其中连续3期取得全省第一的好成绩，得到成都团市委主要领导的肯定性批示，受到团省委通报表扬。开展“两史·三爱”“传承红色基因、争做时代新人”“礼赞新中国·奋进新时代”“中华魂”等爱国主义教育主题81场。结合“国际禁毒日”“国家网络安全宣传周”等重要时间节点，常态化宣传《中华人民共和国未成年人保护法》《中华人民共和国预防青少年犯罪法》《中华人民共和国禁毒法》，组织含政法干警在内的青年志愿者300余人参与宣传。在各中小学开展的主题团、队活动中，宣传印发未成年人保护内容的资料1200余份，《中华人民共和国预防青少年犯罪法》和《中华人民共和国未成年人保护法》700余册，使青少年普法宣传工作深入青少年群体。

【少先队工作】 10月27日，中国少年先锋队简阳市第二次代表大会开幕，全市200名代表参加会议，审议通过《勇担时代使命　传承红色基因——为建设成都东部区域中心城市时刻准备着》工作报告，明确了今后三年少先队工作的指导思想和工作任务。六一期间，开展了“争做新时代好队员——从小学先锋、长大做先锋”简阳市六一主题队日活动。以9月开学为契机，开展“红领巾第一课”，将7大主题教育活动实现学校中队全覆盖；以学区为单位开展“爱成都——红领巾欢乐行”红领巾故事会，并选拔9名少先队员参加成都市级的总决赛，其中5人获得一等奖。对接市教育局，在全市少先队组织开展七大环保实践微行动（植绿护绿、绿色出行、垃圾分类、光盘行动、节水护水、土壤保护、大气防治主题队日活动）50场次，覆盖少先队员1500余人次。

【疫情防控工作】 组建42支青年突击队共1100余名青年突击手参与疫情防控和后勤保障，在各镇街悬挂宣传标语1000余幅，发放公益宣传广告及海报33万余张，发放防疫宣传手册32万余份。线上依托“青春

7月8日，简阳市委、市关工委对口帮扶德格县玉龙乡中心小学捐赠仪式

10月27日，“勇担时代使命 传承红色基因”中国少年先锋队简阳市第二次代表大会在机关会议中心召开

简阳”微信公众号、“简阳团市委”微博等团属新媒体矩阵平台，发布防疫宣传推文100余篇，在微信平台发起“防控疫情，简阳在行动”活动，倡议全体市民参与签订防疫承诺书，共有42万余人参与防疫承诺。积极争取成都团市委宣传力量，指导企业面向市场提供740余个招聘岗位，整合团内资源，为企业复工复产遇见的招聘困难提供宣传力量支撑。为由于疫情而未能返乡的留守学生家庭送去50套过冬羽绒服。开展“前方战疫情·后方送温暖”主题慰问活动，全覆盖慰问全市20个高速路口卡点、部分村（居）路口卡点，为阻击疫情日夜值守的一线青年职工、志愿者、警医人员等购置了牛奶、暖宝宝、水果等慰问物资。为40户奋战在一线的青年警医、警护家庭的子女发放共8000元的购书卡。积极协调各方资源，帮助企业筹集口罩6万余个、体温枪50余个、消毒用品1600余份、一次性手套2000余双，消毒用酒精70余公斤。发动简阳饿了么等企业成立复工复产青年突击队，为一线防疫部门及人员赠送口罩23000余只，餐品和热饮1300余份，为720余户商家赠送口罩14000余个，为简阳市民赠送口罩10万余个，在疫情期间配送67000余单订单，代购2万余单蔬菜配送上门，帮助720余家商家复工复产，为6万余名群众提供生活服务。成立非生产性辅助志愿者队伍，在龙一制衣公司转型生产口罩的过程中，承担防疫后勤保障，共计包装8500个口罩，协助生产12.5万个口罩切片。

【重点群体关怀】 深耕蜀阳社区、丙灵村的“童伴之家”运营工作，新建元吉社区、桐麻岭村、三里埂村童伴之家，开展“童伴计划”线上工作技巧分享2次，组织童伴妈妈参与线下培训1次。开展暑期“青亲宝贝”“我们的节日——中秋”以及建党节“美丽丙灵党旗红，共筑乡村幸福梦”等特色主题活动共计133场，活动参与人数达710余人次。

【扶贫攻坚】 争取上级部门支持，针对简阳市困难青少年，联合多家市级部门集中策划了“金秋助学”“关爱情·暖冬行”“暖冬慰问”等关爱项目，涉及资金共计160万余元，惠及困难青少年4900余人。加大民生工作覆盖面。策划开展“青春助力脱贫攻坚”公益摄影主题活动，为478个村（社区），5万余名60岁以上老人拍寸照，为950名儿童送去书包，为475户贫困户送去被子；联合市关工委、市妇联共同实施“留守儿童保障计划”，为22个镇（街道）的1657名农村留守儿童购买意外保险，总保额达12546万元。

【创先争优】 宣传典型，树立青年榜样。在五四青年节期间，推出“青春奋进正当时·冲锋在前书答卷”宣传系列活动。对全市青年工作和疫情防控中涌现出来的40个先进集体和80名先进个人选取抗疫先进典型在“简阳发布”和“青春简阳”新媒体平台进行宣传。

【青年就业创业帮扶】 升级青年人才驿站2.0版，不断优化驿站服务，新增入住青年信息采集、岗位推送等功能，为符合条件且有需求的求职青年提供了7天免费入住，帮助入住大学生在简就业。2020年，订单总数410单，通过订单数405单，入住订单数405单，床位使用1092人次。主导成立简阳市青年创业促进会，现已完成登记。

【志愿服务】 持续推进共青团青年之家三级“门店”服务体系有效覆盖面，新建新市街道青年之家社区店1个，在全市青年集聚的繁华商圈建设青年之家共营店9个。全面启动“爱成都·迎大运”城市志愿者招募，已设置招募站145个，建成志愿服务小站66个，发布志愿服务项目数1900个，新增青年志愿者1345人，大运会志愿者663人，对118名骨干志愿者开展岗前培训。开展“爱成都·迎大运”街头运动挑战赛5场，吸引市民共300余人次；开展“爱成都·迎大运”青年友好城市营造共建共治共享主题知识竞赛，全市共2000余名学生及团员青年参加比赛，选拔出3名优秀青年参与成都巅峰赛。组织330名优秀少先队辅导员和少先队员成立22支红领巾志愿服务队，广泛开展创文创卫、垃圾分类、“爱成都·迎大运”我是小小宣传员、孝老敬老、“劳动点亮社区”等志愿服务活动56次。以“青春志愿·守护生命”为主题，组织全市67名基层青年干群参与地质灾害防治与应急救援专项培训工作，切实提升基层青年干群参与地质灾害防治与应急救援能力水平。打造“青生活·心志愿”品牌化志愿服务，共计410名青年纳入志愿服务人才库，建立志愿服务V小站22个。组织团员青年深入社区、团属阵地开展“青梦想”“青学堂”等志愿服务100余场，服务居民3000余人次。

【关心下一代工作】 开展“中华魂”（我爱中华——新中国成立70周年）征文、演讲比赛活动，吸引全市7万名中小学生及青年职工参加。举办成都市简阳市“中华魂”主题教育活动表彰大会，为获2020年中国关工委、成都市关工委（我爱中华——新中国成立70周年）演讲、征文比赛的先进集体100名和先进个人450人颁发了奖状和奖品。联合市委宣传部、文明办、市民政局、市教育局、市卫健局、市老干部活动中心、市总工会、团市委、市妇联、市惠民帮扶中心关工委开展“关爱情·暖冬行”慰问活动，为困难青少年和贫困学生685人、“五老”志愿者56人、青年志愿者51人，寒冬送毛毯、床上四件套，共18万元；开展“关爱情·校园行”慰问活动，对全市建档立卡贫困户家庭学生、留守（流动）儿童、军烈属家庭子女、服刑在教人员未成年子女、品学兼优中小学学生等青少年群体展开进校园慰问、座谈交心、品德教育、心理辅导、捐赠书包、文具、书籍等，慰问帮扶了全市1784名留守、流动及困难学生，共20万余元；对全市危重病、残疾、特困青少年开展每人2000～120000元的医疗救助、残疾资助、生活补助等慰问活动，慰问特殊困难青少年65名，共13万元；实施“对口帮扶德格藏区青少年”项目，争取成都市关心下一代基金会支持，动员四川雄州实业有限责任公司、简阳市现代工业投资发展有限公司、简阳市水务投资发展有限公司、四川阳安交通投资有限公司、四川港通医疗设备集团股份有限公司、简阳港华燃气有限责任公司、四川人间印象家具有限公司等筹集资金70余万元，解决德格县1015名学生冬、春两季校服（每人两套），学生书包1015个（每人一个），学生文具1015套（每人一套），援藏干部床上四件套43套（每人一套）。

（胥铧云）

妇女联合会

【概况】 2020年，简阳市妇联本着“务求实效、精准服务、勇争一流”的工作理念，深入实施蓉城女性巾帼心向党、创新创业、创优创美、乡村振兴、巾帼维权服务、家庭工作提升“六大行动”，以“简创”“简悦”“简爱”三大品牌为载体，不忘初心、牢记使命，实心干事、科学作为，为加快建设成都东部区域中心城市贡献巾帼力量。

【巾帼心向党】 开展关爱一线医务工作者行动，定期为抗疫一线医务工作者家庭送去果蔬，解决其后顾之忧，相关做法被中央电视台新闻频道《新闻直播间》报道，并组织22个镇（街道）妇联为一线医务工作者及其家属送出感谢信600余封、口罩3082个、一次性手套3125双，开通一条新冠免费心理咨询热线，为广大群众提供咨询服务，联合中国人寿为抗疫一线的774名妇女干部赠送每人10万元保额的保险保障，发动妇联执委、返乡创业女农民工，以成本价免运费为城区住户配送果蔬，成功打造一个“移动菜市场”，破解疫情期间采购问题；举办“简阳幸福家，全民生活秀”活动，开展3期获奖评选活动，全市广大家庭积极参与，开展“童”心协力·以艺战“疫”线上儿童公益课堂活动，涉及少儿手工、儿童绘画、绘本阅读、健康讲座等7场线上活动，访问量达1.84万人次；在第110个三八国际妇女节，开展全媒体纪念活动，以市委、市政府名义对在全市妇联工作及疫情防控中涌现出来的40个先进集体和56名先进个人进行通报表扬，在全市征集、展播妇女在新冠肺炎防控的艰苦战“疫”中的图片影像，共征集作品450余件，浏览量达到30多万次，访问量达到16万多次；制作倡导绿色健康文明生活的公益广告，在四川电视台妇女儿童频道、成都电视台新闻综合频道、简阳电视台展播；携手相关部门、爱心企业发起了“你在一线救死扶伤·我们圆你节日梦想”公益行动，帮助人民医院援鄂医务工作者完成了三八节梦想，传递家乡人民对援鄂医务工作者的关爱，此活动被四川卫视报道，在中国网、中新网、四川发布等7家新媒体发布。

【创新创业】 搭建三大平台，拓宽创业就业渠道。利用10个妇女居家灵活就业基地平台，带动周边500余名留守妇女就近就业；联合市人社局、就业局等单位开展5场招聘会，提供就业岗位400余个；围绕助力成渝地区双城经济圈建设，建立跨区域协作平台，与沙坪坝区妇联共创“沙简巧姐联盟”，为两地妇女搭建就业创业平台；强化培训，提高就业能力。开展“共筑就业桥　同行脱贫路”家政服务就业培训2期，70余名妇女参与培训；成功创建成都市妇联蓉城巾帼学院·电商分院（简阳），为广大女性提供12场形式多样的培训，500余名妇女群众参加；选树典型，

7月24—25日，重庆市沙坪坝区妇联一行到简阳调研妇联工作，签订了巾帼助力沙简融入成渝地区双城经济圈建设战略合作协议

发挥榜样力量。评选十佳“巾帼创新创业标兵”，开展有特色、接地气的先进事迹宣传活动，讲好简阳女性故事，激励广大妇女积极争当创业先锋。

【创优创美】 实施“简悦·女性素质提升”行动。开展“花锦简州美——女性心理效能提升行动”，开展瑜伽、花艺、茶艺、烘焙、登山、礼仪等活动59场，覆盖妇女1200余人，聚焦广大农村妇女对广场舞的热爱，开展“送广场舞下乡”活动，线上线下相结合进行广场舞培训，倡导积极健康的生活方式，丰富广大妇女精神文化生活；成立“简爱·巾帼志愿服务队”。招募志愿者1950人，围绕防疫、法律维权、卫生保健、爱心帮扶、就业扶贫等方面开展志愿服务活动27场次，惠及群众26000余人，“简爱·巾帼志愿服务队”被成都市妇联授予绿色低碳环保巾帼志愿服务示范队。

【乡村振兴】 助力农村人居环境治理。在全市所有镇（街道）、村（社区）开展“洁美庭院”评选活动，引导农村妇女自觉践行绿色低碳生活方式，提高在生产生活中讲卫生、除陋习、重环境、促文明、树新风的文明生活意识，以“小家美”促“乡村美”；实施“简爱·巾帼扶贫助困”行动。以“3个一”举措（一封慰问信、一次走访、一次帮扶）对患重大疾病妇女、贫困妇女140余人进行帮扶，投入资金23万余元，为2名患重大疾病的特困妇女争取到全国妇联“两癌”救助资金2万元，帮扶24名艾滋病致困儿童，投入资金2.4万元，实施“留守儿童保障计划”，为1600余名留守儿童赠送安全保险；助力脱贫攻坚。联合简阳市扶贫移民服务中心在全市范围内开展“寻找最美脱贫致富

女带头人”评选活动，共评选出10名“最美脱贫致富女带头人”，其中3名荣获成都市妇联“返乡创业女带头人”称号。争取成都市妇联、成都电视台等平台支持，帮助江源镇红台村销售桑葚，扩大“桑海乡田”品牌影响力，2020年全村桑葚销售收入超过28万元，相关做法被“学习强国”采用。

【巾帼维权服务】 打造“简爱·巾帼维权窗”。创建“1+N”维权模式，建立简阳市妇女儿童维权总站1个、镇(街)妇女儿童维权分站22个，缩短了基层群众的维权距离；开设心理咨询服务。创设“周四暖心公益心理咨询日”，为全市广大群众提供免费心理咨询服务；开展常态化普法宣传。线上开展反家暴、妇女权益保护等31期普法宣传，惠及千余人，线下开展“民法典巡回讲堂”，覆盖22个镇(街道)，由专业律师通过“现场宣讲+模拟法庭”的方式，帮助广大妇女群众提高自我维权意识和能力。

【家庭提升工作】 深化家庭文明建设。评选出“简阳市抗疫最美家庭”10户、“简阳市文明家庭”10户，推选并获评“成都市抗疫最美家庭”5户、“四川省最美家庭”3户、“全国文明家庭”1户；打造“吾家有爱·简悦成长”家庭教育服务品牌。探索“互联网+家庭教育”模式，线上“吾家有爱·简州亲子窗”定期在喜马拉雅音频推送家庭教育课程50节，在市妇联直播间推送专家直播课8节，播放量达50000余人次，线下在社区、学校开展“吾家有爱·悦变少年”成长课程和“吾家有爱·成长父母”精品沙龙活动18场，覆盖1200余名妇女儿童，深受广大青少年、家长的好评；针对亲情缺失、家教缺位等现象，开展“简爱护航·助力成长”留守儿童关爱服务。联合成都理工大学，围绕儿童安全隐患、心理健康等问题，专门设计内容丰富、形式多样的活动，覆盖了全市留守儿童相对集中的11个镇(街道)、95个村(社区)，直接服务儿童和家长超过4000人，同步开展“简爱护航·问需而行”儿童及家庭需求调查，摸排出15名有特殊需求的儿童及家庭，设计了专门服务方案，开展个案跟踪服务。

【换届选举】 8月26—27日，简阳市第十次妇女代表大会和简阳市妇联第十届执行委员会第一次全体会议召开。大会选举产生了简阳市妇联第十届执行委员会委员；简阳市妇联第十届执行委员会第一次全体会议选举产生了简阳市妇联第十届执行委员会常务委员和主席、专兼挂职副主席。当选的简阳市妇联第十届执行委员会委员43名，常务委员13名，主席1名，专职副主席2名，兼职副主席3名，挂职副主席1名。

(李红梅)

8月27日，简阳市妇女第十次代表大会在市级机关办公区会议中心举行

科学技术协会

【概况】 2020年，全市所有镇（街道）均成立“3＋1”科协组织，有3所学校、3家企业、2家医院、1个园区成立了科协组织，有学会3个，有农村专业技术协会11个，还成立老科学技术工作者协会。（“3＋1”科协组织：“3”是指把县乡级医院院长、学校校长、农技站站长吸纳进科协组织，担任兼职、挂职副主席；“1”是指加强上级科协的指导。）

【推进基层组织建设】 培育建设科普基地。培育打造市规划馆、虚拟现实体验馆、荷桥村高密度智能水产养殖基地等4个绿道科普点位；发展各类科协组织。成立简阳市老科技工作者协会；切实运行好科普信息化平台。加强科普中国、“天府科技云”等的运用指导，加强18个科普e站点运行的督查指导，释放科普功能。

【做强公益科普品牌】 开展“天府绿道　科普惠民”系列活动。开展科普游等系列活动10场；开展公益科普活动。开展各类科普进校园活动10余场，开展第36届简阳市青少年科技创新大赛，指导学会（协会）开展公益科普服务20余场，参与社区教育及治理；开展

表19　2020年简阳市“成都市院士（专家）创新工作站”表

序号	名称
1	简阳市人民医院

全国科普日系列活动。牵头开展2020年简阳市全国科普日主题活动，获中科协表彰，开展科普宣传23次，赠送书籍挂图等2万余份；开展新时代文明实践活动。组织专家、科普志愿者到平武镇尤安村新时代文明实践站开展“爱成都·迎大运”志愿服务活动暨第三届成都市城乡社区科技公共服务集市活动。

【服务经济社会发展】 培训推进“天府科技云”服务。上半年，简阳市注册量居全省前列，得到省科协党组书记、副主席毛大付肯定性批示；开展抗击疫情工作。下沉江源镇开展疫情防控和复工复产工作，指导心协开通热线，为市民疫情期间心理健康保驾护航；服务好科技工作者。指导园区科协面向企业精准开展提能培训，助力创新驱动发展。

【践行乡村振兴战略】 支持帮扶村三星镇桐麻岭村、青龙镇民主村科普经费共3万元，助力开展科普活动，为各脱贫村订阅《四川科技报》、捐赠书籍200余册，助力素质提升；各帮扶责任人按照“六有”等标准，入户了解各类情况，发现并核实疑似问题，开展各类政策宣传。

表20　2020年简阳市科协组织情况表

序号	名称	类别
1	简阳市永宁果桑协会	农技协
2	简阳市大众特种水产养殖协会	农技协
3	简阳市石钟镇果树科学种植技术协会	农技协
4	简阳市平泉镇水果种植协会	农技协
5	简阳市涌泉镇花椒协会	农技协
6	简阳市水产协会	农技协
7	简阳市宏缘乡苗木协会	农技协
8	简阳市马铃薯协会	农技协
9	简阳华东高科农业协会	农技协
10	简阳市金马镇翻身村水果种植协会	农技协

续表20

序号	名称	类别
11	简阳市禾丰镇辣椒协会	农技协
12	简阳市小牛顿科学实践协会	学会
13	简阳市心理咨询师协会	学会
14	简阳市营养师协会	学会
15	简阳市人民医院科协	医院科协
16	简阳市星科医院科学技术协会	医院科协
17	简阳市港华燃气有限公司科学技术协会	企业科协
18	国网四川简阳市供电有限责任公司科学技术协会	企业科协
19	四川省杨森乳业有限责任公司科学技术协会	企业科协
20	简阳工业集中发展区科技服务协会	园区科协
21	简阳市老科学技术工作者协会	老科协
22	四川省简阳中学科学技术协会	学校科协
23	简城三小科学技术协会	学校科协
24	城北九义校科学技术协会	学校科协
25	简阳市简城街道科学技术协会	镇（街道）科协
26	简阳市射洪坝街道科学技术协会	镇（街道）科协
27	简阳市新市街道科学技术协会	镇（街道）科协
28	简阳市石桥街道科学技术协会	镇（街道）科协
29	简阳市赤水街道科学技术协会	镇（街道）科协
30	简阳市平泉街道科学技术协会	镇（街道）科协
31	简阳市东溪街道科学技术协会	镇（街道）科协
32	简阳市石钟镇科学技术协会	镇（街道）科协
33	简阳市青龙镇科学技术协会	镇（街道）科协
34	简阳市三星镇科学技术协会	镇（街道）科协
35	简阳市踏水镇科学技术协会	镇（街道）科协
36	简阳市宏缘镇科学技术协会	镇（街道）科协
37	简阳市平武镇科学技术协会	镇（街道）科协
38	简阳市三合镇科学技术协会	镇（街道）科协
39	简阳市禾丰镇科学技术协会	镇（街道）科协
40	简阳市云龙镇科学技术协会	镇（街道）科协
41	简阳市涌泉镇科学技术协会	镇（街道）科协
42	简阳市施家镇科学技术协会	镇（街道）科协
43	简阳市杨家镇科学技术协会	镇（街道）科协
44	简阳市江源镇科学技术协会	镇（街道）科协
45	简阳市雷家镇科学技术协会	镇（街道）科协
46	简阳市镇金镇科学技术协会	镇（街道）科协

表 21　　2020 年简阳市科普基地一览表

序号	名称	科普项目内容
1	简阳中学科创体验室	三维电子迷宫、VR 虚拟现实设备、DIY 创意造物、光固化 3D 打印机等（2017 年挂牌）
2	普安初中科创体验室	三维电子迷宫、VR 虚拟现实设备、DIY 创意造物、光固化 3D 打印机等（2018 年挂牌，位于禾丰镇）
3	永宁九义校科创实验室	三维电子迷宫、VR 虚拟现实设备、DIY 创意造物、光固化 3D 打印机等（2020 年挂牌，位于江源镇）
4	亲子科普体验馆 VR	各类 VR 体验（2019 年挂牌绿道科普点位，位于简阳市东滨路）
5	虚拟现实体验馆 AR	各类 AR 体验（2020 年挂牌绿道科普点位，位于简阳市东滨路）
6	简阳市规划馆	科学规划等相关科普内容，体验简阳的历史、现状及未来规划（2020 年挂牌绿道科普点位、天府科技云共享科普点位，位于简阳市人民路）
7	荷桥村高密度智能水产养殖基地	红眼鳕鱼、青波鱼、岩原鱼等 7 个品种，开展种养循环、无污染物排放等各个环节的科普（2020 年挂牌绿道科普点位，位于平泉街道）

（吴　量）

归国华侨联合会

【概况】 据多次侨情普查，简阳市有统计在册华人华侨 174 人、港澳同胞 186 人、留学生 77 人、侨属 574 人（不含成都东部新区）。2020 年，市侨联主动融入“双循环”，齐心唱好“双城记”，围绕“三项重点工作”，开拓创新，扎实推进工作，在凝聚侨心、汇聚侨智、发挥侨力做了大量卓有成效的工作。

【新侨资源涵养】 抓住机遇访侨情。疫情防控期间，主动和社治委对接，收集出入境人员信息，一一电话联系，甄别华人华侨、留学人员和家属，不断完善在册侨眷属信息。下半年利用人口普查机会，和市统计局对接，全面详细掌握简阳市侨资源；利用节庆扩影响。中秋国庆之际，邀请留学生、留学归国人员和侨界企业家回乡参加中秋晚会，参观规划中心和东来印象建设，在对外宣传和汇聚人才上发挥积极影响；建设平台显活力。在“简阳市留学人员联谊之家”微信群里推送我会开展活动简报，宣讲国家、省市重大政策，传达重要信息，展示简阳人文风貌和发展变化。

【侨界力量凝聚】 坚持以人为本为侨服务，常态化开展走访慰问。元旦春节、端午节、中秋期间，组织三次集中走访慰问活动，共为 75 户困难侨眷、重点侨属，送去慰问金、慰问品折合人民币共约 2 万元；坚持把服务发展放在首位，做好牵线搭桥工作。主动承办上级活动，扩大简阳知名度，7 月承办成德眉资侨联共促同城化发展战略合作协议签约仪式，11 月承接成都市“侨界人士走进东部新城”活动；积极招商引资，助力经济发展。1 月接待中欧经济文化研究发展中心会长柯海啸一行到天府国际临空经济产业功能区进行参观考察，6 月杭州侨商协会副会长王章玗率队到简阳市考察；持续做好侨资企业和上级侨资力量对简阳市的教育支持，圆梦助学活动。

【服务大局工作】 疫情防控期间，市侨联广泛凝聚共识、勇担防疫责任、展现侨界作为。通过新媒体宣传防控公告，向侨界群众推送防控卫生知识、慰问信和温馨提示，电话问候全市在册侨眷等方式，号召大家自觉做好自我防护、积极参与疫情防控，共渡难关，战胜疫情。侨界委员和侨联干部敬业奉献，在物资供给、志愿服务、困难帮扶、联防联控等方面敬业奉献，并做好侨属企业的复工复产指导和联系贫困户的复耕复工帮扶工作。随着海外疫情的暴发，对全市 253 名华人华侨和留学生现状进行摸排，宣传科学防控知识，引导他们积极配合疫情防控；结合国内疫情防控新进展，鼓励他们自觉维护舆论导向，做到不信谣不传谣，不引发焦虑和恐慌，营造打赢疫情防控攻坚战的良好氛围。

【特色创新工作】 推进基层组织建设，在侨眷属集中社区成立分会。5月21日和11月23日，分别在川空社区和政府街社区成立了简阳市侨联分会，并选举会长、副会长，侨联和社区指导分会工作开展，在经费上予以支持，让社区工作和侨务工作融合发展，在为侨服务和社区建设中发挥侨联主体作用，不断凝聚基层侨界向心力；品牌创建凝聚人心。疫情期间，举办“侨爱心，微梦想”圆梦公益活动，号召侨界人士献出爱心和力量，助力所有热爱生活的人实现自己的微梦想。6月1日，首次活动走进了禾丰镇潮水九义校，圆了孩子的微梦想，同孩子们过了一个快乐幸福的六一节；侨法宣传活动纷呈。侨法颁布30周年，举办各类普法宣传活动，印制《涉侨法律法规问答》3000份，在全市各镇（街道）、侨眷属集中社区和普法宣传日活动现场集中发放，在侨界微信群上宣传《图说普法》（侨法30年系列图解），动员全市侨眷属参与中国侨联网上普法知识竞赛，在联系社区和侨属企业开展涉侨知识专题讲解，组队赴德阳什邡参加侨法知识竞赛，获得优异成绩。2020年6月，成都市第五次归侨侨眷代表大会上，简阳市侨联获成都市侨联系统抗疫暨侨联工作先进集体，7人获评成都市侨联系统抗疫暨侨联工作先进个人。2020年，简阳市侨联被成都市侨联表彰为2020年度综合类先进单位和侨法颁布30周年宣传工作先进单位。

（应文秀）

工商业联合会

【概况】 2020年，简阳市工商联发挥民间商会优势，履职尽责，密切联系会员企业，强化服务意识，创新工作机制，获评2020年度四川省“五好”县级工商联，成都市工商联系统2020年度统筹疫情防控和民营经济高质量发展、调查研究和参政议政先进单位等称号。

【组织建设】 加强阵地建设。在简阳·西部电子商务集聚发展区党群服务中心、简阳市家居建材建工行业商会建立“商会之家”，为民营经济人士学习、交流、联谊等提供场所；建强基层分会。结合全市乡镇（街道）行政区划调整和机制体制改革，调整基层分会设置，健全基层分会内部机构，配齐配强班子，完善工作职能，设置宣传专栏，所有分会长均由镇长（街道办主任）担任，秘书长由镇（街道）社区发展办主任担任；加强对外交流联谊。与绵阳市工商联（总商会）、南京市秦淮区工商联（商会）等单位结成友好商会，为简阳市开展对外合作创造了条件；做好会员发展工作，不断壮大队伍，全年吸收镇（街道）新会员47名，2020年全市有异地商会3家，行业商会2家。

【参政议政】 充分发挥工商联在民营经济人士有序政治参与中的主渠道作用，组织全市民营经济人士认真调查研究，开展专题调研，配合全国、四川省和成都市工商联到简阳开展各类专题调研10余次；发挥民主监督作用，主动到窗口单位进行沟通协调、到相关单位调研座谈民营经济和民营企业家合法权益保护等，助推营商环境建设；组织担任人大代表、政协委员的工商界人士围绕全市民营经济发展的热点、难点、痛点问题撰写议案、提案30余件，得到相关部门的肯定和回复；与成都理工大学等单位合作开展《有效应对疫情影响，精准施策促进民营经济健康发展》专题调研，积极为市委、市政府制定非公经济发展相关政策提供参考。

4月3日，简阳市“商会之家”揭牌仪式

表 22　　2020 年简阳市行业商会情况表

序号	商会名称	会长单位	会长	成立时间
1	简阳市家居建材建工行业商会	简阳天慧置业有限公司	王　彬	2015 年 2 月
2	简阳市装饰装修商会	简阳瑶池商业管理有限公司	曹广强	2020 年 11 月

表 23　　2020 年简阳市异地商会情况表

序号	商会名称	会长单位	会长	成立时间
1	北京简阳商会	北京金源利丰资产管理有限公司	凌一准	2010 年 3 月
2	昆明市四川简阳商会	云南御晟酒店管理有限公司	刘成刚	2015 年 11 月
3	广东省四川简阳商会	深圳市富逸物业管理有限公司	周林富	2017 年 5 月

【非公经济发展促进】 多举措帮助民营企业重塑信心。在新冠疫情暴发以来，及时将省、市相关政策优惠举措及时传达到民营企业，帮助协调企业复工复产，减少疫情造成的损失；认真开展“送帮送解”活动。深入相关企业，落实联络专员蹲点驻企，协调解决企业生产经营中的困难问题；召集相关企业和行业商（协）会专题座谈，指导企业用好纾困惠企政策，加强和改善内部管理，不断提升自身素质和能力，优化整合资源和助力企业转型升级，让民营企业家充分感受“娘家人”和“自己人”的温暖；精心打造“商会之家”服务平台，推进与相关职能部门在法律宣传、风险预防、纠纷调解、依法维权等方面的合作，提升服务效能；组织 45 名民营经济人士到市人民医院体检中心体检。

【非公经济人士教育培训】 通过各种会议以及各种新媒体，向全市民营企业家传达中央、省委、成都市委和简阳市委的重要会议精神，始终保持队伍坚定正确的政治方向；抓好民营经济人士理想信念教育，团结广大民营企业家，弘扬创业创新精神，“听党话、跟党走”；加强教育培训，提升素质。组织 20 余家会员企业负责人参加成都市工商联组织的各类培训，组织各基层分会秘书长和未设分会的镇、街道社区发展办主任赴都江堰市开展专题培训活动，举办工商联工作业务专题讲座，开展“明初心·担使命”专题教育培训。

【光彩事业】 引导会员企业积极投身“万企帮万村”精准扶贫行动。动员德盛集团、诚卓房产等 10 家会员企业，通过项目帮扶、技术培训等形式投入资金 500 余万元，提供就业岗位 100 余个，市工商联共建立“万企帮万村”精准扶贫基地 1 个，“百企帮百村”精准扶贫示范点 5 个；推进光彩事业。2020 年，组织开展“爱心企业校园行”以及其他捐资捐物助学等活动 6 次，捐资捐物共计 26.2 万元；灾难面前显大爱。面对突如其来的新冠疫情，向全市民营企业家发出疫情防控倡议书，全市民营企业家在做好自身疫情防控的情况下，为疫情重灾区捐资捐物共 500 余万元。2020 年 3 月 30 日，西昌森林火灾，宁南县专业打火队遇难 19 人，全市民营企业家向宁南勇士捐赠善款 21 万元。

（刘　静）

残疾人联合会

【概况】 简阳市残疾人联合会（简称市残联）下设镇（街道）残疾人联合会 22 个，镇（街道）配置残联主席、残联理事长、残疾人专职干事，村（社区）配置残疾人联络员。2020 年，残疾人事业发展推进情况纳入简阳市人大视察，投入资金 6887 万元为全市 3 万多名残疾人提供服务，各项工作成绩突出，被成都市残联评为 2019 年度基层党建工作先进单位，被成都市委组织部评为 2019 年度全市组织系统网络宣传优秀组织部门。

【扶贫解困】 扶持农村贫困残疾人发展生产 900 人，投入 45 万元。实施贫困残疾人家庭无障碍改造 200 户，投入 40 万元。向 1955 名残疾人扶贫对象发放生活费补贴，投入 162.82 万元。向 333 名低保、低保边缘户、无就业能力的三级、四级精神、智力残疾人发放居家安养补贴 33.48 万元。资助 5468 名残疾人参加城乡居民基本医疗保险，投入 252.51 万元。资助 904 名残疾人参加大病医疗互助补充保险，投入 8.95 万元。资助 1038 名残疾人参加城镇职工或城乡居民基本养老保险，投入 977 万元。

【交流、推广工作经验】 7月3日，市残联在简阳市政府第十七届 107 次常务会议就学习贯彻涉残重大法律法规做专题汇报，省残联理事长杨志远转发了学习情况并要求各区（市）县向简阳残联学习；7月17日，市残联在全省残疾人脱贫攻坚暨就业创业视频会议上作题为《就业创业助残小康》的交流发言，市委、市政府主要领导分别在市残联《关于在省残联视频会议上做交流发言相关情况的报告》上作了肯定性批示；9月24日，市政府残工委召开全体会议安排部署残疾人工作，审议通过了《市政府残工委全体会议制度》《市政府残工委专题会议制度》《市政府残工委成员单位职责分工》。11月下旬，市政府常务会、市委常委会先后研究市残联机构改革工作，市政府办印发市残联机构改革方案。

【康复工作】 完成免费白内障复明手术 600 例，投入 75.63 万元。为 2089 名持证残疾人适配辅助器具，投入 123 万元。向 173 名残疾儿童提供康复服务，投入 337.74 万元。向 26255 名残疾人提供家庭医生签约服务，投入 30.29 万元。向 192 名重性精神障碍患者提供“阳光救助”生活费补贴，投入 24.7 万元。向 50 名精神残疾人提供服药补贴，投入 3 万元。

【教育就业服务】 3000 名残疾人实现居家灵活就业，为 900 名残疾人提供农村实用技术培训，为 300 名残疾人发放就业创业补贴 31.66 万元。组织残疾人就业招聘会，17 名残疾人与用人单位达成就业意向。向 626 名符合条件的残疾学生和残疾人子女学生发放助学金 71.4 万元。2020 年 6 月 30 日，成都市委常委、副市长程伟到简阳调研残疾人就业创业工作。11 月 4 日，成都市农业农村局党组书记局长张俊国、简阳市委书记詹庆到石钟镇残疾人创业（就业）示范基地指导工作。10 月 15 日，成都·简阳·融乐阳光家园正式投入使用。成都·简阳·融乐阳光家园的投入使用标志着全市助力残健融合，打通残健服务“最后一公里”，为残疾人及社区居民提供更多更好的公共服务。2020 年 11 月 17 日，央视网报道成都·简阳·融乐阳光家园投入运行情况。

【送温暖活动】 组织开展 2020 年元旦、春节“走基层·送温暖”活动，慰问 500 余名残疾人，发放慰问品、慰问金折价 21.5 万元。投入 11 万元向 267 名残疾人开展“国际残疾人日”等慰问活动。

【维权行动】 全年受理残疾人来信来访 80 人次。

【颁证换证】 为 4974 名残疾人办理残疾人证。组织集中残疾评定 12 次，下基层免费残疾评定 218 人。市政府批准换发第三代智能残疾人证工作，为 598 名残疾人换发第三代智能残疾人证。

【残疾人文体活动】 组织开展“全国助残日”“全国爱眼日”活动。组织运动员参加成都市第九届残运会暨第五届特奥会。为 1600 名重度残疾人家庭实施“康复体育进家庭”项目，投入 78.4 万元。

【网络宣传】 2020 年，市残联撰写的稿件被中央级媒体采用 115 篇，省级媒体采用 400 篇。共产党员网采用稿件《党建述职当用“放大镜”“显微镜”“照妖镜”》获评四川省级优秀文章。

（蔡远治）

文学艺术界联合会

【概况】 2020 年，简阳市文联主动作为，勇担使命，坚持服务大局、服务时代、服务人民，以文艺活动绽放城市发展张力，以文艺形象彰显社会进步伟力，以文艺审美激发群众内心善力，全市文艺事业呈现欣欣向荣、繁荣发展的景象。简阳市文联综合工作考核名列成都市文联系统第三名。

【文艺战“疫”】 组织开展抗疫主题文艺作品征集，动员创作各类文艺作品 500 余件。《等你回家》《我们都要好好的》等作品被学习强国、新华网等网络媒体广泛宣传报道。原创抗疫歌曲《我的战衣》获“白衣天使　大爱人间”——致敬中国医护优秀诗词与歌曲评选金曲奖。

【精品创作】 创作简阳城市形象宣传标识“诚诺四方·铭刻简阳”并推广应用。在各类报刊、网络平台发表文学作品400余篇（首），在成都市级及以上各类活动（平台）中展演（获奖）文艺作品上百件。谐剧《起跑线》入选第九届全国少儿曲艺展演、四川省2019百家“推优工程”。

【人才培训】 组织中青年文艺骨干100余人次参与简阳市外各类艺术培训、观摩、采风、交流、展演活动，与四川省曲艺研究院共建“简阳曲艺支教班”开班，与成都哈哈曲艺社签署全面战略协作协议，开展各类市内沙龙、笔会、采风活动50余场次。

【文化惠民】 高质量举办2020年简阳市迎春文艺晚会，坚持开展元旦春节“三下乡”、迎春书画大派送等系列活动，为市民义务写春联、画年画、拍全家福共计上万幅。举办简阳市首届春联作品展、首届女子书法网络展、首届老年书法展、“万众一心”抗疫书法网络展、“爱成都　迎大运”书画摄影展、乡村游园音乐会、简阳市第二届文化艺术节、“走基层”“12·5”红色文艺轻骑兵志愿服务等文艺惠民活动50余场次。

（付洪波）

社会科学界联合会

【概况】 2020年，市社科联统筹推进全市社科工作，以社科基地为载体大力开展社科学术沙龙和社科普及活动。

【科普基地建设】 指导成都市级社科普及基地——简阳市廉政文化社科普及基地成功通过成都市社科联（院）复查工作，并获得资助经费。全年新建社科基地2个，分别为城市规划社科普及基地和航空航天国防教育社科普及基地（乡村旅游文化社科普及基地）。完成2019年建设的德育“三自”教育社会科学普及基地等7个社科基地巩固提升。

【社科课题】 指导《5G时代下裁判文书公开机制的实践研究》《“捕诉合一”如何加强员额检察官履职能力建设》结项，《加强和改进刑事拘留检察监督的时证研究》成果成功通过省成果评奖系统申报。市社科联被评为“成都市社科工作先进集体”。

（张　焘）

红十字会

【概况】 2020年，简阳市红十字会发挥党和政府联系群众的桥梁和纽带作用，搭建起政府和社会各界共抗疫情的“爱心桥”。

【疫情防控】 2020年，全市104个会员单位、2000余人次和100名志愿者迅速行动参与疫情防控工作，发放疫情防控宣传单4万余份，50余人次协助卡口监测点人员监测入境人员。推送官方微博5092条，发送微信12163条。全年接收疫情捐款512.51万元（其中捐武汉158.66万元，捐四川地区简阳353.09万元）。接收物资价值96.14万元。主动接受社会监督，获得四川省红十字会两项表彰。

【服务社会】 积极推动“三救”救护员培训459人，普及培训910人，增强社会影响力，帮助白血病患者筹集20万元，协助政府应急部门参加防灾、救灾巡逻值守35次，参与志愿者52名。为4名白血病患儿提供帮助，为1名先天性唇裂患儿申请嫣然基金救助。组织开展“三献”工作宣传15场，发放宣传单5000余份，受益15500人次。

【困难救助】 发挥社会力量参与脱贫攻坚。对17户贫困结核病人，6户特殊原因致贫返贫的群众进行救助，帮助2所贫困村卫生室募集扶贫定向捐赠。

（曾　勇）

法 治

全面依法治市

【概况】 2020年，召开市委全面依法治市委员会第二次会议，安排部署年度重点工作，制发《中共简阳市委全面依法治市委员会2020年工作要点》，分解年度目标任务，构建在委员会领导下，办公室牵头抓总、各协调（联络）小组督促推动、市级部门各司其职的“1+4+N”工作机制，坚持高位推动，全力统筹法治简阳建设。

【依法执政】 督促各级领导干部认真落实学法制度，带头学法、用法，提升依法执政能力。2020年度，市委常委会学习《中国共产党廉洁自律准则》等党内法律法规4次；市委中心组邀请专家就《中华人民共和国土地管理法》进行专题辅导；市政府常务会学习《中华人民共和国民法典》等法律法规14次。认真落实宪法宣誓制度。组织对市人大任命的国家机关工作人员宪法宣誓318人次，对拟任命的214名干部进行任前考试，进一步增强国家机关工作人员宪法意识及运用宪法思维和宪法理念分析问题、解决问题的能力。

【依法行政】 印发《简阳市人民政府常务会议议事决策规则》《简阳市重大行政决策程序规定》，形成公众参与、专家论证和政府决策相结合的决策机制。制定《简阳市市政府负责人出庭应诉办法》，规范行政复议应诉案件流程、畅通权利救济渠道、细化工作责任机制。制定《简阳市2020年行政执法监督检查工作方案》，对市规自局、市交通局等10个单位开展执法监督检查，促进严格规范公正文明执法。指导市级部门梳理发布5983项行政权力事项并进行动态调整，明晰行政执法项目内容和依据。

【公正司法】 健全《简阳市扫黑除恶专项斗争工作机制》《办理涉黑恶势力刑事案件“133”工作机制》《办理黑恶势力犯罪案件工作办法》，提升办案质效。实施公共法律服务“3+4”工程，落实“服务模式多元化、服务队伍专业化、服务内容综合化、服务供给长效化”举措，构建普惠均等的公共法律服务体系。运用“和合智解”e调解平台开展网上调解，减轻群众诉累；落实司法公开制度，组织开展庭审观摩13场次，在新浪直播平台庭审直播542场，发布裁判文书914件，进一步提升司法公信力。加大司法惩戒力度，通过“简阳市全民信用365”建设，加大失信被执行人信用监督、警示和惩戒力度。推进涉案财物集中管理中心建设，完善管理制度，健全涉案财物管理机制。推进智慧检务建设，配合公益诉讼部门开展河道污染、农贸市场果蔬农药残留等线索排查检测，进一步推进检察技术服务保障公益诉讼工作。

6月30日，简阳市律师行业党委、成都律协简阳分会组织律师前往宏缘镇大堰村开展“庆祝建党99周年走基层志愿服务活动”

简阳市2020年“法律七进·巡回讲堂”民法典专题宣讲活动

【法治宣传】 创新“一演二讲三模四感五助”青少年普法模式，11.9万个学生家庭“大手牵小手”共同学法，逐步构建学校、社会、家庭“三结合”法治宣传教育网络。抓住企业经营管理人员等“关键群体”，常态化开展“律所党建惠营商”“法企同行”“民营企业法治体检”活动，增强企业规范用工意识，促进劳动关系和谐发展。抓住群众“关键环节”，大力开展“疫情防控·法治同行”普法宣传活动，加大“以案释法”力度，引导广大人民群众增强法治意识。以民法典颁布为契机，广泛开展专题巡讲宣传，用法典护航美好生活。创新“普法邮路连心工程”，打通送法进万家“快速通道”，构建全面覆盖机关、企业、学校、社区、乡村、家庭的宣传网络。新建蜀阳社区法治文化街区、新达街社区法治文化广场、平武尤安村法律之家等一批精品法治文化阵地，丰富法治文化载体。升级“法治简阳”微信公众号，开通有奖答题端口，激发广大群众学法热情。全域化精准布设和推广“简阳市智慧公共法律服务平台”，通过群众网上预约、在线申请、自主查询等方式，提供“线上公共法律服务”1.2万余人次，关注人数达10.4万余人。

（薛文娟　丁　洁　尧　英　王晓芹　杨　利　郝娅菲　陈　茜）

法治政府建设

【概况】 2020年，简阳市贯彻落实《成都市法治政府建设实施方案（2016—2020年）》要求，不断规范行政行为，使政府各项工作逐步趋向规范化、制度化。开展涉及民法典、市场主体等内容的规范性文件清理，法治政府建设取得明显成效。

【合法性审查】 审查市政府各类合同协议、重大事项、规范性文件250件，审结行政应诉案件39件。完善四大班子法律顾问聘任工作，为市委、市政府重大决策事项提供法律意见320件，推动行政决策合法化。

【行政执法监督】 制定《简阳市行政执法改革实施方案》，优化城市管理、市场监管、交通运输、卫生健康等9支行政执法队伍。开展对全市执法人员持有的四川省政府统一制发的760个行政执法证件年审工作。成立工作专班，严明考试纪律，组织全市行政执法人员参加行政执法人员通用法律知识考试。制定《简阳市2020年行政执法监督检查工作方案》，通过案卷评查、实地走访、交流座谈等方式对市规自局、市交通局等11个单位开展执法监督检查。制发执法监督检查建议书，开展执法案件评查，有针对性地对各单位存在的执法问题提出改进措施、意见和建议，促进严格规范公正文明执法。指导市级部门梳理完成并对外发布涉及行政许可、行政处罚等各项行政权力事项共5983项，明晰各行政执法部门的行政执法项目内容和依据。严格执行《四川省重大行政处罚行政强制备案规定》，重大行政处罚、行政强制备案审查25件。纵深推进行政执法“三项制度”，把“三项制度”工作列入全年监督工作计划，印发《关于开展全面推行行政执法三项制度行政规范性文件合法性审核机制落实情况专项监督行动自查工作的通知》，对落实情况进行阶段性检查。

【行政复议和行政应诉】 制定《简阳市司法局行政复议工作程序》《简阳市市政府负责人出庭应诉工作规范》，规范行政复议应诉案件流程、畅通权利救济渠道、细化工作责任机制。2020 年应诉案件 74 件，市政府行政机关负责人出庭应诉率比上年提高 78 个百分点；部门、镇（街道）行政机关负责人出庭应诉率比 2019 年提高 5 个百分点。2020 年处理行政复议案件 42 件，其中通过调解撤回行政复议申请 2 件，确认原行政行为违法 1 件，有效纠正原行政行为，提升依法行政水平。

（薛文娟 丁 洁 尧 英 王晓芹 杨 利 郝娅菲 陈 茜）

政 法

【概况】 2020 年，市委政法委严格按照中央、省、市政法工作会议部署，统筹协调各方力量，坚决贯彻“减存量、控增量、防变量”工作思路，抓好问题化解，完善制度机制，注重举一反三，切实打好防范化解重大风险攻坚战，有力维护社会大局稳定，为融入“双循环”、唱好“双城记”、走好“东进路”和加快建设成都东部区域中心城市提供坚强保障。先后获得成都市委、市政府表扬的“新中国成立 70 周年大庆安保维稳信访工作先进市”及简阳市委、市政府表扬的“经济社会发展三年行动计划先进集体”等重要荣誉 20 余项。

【加强党的领导】 坚持党的绝对领导，将新思想、新理念贯穿思想建设、机制建设、组织建设的全过程、全方面，加快构建党管政法的总体格局。深入学习宣传贯彻中共十九届五中全会、省委十一届七次八次全会、成都市委十三届七次八次全会和市委十五届十三次十四次全会精神，严格落实《政法工作条例》相关要求，多方式、多层次、多角度悟思践行上级精神。旗帜鲜明讲政治，坚决贯彻落实成都市委决策部署，积极主动与成都东部新区对接联系，顺利完成社会面管控、历史遗留问题处置、基层社会治理等工作的交接，确保了工作不断档、治理不走样、风险不冒头。

【夯实基层基础】 强化基层组织建设，补充新鲜力量，切实巩固政法系统“地基”，有力保证党的路线方针和重大政策在基层落地落实、落深落细。组织开展政法系统领导班子成员带头上党课讨论活动 200 余场，受教育干部和干警 2500 余人次，实现教育全覆盖。指导全市各镇（街道）新增单建小区党组织 26 个、联建党组织 29 家，把党的组织嵌入到物业小区，不断提高城市新兴领域党组织覆盖率，打通密切联系群众的“最后一公里”。探索基层党组织设置形式创新和活动方式改进，在蜀阳社区试点建立“退役军人党支部”，充实基层治理力量。

【政法队伍建设】 坚持全面从严管党治警，打造高素质专业化政法铁军，涵养风清气正的良好政治生态。2020 年先后召开党风廉政建设工作专题会议 16 次，委务会和职工会传达上级党风廉政建设工作 48 次，开展廉政谈话 100 余人次。培养推荐简阳市管副局级干部 5 人、简阳市管正局级干部 3 人、中层干部 13 人次。

【巡视巡察整改】 聚焦省委第四巡视组巡视反馈的政法委牵头整改的 5 项问题，进一步提高政治站位，压实整改责任，细化整改措施，严格整改时限，做到真查真改、立整立改、彻底整改。实现“推动平安建设有差距”“开展扫黑除恶专项斗争不深入”“社会稳定风险隐患突出”“社会治理不力”4 项问题整改到位，“大华项目涉稳问题”问题整改到位并长期坚持。针对市委巡察组巡察市委政法委反馈的 3 大类 18 项问题，全部整改到位。

【维护国家政治安全】 组建 13 人的专业教转队伍，举办两期教转骨干专题培训，探索实践教育转化“234”工作模式，推动涉邪教问题治理体系与治理能力现代化建设。2020 年成功教转邪教人员共 10 名，减少了全市未转化邪教人员基数的 10%，教转攻坚“去存量”取得实质成效，该项工作由于成绩突出在全成都市进行了经验交流。

【维护社会稳定】 筑牢底线思维，增强风险意识、大局意识、忧患意识，健全情报信息研判预警、重大决策社会稳定风险评估、风险防控协同等工作机制，构建科学防控社会风险新格局。2020 年，会同市信访局研究制发《简阳市健全落实信访维稳工作责任制暂行办法》《简阳市提升初次信访事项办理质量暂行办法》，健全三级责任体系；累计完成 56 个重大事项社会稳定风险评估，发布维稳预警性信息 67 条，依法妥善处置 10 余起苗头性事件，及时风险隐患 30 余个，化解重大涉稳问题 11 件；有力落实村（社区）行政区划调整及体制机制改革、村（社区）两委换届信访维稳工作；成功化解社会重大风险问题 29 件，历史遗留问题 17 件，突出信访问题 32 件，确保社会大局和谐稳定。

【推进扫黑除恶】 紧盯线索核查、案件侦办、起诉审判、打伞破网等关键环节，有力有序推进“六清”行动，探索建立典型推广、考核奖惩、责任追究等长效长治机制，不断巩固扫黑除恶专项斗争胜利成果。2020 年，成功核查办结案件线索 179 条，办结案件 67 起，破获涉黑团伙 1 个、恶势力 9 个，刑拘 88 人，批捕 16 人，查封冻结扣押资产 900 余万元；协助市纪委监委立案查处涉黑涉恶腐败问题 4 件 6 人，查实涉黑涉恶“保护伞”问题 5 件 5 人，追责问责 6 件 24 人，谈话提醒 1 件 1 人，有力推动扫黑除恶工作向纵深发展。

【建设智慧城市】 2020 年，全面运行“大联动·微治理”信息系统；按照“多中心合一”要求，完成三级综治中心信息化建设，实现联动联勤、实战实用；全面完成 22 个镇（街道）“雪亮”工程建设并与公安“天网”系统成功并轨；全面完成 22 个镇（街道）14150 户农户“慧眼”工程建设，构建“天网”到街、“雪亮”到村、“慧眼”到户的监控网络，加快构筑“一屏观天下、一网管全城、一云汇数据”的城市治理体系，开创现代城市治理新格局。

【法学会工作】 2020 年，召开了简阳市法学会第二届会员代表大会，听取了第一届法学会理事报告，选举了新一批的理事会领导成员 65 名；开展“双百”活动，组织下沉镇（街道）、村（社区）开展《中华人民共和国民法典》巡回宣讲 300 余场；完善简阳市法学会会员信息管理系统，对 400 余名会员进行清理入库，清理非简阳籍会员和会员单位 80 余个，审核新发展新会员 15 名；参与“泛珠三角合作与发展法治论坛”“治蜀兴川”“国际营商环境”法制保障等论坛征文，共征得 50 余篇，其中在第三十二届全国副省级城市法治论坛中获得三等奖 1 名。

（黄友志）

公　安

【概况】 2020 年，市公安局坚持以习近平新时代中国特色社会主义思想为指导，深入学习贯彻习近平总书记在中国人民警察警旗授旗仪式上的重要训词精神以及中共十九大和十九届二中、三中、四中、五中全会，中央政法工作会、全国公安工作会，以及省委、成都市委全会和公安工作会议精神，围绕成都市公安局 2020 年工作基本思路，坚持党建引领和问题、目标、结果导向，树牢底线思维，全力打好“三战”和完成“七个方面重点任务”的部署，以“提能升质年”为主题，以“改革创新、精细管理、实战提能、高质发展”为导向，以“精致细致极致和群众安全满意”为标准，积极推进目标任务，没有发生安全责任事故和群体性案事件，确保了城市“三安”。在全国第六届社会治理创新评比中被评为“全国 2020 建设平安城市优秀公安组织”，创新的“简阳市实创平安建设‘12145’工作模式”典型案例获评“全国 2020 社会治理创新十佳示范案例”，入编法制日报社主编的《2020 法治影响中国典型案例汇编》，助力简阳市评为“全国 2020 平安创建优秀城市”。被成都市公安局评为保密工作优秀单位、维权工作先进。市拘留所评为全省安全文明监所、三级拘留所，市强制隔离戒毒所评为全省安全文明监所、省级示范监所、二级隔离戒毒所，市看守所评为全省二级看守所，出入境管理大队被省公安厅评为“三星窗口”，网安大队被成都市委、市政府评为“中华人民共和国成立 70 周年大庆安保维稳信访工作中表现突出的公务员集体”并授予集体嘉奖，特警大队、交警大队分别被省公安厅评为“最强支部”、防控新冠病毒先进集体，特警大队被成都市委、市政府授予“抗击疫情先进集体”称号，户政大队、警务督察大队、镇金镇派出所被成都市公安局表扬为先进，治安管理大队被成都市公安局授予集体嘉奖，特警大队连续四年获成都市公安局特（巡）警比武竞赛市县组团体第一名。目标绩效、维稳、综治、防邪、群众信访、国家安全、扫黑除恶、疫情防控、征兵、民族宗教等多项工作被市委、市政府表扬为先进。

【国内安全保卫】 以维护政治安全、政权安全为首要任务，以维护全市社会大局稳定为主线，不断夯实国保基层基础，努力适应维护国家安全和社会稳定形势新变化。抓获犯罪嫌疑人6名，搜集情报信息392条，风险评估报告198篇。开展反恐防暴实战训练和演练16次。核查关注人员116人。对敏感群体重点人员坚持落地查控和教育训诫。

【治安管理】 加强安保维稳。完成安保、警卫任务70余次，确保了万无一失。加强疫情防控。对全市歌舞娱乐、洗浴按摩等场所加强管理和检查，严密旅店业实名制核查，加强民宿行业管理，制发文案60余份，收集、汇总情况120余期，确保工作落实。加强安全监管。对全市涉危涉爆涉枪企业单位纳入日常监管，建立健全台账，实现了“干净彻底、不响不爆”的目标。加强场所管理。对全市1065家公共娱乐服务场所和五小门店、185家旅店15家未办证留宿场所、5家刻章企业、24家锁行、1家典当行、49家印刷业、68家废旧收购业等行业场所加强管理，实现“安全闭环、守牢底线”的目标。加强治安整治。列建治安乱点部位1个，派出所自行列建部位28个，打掉系列盗窃团伙1个，查处案件7起，派出所整治乱点破获刑事案件15起、查处行政案件20起，抓获违法犯罪人员59人。加强犬只管理。通过“蓉城犬管”办理电子犬证450余个，联合相关部门纠正不文明养犬行为730余起，处置犬吠噪音扰民10起，抓捕流浪犬只5只，发放宣传资料5000余份。加强净空安保。成立领导小组及专班，印发《简阳市公安局关于成都天府国际机场净空保护区域禁飞通告》及宣传资料30余万份，制作安装通告牌、警示牌1100余个；登记掌握无人驾驶航空器及相关人员信息，加强巡逻管控，开展净空保护区及其周边枪爆危险物品安全大检查。加强大运安保。按照大运会赛区委员会工作要求，抽调警力集中办公，持续推进成都大运会简阳赛区安保筹备工作各项任务。

【人口与户籍管理】 加强户籍业务。2020年，简阳市户籍总人口928308人（其中：男性475730人，女性452578人），出生9201人，死亡11937人。办理各项户籍业务304460条、办理居民二代身份证47726件，接待群众30万余次，清理不标准地址30870条，清理不标准地址上的人员145078人，清理年满16周岁无相片人员5313人，清理核查死亡人员4451人，清理疑似重户人员23人。户籍迁移执行“条件入户”和“积分入户”双轨并行的政策，实行“一元化”户籍管理，成都市外迁入6649人，迁往成都市外1593人。加强便民服务。开展延时服务和绿色通道，在每周六和节假日开展延时服务，方便外出务工人员返乡办理相关户籍业务；在中高考前，为应考学生开通绿色通道，及时快速办理相关证件；针对孤寡老人、精神病人、长期卧床病人等特殊人群上门服务28人次；开通居民身份证免费邮政快递服务，为群众办理免费邮政快递36937件。加强重点人口管理。排查登记重点人口4573人，新列管教1530人，撤管1057人，刑满释放未满5年2033人，剥夺政治权利73人。加强流动人口管理。完善社区流动人口服务站，设立信息采集点，落实专人指导社区网格员开展信息采集维护工作，强化网格员信息采集绩效考核，登记流动人口94284人，办理居住证2207个；规范出租房屋公示制度、用工单位“一牌一簿”、房屋中介机构申报制度，登记出租房屋21021户。

【刑事侦查】 以扫黑除恶专项斗争为牵引，推进命案侦破及“云剑2020”“云端”“猎狐”“昆仑”“奋进”等专项行动，保持严打整治高压态势。完成扫黑除恶专项斗争“线索清仓”工作，深入推进“六清”行动。核查办结和复核涉黑涉恶线索36条，办结线索转换刑事案件侦办27件，打掉农村地区典型黑社会性质组织1个，移送起诉22人，破获案件21起，查冻资产900余万元。侦破1起恶势力犯罪集团案，破获刑事案件6起。立“九类”案件64件，刑事拘留44人，提请逮捕42人，移送起诉54人。破获现行命案4件、保持现行命案全破。破命案积案6件、抓捕在逃人员6人。破获“盗抢骗”案件406件（破通信网络诈骗案 83 件，捣毁窝点 4 个、打掉团伙 4 个、抓获 41 人，追回被骗资金 80.7 万元）。移送起诉涉枪类案件 14 件、移送起诉 16 人、查获涉案枪支 12 支、协助外地公安机关侦办涉枪案件 20 次、抓获犯罪嫌疑人 7 人。侦办 8 起涉野生动物刑事案件、取保候审 8 人。刑事勘查率 100%、“盗抢骗”案件勘查率 100%、痕迹物证提取率 27.5%，DNA 比中抓获 40 人，指纹比中抓获 40 人，人像比中抓获 72 人。

【经侦工作】 坚持以“战疫情、防风险、保安全、护稳定、促发展”为主线，依法打击经济犯罪，全力推进经侦工作“六化”建设。移送起诉犯罪嫌疑人 20 人，侦办非法集资案 4 起，打击处理 5 人，非法集资存量案件移送起诉数完成率 100%。侦办组织领导传销案 2 起，打击处理 2 人。侦办涉税犯罪案 6 起，打击处理 3 人。侦办其他经济犯罪 8 起，打击处理 3 人。收缴假币 43220 元，警银收缴占比 20.19%。挽回各类经济损失 1800 万余元。完成云端协查案件 49 件；监测线索环节上报线索数 1 条；办结公安部下发云端研判案件 23 起。处理涉稳指令 116 条，对涉稳重点人员落实管控措施。

【毒品查缉】 破获毒品刑事案件 64 件，刑事打击 85 人，查处吸毒人员 793 人，办理毒品治安案件 486 件，行政处罚 567 人次，强制隔离戒毒 276 人，社区戒毒 147 人，破获部督目标案件 1 件，端掉制毒窝点 7 个，摧毁涉毒犯罪团伙 4 个，缴获冰毒 4.999 公斤，海洛因 0.783 公斤，冰毒液体 58.29 公斤，缴获麻黄素 1.01 吨。市“绿色家园”工程安置就业 360 余人次，禁毒教育基地累计培训 12000 余人。

【交通安全管理】 加强交通事故处置。围绕“战疫情、防风险、保安全、护稳定”为主轴，全力开展“奋进”系列专项行动和“减量控大”专项工作，查处道路交通违法行为 183209 起，没有发生一起死亡 3 人以上重特大交通安全事故。加强车驾管业务。办理车驾管业务 131596 笔，其中：机动车业务 70386 笔（含注册登记 15311 笔，变更登记 2152 笔，转移登记 12301 笔，转入登记 1597 笔，抵押登记 532 笔，注销登记 5614 笔，核发检验合格标志 24667 笔，其他业务 8212 笔），非机动车业务 158 笔，驾驶证业务 61052 笔（含新增小车驾驶人 7062 笔，新增摩托车驾驶人 3842 笔，补换证 31040 笔，注销 147 笔，转出 99 笔，审验 14764 笔，其他 4098 笔）。加强疫情防控交通卡点工作。启动高等级防控勤务，建立新冠肺炎疫情防控道路交通卡点勤务保障机制，在成渝高速石盘站、成渝高速简阳北站、成渝高速简阳站（西峰岭）、成安渝高速石钟站、成安渝高速禾丰站、成都第二绕城太平桥站、成都第二绕城龙泉湖站、简蒲高速平泉站、简蒲高速杨家站及国道、简蒲高速江源站、简蒲高速雷家站、简蒲高速镇金站（点位设在镇金场口）、国道 318 线简乐桥以及简阳服务区、资阳服务区等高速公路站点设立联合检验检疫执勤卡点 15 处，协助做好检测筛查、劝返劝阻、强制隔离等工作，配合卫生健康等部门按照有关规定处理；疫情期间在高速公路出入口设立卡点 10 个，检查川 A 籍、湖北籍（含武汉籍）、重庆籍车辆共 612374 辆，驾乘人员中涉及湖北籍（含武汉籍）250 人、重庆籍 13351 人，停车场排查 15 辆（其中武汉籍车辆 14 辆），停车场关联人员 38 人；2 月 14 日启动离蓉检查点 2 个，排查车辆 63977 辆。推进大运交通保畅。成立成都大运会交通运输保障工作组，制定简阳赛区交通运输保障工作组方案，对接相关部门多次对大运会场馆内外现场查看，对场馆内外动静交通组织规划进行研讨，提出相关意见建议，联合交通部门完成大运会沿线重要路段需要联网联控的设备清查工作，确定赛区场馆周边公交车站设置及停靠点位，出租车、网约车、私家车停靠点位及两轮、三轮机动与非机动车辆及共享单车停靠点位。推进重点车辆“两率”清零。对照“五类重点车辆清单”逐车排查、催告，排查、催告 1 万余辆，确保了检验率和注销率达 100%。推进“背户”车辆攻坚整治。以“道安办”名义下发通知，明确由镇（街道）牵头负责、辖区交警中队配合，排查背户人数 42 人，注销登记车辆 787 辆，转移登记车辆 721 辆，转出登记车辆 315 辆。推进交管服务改革。全面落实“四个减免”“一证办”“一窗通办”“自助快办”“一证通考”“电子化转籍”等 36 项改革措施，于 2020 年 11 月 20 日正式推行摩托车驾驶证全国“一证通考”、摩托车转籍异地通办、扩大机动车免检范围、放宽小型汽车驾驶证申领年龄、驾驶人交通安全记录网上查询等 12 项公安交管“放管服”改革优化营商环境新措施，办理摩托车驾驶证全国“一证通考”514 笔，摩托车异地转籍 20 笔，70 周岁以上驾驶证申领 6 笔，重点企业完成网上备案 47 家。

【特警工作】 完成疫情防控任务。启动卡点 15 个，盘查人员 34000 余人、车辆 17000 余辆，其中：湖北籍人员 135 人、车辆 86 辆，重庆籍人员 1700 余人、车辆 4700 辆。参与 8 个留观点的安全防护、应急处置等工作，出动 2300 余人次警力执行晨阳、新东南酒店及三星、云龙卫生院等 5 个医学留观点看守任务，共观察 200 余人，确保了安全稳定。参与纪委监委留置看守任务。安排 8100 余人次警力参与石盘和双流等地纪委监委留置看守工作，确保了安全。全力反恐防暴和应急处突。完善应急突发事件处置预案，开展反恐防暴训练 40 余次。参加处置突发警情 4 起，协助抓获违法犯罪人员 51 人。在抗洪抢险中成功救援、转移受困群众 50 余人，转移物资 10 余吨。加强智能巡防。督促指导派出所依托移动巡逻盘查系统和智能巡防系统，盘查人员 55483 人次、车辆 14941 台次，发现并移交违法犯罪嫌疑人 577 人、涉案车辆 27 辆。完成安保维稳和治安卡点任务。参与重大安保工作 31 次，开展场地现场防爆安检 7 次。启动“四道防线”工作 12 次，盘查可疑车辆 5065 辆、人员 14025 人。加强警犬工作。派员到上级警犬基地驻训，完成在新市街道办仁义村训犬基地的修建改造，开展携犬巡逻防控、毒品查缉等工作。

【网络安全保卫】 捍卫网上政治安全。对网上寻衅滋事的 2 人依法拘留，预警网上风险信息 42 条，落查人员 500 余人。处置涉恐有害信息 610 余条，开展谋略反制 213 次，发布引导信息 1620 余条，开展舆论引导 119 次。核查处置网上散布政治谣言和有害信息事件 6 件。维护网上公共安全。滚动摸排建档重要网络和信息系统 53 个、网站 72 个、网吧 44 家、LED 大屏 320 余个。联合相关部门对全市关键信息基础设施、重点网站、重要信息系统等安全监督检查 250 余次，下达安全隐患整改通知书 50 余份，签订网络安全责任书 200 余份，核查境外赌博网站 9 家，对相关单位下发安全隐患通报 10 份，对 40 余家党政机关单位、70 余家网站开展安防知识培训。严打网络违法犯罪。破获帮助信息网络犯罪活动案 2 件、侵犯公民信息 1 件、网络赌博案 1 件、跨境网络赌博案 1 件、传播淫秽物品案 1 件，配合抓捕犯罪嫌疑人 70 余人，落查重点群体线索 169 条；梳理网上相约犯罪情报线索 20000 余条、嫌疑人员 6 名；核查处置学生涉嫌自杀线索 11 条；落查涉电诈、断卡线索 50 余条；督促开展案件电子数据检材勘验 296 个，采集嫌疑人电子数据 2568 万条。

【森林警察建设】 严打违法犯罪。坚持以“奋进”系列行动、“昆仑 2020”专项行动、违规野外用火和森林草原火案专项整治行动等为牵引，侦办野生动物类刑事案件 8 起、刑事打击 8 人，破获食药环旅类刑事案件 6 起、刑事打击 7 人，办理侵犯知识产权案件 3 起、打击查处 1 人。做好违规野外用火管控和森林草原火案查处工作。推进专项整治“四个清单”，完善林业行政执法与刑事司法两法衔接工作联席会，建立行政执法人员与公安刑事侦查人员同步上案机制和办案协作机制，全市没有发生一起森林火案。推进打击长江流域非法捕捞专项整治、涉渔“百日走访活动”“河湖警长制”等相关行动。与相关职能部门建立线索通报、案件移送、行刑衔接、政策宣传、线索搜集等工作机制，走访人员 240 余名，做好河湖警长制工作，强化河湖安全。

【法治建设】 以提升依法治理能力水平为目标，深化执法规范化建设和执法权力运行机制改革，推动制度机制建设和主体能力建设，不断提升公安工作法治化水平。加强执法服务保障。制定“规范案件审核流

6月10日，简阳市公安局举行森林警察大队转隶仪式

程强化执法监督7条措施”“提升执法质量15项规定”；建立直接取保候审案件双轨流转和重大、疑难案件强制措施三级议案制，梳理转发涉疫类工作指导意见10余条；与法院、检察院、司法局联合制定《关于建立疫情期案件办理工作机制的意见》；建立疫情期间收送案协调机制和认罪认罚案件律师预约协调机制；积极推行远程提讯工作，通过远程提讯系统办理案件16起，执行提讯43人次，办理律师会见33起。加强执法培训和法治保障。实行案侦所队长、法制员定期培训制度；建立法治公安交流群，为办案民警提供精准解答和法律支撑；开展集中专项执法培训15次，集中购买、发放刑事、行政法律文书制作范本工具书500余本，提前介入疑难复杂案（事）156次，举办民警能力测试比武2次。加强执法办案场所提档升级。为8个办案区增配摄像头27个，购买询（讯）问专用座椅17具，添置文件柜1个，更换报警装置3套、通风设备4台、打印机9台，9个办案区通过成都市公安局验收并挂牌使用；开展执法办案区管理使用突出问题专项整治，积极规划并配合新建执法办案管理中心建设。加强专项清理和集中整治。开展受案立案执法情况专项清理，完善工作台账，督促梳理警情54412条，发现并督促整改问题。撰写行政案件规范办理示例。立足简阳毒情实际，编写15万字的《吸毒案件办理实务指引》范本，印制分发各执法单位，确保民警人手一册。

【监所管理】 加强监所安全监管工作，开展安全检查196次、集体教育500余次、狱情分析会98次，召开联席会议14次，举行突发事件预案演练36次，确保看守所15年安全无事故、拘留所和强制隔离戒毒所3年安全无事故。加大协助破案力度，转递有效线索30余条，助破案件12起，抓获在逃人员2人。

【出入境管理】 依法受理公民因私出国（境）申请3589人/次；受疫情影响与2019年同期数据相比下降了89%（2019年同期受理量是32629人次）。其中，普通护照2151人/次；往来港澳通行证1227人/次；往来台湾通行证207人/次；台胞居民来往大陆通行证4人/次。出国（境）证件审核审批率、准确率均达到100%。

【派出所建设】 加强等级管理。通过评定一级派出所1个、二级派出所1个、三级派出所6个、四级所3个、未定级所2个。加强“一室两队”改革。运行简城、城西、射洪坝派出所“一室两队”（即设置综合指挥室、执法办案队、社区警务队）警务机制运行模式，提高群众“见警率”和民警“管事率”。创建“枫桥式公安派出所”。围绕省公安厅“一条主线”、立足“三个着力”、突出“五个抓手”的“一三五”发展战略，推进简城、射洪坝、城西、禾丰、三星派出所等创建“枫桥式公安派出所”工作。加强规范化管理。本着“注重规范统一、注重日常管理、注重民警意愿、注重民警参与”的原则，推进派出所规范化建设和管理，着力营造相对舒适的工作环境，改善工作条件，增强民警队伍的凝聚力、归属感，以标准促规范，内抓管理，外树形象。

【队伍建设】 坚持政治建警。固化“第一议题”制度，深入学习贯彻中共十九届四中、五中全会精神和习近平总书记重要训词精神，突出“学懂、弄通、做实”标准，强化“四个意识”，增强“四个自信”，做到“两个维护”。组织全警“学先进、找差距、转作风、提能力、树形象”，开展“大学习、大调研、大走访”活动，抓实“最强支部”创建，评选“最强党支部”5个、“最优党小组”10个、“优秀共产党员”47人。坚持“起步就是冲刺、开局就是决战”思路，聚焦“四项任务”，坚持“六个统一”，明确“1344666”工作措施，用“五学五谈”凝魂聚气，用“三张清单”管理任务推进，真正“站高位子、明晰路子、压实担子、拉下面子、撕开口子、抓出样子”。抓牢组织建设。组织召开基层党组织书记抓党建述职评议会并进行满意度测评；开展“最强党支部”创建考核；开展“危难面前显忠诚、挑战面前显担当”主题党日活动；按照程序发展党员，组织入党积极分子和发展对象34人进行培训和理论考核；开展33个基层党支部换届选举及派出所机构设置调整后增补选支部委员工作。强化干部管理。提拔中层干部3名，配合完成公安局及下属单位领导班子和领导干部年度考核暨运行考察分析；参加成都市局政治部会同驻局纪检监察组对局领导班子调研评价；召开干部大会对2018—2020年新提拔干部测评。针对选人用人专项检查问题开展整改，促进选任程序进一步优化、干部培训进一步强化。如期圆满完成森林警察大队整体转隶工作。对派出所机构优化设置调整。有序推进公安机关“两个职级序列”套改和晋升。开展公安机关“十百千万”工程。注重教育训练。聚焦政治标准，完成115名中层干部政治轮训；聚焦战斗力标准，完善实战实训机制，推进“十个一”练兵法，助力助推“全警考”。围绕打得赢目标，举办接处警、初始执法、警务实战技能等培训班20期，全警实战意识和警务技能显著增强。聚焦公安宣传。策划“战疫十二时辰”等62期主题宣传，发布“向人民汇报”等主题视频19个，H5视频3个，长图等海报18张，被国家级媒体采用4篇，省级媒体采用6篇。着重表彰奖励。围绕新中国成立70周年大庆安保维稳、新冠肺炎疫情防控工作选树先进集体24个、民警85人、辅警95人。落实从优待警。从减轻基层负担、民警生病慰问、生日祝福等方面入手，落实体检、强制休假制度；每月组织主题座谈会；举办新春游园活动；开展“警营好声音”线上K歌、“悦动警营”线上跑、“警营王者”电竞赛等系列活动；开展心理疏导和拓展训练，以柔性人文关怀聚警心、提士气。

（李　响　张　怡　曾安辅　陈增培　韩冬雪　王　丽　赵　文　聂　彤　张　丹　詹婷婷　徐　佳　叶芯言　蔡丹丽　吴　娟　樊小洁　吴慧胜）

检　察

【概况】 2020年，简阳市人民检察院围绕“讲政治、顾大局、谋发展、重自强”工作要求，牢牢把握“稳进、落实、提升”总基调，统筹推进“四大检察”“十大业务”，忠实履行法律监督业务，共有11项工作受成都市级以上表彰，6名干警分别获国家级、省级以上表彰，11件案件被最高检、省检察院和成都市检察院评为典型案例，成功创建“四川省最佳文明单位”，连续4年获评成都市检察机关目标考评先进单位。

【服务保障成都“东进”战略】 建立成都“东进”区域六地检察机关协作机制，在重大基础设施建设、现代商贸物流秩序等方面开展协作，主动承担3项牵头工作。服务成德眉资同城化发展，与金堂县、绵竹市、雁江区、乐至县等地检察机关达成共识，在统一司法尺度、人才共建等方面助力成渝双城经济圈建设。

【服务“六稳”“六保”】 护航优质营商环境。持续落实最高检服务“六稳”“六保”11条措施，依法办理侵犯知识产权等破坏营商环境案件31件，为企业挽回经济损失。践行“少捕慎诉”司法理念，对民营企业涉案人员依法不批准逮捕5人、不起诉20人，助力复工复产。开展涉企案件专项清理，实现积案清零。投入疫情防控。坚持“一手抓办案，一手抓防疫”，强化司法协作，把好司法尺度，共办理妨害防疫物资监管、破坏野生动物保护等刑事案件18件32人。组建10个工作专班，深入对口联系14个村和7家重点企业，全覆盖走访排查，协调解决基础设施建设等问题16个。

【服务“三大攻坚战”】 防范化解重大风险。认真落实最高检“三号检察建议”精神，严厉打击传销、信用卡诈骗等涉众型经济犯罪，起诉12件15人，为人民群众挽回经济损失3900余万元。服务脱贫攻坚。通过专人驻村、支部共建等措施，助力6个贫困村摘帽脱贫。支持7名农民工起诉追讨劳动报酬，依法从严办理拒不支付劳动报酬案6件。向多个贫困家庭发放司法救助金，有机结合司法救助与脱贫帮扶，防止其因案返贫。助力污染防治。围绕公园城市建设，扎实开展“扬尘污染”“地下水资源保护”“固体废物污染”等专项监督活动，向相关部门发出检察建议17份。

【强化监督质效，做优刑事检察】 履行指控犯罪主导责任。办理批捕、起诉、申诉、监督等各类案件1032件1364人，其中暴力、毒品、侵财等案件251件389人。提升刑事诉讼监督质效。监督立案、撤案、纠正侦查活动违法46件，纠正漏捕、漏诉42人，提出抗诉、纠正审判活动违法8件，纠正刑罚执行和监管场所违法31件，办理羁押必要性审查、财产刑监督案件25件，变更强制措施17人。

【注重综合防控，深化社会治理】 发挥检察建议引领作用。全年制发各类检察建议76份，其中结合办案中发现的建筑生产领域安全乱象、出租房治安案件多发等问题，发出社会治理类检察建议9份。完善矛盾纠纷化解机制。做好刑事和解、案件公开听证等工作，坚持将涉法涉诉矛盾化解工作贯穿于办案始终。畅通“12309”检察服务平台，办理群众来信来访800余（件）次，做到“群众来信件件有回复”。发挥反腐职能作用。围绕“提前介入有效、审查起诉精准、指控犯罪有力、社会治理有为”的工作思路，起诉职务犯罪案件8件8人，移送相关线索2件。开展扫黑除恶专项斗争。共办理涉黑恶案件11件116人，圆满实现涉黑恶案件清零。与纪委监委、公安、法院建立协作配合机制，向市纪委监委移送“保护伞”线索14件。认真落实“行业清源”工作要求，制发社会治理检察建议5件。

【加强未成年人司法保护】 严格落实最高检“一号检察建议”，深入贯彻落实“教育、感化、挽救”方针，开展强制亲职教育、心理矫治等工作，办理相关案件45件81人。发挥“亮晶晶·心灵阳光”未检品牌作用，实现法治副校长进校园全覆盖。建立简阳市未成年人“一站式”工作中心、青少年禁毒法治教育基地，开展中小学校园性侵防范工作，探索未成年人公益诉讼保护机制，多方协同共建未成年人社会化保护体系。

【做实民事行政监察监督】 办理民事诉讼、再审、执行监督案件35件，积极配合相关部门做好息诉罢访工作，办理虚假诉讼监督案1件。以成都市行政精准监督试点为契机，探索建立行政争议实质性化解工作机制，开展行政非诉执行、民政类行政纠纷等监督，办理各类行政监督案件12件。

【做好公益保护专项监督】 注重生态环境和资源保护综合治理，开展沱江沿岸非法倾倒固体废物、城市内河非法排污等监督活动，办理生态环境公益诉讼案20件，其中督促某镇履行耕地保护职责案入选全省检察机关综合治理典型案例。开展“养老金发放”“公租房出租”等监督活动，针对问题，制发检察建议7份，挽回国有资金76万余元。认真落实“四个最严”要求，对学校食堂、校园周边小吃店等区域的食品安全问题开展专项监督，办理行政公益诉讼案件15件。

【加强队伍建设】 坚持正确政治方向。坚定不移走中国特色社会主义法治道路，坚持党的绝对领导。严格执行重大事项请示报告制度，向市委和上级检察院请示报告重大事项35次。加强全面从严治党、从严治检，坚持思想政治工作同检察工作同部署同落实同考核，及时完善并落实主体责任清单。提升司法能力和办案质效。内外兼修提升素能。严格执行领导干部直接办案制度，常态化开展典型案例评选、岗位练兵、互动式教育培训，全面提升检察业务素能。严格落实员额检察官“能进能出”制度，强化案件质量管控，逗硬司法责任追究。严格落实“三个规定”，认真对照省委巡视和省院巡察反馈的具体问题，全面加强整改。自觉接受内外监督。主动接受人大、政协监督，认真收集代表委员的意见和建议16条，并及时回复，邀请代表委员参与案件公开听证、检察开放日等活动49次。持续深化检务公开，主动发布案件信息763条，公开法律文书380份。通过门户网站、“两微一端”和新闻发布会，及时回应社会关切。

（徐 杰）

法 院

【概况】 2020年，简阳市人民法院在疫情防控中主动作为、在执法办案中勇争一流、在改革创新中破解难题、在从严治院中凝聚合力，各项工作不断取得新进展。全年共受理各类案件11625件，结案11477件，结案率98.73%，结案标的额21.13亿元。全年简阳市人民法院工作得到市级以上主要领导肯定性批示28次，14工作、干警76人次受到市级以上记功或表彰，审判质效管理、智慧法院建设、服务保障产业功能区建设等工作在成都市级及以上工作会议上作经验交流。

【刑事审判】 2020年，依法惩治刑事犯罪，审结刑事案件367件，判处罪犯549人。其中从严惩处杀人、伤害、“两抢一盗”等危害人民群众生命财产安全的犯罪107件138人；严厉打击制毒贩毒等毒品犯罪25件32人；重拳惩治贪污贿赂等职务犯罪7件8人，依法审结指定管辖的原宜宾市屏山县县长李某受贿案、简阳市水务投资发展有限公司人员贪污、受贿窝案；坚决打赢扫黑除恶专项斗争收官之战，院长亲自担任审判长成功审结长期盘踞本市农村地区的叶某某等22人黑社会性质组织犯罪一案，综合运用判处财产刑、追缴、没收违法所得等手段，彻底铲除黑恶势力经济基础，三年来共审结涉黑涉恶犯罪12件72人，重刑率达48.61%，办理涉黑恶案件数量居成都基层法院第一名。

【商事审判】 2020年，服务优化营商环境。推动出台简阳市“府院联动”机制，与规自局等部门建立破产联动工作组，落实破产案件破产警示、专家评审、一案一工作组等机制，首批甄别出9家“僵尸企业”并已陆续进入破产程序，成功审结简阳中汽挂车有限公司破产案件。与工商联挂牌成立商事纠纷调解委员会，建立健全涉企案件快立、优审、快执机制，商业纠纷化解效率同比大幅提升。精准对接产业功能区建设，建立“一园一策”司法服务保障机制，挂牌成立空天产业园法官工作室，选派业务骨干每月驻点开展工作，及时协调解决土地指标不足、企业融资困难等问题43个，可释放土地300余亩，及时为招商引资提供土地等要素资源。

【行政审判】 2020年，审结涉土地流转、征收补偿、工伤认定等领域行政案件104件，其中诉中和解撤诉22件。支持规自局、综合执法局、文体旅局等行政机关依法履职，协调促成天星路被拆迁人自愿签订补偿协议并主动搬离，成功协调成铁中院解除“六号半岛”项目保全措施，确保重大项目、重大工程顺利推进。针对行政执法中的常见问题，邀请成都中院资深行政审判专家到简授课、现场答疑解惑。认真落实“三项机制”，组织召开行政审判与行政执法联席会6次，发布行政诉讼司法审查白皮书、司法建议21份，行政负责人出庭应诉率达80.65%，同比上升13.98%，切实提高行政机关依法行政意识和应诉能力，助推法治政府建设。

【民事审判】 2020年，妥善化解民事纠纷。妥善审结民事案件6415件。创新家事审判五步法，成效明显，促进夫妻和好、自愿撤诉179件，婚姻家事诉讼案件连续三年下降。与人社局等7家单位联合成立劳动纠纷一站式联处中心，诉前妥善化解劳资纠纷50件，依法审结劳动争议、追索劳动报酬、工伤保险等案件212件，推动构建和谐劳动关系。依法平等保护各类市场主体合法权益，审结借款、房屋买卖、物业服务等合同纠纷2680件，对虚假诉讼、虚假陈述等行为实施惩戒30人次。

【执行工作】 2020年，执结各类案件4613件，为当事人兑现案款2.93亿元。高度关注重点领域的案件执行，部署开展拖欠农民工工资、涉金融债权等专项执行活动，为258名农民工等弱势群体追回欠薪216.8万元，为金融机构兑现债权1.09亿元。强化司法惩戒，纳入失信被执行人1084人、限制高消费2629人，敦促被执行人主动履行1732万元，实施拘传拘留76人、移送拒执打击5件，司法惩戒居成都基层法院第一名。健全源头治理、综合治理执行难机制，进一步与发改局、行政审批局、市场监管局等部门建立联动协作机制，精准查控财物1.12万件次，快速出警127次，网拍处置涉案财产239宗，成交额1.35亿元，溢价率121.96%。

【司法为民】 2020年，着力构建“一心多点、全域覆盖、联网运行、就近服务”的诉讼服务体系。线下，进一步整合院机关诉讼服务中心与7个人民法庭、24个社区诉讼服务站，柜台办理各项业务15451次，为老弱病残、交通不便等当事人提供上门服务23次、预约办理210次，提供跨域立案服务119件次，实现诉讼事务“一站通办”“一号通办”；线上，优化整合诉讼服务网、“12368”诉讼服务平台和移动微法院程序功能，新增在线诉讼辅导、远程视频调解、云上连线开庭、

12月7日，简阳市人民法院召开“寒剑行动”民工工资执行兑现大会

跨域档案查询等服务项目，提供线上诉讼服务34971次，实现立案、查询、阅卷等诉讼事务“家里办”“掌上办”“随时办”。

【疫情防控】 2020年，先后组织干警200余人次赴涌泉镇开展全覆盖入户排查，就疫情防控法律风险防范向市委提出司法建议，制定服务保障全市疫情防控的司法措施30余条。选派优秀法官驻点帮扶企业，及时帮助解决劳动用工、合同履行等法律问题，主动为龙一制衣、简阳医药公司等防疫物资企业解除强制措施，积极协调金融机构与42家小微企业达成还款协议。大力推行“无接触式”办公办案，在线立案4249件，电子送达法律文书2630件，网上开庭181件，均居成都基层法院前列，率先敲响成都法院网上办案第一槌，做到疫情期间诉讼服务不打烊、审判执行不停步。

【司法协同】 2020年，坚持与市委工作同向同步，先后与重庆璧山、铜梁和资阳雁江、安岳、乐至等5家法院签订司法合作框架协议，就诉讼服务共建共享、执法办案协调联动、生态环境联防共治等建立协作机制。围绕沱江流域绿色生态区域发展轴建设，高质量举办首届院长论坛并就15项内容达成合作共识，就公益诉讼资金统一规范管理签订合作备忘录。先后组织开展联合执行惩戒、法庭支部共建、业务培训讲座等会议、活动11次，推动跨成资两地的“亿阳”非法吸存案执行工作取得实质性进展。

【脱贫攻坚】 2020年，以法治扶贫巩固脱贫攻坚成果，深化人民法庭与贫困村党支部结对共建，组织帮扶群众走进法庭旁听庭审120人次，人民法庭到农村院坝开展巡回审判24场次，依托农民夜校、微党校开展村干部用法培训、主题法治宣传27场次。坚持扶贫与扶志相结合，通过多种形式帮助销售农产品，组织贫困村群众参观市规划馆，为207户结对帮扶贫困户拍摄全家福，真正让群众在感恩中奋进，因自尊而自信。

【队伍建设】 2020年，坚持提升理论学习实效，创建“简法思想荟”中心组学习交流平台，通过中央、省、市全会精神领导讲学、到现代铁路港现场教学、开展“新时代三问”交流辩学等形式，深刻领会习近平总书记对四川及成都工作的重要指示，形成高质量调研报告4个，出台工作实施意见19份、长效管理机制18项，切实提高政治判断力领悟力执行力。坚持将政治建设融入日常管理，创建《简法时评》思想政治工作新载体，先后刊发评论文章90余篇，及时解读党的政策、鲜明党组主张，澄清模糊认识、纠正错误行为，营造风清气正、遵规守矩的政治氛围。立足培养“三高六质”高素质法院队伍，打造“简法大讲堂”教育培训平台，邀请全国刑诉法知名教授龙宗智、《中华人民共和国婚姻法》起草人吴晓芳等专家学者来院授课，分级分类开展自主培训62期920人次，常态化举行案例研讨、庭审观摩、裁判文书评析等岗位练兵活动9场次，3篇文书、4个庭审分别被评为成都法院优秀裁判文书、优秀庭审，1名干警被评为全省法院庭审标兵。大兴调查研究之风，针对经济社会热点、法律适用难点及法院管理重点，成立15个专项课题组，1篇情况反映被中共中央办公厅采用，5篇学术调研成果获国家级奖项。

（鲜于名名）

司法行政

【概况】 2020年，市司法局紧扣市委、市政府中心工作，实心干事、主动作为，做到疫情防控和司法行政事业发展两手抓、两不误，各项工作呈现良好发展势头。17个集体、36名个人受到简阳市级及以上部门表彰。公共法律服务“3+4”攻坚行动、人民调解“百米服务圈”等经验做法在人民网、央广网等中央级媒体宣传推广22场次。

【思想政治建设】 巩固深化“不忘初心、牢记使命”主题教育成果，开展专题学习47场次。严明政治纪律，开展巡视巡察反馈意见整改，落实72项整改措施。加强组织建设，新建党支部3个，有党支部16个，党员167名。明确选人用人标准，交流提拔中层干部34名，干部晋升职级29名。有序开展“大学习、大讨论、大调研”活动，收集意见建议20余条，完善工作机制10余项。

【普法依法治理】 高效化建立普法格局，组织召开守法普法协调小组会议，审议通过工作细则，印发工作要点、“七五”普法终期迎检准备工作方案等，进一步健全完善守法普法工作机制。常态化厚植普法土壤，成功举办2020年“宪法宣传周”活动，大力宣传新颁布法律，设立民法典主题宣传公交车，开展民法典巡讲活动350场次。开展法律服务“进小区、进公共场所”等专项活动130场次，统筹推进法治四川行“一月一主题”活动19个1500余场次。创新开展“普法邮路”连心工程，开展线上有奖答题20期。抓好疫情防控法治宣传，发布各类媒体信息、动态、音（视）频400余条，编印资料、海报3万余份。顺利迎接“七五”普法终期总结验收，获得检查组一行充分肯定。精准化培育法治文化。实施法治文化惠民工程，完成“简小普”普法动漫形象征集、微视频、法治创作等工作。建成2个成都民生类法律之家，打造简阳市首个社区调解品牌——“老马”党员工作室，完成水东校区等5个阵地提升，新建新达街社区、蜀阳社区等阵地20处，有序推进新实践文明中心法治文化阵地建设。

【社区矫正】 推动成立简阳市社区矫正机构，专职从事社区矫正工作。编辑社区矫正法律法规汇编，全面规范社区矫正执法文书使用和档案管理。成立社区矫正直属中队，专职从事社区矫正前调查评估；严格按程序办理社区矫正对象入矫、解矫、请假、执行地变更和奖惩，对社区矫正对象进行法治、道德教育；根据社区矫正对象的个人特长，组织其参加公益活动。既严格监督管理，又主动教育帮扶，慰问困难社区矫正对象、帮教安置对象25人，发放慰问金1.5万余元，组织社区矫正对象参加集中教育200余人次。

12月7日，简阳市司法局到市医保局进行案件评查

【人民调解】 坚持发展“枫桥经验”，在全市各镇（街道）全面推广人民调解“百米服务圈”工作，整合建立矛盾纠纷受理点1579个，创新“54321”工作法，提供法律服务引导5740余人次，成功化解矛盾纠纷2450件，纠纷发生率同比下降17%。落实“公调对接”“诉非衔接”工作，建立婚姻家庭纠纷人民调解委员会、交通事故人民调解委员会、医患纠纷人民调解委员会、物业纠纷人民调解委员会等7个专业性、行业性调解组织。组织开展人民调解员业务培训6000余人次，指导各级调委会调解案件3409件，排查矛盾纠纷14479件。完成射洪坝、新市等10个司法所规范化建设工作，实现规范化司法所覆盖率100%。开展“省级规范化司法所”创建活动，禾丰镇、云龙镇、石盘街道获命名表彰。贯彻《人民陪审员选任办法》，选任人民陪审员166人，充分保障人民群众参与司法的广泛性和公平性。

【律师工作】 2020年，新成立律师事务所1家，全市共有律师事务所10家，专职律师99人，公职律师24人；基层法律服务所11家，基层法律服务工作者41人。全年律师及基层法律服务工作者共办理刑事、民事、行政诉讼等各类案件2615件，业务收入1900余万元。助力“疫线”防控，组织律师事务所、律师参与志愿服务、踊跃捐款捐物、精心编撰《新冠肺炎疫情防控法律法规汇编》《新冠肺炎疫情防控期间企业复工相关法律和政策问答》，选编疫情防控典型案例开展19次以案释法。依托“12348”公共法律服务热线、成都市“律金刚”平台、微信群和朋友圈推送疫情相关法律法规信息1000余条，提供法律咨询服务1900余人次，律所和律师个人义务捐赠192桶84消毒液和90个口罩，踊跃捐款捐物合计31500元。服务营商环境，深化“律所党建惠营商”行动，设立“党员律师服务点”，不定期组织党员律师为商圈、三大产业功能区的企业、群众开展普法讲座50次，法治体检30次，提供法律咨询服务3000人次，化解矛盾纠纷120件。开展“农民工劳动合同体检”，对成都市龙泉山森林公园旅游环线六标段项目、天府国际酒店项目部、悦荣府项目部等19个项目部进行了农民工劳动合同体检，形成专业体检报告19份，有效维护劳企双方当事人合法权益。参与基层治理，组织全市291个村（社区）签订法律顾问，深入开展“一村（社区）一法律顾问”工作，村（社区）法律顾问解答群众咨询10000余次，开展法治讲座400余场次，参与调解纠纷30余件。开展《中华人民共和国民法典》宣传，组织28名律师、基层法律服务工作者开展企业法治巡讲活动，对全市26家规模以上企业开展《中华人民共和国民法典》法治巡讲，现场发放法治宣传资料1000余份，解答法律咨询600余人次。

【公共法律服务】 编印《新冠肺炎疫情防控法律法规汇编》《新冠肺炎疫情防控期间企业复工相关法律和政策问答》，开展疫情防控“以案释法”19次，推送疫情防控法律法规信息1000余条，提供法律咨询服务1900余人次。深化“律所党建惠营商”行动，设立“党员律师服务点”，为商圈、企业、群众开展普法讲座50次，法治体检30次，提供法律咨询服务3000人次，化解矛盾纠纷120件。开展重点企业“农民工劳动合同体检”，形成专业体检报告，有效维护劳企双方当事人合法权益。深入开展“一村（社区）一法律顾问”工作，市291个村（社区）法律顾问签订率100%。深入推进“四项制度”“刑事辩护全覆盖”等制度试点，改革律师值班模式，实行法律援助“全域通办”，办理法律援助案件789件，提供法律咨询6464人次。完善54个法律援助工作站，形成覆盖全市“横到边”“纵到底”的法律援助服务网络。优化法律援助队伍，成立法律援助志愿者队伍。开展岁末年初农民服务专项行动，采取“一免一简三快”受理方式，集中受理农民工讨薪案件424件，涉案金额875.44万元。发挥公证有效预防矛盾纠纷、规范市场行为，维护社会和谐稳定职能作用，拓宽服务模式，全年办理公证案件6139件，为贫困户、残疾人等公益类公证业务减免费用5万元。打造14个公共法律服务工作室，建立简阳市智慧公共法律服务平台并全覆盖宣传推广，公共法律服务平台和服务能力持续提升。

（薛文娟　丁　洁　尧　英　王晓芹　杨　利　郝娅菲　陈　茜）

军 事

人民武装

【概况】 2020年，简阳市人武部贯彻中共十九大及十九届二中、三中、四中、五中全会精神和军委基层工作会议、全国国防动员工作会议精神，落实上级决策部署，抓党建固根本、抓备战强能力、抓基层强基础、抓作风正生态，展现新风貌、取得新突破。

【思想政治工作】 坚持把“政治建军”摆在首位，牢固确立习近平强军思想在部队建设中的根本指导地位。通过党委会、支委会、党小组会和组织生活等时机，反复学习，跟进学习习主席系列重要讲话，各类法律法规、文件通知等，牢牢掌握上级各类指示精神要义，以此作为指导和开展工作的根本遵循。以“传承红色基因、担当强军重任”为牵引，充分用好灯箱、标语、橱窗等载体，做好宣传引导，让干部职工时时受教育、处处受熏陶，营造契合时代精神的军营文化氛围，人武部政委李建辉在主题教育第二专题教育中为成都警备区及各区市县人武部做辅导授课，得到领导和同志们高度好评。严密组织党委理论学习中心组集中学习，对未参加学习的人员组织补课，学习完毕后认真组织讨论，全体干部和文职人员人人表态发言，并写出心得体会。开展深入肃清郭徐房张流毒影响工作，利用交班会、组织生活时机反复进行强调和动员，部领导分工负责，带领机关人员将营区每个点位拉网排查，档案室、保密室、图书室等重点部位进行集中清查，人人签订责任书，确保在思想上和资料上清理彻查到底。2020年6月，简阳市人武部机关党支部被成都警备区评为先进基层党组织。

【党管武装】 市委、市政府高度重视武装工作，落实武装工作各项制度，主动参与武装工作重要会议、民兵调整改革、征兵工作、军事日活动，把党管武装工作纳入党委、政府目标考核，与其他工作同部署、同检查、同考核，进一步凝聚党管武装工作共识。市委市政府主要领导对涉及部队国防动员和后备力量建设的重大问题亲自研究决策、重大活动亲自参与，及时掌握解决工作矛盾和问题。全年常态化军地联合送喜报，完成退役军人档案查询业务，协助简阳籍现役军人办理子女教育优待。

【民兵组织整顿】 研究省市对民兵整组工作指示要求，抓好民兵潜力调查摸底，深入镇街、村社、企业调研，探索依托大中型企业成建制成系统编组民兵和组织训练的方法路子，进一步科学调整组建任务，创新编组方法，重点抓好新质力量建设。严格对各镇（街道）上报的整组材料和数据进行审核，确保民兵编组科学。

简阳市征兵工作大会召开

9月19日，市人武部在简阳市旭海广场开展全民国防教育日活动

分批组织对全市基干民兵进行集中点验，对编组人员进行逐一核查，确保人员落实到位。

【军事训练】 抓好首长机关训练，结合疫情防控要求，以自训为主开展理论学习、机关业务基础、战术作业和军事体育训练。结合民兵组织整顿，科学合理确定训练任务、筹划训练方案。统筹开展专业训练，结合季节性特点，组织民兵开展森林防灭火、防汛抢险等应急救援训演练。积极参与处置新冠疫情防控工作，2月圆满完成卡点执勤、宣传引导、信息登记等各项防控任务，协助排查车辆85万余台，过路人员217万余人。6月25—27日，组织民兵应急连和部分应急排进行为期3天的防汛备勤，同时清理抢险救灾器材，补充各类装具器材800余件套，充分做好防汛救灾各项准备。8月汛期期间，出动民兵180人次参与抗洪抢险，人武部干部职工与全体民兵共同战斗2个昼夜，救援转移被洪水围困群众320余名，装载、搬运防洪沙袋1000个，昼夜不间断对2.5千米河道进行巡逻，圆满完成任务，受到军地领导和群众的高度肯定。9月16日，成都东部新区壮溪镇党委政府领导及村民代表一行7人到简阳市人民武装部赠送锦旗，对人武部及民兵在救援群众行动中表现出的全心全意为人民服务的精神给予充分肯定。

【征兵工作】 全市开设报名咨询点，结合春节大学生返乡时机，对全市2000余名返乡大学生进行了政策宣传和摸底，6月初，集中3天时间分两个宣传组到辖区9所高中学校进行大学生征兵宣传，年度征集新兵中大学生比例达到77.41%，较2019年提升25%，另配合完成直招士官和女兵征集任务。未发现一起违反廉洁征兵纪律的线索。简阳市人民政府征兵办公室被成都市人民政府评为2019年度成都市征兵工作先进单位。

【国防教育】 与市委宣传部紧密配合，常态化开展国防教育宣传，利用民兵整组、征兵宣传、学生军训等时机，深入村社、企业广泛开展国防知识宣讲。9月，利用第20个全民国防教育日时机，与各镇（街道）同步开展以“传承红色基因，汇聚强军力量”为主题的国防教育宣传，通过在商场周边现场讲解答疑、搭建海报展板、发放宣传手册、推送天府长城公众号等形式，进一步提高简阳市市民的国防观念。

【安全管理】 紧盯军委国防动员部明确的17个重点要素，坚持重要岗位人员政治考核，及时掌握人员思想底数，认真组织观看防失泄密教育警示片，牢固树立保密意识，在重要场所均设置了“五条纪律”“十条禁令”。对全体干部职工进行常态化疫情防控教育，全面摸排单位人员情况，建立健全报告制度，实时掌握全体人员的健康状况；加强营门口进出管控，定期对公共活动区域进行防疫消杀。9月底投入25万余元对营区所有视频监控进行更新升级，切实做到全领域覆盖、全过程管控、全要素管理。

【学生军训】 根据《成都市深化学生军事训练改革实施方案》等文件精神，8—10月，组织258名民兵骨干对辖区内1所大学和12所普高、中职、技工学校共11680人的学生实施军事训练，严格按照连队化管理、军事化要求，严格一日生活制度，规范言行举止，加强日常养成，帮助学生培养健康的思想品德、社会公德、生活习惯，培育正确的世界观、人生观和健康的心理。

【综合保障】 持续开展装备系统行业风气整治“回头看”工作，加强对单位军车驾驶员理论教育，组织完成车辆和驾驶员年度审验工作，组织军车常规保养2次，确保军车各项安全技术指标正常。对营区文化墙风化、武器仓库部分地基沉陷等问题及时进行处理，对办公楼、住宿楼等区域进行防雷检测，减少营区安全风险。按要求完成2020年公寓住房核查摸底工作，对办公楼、家属区等生活办公硬件设施损坏情况进行清理统计，及时修复完善设施设备，为干部职工提供舒适的办公和生活环境。

【参建参治】 贯彻党中央精准扶贫战略，投入脱贫攻坚工作，用真情落实帮扶措施，用真心关爱贫困群众。全年共计开展理论宣讲3场，协调农技员开展种养殖技术技能培训3场次；赠送党建、法律等书籍100余册，收集整理、制作发放各类种植技术手册2000余份。先后为家庭经济基础较弱的帮扶户王三伙、王善容送去衣物10余套；干部职工利用走访时机帮助村民到田间地头进行劳作；2月，受疫情影响，部分种养殖户农副产品滞销，人武部积极与驻村工作队联系，干部职工利用微信朋友圈等方式，为种植养殖户宣传产品、拓宽销路。人武部机关党支部与村支部结对联建，开展每季度集体过一次组织生活、进行一次座谈、搞一次政策宣讲，每半年集体上一次党课、交流一次党建工作经验的“五个一”活动。2020年精准投入20万元新建10亩蔬菜大棚基地1座，5月底全面建设完成，运营效果较好。

（胡靖川）

人民防空

【概况】 2020年，市人防办以提高城市总体防护能力为基本目标，妥善管理人防工程，加强警报系统建设及基本指挥所建设，多次开展人防应急演练和人防宣传活动。被成都市人防办评为“综合目标完成先进单位”“指挥所建设先进单位”“人防宣传先进单位”“警报先进设台单位”。

【人防演练】 2020年，市人防办参加成都市人防办组织的应急通信保障双盲演练，提高人防通信队伍的应急通信保障能力。完成警报器升级改造，警报设备完好率达100%，并借助简阳电视台发布防空警报试鸣演练公告，成功开展“9·18”警报试鸣演练及防空防灾疏散演练。

【人防宣传】 2020年，市人防办利用“5·12防灾减灾日”“安全生产月”大型应急宣传活动契机，发放教育读本2000本、人防应急包800个、应急救援防空防灾知识宣传资料2500余份。

【人防工程管理】 2020年，新报建结建式人防工程和易地建设防空地下室项目。2020年正在使用的人防工程维护使用情况良好，防护结构完好率100%，新增防空地下室的标识标牌安装到位，安装比例达100%。

（田 泽）

双拥工作

【概况】 2020年，双拥工作领导组织有力，军地联动机制创新，服务保障措施有效，拥军拥政氛围浓厚。全市广大现役军人积极投身军营，报效国家，情系国防，为了国家的安宁和人民的幸福无私奉献。驻简阳部队官兵政治合格，军事过硬，爱军习武，拥政爱民，为保障全市社会稳定，促进市域经济发展作出了应有的贡献。全市广大退役军人“离军不离党、退伍不褪色、转业不转志”，在推动简阳经济社会发展的各条战线上发光发热。

【成功创建省级双拥模范城】 2020年4月，简阳市首次被中共四川省委、四川省人民政府、四川省军区授予“四川省双拥模范城”称号。

【双拥共建】 制度化开展悬挂光荣牌工作，为立二等功、立三等功军人家属送上喜报和慰问金，开展“法治宣讲进军营”“夏日送清凉”等活动，发挥驻简部队在国防教育、脱贫攻坚、疫情防控、抗险救灾、安全保卫方面突出作用，发动群团、社会组织、爱心企业开展“赠书赠影”“金融服务到家”“关爱抗战老兵”等活动，举办退伍老兵联欢晚会，开展役前训练人员走访慰问活动，为新兵宣讲新兵入伍、家庭优待和优抚等政策。

【褒扬纪念】 组织全社会广泛参与“传承红色基因·清明祭扫英烈”活动和“9·30”烈士纪念活动，为132户烈属寄送“致烈士亲属的一封信”和“传承先烈遗志·弘扬革命精神”小手册。把国防双拥教育纳入全民宣传教育计划，用好爱国主义教育基地资源，通过特殊党（团）日、军事日、国防教育日等活动，开展“雄州军魂——军功章背后的故事”等系列活动，着力培养市民爱国主义思想，2020年全市约1.9万人次参与活动。

【走访慰问】 疫情期间，对全市在武汉防控一线军队人员家庭进行走访慰问。八一期间对全市军烈属、退役军人进行了全覆盖慰问，并发放慰问金。春节期间，创新慰问方式，采取慰问品物流配送、赠送部队慰问信、征求官兵意见等方式，为驻简部队和武警官兵发放慰问品，发放困难军人补助，对随军未就业家属发放生活费，对在新疆、西藏、云南、广西、海南等地边防海岛的简阳市现役军人家庭进行走访慰问。开展“走基层、送温暖”慰问行动。

（乔　晓）

新冠肺炎疫情防控

疫情防控管理

【概况】 2020年以来，简阳市深入贯彻中央、省、成都市疫情防控会议精神，扎实开展疫情防控各项工作，补短板、强弱项，全面夯实疫情防控十项基础，统筹抓好疫情防控和经济社会发展各项工作，切实维护社会和谐稳定。

【压实疫情防控工作责任】 建立组织体系。2020年1月27日紧急成立简阳市应对新型冠状病毒感染肺炎疫情应急指挥部，由市政府主要领导担任指挥长，指挥部下设10个工作组，由市委市政府分管领导担任组长，全年累计召开应急指挥部会议20次，及时传达学习贯彻中央、省、市疫情防控相关会议精神，分析研判疫情防控形势，动态调整工作策略和重点。健全工作机制。制发新冠肺炎总体防控方案及宣传、诊疗方案、防控、联防联控等"1 + 4"工作方案，建立市、镇（街道）、村（社区）、小区（院落）四级联动机制，创新实施一进、二送、三问、四核、五统、六跟"六步"工作法。健全薄弱环节防控机制，全面梳理排查医疗废物转运、冷冻食品运输等工作短板，建立健全药店"三问三登记"制度、网约车平台抄告制度等长效管理机制。制定《应对秋冬季新冠肺炎疫情医疗救治》《大运会场馆建设及赛时防控》《羊肉美食文化旅游季防控》《村（社区）换届选举防控》等重点时段疫情防控工作方案，确保疫情防控工作毫不放松，坚决筑牢疫情防线。切实履职尽责。全市组建党员突击队、预备党员突击队、青年突击队、选调生突击队、退役军人党员突击队等队伍800余支，把疫情防控作为"不忘初心、牢记使命"主题教育常态化的重要实践，自觉做到"一亮""三先""六带头"，全面落实联防联控措施，构筑群防群治的严密防线。强化督查督办。市政府督查室、市疫情防控指挥部办公室、市卫健局等相关部门协同联动，重点对各镇（街道）辖区内基础性防控措施落实、外来人员及物资管控、酒店及旅馆排查管控、重点场所"扫码"通行管理、企业（项目）复工复产和学校复课的组织以及"十项体检"重点领域防控情况进行督查检查，全年累计制发疫情防控工作通报100期，其中市疫情防控指挥部发文76期，市政府督查室发文24期，累计通报（交办）并督促整改问题1691个。

【织密疫情防控网络】 严把人员入口关。高效完成多轮社区、商超、交通卡口等重点区域全覆盖排查，累计排查1800万余人次、车辆106万余辆，守住成都疫情防控"东大门"。组织动员村（社区）干部、网格员、志愿者6000余人对全市开展春节返乡民工全覆盖排查，对新来（返）简人员进行预先联系和排查，做

1月29日，简阳市卫健系统医护人员在简阳北收费站卡点对来简司乘人员进行体温检查初筛

5月11日，简阳市应对新型冠状病毒感染肺炎疫情应急指挥部第六次会议

到“村建台账，镇合数据，市级统筹”。严把物品流通关。严格冷链食品全流程管控，坚持人、物、环境同查，检测冷链食品样本3702个，结果均为阴性。加强进口冷链食品监管，145家冷库单位均落实库长责任制，2处进口冷链食品集中监管仓投入使用。严把交通口岸关。强化交通场站疫情防控，加强火车站、汽车站等重要交通枢纽的风险提示和现场疏导，严格落实体温监测、亮码通行等防疫措施，规范设置隔离室，严防人员流动增大造成接触性传播。严格落实中高风险地区抵简包裹抄告、报告和末端督查制度，严格执行“一停二消三查四保”工作要求。

【切断疫情传播链条】 强化医疗机构管理。充分发挥医疗机构、个体诊所、药店哨卡作用，对全市14所医院、555所村卫生室（含私人诊所）、33所镇卫生院、4所社区卫生服务中心、371家药店进行拉网式排查整治，严格落实退烧药、止咳药购买“三问三登记”制度以及发热患者与呼吸道症状患者“零报告”和“日报告”制度，全市所有个体诊所、药店均与医院发热门诊建立了对口连接机制，确保及时有效消除潜在疫情传播隐患。强化机关单位管理。印发《关于进一步加强机关企事业单位春节期间疫情防控工作的通知》，要求全市各级党政机关干部职工、事业单位、国有企业工作人员带头在简过节，出蓉须向单位报告并经同意，返川时须持48小时内核酸检测阴性证明。严格落实体温检测、亮码通行等防疫措施，电梯、食堂等公共场所落实“一日三消毒”，机关食堂全面执行错时错位就餐。强化重点场所管理。构建文旅消费娱乐场所网格化管控机制，明确出入口管理、内部精准管控措施，组织6个专项督查小组，全覆盖督查文旅市场经营单位3705家次，现场督促整改问题626个。严格落实养老机构、社会福利机构封闭式管理，对1898名民政服务机构职工及服务对象、700余名监所在押人员进行核酸检测。全市213所学校（园）、110所校外培训机构严格落实疫情“日报告”“零报告”制度，对因病缺课学生落实追踪管理。

【严防疫情反弹风险】 提升群众自我防范意识和能力。将爱国卫生运动与农村人居环境整治有机结合，强化环境整治和消杀，加强疫情防控宣传，持续开展“戴口罩、常通风、勤洗手、一米线、不握手、用公筷”宣传教育，引导群众养成健康生活习惯，降低疫情传播风险。通过微信、广播、LED等多种方式广泛宣传疫情防控指示，营造浓厚防控氛围。引导群众特别是返乡人员主动注册使用“四川天府健康通”，提高农村群众、老人、儿童等群体使用的积极性和便利性。印发宣传横幅、工作指南、宣传海报、倡议书等宣传资料3.2万余份。提升核酸检测和医疗救治能力。简阳市核酸检测基地（市人民医院）已完成硬件建设，设备已全部安装到位，核酸检测能力达65398人份/日。其中，医疗机构核酸检测能力14548人份/日，与资阳、眉山合作提升核酸检测能力7850人份/日，签约第三方实验室提升43000人份/日。全力做好医疗救治，持续开展新冠肺炎诊疗方案（试行第八版）全员培训，落实预检分诊、病区规范管理、医疗废物处置等工作，全力抓好院感防控，实现医疗机构“零感染”目

表 24　　2020 年简阳市疫情防控主要文件一览表

序号	文件名称	发文字号
1	关于成立市委应对新型冠状病毒感染肺炎疫情工作领导小组及简阳市应对新型冠状病毒感染肺炎疫情应急指挥部的通知	简委〔2020〕7 号
2	关于在新型冠状病毒感染肺炎疫情防控工作中践行初心使命开展“疫情防控、党旗飘扬、党员先行”行动的通知	简委〔2020〕8 号
3	关于坚决贯彻落实习近平总书记重要指示精神切实加强党的领导、为打赢疫情防控阻击战提供坚强政治保证的通知	简委〔2020〕9 号
4	关于统筹推进新冠肺炎疫情防控和经济社会发展工作奋力完成 2020 年经济社会发展目标的实施意见	简委发〔2020〕5 号
5	关于完善重大疫情防控体制机制健全公共卫生应急管理体系的实施意见	简委发〔2020〕11 号

标。提升快速响应能力。全力做好应对大规模核酸检测准备，进一步修订完善核酸检测应急预案，17 个部门（单位）、22 个镇（街道）制定大规模人群核酸检测实战应急演练工作方案，191 个村（社区）开展应急演练。完善《新冠肺炎疫情流行病学调查快速响应预案》，强化市、镇（街道）、基层医疗机构三级流调队伍建设，进一步明确流行病学调查快速响应流程，确保一旦发生疫情，能第一时间找准传染源和传播链条，精准实施各项防控措施。

【全面补齐短板弱项】 按照“早发现、早报告、早隔离、早治疗”防控要求，细化工作措施，补齐短板弱项。强化应急体系建设。严格落实指挥部日调度和 24 小时值班值守制度，动态精准掌握辖区内疫情防控工作情况，及时解决工作推进中的问题和突发情况。精心制定《简阳市新冠肺炎疫情流行病学调查快速响应预案》等方案预案，建立由 437 人组成的流行病学调查队伍以及规模 3614 人的核酸采样队伍。加强重点人群管理。精准摸排农民工等返简人员信息，对境外以及国内重点地区返简人员实施集中隔离、居家隔离等防控措施。针对“三非”人员研究制定《“三非”外国人管理办法》和《关于进一步做好西南边境非法入境简阳籍人员接返工作方案》。在执行成都市高风险人群、重点人群等核酸检测的基础上，将口腔科、耳鼻喉科病人等纳入检测对象，并予以财政资金保障。保障大运会场馆建设。严格执行成都大运会执委会场馆建设和基础设施提升部《关于加强大运会场馆建设改造项目新冠肺炎疫情防控工作的通知》等文件精神，加强大运会场馆工地管控，全力推进运动员隔离医学观察点选址建设，落实建筑工地人员“一人一档”健康档案管理等疫情防控措施。执行赛区委员会工作例会制度，召开工作例会 22 次，确保场馆建设中的各类问题及时解决。

（何　兴　唐道军　吴雨潘）

医疗救治及专业疫情防控

【医疗救治】 做好医疗救治工作。制订《简阳市应对秋冬季新冠肺炎疫情医疗救治工作方案》，严格落

2月21日，简阳市援助湖北医疗队12名队员前往武汉

实“四早”“四集中”原则，明确定点救治机构，成功治疗本地2名确诊病人和成都市下转的18名确诊病人；制定《简阳市应对秋冬季新冠肺炎疫情定点医院腾空应急预案》并进行演练；组织开展100名医疗救治队新冠肺炎医疗技术专项培训，熟练掌握新型冠状病例的发现、报告、医疗救治、个人防护、院感防控等相关知识与技能，提高医疗救治水平。驰援疫区同心战役。选派12名医疗骨干驰援武汉。4月3日，12名队员出色完成工作任务凯旋。12月7日郫都区新增新冠肺炎疫情确诊病例后，先后选派四批次医护队伍共512人次支援郫都区、成华区、成都高新区等地开展核酸检测采样工作，累计核酸检测采集8万余人次。

【发热门诊建设】 按标准完成发热门诊建设工作。按照国家联防联控机制对发热门诊建设工作的要求和标准，指导、监督、落实市人民医院、市中医医院、禾丰中心卫生院和空分医院发热门诊建设并及时投入运行。各发热门诊均闭环运行，独立挂号、取药、核酸采集、检验、CT等科室，病人在独立区域可完成所有诊疗流程。

【核酸检测基地建设】 对表推进核酸检测基地建设。建成以市人民医院为龙头，市中医医院、市妇幼保健院、禾丰中心卫生院、简阳空分医院等具备核酸检测资质的医疗机构参与、第三方检测机构为补充的核酸检测体系，达到“平时”1万份/天以上，“战时”3万份/天以上的工作目标。

【院感防控重点措施】 落实院感防控重点措施。持续做好预检分诊工作。各级医疗机构按照三级医院三通道、二级医院双通道要求，实行所有通道单流向，进、出口分开，设置清晰醒目的标识，严格排查，落实分诊三关、首诊三问和院感三防，规范和细化发热病人接诊、筛查、留观、转诊工作流程。医务人员着标准防护，严格24小时值班制度，对所有进入医院人员查看健康码、测量体温、行手消毒、询问病史。落实感控督查院配置。市人民医院、中医医院配备了10名感控督查员，禾丰中心卫生院、简阳空分医院配备了5名感控督查员，其余医疗机构配备不少于2名感控督查院，负责监督院感防控各项制度、措施的具体落实，协助院感日常工作。规范病区管理和探视工作。各级各类医疗机构均印发了《普通病区管理制度》《普通病区陪护/探视制度》《医疗机构出入管理制度》，确保病区医务人员人人培训到位，并在醒目位置张贴了《简阳市卫生健康局简阳市公安局关于疫情期间医疗机构就诊管理工作的通告》公告。病房设置唯一通道，24小时门禁管理，严格限制无关人员进入，全市医疗机构病区管理规范率100%。规范医疗机构医疗废物管理。建立专项台账，落实专人交接，全市医疗机构新冠肺炎相关医疗废弃物100%规范处置。组织开展院感防控知识竞赛，进一步提高了医护人员的医疗安全意识和医院感染防控能力。

【疫苗接种医疗保障】 夯实疫苗接种医疗保障。制定《简阳市新冠病毒疫苗接种异常反应医疗救治工作方案》，组建专家组，为疫苗接种异常反应医疗救治工作提供技术支持和指导，保证了疫苗接种工作的正常进行；组织开展了新冠病毒疫苗接种相关知识培训，接种点医疗机构和保障医疗机构200余人参加专业技术培训。

【疫情防控全面体检】 抓实医疗机构“全面体检”。制定《简阳市医疗机构、个体诊所、药店疫情防控全面体检工作方案》，进一步“查漏洞、补短板”，明确诊所、医务室、门诊部一律不得接诊发热患者。同时落实对口关系，落实诊所的日报告和零报告制度。

【核酸检测】 严格执行医疗机构重点人群核酸检测。在做好发热门诊病人、住院患者及陪护、发热门诊工作人员、重点岗位工作人员核酸检测工作的同时，明确了发热诊室、发热哨点就诊患者、呼吸道症状患者、急诊患者、口腔、耳鼻喉及内镜患者的核酸检测工作，夯实了医院院感管理，充分发挥医疗机构的哨卡作用，实现早发现、早报告、早隔离、早治疗，最大限度地降低疫情传播风险。2020年，全市医疗机构共完成26万余人次的核酸检测工作，产生费用2600余万元，分别由医保、财政、抗疫国债支付，愿检尽检人群由个人支付。

（蔡　蕊）

城乡防控

【社区疫情防控】 市委社治委在简阳市委疫情防控领导小组和市指挥部的统一部署调度下，充分发挥党建引领城乡社区发展治理优势，有序开展社区疫情防控，疫情防控形势持续向好。2020 年 2 月，《央视新闻》“共同战‘疫’”栏目直播报道了简阳市疫情防控经验做法。市委社治委获“成都市五一劳动奖”，并获“成都市抗击新冠肺炎疫情先进集体”称号。全覆盖排查。发挥党建引领城乡社区发展治理制度机制优势，迅速形成部门横向联动，镇村纵向贯通的应急指挥作战体系。自 2020 年 1 月 24 日起，整合社会各界力量开展了 3 轮全覆盖集中大排查，累计排查 1800 余万人次、车辆 106 万辆。联防联控。以村（社区）党组织主导，村（居）委会主办，小区（院落）业委会、物业公司和网格员主责，村（居）民、志愿者主动，形成全方位、多维度、不间断多元力量。创新“一进、二送、三问、四核、五统、六跟”六步排查工作法，组建党员突击队 800 余支，发动基层骨干 2 万余人，参与疫情防控的干部职工达 1.5 万人。小区疫情防控。印制抗疫宣传手册 30 万份，制定疫情防控“四好”小区（院落）标准，在所有封闭式小区的进出口、村（居）民委员会、市场等人流量较大的点位公告中高风险地区并实时更新。对新来（返）简人员和重点地区旅居人员严格落实“四问四登记”，对老年人、儿童等无智能手机特殊群体的通过办理人工登记等方式进行通行，对无专业物管的小区（院落），安排专门的网格员、志愿者在主要通道值守。社区疫情防控全面体检。紧盯国内疫情形势变化动态施策，组织动员村（社区）干部、网格员、志愿者 6000 余人，聚焦小区（院落）管理、社区防控体系、居家医学隔离观察等 5 个领域 33 项 90 条，开展社区疫情防控全面体检。从 12 月 9 日至 17 日，累计发现查人不查车、问生不问熟、昼管夜不管、未严格要求亮码等问题 5833 个，组织了 3 轮全面整改。

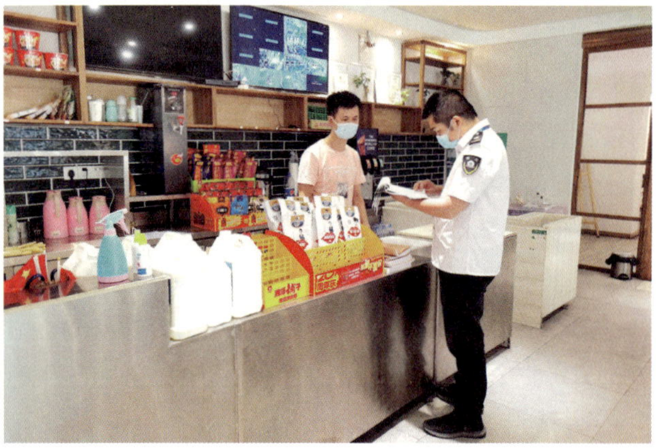

6月10日，执法人员检查网吧疫情防控人员信息登记情况

【机场现场工作】 做好疫情期间入境来简人员服务管理和“外防输入”工作，于 2020 年 3 月 2 日，简阳市应对新型冠状病毒感染肺炎疫情应急指挥部印发《关于做好疫情期间入境来简人员服务管理的通知》，成立新冠肺炎疫情防控机场工作专班（工作专班下设 10 个工作组，每个工作组 2 名成员），严格落实入境人员体温检测、集中隔离、闭环转运及居家观察等防控措施。截至 2020 年 12 月 31 日，全市累计境外返简阳 375 人，严格落实“14 + 7 + 7”防控政策，未发生一例因境外输入导致本地感染及复阳事件。市文体旅局通过集中培训、上门服务、微信转发等方式，向全市星级酒店、旅游饭店、网吧、娱乐场所等文旅市场经营单位宣传疫情防控最新信息。成立 6 个专项督查小组，对 42 家网吧、歌舞娱乐场所 27 家、游艺厅 2 家、5 家经营高危体育场所及 7 家星级酒店、绿色饭店开展“一对一”全覆盖排查，现场督促做好体温检测、实名登记，佩戴口罩、场所消杀、食品管控等疫情防控措施。全年共出动检查人员 3000 余人次，检查文旅市场经营单位 5000 余家次，现场整改问题 1000 余个。

【农村防控工作】 持续加强疫情防控宣传。全市 260 个村（涉农社区）利用广播、宣传车、大喇叭、微信等每天滚动播放农村疫情防控宣传音频视频，印发疫情防控指南、致农民朋友的一封信、年画、标语等资料 41 万份。印发了《简阳市农村人居环境“大整治”工作方案》《简阳市春节前农村疫情防控专项行动方案》和《简阳市农村疫情防控工作方案》等多个文件。坚持做好“五有一网格”要求。农村地区疫情防控工作指南到村入社并在显眼位置张贴公示；各镇（街道）结合辖区实际，制定疫情防控管理制度并定点、定人、定责；各镇（街道）储备适量的防护物资，设立隔离场所，准备转运车辆。建立全市农村地区联络员制度，全市农村地区共有疫情防控联络员3301人，确保疫情防控的各项措施及时有效进村到组进院落入户。严格落实“三严管”要求。对农（集）贸市场入场人员严格落实体温检测和佩戴口罩要求，坚决查处市场内活禽宰杀，对冻库实行“库长制”管理，冷链食品严格进行登记造册和溯源管理。加强龙头企业、农业重大项目建设场地疫情防控的监督指导，严格落实各项防护措施，累计摸排企业员工1185人，暂未发现有接触过中高风险地区人员的员工、也无存在发烧、发热等症状员工。对返乡人员、外来人员、入境人员做到及时登记造册全覆盖，严格落实居家医学观察时限，坚持对居家医学观察人员进行每日2次体温测量并做好记录。坚决取消坝坝宴、庙会、年会、年终茶话会等聚集性活动和宗教民俗活动，尽量减少人员聚集和减少人员流动。全市共排查农村学校、卫生室（站）、农（集）贸市场、茶楼等场所694个，累计摸排返乡农民工信息28456人（其中省外10573人、省内17883人）。

【住建领域企业项目疫情防控】 疫情出现以来，迅速成立疫情防控工作领导小组，坚持“科学防治、精准施策”，制定工作措施，积极协调各方力量，广泛发动干部职工参与疫情防控物资筹集。组织218名干部职工全面下沉疫情防控一线，对145个物业小区、101个建设项目、27个销售场所、294家建筑企业和房地产开发等企业开展全覆盖疫情防控检查，发现问题现场立即督促整改。郫都区疫情发生以来，动员干部职工1200余人次对440余个（次）建筑工地、物业小区和售房场所疫情防控检查、督查，发现问题143个，现已全部整改完成。2020年，累计发放疫情防控宣传资料2万余份（册），向物业小区发放体温枪114把、聚维酮碘溶液300瓶、一次性手套1000副、75%浓度医用消毒酒精1300公斤、防疫中药配方500余份，并为住建领域企业、重点项目协调解决1吨84消毒液、2吨双氧水、14020个口罩，切实缓解了企业项目防疫物资储备压力。

（谭秀兰　蔡　蕊　王春容　文　成）

经济社会秩序恢复

【概况】 2020年，简阳市扎实开展“送帮送解”“联帮挂”活动，制定《关于有效应对疫情稳定经济运行支持中小企业发展的16条政策措施》，组建工业、农业、文旅等联络专班15个，企业优惠政策兑现、企业用地保障、企业“退二进三”等问题会诊专班8个，兑现扶持资金3.12亿元，减免企业税费1.6亿元，帮助获取贷款70.9亿元，规上企业在疫情发生一个月内复工率达到100%。统筹抓好学校疫情防控和开学复课工作，对全市142所公办学校、111所民办学校、90个培训机构开展全覆盖核验，推动学生有序返校复课。

【“送帮送解”】 2020年，按照市委市政府安排，在“送政策、帮企业、送服务、解难题”工作中，牵头做好全市15个联络专班工作，通过每日收集全市企业和项目的困难问题，及时报送协调服务专班解决，并跟踪问题协调解决进度，及时反馈企业和项目业主，推动全市复工复产有序进行。共收集问题251个，解决251个，问题解决率为100%。取得的成绩得到了各界的高度认可，获得央级、省、市媒体的宣传报道。

【复工复产】 2—6月，积极统筹推进复工复产，截至6月，全市工业企业累计复工937家、返岗31974人，复工率100%，返岗率100%。服务业企业累计复工2467家、返岗29907人，复工率100%，返岗率100%。农业企业累计复工82家、返岗1935人，复工率100%，返岗率100%。“十大行动计划”重点项目累计复工228个、返岗28537人，复工率100%，返岗率100%。个体工商户累计复工复产22958家，复工率100%。农贸市场累计复市53个，复市率100%。

【工业企业复工复产】 截至2020年3月，全市规模以上工业企业已全部复工，复工率100%，在岗员工13950人，员工在岗率96%。在全市持续深入开展“联、帮、挂”（领导联系企业、部门帮扶企业、干部挂包企业）活动帮助企业解决实际困难下，规模工业企业产

4月10日，市住建局召开建筑施工现场从业人员安全教育培训会

能逐步恢复。当地13家龙头企业中有11家产恢复在90%以上，其余规模以上工业企业产能恢复在80%以上的有114家，较2月底增加27家。全市规下工业企业781家，已复工766家，复工率98%，较2月底提高5个百分点。在岗员工16583人，员工在岗率93%。

【工业投资、技改投资项目复工】 截至2020年3月，工业投资项目在库31个，已复工26个，复工率83.87%，较2月底提高19个百分点；技改投资项目20个，已复工17个，复工率85%，较2月底前提高20个百分点。亿元以上重大项目应复工15个，已复工10个，复工率66.7%。余下工业投资、技改投资项目于3月底全部正常复工。

【教育领域复课】 全市142所公办学校（园）、111个民办学校、90个培训机构完成核验评估，先后召开9次工作调度会，落实153所学校（园）110名健康副校长，确保全市中小学校（园）如期开学复课，确保中小学校（园）正常教育教学秩序。

【住建领域企业项目复工复产】 市住建局落实“送政策、帮企业，送服务、解难题”专项行动要求，扎实开展“联、帮、挂”活动，成立工作领导小组和工业、建筑、重点项目、物业、房地产5个领域联络专班，采取“督、导、问、研”方式，全覆盖走访294家住建领域企业、101个在建项目，切实为企业项目提供全方位的指导和帮助。2020年，累计发放政策措施宣传手册、海报等资料2万余份，解决用工3000余人，实现新增售房745套及销售收入约5.8亿元，复工人数达3万余人，企业项目复工率达100%，助力企业项目复工复产稳产满产。

【农业领域复工复产】 市农业农村局成立6个专项工作小组深入各镇（街道）对疫情防控进行全面指导，印发《致农业经营主体的一封信》《新型冠状病毒感染的肺炎防治知识学习手册》《返岗复工防疫实操手册》等宣传资料1000余份。通过微信、微博、QQ等方式，广泛宣传疫情防控工作相关要求和知识，共出动900余人次，填写并收集各类登记表800余份，收集数据信息5000余条。指导、配合、协调各企业（项目）在复工前落实防控准备工作，包括复工方案、应急预案、疫情防控措施、员工健康档案登记表格、涉农企业法人及员工承诺书“五大要件”准备和医用口罩、消毒药品等防控物资筹备。编印了《涉农企业（项目）、农业经营主体节后返岗疫情防控工作方案》，指导各农业经营主体（项目）严格按照相关要求有序复工生产，要求拟复工单位法人履行承诺制，在做好疫情防控工作的前提下有序复工复产。

【商贸领域企业项目复工复产】 市商投局牵头制定商贸领域一对一帮扶、复工复产方案，为企业免费发放0.5吨84消毒液、1吨双氧水、2万个口罩等防疫物资，帮助企业在最短时间完成了复工复产、稳产满产。开展“大学习、大调研、大走访”活动，为企业解决融资、政策奖励等难题50余起，其中拨付简阳市服务业企业安全复工防疫体系建设补助资金8万余元，累积全年为保供企业解决电费补贴50余万元。开展云逛街促消费活动，组织商贸企业开展促销活动150余场次，有力地拉动了消费市场。全年全市社会消费品零售总额累计实现334.7亿元（不含成都东部新区），同比增速0.1%，增速在成都市所有区（市）县居第一位。

【文旅市场复工复产】 市文旅局成立复工复产专班，指导文旅企业按照文件精神开展疫情防控，梳理符合政策补贴项目及“战疫贷”等扶持项目，主动向相关部门申报，争取各部门支持与帮助，做到有序复工复产，共返岗2300余人，复工率100%，返岗率100%。为城市名人酒店、昕雅图酒店等企业兑现到稳岗补贴20余万元，1—2月，减免增值税10万余元，社保减免金额近40万元。统一制作网吧、娱乐场所复工复产所需消毒记录台账、人员信息登记台账，发放到全市各网吧和娱乐场所，减轻企业负担，规范疫情防控相关信息的登记工作。深入网吧、娱乐场所、旅行社分社（网点）等文旅企业开展督导工作，确保企业口罩、消毒水、酒精、体温枪等防护物资配备到位，确保企业员工健康监测和防控知识培训到位，确保室内通风、环境清洁卫生以及场所内消杀工作到位。全市文化和旅游市场27家歌舞娱乐场所、42家互联网上网娱乐场所等经营单位全部有序复工复产。

【投促工作稳中有进】 利用互联网、手机及微信、微博、QQ等平台，将“主动上门面对面招商”方式改为“电话微信屏对屏招商”模式，关心企业在疫情防控期间的生产生活情况，帮助解决四川简阳天力特种橡胶制品有限公司和简阳市煜达建材有限公司等企业反映问题10余个。坚持龙头引领，围绕构建产业生态圈创新生态链，瞄准高能级500强企业，赴北京等重点区域开展小分队招商100余次，考察华为技术有限公司、航天科技集团、阿里巴巴集团等重点企业200余家，成功举办“共享简阳新机遇·共谋航天新发展”等推介活动16场，实现市域美誉度提升、企业投资意向转化和签约项目增长等多重效益。开展2020年第一季“百日擂台赛”，三个产业功能区签约注册亿元以上重大项目8个，签约注册高能级重点攻坚项目5个，线上线下走访对接高层级企业100余家，举办投促专题活动4场；开展第三季度、第四季度“项目招引攻坚行动”，共对接目标企业516家，形成在谈项目104个，签约注册重大项目32个（其中，川能投区块链智慧产业集群被认定为100亿元以上重大签约项目），开工建设项目3个，选派驻外干部4名，营商环境进一步优化；开展“利用外资攻坚行动”，FDI到位1000万美元，新注册企业3家，新签约项目12个，走访现有外企16家（实现全覆盖），新拜访目标外企9家。2020年，成功签约中通快递西南总部、星河动力新一代商业运载火箭创新研发、四川能投天府云数据产业建设等64个重大项目（100亿元项目1个，30亿元以上项目5个；世界500强企业投资项目2个），协议投资总额659亿元。

（田　茜　蓝天翔　陈明夏　杨秀平　万　东　张　祚　邓泽雄　钟升旭　刘　肖　王春容　冯　娟　吴炬馨）

物资保障

【医疗物资保障】 截至2020年3月，全市累计筹备防护口罩188.2万余个、KN95防护口罩4.84万个、医用防护服5623套、一次性隔离衣4.2万套、防护镜1005副、一次性乳胶手套3.24万双、84消毒液（5公斤/桶）1150桶、手持体温仪2173个、手术衣5265件、一次性PVC检查手套4.15万副。先后累计为669户企业、重点项目统筹购买口罩48.8万余只，免费发放口罩19.72万个、测温枪19个、隔离服12套、消毒剂50瓶、消毒酒精（双氧水）100公斤、84消毒液60公斤，为疫情缓解后工业经济的全面复苏做好了铺垫。

【生活物资保障】 突出解决农产品产销不畅。开辟“绿色通道”，协调解决农用物资及农产品运输不畅等问题，开具车辆运输通行证28张、运输物资260余吨，通过“农超”“农社”对接帮助企业、农户销售草莓757吨、鸡蛋36吨、猪肉45吨、莴笋等时令蔬菜5000余吨。突出解决企业融资难问题。积极协调有关金融机构与重点农业企业开展对接，收集到各融资需求6900余万元，通过“战疫贷”“惠农贷”等形式，已向各类经营主体发放贷款近4000万元。突出解决防疫物资短缺。积极协调复工复产所需的口罩、消毒液等防疫物资，争取到免费口罩13000个、协调采购11750个，消毒液5吨，有效解决了各类主体防控物资紧缺的情况，为复工复产防疫工作做好了保障。印发《关于做好生活必需品等商品市场保供有关工作的通知》（简商投函〔2020〕8号）确立百伦超市等13家保供企业。在疫情防控期间，定期报送大米、面粉、矿泉水等生活必需品、消毒防护用品的库存量情况；指导各镇、街建立相应的重点企业联系机制，在本辖区自行确定重点联系超市，定期向报送生活必需品、消毒防护用品的库存量情况，并指导商场超市根据市场情况及时补充生活必需品等商品库存，根据疫情防控需要开展生活必需品投送工作，及时报送消费品市场运行情况、有无发生抢购、断货脱销、价格上涨等情况。2020年，全市商超、农贸市场未发生抢购现象，未出现断档脱销和价格涨幅过大现象，市场运行平稳。

（蓝天翔　陈明夏　钟升旭　刘　肖）

宣传舆情及信访协调

【概况】 市委政法委发挥“1 + 3 + N”联动联防工作机制作用，组织发动网格员、红袖套、综治巡逻队员主动参与全覆盖排查宣传。强化社会管控，严查各类借机制造恐慌、煽动滋事的违法行为。全面落实“每日研判”“跟踪督办”机制，累计收集交办涉稳信息127条，协调处置涉稳事件62起。对联系重点企业全覆盖走访排查，积极帮扶联系乡镇和企业纾困解难。简阳市网络舆情中心及时启动加强级应急响应，快速反应，高效联动，日夜奋战，24小时监测处置涉简疫情相关信息，依法对不良和违法信息进行管控。2020年，共监测发现涉简新冠肺炎舆情信息252条，引导156条，协调管控96条，督办118件，上报《新冠肺炎疫情防控宣传舆情组工作情况报告》207期。多形式推出抗疫网宣产品，传递抗“疫”和经济社会恢复信心，为夺取“双胜利”提供了坚实支撑。

（黄友志　王　静）

交通运输保障

【概况】 组建交通运输疫情防控组，设立25个疫情防控卡点，印发8份专项文件，在坚决阻断病毒传播渠道同时，保障公路交通网络不断、应急运输绿色通道不断、必要的群众生产生活物资的运输通道不断，保障城市经济社会正常运行。

【检查运输企业】 对全市各道路运输企业进行全面检查，要求各运输企业做好疫情防控，加强公共区域的消毒及工作人员的口罩佩戴等工作。由于正值春运期间大量旅客通过交通运输工具大范围流动，市运管所多次对疫情防控工作再部署，抓好疫情和复工复产期间的安全生产工作。

【交通卡点设置】 加强疫情防控交通卡点工作。交警启动高等级防控勤务，建立新冠肺炎疫情防控道路交通卡点勤务保障机制，在成渝高速石盘站、成渝高速简阳北站、成渝高速简阳站（西峰岭）、成安渝高速石钟站、成安渝高速禾丰站、成都第二绕城太平桥站、成都第二绕城龙泉湖站、简蒲高速平泉站、简蒲高速杨家站及国道、简蒲高速江源站、简蒲高速雷家站、简蒲高速镇金站（点位设在镇金场口）、国道318线简乐桥以及简阳服务区、资阳服务区等高速公路站点设立联合检验检疫执勤卡点15处，协助做好检测筛查、劝返劝阻、强制隔离等工作，配合卫生健康等部门按照有关规定处理；疫情期间在高速公路出入口设立卡点10个，检查川A籍、湖北籍（含武汉籍）、重庆籍车辆共612374辆，驾乘人员中涉及湖北籍（含武汉籍）250人、重庆籍13351人，停车场排查15辆（其中武汉籍车辆14辆），停车场关联人员38人；2月14日启动离蓉检查点2个，排查车辆63977辆。特警启动卡点15个，盘查人员34000余人、车辆17000余辆，其中：湖北籍人员135人、车辆86辆，重庆籍人员1700余人、车辆4700辆。参与8个留观点的安全防护、应急处置等工作，出动2300余人次警力执行晨阳、新东南酒店及三星、云龙卫生院等5个医学留观点看守任务，共观察200余人，确保了安全稳定。

（翁　娟　王　丽　赵　文）

市场监管保供

【规范管理】 根据疫情防控形势，先后制发《关于全市集贸市场暂停活禽交易和宰杀的通知》《关于暂停举办各类群体性宴席的通知》《关于进一步加强农（集）贸市场疫情防控的通告》《关于加强疫情防控期间餐饮服务业监管的通告》《关于冷链食品疫情防控工作的紧急通知》《关于进一步加强药品零售企业疫情防控工作的实施方案》等文件，紧抓疫情防控时间点，确保各项疫情防控工作有效有序开展。

【场所管理】 全市范围农（集）贸市场内暂停所有活

2020年中考期间开展食品安全监管

禽交易和宰杀，销售禽类制品必须有检验检疫票证。对全市冷链食品环节进行全面排查清理。通过减少农（集）贸市场出入口，增加管理人员，设置体温检测点，登记台账、及时清扫转运垃圾、每日对市场环境进行消毒、佩戴口罩、持有效的健康证上岗等方式防控疫情。开展市场环境卫生消杀工作，做到一日一清洗一日一消毒。通过市场内外张贴告示、场内 LED 显示等方式，大力宣传国家、省市政府关于疫情防控的相关政策、措施，提高老百姓自我防范保护意识。对涉及疫情的相关投诉举报，第一时间进行调查处置，保持物价平稳、稳定市场秩序。帮助企业复工复产。检测农贸市场从业人员、冷冻冷藏库房从业人员、海鲜水产品 2093 人，抽检冷链食品及农（集）贸市场内肉、禽类和海鲜水产类食品样品、食品对应外包装、对应场所环境样品 10209 个，采集学校食堂冷链食品、对应包装物、从业人员及食堂环境样本 1784 个。结果均为阴性；进行农贸市场、饭店秋冬疫情预防应急演练，提高应急反应能力和处置水平。

（詹　喆）

产业功能区（园区）

产业功能区（园区）建设

【概况】 2020年，简阳市产业功能区建设坚持规划先行，以成渝地区双城经济圈建设、成德眉资同城化发展、成都东进等战略机遇为遵循，牢固树立“产业立市”理念，以构筑支撑高质量发展的现代体系、创新体系为抓手，城市功能定位和生产力布局进一步优化。

【三大产业功能区】 成都空天产业功能区作为成都市唯一发展航天产业的功能区，以航天装备和智能制造为主导产业，积极申报国家商业航天产业基地，建设四川省卫星应用示范区、四川省卫星大数据试验区。西部电商物流产业功能区以新电商经济和现代物流为主导产业，奋力建设具有国际竞争力和区域带动力的千亿级产业功能区，争创国家级电子商务示范基地、国家双创示范基地、成渝地区双城经济圈电子商务合作示范基地。简阳临空经济产业园规划打造临空物流片区、成凉合作园和高铁新城三大片区，立足临空经济新优势，坚持与空港新城协同错位，以临空经济和绿色食品为主导产业，着力打造航空物流产业集群、临空服务业集群和国际商务产业集群。

【项目招引成效显著】 围绕主导产业，聚焦建链、强链、补链，共签约引进重大产业化项目106个，协议总投资619.5亿元。成都空天产业功能区举办“共享简阳新机遇·共谋航天新发展”北京投资推介会。西部电商物流产业功能区举办“活力简阳·速通全球”等2场线上招商推介会，在杭州成功举办以“共享发展新机遇·共建电商新高地”为主题的专题招商推介活动。简阳临空经济产业园在上海举办“共享新机遇·共赢新未来”投资推介会。

【功能区建设大步推进】 成都空天产业功能区、西部电商物流产业功能区企业数量分别由262家、90家增至374家、1067家。新开工标准厂房102万平方米，建成人才公寓和配套住房8万平方米，开展“校企双进”活动5次，推动校企合作项目数量10个。创业大道、天星公园、申通西南总部、简阳市互联网数据中心（IDC）、西南国际旅游集散中心等项目建设推进有力。

【机制体制创新改革】 按规定设置功能区管理机构，3个功能区管委会全部实行员额制管理，出台《简阳市产业功能区薪酬制度实施意见》和《简阳市产业功能区编外聘用人员公开招聘办法》，制定简阳市产业功能区建设工作职责任务清单、简阳市产业功能区赋权清单，设立简阳市航天产业发展局、简阳市临空经济产业发展局，分别在市经科信局、市商投局挂牌。

【主导产业聚焦发展】 成都空天产业功能区作为成都市唯一发展航天商业的产业功能区，已引入长征装备、星河动力、星空年代、电子十所等商业航天产业链头部企业，谷神星“简阳号”成功发射成为中国首枚进入500千米太阳同步轨道的商业火箭。西部电商物流产业功能区已入驻唯品会、中通、申通、韵达、传化等18户大型电商物流企业，电商物流资源集聚融合发展。

（郑　驰）

简阳临空经济产业园

【概况】 简阳临空经济产业园是成都市委、市政府于2019年4月批准成立的。2019年4月，园区筹备组组建。2020年4月，园区党工委、管委会班子正式成立。园区是成都市66个产业功能区之一，总规划面积约112平方千米（涵盖简城街道、赤水街道），其中核心区约36平方千米，园区距离成都市区约48千米，距离成都天府国际机场约3千米，距离简阳城区约5千米。2020年，园区共有“四上”企业93家，实现营业收入约78.87亿元，其中规上服务业企业46家，规上服务业企业营业收入32.24亿元。园区全年完成固定资产投资约66.24亿元。

【总体规划】 完成总体规划、城市设计的编制，并通过规委会审定，正在对园区总体规划、临空物流片区总体规划、产业规划和起步区城市设计的深化提升。编制“两图一表”并动态更新。

【要素保障】 从成都市节余指标中调剂728亩规模指标。购买增减挂钩指标113亩。梳理出32个地块，共1200亩低效建设用地，制定盘活措施，成功处置151亩。

【招商促建】 赴北京、上海、深圳、重庆等地拜访万科、丰树、海亮、华夏航空、猪八戒网等高能级500强目标企业，深度挖掘投资合作契合点，努力生成有效在谈信息，争取与商协会战略合作。围绕主导产业和“两图一表”拜访目标企业150余家，形成有效在谈项目信息30余个。制定招商引资“蓝皮书”，制作园区宣传片、招商宣传资料，提高招商标准化水平。举办“共享新机遇·共赢新未来——简阳临空经济产业园（上海）推介会”，共邀请业界专家学者、企业代表200余人参会，发布园区城市机会清单项目20个，参加成都绿色食品产业生态圈党建联盟启动仪式、成都新经济“双千”发布会以及简阳市在深圳、成都举办的系列活动，进一步提升园区知名度。全年新签约产业项目20个，总投资约172.26亿元。其中，投资30亿元以上项目1个，投资20亿元以上项目1个，投资10亿元以上项目3个。

【基础设施及配套建设】 赤水大道建设项目于2020年7月6日进场施工，截至2020年年底，累计完成土石方挖运约98万立方米，完成投资5800万元。完成物流大道建设项目征地拆迁摸底工作。启动临空大道（一期）建设项目概念方案设计。完成临空经济综合服务中心建设项目、金鸡山公园建设项目征地拆迁协议签订工作，金鸡山公园建设项目概念设计方案编制

8月4日，“共享新机遇，共赢新未来”——简阳市临空经济产业园（上海）推介会

赤水大道一期施工现场

已完成。临空经济创新高地产业社区建设项目概念设计加快推进。签订国际供应链科创空间项目正式协议，2020年12月24日土地完成挂牌出让，科创空间概念设计方案已完成。2020年9月9日，临空经济产业园人才公寓建设项目地块完成挂牌出让。基本完成高铁片区迎宾大道、站东广场、阳安中学、大井村和高屋村安置还房等项目建设，高铁片区5条市政道路和西南国际旅游集散中心等项目正在加快推进。

【重点项目建设】 成都简阳市临空经济创新创业高地产业集聚区及配套设施建设项目总投资30.54亿元，项目包括双创服务综合体及功能配套和赤水大道一期，其中赤水大道一期项目预计于2021年8月建成通车。西南国际旅游集散中心项目总投资约31亿元，项目建设集旅游集散、品牌展示、文化创意、商贸会展等功能于一体的旅游综合体，项目建成后能更好地服务于天府国际机场航班机组人员及过境旅客。简州大道项目及其景观绿化工程项目总投资约46.7亿元，项目起于沱江二桥与雄州大道交叉处，终于简阳界（K7 + 080），全长约8.58千米，预计2021年7月主路工程基本建设完工。迎宾大道延长线景观绿化工程项目总投资约8亿元，项目起于迎宾大道与站西大道交叉口，上跨成简快速，止于简阳市与成都东部新区交界处，全长2.5千米，预计于2021年6月建设完工。

【服务企业】 深入企业开展调研活动，摸清园区企业生产经营方向、经营状况、用地性质等情况，建立园区企业档案，定期收集企业诉求并积极协调解决。疫情防控期间落实专员专班每日下沉园区，指导企业严格实行分类管理、开展员工复工培训，帮助企业及时了解政策和办理程序，协调解决资金困难、招工难、防疫用品采购难以及物资调配难等问题，为企业收集、解决问题48个，办结率99%，全面支持企业复工复产。搭建“政校企”联合体，建立政府、高校、企业间的长效互动机制，深化校院企地合作，全年签约2个校地合作协议。落实安全生产责任制，每月对园区进行至少1次安全检查，全年累计进行20余批次检查，累计排查问题29个，整改29个。

（黄丽丽　高　磊　郭真真　王　淞）

成都空天产业功能区

【概况】 成都空天产业功能区位于四川盆地以西、成都以东的简阳市，范围面积168.5平方千米。功能区拥有“1空9轨7高11快”的交通区位优势，距离成都市区约50千米，距离天府国际机场约18千米，属于成都1小时经济圈范围。功能区依托金简黄、成龙简快速及成安渝禾丰连接线，形成“一环两横三纵”交通骨架路网，主导产业为航天装备、智能制造装备，定位为航空航天高端装备制造集群发展承载地，是成都市66个产业功能区中唯一以航天装备为主导产业的功能区。拥有四川航天长征装备有限公司、四川空分设备（集团）有限责任公司、四川省数字产业有限责任公司、北京星空年代通信技术有限公司、四川港通医疗设备集团股份有限公司、四川南格尔生物医学股份有限公司、四川天虎工具有限责任公司等智能制造、航空航天领域重点企业和重大项目。2020年，功能区市场主体注册326户，注册资本额44.6亿元，高新技术企业18家，世界500强4家，中国500强2家。其中规上企业85家（其中36家于2020年6月划转至成都东部新区），有49家规上企业实现主营业务收入80.18亿元，完成产值83.66亿元，完成税收2.13亿元；会同市经科信局完成固定资产投资82.05亿元（已超额完成市上下达目标任务48亿元的63.52%）。全年成都空天产业功能区管委会招商引资、项目建设等重点

12月4日，省委政研室相关人员调研成都空天产业功能区成都建工、五冶钢构项目建设情况

工作获省、市级表彰奖励 8 次，员工个人被表扬 8 人次，功能区被省级以上主流媒体正面宣传报道 18 次。

【招商引资】 2020 年，功能区完成 13 个项目签约，计划投资额 167.43 亿元。其中签约引进 100 亿元项目 1 个，为四川省数字产业有限责任公司“四川能投天府云数据产业基地建设”项目（计划投资 100 亿元）；10 亿～30 亿元项目 3 个，分别为星河动力空间技术有限公司“新一代商业运载火箭创新研发”项目（15 亿元）、成都交投集团“装配式构件制造”项目（13 亿元）、四川航天长征装备制造有限公司“商业航天扩能”项目（15 亿元）。功能区全年完成主导产业相关高能级企业走访 90 余户，市级领导带队外出考察、拜访 11 次；于 9 月 25 日在北京举行成都空天产业功能区专题推介会、11 月 6 日，成都航天产业发展座谈会在甘肃酒泉举行。

【规划建设】 功能区核定范围 168.5 平方千米，涵盖东溪街道、新市街道、平泉街道，核心起步区 2.54 平方千米，定位为航空航天高端装备制造集群发展承载地。功能区纳入成都市工业空间规划面积 41.6 平方千米（东部社区 29.01 平方千米、南部社区 10.59 平方千米、平泉工业点 2 平方千米）。东部社区已完成 29.01 平方千米城市总规、13.7 平方千米控规、城市设计、规划环评编制工作；南部社区已完成控规、规划环评编制。

【配套设施建设】 2020 年，功能区实施项目 19 个，计划总投资 140.93 亿元，2020 年计划投资 51.66 亿元。东部社区创业大道已完成全线管网工程及黑化；高品质科创空间·集约生产基地已累计开工 102 万平方米，累计主体建成 45.7 万平方米；人才公寓及配套住房设计方案已经规委会审议通过。南部社区三绕连接线、滨江路等 5 条道路路基建设已完成进度 30%；37.6 万平方米城南安置房、34 万平方米天宫山安置房进行土石方工程；石板河改道已完成主体建设；13.9 万平方米孵化器及配套住房已完成主体施工。

【亮点工作】 成立法官工作室。2020 年 8 月 21 日，简阳市空天产业功能区管理委员会会同简阳市人民法院在功能区设立“法官工作室”，每周五联合走访企业提供法律咨询服务，为市场主体全生命周期经营发展做好法律保障工作。“谷神星一号（遥一）简阳号”发射。2020 年 11 月 7 日 15 点 12 分，星河动力（北京）空间科技有限公司（以下简称“星河动力”）自主研发的“谷神星一号（遥一）简阳号”商业运载火箭在酒泉卫星发射中心成功发射，将国电高科天启 11 星精确送入预定轨道，这是星河动力公司实施的首次发射任务，也是中国民营商业火箭首次进入 500 千米太阳同步轨道，是中国商业航天的又一次重大突破，进一步宣传了商业航天成都机会，扩大简阳及成都空天产业功能区的知名度和吸引力，并结识了业内新朋友，增大了“朋友圈”，为获得新的项目信息机会奠定基础。

（何秋映）

西部电商物流产业功能区

【概况】 2020 年，西部电商物流产业功能区以推动高质量发展为主题，持续优化完善规划，创新招商方式，落实要素保障，抓实项目建设，建强干部队伍，逐步构建具有比较优势的现代产业体系，提升城市形象，打造产业发展窗口。功能区电商物流产业集聚融合发展，唯品会、网易、中通、申通、韵达、传化等知名企业建立区域总部。入驻企业 1094 家、重大项目 39 个，电商物流占比超 70%。注册市场主体 8000 余户，就业人员 17000 人，本地就业率达 70%。2020 年，实现销售收入 320 亿元，同比增长 6%，完成固定资产投资约 50 亿元，税收 4.5 亿元。发展成效于 2020 年 6 月 9 日在《人民日报》刊载，获简阳市 2019 年目标考核优秀奖。聚焦简阳建设成都东部区域中心城市目标，功能区创新提出“一区三基地”奋斗目标，即到 2025 年建成具有国际竞争力和区域带动力的千亿级产业功能区，创建为国家级电子商务示范基地、国家双创示范基地、成渝地区双城经济圈电子商务合作示范基地。其中，成渝地区双城经济圈电子商务合作示范基地创建工作得到成都市政府主要领导肯定性批示。

【统筹疫情防控和经济发展】 2020 年，面对新形势和新挑战，功能区稳中求进，积极作为，奋力夺取疫情防控和经济发展双胜利。实施科学管理做好疫情防控。建立"1 + 5 + N"机制,规范企业和在建项目管理,利用淘宝大学大数据平台"AI党建云屏"实时掌握防控动态，确保信息高效传递。靠前服务有力有序推进复工复产。深入开展"送、帮、解""联、帮、挂"活动。贴心做好企业服务，协助企业线上招录用工 276 人。推出"农产品商学院"培训，助力菜鸟易购、乐客电商等小微电商平台型企业利用布局社区的 68 个驿站，创新增设便民社区服务平台，为功能区企业职工和社区群众提供"菜篮子""米袋子""果盘子"物资保障。帮助企业解决口罩、消毒液、体温枪等防控物资，共克时艰共渡难关。精准帮扶企业转危为机。落实成都市"20 条"、简阳市"16 条"扶持政策。预计企业运营综合成本同比下降超过 1 个百分点。切实做好中小微企业和商家服务，联合淘宝大学提供电商入门定制培训服务，引导"亿联国际商贸城"等传统家居企业，大华二手车等小微企业主动"触网"，实现线上线下融合。疫情发生以来，通过网络直播等线上销售方式实现稳增长，菜鸟易购销售额同比增长 134%。功能区防疫复工成效显著，相关成效在成都市委办公厅每日要情等宣传报道，管委会相关人员获成都市重点项目复工复产先进个人表彰。

【动态调整科学完善规划】 2020 年 1 月，根据成都市统一安排，结合镇（街道）区划调整，西部电商物流产业功能区规划面积由 11.89 平方千米调整为 34.3 平方千米，涵盖简阳市石桥街道全域。四至边界：东至沱江，南至规划道路，西至成渝高速，北至金简仁快速路。进一步优化完善功能区总体规划、产业规划等，结合产业现状和电商发展趋势，新增网红电商、直播经济、区块链、供应链管理等细分领域为重点招引产业。加快高品质科创空间、产业社区、供排水、区域环评等专项规划编制。聘请成都市服务业研究院完成"建链强链补链"等三个课题研究。形成《简阳临空经济产业园与西部电商物流产业功能区互动融合发展分析报告》，为功能区高质量发展夯实基础。

【招引攻坚落实精准招引】 组建招商专班招引攻坚，针对重点项目，管委会、商投局、投促中心等部门抽调专人组建招商专班，全程跟进项目，促进尽快签约落地。聚焦细分领域精准招商，举办或参加招商推介活动 21 场，赴重庆、杭州、上海等地走访 85 家企业，签约中通快递西南总部项目、"人工智能+财税金融"科技服务大数据项目等 13 个项目（中国 500 强企业 1 个，总部经济项目 1 个），总投资 83.2 亿元，"两图一表"符合度达 93.75%。形成宝能科创产业社区、极兔物流、海尔日日顺等 23 个有效在谈项目。

【项目中心全力推进建设】 完成 11.89 平方千米核心区的节能评估、地质灾害评估、区域环评报告编制并通过专家评审。落实传化、申通等 14 个项目地块的文物保护审批要件，实现中通快递西南总部等 2 个项目供地，共 460.68 亩。完成韵达西南成都电商总部基地、盈石简阳冷链电商产业园等 9 个项目共计 634 亩土地利用总体规划调整，并组卷上报省自然资源厅进行征地审批。以项目建设为核心，中通快递西南总部项目 8 月 6 日摘牌，加快推进场平，亿联智慧商贸城、大华茶世界商业广场等 7 个项目加快主体建设，申通西南总部暨成都电商物流科技产业园项目主体建成，电商北路西段、电商北一路路基成型。建成标准仓库 7.1 万平方米，完成固定资产投资 237898 万元。建成标准化仓库 54.6 万平方米、专业楼宇 31 万平方米、110 千伏变电站 1 座。2 条主干道建成通车，3 条主要道路加快建设，8 条内部道路加快完善规划设计方案。红星美凯龙购物广场、亿联智慧商贸中心、羊肉美食广场投入运营，城北商圈基本形成。配套住房 9300 余套，学校、医院、街道一体化示范段投入使用。天星公园即将开放，3 个产业社区、2 个五星级酒店加快建设，城市功能不断完善。

【创新孵化发展能级提升】 淘宝大学培训基地挂牌运营，简阳网易联合创新中心落户投运。申通西南总部、传化智联成都东部物流中心、中通快递西南总部项目、简阳网易联合创新中心 4 个项目纳入成都市新经济产业体系构建工程，唯品会、乐客电商、易加防护网、勇创科技被认定为电商创新企业，网易联合创新中心被纳入成都市创新创业苗圃，乐客电商被成都市新经济委纳入准独角兽企业培育。积极促进从"供土地"到"供平台"转变，累计招引网易、传化、人工财税等平台项目 8 个。招育并举，2020 年网易、传化项目招引企业全年实现营业收入10亿元，税收3000万元。简阳电子商务公共服务中心平台功能逐步增强，孵化培育乐客、正源金辉、勇创等一批本地企业。

【提升服务优化发展环境】 编制促进总部经济发展等功能区专项政策，全面落实项目“承诺制”。结合放权赋能、吹哨报到等制度，研究下放管理事项、政务审批事项等，开展企业注册等全流程代办服务。中通快递西南总部项目从洽谈到签约仅用1个月，并完成外资注册2000万美元，创项目签约最快纪录。全年为企业解决实际困难80余个，兑现企业扶持资金超2.3亿元。

【宣传推介持续提升辨识度】 举办“活力简阳、速通全球”线上招商推介会、“共享发展新机遇、共建电商新高地”杭州专场招商活动，大力宣传功能区交通区位、发展机遇、成效。成功举办2020英雄城市嘉年华全国电竞挑战赛成都站决赛。加强政务宣传，工作成效在《人民日报》《四川日报》等主流媒体刊载报道20余篇次，其中国家级媒体4篇。开发制作功能区LOGO、小程序、宣传片、标志性雕塑等，多渠道鲜明电商物流产业特色。

【优化设置规范机构运行】 2020年1月31日，简阳市西部电商物流产业功能区党工委管委会“三定”方案印

8月22日，西部电商物流产业功能区2020杭州专场招商引资推介会

发，中共简阳市委西部电商物流产业功能区工作委员会、简阳市西部电商物流产业功能区管理委员会（简称为电商物流党工委、电商物流管委会）为简阳市委、市政府派出正局级行政机构，内设机构5个，分别为党群服务部（综合部）、规划建设部、产业发展部、运营管理部、安全环保部。6月，管委会主任、副主任、党工委书记任职，7月，党群服务部（综合部）、产业发展部、运营管理部三名中层干部正式任职。规范内部管理。先后成立西部电商物流产业功能区总工会、管委会机关工会、管委会机关党支部。7月，开具独立财务财务，实现独立核算。11月，加入成资临空经济带党建联盟，12月，接受市委第一巡察组常规巡察。

（姜童林　何兆璐　陈士泳　李维琦）

农业

农业农村经济运行与发展

【概况】 2020年，简阳市积极抢抓成渝地区双城经济圈建设和成德眉资同城化发展战略机遇，狠抓疫情防控、稳定粮食生产、农村人居环境整治和生猪产能恢复几件大事，突出连片示范、农业园区建设、特色镇及川西林盘保护修复、高标准农田建设、农村产权制度改革、集体经济培育和“菜篮子”工程等重点工作，全市农业经济发展良好，农村社会和谐稳定，农民收入持续增长。全市第一产业增加值增速达3.9%，农林牧渔业增加值增速达4.0%。农林牧渔业总产值现价实现102.84亿元，同比增长3.9%，其中农业产值实现48.12亿元，同比增长1.2%；林业产值实现3.25亿元，同比下降10.1%；牧业产值实现44.49亿元，同比增长9.3%；渔业产值实现5.34亿元，同比增长2.7%；农林牧渔服务业实现1.64亿元，同比增长9.5%。农村居民人均可支配收入19643元，同比增长9.1%，增速在成都市和近郊区均列第一位，总量列成都市第十六位、近郊第九位。完成农业固定资产投资18.2亿元，同比增长6.7%。

（李平波）

简州大耳羊园区

种植业

【概况】 简阳市是全国优质粮生产基地、中国晚白桃之乡、四川省油菜生产基地，具有良好的产业优势。2020年，全市种植粮食（含成都东部新区6个镇街）137.36万亩，总产45.89万吨；种植油料43.37万亩，总产7.01万吨；种植蔬菜22.85万亩，总产38.43万吨。

【粮食种植】 2020年，大春粮食作物121.47万亩，其中谷物76.99万亩，豆类10.54万亩，薯类33.57万亩，其他粮食0.37万亩。小春粮食作物15.9万亩，其中谷物2.3万亩，豆类11.7万亩，薯类1.9万亩。

【经济作物】 2020年，大春经济作物21.44万亩，其中花生6.48万亩、中药材1.03万亩、蔬菜及食用菌11.76万亩。小春经济作物52万亩，其中油菜36.88万亩。

【特色种植】 2020年，全市水果种植13.6万亩总产12.5万吨，总产值6.2亿元。简阳晚白桃为代表的水蜜桃6万亩，年总产量6万吨，年产值2.4亿元。冬草莓种植面积1000亩、年总产量0.16万吨。

【种植业产业化】 全市相对集中成片种植业基地321个（50亩以上），其中粮食基地13个，蔬菜基地97个，水果基地196个；500亩以上种植基地41个，粮食基地3个，蔬菜基地10个，水果基地26个。

（朱 静）

畜牧业

【概况】 简阳既是全国生猪生产大市（县）和生猪调出大市（县），也是全国肉羊优势区域布局规划重点市和四川省养羊十强市（县），还是全省新一轮现代畜牧业重点县之一，畜牧业生产具有存栏量大，出栏量多，品种质量好，种羊、仔猪和肉猪外销量大、猪肉出口多等特点。全市生猪、山羊出栏多年位居全省前列。2020年，全市大力发展生猪生产，畜牧生产初见成效。商品猪存栏充足，很好地保证了消费者的猪肉需求。全市出栏生猪63.3万头，出栏牛0.27万头，出栏山羊51.2万只，出栏禽兔1005.9万只，肉类产量6.8万吨，禽蛋产量3.0万吨，奶产量0.13万吨，畜牧业产值62.7亿元（包含成都东部新区）。

【生猪】 2020年，简阳市大力发展生猪生产，畜牧生产初见成效。商品猪存栏充足，保障消费者的猪肉需求。全市出栏生猪63.3万头，同比上升20.6%，年末存栏46.2万，同比增长25.0%，猪肉产量4.42万吨，同比增长17.3%。占全市肉类总产量的64.7%。简阳市实施生猪规模养殖场设施设备提档升级改造，投入各级财政补贴资金6477.4万元带动社会资金投入16539.19万元；4家生猪规模养殖场通过成都市畜禽规模养殖标准化场认定。

【牛羊】 简阳市全年牛出栏2720头，同比增长0.5%，牛肉产量350吨，同比下降1.1%，占全市肉类总产量的0.51%；羊出栏51.2万只，同比增长5.4%，羊肉产量7633吨，同比增加1.4%，占全市肉类总产量的11.2%。投入各级财政资金1000万元，对简州大耳羊地方品种资源开展保护和开发利用，3家肉羊规模养殖场通过成都市市级畜禽规模养殖标准化场认定。

【家禽】 简阳市全年家禽出栏790.5万只，同比增长3.5%，禽肉产量1.30万吨，占全市肉类总产量的19.1%，禽蛋总产量3.03万吨、同比增长9.0%。全市有3家大型蛋鸡规模养殖场，蛋鸡存栏量达56万只，可年产鸡蛋9340吨。1家肉鸡规模养殖场通过成都市畜禽规模养殖标准化场认定。

（张绍军）

林 业

【概况】 林业产业总产值42.15亿元，其中第一产业7.42亿元，第二产业4.64亿元，第三产业30.09亿元；竹产业产值200万元，林下经济产值262万元。各类经济林面积20.13万亩，产量21021吨，其中水果7.65万亩、产量14512吨，林产调料产品（干重）33吨，木本油料（核桃、油橄榄）12.29万亩，产量6431吨。

【现代林业产业发展】 实施2017年森林植被恢复项目，完成柑橘成片造林11263.9亩。完成食用林产品（核桃、花椒）抽样100批次，全部合格。管理和服务林业企业268家，其中省级林业产业化重点龙头企业4家，木竹材经营加工企业201家，野生动物驯养繁殖企业30家，其中25家移交市农业农村局管理；新型经营主体484家，其中专业大户2家、涉林专业合作社254家、家庭农场228家。

（唐文平）

水产业

【概况】 2020年，水产品产量23297吨，同比增长5%；渔业综合产值55233万元，同比增长7%；产量居成都市第一名，完成计划100%。全年无水产食品安全事故发生，无渔业生产安全事故发生。

【渔业技术培训】 全年组织全市水产专业合作社、渔业企业管理人员参加简阳市开展的水产绿色健康养殖“五大行动”养殖技术培训2期，受训人员达160人次，提高健康养殖意识和养殖技术水平。

【养殖技术推广】 通过部门指导、业主投资、项目补助的方式推广新技术模式，提升全市养殖水平转型升级、提质增效。智能工厂化循环水（RAS）养殖模式示范成功，高位池养殖模式推广方兴未艾，稻鱼综合种养养殖技术升级。简阳市水产技术服务中心被成都市动物疫病预防控制中心评为成都市水产技术推广先进单位。

【智能工厂化循环水（RAS）养殖模式】 坚持“装备工程化、技术现代化、生产工厂化、管理工业化”理念将养殖池建造于厂房内，养殖水体通过沉淀、过滤、生物净化、增氧、调温、杀菌消毒等措施净化处理，使97%的养殖水得到循环利用，保持水体自清洁，并进行闭环式高密度养殖，实现养殖用水循环利用和达标排放。2020年，简阳市中安富海农业科技有限公司在简阳市平泉街道荷桥村建成六套养殖系统16个养殖池，养殖水体约550立方米。养殖岩原鲤、加州鲈鱼、墨瑞鳕鱼3个品种。在养殖过程中，通过智能设备监控调节水温、溶解氧、pH值、氨氮等指标，实行智慧养殖。该模式是农业农村部关于实施2020年水产绿色健康养殖“五大行动”主推的九大生态健康养殖模式之一，符合绿色发展方向。

【高位池养殖模式】 将养殖池建于地理位置较高的地方，养殖水体通过沉淀、过滤、生物净化、增氧、杀菌消毒等措施净化处理，实现养殖用水循环利用进行高密度养殖。2020年，简阳市永雄养殖专业合作社新建高位池16口（100立方米／口）。高位池养殖是农业农村部关于实施2020年水产绿色健康养殖“五大行动”主推的九大生态健康养殖模式之一，符合绿色发展方向。

【稻鱼综合种养养殖技术】 稻鱼综合种养养殖技术是在现有稻田中开挖宽1米、深1米的环型沟，增加蓄水量，当稻田蓄水较浅时，鱼类进入鱼沟生活，达到“一田多用、一水两用”的目的，种植优质水稻，放养鱼（虾蟹蛙鳖等），每亩增收水产品100～300公斤，增效2000～5000元。2020年，全市完成稻田综合种养面积累计2万亩，全面完成“十大行动”农业类稻鱼综合种养项目目标任务。

（黄　鹏）

农业节会经济

【概况】 2020年，全市22个镇（街道）中有18个镇（街道）依托农作物、农产品、民俗活动、农事活动等农村特色资源，共举办20个乡村旅游节会活动（因疫情影响，新市街道、东溪街道、石钟镇、平武镇未举办），总计花费136.8万元，其中财政补助资金64万元。四季主题活动中，“踏青郊游季”受疫情影响未开展活动；“采摘品尝季”开展了哈密瓜采摘、枇杷采摘、胭脂脆桃采摘等活动；“休闲垂钓季”开展了葡萄采摘、农业休闲观光体验、稻虾美食垂钓等活动；“运动怡养季”开展了金秋砂糖橘采摘、粉黛赏花、特色农产品展示、垂钓旅游等活动，极大地提高了简阳乡村旅游活动的知名度和影响力，全年实现旅游收入26.17亿元，接待游客871.01万人。

【成都简阳第三届农民丰收节】 9月22日，在平泉街道荷桥村成功举办“第三届农民丰收节”。活动以“庆丰收、迎小康、兴乡村”为主题，按照“务实、开放、共享、简约”的要求，举办吃西瓜大赛、农田拔河运动会、画糖人、趣味捉鱼等丰富多彩的农事活动，展

9月22日，简阳市第三届农民丰收节捕鱼活动现场

现简阳市“三农”发展取得的丰硕成果和广大村民热爱生活、勤劳奋进的良好风貌。

（钟升旭）

农业重点项目建设

【概况】 2020年，“十大行动计划”重点项目31个（农业类29个，龙泉山城市森林公园类2个），其中：成都市重点项目9个（德青源、天府候机厅、幸福聚光、一口吖吖、宏德祠堂小镇、桃花源、中安福海、天府国际本草、红酒奥特莱斯），划转成都东部新区项目4个（盛世花开、东来桃园、新希望、奇迹高坡），竣工项目5个（德青源、生猪定点屠宰厂、2万亩稻渔、高标农田、户厕改造），新增项目5个（宏得祠堂小镇、桃花源、中安福海、天府国际本草、红酒奥特莱斯），在建项目26个。全部项目计划总投资394亿元，2020年，计划投资34.2亿元，完成投资35.42亿元，完成年度投资计划的103.6%。2020年，农业固投目标任务13亿元，1—12月完成农业固定资产投资18.2亿元，位列成都各区市县第二名。农业招商引资良好，与市政府签订正式投资协议的项目8个（超目标任务3个），分别为海晟隆辣椒田园综合体、桃花源、中安富海有机农业示范园、正邦集团规模化生猪养殖项目、中马农业简阳生猪规模化养殖、中国西南红酒奥特莱斯红酒小镇、天府国际本草文旅（康养）小镇、川土万亩青花椒现代农业产业园8个项目，签约投资额为90.3亿元。全市在谈招商引资项目共20个，计划总投资金额约180亿元。

【中国桃花源项目】 项目由四川省胜男农业开发有限公司投资，建设规划面积2万亩，包括普安乡、禾丰镇、平武镇、施家镇等乡镇。项目产业方面主要发展桃产业，配套建设农产品研发中心、冷链物流中心、休闲娱乐设施等。桃花源项目于2017年10月启动建设，核心区位于简阳市禾丰镇（原普安乡）面积约7000亩，目前完成整地起垄建园、土壤改良、基础道路建设、新品种引进及栽植等工作，面积约1.232万亩。2020年，已完成试花挂果3000余亩，产量82.5万公斤，产值330余万元。

【海晟隆辣椒田园综合体项目】 项目计划总投资32000万元，选址于赤水街道太平村、劲松村、福民坝村等，规划用地面积7300亩，其中建设用地面积约200亩，建设年限为2020—2024年，主要发展现代农业、标准化种植、标准化管理等产业，配套建设辣椒农耕文化中心、Mini辣椒博物馆、标准化种植博览园、玻璃温室综合性种植展示区、科研成果试验及展示中心等。项目截至2020年年底已流转土地约1000亩，并开展辣椒种植。

北京德青源农业科技股份有限公司全资子公司简阳德青源农业科技有限公司蛋鸡饲养场

成都一口吖吖高效农业生态园

【简阳市中安富海有机农业示范园项目】 项目计划总投资 16 亿元，选址于平泉街道荷桥村、禾丰镇太山村、平武镇皮匠街村，规划用面积约 3830 亩，其中建设用地面积约 280 亩。主要发展优质油橄榄、有机桃、名贵中药材、药食同源（蔬菜、花卉）、大棚番茄种、巨型稻制、高密度淡水鱼等产业，配套建设国家级 AAAA 旅游休闲观光农业园、市集小镇等。项目截至 2020 年年底已流转土地 1600 余亩，种植油橄榄 1180 亩，有机桃种植 147 亩，种植珍稀中草药 43 亩，巨型稻立体养殖 80 亩，建高密度智能养殖大棚 2352 平方米，建设水产养殖系统 6 套（在建 3 套）600 立方米，供氧系统 3 套，建组培室 792 平方米，库房 102 平方米，发电房 28 平方米，生态鱼主体养殖 80 亩，建稻田防护网 57 亩共计 38180 平方米，水质净化池 750 立方米，补水井 300 米，建生产便道 14253 米，高标准农田改造 1600 余亩。

【中马农业简阳生猪规模化养殖项目】 项目计划总投资 5.3 亿元，选址于平武镇八角村，规划用地面积 490 亩，其中：建设用地面积约 260 亩，主要建设标准化生猪养殖场，年出栏生猪 20 万头。截至 2020 年年底，项目已完成土地流转约 500 亩，已拓宽进场道路约 3 千米，完成场平等基础设施建设，已完成项目区猪场建设规划编制并报市规委会审议，等待过审。

【正邦集团简阳生猪规模化养殖项目】 项目计划总投资 7000 万元，选址于踏水镇柏杨村，规划用地面积 103.75 亩，主要建设标准化生猪养殖场，年出栏生猪 8.4 万头。截至 2020 年年底，项目已流转土地约 104 亩，猪场规划设计已编制完成，场地平整已完成。

【简阳市天府国际本草文旅（康养）小镇】 项目计划总投资 48 亿元，选址于简阳市石钟镇（街道）前锋、山泉、胜锋村，规划用地面积 8100 亩，其中建设用地面积约 810 亩，主要发展优质葡萄种植、红酒酿造、红酒奥特莱斯、旅游观光、休闲度假、医养康养产业，配套建设国际红酒体验街、臻品红酒展示中心、红酒 4S 店、红酒文化博物馆、红酒主题民宿、红酒温泉康养酒店、田园康居、医养服务中心、乡村运动俱乐部、葡萄谷儿童公园、亲子活动采摘园、滨江景观步道等以红酒为文化特色的休闲、购物、度假、娱乐、康养、医养多元集成式服务园区。截至 2020 年年底，已流转土地约 700 亩，开展土地整理，项目一期样板区规划方案已报请规自局，待市规委会审议。已完成样板区核心区 6 户农户搬迁协议签订。项目规划区土地增减挂钩项目已立项，并获得简阳市批复，待成都市规自局批复。

【中国西南红酒奥特莱斯田园综合体项目】 项目计划总投资 40 亿元，选址简阳石钟镇长沟、前锋、义学、黄连等村。项目规划总面积约 6600 亩。项目一期“本草天空”项目，规划面积约 3500 亩（农业用地约 3150 亩，建设用地约 350 亩），力争打造种植、观光、养身于一体的国家 AAAA 级旅游景区，包含川红花等中药材种植基地、中药材种植资源保存和科学实验基地、本草院子、禅意馆等。项目二期规划面积约 3100 亩，涵盖“极味乐园”项目和“人才基地”项目，其中“极味乐园”项目规划面积约 750 亩（建设用地约 75 亩），打造本草森林乐园、极味膳食中心、极味味道记忆馆、简阳十宝美食聚落等为主要内容的餐饮服务美食街区；“人才基地”项目规划面积约 2350 亩（建设用地约 235 亩），建设中医药一带一路分会永久会址、国家中医药资格考试实训中心、康复人才培养中心、本草国际健康社区和高级专家公寓等项目。截至 2020 年年底，项目已完成土地流转 2000 亩，完成“天府国际本草文旅（康养）小镇总体规划”，包含“石钟镇旧镇改造详细规划”及“本草天空详细规划”以及完成本草天空相应的基础设施配套项目。已新修蓄水池 5 口，整治堰塘 3 口，机耕道路 4 千米，道路硬化 3.5 千米，晒场 500 平方米、大棚建设完成 4 座 1312 平方米，观景台 1 座，引进中药材溯源系统 1 处等基础配套设施，其余设施设备系统正稳步完善中。

（余广伟）

农业品牌建设

【“三品一标”认证】 截至 2020 年年底，全市“三品一标”农产品认证（有效期内）总数 118 个。其中，无公害农产品 58 个、绿色食品 39 个、有机产品 13 个、农产品地理标志 1 个、良好农业规范产品 7 个，认证总面积17.66万亩，认证年产量40.39万吨。

【龙头企业培育】 培育国家级农业产业化经营龙头企业1家（五友农牧），省级农业产业化经营龙头企业5家（盛地农业、凌志农牧等），成都市级农业产业化经营龙头企业13家（远诚农业、健硕农牧等）。形成了以盛地农业、远诚农业等为代表的种植龙头集群，以凌志农牧、健硕农牧等为代表的养殖龙头企业，以杨森乳业、尽春意酒业等为代表的加工龙头企业。

（钟升旭）

种植业管理与服务

【实用技术培训】 组织召开省、市、县水果标准化生产大型现场会、观摩会6次；组织技术骨干在关键农时季节，开展各类培训115期，现场指导9000余人次，发放资料3.8万余份，让先进实用技术进村入户，落实到田间地头。

【示范基地建设】 强化示范基地建设，以点带面，促进全市产业提质增效，助推农业高质量发展。与科研院校、龙头企业、相关单位通力合作，共引进新品种20个，新技术7项、新模式3项，建成“四新”示范基地1个，促进农业科技成果转化，为农业科技助力全市产业升级和乡村振兴做好储备。全年共新建、改（扩）建示范基地18个，1.16万亩。

【植物检疫】 2020年，全市开展柑橘、水稻、西瓜等疫情监测4万亩次。在全市建立40个植物疫情监测调查点；完成检疫性病虫害抽样送检155个；开展柑橘溃疡病阻截防控0.3万亩次、稻水象甲阻截防控0.03万亩次。全市8个种子基地和17个种苗种植基地进行产地检疫备案；出具农作物产地检疫证书123份；出具植物检疫证书150份。获省农业农村厅2项表彰。

【植物保护】 2020年，全市主要农作物病虫害发生面积198.23万亩次。主要农作物绿色防控实施面积78.43万亩，覆盖率60.41%；主要作物统防统治66.86万亩次，覆盖率达到51.5%；农药利用率达40%以上，农药使用总量减少59.5吨，减少农药施用量5.05%。发布大、小春及果蔬作物病虫防治预报共18期，电视病虫预报6期，病虫预报准确率达95%以上，信息上报与交流3000余条次，开展技术培训20次。推广应用水稻带药移栽、昆虫天敌（以螨治螨、赤眼蜂）、理化诱控（色板、杀虫灯、性诱）等多种绿色防控新技术，培育扶持植保社会化服务组织4个。获省农业农村厅3项表彰。

（朱　静）

畜牧业管理与服务

【概况】 坚持以保供给、保生态、促发展、惠民生为出发点和落脚点，以农业供给侧改革为抓手，按照稳中求进、进中求变的总基调，做好生猪重大动物疫病防控和恢复生产工作，抓好畜禽禁养区整治及规模场粪污资源化利用，推进新建生猪定点屠宰场，规范养殖环节生产行为，加强兽药饲料各环节监管，加强生猪屠宰监管，各项工作有序开展，畜牧业生产和畜产品供给保持平稳。

【动物疫病防控】 按照“阻断隔离、严格消毒、突出重点、全面防控”和“三个五”要求，组建工作专班，采取大宣传、大培训、大消毒等有效措施，稳妥处置重大动物疫情。抓好基础防疫。通过动员部署、组织发放防控物资、开展技术培训、加强监督检查、加大疫情监测和流行病学调查力度，确保春夏秋季防疫工作扎实有效开展。2月24日、10月15日，分别召开春秋季重大动物疫病防控工作会，层层落实责任，确保重大动物防疫工作落到实处。

【防控物资保障】 2020年，全市共发放禽流感（H5＋H7）疫苗400万毫升、猪O–A型口蹄疫180万头份、牛羊O型口蹄疫20万毫升、牛O–A型口蹄疫2万毫升、小反刍兽疫6万头份、猪瘟传代细胞苗100万头份，春秋防共免疫家禽禽流感372.2万羽（其中鸡286.58万羽，鸭60.62万羽、鹅16.42万羽、其他禽8.58万羽）、猪口蹄疫 57.51 万头、牛口蹄疫 0.27 万头、羊口蹄疫 8.82 万只、猪瘟 56.59 万头、犬猫狂犬病 9.58 万只、羊小反刍兽疫 7.46 万只。全年共分两批采购消毒液 29 吨、酒精、碘伏、手套、口罩、防护服等防控物资若干，采购金额 60 万元，采购兽用狂犬疫苗 10 万头份，采购金额 42.45 万元。采购羊痘疫苗 9 万头份（含成都东部新区 2 万头份），金额 1.8 万元，为全市重大动物疫病防控工作做好充分物资保障。

【加强业务培训】 全年开展培训 1 次，近 500 人次参加培训，通过培训基层防疫体系人员对常见动物疫病防治、处置及标准化示范场创建等工作的流程审核等工作形成系统全面的了解，业务能力与工作效率提高。

【加强流调监测】 组织相关督查人员，通过现场采样、听汇报、查档案、访农户等方式，对辖区动物防疫开展情况再次督导检查，进一步查找问题、巩固成果。有针对性地开展以散养畜禽为主的口蹄疫、高致病性禽流感、猪瘟、布病等动物疫病流行病学调查，及时掌握疫情发生情况。采取包场包户技术人员与规模化养殖小区（场）的饲养管理技术人员联合的方式开展动物疫病流行病学调查工作。2020 年，先后开展省级牛羊病定点流调监测、简阳市动物疫病定点流调网格化管理以及“先打后补”试点工作共监测禽流感 H5、H7 血清样品 200 份，其中 H5 抗体阳性率 80%，H7 抗体阳性率 95.52%；监测猪血清 100 份，猪 O 型口蹄疫抗体阳性率 90%，猪 A 型口蹄疫抗体阳性率 100%。

【狠抓非洲猪瘟防控】 先后 10 余次组织召开重大动物疫病防控工作（紧急）会议，传达中央、省、市会议精神，细化防控部署，及时准确掌握全市动态，做好应急处理突发事件准备。全覆盖督促 22 个乡镇（街道）落实专人监督指导养殖场（户）、屠宰场做好消毒工作。简阳市动物疫病预防控制中心专家组累计排查疫情近 500 场户。发生可疑疫情，立即对发病场（户）猪只严格隔离、监视，禁止易感动物产品等有关物品移动，严格按照相关规定扑杀及无害化处理，做好疫病应急处置。

【宣传培训】 发放简阳市重大动物疫情防控宣传单、非洲猪瘟告知书等宣传资料共 2 万余份，加大非洲猪瘟等动物疫病防控知识宣传普及力度。有序开展人畜共患病防控。做好狂犬病防控。全年共下发狂犬疫苗 13 万头份，做到应免尽免。9 月，采集犬只唾液拭子 200 份，送成都市疫控中心进行狂犬病测毒，检测结果均为阴性。

【布病防控】 对全市养殖猪牛羊养殖大户进行布病防控查看，对已采样监测的规模牛场、羊场、猪场（共 15 个）进行摸底调查，共调查牛羊从业人员（包括养殖、运输以及屠宰人员）200 余人，调查工作人员（主要是兽医、村级防疫员等）100 余人。

【畜禽标识和养殖档案管理】 严格按照“先入先出”的原则落实专人对防控物资进行规范化管理，建立物资出入库台账。

（张绍军）

农田水利建设管理与服务

【概况】 2020 年，完成 1.81 万亩高效节水灌溉及江源镇“月湾村”、射洪坝街道“桂林村”等水美乡村建设，完成农业水价综合改革 6 万亩。助力农田宜机化改造，增强农业综合生产能力和抗灾减灾能力。2020 年，按照“统筹规划、整合项目、聚集资金、整体开发、集中连片、示范带动、整体推进”建设的思路，简阳市高标准农田建设工程取得新进展。在禾丰镇、平武镇、青龙镇、云龙镇共计完成高标准农田 3.5 万亩。

【高效节水灌溉】 2020 年，按照长期规划和短期规划相结合的原则，简阳市高效节水灌溉工程取得新进展。在普安镇、青龙镇、江源镇、老龙镇等地区共计完成高效节水灌溉面积 1.81 万亩。新建提灌站 12 座、改造 3 座，新建高位水池 24 座、灌溉控制室 19 座等。全力助推农村水利基础设施建设，打造连片建设高效节水灌溉示范工程。

【农业水价综合改革】 按照成都市水务局、成都市发改委、成都市财政局、成都市农业农村局《关于下达2020年农业水价综合改革实施计划任务的通知》(成水务发〔2020〕23号)精神，结合简阳市出台的农业水价综合改革相关方案，本年度主要开展中型灌区(鸡公山提灌站灌区、陡岩提灌站灌区、八一提灌站灌区)农业水价综合改革，完成计划下达的6万亩农业水价综合改革任务。

【水美乡村建设】 简阳市水美乡村建设工作以助力脱贫攻坚和服务保障乡村全面振兴为导向，深入落实成都建设践行新发展理念的公园城市示范区决策部署，扎实推进“六水攻坚”“六网统筹”深入实施，整体提升乡村生产、生活、生态用水保障能力。12月，评选射洪坝街道新合社区(原射洪坝街道桂林村)为精品水美乡村，江源镇月湾村，三星镇共和村，射洪坝街道新合社区(原射洪坝街道易家村)、裕民村，东溪街道双河社区，云龙镇庄元社区为达标水美乡村。

【水土保持】 全市完成新增水土流失治理面积27.22平方千米，治理水土流失率占下达任务数的100.81%。结合成都“东进”战略，以“治一方水土，兴一方经济，富一方百姓，美一方家园”为治理目标，坚持把坡耕地水土流失综合治理作为强基础、惠民生、利长远的民生工程，稳步推进简阳市民胜项目区2020年中央预算内投资坡耕地水土流失综合治理工程，计划实施坡改梯3210亩，总投资1125万元。按照依法行政、依法监管的原则，2020年，全市共审批生产建设项目水土保持方案110个，征收水土保持补偿费596.65万元，利用先进手段持续推进“水利行业强监管”效能，严肃查处水土保持违法违规行为，2020年重点梳理排查出疑似违法项目或者不规范项目13个。

(汪　超　孙　策　胡　静)

林　政

【林业管理】 规范办理林木采伐许可证。全年共办理林木采伐许可证327份，采伐林木蓄积10110.66立方米，出材4310.88立方米，未出现超限额发放采伐许可证。利用全国统一的编限软件，测算全市“十四五”期间年森林采伐限额控制指标(含成都东部新区)合理年采伐量为：总采伐量控制在33632立方米，其中人工林33228立方米、天然林404立方米。取消了木材经营加工许可，重点监督管理经营加工秩序、木材来源和安全生产。对简阳市138个木材经营加工场地进行了生产经营加工、电气火灾安全、粉尘防爆综合治理日常检查，消除安全隐患，全年未发生安全事故。

【林业执法】 加强林地管理，核实354个疑似违法图斑，立案查处林地违法图斑337个，结案289个，不予立案17个，其中成都专员办重点督办案件违法图斑48个(已全部查处完成)，森林巡查案件违法图斑111个(已查处完92个图斑)，森林督查案件违法图斑167个(已查处完成138个)，自然资源资产审计案件违法图斑11个(已全部查处完成)。

(唐文平)

渔　政

【渔业管理】 坚持依法治渔、以法兴渔，以抓好渔业生态生产安全为主线，全面完成“春季禁渔”“十年禁捕退捕”工作。2020年，投入财政资金2858.4万元完成182艘渔船退捕、转产、上岸工作，退捕渔民上岸率100%、就业率100%、参保率100%。全面完成禁捕退捕目标任务，为长江流域重点水域十年禁捕奠定坚实基础。

【水产品质量安全管理】 本着“全面监管、突出重点、标本兼治、着力治本”工作方针，将水产品质量安全监管工作作为保障人民群众生命健康、维护全市经济社会稳定的一件大事来抓，完成抽检水产样品184个，抽检送样100%，指导无公害水产品基地40次，切实做好水产品质量安全监管。

(黄　鹏)

农机管理与服务

【概况】 围绕农业生产经营的各个环节，推广农机新技术，引进新机具，试验示范农机主导产品和主推农机生产技术的推广应用，不断加快简阳农业规模化、现代化。2020 年，全市农业机械总动力 39.56 万千瓦，主要农作物耕种收综合机械化水平 62%，同比增长 5.33%。

【农机化示范推广】 完成农机作业社会化服务机耕面积 5.67 万亩。服务农户共 1.5 万余户，其中服务小农户比例占 90% 以上，群众满意度达 100%。涉及 15 个镇（街道），培育发展农业社会化服务主体 21 个。在简阳市青龙镇白庙村、明星村完成水稻（直播）全程机械化生产试验示范 200 亩。购置完成水稻直播机械、无人机等相关机具及配套设备；4 月 30 日承办了简阳市、成都市水稻直播现场会，9 月 18 日承办成都市机收现场会，水稻直播亩产达 647.5 公斤。在禾丰镇农民村开展马铃薯全程机械化生产试验示范 200 亩。2020 年 12 月中旬，已购置引进马铃薯全程机械化生产试验示范的机具及设施设备（含耕播收、运输清洗等配套设备），其中有先进的德国格立莫播种机、收获机；国内领先的心语马铃薯收获机等。计划在 2021 年春季开展试验示范。完成 2020 年农机购置补贴目录外补贴 19.64 万元，共计补贴机具 43 台（套）。2020 年 9 月 25—28 日，完成简阳市 2020 年现代农机化技术推广培训，完成项目资金 9 万元。培训 4 天，培训 55 人。农机化示范推广工作宣传报道及成绩：2020 年简阳农机化示范推广工作宣传报道 15 篇。其中 5 篇被中央级主流媒体报道。简阳市农机化推动农业生产大变样（人民网）；四川简阳主要农作物机械化综合水平达 56.67%（人民网）；简阳市开展红薯全程机械化生产试验示范（中国新闻网）；成都简阳市农机唱响脱贫歌，小湾村集体经济 2020 年收入超百万元（人民论坛网）；简阳加紧建设蔬菜机械化育苗试验示范（中国经济网、中国新闻网）。其他被新浪、搜狐、成都市人民政府、成都市农业农村局、简阳市人民政府网站等刊登转发，起到了广泛的社会效应和示范推广作用。农机推广工作因成绩突出，被四川省农机化技术推广总站表彰为 2020 年全省农机推广工作突出单位。

3月13日，简阳市2020年春耕生产机耕暨毛豆机播现场会在平泉街道胜华村召开

【提灌站建设管护】 2020 年，全市新建（技改）提灌站 20 座。共投入 463.03 万元，其中争取成都市级项目资金 237.03 万元，简阳市本级财政 226 万元。主要引进远程智能信息及自动化控制系统及新型机具，并在全市得到广泛应用和推广。简阳提灌站建设工作成绩突出，被四川省机电排灌管理总站通报表彰为四川省农村机电提灌推广工作突出单位、农村机电提灌信息报送工作突出单位。

【农机购置补贴】 简阳市农机化技术推广服务站制定农机购置补贴实施方案，完善补贴政策及程序。加强工作监督检查，支持农机专业合作社购置先进、适用、复合型农机进行规模化农机作业。全年补贴各类农用机具 301 台（套），补贴受益农户 223 户，完成中央农机购置补贴资金兑付 240.57 万元，成都市级农机购置累加补贴资金 84.85 万元。农机购置补贴工作成绩突出，被四川省农业农村厅通报表彰为 2020 年全省农机化工作突出单位。

（李　奎）

农村经营管理

【家庭农场建设】 2020 年，简阳市申报创建省级家庭农场示范县，紧盯家庭农场"一组一场"发现目标，积极落实各项扶持政策，家庭农场数量、质量得到快速提升，示范创建各项工作有力有序推进，取得明显成效。2020年，家庭农场名录系统入库数量达到1681家，较2019年增长185%，制定《简阳市省级家庭农场整县示范创建若干扶持细则》，进一步规范辖区家庭农场管理水平，提升家庭农场经营实力。

【农民专业合作社规范化建设】 2020年，简阳市实施农民合作社质量提升整县推进省级试点工作，开展合作社专项清理，全市1002家正常经营的合作社生产农产品总值6.23亿元，实现经营收入4.16亿元，各级示范合作社数量54家，当年新增24家，规范化管理的合作社达到200家。

【农产品质量安全】 2020年，全市100个乡村快检室完成农残快检92187批次，合格率99.84%；全市完成日常监管巡查49099次。简阳市农产品质量安全检验检测站完成定量检测1250批次，合格率99.12%以上。培训全市监管协管员共300余人次，其他各类技术培训1000余人次。全年新增“三品一标”23个，全市共有68家企业、119个产品获证。

（李平波）

农产品质量安全

【概况】 2020年，县级监管巡查各类生产经营主体407家，乡村级监管员、协管员监管巡查辖区内生产经营主体共49099次；生产环节快速检测92187次；开展标准化技术、“三品一标”等各类培训36次，参训人员1800余人次；农业综合执法巡查整顿市场47次，检查投入品批发、零售企业352家，检查范围包括企业经营场所、投入品存储仓库、农资经营台账等，共查处假冒伪劣农资案五起，罚没金额合计2.61万元。

【简阳农产品检测结果水平稳定】 完成省农业农村厅150个定量监测任务，完成率100%，合格率98.8%；完成成都市1100个定量监测任务，完成率100%，合格率99.2%；开展实验人员1次比对试验、1次内审、1次质量监督，任务完成率100%。

【“三品一标”品牌创建助力脱贫攻坚】 截至2020年底，简阳市共有“三品一标”农产品119个，获证企业68个，总面积17.75万亩，年生产总量40.71万吨。其中无公害农产品58个，获证企业28个，总面积19074.3亩，年生产总量14147.1吨；绿色食品40个，获证企业28个，总面积27747亩，年生产总量31470吨；有机产品13个，获证企业6个，总面积9140.25亩，年生产总量621.2吨。农产品地理标志1个，用标企业3家，总面积12万亩，年生产总量36万吨。通过鼓励“三品一标”认证，带动了农业生产的发展，增加了农业产值，提高了农民的收入，巩固了简阳市脱贫攻坚成果。

（万　雨）

农业科技

【概况】 2020年，市农业农村局认真落实习近平总书记“就地培养更多爱农业、懂技术、善经营的高素质农民”重要指示精神，抓好高素质农民培训，全年对318名高素质农民进行了培训，其中省调训2019年现代青年农场主3人，农业职业经理人1人，成都市级调训农业职业经理人7人，依托四川省农业广播电视学校简阳市分校培训新型农业经营主体127人，现代创业创新青年80人，农业产业精准扶贫培训100人。通过理论与实践教学，使培训学员的科技文化素质进一步提高，专业生产技能水平进一步改善，培育工作取得了明显成效。

【新型职业农民培训】 推进在蓉高校对222人农业职业经理人进行培训，其中新增农业职业经理人培训140人，新型职业农民精英培训20人，乡村专业人才培训30人，国家成都农业科技中心人才基地培训30人，省外先进基地培训2人。经培训后，通过市农业职业经理人评价委员会核实情况，2020年评定初级、中级农业职业经理人173人。上报成都市评定高级农业职业经理人3人，其中1人还被评选为2020年成都市“优秀”农业职业经理人，实现了简阳市高级职业经理人和成都市级优秀农业职业经理人“零”的突破，初步建立乡村人才培育集聚机制。

【农技推广体系建设】 2020年度基层农技推广体系改革与建设补助项目建设，完成农业科技示范基地6个，四川天地羊生物工程有限责任公司在施家镇大林村建设简州大耳羊示范基地，简阳市龙华农机专业合作社在十里坝街道永和村建设胡萝卜、毛豆全程机械化生产技术示范基地。组织227名基层农技人员参与成都市农业科技职业学院知识更新培训和2名专业人才省级骨干培训。结合农业农村部、农业农村厅发布的年度农业主推技术，推广一批优质绿色高效技术模式，组建技术指导团队，形成当地技术操作规范，依托示范基地、示范主体等开展展示推广。农业主推技术到位率大于98%，推广一批优质绿色高效技术，集聚一支顶天立地的农技推广队伍，完善“两地一战一体”协同推广模式，培优培强农业优势特色产业。组织105名驻村农技人员开展指导服务，每个月进村入户时间不少于5天，促进技术快速进村入户到田解决农技推广“最后一公里”问题。

【技术示范推广】 简阳市农业农村局与中国农科院、四川农业大学、四川省农科院、内江市农科院等院校合作，开展加工辣椒重大技术协同推广、水稻无人机直播技术、丘陵旱地带状套作玉米丰产增效技术研究与模式构建技术、水稻硬盘机插育秧技术、油菜绿色高质高效示范，实施羊肚菌+甜瓜新品种高产高效栽培技术试验示范、化肥减量增效试验、红皮梨引种及主干型早结丰产栽培试验研究等，引进先进种植技术8项、新品种10余个。在禾丰镇城隍村建成农业重大协同推广项目试点四川省加工辣椒标准化示范基地110亩，实施加工辣椒标准化生产。新（改、扩）建果蔬、粮油等标准化示范基地16个5.06万亩。其中粮油示范基地3个面积0.1万亩，果树示范基地5个面积2.2万亩，蔬菜示范基地5个面积0.06万亩，其他基地3个面积2.7万亩。

（彭　洁）

农业综合执法

【概况】 2020年，简阳市农业综合执法大队开展农产品质量安全、农业投入品、动物卫生监管、生猪屠宰、养殖渔政和农机安全等日常执法检查和专项整治活动。执法人员共发现2车违反四川省限制调运规定的生猪，采取了拦截劝返措施。处理因农药引起的纠纷3起，处理因种子引起的纠纷4起，均通过调节解决，挽回经济损失5万余元，有效避免了矛盾激化，维护了基层稳定。共办理案件13起，共罚没11.54万元。其中经营假农药案1起，经营不合格肥料案1起，经营劣质种子案3起，违法违规经营运输动物案5起（其中生猪案4起、牛1起），禁渔期违法捕捞案件1起。饲料抽样检测不合格产品2起。5件行政处罚案卷参加市农业行政处罚案卷评查，其中3件被评为市优秀案卷。

【动物卫生监督】 2020年，产地检疫生猪（动物A、动物B）102.37万头、牛322头、羊0.76万只、禽138.5万只，申报检验率达100%。督促屠宰企业“限时入场，定时屠宰”承诺制度，落实生猪入场“六符合”规定，严禁未经检疫（验）或检疫（验）不合格的生猪产品出场，强化屠宰无害化处理监管，杜绝屠宰加工病死猪、注水、注药或者其他物质的生猪等违法行为的发生，保障出场生猪肉品的卫生质量安全。2020年，四川鸿杰屠宰有限公司共屠宰生猪14.83万头，屠宰检疫率达到了100%。完成屠宰、运输环节“瘦肉精”检测卡采购12000张。严格按2%~3%比例抽查监测，瘦肉精自检12255头份（其中莱克多巴胺4089头、沙丁胺醇4100头、盐酸克伦特罗4106头），非洲猪瘟自检43436头份。简阳市全面实行“业主报告，企业统一收集、集中处理，动监机构全程监管”的集中处理模式，全年共集中无害化处理病死猪及产品334.3头（其中病害死猪106头、产品折合228.3头）。

【渔政执法】 以水生生态修复为重点，深入开展天然河道禁渔执法工作，对重点流域内使用的禁用渔具及产品进行全面清查、收缴和销毁，严厉打击各类非法捕捞行为，加强全市天然水域水生生物资源保护。张贴禁渔通告50余份，发放宣传单2000余份，对群众进行禁捕退捕法律政策宣传400余人次。出动执法人员360余人次，出具当场处罚决定通知书26份，收缴违规作业网具5张、鱼竿26根，收缴并现场放生渔货物7.5公斤，培训教育学习6人，共开展联合执法检查7次。及时发现、报告和制止各种非法捕捞及其他破坏水生生物和渔业水域生态的违法行为。

【种植业执法】 重视农业投入品执法检查与监督抽样，结合“春雷”“利剑”行动，共出动执法人员322人次，出动执法车辆90余次。农业投入品及农产品监督抽检共计373个，其中农药监督抽检100个，肥料监督抽检20个，蔬菜监督抽检110个，水果监督抽检29个，食用菌监督抽检5个，组织抽检兽药样品10份，市级饲料样品47个，农产品样品禽肉10个，禽蛋11个，水产品20个，羊肉1个，猪肉5个，猪肝5个。共检查种子经营企业41家，检查品种176个；检查农药经营企业120家，检查品种412个；检查肥料经营企业31家，检查品种76个；检查农产品生产基地26个，种植大户43个。全年未发现不合格产品。

【农机监理】 加强农机监管，防控农机事故。加强农机销售点、维修点隐患排查。组织农机执法人员深入乡村道路、田间地头，对作业机械进行安全监督检查。加强与公安、交通、安监等部门沟通协调，并加大人力、物力投入，严厉查处拖拉机无牌行驶、无证驾驶、酒后驾驶、违法载人、私自改装加装、不参加年检等违法违规行为。针对重要时段，有重点、经常性地组织开展各种专项整治行动，形成严管重治的高压态势，确保农村道路安全形势良好。全年新注册驾驶人25人，驾驶证到期延展33人；注册拖拉机、联合收割机62台，年检拖拉机497台，办理拖拉机转移登记、换号牌、补驾驶证（行驶证）等其他业务。开展对乡镇农机安全管理工作、农业机械驾驶操作人员作业、农机专业合作社、提灌站等安全检查，出动执法人员90人次，对检查中发现的无证驾驶、安全设施不完善等情况进行了及时制止和提出整改要求。发放各类安全资料500余份，举办各类农机安全培训3次，培训农机操作人员80余人，与农机所有人及驾驶操作人员签订安全生产责任书370余份。无一起重大农机安全事故发生。

（王　萧）

扶贫工作

【概况】 2020年5月，村级建制调整改革和成都东部新区区划调整后，简阳市现有省定贫困村86个（含东部新区16个），建档立卡贫困人口23466户68038人（含成都东部新区5753户17014人）。按照如期高质量打赢脱贫攻坚收官之战的目标要求，简阳市切实提高政治站位，勇于担当、攻坚克难，打好“四大战役”，圆满完成脱贫攻坚收官之战目标任务，“两不愁三保障”高质量达到省定脱贫标准，全市脱贫村整体面貌和脱贫户生产生活发生翻天覆地的变化。

【强化政治担当】 坚持党政“一把手”负总责，市委、市政府主要负责人亲自部署、亲自落实、亲自督查。2020年，共召开领导小组会13次，领导小组办公会16次，各类专题会、工作推进会80余次。持续压紧压实镇（街）和行业部门主体责任，举行决战决胜脱贫攻坚宣誓仪式，层层签订军令状，传递攻坚压力。

【问题整改“歼灭战”】 扎实开展脱贫攻坚挂牌督战行动，发现各类疑似问题879个并于6月底全部整改到位；深入开展脱贫攻坚问题整改清零行动，梳理历年反馈问题3705个并于6月底全部整改到位；扎实开展高质量收官督战行动，组织力量对全市脱贫攻坚问题整改质量开展随机抽查，确保所有问题清仓见底，不留任何死角盲区。

【巩固成果“持久战”】 兜牢民生底线，全年累计救助支出3439.74万元，保障建档立卡贫困人口58625人次；累计资助参保5.1万余人次，投入医疗保障资金1.31亿元，实现医疗保险报销31万余人次；累计发放教育扶贫专项资助资金1638.58万元，资助家庭经济困难学生27432人次，开展送教上门服务121人次。强化就业帮扶，全市25673名有外出务工意愿的贫困劳动力100%实现就业，疫情防控期间开发临时公益性专岗1122个、短期公益性岗位660个，有效解决贫困劳动力外出就业难题。做优产业扶贫，截至2020年，全市累计投入资金1.45亿元，发展柑橘、晚白桃等特色产业32万亩；贫困村累计新增注册专合社294个、家庭农场130个，成功申报“四川扶贫”商标32个。2020年，全市贫困村集体经济收入达到761万元，集体经济“造血”功能持续增强。

【总结宣传“舆论战”】 选树先进典型，挖掘脱贫攻坚领域先进人物事迹130条、贫困村先进经验29条，总结出能人带动型、龙头引领型、机制创新型、业主吸纳型四种产业扶贫模式，积极推广“三新荷桥”脱贫奔康典型案例。打造多元宣传，聘请第三方广告公司制作微视频短片、政策解读绘本、MG动画、VR全景等，多角度全方位立体化展现全市近年来脱贫攻坚取得成就。强化正面宣传引导，2020年，共有40余篇宣传报道先后被凤凰网、网易新闻、搜狐新闻等媒体刊载，《农民日报》、四川电视台、成都电视台等权威媒体对简阳市脱贫成效进行专题采访报道，营造浓厚宣传氛围。举办文娱活动，联合《简阳之声》举办简阳市首届脱贫攻坚主题原创文学作品征文大赛，收到各类文学作品57件，最终评选出获奖作品25件，并在《简阳之声》开辟专栏陆续进行刊载。

【相对贫困“破局战”】 成立试点工作领导小组，由市委、市政府主要领导担任双组长。制定试点工作实施方案，明确按照“1＋N”模式建立相对贫困人口精准识别体系。指导各镇（街道）有序开展识别对象申报工作，并组织相关行业部门建立市级复核专班，对各镇（街道）上报名单逐一进行入户走访核实，精准锁定相对贫困户268户711人，逐户开展分类研判、对标补短，逐渐形成稳定脱贫长效机制。

（卿人友）

移民安置与扶持工作

【概况】 按照《国务院关于完善大中型水库移民后期扶持政策的意见》（国发〔2006〕17号）要求开展大中型水利水电工程移民工作。2020年初，全市共有大中型水库移民18930人，其中直补到人11151人，指标项目7779个。4月，区划调整后全市共有大中型水库移民11554人，其中直补人口6610人，项目扶持4944个，共涉及22个镇（街道）268个村842个社，工程涉及42个，其中市内工程2个。

【资金投入】 2020年，全市移民后扶投入直发直补资金、库区指标项目资金、一般项目资金共计14583.49万元。其中实现当年投资2868.99万元，完成往年投资11714.5万元。实现全市6600余移民人均增收850元，共实施村组道路建设147.08千米、渠道建设28.06千米、移民村自来水主管网建设46.25千米、蓄水池47口、发展壮大集体经济项目22宗、人居环境整治项目6个，改善库区移民区生产生活基础设施条件，提升群众满意度和幸福指数。

【在建工程】 全面完成毗河供水一期永久征地和临时用地任务，全面完成久隆水库实物调查工作，启动毗河供水二期前期工作。

（段才琪）

毗河供水工程一期蒋铜渡槽

工 业

工业经济运行与发展

【概况】 2020年，简阳市工业投资目标118亿元，完成118.9亿元，同比增幅18%。规上工业增加值增速为0.1%。趋于平稳。实现工业用电3.56亿千瓦·时、增长14.12%，工业入库税金6.15亿元，增长6.59%。

【行业产值】 2020年，受疫情影响，全市91家工业企业工业产值为134亿元，同比下降47.6%，各行业企业产值都有不同程度的下降。规模工业企业构成仍以装备制造、建材行业、能源化工、绿色食品等传统产业为主，全年分别实现产值71.3亿元、16.6亿元、14.7亿元、14.6亿元，占全市规模工业总产值的比重为54.7%、12.7%、11.3%、11.2%。前十大企业占全市规上工业产值比重为42.5%。

【企业情况】 2020年，91家规上工业企业中，产值亿元以上企业40家，实现产值117.8亿元、同比增长6.9%。其中，10亿元以上企业1家（空分）、8亿元以上企业2家（港通、凯立威），5亿～8亿元企业2家，2亿～5亿元企业17家。税收200万元以上企业29家。其中，2000万元以上企业3家（空分、南格尔、凯立威），1000万元～2000万元企业7家，500万～1000万元7家。

【园区企业】 全市49户规上园区企业产值83.7亿元，同比下降34.1%。在疫情期间，整体产值下降的大环境下，国光、华新南光、港通生产形势依然良好，产值分别增长10.1%、15.6%、19.3%。

【高新技术产业】 全市13户高新技术规上工业企业实现产值42.4亿元，同比降低44.8%。实现营业收入45亿元，利税4.8亿元。

【工业重大项目推进】 2020年，简阳市有19个项目纳入成都市亿元以上重大工业和信息化项目，完成投资65.98亿元，完成全年计划的106.4%，促进开工类完成4个，竣工项目5个，其中四川星空年代“一带一路”高通量宽带卫星产业基地项目纳入省重点项目管理。成都天府国际机场供油工程项目、成都简阳环保发电厂项目等5个项目竣工投用，四川星空年代“一带一路”高通量宽带卫星产业基地、中国五冶（成都）建筑科技产业园项目等10个项目正在加快推进。

【技改投资】 技改投资完成94.1亿元，同比增幅8.5%，主要涉及智能制造及航天装备制造、汽车产业、食品加工、基础设施、能源化工、新材料等产业。

表 25　　2020 年简阳市（含成都东部新区）规上重点工业企业一览表

序号	所属行业	企业名称	序号	所属行业	企业名称
1	制造业	成都航天华涛汽车塑料饰件有限公司	19	制造业	四川简阳海特有限公司
2	制造业	成都一汽四环恒兴汽车零部件有限公司	20	制造业	四川杰特机器有限公司
3	制造业	帝欧家居股份有限公司	21	制造业	四川凯力威科技股份有限公司
4	制造业	华派生物工程集团有限公司	22	制造业	四川空分设备（集团）有限责任公司
5	制造业	简阳嘉美印铁制罐有限公司	23	制造业	四川龙一制衣有限公司
6	制造业	四川诚德机械有限公司	24	制造业	四川南格尔生物科技有限公司
7	制造业	四川大川压缩机有限责任公司	25	制造业	四川普拉恩管业有限公司
8	制造业	四川德仁堂中药科技股份有限公司	26	制造业	四川省简阳空冷器制造有限公司
9	制造业	四川辅正药业股份有限公司	27	制造业	四川省简阳市川力机械制造有限责任公司
10	制造业	四川港通医疗设备集团股份有限公司	28	制造业	四川省欧品工贸有限公司
11	制造业	四川国光农化股份有限公司	29	制造业	四川省人间印象家具有限公司
12	制造业	四川国木再生资源利用有限公司	30	制造业	四川省若男食品有限公司
13	制造业	四川海大橡胶集团有限公司	31	制造业	四川双实建筑新材料有限公司
14	制造业	四川厚诚新材料有限公司	32	制造业	四川天虎工具有限责任公司
15	制造业	四川华冠食品有限公司	33	制造业	四川新开元制药有限公司
16	制造业	四川华骄环保科技有限公司	34	制造业	四川中科海科技有限责任公司
17	制造业	四川华新南光真空设备有限公司	35	制造业	四川众宸精密铸造有限公司
18	制造业	四川简达金属构件有限公司			

【培育企业】 建立拟升规重点培育企业名单，成功培育中冶交投善筑、君晟睿、海缘食品、西部钢构 4 家规模工业企业。帮助南格尔纳入国家级“专精特新”行业小巨人企业名单，兴华教学、港通医疗、杰特机器 3 家企业纳入省重点中小企业，普拉恩、川力机械等 76 家企业纳入成都市中小企业成长工程培育名单。

【服务企业】 组织开展政策解读、大数据运用、融资对接等各类培训会议和活动 8 次，“壮大贷”已与 4 家银行机构签订合作协议，为凯力威、港通等 7 家企业解决贷款 1.08 亿元；大力推广“蓉易贷”普惠信贷工程，建立工业企业白名单，第一批 12 家工业企业纳入白名单。全年新增市场主体 14157 家，市场主体总数达到 53341 家。

（蓝天翔　陈国洪）

中国五冶（成都）建筑科技产业园一期项目生产车间

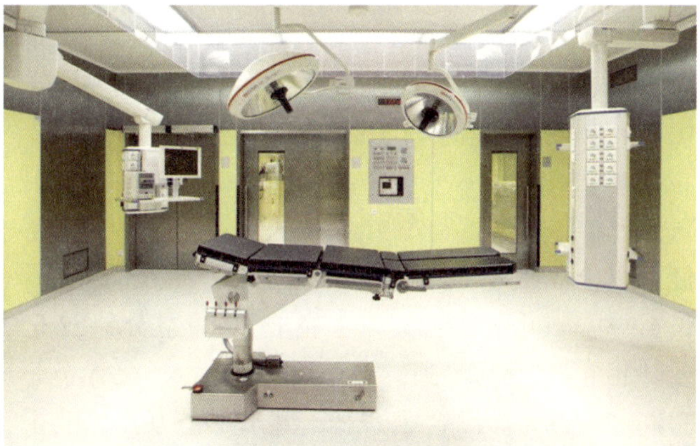

四川港通医疗有限公司生产的P18模块化手术室

四川国光农化股份有限公司

四川嘉诚瑞实业有限公司

民营经济运行与发展

【概况】 2020年，简阳市在册市场主体52924家，其中注册资本1亿元及以上的企业162家、中小微企业10027家、个体工商户41241家。简阳市有规模以上工业企业91户（含成都东部新区），因较上年净减65家，规模以上工业企业产销率99.23%，工业企业产销顺畅。全市规模以上工业实现主营业务收入134.84亿元，减少46.13%，实现利税12.8亿元，减少44.66%，实现利润9.15亿元，减少40.56%。

【民营企业发展】 简阳市在册市场主体在一、二、三产业上的分布数量分别是3551家、3774家、45599家，占比分别为6.7%、7.1%、86.2%。11户民营企业获得建立现代企业制度达标认定，其中4家企业被认定为示范企业。受疫情影响，企业发展速度放缓，但依然保持了稳中向好的发展态势。全市规模以上工业中小企业三大经营指标稳中有升，中小企业总体呈现上行趋势，保持稳中向好、稳中提质的发展态势。全市规模以上工业中小企业154家，实现主营业务收入387亿元、增长6.31%，利润总额26.2亿元、增长10.67%，利税总额40亿元、增长8.81%。

【中小企业培育】 76家中小企业纳入成都市中小企业成长工程培育企业名单，其中拟上规26家、成长型31家、小巨人19家；培育新增规模以上工业企业4家；1家企业被工信部列入国家级“专精特新”行业小巨人名单；3家企业纳入省重点中小企业。

【大企业大集团培育】 简阳市有主营业务收入在10亿元以上的企业1家，实现主营业务收入17.16亿元。

【企业服务活动】 组织开展形式多样的各类社会化服务活动，满足中小企业发展需求。全市全年举办“金融雄州行”系列辖内产融对接活动5场，开展金融政策宣讲、反洗钱知识普及、征信政策宣讲大型金融知识宣传活动11场，参与企业500家次。

【重大活动】 2020年9月3日，“蓉城同心·新经济简阳行”暨成德眉资新联会同城化发展启动仪式在简阳市东城新区会议中心举行。2021年9月25日，以“共享简阳新机遇·共谋航天新发展”为主题的成都空天产业功能区（北京）投资推介会在北京举行。2020年12月23日，“简阳市第二届创新创业大赛”在简阳市城市名人酒店举行，大赛由成都市科技局指导、简阳市政府主办、简阳市经济科技和信息化局承办，参赛项目达60余个。

（陈明夏）

能源保障

【用电结构】 2020年，简阳全市售电总量11.22亿千瓦时（不含成都东部新区），售电量在疫情情况下仍实现两位数增长，增幅11.31%。综合线损率6.31%。售电均价533.68元/千千瓦时，较同期下降39.90元/千千瓦时。最大负荷27.43万千瓦，同比增长12.69%。

【电网建设】 为解决部分农网线路运行时间长、供电线径不足等问题，对农网1条主线2条支线进行大修。改造整村1个，新装线路开关90台，改造低电压台区14个，解决部分片区低电压、变压器重过载等问题。农村电网供电可靠率为99.87%；电压合格率为99.95%；户均容量为2.04千伏安；低压供电半径为842米；10千伏线路重载率为12.36%；配网自动化覆盖率为100%。

【供电管理】 完成变电站各类巡视706次，发现各类缺陷101处，消除各类缺陷52处。巡视35千伏及以上输电线路约3240千米，清理输电线路通道树木8000余棵，消除缺陷28处。累计对86条配网线路开展452条次通道清理，累计清理树木17220余颗，配网线路抗大风天气抵御能力明显增强。完成配网线路一体化检修45条次，消除10千伏及以下各类缺陷483处，累计整治低电压176处，调整三相负荷不平衡118处。确保总路漏保安装率99.8%，正确投运率98.7%。完成带电作业366次，全年减少停电时户数3.18万。攻坚10千伏线路跳闸压降，配网10千伏线路故障跳闸同比减少27.89%，其中主网跳闸同比减少41.54%。完成配网线路故障指示器安装922组。

【燃气】 简阳市现有简阳港华燃气有限公司、简阳蜀能天然气有限公司、四川晶盛燃气工程建设有限公司3家天然气企业，用气人口37.23万人。有玉成和金星2座天然气门站，总输气量近期设计规模为60万立方米/天，远期设计规模为100万立方米/天，实际使用量约为40万立方米/天；在气源方面，3家公司均与中石油公司有合作，保证简阳天然气供应。2020年，简阳市新建燃气管网43千米，迁改26千米，投入资金6560万元；天然气销售总量为1.02亿立方米，因受疫情形势影响，同比下降2.57%，其中工业为1750.38万立方米，同比下降15.64%；汛情期间未发生燃气安全事故，迎峰度冬期间日均售气量为41万立方米。

【成品油】 简阳市现有50座加油站(点)、1座油库，2020年成品油销售总量为9.58万吨，同比增长6.4%。另日均售油量为280吨，供应稳定有序。

【水能源保障】 简阳市城市供水厂供水总量2840万立方米，其中非居民用水457.26万立方米，上升7.3%。(居民用水1546.24万立方米，特种行业用水113万立方米)。

(杨 超 段辉超 何菊华)

重点工业企业

【四川空分设备(集团)有限责任公司】 全国大型一档企业、深冷设备主要设计制造基地之一，主导生产大中小型空气分离设备、低温液体贮运设备、天然气液化分离设备、环保设备等上千个品种，已通过ISO 9001质量体系认证，有20多种产品填补了国内空白，10多种产品打入国际市场。四川空分设备(集团)有限责任公司成立于1966年，是以低温技术为核心的国家高新技术企业集团，占地80多万平方米，建筑总面积超过30多万平方米。公司下辖低温技术研究院、工程、低温装备、工业气体和通用机械五大板块。拥有全资及控股子公司21个、参股企业7个，总资产超过50亿元，年销售收入30多亿元。公司的装备制造和工程服务于钢铁、有色冶金、煤化工、石油化工、能源、电子、航空航天等领域，先后取得国家、省、市科技奖励20余项，国家质量金奖等质量荣誉30项，开发出国内首创的产品65项，达到国际先进水平的产品14项，拥有国家专利71项。公司外销的低温设备和承建的工程项目遍及欧洲、南美洲、中东、南亚、东南亚、非洲等30多个国家和地区，在国内外广大用户中建拥有良好的信誉。2020年，在简阳企业实现产值9.6亿元、主营业务收入11.4亿元、利润1.36亿元，产品出口2.3亿元。

【四川港通医疗设备集团股份有限公司】 四川港通医疗设备集团股份有限公司是以医用气体系统、医院洁净手术部为核心的智慧医疗专业工程整体方案提供商。医疗专业工程整体方案是以客户的个性化需求为中心，为客户提供医疗专业工程咨询、规划设计、产品制造、工程施工、系统运维等专业化、全程化、一体化解决方案。专业从事医疗护理设备设计、制造、安装的企业。主要产品有医用气体系统（医用中心供氧、吸引系统、医用压缩空气系统）智能手术室净化系统、压力容器、医用吊塔和老年护理设备等。为国内医疗设备生产骨干企业。2020年，实现产值5.5亿元，同比增长16.3%；销售收入5.6亿元；利税总额9547万元，同比增长56%，其中，利润8279万元，同比增长66.4%。

【四川新开元制药有限公司】 四川新开元制药有限公司系四川科伦药业股份有限公司的全资子公司，公司成立于2016年6月，前身四川新元制药厂（科伦药业控股）。公司占地面积38647平方米，建筑面积18132平方米，拥有生产、检验、研发设备800台（套）。有20个可生产品种，均取得药品GMP证书、药品生产许可证，果糖、甘氨酰谷氨酰胺、甘氨酰酪氨酸、福多司坦、拉夫替丁、富马酸托特罗定、帕瑞昔布钠7个品种取得新药证书，产品用途各异，初步形成了以重点品种为主线，多品种为补充的生产结构体系。2020年，实现产值1.27亿元，同比增长2.4%；销售收入1.55亿元，同比下降2.6%；利税总额3904万元，其中利润2516万元。

【四川润尔科技有限公司】 四川润尔科技有限公司成立于1984年，位于简阳市平泉街道，是一家集科研、生产、贸易于一体、拥有自营进出口权和一个省级企业技术中心的综合性企业，为国家农药定点生产企业、四川省高新技术企业、四川省小巨人企业、四川省农药工业协会副理事长单位。2015年3月20日，在深圳证券交易所上市（股票代码002749）。拥有90个农药登记证，38个肥料登记证，605个注册商标，在美国、缅甸、菲律宾等10多个国家办理了“国光”涉外商标注册，拥有76项专利和4项科技成果。公司主要产品有植物生长调节剂、杀菌剂、氨基酸液肥等，先后销往全国30个省（市、自治区）、2200余个县（区），出口到美国、越南、泰国、缅甸等国家。国光商标是“中国驰名商标”，国光矮丰系列植物生长调节剂是“四川省名牌产品”，国光稀施美是“AA级绿色食品生产资料”。2020年，企业实现产值7.7亿元，同比增长16.8%；主营业务收入7亿元，同比增长16.6%；利税1.34亿元，同比增长122.7%，其中利润1.32亿元，同比增长121.6%。

（蓝天翔）

建筑和房地产业

建筑业

【概况】 2020年，简阳市入统计库建筑业企业52家，建筑业总产值完成67.66亿元；全市在建项目123个，房屋建筑新开工面积266.02万平方米；散装水泥使用率85%，预拌混凝土使用率100%，预拌砂浆使用率80%，新开工项目“禁现”检查率100%。围绕营商环境建设年，推进“放管服”改革，优化营商环境，推动工程建设项目审批制度改革工作提质增效。严格按照《成都市建设工程质量标准化监督管理规程（试行）》监督管理和四川省、成都市关于建设工程安全生产文明施工要求，对工地常态化监管。2020年，G段湿地景观工程、迎宾大道获得成都市优质工程（芙蓉杯）奖；东来印象、峰景里二期、简州里等6个项目被评为成都市优质结构工程；阳安中学、大井安置还房、吉利学院等5个项目被成都市评为绿色标化工地；雄州大道C段和成简快速通道C段升级改造工程、城南污水处理厂、四川省综合应急救援训练基地建设项目等12个项目被成都市评为安全文明工地。

6月28日，市住建局对项目工地质量安全文明施工进行现场检查

【建设工程质量安全监督】 2020年，市住建局对全市136个在建项目进行质量安全文明施工监管，建筑面积1 400余万平方米，报建工程质量安全监督覆盖率100%，受监工程监督覆盖率100%。全年开展各类专项治理行动10余次，全市建设工程无一般及以上质量安全事故发生。全年组织质量安全观摩学习2次、安全教育培训10次，培训约6 000人次。

【建设工程文明施工】 2020年，市住建局累计开展建筑工地巡查1 600余次，发出限期整改通知书318份，停工整改通知书25份，信用扣分496.7分。督促指导项目覆盖裸土10万余平方米、硬化场内施工道路约1.7万余平方米、规范围挡2.8万余米。

【建设工程审批备案】 2020年，市住建局办理施工许可证53个，总建筑面积约280.6万平方米，合同金额

2020年简阳市房地产市场基本情况表

表26　　　　单位：万平方米

类别	总量	住宅	比上年增长	商业	比上年增长	办公	比上年增长	车位	比上年增长
商品房供应	150.18	116.58	24.22%	17.02	118.87%	10.75	73.78%	5.82	–74.10%
商品房出售	122.12	94.56	19.59%	9.79	15.34%	4.73	48.49%	13.04	–10.16%
商品房库存	55.27	46.33	75.43%	5.96	71.17%	0.61	84.98%	2.38	100.78%

88.16亿元；办理竣工验收备案项目38个，备案面积169.86万平方米。

（杨　磊　万　东　刘宝岭）

房地产业

【概况】 2020年，按照“稳地价、稳房价、稳预期”目标，简阳市房地产开发投资平稳增长，商品房销售金额和面积稳中有升。全年房地产开发投资61.2亿元，同比增长18.49%；商住用地成交面积34.89万平方米（不含成都东部新区），可建商品房面积约84.02万平方米，最高楼面地价4 120元/平方米；全年核发商品房预售许可证82个，批准预售面积150.18万平方米；商品房销售面积123.49万平方米，同比涨幅17.61%；商品住房均价约9 405.4元/平方米，同比涨幅8.13%；房地产收入107亿元，占全市2020年地区生产总值的6.5%，房地产税收收入13.9亿元，占全市2020年税收总额的32.84%；二手房成交面积38.3万平方米，同比涨幅–2.7%，交易资金监管金额12.1亿元。

4月24日，简阳市房地产行业协会成立大会召开

【房地产市场】 2020年，简阳市商品房供应150.18万平方米，比上年增长15.26%。其中住宅供应116.58万平方米，商业供应17.02万平方米，办公供应10.75万平方米，车位供应5.82万平方米。商品房成交122.12万平方米，比上年增长15.43%。其中住宅成交94.56万平方米，商业成交9.79万平方米，办公成交4.73万平方米，车位成交13.04万平方米。二手房成交4 283套、38.3万平方米，同比涨幅分别为1.2%、–2.7%。商品房库存55.27万平方米，比上年增加76.01%。

【房地产发展】 2020年，简阳市城镇范围在建项目共32个，办理商品房预售许可证82件，商品房批准预售总面积达150.18万平方米，同比增长15.26%。其中商品住房面积116.58万平方米、10 074套，同比增长24.22%。全市商品住房可售面积约46.33万平方米，共4 143套。多渠道采集房地产开发企业信息，实行行业动态监管，规范房地产开发企业的开发行为。全年，房地产开发投资61.2亿元，同比增长28.5%，新开工面积103.89万平方米，同比下降9.2%；商品房销售面积115.73万平方米，同比增长28.9%；商品房销售额116.66亿元，同比增长66.1%，共出具建设条件通知书46份。

（张　祚）

服务业

服务业运行与发展

【产业结构】 第四次全国经济普查之后，简阳市三次产业占比从普查前的二三一结构调整为三二一结构，第三产业占比为58.2%。

【运行情况】 2020年，服务业增加值实现247.76亿元，列第成都市15位、近郊区第2位，全年累计增速7.5%，列成都市第3位、近郊区第1位；社会消费品零售总额实现334.7亿元，列成都市第8位、近郊区第1位，全年累计增速0.1%，列成都市第1位；限额以上社会消费品零售总额增速15.8%，列成都市第5位、近郊区第3位；外贸进出口总额实现12.2亿元，列成都市第18位，近郊区第5位，完成目标任务的102.5%，列成都市第7位，近郊区第3位；服务业固定资产投资实现207.1亿元，列成都市第15位、近郊区第1位，全年累计增速13.4%，列成都市第10位、近郊区第7位。

【经济效益】 2020年，全市服务业税收收入30.45亿元，占全市总税收的72%。5家总部企业实现营业收入260.24亿元，纳税总额3.68亿元。45家限额以上商贸流通企业实现主营业务收入410.9亿元，10家营业收入过亿元，其中唯品会实现年销售额231.2亿元；24家规模以上服务业企业实现营业收入9.3亿元，其中维民保安、阳安交通投资营业收入突破1亿元。

【项目投资】 全年实施“十大行动计划”服务业类项目265个，计划总投资2736.2亿元，实际完成投资386.7亿元，占全社会总投资449.2亿元的86.1%，服务业固定资产投资已经成为拉动经济增长的重要引擎。

【精准招引】 超额完成百日擂台赛任务，梳理高能级企业信息300余条，走访与会见服务业企业72家，其中高能级500强企业22家。形成有效在谈项目9个，开展服务业投资促进活动4场，其中：线上2场，线下2场，新签约项目2个，协议资金2.5亿元。服务业招商引资4次登成都市光荣榜。

【美食集聚地打造】 全年餐饮营业额实现82亿元，累计引进市外或海外品牌餐饮企业1个（理悦融合菜），培育限额以上餐饮企业1个（羊扬天下），举办大型美食节会或美食推广活动1个（羊肉美食节），建设重点美食载体1个（滨江新城好吃街），开展餐饮环境整治3次，简阳城市名人酒店（餐饮部）、简阳市海捞餐饮管理有限公司等7家餐饮经营单位被评为成都市2020年绿色餐饮店。

新培育的限额以上餐饮企业——羊扬天下美食城

【消费品市场】组织电商企业开展“双 11”“双 12”等线上促销活动，11 月、12 月简阳市重点电商企业销售额突破 60 亿元；通过直播带货菜鸟易购联合中石化开展“资滋有味，喜气羊阳”直播活动，5 小时销售额突破 100 万元；指导当地大型零售企业、连锁企业参加成都市“成都新消费·用券更实惠”“金鼠闹金秋”等促销活动，新增消费人数 2.5 万人次，建成鳌山坊美食文化街区和滨江路南段特色商业街区；以生鲜超市、社区零售网点、社区直供店和社区电商等为主的消费终端市场逐步形成。

【旅游休闲服务】打造 5 个示范性文化站、19 个示范性村文化活动室；开展文化惠民活动 6868 场；开展“闭馆不谢客，服务不打烊”活动，推送书法鉴赏、戏曲欣赏、文学作品赏析等线上服务 100 期、文化馆“艺术公开课”25 期、文化慕课 63 期；新建全民健身路径 60 条，新扩建 6 片门球场、3 片羽毛球场、1 片篮球场。

【教育发展】新建 20 所城乡公办幼儿园投用 10 所、正在施工建设 10 所，增加学位 2500 余个。54 所标化学校投用 50 所、完工 1 所、装饰装修及总坪 3 所。高考成绩稳中有升，本科上线率达到 63%，一本上线率达到 27%。86 所农村义务教育学校已全部实施学生营养改善计划，惠及 6 万余名学生，在校学生参与率达 90% 以上。

【医疗养老服务体系】新成立医养结合机构 1 家，打造城东社区卫生服务中心健康促进与教育示范基地；分别在城市街道社区、镇农村社区建设 5 个助餐点；共有 8 所民办养老机构 1058 张床位，其中含 321 张护理性床位，入住 492 名老年人；新建 20 个农村日间照料中心，目前简阳市共有 102 家日间照料中心，已投入运营的有 82 个城市（农村）日间照料中心。

（刘　肖）

商　贸

【商贸活动】2020 年，制定商贸领域一对一帮扶、复工复产方案，为每一户限上企业免费发放防疫物资，帮助企业在最短时间实现了稳产满产；深入联系企业开展“大学习、大调研、大走访”活动，为企业解决融资、政策奖励、防疫物资短缺等难题 150 余起，助推企业加快发展；在确保疫情防控安全的情况下，开展云逛街促消费活动，组织商贸企业开展促销活动 150 余场次，为企业争取防疫发展资金补助 660 余万元，有力拉动消费市场；为提高企业统计质量，结合统计执法检查，指导企业规范统计行为，确保统计真实性。全年全市社会消费品零售总额实现 334.7 亿元（不含成都东部新区），同比增速 0.1%，成都市全部区（市）县中唯一实现正增长，增速在成都市全部区（市）县居第一位。2020 年，成都市商务局授予简阳市商务和投资促进局促消费先进单位、现代商贸产业生态圈先进单位、国内合作先进单位、美食之都建设先进单位。

【流通产业发展】提质发展商业，助推国际消费中心城市建设。积极打造高能级消费载体，签约国际消费中心城市消费场景项目 1 个（四川金杯集团半山五星级酒店及综合体项目），引进品牌首店 1 个（rookie 全球童装集成店），完成鳌山坊美食文化街区和滨江路南段特色商业街区（一期）打造；加快培育标志性消费场景，完成“公园生态休憩”消费示范场景的培育和认定；挖掘消费热点，培育微时光咖啡、鸿发豌豆汤夜宵店等 4 家成都特色小店，简阳市云品花园餐厅、廖世羊肉汤等 7 家绿色餐饮示范店；助推国际美食之

11月26日，简阳市市场监管局组织开展放心食品超市放心餐厅自我承诺活动

永辉超市

都建设，打造成都东部美食集聚地。引进市外或海外品牌餐饮企业 1 个（理悦融合菜），培育限额以上餐饮企业 1 个（羊扬天下），举办大型美食节会或美食推广活动 1 个（羊肉美食节），建设重点美食载体 1 个（滨江新城好吃街）；培育汽车销售市场，开展汽车更新换代工作，培育壮大二手车企业，新增线上汽车销售企业 1 家，全市汽车销售逆势增长；优化完善全市生活必需品保供方案，确立了 13 家重点保供企业，深入基层解决保供企业困难，全年为保供企业解决电费补贴 50 余万元。

表 27　　2020 年简阳市专业市场情况表

序号	名称	面积（平方米）	地址	经营类型
1	e 家天下·西部居家产品采购中心	15 万	简阳市红星美凯龙（四川简阳商场）附近	以商业贸易、电子商务、生产物流为主导的“产城一体化”城市综合新区，是简阳城市的重点发展区域
2	亿联国际商贸城	60 万	简阳市弘居国际·家具博览中心	一期亿联国际商贸城、二期亿联智慧商贸城、三期高尚社区亿联世家及四期亿联智慧物流总部基地
3	大华国际	100 万	简阳市石桥镇成简快速路与雄州大道交叉口	一期商圈打造大华国际茶叶文化名城（含茶城、茶仓）和汽车商贸文化名城（含精品车 / 新能源车销售中心、二手车交易中心、汽车饰品及配件交易批发中心、汽车美容维修及配套服务、汽车娱乐及体验、汽车培训等），都已全面投入运营。二期商圈涵盖羊肉美食文化城、建材家居文化城、商务办公、民宿酒店等。力求打造出一个集购物、休闲、娱乐、文化、商务办公于一体的新城市商圈

表 28　　2020 年简阳市商业综合体情况表

序号	名称	面积（平方米）	地址
1	旭海时代广场	13 万	雄州大道 389 号
2	简阳德盛商厦商贸有限公司	5 万	金融街 188 号
3	简阳美好家园商贸有限公司	5 万	政府街 121 号

表 29　　2020 年简阳市大型超市情况表

序号	名称	面积（平方米）	地址
1	永辉超市	9000	雄州大道南段 389 号（旭海时代广场负一层）
2	百伦百货	4000	东城新区金融街 158 号
3	好友多超市	3688	政府街 121 号
4	四川省米良送连锁超市管理有限公司	430	简阳市新民街 383—385 号
5	四川省乐客优品商贸有限公司	1200	简阳市简城正中街 141 号
6	永绘超市	1800	简阳市广场路汇强上城
7	天府一嘉超市	567	简阳市医院路 150 号
8	简阳市家家好超市有限公司	400	简阳市花园街 81 号
9	简阳长城购物中心	2500	简阳南门大古井街沱江家园小区
10	简阳市呈祥粮油商贸有限公司	900	简阳市简城镇新民街南段 387 号
11	小廉仓连锁超市	750	简阳市射洪坝街道办加州花园 5—（—1）—2 号
12	简阳红旗连锁有限公司	118.92	简阳市石桥镇金绛路 18 号 24 幢 1 层 12 号
13	有邻有我超市	380	东溪街道加州花园 9 号楼门市
14	赛购超市	1500	东溪街道加州花园 9 号楼门市右侧负 1 楼

（李明铭）

电子商务

【概况】 制定并印发《2020 年简阳市电子商务工作计划》，以创新发展、平台培育、产业赋能和区域协同为重点，以西部电商物流产业功能区为载体，推进全市电子商务工作。2020 年，全市实现电子商务交易额 400 亿元，网络零售额达 235 亿元，电子商务普及率达 85%；简阳市商务和投资促进局获“2020 中国农村电商致富带头人案例征集及评选活动”优秀组织奖。唯品会（简阳）电子商务有限公司、四川省乐客电子商务有限公司、四川易加安防科技有限公司、成都勇创智慧信息技术股份有限公司被评为成都市重点电子商务平台企业，简阳星网商业运营管理有限公司被评为成都市重点电子商务公共服务平台企业。

【创新发展】 开展创新示范评价活动。组织本土电商企业申报成都市创新型电子商务企业和成都市示范平台企业，构建消费新场景；创新开展“简阳云逛街·联动促消费”活动，带动新零售、新消费、新增长，促进消费新业态、新模式、新场景的普及应用；开展“我为家乡农产品代言”直播带货，帮助农户销售各类蔬菜水果销售超过 120 吨，助农增收 1000 余万元。

【平台培育】 重点培育发展以唯品会为龙头企业的综合性垂直电商，同时引导支持四川省乐客电子商务有限公司、简阳欧拉蔓电子商务有限公司、四川菜鸟易购供应链管理有限公司等本地电商平台企业做强做大。扎实开展电商产业强链补链工作，凭借本地资源禀赋吸引知名电商物流企业落地简阳。新签约引进申通西南总部暨成都电商物流科技产业园、深国际·简阳综合物流港、成都东进双创产业园、传化智联成都东部物流中心、中通快递西南总部、韵达西南成都电商总部基地等重大电商物流产业项目。

【产业赋能】 实施“互联网+”价值提升行动，引导传统企业开辟线上渠道，促进商贸、旅游、文化、会展、金融等跨界融合发展，鼓励电子商务企业拓展线下渠道；搭建产销对接平台，协调电商平台企业深入全市蔬菜、水果等农产品主产地与蔬菜种植户、专业合作社等进行产销对接合作，解决种植户蔬菜、水果等农副产品滞销问题。

【人才培训】 为企业搭建人才交流平台，2020 年利用网易（简阳）联合创新中心平台，开展线上线下电子商务培训 32 场，累计培训 2000 余人次。组织企业参加 2020 成都市移动电子商务年会、2020 成都农村电商发展交流暨资源对接会等展会活动，带领企业参加外出考察活动，畅通电商企业对外交流学习渠道，促进电商人才综合素质提升。

（罗亚浩）

供销合作

【概况】 简阳市供销合作社联合社是参照《中华人民共和国公务员法》管理的市政府直属事业单位。直属及加盟企业 20 个，下属及归口管理基层社（含专业合作社改建基层社）47 个、专业合作社 210 个、行业协会 4 个。2020 年，全系统实现购进总额 94399 万元，其中农副产品购进额 70909 万元；销售总额 106100 万元，其中生活资料零售 5363 万元，农业生产资料销售 20862 万元，社办工业产品销售额 79094 万元；社办工业总产值 80194 万元；上缴国家税费 178.53 万元；实现纯利润 878.17万元；为农服务分中心质量提升建设 6 个。

【供销社农业社会化服务】 以为三农服务为宗旨，在深化供销社综合改革工作中，开展农业社会化服务工作，助力乡村振兴。代理服务。通过在镇街建立的 22 个为农服务分中心及 181 个村级综合服务社，为 921 家各类经营主体开展代理服务，其中代账 239 家，提供工商注册、注销、行业协会年检、法人变更、项目编制等代办业务 375 家，农资技术服务 307 家。为近 20 个镇（街道）139 个村代办成立各类集体经济组织 278 家，代账 137 家。2020 年，主动与中国建设银行简阳市支行对接合作，拓展裕农通网点 115 个。现代化农机服务。与镇金镇贫困村——小湾村的集体经济组织简阳市小湾村兴农文农机专业合作社合作，成立了“小湾村供销合作社”，投入收割机、打土机、秸秆粉碎机等各类农机具 25 台，作业范围覆盖简阳市、成都东部新区以及仁寿县的多个乡镇，服务 3000 余户农户，作业面积 20000 亩以上。搭建起致力于机耕、机收、秸秆粉碎再利用等多功能于一体的现代化农机服务。统防统治服务。领办成立简阳市维农智慧植保专业合作社，以植保服务专合社为轴心，带动周边农民加入，为简阳市、仁寿县、重庆大足等多地开展了柑橘、红萝卜、藕田等多种经济农作物的无人机病虫害防治，对各类种植专合社的农业化生产统防统治托管服务，面积达 6054 亩。助力特色农副产品销售。指导供销益家有限公司认真开展农村电子商务，将简阳特色农产品的购销与电子商务充分对接，利用供销 e 家、淘宝网店等电子商务平台，在线上建立“四川 · 简阳特产馆”，将具有简阳地方特色的晚白桃、草莓、羊肉汤等 110 样名优产品进行宣传推广，线下参与各级组织的农副产品展销活动，发挥了简阳特色农产品从生产到消费的桥梁纽带作用。

【农资供应】 市供销社系统农资经营 2 个配送中心，423 个网点。全年组织供应各种化肥 9.24 万吨，其中磷肥 3.52 万吨，碳铵 2.34 万吨，尿素 2.99 万吨，农药 1772 吨，实现农资销售总额 20862 万元，确保了全市农业生产的需要。

【农资服务】 市供销社系统各农资企业及经营站点开展送科学、送技术上门服务活动。全年共发放科技资料 16920 份，开展技术培训 200 余次，培训农村实用人才 10300 人，150 余名科技人员常年开展农业科技咨询服务，为农民解答农业科技及农作物病虫害防治等疑难问题，提高农民种植技术能力，提高简阳市农产品科技含量，提升供销社为农服务质量。

（蔡君华）

粮油购销

【概况】 市发改局指导粮食购销企业开展以购代销、边购边销、薄利多销、加工转销、兑换促销、推陈储新等形式多样的粮食促销活动，不断扩大优质畅销粮食品种的销售比例。2020 年，粮油收购 81869.6 吨，较上年减少 28.57%；粮油销售 80633.6 吨，较上年减少 29.02%。随着简阳发展建设拓展和农村土地流转进程加快，本地粮食种植呈递减趋势，市场粮源依赖外来粮食增强，粮食购销量将呈逐年增长趋势。

【四川省若男面业有限公司】 公司成立于1996年，已有20多年的历史。2013年12月，与四川省国资经营投资管理有限责任公司合资，设立四川省若男面业有限公司。公司位于简阳市贾家镇工业集中区，注册资本6000万元，占地面积近200亩，是一家专业从事中高档挂面、高端面粉生产销售的食品生产企业，有员工126人，年设计挂面生产能力2.3万吨，小麦处理能力7.7万吨，拥有生产车间及配套仓容近20000平方米。公司始终坚持“以质量求生存，以信誉求发展”的经营理念，紧跟市场消费需求，高度重视产品质量。从原料选择、生产加工到成品储存的各个工序流程，都严格按照食品加工企业要求及ISO 9001质量管理体系和HACCP食品卫生安全体系的要求运作。若男挂面一直秉承“无添加”理念，在产品中始终坚持使用天然成分。公司以市场需求为导向，开发出珍选系列、宽心系列、上品系列、劲道系列、特定专卖品系列等五大系列五十多个品种，产品畅销全国各大中连锁超市，如沃尔玛、永辉、大润发、华润万家、家乐福、红旗、舞东风等以及城市街头巷尾的便利小超市。同时，公司的产品出口欧美等20多个国家和地区。公司生产的“若男”挂面、面粉等系列产品深受消费者喜爱，先后获“中国名牌产品”“中国驰名商标”“四川省著名商标”“四川名牌产品”“四川省消费者喜爱商品”等荣誉。2020年，生产面条9300吨，主营业务收入4950万元，利润100余万元。

【简阳市棉丰榨油厂有限公司】 公司是1986年兴办的民营企业，厂址位于简城镇棉丰村7社，占地20亩，紧邻简三路，距离市中心8千米，交通便利。该公司是一家以“双低”油菜籽、棉籽为原料的农产品加工企业。主要产品菜籽油、菜籽粕。产品主要销往成都、内江、资阳、省外重庆、云南、广东、广西等地。2020年，生产菜油1300吨，菜粕20000吨，实现主营业务销收入5100万元；利润55万元。

【简阳市江源面业有限公司】 公司由原集体企业“简阳市江源面粉厂”改制而来，始建于1984年，厂址位于简阳市江源镇江源村十社，是一个山清水秀没有污染的地方，2006年通过“绿色食品发展中心”的土壤、大气、水质的检测标准。简阳市江源面业有限公司现为成都市“农业产业化重点龙头企业”，多次荣获成都市“重合同守信誉”企业，简阳市“诚信民营企业”及各级政府授予的“安全文明单位”“优秀企业”等称号。企业通过HACCP质量认证体系，现有注册商标两件“蜀江源”和“丰典”，绿色食品使用标志四件，其中“丰典”牌获得资阳市知名商标荣誉称号。2020年，产值达3000余万元，固定资产1200多万元。企业占地6000多平方米，最新800型面条生产线1条，日产量为55吨。有职工38人，其中中高级技术人员8人。产品有20多个品种，近百种规格，产品畅销成都、眉山、乐山、重庆、资阳、资中、内江等地。2020年，生产挂面7000吨，销售额3000万元，利润70万元。

（周　静）

烟草专卖

【概况】 2020年，简阳市烟草专卖局（分公司）坚持以习近平新时代中国特色社会主义思想为指导，深入贯彻落实省、市烟草专卖局（公司）各项决策部署，围绕“三稳三确保”工作总基调，克服新冠肺炎疫情带来的负面影响，以新发展理念持续谋划和推动烟草高质量发展，努力打造“经营秩序好、市场状态优、队伍素质高、创新意识强”的标杆单位。

【卷烟销售】 市场状态稳中向好，全年共计销售卷烟28100箱，同比增长2.25%，销售金额11.472亿元，同比增长4.05%，单箱结构4.08万元，同比增长2.4%。

【网建基础升级】 全面完成零售户标价签更换及终端二维码铺设；制定陈列标准，开展零售终端维护“大擂台”，每日评选“擂主”“每日之星”“领跑团队”，营造比学赶超氛围。

【品牌培育】 强化提升地产烟上摊率、订足率，主销规格货源使用率稳步提升；开展线上品牌培育，积极宣传“宽窄”扫码活动；全年川烟份额占比 40.3%，宽窄系列销量同比增幅 58.1%，三类以上川烟占三类以上份额 39.3%。三项均排名全市第二。

【专卖管理】 终端监管有力。开展“大户整治”“夏季终端”“清网”“电子烟清查”4 个专项整治行动，市场净化保持稳中有升。全年查获各类涉烟违法案件 148 起，责令停业整改 19 户，吊销零售许可证 4 户，查获涉案卷烟 252.18 万支，完成成都市烟草专卖局（公司）下达三烟查稽进度 180.13%，进度指标位居全市第一，查获“双五”案件 15 起，同比增长 200%。依法治烟有力。贯彻新发展理念，落实“放管服”改革要求，“对申请人李某不予行政许可案”获评全省行政执法典型案例；修订《烟草制品零售点合理化布局规划》，进一步优化行政许可配置。提升预警防控能力，内部监管有力有效。调查核实预警 11 条，通过预警发现异常线索 1 条；下发整改函 1 份、意见函 2 份；制定零售客户订货预警表，明确 4 项 8 类预警零售户界定标准。

【企业管理】 明确发展目标，优化方针目标考核管理体系，更加突出核心支撑、过程保障和创新激励，目标引领作用持续增强；明确安全底线，深入推进岗位达标，落实双重预防机制，实现隐患排查制度化、常态化、规范化，累计开展各类安全检查 43 次，应急演练 3 次，成立安全特色文化活动小组，开展主题活动，获成都市烟草专卖局（公司）二等奖。明确队伍支撑，发扬 PK 精神，通过民主推荐、公开竞聘方式选拔任用干部 2 名；响应国家号召，推动退休人员社会化管理进程实施；持续开展工作创新和对外宣传，全年开展学术活动 4 次，完成学术论文 51 篇，同比增长 155%；宣传报道得分近 400 分，超上年一倍以上。

【新冠肺炎疫情防控】 简阳市烟草专卖局（分公司）强化组织领导，抓实全面排查，细化工作举措，注重宣传引导，严格履行办公区测温登记、定时消毒、异常上报制度，定期发放防疫物资；利用滚动屏、展板、QQ 群、微信群等平台开展防治知识和政策宣传，切实保障员工生命健康安全。优化企业服务，履行社会责任，员工自发向辖区防疫物资紧缺的零售户及对口帮扶贫困村发放抗疫物资；面向全体在职员工和离退休人员发出专项募捐倡议书，向武汉红十字会捐款 47820 元。

（刘　震）

文化创意产业

【概况】 2020 年，简阳市按照成都市世界文创名城建设工作安排，精心推进简阳市文创产业发展。用好文创项目扶持金，大力扶持文创街区和文创空间建设。举办“天府文创大集市”简阳分会场活动，搭建简阳特色文创产品展销平台，大力推进“东来印象”、ACG 时空动漫影视中心等文创重点项目建设，全年实现文化创意产业增加值 28.1 亿元。

【载体建设】 2020 年，全市新增文创园区面积 5 万平方米，建设文创街区 3 条，分别为东方威尼斯街区、鳌山坊特色街区、云龙镇马庙街，新增尤安村百鸣湾乡村酒店、稻花香里生态农庄、炳文书馆等 20 个文创空间。

【人才培训】 2020 年 11 月，组织全市各相关单位、乡镇（街道）、村（社区）干部 56 人在广州中山大学举办 2020 年简阳市文化创意产业发展专题培训班，培训内容包括《习近平谈治国理政》（第三卷）、传统文化与现代文创产业结合发展、文化旅游与文化创意、产业

羊扬天下作品获得第二届川渝厨艺邀请赛最佳创意奖

融合与文创产业发展、文化创意产业园建设等，通过培训提升全市文创战线干部业务水平。

（谢　勇）

大健康产业

【概况】 2020年，简阳市健康产业项目建设有序推进，市卫健局先后前往江苏艾迪尔医疗科技股份有限公司、海天集团、巴中骨科医院3家大型企业、机构就投资健康服务产业项目相关事宜洽谈5次，形成意向项目2个（数字健康城市产业联合体四级体系搭建项目、成都生命科学城项目），落地项目1个（成都成简骨科医院成功签约），圆满完成简阳市投资促进工作暨“百日擂台赛”活动任务，社会资本投资总额5亿元。市妇幼保健院妇女儿童急救中心、市疾控中心迁建、东溪中心卫生院项目竣工；市精神病医院项目主体竣工；市人民医院完善三甲功能、市中医医院康复治疗中心、市妇幼保健计划生育服务中心综合住院大楼项目有序推进；3家社区卫生服务中心（乡镇卫生院）建设项目竣工投用，17家乡镇卫生院建设项目有力推进。

（刘　豪）

旅　游

【概况】 2020年，市文体旅局和市文旅中心围绕成都“三城三都”建设、简阳“四张城市名片”创建，抢抓大运会机遇，推进旅游工作再上台阶，助力成都东部区域中心城市建设。做好疫情防控，推进旅游规划编制、乡村旅游目的地培育、旅游品牌创建、旅游行业培训、涉旅企业服务、旅游宣传等工作，全市旅游产业平稳、有序发展。全年实现旅游收入26.17亿元，接待游客871万人次。

【旅游实体】 截至2020年年底，全市共有成都市AAA级林盘景区3个；农家乐/乡村酒店60余家，其中省星级农家乐、乡村酒店12家；旅行社（含分社、网点）34家，其中旅行社分社6家、旅行社服务网点28家；各类住宿业168家，其中四星级酒店1家、金树叶级绿色旅游饭店2家、银芙蓉级主题旅游客栈1家、成都市SL五花级商旅酒店1家。

【旅游品牌打造】 2020年，利用和发挥简阳市的资源优势和区位优势，努力打造特色亮点旅游精品。金色丙灵景区成功创建AAA级林盘景区，稻花香里生态农庄、未来之星家庭农场综合体和羊扬天下成功创建主题旅游目的地。昕雅图酒店成功创建“成都市SL五花级商旅酒店”，稻花乡里生态农庄顺利通过“四改一提升”示范点验收，天元农庄成功创建三星级农家乐。

【旅游项目】 2020年，全市有重点旅游项目10个，其中，省重点项目2个，成都市重点项目1个，其余7个为简阳市重点项目，计划总投资185亿元，年度计划投资21.51亿元，完成投资25.25亿元。

东来印象　项目位于简阳东城新区，占地450亩，总投资56.3亿元，是简阳市高标准规划建设的文化体育综合项目，是公共文化服务工程，全民健身工程，文创产业工程；建设内容包括“八馆五中心两园一家一大剧院”，即图书馆、文化馆、美术馆、博物馆、档案馆、方志馆、体育馆、游泳馆，广电中心、青少年活动中心、全民健身中心、国民体质监测中心、市民中心，体育公园、文创产业园，文艺之家和大剧院。项目于2018年2月开工，2020年年底主体竣工。

西南国际旅游集散中心　项目位于简阳市简城街道高铁片区，总投资约31亿元，规划总面积约300亩，总体面积约62万平方米，集旅游集散、商贸会展、休闲活动、品牌展示、文化创意等多功能于一体，包括旅游总部基地及休闲商业综合体、特色商业街。该项目的建成，将为全市建设国际休闲旅游目的地提供强大支撑。项目于2018年6月开工，截至2020年年底，旅游总部基地和办公楼主体竣工。

家风荷乡国家AAAA级旅游景区建设项目　项目位于简阳市平泉街道北部，交通便利，毗邻成都经济区环线高速公路出口，邻近渝蓉高速公路、国道318。项目围绕中华家风主题文化，借助巴蜀文化旅游走廊建

表 30　　2020 年简阳市旅游饭店一览表

序号	名称	等级	详细地址
1	新东南国际大酒店	四星级酒店	简阳市东城新区雄州大道北段 888 号
2	城市名人酒店	金树叶级绿色旅游饭店	简阳市东城新区金融街 158 号
3	昕雅图酒店	金树叶级绿色旅游饭店、成都市 SL 五花级商旅酒店	简城街道建设西路西段
4	万福苑酒店	银芙蓉级主题旅游客栈	简城街道办中心村二社

表 31　　2020 年简阳市星级农家乐（乡村酒店）一览表

序号	等级	名称	地址
1	四川省四星级农家乐	简城街道逸水源休闲山庄	简城街道金光村 1 组
2	四川省四星级乡村酒店	简城街道大石桥乡村酒店	简城街道办大石村 1 社
3	四川省四星级农家乐	简城街道葫芦坝发家生态园	简城街道大葫村 8 社
4	四川省二星级农家乐	简城街道小魏农庄农家乐	简城街道大葫村 7 组
5	四川省五星级乡村酒店	简城街道玉龙山庄	简城街道升阳村 2 社
6	四川省三星级农家乐	江源镇炜烨农庄	江源镇互竟村 1 组
7	四川省二星级农家乐	江源镇方姐农家乐	江源镇红台村 9 组
8	四川省四星级农家乐	杨家镇绿光水岸农家乐	杨家镇金星村
9	四川省三星级农家乐	云龙镇云湖湾山庄	云龙镇庄园村 5 组
10	四川省三星级农家乐	云龙镇幸福居农家乐	云龙镇爱民村 2 组
11	四川省二星级农家乐	平泉街道悠然岛	平泉街道石盘村 3 组
12	四川省三星级农家乐	三星镇天元农庄	三星镇六洞村 8 组

设的契机，立足自然、产业、文化基础，把中华传统文化如家风文化、汉服文化、宗祠文化等融入经营，引进打造家风学堂、家风食堂、家风文创园、乡村民宿、现代农业等多种业态，着力将景区打造集城乡融合发展、服务共享的中国巴蜀家风文化的展示窗口、成都乡村振兴示范样板、国家 AAAA 级旅游景区。2020 年底，家风荷乡已完成荷桥车站、小龙溪河、荷桥坝等景观节点打造，君子八院民宿项目主体建设基本完毕。

【旅游营销与旅游节会】 转变工作思路，以线上宣传营销活动为重点，进一步提升简阳城市显示度和美誉度。2020 年，成功举办简阳第十七届羊肉美食文化旅游季系列活动，开展“一镇（街道）一活动”18 场。开展与雁江区、乐至县、安居区等区域的旅游合作，吸引大量游客到简阳“寻美”。创新性开展“线上景区直播”活动，通过央视直播、成都发布等媒体平台开展《简阳樱桃花许你一场春暖花开！》《云赏春丨百花报信换新时：颗颗樱桃叶底红，简阳正当好“食”节》《首届网络踏青大会》等线上活动。与抖音、携程旅拍、马蜂窝等短视频平台开展旅游相关合作，开展疫情期间短视频“种草”活动，并邀请“成都马大姐”“幺妹吃成都”“她是吃霸”等成都抖音流量大 V，宣传推广简阳红樱桃品尝采摘线路，吸引游客莅简游玩。推出“云游简阳”栏目，让市民在“云端”足不出户，动动手指，就能欣赏全市旅游景区的美景，以满足部分市民的文化及出游需求；推出宅家旅游活动，上线“简阳羊带你游简阳”小程序游戏，宣传推介鳌山公园、家风荷乡等景区，定期推送“云游简阳”防疫宣传画报，有效增加简阳文旅在互联网端的持续曝光量，形成简阳文旅的话题性宣传效果。探索建立“政府搭台、企业主导、线上线下”融合消费体验模式：邀请知名新媒体培训讲师开展“营销直播带货，促进农民增收”新媒体营销培训课，围绕新媒体短视频+直播运营进行授课；与“菜鸟易购”电商平台携手开展“简阳云逛街·联动促消费”活动，带动新零售、新消费、新增长，促进消费新业态、新模式、新场景普及应用。开展“春风十里　樱为有你”现场打卡活动，策划樱桃树苗认领活动；与简阳市汇众农业投资有限公司合作，开展简阳红樱桃原产地产销对接会，邀请成都生鲜超市到田间地头采购简阳农特产品，促进农民增收。通过线上“农商文旅体”深度融合，实现“数字经济+实体经济”共赢发展。

羊肉美食文化旅游季　以成都举办第三十一届世界大学生夏季运动会为契机，于2020年12月10日至2021年1月3日成功举办了简阳第十七届羊肉美食文化旅游季系列活动。据不完全统计，简阳第十七届羊肉美食文化旅游季期间共接待游客约170万人次，实现旅游收入（含羊肉汤销售收入）近4.5亿元，速冻羊肉汤销售量较去年增长30%。转变工作思路，以线上宣传营销活动为重点，活动方式由线下转移到线上为主。在抓好疫情防控的前提下，羊肉美食文化旅游季以“大运成都　简阳不远”为主题，开幕式为核心，串联“海底捞”全球派送简阳羊肉汤等六大线上活动。12月18日开幕式当天，中央电视台、新华网、四川观察、四川卫视、《成都日报》、红星新闻、成都电视台等40余家知名主流媒体对活动进行报道。开幕式活动在央视频移动网、新华社现场云、乐直播、微赞直播、看度、今日头条、百度直播等平台同步直播，全网联播累计观看约65.92万人次。微博话题词（截至2021年1月4日）“大运成都　简阳不远”阅读量达2057.3万次、“羊肉汤就是要去简阳吃”阅读量达728.9万次，抖音话题“大运成都　简阳不远”484.2万次播放，全网全平台累积阅读量超5000万次。12月21日，中央财经频道《正午财经》栏目对简阳第十七届羊肉美食文化旅游季活动进行了报道。找准两个结合，活动影响由当地扩散到全球各地。将简阳羊肉汤与世界品牌海底捞有机结合。联合简阳全球知名连锁餐饮企业“海底捞”发起冬至简阳全球派送羊肉汤活动。冬至当天，加拿大、马来西亚等国家150余个城市的600余家“海底捞”门店赠送所有到店客人一碗简阳羊肉汤，来自全球30余万名客人参与了此次简阳羊肉汤派送活动，品尝到了简阳羊肉汤。此次派送活动单篇微信公众号阅读量达24.8万次，全网、全平台共计曝光800余万次。将简阳羊肉汤与世界大学生运动会有机结合。借力大运会，策划推出“送简阳羊肉汤上大运”系列宣传活动，选出简阳羊肉汤十大品牌，邀请大众为简阳羊肉汤打call，让简阳羊肉汤走向世界舞台，提升简阳城市影响力和美誉度。紧扣三个主题，活动目的由美食推广提升到城市营销。确定简阳旅游宣传形象，以跳跳羊、柔柔羊为简阳旅游IP，将城市形象、文化、品牌进行整合包装运营，彰显城市特色和优势，提升城市综合实力和竞争力。确定“简阳不简单”宣传话题，邀请巴蜀文化专家、成都“活地图”袁庭栋，在抖音以短视频的方式讲述不为大众所知的简阳大耳羊、简阳羊肉汤和简阳故事，融合简阳前世今生，场景化呈现简阳悠久的历史文脉与人文气质，展现一个包含历史底蕴而又欣欣向荣的崭新简阳。确定“简阳不远”宣传主题，通过简阳不远的宣传词，拉近成都、全国、全球对简阳的心理距离，并将新机场、东来印象（简阳大运场馆）、羊肉汤、沱江夜景、鳌山公园等简阳特色美食、景点串联起来，制造外地人来简阳打卡、消费的潮流话题。

“一镇（街道）一活动”　2020年，依托农作物、农产品、民俗活动、农事活动等农村特色资源，共开展了以蔬果采摘、鱼虾垂钓、花卉欣赏、运动休闲等为主题的乡村旅游节会活动18个，推进农商文旅体产业融合发展，提高简阳乡村旅游活动的知名度和影响力。带动产业连片发展。禾丰桃花源、云龙千佛桃源、施家阳春花谷、平武胭脂脆桃产业园以观赏桃花和桃果采摘为抓手，高度重视“桃产业”，大力发展“桃经济”；石桥街道和赤水街道大力开展哈密瓜种植约300余亩；江源桑海乡田共发展桑葚采摘基地4000余亩，其中2000亩进入盛果期，亩产1000公斤，每亩产值约8000元。2020年，全市有以农家乐、渔家乐、森林人家为代表的特色乡村旅游接待点100余家，其中星级农家乐、乡村酒店13家，乡村旅游直接从业人员2000余人，间接带动万余人从事乡村旅游活动。促进农副产品营销。石桥街道、赤水街道、平泉街道、云龙镇、江源镇、施家镇等镇（街道）充分利用“一镇（街道）一活动”乡村旅游活动开展农副产品展销，在活动期间配套了扶贫集市、特色农副产品展销、镇域企业专场宣传、采购协议签订等活动，显著地提升了当地特色产业及农副产品的知名度，“简阳红樱桃”“简阳晚白桃”“简阳胭脂脆桃”“简阳黄金梨”“永宁葚果”等“简字头、天府源”品牌吸引了尽春意酒业、尚果酒业、四川隆源农业有限公司等优秀农产品加工企业大量采购，延伸产业链条，带动当地经济社会发展。

【旅游市场监管】 组织开展全市旅游市场“不合理低价游”专项整治、严厉打击虚假宣传、零负团费、强迫消费、欺行霸市、恶性竞争等严重扰乱旅游市场秩序的行为，全年排查旅行社分社或网点300余家次，出动执法人员近1000人次，有效规范全市旅游市场秩序，促进行业精神文明及旅游服务质量双提升。认真处理游客的投诉，全年受理旅游投诉50余件，办结率100%。通过各种不定期、不定时地监督检查，有效维护健康有序的旅游市场秩序，确保全市旅游市场运行平稳、游客总体满意。

【旅游安全监管】 加强对全市各星级饭店、星级农家乐、旅行社分社、服务网点等旅游从业单位的疫情防控、安全生产的宣传、指导和监管，重点针对元旦、春节、清明、“五一”、端午、中秋、国庆假日等特殊时段，结合疫情防控，开展旅游安全生产隐患大排查和安全专项检查，其中联合消防、市场监管、卫健等部门开展节前安全检查4次。全年共召开安全培训工作会议3次，出动检查人员160余人次，检查旅游市场经营单位350余家次，将安全工作落到实处，提高从业人员的疫情防控和安全责任意识。全市旅游安全形势总体平稳，未发生重大旅游安全生产事故和恶性旅游市场秩序案件。

（陶思宇）

金融业

【机构】 全市有中国人民银行分支机构1家，银行业金融机构15家，银行网点185个（含支行、营业所、分理处等，其中53个位于成都东部新区），其中工商银行5个、农业银行11个、中国银行5个、建设银行6个（1个位于成都东部新区）、农业发展银行1个、邮政储蓄银行（含邮政代理网点）62个（其中20个位于成都东部新区）、简阳农村商业银行84个（其中29个位于成都东部新区）、资阳民生村镇银行3个（其中2个位于成都东部新区）、成都银行1个、遂宁银行2个（其中1个位于成都东部新区）、乐山市商业银行1个、成都农商银行1个、绵阳市商业银行1个、四川银行1个、浙江民泰商业银行1个。全市有26家保险机构、2家证券公司。

【贷款】 2020年，贯彻执行稳健的货币政策，全市人民币贷款余额达474.58亿元，比年初增加72.87亿元，增长18.14%。

【存款】 2020年，全市人民币存款余额822.41亿元，较年初增加44.90亿元，增长5.78%。从存款构成来看，个人存款余额612.99亿元，占存款余额的74.54%，比年初增加41.91亿元，占各项存款增加额的93.34%，个人存款是金融机构最主要的信贷资金来源。

【信用体系建设】 推进社会信用体系建设，2019年四川省县域金融生态环境评价为A组15名，较2018年上升2名。2020年，全市有征信自助查询点4个、人工查询点1个，为企业和个人提供信用报告查询服务，提供企业征信查询报告639份、个人征信报告29437份，发放和变更机构信用代码证共1751户。

【支付结算】 落实取消企业银行账户许可。贯彻落实“放管服”改革要求，积极推动取消企业账户许可工作，改善营商环境。2020年，共开立结算账户537户，撤销650户，变更960户。加快农村支付环境建设，2020年末，辖有ATM机具413台、POS机2370台，网上银行用户881732户，手机银行用户911382户。

【经理国库】 2020年，各级预算收入入库29万笔，金额104.69亿元，其中本级预算收入33.66亿元。各类预算支出3.66万笔、金额148.75亿元。2020年，通过TIPS系统电子缴税入库业务16.68万笔，占比达99%。积极开展减税降费工作，共办理退库1838笔1.59亿元。

【保险、证券】 2020年，保费收入85790万元，保险理赔22633万元。证券交易量471.09亿元，证券开户数30246户。

（雷云春　易培川　陈世禄）

邮政快递·物流

【概况】 2020年，简阳市登记在册的邮政快递企业17家（邮政公司、韵达、简阳申通、贾家申通、中通、圆通、顺丰、百世汇通、天天、优速、京东、德邦、苏宁、宅急送、极兔、丹鸟、菜鸟驿站），邮政、快递城区网点合计41家，快递企业在乡镇设置备案分支机构21家，邮政乡镇网点52家，快递末端网点合计343家。全市邮政快递企业现有从业员工800余人。全市已构成方便快捷、安全可靠的寄递网络。简阳市物流产业发展持续增长，在简阳市已注册物流企业约200家，正在从事物流业务经营的约91家，其中规模以上企业有唯品会西南物流中心、川橡天发物流公司、德盛物流公司、金利达物流公司、新雄州物流公司、雄州渣土运输公司6家，小微型企业85家，全年总产值约4亿元。2020年，唯品会实现销售收入231.2亿元、税收2.8亿元；成都东传化物流港实现销售收入10亿元、税收2800万元。现已运营和启动建设的物流项目有大华国际、唯品会西南物流中心（二期）、成都东传化物流港、申通、中通、德盛仓储配送中心、天发物流配送中心，已签约入驻的项目有天慧西部酒店用品、大港商业广场、天津亿联（简阳）国际商贸城。加快推进东部区域"空铁公"多式联运物流港前期工作。

【简阳邮政分公司】 简阳邮政分公司辖内邮政普遍服务营业场所共计113个，其中城区网点5个，农村支局所53个，邮政代办所（委代办网点）55个，按普遍服务规定开办包裹信件收寄、邮票销售、订阅配送报纸杂志业务，其中南街邮政支局开办国际及港澳台邮政业务。城区普邮10个段道，包裹投递16个。投递揽收车辆10台、三轮电瓶车79辆，保证市内及各乡镇报刊、邮件全程时限。城市当日妥投率达99.9%，农村地区妥投率达95%以上。农村村邮站投递覆盖到所有乡镇和行政村，农村通邮率达100%。简阳邮政分公司2020年完成寄递类收入1289.29万元，完成全年计划106.73%，同比增幅18.01%；完成邮务类收入1085.05万元，完成进度97.22%，同比增幅6.21%。

【简阳神州快运有限责任公司（韵达简阳市公司）】 简阳神州快运有限责任公司成立于2010年10月，上海韵达货运有限公司（韵达快递简阳市一级加盟商），经营国内快递（邮政企业专营业务除外）业务。仓库位置位于简阳市凯力威大道天发物流7号库，员工70余人，自有营运车辆5台，电动三轮车40辆，简阳市自有营运网点6个，设立分拣场地1个，建立代办点44个，末端已覆盖全简阳市98%乡镇。2018年，已开通快运和仓储服务，形成快递、快运一条龙服务。韵达简阳市公司2020年收派件约831万票，营业收入达928万元，在服务质量和客户满意度，及市场占有率均名列前茅。

【简阳市中中通速递有限公司（中通简阳市公司）】 简阳市中中通速递有限公司成立于2010年，是上海中通快递股份有限公司的简阳签约加盟商，经营国内快递（邮政企业专营业务除外）业务。简阳市中中通速递分拣中心位于简阳市凯力威大道天发物流园区内，企业现有营业网点69个，其中简阳市城区网点20个，乡镇网点49个，从业人员210余人，企业自有干线运输车辆9台，末端配送各类车辆78台，实现了简阳市范围内城区、乡镇的全覆盖配送。中通简阳市公司2020年收派件约706万票，营业收入约1031万元。

【四川川橡天发物流有限责任公司】 2003年9月1日，公司由原四川轮胎橡胶（集团）股份有限公司汽车队整体改制成立。公司位于简阳市工业园区凯力威大道海鑫次干道，注册资金为1003万元，是国家AAAA级物流企业。公司法定代表人杨毅，有员工60余名，车辆150余辆，联运和挂靠车辆370余辆。公司以汽车普通货物运输、仓储为主，开展有货物专用运输（集装箱、罐式、冷藏保鲜、搬家运输）、大型物件运输、国际货物运输代理，零售汽车配件、建材、化工产品（不含危险品）、橡胶制品，货运信息服务，机械加工，停车经营租赁等业务，2020年新增仓库面积8000平方米，2020年全年营业收入约7200万元，比2019年同期增长16%，创造利税390万元，比2019年同期增长16.5%。

【四川省德盛物流有限公司】 四川省德盛物流有限公

司是一家集仓储装卸、公路货运、零担快递、物流信息咨询、电器家具送装一体的综合性物流企业。2017年，公司被中国物流与采购联合会评为国家物流协会AAA级物流企业。自有车辆20辆，加盟车辆180余辆，仓储面积达6万多平方米，公司立足于最后一公里配送，方便快捷、及时高效，拉动乡镇经济。因受疫情影响，2020年全年营业收入1800万元，创造利税约12万元。

【四川省新雄州物流有限责任公司】 公司成立于2014年5月29日，位于简城镇建设西路，主要从事普通货物运输。2020年，公司开始主营渣土运输，有渣土车辆202台，有员工及驾驶人员共214人，所有车辆均在简阳市范围内从事渣土营运。因受疫情影响，2020年全年营业额约3200万元，创造利税约23万元。

（方义竹 陈 波）

通信与信息化

【概况】 2020年，推进光纤宽带网络支撑能力建设，接入能力普遍达到300兆比特每秒，持续优化通信局所布局，在城区逐步试点千兆光纤网络入户。持续优化提升4G通信网络，加快推进800兆赫兹和900兆赫兹频段复用，优化组网方式，提升覆盖能力和网络建设经济性，完成2019年度电信普遍服务试点项目建设加快推进5G网络室外连续覆盖组网建设。累计完成366个5G基站建设，东城新区5G网络室外信号连续覆盖能力加快形成。组织企业参加云行天府线上活动培训，推进四川轮胎橡胶（集团）股份有限公司、帝欧家居股份有限公司两化融合管理体系贯标试点，南格尔生物科技有限公司DigiPla系统软件获得成都市首版次软件认定，持续推进工业化和信息化融合发展；将工业企业在线信息系统纳入成都市统一检测平台，提升了防护水平。

【中国电信】 2020年较2019年收入增幅5%以上，宽带净增0.4万户，IPTV净增0.5万户，天翼语音净增2.2万户。存量尾纤二维码粘贴率从51%提升至80%。二分箱完成2.8万个归属清理，其中对2000多个二分地址归正。钻金银政企客户21，清理政企接入交换机35台，政企光纤370余条。热点消除共计18个，完成56个支付场景建设。交付使用118个5G基站，城区基本完成5G连续覆盖。2020年，完成西路、禾丰、三星、平泉、新市5个老旧机房整治。其中西路机房整治完成割接80余次，替换尾纤6000余根，拆除废旧设备7台机架11个，释放空间45个平方。完成2000户以上OLT双路由整治8个。完成成环整治8个对三同隐患清理7个。完成高山站35个蓄电池添加，光缆故障率从2019年11%压降至0.75%。工单历时从2019年746分钟压降至256分钟。加强光缆维护和装维的协同联动，全程光衰达标率从89.21%提升至94.66%。OLT脱网率、本地网终极光缆故障发生率均较2019年大幅压降。

【移动通信】 累计投资超10亿元，2020年投资超3亿元，基站数量从800个（2G／3G／4G）快速提升至3000余个，其中5G超过300个，有线网络覆盖用户从10万户提升至43余万户，基本实现简阳城区及各乡镇、农村的无线、有线全覆盖。简阳移动目前手机用户规模超70万户、家庭宽带用户规模突破30万户。开展平场拆迁工作，全年累计投入拆迁资金超3500万元，参与简阳市人大会、森林防火演练、机场试飞、丹景山城市公园开幕式、简阳市德胜集团运动会等重大项目及活动的通信应急保障工作。防汛期间，共计投入维护人员56人，车辆32辆，活动发电油机1856台次、固定油机783台次，完成发电保障2639站次；累计恢复基站2713站次。累计专项投入资金超3亿元，完成简阳5G网络部署、5G基站建设，同时完成4G网络替换升级。建设5G基站超400个，4G基站升级超1300个，有线端口建设超43余万线，为打造成都东部城市新区综合服务基地做好通信网络保障。

【联合网络通信】 按城区及周边乡镇、开发区（机场周边、简阳经开工业园区周边）、传统经济活跃区和偏远乡镇划分，共划分为四个片区，由4个渠道经理责任制进行管理，社会渠道发展移网用户10410户。线上渠道发展用户7059户，订单综合转化率达到60.5%。由3个智慧家庭工程师和社区经理分片区负责城区37个有资源小区，进行二维码触点建设，触点建设目标为小区茶馆、小卖部、物业、洗衣店，目前已建触点5个。现有单宽用户1868户，月发展智慧家庭用户65户，年发展用户780户，年提值收入23.32万元。简阳市玉丰园智慧农业项目，通过市县纵向一体化运作支撑，顺利成为2020年全市2个入围市农业局重点扶持智慧农业项目之一。在成都打造政府在智慧农业推广示范标杆，由于该项目结合了5G等先进科技成果，有良好的形象标杆意义。简阳市妇幼保健院5G应用项目为市县纵向支撑项目，带动明年医疗系统项目突破。

（刘　洋）

开放与合作

外事管理与对外交往

【概况】 2020年，市委外事办深入贯彻习近平新时代中国特色社会主义外交思想，全面落实中共十九届四中、五中全会精神和省委外事工作会议、省委外事委第二次会议精神及成都市委外事委第二次会议精神，整合全市涉外力量，推进外事外资外经外贸外宣“五外”联动，全面融入“一带一路”和成渝地区双城经济圈建设，全力服务“四向拓展、全域开放”战略大局，主动服务新时代简阳“三步走”战略目标，为夺取疫情防控和实现经济社会发展目标双胜利提供强劲的外事动能，努力提升简阳市对外开放能级水平。

【因公出国（境）管理】 2020年，因疫情原因，全市全年无因公出国（境）活动。

【海外交流】 全年共开展对外交流活动12次，与德国、日本等国在临空经济、现代物流、电子商务等方面进行了交流，并就合作项目开展磋商。其中，5月15日，以色列、捷克等16个国家驻蓉渝总领事、领事官员及香港特区政府驻蓉经贸办有关负责人等60余人到简阳参观访问西部电商物流产业功能区。其间，就国际交流合作与未来经贸合作意向进行了深入对接。

【疫情防控相关工作】 认真贯彻落实成都市委外事办、简阳市委、市政府工作要求，积极配合各部门（单位）相关工作安排，做好涉外疫情防控各项工作。深入学习、严格落实疫情期间邀请外国人来华政策及外事报备工作制度的新要求，及时转发成都市关于涉外疫情防控相关文件，配合简阳市委政法委、简阳市委社治委深入开展全市涉外摸排工作，制定涉外应急预案，张贴《告外籍人士来简的一封信》等。协调做好外籍人士来简相关工作，配合交通、卫健等部门制定机场转运预案，为全市疫情防控工作提供外事服务、翻译支持等。

【大运会服务工作】 对接大运会成都执委会外事联络部和大运会简阳赛区委员会，主动谋划开展赛事服务工作。做好大运会礼宾接待准备工作，提前制定礼宾接待工作方案，开展礼宾知识培训，及早储备高质量翻译人才；打造中外青年交流平台，结合开展青年友好城市营造共建共治共享行动，梳理全市归国留学生名单，策划开展中外青少年活动，为营造青年友好城市创造良好氛围；配合开展英文标识纠错活动，积极转发成都市委外事办关于英文标识纠错活动相关方案到各镇街及相关市级部门（单位），要求其确定专人负责工作，做好活动宣传，并定期督导工作进度；通过选定三方翻译机构，同步储备翻译资源。

【外籍人士“家在成都”工程】 组织辖区内的中外儿童，开展外籍人士“家在成都”主题活动2次；推动外籍人士社区服务中心建设，简阳市国际化社区选址简城街道白塔路社区，外籍人士社区服务中心选址白塔路社区党群服务中心；积极推动与芬兰塞纳约基市、日本富田林市对接建立友好国际社区，下一步将重点在教育、文化方面深入开展交流合作。

【涉外领事保护】 协助四川省外办、成都市委外事办涉外领事处开展简阳市公民领事保护工作。2020年，简阳市积极响应成都市领事保护宣传周活动，配合国家安全宣传日开展海外领保宣传活动，大力宣传外交部热线“12308”等领事服务内容，通过耐心讲解和认真解答群众提问等互动，让群众深入了解领事保护知识。

【APEC商务旅行卡宣传推广】 梳理出全市有资历、信誉好的外向型企业，汇成企业“白名单”上报市外办，增加企业人员办卡便利性；结合国家安全宣传日开展广泛宣传，赴凯力威、海大集团等企业开展重点宣传，组织相关平台公司开展APEC商务旅行卡业务培训会；广泛开展办卡流程讲解，做好办理指导，助力企业“走出去”。

（刘姝男）

投资促进

【重大项目引进】 2020年，成功签约中通快递西南总部、星河动力新一代商业运载火箭创新研发、四川能投天府云数据产业建设等64个重大项目（100亿元项目1个，30亿元以上项目5个；世界500强企业投资项目2个），协议投资总额659亿元。

表32　　2020年简阳市新签约引进重大项目一览表

序号	项目名称	投资金额（亿元）	投资方
1	四川华电简阳4×400MW级燃机项目	48	中国华电集团有限公司
2	中通快递西南总部项目	20	中通快递股份有限公司
3	丰树（简阳）临空电商物流综合平台项目	8	上海丰树管理有限公司
4	航通国际综合港项目	16	四川航通物流有限公司
5	皇氏简阳现代农业综合产业项目	6	皇氏集团
6	辅正药业异地迁建项目	1.8	四川辅正药业股份有限公司
7	兴原公司、兴城集团机动车循环利用基地项目	7	成都兴原再生资源股份有限公司、成都兴城投资集团有限公司
8	东进简阳产业新城项目	50	华夏幸福
9	成都天奥低轨通信卫星通信载荷项目	2.5	成都天奥集团有限公司四川圣华投资有限公司
10	四川能投天府云数据产业建设项目	100	四川省数字产业有限责任公司
11	紫光集团信息技术创新服务器生产项目	4.2	紫光集团
12	星河动力新一代商业运载火箭创新研发项目	15	星河动力（北京）空间科技有限公司
13	四川省高层次人才创新创业总部科技园项目		四川省千人计划专家联谊会
14	简阳市“5G新基建·智慧新简阳”项目	3	中国移动通信集团四川有限公司成都分公司
15	成都交投装配式构件制造项目	13	成都交投集团
16	北京金源利丰天府国际本草文旅小镇项目	40	北京金源利丰资产管理有限公司

续表32

序号	项目名称	投资金额（亿元）	投资方
17	厦门智联信通物联网远程控制智能终端项目	3.2	厦门市智联信通物联网科技有限公司
18	国际物流供应链科创空间项目	7.76	成都天府临空经济投资有限公司
19	简阳半山五星级酒店及国际商业街区综合体项目	20	四川金杯房地产集团有限公司
20	四川新金鑫照明5G云控制科技项目	2	四川新金鑫照明科技有限公司
21	四川文理学院成都研究院项目	18	四川文理学院
22	泰信生活广场项目	21	成都泰信建设有限公司
23	中国西南红酒奥特莱斯田园综合体项目	48	西昌通生农业科技有限公司
24	北京华泰安康医疗管理咨询有限公司成都成简骨科医院建设项目	5	北京华泰安康医疗管理咨询有限公司
25	德盛集团总部基地项目	7	简阳市德盛商厦有限公司
26	博骏教育学校项目	6	博骏教育集团
27	中安富海有机农业示范园项目	16	中安富海投资管理有限公司
28	四川众宸精密铸件及装备制造项目	1.56	四川众宸精密铸造有限公司
29	天虎工具整体搬迁技改项目	2.5	天虎工具
30	川田阀业精密制造研发设计生产加工制造项目	1.17	四川省简阳川田机械阀业有限公司
31	中际集团简阳生猪养殖项目	2	成都中际投资集团有限公司
32	中资国本天府实业农业产业化项目	12	中资国本天府成都实业有限公司
33	普洛斯天府国际临空智慧金融产业园项目	8	普洛斯投资（上海）有限公司
34	简阳市海晟隆辣椒田园综合体项目	3.2	青岛海晟隆食品有限公司
35	简阳市桃花源项目	5.1	江苏柏盛家纺有限公司
36	成都康鸿源生鲜物联网中心项目	0.8	四川康源农产品有限公司
37	“人工智能+财税金融”科技服务大数据项目	1.2	四川弘智远大科技有限公司
38	天津虹华环保高纯钛镍及其合金材料生产线项目	6	虹华环保科技（天津）有限公司
39	浙江省聚川环保真空环保成套设备生产线项目	1.3	杭州聚川环保科技有限公司
40	中国供销集团农产品配送交易中心项目	15	中国供销集团有限公司
41	四川省志童道合食品研发加工中心项目	2.5	四川省志童道合食品有限公司
42	四川省铁骑力士“阳光国际优食谷”食品科技智慧集群项目	8	四川铁骑力士集团
43	四川省好医生药业绿色药材研发中心项目	3	好医生药业集团
44	四川省麦恬佳园绿色食品研发中心项目	1	四川麦恬佳园食品有限公司
45	江苏省海安惠安快运中心项目	1.2	惠安快运
46	重庆薪太软云囤互通数字经济产业项目	5	薪太软
47	四川省创尚美嘉数字经济产业项目	5	四川创尚美嘉财务咨询有限公司
48	四川省炬翰科技智能绿色云算力机房建设项目	1	四川炬翰科技有限公司
49	四川省嗨沃客人才共享平台项目	1	四川嗨沃客科技有限公司
50	广东省微朋生鲜食品供应链项目	1	广州微朋信息科技有限公司

续表32

序号	项目名称	投资金额（亿元）	投资方
51	江苏省企晶灵金财税大师运营中心项目	1	苏州企晶灵财税服务有限公司
52	云南省中马农业生猪规模化养殖项目	5	中马农业发展（腾冲）有限公司
53	正邦集团简阳生猪规模化养殖项目	1	正邦集团
54	四川省川土万亩青花椒现代农业园区项目	3	广元川土食品有限公司
55	万纬（简阳）临空物流智能产业园	10	万维物流系万科集团股份有限公司
56	简阳市人民政府旭辉集团股份有限公司战略合作协议		旭辉集团
57	盈科大数据生态产业园项目	30	盈石集团
58	江西得利园食品有限公司得利园食品园项目	6	江西得利园食品有限公司
59	凉山州中泽新技术开发有限公司油橄榄深加工产业园项目	6	凉山州中泽新技术开发有限公司
60	冕宁元升农业科技发展有限公司元升农业产业园项目	6	冕宁元升农业科技发展有限公司
61	宁南县南丝路集团有限公司南丝绸之路食品总部项目	6	宁南县南丝路集团有限公司
62	四川家蕴食品有限责任公司家蕴食品园项目	6	四川家蕴食品有限责任公司
63	新疆碟滋味餐饮文化有限公司碟滋味振兴乡村绿色产业链项目	5	新疆碟滋味餐饮文化有限公司
64	重庆市新彦瑾食品有限公司研发生产基地项目	7	重庆市新彦瑾食品有限公司

说明：标红为世界500强企业

【投促推介活动】 坚持龙头引领，围绕构建产业生态圈创新生态链，瞄准高能级500强企业，赴北京等重点区域开展小分队招商100余次，考察华为技术有限公司、航天科技集团、阿里巴巴集团等重点企业200余家，成功举办“共享简阳新机遇·共谋航天新发展”等推介活动16场，实现市域美誉度提升、企业投资意向转化和签约项目增长等多重效益。

【专题活动】 2020年，简阳市聚力开展2020年第一季“百日擂台赛”。三个产业功能区签约注册亿元以上重大项目8个，签约注册高能级重点攻坚项目5个，线上线下走访对接高层级企业100余家，举办投促专题活动4场；开展第三季度、第四季度“项目招引攻坚行动”。共对接目标企业516家，形成在谈项目104个，签约注册重大项目32个（川能投区块链智慧产业集群被认定为100亿元以上重大签约项目），开工建设项目3个，选派驻外干部4名，营商环境进一步优化；开展“利用外资攻坚行动”。截至年底，FDI到位1000万美元，新注册企业3家，新签约项目12个，走访外企16家（实现全覆盖），新拜访目标外企9家。

（吴炬馨）

3月26日，简阳市举办2020年重大项目集中签约仪式

对外经济贸易

【概况】 2020年，全市实现外贸进出口总额12.2亿元［划归成都东部新区的三家外贸实绩企业：四川轮胎橡胶（集团）股份有限公司、简阳市城西精工机械

有限公司、简阳威利装饰材料有限公司全年进出口总额 6.2586 亿元，占全市进出口总额的 51.3%]，同比增长 11.9%，完成全年目标任务的 102.5%，在成都市二十二个区市县中排名第七位。新增对外贸易经营者备案企业 21 家，新增 5 家外贸实绩企业。

【重点外贸企业】 2020 年，简阳市外贸重点企业带动作用进一步凸显，特别是四川轮胎橡胶（集团）股份有限公司，完成进出口 6.23 亿元，占全市进出口总额的 51%，四川凯力威科技股份有限公司保持良好态势，其进出口额（2.04 亿元）占全市进出口的 16.7%，四川空分设备（集团）有限公司外贸业务发展迅速，完成进出口额 2.08 亿人民币，占全市进出口额的 17%，三家外贸进出口企业为全市外贸进出口的快速增长起到重要的支撑作用。

【外贸主体培育】 2020 年，21 家外贸企业进行对外贸易经营者备案登记，其中新增四川兴至简机械有限公司、四川华新南光真空设备有限公司、四川升普石化科技有限公司、四川普拉恩管业有限公司、四川孚诺低温科技有限公司等 5 家外贸实绩企业。对外贸易实绩企业发展到 25 家，外贸队伍逐步壮大。

【国际市场拓展】 2020 年，积极组织企业参加广交会、进博会等境内交易会，积极帮助企业争取展位，拓宽市场，结识新客户。受疫情影响，未组织企业参加境外专业展会。

【搭建小微外贸企业政府统保平台】 2020 年，简阳市商务和投资促进局代表简阳市适保范围内的出口企业与四川信保继续签订出口信用保险合同，简阳市财政统一支付保费 26236 元，为简阳市小微出口企业更好开拓国际市场、防范和化解出口收汇风险、获取贸易融资、提升国际竞争力提供有力保障。

【深化新增外贸进出口企业孵化奖励机制】 2020 年，为进一步推动外贸进出口企业发展，扩大外贸进出口实绩企业队伍，根据成都市支持服务业发展相关政策，继续对新增外贸进出口企业提供孵化奖励政策：对于以前没有进出口实绩在 2020 年度产生 5 万美元及以上进出口总额的企业，一次性奖励现金 2 万元；上两个年度没有进出口实绩，但是上两个年度以前曾经产生过实绩的外贸进出口企业，在 2020 年度产生了 5 万美元及以上进出口总额的企业，奖励现金 1 万元。

（吴江楚）

区域合作

【概况】 简阳市贯彻党中央关于成渝地区双城经济圈建设的重大战略部署，立足简阳作为成渝地区双城经济圈建设、成德眉资同城化发展、成都东进等战略重要节点的定位，主动融入“双循环”，齐心唱好“双城记”，坚定走好“东进路”，加快建设成都东部区域中心城市，推动区域协调发展，塑造区域协同新格局。

【成渝相向】 融入成渝地区双城经济圈建设，协同推进成渝中线高铁、成资渝高速等大通道建设，与重庆璧山区、铜梁区共商共建友好城市，拟在现代产业体系建设、体制创新、公共服务共建共享方面开展深入合作。

【成都平原经济区一体化发展】 贯彻落实成都平原经济区协同发展相关部署，与成都东部新区及时交接工作，多次开展党政互访，建立交流合作常态机制、区域经济协调发展机制、招商引资和利益共享机制。与东部新区、成都高新区、资阳临空经济区、雁江区、乐至县共同成立成资临空经济产业带党建联盟，与龙泉驿区、青白江区、雁江区开展基层团建交流。

【成德眉资同城化】 贯彻落实《成德眉资同城化发展暨成都都市圈建设三年行动计划（2020—2022 年）》《成德眉资同城化发展暨成都都市圈建设 2020 年度重点工作任务》，成立工作机构，制定工作规则，建立报送制度，梳理分解涉及简阳市的重点项目及工作任务。与德阳绵竹市、眉山仁寿县、资阳乐至县政府达成合作意向。签订成资同城化交通“断头路”合作协议，力争在成资间形成多层次交通运输路网体系。

【交界地带融合发展】 发布《简阳市—雁江区交界地带融合发展实施方案》《简阳市—乐至县交界地带融合发展实施方案》。简阳—雁江以临空经济服务、高端现代农业为重点，打造成都都市圈和成渝地区双城经济圈先行区、西部地区重要经济增长极、国家级临空经济示范区。简阳—乐至以现代农业、现代物流、农旅融合发展为重点，打造巴蜀美丽乡村美好家园示范带、同城化示范引领区。依托简阳市施家镇宏得祠堂小镇、雁江区老君镇水龙灵温泉小镇、乐至县高寺镇阳化河万亩省级农业园等为载体，与雁江区、乐至县共商共建简雁乐农旅融合发展示范区。

【飞地园区】 在简阳临空经济产业园以"园中园"模式设立了"成凉产业园党工委、管委会"，由成都益民集团、简阳农投和凉山农投共同出资，注册成立了四川成凉汇农业发展集团有限公司，负责园区运营管理。园区起步区中简州大道路基已成型，纵一路正在挂网招标。考察走访知名企业30余家，与中国供销集团、铁骑力士集团等企业达成意向协议。

（李　琴）

综合监督管理与服务

经济体制改革

【概况】 2020年，简阳市发改局发挥统筹协调作用，坚持问题导向、目标导向相统一，以供给侧结构性改革为主线，以“五项制度改革”为核心，统筹推进各领域改革，破解发展难题，为全市经济社会发展持续提供改革动能。

【推进以绩效为导向的财政预算制度改革】 强化绩效目标管理。健全绩效结果与预算安排挂钩制度，推动零基预算改革，形成绩效与预算深度融合的机制，出台简阳市预算绩效管理工作考核办法。年初预算批复专项项目绩效目标182个，涉及预算金额7.13亿元，实现绩效目标全覆盖。建立绩效监控机制。实现绩效监控全覆盖，对182个项目执行和资金支付中存在问题的项目，作出预警或整改要求，并将监控结果作为预算中期评估的重要依据。选取21个单位、26个项目、11个财政政策进行重点绩效评价，涉及预算资金9亿元。选取5个申报预算的项目进行事前绩效评估，将评估结果作为预算安排决策依据。创新绩效管理手段，以“简阳市预算绩效管理信息系统”为支撑，将绩效结果作为预算安排的前置条件，建立简阳市预算绩效管理工作考核机制。

【推进以效率为导向的国资经营评价制度改革】 完善国有企业监管制度体系，制发《简阳市市属国有企业资金支付审批制度》《关于进一步加强市属国有企业招标人主体责任制相关工作的通知》等8项监管制度，从人员管理、资金支付、法人治理、考核分配、内外部监管等方面加强市属国有企业监督管理。推动国资公司转型赋能，印发《简阳市市属国有企业做实资本资产工作方案》和《简阳市市属国有企业多元化发展实施方案（2020—2022）》。梳理市属国有企业资产和下属独资、控股、参股企业情况，厘清各市属国有企业经营方向、主营业务内容，整合同类优质资产，提升资产使用效益。做好国有企业退休人员社会化管理，制定《简阳市国有企业退休人员社会化管理实施方案》，市政府与32家国有企业签订了退休人员社会化管理移交协议，接收退休人员846人。

【推进以产出为导向的土地资源配置制度改革】 科学编制国土空间规划，划定并严守生态保护红线、永久基本农田和城镇开发边界，构建保护生态、规模适度、布局合理、功能互补的国土空间开发保护新格局。实行工业用地弹性供应，分类采取弹性年期出让、租赁以及使用标准厂房等多种供地方式。弹性年期出让工业用地8宗，面积738.51亩。完善土地供应价格机制，根据最新一轮基准地价成果，精细制定分用途、分级别的基准地价体系，实行差异化土地供应价格，合理评估、设定宗地供应价格。规范建设用地出让管理，科学编制全市经营性建设用地供应计划，统筹确定供应时序、结构、规模。供应经营性用地商住12宗、面积492.70亩。支持存量土地提质改造，制定《简阳市工业企业搬迁入产业功能区及园区暂行办法》，批准1户企业按现规划实施自主改造、改造面积40.49亩。

【以利民便民为导向的基本公共服务清单标准管理和动态调整制度改革】 推行公共服务清单管理。研究制定《简阳市公共服务事项清单》和《简阳市乡镇（街道）行政权力和公共服务事项清单》，实施动态化管理。制订《简阳市高品质公共服务基础设施建设重点项目清单三年滚动计划（2018—2021年）》，涉及项目65个、总投资851.85亿元，目前已完成项目23个。完善公共服务制度体系。开展需求收集、研判、政策解读，推进教育、卫生、社会服务、住房、医疗保障等领域供给机制改革和体制机制创新。制定完善《简阳市2020年普惠性民办幼儿园认定及管理办法（试行）》《关于进一步加强卫生计生监督协管工作的通知》等制度。推进基本公共服务绩效评价。探索建立与基本公共服务动态调整相适应的后评价体系，对全市基本公共服务发展成效进行全面评价，87项指标达标78项，达标率89.66%。

【推进以成长为导向的企业扶持激励制度改革】 完善扶持激励制度。制定落实简阳市应对疫情稳定运行支持发展“16条”措施。摸排全市工业企业产品及产业链现状，形成“简阳造”工业产品电子目录。印发《简阳市有效应对疫情稳定经济运行支持中小企业发展政策措施金融服务暨财金互动类实施细则》，减轻中小企业负担。建立减税降费重点企业支持制度，对131户重点企业实行名单制管理，新增减税降费1.6亿元。推动民营经济发展。实施四川省民营企业雁阵培育计划，推荐上报企业3家。培育引导民营企业建立现代企业制度并达标21家，其中4家被列为成都市示范企业。2020年，新增市场主体8335家，增长16.1%，全市市场主体总数达59957家。抓好企业培育。培育规模工业企业2家，纳入培育对象企业24家。66家企业纳入成都市中小企业成长工程培育名单，11家企业成功申报省重点中小企业。帮助企业争取上级资金支持。优化企业融资服务，加大“壮大贷”“抗疫贷”融资产品供给，组织开展“金融雄州行”银企对接活动，推广“蓉易贷”普惠信贷工程，进一步改善企业融资环境。

（施凤刚）

宏观经济管理

【概况】 2020年，简阳市发展和改革局坚持稳中求进工作总基调，坚持新发展理念，坚持以供给侧结构性改革为主线，坚持深化改革开放，做好“六稳”工作、落实“六保”任务，经济总量稳定增长、发展质量稳步提升、创新动能持续增强、民生福祉不断改善、社会大局和谐稳定，经济社会保持良好的发展势头。全年实现地区生产总值425.79亿元，增长4.3%，规模以上工业增加值增长0.3%，全社会固定资产投资总额344.6亿元，增长14.5%，社会消费品零售总额334.7亿元，增长0.1%，一般公共预算收入30.07亿元，增长12.4%，城镇居民人均可支配收入39752元，增长6.3%，农村居民人均可支配收入19643元，增长9.1%。

【主导产业升级提能】 航天装备、智能制造装备产业开篇破题，落户星河动力、中电天奥等商业航天领军企业4家，“谷神星一号·简阳号”商业运载火箭成功发射，空天产业功能区落户企业增至374家。电商物流产业集聚效应日益显现，西部电商物流产业功能区累计入驻电商物流龙头企业11家，企业数量增至588家。简阳临空经济产业园、成凉合作园片区综合开发顺利启动，签约引进高能级产业项目8个，协议引资86亿元。现代农业提质增效，“11+22”现代农业园区发展产业32万亩，农村土地适度规模经营率提升至60.7%。积极培育创新生态链，全市高新技术企业达到33家，新增国家级企业技术中心1家、省级技术中心2家，全社会研发经费投入年均增长10.6%。

【改革创新持续深化】 村（社区）体制机制改革稳妥推进，全市678个村（社区）调整为364个、调减率46.3%，4802个村（居）民小组调减至2817个、调减率41.3%，村（居）换届选举有序推进，村（社区）发展内生动力显著增强。营商环境全面优化，“放管服”改革深入实施，1084 项政务服务事项全部进驻政务服务大厅，政务服务事项“网上办”“一次办”比例分别达到 100%、99%，全市新增市场主体 13747 家，增长 34.9%。农业农村改革持续深化，农村集体经济“四合一”改革平台覆盖所有行政村，全年村集体经济收入突破 1 亿元、增长 303%。

【公园城市加快建设】 加快推动“三环一带”城区绿道体系建设，累计建成绿道 167 千米，天星公园基本建成，杨柳公园加快建设，建成区人均公园绿地面积达 15.1 平方米，创建四川省生态园林城市顺利通过专家组验收。推进城市有机更新，改造老旧院落 10 个，完成背街小巷环境整治 30 条、“两拆一增”项目 30 个，实施华西社区、东溪场镇（二期）、城北二期、建设路片区 4 个棚户区改造项目，拆除房屋 455 户，拆除面积约 41500 平方米，成功创建国家卫生城市。

【城市建设纵深推进】 实施“十大行动计划”城建类重点项目 129 个，放生坝一级土地整理等 63 个项目加快推进，国道 321 石桥场镇段改建等 23 个项目开工建设，大井安置还房等 19 个项目竣工。高铁片区、东城新区、葫芦坝片区等重点项目加快建设，完成投资 120 亿元，城镇化率达 55%，城市建成区面积达 40 平方千米。水利设施建设加快推进，毗河一期工程（简阳段）主体完工，完成水利投入 19.92 亿元，完成配套各类渠道 19.7 千米，铺设供水管网 149 千米，污水管网 116 千米。河道整治 42.3 千米，治理水土流失面积 27 平方千米，新增高效节水面积 1.8 万亩。

【民生保障不断提升】 把脱贫攻坚作为最重要的政治任务和第一民生工程，全市建档立卡贫困户家庭年人均纯收入达到 12670 元、贫困村集体经济收入达 761 万元。全市建档立卡贫困人口“两不愁三保障”高质量达到省定脱贫标准，顺利通过省级脱贫攻坚成效考核，连续四年被省委省政府表彰为脱贫攻坚先进县。就业政策全面落实，新设临时公益性岗位 1782 个，托底安置 1252 人，网络发布各地用工信息 3 万余条，培训人员 5589 人次，农村富余劳动力向城镇新增转移 5130 人，新增城镇就业 6614 人，城镇登记失业率为 3.86%。稳岗力度持续加大，发放失业保险稳岗返还 1294 户 2324.87 万元，惠及职工 45941 人。参保覆盖持续拓宽，城乡居民医疗保险参保 82.74 万人，参保率稳定在 98% 以上。

（田　茜）

经济结构调整

【概况】 2020 年，简阳市大力实施主导产业升级提能、产业功能区强基赋能、发展动能加速转换，经济产业结构进一步优化，全年第一产业实现增加值 65.60 亿元，增长 3.9%；第二产业实现增加值 112.43 亿元，增长 0.1%；第三产业实现增加值 247.76 亿元，增长 7.5%。三次产业结构由 2019 年的 15.0 : 32.7 : 52.3 优化调整为 2020 年的 15.4 : 26.4 : 58.2。

【主导产业升级提能】 加强“2 + 2 + 1”主导产业全产业链研究，围绕产业链精准招商，成都空天产业功能区签约引进星河动力等高能级产业项目 13 个。成都空天产业功能区、西部电商物流产业功能区被成都市表扬为投资和重点项目推进工作成绩突出单位。西部电商物流产业功能区签约引进重大产业项目 13 个，创新孵化平台新入驻企业 121 家，实现销售收入 320 亿元，获评四川省十大产业园区。简阳临空经济产业园、成凉合作园片区综合开发顺利启动，签约引进高能级产业项目 8 个，协议引资 86 亿元。

【产业承载能力持续增强】 结合新一轮国土空间规划和城市总规，优化完善园区规划，临空产业园总体规划和空天产业功能区东部社区城市总规、13.7 平方千米控规、城市设计完成编制工作。与四川能投建工、成都产投、益民集团等国有企业合作，协同推进园区规划设计、建设运营、招商服务等工作。三个产业功能区累计建成标准厂房 45.7 万平方米、标准化仓库 54 万平方米、专业楼宇 19 万平方米、配套住房 2000 余套，学校、医院、道路等园区配套设施建成投用。

【发展活力不断释放】 坚持以项目为中心组织经济工作，实施“十大行动计划”重点项目 510 个，申通西南总部基地等228个项目加快建设，天府绿道滨江路示范段等71个项目竣工投用。鼓励企业加大研发投入，新增高新技术企业17家、准独角兽企业2家、成都市企业技术中心2家，南格尔生物智慧浆站实验室获批成都市首批未来场景实验室，全社会研发经费投入2.84亿元，增长10%。建强双创平台载体，搭建省级专家人才平台，组建空天产业研究院，举办“蓉城同心新经济简阳行”等双创活动，新增新经济企业827家、增长30.2%。“10 + N”改革创新持续深化，“四合一”改革平台实现行政村全覆盖，全市村集体经济收入突破1亿元，增长303%。

（田 茜）

固定资产投资管理

【固定资产投资】 2020年，简阳市发改局全面落实市委、市政府决策部署和投资工作任务，牢固树立“稳投资就是稳增长”理念，坚持以重点项目为支撑，全力加快项目建设，努力做好全市固定资产投资管理工作，推动投资稳步增长。全社会固定资产投资完成344.6亿元，增幅14.5%。完成总量位列成都市第十四位，郊区市县第二位，增幅位列成都市第三位，郊区市县第三位。

【争取项目资金】 2020年，简阳市共有包括2020年中央预算内高标准农田建设项目、中央预算内投资坡耕地水土流失综合治理工程、简阳市人民医院救治能力提升设备配置项目、房管大院老旧小区改造、金橄榄幼儿园托育服务设施项目、产油大县奖励资金疫情防控补助资金等7个项目，争取到中央、省补助资金5637万元。

（李柏颐）

重点项目建设

【概况】 坚持以项目为中心组织经济工作，60个成都市级以上重点项目完成投资196.2亿元，7个省重点项目完成投资34.8亿元，均超额完成年度计划投资，全市重点项目扎实推进，支撑固定资产投资增长14.5%，为加快补齐简阳发展短板，推进经济高质量发展作出了积极贡献。

【积极推动重点项目复工复产】 督促项目工地常态化做好疫情防控工作，全市228个续建重点项目2月底全面复工，为5个省重点项目争取专项防疫资金50万元/个。

【精心研究重点项目包装策划】 编制简阳市“十大行动计划”重点项目510个，总投资5835.2亿元，策划简阳市“十四五”战略性、支撑性、功能性重大项目205个，总投资4295.6亿元。

【健全完善重点项目推进机制】 建立温馨提示机制，定期通报省市重点项目投资完成、形象进度等情况，全年形成通报8期，温馨提示60余次。坚持督查通报机制，先后8次组织联合督查，督查情况进行全市通报，对项目进度滞后单位“发点球”“亮黄牌”1次，有力推动重点项目推进措施和领导决策落实落地。

【积极争取重点项目要素保障】 向上争取用地指标，采取弹性年期出让、租赁以及使用标准厂房等多种工业用地供地方式，鼓励土地用途兼容复合利用，多渠道保障重点项目用地需求。发展产业投资基金、多层次资本市场，积极构建投融资服务体系，完善项目融资对接机制，多角度保障重点项目资金需求。围绕智能制造、航空航天装备、电商物流等主导产业和重点项目，吸引集聚各类高层次创新型人才和急需紧缺专业人才，为重点项目推进提供有力人才支撑。

（李 智）

民营经济发展促进

【企业固定资产投资备案】 充分落实企业投资自主权，集中开展项目备案工作，为项目单位提供“一站式”受理、“全流程”指导、“常态化”服务，扎实推进企业投资项目“即来即办”，全力实现审批不过夜。2020年，市发改局共受理企业固定资产投资项目备案162个，总投资568.07亿元。

【招标投标监管】 全市各部门（单位）、镇（街道）对招标投标规范性文件进行清理，未发现存在排斥、限制不同区域、不同所有制投标单位的政策。建立招标人主体责任清单，印发了《关于进一步强化招标人主体责任的通知》（简发改发〔2020〕333号）。落实工程建设项目开标评标现场监督，全年现场监督180场次。

【财政支持】 根据四川省13条、成都市20条精神，草拟了《简阳市关于有效应对疫情稳定经济运行支持中小企业发展的16条政策措施》（简府发〔2020〕3号），会同相关业务主管部门分类制定了省13条、成都市20条、简阳市16条具体申报指南，多措并举，在抓好疫情防控的同时统筹好地方经济发展。疫情指挥部交办项目优惠政策兑现问题6项、企业优惠政策兑现问题38项，共44项。逐项进行梳理，已办结15项，正在办理中1项，已移交行业主管部门（或帮扶部门）10项，不符合优惠政策兑现18项（向相关企业进行了沟通解释）。简阳市兑现涉及资金4250.7万元，其中国有资产房租减免244户，房租减免313.61万元；抵减车船税企业52户，抵减金额4.08万元；申请延期纳税企业34户，涉及税款1328万元；职业培训补贴企业32户，补贴金额235.85万元；就业稳岗补贴企业1461户，补贴金额1982.86万元；疫情防疫体系建设财政补助资金企业20户，补贴金额18.67万元；临时电价补贴企业41户，313.69万元；促进中小企业融资贷款企业18户，贷款贴息补贴中小担公司7.24万元；提供中小担公司融资贷款担保企业12户，贷款金额46.7万元。社保基金支出10776.38万元。对全市中小企业反映出的优惠政策兑现、流动资金短缺、原材料采购难、融资难等问题认真梳理，特别是对优惠政策兑现资金进行集中清理，建立台账，调度资金及时兑现。2020年，争取上级中小企业发展专项补助资金9497.78万元；兑现税收等优惠政策47户，金额5.19亿元，其中税收优惠政策奖励1.05亿元，土地优惠政策奖励1.78亿元，其他奖励资金2.36亿元。

【优化营商环境】 主动服务、靠前服务、积极作为，加强服务能力建设，走访民营企业，优化营商环境，树立“监管即是服务”理念，在民营企业事中事后监管上，始终坚持“先服务、后执法，先宣传、后检查，先教育、后处罚”原则，对民营企业的轻微违法行为，采取行政指导、行政约谈、责令改正等柔性措施。在民营企业中，培育发展一批具有一定规模、一定影响力和辐射力的社会企业，1家民营企业通过社会企业评审认定。2020年，新增民营企业1952家。

（孙逸文　鄢　芳　李丽薇）

新经济发展

【概况】 新注册新经济企业数831家；新经济企业获得风险投资件数4件、金额3060万元；新经济梯度培育企业数入库4家，同比增长33.33%（其中准独角兽企业2家，同比增长20%）；重点应用场景示范完成2个；城市机会清单完成成都发布38条、对接成功3条。新经济发展贡献加分项：成都市新经济“双千”发布会发布简阳市新场景29个、新产品12个。

【新经济企业培育】 建立简阳市新经济梯度培育企业库，将规上企业、优质新经济企业纳入全市梯度培育库，开展“一对一”专员服务机制，有效帮助企业协调、解决新经济发展中的各类问题。同时，组织引导新经济企业申报“成都市新经济梯度培育企业”，通过有关部门及产业功能区推荐，组织9家企业开展入库申报工作（其中申报种子企业6家、准独角兽企业3家），共有4家企业入选（其中种子企业2家、准独角兽企业2家）。配合市市场监管局、市行政审批局等部门对新经济企业实施包容审慎监管，落实“放管服”措施，对新开办的新经济市场主体实施容缺受理、推行“一网通办”，适度放宽企业名称、住所（经营场所）限制等，全年新注册新经济企业831家、年末在册新经济企业3216家。依托政策助力企业发展，充分利用好成都市支持新经济企业发展的相关政策措施，助力企业发展成长。2020年，简阳市2家准独角兽企业各获得30万元成都市支持准独角兽企业开拓外地市场专项资金的支持。

【应用场景培育】 贯彻落实成都市“场景九条”政策措施，逐步实现“给优惠”向“给机会”转变，推动新经济应用场景落地实施，在高质量发展、高品质生活、高价值生态、高效能治理等领域征集新场景信息40余条、新产品信息20余条，推荐给成都市“双千”发布会有关专场，被采纳发布新场景29条、新产品12条；多批次征集城市机会清单信息近100条，被成都市采纳在创交会和“城市机会清单发布厅”发布38条，全市自主在“蓉城同心·新经济简阳行”活动发布48条。为催生验证应用场景，鼓励企业自主开展成都市“创新应用实验室”和“城市未来场景实验室”创建，组织开展认定申报工作，南格尔公司“基于工业互联网的智慧浆站实验室”项目入选成为首批12个“成都市未来场景实验室”之一，并获批200万元专项资金支持。按照成都市区块链场景供给三年行动计划，就全市贯彻落实有关工作专门印发通知做出工作指引，支持全市区块链服务商永链科技场景技术推广应用，推动市中医医院与电子科技大学人工智能机器人康复实验室应用场景项目合作。

【新经济活动】 配合市委统战部筹办“蓉城同心·新经济简阳行”专场活动；配合市国金局开展金融雄州行外出融资对接活动新经济企业专场活动，共组织12户新经济企业参加；组织市区块链企业参加成都市2020全球创交会暨首届链博会，推荐简阳市城市机会清单信息43条到创交会组委，共有27条被采纳发布，同时组织市级有关单位观展。

【新经济监管服务】 改进和优化新经济企业服务机制，为新经济企业提供优质高效便捷的服务，为新经济重点企业开辟“绿色通道”，激发新经济市场活力和社会创造力。建立“用数据决策、用数据管理”的监管模式，利用大数据等先进技术整合融合监管资源，加强对新经济市场主体数据动态监测和评估。通过探索实行包容审慎监管、推行“双随机、一公开”、推进信用监管体系建设等措施，切实保护经营者合法权益，为新经济市场主体发展营造更加良好的公平竞争环境，全力促进全市新经济市场主体高质量发展。2020年，新增新经济企业831家。

（陈志华　李丽薇）

市场监督管理

【概况】 简阳市市场监督管理局有效履行工商行政管理、质量技术监督、食品药品监管、价格监督检查与反垄断相关职责、知识产权管理保护职责，做好简阳市食品安全委员会日常工作。推进商事制度改革，持续优化市场监管领域“双随机、一公开”监管方式改革，着力打造一流市场营商环境。强化特种设备、质量安全、食品药品监管力度。加强价格、广告、合同、网络商品交易等监管，做好消费者权益保护工作。开展国家知识产权强县工程试点县建设工作、国家食品安全示范城市创建迎检工作、省级有机产品认证示范创建区工作，推进各项创建工作任务的落实。

【行政执法】 针对在查办案件中发现的高风险点，牵头组织开展火锅（串串）店火锅底料专项、卤肉制品、成人保健食品专项、打击市场销售长江流域及成都市天然水域非法捕捞渔获物专项、行业乱象专项整治、配合科室开展落实食品药品安全“四个最严”、白酒生产环节、餐饮经营者勾结客车司机宰客乱象、2020年无证无照、食品安全暨疫情防控工作大检查等近20项专项行动。严格执行案件协查办理制度和案件线索移交制度，对收到的协查函、线索函均认真核查处理。2020年，共立案262件，办结249件，罚没金额共148.33万元。

【市场秩序监管】 组织开展春雷行动2020、旅游市场、格式条款、虚假宣传、假冒伪劣、拍卖中介、无证无照、长江流域禁渔、城市安全隐患大排查、防范非法集资等各类市场专项整治行动，严厉查处各类扰乱市场秩序的经营行为，有效规范市场经营秩序，确保人民生产生活安定，促进社会和谐稳定。以元旦、春节、五一、端午、国庆等节日市场监管为重点，加大对城市综合体、大型商超、大型批发企业、大型集贸市场等涉及面广、涉众面大的经营场所的检查力度，强化食品、药品、化妆品、家用电器等与节日密切相关商品的专项整治，严厉打击销售假冒伪劣商品的违法行为，维护节日市场秩序，保护人民群众的节日消费安全。

2020年，共开展市场秩序专项整治8次，出动执法人员600人次，车辆200台次，检查各类经营户1500余户，发放宣传资料7000余份，查处涉及市场秩序的案件43件，罚没金额13.7万元。

【动产抵押登记】 根据《中华人民共和国物权法》《动产抵押登记办法》等相关法律法规规定，依法开展动产抵押登记，保障交易安全，促进资金融通，服务各类市场主体融资发展。2020年，动产抵押完成登记业务40件次，实现抵押物价值3.31亿元。

【信用监管】 年报工作纳入政府信用体系建设目标考核，2020年全市企业年报率为98.8%、农民专业合作社年报率为98.3%。年报公示工作得到了省局、成都市局的肯定，获得了省局2019年度全省企业年报公示工作的通报表扬，被省局评为2019年度企业年报公示工作先进单位。落实市场主体失信联合惩戒，强化企业信用约束，全年158户市场主体被列入经营异常名录（标记为经营异常状态）。完善信用信息修复机制，全年共办理行政处罚信息修复3件，移出经营异常名录信用修复52户。

【消费者权益保护】 开展2020年“放心舒心”示范单位创建工作，举办放心舒心创建单位授牌仪式，7家创建成功单位参与授牌，2020年申报10家“放心舒心”示范单位。通过五线合一、设立消费维权站点、在企业开通消费投诉处理绿色通道等方式，畅通消费维权渠道。2020年，共受理消费者投诉举报4100件，已办结4018件，办结率98%，消费者满意率达97%，为消费者挽回经济损失121万余元。共发布消费提示、警示81期，印发各类宣传资料1000余册，诉转案50起，立案50件，罚没37万元。

【广告监管】 开展虚假医药广告、违法集资、清理金融类广告等专项整治行动，继续把医疗、药品、医疗器械、保健食品、房地产、电视购物广告分类别、分阶段进行治理。采取日常巡查、专项检查、上门服务、发布信息等方式，广泛宣传广告管理相关法律法规，促进各类媒体自律。2020年，全局共出动执法人员300余人次，执法车辆125台次，检查各类广告1000余条。

【网络商品交易监管】 开展网络“直播带货”乱象整治和规范管理工作，启动清理整治网络销售和宣传“特供”“专供”标识商品专项行动，配合开展网络销售电子烟清理整治，坚持开展涉网黑恶乱现象排查工作，开展网站核查处理，引导经营者网站亮照亮证亮标。2020年，网上检查网站、网店820余个次，实地检查网站、网店经营者105个次，摸排涉嫌网络违法线索10条，删除违法商品信息13条，移送涉嫌违法线索1条，责令整改网站7个，走访、指导平台35次，办理涉网案件13件，处罚没款6.82万元。

【合同监管】 开展2020年合同“守重”工作，1家新申报省级守重企业已经通过公示，省级守重企业共计7家；成都市级守重企业新增4家，共42家。开展房屋租赁、房地产销售等重点行业的格式条款监管工作，检查合同文本、补充协议店堂告示等免除或减轻提供方责任、加重对方责任、排除对方权利的行为的情况，检查重点企业46家次，其中约谈企业12家，行政建议10份，责令改正3家，纠正涉嫌违法违规格式条款4条。

【质量安全监管】 编制2020年度质量监管工作方案，召开简阳市砖行业质量管理工作会议，动员并培育企业申报首届四川省天府质量奖。优选三家服装企业转产民用口罩，在标准适用、产品试制、设备调试、标识标签、包装消毒等方面为企业提供技术支撑。开展2020年流通领域产品专项监督抽检工作、防疫物资的质量监督排查质量隐患专项整治工作、城市安全风险隐患专项整治工作、“限塑令”专项整治工作，煤及蜂窝煤、成品油、车用尿素等产品已全面抽检，还重点检查危化品、消防产品、电线电缆等。动员并培育2家企业申报了首届四川省天府质量奖。

【计量监管】 重大节日市场计量监督检查。元旦、春节、五一期间加大贸易结算领域、环境监测、安全防护三个领域计量监督检查力度，根据“随机抽查执法检查对象、随机抽取执法检查人员”原则，组织实施节日市场计量专项监督随机抽查。强制检定计量器具台件数为51735台（件），其中医疗1592台，压力表5230个，水表15000个，气表24000个，企业强检560家，加油机782支枪，集贸市场等其他计量器具5131台。开展定量包装商品净含量计量专项监督随机抽查工作，开展能源计量审查“回头看”工作，强化用能单位能源计量主体责任，进一步健全用能单位能源计量体系。

【认证认可监管】开展机动车检验机构质量安全提升行动。每月开展1次督导检查，督促各车检机构严格按照资质认定管理办法落实主体责任，杜绝虚假检测行为。在全市范围内开展口罩、防护服等防疫用品领域认证活动专项整治行动。

【标准化工作】开展标准实施情况监督检查，共检查企业25家，检查标准45个。鼓励和引导企业标准自我声明公开，指导、帮助21家企业制定标准110个并在平台上进行公示。配合省、市对2020年度“双随机、一公开”5个标准抽查不符合标准的整改。鼓励企业参与2020年“百城千业万企”对标达标提升专项行动，提高产品质量，增强企业竞争力。全年共办理条码52家（新注册11家，续展41家）。

【特种设备安全监管】开展电梯安全检查、大型游乐设施专项整治、重点工程施工场所（两工地除外）起重机械排查整治。锅炉压力容器（含气瓶充装）安全大检查，推动落实燃气管道法定检验工作，加强节假日、“两会”、夏季汛期等重要时段会议期间的特种设备安全监察。2020年，共出动检查人员2560人次，车辆740台次，检查特种设备生产使用维保单位721家次，抽查各类特种设备1013台次，发现安全隐患76项，现场立即整改30项，发出特种设备安全监察指令书26份，已完成整改42项。移交特种设备违法案件13件。

【食品安全监管】履行食安办职能，推进全市食品安全各项工作有序开展。2020年，市食安办承办食安委全体会议2次，提请市政府常务会议研究食品安全工作1次，组织召开食品安全风险研判会议4次，召开全市食品安全管理人员集中培训会议2次。研究印发了《简阳市2020年食品安全重点工作安排》等19个通知文件，对不同时间段全市食品安全工作任务进行安排部署，同时组织开展部门联合检查、半年督查和日常抽查，推动“国家食品安全示范城市创建”“农村群宴监管”“食品监管领域新冠疫情防控”“秋季食品安全风险隐患大排查大整治”等各项工作有效落实。

【餐饮服务监管】全市持证餐饮服务单位2936家，全市大型餐饮单位和学校食堂已全部实现“明厨亮灶”。推行量化分级管理工作，共评定2671家次，评定率90.97%；共检查餐饮服务单位4122户次，立案查处48件。开展餐饮服务环节打击市场销售长江流域非法捕捞渔获物工作，检查餐饮单位612家，责令整改51家。

【食品经营监管】指导和帮助食品经营单位办理相关证件，全市备案食品小作坊231家、食品小经营店（销售）1985家。持证食品销售单位1860家，获证食品生产企业66家，其中20家食品生产企业获得了HACCP、ISO 9001、ISO 22000等认证。加强“非洲猪瘟”防控工作，持续排查简阳市市面上的生猪产品。先后组织开展了白酒专项整治、豆芽乌鸡乌鱼质量安全专项行动、特殊食品专项检查、肉制品生产监督检查、冷冻冷藏肉品风险排查、月饼生产企业专项检查等专项整治工作，并在重大节日期间均开展食品安全整治。推进食用农产品溯源体系建设工作。2020年，共检查食品生产单位485家次，食品销售单位5212家次，集贸市场304家次，立案查处食品生产案件18起，食品销售案件35起。

【药品监管】部署开展“春雷行动2020”、中药饮片、第二类精神药品、疫苗、药品“清网”、药品流通领域专项整治行动，及时召开动员部署会，要求经营使用单位认真开展自查，共收到经营使用单位自查报告815份。推进远程药学服务建设，全市达到380家。民生工程含麻复方制剂“互联网+智慧监管”试点药店已完成80余家。定期对简阳市药品维持治疗中心开展美沙酮检查。对33家新办零售药店和301家变更、到期换证药店进行了现场核查。根据成都市、简阳市政府的安排部署，开展了药店销售退烧药、止咳药实名扫码登记工作。全年共出动检查人员5731人次，检查药品经营使用单位3139家次，责令整改35家，受理消费者投诉举报11件。

【医疗器械监管】 部署开展了无菌和植入性医疗器械专项整治、“春雷行动2020”、医疗器械“清网”等专项行动，加强对助听器、隐形眼镜、避孕套等40多个重点品种的监管力度。召开动员部署会，要求经营使用单位开展自查，共收到经营使用单位自查报告931份。全年共出动检查人员3211人次，检查医疗器械生产企业3家次、经营使用单位2536家次，责令整改27家，受理消费者投诉举报37件。

【化妆品监管】 牵头开展了“口红机”、化妆品“清网”专项整治工作；对总局公布的30批次不合格化妆品进行了清查；共出动检查人员839人次，检查化妆品经营使用单位569家次，责令整改5家，受理消费者投诉举报15件。完成化妆品抽验工作10个批次。

【不良反应检测】 开展医疗机构监测人员现场指导培训7次，已评价上报药品不良反应785例，医疗器械不良事件156例，化妆品不良反应25例。

（罗 丽）

物价管理

【概况】 2020年，面对突如其来的新冠肺炎疫情和错综复杂的国际环境，全市物价工作全面落实党中央国务院、省委省政府和市委决策部署，扎实做好“六稳”“六保”工作，坚持疫情防控期间政府定价项目不涨价，制定重要民生商品保供稳价工作方案，确保稳物价措施落实到位。

【价格管理】 支持企业复工复产，降低企业用水用能负担。实施灵活的阶段性水电气价格政策措施，批发业、零售业、餐饮业、住宿业单位2020年2月、3月用水用气价格，按现行政策的90%结算。对参与生活物资保供的商贸流通和防疫药品、医疗设备、物资器材等疫情防控相关生产的中小企业，按销售目录电价的30%给予电费补贴。切实做好重要民生商品保供稳价工作。制定重要民生商品保供稳价工作方案，确保稳物价措施落实到位。密切关注市场供应和价格变动情况，引导企业做到重要民生商品不脱销、不断供，满足人民群众生活需求。应对居高不下的猪肉价格，指导汇众农投公司组织市级储备冻猪肉750吨，及时投放市场，确保猪肉供应，稳定价格。切实兜住民生底线。认真执行社会救助和保障标准与物价上涨挂钩的联动机制，协调财政局、民政局、军人局和人社局向低收入群体按时足额发放价格临时补贴5831.08万元；元旦、国庆期间发放一次性生活补贴1283.58万元，确保困难群众基本生活不受影响。开展转供电清理。将国家持续下调的一般工商业电价政策红利及2020年2月1日至12月31日疫情期间工商业用户到户电价95%的结算政策（高耗能行业除外）足额传导到终端用户，降低用能成本，助力小微企业发展。回应社会关切，开展价格和收费政策执行后评估工作。

【物价检查】 开展明码标价专项检查。重点检查城区超市、商场、农贸市场、药店商品明码标价执行情况，开展促销活动降价、赠售、打折等公告是否明确。对个别价签少标、漏标现象，要求经营者立即整改。加强重点商品价格监管。重点加强对米面油、肉类、蔬菜、禽蛋等群众生活必需品价格监管，确保简阳市各类商品价格稳定。加强相关政策宣传。采取提醒、告诫、发放价格宣传资料、提供咨询服务等方式，要求经营者守法经营、诚信经营。加大价格违法打击力度，根据法律法规和上级关于防疫期间价格违法行为的认定和处理指导意见，严厉打击哄抬物价、以次充好、短斤少两等违法行为。在“春雷行动2020”价格减负惠民子行动中，共立案查处涉及价格类的案件18起，罚没金额33.38万元。受理和处理涉及价格方面的投诉举报857件，其中口罩529件、其他消杀用品25件、药品23件、粮油肉蔬56件、停车服务115件、物业服务32件、水电气14件、其他消费服务63件，全部处理完毕。组织开展了辖区水电气工程安装收费专项整治工作，共出动执法人员90人次，执法车辆56车次，共检查45户水电气经营单位。在检查过程中发现2户供水单位、1户供气单位存在收费价格公示不完善的行为，均立即整改。组织开展校外培训机构规范与治理专项工作，对56户校外培训机构开展集中联合检查，组织各市场监管所按照属地管理原则开展校外培训机构的规范与治理，检查校外培训机构161户次，出动检查人员169人次，出动执法车辆69台次。组织开展简阳市2020年幼儿园收费行为“双随机、一公开”检查工作。组织开展转供电环节价格专项整治工作,按政策宣传、摸底调查、清理规范、督导检查分阶段有序推进。组织开展涉企收费专项治理工作,加强对供电、供气和供水收费监管。2020年,共办理价格类案件18件,罚没金额共36.58万元。

(陈兴国　谭先根)

安全生产监督管理

【概况】 2020年,全市各级各部门学习贯彻习近平总书记重要指示批示精神和党中央、国务院决策部署,树立人民至上、生命至上理念,防范化解重大安全风险,做好生产安全事故和自然灾害事件应对处置,保障人民群众生命财产安全。2020年,简阳市发生生产安全事故17起,死亡18人,同比分别下降25%、23%,未发生较大及以上生产安全事故和自然灾害亡人事件。简阳市连续两年被成都市政府表扬为安全生产和消防安全工作先进集体。

【全面推行安全生产清单制管理】 制发《简阳市进一步推进安全生产清单制管理工作实施方案》(简安委〔2020〕2号)、《简阳市党委政府和党政领导干部安全生产责任清单》(简安委〔2020〕8号)文件,督促指导22个镇(街道)、市级部门制定党委政府、行业监管部门职责清单,完成全市重点行业和规上企业清单制定工作。

【安全生产专项整治三年行动】 制发《简阳市安全生产专项整治三年行动实施方案》(简安委〔2020〕5号),在全市范围内开展为期3年的安全生产专项整治行动。针对危化、交通运输、建筑施工、非煤矿山、烟花爆竹、消防等重点行业领域,共检查各类企业(单位)6109家,累计排查整改隐患8604处,整改率100%。

【城市安全风险辨识与评估】 在全市化工及危险化学品、人员密集场所、建筑施工、垃圾处理设施、规模以上工业企业、“两客一危”企业、非煤矿山、烟花爆

10月22日,集中销毁非法烟花爆竹

竹储存、民用爆破器材使用及运输、发电企业等10个重点行业领域和石油天然气长输管线及城镇燃气、电网运营、供排水、道路交通4条城市生命线工程开展城市安全风险评估,形成城市安全风险清单,绘制“红、橙、黄、蓝”四色等级的城市安全风险电子地图,提高城市安全风险精准化管控水平。全市592家重点行业领域企事业单位完成城市风险信息管理系统填报,上报风险源22197处,上报诊断分级478家,上报公共风险源2155个;企业利用隐患排查系统自查自改隐患22176条。

【危化行业监管】 制定下发《简阳市化工危险化学品行业安全生产专项整治工作方案》《简阳市化工危险化学品和烟花爆竹安全监管工作要点》等系列文件,对全市危化行业安全监管工作进行部署。对全市59家化工和危化企业开展风险辨识和分级管控工作,全部录入成都市电子地图;对24家票据经营企业开展集中整治,排查整治隐患5处。完成9家化工危化企业在役化工装置设计诊断工作,大力推进涉及“两重点一重大”的化工装置和储存设施可燃气体紧急切断装置配备、自动化控制系统装备、重大危险源在线监测监控工作,投用率100%。

【工矿商贸行业监管】 扎实推进安全生产风险管控和隐患排查治理“双预控”体系建设工作。3家企业获评成都市风险隐患双预控体系建设示范单位,22家企业完成风险隐患双预控体系建设工作,科学推进企业安全生产标准化达标工作,工贸企业标准化建设达标43家,规模以上工贸企业100%达标。聚焦粉尘防爆、

有限空间作业等重点领域全覆盖开展专项整治工作，检查企业 601 家，排查整改重大隐患 24 处，一般隐患 177 处。

【安全监管执法】 坚持“严”字当头，对各类违法违规行为始终保持高压态势和零容忍态度，实行“五统一”，做到“七个一律”，重点对危化品、烟花爆竹、非煤矿山、建筑施工、粉尘涉爆、有限空间、金属冶炼进行了执法检查。共出动监察执法人员 760 余人次，检查企业 350 余次，发出责令限期整改指令书 160 余份，发现隐患 700 余条，立案查处行政案件 51 件，处罚款 185.7 万元。

【宣传培训】 分层次分类别开展安全生产教育培训，充分利用市委中心组学习、市政府常务会前学法、领导干部安全生产专题培训、应急管理专题培训开展安全生产和应急管理法律法规教育培训，培训各类参训人员达 4500 余人次。持续开展“5·12”防灾减灾日、安全生产月、“11·9 消防宣传月”、《中华人民共和国安全生产法》宣传周、安全宣传“五进”等活动，以 LED、广播、“两微一网”等媒介开展常态化宣传，组织专场宣传 420 余场次，发放各类宣传资料 25 万余份，发送短信 60000 余条，制作横幅 280 余幅，发布各类宣传信息 264 条，在《中国应急管理报》等主流媒体刊载信息 32 篇。

（张成礼）

粮食和物资储备管理

【概况】 2020 年，落实国家粮食安全新战略，按照中央、省、市对粮食工作的安排部署，主动适应新常态，应对新挑战，坚持狠抓仓储规范化管理和安全生产工作，确保储备粮数量真实、质量良好、储存安全。探索建立健全救灾应急物资储备管理制度，提升全市应急物资保障能力和工作水平。

【粮油储备】 按时完成省、市下达的储备粮及轮换计划任务。截至 2020 年年底，全市库存各类储备粮油 52336.40 吨，其中省级储备小麦 7000 吨、稻谷 4068 吨、菜油 650 吨；县级小麦 24000 吨、应急小包装大米原粮 3800 吨、应急小包装大米 950.83 吨、菜油 590 吨；代储县级稻谷 1771 吨、县级大米 1000 吨、中央储备稻谷 1700 吨、最低收购价（托市）稻谷 6806.57 吨。

【仓储设施及检化验体系】 在简阳粮友粮食购销有限公司新建 1.14 万吨低温库项目，已完工并投入使用。投入 3840 万元，新建四川省国家级军粮综合保障基地建设项目（简阳军粮供应站二期），预计于 2021 年 4 月底完工。争取中央资金 350 万元，地方配套 350 万元升级改造全市粮食质检体系项目，项目已经竣工验收，2021 年将正式投入使用。

【应急救灾物资储备及保障】 简阳市救灾应急物资主要储存地点为四川简阳国家粮食储备库。2020 年，应急救灾物资采购工作已顺利完成。在抗击新型冠状病毒肺炎疫情期间和汛期，按照指令向简阳市各镇（街道）、市交通局、交警大队、水务局等发放了各类应急物资，做好了抗击疫情和预防汛情的救灾应急物资保障工作。

【粮食执法】 推行“双随机、一公开”监管，建立粮食企业信用监管制度体系。完成大清查问题“回头看”整改工作、政策性粮食库存检查、应急粮油库存检查和地方储备食用油库存清查工作，对检查发现的问题，采取各种措施，坚决整改到位。市发改局会同市财政局、农发行对四川简阳国家粮食储备库、简阳市粮友购销公司的粮油食品安全情况每月进行一次例行检查，以确保库存粮油安全。共出动检查人员 92 人次，检查经营企业 28 个次，无现场处罚及罚款。全年未出现重特大粮油储存、食品安全和安全生产事故。

（梁　勇）

统　计

【概况】 2020 年，面对新冠肺炎疫情的冲击和影响，市统计局准确识变、科学应变、主动求变，围绕统筹推进疫情防控和经济社会发展，组织实施重大普查调查，提高统计数据质量，优化统计咨询服务，各项工作取得良好进展。

【统计监测】 以更好服务城市发展战略为方向，建立健全统计监测制度体系，以数据成果切实反映重大战略部署落地落实成效，持续做好国民经济各项统计指标、成渝地区双城经济圈、县域经济高质量发展、产业功能区建设等重点领域统计监测，坚持两手抓、两不误、两促进，疫情防控工作扎实有序，统计监测分析精准有效，服务复工复产及时有力，为夺取“双胜利”作出重要贡献。

【依法统计】 整体推动科学治理，在依法管统治统中严守统计底线，坚持以数据质量为中心，从严从实抓好国家统计督察整改，完善数据质量全流程管控体系，发挥统计监督职能，统计数据质量明显提升。多端发力，织密数据质量管控网络，强化联网直报平台监管，建立常态化比对核查机制，以统计数据质量专项整治为抓手，运用税务、电力等部门资料，比对核查工业、批发零售业、服务业数据100余条，查询核实企业50余家。健全异动企业数据监测通报机制，函询企业10余家。配合省统计局对全市32户零售、餐饮企业开展统计数据质量检查。

【统计服务】 坚持围绕中心大局优化统计服务，围绕简阳经济社会发展特点，深度挖掘宏观经济数据、产业数据、行业数据及经营主体数据，完成经济运行情况分析、疫情对简阳经济运行的影响、成都东部新区成立对全市经济运行的影响、县域经济发展情况等专题分析50余篇，发布数据信息、工作动态等各类统计信息180余篇。及时发布经济社会主要数据及2019年统计公报，持续做好《简阳市经济工作手册》《简阳统计月报》等拳头产品。坚持数据紧扣中心、宣传服务大局，全面反应简阳建设新进展、新成效、以数据特点擎画城市面貌。

【统计建设】 多措并举、严管厚爱，切实加强统计干部队伍自身建设。不断夯实统计基层基础建设，常态化开展统计干部交流、学习、培训工作，统计队伍整体素质明显加强，干部能力显著提升。始终把理想信念教育放在第一位，通过政治理论学习、主题党日活动、七一表彰等形式增强党员身份意识，补好精神之“钙”。注重在实践中锻炼干部，通过大办工作制、工作例会、党支部“三会一课”等机制锻炼干部职工解决问题和总揽全局的能力。完善机关内部目标考核办法，突出平时工作表现和工作业绩考核，调动干部积极性，努力培养造就一支忠诚担当、敬业专业、厚德尚学、清正廉明的统计干部队伍。

【第七次全国人口普查】 统筹谋划创新推动，在重大普查调查中践行统计使命，顺利完成第七次全国人口普查。成立市长任组长的市级领导小组，形成34个成员单位合力推进的部门联动格局，做到22个镇（街道）、291个村（社区）普查机构全覆盖，严格标准选聘“两员”3185名，划分普查区291个，普查小区4849个。人口家底全面摸清，利用现代信息技术创新普查方法，依托成都统计大数据平台，通过“一标三实”基础信息采集、“天府健康通”等行政记录，摸清辖区实有人口状况，及时登记常住人口和流动人口，共清查摸底人口数据44.89万户，登记上报44.98万户，登记长表2.8万户，掌握了性别、年龄、受教育程度、迁移流动、婚姻生育等大量翔实的基础信息，进一步摸清了简阳人口结构。

（卢　炀）

国家调查

【制度建设】 2020年，修订完善《简阳队行政管理制度汇编》，制定《国家统计局简阳调查队会议制度》《国家统计局简阳调查队网络信息安全与保密管理制度》《国家统计局简阳调查队印章管理制度》《国家统计局简阳调查队公文处理及管理制度》《国家统计局简阳调查队合同管理办法》5项制度，建立了用制度管人管事的良性机制。

【农业调查】 农业调查工作扎实推进。按照国家局《关于印发粮食畜牧业统计调查数据归口管理方案的通知》精神和《四川省畜牧业统计调查数据归口管理实施方案》要求，结合队内工作实际，对业务分工、数据来源、数据上报和数据反馈等各个环节进一步明确；做好数据审核评估。加强网点基础工作检查，分批次召开数据审核会，确保原始数据上报无误。及时与简阳市农业农村局、统计局开展联席会议，采取不同方式对数据和趋势进行审核判。

【住户调查】 住户调查工作保质争优。在成都市范围内率先完成分省及分市县样本轮换换户操作、未换户和换入户问卷录入。并提前完成电子记账开户工作，电子记账普及率高。电子记账已完成开户150户（总共150户），开户率达100%。发挥优势，继续推进“记账三宝”。为优质高效地做好样本轮换调查工作，简阳队发挥优势，继续向记账户配发“记账三宝”等辅助记账工具，保障记账工作全面具体的落实到位。

【统计培训】 简阳调查队干部、专业骨干参加国家统计局、四川调查总队、成都调查队业务培训30余次，开展乡镇统计员、辅调员集中培训20余次。加强基层统计人员业务能力，提升源头统计数据质量，组织对乡镇和企业统计人员进行统计及相关的知识、技能培训，主要包括讲解国家统计法律、法规对统计人员的职责、义务的限定，讲解住户调查、价格调查、农业调查、企业调查等统计调查项目的相关知识，讲解统计报表的各项要求，报表平台的操作方式，讲解国家统计局、四川调查总队、成都调查队下发的各项统计调查的相关要求及调查方式方法。

【宣传教育】 为促进全社会对于官方统计的理解并动员全社会对于官方统计予以配合和支持，设立“9·20”统计开放日，宣传统计调查工作，弘扬统计调查精神，普及推广统计调查知识，营造良好的舆论氛围。

【统计管理】 贯彻落实中央《关于深化统计管理体制改革提高统计数据真实性的意见》《统计违纪违法责任人处分处理建议办法》《防范和惩治统计造假、弄虚作假督察工作规定》，持续加大工作力度，强化责任落实举措，确保统计政令畅通。

【统计分析】 加强经济运行分析，做好预测预判。加强与相关职能部门的数据衔接工作，做好数据监测分析，围绕经济社会变化需求及中心工作，撰写多篇高质量优秀调研文章，全年共上报工作信息72篇、经济信息16篇、进度分析5篇、调查报告9篇，其中《九成企业复工复产，补齐短板增强效益》被中国信息报采用，《线上教育优扰并存，“线上发展”任重道远》被简阳市委办公室采用并编订入册。

【统计创新】 农业调查中，学习贯彻《粮食产量对地遥感抽样调查实施方案》《成都粮食产量对地遥感抽样调查质量管控办法（试行）》，规范遥感数据调查工作流程，采用平板PDA进行数据录入，使用无人机开展数据采集和调查，实现简阳市20个调查点无人机操作使用全覆盖。住户调查中，简阳调查队创新推进“记账三宝”，向记账户配发记账工具——“记账宝盒”，编制住户调查制度——“记账宝剑”，创新设计家庭信息——“记账宝典”，做好优质高效的住户调查工作。

（闫　毅）

国有资产监督管理

【概况】 2020年，简阳市国有资产管理和金融工作局紧紧围绕全市中心工作，以“两降两提”为改革主线，以“三个有利于”为改革方向，统筹做好疫情防控和社会经济发展工作，探索国有资产监管的有效途径，推进市属国有企业转型赋能，为全市重点项目、产业发展和公共服务等领域提供强有力的要素支撑。截至2020年底，全市国有企业共有18家，其中市国资委直接管理的国有企业7家，委托管理的国有企业11家。全市国有企业资产总额1139.54亿元，负债总额667.3亿元，所有者权益472.24亿元，资产负债率58.56%，实现营业收入14.93亿元，利润总额2.32亿元，带息负债总额533.89亿元，投资项目227个，实现投资246.2亿元。（“两降两提”：降负债、降成本、提效益、提能力；“三个有利于”：有利于发展社会主义社会生产力、有利于增强社会主义国家的综合国力、有利于提高人民的生活水平。）

【国资国企改革】 制定《加强市属国有企业党的建

设推动国资国有企业转型赋能实施方案（2020—2022）》，为国企改革定方向、明路径，促进国资国企提质增效。强化制度保障，按照“科学统筹、盘活资源、商业逻辑、做强做优”的原则，统筹推进优化国有资本战略布局，分类盘活国有资产，健全国资监管体制，加快推进国有企业由功能性平台向市场化经营实体转型；推进市场化转型，按照“集中资源，效益优先，错位互补，高效管理”的原则，对下属企业制定分类处置和优化整合方案，推动国有资本布局优化和结构调整，支持国有企业开展市场化经营，提升盈利能力;制定简阳市国资委授权放权清单，在人才引进、下属公司管理、企业经营等方面赋予企业自主经营权，增强企业防风险、控成本、强内控责任意识；通过资本金注入、竞买土地、收购资产等方式，壮大国有企业资本资产，提升融资能力。

【国资经营预算】 配合市财政局完成2020年国有资本经营预算，向企业下达2021年度国有资本经营预算指标。2020经营预算支出967万元，结余293万元。

【国资国企监管制度体系建设】 制定《简阳市市属国有企业机构设置及人员管理办法》《简阳市市属国有企业资金支付审批制度》《加强市属国有企党的建设推动国资国企转型赋能工作实施方案》《关于进一步加强市属国有企业招标人主体责任制相关工作的通知》等规章制度，从人员管理、资金支付、法人治理等方面加强市属国有企业的监督管理，促进市属国有企业合规经营，健康发展。

【简阳市现代工业投资发展有限公司】 公司成立于2008年8月，是简阳市国有独资公司，注册资本金10亿元人民币，评级为AA。下属简阳市新天地建筑工程有限公司和简阳市空天产业投资发展有限公司等2家全资子公司，入股国有控股公司2个、对外投资组建项目公司9个。2020年,公司资产总额186.25亿元，所有者权益99.74亿元，实现经营收入13050.73万元，净利润2785.18万元。全年立足工业园区基础设施建设，新开工6个项目，续建14个项目，累计完成投资约40.06亿元。公司加强项目精细化管理、督促施工单位加快推进项目建设，保证了创业大道春节期间的全线通车，便捷了市民出行。简阳工业集中发展区孵化器及配套住房和空天产业功能区标准厂房各楼栋也相继封顶，为招商引资打下了坚实的基础。

【四川阳安交通投资有限公司】 公司是经简阳市人民政府批准，于2013年1月成立的国有独资公司，注册资本10亿元，企业信用评级AA级。公司下属简阳市阳安汽车服务有限公司、四川林源绿化有限公司、四川阳安东进建材有限公司、简阳市阳安能源投资有限公司、四川临空房地产开发有限公司和四川盛庆发建筑有限公司等6家全资子公司。2020年，公司资产总额156.21亿元，实现融资38.14亿元，固定资产投资40.03亿元，营业收入1.72亿元，利润总额5363.33万元，上缴税款1694万元，协税护税2039.7万元。2020年，公司拓展渠道全力做好融资筹资，超额10亿元为全年项目资金做好保障；刚性约束全面加强内部控制，全年审减金额58.5万元，审减率9.1%;明确目标大力推进项目建设，全年开展西内环线道路及景观工程一、二标段等前期工作项目8个，实施2019年村组道路硬化项目等建设项目15个；多元布局加快转型发展升级，打造“建材供应—建筑施工—后期管护”完整建筑施工产业链，构建实体产业内循环。2020年3月公司获得简阳市新冠肺炎疫情防控先进集体荣誉称号。

【四川龙阳天府新区建设投资有限公司】 公司是经简阳市人民政府批准，于2012年5月30日成立的一家国有独资企业，公司类型为有限责任公司，简阳市国有资产管理委员会代表简阳市政府作为出资人，履行出资人职责。公司地址为简阳市简城镇建设西路（艺术中心），注册资本18亿元,实收资本8亿元。2014年，根据市委、市政府安排，将简阳两湖一山公司、三岔天湖公司、四川名湖公司、五龙旅游公司整合合并为现有公司，合并后注册资本23.1亿元，实收资本13.1亿元。公司承担简阳市文化、教育、卫生、政法类基础设施及服务（物流）园区建设，重点卫星城镇开发等任务。实行自主经营、独立核算、自负盈亏、自我发展、自我约束的经营管理机制。经营范围包含土地开发经营，房地产开发；城市基础设施、公用事业、基础产业的建设、营运；政府公共资源和产品的特许经营;区域内企事业、产业及项目的投资、经营、咨询、服务等。2020年，公司多渠道融资54笔，总计金额447782万元。截止2020年底公司主要负责项目有东来印象项目（位于简阳市东城新区，总建筑面积为419939平方米，建设内容包括图书馆、文化馆、美术馆、艺术家之家、博物馆、档案馆、地方志馆、广电中心、青少年活动中心、文创产业园、大剧院、体育馆、游泳馆、全民健身中心和国民体质监测中心、体育公园，其中体育馆和游泳馆作为2021年大运会赛事场馆）、简阳市西部电子商务集聚发展区道路等基础设施建设项目（建设园区内电商东路、西路、北路等8条道路约1万米，含水、电、气、视、讯、雨污管网等配套设施）和简阳市凤栖苑人才公寓项目（总建筑面积约187484.94平方米，总用地面积约77.28亩）。

【简阳市汇众农业投资发展有限公司】 公司是简阳市国有资产管理委员会出资组建的国有独资企业。成立于2016年9月27日，注册资本金10亿元。公司下属简阳市新盛林业投资发展有限公司、简阳三新惠农科技有限公司、成都简裕智慧农业投资发展有限责任公司、简阳市汇东文化旅游发展有限公司、简阳市汇协农业服务有限公司5个全资子公司，有四川商投汇成土地整理有限公司、成都农交所简阳农村产权交易有限公司、龙泉山城市森林公园投资经营有限公司、同方（成都）智慧产业发展有限公司、简阳汇众宿墅乡村旅游管理有限公司、四川成涼汇农业发展集团有限公司、简阳市汇迪无害化处理有限公司、中汇（成都）农业科技有限公司、四川省诚佑农业开发有限公司9个合资子公司。四川省农业信贷担保有限公司简阳办事处挂牌在农投公司合署办公。2020年，公司重点围绕扶贫产业功能区、现代农业产业项目、乡村振兴组团、幸福美丽新村等项目，开展项目策划包装，形成了平武乡愁小镇（六心甸）、荷桥君业谷、简阳“小四川”、家风荷乡旅游景区、简州大耳羊智慧牧场、现代农牧渔循环产业园、平泉特色街区等一批项目策划方案，使乡村振兴示范片特色鲜明，错位发展；坚持以市委、市政府“十大行动计划”重点项目为抓手，扎实抓好“三重”工作，提升项目管理力度，完善项目管理机制，共计推进德青源（简阳）现代蛋鸡产业示范、东来桃源创AAAA级景区、幸福美丽新村建设、平泉镇荷桥村家风荷乡等51个项目的策划、规划、可研、建设工作；积极做好转型做实，多元化发展，依托下属子公司及合资公司，加强项目建设运营，发挥建成项目作用，助力全市乡村振兴，加强商品混凝土、废品建材再回收利用、砂石加工、简州大耳羊、生猪及现代水产养殖，工厂化种植特色蔬菜及花卉、特色林产品、农产品冷链物流、特色民宿运营、动物无害化处理等产业项目建设运营，发挥建成项目效果。全年共计实现投资30.2亿元；实现融资15.79亿元；到位地方政府专项债3亿元；营业收入1.67亿元；利润总额3930.21万元；上缴税款484.88万元，协税护税2352万元；总资产63.12亿元，总负债39.29亿元，资产负债率62.2%。

【简阳市水务投资发展有限公司】 公司成立于2010年8月，是简阳市国有资产管理委员会、中国农发重点建设基金有限公司共同出资设立的国有控股企业，注册资本金11.57亿元，下属简阳市兴盛源管道有限公司、贾家镇自来水厂等5家全资子公司。主要开展城乡供水，污水处理，水利工程建设，江河防洪整治，砂石开采及销售，自来水经营，建材经营，市政管网的建设、维护、维修、管理等业务。2020年，水投公司主动作为、多渠道融资32.44亿元，实现营业收入1.2亿元，总资产规模达135.84亿元；公司为加快落实转型赋能工作，一方面坚持推进城乡居民饮水三年巩固提升工程、简阳市净水厂段滨江路绿道建设、黑臭河流域综合治理等民生工程，另一方面积极拓展土地整理、砂石经营、原水及自来水运营等业务，现已初步形成涉水业务为主，土地整理、安置还房及城市基础设施建设等多业务协同发展的产业布局和发展模式。

【四川雄州实业有限责任公司】 公司是由简阳市人民政府批准，于2012年2月15日注册成立的具有独立法人资格的国有独资公司，注册资本10.1亿元，实收资本10.1亿元，经过近十年的努力发展，截至2020年，公司资产总额达到260.08亿元。公司下属子公司1个，控股公司1个，合资公司6个，合作企业3个。主要承担简阳市城市规划建设区内的各类基础设施、安置还房、保障性住房、棚户区改造、学校、医院、公园等一系列城建类项目。2020年，公司多渠道实现融资32.48亿元，实现投资42.38亿元，经营收入2.84亿元，利润总额约3614万元，上缴税款2.15亿元，共实施项目83个（其中已完工项目13个，新开工项目14个）。公司承建的城市夜景亮化三期（二标段）项目成功打造了以龙王山、鳌山为亮点的网红打卡点和整体的沱江临河景观面，助力简阳市“一轴、两岸、两线、两山、五桥、多节点”的夜景亮化建设；成都市及各郊县党校多次组织到公司实施的市委党校迁建项目现场参观学习。公司整理的2020-6玉龙旅游区地块和2018-5-1西旅1号地块成功竞拍，成交总价约4.13亿元。大力扶持对口帮扶老龙村产业发展及思想文化阵地项目建设，2020年底圆满通过省级扶贫工作交叉考核验收。

【简阳市雄州建设工程质量检测有限公司】 公司成立于2015年5月，是简阳市国有独资企业，注册资金200万元，是经四川省技术监督局计量认证和四川省建设厅资质认可的第三方公正性质量检验机构，主要承担简阳市辖区内的建设工程进场原材料及半成品、工程结构类的检测业务。具体检测涵盖了钢筋原材力学性能、钢筋焊接力学性能、水泥、砂分析、石分析、石抗压、砖材抗压、混凝土抗压、混凝土配合比、砂浆抗压、砂浆配合比、混凝土回弹、植筋承载力等参数。2020年，公司全力服务东来印象（简阳市文化体育中心）、两湖源生态保护工程项目、简阳市人民医院完善三甲功能项目、天星公园、长征机械厂901工程等简阳市重大建设工程项目，以及简州里、锦江家园、悦隽锦城、悦隽江山、精华集团防疫物资改扩建项目等商业建设项目，为其提供优质的检测服务。2020年，营业收入552.55万元，资产总额917.87万元，净利润190.86万元，资产负债率为20.19%，较上年下降13.88百分点，所有者权益总额732.58万元，较上年增加261.79万元。

（胡小聪　陈　言　罗泓波　袁熙杰　毛　珺　洪剑侠　钱　慧　田　峰）

金融工作

【金融营商环境】 深化银政合作，促进银担资源共享。推动简阳市中小企业融资担保有限公司与成都银行简阳支行、简阳农商银行等中小银行建立银担合作关系，托管资本金6亿元。开展正向激励，支持辖内金融业态扩面增量。2020年，简阳市中小企业融资担保有限公司为67企业新增担保1.36亿元，累计为82户企业提供资金支持3.32亿元，担保费率不超过1.5%。加强平台推广，强化辖内金融线上融资服务功能。围绕交子金融“5＋2”平台推广要求，全力推动“盈创动力——简阳科技金融服务平台”“农贷通”金融服务平台、“天府信用通”金融服务平台、“科创通”成都创新创业服务平台建设。本年度辖内企业利用“盈创动力”“农贷通”“天府信用通”等融资服务平台累计获得贷款17.77亿元；利用成都市“科创通”平台成功立项11个项目，获得立项资金116.42万元。助推企业到多层次资本市场发展，推动四川天府汉唐电子商务有限公司、四川菜鸟易购供应链管理有限公司到天府（四川）股权交易中心实现挂牌，全市挂牌企业达到27家；申报2019年本级奖补资金440.88万元，辖内企业实现直接融资54.74亿元，较2019年增长19.53%。打造本土产业投资基金群，加快建立企业股权投资服务体系，加强总规模21.88亿元的东进产业发展基金、四川省知识产权运营股权投资基金运用，推动总规模47.31亿元的国际合作（四川）发展基金、成都交子嘉富航天智能制造招引股权投资基金、成都市鼎简工业振兴投资中心、成都市新经济基金、智慧农业产业投资基金五大基金组建进程，加快总规模12亿元的简阳市产业投资定增基金、成都元航空天装备制造产业创业投资基金谈判进程。

【金融风险防范】 建立金融矛盾纠纷化解机制。印发《简阳市“府院联动”领导小组办公室关于建立简阳市“府院联动”机制　打造一流营商环境实施方案》，建立完善金融纠纷多元解纷平台，提供更多元的金融纠纷解决渠道。健全简阳市防范金融风险处置机制。拟定《简阳市打好防范化解重大金融风险攻坚战实施方案（送审稿）》，组建简阳市防范金融风险领导小组，进一步整合资源，加强部门协同，全面构建全市金融风险防范体系。建立金融风险定期摸排、部门联合整治机制。出台金融风险摸排方案，成立联合工作组，开展全行业金融风险摸排整治工作，做到“早发现、早化解”。高效开展防范非法集资集中宣传活动。6月15日，31家成员单位、金融机构开展集中宣传活动，提升了群众风险防范意识；坚决打击非法金融活动。会同市公安局、市市场监管局、人行简阳市支行等部门，走访检查涉嫌从事非法金融活动的机构，关停未登记注册的鑫世行金融，约谈并督促一天投资、众泰投资限期开展资金清退工作，2020年已清退资金1000余万元，有序有效化解存量风险，保障投资人利益。

【金融服务体系】 加快完善顶层设计，印发《简阳市推行“蓉易贷”进一步完善普惠金融服务体系工作方案》及联席会议事规则、白名单管理办法；建设“蓉易贷”服务中心，利用市行政服务中心“公共资源集中，企业办事集中、工作流程集中”特点，在市政务服务中心设置“蓉易贷”服务中心窗口，为中小微企业提供政策咨询、信息转接、业务办理等一站式金融服务，接受企业咨询100余人次，向银行机构推送有效贷款信息10户。加快首批白名单企业入库。对照《成都市“蓉易贷”白名单管理暂行办法（试行）》标准要求及对应市级产业部门白名单入围标准，积极收集审定白名单企业，上报2批次53户白名单入库企业。开展宣传工作，采用线上线下相结合的宣传方式，利用“简阳之声”“i简阳”等线上融媒体平台，结合简阳电视台、“一江两岸”全市繁华商业圈电子大屏进行全方位宣传，覆盖全市中心城区30万人口。

（唐大力）

金融监管

【概况】 2020年，人行简阳市支行引导金融机构用好用活政策，助力中小企业复工复产，做好稳企业保就业工作，扎实开展金融扶贫工作。金融风险防控取得新成效，不良贷款率实现下降。

【走访巡查】 积极推进举报假币违法犯罪奖励试点工作，对工商银行、农业银行、中国银行、简阳农商银行、遂宁银行、民生村镇银行、绵阳市商业银行、乐山市商业银行、农业发展银行等9家银行开展征信走访巡查；对所辖11家银行机构22个营业网点开展人民币走访巡查；对四川银行、邮政储蓄银行、简阳农商银行、中金财富证券、联合财险、喜和悦、天慧置业等6家金融机构及非金融机构开展反洗钱走访巡查，特定非金融机构反洗钱监管工作在成都市率先取得突破。

【综合评价】 2020年，中国人民银行简阳市支行对全市13家银行业金融机构全部纳入综合评价范围，确定了2020年度各银行业金融机构的最终评价结果，农业银行、邮政储蓄银行、工商银行3家金融机构为A等。

（雷云春　陈世禄）

财　政

【财政收支】 2020年，实现财政总收入869091万元，同比减少28582万元，下降3.2%，其中一般公共预算收入518982万元，同比增加55622万元，增长11.96%，其中中央级收入165092万元，增长13.43%；省级收入53043万元，增长5.65%；市级收入121万元，下降6.2%；县级收入300726万元，增长12.37%。全口径税收收入完成414966万元，其中中央级164364万元、省级51713万元、区县级198889万元。全口径政府性基金预算收入完成349142万元，较上年减少84498万元，下降19.49%；其中省级131万元，增长52.33%；本级政府性基金预算收入349011万元，较上年减少84542万元，下降19.5%。实现地方一般公共预算收入300726万元，增加33116万元，同口径增长12.37%，其中税收收入实现198889万元，增加14955万元，同口径增长8.13%；非税收入实现101837万元，增加18161万元，增长21.7%。税收收入占比66.14%，同比下降2.6个百分点。地方一般公共预算收入总量在成都市各区市县中排17位，增幅排3位。全市一般公共预算支出707576万元，占调整预算的92.25%，同比增加50901万元，增长7.75%。实现政府性基金支出456720万元，占调整预算的93.79%，同比下降 125476 万元，下降 21.55%。

【财源建设】 千方百计抓财源建设，强化协税护税，确保各项收入及时、足额入库。2020 年，实现全市一般公共预算收入 30.07 亿元，同比增长 12.37%，收入增幅在成都市各区（市）县中排第三位，其中税收完成 19.89 亿元，较上年 8.16%；非税收入完成 10.18 亿元，较上年增长 21.7%。全市一般公共预算支出完成 70.76 亿元，同口径增长 7.75%，为促进全市经济社会发展提供了重要保障。同时，加强对省、市财政部门的工作汇报，争取上级的支持，顺利通过考核，获得全省县域经济发展“强县”，为简阳市县域经济发展注入更加强劲的生机活力，推进了简阳综合实力的整体跃升。

【收入征管】 2020 年，面对新冠疫情况的影响，财政部门坚决贯彻市委、市政府决策部署，协调相关部门，深入落实协税护税各项措施，高质量组织财政收入。强化担当意识，牢固树立全市收入“一盘棋”的组织收入任务观，强化责任担当、主业意识，提升站位、主动作为，严格按照收入统筹要求，抓好各项组织收入措施落地、落实，确保执行到位。加强汇报沟通力度，积极向市委市政府汇报收入情况，积极与税收部门保持良好的沟通和协作，争取税收收入预算目标更加科学、符合客观税源实际，争取税收收入库更加精准。加强收入形势研判，深化税源调研，结合历史数据，密切关注经济走势，全面掌握经济税源情况，多维度地开展税收分析，总结税收收入规律，科学、精准预测收入。强化重点税源管理辅导，用好大数据精准掌握大企业、大税源发展变化，将重点税源监控质效体现到组织收入工作中，增强组织收入工作前瞻性、主动性。强化税收入库工作，积极追缴往年欠税。加快清理盘活国有闲置、低效资产处置工作，增加非税收入，做大财政收入蛋糕。

【支出管理】 加强财政资金管理。通过财政直达资金动态监控系统管好用好中央直达资金，健全“建立台账、定期研究、全过程跟踪管理”机制，助力“六保”“六稳”落地落实。2020 年，简阳市中央直达资金 70378 万元，拨付 70378 万元，拨付率 100%，主要用于疫情防控、保基本民生、保就业、保市场主体和困难群众等重要领域。加强账户管理。根据资金管理需要，按省财政厅要求 2020 年在金库简阳支库新增开设财政基本民生专户，财政直达资金专用账户两个专户，分别用于基本民生资金和直达资金的收入归集及资金拨付，保障了简阳市“三保”资金和中央直达资金的及时拨付。

【财政改革】 深化公共服务领域与成都市共同财政事权和支出责任划分改革。通过积极争取，成都市将简阳市确定为第一档地区，从而获得了最大的分担比例，争取到上级最大程度的转移支付支持深化国库集中支付改革，完善相关制度。推进权责发生制政府综合财务报告试编。通过财务报告编制软件在全市 66 个市级一级预算单位、289 个市级二级预算单位、4 个街道办和 42 个乡镇编制部门财务报告的基础上，汇总财政层面的收支及资产负债情况，编制了简阳 2019 市本级政府综合报告。

【绩效管理】 进一步调整和优化支出结构，统筹存量、用好增量，提高财政保障能力。按照“保运转、保民生、保重点、优结构”的总体要求，优化支出结构，严格支出保障序列，确保“三保”支出足额保障，不留缺口；牢固树立过“紧日子”思想，继续压减一般性支出，2020 年一般性支出较上年下降 20%；从严控制“三公经费”支出，2020 年“三公经费”支出较上年下降 18.82%；强化预算约束，严格预算执行，开展预算执行中期评估工作，对当年无法实施项目或已完工项目结余资金及时收回财政统筹安排，通过评估收回项目资金 6480.48 万元；选取了 26 个项目、11 个财政政策和 21 个部门整体支出开展了财政绩效重点评价工作，涉及资金 8.99 亿元。

【脱贫攻坚】 创新财政扶贫保障机制，推动做好巩固拓展脱贫攻坚成果同乡村振兴有效衔接，按照突出帮扶重点、补足短板弱项、推动高质量脱贫的思路，确保扶贫投入同脱贫攻坚目标任务相适应。继续抓好脱贫攻坚“三年巩固提升行动”等重点工作，投入各级财政专项扶贫资金 19892.5 万元（其中上级投入 13492.5 万元，本级投入 5000 万元，调剂使用小额分险金 1400 万元）；累计投入资金 10783.1 万元，创建教育扶贫、卫生扶贫、贫困村产业扶持和扶贫小额信贷分险“四项扶贫基金”，精准助推脱贫攻坚；疫情期间扶贫工作“不打烊”。按照“四个不摘”“三个落实”规定，积极筹措资金，强化扶贫政策保障，对全市105个省定贫困村[含2020年划成都东部新区6个镇（街道）]和有20户以上建档立卡贫困户的非贫困村，新开发秩序维护、防疫消毒等临时公益性岗位，安置暂时无法外出就业特别困难的建档立卡贫困户和边缘户，给予500元/人的月岗位补贴，期限为3个月。对无法继续外出务工且有产业发展需求的建档立卡贫困户和边缘户，给予600元/人的产业扶持项目资金支持。牵头组织扶贫资金动态监控工作，确保扶贫资金落地落实。

【财政监管】 组织开展市级部门、镇（街道）财政财务和会计信息质量监督检查工作，查出内部控制管理不规范、会计核算不合规、库存现金管理不规范、银行存款未及时对账、项目资料管理不规范等方面的问题84个，涉及金额1380.81万元，并督促相关单位整改落实到位。

【财务管理】 持续提高党的建设质量，坚持党管干部原则，推进党风廉政和反腐败工作持之以恒。始终坚持以党的政治建设为统领。切实提高财政干部的政治站位、强化政治担当，不断强化“财”必须自觉服从、服务于“政”的意识，以政治建设为统领统筹推进财政系统党的建设。认真落实全面从严治党主体责任。始终坚持“系统抓、抓系统”，切实把落实主体责任扛在肩上，厘清责任边界范围，列出具体责任清单，强化责任追究，推动“两个责任”落实到位。正风肃纪持之以恒。深入贯彻落实中央八项规定精神以及省委省政府和市委市政府实施细则，确保财政资金和财政干部双安全。深刻吸取纪违法案件教训，严肃认真开展“以案促改”工作，全面开展反思、警示教育，开展党纪党规专题辅导讲座，不断筑牢思想防线。打造忠诚干净担当的高素质专业化财政干部。坚持党管干部原则，完善工作机制，把忠诚干净担当的好干部培养起来、发现出来、使用起来，为财政改革发展提供坚强的组织保障和人才支撑。

（江建乔　蔡华明　陈丽萍　曾　利　樊利娟）

税　务

【概况】 国家税务总局简阳市税务局负责增值税、消费税、车购税等18个税种的征收管理及国务院、省政府授权的教育费附加、地方教育附加、社会保险费、可再生能源发展基金征收等28项基金（费）的征收管理，是全国文明单位。2020年，简阳税务担负政治责任、历史使命，深化“六个年”建设，抢抓成渝地区双城经济圈建设机遇，克服新冠肺炎疫情不利影响，充分发挥税收职能作用，全市税务系统干部职工对标对表、创新开拓、比学赶超、实干奋进，凝心聚力推动简阳税收事业高质量发展，开拓税收现代化建设新局面，为推动简阳加快建成“成都东部区域中心城市”，统筹推进疫情防控和经济社会发展做出了积极的税务贡献。

【税费收入】 严守组织收入纪律，在落实税收优惠政策的同时，持续加强风险管控和征管服务。完成32656户税源核查任务，提升税源分析准确度，推动税收收入科学平稳增长。探索推进建安项目全生命周期风险管理，风险应对入库1.15亿元。全年组织入库各项总收入586923万元，同比增收59605万元，增长11.30%。税收收入422818万元，同比增收42545万元，增长11.19%。其中，县级收入199452万元，同比增收15438万元，增长8.39%，超计划0.15个百分点。组织收入工作受到市委、市政府主要领导4次肯定性批示。

【抗击新冠肺炎疫情】 坚持党委领头在前、党员冲锋在前，坚持常态化疫情防控和税收工作“两手抓、两手硬”。持续抓好办税服务厅领导疫情防控及“非接触式”办税缴费服务推广，设置党员先锋专岗，确保办税缴费安全。召开疫情防控工作领导小组会议7次，向市委办报送疫情防控工作动态39期，工作动态25条，周密安排全局疫情防控工作。下沉养马街道，12名班子成员领队排查16723户家庭、764家商户，共计50121人，检查车辆1227辆。关心关注7个联系扶贫村（1个市局对口帮扶塘坝村）防疫情况，提供各类防疫用品，驻村干部排查村民3653户9589人。机关党委获评“蓉城先锋”示范基层党组织。

【落实纾困解难政策】 全市率先建立减税降费重点企业支持制度，参与制定并落实简阳市应对疫情“政策16条”，对131家重点企业实行名单制管理，通过税收数据平台提取861家企业，动态监控企业政策享受情况，全年新增减税降费1.6亿元。实行“领导抗疫包联制”，建立“税收服务专员”队伍，带队走访152户纳税人，解决问题37个。全力落实延期申报和延期缴纳税款政策，疫情期间核准10家企业延期申报，对45家困难企业核准延期缴纳税额3609万元。加强税银互动，深化纳税信用评价结果运用，与9家实现数据直联的银行机构建立合作，通过“减税云贷”“减税抗疫贷”帮助92家纳税人获得贷款，授信金额6569.6万元，实现优质信用“变现”真金白银。创新做法受人民网、新华网、《经济日报》等媒体报道17次。减税降费工作及税收分析专报受到市委、市政府主要领导8次肯定批示。

【优化税收营商环境】 聚焦贯彻落实《优化营商环境条例》和政务服务“好差评”制度，深化“三化”建设，全面落实“便民办税春风行动”，推进“非接触式”办税缴费，网络申报率99.37%，税费缴纳电子办理量99.55%，发票代开网上办理率89.14%，电子工作平台累计受理事项近2.9万条。以纳税人需求为导向，推出“网上申领、发票包邮”服务，全年邮寄发票3.48万笔，为纳税人减负24.38万元。自主研发“纳税辅导服务管理系统”，创新成立线上快速反应中心，专人专岗第一时间审核反馈电子税务局业务办理，“一站式”响应纳税人缴费人需求，办税综合效率提升18.7%。对表推进行政执法“三项制度”改革、个税改革、专票电子化试点工作，税收治理便利化、公开化、科学化水平不断提升。

【推进税费职责划转】 持续夯实城乡居民社保费网格化服务管理，圆满完成简阳市民生实事目标任务。树立税费同征同管理念，落实社保非税征收体制改革，推动企业社保费、自备水源污水处理费等划转到位、规范征收。聚焦企业社保费划转工作，组建政策宣传团队和工作专班，进行现场宣传辅导41场次，印制发放宣传资料2万份，完成接收参保企业2566户，灵活就业人员87529人，以滚石上山的劲头，推动政治任务落地见效。2020年，组织社会保险费收入15.9亿元，同比增收18887万元，增长13.47%；非税收入1.27亿元，同比增收245万元，增长1.96%。在税费统管下，税收治理在国家治理中的基础性、支柱性、保障性作用不断增强。

【优化队伍防范风险】 把人才队伍建设作为推动税收事业发展的源动力。开展首轮职级晋升工作，干部职级晋升114人次，发展渠道更加畅通，结构配置更加优化。实施“活水”工程，充实中层干部队伍力量，注入新鲜血液。实施淬炼工程，固化师带徒制度，建立六大类专业人才库，和汶川税务互相派遣干部开展交流工作，形成梯队培养格局。实施“青廉工程”，常态化组织青年教育活动。探索“个人绩效+工单管理”，鲜明担当作为、奖优罚懒导向。把监管体系建设作为护航税收事业发展的压舱石。抓好监督检查问题整改，落实“专项整治”工作要求，强化疑点数据清查，整改完成9类34个问题，权力运行更加高效规范。

（褚　蒙）

审　计

【概况】 2020年，简阳市审计局围绕全市统筹推进新冠肺炎疫情防控和经济社会发展大局，紧扣高标准全面建成小康社会目标任务，把审计工作的重点放在促进经济高质量发展，推动成渝地区双城经济圈建设、产业功能区建设、公园城市建设和疫情防控工作等重要领域上来，把审计监督的着力点放到促进各方面加强精细化管理、牢固树立过“紧日子”思想上来，突出“创新提能年”工作主题，聚焦“八个创新”、提升“八种能力”，推进审计全覆盖，做好常态化“经济体检”工作，高标准全面建成小康社会、圆满完成“十三五”规划，各项工作全面进步。全年完成审计项目137个，查出主要问题金额49亿元，核减投资额44710.82万元，向有关部门移送问题线索3件82项，提出审计建议并采纳102条，促进被审计单位制定规范管理制度11个，向社会公告审计结果33个，向市委市政府主要领导报送审计专报26篇。成都市审计系统优秀项目、简阳市目标考核先进单位等6项重点工作15人次获得表彰。3人通过中级审计师职称，1人通过中级计算机职称。

【重大政策措施落实情况跟踪审计】 对重大投资项目落地、新冠肺炎疫情防控资金物资、新增财政资金直达市县基层直接惠企利民、营商环境等重大政策措施落实情况进行跟踪审计，发现审计问题18个，提出审计建议8条，促进疫情防控工作顺利开展和生产生活秩序有序恢复，确保新增财政资金有效规范使用，并促使相关单位及时支付工程款3165万元，切实减轻民营中小企业负担，营造良好营商环境。

【财政预算执行审计】 聚焦“四本预算”拓展审计广度深度，开展对市级预算执行、68个市级一级预算单位2019年度预算执行情况全覆盖审计以及云龙镇、雷家镇2019年度财政决算审计，查出问题金额34.07亿元，提出审计建议21条。

【巡视整改落实情况专项审计调查】 开展简阳市相关单位落实《中央第四巡视组巡视四川省反馈意见第11项整改事项整改工作方案》情况专项审计调查，促进沱江流域、绛溪河流域、阳化河流域突出环境问题整改，实现流域环境质量持续改善，同时开展三合镇原党委书记刘巨波、原镇长周海圣两位同志自然资源资产离任审计，推动构建生态环境保护“党政同责、一岗双责”长效机制。

【重大项目跟踪审计】 开展简阳空港大道及景观绿化项目等9个“东进”区域基础设施骨架工程、简阳市东来印象（简阳市文化体育中心）工程、简阳市空天产业功能区建设项目等重大项目跟踪审计，突出绩效目标，揭示要素保证不到位、项目建设管理制度不健全等问题。制发《政府性投资项目审计备案指导意见（试行）》，建立统筹政府审计、社会审计、内部审计资源开展投资审计的模式，完成政府性投资项目决结算项目110个，核减投资44710.82万元。

【粮食和生猪生产保障政策落实情况专项审计】 开展粮食和生猪生产保障政策落实情况专项审计，发现审计问题11个，提出审计建议5条，推动稳定粮食产量、加快恢复生猪生产；开展促进就业优先政策落实情况专项审计，关注2019年就业创业补助资金和失业保险基金的分配、拨付、管理和使用情况，揭示相关资金在支持和保障稳就业政策落实方面存在的问题6个，提出审计建议4条，发挥就业政策在促进扩大就业规模、保障失业人员基本生活等方面的积极作用。

【领导干部经济责任审计】 继续实施市管领导干部经济责任审计五年规划，对10名市管领导干部进行经济责任审计，审计查出领导干部负领导责任的非金额问题44个，查出主要问题金额18775.92万元，提出并采纳审计建议35条。

【内部审计】 有内审机构114个，内审人员468人，其中专职人员10人。重新修订并向全市印发《简阳市内部审计工作操作指南（修订）》，牵头组织全市各部门参加成都市审计学会开展的内部审计专题培训，并结合日常审计工作对各级各部门开展内部审计情况进行常态化指导和监督，采取购买社会服务、抽调内审力量等举措充实审计一线力量。

【社会审计】 全市有社会审计组织3个，从业人员43人，其中有注册会计师21人。

【审计调研】 向被审计单位及有关部门提出合理化意见及建议102条，促进被审计单位制定规范管理制度11个，向社会公告审计结果33个，向市委、市政府主要领导报送审计专报26篇，提交审计信息42篇。

【审计信息化】 持续深化大数据审计。以“金审工程”三期建设为契机，充分运用成都市审计局已建立的大数据审计平台，不断补充数据，包括财务数据、业务数据和管理数据等，不断增加新模块，做好“加法”，全年报送审计案例12个，做到信息共享，成果共享。2020年，构建了“脱贫攻坚+乡村振兴”审计系统，打造大数据审计亮点。

（晋　娇）

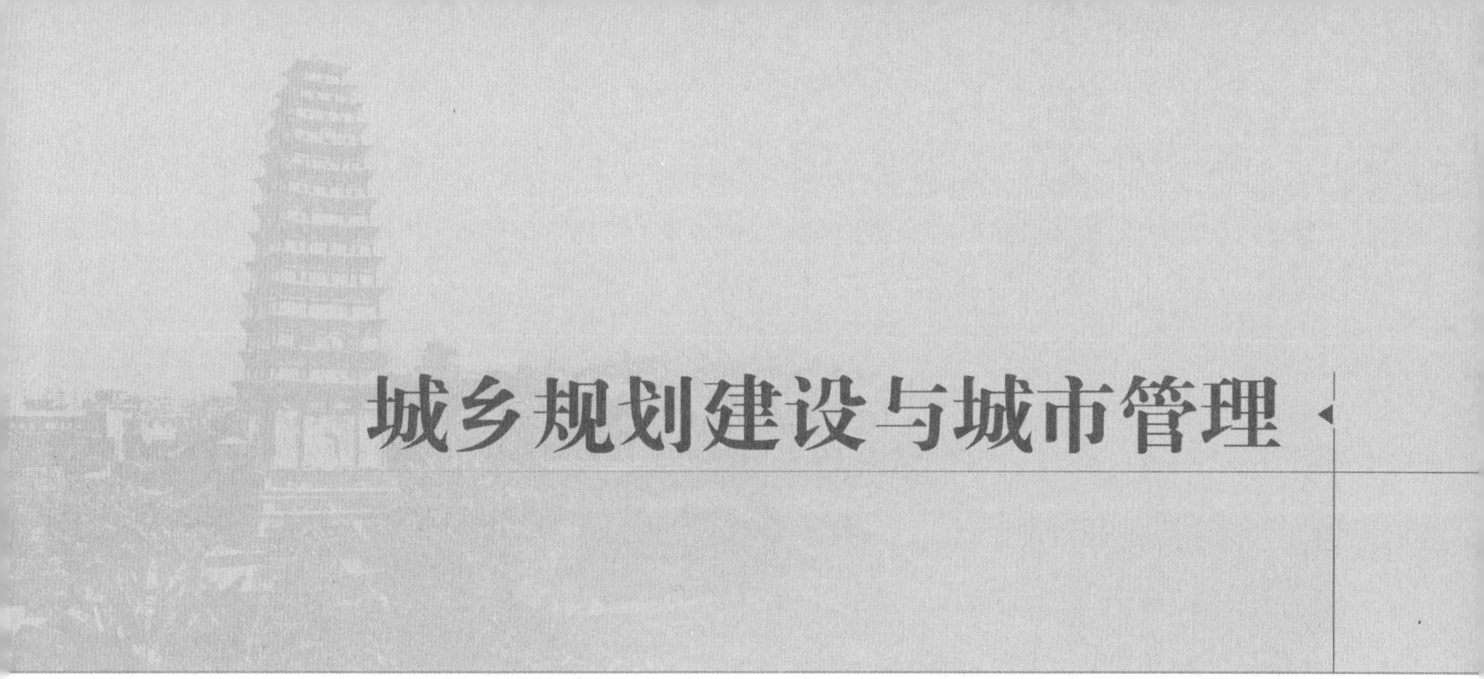

城乡规划建设与城市管理

城乡规划

【城乡规划内容完善】 2020年9月，简阳市准确把握简阳在新的发展格局中的发展机遇，深化简阳战略发展定位。简阳市总体目标定位为成都东部区域中心城市，支撑性定位为国际空港门户枢纽城市、宜业宜居山水公园城市、东进区域智能制造高地；发展目标定位为2025年初步建成成都东部区域中心城市，2035年建成宜业宜居山水公园城市、东进区域智能制造高地，成为国际门户枢纽城市的重要支撑、成都东部区域中心城市，2050年成为世界级成渝城市群的国际化空港名城。锚固生态本底，构建“一园、一带、五廊、多斑块”的生态保护格局；厚植农业基地，构建东部和南部两大农业发展区；优化城镇格局，形成“一城引领、两区协同、三轴联动、多点支撑”的简阳市城镇空间格局。

【城市规划编制】《简阳市国土空间总体规划（2019—2035）》初步方案已经市规委会四届二十次会议审议通过。控制性详细规划层面，已完成《简阳西部电商物流产业功能区成龙简北单元控制性详细规划》《简阳东城新区东来印象单元控制性详细规划》《简阳东城新区21（Ⅳ.A）单元控制性详细规划》三个单元的控制性详细规划法定工作。《简阳市东城新区控制性详细规划》于2020年12月通过市规委会四届三十四次会议审议。已完成市政基础设施专项规划初步方案，全域特色塑造总体规划、航线区域大地景观再造工程规划、大运会重要通道综合提升规划等专项规划经市规委会审议通过，《践行新发展理念的公园城市示范区——简阳市建设总体规划》通过成都市专家审查。编制形成《简阳市轨道交通规划优化建议方案》，纳入《成都市城市轨道交通线网规划（2020—2035年）》。积极建立规划管理制度规范，启动《简阳市城乡规划管理技术规定》《简阳市农村风貌管控导则》编制。

【乡村规划编制】 建立完善以战略规划为引领、国土空间规划为主导、专项规划为支撑、实施规划为抓手的乡村规划体系。按照《简阳市乡村振兴战略空间发展规划》的总体部署，深入落实城乡融合发展理念，试点启动《平泉—禾丰城乡融合发展单元规划》编制工作，按照“产业功能区+特色镇+林盘”的整体思路，努力使平泉街道、禾丰镇、平武镇3个镇（街道）约226平方千米范围构成的城乡融合发展单元成为主导产业明确、镇村分工合理、资源要素统筹分配、基础设施共建共享、管理机制创新开放、城乡充分融合发展的产业功能区。优先启动已有乡村振兴项目、计划实施增加挂钩项目等集聚提升类村庄规划编制工作。指导各镇（街道）开展

海晟隆田园综合体规划效果图

连山村、荷桥村、皮匠街村、太山村等村庄规划编制工作，并结合已编制完成村庄规划及其实施情况，探索建立村庄规划动态维护机制。指导“六心甸田园综合体”“海晟隆田园综合体”“天府本草园”等乡村振兴产业项目开展实施规划编制工作，并与镇国土空间规划和村规划紧密衔接，确保项目落实落地。

【规划管理】 做好规委会筹备工作，筹备召开规委会7次，审议建设项目规划选址方案8项，建设项目规划设计方案33个，城市专项规划11个。做好技术审查，组织召开专家评审会委员会30次，对简阳市航线区域大地景观再造工程规划实施方案、简阳市大运会重要通道综合提升规划等40余个项目方案设计进行规划论证，审查简阳市危废处置等项目规划设计方案32个，核发《建设工程规划核实意见书》49件，《建设工程规划核实情况说明》16件。编制技术规范，启动《简阳市城乡规划管理技术规定》《简阳市农村风貌管控导则》等管理技术规定和导则编制，《简阳市农村风貌管控导则》已经规委会审定，《简阳市城乡规划管理技术规定》已形成初步成果并征求各部门意见。

【规划展示】 充分发挥规划馆“开放窗口、交流平台、教育基地”三大功能，全面做好政务、商务和市民来馆参观接待讲解，开展“云逛规划馆”线上讲解22期，2020年共接待参观团队800余批次，接待人数达6万人次以上，得到各级领导、各界人士、市民群众的一致好评。发挥展示中心公益窗口作用，培训志愿讲解员150余人，举办“简阳2035——童心绘未来”少儿创意绘画大赛、“品味端午·粽情简阳”“同心战疫·共庆团圆诗词吟诵会暨中秋国庆游园活动”“爱成都·迎大运”少儿绘画展等特色公益活动30余场次，参与群众达5万人以上。获四川省天府科技云科普惠民共享基地、成都市青少年社会实践教育基地、简阳市新时代文明实践中心、简阳市社会科学普及基地、简阳市家庭教育示范基地等称号。

（张向黎　刘　波　刘佳语　文晓枫）

城乡建设

【概况】 2020年，简阳市聚焦建设成都东部区域中心城市，对标成渝地区双城经济圈“一核两中心两地”目标定位、东进区域“四大定位”，依托独特的山水资源优势，塑造公园城市形态、培育特色城市文态、营造优美城市生态，加快宜业宜居山水公园城市建设。截至年底，城镇化率达55%，城市建成区面积达40平方千米，道路长度达289.28千米，路网密度达7.23千米/平方千米。

【城建类重点项目建设】 2020年，简阳市共实施“十大行动计划”城建类重点项目129个（总投资约1733亿元），完成投资约124亿元，同比增长12.7%。中国科幻影视文旅产业园、放生坝一级土地整理等63个项目加快推进，杨柳公园、石龙路石桥场镇段等23个项目开工建设，阳安中学迁建、大井安置还房等19个项目全面完工。

【公共服务设施】 2020年，简阳市全面推进基本公服设施“三年攻坚”行动，年底新开工建设公服设施项目30处，建成23处，基本公共服务设施“三年攻坚”行动推进情况位列成都郊（市）县第二，被成都市通报表扬。东来印象建设成效被中国新闻网、中国经济网等12家媒体报道，赢得了各级领导、媒体高度赞誉。

【轨道交通建设】 委托中铁二院完成简阳市轨道交通规划优化建议方案，并成功纳入《成都市城市轨道交通线网优化方案》；协调成都轨道集团完成简阳南站TOD综合开发一体化城市设计招标。同时向成都市争取到市域铁路S3线在雷家镇预留站点一处、初步计划将地铁18号线四期（临江站至简阳南站）纳入成都市城市轨道交通建设规划第五期第一批次建设实施，为早日实现地铁进城奠定了基础。牵头完成地铁18号线二期武庙镇段的征地拆迁及建设协调工作、三期工程的建设用地保障性工作，助推地铁18号线一、二期首开段投入运营，三期加快推进。

【断头路建设】 2020年，简阳市共实施“断头路”2条，简城街道中心村学校连接道路已完成双向二车道道路（凯力威大道至简阳市实验中学断头路）建设，保障了学校师生出行。农兴街南段道路建设工程正在加快前期工作推进，加快征地拆迁工作。

【TOD综合开发】 2020年，简阳市与成都轨道集团初步拟定简阳南站场站800米范围约1628亩土地作为简阳南站TOD综合开发建设用地，初步锁定TOD综合开发的范围。

（彭朝永　毛　睿　方兴锐）

房地产与物业管理

【概况】 2020年，加强市场清理、监管，有效规范房地产市场，进一步促进房地产市场平稳健康发展，以提升物业小区宜居环境为导向，规范物业活动，着力完善物业管理体系，提升物业管理效能，全面助力全市创建全国文明城市、国家卫生城市，组织参与垃圾分类、安全生产大检查、创建小区环境和物业管理委员会、防汛检查、物业小区两新组织建设等工作，促使物业企业主动作为，达到制度健全、权责清晰、管理规范、竞争有序的目标，不断提升人民群众的获得感、幸福感和安全感。

【房地产管理】 2020年，检查商品房销售现场和经纪机构门1000余个次，纠正商品房销售现场不规范行为6项，房地产经纪机构门店不规范行为20余项，发放责令整改通知书3份，向市综合执法局移交违法违规线索1件。推动简阳市房地产行业协会于2020年4月24日挂牌成立，并指导市房协对全市228家备案房地产中介机构进行清理、核实、统计，对其中101家房地产中介机构完成了新备案和备案延期等相关工作。

【物业管理】 2020年，简阳市物业管理项目总数约210个，完成物业服务企业（项目）建筑区划备案19件、物业服务合同备案17件、招投标备案11件。办理使用维修资金备案130件，涉及使用金额320万元。组建“市级部门（单位）+属地镇（街道）”联席会议制度，对物业管理矛盾纠纷和难点定期、不定期会商、研判，共同协调解决物业小区存在的问题，联动强化对物业服务活动的监管。大力开展党建引领工作，探索建立“党建引领、行业主管、基层主抓”的物业管理模式，加大物业行业党建工作力度，引领全市9家物业企业成立党组织。在城区范围内55个社区设立环境和物业管理委员会，实现环境和物业管理委员会全覆盖。通过建设智慧社区、智慧物业等“互联网+”管理模式，将60余个物业企业录入智慧平台。建立线上线下后台、员工端、业主端三端联合运作管理，减少上诉三方之间的述求和意见交换时间，提高小区物业管理效率。对小区矛盾纠纷、社区消防和设备安全、社区生活环境、社会治安等风险隐患全面排查，在14个物业小区开展节水型小区创建工作，并完成全市物业小区全面覆盖4分类垃圾桶的目标任务，建立41个垃圾分类示范小区。联合市物业管理协会成立4个检查小组，对全市物业小区进行全覆盖创卫、防汛、安全生产大检查，发现问题113项，整改问题113项。借助“成都市智慧物业管理服务系统”，对全市197个物管小区的设施设备、从业人员相关信息及维修资金的缴存情况清理、核实、统计。

（张　祚）

交通路网规划

【概况】 截至2020年年底，全市公路通车总里程2590千米（不含高新东区）。其中，高速公路约156.8千米，快速路约17.4千米，国道约118.1千米，省道

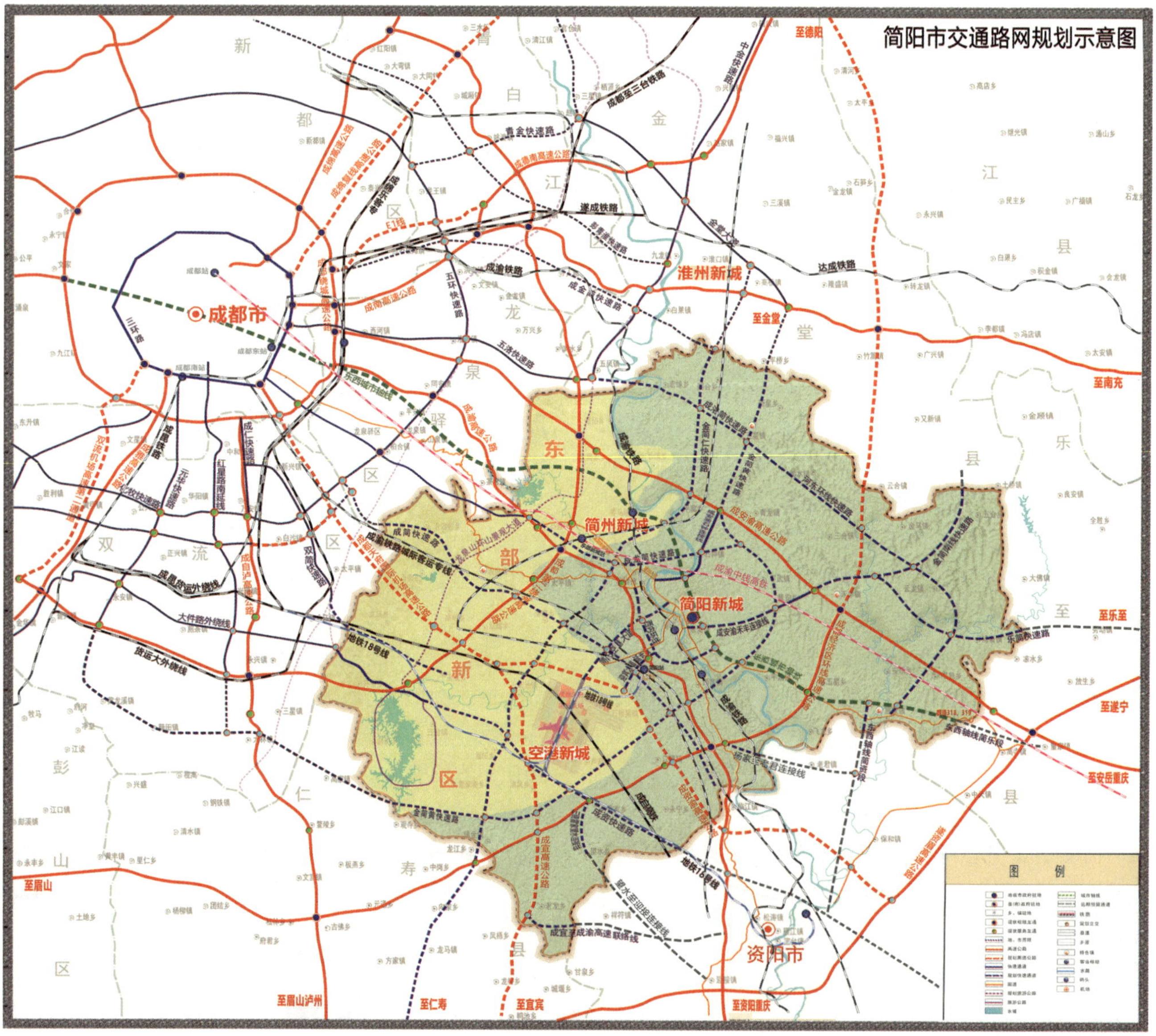

简阳市交通路网规划示意图

约 80.1 千米，县道约 179.5 千米，乡道约 391.1 千米，村道约 1478.2 千米，专用公路约 6.3 千米。铁路总里程约 90 千米。

【交通路网格局提档升级】 2020 年，编制“十大行动计划”交通类重点项目 51 个，总投资约 750 亿元，完成投资约 95.5 亿元。成自和成渝中线高铁规划建设如火如荼，成自高铁交地 586 亩，房屋拆迁 97 户；天府国际机场高速、成宜高速、成资渝高速、德简高速 4 条高速建成通车，市域高速骨架路网全面形成；放高路、镇老路、棉石路等县乡道提升改造完工。全市通车总里程达到 2590 千米，铁路总里程 90 千米。路网规模持续扩大，公路技术等级、通达深度、覆盖范围和整体服务水平整体较好，农村公路较快发展，已初步形成干支相连、布局合理、城乡一体的全域交通体系雏形。

【“十四五”交通运输初步规划】 到 2025 年，全面构建立体综合交通运输网络和覆盖世界经济中心城市的“空铁公水”国际多式联运物流供应链体系，提升区域交通互联互通水平，谋划成都东部区域物流港，共建智慧便民高效运输，形成全球“12312 出行交通圈”（成渝双核 1 小时通勤、成渝地区中心城市 2 小时畅达、全国主要城市 3 小时通达、全球主要城市 12 小时覆盖）和“全球 123 快货物流圈”（国内 1 天送达、周边国家 2 天送达、全球主要城市 3 天送达），实现旅客联程运输便捷顺畅，货物多式联运高效经济，向西向南开放的国际航空门户枢纽和国际物流枢纽初具规模，国际交互承载力、辐射力、竞争力和影响力显著提升。全力打造简阳到天府国际机场、到成都东部新区枢纽站“人流”“物流”交通快速走廊，把新机场资源全力引入简阳，塑造一流的国际化营商环境，加快建设国际空港门户枢纽城市。

（李乐铮）

交通基础设施建设

【交通重点项目建设】 简阳简州大道及景观绿化工程重要节点工程简州大桥左辅桥于 12 月 24 日提前通车，

简州大桥施工现场

右辅道桥钢箱梁吊装完毕，同时多次对接各方，协调汇报，明确接入机场航站楼路径。成功完成全国首台 72 米跨径龙门吊安装调试，并安全运行，经受了今年汛期特大洪水考验；成功安装单跨径 125 米的连续钢箱桥梁；G76 跨线方案获得省交通厅和省公安厅批准；跨成渝铁路和下穿成渝高铁专项方案获得成都铁路局批准；《简州大桥断交交通组织方案》顺利通过专家评审。迎宾大道延长线及景观绿化工程项目，已完成总工程量的 22%，明确了接入机场高速的路径、方案，完成了变更手续，目前正在签订委托代建协议。天府国际机场高速公路增设高明落地互通项目，前期已完成高明落地互通收费站建设设计方案，进入建设合同具体条款约定环节，后随高明镇整体划入成都东部新区。

【交通大通道建设】 做好高速公路、东进快速路、地铁 18 号线等大通道项目推进协调工作，创造良好的施工环境。金简仁二期共占地 4330 亩，拆除房屋 481 户，交地工作已完成，沱江大桥段涉及石钟镇 401.727 亩，已完成放线工作，完成杆管线迁改 183 处。成龙简快速路简阳段 978 亩土地交付，22 处杆管线迁改，145 户房屋拆除等征拆工作全部完成。其余“东进”快速路交地、拆迁工作已于 2020 年 12 月底前全部完成。简阳市成都第三绕城高速公路雷家乡出口至望水乡连接道路项目。完成土石方开挖 35 万立方米、土石方填筑 30 万立方米，同步实施软基处理。涵洞通道完成基础 5 座、台身 1 座、盖板 1 座、桩基 8 根。成都新机场高速公路。完成路基工程 96%，桥梁工程 88%，涵洞工程 92%，隧道工程 99%，路面工程：底基层

金简仁快速路施工现场

32%、基层 20%、面层 10%，绿化工程 30%，房建工程 5%。成宜高速公路。完成路基挖方 265 万方、路基填方 210 万方；完成桥梁桩基 387 根、系梁 133 道、墩柱、214 根、盖梁 103 个、T 梁预制 704 片、T 梁安装 487 片；完成涵洞 35.5 道、成都地铁 18 号线（二期、三期）。已完成双线轨道铺设。2020 年 12 月成都地铁 18 号线成都南站至天府机场北站段正式建成通车。2020 年 12 月实现成渝客专公交化运营，日停靠班次从原来的 19 班次增加到 25 班次，并将继续加密早晚和高峰时段班次。蓉昆客专（成自段）项目加快建设，预计 2023 年建成通车，2021 年启动成渝中线高铁项目建设，加快推进成都外环铁路项目前期工作。

【农村公路建设】 农村公路联网成环，交通服务提质增效。全市路网规模持续扩大，建制村通畅率达 100%，大力实施"乡乡连高速、村村通公交、社社通水泥"等交通 884 惠民工程。2020 年，全市建制村道路通硬化率已达 100%，所有贫困村均实现通硬化路 100%，建成农村公路 2417 千米。按照成都市对简阳市农村公路三年建设补短板要求，规划编制《简阳市 2018—2020 年农村公路建设方案》，规划建设县乡道改善提升 430 千米，村组道路建设 1667 千米。从提高设计标准入手，高质量发展全市农村公路，将原有路基县 6.5 米、乡道 5.5 米、村道 3.5 米，分别提高到 8.5 米、7.5 米、5.5 米，同时对路基结构层和道路附属设施也作了相应增加调整。实施乡村运输"金通工程"。以满足广大群众对农村客运的新需求为目标，依法健全准入淘汰、线路审批、精准补贴等"三项制度"，完善车身外观、驾驶员工牌工装、乡村客运标识、监管投诉平台等"四个统一"，构建乡村客运网、邮快网、物流网、旅游网、商业网等"五张网络"，全力打造人民满意乡村运输"简阳品牌"。

【项目质量监督管理与环保】 严把质量安全监督备案关，落实全市农村公路工程质量监督全覆盖；每个项目明确至少 2 名质量监督责任人，强化日常考核和责任追究；严格监督程序，加强日常监督巡查，重视对基础、路面结构、构筑物等重要部位进行监督检查，提高监督工作质量和水平。通过采取常态化的动态质量监管，大力提升行业管理水平。定期不定期对农村公路项目和市域快速路项目共 10 个在建项目进行了 320 余次质量安全检查，建立了质量安全隐患检查台账和整治动态台账，查出一般质量安全隐患 20 余处，并在现场或者规定期限内整改完成。抓好环保工作，对项目工地进行环保检查 200 余次，并填写工地环保检查台账；对市域内 10 个沥青混凝土搅拌站（其中涉及成都东部新区 3 个街道共 4 家沥青搅拌站监管工作于 2021 年移交成都东部新区）进行了 60 次检查并建立台账，对检查中存在的问题要求立即整改。

（余华均）

公路管护

【国道养护管理】 大力提高干线公路技术养护水平，国道通行能力大幅提升。简阳市公路养护一段大力

机械化修复沥青路面

护坡主动防护网安装

实施养护作业机械化，购置扫地车、洒水车、铣刨机、装载机等机械，用于公路养护作业，提高了养护作业效率。2020 年，常态化道路管养出动各类人员约 12000 人次，清扫路面 20611.5 千米，清理水沟、边沟 1025 千米，清理路肩、边坡、杂草 280.5 千米，路面维修、冲洗护栏 208.5 千米，公路洒水降尘 11392000 平方米，疏通清理涵洞 97 座次，更换维修波形护栏 996 米，沥青微表处路面 320351.4 平方米，中修工程 31 千米，施划标线 21340 平方米，修补路面 20665.09 平方米，粉刷行道树 73.07 千米。

加大经费投入，重点整治护坡垮塌病害。筹措资金对经常出现垮塌病害的 G318 线 K2418＋700、G318 线 K2422＋840，G321 线 K2090＋450，G321 线 K2093＋800 四处护坡安装主动防护网。全年挡墙修复 10 处，边沟修复 2 处；更换爆闪灯 10 台；路面维修约 17000 平方米；边坡挂网共 4 处，施划标线 3110 平方米；新安标志标牌 87 个，粉刷公里桩 73 个，百米桩 102 个。通过不断消除安全隐患，大大提高了管养道路的安全。

【县道养护管理】 开展常态化养护管理，保通保畅能力继续提升。简阳市公路养护二段负责境内 7 条县道公路养护，总里程 136.73 千米，其中水泥混凝土路面 40.35 千米、沥青混凝土路面 96.38 千米，桥梁 15 座。全年开展养护生产巡查 260 次，巡查人数 780 人次，出动巡查车辆约 320 台次，完成路面保洁约 3500 千米，出动洒水车 380 车次对管养道路进行冲洗和降尘，清理路肩约 75 万平方米，路肩除草 240 千米。确保了管养公路良好的公路技术状况和沿线附属设施完好，PQI 值达到成都市交通运输局的考核标准。

认真做好天府国际机场建设场外道路简三路、简仁路和石三路的保通保畅工作，完成简仁路（简阳段）、简仁路（镇金段）、简三路（简阳段）紧急修补和简三路、简仁路中修工程 14578.87 平方米，简仁路 K23＋700 米处整治隐患高边坡 1500 平方米，投入经费 390.39 万元。切实保障成都天府国际机场建设场外运输通道，为不造成交通堵塞，均在夜间通宵施工，对破损严重的路面进行铣刨后铺装沥青混凝土面层。工程投资 6000 万元的简三路棉丰段 2.18 千米道路绕行工程，绕行段已建成并具备同行能力，预计 2021 年春节后实施场镇段改造。

【快速通道管理】 创新管理模式，快速通道管养水平显著提升。简阳市快速通道管理所管养成简快速等一级、二级公路及城市道路里程共 26.3 千米，桥梁共 6 座，其中海大路 1.9 千米；成简快速通道 13 千米，桥梁 3 座；成简快速通道延长线 0.9 千米；成简贾家连接线 5.8 千米，桥梁 1 座；成简石盘三村连接线 3.6 千米，桥梁 2 座。运营监管交通类 PPP 道路（双 C 项目、成安渝石钟线、成安渝禾丰线）共 23.89 千米。桥梁共 5 座。全年投资养护管护经费 300 万元，完成路面清扫 450 万平方米，开挖疏通清理边沟 2000 米，整修绿化平台 43200 平方米，清理废土及垃圾 1400 立方米，更换修复波形梁钢护栏 1200 米，井盖及雨箅子 150 块，维护信号灯 10 处，检修路灯 300 盏，恢复沿线各类公路附属设施 230 处，混合料填补坑槽（路面修补）6000 平方米，购买并及时更换水马 150 个、防撞桶 200 个、锥形桶 400 个，安装更换警示标志、标牌 86 套。2019 年道路绿化实施修枝、施肥、病虫害消杀和除草等常态化养护作业，共计投入经费约 13.4 万元，养护人员 110 人次，车辆 30 台次。

【桥梁养护管理】 完善公路桥梁管理制度，落实危桥险路的监管责任人，对存在安全隐患路段、桥梁建立台账，全年疏通涵洞、清理涵洞垃圾约 1000 座次，新修涵洞 4 座，桥梁维修（风化层清理、砂浆抹面）3

座。完成赤水河大桥等10座桥定期检测工作，更换桥梁信息牌24个，按养护规范每月开展一次经常性检查。对2座桥护栏进行了警示维护。

【公路路政管理】 坚持规范路政执法行为，狠抓道路巡查、坚决查处超限行为，有效维护路产路权。围绕年初工作重点计划，以双C扬尘治理、运渣车专项整治、病害桥限行等为工作重点，保护路产，维护路权，保障辖区内公路的安全畅通。先后落实开展“冬季火灾防控”“春运安全大检查”“两会安全防范”“安全生产大检查暨交通运输安全专项整治行动”“防汛抗旱”等重要工作。全年市公路路政大队共出动巡查车辆284台次、1108人次，上路巡查254天，共计巡查19262千米，查处公路用地及公路建筑控制区违规施工作业17次；整治路面污染行为16起；清理公路有效路面堆积物9次；纠正公路路面摆摊设点现象32次；查处未遮盖篷布货车5辆；对道路沿线洗车场所进行规范，严禁其将水排放到路面；不定期对公路沿线商混站及施工场地进行规范，严禁带泥上路；协助养护一段对国道318线行道树进行排危处理；协助养护段及施工单位对国道进行中修维护；办结行政许可案件14件，赔（补）偿案件43件，结案率100%。平泉超限超载检测站共检查车辆约8900台，未发现涉嫌超限运输车辆；在流动治超中与公安交警联合查处38台超限运输车辆，按照交通运输部、公安部联合发文要求，全部由公安交警记分罚款，路政部门卸载放行。

（付　森　陈碧秀　朱丽苹）

水上交通管理

【概况】 区划调整后，简阳境内共有一江（沱江）、一河（绛溪河），通航水域84千米。2020年，各类交通运输船舶及渔船已全部上岸，有乡镇自用船舶936艘（乡镇监管），持证技术船员320名，渡口7处，渡船7艘，辖区有造船厂2家。

【航线安全管理】 2020年，简阳市地方海事处累计

5月21日，水上安全巡查

巡航时间61小时，巡航里程102千米，巡航检查水域通航情况、船舶情况、船员情况，提前完成巡航计划。简阳市地方海事处协助开展水上禁采工作，召集沿江乡镇政府及乡镇船舶管理站、有船单位、重点客（渡）船业主和水务、砂管等部门召开2020年船舶禁采工作部署会，研究部署近期船舶禁采工作，成立巡查小组联合水务、砂管及镇（街道）对辖区重点水域巡航检查，滞留缺陷船舶2艘。针对辖区通航水域隐患排查工作，成立安全检查小组对辖区内客渡船、码头、重点水域进行拉网式排查，对船舶适航、船员适任、船员配载、救生衣使用、客渡船签单发航、船舶防污、乡镇船舶管理、三品违禁等工作实地检查。加强对客、渡船、旅游船（娱乐船只）、涉砂船舶、乡镇自用船舶以及码头、渡口、水工区域、桥梁、电站、船舶集中点等重点船舶和重点水域的监督检查，对排查清单汇总梳理，及时排查隐患并限期进行整改。要求节假日、赶集日，各有船单位、镇政府及船管站要充实安检人员到渡口、码头一线开展现场监控和秩序维护并针对恶劣气象（水文）、设备故障、客流增加、应急事件等做好相关预案。严禁船舶无证航行、非客船载客、超载运输、客货混装、冒雾冒黑航行、超范围（线路）航行等危险航行行为。严禁携带“三品”上船。对存在安全隐患的船舶一律停航整改，确保水上交通安全工作有序运行。

【船舶检验】 2020年，简阳市地方海事处共检验船舶76艘。其中建造检验60艘，年度检验16艘。严格执行严标准、严制度，检验船厂新建玻璃钢船艇，建立

健全船舶技术图纸和检验资料档案发证工作。对救生、消防、信号设备不齐的进行督促配备，加强指导船厂完善环保工作。召开船厂、有船单位船检业务工作会6次，参加省局培训1次4人。

【渡口船舶管理】 简阳市地方海事处共完成客运量1.6万人，客运周转量4万人千米。对辖区内重点渡口、码头实行现场监管，截至12月共出动162个安检组，安检人员532人次，检查船舶320艘次，发放整改通知书11份，消除安全隐患26起，有效打击了辖区船舶、船员违法作业行为，确保辖区良好的通航环境和通航秩序。

【平安春运】 2020年“春运”为1月10日至2月18日止，共40天。从1月4日开始，简阳市地方海事处通过“宣传、培训、检查、督促、整改”多形式开展春运保障工作，共发放水上交通安全宣传资料150余份，宣传横幅20副。按照“视频24小时实时监控，重点码头派员值守，重点水域巡航巡查”等方式，确保辖区水运“平安、便捷、通畅”。其间共出动34个现场安检小组，检查人员102人次，检查渡口码头36座，检查船舶68艘次，查处安全隐患6起，发放书面整改2份，并逐步整改落实。春运40天内共投放船舶325艘次，18850个客位，渡运量5.973万人次。

【“三无”船舶整治工作】 贯彻党中央国务院和省委省政府关于长江禁捕退捕决定，根据成都市、简阳市关于禁捕退捕工作要求，简阳市地方海事处主动作为，认真履职，多方式、多渠道开展自用船及“三无”船舶管理工作宣传教育、业务培训。召开警示宣教会4次，分2期召开简阳市乡镇船舶管理专题培训会，开展3期乡镇自用船管工作现场教学培训会，各类参训人员200人次。完成62艘交通运输船、182艘渔船、939艘乡镇自用船清理整治工作。辖区无一艘“三无”（无船名船号、无船舶证书）船舶，渔船全部清理取缔。

“三无”船舶清理工作

（谭华霜）

交通运输管理

【概况】 2020年，简阳市公路运输呈现出多元化、网络化的特点。全市共有县内班线80条，车辆223辆，县际班线39条，车辆105辆，市际班线26条，车辆50辆，旅游包车14辆；县际包车40辆，总计432辆客运车辆；公共汽车线路37条（其中4条学生定制公交和9条镇内微循环公交），城市公共汽车374辆；出租汽车272辆。共投入哈罗单车5000辆；从事旅客运输的企业有4家，其中二类客运资质企业1家，三类客运资质企业2家，四类客运资质企业1家；从事普通货物运输的企业有69家，从事危险品货物运输企业有2家，货物运输车辆共计2580台。全市共有6个客运站，其中一级客运站1个，二级客运站1个，四级车站2个，五级（简易）站2个。全市有一类维修企业4家，二类维修企业29家，三类维修企业205家，汽车维修呈现出合理的梯形结构，基本形成了每一个乡镇都有维修企业的整体格局。全市共有机动车驾驶员培训学校6所，其中综合类一级汽车驾校1所，综合类二级汽车驾校1所，小车类三级汽车驾校4所，道路运输驾驶员从业资格培训机构1个，各类教练车222辆，教练员227人，全市驾培机构年培训能力汽车驾驶员1.6万人左右。

【客运管理】 全力做好春运、中高考运输工作，制定了更加切合实际的工作方案和应急预案，运输组织更加周密，运力储备充足，春运、中高考运输工作有条不紊。春运期间，共投入客运车辆1072辆，完成

农村客运“金通工程”四统一工作完成

客运量40万人次；高考运输投入客运班车38辆，运送高考考生700余人；投入公交车辆22辆，运送考生9300余人次。中考运输投入客运班车90辆，运送中考考生2500余人，投入公交车辆25辆，运送考生9500余人。圆满完成村村通客运工作，于6月29日上午，由简阳市人民政府主办，市交通局承办举行了“简阳市乡村客运金通工程试点启动仪式”，新开行9条农村客运线路，投入12辆9座小型客车以区域化方式、隔日赶集班的形式运行；延伸1条公交线路；调整或延伸10条客运班线。加强基础设施建设，根据客运车辆运行线路情况，目前新建招呼牌258个。完成省交通厅建制村通公交（客运）覆盖率100%目标。2020年，全市实际运行的客运站6个（其中一级客运站1个，日均输送旅客4200人次；二级客运站1个，日均输送客流量1300人次；四级客运站2个；五级客运站2个）。

【城市公交发展】 2020年，全市已建成智能调度系统，实现公交刷卡、金融卡、微信扫码、美团扫码、支付宝，车载GPS及监控全覆盖。全市现有公交车436辆，其中400辆新能源纯电动公交车，36辆柴油公交车，结合现有车辆使用年限，对使用燃柴油类型的城市公交车将进行提前报废淘汰，截至2021年3月全面报废淘汰燃柴油类型城市公交车。2020年共投入新能源公交车92辆，报废燃油车30辆，每年少烧燃油68万升，减少二氧化碳排放约1818.7吨/年。为保障采购的新能源纯电动公交车的正常使用，同时面向社会车辆提供有偿充电服务，市运输公司投入501.24万元于2020年6月新建成投用石钟充电站（建有充电桩35根）；2020年新开行定制公交线路2条，公交线网总里程达到447.1千米，公交中途站点总计620余个，改善了群众的公交出行条件和提升了公交服务水平。

【机动车维修行业管理】 2018年和2020年分两批完善了从事喷烤漆作业的维修企业的环评手续共42户，督促企业落实主体责任，完善环保手续，完善危废管理规章制度和管理台账，严格完善危废转移的正规程序，引导企业完成危险废物年度申报工作。督促全市汽车维修企业建成汽车维修电子健康档案系统并实现与市级平台数据对接，已实现一类汽车维修企业全覆盖，二类汽车维修企业80%覆盖，三类汽车维修企业（汽车综合小修类）30%覆盖，形成有效的汽车维修数据开放共享应用体系，为车主、维修企业和管理部门提供多样化的信息服务。

【巡游出租汽车、网约车管理】 2020年，市运管所对全市9家出租汽车公司进行了安全隐患大排查大整治，通过对安全隐患问题的逐一排查及复查，目前检查存在的安全隐患问题基本得到整改，公司管理人员的安全管理责任得到落实，从业人员的安全意识有所提高。对出租汽车非法拒载、不按规定打表计费等违规行为进行专项整治；取消网约车张贴门徽38余辆，对个别网约车驾驶员擅自加价，进行培训教育，目前全市网约车市场基本规范，全年共受理网约车驾驶员资质申请8216人，已审核7068人，合格6625人，资格背景审核另有689人正在审核中，办证程序正常进行。

【驾培行业管理】 对全市6所驾校的企业资质、训练场地、驾驶员管理、教练车管理、计时系统使用、经营行为等方面进行详细核查和督导。对检查中发现的问题提出整改意见，并提出下一阶段的工作和任务。进一步规范驾驶培训计时系统的使用工作，严格要求各驾校应按照教学大纲规定的学时和内容进行培训，规范使用计时终端和计时培训系统对学员培训过程进行动态管理，学员通过计时系统完成相应学时后方可参加考试。2020年，全市244辆教练车均已安装计时培训系统并使用。

【辖区运输市场秩序的管理】 加强对上路行驶营运车辆的监管，对违规车辆进行查处。结合平安社区百日攻坚工作，大力打击非法营运车辆，安排执法人员对客运站、火车站等人口集散地进行政策法规宣传并严厉打击非法营运车辆。共出动执法人员80余人次，参与市级部门组织法制宣传2次，进入车站宣传5次，累计发放宣传单1000余份，查处非法营运车辆1辆。配合市文旅局开展旅游市场专项整治，净化本市旅游市场秩序，累计出动人员120余人次，出动执法人员25余辆次。

【危险货物运输市场监管】 市运管所进行危化品运输专项整治，对道路行驶的危化品车辆进行严查严管，多次联合公安、经信等多部门进行联合检查，共查处违规危货车辆2辆。通过整治，本市范围内的危化品运输秩序得到了规范，运输安全得到了保障。

【推进"双创"工作】 结合简阳市创建全国文明城市和国家卫生城市工作，针对全市272辆出租车内外清洁卫生、服务证摆放、车贴广告、LED顶灯、行业提示语、禁烟标志等进行逐一检查整改。共检查整改服务证摆放不规范车辆70余辆，修复车贴广告65余张、清洁卫生不达标车辆35余辆，更换行业提示语272张，保持简阳出租汽车良好的外观形象。

【货物运输管理】 落实半挂牵引车及重型载货汽车（总质量为12吨及以上的普通货运车辆）安装卫星定位装置要求，2020年，新增渣土运输车辆全部安装主动智能防控系统，共年审已安装完善卫星定位装置且都能在联网联控系统正常显示的货运车辆1442辆。每月25日定期对各运输企业车辆年审情况进行清理统计并告知，并督促超期车辆在规定期限内年审完毕。

【交通运输安全生产及疫情防控工作】 牵头迅速组建交通运输疫情防控组，连续在疫情防控一线奋战一个月，牢牢守住"简州城"和成都"东大门"，先后设立25个疫情防控卡点，研究印发8份专项文件，

高铁南站进行疫情防控检查

在坚决阻断病毒传播渠道同时，保障公路交通网络不断、应急运输绿色通道不断、必要的群众生产生活物资的运输通道不断，保障城市经济社会正常运行，为简阳市和成都市在全国率先恢复经济社会秩序贡献积极力量。组织开展交通运输系统"安全生产月"和"安全生产简阳行"活动，开展"安全生产月"走进客运公司，组织交通运输系统干部职工、营运车辆驾驶员及家属等共3000余人次，参与"安全生产月"网上知识竞赛，利用线上线下各种媒介宣传信息1000余条，有力推进了交通运输系统安全生产工作。安全生产状况评估新突破。经省级安全生产状况评估，2家客运企业安全标准化达到AAAAA级标准。

部署开展安全生产专项整治三年行动。编制并印发《简阳市交通运输行业安全生产专项整治三年行动实施方案》，重点梳理出7类65项重点整治内容，明确工作任务和责任，拉单列表推进。成立安全生产专项整治三年行动领导小组、工作专班，统筹推进交通运输行业各项安全生产专项整治工作。印发《简阳市交通运输局安全生产"排险除患"集中整治工作方案》，深入推进安全生产清单制管理工作。在"两客一危"、汽车客运站领域全面推行安全生产清单制管理，督促指导企业制定落实企业安全生产主体责任清单、重大安全风险管控清单、安全生产岗位责任清单、日常安全工作清单等，实现企业安全生产责任全员全岗位全覆盖，实行照单履职、按单办事，达到明晰责任、规范管理，有效化解安全风险的目的。全市"两客一危"重点企业已基本完

成安全生产责任清单制定。开展常态化疫情防控工作，推进复工复产。分管领导承包施工项目重点督导，落实一项目一措施，在最短的时间实现全市交通类21个重点项目全部复工复产。恢复共同交通、货运、快递等交通运输营运秩序，保障人民群众安全出行，物资有序流动。成立5个“送、帮、解”活动工作小组服务交通运输企业，累计收集问题19个，建账销号、逐一解决。高标准开展全面体检工作。研究印发《简阳市交通运输疫情防控全面体检工作方案》，组建“1＋8”督导组，建立工作日报告、阶段工作汇报和问题整改日报告制度。完善常态化疫情防控措施，强化应急处置，确保细分的8类疫情防控重点工作得到全面落实。抓好交通站点疫情防控。盯牢两个2级以上客运站和高铁南站体温监测工作，新建成测温棚3处、隔离室2间，安装红外测温仪2套，提高卡点体温监测质效。研究拟制“关于进一步加强客运站点、高铁南站疫情防控卡点工作规范的通知”，积极推进疫情防控卡点工作规范和应急处置工作。高标准实施冷链运输查验工作。研制完成并严格实施“简阳市冷链运输车辆防疫查验工作方案”，协同市公安局、市市场监管局、市卫健局组建2个检查组，常态化开展简阳市冷链运输车辆防疫联合查验工作，对全市重点区域和重点运输线路开展专项查验管控。开展邮政快递专项整治。全面体检工作开展以来累计召开专项疫情防控工作会6次，指导菜鸟公司在简阳市召开全市菜鸟防疫工作会3次，组织全市邮政快递企业召开行业疫情防控会1次，停业整顿营业网点累计19家，有效推进邮政快递业疫情防控工作落实到末端。加强应急处突培训和演练。开展道路运输行业应急演练，组织全市交通运输系统于6月29日在平泉街道工业园区大道开展公路防汛抢险保通应急演练。开展疫情防控演练，11月9日在城东客运站开展简阳市客运站（高铁站）新冠病毒疫情防控检测点发现疑似感染病例应急演练；10月16日、11月26日，联同卫健局在财富广场先后2次组织简阳市承担入境人员隔离任务相关工作流程应急演练。指导客运企业开展防汛、防火、反恐、消防、防疫等多项应急演练。修订完善各项应急预案工作。主动开展安全生产专项督查检查。在春运、五一、十一以及国家、省、市“两会”期间等重点时段，采取“四不两直”方式组织开展对道路客货运企业、场站、在建工地等交通运输行业开展安全生产专项大检查，形成安全生产检查工作台账。组织开展公共交通安全风险隐患大排查行动进行专项检查，督促指导企业建立健全安全风险隐患问题清单，并制定整改措施、明确整改时限、落实整改责任人。印发关于开展今冬明春交通运输系统安全生产专项整治暨消防安全大检查大整治的通知，切实推进交通运输系统安全生产专项整治三年行动工作，深入开展安全生产“排险除患”集中整治，确保今冬明春消防安全防控，坚决预防和遏制火灾事故发生。开展深化铁路沿线安全隐患专项治理检查。

（翁　娟）

城市综合管理

【综合执法】 开展占道经营整治行动，清理游商8.6万余起，规范坐商出店经营3.7万余起，清理占道堆物3200余起，清理沿街晾挂物1100余起；开展乱停乱放整治行动，共纠正非机动车乱停乱放行为3万余辆；规范户外广告和招牌，共拆除各类违规破损等广告478个，拆除楼顶广告62个，清理横幅1100余幅。

【城区亮化】 大力提高城市公共照明巡查维修力度，确保路灯亮灯率和及时维修率。共维修（更换）主次干道路灯1927盏（次），维修（更换）背街小巷路灯220盏（次），维修（更换）庭院灯2999盏（次）。处理线路故障399处，更换各类线缆5018米。组织实施背街小巷路灯安装项目，在老城区各背街小巷安装路灯110盏，照亮了“百姓回家的路”。

【园林绿化】 加强行道树和绿化带修枝整形、补植补种、提档降土，全年共新增绿地62.1公顷；新增立体绿化0.95万平方米，创建市级园林式居住小区3个，微绿地、小游园建设3个，公园城市示范街区建设1个，行道树增量提质10条街，拆墙透绿7处，新增芙蓉景观点位1个。

东滨路休闲广场

【道桥管护】 完成城区26座桥梁和1条道路的检测工作，完成沱五桥特殊结构检测工作。

【环卫作业】 提高环卫保洁质量，以机械和人工保洁相结合的方式，每日对470余万平方米区域进行3次普扫，每20分钟进行1次人工拾捡，做到全天清扫保洁时段不出现断档现象，清扫保洁率达100%。每日收运城区生活垃圾300余吨，生活垃圾收集转运率达100%；冲洗除尘更加规范化，目前城区机械化作业率达71%。全年冲洗除尘面积达6.8亿平方米，冲洗车次约为2万车次；环卫设备更新、管护更加有力，拆除了3800余个旧果屑箱，430余个垃圾池，在背街小巷及老旧院落新设置垃圾桶5000余个，“一街一景”规范设置垃圾箱443个、果屑箱3920个，共维修果屑箱200余次、垃圾箱30余次、公厕设施设备2000余次，环卫设备完好率98%以上；垃圾收运站提档升级，对标“双创”工作要求，对城区8座垃圾中转站进行了风貌打造，在尽春意大道垃圾收运站安装了1台高能离子除臭设备进行除臭，在“84”道口、城南市场等7座垃圾收运站安装了喷淋除臭设备进行除臭。

【数字化城管】 通过专项普查对简阳市城市管理工作覆盖面积内的垃圾桶、雨水篦子及户外广告组织进行了专项普查，详细记录了相关部件设施点位及其相关权属单位，明确了现有部件设施的使用状态，为相关部门提供精确数据支撑。2020年，市数字化中心共受理案件64462件（其中监督员巡查上报57867件，视频监控上报6595件），自行处置13006件，派遣64398件，处置64169件，处置率99.64%，结案64161件，结案率99.99%。

【城市管理宣传】 围绕城市管理和“三城同创”，对系统内环卫、执法、市政等工作进行宣传报道。2020年，中国网上稿33篇、今日头条报道上稿64篇，《简阳之声》报刊上稿49条。在成都市政府网站集约化管理平台、成都市政府信息公开目录、成都市基层公开综合服务监管平台等政府网站和微信（微博）公众号同步推发信息600余条。

【特色亮点工作与荣誉】 2020年成都市第三届天府芙蓉花节最美芙蓉花境评选中获金奖；简阳市人民路、雄州大道南段获成都市城管委、成都市城乡环境综合治理工作领导小组授予的“成都市最美街道”称号；在成都市城管委“如果没有城管会怎样”辩论赛中获季军；中心广场42号公厕、东滨花园70号公厕获成都市城管委授予的“成都市最美环卫公厕”称号；喜悦美麓、华盛国际、蓝湖城邦三个小区被成都市公园城市建设管理局评为“成都市园林式居住小区”；碧桂园街角小游园规划设计方案在成都市公园城市管理局组织的2020年街心花园建设试点方案评比中获得第三名；在“爱成都·迎大运”最美城市立体绿化景观评选中获“最美屋顶绿化奖”；在2020年成都市首届环卫工人运动会“垃圾分类趣味运动”中获第一名；被成都市城管委授予“‘门前三包’工作先进单位”称号；被成都市城管委授予“治理非法小广告工作先进单位”称号；“通过实地教学、轮岗锻炼等方式，对保洁人员进行实战检验”的创新做法在成都市城管委简报中推广。

（方　莹）

房屋征收补偿

【房屋征收】 2020年，开展协议签订工作14个项目，已签订征收补偿协议552户，面积9.92万平方米，拆除房屋面积15.81万平方米，其中成龙简项目签约87

户，面积约1.46万平方米，拆除房屋面积1.35万平方米；建设路项目签约8户，面积约0.2万平方米，拆除房屋22幢，约6.2万平方米；石油仓库二期签约28户，面积0.37万平方米；空分项目二期签约5户，面积0.02万平方米，拆除房屋面积1.64万平方米；吉利大学配套设施乾元路建设项目签约4户，面积0.08万平方米；简州新城红旗小镇项目签约5户，面积0.83万平方米，拆除房屋面积0.63万平方米；贾家2017-58地块签约5户，面积0.07万平方米，已全部拆除并完成销户；川掩项目已签约189户，面积约0.71万平方米；东溪场镇6号地块已签约16户，面积0.2万平方米；空港大道项目签约132户，面积约2.92万平方米，拆除面积约2.7万平方米；阳安迁建项目签约7户，面积约2万平方米；城北片区改造项目签约15户，面积0.2万平方米，拆除面积0.6万平方米；321国道沱二桥至铜观音项目签约40户，面积约0.55万平方米；901项目签约11户，面积约0.31万平方米。

【房屋安置】 国有土地上（城房）已安置561户，面积10.02万平方米，其中逸水鼎城项目安置住房9户，面积0.1万平方米；其余项目今年签订协议，全部采用货币化安置552户，面积9.92万平方米。集体土地上（农房）共有农房安置还房项目47个，占地面积约2630亩，建筑面积约519万平方米，总投资约183亿元。2020年拆迁安置约669户、2900人，面积12.89万平方米；C6安置还房完成分配136户、490人、527套。上报成都市超期过渡人数578人，全部安置在大地二期安置还房中，完成全年工作任务。

（蒋山杉）

人口与户政管理

【概况】 2020年，加强便民服务，开展延时服务和绿色通道，在每周六和节假日开展延时服务，方便外出务工人员返乡办理相关户籍业务；在中高考前，为应考学生开通绿色通道，及时快速办理相关证件；针对孤寡老人、精神病人、长期卧床病人等特殊人群上门服务28人次；开通居民身份证免费邮政快递服务，为群众办理免费邮政快递36937件。

【户籍人口管理】 2020年，简阳市户籍总人口928308人（其中男性475730人，女性452578人），出生9201人，死亡11937人。办理各项户籍业务304460条、办理居民二代身份证47726件，接待群众30万余次，清理不标准地址30870条，清理不标准地址上的人员145078人，清理年满16周岁无照片人员5313人，清理核查死亡人员4451人，清理疑似重户人员23人。户籍迁移执行“条件入户”和“积分入户”双轨并行的政策，实行“一元化”户籍管理，成都市外迁入6649人，迁往成都市外1593人。

【流动人口管理】 完善社区流动人口服务站，设立信息采集点，落实专人指导社区网格员开展信息采集维护工作，强化网格员信息采集绩效考核，登记流动人口94284人，办理居住证2207个；规范出租房屋公示制度、用工单位“一牌一簿”、房屋中介机构申报制度，登记出租房屋21021户。

【出入境管理】 依法受理公民因私出国（境）申请3589人次，受疫情影响与2019年同期数据相比下降了89%（2019年同期受理量是32629人次），其中普通护照2151人次，往来港澳通行证1227人次，往来台湾通行证207人次，台胞居民来往大陆通行证4人次。出国（境）证件审核审批率、准确率均达到100%。

（李 响 张 怡 蔡丹丽）

交通安全管理

【概况】 加强交通事故处置。围绕“战疫情、防风险、保安全、护稳定”为主轴，全力开展“奋进”系列专项行动和“减量控大”专项工作，查处道路交通违法行为183209起，没有发生一起死亡3人以上重特大交通安全事故。加强车驾管业务。办理车驾管业务131596笔，其中机动车业务70386笔（含注册登记15311笔，变更登记2152笔，转移登记12301笔，转入登记 1597 笔，抵押登记 532 笔，注销登记 5614 笔，核发检验合格标志 24667 笔，其他业务 8212 笔），非机动车业务 158 笔，驾驶证业务 61052 笔（含新增小车驾驶人 7062 笔，新增摩托车驾驶人 3842 笔，补换证 31040 笔，注销 147 笔，转出 99 笔，审验 14764 笔，其他 4098 笔）。

【疫情防控交通卡点工作】 启动高等级防控勤务，建立新冠肺炎疫情防控道路交通卡点勤务保障机制，在成渝高速石盘站、成渝高速简阳北站、成渝高速简阳站（西峰岭）、成安渝高速石钟站、成安渝高速禾丰站、成都第二绕城太平桥站、成都第二绕城龙泉湖站、简蒲高速平泉站、简蒲高速杨家站及国道、简蒲高速江源站、简蒲高速雷家站、简蒲高速镇金站（点位设在镇金场口）、国道 318 线简乐桥以及简阳服务区、资阳服务区等高速公路站点设立联合检验检疫执勤卡点 15 处，协助做好检测筛查、劝返劝阻、强制隔离等工作，配合卫生健康等部门按照有关规定处理；疫情期间在高速公路出入口设立卡点 10 个，检查成都籍、湖北籍（含武汉籍）、重庆籍车辆共 612374 辆，驾乘人员中涉及湖北籍（含武汉籍）250 人、重庆籍 13351 人，停车场排查 15 辆（其中武汉籍车辆 14 辆），停车场关联人员 38 人；2 月 14 日启动离蓉检查点 2 个，排查车辆 63977 辆。

【大运交通保畅】 成立成都大运会交通运输保障工作组，制定简阳赛区交通运输保障工作组方案，对接相关部门多次对大运会场馆内外现场查看，对场馆内外动静交通组织规划进行研讨，提出相关意见建议，联合交通部门完成大运会沿线重要路段需要联网联控的设备清查工作，提交相关事项请示，确定赛区场馆周边公交车站设置及停靠点位以及出租车、网约车、私家车停靠点位及两轮、三轮机动与非机动车辆及共享单车停靠点位。

【重点车辆“两率”清零】 对照“五类重点车辆清单”逐车排查、催告，排查、催告 1 万余辆，确保了检验率和注销率达 100%。

【“背户”车辆攻坚整治】 以“道安办”名义下发通知，明确由镇（街道）牵头负责、辖区交警中队配合，排查背户人数 42 人，注销登记车辆 787 辆，转移登记车辆 721 辆，转出登记车辆 315 辆。

【交管服务改革】 全面落实“四个减免”“一证办”“一窗通办”“自助快办”“一证通考”“电子化转籍”等 36 项改革措施，于 2020 年 11 月 20 日正式推行摩托车驾驶证全国“一证通考”、摩托车转籍异地通办、扩大机动车免检范围、放宽小型汽车驾驶证申领年龄、驾驶人交通安全记录网上查询等 12 项公安交管“放管服”改革优化营商环境新措施，办理摩托车驾驶证全国“一证通考”514 笔，摩托车异地转籍 20 笔，70 周岁以上驾驶证申领 6 笔，重点企业完成网上备案 47 家。

（王　丽）

网络安全管理

【概况】 召开市委网络安全和信息化委员会会议。2020 年 7 月 31 日，市委书记詹庆主持召开简阳市委网络安全和信息化委员会会议。会议传达学习了中央、省委、成都市委网信委会议精神，审议通过了《中共简阳市委网络安全和信息化委员会调整后组成人员名单》《简阳市 2020 年网络安全和信息化工作要点》。会议要求全市加强网络安全统筹协调能力，压紧压实网络安全管理责任，筑牢网络空间安全防线。

【网络安全宣传】 9 月 14—20 日，开展了简阳市国家网络安全宣传周系列活动，共覆盖全市 22 个镇（街道）、68 个市级部门、103 所学校、50 余所医院；共计印发宣传海报 4000 张，宣传折页 50000 份，宣传书签 52000 份；制作张贴大幅宣传广告 4 幅，人行天桥标语 3 幅，城区公交站台广告 29 幅；通过市交通局协调全市 304 台公交车、220 台出租车以及 2 座汽车客运站滚动播出网络安全宣传视频或标语；举办线上线下活动 45 场，组织开展网络安全进社区、农村、企业、机关、校园、家庭等活动 150 余次，线上线下活动覆盖人数达 20 万余人。

【网络安全综合督查】 6月22日至7月15日，市委网信办联合市委保密机要局、市公安局网安大队、市经科信局，开展了简阳市2020年网络安全综合督查。远程扫描了全市40余家重点部门、单位的网站、信息系统以及属地主要媒体网站，检测发现系统漏洞、黑暗链接、安全防护等问题106个。现场检查了全市46个部门、单位、镇（街道）网络安全责任制落实情况、网络安全基础设施建设情况，以及网站、信息系统运行情况等。对发现的问题相关单位限期进行了整改。

【网络安全保卫】 维护网上公共安全。滚动摸排建档重要网络和信息系统53个，网站72个，网吧44家，LED大屏320余张。联合相关部门对全市关键信息基础设施、重点网站、重要信息系统等安全监督检查250余次，下达安全隐患整改通知书50余份，签订网络安全责任书200余份，核查境外赌博网站9家，对相关单位下发安全隐患通报10份，对40余家党政机关单位、70余家网站开展安防知识培训。严打网络违法犯罪。破获帮助信息网络犯罪活动案2件、侵犯公民信息1件、网络赌博案1件、跨境网络赌博案1件、传播淫秽物品案1件，配合抓捕犯罪嫌疑人70余人，落查重点群体线索169条；梳理网上相约犯罪情报线索20000余条、嫌疑人员6人；核查处置学生涉嫌自杀线索11条；落查涉电诈、断卡线索50余条；督促开展案件电子数据检材勘验296个，采集嫌疑人电子数据2568万条。

（王 静 聂 彤）

应急救援管理

【创新基层应急管理体制】 2019年12月，简阳市下发《简阳市乡镇（街道）行政区划调整和体制机制改革机构设置和人员编制方案》，率先在成都市域内全域设置应急管理办公室作为镇（街道）内设机构，彻底解决了镇（街道）安全监管机构挂靠、虚设、人员流动快等问题，初步形成了横向到边、纵向到底的应急管理体系，基层应急管理能力较以往明显增强。10月19日，《中国应急管理报》对简阳市的做法进行了报道。

11月30日，简阳应急救援分队开展培训

【完善预警监测体系】 制发《简阳市城市运行安全风险综合监测预警工作机制》（简应急委〔2020〕5号），发挥应急部门综合优势和行业部门的专业优势，不断完善安全生产事故、自然灾害综合监测预警制度体系，规范监测预警活动，提高防范化解重大城市安全风险能力。指导全市开展应急预案编制和修订工作，修订完成《简阳市突发事件总体应急预案》及18个专项指挥应急预案编制工作并备案；完成全市22个镇（街）综合预案、全市35个部门预案编制备案工作。

【加强应急保障】 在全市7个镇（街道）开展基层综合救援队伍培训试点工作，探索多元化、多灾种应急救援模式。充实安全生产应急救援简阳分队救援装备，提升救援能力。跨区参与成都市2020年汛期备勤。

【加强预警预测】 持续推进市应急指挥中心信息化建设，完成中华人民共和国应急管理部应急指挥信息网建设、国家应急指挥综合业务系统升级、应急指挥综合业务系统全资源数据收集录入工作，提升应急指挥信息化水平。

（张 勇）

消防安全管理

【概况】 从队伍正规划建设入手，狠抓“四个秩序”落实，开展业务训练，立足现有装备、保卫对象的实际情况，从难、从严、从实战的需要出发，推进战训工作。圆满完成“8·16”成都东部新区大小中坝防汛群众转移、“8·17”洪峰过境抗洪抢险救援、“8·19”支援乐山抗洪抢险救援、“两会”等重大活动现场安保等重大任务，有效提升了队伍实战能力，确保随时“拉得出，冲得上，打得赢”。2020年，共接警1349起，出动车辆1500辆次，出动警力7500人次。

【消防基础建设】 老城区消防站严格按照城市二级消防站建设标准设计，设计方案已顺利通过规委会，即将开工建设；东来印象消防站主体工程已完工，即将投入执勤备战；在立足现有城市中心消防站、老城区消防站、东来印象消防站为主的“三个中心”消防站基础上，拟以镇（街道）消防站和小型消防站建设为辅进行多点布局，形成“三中心多片区多点位”的建站模式和思路。狠抓信息化建设，大力提升应急救援信息化建设水平，推进智慧消防建设。

【消防执法检查】 开展2019—2020今冬明春火灾防控、住宅小区消防安全综合治理、森林及城乡防火专项行动、高层建筑专项整治、危化品专项治理、消防安全三年行动等专项行动。结合高层建筑专项整治，完成全市所有高层建筑消防车通道标识、标志画线工作；完成成都市挂牌督办重大风险隐患整改18处。2020年，检查单位（场所）1021家次，督促整改火灾隐患和违法行为694处，下发责令改正通知书402份。联合文旅、公安、住建等部门开展联合检查240余家次，核查举报投诉300余件。

4月6日，市应急管理局组织镇街应急办人员到企业开展安全监管现场培训

【消防安全宣传】 发动社会面消防宣传力量，联合社治委、退役军人事务局，共同打造一支退役军人消防义务宣讲队，新聘任全市社区消防宣传大使118名，采用灵活多样的方式，积极开展消防宣传活动，扩大消防宣传覆盖面。以“5·12”全国防灾减灾日、“科普宣传日”等活动为契机，广泛开展“进学校”“进社区”“进企业”“进农村”“进家庭”消防宣传“五进”活动。邀请学校、社会单位走进营区，开展队站开放等一系列宣传活动。发动镇（街道）、社会单位利用广播、楼宇电视、LED户外显示等载体滚动播放消防法规和基本防火自救知识，组织社区网格员、消防宣传大使等基础力量、开展消防安全知识宣传教育，实现线上、线下全覆盖的“立体化”宣传模式，进一步传播消防安全理论，普及消防安全常识。

（刘　恺）

防灾减灾管理

【健全救灾工作机制】 完善预案体系。完成《简阳市自然灾害救助应急预案》《简阳市地震应急预案》《简阳市消防安全事件应急预案》《简阳市突发事件总体应急预案》等各类预案的修订和编制工作，指导市应急委18个专项指挥部、市级各部门和镇（街道）修订本行业、本辖区的应急预案，确保各类突发事件应急救援科学、有序、高效开展。推进机制体制改革。根据《中共简阳市委　简阳市人民政府关于推进防灾减灾救灾体制机制改革的实施意见》（简委发〔2019〕17号），完成全市防灾减灾救灾体制机制改革，提升自然灾害综合防范能力。建立与市人武部、武警简阳中队军地抢险救灾协调联动工作机制，建立健全全市应急联席会议制度、自然灾害防治工作局际联席会议制度，不断形成统一领导、权责一致的管理体制。加强与金堂、资阳、龙泉驿等地区域联动，完善沱江上下游联动调度机制。建设综合减灾标准化社区10个。

【强化风险管理】 完善市、镇（街道）、村（社区）三级灾害信息监测报送体系，采取微信、短信、广播等多种形式相结合，及时发布预警信息，为防灾减灾指挥决策提供有力支撑。指导22个镇（街道）完成了2020年国家自然灾害统计系统数据的更新工作，实行汛期零报告制度，提升了全市快速应对自然灾害的能力。严格落实24小时值班和领导带班制度，强化应急、气象、规自、水务等监测预警部门的联动机制，确保重大灾害性天气无一漏报。

【应对自然灾害】 在“8·16”“8·24”洪涝自然灾害后，及时启动自然灾害救助应急二级响应，积极开展灾情统计和核查工作，两次洪涝灾害导致21个镇（街道）不同程度受灾，造成各类直接经济损失约8699.16万元，受灾人口达19906人，紧急转移安置人口4625人。积极开展受灾群众过渡期生活救助申报工作、冬春荒救助工作，未发生因灾伤亡的情况。

5月12日，市人防办开展防灾减灾宣传活动

表33 简阳市Ⅱ类避难场所相关情况表

序号	名称	等级	详细地址	建成时间
1	简阳市体育中心应急避难场所	Ⅱ类	简阳市射洪坝街道中山路	2013.8
2	简阳市人民公园应急避难场所	Ⅱ类	简阳市简城街道安象街	2017.11
3	简阳市御景湾广场避难场所	Ⅱ类	简阳市射洪坝街道东滨路	2017.11
4	简阳市解放变电站避难场所	Ⅱ类	简阳市射洪坝街道鳌山路	2019.1
5	简阳市明德小学避难场所	Ⅱ类	简阳市射洪坝街道园艺村十一组	2019.6

（冯 琦）

居民生活

居民收入和支出

【居民收支概况】 2020 年，简阳市城镇居民人均可支配收入 39752 元，同比增长 6.3%。城镇居民人均消费支出 22957 元，增速为 -3.5%。简阳市农村居民人均可支配收入 19643 元，同比增长 9.1%，农村居民人均生活消费支出 14439 元，增长 4.8%，增速比同期城镇居民人均消费增速快 8.3 个百分点。

【城镇居民收入构成情况及特点】 城镇居民收入增幅

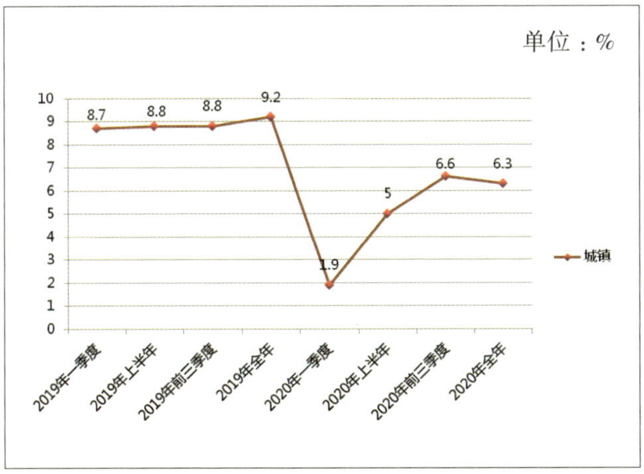

图 1　简阳市城镇居民人均可支配收入增速变动情况示意图

收窄。2020 年，简阳市城镇人均可支配收入 39752 元，同比增长 6.3%，增幅与前三季度相比降低 0.3 个百分点。四大类收入“缓慢增长”。其中，工资性收入 21868 元，经营净收入 6952 元，财产净收入 1964 元，转移净收入 8967 元，分别较上年同期增长 7.2%、增长 5.3%、增长 8.7%、增长 4.3%。工资性收入贡献率降低。2020 年工资性收入的贡献率较前三季度降低了 12.1 个百分点，拉动增长率也降低了 1.0 个百分点，最终导致全年城镇居民人均可支配收入较前三季度降低 0.3 个百分点。2020 年第四季度，大部分居民工资性收入除了按月发放的工资外并未发放额外的奖金、津贴、过节费等。经营净收入占比增加。2020 年全年，简阳市城镇居民人均经营净收入 6952 元，同比增长 5.3%，占可支配收入的比重为 17.5%，相较于前三季度，占比增加 1.6 个百分点，贡献率也增加 2.0 个百分点。随着疫情防控形势好转，简阳市餐饮住宿、批发零售和交通运输等服务性行业市场需求回暖，各类商铺门店基本恢复正常营业，营业收入有所增加。财产性收入增幅最大。2020 年城镇居民人均财产净收入 1964 元，同比增长 8.7%，高出前三季度 5.5 个百分点。近年来市民的投资渠道趋于多元化，接近年末，各项投资陆续收回，分红、利息和租金收入等财产性收入也同步增加，促进城镇居民财产净收入增长。转移净收入增幅略有增加。2020 年全年，简阳市城镇居民人均转移净收入 8967 元，同比增长 4.3%，增幅与前三季

2020 年简阳市城镇居民可支配收入及构成表

表 34　　单位：元、%

指标名称	2020 年	2019 年	增加额	增幅	占比	拉动增长	贡献率
可支配收入	39752	37405	2347	6.3	100	—	100
工资性收入	21868	20399	1469	7.2	55.1	3.9	62.7
经营净收入	6952	6602	350	5.3	17.5	0.9	14.9
财产净收入	1964	1806	158	8.7	4.9	0.4	6.7
转移净收入	8967	8598	369	4.3	22.5	1.0	15.7

度相比增加 1.2 个百分点。接近年末，各种转移性收入有所增加，如拆迁过渡费、低保户慰问、外出人员寄回等。

【农村居民收入构成情况及特点】 简阳市农村居民总体收入保持不变。2020 年，简阳市农村居民人均可支配收入 19643 元，同比增长 9.1%，增速与前三季度持平。四大类收入平稳增加。农村人均可支配收入 19643 元，其中，工资性收入 6991 元，经营净收入 5482 元，财产净收入 706 元，转移净收入 6464 元，分别较上年同期增长 9.0%、增长 10.7%、增长 19.5%、增长 6.8%。工资性收入贡献率环比下降明显。由于政策性增资红利已基本释放完毕，2020 年四季度除了基本工资外无其他工资性收入，导致全年农村居民人均工资性收入贡献率为 35.3%，与前三季度相比下降 39.5 个百分点。经营净收入增幅环比略微增加。全年农村居民人均经营净收入 5482 元，同比增长 10.7%，增幅与前三季度相比增加 0.2 个百分点。财产净收入增幅环比略微下降。全年农村居民人均财产净收入 706 元，同比增长 19.5%，增幅与前三季度相比减少

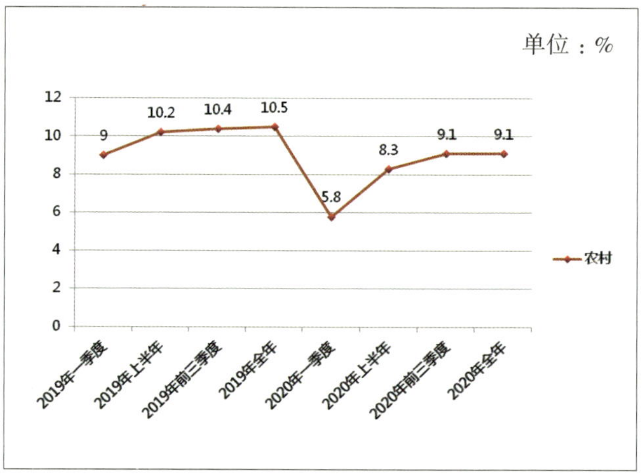

图 2　简阳市农村居民人均可支配收入增速变动情况示意图

0.5 个百分点。转移净收入增幅环比“四增”。全年农村居民人均转移净收入 6464 元，同比增长 6.8%，增幅与前三季度相比增加 1.3 个百分点；占可支配收入的比重为 32.8%，与前三季度相比增加 13.7 个百分点；拉动增长率为 2.3%，与前三季度相比增加 1.2 个百分点；贡献率 23.1%，与前三季度相比增加 13.2 个百分点。主要原因有农村人口老龄化，政府重视民生保障，离退休金上调，低保和养老金标准提高，教育专项补

2020 年简阳市农村居民人均可支配收入及构成表

表 35　　单位：元、%

指标名称	2020 年	2019 年	增加额	增幅	占比	拉动增长	贡献率
可支配收入	19643	18009	1634	9.1	100	—	100
工资性收入	6991	6414	577	9.1	35.6	3.2	35.3
经营净收入	5482	4952	530	10.7	28.0	2.9	32.4
财产净收入	706	591	115	19.5	3.6	0.6	7.2
转移净收入	6464	6053	411	6.8	32.8	2.3	25.1

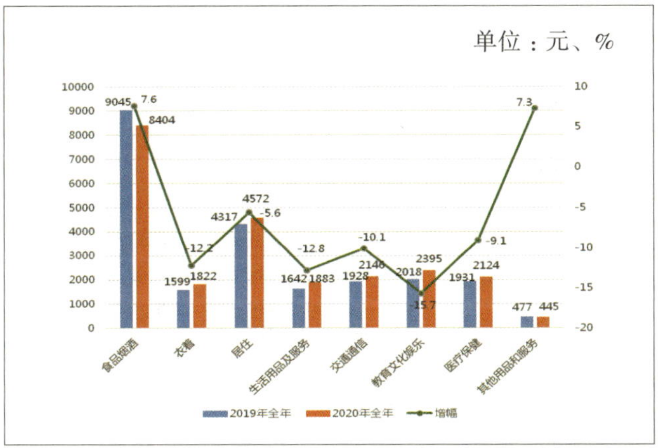

图 3　简阳市城镇居民生活消费支出变动情况示意图

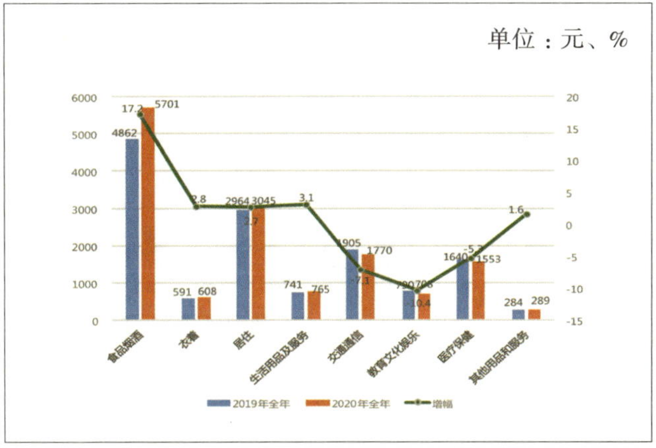

图 4　2020 年简阳市农村居民生活消费支出及构成示意图

贴的发放，均促使转移净收入上涨；由于社会薪资标准不断提高，在外打工收入增加，家庭外出从业人员寄带回收入增加；随着全社会文明程度的提升，尊老爱老敬老的观念深入人心，子女自觉承担赡养老人义务，赡养收入增长明显；城乡居民基本医疗保险制度逐步完善，支付范围不断扩大，使得医疗费报销收入增加。

【城镇居民消费变动主要特点】 生活消费支出降幅加大。2020 年全年简阳市城镇居民生活消费支出 22957 元，同比增长 -3.5%，降幅与前三季度相比增加 1.3 个百分点。分项看，八大类生活消费支出呈现“两升六降”的特点。教育文化娱乐降幅最大。由于疫情影响，教育培训类机构全年营业时间仅有 6 个月左右，KTV、影院等娱乐场所营业时间更少，导致居民在教育文化娱乐方面支出减少，全年城镇居民人均教育文化娱乐支出 2018 元，同比减少 15.7%。

【农村居民消费变动主要特点】 生活消费支出稳步提高。2020 年简阳农村居民人均生活消费支出 14439 元，同比增长 4.8%，增幅与前三季度相比增加了 2.5 个百分点。分项看，八大类生活消费支出呈现“五升三降”的特点。食品烟酒增幅最大。由于猪肉价格居高不下，加之春节将至，居民为制作年货做准备，对肉类需求大，消费热情不降反增；受疫情影响外出务工人员滞留在家，烟酒需求增加。全年农村居民人均食品烟酒支出 5701 元，同比增长 17.2%。

（何　燕）

市场物价

【概况】 2020 年，总体上简阳市主副食品供应充足，交易活跃，市场总体平稳。从具体品种看，粮油类市场价格小幅上涨；猪肉价格继续保持在高位震荡；牛肉价格呈稳中上行走势。蔬菜价格呈季节性波动，价格普遍高于上年同期。2020 年，简阳市居民消费价格总水平较 2019 年上涨 3.8%，八大类呈“五涨三降”趋势，食品烟酒、其他用品和服务、医疗保健、衣着、教育文化和娱乐分别上涨 11.3%、5.1%、4.2%、1.3%、0.8%，交通和通信、生活用品及服务、居住分别下降 4%、1.2%、0.9%。其中：畜肉类价格上涨 36.2%，影响居民消费价格指数上涨 2.94 个百分点；禽肉类价格上涨 3.8%，影响居民消费价格指数上涨 0.06 个百分点；鲜菜价格上涨 13.7%，影响居民消费价格指数上涨 0.37 个百分点。

【物价总体运行特点】 八大类价格呈“五涨三降”。1—9 月，食品烟酒类、其他用品和服务类、医疗保健类、衣着类、教育文化和娱乐类分别上涨 15.9%、6.1%、4.1%、1.2% 和 0.8%；交通和通信类、生活用品及服务类、居住类价格分别下降 4%、0.7% 和 0.6%。食品烟酒类价格是影响 CPI 上涨的主要因素。

各月价格环比和同比总体呈下行趋势。从分月环比看，1—9 月分别上涨 2.4%、上涨 4.4%、下降 4.9%、下降 2.1%、下降 2.4%、上涨 2.0%、上涨 0.2%、上

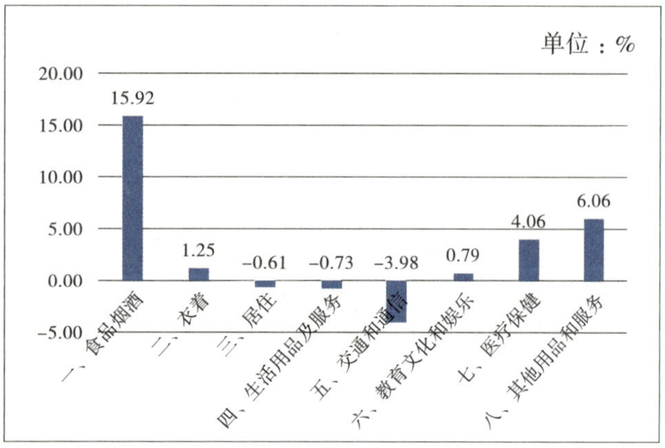

图 5　2020 年 1—9 月简阳市居民消费价格八大类累计涨跌幅示意图

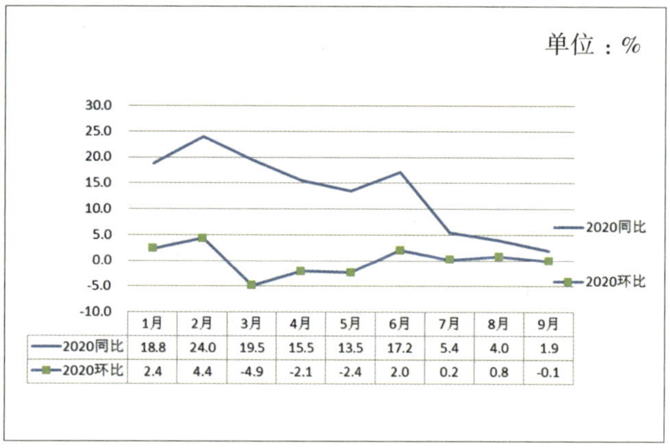

图 6　2020 年简阳市各月 CPI 同比、环比涨幅示意图

涨 0.8% 和下降 0.1%；从分月同比看，1—9 月分别比去年上涨 2.4%、上涨 4.4%、下降 4.9%、下降 2.1%、下降 2.4%、上涨 2.0%、上涨 0.2%、上涨 0.8% 和下降 0.1%；从各季度看，一季度受春节以及新冠肺炎疫情影响，居民消费价格同比、环比波动较为显著，二季度之后，随着疫情防控形势逐步向好，各行各业陆续恢复正常生产营业，加之供应充足，价格波动渐趋平稳，三季度平稳运行。

【物价主要变动因素分析】 食品价格是影响 CPI 上涨的重要推手。1—9 月，食品价格上涨 15.9%，影响 CPI 上涨约 5.22 个百分点，是对 CPI 变动影响最大的分类，其中肉、菜等与居民生活密切相关的食品价格涨势尤为显著。猪肉价格仍是影响 CPI 上涨的主要因素。1—9 月，畜肉价格上涨 74.5%，影响 CPI 上涨约 3.45 个百分点。受非洲猪瘟和新冠疫情的叠加影响，2020 年猪肉价格一直处于高位运行。新冠疫情期间，部分农贸市场、超市关闭，加上交通运输受限，猪肉市场供应不足，推动猪肉价格进一步走高；3 月后随着疫情防控取得成果，生猪生产运输逐步恢复，加上政府持续投放冻猪肉等政策影响，猪肉价格稳步回落；6 月猪肉价格的季节性反弹和端午节的到来，推动猪肉价格继续上涨，7 月、8 月仍保持价格高位，9 月，生猪出栏增加，加之猪肉价格一直处于高位，消费者购买欲望不高，环比指数有所回落。鲜菜类价格比上年同期上涨 13.5%。2020 年 1、2 月，因传统节日春节及新冠肺炎疫情防控形势严峻，生产受限，运输受阻，销售网点减少，市场供应相对不足，鲜菜价格处于高位。3 月、4 月、5 月，随着疫情稳定后道路运输畅通、当地菜大量上市，价格回落明显。6 月受北京疫情影响加上外地蔬菜因南方汛情供应量减少、本地鲜菜因天气炎热减产双重影响，价格略有上涨，环比上涨 2.2%。7 月本地蔬菜、应季蔬菜（藕）等鲜菜上市量增多，鲜菜价格环比下降 0.2%。8 月鲜菜价格涨幅较大，环比上涨 9.5%，主要原因有三个：一是受汛情影响，部分外地蔬菜主产区产量下降，而简阳市市场上外地蔬菜占比大，市场外地蔬菜少且成本高的情况下，涨幅较大；二是 8 月下旬前后夏季蔬菜退出市场，秋季蔬菜未上市，应季蔬菜较少，大棚蔬菜成本较大，卖价上涨；三是 8 月高温，部分叶菜类存储成本较高，进一步推动鲜菜价格上涨。9 月中旬以后应季鲜菜陆续上市、汛情逐渐稳定后外地鲜菜供应量有所增加，但受供应量和节日因素等影响，价格仍居高位，环比上涨 6.4%。鸡蛋价格先降后涨趋势明显。据调查显示，1—9 月鸡蛋价格环比先降后涨再降。1—6 月鸡蛋价格持续低位，一是因疫情滞销的鸡蛋存货量大二是春季本就是鸡蛋的高产期，三是人们消费需求不高，终端市场消化缓慢，鸡蛋价格一降再降；但 6 月以来气温逐渐升高，蛋鸡进入伏歇期，由于前期蛋价过低导致养殖户大量淘汰产蛋母鸡，致使蛋价上涨明显，6—8 月鸡蛋价格均呈上涨趋势；9 月，天气逐渐转凉，蛋鸡开始产蛋，鸡蛋价格有所回落。其他用品和服务价格上涨 6.1%，影响 CPI 上涨约 0.16 个百分点。其中金饰品价格上涨 27.5%，银饰品价格上涨 7.0%，铂金饰品价格上涨 1.9%。受新冠疫情影响，国际金价一路走高，金饰品价格一直处于高位运行区间，并且带动铂金饰品、银饰品等价格出现不同程度的上涨。

表 36　　2020 年简阳市主副食品价格情况表

序号	品名	产品规格	计量单位	2020年1月均价	2020年2月均价	2020年3月均价	2020年4月均价	2020年5月均价	2020年6月均价	2020年7月均价	2020年8月均价	2020年9月均价	2020年10月均价	2020年11月均价	2020年12月均价	年平均价格
1	籼米	二级，本地	元／500克	2.20	2.20	2.20	2.20	2.20	2.20	2.20	2.20	2.20	2.20	2.20	2.20	2.20
2	粳米	二级，东北珍珠	元／500克	2.80	2.80	2.80	2.80	2.80	2.80	2.80	2.80	2.88	2.90	2.90	2.90	2.83
3	面粉	特一粉	元／500克	2.50	2.90	3.20	3.20	3.20	3.20	3.20	3.20	3.20	3.20	3.20	3.20	3.16
4	绿豆	上等	元／500克	6.00	6.00	6.25	6.20	6.00	5.63	5.50	5.50	5.50	6.00	6.50	6.50	5.96
5	黄豆	上等	元／500克	4.00	4.00	4.00	4.00	3.63	3.50	3.50	3.50	4.50	4.65	4.80	4.80	4.08
6	菜籽油	桶装，三级压榨	元／5升	69.00	69.00	69.00	69.00	69.00	69.00	69.00	69.00	69.00	69.25	70.00	75.94	69.75
7	大豆调和油	一级桶装	元／5升	60.00	60.00	60.00	60.00	60.00	60.00	60.00	60.00	60.00	60.00	60.00	65.94	60.56
8	大白菜	上等	元／500克	1.70	1.88	1.88	1.60	1.50	1.50	1.90	2.50	2.20	2.00	1.25	1.10	1.76
9	莲花白	上等	元／500克	1.70	1.88	1.63	1.10	1.00	1.00	1.80	2.50	2.10	2.50	1.88	1.70	1.73
10	菠菜	上等	元／500克	3.90	3.00	2.25	2.60	4.00	4.38	5.80	6.00	5.30	5.00	4.00	3.20	4.12
11	芹菜	上等	元／500克	2.00	1.88	1.38	2.90	3.13	4.50	4.40	3.25	4.00	4.13	3.38	3.30	3.20
12	韭菜	上等	元／500克	6.20	5.25	5.00	4.80	5.00	4.63	4.40	4.25	4.60	4.00	4.13	4.00	4.70
13	花菜	上等	元／500克	2.20	2.00	1.88	1.90	2.38	4.25	4.60	3.88	4.00	4.00	2.75	2.40	3.02
14	空心菜	上等	元／500克	2.00	2.00	6.00	4.60	3.13	3.13	2.30	2.38	2.30	2.13	2.00	2.00	2.65
15	青笋	上等	元／500克	1.90	3.00	1.63	2.10	2.25	2.88	1.90	2.75	3.80	3.50	2.00	2.00	2.46
16	黄瓜	上等	元／500克	3.80	4.00	3.38	2.70	2.63	2.63	3.00	4.00	3.40	3.00	2.75	2.90	3.18
17	冬瓜	上等	元／500克	1.90	2.25	2.00	2.00	2.00	1.63	1.60	1.50	1.80	1.63	1.50	2.10	1.83
18	西红柿	上等	元／500克	4.60	6.00	5.00	4.20	2.88	2.13	2.70	3.13	3.30	3.63	3.38	3.20	3.67
19	茄子	上等	元／500克	5.60	4.38	4.00	3.90	3.00	1.88	1.80	3.00	3.20	3.38	3.25	3.80	3.45

续表36

序号	品名	产品规格	计量单位	2020年1月均价	2020年2月均价	2020年3月均价	2020年4月均价	2020年5月均价	2020年6月均价	2020年7月均价	2020年8月均价	2020年9月均价	2020年10月均价	2020年11月均价	2020年12月均价	年平均价格
20	白萝卜	上等	元／500克	1.40	1.75	1.13	1.00	1.00	1.00	1.90	2.50	2.00	1.88	1.50	1.50	1.55
21	胡萝卜	上等	元／500克	2.20	3.00	2.50	2.50	2.50	2.50	2.60	3.00	3.20	3.00	3.00	2.30	2.68
22	大青椒	上等	元／500克	3.80	3.50	3.88	4.20	2.25	2.13	3.00	3.25	3.70	3.75	3.63	5.00	3.55
23	四季豆	上等	元／500克	7.80	8.00	6.50	4.00	2.88	3.75	5.00	5.50	5.60	4.25	4.00	4.70	5.19
24	土豆	上等	元／500克	2.10	3.63	2.63	2.60	2.50	2.13	2.10	2.00	2.00	2.00	2.00	2.00	2.29
25	大葱	上等	元／500克	4.00	3.75	3.00	3.10	3.00	3.00	3.10	3.50	4.30	5.00	5.00	6.00	3.92
26	蒜薹	上等	元／500克	5.00	5.00	5.00	5.30	3.50	3.50	3.50	3.50	4.00	4.00	4.00	4.40	4.25
27	韭黄	上等	元／500克	10.80	10.00	7.50	6.80	6.50	6.75	6.20	7.00	9.80	8.50	8.50	7.30	7.99
28	豇豆	上等	元／500克	8.00	8.75	6.75	6.20	5.75	3.00	3.90	5.13	5.20	5.50	4.50	5.60	5.70
29	莲藕	上等	元／500克	4.70	5.75	4.75	4.30	5.25	7.00	5.00	4.00	4.00	4.00	4.00	4.00	4.70
30	黄豆芽	上等	元／500克	2.10	2.00	2.00	2.00	2.00	2.00	2.00	2.00	2.00	2.00	2.00	2.00	2.01
31	豆腐	水豆腐（散装）	元／500克	2.50	2.50	2.50	2.50	2.50	2.50	2.50	2.50	2.50	2.50	2.50	2.50	2.50
32	大蒜	中等，瓣蒜	元／500克	5.80	7.25	7.00	7.00	5.63	3.75	3.30	3.50	4.10	4.50	4.13	4.00	4.98
33	生姜	中等，老姜	元／500克	5.80	7.25	6.25	6.80	7.50	9.00	12.00	12.00	12.00	12.00	12.00	8.00	9.19
34	干海椒	中等，朝天椒	元／500克	13.00	13.00	13.00	13.00	13.00	13.00	13.00	13.00	13.00	13.00	13.00	13.00	13.00
35	花椒	中等，红花椒	元／500克	75.00	75.00	75.00	75.00	75.00	75.00	75.00	75.00	75.00	75.00	75.00	75.00	75.00
36	猪肉	精瘦肉	元／500克	31.40	34.75	29.25	27.40	23.25	27.25	30.20	31.00	29.60	25.75	25.00	27.60	28.60
37	猪肉	去骨一级肉	元／500克	29.20	32.50	27.25	25.40	22.25	25.00	28.20	29.00	27.60	23.75	23.00	25.60	26.62
38	牛肉	去骨统货	元／500克	38.40	39.50	37.50	36.00	37.00	38.00	38.00	40.00	40.00	40.00	40.00	40.00	38.68

续表36

序号	品名	产品规格	计量单位	2020年1月均价	2020年2月均价	2020年3月均价	2020年4月均价	2020年5月均价	2020年6月均价	2020年7月均价	2020年8月均价	2020年9月均价	2020年10月均价	2020年11月均价	2020年12月均价	年平均价格
39	牛肉	去骨一级腿肉	元／500克	40.40	41.50	39.50	38.00	39.00	40.00	40.00	42.00	42.00	42.00	42.00	42.00	40.68
40	羊肉	带骨统货	元／500克	47.00	48.00	43.50	40.00	39.50	40.00	40.00	40.00	40.40	41.25	42.00	44.80	42.12
41	鸡肉	白条鸡，开膛，上等（洋鸡肉）	元／500克	15.40	14.00	12.50	12.00	12.00	12.25	13.00	13.00	13.00	12.75	12.00	12.00	12.85
42	鸡蛋	新鲜完整	元／500克	6.10	5.25	4.75	4.50	4.50	4.50	4.50	5.48	5.32	4.98	4.50	4.84	4.85
43	鸭蛋	新鲜完整	元／500克	7.40	7.00	6.25	6.00	6.00	5.50	5.10	6.00	5.70	5.50	5.50	5.50	5.95
44	鲫鱼	活，250克左右	元／500克	11.00	12.75	11.00	10.00	10.50	12.00	12.00	12.00	12.00	11.75	11.00	11.00	11.40
45	鲤鱼	活，500克以上	元／500克	9.60	9.25	8.00	8.00	8.00	8.00	8.00	8.00	8.80	9.00	9.00	9.00	8.57
46	花鲢	活，1500克左右，鳙鱼	元／500克	10.80	12.00	10.00	10.00	10.00	10.00	10.00	10.25	10.00	10.00	10.00	10.00	10.25
47	草鱼	活，1000克左右	元／500克	9.00	10.25	9.00	8.90	9.00	9.00	9.00	9.00	9.00	9.00	9.00	9.00	9.08
48	苹果	红富士一级	元／500克	5.40	6.00	5.25	5.00	5.00	5.00	5.00	5.00	5.00	5.00	5.00	5.00	5.09
49	梨子	皇冠梨一级	元／500克	3.60	4.00	4.25	4.00	4.00	4.00	4.00	4.00	4.00	4.00	4.00	4.00	3.98
50	香蕉	国产，一级	元／500克	3.50	4.75	4.38	3.50	3.13	3.00	2.60	2.50	3.00	2.88	2.50	2.50	3.13
51	西瓜	本地主销，一级	元／500克	2.70	3.88	4.00	3.60	3.38	2.13	1.60	1.50	2.70	3.00	3.00	3.00	2.86
52	红糖	本地主销一级（袋装）	元／500克	6.00	6.00	6.00	6.00	6.00	6.00	6.00	6.00	6.00	6.00	6.00	6.00	6.00
53	白砂糖	本地主销一级（袋装）	元／500克	4.00	4.00	4.00	4.00	4.25	4.83	5.48	4.50	4.50	4.50	4.50	4.50	4.43
54	牛奶	纯牛奶，盒装250克	元／盒	2.50	2.50	2.50	2.50	2.50	2.50	2.50	2.50	2.50	2.50	2.50	2.50	2.50

（陶小莉　幸秋汐）

劳动就业

【概况】 2020年，全市城镇新增就业6582人，占年任务6120人的107.55%；城镇失业人员再就业2598人，占年任务1650人的157.45%；就业困难人员再就业362人，占年任务210人的172.38%；实现农村富余劳动力向城镇新增转移4790人，占年任务3957人的121.05%，城镇登记失业率3.86%。

【就业促进】 搭建双向平台，助力复工复产。结合疫情防控，同步推进线上线下招聘活动。“简阳市2020春季大型网络招聘会”邀请181家企业，发布岗位8668个，网络点击36.5万人次，帮助凯力威等规模以上企业达成就业意向3500余人。“春风行动暨就业援助月”“春风送暖 就业先行”等17场现场招聘会，共组织622家企业参加，提供岗位16000个，达成就业意向3565人。加强区域劳务协作。深入推进成德眉资同城化发展，为全市外出务工人员做好岗位推介。收集整理发布成都高新区、成华区、金牛区、龙泉驿区、青白江区和资阳市雁江区、乐至县、安岳县、遂宁市安居区、重庆市大足区405家企业岗位信息7596个。收集整理并发布浙江省温州市、宁波市、嘉兴市的35家企业岗位信息1.03万个。做好企业用工保障。积极落实24小时重点企业、重大项目用工保障措施，为四川空分设备（集团）公司等5家企业提供24小时用工保障服务帮助招聘548人。建立企业用工服务问题解决专班，协助解决联络专班反馈的12个企业（项目）的用工需求174人。成立用工服务专班，走访用工需求较大的企业47家，帮助唯品会等28家企业基本解决用工需求，共解决1000余人的用工需求。贴心服务农民工，保障务工返岗。全面摸底排查，全覆盖排查各镇（街道），采取日报制度收集全市农村劳动力和建档立卡贫困劳动力外出务工情况，已对有就业意愿且未外出的9400余名农民工建立台账实施动态管理；提供返岗服务。对有外出务工需求的农民工进行免费行前健康体检服务，提供“点对点”“一站式”送农民工返岗返程服务。已健康体检12.35万人，组织返岗返程服务60余班次1300余人（简阳—成都富士康集团专车50余班次1100余人）。促进转移就业。通过网络及基层服务平台动态发布用工信息，向农民工和建档立卡贫困户“点对点”精准推送招聘短信。组织7家人力资源机构，为有就业意愿的劳动力开展“一对一”职业介绍服务4000余人次，达成就业意向1500余人。实现农村劳动力转移输出35.7万人，其中新增农村劳动力向非农产业转移4790人。

【劳动保障】 每月按时足额发放失业保险待遇，发放失业保险金66955人次8842.61万元，代缴医疗保险费65681人次2757.71万元。发放技能提升补贴1645人246.67万元。落实《简阳市关于有效应对疫情稳定经济运行支持中小企业发展的16条政策措施》，发放1321家企业稳岗返还补贴4183.32万元，惠及职工48385人。发放8家医疗物资生产企业294人的医疗防疫物资生产企业扩产能一次性吸纳就业补贴58.8万元，申报企业岗位补贴18.7万元、社保补贴22.88万元。

5月13日，在雄州广场召开“就业扶贫”专场招聘会

3月2日，简阳市组织农民工前往中国五冶复工复产

发放32家受疫情影响中小企业1622人线上培训补贴235.84万元。

【创新创业】兑现建档立卡贫困劳动力、高校毕业生、返乡农民工创业补贴42万元，发放创业担保贷款1650.5万元，组织青年（大学生）参加就业见习结业197人，年度考核高校毕业生见习基地14家，新增吸纳青年（大学生）就业见习272人。新增吸纳大学生就业创业3117人。组织开展双创项目实施交流会、创新创业大讲堂、企业品牌塑造交流论坛等创业活动25场，630家企业1000余人参加，入驻达分齐教育咨询、慧安堂生物科技、民以惠电子商务等企业50家，创业带动就业200余人。

（汪　利）

社会保障

【概况】2020年，坚持兜底线、织密网、建机制，扎牢民生保障网。全市城镇职工基本养老、失业、工伤保险参保人数分别为29.93万人、7.44万人、9.45万人，城乡居民养老保险参保44.02万人、参保率达95.15%。

【社保费征收移交】成立推进社会保险费征收体制改革协调工作组，协调市税务局、市医保局等部门协同推进社保费征收移交工作，确保移交工作平稳有序。

【社保降费减负】落实疫情期间阶段性减免企业社会保险费“降率调基”“减、免、缓”等政策，为2400余户企业减免社保费4.35亿元，助力企业复工复产。

【持续推进全民参保】1978名被征地农民新纳入保障范围，实现337名退捕渔民全员参保。做好部分退役士兵社会保险接续工作。推动省市县三级联动“工伤保险走进建筑企业”集中宣传活动在简召开，工伤预防工作成效显著。

【退休“中人”待遇工作】稳妥推进退休“中人”待遇重算计发补发工作，完成528名2014—2015年度退

社保政策培训宣传

休“中人”、782名2016—2017年度退休“中人”待遇兑现工作，待遇兑现工作平稳有序。

【社保扶贫工作】开展建档立卡贫困人口基本养老保险参保工作，为12370名贫困人员代缴城乡居民养老保险费6811.97万元，为14157名贫困老人按月发放养老金，全面实现贫困人员城乡居保应保尽保。

【社会保险基金增收】2020年，累计征收企业职工基本养老保险基金5.02亿元，征收机关事业单位养老保险基金2.84亿元，征收机关事业单位职业年金1.51亿元，征收城镇基本医疗保险基金2.97亿元，征收失业保险基金6140.81万元，征收工伤保险基金599.32万元，征收城乡居民养老保险基金6.62亿元。

（周先勇）

医疗保障

【概况】2020年，简阳市医疗保障局贯彻落实中共十九届五中全会、省委市委全会会议精神，落实各项改革措施，持续完善医保系统体制机制，推动全市医疗保障工作全面发展。医保工作累计获得各级表彰表扬17件，其中成都市级12件、简阳市级5件。获得各级领导肯定性批示5件，其中成都市级3件、简阳市级2件。“惠蓉保宣讲进基层”医保政策宣传活动被中国网、成都电视台、凤凰新闻、《金融投资报》等媒体报道。

【医保扶贫】 对标“两不愁三保障”中的“基本医疗有保障”目标，围绕贫困群众“看得上病、看得好病、看得起病”关键环节，落实各项医疗保障政策，确保建档立卡贫困人口应保尽保、待遇政策落实到位。全市建档立卡贫困人口基本医疗保险由县级财政全额代缴，参保率达100%。全年简阳市建档立卡贫困人口联网结算住院（含成都东部新区）26979人次，总费用1.37亿元，其中政策范围内费用1.23亿元，共计报销1.14亿元，政策范围内费用实际报销比92%；门诊就医联网结算（含成都东部新区）410287人次，总费用7058.23万元，其中政策范围内费用6847.17万元，医保基金报销6162.43万元，政策范围内费用实际报销比90%。发挥医疗救助托底保障功能，全年救助22284人次，支付医疗救助金2280.41万元。

【医保参保】 全年城乡居民基本医疗保险参保（含成都东部新区）830229人，参保率98.21%，其中学生参保189780人，医保资助简阳市（含成都东部新区）低保、特困、精简退职人员参加2021年城乡居民基本医疗保险16144人，其中儿童1018人，成人15126人，总金额共762.12万元。补贴低保人员参加2021年城乡居民大病互助补充保险514人，总金额50886元。完成2020年全市城镇职工医保关系转移共263人，转入492人，个人账户退费336人。

【医保基金监管】 保持打击欺诈骗保高压态势，通过线上线下多渠道做好医疗保障法律、法规和政策宣传，推进“阳光医保”。聚焦“大处方、泛耗材”问题开展重点行业领域突出问题系统治理，强化医保基金监管，确保医保基金安全。全年现场检查医药机构943家次，查处违规医药机构223家次，16家定点医药机构中止协议，查实违规费用208.72万元，要求相关医药机构支付违约金257.49万元。

【医疗服务管理】 完成全市57所定点医疗机构的住院、46所定点医疗机构的门诊统筹及一般诊疗费总控预算。完成2019年4季度、2020年1—2季度总控考核工作，涉及医疗机构171家次，完成8家次医疗机构总控申诉后二次考核工作。完成4家医院、64家药店、8家诊所基础信息变更；56家定点医疗机构新增人员639人次；59家定点医疗机构新增设备653台（套）；5家定点医疗机构新增床位，现场核查床位2416张；31家定点医院的医保医师考核备案131人；审核评估2家定点医疗机构门特；60家定点医疗机构核酸检测备案；3家定点医疗机构46项中医诊疗项目。完成77家次新增药店诊所的现场评审工作，全年评估合格药店诊所共计73家。完成全市21家定点医疗机构周转金申请工作，2020年共拨付周转金6256万元。完成2019年度61家定点医疗机构考核工作。完成新增药店、诊所73家次的协议签订及培训工作，完成304家定点药店、78家诊所、62家医院和社区卫生服务中心的纸质协议及网络协议的签订。

【异地就医】 聚焦异地就医报销难问题，高质量推进异地就医联网结算工作。截至2020年年底，全市定点医药机构共480家（其中定点医疗机构61家，定点

5月24日，简阳市重点行业领域突出问题医保系统治理工作会召开

诊所86家)，定点零售药店333家。开通异地住院、异地门诊就医费用联网结算的定点医疗机构共61家，省内异地联网刷卡药店303家、诊所71家。

【长期照护保险试点】 2020年7月，简阳市长期照护险工作由太平洋保险公司移交大地保险公司，市医保局认真做好太平洋保险公司与大地保险公司片区交接督导工作，确保参保人员待遇正常拨付。同时积极对2021年城乡居民纳入长期照护保险进行扩面宣传。2020年，简阳市长期照护保险受理城镇职工参保人失能(失智)申请78人,认定69人。累计拨付2632人次，医保基金支付并直接为群众减负290.97万元。

【“惠蓉保”健康保险】 有序推进社商融合机制，完善多层次医疗保障体系。探索集体经济资助参保，助力乡村振兴，平武镇尤安村等集体经济共资助3300名村民参加“惠蓉保”健康保险。助力脱贫攻坚决战决胜，市医保局争取到企业捐赠349.29万元为全市建档立卡贫困人口参保“惠蓉保”健康保险；全市共有22.39万人参加“惠蓉保”健康保险，参保人数居成都市区(市)县第二位。

【老年人意外伤害保险】 开展全市60岁以上老年人意外伤害保险统保服务工作。由政府统一出资，2020年5月1日起为全市20.69万60周岁以上老年人购买意外伤害保险。推进基本医保和商业健康保险的无缝衔接，构建商保、基本医保和医疗机构融合的多层次医疗保障体系，缓解人民群众的医疗费用负担，应对人口老龄化带来的养老困局。截至2020年12月，共理赔131件，赔付41.31万元。

【医保结算】 城镇职工医疗保险基金和城乡居民医疗保险基金平稳运行。城镇职工基本医疗保险基金全年待遇支出53489.42万元，其中统筹基金支出31158.13万元，个人账户支出22300.9万元，转移支出30.39万元。城乡居民基本医疗保险基金全年待遇支出63759.33万元。大病医疗互助补充保险基金全年保险费支出12222.06万元。

【生育保险】《成都市生育保险和职工基本医疗保险合并实施办法》规定从2020年1月1日起，生育保险基金并入职工基本医疗保险基金，增强基金共济能力，提高生育保险制度保障能力。市医保局全面梳理生育保险经办规程，统一经办流程、简化办事环节，确保生育保险制度可持续、健康发展。全年享受生育保险待遇2583人次，生育保险基金共计支付生育医疗费488.59万元，生育津贴1528.69万元。

【窗口服务】 开展行风建设，进一步规范政务服务水平，提高办事效率。采取“网上办、电话办、预约办、延后办”的方式，确保疫情期间各项医保业务顺利开展。优化经办流程，提升工作效率，基本医疗异地住院手工报销办结时限缩短至10个工作日，有效减轻群众垫支压力。开展“窗口服务明星”评比活动，促进窗口首问责任制、限时办结制等五项制度严格落实。建立“好差评”综合评价制度，通过线下线上两种方式进行评价，推动医保政务服务质量和水平提升。

【医保政策宣传活动】 以保障和改善民生为重点，采取图文、动漫、微视频、音频等各种形式，宣传医保扶贫、打击欺诈骗保、异地就医直接结算、长期照护保险、老年人意外险等内容，进一步提高医保政策知晓率。全年开展20余场医保宣传进基层活动，手机推送27万条医疗保险相关信息，在全市镇(街道)主干道设置15处墙体广告，市区300台公交车载电视视频宣传、户外显示屏广告播放宣传。

【新冠肺炎疫情防控】 严格落实疫情防控医保政策，发挥医保基金保障作用，确保确诊患者和疑似患者不因费用问题影响诊治。向全市定点收治医院、9家门特定点医疗机构共计拨付预付金3185万元。衔接商业保险公司免费为全市疫情防控一线的4470名医务人员办理人身保险。落实医保费用延、缓、减政策，2020年2月至6月单位应缴纳的医疗保险费减半征收，累计减免费用3568.4万元；7月后，生产经营困难企业可申请延缓缴纳医疗保险费，最长可延6个月。全局干部职工分批次下沉联系石盘街道开展疫情防控工作，积极宣传疫情防控知识。做好疫情防控期间定点医药机构价格监测工作，确保疫情防治医疗价格体系平稳有序。

(张霖杰)

城乡社区发展治理

【概况】 2020年，市委社治委持续深化党建引领城乡社区发展治理实践，激发社区疫情防控和成都东部区域中心城市建设强大动能，获得省委省政府表彰1次，成都市级表彰3次。简阳市社治工作得到四川省政协副主席赵振铣的肯定性批示，受到央视新闻、中央电视台、人民网、中国新闻社等中央、省、市主流媒体宣传报道30余次，民政部《社区杂志》开设专栏特别报道，入选2020年度中国十大社会治理创新典范，获评2020社会治理创新典范城市。

【社区疫情防控】 发挥党建引领城乡社区发展治理制度机制优势，以社区党组织为核心开展联防联控，创新“一进、二送、三问、四核、五统、六跟”六步排查工作法，建立重点人员台账动态追踪，组建党员突击队800余支，发动基层骨干2万余人，参与疫情防控的干部职工达1.5万人。自2020年1月24日起，开展了3轮全覆盖集中大排查，累计排查1800余万人次、车辆106万辆，编发应知应会以及手册41万余份，发放疫情防控一线城乡社区工作者工作补助2868.58万元。

【顶层设计和制度建设】 完善规划和制度支撑体系，优化《简阳市城乡社区发展治理规划导则》，印发《简阳市城乡社区发展治理工作三年行动计划（2019—2021年）》，出台《简阳市城乡社区发展治理专项保障资金项目发包管理办法（试行）》。加强基层队伍体系建设，完成4904名社区工作者信息录入，建立起社区工作者基础信息库和人才库，分批集训示范村（社区）党组织书记133人次。

【治理体系改革】 推进双线融合体系建设，在简城街道实施“四个一”改革，推动社区发展治理实践向社会治理领域延伸的试点工作。组织开展“社区有礼”等友善优雅礼仪主题活动143场，打造“好家风好家训”示范基地2个，彰显德治教化作用。推进小区治理改革，出台深化和完善居民小区治理方案，巩固疫情防控党建引领小区治理有效机制，推进城镇居民小区党建“四有一化”建设，全市137个城镇物业居民小区实现党组织全覆盖。

【服务能力提升】 优化服务供给，16项便民服务布局天府市民云，26所医院、78所学校全面接入，推进民生服务线上集成性供给。公开发布5个社会服务示范项目，涉及防疫抗疫社区服务、公共卫生等5大领域，举办活动150余场。推进“五大行动”，完成改造棚户区400户、老旧院落10个，整治40条背街小巷和30个“两拆一增”项目。建成2条示范特色餐饮街区，优化6个便民服务区，设立15个“快买快走”便民服务点。启动简阳市村（社区）体制机制改革后党群服务中心建设计划。

【示范社区建设】 推进联合村等6个示范社区、交达佳苑等6个示范小区建设，建立市级领导、市级部门包点联系制度。创新树立尤安村、双河社区2个乡村社区连片发展示范点。建设国际化示范社区，外籍人士一期项目通过成都市验收。

【社会组织培育】 搭建枢纽型社会组织平台，依托中心平台开展项目发包、社会组织能力建设及社区发展治理研究等工作，入驻社会组织20家。规范市委社治委主管的9家社会组织运营，提升本土社会组织服务能力，实现城市社区至少有10个社会组织，农村社区至少有5个社会组织的目标。

【智慧城市建设】 邀请四川大学、西南财经大学等高校专家学者规划编制简阳智慧城市顶层设计并纳入简

10月23日，安象街社区在人民公园音乐广场开展重阳节慰问活动

阳市“十四五”规划，不断丰富完善IOC（简阳市智慧治理中心）功能，现已接入雪亮工程、应急指挥系统、智慧城管等9个业务系统，打通成都市、简阳市、镇街三级视频会议系统。大力推进智慧社区示范建设，打造了4个智慧场景应用社区、2个安全智慧小区，不断提升市民幸福感、安全感、满意度。

【“爱成都·迎大运”共建共治共享行动】 建立“爱成都·迎大运”城市共建共治共享行动联席会议工作领导小组。构建以项目推进为核心，宣传动员为载体，信息报送为手段，目标考核为保障的长效制度。制定任务清单，建立项目台账，定期召开行动协调会和现场办公会，常态化推动项目落地落实。坚持办赛营城，建设天星公园、杨柳公园等一批城市新公园，实施社区花园景观工程，完成红建路绿道、鳌山坊绿道等50条“回家的路（上班的路）”。实施城市公共服务设施攻坚，推动8大类18项公共服务设施建设，加快打造“15分钟公共服务圈”。发动多元参与，在蜀阳社区、筒车路社区、沱江社区、柳林社区创建文化创意、工匠精神、智慧科技、运动健康主题社区。举办迎大运系列主题活动400余场，累计3万余人次参加。开展“在社区·爱成都·迎大运”社区志愿服务暨和谐邻里关系营造优秀先进典型表彰活动，评选出19个先进组织、122名星级志愿者和10名最美志愿者。

【基层政权建设和社区治理】 全市22个镇（街道）所辖村（社区）由536个调整为291个，调减率45.7%；村（居）民小组由4802个调整为2817个，调减率41.34%。村（居）务公开和民主管理工作更加完善，291个村（社区）开展社区营造行动，评选出5个优秀案例进行推广和宣传。

（谭秀兰　王华林）

民政社会事务

【概况】 2020年，简阳市民政局加大惠民殡葬政策和殡葬改革政策的宣传和实施力度；加强对简阳市社会组织的巡查监管，落实诚实信用体系建设；完成婚姻登记各项指标；接待、救助各类求助人员。

【民间组织管理】 2020年，全市社会组织共计339个，年检率达83%，年检合格率为98%。

【殡葬工作】 创新殡葬工作思路，探索殡葬服务新方法，进一步规范殡葬服务行为，杜绝殡葬行业服务态度生硬等不良风气，净化殡葬服务环境。开展以围绕“倡导文明丧葬新风尚，巩固殡葬改革成果”为主题的殡改宣传月活动。惠民殡葬补贴资金落实到位，全年火化遗体4340具，共发放惠民殡葬补贴资金约163.4万元，惠及群众2465人。孝子山公墓2020年春节、清明节等重大节日实现文明绿色祭扫工作，共接待祭扫群众1.7万余人次，各类车辆5000余台次，成功实现了“零燃放”。

【婚姻登记】 2020年，共计办理婚姻登记18508对，其中结婚登记7530对，离婚登记4000对，补发婚姻证件6975对，参加婚前检查的新婚夫妇7052人次。

【救助管理】 树立以人民为中心的发展思想，加强流浪乞讨人员街面部门联动巡查救助体系建设，着力在街面巡查、分类处置、照料服务、救助寻亲、落户安置等工作环节抓落实。2020年，接待各类求助人员200人次，临时安置2人、省内护送返乡对象43人、省外资助返乡40人，支出救助资金38万元。

（曾和彬）

退役军人事务

【概况】 2020年，简阳市退役军人事务局落实“151”工作思路，以推进退役军人事务领域治理体系和治理能力现代化为主线，以“五个一工程”为抓手（“夯实一批服务阵地”“塑造一批文化公园”“打造一批示范街区”“布局一批就业创业孵化基地”“升级一批爱国主义教育基地”），常态化开展“雄州军魂——尊军崇军全社会浸润行动”，确保全市退役军人事务各项工作圆满完成。

【疫情防控】 成立退役军人党员突击队，退役军人党员响应号召，捐物资，送蔬果，交党费，献爱心，守卡口，进村社，助企业，发扬军人作风，践行了退役军人“若有战、召必回”的铮铮誓言，涌现出一大批感人事迹和先进典型。

【落实“两活动一制度”】 加强基层荣誉宣传阵地建设，充分利用红色资源，举办“雄州军魂——军功章背后的故事”等红色主题教育活动和“最美退役军人”“就业创业之星”等评选先进典型学习宣传活动；依托各级退役军人服务站，加强流动在外退役军人党员联系，建设“退役军人之家”，探索建立村（社区）服务站保障退役军人“零距离”服务运行及保障机制；完成简阳市退役军人创业创新家园建设；挂牌成立“简阳市网易联合创新中心退役军人创业园（孵化基地）”；完成市烈士陵园修缮改造工作。完成全市退役军人大走访“一人一档”资料收集并规范装档，与全市退役军人建立常态化联系，多形式开展走访活动，解决实际问题40个，帮扶困难军人22人。

【退役军人服务保障体系建设】 以退役军人局为核心，整合社治委、司法、人社、应急、信访、群团等部门资源，调动社会各方力量，服务保障好全市退役军人，创建全国示范型服务中心。规范化建成全市22个镇（街道）、291个村（社区）退役军人服务站。推动16个镇（街道）退役军人服务站创建全国示范型服务站工作，打造9个村级“枫桥式”退役军人服务站。在西南财经大学组织简阳市首期退役军人事务系统干部能力提升培训。

【接收安置】 统筹全市资源营造氛围，在高铁站、汽车站设置接待点，发放“两卡一册”，做好“光荣返乡”工作。完成秋季自主就业退役士兵、转业士官、计划分配军转干部和随军家属的移交安置工作。

【就业创业】 持续开展“进百家企业双访”活动，“就业创业政策进社区”活动，组织参观简阳市规划展示馆，开展就业创业政策宣讲和心理咨询。组织退役军人参加职业技能培训；组织4场退役军人专场招聘会，发放宣传手册，登记有就业创业意愿的退役军人，发布岗位信息，提供招聘岗位。

【权益维护】 利用慈善关爱基金、省红十字会基金等援助困难退役军人；为企业军转干部发放解困救助资金。

【引导退役军人参与社会治理】 鼓励引导退役军人成立社会组织3个，参与社区服务、应急救援等；组建退役军人消防义务宣讲队助力“平安社区”建设；组织退役军人志愿活动为双创贡献力量；退役军人通过缴

10月27日，简阳市举办“雄州军魂——军功章背后的故事”爱国主义教育活动

纳特殊党费、捐款14万余元用于疫情防控，退役军人创办的企业为成都退役军人关爱援助专项基金捐赠11万元；发挥现有村（社区）两委中退役军人基层治理骨干作用，畅通优秀退役军人充实基层队伍和返乡创业渠道，聚力乡村振兴。

（乔　晓）

网格化服务

【概况】 2020年12月30日，简阳市网格化服务中心更名为简阳市智慧城市治理中心，挂简阳市网格化服务中心牌子，为市政府直属正局级公益一类事业单位。2020年，市网格化服务中心打造“平安简阳、幸福简阳”的城市发展目标，推进市域社会治理现代化，打造全域覆盖、全网整合、规范高效、常态运行的网格化服务管理体系，在疫情防控、人口普查、“双创”工作、基层社会治理等方面贡献网格力量。

【网格划分】 按照《城乡社区网格化服务管理规范》（GB/T 34300—2017）和四川省、成都市网格设置要求，结合区划调整、城区新增楼盘居民入住等因素，全年新增网格59个。截至2020年末，全市设置网格896个（专职网格401个，兼职网格495个），按照“一格一员”配备专兼职网格员896名。在成都市辖区范围内创新设立30个“网格驿站”，重点打造了射洪坝东滨路南段社区山水年华A区门卫室驿站（新市街道新达街社区打造一个社区网格驿站），为网格员提供临时“歇脚”和搜集问题隐患线索的固定场所，进一步完善网格驿站的功能。

【网格队伍建设】 构建了市网格化服务中心、镇街道（部门）、村（社区）和网格的三级平台四级服务管理体系。全市896名网格员实行统一的“七件套”装备，实现了各类基础信息统一收集、统一归口报送至“大联动·微治理”信息平台。针对网格队伍业务不熟等问题，强化对网格员的培训，主要采取集中培训、分片培训、单独培训或是讲授、视频会议等方式，联合公安、安监、消防等相关单位主动深入镇（街道）开展业务培训20余次，共培训2000余人次，确保网格员业务能力提升。

【网格工作基础夯实】 加强账号登录，要求全市专职网格员的手持终端机账号和镇（街道）、村（社区）电脑账号每月登录天数不能低于工作日天数。进一步规范事件和数据信息采集录入标准，全市专兼职网格员将网格内的人、地、事、物、组织等基础信息规范采集录入系统。对事件上报，要求按照“前端发现报告—网上分流移交—部门限时办理—全程跟踪督办—办结回访问效”的分级、分类链条式事件办理机制，基本实现“身边事不出格、小事不出村（社区）、大事不出镇（街道）、矛盾不上交”，网格事件“件件有落实，件件有回音”。结合“防疫”和人口普查工作，在2020年1月至4月、9月至11月组织全市专职网格员集中开展“入户入心”活动，上门采集登记网格信息，做到“底数清、情况明、服务好、群众满意”。“大联动·微治理”系统累计采集人口信息115.51万条，房屋信息42.82万条，上报网格事件11.81万条，协调职能部门处理网格事件1.03万件。

【网格力量整合】 自2018年以来，深化网格化服务管理体系建设，在网格融合、职责融合、队伍融合上进行整合，明确网格员承担采集信息、搜集情况、排查劝调和宣传发动“四项基本职责”，先后将检察、公安、人社、环保、食药、城管等13个部门32项涉民生职责叠加到网格，厘清专职网格员开展网格化服务管理工作的职责边界，并为市级部门（单位）、镇（街道）开通“大联动·微治理”信息系统账号，实现对人、地、事、物、组织等网格化服务管理基本要素流通管理。

【制度机制健全】 设立网格员AB岗。相邻的两个网格员互成AB岗，实现网格员因工作调配、婚假、产假、会议、培训等原因合理缺席时，网格内的工作有人代为开展，确保网格工作岗位“零缺位”。实行网格员末位“淘汰制”。对考核排名连续后三位的网格员实施末位淘汰，全年淘汰不认真履职网格员2名。落实网格员“五走访”制度，受到成都市综治办相关领导认可，解决了全市网格员应该做什么和怎么做的问题，找到了网格员管理的有效办法和途径，确保这支队伍“听党指挥、发挥作用”。

【脱贫攻坚】 开展“五个一”和“三个一”驻村帮扶工作，杨家镇界牌村27户、贾家街道大山村17户贫困户帮扶工作开展组织有序、协调顺畅、措施有力、管理规范，基层组织建设标准、帮扶成效明显、高标准实现了脱贫人口“两不愁三保障”，贫困户脱贫攻坚巩固提升效果明显。2020年，支持界牌村火龙果项目发展资金4200元，与中国移动简阳分公司开展“党建合创”活动，为贫困户免费清洗手机、贴膜、机顶盒保养等，进一步密切了党与群众的联系。

【党风廉政建设和反腐败工作】 2020年6月，迎接市委第二巡察组对中心党组巡察工作，9月至11月，市审计局对中心主要负责人任期进行了经济责任审计，针对巡察反馈3个方面24个问题和审计发现的5个问题，深入剖析原因，制定了切实可行的整改措施。在开展“大学习、大调研、大走访”活动中，市网格化中心组织干部职工认真学习中共十九届五中全会精神，先后召开党组中心组学习会、干部职工大会，积极撰写心得体会。中心主要负责人先后到帮扶的杨家镇界牌村贫困村、双创包联社区解放路社区和相关单位调研7次、与单位干部职工和社区网格员谈心谈话15人次。

【加强党的建设】 坚持“三会一课”制度，扎实推进“两学一做”学习常态化制度化，2020年召开学习会议15次。每月按时开展主题党日活动，并于7月前联合简阳移动公司党支部在杨家镇界牌村开展了“党建合创”主题党日活动。“蓉城先锋”全媒体平台，党组织信息完整率100%，中心学员参与率100%。“学习强国”平台参与率100%，活跃率100%，多次受到市委宣传部通报表扬。

【创先争优活动】 多途径发现、推荐优秀网格员参与各项创先争优评比活动，组织开展网格员演讲比赛，选拔优秀网格员参加成都市网格“双十佳”比赛。2020年3月9日，网格员刘梅、黄玉佩、毛凯3人获成都市总工会“五一劳动奖章”。2020年9月22日，网格员文强、曾晓玲等11人被中共四川省委政法委员会办公室、四川省消防救援总队评为“2019年度省级优秀消防网格管理员”。2020年11月30日，网格员毛晓慧被中共成都市委、成都市人民政府表彰为“成都市抗击新冠肺炎疫情先进个人”。另外，因突出的工作表现，有20余名网格员被简阳市各级部门（单位）表彰。

（晋良炳　胡光勇）

住房保障

【概况】 2020年，贯彻落实各项政策住房保障措施，稳步推进住房保障工作，完善住房保障工作机制，加大工作力度，圆满完成年度各项任务目标。推进城市棚户区（城中村）、农村土坯房、老旧院落改造等，逐步改善城市居民的居住环境，提高群众幸福感和获得感。

【保障性住房】 2020年，简阳市完成82户轮候保障对象的资格复审和公租房分配工作，并签订合同和钥匙发放。共计受理公共租赁住房租赁补贴申请1200余户，经审核，共发放租赁补贴727户，发放金额221.03万元。

【棚户区（城中村）改造】 2020年，持续对建设路片区、华西片区、东溪场镇、石油仓库等10个棚户区（城中村）项目实施改造，融资125.6亿元、到位资金85.6亿元，全年兑付资金15.2亿元、签约515户。

【老旧小区改造】 2020年，按照“政府指导、群众参与”的原则，实施改造欧洋花园、金财大院、渔政大院、交通大院等10处城镇老旧小区，涉及改造户数539户。通过对老旧小区配套设施、地下管网、公共环境等的集中改造，使院落居住环境、居住品质得到大幅提升，让居民切实感到院落改造后带来的新变化。

【农村土坯房改造】 2020年，严格按照上级下达简阳市农村土坯房改造任务6149户，强化宣传、严格管控、主动服务、强化考核，有序推进全市土坯房改造，累计开工6239户，完成土坯房改造6154户，完成率达101%。

4月6日，市住建局检查河韵馨苑小区增设电梯工作

【人才安居】 2020年，全市新开工人才公寓及产业园区配套住房10万平方米，提供人才公寓179套，产业功能区配套住房1038套。加快推进人才公寓租售管理实施细则落实落地，提供先租后售、共有产权、优惠出售三种人才安居方式。通过“成都市人才安居信息服务网”受理人才公寓申请78件，审核通过取得资格66人，分配入住72套（含2019年取得资格的部分人才）。

【既有住宅自主增设电梯】 2020年，全市既有住宅自主增设电梯新增开工53部，项目累计覆盖10个社区，涉及40个小区，惠及人群达3000余人。完成48部已竣工电梯政府补贴资金发放，共960万元。

【历史建筑保护】 2020年，成功申报5处历史建筑点位进入成都市历史建筑保护名录，对历史建筑“石桥戢家茶铺”实施修缮。

（张　祚　王学宇　陈秋里　麻　橙）

慈善事业

【概况】 2020年，简阳市慈善总会为抗击新冠肺炎疫情，积极组织社会各界捐款，继续通过“阳光宏志”“阳光育苗”“阳光圆梦”开展帮困助学活动，精准救助、精准援助。

【抗击新冠肺炎疫情】 为抗击新冠肺炎疫情，简阳市慈善总会积极组织社会各界捐款，自2020年2月10日至5月16日，共接收捐款47笔计65.87万元，用于防疫支出66.08万元，其中购买消毒液96桶和口罩30000个发放给全市养老机构和社会福利院，捐赠武汉市慈善总会抗疫金额59.41万元。

【“阳光宏志”救助项目】 救助对象包含简阳中学具有成都市户籍的低保家庭、孤儿以及经其他渠道救助后仍然特别贫困的民政1类低保边缘家庭的初三、高一、高二学生；在初中、高中学习期间曾被评为校级及以上“三好”学生或获得其他荣誉，综合素质评价等级为A等，且未接受其他资助的学生；中考成绩达到各区（市）县当年“宏志生”招生学校同批次录取要求（指标到校生和高中在读学生不受此条件限制）的学生。2020年简阳市慈善总会共救助简阳中学4名“宏志生”，金额14000元。简阳市慈善总会与简阳中学积极配合做好学生感恩教育，让每一名“宏志生”知感恩明学理，切实解决贫困学生因学习造成的经济困难。

【“阳光育苗”救助项目】 救助对象包含部分初中、小学在校的孤儿、低保学生。购置冬夏两套新衣以及课外读物。2020年“阳光育苗”项目共资助贫困学生130名。

【“阳光圆梦”救助项目】 救助对象包含具有简阳市户籍并参加2019年、2020年全国普通高等学校统一招生考试并被大学录取的低保、民政1类低保边缘家庭及孤儿学生；未接受其他资助（指已享受建档立卡特别资助、新生入学资助、助学贷款等资助政策）；政府有关资助政策暂时无法覆盖或救助之后仍有困难的；北京师范大学、华东师范大学、东北师范大学、华中师范大学、陕西师范大学和西南大学等6所学校的免费师范生以及免交学费的军校生、国防生不予救助。2020年简阳市慈善总会共救助19名大学生，金额54300元。

（孙　谦）

城乡社会救助

【城乡低保救助】 提高最低生活保障标准，从2020年7月起，城乡最低生活保障标准从家庭月人均收入650元提高到月人均收入800元。保障情况方面，全年累计保障城乡低保153341人次（其中城市低保13885人次、农村低保139456人次），累计发放城乡低保金8782.26万元（其中城市低保金884.51万元、农村低保金7897.75万元）；2020年12月在册城乡低保7728户（其中城市820户、农村6908户）、11965人（其中城市1036人、农村10929人）。

【城乡特困人员救助】 提高供养标准方面，从2020年7月起，城乡特困供养标准从每人每月845元提高到每人每月1040元。供养情况方面，全年累计保障城乡特困人员93349人次，累计发放特困供养金8965.46万元（其中城市特困供养金983.75万元、农村特困供养金7981.71万元）；2020年12月在册城乡特困人员7157人（其中城市739人、农村6418人）。

（唐　力）

老龄事业

【概况】 2020年，简阳市新增民办敬老院1个，新增养老床位500张。截至2020年年底，全市共有民办敬老院9所（其中社区养老院5所），公办敬老院25所（其中分院8所），城乡社区日间照料中心100个。老龄服务工作健康发展。

【老年协会建设】 加强基层老年协会建设，建有市级老年协会1个、镇（街道）老年协会22个（覆盖率100%）、村（社区）老年协会291个（覆盖率100%），调解涉老纠纷140余件。打造新市街道、镇金镇、三星镇、云龙镇四个镇街老年协会建设示范点，在简城街道安象街社区、射洪坝街道东滨路南段社区等5个村（社区）老年协会实施成都市老协第四期为老服务项目。

【老年教育】 市老年大学开设书画、古筝、葫芦丝、声乐、二胡等14个专业，培训学员2600余人次；6月30日，成都老年开放大学简阳分部挂牌成立；市老年大学先后3次参与四川电视台《我们正年轻》《我们的大学》栏目拍摄；12月14日，市老年大学被国家卫生健康委、全国老龄办授予全国“敬老文明号”称号。新建镇（街道）老年学校10所，全市已建成镇（街道）老年学校17所，村（社区）老年学习点115个，全年培训学员9995人次。

【老龄健康服务】 组织开展“敬老月”走访慰问活动，全市走访慰问百岁、高龄和困难老人3895人，发放慰问金（品）28.85万元；积极开展为老志愿服务，动员志愿者参与关爱、帮扶老人活动，全市参与为老志愿服务1.14万人次，惠及1.36万名老年人。组织开展“老年健康西部行”活动，举办老年健康知识讲座2场，400余名老年人聆听；组织开展涉老健康、政策法规宣传，发放各类宣传资料2万余份；全年办理老年优待证1507个。

【老年文艺】 组织开展成都市第十九届老年艺术节简阳分会场活动，组织镇（街道）、市级涉老团体开展老年文艺进社区活动149场，惠及观众3.01万余人次。市老年大学开展老年文艺活动4场次，其中6月30日，市老年大学在鳌山音乐广场举行庆祝中国共产党成立99周年线上文艺活动；10月24日，市老年大学在万福苑举行老年文化艺术节暨“校园姻缘一线牵”活动；11月21日，简阳市2020年全民终身学习活动周老年大学活动专场在法治广场举行；11月27日，简阳市老年大学老年志愿服务大队成立仪式暨送文化进社区活动在简阳市法治广场举行。市老年协会在全市范围内为人民公园开展征集楹联活动，新征集楹联14幅、横匾3幅。

（谢　强　李毅伟　吕川路）

表37　　2020年简阳市养老机构情况表

序号	名称	地址	性质	用地面积（平方米）	建筑面积（平方米）	床位（张）	备注
1	简阳爱晚养老服务中心	简阳市射洪坝街道爱晚路300号	民办	11443	26300	390	
2	简阳市家乐中心敬老院	简阳市简城街道中心社区	民办	2816	8000	200	

续表37

序号	名称	地址	性质	用地面积（平方米）	建筑面积（平方米）	床位（张）	备注
3	简阳市五福养老院	简阳市简城街道安象街	民办	1300	1300	43	社区养老院
4	简阳市银杏老年养护中心	简阳市射洪坝街道映山领秀	民办	1365	1365	45	社区养老院
5	简阳市万安养老服务中心	简阳市简城街道办中心村2组	民办	10730	21000	290	
6	简阳市国康医养中心	简阳市简城街道建设西路	民办	900	4000	30	社区养老院
7	简阳市仁和医养中心	简阳市简城街道农兴街192号	民办	500	1500	30	社区养老院
8	简阳市玛莉亚医养中心	简阳市简城街道广场路38号	民办	1800	2300	30	社区养老院
9	简阳市鳌山康养中心	简阳市射洪坝街道爱晚路300号	民办	18500	7861	500	
10	赤水街道敬老院石堰分院	简阳市燕子社区16组	公办	600	1971	60	赤水街道
11	赤水街道敬老院	简阳市太平桥社区2组	公办	800	936.4	37	赤水街道
12	东溪街道敬老院	简阳市东溪街道万古社区3组	公办	2580	1716.9	100	东溪街道
13	平泉街道敬老院	简阳市平泉街道龙泉社区8居民小组501号	公办	4068.7	1690.4	100	平泉街道
14	平泉街道敬老院五星分院	简阳市平泉街道太阳村4社	公办	599.4	2486.8	100	平泉街道
15	杨家镇敬老院	简阳市杨家镇民会村7组	公办	2001	1484	80	杨家镇
16	石钟镇敬老院	简阳市石钟镇长沟社区9组	公办	775	627	30	石钟镇
17	石钟镇敬老院平窝分院	简阳市石钟镇平窝社区3组	公办	2970	938	50	石钟镇
18	施家镇敬老院	简阳市施家镇龙河村11组	公办	1334	1050	60	施家镇
19	施家镇敬老院平息分院	简阳市施家镇义和村6组	公办	772	1157.2	85	施家镇
20	禾丰镇敬老院	简阳市禾丰镇禾丰社区青杠村5组	公办	626	1994	100	禾丰镇
21	禾丰镇敬老院普安分院	简阳市禾丰镇安全村1组	公办	2655	1204.6	70	禾丰镇
22	三合镇敬老院	简阳市三合镇靖水村1组	公办	3333	1072.1	60	三合镇
23	平武镇敬老院	简阳市平武镇胡家街社区柴市上街90号	公办	6670	1144	75	平武镇
24	云龙镇敬老院	简阳市云龙镇五合社区和平街35号	公办	4730	1501.3	100	云龙镇
25	三星镇敬老院	简阳市三星镇蟠龙村12组	公办	750	1084	60	三星镇
26	三星镇敬老院新星分院	简阳市三星镇新星社区11组	公办	3500	991.6	50	三星镇
27	青龙镇敬老院	简阳市青龙镇水井村24组119号	公办	811	1170	50	青龙镇
28	踏水镇敬老院	简阳市踏水镇泉水村15组69号	公办	2200	1972.2	100	踏水镇
29	宏缘镇敬老院	简阳市宏缘镇渡口社区13组	公办	3300	829.6	60	宏缘镇
30	镇金镇敬老院	简阳市镇金镇二郎村19组	公办	1334	1346.7	60	镇金镇
31	镇金镇敬老院老龙分院	简阳市镇金镇三里埂村2组	公办	333.5	526.5	28	镇金镇
32	雷家镇敬老院	简阳市雷家镇团山社区永府街213号	公办	2000	1085	48	雷家镇
33	江源镇敬老院	简阳市江源镇五洞村12组	公办	1800	1502	60	江源镇
34	江源镇敬老院永宁分院	简阳市江源镇石泉村4组	公办	1417.85	2111	80	江源镇

表 38　　2020 年简阳市日间照料中心情况表

序号	名称	地址	面积（平方米）	床位（张）	可容纳人数（人）
1	太平桥日间照料中心	飞鹅村 6 组	400	2	150
2	禾丰镇农云村日间照料中心	禾丰镇农云村老村委办公室	300	2	150
3	禾丰镇上游村日间照料中心	禾丰镇上游村老村委办公室	350	2	140
4	禾丰镇丙灵村日间照料中心	禾丰镇丙灵村老村委办公室	350	2	150
5	禾丰镇接龙村日间照料中心	禾丰镇接龙村老村委办公室	300	2	150
6	禾丰镇玉清村日间照料中心	禾丰镇玉清村老村委办公室	285	2	110
7	禾丰镇太山村日间照料中心	禾丰镇太山村原旧村小	268	2	180
8	简阳市简城街道办白塔社区日间照料中心	简阳市康洋小区	260	5	150
9	简阳市简城街道高屋村日间照料中心	简阳市简城街道高屋村	260	5	130
10	简阳市简城街道顺城街社区日间照料中心	简阳市新民街南段 196 号	450	6	150
11	简阳市简城街道西峰社区日间照料中心	简阳市西峰社区华西美庐二期负一楼	400	4	150
12	简阳市简城街道新民街社区日间照料中心	简阳市新民街 145 号底楼（政府街社区办公室底楼）	300	4	150
13	简阳市简城街道红塔社区日间照料中心	节约社区	260	4	150
14	简阳市简城街道节约社区日间照料中心	红塔社区河景馨城	280	4	120
15	三星镇柑子村日间照料中心	三星镇柑子村 3 组	750	2	100
16	踏水镇双益村日间照料中心	踏水镇双益村 4 组	750	2	82
17	简阳市简城街道建设中路社区日间照料中心	简阳市简城镇中心村五社	310	5	150
18	龙泉村日间照料中心	简阳市平泉街道龙泉村	310	4	150
19	龙泉寺社区日间照料中心	简阳市平泉街道龙泉寺社区	400	4	150
20	永爱村日间照料中心	永爱村 4 组	260	2	150
21	龙颈街社区日照中心	石钟镇长沟村新农村	310	2	150
22	民强村日照中心	石钟镇民强村 5 组	270	2	130
23	均乐村日照中心	石钟镇均乐村 10 组	300	2	150
24	狮子桥村日照中心	石钟镇狮子桥村 8 组	300	2	190
25	酸枣村日照中心	石钟镇酸枣村 9 组	300	2	180
26	丁家村日照中心	石钟镇丁家村 8 组	300	2	150
27	庙山村日照中心	石钟镇庙山村 2 组	300	2	150
28	张家社区日间照料中心	简阳市新市街道张家二组	310	3	150
29	发青村日间照料中心	雷家镇发青村 1 组	300	2	150
30	望水寺村日间照料中心	雷家镇望水寺牛坝街	300	4	150
31	石桅村日间照料中心	青龙镇石桅村	320	2	150
32	青龙观社区日间照料中心	青龙镇青龙观社区	388	2	150
33	石岭村日间照料中心	石岭村 2 社	300	2	150

续表38

序号	名称	地址	面积（平方米）	床位（张）	可容纳人数（人）
34	塘坝村日间照料中心	塘坝村 1 组	300	2	160
35	三星镇利济社区日间照料中心	三星镇胜天小区	316	2	150
36	三星镇水泉村日间照料中心	三星镇水泉村老办公室	280	2	150
37	三星镇平江村日间照料中心	三星镇平江村老办公室	310	2	150
38	三星镇响水滩村日间照料中心	三星镇响水滩村 1 组	230	2	150
39	水东社区日间照料中心	简阳市龙颈路 16—18 号	300	4	150
40	解放路社区日间照料中心	解放路社区香山和苑 8 幢 1 单元 1 号	310	4	150
41	东滨路南段社区日间照料中心	射洪坝街道东滨路南段社区江水湾十六号后 17、18、19 号	310	2	150
42	易家村日间照料中心	易家村 4 组	310	3	150
43	施家镇竹山村日间照料中心	施家镇竹山村 4 组	320	2	150
44	施家镇云林村日间照料中心	施家镇云林村 4 组	320	2	170
45	施家镇古桥村日间照料中心	施家镇古桥村 4 组	312	2	150
46	施家镇社区日间照料中心	施家镇社区综合体 2-3，2-4	450	2	150
47	施家镇悦乐村日间照料中心	施家镇悦乐村四组	300	2	150
48	施家镇兴隆村日间照料中心	施家镇兴隆村六组	300	2	160
49	施家镇三合村日间照料中心	施家镇三合村四组	300	3	150
50	踏水社区日间照料中心	夏家路 6 号	350	2	150
51	泉水村日间照料中心	泉水村 1 组	350	2	150
52	大树村日间照料中心	大树村 3 组	350	2	150
53	简阳市涌泉镇涌泉社区日间照料中心	简阳市涌泉镇泉井街	300	2	100
54	简阳市涌泉镇崇心村日间照料中心	简阳市涌泉镇崇心村 9 组	300	2	140
55	简阳市涌泉镇鼓楼村日间照料中心	简阳市涌泉镇鼓楼村 5 组	350	4	150
56	新庙子村日间照料中心	杨家镇新庙子村	300	2	150
57	互助村日间照料中心	杨家镇互助村	300	2	150
58	金星村日间照料中心	杨家镇金星村	310	2	150
59	云龙镇云龙社区日间照料中心	云龙镇云西街	280	2	110
60	云龙镇云峰村日间照料中心	云龙镇云峰村	400	2	160
61	云龙镇龙潭村日间照料中心	云龙镇龙潭村 4 组	300	2	150
62	玉金社区日间照料中心	云龙镇玉金社区	270	2	150
63	云龙镇桤木村日间照料中心	云龙镇桤木村	300	2	150
64	云龙镇金马村日间照料中心	云龙镇金马村	305	2	150
65	马家祠日间照料中心	马家祠 3 组	290	2	150
66	江源镇社区日间照料中心	江源镇新场街 191 号	310	4	150

续表38

序号	名称	地址	面积（平方米）	床位（张）	可容纳人数（人）
67	江源镇强民村日间照料中心	江源镇强民村 2 组	300	2	170
68	永宁乡石泉村日间照料中心	石泉村 7 组	302	2	150
69	永宁乡慈竹村日间照料中心	慈竹村 5 组	300	2	150
70	永宁乡上坪村日间照料中心	上坪村 3 组	300	2	150
71	胡家街日间照料中心	胡家街居委会	300	4	100
72	尤安村日间照料中心	尤安村 5 组	300	2	150
73	石岩寺寺村日间照料中心	雷家镇石岩寺村 3 组	285	2	150
74	金桥社区日间照料中心	金桥社区	290	2	150
75	镇金村日间照料中心	鸿瑞家园	300	4	110
76	燕垅村日间照料中心	燕垅村	400	3	150
77	三里埂村日间照料中心	三里埂村	320	3	160
78	土地坳村日间照料中心	土地坳村	350	3	150
79	二合村日间照料中心	二合村 2 组	320	2	150
80	江南社区日间照料中心	江南社区河心街	345	4	150
81	元灯社区日间照料中心	元灯社区 3 组	260	2	120
82	星光社区日间照料中心	星光社区 7 组	280	2	100
83	永安村日间照料中心	永安村 3 组	300	2	110
84	赤水街道增产社区（原走马村）日间照料中心	增产社区 9 组（原走马村小）	750	2	108
85	赤水街道福民坝村（原麻石桥村）日间照料中心	福民坝村 4 组（原福民坝村党群服务中心）	750	2	89
86	东溪街道黄岭村日间照料中心	东溪街道黄岭 6 组	750	2	92
87	杨家镇常家坪村日间照料中心	杨家镇常家坪村 5 组	750	2	95
88	杨家镇界牌村日间照料中心	杨家镇界牌村 2 组	750	2	90
89	杨家镇长安村日间照料中心	杨家镇长安村 2 组	750	2	102
90	施家镇龙凤村日间照料中心	施家镇龙凤村 5 组	750	2	98
91	禾丰镇南山村日间照料中心	禾丰镇南山村 3 组	750	2	106
92	禾丰镇连山村（原永明村）日间照料中心	禾丰镇连山村 20 组	750	2	110
93	禾丰镇火盆村日间照料中心	禾丰镇火盆村 1 组	750	2	86
94	云龙镇海棠村日间照料中心	云龙镇海棠村（原海棠村小）	750	2	89
95	云龙镇石佛村日间照料中心	云龙镇石佛村（原石佛村小）	750	2	95
96	云龙镇红坝村日间照料中心	云龙镇红坝村（原红坝村小）	750	2	89
97	涌泉镇文会村（原清泉村）日间照料中心	简阳市涌泉镇文会村 8 组	750	2	92
98	涌泉镇清河村（原四宁村）日间照料中心	简阳市涌泉镇清河村 8 组	750	2	95
99	三星镇新星社区（原邹家湾村）日间照料中心	三星镇新星社区 11 组	750	2	98
100	三星镇干石山村（原靛缸村）日间照料中心	三星镇干石山村 13 组	750	2	97

表 39　　2020 年简阳市百岁老人一览表

序号	姓名	性别	出生年月	所属乡镇 / 街道	备注
1	王永光	男	1918.12.4	东溪街道元灯社区 1 组	健在
2	杨素芳	女	1918.10.16	东溪街道元灯社区 3 组	健在
3	夏文全	男	1918.11.3	射洪坝社区 11 组	健在
4	鄢德明	男	1919.12.19	射洪坝街道解放社区	健在
5	蒋德扬	男	1919.2.2	简城街道政府街 104 号	健在
6	唐玉琼	女	1919.6.7	简城街道公园印象 B 幢 705 号	健在
7	谢君碧	女	1915.4.1	简城镇西街 114 号	4 月去世
8	徐洪鑫	男	1915.4.14	赤水街道方家寺村 2 组	7 月去世
9	钟志贞	女	1916.7.15	赤水街道二峨村 1 组	健在
10	周素珍	女	1916.11.13	石桥街道柏香村 7 组	8 月去世
11	付月珍	女	1918.7.7	石盘街道窝窝店村 4 组	5 月减少（划归成都东部新区）
12	罗素成	女	1918.8.16	石盘街道窝窝店村 7 组	5 月减少（划归成都东部新区）
13	罗祖珍	女	1917.10.29	石桥街道野猫村 7 组	4 月去世
14	肖雪蓉	女	1919.10.17	赤水街道深湾村 9 组	5 月去世
15	吴洪清	男	1919.3.27	石桥镇同合村 8 组	1 月去世
16	李素清	女	1916.8.8	新市街道新达街社区	健在
17	赖泮云	男	1917.10.23	新市街道老虎嘴六组	健在
18	黄一汉	男	1919.7.6	新市街道新建四社	健在
19	陈月清	女	1916.4.23	杨家镇松树村 3 组	6 月去世
20	刘朝勋	男	1916.6.4	杨家镇紫金村 2 组	健在
21	蔡素清	女	1912.7.17	杨家镇界牌村 7 组	健在
22	刘双凤	女	1917.3.28	杨家镇常家坪村一组	5 月减少（划归成都东部新区）
23	曾治均	女	1919.12.15	杨家镇和平村 2 组	健在
24	吴开泗	男	1919.8.15	石盘镇吴家祠村 13 组	5 月减少（划归成都东部新区）
25	张桂芳	女	1919.2.4	东溪街道尖山社区 13 组	健在
26	谢超珍	女	1919.3.29	射洪坝街道凤凰 8 组	健在
27	周琼珍	女	1917.12.17	东溪街道尖山社区 4 组	健在
28	钟世清	女	1919.9.12	石钟镇黄莲村 1 组	健在
29	张家润	男	1919.9.13	射洪坝街道裕民 4 组	健在
30	曾全文	男	1917.2	石钟镇五桂村 1 组	3 月去世
31	曹修成	男	1916.9	石钟镇丁家村 2 组	健在
32	魏天才	女	1915.4.19	壮溪乡柿子湾村 1 组	1 月去世
33	黄德素	女	1918.10.8	平泉镇石盘村 6 组	3 月去世

续表39

序号	姓名	性别	出生年月	所属乡镇 / 街道	备注
34	吴素清	女	1918.2.15	平泉镇新桥村 2 组	健在
35	杨大琼	女	1916.11	五星乡团和村五组	健在
36	言树清	女	1919.1.14	五星乡群乐村 7 组	10 月去世
37	严志芳	女	1917.7.12	施家镇大林村 3 组	健在
38	付琼英	女	1918.5	施家镇龙凤村 7 组	8 月去世
39	刘素清	女	1919.4	施家镇裕丰村 5 组	健在
40	施为英	女	1919.6	施家镇裕丰村 5 组	健在
41	杨兴有	女	1917.3.29	禾丰镇蒋家桥村 4 组	健在
42	唐素珍	女	1918.8.14	禾丰镇蒋家桥村 5 组	健在
43	袁利珍	女	1919.10.11	禾丰镇牛心山村 5 组	3 月去世
44	李银珍	女	1919.9.26	禾丰镇城隍村 2 组	健在
45	唐凤全	男	1919.3.15	三合镇金明村 3 组	10 月去世
46	刁纯潮	男	1919.5.22	三合镇沙河村 7 组	健在
47	彭玉清	女	1919.2.23	安乐乡兴隆村 4 社	健在
48	罗俊华	女	1918.2.26	安乐乡兰坝村 6 社	1 月去世
49	孙寿琼	女	1919.4.19	平武镇尤安（胡家街 549 号）	健在
50	曾德容	女	1919.6.26	平武镇八角 2 组	1 月去世
51	王九良	男	1916.8.29	平武镇梨园村 4 组	1 月去世
52	杨美友	男	1919.10.29	平武镇安乐村 3 组	健在
53	杨丹孝	男	1918.11	普安乡永明村 9 组	7 月去世
54	樊群芝	女	1916.10.18	普安乡安全村 7 组	健在
55	袁素珍	女	1918.12.30	云龙镇阳明村 5 组	健在
56	扬镇芳	女	1918.5.8	同合乡三桥存 9 社	4 月去世
57	王长凯	男	1919.1	金马镇海棠村 6 组	1 月去世
58	李自荣	女	1917.6.6	金马镇全胜村 4 组	1 月去世
59	施张氏	女	1913.9	平息乡张林村 4 组	健在
60	段琼芳	女	1916.1.1	平息乡新安村 10 组	11 月去世
61	雷义光	男	1919.1	踏水镇双益村 7 组	5 月去世
62	杨宗泽	男	1917.6.28	踏水镇店子村 3 组	健在
63	杨克翠	女	1919.7.10	三星镇桐麻岭 6 组	健在
64	杨术华	女	1919.9.13	三星镇平江 1 组	健在
65	唐为杨	男	1919.1.28	宏缘镇米家村 6 组	健在
66	王国忠	男	1919.6.20	宏缘镇红沙村 4 组	健在

续表39

序号	姓名	性别	出生年月	所属乡镇/街道	备注
67	樊忠勋	男	1918.8.22	宏缘镇人民村3组	健在
68	陈雷英	女	1916.11	养马镇田家坝村12组	1月去世
69	唐张云	女	1918.2	石桥街道皂角社区	健在
70	谢素清	女	1919.9.12	养马镇七里坝村2组	2月去世
71	蒋先平	女	1919.1.21	养马镇小沟村2组	5月减少（划归成都东部新区）
72	张仕全	女	1919.10.17	周家乡拱桥村6组	5月减少（划归成都东部新区）
73	魏何开	女	1917.9.20	周家乡瓦窑沟村2组	5月减少（划归成都东部新区）
74	文树华	女	1909.6.22	贾家镇健康村7组51号	5月减少（划归成都东部新区）
75	谢绍武	男	1918.2.12	贾家镇麦地村4组	3月去世
76	宋菊珍	女	1917.10.8	贾家镇天宫村3组	5月减少（划归成都东部新区）
77	周顺合	男	1918.9.18	贾家镇十八梯村6组	5月减少（划归成都东部新区）
78	汪素明	女	1918.12.21	贾家镇二道桥村3组	5月减少（划归成都东部新区）
79	方明道	男	1918.12	赤水街道飞鹅村十组	11月去世
80	付家华	男	1919.5.13	赤水街道劲松村五组	健在
81	邱堂凡	男	1919.5.30	太平桥镇经豆村一组	8月去世
82	肖海云	男	1917.9.9	赤水街道飞鹅村八组	健在
83	付作春	女	1919.12.21	赤水街道劲松村三组	9月去世
84	严仕云	女	1919.9.1	老君井乡松林村一组	5月减少（划归成都东部新区）
85	邓福明	男	1915.12.8	五指乡东风村10组	5月减少（划归成都东部新区）
86	汪素清	女	1919.11.17	五指乡建设村1组	1月去世
87	李桂珍	女	1917.3	武庙乡红庙村4组	5月减少（划归成都东部新区）
88	马盛云	女	1914.10.4	武庙乡五龙村二组	5月减少（划归成都东部新区）
89	叶运良	男	1919.9.23	武庙乡团堡村4组	5月减少（划归成都东部新区）
90	郭冬香	女	1918.11.19	武庙乡烂田村1组	4月去世
91	胡正容	女	1916.5.28	高明乡面房村7组	5月减少（划归成都东部新区）
92	朱国盛	男	1914.7.7	高明乡面房村1组	5月减少（划归成都东部新区）
93	戢仲芳	女	1914.12.16	雷家乡发青村6组	健在
94	黄素华	女	1915.1.1	江源镇老鹰村五组	健在
95	周华清	女	1920.1.1	东溪街道星光社区6组	健在
96	纪从君	女	1919.12.14	东溪街道双河社区5组	健在
97	陈会彬	女	1920.1.4	新市街道怀远五组	健在
98	杨兴芝	女	1920.1.6	普安乡连山村3组	健在
99	樊福香	女	1920.1.20	赤水街道回龙寺3组	健在

续表39

序号	姓名	性别	出生年月	所属乡镇 / 街道	备注
100	李志汉	男	1920.1.5	三合镇小型村 6 组	健在
101	何恒辉	女	1920.1.8	雷家乡宰龙坳村 7 组	健在
102	付文清	女	1920.2	雷家镇发青村 3 组	健在，2 月新增
103	唐陈英	女	1920.2	青龙镇极乐村 8 组	健在，2 月新增
104	罗素华	女	1920.2.27	施家镇龙凤村 4 组	健在，3 月新增
105	钟刘氏	女	1920.2.27	施家镇长琴村 6 组	健在，3 月新增
106	黄道杰	男	1920.3.8	射洪坝新胜 5 组	3 月新增，7 月去世
107	贺应清	男	1920.2.8	石桥街道黄泥堰村	健在，4 月新增
108	蒋明兴	男	1920.3.17	石桥街道杨柳社区	4 月新增，11 月去世
109	张荣芳	女	1920.5	慈云寺村 6 组	5 月新增，去世
110	郭东香	女	1918.11.19	武庙镇烂田村 1 组	5 月新增，减少
111	李明芳	女	1920.4.12	壮溪镇五显庙村 9 组	5 月新增，减少
112	徐素清	女	1920.1	平息乡太安村 9 组	健在，5 月新增
113	贺显珍	女	1920.5	向阳社区	5 月新增，减少
114	晋菊芬	女	1920.5	平泉镇铁佛村 3 组	健在，5 月新增
115	黄全洲	男	1920.5	禾丰镇火盆村 1 组	健在，6 月新增
116	周洪海	男	1920.6.3	杨家镇杨家社区	健在，6 月新增
117	刘治清	女	1920.6.1	杨家镇土桥村 5 组	健在，6 月新增
118	钟华清	女	1920.6	踏水镇泉水村 18 组	健在，6 月新增
119	施扬信	男	1920.7.25	云龙镇天泉五组	健在，7 月新增
120	周才芳	女	1920.6.27	简阳市石钟镇炮楼村 1 组	健在，7 月新增
121	曾鼎河	男	1920.7.7	平武镇皮匠街 3 组	健在，7 月新增
122	谢光文	男	1920.7.2	石桥街道大街社区	健在，7 月新增
123	彭彦杰	男	1920.4.23	简城街道升阳村四社	健在，7 月新增
124	刘兴康	男	1920.8.16	云龙镇白果村 4 组	8 月新增，11 月去世
125	陈池英	女	1920.5.27	简城街道办安象街 56 号 1 幢 2 单元 302	健在，8 月新增
126	唐素清	女	1920.9.15	禾丰片香乐村 5 组	健在，9 月新增
127	钟素芳	女	1920.9.20	平武镇玉林 5 组	健在，9 月新增
128	刘云灯	女	1920.10.29	施家镇乡东村 9 组	健在，10 月新增
129	晋秀珍	女	1920.10.18	云龙镇龙安村 1 组	健在，10 月新增
130	胡明玉	男	1920.11.8	三星镇民桥村 14 组	健在，11 月新增
131	刘继荣	男	1920.10.23	简城街道安象街社区	健在，11 月新增
132	万玉祥	男	1920.10.10	火烧店村	健在，11 月新增

续表39

序号	姓名	性别	出生年月	所属乡镇／街道	备注
133	陈世英	女	1920.11.10	园艺社区 7 组	健在，11 月新增
134	廖翠芳	女	1920.9.18	三里埂村 10 组	健在，11 月新增
135	吴芙蓉	女	1920.12.15	胜华村 6 组	健在，12 月新增
136	杨素清	女	1920.12.3	禾丰片青桐村 4 组	健在，12 月新增
137	罗国英	女	1920.10.28	禾丰片香乐村 4 组	健在，12 月新增
138	刘华安	男	1920.11.28	新达街社区	健在，12 月新增
139	伍玉兰	女	1920.11.19	寨子村 5 组	健在，12 月新增
140	魏富乾	女	1920.12.12	石桥街道杨柳社区	健在，12 月新增
141	邹书荣	女	1920.12.29	干家沟村 8 组	健在，12 月新增

说明：2020 年 1 月至 12 月，简阳市共有百岁老人 141 人，其中死亡 56 人，健在 85 人。高龄津贴为高龄老人的一项福利，百岁老人发放标准为 500 元／月，全年共发放 1141 人次，共 57.81 万元，与上年相比，百岁老人增加 91 人次，高龄津贴发放增加 4.56 万元

（谢　强）

惠民帮扶

【民生实事完成情况】 2020 年，省、成都市下达简阳市民生实事共 76 项，其中省民生实事 21 项、成都市民生实事 55 项，均已完成或超额完成目标任务。省、成都市民生实事共投入资金 4.75 亿元。

【就业促进】 就业形势保持总体稳定，城镇新增就业 6582 人；解决城镇失业人员再就业 2598 人；新增吸纳大学生就业创业 3117 人；农村富余劳动力向非农产业转移就业 5113 人。高校毕业生就业创业工作扎实推进，运营青年人才驿站，为本科及以上学历来蓉求职青年大学生提供 7 天内免费住宿，全年入住 404 人次；举办退役军人专场招聘会 4 场，提供就业岗位 3000 个，建立退役军人创业园（孵化基地）2 个，为退役军人提供免费技能培训 76 人次；农民工劳务品牌培训 1013 人。

【教育助学】 减免 2237 名非民族自治地区幼儿保教费；为 5276 名义务教育阶段家庭经济困难寄宿生提供生活费补助；支持选派 10 名教师到“三区”支教；免除中职学生学费；新建、改扩建中小学 2 所，新增学位 700 个；实施公办初中“强校工程”，培育“家门口的好学校”3 所。

【社会保障】 持续为全市城乡居民免费提供基本公共卫生服务 65.64 万人；对贫困人口进行免费健康体检 30747 人；提高贫困人口基本医疗保险个人缴费代缴水平。改造特困人员提供服务设施（敬老院）护理型床位 30 张；建成老年人助餐服务点 5 个；新生儿疾病免费筛查率达 95%；对建档困难职工和环卫工人免费进行健康体检 500 人。

【人居环境】 实施城镇危旧房棚户区改造 152 户；老旧院落改造 4 个；发放公租房租赁补贴 125 户。农村土坯房改造 6154 户。新建（改造）标准化菜市场 1 个；建成省级安全社区 2 个；建成综合减灾标准化社区 10 个；新建电动自行车消防安全规范管理示范点 5 个。中心城区新建小游园、微绿地 3 处；打造背街小巷环境综合整治示范街 1 条；打造公园城市示范街区 1 个、创建公园小区 1 个；全市城镇社区和农村集中居住区生活垃圾分类覆盖率达 60%，新增 3.14 万户；建设水美乡村 2 个。

【安全和法制】 新建社区（村）法律之家 2 个，为群众

提供法律援助服务 4251 人次；在药品零售环节开展含特殊药品复方制剂“互联网+智慧监管”试点 10 家；在全市中小学（含幼儿园）推行明厨亮灶工程，公办学校明厨亮灶率达 95%，民办学校达 85%；开展食品安全科普体验活动 10 场。

【“春节送温暖”活动】 开展 2020 年春节“走基层·送温暖”活动，慰问慰问老干部、贫困孤儿、大病困难群众 672 人。全市共走访慰问优抚对象、特困供养人员、劳模等共 21053 人，发放慰问品 18831 份，发放慰问金 686 万余元。

【“农村孤儿助养”项目】 成功争取到基金会“孤儿助养”项目，长期资助简阳市贫困孤儿 100 余名，帮助 32 名贫困孤儿实现大学梦。2020 年已对全市 100 余名贫困孤儿进行帮扶，接受资助资金 30 余万元。同时中心不断拓宽资金募集渠道，争取更多的爱心企业、爱心人士对贫困孤儿进行帮扶。2012 年以来，累计争取社会资助金额已达 300 余万元。

【疫情防控】 全体干部职工 6 名，轮班下沉联系雷家镇和石钟镇开展疫情防控工作。宣传疫情防控知识，发放宣传手册 5000 余份，车辆巡回宣传 3 个多月。保障防疫物资，发放口罩、洗手液、酒精、84 消毒液等。

10月23日，市惠民帮扶中心在踏水敬老院慰问老人

开展“春季抗疫帮扶”活动，帮扶因疫情致困群众 210 余名。开展“五一防疫关爱行·帮扶走进功能区”活动，帮扶企业困难职工 45 名。

【帮扶救济】 开展系列帮扶活动，解决群众在上学、就医、应急等方面的实际困难。“双百帮扶”活动，帮扶癌症、白血病及尿毒症等大病患者 253 名，发放帮扶资金 37.5 万元；“圆梦大学”活动，帮扶困难大学新生 33 名，发放帮扶金 9.2 万元；“迎中秋庆国庆关爱行”活动，帮扶困难群众 205 人，发放帮扶金 30.8 万元。全年共发放帮扶金 200 万元，帮扶困难群众 4000 余人次。

（魏　群）

卫生健康

医药卫生体制改革

【概况】 深化医药卫生体制改革，践行医改“简阳模式”。不断丰富医联体建设形式。2020年，县域内就诊率达到96.1%（国家医改办统计口径）。紧密型县域医共体紧锣密鼓地推动，重新深度整合县域医疗服务资源，采取试点先行，分别依托市人民医院、市中医医院成立2个医共体。形成县乡一体、以县托乡，以乡带村、分工协作、三级联动、高效运转的医疗卫生服务新体系。简阳市医联体建设情况及工作成效先后在《健康报》、中国新闻网、《健康成都》等刊物、媒体上刊发。全力推进县级公立医院改革。市人民医院、市中医医院制定了法人治理结构建设实施方案，市人民医院纳入了成都市现代医院管理制度试点单位，县级医院与47所基层医疗机构签订了双向转诊协议，预留号源和床位，设置绿色通道。2020年度县级医院为下级医疗机构预留门诊号源12397个，预留住院床位265张，基层医疗机构上转4680人次，县级医疗机构下转1104人次，市人民医院、市中医医院、简阳空分医院等二级以上医疗机构数字化医院通过率达67%。

（罗晓峰）

医疗管理

【医疗服务体系完善】 加强质控分中心建设。健全全市医疗质量控制体系，全市成立56个质控分中心，有效提升医疗质量管理水平。2020年质控分中心共开展督查工作58次，学术会议32次，参加培训的医务人员达2500余人。加强医疗机构等级建设。简阳市禾丰中心卫生院二级乙等医院复审合格，标志着简阳市医疗机构等级建设工作再上新台阶。持续做好抗菌药物临床管理。继续开展抗菌药物处方权、调剂权培训工作，并对二级以下医疗机构相关人员抗菌药物处方权进行调整，促进合理使用抗菌药物，有效控制细菌耐药。对诊所开展静脉输液和输注抗菌药物活动进行核准，进一步规范辖区诊所静脉输注及使用抗菌药物开展静脉输注工作。深入开展优质护理服务。加强护理人力资源配置，持续实施优质护理服务，二级以上医院优质护理服务病房开展率达70%以上，并在门诊、急诊、手术室等部门开展优质护理服务。

【中医传承创新发展】 发挥中医药产业扶贫优势。实施精准医疗救助，全面提升贫困人口中医药服务健康水平，全力助推脱贫攻坚。组织名中医深入贫困村免费义诊、康复、保健，普及“治未病”知识，2020年共义诊、巡诊救治病人7032人次，贫困人口全部接受免费健康体检服务，大病集中救治9694人，家庭医生签约59517人，发放宣传资料6852份。贫困患者中医药治疗率达100%。坚持把对口支援同健康扶贫结合起来，市中医医院对口支援甘孜县中藏医院和武胜中医医院等边远贫困山区，与25家基层医疗机构签订了对口帮扶协议，帮助基层建设中医重点专科，开展中医适宜技术，实现了“一院一专科”。共下派专家1950人次，接收进修1107人/天，远程会诊人次385人次。开展基层适宜技术竞赛。2020年，简阳市组织选拔中医适宜技术、中药知识竞赛、中医知识竞赛、中医经典知识竞赛4个代表队，参加了成都举办的相关知识竞赛，获得二个团体二等奖、三个团体三等奖、两个个人二等奖、两个个人三等奖，提升了基层中医药服务能力。落实“两馆一角”提档升级。加强名医馆、中医馆、中医角等“两馆一角”建设，100%的社区卫生服务中心、乡镇卫生院均设置中医科、中药房，建成“示范中医馆”5个、建成“规范化中医角”100个。对5个“规范化中医角”进行了提档升级，满足了老百姓中医药服务的便捷性和可及性。

【大运会医疗保障筹备】 制订《成都市第31届世界大学生夏季运动会（简阳赛区）医疗卫生保障工作实施方案》。初步编制了跳水和柔道两个比赛项目的医疗保障点位，其中跳水项目医疗保障调度室1个，固定医疗室（运动员医务室）1个，场边医疗点（内场）1个，临时隔离区1个，救护车2台，观众医疗点1个，医疗保障人员10人；柔道项目医疗保障调度室1个，固定医疗室（运动员医务室）1个，场边医疗点（内场）2个，临时隔离区1个，观众医务室1个，救护车2台，医疗保障人员12人。

【健康扶贫模式创新】 实施医疗结对帮扶机制。落实“一村一团队”，确定“一人一医生”，健全“一人一档案”，实行“一月一随访”，确保“一季一上门”。以三级医院为核心，依托“医联体”组建基层医疗服务团队171个，与105个贫困村和109个非贫困村建立结对医疗服务，实现医疗服务全覆盖。对贫困人口医疗报销比例进行明确，贫困患者县域内住院政策范围内费用报销95%，门诊报销90%。2020年，为贫困人口联网结算43.76万人次，共计报销1.88亿元。投入卫生扶贫救助基金263.3万元，救助贫困人口706人次。通过医保报销、卫生扶贫救助、医院减免、民政救助，确保了贫困患者住院、门诊医疗费用个人自付控制在10%以内，杜绝了因病致贫。

【无偿献血】 2020年1—12月，全市参加无偿献血13598人次，完成献血任务总量4631600毫升（23158U），其中献全血总量3043400毫升（15217U），单采血小板7941个治疗量（1个治疗量=200毫升），超额

7月21日，简阳市2020年卫生健康工作专题会

完成成都市下达的22410U的目标任务。采全血量占临床用血总量比例100%，未发现1例非法采供血的现象，未发生1例血液安全事故，继续保持了无偿献血达100%。自愿无偿献血占临床用血比例100%的“双百”目标，无偿献血量持续保持成都市领先水平，工作方法在成都市卫健委进行现场经验交流。

【专项整治】 制订《简阳市卫生健康行业领域突出问题集中整治工作方案》，以处方（医嘱）点评为重点，深入开展自查自纠和线索摸排，发现问题线索399条，院内处理人员261人（其中114人被诫勉谈话，144人被院内通报批评及经济处罚，3人被不良执业行业记分），处罚金额37272.64元。

【卫生执法与监督】 抓实卫生健康行业综合监督，以专项监督为契机，加强规范医疗执业行为监管，宣传医疗卫生相关法律法规。以新冠肺炎疫情防控为重点，加强各级各类医疗机构疫情防控监督检查，督导医疗机构预检分诊、发热门诊、医疗废物处置、消毒隔离、医务人员职业防护等重点环节运行情况，形成上下联动、立体防控的良好工作氛围。推进“智慧卫监”工作，在全市6家二级以上医疗机构全面推进“互联网+医废监管”在线监测系统建设项目，实现实时动态监控医疗废物动向，提升监管效能。建立健全“一单两库”，完成2020年“双随机”监督抽查任务，任务完结率、公示率达100%。持续推动落实医疗机构自我管理主体责任，组织全市医疗机构开展依法执业自查、签订依法执业承诺书比例达100%。加大行业监管力度，整治行业乱象，联合相关市级部门开展打击非法行医专项整治行动2次。市卫计监督执法大队获“简阳市新冠肺炎疫情防控先进集体”称号、2020年第一届“成渝双城杯”暨成都市第三届“蓝盾杯”卫生健康监督执法技能竞赛团体二等奖。全年共监督检查9100余户次，共办结行政处罚案件144件，其中办结一般程序行政处罚案件51件，简易程序处罚案件93件，罚没金额共38.19万元，调查受理投诉举报46起，移送司法机关2件，没收药品及医疗器械若干，有效规范了医疗市场秩序。持续推进卫健系统“七五”普法工作，制订学法计划，开展法律进医院活动，落实重要事件节点专项普法任务。规范内部案卷评审，提升执法案卷制作水平。职业病防治工作以落实责任、强化指导、加强监督、提升能力为抓手，开展职业病防治法宣传周，重点行业尘毒危害专项整治，推进示范单位创建、基础建设达标工作，持续做好重点行业职业病危害项目、职业病危害因素检测、职业健康检查、职业卫生培训等，督促用人单位进一步提高职业病防治意识和管理水平，全面夯实职业病防治基层基础。

【征兵体检】 抽调16所医疗机构的55名专业技术精湛的医务人员参加2020年的征兵体检工作，无一人责任退兵，圆满完成征兵体检工作任务。

【医疗保障】 派出医务人员341人次，救护车125台次，圆满完成市委、市政府重大会议、中高考等各类医疗保障220次。

【对口支援】 按照省、市对支援薄弱地区民营医疗机构的要求，共派出80人次参加对口支援工作。市人民医院支援大竹县人民医院、茂县人民医院，中医医院支援甘孜县中藏医院、武胜县中医医院，市妇幼保健院支援朝天区保健院、昭化区保健院，且全部完成了支援任务。2021年贫困地区派出13名支援人员于2021年1月4日前全部到位，且进行了岗位轮换工作。县域内薄弱地区的对口支援工作共下派109人，且同期到位。

【白内障免费复明】 2020年圆满完成成都市政府下达简阳市的贫困白内障免费复明手术150例任务。

（罗晓峰）

公共卫生与疫病防控

【概况】 2020年，圆满完成儿童口腔疾病综合干预项目工作任务。完成口腔检查人数7010人，口腔健康检查率97.27%（任务90%）；实施窝沟封闭3156人，窝沟封闭率43.81%（任务35%），封闭牙齿数达到5085颗。完成2020年中财项目血吸虫病监测点和市级监测点各项监测工作任务，全年无急性血吸虫病发生。2020年，全市在慢病主题宣传日累计设立宣传点209个，悬挂横幅181条，发放各种宣传资料21700份，发放支持工具及礼品1323份，开展讲座37场，接受宣传的人数达9881人次。2020年创建并通过验收的健康支持性环境共3个，包括健康单位1家，健康主题公园1个，健康社区1家。新招募健康生活方式指导员201名，全年累计完成居民健康生活方式指导23365人次。2020年全市报告国家免疫规划疫苗接种率97.64%，新生儿乙肝疫苗首针及时接种率96.19%，报告接种率、规范化接种率均达上级要求。0~6岁儿童预防接种建证（卡）率100%。

【传染病防治】 2020年全市无甲类传染病报告，乙丙类传染病报告2554例，发病率470.04/10万，与2019年相比下降10.67%。乙类传染病报告1094例，发病数与2019年相比下降15.46%。丙类传染病报告1460例，发病数与2019年相比下降66.13%。

【艾滋病防治】 2020年，简阳市防艾工作水平进一步提升；全市人群检测覆盖率为45.99%，艾滋病患者抗病毒治疗覆盖率为96.30%，病毒载量检查率为97.80%，抗病毒治疗成功率为98.50%。

（蔡 蕊）

社区（基层）卫生

【概况】 全市有承担国家基本公共卫生服务项目工作的乡镇（中心）卫生院33所、社区卫生服务中心4所，村卫生室303个（无社区卫生服务站），村卫生室从业人员777人。截至2020年，全市共建立健康档案64.68万份，健康档案建档率96.86%。儿童健康管理3.76万人，产妇健康管理0.51万人，老年人健康管理5.45万人，高血压患者管理4.24万人，糖尿病患者管理1.68万人。严重精神障碍患者规范管理率97.32%。0~6岁儿童预防接种建证（卡）率100%，65岁以上老年人和0~36个月儿童中医药健康管理服务率分别为74.46%、78.13%。

【家庭医生签约】 2020年，简阳市共组建家庭医生团队138个，累计服务31.62万人，签约率达47.3%。覆盖老年人、孕产妇、儿童、残疾人、计生特殊家庭和贫困人口等重点人群，重点服务高血压、糖尿病、结核病等慢性疾病和严重精神障碍患者。重点人群签约19.05万人。5月19日是第10个“世界家庭医生日”，简阳市各医疗卫生单位通过广播、电视、“蓉家医”APP、线上健康讲座、LED、宣传海报、宣传画册、微信、QQ、短信等多种形式进行广泛宣传，积极宣传家庭医生签约服务的内容、方式和意义，同心抗疫先进事迹，守护健康感人事迹，关心关爱基层医务人员，引导居民签约续约。此次宣传活动共6000余人参与，发放宣传资料和折页2000余份，悬挂宣传横幅30余条，张贴宣传海报80余张，提供健康咨询1000余人次。

【优质服务基层行】 贯彻落实“以基层为重点”的卫生健康工作方针，开展“优质服务基层行”活动，优化流程，改进质量，实现基层医疗机构高质量发展，增强居民获得感。5月13日，“优质服务基层行”活动正式启动，市卫健局多次组织医联体上级单位（市人民医院、市中医医院）专家组现场指导、重点帮扶11家迎检单位。10月28日，简阳市云龙中心卫生院、简阳市镇金中心卫生院，简阳市红十字平泉中心卫生院，简阳市三星中心卫生院，简阳市太平桥镇卫生院顺利通过成都市级复核。

【优化村级医疗卫生资源配置】 9月初全面启动优化村级医疗卫生资源配置工作，10月底顺利完成该项工作。通过本轮调整，简阳市村卫生室由564个调减为303个，调减46%，共注销村卫生室261个，设置延伸服务点180个，取得村级医疗卫生资源整合与方便群众就医“最大公约数”。

【乡村卫生服务一体化管理】 2020年8月1日正式启动乡村卫生服务一体化管理工作。截至12月，26个村卫生室已完成乡村卫生服务一体化试点工作，2020年各基层医疗卫生单位辖区内50%的村卫生室实现一体化管理。通过建立乡村一体化管理体系，发挥基层卫生资源效益，为农村居民提供安全、有效、便捷的初级卫生健康服务。

（李　琴）

计生与家庭服务

【概况】 2020年，计划生育协会开展新冠疫情防控、成都市青春健康教育项目和“5·29”会员日、防治艾滋病等活动，扩大协会影响力。2020年度被评为成都市计划生育协会目标考核先进单位。

【生育关怀行动】 2020年，计生特殊家庭住院护理保险参保1913人次，保费年38.26万元，理赔12万。全年全市农村独生子女投保8459人，16.91万元。2020年，计生特殊家庭意外伤害保险项目承保人数1512人次，120元/人，保费18.14万余元。

【宣传服务】 开展简阳市庆祝中国计生协成立40周年暨“5·29会员日”活动，发放免费避孕药具500余份，各类计生宣传资料2600余份，活动礼品600份。慰问失独家庭、贫困计生家庭和农村“三留守”8户。结合“青春战‘疫’”市级青春健康教育项目，对家庭困难、综合表现优异的25名学生开展了关爱慰问及助学帮扶活动，带去了书包、笔记本、书籍、健康支持包和助学金等。

【人口监测与家庭发展】 2020年，人口监测与家庭发展工作以全面两孩实施为契机，以增进家庭和谐幸福为主线，围绕全市卫生健康中心工作，推动计划生育工作由管理为主向服务家庭为主转变。2020年，简阳市期初总人口95.56万人，期末总人口93.37万人，出生7932人，死亡6892人，育龄妇女22.75万人，人口自然增长率1.10‰。

【奖扶特扶】 2020年，简阳市共确认计划生育家庭奖励扶助对象28600人（国奖26827人，省奖1586人，成都市城镇奖励扶助187人），特别扶助1532人（子女伤残488人，子女死亡1044人），手术并发症95人（二级2人，三级93人），独生子女父母奖励20464人，共发放资金4367.28万元。

【托育服务】 印发《简阳市促进3岁以下婴幼儿照护服务发展工作实施方案》（简府办〔2020〕53号），明确指导思想、基本原则、发展目标以及主要任务，确保婴幼儿照护服务发展政策措施落地落实见效。对辖区所有托育机构进行全面摸底排查两次，指导辖区完成国家卫健委人口家庭司关于托育服务供给状况问卷调查，做好婴幼儿照护服务工作培训，指导托育机构备案成功1家。

（赵金凤）

健康促进

【概况】 2020年，简阳市以“防疫有我，爱卫同行”为主题积极开展“五大常态专项行动”和“一月一主题活动”等一系列爱国卫生运动。利用集中宣传、走村入户、进学校、进医院、进机关等方式，通过发放宣传资料、现场咨询等形式，开展健康教育及控烟宣传，广泛宣传健康生活方式，制作健康教育宣传栏600余个，发放控烟知识宣传折页2万余份。2020年简阳市成功创建国家卫生城市，创建省级卫生镇9个，省级卫生村（社区）81个，省级卫生单位11个，省级无烟单位15个，成都市级健康单位4个、健康乡村2个、健康乡镇1个。

【农村居民健康素养知识竞赛】 在全市各镇（街道）进行宣传、动员，内容为健康城市建设、“健康素养66条”等相关知识。各镇（街道）通过开展健康知识讲座、重点培训、竞赛等形式层层筛选，11月27日简城街道办代表简阳市参加成都市“健康城市共建共享”知识竞赛荣获“优秀组织奖”。

【健康教育及控烟宣传】 结合第33个世界无烟日宣传活动，共张贴宣传海报2708份，各类宣传覆盖13.52万人次。市卫生健康局、市精神文明建设办公室、市直属机关工委、市教育局、市机关事务服务中心、市爱国卫生运动委员会办公室联合开展无烟机关建设活动，101 个单位积极参与无烟单位创建。

（谢 薇）

三级医院

【简阳市人民医院】 简阳市人民医院始建于 1939 年，是一所集医疗、教学、科研、急救、预防保健、康复于一体的三级甲等综合医院。是西南医科大学、成都医学院非直属附属医院和临床医学硕士专业学位研究生联合培养基地；是国家级住院医师规范化培训基地医院；是四川省护理职业学院、雅安职业技术学院、甘孜州卫生学校、内江医科学校实习基地；是国家卫健委首批达到县级医院综合服务能力推荐标准的县级医院。先后获得全国卫生系统先进集体、全国百佳医院、全国院务公开示范点、全国医院文化建设先进单位、全国精神文明建设工作先进单位、全国文明单位、四川省抗击新冠肺炎疫情先进集体等称号。2019 年在第三方机构排名中居全国县级医院第 19 位，连续十年保持西部第一。医院占地 3.39 万平方米，建筑面积 14.7 万平方米，编制床位 1600 张，设职能部门 29 个、临床科室 40 个、医技科室 9 个，建有党支部 32 个，党员 546 名。在岗职工 2700 余人，高级职称 294 人，硕士生导师 2 人，硕士以上学历 181 人；有享受国务院特殊津贴专家 1 人，四川省名中医 1 人，四川省有突出贡献优秀专家 1 人，四川省卫健委有突出贡献中青年专家 2 人，“天府万人计划——天府名医” 1 人，四川省卫健委学术技术带头人 3 人，四川省卫健委学术技术带头人后备人选 1 人。有成都市院士（专家）创新工作站 1 个，四川省甲级重点专科 4 个，成都市重点专科 7 个；立项建设成都市重点学科 1 个、重点专科 1 个；有国家级住院医师规范化培训专业基地 23 个，其中儿科专业基地是国家级重点专业基地；是四川省护士规范化培训基地。简阳市人民医院建成县域紧密型医共体，有城北社区卫生服务中心、禾丰中心卫生院、东溪卫生服务中心、太平桥镇卫生院 4 家分院。

2020 年，院党委团结带领全院干部职工，及时召开院党委会、中心组（扩大）专题学习会进行传达学习，由 8 名院党委成员带头深入各党支部专题宣讲中共十九届四中、五中全会精神，全景式梳理“十三五”医院建设发展取得成就，启动医院“十四五”规划及 2035 年远景目标的制定工作。统筹抓好疫情防控和医院事业发展。门急诊 131.7 万人次，较 2019 年减少 7.34%；体检 5.5 万人次，较 2019 年增长 28.29%；出院 6.5 万人次，较 2019 年减少 19.01%；手术 2.3 万台次，较 2019 年减少 10.44%；平均住院日 7.81 天，较 2019 年减少 0.27 天；总资产 14.23 亿元，较 2019

简阳市人民医院

年增长0.99%；总收入12.85亿元，较2019年减少1.08%。

抗击新冠肺炎疫情方面，按照上级党委政府和主管部门的安排部署，医院履行定点医院职责，集中全院人力、物力、财力做好新冠肺炎的医疗救治和常态化疫情防控工作。医院先后选派12名医护人员援湖北，选派2人支援云南瑞丽，选派5名医护人员支援成都市公卫中心，选派3批次共245名医护人员分别支援郫都区、成华区。截至12月底，累计接诊发热病人18519名，累计收治住院病人84名，其中确诊20例、疑似17例、隔离留观47例。医院被四川省委、省政府表彰为“四川省抗击新冠肺炎疫情先进集体”，12名援鄂人员被湖北省委、省政府表彰为“新时代最美逆行者”，任小兵、朱琳2人被成都市委、市政府评选为“抗疫先进个人”“优秀共产党员”，此外还获得院外各级各类表彰抗疫先进集体9个、先进个人85人次。

脱贫攻坚方面，医院先后帮扶的观音村、丙灵村、望水寺村均顺利实现“脱贫摘帽”。医院组织58名帮扶责任人集体入户走访慰问100余次，赠送药品、轮椅及相关办公用品等，“以购代帮”购买村民养殖的家禽500余只、种植的水果蔬菜3500余公斤，助资30余万元用于村级集体经济发展等。2020年帮扶建档立卡贫困户家庭年人均纯收入达到11830元，圆满完成省级脱贫攻坚成效考核。2016年以来，完成健康扶贫诊疗门诊贫困患者9.8万余人次，住院贫困患者近2万人次，医院减免医疗费用1120余万元，确保贫困患者就医自付费用不超过10%。

文明单位创建方面，医院于11月20日被中央文明委表彰为第六届全国文明单位，成功实现了再次创建全国文明单位目标。骨科吴胜秋（陈卡）家庭被简阳市精神文明委评选为“第二届简阳市文明家庭”，感染科杨丽（李建东）家庭被中央文明委评选为“全国文明家庭”。

完善三甲功能项目工作推进方面，围绕医院高质量发展“12331”工程，组织3场专题会议细化“一科一册”，与科室签订目标责任书，细化并实施科室高质量发展绩效评分，充分调动全院全员融入医院高质量发展潮流，强弱项、补短板、促提升，改善老百姓就医环境、缓解老百姓住院难，提升老百姓就医体验，“完善三甲功能”项目于2019年12月正式启动内科楼施工。目前，内科楼已完成施工图设计、基坑支护和土石方挖运工作，近期将启动试桩施工。

落实大巡整改方面，2020年5月，医院接受成都市卫健委组织的大型医院第二轮巡查，巡查组反馈亮点18个、存在问题75个。针对问题，院党委召开专题会议，严肃组织纪律，严格整改要求，启动全面整改。截至2020年底，制定282条整改措施已落实277条，调整职能部门机构设置、耗材管理信息化建设等5条正按计划有序推进。

突出科教协同方面，推进科研工作，2020年申报上级科研立项22项，获得上级批准课题9项。发表论文239篇，其中SCI论文22篇、北大中文核心期刊论文5篇、科技核心期刊论文49篇、国内其他核心期刊163篇。获国家实用新型专利34项，参编学术专著35本。加强学科建设，风湿免疫科成功立项为成都市重点专科，急救医学部等7个成都市重点专科通过验收评审。创新开展教育培训，举办继续教育项目国家级1项、省级4项、市级7项。成都医学院本科理论班成功开班，接收学员39名。儿科基地获批全国住院医师规范化培训重点专业基地建设项目，获100万元立项经费。

加强内外宣传方面，在疫情防控期间，先后在各级媒体发表各类宣传稿件120余篇，其中被“学习强国”平台采用7篇，中央电视台和央视网采用4条，新华社总社刊发5篇，中国新闻网总网刊发6篇。在《健康报》《四川日报》《湖北日报》、四川电视台、成都电视台、《大众健康报》《成都日报》等传统媒体发表相关宣传稿件30余篇。2020年全年在各级媒体对医院工作进行宣传报道总计358次，被国内外数百家媒体转载上千次。

【简阳市中医医院】 简阳市中医医院始建于1953年，现为国家三级甲等中医医院。医院环境优美、设备先进、管理规范、技术精湛、专科专病影响力大、中医药特色优势凸显，是一所集中医医疗、教学、科研、预防、保健、康复于一体的中医医院。先后获“四川省文明单位”“成都市先进基层党组织”等多项省、市级荣誉。是攀枝花康养学院、雅安职业技术学院、西南医科大学附属医院卫生学校、四川大学附设华西卫生学校等大中专院校实习基地。医院有两个院区，共占地面积42亩，建筑面积6.5万平方米，编制床位950张。有职工871人，其中卫生技术人员765人；有执业医师257人，护士356人，技师46人；高级职称75人，中级职称185人；硕士研究生40人。有省基层卫生拔尖人才、省中青年拔尖中医师、省首届“新时代健康卫士”、成都市学科技术带头人及省、市、县名中医29人，60余人分别担任省、市级学术团体职务。设有一级科室21个，二级专业分科28个。有省级中医重点专科3个（针灸科、骨伤科、皮肤科），省级中医重点专科建设单位1个（老年病科），成都市中医重点专科建设单位2个（肛肠科、脑病科）。拥有1.5T磁共振成像系统（MRI）、64排128层螺旋CT、40排螺旋CT、数字减影血管造影X线机（DSA）、数字化X线摄影系统（DR）、彩色多普勒超声诊断仪等总值约1.2亿元医疗设备。2020年医院业务收入3.3亿元，门诊41万人次，出院3.3万人次。

学科建设方面，医院重点专（学）科建设成效显著，骨伤科、皮肤科、针灸科为省中医重点专科，老年病科为在建省中医重点专科，脑病科、肛肠科为成都市中医重点专科。挂靠市中医质控分中心7个。皮肤科为国家住院医师规范化培训基地（简阳市人民医院）皮肤科专业协同基地。依托血管造影X射线系统（DSA），内三科（心内科）开展了全院首台心脏起搏器植入手术及冠状动脉造影手术，全院还开展了腹腔镜下脾切除术、内镜下鼓室成型、经皮肾碎石取石等新医疗技术11项，开展新检验技术88项。

人才培养方面，医院引进高层次人才10人，组织院内中医药知识培训、中医药适宜技术等培训共8次，邀请上级医院专家学术讲座1次，外出到川大华西医院、省人民医院等进修42人，参加国家级、省级学术交流会等12人，肛肠科协助成都肛肠专科医院完成“酒石酸布托啡诺鼻喷剂用于肛肠科患者自控镇痛的临床观察”项目。“西学中”培训班圆满结业，21人顺利通过考核。全院发表国家级、省、市级论文25篇。

智慧医院建设方面，医院全面开始信息化系统建设，编写系统要点和培训大纲，对全院各科室分批次开展培训4轮共15场，培训918人次。10月1日0:00，正式开始系统切换。现已与LIS同步上线HIS、PACS、物资管理系统、高值耗材管理系统、固定资产管理系统等11项，按计划上线正在准备上线手麻、临床路径、临床药学、重症监护、合理用药等7项。未来，医院将全面推进智慧化医院建设，提高医疗服务能力。

医共体建设方面，云龙、三星、镇金分院代表简阳市参加优质服务基层行评审，均高标准通过。其中，云龙中心卫生院受检查组组长邀请，在2020年全省基层卫生健康创新发展论坛大会做《医共体助力“医院高质量发展”》报告。建立开放共享的医学影像、心电诊断、消毒供应、远程会诊中心，完成区域病理、检验中心招标工作，单月出具超声影像诊断报告200余份，远程心电会诊600余人次。结合云龙中心卫生院实际，新建外科和老年病科，下沉医务人员7人分别担任科室主任、护士长。开展教学查房480次，病例点评68次，疑难病例讨论136次，拓展肾盂切开取石等新项目5项，开展房颤规范化治疗等4次学术讲座，开展中药塌渍等中医适宜技术6项。云龙中心卫生院较去年同期，增加门急诊375人次，增长98%，增加住院232人次，增长91%，增加手术20台次，增长50%。外科共收治住院353人次，老年病科共收治住院706人次。提升了基层医疗服务能力。

新冠疫情防控方面，医院牵头分批完成晨阳、三星、云龙、新东南、灵仙、五星、五合、老君井、万福苑共9个集中医学观察点建设。落实院感流程分区改造、制度上墙、配置设备、培训演练、中医干预等工作。各观察点无交叉感染，无留观后发病、患病等情况发生。受到成都市卫健委、简阳市委等各级领导好评；改（扩）建临床基因扩增实验室，2020年6月顺利通过成都市卫健委专家验收，医院成为成都市中医系统首批通过验收的单位之一。截至2020年12月31日，完成核酸检测共44117人次。通过三次扩建提能，现单检法日检量最高可达4800人份，加上快检可达5360人份。按1∶10混检，可达5万人份/天。医院共投入1100万元，在原有发热门诊基础上进行扩建，完成了发热门诊1199平方米的“三区两通道”的规范化设置，设立了独立的儿童、普通和特殊发热诊室、CT室、DR室、护士站、15间留观室、1间抢救室，配备了相关急救设备，实现了挂号、就诊、交费、检验、取药、核酸采集、治疗等闭环管理。

（罗晓峰）

教育·科技

教育体制改革

【概况】 2020 年，简阳市教育局贯彻落实全国、全省、全市教育大会精神，抢抓双城经济圈建设，立足建设“教育强市”目标，坚持“调结构、提质量、抓改革、促发展”的发展思路，持续深化抓改革，高位对标谋发展，教育合力得到彰显，教育质量大幅提升。

【招生考试】 推进中考制度改革，探索基于学业水平考试成绩、结合综合素质评价的招生录取模式，转变以考试成绩为唯一标准评价学生的做法。推行“全科开考、学完即考”原则，引导学生认真学习每门课程，坚持“两考合一”“一考多用”，减轻学生备考负担。

【高中教学】 落实普通高中新课程标准和新课程方案，开齐开足国家规定的各类课程，加强选修课程建设和课程实施管理，在简阳中学、石桥中学试点推行选课走班制教学组织模式改革。推进实施拔尖创新人才早期培养工作，简阳中学学生课题“一器联用的氨气性质实验研究”成功入选 2020 年至 2021 年成都市普通高中“菁才计划”研究性学习课题。

【县管校聘】 实施教师交流、绩效改革、竞聘上岗“三步走”，深入推进县管校聘工作。在全市义务教育阶段建立校（园）长、教师交流机制，加大乡村超编学校教师进城考调力度，着力解决农村学校超编、城区学校缺编矛盾，促进教师资源均衡配置。拟定《奖励性绩效工资分配指导意见》，坚持向一线教师和班主任倾斜，统筹做好优绩优酬、多劳多得。以绩效改革为杠杆，破解超编学校分流难题。推行竞聘上岗制度，全面实施竞聘上岗，充分实现优师优教，促进教育提质增效。

【人才培养】 有序推进中高职衔接五年贯通培养工作，简阳市高级职业中学与成都职业技术学院等 3 个国家骨干高职和省示范高职达成相关专业的中高职贯通培养模式，并获得 2020 年“3+2”形式的五年贯通培养招生计划指标 160 人。简阳市高级职业中学已向省教育厅、教育部成功申报工业机器人集成应用、数控车铣加工、网店运营推广、网络安全运维、数字媒体交互设计、民航旅客地面服务等“1+X 技能证书”试点工作。市高级职中与简阳市石桥中学就普职教育资源共享、教师互动、职普课程、学籍互转等方式开展普职融通工作，在双方学校的共同努力下市高级职中 15 名转入石桥中学就读，得到了学生、家长的高度认可，取得了良好的社会效益。

【评估体系】 为实现与成都教育深度同频共振，简

8月24日，成都市天府新区、锦江区、武侯区托管简阳市学校签约仪式在简阳中学举行

阳市对标成都市考核评估体系，修改完善《简阳市初中教学质量评估方案》《简阳市普通高中教学质量评估方案》，制定《简阳市2020年度教育目标评价方案（智育部分）》《简阳市小学阶段教学质量评价实施方案》。建立起涵盖全学段、全学科的教学质量评估和反馈机制，实现透明评价结果、落实诊断功能、发挥导向作用，让教育评估真实服务于教育质量提升，实现以评促改、以评促优。

【区域联盟】 全面推进联盟结对、领办托管和名校集团建设，62所学校加入成都市区域教育联盟共同体发展，占全市学校总数的60%。成都市龙江路小学分校托管三星镇中心小学，天府新区大林中学托管平泉镇初级中学，成都师范附属小学华润分校托管镇金镇中心小学，开展第二批次为期三年的领办托管工作。2020年，全市参与成都市内联盟共同体活动120余次，教师交流500余人次，开展各类学生交流人数达5万余人次。与重庆市6个区（大渡口区、大足区、梁平区等）教委、广安市教育局等单位共同发起成立双城古道教育发展联盟，首批成员单位成功开展教育教学交流活动12次。成德眉资和双城古道教育联盟开展交流活动20余次，教师互访达200余人。

【雄州教育论坛】 围绕“教育强市”目标推进教育内涵发展。2020年，举办5期雄州教育论坛，68人现场交流，55人书面交流，34人现场随机点评。邀请“双城古道教育协同发展联盟”“成德眉资教育同城化发展”等区域协同发展联盟单位参加。成都市教科院院长罗清红等12名专家、领导到现场讲课，论坛活动在中国网、今日头条、《简阳之声》、简阳教育等媒体、网站报道10余次。

【教育国际化】 2020年，加快教育国际化建设步伐，制定简阳市教育国际化工作制度，鼓励学校积极参与国际教育教学交流。疫情期间，国际友校通过互寄慰问信、互送设计、制作图片和视频等方式开展线上交流活动，与海外友好学校共同应对新冠肺炎疫情挑战，师生参与人数55人次（含线上交流访问25人次）。确定简阳市射洪坝水东小学为“简阳市教育国际化窗口学校”。简阳中学成功申报参与中外人文交流特色学校建设。

【督导创新】 深化教育督导体制机制改革，调整充实简阳市教育督导委员会成员单位，首次聘请7名督政督学，构建督政、督学、监测评估三位一体教育督导体系。完善教育督导八项制度，推动教育督导“长牙齿”；实行“三评一查”清单管理，通过实施责任督学赋责赋能工程，开展“8+N”经常性督导，减轻基层负担。启动简阳市期末学业水平测试督学驻点督考、幼儿发展水平测试工作，完善监测评估体系；完成2020年义务教育教师工资收入、义务教育基本均衡迎接国家复查、县域学前教育普及普惠等专项督导工作；成都市人民政府对简阳市人民政府履行教育职责的评价成绩达良好等级，教育现代化监测水平大幅跃升，总达成度79.78%；优质均衡水平不断提高，均衡系数优于教育部规定标准。推进“三化”监测预警平台和教育督导信息管理平台的建设工作。

（杨秀平）

教育管理

【概况】 2020年，聚焦“创新提能年”工作主题，一手抓疫情防控落实，一手抓教育教学管理。践行新发展理念，推动高质量发展，坚持教育优先发展战略，落实立德树人根本任务，各项工作规范有序、推进有力、落实高效，教育事业取得显著成绩。全市教育系统获得各级各类表彰530余次，在成都市教育教学管理工作会上作交流发言 5 次，承担成都市教育局现场工作会 1 次。

【疫情防控】 落实疫情防控“十个到位”“三个 100%”，紧盯“五个重点”环节，“两案九制”在疫情防控中的指导作用得到充分发挥，完成全市 142 所公办学校（园）、111 所民办学校、90 个培训机构完成核验评估，先后召开 9 次工作调度会，落实 153 所学校（园）110 名健康副校长，确保了全市中小学校（园）如期开学复课，确保中小学校（园）正常教育教学秩序。

【党建工作】 成立简阳市教育系统党委，对全市中小学校（含中职中专、幼儿园）基层党组织实行归口管理，构建教育局党委（教育系统党委）—学区党委—基层党组清晰规范的党组织架构，完成 70 个党组织换届，122 个党组织和 3464 名党员整体划转工作。新成立 9 个学区党委和 5 个党支部，顺利完成 70 个党组织换届工作。扎实开展教育系统党组织书记、党务工作者业务培训以及新党员转正教育专题培训，推进 44 所城乡公民办学校党建结对，成功组建教育系统党建宣讲团，刊发《简阳教育先锋》23 期。联合市委组织部对学校党组织党建达标工作进行验收。组织各级党组织学习贯彻中共十九大、十九届四中、五中全会和省委、成都市委、简阳市委全会精神，开展“大学习、大调研、大走访”活动，收集学习心得 1000 余篇，调研论文 190 余篇。坚持党管意识形态工作，按照课程计划开设思政课程，配备思政课教师 1035 人，确保思政教育工作落到实处。开展干部作风整顿、党风廉政建设主体责任落实等重点工作进行专项督查，对工作落实不力的校（园）进行通报。“构建党员教育资源库，探索创新党员教育新模式”被成都市委组织部确定为 2020 年度成都市基层党建创新项目。

【教育队伍建设】 新任命中小学校校（园）级领导干部正职 6 名、副职 36 名。公招教师 200 名、临聘人员 1060 名。推进中小学教师“县管校聘”制度，实现全市义务教育段学校交流校长（副校长）47 人，占义务教育段校长总数的 18.08%。义务教育段交流教师 350 人，其中城区学校交流到农村学校 152 名、农村学校交流到城区学校 146 名、学区内和学区间交流 52 名，占符合交流条件教师数的 18.31%，占教师总数的 7.81%；交流省、市、县级骨干教师 43 名，占义务教育段骨干教师总数的 5.21%。评选简阳市第二届各类名优教师 555 人，获评成都市优秀青年教师 5 人、教坛新秀 4 人、优秀支教教师 2 人、师德标兵 1 人。“校长 226 递进培养工程”“名优教师 155 培育工程”两大工程培训项目公开招投标工作顺利完成，并有序展开培训前期调研和培训对象遴选工作。全市选送 353 人次参加国培、省培、成都市项目的教师培训。简阳中学彭建老师、阳安中学禹玉芳老师被评定为“四川省教书育人名师”，简阳中学马杰老师、高级职业中学付安琪老师被评定为“四川省中小学名班主任”。

【招生考试】 投入 475.7 万余元完成高中学业水平考试标准化考点建设和标准化中考考场建设，确保“两

2020 年简阳市专任教师学历、职称情况（含民办）表

表 40　　单位：人

	学历					职称			
	研究生毕业	本科毕业	专科毕业	高中（中专中师）毕业	高中及以下	高级	中级	初级	未评
合计	154	5121	1764	126	9	1253	2766	2987	168
幼儿园	0	211	113	2	0	36	89	193	8
小学	15	1953	1077	121	8	308	1201	1613	52
初中	51	1777	539	1	0	456	931	904	77
普高	87	1025	27	1	1	398	474	246	23
职高	1	130	2	1	0	49	60	19	6
特校	0	25	6	0	0	6	11	12	2

考”工作零失误。2020年，简阳市共6433名考生报名参加高考，高职单招提前录取1815人，实际参加考试人数4618人。设3个考点155个考场，6个备用考场，13个发热备用考场。参与考试各类工作人员849人。5730名考生被录取，录取率89.07%。全市共12806名考生参加中考，共设9个考点，431个考场，每个考点设1个备用考场，3个发热备用考场，涉考工作人员1300余人。全市共13603人参加录取（含回城生797人），9885名考生被录取（其中成都高新区指标生36名，普通高中录取6251名，普职融通录取100名，职业高中录取2991名，五年制高职录取507名），录取率72.66%。

【德育教育】推进素质教育，推进社会主义核心价值观、天府文化进校园活动，简阳中学成功创建“四川省文明校园”，射洪坝第一小学、石桥初级中学有序推进创建全国文明校园先进学校各项工作。开展新时代好少年、“奋进新时代”、推优评优等主题活动，22名班主任被评为成都市优秀班主任，6名德育干部被评为成都市优秀德育工作者。打造心理健康教育工作阵地，建成投用三级心理辅导室39个、二级心理辅导室3个。开展心理健康考前送教活动、“5·25”心理健康教育、高中生生涯规划等活动。深化教育教学改革，出台教育质量综合评价实施办法、中小学教学质量监测数据分析方案。以少年宫、社团课程建设为载体，开展美育和体育教育主题实践活动，提高体育教育质量，提升学生审美能力，健全学生人格品质。制发《简阳市教育局关于全面加强新时代中小学劳动教育的实施意见》，简阳市新市小学、简阳市云龙镇中心小学成功创建成都市劳动教育试点学校。

【体艺活动】厚植“健康第一”的教育理念，以“教会”“勤练”“常赛”为抓手，成功举办简阳市中小学生运动会，全市8万余名学生参与各项赛事活动，选派运动队参加上级比赛，荣获省级二等奖6个、三等奖6个，获成都市特等奖1个、49枚金牌或一等奖、45枚银牌或二等奖、24枚铜牌或三等奖、团体奖18个，在成都市第十四届运动会5个田径项目中7次打破纪录，简阳市教育局获“优秀组织奖”“体育道德风尚奖”“先进集体”等多个荣誉。组织参加各级举办的艺术活动，获特等奖7个、一等奖33个、二等奖40个、三等奖24个。平泉小学成功创建“全国足球特色学校”，城南九义校、简城第一小学、青龙小学3所学校成功创建“成都市阳光体育示范校”，实验中学、高级职业中学、禾丰小学、普安小学、通材实验学校5所学校成功创建“成都市艺术教育特色学校”。

【依法治校】推动以法治文化“五进”为特色的依法治校建设活动，依托学校校园文化建设打造法治校园文化长廊、专栏200个，实现学校法制副校长全覆盖。开展法治开学第一课、“12·4”法制宣传日、法治文化周、预防性侵法治演讲、法治课（微课）、模拟法庭、校园法治电视台等主题活动300余次。获成都市第五届“学宪法　讲宪法”活动优秀组织奖，简阳中学樊玲同学代表四川省参加教育部主办的“学宪法　讲宪法”演讲比赛获全国三等奖。

【线上教学】疫情期间，全市3000余名教师通过线上教育方式为学生提供“停课不停学”服务，录制并推送简阳市“云课堂”教学课程1224节，推送7期“简阳市中小学生居家学习和生活指导”、110余节“综合素质课程”，涵盖音、体、美、科学和实验等多个学科、全部学段，219堂教材歌曲弹唱公益微课被“中国教研网”收录推广。16项简阳市级“新冠肺炎疫情与教育应对”专项课题均顺利结题。

【教育科研】修改完善《简阳市教育科研管理制度汇编》，开展35次定点服务送培活动，共提供研究课45节，专题讲座40堂。在全市范围抽选学科骨干、学区教研员、学区联教组长、教学管理人员深入一线开展“教学管理”“学科教学”双线全科教学视导，累计参与人数达490余人次，走进课堂开展听评课300余节次，发放学生问卷调查2600余份，组织学科评课议课和集体研讨138场。成功申报四川省级课题1项、成都市级课题23项、简阳市级课题88项、简阳市微型课题94项，2项四川省级、7项成都市级、92项简阳市级课题成功开题，1项四川省级、19项成都市级、18项简阳市级课题顺利结题。在研课题阶段评审获成都市一等奖2项、二等奖3项、三等奖5项，教育科研成果获成都市一等奖6项、二等奖21项、三等奖35项。

【教育资助】 落实控辍保学，建立经济困难学生认定机制。落实国家资助政策，全市共发放学生资助资金4160万元，资助学生70555人次，其中：建档立卡贫困家庭中职学生享受生活补助56.4万元、建档立卡贫困家庭本专科学生享受生活费和学费补助246.4万元、教育救助基金17.23万元、义教专项补贴454万元。确保建档立卡适龄儿童、少年接受教育有保障。

【教育扶贫】 2020年，教育扶贫专项行动全面完成。简阳教育持续开展“三区”人才支持计划教师专项计划、藏区支教千人计划和支援凉山州工作，选派10名骨干教师赴黑水县开展驻点支教，4名教师赴藏区彝区开展支教工作，落实支教帮扶津补贴95万余元。扶贫“五个一”“三个一”工作扎实落实，遴选146名帮扶干部深入三个贫困村和一个非贫困村397户群众开展结对帮扶驻村工作，帮助农户销售农产品2000余公斤，金额达3万余元。脱贫攻坚省级验收教育项目全面完成。

【经费保障】 2020年，简阳市国家财政性教育经费总投入达14.99亿元，其中一般财政拨款收入14.73亿元，占98.25%；政府性基金预算财政拨款收入322.37万元，占0.22%；事业收入2307.30万元，占1.54%。全额保障财政经费投入“两个只增不减”。对13个单位进行了专项审计和校（园）长离任经济责任审计，确保学校经费管理规范、严格。

【项目建设】 启动编制“十四五”教育事业发展专项规划。全市中小学校（园）机构编制调整基本完成。20所城乡公办幼儿园建设项目持续推进，12所完工投用。54所新（扩）建标化义务教育学校全面建成投用。投入资金2500万余元夯实义务教育学校办学条件。简阳中学学生宿舍（V）幢项目于2020年5月完工投用，阳安中学迁建项目竣工，拟于2021年9月投用。

【装备电教】 做好新冠肺炎防控物资保障工作，多种渠道筹集红外测温门224套，红外额温枪3305支，口罩116万个，酒精、84消毒液等消毒液48980公斤，其余防疫物资55000余台件（套），折算资金达1016万余元。完成阳安中学新校区设备设施安装配送、简阳市高级职业中学数字校园及航空实训项目、新建城乡公办幼儿园设备等24个教育装备采购项目，全年教育装备总投入达7438万元。开展图书审查专项行动，审查图书314.72万册，下架不适宜图书9371册。全年开展各类装备运用培训6次，参培教师2000余人次。中小学生电脑制作、校园影视评选等各级比赛活动中获成都市表扬26人、省级表扬17人、国家级表扬2人。简阳中学艾国军等编写的《创客空间建设与应用研究案例》在全国第三届中小学教育装备新技术应用创新案例论文评选活动中获一等奖。

【后勤服务】 2020年，全面实施农村义务教育学生营养改善计划，投入膳食补助资金2342.81万元，从业

2020年简阳市学校校舍（含民办）情况表

表41　　单位：平方米

	学校占地面积	校舍建筑面积	教学及辅助用房	行政办公用房	生活用房	其他用房	校舍面积中	
							危房面积	当年新增
合计	3059260.83	1613925.6	743620.91	90688.99	602081.76	177533.94	0	0
幼儿园	227398.5	165727.71	118833.7	10298.14	13549.46	23046.41	0	0
小学	673422.19	304201.89	130688.12	21938.12	117693.53	33882.12	0	0
初中	332830.95	147151.34	68582.55	7757.7	63485.84	7325.25	0	0
九义校	1252278.12	620589.25	255713.84	31892.03	265753.22	67230.16	0	0
普高	421029.07	275345.98	118148.8	12543	104841.18	39813	0	0
职高	146974	95102.43	48157.9	5882	34825.53	6237	0	0
特校	5328	5807	3496	378	1933	0	0	0

人员工资 902.06 万元，惠及全市 86 所农村义务教育学校，受益学生达 6 万余人。213 个学校食堂全部实现“明厨亮灶”，其中 202 个视频厨房，11 个透明厨房，在 8 所学校试点“互联网+明厨亮灶”新模式，食品安全量化分级 B 级以上食堂达 100%。投入资金 493.13 万元，新建、改扩建厕所 3651.4 平方米。新增绿化面积 22688 平方米。培训学校食品安全管理人员和食品从业人员 4394 人次。全市所有公办中小学校（园）成功创建简阳市节水型学校，创建 2 所成都市节水型学校。

【教育工会】 完成永宁九义校等 7 所学校校务公开专项检查，简阳中学等 5 家工会 2019 年度工会经费审计，指导 96 所基层工会组织完成换届选举工作。制发《简阳市教育局特困职工帮扶管理办法》，完成 53 所民办校（园）工资集体协商，向 60 名困难教工子女上卡发放助学金 55200 元。组织 2000 余名教职工参加各级举办的 40 余场次心理健康培训，成功举办简阳市第一届教师教育教学故事分享会、“爱成都·迎大运”简阳市 2020 年职工乒乓球比赛。阳安中学朱永昌获“简阳工匠”称号、简阳中学工会获评“成都市劳模和工匠人才创新工作室”、简阳市高级职业中学工会获评“成都市五星级工会”，简阳市教育工会周俊材成功当选为成都市教育工会第一届工会委员。

【平安校园】 建立简阳市教育系统安全生产监管责任清单，指导基层学校制定安全履职考评方案。通过安全工作例会及时学习贯彻习近平总书记关于应急管理、安全生产重要指示、批示精神和上级安全稳定工作会议精神。全面抓好线上线下安全教育和培训，成都市安全教育平台各项授课、学生作业、应急演练、专题活动和周末安全提醒等完成率位居全市前列。组织安全示范课听评课活动 2 节，配备兼职安全课教研员，成功举办主题为“提升安全素养，落实安全管理”的雄州教育论坛活动。启动“安全生产专项整治三年行动”，对 151 所学校动态进行安全风险评估，组织学校开展定期自查、重要时段集中排查和校园周边地质、建筑抗震性、中高考考点、重点人员等专项排查，对一键式报警装置、学校食堂餐饮具消毒效果、饮用水卫生进行检测，筛查保安人员违法犯罪情况，建立安全隐患“三张清单”。投入 320 万元对围墙、校舍类隐患实施工程治理。调整学校周边治安综合治理领导小组及其职责，协调解决学校周边地质、上放学交通、建筑施工、马蜂等环境问题。对标《加快推动全市中小学幼儿园安全防范建设三年行动方案》，完成新一轮校园专职保安公开招标工作，启用“蓉 E 校安”访客系统，建立“护学岗”，聘请新一届法治 99 名副校长，全市建制公办学校（幼儿园）均通过安全管理达标建设县级验收。制发《简阳市校车审批及管理办法》，对全市 19 台校车运行情况实施实时监控，对 20 名校车驾驶员进行毒驾筛查，严格审核学校租用车辆。制定新冠肺炎防控期间校车管理指南和应急维稳方案、预案，梳理建立维稳风险台账，针对重大政策实施、重要时段和重大活动做好风险研判和维稳工作。开展扫黑除恶专项斗争和扫黄打非专项行动，推进社会治理体系建设。《远离不良信息做合格网络小公民》获评“成都市 2020—护苗”优秀视频课件。

（杨秀平）

基础教育

【概况】 2020 年，简阳市辖区内共有学校（园）213 所（公办 103 所，民办 110 所），其中幼儿园 122 所、单设小学 19 所、单设初中 15 所、九年义务教育学校 48 所、特殊教育学校 1 所、普通高中 5 所、中等职业学校 3 所。公民办在职教职工共 7875 人（公办 6375 人，民办 1500 人），其中幼儿园 1754 人、小学 1201 人、初中 663 人、九年一贯制 2559 人、普通高中 1395 人、特校 35 人、中职 268 人。公民办在校学生共 114735 人（公办 100410 人，民办 14325 人），其中幼儿园 19536 人、小学生 44112 人、初中学生 32820 人、普通高中学生 12734 人、中职学生 5381 人、特殊教育学校学生 152 人。

【学前教育】 20 所城乡公办园建设项目加快推进，新增公办园 10 所，新增学位 2280 个。复核认定普惠性民办幼儿园 67 所，全市公办园学位占比达到 50.09%，普惠性幼儿园覆盖率达到 81.34%。围绕“特殊的时光，

简阳市射洪坝第一幼儿园欢乐的孩子

不一样的陪伴”主题开展学前教育宣传，助力幼儿园进行提档升级，提升办园品质。加强幼儿园课程建设，培育幼儿园开展园本课程建设，促进幼儿园内涵发展，特色发展。

【义务教育】 巩固义务教育均衡发展成果，义务教育入学率达100%。印发《简阳市公办初中强校工程实施方案》，启动公办初中强校工程和第三批成都市新优质学校培育计划，遴选简阳市简城城北九年义务教育学校沱江校区等3所学校积极争创公办初中强校工程实验校、简阳市实验中学等6所学校为新优质学校培育创建对象。全市义务教育阶段公办学校全部开展课后服务，师生参与率达95%以上。常态化开展中小学校（园）各级领导干部听评课比赛，中小学（园）校长、副校长共400余人参与活动。

【高中教育】 全市现有普通高中5所，学生12734人。2020年，普通高中毕业4399人，毕业率达98.99%，三年巩固率达99.42%，简阳中学1名毕业生被清华大学录取，普通高中教育教学质量评估连续四年获评成都市优秀等级。启动阳安中学搬迁新校区工作，有序推进阳安中学省级示范性普通高中创建。

【职业教育】 成功举办“职业教育改革发展”简阳市第三届第二期雄州教育论坛、2020年职业教育活动月、师生技能大赛等活动。完成市内中职学校招生3388人，市内中职学校招生总人数比2019年增长17%，简阳市高级职业中学与成都职业技术学院等3个国家骨干高职校和省示范高职校达成相关专业的中高职“3+2”贯通培养模式，首届招生143人。市高级职业中学成功申报教育部、四川省教育厅工业机器人集成应用、数控车铣加工、数字媒体交互设计等“1+X技能证书”试点单位，获得奖励资金30万元。

【特殊教育】 实施《简阳市第二期特殊教育提升计划》，全市义务教育适龄残疾儿童入学率达99.09%。建成特殊教育资源教室44间，成功创建2间成都市示范性特殊教育资源教室。成立简阳市残疾人教育专家委员会，完成全市670余名残疾儿童身体状况、接受教育能力和适应学校学习生活的能力评估，科学调整全市随班就读、送教上门残疾儿童比例。对15个特殊教育先进集体和23名特殊教育先进工作者进行通报表扬，组织普通学校60名资源教师开展岗前培训。

【卫生职业教育】 2020年，简阳市中等卫生职业学校（简阳市卫生技术培训中心）不忘初心，砥砺奋进，努力提升教育质量。推进全市医疗卫生人员继续教育工作的全面发展。有序开展各项教学培训项目，全市医疗卫生人员（含个体）参培累计600余人次。成立名师教学组，聚焦整合与利用校际优质教育资源，发挥名师的引领和辐射作用，依托川北医学院及本市三甲医院的教师、高资医师，创新理论及实践相结合的教学模式。根据全市卫健工作队伍的培训需求精心设置课程，采取集中教学和网络教学相结合，医德培训

表42　　2020年简阳市各级各类学校（含民办）基本情况表

		学校数（所）	毕业生数（人）	招生数（人）	在校学生（人）	教职工数（人）	专任教师（人）
总计		213	29556	29881	114735	7875	6771
幼儿园		122	6096	6970	19536	1754	927
小学	合计	19	9561	6229	44112	1201	1190
	小学	19	4577	3645	22714	1201	1190
	九年义务教育学校	—	4984	2584	21398	—	—

续表42

		学校数（所）	毕业生数（人）	招生数（人）	在校学生（人）	教职工数（人）	专任教师（人）
初中	合计	63	8987	10013	32820	3222	3066
	初中	15	2648	2915	9959	663	650
	九年义务教育学校	48	4919	5311	17426	2559	2416
	普通高中	—	1420	1787	5435	—	—
普通高中		5	3602	4482	12734	1395	1333
职业学校		3	1275	2156	5381	268	220
特殊教育学校		1	35	31	152	35	35

和教学实践相结合，校本培训与临床相结合，专家集中教学与分班教学相结合等方式，高效完成教学培训任务。以教学培训课程体系建设为主线，围绕自身课目特点和医疗卫生培训的实际需求，目前全校共设置了28门医疗卫生培训课程。

（杨秀平　李　燕）

社会教育

【概况】 2020年，简阳市始终把社会教育作为惠民工程来抓，以构建大教育体系为抓手，汇集各方面教育资源，先行先试，出台一系列政策措施保障社会教育事业稳步发展。全民终身学习的理念深入人心，全民学习氛围浓厚，学习型社会建设工作得到有力推进。

【社区教育】 根据乡镇区划调整情况，完善社区教育“中心+学校+工作站”三级组织架构。创建成都市学习型（示范）社区6个、星级老年教育示范点3个，评选简阳市级示范性社区教育学校2个、规范化社区教育工作站5个、百姓学习之星11人。成功举办简阳市“乐韵悠扬　唱醉成都”市民歌唱比赛暨网络音乐荟选拔活动、“宅尚成都”市民摄影大赛。11月16日，成功举办2020年“全民终身学习活动周”开幕式等主题活动，相关情况被中国成人教育协会、简阳电视台等新闻媒体广泛报道。选送音乐作品《我们都要好好的》获成都市特等奖，简阳市社区教育中心获评为成都市社区教育先进集体。

【继续教育】 组织国家教育考试3次，其中组织高等教育自学考试2次，设考点1个，考场45个，参考4755人次、9939科次，注册新生589人，毕业10人；组织中小学教师资格考试（笔试）1次，设考点2个，考场110个，参考6519人次。组织电大期末考试2次，共组考13243科次。组考工作零失误。全年电大招生380人，毕业757人。

【民办教育】 开展无证培训机构整治专项行动，完成无证机构整治57家，2轮全覆盖联合市行政审批局等相关部门开展无证机构整治集中行动。深入培训机构开展教育教学、财务管理、安全保障、活动竞赛、“双随机、一公开”等常规办学行为的指导和检查工作，对校外培训机构省级监管平台使用随时追踪，建立机构资金监管专用账户，筑牢风险化解防范墙。强化民办幼儿园监管，对全市86所民办幼儿园开展年检、招生和收费备案，对全市40余所民办幼儿园办园行为开展督导评估，对全市84所民办幼儿园开展分类登记，复核认定67所普惠性民办幼儿园。全市民办幼儿园、教育培训机构与公办中小学校（园）疫情防控实行一体化管理，全市民办幼儿园如期入园复学，民办教育培训机构正常开展培训工作。

【校外培训教育】 严格按照“停课不停教、停课不停学”要求，利用网络平台进行制作发布公益课程43期。开设春、夏、秋三季公益兴趣特长培训班46个，服务学生约11550人次。开设青年公益培训项目5个，服务学员448人次。开展“研学旅行”“传统文化”等丰富多彩的公益主题教育活动，服务青少年2000余人次。投资18万余元完成流动少年宫普安小学、简城一小水东校区场地建设工作，打造舞蹈、美术、书法等功能室10间，全年送课160节，服务师生约5000人次。开展校园心理健康教育、送温暖等志愿者服务活动，服务师生850余人次。组织“科普三进”系列活动16场，服务青少年10000余人次。

【农业广播电视教育】 四川省农业广播电视学校简阳市分校1984年4月由简阳市人民政府批准成立，2004年经简阳市编办同意增挂“简阳市农民科技教育培训中心”牌子，后被简阳市人民政府授予“农村实用人才培训基地”“劳务开发培训基地”，被四川省农业厅授予“2008年中职教育十佳先进集体”，在2009年组织的全国县级农广校办学水平评估中被评为A级校（全省27所、全国481所）。学校是简阳唯一一所专门从事农民教育培训的公益机构。现开设现代农艺技术、畜牧兽医、农业机械使用与维护、农村经济综合管理、市场营销等专业。2020年，农业中职学历教育在校生328人，四川农业大学成人教育学院2019级大专、本科在校生16人，2018级大专本科毕业36人；西昌学院成人教育学院2020级大专、本科在校生24人。2020年，学校承担了简阳市高素质农民培育工作，按照省委省政府乡村振兴战略部署，突出“10＋3”现代农业产业总方向，聚焦服务扶贫产业发展，立足农民理念知识技能需求，加快培养一支有文化、懂技术、善经营、会管理的高素质农民队伍的要求做好高素质农民培育工作，共开展高素质农民培训4期，培训315人。其中，新型农业经营主体培训2期，每期培训10天（包括理论培训7天，实训3天），培训学员134人；现代创业创新青年培训1期，培训时间10天（包括理论培训7天，实训3天），培训学员81人；农业产业精准扶贫培训1期，培训时间7天（包括理论培训4天，实训3天），培训学员100人。2020年开展拖拉机驾驶员培训，报名参训31人，培训合格并取得拖拉机驾驶G2证26名。2020年开展农民技术培训、产业技术扶贫培训、冬春农民技术大培训等培训40期次，培训农民共2400多人次。

（杨秀平　钟　波）

示范学校建设

【概况】 2020年，简阳市以培建教育理念先进、办学特色鲜明、育人模式科学、办学成效明显的“家门口的好学校”为抓手，通过“培育+创建”的模式，优化教育布局，挖掘学校内涵，提升办学质量，全面实施办学品牌建设工程，努力办好人民满意的教育。

【新优质学校】 开展第三批新优质学校培育创建工作，办好一批家门口的好学校。市教育局成立“新优质学校”培育创建领导小组和专家小组，为培育学校创建提供行政支持和专业指导。依托培育创建学校结对发展小组，专题研讨展示活动和典型经验推介，指导学校选好发展路径，力争2021年成功创建3所新优质学校。

【节水型学校】 落实省、市节水行动工作部署，加强节约用水日常管理，普及节水器具，推进节水技改，提高水资源利用效率，加强节水宣传教育，开展节水型学校建设，增强师生水资源危机意识、节水意识，培养学生珍惜水资源和节约用水的良好品质。全市所有公办中小学校、幼儿园成功创建简阳市节水型学校。简阳市解放九年义务教育学校、简阳市青龙镇中心幼儿园2所学校成功创建成都市节水型学校，16所学校申报成都市节水型学校验收。

【体育特色示范学校】 树立“健康第一”教育理念，以创建示范校促学校体育全面发展，2020年简阳市平泉小学成功创建“全国足球特色学校”，城南九义校、简城第一小学、青龙小学3所学校成功创建“成都市阳光体育示范校”。

【艺术特色学校】 挖掘艺术教育潜力，拓宽艺术教育空间和方向，以提高学生审美能力和人文素养为目标，实施“2＋1”项目，简阳市实验中学、市高级职业中学、禾丰小学、普安小学、通材实验学校5所学校成功创建“成都市艺术教育特色学校”。

【四川省简阳中学】 2020年，学校秉承“以德为先 通材树人”办学理念，推进教育教学工作稳步发展。学校共有135个教学班，在校学生6356人，教职工540人，学校获四川省“省级文明校园”“成都市教育科研先进单位”“成都市蓉城先锋·示范基层党组织”“简阳市新冠肺炎疫情防控先进集体”“简阳市教育系统优秀基层党组织”“中外人文交流特色学校”“内部工作先进单位”“成都市首批‘脑·育’试点学校”等十余项称号。全年各类赛课中，学校共获得8项省级奖，48项成都市级奖，186项简阳市级奖，指导各类竞赛获奖达1400人次。高考中，学校一本硬上线793人。理科600分以上215人，630分以上70人，660分以上18人，文科方面，600分以上4人。

学校注重“科研兴教”“科研兴校”，共申报各级各类课题37项，全校175人次获简阳市以上奖励；学校科创比赛成绩突出，先后获得3项国家级奖项；7项省级奖项；20余项成都市奖励，学校被评为“成都市青少年科技创赛大赛团体一等奖”，学生先后有350人次获国家级奖项，800人次获得省级竞赛奖项，113名教师被评为“优秀指导老师”；学校完成未成年人心理成长中心扩建工作，达到省一流水平；稳步推进“心语花园”项目第二期建设；学校以开放姿态不断增强办学影响力，先后开展交流活动30余次；7个“简阳市名师（校长）工作室”领衔人以及学校心理组、课题组有效引领带动了区域学校向前发展；学校被教育部命名为“中外人文交流特色学校”；北京第二外国语大学与学校合作共建产学研基地，学校“日语班”顺利落成并开始正式行课。

【简阳市阳安中学】 2020年，学校坚持“正、德、和、明、才”的办学理念，以“成都一流、全省知名、高品质、现代化”为办学目标，走“文化引领，内涵发展”道路，教育改革日益深化，教学质量不断提高，办学品质持续提升，育人环境全面改善。学校有72个教学班，在校学生3696人，教职工282人。学校有正高级教师2人，省级名师、优师16人，成都市名师、优师、骨干教师52人，简阳市名师工作室领衔人4人。晋建辉老师被评为“正高级教师”，朱永昌副校长被评为“简阳工匠”。教师获得各级各类表彰和奖励1528人次，学生获得各级表彰和奖励268人次。学校先后荣获四川省文明单位、成都市普通高中教育教学工作优秀学校、成都市教育科研先进单位、简阳市经济社会发展“三年行动计划工作”先进集体等37项荣誉。2020年，学校1047考生参加高考，一本上线211人，二本上线850人，一本上线率20.24%，二本上线率81.2%。2020年，学校成为西南政法大学和长沙理工大学“优质生源基地”。

【四川省简阳市高级职业中学】 2020年，学校推进现代职业教育改革创新，强化“立德树人”根本任务，以成都市特色院校和省示范校建设为切入点，坚持内涵发展、特色发展，学校步入规模发展到优质发展的良性轨道，跻身成都市中职学校第一方阵。现有在岗教职工259人，88个教学班，在校学生4062人。学校设党总支委，下设5个党支部，共有党员85人。学校荣获“成都市中职学校德育工作先进集体”。

2020年，招收新生396名，毕业614名。学校不断优化专业结构，构建现代智造、现代商务、现代服务3个专业集群，实现专业群的建设对应简阳产业群的发展。与多所高职院校加强对接，深化中高职五年贯通培训合作。参与全国《生命教育》教材编写并被北京生命教育促进会评为“先进单位”。学生杨清成、付君豪收获成都市青年技能竞赛“铜奖”，享受“蓉漂人才”政策，被授予“成都市技术能手”称号。培养省级职教专家4名、成都市技能大师工作室领衔人2名、简阳市名师工作室领衔人2名、中小学特级教师2名、“双师型”教师32名。推进中高职衔接五年贯通培养工作，2020年得到省教育厅批准并录取143人。全面推进“1+X”证书试点，成功申报民航旅客地面服等6个“1+X”技能证书试点项目。

（杨秀平）

科　技

【创新创业】 持续深化“创业天府”行动计划，组织企业和行业主管部门“菁蓉汇”“校企双进”等系列活动12场，成功举办第二届创新创业大赛，简阳网易联合创新中心和筑梦空间创业孵化园2家创新载体，当年建设当年投运，目前已入驻初创企业及创新团队56家。

【校院企地融合】 推动校企合作项目14个，校企双进活动12个。深入推进校院企地与产业功能区融合发展，各产业功能区相继与中科院自动化所、四川大学、西南交大等科研院所和高校签订合作协议，形成“高校科技+园区产业”融合驱动多赢发展共同体。与阿里集团淘宝大学达成合作，为功能区乃至简阳定制化培养电商人才。与中科院自动化研究所组建简阳智能制造和机器人研究院，推动星空年代与中国工程院院士刘韵洁合作建立空间通信技术研究院，促进创新资源转化为产业动力。聚焦产业功能区主导产业，积极开展“校企双进”活动，组织企业到四川大学、上海交通大学、西南交通大学、华中科技大学、清华大学等高校开展对接活动，搭建起了高校院所与企业精准对接的平台。组织成都空天产业功能区及园区企业开展“百校千企大对接”活动，巩固和拓展高校院所与重点企业的合作关系。

【企业科技创新建设】 建立了以企业为主体、市场为导向、产学研用结合的科技创新体系，充分发挥企业在技术创新决策、研发投入、科研组织和成果转化的主体作用，积极鼓励和引导企业整合技术资源建立研发中心，开展企业技术中心认定工作。华派生物技术中心被认定为国家企业技术中心，实现简阳市国家企业技术中心零的突破；川轮股集团技术中心、辅正药业技术中心被认定为省级企业技术中心；空分集团被认定为省级技术创新示范企业。

【科技型企业培育】 实施高新技术培育工程，促进企业科技转型发展。引导和鼓励企业实施自主创新与技术成果转化，形成企业核心自主知识产权，建设科技型中小企业和国家高新技术企业。全年培育川力机械等10家科技型中小企业；国光农化、天虎工具等13家企业通过国家高新技术企业认定。

【科技项目】 全年共向成都市科技局推荐7个类别共23个科技项目，成都市受理21个。获省级科技项目立项6个，获批资金192.6万元；成都市级科技项目立项15个，获批资金148.02万元。

表43　2020年简阳市市本级科技计划项目（含成都东部新区）一览表

序号	项目名称	承担单位	所属类别	立项金额（万元）
1	高产村黄金梨产业科技扶贫项目	简阳市芳园家庭农场	科技扶贫类	3
2	平泉镇黄岭村大棚蔬菜专业合作社	简阳市福森农业发展有限公司	科技扶贫类	3
3	协义村大棚生态种植产业科技扶贫项目	简阳市高粱湾生态农牧有限公司	科技扶贫类	3
4	生态稻养虾	简阳市玉泽生态家庭农场	科技扶贫类	3
5	机夹可调式U型坡口成型铣刀U60012042R-M00/T10/X10	四川天灵科技有限公司	科技型中小企业科技创新类	4
6	大功率油制动膨胀机与可调喷嘴	四川泰博流体科技有限公司	科技型中小企业科技创新类	4
7	先进材料（新型）	四川元通玻璃仪器有限公司	科技型中小企业科技创新类	4
8	川味水产调理食品加工及贮运关键技术的研发	四川铖悦食品有限公司	科技型中小企业科技创新类	4
9	热带地区专用金刚子午线轮胎的研发	四川凯力威科技股份有限公司	科技型中小企业科技创新类	4
10	高分子纳米晶塑节能环保地板研发项目	四川华骄环保科技有限公司	科技型中小企业科技创新类	4
11	乘用车用气压悬架	四川省和越气压减震器有限责任公司	科技型中小企业科技创新类	4
12	养殖黑水虻生物转化餐厨垃圾	简阳洁城环保科技有限公司	科技型中小企业科技创新类	4
13	先进材料（新型）	简阳市三佳商贸有限公司	科技型中小企业科技创新类	4

续表43

序号	项目名称	承担单位	所属类别	立项金额（万元）
14	降解膜覆盖大三围强化栽培技术在杂交水稻繁殖制种生产中的推广应用	四川益邦种业有限责任公司	农业产业类	3
15	丘陵地区新型节水（喷雾）灌溉	简阳市福盛农业有限公司	农业产业类	3
16	新型优良杂柑（明日见）的引进与示范	四川省简阳市通财林业有限公司	农业产业类	3
17	控根快速容器育苗技术的研究与推广	四川铭科环境艺术工程有限公司	农业产业类	3
18	丘陵区优质稻轻简高效绿色生产与产业化示范	简阳市惠民生态农业产业化科技专业合作社	农业产业类	3
19	稻虾养殖	简阳市盛国家庭农场	农业产业类	3
20	打造龙泉山东侧休闲观光农业	简阳市川卉农业发展有限公司	农业产业类	3
21	成都一口吖吖农业有限公司蔬菜基质穴盘精量播种有苗项目	成都一口吖吖农业有限公司	农业产业类	3
22	混合现实技术的三维可视化辅助诊断系统在外科临床应用	简阳市人民医院	民生公益类	2
23	简阳市老城区 0 ~ 3 岁婴幼儿早期教育实践研究	简阳市筑梦关爱儿童工作服务中心	民生公益类	2
24	简阳大众生态养殖科普基地能力提升	简阳市大众养殖有限责任公司	民生公益类	4
合计				80

表 44　2020 年简阳市获评成都市级科技计划项目（含成都东部新区）一览表

序号	企业名称	项目类别	项目名称	下达资金（万元）
1	四川港通医疗设备集团股份有限公司	科技服务业发展专项	智慧医疗数字一体化洁净手术部工程设计服务于示范项目	100
2	简阳市大众养殖有限责任公司	技术创新研发项目	生态稻鳝蛙鱼循环种养新模式的研究与应用	10
合计				110

表 45　2020 年简阳市获评省级科技计划项目（含成都东部新区）一览表

序号	企业名称	立项编号	项目名称	下达资金（万元）
1	华派生物工程集团有限公司	2019YFN0133	病毒样颗粒疫苗的工艺技术平台与应用（面上项目）	30
2	简阳新天府农业科技有限公司	2048NZ0092	简阳市中国樱桃新品种引进、选育及新型配套技术研究与示范“科技示范村”	20
3	四川厚诚新材料有限公司	2019YFG0020	5 层共挤薄型重包膜研究开发	50
4	四川辅正药业股份有限公司	2019RZBZ0019	科技中小企业债权融资补助项目	1
合计				101

表 46　2020 年简阳市各级企业技术中心（含成都东部新区）一览表

序号	企业名称	企业技术中心名称	中心级别
1	华派生物工程集团有限公司	华派生物工程集团有限公司技术中心	国家级
2	四川辅正药业股份有限公司	四川辅正药业股份有限公司技术中心	省级
3	四川轮胎橡胶（集团）股份有限公司	四川轮胎橡胶（集团）股份有限公司技术中心	省级
4	四川普拉恩管业有限公司	四川普拉恩管业有限公司技术中心	省级
5	四川天虎工具有限责任公司	四川天虎工具有限责任公司技术中心	省级
6	四川凯力威科技股份有限公司	四川凯力威科技股份有限公司技术中心	省级
7	四川洪兴机械设备有限公司	四川洪兴机械设备有限公司技术中心	省级
8	四川杰特机器有限公司	四川杰特机器有限公司技术中心	省级
9	帝欧家居股份有限公司	帝欧家居股份有限公司技术中心	省级
10	四川杨森乳业股份有限公司	四川杨森乳业股份有限公司技术中心	省级
11	四川空分设备（集团）有限责任公司	四川空分设备（集团）有限责任公司技术中心	省级
12	四川港通医疗设备集团股份有限公司	四川港通医疗设备集团股份有限公司技术中心	省级
13	四川国光农化股份有限公司	四川国光农化股份有限公司技术中心	省级
14	四川省若男食品有限公司	四川省若男食品有限公司技术中心	省级
15	四川海大橡胶集团有限公司	四川海大橡胶集团有限公司技术中心	省级
16	四川简阳海特有限公司	四川简阳海特有限公司技术中心	省级
17	四川大川压缩机有限责任公司	四川大川压缩机有限责任公司技术中心	省级
18	四川省简阳空冷器制造有限公司	四川省简阳空冷器制造有限公司技术中心	省级

（张泽波　陈　彬）

知识产权

【行政管理保护】 将知识产权保护作为市场监管综合执法的重要内容，推进知识产权行政执法体系建设，提升知识产权执法效能，查处商标、专利、地理标志侵权假冒违法行为，保护权利人和消费者的合法权益，营造良好的创新环境和营商环境。

【商标管理与保护】 实施商标品牌战略，2020 年度全市共拥有有效注册商标 6780 件，其中驰名商标 7 件。开展知识产权执法“春雷”“铁拳”行动，查处商标、专利、地理标志侵权假冒违法行为，出动执法人员 619 人次、车辆 220 辆次、检查企业和经营户 1265 户，知识产权侵权案件立案 15 件，结案 15 件，涉案金额 17.16 万元，罚没款 6.79 万元。

【专利管理与保护】 开展 2020 年度专利代理行业“蓝天”专项整治行动，严厉打击无资质专利代理行为、代理非正常专利申请行为、专利代理“挂证”行为、变造法律文件、印章、签名行为，以不正当手段招徕商标代理业务行为，以不正当手段扰乱商标代理市场秩序，恶意抢注、囤积商标等违法行为，出动执法人员 16 人次，车辆 3 辆次，检查专利、商标代理机构 13 家，未发现上述违法行为。

【版权管理与保护】 围绕“强化版权治理，优化版权生态”主题，在全市LED屏滚动播放版权公益宣传片1000余次，在属地网站、官方公众号及相关媒体发布短视频、海报、版权基础知识等，在各类宣传阵地张贴“保护创新创作、优化版权生态、繁荣产业发展、强化版权治理”春夏秋冬四类海报600余份。将版权保护与全民阅读、“绿书签”行动等工作深度融合，向学生、基层群众发放“绿书签”“扫黄打非”工作手册、版权宣传单10000余份。深入版权相关企业，普及版权基本常识，了解企业在版权保护中存在的困难和问题，切实为企业服好务。鼓励企业加大作品版权登记，提高作品的授权转化率，累计走进印刷、广告设计企业、科技类企业40余家，发放宣传资料200余份，现场为企业解决版权疑问12条。全市党政机关累计投入近60万元，采购正版软件1000余套，同时推进教育系统事业单位软件正版化工作。全年累计完成美术、摄影、音乐等作品版权登记1589件，较2020年增长56.1%，实现授权转化468件，转化率达29.5%。

（钟　杨　邹　磊　薛文娟　丁　洁　尧　英　王晓芹　杨　利　郝娅菲　陈　茜）

文化·体育

文化事业

【概况】 2020年，简阳市文化体育和旅游局按照中央“六稳六保”的工作总要求，以“一手抓疫情防控，一手抓复工复产”的工作总基调，围绕成都“三城三都”建设，聚焦群众关切，找差距、补短板、强弱项、提效益，各项工作有序有效务实推进。获得市级以上表扬33次，得到市委、市政府主要领导肯定性批示5次。7月29日，获得四川省广播电视基本公共服务标准化试点。8月29日，获得2016—2020年度成都市群众体育工作先进单位。

【群众文化活动】 简阳市采取线上线下融合开启文化活动新模式，开展文艺演出、公益展览、公益讲座等文化活动10040场。市文化馆开展“闭馆不谢客，服务不打烊”活动，推送慕课63期、文化馆非遗战“疫”专题40期、情缘巴蜀艺术魅力云课堂79期、艺术公开课25期，点击量超过36万人次。9月，开展“万人赏月颂中秋”活动；参加省“万人赏月颂中秋”活动，选送的节目《月光下的中国》获得一等奖。

【文艺创作交流】 组织参加《大爱无邪——致敬中国人民抗击新冠肺炎疫情成都市美术书法摄影原创作品展》，入展9幅作品；选送的书法作品《软雨·冷香》《小楷中堂》入展2020年四川省乡村艺术节群众文艺视觉艺术作品比赛；美术作品《夏日山色翠》、行书对联《闲裁细嚼》、摄影《农家生活》入展“花好月圆迎国庆”成都市美术书法摄影展；邀请重庆研究馆员高兴指导、提升精品原创舞蹈节目《乡情》。

原创舞蹈《乡情》获得“成都文化四季风·劲舞暖冬”三等奖

【文物保护与考古发掘】 全市共登记不可移动文物560处（含成都东部新区），其中全国重点文物保护单位1处，省级文物保护单位7处，成都市级文物保护单位2处，县级文物保护单位27处。登记馆藏文物1048件（套），其中一级文物1件，二级文物7件，三级文物226件。2020年9月以来，受成都市文物考古队委托，共完成文物勘探项目18个，总面积1220

成都市级非遗项目“石桥挂面”

余亩，其中一个项目发现墓葬（宋墓）。

【非物质文化遗产保护】 2020年，简阳市非物质文化遗产代表性项目共10个，其中成都市级非物质文化遗产代表性项目9个，简阳市级非物质文化遗产代表性项目1个。成都市级非物质文化遗产代表性传承人2人，简阳市级非物质文化遗产代表性传承人6人。开展“畅游成都·体验非遗”活动15场次，参与群众1万人次。“云龙水酥制作技艺”入选成都市级非遗代表性项目，“张氏古琴制作技艺传承基地”入选成都市级非遗传承基地。

【公共文化服务】 建成22个镇（街道）文化馆分馆、规划馆直属分馆，蜀阳社区、旭海广场、唯品会3个文化馆社会分馆；建成22个镇（街道）图书馆分馆、市民书房直属分馆、青春书苑社会分馆，以及蜀阳社区阅读服务点、武警中队馆外阅读服务点、万安养老服务中心阅读服务点、特殊教育学校服务点等6个阅读服务点和政府24小时微型图书馆；打造东溪街道黄岭村、三星镇雷公庙村等2个基层综合性文化服务中心示范点；创建三星镇、云龙镇、施家镇等5个文化站为成都市级一级站，江源镇、禾丰镇、雷家镇等6个文化站为成都市级二级站。依托市文化馆和镇（街道）综合文化站，开展暑期儿童公益培训班44场次、秋季成人公益培训班暨美术、书法作品文化馆分馆巡回展出34场次、冬季成人公益培训班7场次，培训人数达4150人次，有效丰富了农村群众业余文化生活。

表47　　2020年简阳市不可移动文物（部分）一览表

序号	名称	年代	类别	地址
1	渡口所遗址	汉	古遗址	简城镇安象街公园老渡口，简城镇北500米
2	周克芹墓	近现代	近现代重要史迹及代表性建筑	简城镇升阳村五组，村委会西南653米
3	圣德寺塔	宋辽金	古建筑	简城镇白塔社区一组
4	石桥关帝庙	清	古建筑	石桥镇陕西街，镇政府西北350米
5	下栅子城门	清	古建筑	石桥镇江西街，镇政府南350米
6	双河村碉楼	清	古建筑	东溪镇双河村六组
7	奎星阁摩崖造像	宋辽金	石窟寺及石刻	东溪镇奎星村三组，村委会西南150米
8	李八村摩崖造像	宋辽金	石窟寺及石刻	东溪镇李八村二组，村委会西北2000米
9	樊家碉楼	清	古建筑	五星乡梓桐村七组樊光廷宅地，村委会西北方10米
10	踏水桥	清	古建筑	安乐乡三合村四组环溪上
11	长岭山摩崖造像	唐	石窟寺及石刻	安乐乡天才村八组，天才村委会东北约1500米
12	禾丰字库塔	清	古建筑	禾丰镇青棡村五组，镇政府东南约300米
13	普安红字库塔	清	古建筑	普安乡密陶村七组
14	金马红白塔	明	古建筑	金马镇红坝村一组沱江支流环溪边
15	涌泉川黔宫	清	古建筑	涌泉镇泉井街64号，距政府西南约50米
16	赖卯寺摩崖造像	唐	石窟寺及石刻	青龙镇白庙村十四组，白庙村委会西北约500米

续表47

序号	名称	年代	类别	地址
17	接庆桥	清	古建筑	新星乡桐麻岭八组，桐麻岭村委会西北方约 1500 米
18	大林摩崖造像（瓦房沟摩崖造像）	唐	石窟寺及石刻	老龙乡土地坳村一组，村委会东南约 1000 米（老龙乡老龙村五组，村委会东南 1000 米）
19	半边寺摩崖造像	宋辽金	石窟寺及石刻	永宁乡红台村四组，村委会东约 2500 米

表 48　　2020 年简阳市非物质文化遗产代表性项目一览表

序号	名称	编号	所在地	项目保护单位	县级代表性传承人	入选市级项目名录情况	
						入选市级名录批次	市级名录中对应的项目名称
1	黑水寺故事	Ⅰ-1	雷家镇	市文化馆	汪群华	五	民间文学
2	张氏古琴制作技艺	Ⅷ-2	江源镇	市文化馆	张勇	五	传统技艺
3	石桥挂面制作技艺	Ⅷ-3	石桥街道	市文化馆	聂本廉	五	传统技艺
4	九莲灯	Ⅹ-1	石桥街道	市文化馆	李良	五	民俗
5	张氏土陶制作技艺	Ⅷ-4	射洪坝街道	市文化馆	张吉忠	五	传统技艺
6	简阳羊肉汤传统制作技艺	Ⅷ-1		市文化馆		五	传统技艺
7	六神曲	Ⅸ-1	镇金镇	辅正药业		六	传统医药
8	李氏华安堂膏药	Ⅸ-2	平泉街道	市文化馆	李晓勤	六	传统医药
9	云龙水酥制作技艺	Ⅷ-5	云龙镇	市文化馆		七	传统技艺

（魏光焰　王　颖　周红廷　胡雯雯）

融媒体发展

【概况】 2020 年，简阳市融媒体中心投身成都市区（市）县融媒改革新浪潮，加快转型升级，转变新闻采编、传播理念方式，推动新时代新闻宣传事业发展呈现新气象、展示新作为，全力推进融合媒体工作再上新台阶。

【融媒体矩阵建设】 市融媒体中心建立的“一报一台两网两微 N 平台”全媒体矩阵，在四川县级综合传播力指数影响力持续攀升，成为五、六月份最受央媒、省媒关注媒体，微博位列成都政务新媒体前十。中心新媒体粉丝数超过 20 万，发稿 5 万余条，总阅读量突破 1500 万次，点赞 110 余万次，多篇文章阅读量突破 20 万次。9 月，“简阳发布”在成都市政务新媒体评选中获评“2019 年优秀政务新媒体”。2020 年，“i 简阳”App 正测试运行，每天上载当地原创新闻内容 30 余条、转播转载国内重大新闻 30 余条，融合镇（街）、部门宣传矩阵 70 余个，链接社保、医保、生活缴费、银行等多个实用功能，已于 2020 年底上架推广下载。12 月开设“简阳发布”微信视频号，联合原有的“简阳发布”抖音号、快手号、微视号，每日更新原创短视频，形成时尚便捷的短视频宣传矩阵。郫都疫情期间，持续推出简阳医疗队在郫都援助核算检测采样工作短视频，各平台点赞量均达到 2 万个以上，仅三天“吸粉”1000 余人。

【主流舆论新兴网络阵地建设】 “简阳发布”全年推送微信公众号 335 期，编发原创文章 1300 余条，总阅读量达 189.2 万次，发布《今天，简阳号在酒泉成功发射》等阅读量破万推文 10 余篇；编发微博 8435 条，单条阅读量最高的《5 个技巧，迅速提高你的学习效率》，阅读量达 61.6 万次；简阳电视台微信公众号发布视频新闻 283 期，总阅读量 10 万次；简阳电视台头条号发布文章 1022 条，单条阅读量最高的阅读量 16.2 万次。纸媒《简阳之声》已出刊 99 期，推出高质量报道 4200 余篇。圆满完成了“创新提能年”“全面建成小康社会、决胜脱贫攻坚”、产业功能区发展、乡村振兴、“双创”“十三五”规划收官等重大主题重点宣传工作。

【内容建设与对外宣传】 拓展向上渠道，中央、省、市级新闻媒体用稿量实现历史新突破。有 5 条新闻消息在中央电视台播出，同比 2019 年（4 条）增长 25%；已有 30 条新闻消息在四川电视台播出，同比 2019 年（22 条）增长 36%；已有 71 条新闻消息在《成视新闻》、神鸟知讯、看度新闻等成都市级媒体播出，同比 2019 年（42 条）增长 69%，用稿量稳居成都各区县前列。

2020 年，在央视新闻客户端先后完成了《无人机+喇叭！四川简阳“土洋结合”防控措施很见效》、云踏青等 4 次直播，观看量上 1000 万次；参与四川公共乡村频道《主播看四川——乡村振兴区县行》电视活动，在四川电视台、四川观察刊播；完成 2020 简阳市迎春文艺晚会、2020 成都简阳投资促进网络推介会直播等 4 场大型直播；参与由今日头条四川分公司、成都市互联网文化协会主办的短视频挑战赛，完成“花开天府”“这样很成都”短视频共 15 条；策划制播《融入成都·品味简阳》系列短视频 50 余条次；开设《脱贫攻坚第一线》栏目，分 10 期聚焦 20 个脱贫攻坚先进典型，展现简阳市脱贫攻坚工作的发展进程和工作成果。

【平台建设】 2020 年，市融媒体中心融媒体平台一期建设项目建成并投入使用。9 月，高分通过四川省县级融媒体中心建设交叉验收，九楼指挥调度中心全面投用运行良好，一线采编人员全员运用新图文编辑系统。高清数字化改造项目进展有条不紊。两通道播出系统高清升级改造、卫星直播车及多功能演播大厅高清改造、新闻非编系统的软硬件系统“标升高”等高清升级方案已实施，即将进行验收并投入使用。融媒体平台二期建设项目正在实施。

【融媒体人才与队伍建设】 2020 年 4 月，通过公开演讲、全体职工打分、竞争上岗选拔了 3 名中层副职任正职、1 名干部任中层副职，并对中层干部进行了岗位调整。选派一线业务骨干 129 人次通过外出培训、专家指导、技能评比等方式参加专业技能培训。分梯次选派 10 余名年轻记者编辑到川台、成都台跟班学习。邀请省视协、川台、成都台高级编辑记者来简开展“新闻采访技巧”“新媒体运营”“全媒体记者培养”等主题培训 6 次。2019—2020 年，共引进 4 名高层次人才和公开招考 3 名专业技术人员。

（樊九思）

广播电影电视

【概况】 2020 年，广电以项目为抓手，以广播电视基础设施三年提升行动为重点，确保贫困户免费收听收看广播电视，广电网络基础设施不断改善，东来印象项目顺利推进。

【脱贫攻坚】 全年为贫困户减免收视费 630 万元，新建简阳市级应急广播平台 1 个，建成 10 个镇街级、50 个村级应急广播平台和 500 组应急广播终端。

【广电宣传】 全年安全播出《简阳新闻》261 期、《一周综述》51 期，共 2196 条，其中时政要闻 924 条，时事新闻 521 条，主题报道 331 条，民生新闻 420 条。完成稿件上送采用成都电视台 71 条、四川电视台 30 条、中央电视台 5 条，用稿量稳居成都各区县前列。全年摄制完成了《荷桥蝶变》《西部电商物流产业功能区：创新赋能高质量发展》、简阳城市形象宣传片（英文版、9 分版和 6 分版）、创建国卫专题汇报片《朝阳东升美如画》、创建省生态园林城市专题汇报片《东风又绿沱江岸》、易地扶贫搬迁工作汇报片等 11 个专题片，完成 2020 简阳市迎春文艺晚会等 4 场大型直播，完成广播节目《书香简阳》40 期、《缤纷世界》181 期。开设《脱贫攻坚第一线》栏目，分 10 期聚焦 20 个脱贫攻坚先进典型，展现简阳市脱贫攻坚工作的发展进程和工作成果。

【广电网络建设】 全年投资 1600 万元，完成 80 个村有线广播电视网络数字化、双向化、智能化升级改造。

表 49　　2020 年简阳市影院情况表

影城编码	许可证号	电影放映单位	地址	银幕数（张）	座位数（座）	所属院线	放映场次（场）	从业人员（个）	核验结论
51083251	510185004	成都市鑫晨时代文化传媒有限公司（大地开元影城）	成都市简阳市简城新民街 121 号王府景熙园 B 座二层、三层	5	623	广东大地电影院线	4576	8	核准
51083201	510185003	简阳德胜影业有限公司	简阳市简城镇东城新区中心广场德胜商业广场 9 楼	5	595	四川太平洋电影院线	4662	17	核准
51088211	510185002	成都万达国际电影城有限公司简阳旭海广场店	简阳市河东新区雄州大道南段 389 号旭海时代广场 B-4-15 号	7	1092	万达院线	6233	10	核准

顺利完成“疫情防控”宣传、“2020 年春节”和“2020 年两会”“疫情防控期间空中课堂”“成都市政府《成都市科技创新大会》直播会议”等重要节日、重大会议、重大事件的安全播出工作；完成城区楼盘新建接入项目，安装广电接入 11546 户。至 2020 年底，简阳市广电网络全年完成收入 6990.68 万元，数字电视注册用户 221632 户，广电宽带用户 2.93 万户。

【电影放映】 2020 年，全市有 30 个固定电影放映点，全年放映公益电影 6426 场；全市共有 3 个影城，有银幕数量 18 个，座位 2200 座，年度票房收入 733 万元。

（鄢继之　周琴）

文化体育设施

【简阳市文化馆】 简阳市文化馆位于简城街道公园街 35 号，2011 年 4 月 29 日正式开馆，面积 4100 平方米，有培训室 13 间、排练厅 4 间、琴房 5 间以及电子阅览室、多功能厅、展览厅、非遗陈列室等功能用房，各类文艺活动及办公设施设备较齐全。设数字化体验区、舞蹈排练厅、音乐培训室、书法美术室、展览厅。设有办公室、群文工作部、创作室、文博室四个部门。2020 年，市文化馆积极推进文化馆总分馆制建设，完成镇街分馆建设 22 个，社会分馆 3 个，直属分馆 1 个，总计建设分馆 26 个，实现了镇街全覆盖。馆办艺术团体在各级展演中获多个荣誉称号，获四川省文化馆颁发的 2020 年考级活动优秀组织奖。

【简阳市图书馆】 简阳市图书馆位于简城街道政府街 124 号，建筑面积 3955 平方米，是“四川省古籍保护单位”“成都市青少年社会实践教育基地”“四川省全民阅读先进单位”。2020 年接待读者 16.05 万人次，平均每天接待读者 440 人次，年文献借阅量 11.42 万册次。现有藏书 36 万册件，已完成全市 22 个镇（街道）分馆的建设，身份证和社保卡在成都 22 区市县通借通还。2020 年开展线上线下阅读活动共计 201 场次，参与活动 5.6 万人次。4 月参加四川省图书馆的“抗击病毒，从我做起”全民抗“疫”少儿简笔画创作展示活动获“优秀组织奖”；6 月组织读者参加“抗击疫情 · 致敬四川力量”第三届“图书馆杯”四川全民英语口语大赛获三等奖；9 月选送节目《月光下的中国》获四川省 2020 年“万人赏月诵中秋”群众文化活动一等奖；12 月参加 2020 年四川省“图书馆杯”主题图像创意大赛获“优秀组织奖”。

【简阳市文化艺术中心】 简阳市文化艺术中心位于简城街道广场路 381～385 号，艺术中心大楼共 4 层，第一层面积约 6000 平方米，由市艺术中心管理，其余三层归国资办管理。2020 年艺术中心接待成都市《舞韵天府》等公益性演出 2 场，简阳市公益性演出 3 场，观众 3000 余人，传承非遗戏剧进校园授课 500 余节，受益学生 2000 余人次。

【简阳市文管所】 简阳市文管所位于简城街道白塔社区白塔园内，陈列室约 80 平方米。2020 年配合成都市考古队开展成自高铁、成渝高铁（中线）、金简仁快速路、金简黄快速路、成简快速新线、简阳空港大道及其他重点项目的文物调查和发掘工作，发掘点位 11 处，出土文物（标本）500 余件（套），完成 40 余宗地块的文物调查勘探。2020 年，免费向公众开放文物陈列室，全市各级文物保护单位共接待游客 3 万余人次。

【简阳市文化体育中心】 “东来印象”（简阳市文化体育中心）位于简阳市印鳌阁路，是四川省重点项目，是成都“东进”的标志性工程和简阳市“十大行动计划”重点项目的龙头项目，是简阳市高标准规划建设的文化体育综合项目，是公共文化服务工程，全民健身工程，文创产业工程。项目总用地面积约 450 亩，总投资 31.8 亿元，规划总建筑面积 41.6 万平方米。主要包括“八馆五中心两园一家一大剧院”，“八馆”即图书馆、文化馆、美术馆、博物馆、档案馆、方志馆、体育馆、游泳馆；“五中心”即广电中心、青少年活动中心、全民健身中心、国民体质监测中心、市民中心；“两园”即体育公园和文创产业园；“一家一大剧院”即艺术家之家和大剧院。其中，体育馆、游泳馆作为成都市第 31 届大学生运动会柔道和跳水比赛场馆。项目于 2018 年 2 月开工建设，至 2020 年底，东来印象主体工程已全部竣工，正在进行 4 号楼体育馆、5 号楼游泳馆、6 号楼全民健身中心及国民体质监测中心（陆上训练馆）的收尾工作。

（鄢继之　魏光焰　王　颖　刘志阳　周红廷　胡雯雯）

新闻出版与文化市场监管

【新闻出版】 4 月 23 日，四川省暨成都市、甘孜州 2020 年非法出版物集中销毁活动在简举行。此次集中销毁活动共销毁了四川省、成都市和甘孜州“扫黄打非”办公室近年来组织查获的数百个品种 130 余万册、重达近 90 吨的非法出版物。组织全市新闻出版经营单位进行法规培训 2 次计 500 余人参加，对全市专职网格员开展业务培训 1 次计 300 余人参加。开展新闻出版类法规宣传活动 28 场，累计发放各类宣传资料 2 万余份。完成全国“扫黄打非”办交办核查处置线索 1 件，办理“扫黄打非”案件 28 起，其中刑事案件 3 起，处置违禁歌曲 13 首，收缴非法物品 3200 余件，市委宣传部、市公安局政保大队被评为成都市先进集体，二人被评为先进个人、9 名网格员被评为成都市优秀网格员，新市街道等 6 个单位被评为成都市“扫黄打非”进基层示范点。办结新闻出版许可（备案）事项 34 件，新增出版物零售单位 25 家。

【文化市场管理】 2020 年，组织培训经营单位管理人员（从业人员）、镇（街道）协管监督员共 1120 人次，免费发放法规宣传、疫情防控指南等资料 1.5 万余份，各文化旅游经营单位负责人签订 2020 年安全生产目标责任书和 2020 年诚信守法经营承诺书 400 余份。办结行政处罚案件 38 件，罚款 0.65 万元。

【文化市场执法】 2020 年以“扫黑除恶”、乱象治理、安全监管、“扫黄打非”、新冠疫情常态化防控为重点，全年开展执法检查 6625 人次，检查经营单位 15652 家次，查办投诉举报 11 件；收缴非法出版物 5426 册（盘）、收缴非法安装卫星电视广播地面接收设施（小锅盖）174 套，取缔无证经营书报刊（音像）游商地摊 35 个，制止非法演出 15 场次。

（邹　磊　陶思宇）

地方志

【概况】 2020 年，市地方志办公室狠抓地方志法规学习宣传及业务指导，全力推进市志资料收集整理、综合年鉴编纂、旧志保护整理、地方志资料年报等工作，协调推进简阳市方志馆建设、地情资料收集，拓宽地方志服务经济社会发展范围，切实发挥存史资政育人功能。

【修志资料储备】 2020年，市地志办落实国务院《地方志工作条例》《四川省地方志工作条例》，抓好市志续志资料收集、整理，为第三轮《简阳市志》续修奠定基础；落实成都市地志办年报要求，编制简阳市地方志资料年报（2019）。

【地方综合年鉴编纂】 2020年，市地方志办公室总结《简阳年鉴（2019）》获第七届全国地方志优秀成果（年鉴类）三等奖的编纂经验，学习借鉴《成都年鉴》《武侯年鉴》等一等奖年鉴，精心编制《简阳年鉴（2020）》编写大纲，指导各镇（街道）、各部门（单位）收集资料，组织精干力量辛勤笔耕，顺利完成《简阳年鉴（2020）》改版、编纂、出版，圆满完成中国地方志指导小组规划的地方志工作“两全”目标。《简阳年鉴（2020）》设大事记、特载、综述、专记、中国共产党简阳市委员会、简阳市人民代表大会、简阳市人民政府、政协简阳市委员会、中国共产党简阳市纪律检查委员会 简阳市监察委员会、民主党派·群众团体、法治、国防、产业功能区、农业、工业、服务业、建筑和房地产业、开放与合作、综合监督管理与服务、城乡规划建设与城市管理、城乡居民生活、卫生健康、教育·科技、文化·体育、生态建设、镇（街道）、人物、文存、附录等篇目，编制中文索引。《简阳年鉴（2020）》采用四色印刷，图随文走、图文并茂，全面记述2019年简阳市自然、政治、经济、文化、社会、生态情况，重点记述各行各业工作重点、工作过程、工作成就。市地志办做好《四川年鉴》《成都年鉴》2020卷简阳部分编辑组稿，按时上报高质量文图稿件。

【旧志保护整理】 2020年，市地方志办公室办按照市政府批转的《简阳市旧志保护整理工作方案》，有序推进旧志点校工作。在全面完成清乾隆《简州志》、清咸丰《重修简州志》、清光绪《简州续志》基础上，实施民国《简阳县志》整理，1～8卷天文篇、舆地篇、封建篇、官师篇、士女篇等完成点校、制版、设计、印刷，2021年1月出书。

【乡镇志编纂】 2020年，市地方志办公室落实中国名镇志丛书编纂要求，指导贾家街道编纂《贾家镇志》，进入总纂、定稿、送审阶段。

【方志馆建设】 简阳市方志馆建筑面积2000余平方米，设展览体验区和综合服务区。2020年，市地方志办公室着眼地方志事业未来发展，配合东来印象指挥部，积极参与方志馆陈列布展设计，结合实地调研经验与简阳当地文史专家意见，形成展陈设计纲目，供设计中标单位参考。

【志鉴数字化】 2020年，市地方志办公室学习借鉴成都市、金牛区、成华区等数字化工作经验，结合简阳实际，完成《简阳县志》《简阳市志（1986—2005）》及部分年鉴数字化，为简阳地方志资料数字化信息化探索经验。

（胡 洪）

档案事务

【概况】 2020年，简阳市内共有1个档案馆，107个综合档案室，有专职档案人员57人，兼职档案人员85人。市档案馆藏档案全宗260个，档案138093卷，489738件，资料5300册，实物档案844件。市档案馆建筑面积3900平方米，共有7个库房，安装密集架830立方米，可容纳档案30余万卷（盒）。2020年，市档案馆抓好档案保管利用、信息数字化建设和展览编研工作，各类档案事务取得显著成效。

【馆务建设及档案资源开发利用】 2020年，市档案馆落实新冠疫情防控措施，安排专人做好日常检查和安全防护工作，通过预约查档、安全距离查档等方式提供服务。接收周家乡、望水乡、平窝乡、安乐乡、平息乡、永宁乡、飞龙乡、五合乡、五指乡、五星乡、太平桥镇、石桥镇、同合乡、老君井乡、金马镇、老龙乡、灵仙乡、新星乡、普安乡、新市镇、杨柳街道、十里坝街道共22个撤镇更名乡镇档案89828件、641003页及相对应数字化档案，档案馆馆藏档案增至489738件。全年共接待查阅人员5900余人次，提供利用档案2500

余卷，4000余件，复制抄录17000余页，利用资料3人次，提供资料50余册，复制抄录20余页，办理省内异地查档98次，电话、预约、远程查档占比75%，为经济建设、编史修志、落实政策、调解纠纷、宣传乡土历史文化等提供原始资料。2020年度档案馆接收撤销、更名乡镇（街道）文书档案89000余件，接收涉改乡镇（街道）党委、政府公章806枚，确保涉改乡镇（街道）档案的完整安全。

【档案编研】 2020年6月9日，“6·9”国际档案日之际，简阳市档案馆开展“记录石桥变迁，见证三新简阳”石桥摄影展。通过展现石桥自然风貌、建筑街道、商业、人文等历史变迁，使人们感受石桥的风土人情，品味古镇的民风民俗。2020年12月30日，由简阳市档案馆编研的书籍《简州赓续》印刷成册。此书以画册的形成精彩呈现了新中国成立以来简阳最具影响力十大人物、十大事件、十大项目，收集简阳20世纪70年代以来变迁的照片，着手编撰《斗转�移》画册。制作“简阳档案”文创U盘、布艺袋；启动简阳市退伍老兵为简阳发展作出重要贡献的人物口述历史的活动，为明年建党100周年收集素材。

【档案知识宣传】 宣传展示档案工作实际情况、展现新时代档案人精神面貌，扩大档案行业影响力，讲好档案故事，发好档案声音，简阳市档案馆精心选取角度，从档案视角入手，联合简阳市融媒体中心推出“走进简阳市档案馆之全馆概况”“走进爱国主义教育基地，弘扬简阳历史”“走进红色记忆，细看档案编研”“在平凡岗位中闪光的档案人”等系列专题采访节目，使档案馆走向公众视野。

（周　全）

体　育

【概况】 2020年，简阳市贯彻落实市委、市政府建设“三城三都”的决策部署，以承办大运会大型赛事为契机，以建设体育场地设施为抓手，充分发挥大型体育赛事效能，立足“以赛促建”“以赛提能”“以赛促

10月23日，举办九九重阳节健身气功展示活动

变”，圆满完成各项工作任务，助力建设世界赛事名城。

【群众体育】 2020年，简阳市举办多种全民健身体育赛事活动，采取体育部门主办、单项体育协会承办的方式，举办了四川省“百城千乡万村”系列赛事、“爱成都·迎大运”全民健身系列赛事、简阳市首届社区运动节、天府绿道健身系列活动，全年累计开展各级各类全民健身赛事活动429场次，参与群众近20万人次，开展各级各类培训、讲座8次，培养三级社会体育指导员107名，培训体育教师（教练员）513人次，监测国民体质数据5280份，抽样国家体育锻炼达标测试108人，全民健身调查数据760份，将全民健康的美好愿景落到实处，为社会各界共同参与提供沟通、交流、分享平台。

【体育基础设施建设】 2020年，体育设施覆盖率不断提高，逐步建成城市社区15分钟健身圈。今年新建全民健身路径60条、新扩建体育场地17片、新增健身绿道25千米。

【竞技体育】 简阳市运动健儿参加国际青少年游泳冠军赛获得1枚金牌；参加全国赛艇青年锦标赛等国家级赛事获1枚金牌、1枚银牌、1枚铜牌、4个第四名的喜人成绩；全市参加四川省青少年游泳锦标赛、四川省青少年武术套路锦标赛等省级赛事，共获13枚金牌、6枚银牌、9枚铜牌的优异成绩。抓好本级选材、训练、参赛的同时，向省队、体育高校输送优秀体育人才，2020年全市输送至省队报调运动员2人，集训运动员11人。

【体育彩票发行】 2020年，简阳市体育彩票产品结构不断完善，运营能力不断提升，全市共有体彩销售站84个，全市销售工作安全平稳运行，实现体彩销售额6229.64万元。

【高水平筹备大运会】 2021年成都第31届世界大学生夏季运动会，简阳赛区承办柔道和跳水赛事。搭建组织构架。2020年5月，制定印发《成都2021年第31届世界大学生夏季运动会简阳赛区委员会工作方案》《成都2021年第31届世界大学生夏季运动会柔道比赛场馆中心组建方案》《成都2021年第31届世界大学生夏季运动会跳水比赛和训练场馆中心组建方案》，组建大运会简阳赛区委员会、柔道比赛场馆中心和跳水比赛和训练场馆中心核心团队，负责具体工作。建立工作体系。对标成都大运会执委会组织机构，下设14个工作组以综合行政工作组为综合协调机构，其他13个工作组为业务工作组，各组各司其职，固定每组责任领导和联络人，实行工作AB角，建立工作微信群，每周报送工作信息台账，基本建立了联络顺畅、信息共享、密切配合的“1＋13”工作体系。按照因事设岗、按岗定责、依责配人的原则，先后抽调14名赛委办骨干成员和26名场馆中心业务骨干，分别在市政府4–1和3–2会议室集中办公。完善工作机制。以每周例会、每月专题推进会为抓手，建立例会制度、信息报送制度、督查通报制度，逐步形成按时推进、实时督办、及时解决的“四个一”工作机制。全年召开赛委会4次，赛委办工作例会23次，场馆中心工作例会7次，协调解决问题66个，向成都市报送信息（专报）8篇。采取“借智＋聚力”两手抓工作思路，推进场馆中心完成“两划”（场馆运行设计规划、场馆运行计划）编制工作，先后被成都大运会执委会机关党组授予4面流动红旗。

（刘志阳　张小凤）

生态建设

国土资源管理

【概况】 2020年，简阳市规划和自然资源局落实省委构建“一干多支、五区协同”区域发展新格局、推进成德眉资同城化发展和成都“东进”决策部署，聚焦成渝地区双城经济圈“一极两中心两地”目标定位和东进区域发展定位，践行创新、协调、绿色、开放、共享发展理念，按照“精筑城、广聚人、强功能、兴产业”的营城逻辑，围绕以产出为导向的土地资源配置，主动服务重大项目落地。融入“双循环”、唱好“双城记”、走好“东进路”，全面建成国际空港门户枢纽城市、宜业宜居山水公园城市、东进区域智能制造高地，提升成都东部区域中心城市综合承载力、核心竞争力、集聚辐射力。

【国土空间规划】 完善规划体系，引领城乡功能品质提升。推进国土空间规划编制。从简阳与成都东部新区一体化发展重点思路和城区布局、简阳打造区域中心城市定位的要素支撑及“十四五”期间简阳“一心两链”产业布局等方面，将国土空间规划编制分为区域一体化发展、中心城区规划、产业发展、乡村振兴四个部分重点研究。向上争取政策支持以保障重大项目。编制规划局部调整方案3个批次，均已取得批复，涉及规划指标调整1131亩，有效保障重点项目用地。争取指标支持。向成都市争取到新增建设用地规划指标2550亩，保障好急需用地的重点项目。

【土地储备】 按照“节约集约用地、确保项目急需”思路，通过盘活存量建设用地，实施区位调整和指标调剂使用等方式，保障项目当年建设用地需求。2020年共收储土地33宗，收储土地面积2560亩。

【行政许可类事项】 2020年，累计办理行政许可类事项共2197件，行政许可事项按时办结率100%；出具规划条件57宗。

【耕地保护】 制发《简阳市镇政府（街道办事处）耕地保护责任目标考核办法》，签订耕地保护目标责任书，落实对镇（街道）及相关部门的年度考核评定；初步划定永久基本农田储备区2.96万亩；获批13个批次（含单独选址项目）建设用地15680.1亩；审批建设项目临时用地22宗710.1亩；审查备案设施农业项目用地48宗1318.5亩；完成成渝客专临时用地复垦验收764.77亩。

【不动产登记】 2020年，共受理不动产登记574467件，登簿562890件，其中颁发不动产权证190149件，颁发不动产登记证明27446件（含设立抵押、预告登记和预告抵押登记)，注销13395件(含权属注销、抵押注销、预告注销)，解封查封2517件。

【营商环境建设】 优化不动产登记营商环境，通过企业专窗、一窗受理、“互联网+”、绿色通道服务等措施，精简申请要件、优化办理流程、压缩办理时间，提升企业和群众办理不动产登记的效率和质量。从2020年8月1日起，简阳市实现了存量房买卖和抵押登记压缩为2小时办结；企业间的存量非住宅转移登记0.5个工作日办结，2021年1月4日起提速为90分钟办结；查封登记、异议登记、抵押注销登记即时办结；其他类型登记压缩至1个工作日办结。

【征地标准调整】 简阳市执行的最新征地青苗和地上附着物标准调整为《成都市人民政府关于公布实施征地青苗和地上附着物补偿标准的通知》(成府发〔2020〕29号)，该文件对全市新一轮青苗和地上附着物标准进行了规定；2020年10月23日公布《简阳市人民政府关于公布实施简阳市征收农用地区片综合地价的通知》(简府发〔2020〕17号)文件，施行日期为2020年1月1日。

【征地拆迁安置】 2020年，完成2998亩土地的征收补偿安置工作，兑付三项补偿费约8326万元，征地安置2157人，主要涉及放生坝一级土地整理、华西棚改、大华、亿联三期、科幻影视文化创意产业园等项目；开展集体土地上房屋拆迁1402户，拆迁安置人员5320人，拆除房屋43.40万平方米。

【土地综合整治】 完成三星镇共和村、新星镇金盆庙村、新星镇宽沟村、贾家街道快乐村、五指镇建设村、原平息乡清水村、镇金镇红庙山村、原五合乡护民村、平泉街道荷桥村9个试点项目的验收颁证工作，实现归还挂钩周转指标1489.05亩，挂钩节余指标1020.04亩。完成原平息乡、平泉街道荷桥村、平泉街道黄岭村、原永宁乡、原飞龙乡5个土地整理项目验收，实现新增耕地3934.43亩新增粮食产能2627.40吨。

【地籍管理】 完成简阳市(除原高新东区)第三次全国国土调查统一时点更新调查工作；完成全市农村产权制度改革确权颁证工作验收工作；38个工程建设项目按“多测合一”要求完成合同签订、线上委托工作，相关预测成果通过审核并顺利入库。

【建设用地项目竣工检查核验】 受理完成“大华物流二期B地块”“四川森辉木业有限公司”“简阳君豪工贸有限公司”等24宗建设用地情况的竣工核验，重点对蓝色港湾、仁和苑小区、逸水鼎城等不动产遗留问题项目进行促办核查。

【土地价款催缴】 共催缴收到土地价款和违约金共计24.30亿元。

【存量低效工业用地盘活】 按照“节约集约用地”思路，实时监测国有建设用地开发建设情况，提高土地利用效益。2020年盘活存量工业用地5宗，面积638.77亩。

【档案管理】 档案查询更加便利于民。有序开展土坯房改造、征地拆迁、双挂钩、易地扶贫搬迁所需资料及其他档案的查询工作，共接待查阅档案11300余宗。加强档案信息化建设。有序开展业务方面2467卷档案的规范移交、数字化加工、审核验收入库工作。实现业务档案数据共享，减少不必要的往返跑路，提高办事效率。

【技术服务】 全年完成征地勘测定界62宗，测绘面积3400余亩；完成地籍办证制图800余宗；完成收储供地制图60余宗3200余亩；完成2020年17个批次(9000余亩)的报征勘测定界工作；完成竣工核查叠加图60余宗，确保项目建设用地和土地登记发证工作的顺利进行。建立不动产测量总图、2010年以来的供地一张图、2010年以来的征地总图“三张图”。

【国土资源执法监察】 落实动态巡查、联络员、重大案件督办、责任追究、违法案件举报5项制度和部门联席会议、联合执法、案件移送等执法责任机制，完善执法监察网络，坚持实行有案必查，查处必严，公正执法。全年开展土地动态巡查364次，发现涉嫌违法线索322条，均进行现场处置。立案查处土地违法案件73宗。

【集体经营性建设用地流转入市】 2020年，简阳市完成总计9宗共16.78亩集体经营性建设用地挂牌流转入市工作，成交金额达1151.88万元。

【农村乱占耕地建房问题整治摸排】 2020年底，简阳市最终形成纳入上报台账图斑共1012个，总占地面积2665.42亩，占耕地面积2308.44亩，占基本农田面积242.64亩。其中，产业类图斑427个，占地面积567.40亩；公服类图斑412个，占地面积2038.18亩；住宅类图斑173个，占地面积59.84亩。

【耕地保护专项督察发现问题整改】 本次整改工作涉及全市整改项目48个，面积15070.55亩。需立案查处项目39个，面积13972.36亩，均已完成查处；需拆除复垦复绿项目4个，面积211.75亩，均已完成整改。其余项目正在加紧完善用地手续。

【国土政策宣传】 强化法治教育培训，更新汇编《自然资源法律法规》，组织全局职工学习自然资源相关法律法规，增强法律意识，严格依法行政，切实履行职责。以“6·25”土地日、“8·29”测绘日、“12·4”宪法日等法律节日为契机，通过户外宣传并张贴法制宣传标语、张贴法制宣传画、现场发放宣传手册等多种形式，对《中华人民共和国宪法》《中华人民共和国土地管理法》《中华人民共和国森林法》等法律法规常识进行宣讲，普及法律知识，并通过知识竞赛、奖品发放等方式鼓励广大群众参与，引导广大群众树立十分珍惜和合理利用土地的理念，提高共同关注自然资源、严格保护耕地、节约集约用地、建设生态文明的意识。

（陈　微　张向黎　金　龙　刘青华　周良昌　万　萍　傅　林　蔡晓海　谭旭东　李　莹　陈玉芳　李　楠　李　伟　魏　波　朱　平　陈孝民）

矿产资源管理与地灾防治

【矿山实地核查及储量动态检测】 全市18座非煤矿山企业在规定时限内完成矿业权人勘查开采信息公示工作，同时完成实地核查及2020年矿山储量动态检测工作。

【矿产资源及地质灾害宣传】 全市28个镇街（含移交成都东部新区6个镇街）重点人员和重点人群开展多样化地质灾害宣传培训17场次，3126人次参与；开展地质灾害应急实战演练108场次，2536人次参与。群众知晓熟悉地质灾害防治知识，实现全市群测群防队伍专业化、规范化，提升全民识灾防灾救灾能力。

【地质灾害防治】 坚持气象会商制度，汛期发布地质灾害气象风险预警6次（二级预警1次，三级预警5次），发布地质灾害风险提示5次，实时性气象预警信息107次，发送出气象信息10700余条。采取“主动避让、提前避让和预防避让”措施，汛期主动避险转移群众343户1044人，实现2起成功避险转移，避免2户7人受灾伤亡。

（王　德）

水资源管理

【概况】 简阳市水资源总量为3.89亿立方米。地表水资源为3.28亿立方米，其中沱西地区1.45亿立方米，沱东地区1.83亿立方米。简阳市大部分为“红层”分布区，地下水资源贫乏，总量为0.61亿立方米。简阳市沱西地区多年平均降雨量为800毫米、沱东地区多年平均降雨量为700毫米、龙泉山区多年平均降雨量为900毫米。沱江是流经简阳市境内的大河流，流长84.9千米，常年平均流量为255～275立方米/秒。简阳市境内有小型水库60座，总库容4367.76万立方米。

【水利建设与利用】 *石庙水库* 纳入全国抗旱水源工程的新建小（2）型水库，设计总库容68.6万立方米，最大坝高24.9米，概算总投资4427万元。工程于2016年7月开工，截至2020年底，已完成大坝及灌区工程，待竣工验收。

毗河工程建设 毗河供水工程是国家级重点水利

项目，是解决简阳市沱东城乡生产、生活供水瓶颈的关键工程，同时也将为成都“东进”战略提供有效的水资源保障，在服务全省“一干多支、五区协同”发展新格局中具有重要作用。2015年启动实施毗河一期供水工程建设以来，截至2020年底，累计完成施工投资5.86亿元，占总投资的97.40%。全市境内11.595千米总干渠已完成建设，并完成自验式通水试验。简资分干渠已完成15.14千米，占总长度的100%；石钟支渠已完成8.11千米，占总长度的96.52%；简阳支渠完成8.24千米，占总长度的91.93%。

【最严格水资源管理】 2020年度用水总量为1.75亿立方米，万元国内生产总值用水量47.89立方米，万元工业增加值用水量6.15立方米，农田灌溉水有效利用系数0.56，水功能区达标率100%。全面完成长江流域取水工程（设施）核查登记整改工作，2020年度共审批取水户319户，5个重点取水户实现取用水在线监测，8座水电站全部实现生态流量在线监控。

【节水型企业（单位）小区创建】 贯彻落实新时期节水优先方针，实施最严格水资源管理制度，加快实现从供水管理向需水管理转变，从粗放用水方式向高效用水方式转变，从过度开发水资源向主动节约保护水资源转变，全面推进县域节水型社会达标建设，共创建省级节水型企业2个，成都市级节水型学校4个，区县级节水型学校99个，节水型机关单位62个，节水型医院1个，节水型居民小区26个。

【节约用水宣传】 为纪念第二十八届世界水日、第三十三届中国水周，提高居民的节水意识，养成良好用水习惯，加深人民群众珍惜水资源的观念。围绕“坚持节水优先，建设幸福河湖”宣传主题，采用发布公益广告、张贴宣传画、发放宣传资料、设点集中宣传等多种形式开展宣传活动。共设置节水宣传公益广告视频2个、张贴宣传画100套、发送宣传公益短信9000余条、发放节水宣传资料6000余份。

【自来水厂建设】 简阳市城区第二自来水厂总规模9.8万吨/天，分两期建设，一期工程供水规模4.9万吨/天，已建成供水；二期扩建工程在建。简阳市河东自来水厂近期供水规模4.9万吨/天，中期供水规模9.8万吨/天，远期供水规模25万吨/天。其中近期工程在建，供水规模4.9万吨/天，预计2021年6月调试运行。

（樊　良　王　冲　吴　颖　樊　运　彭爱华　李佳霖　袁艳玲）

动植物资源管理

【森林资源保护】 2020年，全市管辖区域（22个镇街）新增森林面积6914亩，净增森林面积5559亩，森林面积达61.99万亩，林地保有量36.28万亩。新增森林蓄积7.9万立方米，净增森林蓄积6.6万立方米，全市活立木总蓄积201.22万立方米，森林蓄积量164.95万立方米。森林覆盖率达到30.78%，林木绿化率30.99%。对全市318株古树进行建档立卡挂牌保护。利用“3·3”世界野生动植物日和4月第二周“爱鸟周”暨野生动物保护宣传活动“5·22世界野生动物保护日”为契机，开展野生动物保护宣传活动，共发放宣传资料2000余份。健全完善疫源疫病监测防控体系，启动野生动物驯养繁殖疫源疫病风险评价，制定疫情防控“四条措施”，联合开展防控新冠肺炎野生动物驯养繁殖场所执法检查1529次，封控、取缔和关停相关场所30家，将全市符合条件的野生动物驯养繁育单位25家正式移交市农业农村局管理。推动以食用为目的的陆生野生动物人工繁育养殖单位有序退出，全面完成退出补偿任务，补偿资金260余万元。严格执行木材凭证采伐制度，木材运输制度取消。完成林地征收占用审批45件，报征林地面积108.96公顷，已收植被恢复费1652.06万元（其中永久使用林地审批21件，报征林地面积92.76公顷，已收植被恢复费1426.83万元；临时使用林地审批24件，报征林地面积16.20公顷，已收植被恢复费225.23万元）。开展森林草原防灭火工作专项整治。在雄州广场组织开展森林防火宣传2次、发放宣传资料500余份，开展下乡巡查检查30余次，承办成都市大型森林火灾应急演练1次，指导镇（街道）森林火灾应急演练10余次，迎接上级森林防火检查6次。全年森林火警65起，未发生较大级别以上森林草原火灾。接受省林草局对简阳市2018—2019年度林业和草原项目资金使用管理情况稽查和绩效评价工作。开展2019年国家森林巡查反馈问题整改。

【林业有害生物防治与检疫】 2020年，开展主要森林病虫害预测预报和防治，发布《森保情报》4期。编制《简阳市2020年林业有害生物防治实施方案》《简阳市2020年松材线虫病预防实施方案》《简阳市林业有害生物监测预警网格化管理工作实施方案》。开展林业植物检疫执法专项行动，重点对松林、松木加工使用、棕榈科植物、草坪开展松材线虫病、锈色棕榈象、红火蚁等检疫性有害生物执法检查，防治疫情进入和传播；开展城区、铁路、公园绿化树木菟丝子危害专项治理，清理菟丝子危害林木28株；防控野生动物疫源疫病，重点封控野生动物驯养繁殖场所，监测新冠肺炎疫情、野生鸟类和野猪非正常死亡。2020年危害简阳市林业的有害生物发生总面积10.03万亩，无公害防治面积10.03万亩，无公害防治率100%，种苗产地检疫率为100%，成灾率为0%，测报准确率为98.2%。

（唐文平）

林业生态建设与管理

【林业概况】 2020年，全市林业系统积极作为，森林资源管理、生态保护修复、野生动植物保护、森林草原防灭火、生态富民产业、推进重点领域改革等各方面工作取得新成效。全市森林面积达到61.99万亩，林地36.28万亩，森林蓄积量达到164.95万立方米，森林覆盖率30.78%，自然保护区面积1.28万亩，湿地面积6.56万亩。连续10年未发生较大级别以上森林草原火灾，实现林业产值42.15亿元。实施"全域增绿"春季、秋季战役行动，城市建成区新增绿地面积931.5亩，农村完成成片造林26948.7亩，道路绿化98169米，开展植树活动160场次60万余人次，植树152万余株，公布群众性义务植树点位4个。完成318株古树名木挂牌。全年未发生较大级别以上森林草原火灾。生态产业实现收入14亿元。培育省级林业产业化重点龙头企业2个，全国集体林业综合改革试验区改革工作受到国家和省、市的高度肯定。林权确权颁证外业权籍调查工作全部完成。启动实施世界银行长江上游森林生态系统恢复项目，获得1337万元贷款额度，推进建设2万亩混交林。推动以食用为目的的陆生野生动物人工繁育养殖单位有序退出，全面完成退出补偿任务。

【林业规划方案编修】 继续实施《简阳市现代林业发展规划2015—2020年》《简阳市"十三五"林业发展规划》《简阳市"十三五"统筹城乡绿化规划》《简阳市现代农业发展规划（2016—2020年）》《四川省简阳市林地保护利用规划（2010—2020年）》《简阳市天然林资源保护二期工程实施方案》《简阳市2015年新一轮退耕还林实施方案》；编制《2020年大规模绿化全川简阳全域增绿行动方案》《简阳市2020年林产品质量安全监测项目实施方案》。启动《简阳市森林经营规划（2021—2050年）》《简阳市森林经营方案（2021—2025年）》编制工作。

【天保工程与退耕还林】 建立"市设办、片区设管护站、乡（镇）设专职人员、村设护林员"四级管护体系，聘任集体林村级管护护林员324名，编制完成2020年天保工程管护区年度实施方案，并依照方案有序开展简阳市天保工作。完成2020年公益林森林生态效益补偿资金、天然林停伐补助等"一卡通"惠民资金的核实上卡，总计资金672.55万元。其中兑付2020年森林生态效益补偿224.38万元（其中个人部分

12月3日，简阳市林木种苗经营管理及森林植物检疫培训会

217.41 万元，集体部分 6.97 万元）；兑付 2019 年集体公益林（地）生态保护资金 427.41 万元（其中个人部分 414.13 万元，集体部分 13.28 万元）；兑付天然起源商品林停伐补助资金 20.76 元（其中个人部分 20.14 万元，集体部分 0.62 万元）。巩固退耕还林成果 9.14 万亩，兑付退耕还林"一卡通"惠民资金 310.7 万元（其中 2020 年前一轮退耕还生态林补助 75 万元，2018—2019 年退耕还生态林森林管护资金 128.68 万元，2020 年退耕还生态林森林管护资金 107.02 万元）。

【林业执法】 2020 年，共办理林业行政案件 90 件，其中滥伐林木案 9 件，擅自改变林地用途案 65 件，擅自移栽活立木案 1 件，古树名木保护案 1 件，野生动物案 1 件，毁坏林木案 13 件。

【行政审批】 2020 年，共接待群众各种咨询近 1800 余人次，办结各类审批项目 1378 件。其中林木种子生产经营许可证 29 件、临时占用林地审批 16 件、植物调运检疫 1199 件、一般林木采伐许可证核发 86 件。限时办结率 100%，群众满意率达 100%。无一例差错发生。

（唐文平）

公园城市建设

【概况】 2020 年，简阳市以践行新发展理念的公园城市为引领，不断完善城市功能，提升城市品质，优化城市环境，全力加快建设宜业宜居山水公园城市。启动实施沱江两岸绿道型等 8 个公园城市示范片区建设，启动实施公园项目 10 个，"简州八景"已实现三景重现。全市累计建成绿道 167.5 千米，沱江绿道"文化环"体系初具形态。新建"小游园、微绿地"3 个，新增绿地面积约 2.93 万平方米，人均公园绿地面积达 15.85 平方米。公园城市建设工作成效被中央媒体报道 6 次、省市媒体报道 7 次。

【公园建设】 着力构建"城市级、片区级、新镇级、社区级"四级公园绿地体系。杨柳公园等正在加快建设，人民公园完成提质升级，实现"简州八景"渔村暮艇、金绛流虹、应第莲池重现。简阳市新增绿地面积约 2.93 万平方米，人均公园绿地面积将达 15.85 平方米。

【天府绿道建设】 按照"景观化、景区化、可进入、可参与"理念，构建"三大主题、五大主线"市域绿道和"一环三带九道多园"城区绿道体系。实施观音井绿道、FH 段绿道等绿道项目，建成天府绿道简阳新城滨江路示范段项目、凯丽滨江至银河桥绿道等项目，沱江绿道"文化环"体系初具形态，全市累计建成绿道 167.5 千米。

【公园城市示范片区建设】 围绕山水型、绿道型、郊野型、街区型、人文型及产业型 6 类场景，进一步加强荷桥村郊野型、沱江两岸绿道型、葫芦坝山水型、东麓花溪郊野型、简州里街区型、石桥古镇人文型、金鸡山产业型、西部电商产业型 8 个示范片区培育力度。沱江两岸示范片区初具成效，荷桥村示范片区核心区基本建成。

【"小游园、微绿地"建设】 建成电力新村、碧桂园街头绿地、沱一桥东桥头 3 处"小游园、微绿地"，新增"小游园、微绿地"面积约 29300 平方米，实现"见缝插绿"到"规划建绿"的转变。

（刘文龙　严文丽）

生态环境保护

【概况】 2020 年，简阳生态环境局落实各级关于生态环境保护决策部署，坚持精准治污、科学治污、依法治污，统筹打好蓝天、碧水、净土保卫战，全年既定目标和主要工作任务顺利推进，生态环境质量总体稳定，人民群众获得感幸福感不断提高。

【环境宣传教育】 采取"线上为主、线下为辅"的多样化宣传方式，利用新媒体双微平台进行生态环境保护宣传，发稿 400 余篇，原创 102 篇、各类转发科普 154 篇，阅读量 5000 余人次。以"防疫一线""六五环境日宣传月”“建党 99 周年主题活动”“科普宣传周”“厉行节约、反对浪费”等专题活动形式，集中开展生态环境保护宣传活动 10 余次。采取“以案说法”、设立环保咨询台、在邮政快递包裹的醒目位置粘贴宣传单等方式，向群众发放生态文明、环境保护等宣传资料，提高群众生态环境保护意识。

【大气、水、土壤防治“三大战役”】 2020 年，简阳市空气质量优良天数实况 324 天，同比增加 13 天，环境空气质量达标率 88.5%，其中 PM10 平均浓度 50.3 微克／立方米，PM2.5 平均浓度 31.2 微克／立方米，排名成都市 22 个区（市）县第四位，同比上升一位，首次实现 PM10、PM2.5 等六项指标全面达到国家《环境空气质量标准》二级标准。沱江流域市控及以上断面水质优良比例 80%，绛溪河爱民桥断面、沱江临江寺断面和新市断面水质持续稳定在 III 类；阳化河红日大桥断面水质类别为 IV 类；城市集中式饮用水水源地水质达标率 100%；乡镇集中式饮用水水源地水质达标率 96.3%。全年完成省控、市控共 5 家土壤环境重点监管单位自行监测任务，持续推进固体废物污染防治三年攻坚行动项目及配套项目，其中成都市简阳危废处置项目（含简阳市医疗废物处置）已完成场平工作，3 万吨废矿物油资源化利用项目、6.5 万吨固体废物（有机溶剂）资源化利用项目已完成入园选址可行性论证、规划选址专家论证、可行性研究报告、社会稳定风险评估论证、行业主管部门的核准报告。

【环保督察问题整改】 实行“清单制＋责任制＋销号制”，推进生态环境保护督察整改任务。清理涉及简阳市的中央、省环保督察及“回头看”反馈意见、交办信访件、环境信访举报、河长制办公室通报问题等 15 本问题台账，交办各市级部门和镇（街道）梳理台账所列问题的整改落实情况。四川省移交自查长江生态环境问题 2 个，已全部整改完成并销号；省暗访组交办问题 12 个，已整改完成 11 个，1 个移交成都东部新区；成都市交办问题 68 个，已整改完成 58 个，剩余 10 个问题中 2 个移交成都东部新区，3 个预计按时完成，5 个已申请延期。

【污染物减排】 上报大气主要污染物减排项目 84 个，预计实现削减二氧化硫排放 141 吨，氮氧化物排放量 184 吨；上报水污染物减排项目 21 个，预计实现削减化学需氧量 810 吨、氨氮 301 吨、总磷 66.5 吨。

【环评效能提升】 推进生态环境领域“放管服”改革，对标营商环境，建设项目环评审批实行网上申报受理、快递批复文件等方式方便企业办事，从项目选址到取得环评批复全过程跟踪服务，2020 年共审批项目 178 个（含成都东部新区项目 36 个），总投资 366.6 亿元，环保投资 3.6 亿元。

1月19日，国家林草局驻成都专员办到简阳开展保护发展森林资源目标责任制检查和森林巡查意见反馈会

【生态环境监察执法】 强化监督，推进生态环境执法测管协同，全年开展现场执法检查678家次，其中“双随机”抽查202家次，监测企业86家次（监测率52.57%，较2019年提升42.53%）。严格重点污染源企业监督管理，全年共新增178家重点检查企业，对重点污染源自动监控与基础数据库系统中企业169次超标异常进行及时处理，处置率100%。将生态环境违法查处与宣传教育有机结合，全年行政处罚立案21件，下达处罚决定17件，处罚金额66.26万元；下发整改意见书21份，开展回头看35件，全面提高企业守法意识。

【生态环境监测】 全面启动大气环境网格化监管设施建设，完成22个镇（街道）环境空气质量小型自动监测站及三个产工业功能区空气质量标准站建设项目。完成既定酸雨、降尘、地表水、饮用水水源地水质、功能区噪声、农村环境质量、双随机执法、疫情期间应急等监测任务。2020年，共获取监测数据6000余个，各类监测分析报告300余份。

【环境信访与应急安全管理】 提升环境信访工作水平。全年共调查处理环境信访投诉127件、省委第四巡视组交办信访件1件，受理率100%，办结率100%。保障安全，扎实推进环境应急安全管理。加强涉疫点位环境安全检查，出动检查人员517人次，对城南污水处理厂、人民医院及10个医学留观点开展检查199家次，对张家岩水库每日进行加密监测，保障简阳市饮用水安全。督促指导企业完成突发环境事件应急预案备案，对已备案应急预案实时更新，做到“一厂一预案”。组织开展突发环境事件应急演练，提高应急救援队伍的应急能力，增强企业环境安全意识。

（文章琴）

城乡水环境综合整治

【概况】 2020年，围绕“河畅、水清、岸绿、景美、人和”治理目标，以改善城乡水环境质量为核心，按照“科学治水、依法治水、重拳治水、长效治水”的工作思路，全面推进“河长制”管理工作落地落实，统筹推进城乡水环境综合整治，全面开展黑臭河渠和入河排污口的治理，强化河道水环境的长效管理和各项防汛措施的落实，加强污水处理厂运行管理，群众居住环境、生活品质得到进一步改善和提高。

【黑臭河治理】 2020年，根据小流域规划水质检测结果，全市49段（含成都东部新区10段）黑臭水体水质已得到明显改善，基本消除了黑臭水体指标。其中530个排污口（畜禽、工业等排污口86个，生活类排污口444个）已通过永临结合方式完成截污，阳化河流域范围内的19段河流整治项目已于2020年6月30日开工建设，预计2021年6月1日完工。

【常态化巡河】 2020年，全市累计巡河68971人次，其中市级河长395人次、镇级河长6901人次、村级河长61675人次。巡河发现问题465个，整改完成465个，问题整改完成率100%。

【河道清漂】 对全市流域属地乡镇的漂浮物长效治理开展巡查督查工作，以问题整治为导向落实措施。2020年累计打捞漂浮物16523.83吨，清理垃圾12884.22吨，清理河道淤泥3712.04吨，投入人力37595人次，投入船只3000船次，投入机械4633台次。

【河湖“清四乱”】 对84个疑似河湖“四乱”问题点位逐一进行现场复核，8个属实点位已全部完成整改，清理非法岸线侵占900平方米，依法拆除河道内顺发、海景等砂石加工厂5个，拆除河道管理范围违建17686.6平方米，清理上岸各类船只516艘，全面实现砂石禁采。

【沱江—绛溪河截污干管工程】 项目由简阳市兴泽供排水有限公司负责，投资约3.5亿元，建设沱江河、绛溪河截污干管约9千米。从根本上解决了老城区截污干管污水收集率低的问题，提高了污水进厂浓度，沱江、绛溪河污水直排问题得到了有效遏制。

【农村污水治理】 规划《简阳市农村生活污水治理》项目由简阳市水务投资发展有限公司牵头实施，分4期分别立项、招标、建设，现正进行第一期的挂网招标。2020 年新建一体化污水处理设施 8 处。

【防汛工作】 落实以行政首长防汛责任制为核心的防汛及地质灾害防范责任制，成立以市长为指挥长、相关负责同志为副指挥长、相关部门（单位）为成员的市防汛抗旱指挥部。组织召开全市防汛减灾工作会，对全市防汛减灾工作进行安排部署。汛期严格落实 24 小时值班和领导带班制度，报送传递雨情、水情 212 次。储备市级防汛抢险物资 386 万元，全市各镇（街道）和相关部门储备抢险物资总价值达 629.93 万元。组建市级综合防汛抢险队伍 7 支 266 人，救援车辆 39 辆，救援船只 9 艘。各镇（街道）和相关部门组建各类防汛抢险队伍 393 支、7584 人，开展防汛培训和演练 60 余场次。2020 年汛期，全市降水总量 777.9 毫米，比 2019 年同期总降水量 824.3 毫米减少 5.63%，较历年的 774.1 毫米基本持平。2020 年最大降雨量发生在 8 月 16 日的雷家镇为 132.4 毫米（24 小时）。三皇庙水文站共出现六次洪峰，其中第五次洪峰流量比 1981 年 8110 米／秒仅少 10 米／秒，为三皇庙水文站建站以来第二大洪峰流量。8 月 17 日 4 时，全市城区段出现最大洪峰流量为 8410 米／秒。简阳市启动红色汛情预警 1 次、橙色汛情预警 2 次、黄色汛情预警 2 次，蓝色汛情预警 1 次，山洪灾害蓝色预警 2 次，暴雨预警 5 次。2020 年汛期，全市受灾人口 19906 人，紧急转移安置 4625 人，无因灾伤亡人口；农作物受灾面积 781.6 公顷，房屋倒塌 7 户，直接经济总损失 8699.16 万元，其中水利设施直接经济损失 7601.03 万元。

【污水处理设施建设】 2020 年，沱江、绛溪河（城区段）截污干管改造全面完成，敷设管网（箱涵）9 千米；建设完成生活污水处理厂32 座，配套建设管网 438.71 千米，污水处理能力 7.61 万吨／天。

【农村水污染防治】 对全市行政村进行农村生活污水治理情况排查，全市现有涉农村社 266 个，其中 40 个村社生活污水进入了污水处理设施，另外 226 个村的生活污水均进行了资源化利用。

（易　雪　章毅静　卫　杨　彭　超　章毅静　樊　杰　刘　炬　付世如　许　露　文章琴）

气象监测与服务

【概况】 简阳市气象局为 1952 年建站，属国家一般气象站，一级农业气象观测站。设立办公室（气象行政执法大队）和防灾减灾科 2 个内设机构；气象台（简阳市气象观测站）和气象服务中心 2 个直属气象事业单位。2020 年，深化气象现代化建设，完善公共气象服务体系，努力提高气象监测预警预报能力和气象服务精细化水平，全力做好气象防灾减灾工作，为简阳社会经济发展，发挥了重要作用。

【气象服务】 2020 年，与简阳市应急、规自、水务（防汛）、农业农村、交通、民政、环保等部门联防联动，建立部门间气象灾害会商、风险普查、数据共享、信息发布、应急处置等联动机制。建立与应急、水务（防汛）、规自、生态环境、农业农村、交通等部门气象灾害会商、信息共享、信息发布、应急响应处置。加强与成都市气象台、周边区（市）县气象局的预报预警会商和联防联动，提升监测预警能力。更新收集完成简阳市级各部门、街道、乡镇、村社和重点行业防灾减灾责任人信息，依托成都气象信息化建设成果，提供面向社会的气象信息服务，充分利用短信、微博、微信、党政网和阿里钉钉等多种渠道，为社会公众提供多样、便捷、精细的气象服务。

重大天气过程及服务方面，面对复杂多变的天气，落实汛期气象服务的各项措施，坚持履行值班职责，严密注意天气变化，做好暴雨、强对流、雷电、大风和冰雹等灾害性、关键性、转折性天气的监测预警预报。根据天气趋势，及时组织预报员进行重大天气会商，提前发布强降雨气象信息快报，尤其是简阳“8·12”“8·16”强降雨天气期间，根据天气实况和未来趋势及时发布短时天气预报、预警信号、气象实况通报和沱江上游德阳市、金堂县雨情信息，提高重要天气及其次生衍生灾害的监测预警的提前量和精准度，做好重要天气及其次生衍生灾害气象服务，为简阳市委、市政府和防汛部门指挥部署提供了决策支撑。

公共气象服务方面，依托成都气象信息化建设成果，提供面向社会的气象信息服务，利用移动互联网、各类信息设施和微博、微信等新媒体，为社会公众提供多样、便捷、精细的气象服务。及时发布最新的天气预报、重要天气报告、预警信息外和气象科普知识。今年发布气象信息快报 80 期，专题预报 174 期，暴雨预警信号 8 次，确认 2 次、雷电预警信号 12 次，确认 1 次、大风预警信号 18 次，确认 1 次、高温预警信号 5 次、大雾预警信号 2 次、气象专题报告 1 期、联合发布地质灾害气象风险预警 6 期,传送短信消息 58 万条。开展更专业、更有针对性的特色农业产品、设施农业服务，制作为农服务产品，针对强降雨、高温等农业气象灾害，开展农业气象灾害预报及调查分析评估。2020 年秋冬季全局以寒潮、强降温、大风、雨雪冰冻天气为服务重点，及时开展监测预警服务，确保每次过程降温天气、大雾不漏报，提高预报预警的提前量和精准度,做好秋冬季低温、大雾等天气预报预警服务。

【人工防雹降雨】 2020 年, 市气象服务中心强化管理，安全开展作业。截至 11 月 30 日共开展火箭消雹、增雨作业 28 次，用弹 52 枚，为全市防灾减灾、大气环境治理、生态环境修复和重大活动保障做出努力。

【气象现代化建设】 气象工作关系国计民生，在防灾减灾、应对气候变化及保障经济、改善民生、统筹城乡发展等方面具有重要的作用。简阳市国家站于 2020 年 4 月取消人工值守班，自动化模式正式自动运行。新安装多温雨传感器、天气现象视频智能观测仪，酸雨自动观测仪，10 月完成天元平台的填录并投入使用，10 月 16 日完成全国酸雨自动观测设备盲样测试。各项自动化业务运行稳定。

简阳市气象局逐步建立人影作业体系，计划建设 2 个人工影响天气标准化作业点，该项目已列入简阳市 2020 年“十大行动计划”重要项目。由于用地指标原因，人影标准化作业点经过前期的实地走访、调研及请示成都市人影办的意见，初步选定青龙镇新堰村、禾丰镇合群村闲置村委会办公室为固定炮点，完成了建设项目选址，并于 2020 年 12 月 1 日征得社治委同意使用闲置村委会办公室作为固定炮点，后期将对选址点进行改造规划，符合标准后投入使用。项目建成后将形成简阳市人影作业体系，组建专业、稳定的作业队伍，全面建立全年常态化人影作业机制，提升防雹、增雨、抗旱、改善空气质量的人影作业保障服务能力。

（陈　森　杨　婷　刘铭铭）

镇（街道）

简城街道

【概况】 简城街道，原简城镇。位于简阳市中部绛溪河汇入沱江处，东滨沱江，横跨绛溪河南北两岸。自建制以来，历代州、郡、县治均设于此。简城街道西北距成都市区56千米，南距资阳市28千米，是简阳市经济、文化中心之一。辖区面积44.7平方千米，辖22个社区，有居民小组235个，户籍人口122466人，其中农业人口27389人，耕地面积21856亩。简城街道属浅丘地带，海拔390～460米，属亚热带湿润气候区，气候温和，雨量充沛，四季分明，冬春多雨雾，夏秋多阴雨，日照少，年平均气温为17.3℃，年最高气温为37.9℃，年最低气温为-1.7℃，8月最热，平均气温26.7℃，1月最冷，平均气温8.3℃。年降雨量883.6毫米，境内有3.32平方千米的棉丰水库。绛溪河、沱江流经辖区。沱江沿线有丰富的砂石资源。主产棉花、油菜籽等。有机械制造、化工、农机、汽车修配、炼铁、塑料、食品、饲料、建筑等业。成渝铁路、成渝高铁、成渝高速穿境而过，国道G318、G319、G321在此汇聚。

【村（社区）建制调整改革】 根据《简阳市人民政府关于同意〈简城街道等37个镇（街道）村（社区）建制调整改革操作方案〉的批复》（简府函〔2020〕126号）精神，简城街道实施辖区内33个村（社区）建制调整改革：撤销金光村、大石村、棉丰村，合并设立棉丰社区，将原金光村、原大石村与原棉丰村的管理范围划归棉丰社区，棉丰社区居委会办公地址为原棉丰村党群服务中心，辖居民小组32个；撤销顺河村、大葫村、三葫社区，合并设立大葫社区，将原顺河村、原大葫村与原三葫社区的管理范围划归大葫社区，大葫社区居委会办公地址为原大葫村党群服务中心，辖居民小组28个；撤销济安村、龙山村，将原济安村与原龙山村的管理范围划归西峰社区，西峰社区居委会办公地址为原西峰社区党群服务中心，辖居民小组20个；撤销康河村、民望社区，将原康河村与原民望社区的管理

5月20日，简城街道民望社区召开建制调整改革居民会议

范围划归龙垭社区，龙垭社区居委会办公地址为原龙垭社区党群服务中心，辖居民小组 27 个；将大井社区与高屋社区合并设立大井社区，大井社区居委会办公地址为原高屋社区党群服务中心，辖居民小组 17 个；将节约社区与升阳社区合并设立升阳社区，升阳社区居委会办公地址为原节约社区党群服务中心，辖居民小组 14 个；将川工社区与华西社区合并设立华西社区，华西社区居委会办公地址为原华西社区党群服务中心，辖居民小组 12 个；安象街社区、滨江路社区、建设路社区、政府街社区、新民街社区、金水街社区、顺城街社区、南街社区、红塔社区、白塔路社区、花园街社区、川拖社区、川空社区、建设中路社区、中心社区不作调整。

【经济发展状况】 简城街道辖区有规模工业企业 25 家。1—4 月，工业企业受新冠肺炎疫情影响产值较低，疫情稳定后工业产值稳中有进，全年完成工业产值 52.4 亿元，固定资产投资 8000 万元，完成新经济企业统计报表 41 户。简城街道基本单位名录库收录单位 2020 个，其中法人单位 1645 个，产业单位 375 个。按要求核查 229 个单位，核查处理率 100%。

简城街道统购消毒物资和防护用具，开展春防、秋防和补免摸底消毒，全年无一起重大疫病集中发生，超额完成生猪出栏 2000 头目标任务。及时调整驻村农技员和农技巡回小组，全年开展农产品质量安全检测样本 2100 个，常态化开展农资、兽药经营门店巡查指导和农业生产安全巡查。推进河长制工作和农村面源污染治理，发放各类宣传单（册）4000 份，张贴标语 300 条，常态开展各类工作提示、提醒，长期开展河长制巡河工作，问题处理率 100%。

简城街道有限额以上商贸服务业 23 家。初步确定特色商业街区（滨江路南段风情街）打造业态方案及相关工作方案。高铁新城片区、中国科幻影视文旅产业园、西南国际旅游集散中心等重点项目加快规划建设。

【基础设施建设】 全年改造老旧院落 10 个，筒子楼旱厕 684 座，背街小巷 70 条，清理垃圾及杂物 600 余吨，粉刷墙壁 2 万余平方米，修补三无院落地面 200 余处，拆除城区违章搭建 5397 平方米。

【重点项目征地拆迁】 简阳市“十大行动计划”重点项目涉及简城街道 53 个，其中城建类项目 52%，交通类项目 55%。全年完成土地整理 2000 余亩，签订房屋拆迁协议 392 户、企业 12 户，拆除房屋 330 余户、企业 15 户。完成成都天府国际机场配套用地附着物清理 450 余亩，拆除农房 90 户。整理经营性用地 8 块 754 亩，完成电力迁改 20 余千米，塔基 20 余个。支出社保资金 0.4 亿元，惠及 146 名失地农民。

【社区治理】 2020 年，作为全市户籍人口最多、管理服务人口最多、流动人口最多、特殊群体最多的街道，简城街道受理信访件 1534 件，约占全市信访总量的 33.3%。上报处理各类事件 3.7 万余件，“群众工作之家”接待群众来访 350 余人次，满意率 90% 以上。开展节假日及重点时期万人治安大联防行动和红袖套响应 50 余次，社情民意及政治生态群众满意度列全市（含成都东部新区）镇（街道）第 8 名。

【社会保障】 紧盯 21 项重点民生实事，帮助 12 名建档立卡贫困劳动力、42 名农民工、36 名就业困难人员实现就业，实现城镇新增就业 2219 人，超目标任务 6%，农村新增富余劳动力转移 200 人，超目标任务 32%。累计为 1468 名残疾人、特困人员发放补贴 312 万余元，为 6694 户次 9183 人次发放低保金 564 万余元，按时足额发放率 100%。有意愿集中供养的特困人员集中供养率 100%，公租房租赁补贴发放完成 280%。

【脱贫攻坚】 2020 年，简城街道有建档立卡贫困人口 189 户 493 人。简城街道组织开展新阶段精准扶贫帮扶对象调查摸底，严格按程序申报公示审批，将已脱贫户中经济收入相对较低且不稳定的 13 户 30 人识别为巩固提升重点户，实施重点关注，按照每人 1000 元的标准实施产业扶持。全面落实“三免一补”“雨露计划”等贫困家庭学生资助政策，资助贫困学生 22 人，其中“雨露计划”资助困难学生 11 人。为 189 户脱贫户购买扶贫保、“惠蓉保”和城乡居民医保，防止脱贫户因发生意外导致返贫。财政补贴 11.74 万元，为 9 户脱贫户解决住房安全问题。经过三年巩固提升，建档立卡贫困户人均纯收入达 12223 元，超全省人均纯收入 34%，超全国脱贫标准 198%。脱贫人口中的劳动力，除学生等，其余 236 名劳动力全部外出务工，就业率 100%。

【新冠肺炎疫情防控】 2020 年，简城街道组织 1340 余名党员干部，开展三轮全覆盖走访排查辖区内 8.7 万余户 22 万余人和 270 家企业。管理服务 1209 名密切接触人员居家隔离，完善 4222 户空房户及返简人员登记，收集 6175 家长期营业门店信息，帮助 86 家规上企业复工复产。坚持宣传引导、人员摸排、管理服务、物资储备四个到位，抓实疫情常态化防控。“12·7 郫都区疫情”发生后，通过点上守、线上检、面上摸三结合的方式，开展社区疫情防控全面“体检”工作，及时摸排国外、中国港澳台地区及国内重点地区返简阳、返乡人员情况，统筹推进巩固全市人口密度最大、数量最多街道疫情防控和经济社会发展工作。

【第七次全国人口普查】 6 月起，简城街道组织 534 人的人口普查队伍，承担第七次全国人口普查试点和正式普查工作，交出常住人口 23.4 万人、户籍人口 12.2 万人及短表 9.9 万户、长表 6559 户的信息登记战果，第七次全国人口普查按时完成，预估全街道管理服务人口 26 万人，超过全市人口总量的 25%。

【历史文化】 简城街道因位居简阳市区，故名简城。明正德八年（1513 年）简州迁此。清建城关镇。1913 年始为简阳县治。1949 年为简城镇。1992 年红塔、棉丰二乡并入。2014 年简城镇改为简城街道。

【文物古迹】 夜月洞　位于城西 1.2 千米许西崖附近凤翅山下，简城四门四大洞之一。洞口高 2 米，宽 1.5 米；洞内深 10 米，宽 8 米，高 3 米。每当月牙西沉，正照洞口，洞内石壁顷刻晶莹有光，故名夜月洞。清嘉庆年间，简州府曾为此洞刻碑留词，现洞内石壁画像及“嘉庆八年夜月洞古佛神像简州厅府”字仍依稀可见。

五隍洞　位于城北 3.5 千米江岸山崖之上，简城四门四大洞之一。据传，五隍洞又叫“朝阳洞”，是修五瘟菩萨庙（即火印、清水、封喉等），将洞填而得名。民国《简阳县志》朝阳洞按：《蜀中名胜记》云“洞深三丈余，高丈有八尺，广一丈，内有石床，额篆‘石室’二字，盖昔人炼丹之所。”此洞于 1950 年修成渝铁路时开采石场所毁，右下侧残存有一石碑刻文。

潦水洞　位于城东 1.5 千米沱江河岸，洞藏匿于水中，系简城四门四大洞之一，洞深不可测。昔曾有人误作“老鼠洞”。此洞因为每东溪涨水，洞中江水缭绕而得名。洞尚存。

玄皇洞　位于城南 1.3 千米成渝铁路右山崖之上，洞宽约 2 米，深约 5 米，简城四门四大洞之一。据乾隆《简州志》载：“元皇洞，治南五里南崖寺后。里人病，梦一老翁治之而疾愈。访之，得古洞，有神象在焉。”民国《简阳县志》作玄皇洞。如今石洞已荒芜，神像亦已毁。

简阳弥陀寺　位于城北 1.5 千米，升阳社区内，地处绛溪河畔，山清水秀，是市内外旅游者、佛教信徒旅游观光和信徒朝拜的圣地。1990 年，经简阳市人民政府批准开放，占地 38 亩，建筑面积 5000 平方米，有僧人 16 人。寺内有天王殿、七佛殿、大雄宝殿、千手观音殿堂、三圣殿、祖师殿、五百罗汉堂。

简雍墓　在简城街道石笋井街西口成渝公路上，原有简雍墓，墓地方圆数十米，高约 7 米，墓前有一石碑，碑上刻有“汉简雍墓”四个大字。后因扩修成渝公路被夷为平地，并无文物出土，故有人疑为是简雍的衣冠冢。唯一留有南街与大古井街交汇处一小巷被命名为“简雍巷”，留下一点三国历史文化韵味。

【简州八景】 金绛流虹　金水，即沱江，绛水，即绛溪河。金水清，绛水浊，两水于简阳市人民公园鱼嘴处合流。每到夏季水涨时，两水清浊分明，绛溪奔流而出的水波冲入沱江，宛如长虹流贯沱江之中，滔滔不绝。现在的绛溪河，因上游修建多处拦河坝，水已不像以前那么浑浊，金绛流虹的情景已很少见。

龙门锦浪　城西门外 2.5 千米处的绛溪河旁，有一崖，与西崖相峙，俗称龙门洞。宋代状元许奕在此读书，曾手书“龙门”二字，刻于石上。因溪水色绛，微风吹来，其波纹似锦，故名“龙门锦浪”。世人之迷信风水者，竟说这是许奕登龙门、中状元衣锦还乡的象征。

应第莲池　简阳市人民公园的瑞莲池（现荷花池），传说原来池中平时没有荷叶，若遇科举之年，将有秀才考中举人时，池中便逢春长出荷叶，入夏开

简州八景之“应第莲池”（位于简阳市人民公园内）

荷花。池中有荷花，秋闱必有捷报，故称“应第莲池”。

四崖泛月　简城四郊有四崖，即东崖、南崖、西崖、北崖。东崖，城东2.5千米有崖，高约数米，崖上刻有宋代赵介冑书“东崖”二字。南崖，在城南500米处的孝廉坊旁，左有孝光寺，右有淳风洞，洞前为明代参议戢汝止花园故地。西崖，在城西2.5千米左右的绛溪西岸，西岸上有石洞名“云华禅洞”，为宋代赵全叔所书，崖上刻有“西崖霁月”四字，为明代知州徐镐手书。北崖，在城北1.5千米的北崖寺背后，山势峭削，竹木清幽，后有石磡，为明代御史刘念读书台故址。还有选胜楼、扪星阁、落星阁、松风坪、三峰洞、一草亭等诸名胜，向为文人载酒寻芳之地。以上四崖，皆环列城郊，面临江水，每当天朗气清，夜深人静之时，但见星月皎洁，水光接天，金波荡漾，四壁生辉。故云“四崖泛月”。

一塔凌云　城南500米处有圣德寺，建于唐乾符年间（874—879年）。佛殿前有塔，是北宋庆元三年（1197年）简州教谕张方与寺僧惠祖募建，历7年乃成。塔起平地高约60米，塔顶周围台基约53米。塔有13层，中空曲转，开窗通明，有石梯可通上下，每级绘有佛图，顶一级塑有佛像。塔色白，故名白塔，称圣德寺为白塔寺。明嘉靖时，县人何本贵，倡首捐资重修此塔，经补葺粉饰，上加锡顶重约15千克，使塔更加稳固，迄今犹巍然高耸云间。《舆地纪胜》云：“圣德寺塔居郡之锁水山。”《古今图书集成》云：“州之文笔，直入云霄。”

朝阳曙阁　城北2千米处，傍沱江西岸有朝阳洞，深约10米，高约6.5米，阔约1.5米。内有石床，额篆书“石室”。洞内凉爽、清幽。洞前有朝阳阁，即古怡云阁，明代大学士赵贞吉曾手书“龙沙虎石”四个大字。每当鸡声唱晓之时，登临眺望，但见江阔天宽，旭日初升，高阁生辉，红霞入座，心神为之一爽。

渔村暮艇　城北公园东南角傍沱江处，为沱江与绛溪合流处，一埂横伸其间，人称为鱼嘴，傍岸芦苇茂密，竹木丛生，隐约处有茅屋十余间，为捕鱼人之家。日出则轻舟四出，薄暮则满载而归，鳞次栉比，停舟于鱼嘴旁。渔人或缘木晒网，或沽酒畅饮，语声、笑声、渔歌声，阵阵盈耳，入夜渔灯闪烁，映照江乡，仿佛列宿疏星，布满天河，行人过此，无不神往。

乌龙揽月　城西北500米绛溪之上有钢筋混凝土铁路大桥。此桥建于1950—1952年。桥长81米，大桥两旁有角钢栏杆，桥下5孔似上弦明月，其影倒映水中，合为一轮满月，每当长龙似的列车从大桥上呼啸而过时，仰长天，皓月当空，瞰水底，黑云翻腾，真乃是“乌龙横空惊世殊，洞天观景话苍穹。铁轮滚滚追日月，倒影清水广寒宫”。

（张龙宣）

射洪坝街道

【概况】 射洪坝街道位于简阳市城区东部，沱江东岸，是简阳市当前的政治、经济、文化中心。东邻平武镇，南接东溪街道，西与简城街道、石桥街道隔江相望，北与石钟镇毗邻，面积 39.24 平方千米，辖 9 个社区、2 个村，户籍人口 62500 人，常住人口 120696 人。辖区内交通便捷，有 20 余条城市公交线路穿境而过，环境优美，城市配套设施完善，有鳌山公园、沱江绿道、中心广场、旭海时代广场等休闲购物场所，有简阳市唯一一所国家级重点中学简阳中学，有简阳市中医医院等市内外知名医院，是宜居宜商之地。射洪坝街道地处浅丘，海拔 418 ~ 488 米，年平均气温 17℃，年降水量 850 毫米。地处沱江沿岸，水资源较为丰富。2020 年，射洪坝街道获省级安全社区、成都市最美街道、简阳市现代农业产业功能区（园区）建设先进单位、简阳市“十大行动计划”先进集体等 20 余项荣誉。

【乡镇（街道）行政区划调整】 根据《成都市人民政府关于同意简阳市调整部分乡镇（街道）行政区划的批复》（成府函〔2019〕129 号），射洪坝街道凉水社区、星光社区、元灯社区、东溪社区、园艺社区、新阳村、李八村、奎星村、二合村所属行政区域划归东溪街道，原东溪镇裕民村、凤凰村、新胜村、建政村、桂林村、易家村和石钟镇长顺村所属行政区域划归射洪坝街道管辖，射洪坝街道办事处驻民生路 67 号。

【村（社区）建制调整改革】 根据《简阳市人民政府关于同意〈简城街道等 37 个镇（街道）村（社区）建制调整改革操作方案〉的批复》（简府函〔2020〕126 号），射洪坝街道实施辖区内 17 个村（社区）建制调整改革：将裕民村与凤凰村合并设立裕民村，裕民村村委会办公地址为原凤凰村党群服务中心；撤销桂林村、建政村、新胜村、易家村，合并设立新合社区，将原桂林村、原建政村、原新胜村与原易家村的管理范围划归新合社区，新合社区居委会办公地址为原新胜村党群服务中心；撤销刘家村，将原刘家村的管理范围划归铁堰社区，铁堰社区居委会办公地址为原刘家村党群服务中心；撤销柳林村、水东社区，合并设立柳林社区，将原柳林村与原水东社区的管理范围划归柳林社区，柳林社区居委会办公地址为原水东社区民和佳苑 10 栋 207。原所辖 17 个村（社区），调整合并为 11 个村（社区），原有 183 个村（居）民小组，调整为 109 个村（居）民小组。

【经济发展状况】 2020 年，射洪坝街道把握成都“东进”历史机遇，围绕市委、市政府发展大局和工作重心，推进项目建设，调整产业结构，实现地区生产总值 102.08 亿元，农业总产值 0.78 亿元，工业总产值 28 亿元，第三产业总产值 73.3 亿元，地方财政收入 12148.01 万元。射洪坝街道抓牢抓实农业重点项目建设，打造农旅融合的美丽乡村，实现脱贫攻坚与乡村振兴有效衔接。乡村振兴连片发展示范区伏季水果、观光花卉两大主导产业初步形成，将打造成为城乡融合的乡村振兴样板区、成都伏季水果产业园区和西部地区最大的黄花风铃木观赏基地。射洪坝街道通过加快信息化建设、增加科技含量、调整产品结构等方式，不断提高企业竞争力，有规模以上工业企业 2 家，全年总产值 3.66 亿元。作为城市新中心，服务业成为射洪坝街道经济发展重点，城市名人酒店、百伦百货、旭海时代广场等服务业企业成为城市新名片，乐客电商、海底捞餐饮、永辉超市等新型服务业和大型连锁服务业蓬勃发展。

【重点项目建设】 东麓花溪木本花卉观光产业园，总投资约 1.6 亿元，累计完成投资 5000 万元，全面完成 2000 亩木本花卉观光林木种植。天府百果园伏季水果产业园，累计完成投资 6000 余万元，流转土地 10000 余亩，完成土地整理 9400 余亩，栽植水蜜桃、红梨、柑橘等伏季水果 7000 余亩，修建作业便道 60 千米。成都东西城市轴线项目涉及射洪坝街道用地面积约 300 亩，搬迁农户约 48 户，基本完成附着物清理，签订农房拆迁安置协议 32 户。简阳国际康养产业园区“智慧生命小镇”项目完成农房拆迁协议 57 户，剩余 5 户未签协议。

【基础设施建设】 2020 年，射洪坝街道 11 个村（社区）实现光纤宽带建设城镇通信网络覆盖 100%，农村通信网络覆盖 100%，新建水泥路 14.38 千米。

【社区治理】 2020 年，射洪坝街道突出党建引领，构建社治工作新格局。全面摸排各社区内企事业单位、“两新”组织、新兴领域组织等基本情况，吸纳重点单位党组织负责人进入社区党组织班子，全面搭建区域化党组织架构。全面加强党组织覆盖，在商圈、楼宇、专业市场等新兴领域，采取单建、联建、党建组团、双圈双创等形式，把党的组织建到城乡社区的各个角落。强化社区党建工作指导，适时选派优秀机关干部到推进党建引领城乡社区发展治理不力的社区担任党建指导员或书记。射洪坝街道狠抓城乡环境治理，助力全市决战“国家卫生城市”创建攻坚战，及时更新、设置健康教育宣传栏 160 余处，投入 100 余万元整治卫生死角、清理牛皮癣、清除杂物。完成射洪坝街道安置还房 A、B、C、D 区违章搭建整治工作。全速推进雄州大道 4.2 千米沿线风貌改造，拆除防护栏、雨棚 1185 处，旧店招拆除、新店招安装全面完成，安置还房一期 A、B 区、二期 C、D 区、青少年活动中心、红塔职高、妇幼保健院立面改造全部完成。2020 年，简阳市“雄州大道南段”获评成都市“最美街道”殊荣，“国家卫生城市”创建通过全国爱卫办技术评估。射洪坝街道强化示范引领，狠抓特色精品街区打造。吸取先进经验，践行“谋赛营城”理念，以大运场馆周边及石钟连接线风貌整治为重点，打造“工匠简车”“智慧沱江”等一批大运主体示范社区，营造多元消费场景，全面提升社区生活品质。成功打造蜀阳社区“公益一条街”，完成“鳌山坊”精品美食街区打造。

【社会综合治理】 2020 年，射洪坝街道会同公安机关推进禁毒工作，累计出动街道和村（社区）干部、网格员 1500 人次，公安干警 500 人次，入户排查文教卫生花园、9 号花园等 10 个居民小区，形成打击毒品违法犯罪的高压态势。创新安全生产监管模式，采用鼎安华安全风险智能防控云平台信息化模式开展安全监管。对企事业单位实施安全风险辨识、分析评估、分级管控，建立涵盖不同安全风险类别和等级的安全风险数据库，绘制“红、橙、黄、蓝”四色安全风险空间分布电子图；对辖区内各类安全风险实行分级分类监管，建立和完善辖区内 2323 家生产经营单位和事业单位的安全生产监管“一企一档”。全年开展安全生产监管巡查 799 人次，发现安全隐患 23 处，整改完成 23 处，形成安全生产隐患“闭环”管理。

【社会事业】 2020 年，射洪坝街道完成就业促进、扶贫解困、医疗卫生、文化体育等 10 项 35 小项民生工程，发放城乡特困补助 189.68 万元、重残护理补贴 34.19 万元、困难残疾人生活补贴 34.09 万元、农村低保金 168.63 万元、城市低保金 52.65 万元，申请社区快速救助 85 人 41.3 万元、临时救助 57 人 13.6 万元、医疗救助 21 人 4.24 万元。全年完成社会保障卡发放 6500 余人，城乡居民医疗参保 3 万余人，失业培训 29 人，大学生自主创业 8 人，返乡农民工创业 8 人。

【脱贫攻坚】 射洪坝街道原有建档立卡贫困人口 80 户 191 人，乡镇（街道）行政区划调整和村（社区）建制调整改革后有建档立卡贫困人口 210 户 558 人。截至 2020 年 11 月，射洪坝街道实施到户项目资金 27.06 万元，其中 2016 年 14.48 万元、2017 年 4.96 万元、2018 年 1.82 万元、2019 年 1.5 万元、2020 年 4.3 万元。短期项目以养殖业为主，长期项目以种植业为主，用于贫困户产业发展。通过产业发展、外出务工、政策兜底等相关政策，2014 年脱贫 40 户 116 人，2017 年脱贫 170 户 442 人，实现贫困人口全部脱贫。

【新冠肺炎疫情防控】 射洪坝街道深入细致全覆盖大排查，以基层党组织为战斗堡垒，组织机关、村（社区）干部逐户排查辖区 177 个村（居）民小组，走访排查村（居）民 230344 户 546247 人，确保疫情排查“不漏一户、不漏一人”。扎紧扎牢居民小区物业管理防线，协助机关干部、志愿者在居民小区开展劝导工作，督促物业管理公司严格落实在显著位置张贴中高风险地区公告并及时动态更新；对非本小区居住人员实行登记管理，对所有进出小区人员车辆落实佩戴口罩、检测体温、亮码通行等防控要求，广泛宣传，确保每个小区实施“六个一”标准化管理。创新开展做好一个责任人，建好一个微信群，当好一名代购员，做好隔离人员居家管理服务。抓实抓细复工复产工作，坚持把规范市场秩序、保障市场供应作为恢复生产的前提，确保市场经营秩序规范有序，生活必需品正常供应。持续做好疫情防控常态化工作，坚持科学防控，精准施策，有效应对，坚持外防输入、落实四方责任，精准防控重点地区、重点行业、重点人群，实行“健康出行码”常态化应用，确保人员流动安全有序。

【射洪坝街道第三届砂糖橘采摘节】 根据《简阳市“一乡一节”乡村旅游活动管理实施细则（试行）》，结合乡村旅游发展实际，2020年11月26日上午，射洪坝街道在新合社区举办射洪坝街道第三届砂糖橘采摘节。活动以“爱成都·迎大运”为主题，开展文化惠民演出、砂糖橘采摘体验等活动。据统计，砂糖橘采摘节期间，射洪坝街道接待游客1500余人，有效刺激了周边乡村特色农副产品销售。

【鳌山公园】 鳌山公园位于射洪坝街道铁堰社区，南北长4000米，东西平均宽度约600米，总面积3560亩。项目总投资约8亿元，2016年全面竣工。建设内容以园林景观工程为主，包括极限运动区、亲子拓展区、文化展示区、市民康体区、生态过渡区等功能区。其中，园林景观工程项目预算5.44亿元，建设工期18个月，是简阳市首个集休闲、娱乐、观光为一体的城市公园。鳌山公园为志愿服务活动提供场地、设施，截至2020年底，有8支公益组织队伍入驻。作为简阳市将社会主义核心价值观融入群众的主要阵地，鳌山公园景区内所有灯杆、灯箱设计均将简阳文化元素和精神文明建设成果展示相融，成为一道别致的风景。

【东麓花溪木本花卉观光产业园】 东麓花溪木本花卉观光产业园围绕市委总体思路，完成乡村振兴连片发展示范区总体规划，聚焦简阳城区以天府黄作为主色系、以黄红蓝淡彩为辅助特征色的城市风貌色彩要求，利用区域地处城郊、林盘本底突出等优势，引进成都花畔里农旅公司，在新合社区规划建设1800余亩的东麓花溪木本花卉观光园区，总投资约1.6亿元，广

东麓花溪木本花卉观光产业园的黄花风铃木盛情绽放

表 50　　2020 年简阳市射洪坝街道主要宾馆酒店一览表

序号	酒店名称	地址
1	简阳市慕斯酒店	简阳市金融街 89 号附 1 号
2	简阳市君逸商务酒店	简阳市金融街 184 号
3	简阳市东旭商务宾馆	简阳市金融街 92 号
4	贵友宾馆	简阳市雄州大道南段 430 号
5	港湾酒店	简阳市印鳌路 111 号
6	锦城时代酒店（尚客优超骏怡酒店）	简阳市东滨路南段 454 号
7	简阳市爱尚酒店	简阳市雄州大道南段 377 号
8	简阳市新天顺商务宾馆	简阳市东滨路南段 356 号
9	简阳市嘉成主题酒店	简阳市雄州大道南段 7 号 21 幢 2 层 2 号
10	成都市骄阳酒店管理有限公司	简阳市园艺综合市场 B 区 2 幢 2 层
11	御景商务酒店	简阳市御景湾小区 8 号楼 2–1 门市
12	丽都商务宾馆	简阳市金融街 117 号附 1.2.3 号 2 层 3 号
13	华府如归商务酒店	简阳市雄州大道东城华府 A 区
14	简阳市喜客来酒店	简阳市东城新区
15	怡佳快捷酒店	简阳市金财花园 1 单元
16	二十一度主题酒店	简阳市雄州大道南段 486 号
17	悦尚宾都商务宾馆	大地国际花园 5 栋 1 单元
18	伊甸园主题酒店	简阳市东滨路南段 440 号
19	佰盛瑞朵酒店	东城新区泰安路 95 号
20	尚客优精选酒店（家蕴家合）	东城华府 10 号楼 3 层
21	上善茶舍酒店	简阳市东滨路南段 602 号
22	简阳城市名人酒店管理有限公司	简阳市金融街 158 号
23	简阳市简悦酒店	简阳市文苑路 23 号
24	新东南国际酒店	简阳市雄州大道南段 888 号
25	简阳橄榄树酒店	简阳市东滨路南段 484 号
26	简阳市东城新区鹏达假日宾馆	简阳市金绛路 16 号附 2 号
27	简阳市官渡宾馆	简阳市文苑路 6 号
28	简阳市锦钰湾宾馆	简阳市金绛路 13 号
29	简阳市东滨花园商务酒店	简阳市东滨路南段 2 号附 1 号
30	简阳市春暖花开主题酒店	简阳市东滨路南段 28 号附 2 号
31	简阳市秘密花园主题酒店	简阳市雄州大道南段 389 号旭海时代广场 10 ~ 11 层
32	成都市金东星商务酒店有限公司	简阳市园艺综合市场 1 幢 4 楼
33	海瑞酒店管理公司（IU 酒店）	简阳市凤凰城商业街
34	芳源酒店管理公司（柏曼酒店）	旭海时代广场 12 ~ 16 层
35	梦瑞星酒店	简阳市东滨路南段 166 号
36	君雅四季主题酒店	简阳市东滨路南段 484 号
37	罗曼题客主题酒店	简阳市东滨路南段 88 号

泛种植巴西黄金风铃木、蓝花楹、澳洲火焰木、美人树等木本花卉观光林。建成后，将成为全国最大的黄金风铃木主题观光产业园、独具特色的景观水生植物园。园区已累计完成投资5000万元，新建生产道路约60千米；全面完成木本花卉观光林木种植，基础设施基本完善。园区产业布局、总体骨架基本完成，文化旅游设施初见成效，园区示范效应和旅游观光功能逐步展现。

（郭　豪）

新市街道

【概况】 新市街道位于简阳市南部，东邻平泉街道，南接杨家镇，西邻成都东部新区石板凳街道，北接简城街道，辖区面积47.06平方千米，下辖新达街、龙桥、张家、飞马、新五、马鞍、怀远7个社区和仁义、五里登、老虎嘴、石家、垣坝5个行政村。成渝高铁、成渝铁路、成渝高速、321国道和金简黄快速路穿境而过。2020年底，新市街道有户籍人口44868人，其中农业人口27410人。总耕地面积32283亩，其中田4987亩。新市街道地处浅丘地带，常年气候温和，雨量充沛，空气质量优良，年平均气温17℃，沱江沿途而过，砂石资源、地下水资源丰富，适宜各种农作物及花卉苗木的生长，柑橘、枇杷、桃、李、枣等水果四季不断，出产小麦、药材、油菜、花生、水稻及各种蔬菜等。

【乡镇（街道）行政区划调整】 2020年1月1日，原十里坝街道更名为新市街道，以原十里坝街道所属行政区域为新市街道的行政区域，新市街道办事处驻新达街461号。

【村（社区）建制调整改革】 根据《简阳市人民政府关于同意〈简城街道等37个镇（街道）村（社区）建制调整改革操作方案〉的批复》（简府函〔2020〕126号），新市街道实施辖区内15个村（社区）建制调整改革：撤销马鞍村、董家村，合并设立马鞍社区，将原马鞍村与原董家村管理范围划归马鞍社区，马鞍社区居委会办公地址为原马鞍村党群服务中心；撤销怀远村、光明村、永和村，合并设立怀远社区，将原怀远村、原光明村、原永和村的管理范围划归怀远社区，怀远社区居委会办公地址为原永和村党群服务中心；将爱国村与龙桥社区合并设立龙桥社区，龙桥社区居委会办公地址为原龙桥社区党群服务中心；将游家村与新五社区合并设立新五社区，新五社区居委会办公地址为原新五社区党群服务中心；将新建村与仁义村合并设立仁义村，仁义村村委会办公地址为原新建村党群服务中心；将花鹿村与五里登村合并设立五里登村，五里登村村委会办公地址为原五里登村党群服务中心；将蒲家村与老虎嘴村合并设立老虎嘴村，老虎嘴村村委会办公地址为原老虎嘴村党群服务中心。

【经济发展状况】 2020年，新市街道工业经济保持平稳健康运行，实现地区生产总值27.12亿元，完成固定资产投资1.1亿元，新增工业企业4户，累计达153户，其中规模以上企业34户，完成工业产值125.15亿元，实现税收9032万元。其中，四川华新南光真空设备有限公司、简阳市中原低温设备配套有限公司、四川国木再生资源利用有限公司工业产值同比增加5%。新市街道农业现代机械化进程提效增速，辖区内专业合作社顺利通过3525亩社会化服务（机耕）项目验收。龙华农机专业合作社获简阳市农业科技示范基地称号。全年实现社会消费品零售总额22.33亿元，同比增长7.5%，实现农村居民人均可支配收入21054元，同比增长1.1%。

【重大项目建设】 2020年，新市街道重大项目落地建设32个，完成用地10065.88亩（其中征地3485.23亩、土地流转6580.65亩），拆（搬）迁1310户，安置人口5895人。XX项目780米控制区土地流转、海底捞建设、城南污水处理厂防护区等项目农房搬迁顺利完成，项目用地全部交付使用并启动施工。金简黄北延线快速通道建设项目、天宫山安置点及福利院建设项目有序推进。

【基础设施建设】 2020年，新市街道改善场镇、人居环境，升级改造综合市场、桂子桥小区等重点区域

与321国道交会的金简黄快速路建设有序推进

2月1日夜，新市街道组织开展返乡人员入户排查

环卫设施，完成旱厕改造1201户，新建垃圾房15个。涉及7个村（社区）总里程37.9千米的村组道路改造提升工程正式启动，预计2021年6月全面竣工。

【社区治理】 2020年7月，新市街道社区戒毒（康复）中心、禁毒教育基地投入使用，位于新宏路10号，占地面积120平方米。设有接待室、谈心谈话室和禁毒宣传区等多个功能区，有禁毒专干1名、禁毒社工3名开展毒品警示教育主题展示、帮助吸毒人员回归社会等活动。

【一站式服务中心建设】 新市街道新达街社区综合服务中心围绕“为企业、群众提供高效便捷服务，实现一站受理，着力打造15分钟公共服务圈”目标，以规范基层党组织建设、服务辖区企业为重点，结合企业服务业态，整合现有资源，重新规划设计社区办公楼各功能区域，实行服务重心下移，规范打造社区一体化党群综合服务中心。

【社会事业】 2020年，新市街道精准识别城乡低保176户291人、城乡特困人员170人，实施医疗救助60人次、临时救助14人次、社区快速救助19人。办理就业社保业务2500余人次，累计组织100余人次建档立卡贫困劳动力、退捕渔民劳动力参加招聘活动，发布招聘信息60余条，提供工作岗位200余个，新开发临时公益性岗位20余个，短期公益性岗位15个，新增建档立卡贫困户劳动力就业30余人。利用社区保障资金，引进社区枢纽、少儿教育等社会组织，整合社区活动场所、村（社区）卫生站、志愿服务队伍等资源，开展各类书画、手工、茶艺、亲子等公益服务100余次。

【新冠肺炎疫情防控】 新市街道严格落实属地责任，常态化开展疫情防控，严格重点场所管控，外防输入、内防反弹。截至2020年底，新市街道全覆盖摸排原20个村（社区）、161个小区（院落）5次，走访7万余户20万余人次，排查出重点地区（武汉、重庆）返乡人员近200人并纳入动态管控。发挥党员先锋模范作用，成立抗疫先锋志愿队12支，吸纳志愿者400余名，涌现出邓绍儒、黄晋等防疫战中的暖心守护者，合计缴纳大额党费11万余元，捐赠一次性医用口罩10000余个、酒精1000公斤等各类物质，发放宣传手册5000余份，受益群众20000余人。驻点驻人帮助辖区企业复工复产，第一时间逐一解决、反馈企业复工复产中遇到的困难和问题，复工复产率达100%。

（杨　建）

石桥街道

【概况】 2019年12月31日，石桥街道由原杨柳街道7个村（社区）、原石桥镇11个村、原养马镇1个村合并而成，东邻沱江，西接赤水街道，南连简城街道，成渝高速、成简快速通道、成渝铁路和321国道贯穿全境，面积37.04平方千米，耕地28388亩。2020年底，有户籍人口37797人，常住人口51099人。农业人口28212人，农业年人均收入20160元。石桥街道场镇所在地石桥古镇自古以来就是商贸重镇和物流集散地，是川中四大名镇之一。悠久的历史、繁荣的商业，造就了石桥厚重的文化底蕴，形成了独具特色的码头文化、兼容的多元文化、多彩的民间活动、丰富的饮食文化，石桥“九莲灯”被誉为“巴蜀一绝”，张家祠堂、陕西会馆等被纳入成都历史建筑保护名录。

【乡镇（街道）行政区划调整】 根据《成都市人民政府关于同意简阳市调整部分乡镇（街道）行政区划的批复》（成府函〔2019〕129号），以原杨柳街道所辖的大街社区、红星桥社区、团结村、上安村、杨柳村、天星村、利民村，原石桥镇所辖的渡坝村、柏香村、野猫村、陈家坝村、菱角村、石厂堰村、黄泥堰村、永爱村、虎山村、皂角村、火烧店村和原养马镇所辖的大坪村的行政区域为石桥街道管辖行政区域。2019年12月31日，石桥街道办事处正式挂牌，驻石桥街道江西街49号。

【村（社区）建制调整改革】 2020年4月25日至6月5日，石桥街道实施辖区内19个村（社区）建制调整改革，保留4个、撤减13个、优化2个：将黄泥堰村与石厂堰村合并设立黄泥堰村；将永爱村与柏香村合并设立永爱村；撤销利民村、虎山村，合并设立利民社区，将原利民村与原虎山村的管理范围划归利民社区；撤销天星村、上安村，合并设立天星社区，将原天星村与原上安村的管理范围划归天星社区；撤销渡坝村、野猫村，合并设立渡坝社区，将原渡坝村与原野猫村的管理范围划归渡坝社区；撤销皂角村、大坪村，合并设立皂角社区，将原皂角村与原大坪村的管理范围划归皂角社区；撤销杨柳村、团结村、红星桥社区，合并设立杨柳社区，将原杨柳村、原团结村与原红星桥社区的管理范围划归杨柳社区；其他村（社区）不作调整。

6月28日，简阳市委书记詹庆（前排中）到石桥街道专题调研简阳历史文化古迹

【经济发展状况】 2020年，石桥街道实现地区生产总值22.42亿元。一产增加值8354万元，占比3.73%，较2019年7822万元增加532万元；二产增加值85399万元，占比38.1%，较2019年57734万元增加27665万元；三产增加值130403万元，占比61.3%，较2019年45122万元增加85281万元。石桥街道规上企业工业产值24658万元，主营业务收入23323万元，利税1949万元，利润933万元。石桥街道有农民专业合作社46个、家庭农场22个。

【基础设施建设】 石桥街道着力提升硬件设施，改建场镇道路106米，修补街道破损街面3000余平方米，建设垃圾分类亭12处，新增临时便民停车场3个，实施旱厕改造848户（累计完成2036户）。

【脱贫攻坚】 原杨柳街道识别贫困户40户91人，截至2019年12月乡镇（街道）行政区划调整前，有贫困户36户80人，其中2014年减贫14户27人，2017年减贫26户64人，2017年实现贫困户全面脱贫，2015—2019年间动态减少4户11人。2020年1月，石桥街道划入脱贫户169户452人，乡镇（街道）行政区划调整后共有脱贫户205户532人。2020年动态减少4户16人，至年末石桥街道有脱贫户201户516人。2020年，石桥街道巩固脱贫成果，全面决胜脱贫攻坚，开展挂牌督战、清零行动、防止返贫监测、疫情期间稳岗就业、老弱病残重点贫困户监测等，通过鼓励就业、教育补贴、就业培训、政策兜底、产业扶持、安居工程等方式确保脱贫户“两不愁三保障”落实。为532名贫困对象全额购买城乡居民医疗保险，县域内住院报销范围内自付不超过10%，取消住院押金、申请卫生扶贫救助基金等；享受幼儿园免保教费9人、义务教育阶段“三免一补”51人、困难生活补助2人、本专科生助学金和助学贷款3人、中高职雨露计划8

人；组织就业培训52人次，参加免费职业技能培训9人，为贫困劳动力提供公益性岗位17个；农村低保兜底84户，为290名贫困残疾人发放护理补贴；2016—2020年共为81户次发放产业扶持到户资金18.56万元，2020年脱贫户人均收入达到15174元；实施安居工程63户、住房三改22户、C级危房改造36户、D级危房改造23户；为4户贫困户安装自来水，打机井18口。

【乡村振兴建设】 石桥街道探索“一三互动、农旅融合”发展新模式，菱角村、陈家坝村、渡坝社区等苗木产业蓬勃发展。永爱村成立股份经济合作联合社，引进省农科院哈密瓜、西瓜，规模化种植200余亩，实现收入300余万元，并成功举办石桥街道第一届哈密瓜采摘节。

【城乡环境综合治理】 2020年3月起，石桥街道开展为期一年的城乡环境综合治理行动，完善基础设施，推进垃圾清运和保洁，做好垃圾分类前期准备，狠抓违章搭建治理，改善城乡人居环境，提高群众生活质量。全年清理河道白色垃圾10余车、牛皮癣120余处，清除乱堆乱放46处；制止违章搭建34起，监督自行拆除5100余平方米，组织实施强制拆除4起约600平方米。石桥街道获成都市2020年度“门前三包”推进工作先进单位。

【社会事业】 石桥街道突出服务民生执政理念，各项社会保障日益完善，社会保障事业健康发展。城镇新增就业700余人，失业人员再就业58人；增加5个临时性公益性岗位；城乡低保266户，城乡特困195户；实施临时救助45户，发放救助金12.23万元，实施快速救助42户，发放快速救助金2.09万元。

【新冠肺炎疫情防控】 石桥街道坚持“党委领导、以人为本”基本原则，严格落实疫情防控包联责任制度，建立领导、机关干部包村，村（社区）干部包组，疫情网格员包户制度，自上而下全面拉紧责任链条，形成防控工作强大合力。快速建立由400名党员和群众志愿者组成的1支党员突击队、1支青年先锋队和19支志愿者队伍投入到防控第一线。全覆盖集中开展3次地毯式大排查，坚决做到“依法应对、科学防控”，累计走访排查243902户次749776人次。地毯式排查疫情中高风险地区返简人员，坚持每日零报告制度。利用微信公众号实时更新疫情防控知识，解读防控政策，推送疫情防控知识126条。在各村（社区）主干道悬挂横幅标语241条，印发疫情防控指南、宣传年画、冷链食品食用指南、疫情防控居民行等资料11002份。加强疫情防控应急响应作战能力，常态化开展应急演练，动员机关干部245人，核酸检测采样群众821人。协助开展进村入户职业介绍服务，做好离（返）简阳复工服务，提高返乡农民工及农村富余劳动力就业成功率，农民工返岗1028人，其中省外返岗农民工389人，简阳市外四川省内返岗农民工639人。

【企业复工复产】 石桥街道成立促进企业复工复产复市工作专班，不断优化、完善“五大要件”，做好口罩、测温计、消毒水等物资保障，有序推动辖区内27家重点工业企业、6家重点商贸企业顺利复工复产复市。疫情严重期间，协调利民社区与2家企业达成合作意向，唯品会采购蔬菜1000余公斤，确保“菜篮子”有效供给。

【“大学习、大走访、大调研”主题活动】 石桥街道采取讲党课、坝坝会等形式开展宣讲10次，调研重点区域、重点项目、重点企业50次200个点位，走访村（社区）干部、群众550人，形成高质量调研报告11篇。建立每周五会商机制认真研究重点难点问题，梳理汇总问题132个，解决具体问题74个。

【“8·16”“8·24”特大洪灾】 2020年8月16日，因上游地区持续强降雨导致沱江支流及沱江干流水位持续上涨，石桥街道遭遇50年一遇的沱江洪水。石桥街道迅速启动应急预案，第一时间成立13支防汛救灾队伍，坚持24小时不间断排查、巡河、安置等，转移受灾群众1213人次。灾后，组织清理转运垃圾281吨，清淤2.26万平方米，消杀117.52万平方米。经过72小时奋战，石桥街道基本恢复正常生产生活秩序，石桥街道党工委被成都市委表彰为成都市防汛救灾先进基层党组织。

5月23日，石桥街道举办“甜享金蜜瓜　体验新石桥”第一届哈密瓜采摘节

【石桥街道第一届哈密瓜采摘节】 2020年5月23日，石桥街道党工委、办事处主办，永爱村股份经济合作联合社等单位协办的“甜享金蜜瓜体验新石桥”2020年简阳品尝采摘季暨石桥街道第一届哈密瓜采摘节开幕式在永爱村举行。哈密瓜采摘节活动通过文艺演出、采摘活动、趣味游戏等方式吸引群众，推广永爱村哈密瓜产品，助推哈密瓜走出石桥，走向全国各地，塑造永爱村哈密瓜品牌。活动吸引游客1000余人，当日游客采摘哈密瓜500余公斤，销售额达4万元，整季销售额达30余万元。

（冯善发）

赤水街道

【概况】 2019年12月31日，赤水街道由原杨柳街道1个村、原石桥镇18个村、原太平桥镇9个村合并而成。2020年，经村（社区）建制调整改革为16个村（社区），其中社区10个、村6个，辖152个村（居）民小组，总人口4.66万余人。赤水街道位于简城以北4千米，辖区面积61.94平方千米，东临石桥街道，南与简城街道接壤，北与成都东部新区养马街道、石盘街道相接，西与成都东部新区贾家街道、石板凳街道、海螺镇毗邻，街道办事处驻回龙大道5号。成渝高速、成渝高铁、成都二绕、318国道穿境而过，境内有高速公路进出口2个。赤水街道属亚热带季风性湿润气候，气候温和，年均气温16.9℃，雨量充沛，风景秀美，气候宜人。赤水街道地处沱江沿岸，绛溪河、赤水河、太平河、夏家河流经辖区，水资源较为丰富。赤水街道办被成都市政府表扬为2019年安全生产先进集体，被成都市信访工作联系会议表扬为成都市2019年度全面创建群众工作之家先进集体。

【乡镇（街道）行政区划调整】 根据《成都市人民政府关于同意简阳市调整部分乡镇（街道）行政区划的批复》（成府函〔2019〕129号），撤销杨柳街道、石桥镇、养马镇、太平桥镇、灵仙乡、周家乡和石盘镇，设立石桥街道、赤水街道、石盘街道和养马街道。以原杨柳街道增产村和原石桥镇先明村、永久村、永达村、笔架村、走马村、同心村、燕子村、同合村、建合村、二峨村、三溪村、万家堂村、黄竹村、深湾村、方家寺村、回龙寺村、万家坝村、玉皇村以及原太平桥镇所属行政区域为赤水街道的行政区域。2019年12月31日，赤水街道办事处正式挂牌。

【村（社区）建制调整改革】 赤水街道实施辖区内28个村（社区）建制调整改革：将麻石桥村与福民坝村合并设立福民坝村，福民坝村村委会办公地址为原麻石桥村党群服务中心；将红豆村与劲松村合并设立劲松村，劲松村村委会办公地址为原红豆村党群服务中心；将龙洞村与永平村合并设立永平村，永平村村委会办公地址为原龙洞村党群服务中心；将二峨村与三溪村合并设立三溪村，三溪村村委会办公地址为原二峨村党群服务中心；将永久村与先明村合并设立先明村，先明村村委会办公地址为原永久村党群服务中心；撤销笔架村、永达村，合并设立永达社区，将原笔架村与原永达村的管理范围划归永达社区，永达社区居委会办公地址为原笔架村党群服务中心;撤销黄竹村、万家堂村，合并设立万家堂社区，将原黄竹村与原万家堂村的管理范围划归万家堂社区，万家堂社区居委会办公地址为原黄竹村党群服务中心；撤销万家坝村、玉皇村，合并设立万家坝社区，将原万家坝村与原玉皇村的管理范围划归万家坝社区，万家坝社区居委会办公地址为原万家坝村党群服务中心；撤销走马村、增产村，合并设立增产社区，将原走马村与原增产村的管理范围划归增产社区，增产社区居委会办公地址为原走马村党群服务中心;撤销同合村、建合村，合并设立建合社区，将原同合村与原建合村的管理范围划归建合社区，建合社区居委会办公地址为原同合村党群服务中心；撤销燕子村、同心村，合并设立燕子社区，将原燕子村与原同心村的管理范围划归燕子社区，燕子社区居委会办公地址为原燕子村党群服务中心；撤销龙家坝村、飞鹅村，合并设立飞鹅社区，将原龙家坝村与原飞鹅村的管理范围划归飞鹅社区，飞鹅社区居委会办公地址为原龙家坝村党群服务中心；撤销太平村，设立太平桥社区，太平桥社区居委会办公地址为原太平村党群服务中心；撤销回龙寺村，设立回龙寺社区，回龙寺社区居委会办公地址为原回龙寺村党群服务中心；撤销方家寺村，设立方家寺社区，方家寺社区居委会办公地址为原方家寺村党群服务中心；深湾村不作调整。

【经济发展状况】 2020年，赤水街道实现地区生产总值21.85亿元，工业总产值2.64亿元，规模以上工业企业产值17974万元。一、三产业融合发展，着力发展壮大水果、蔬菜两大传统优势产业，辖区内种植甘蔗500亩、葡萄800亩、樱桃1200亩、蔬菜20000亩(含复种)。完成农产品质量安全检测3000余例，合格率100%，赤水街道农产品质量得到市场认可。举办首届哈密瓜采摘节，增收70余万元，新裕家庭农场创业项目获简阳市比赛第三名、成都市比赛第六名。实体经济健康发展，坚持每月对30余家企业开展安全、环保检查，监管企业食品药品安全及散乱污企业整改，拟培育简阳市火娃食品有限公司为规模企业，扎实开展限额以上服务业企业及限额以上商贸流通企业清理和入库工作。

【基础设施建设】 赤水街道征地拆迁稳步推进，全年保障临空园区及金简仁、成龙简等基础设施建设用地2650亩，累计交地3627亩。成功化解一批征地拆迁遗留问题，为12个市级以上重点项目推进提供保障。道路建设成效明显，成功争取将88千米村社道路纳入简阳市2021年建设计划。完成“棉石路”乡道升级改造，率先实施11千米村社道路改扩建工程，赤水大桥保护性修缮项目顺利推进，福民坝村危桥改造工程进场施工。惠民项目有序推进，完成机场道路施工受损渠道应急抢修1.65千米，清淤塘堰8口、蓄水池66口。

【社会事业】 2020年，赤水街道城乡居民医疗保险覆盖率达98%，完成城乡居民养老保险征收26377人，为辖区低保户310人、特困人员244人购买2021年城乡居民医疗保险，落实残疾人扶贫补贴申报30人，申报重度残疾人、精神、智力残疾人医保资助237人，完成居家托养(阳光家园)21人。实施公益性岗位安置符合条件的就业困难人员2人、因疫情无法返岗农民工30人，实行短期公益性岗位安置有就业意愿且未外出就业贫困劳动力12人，完成就业登记612人、失业登记73人，办理就业失业登记证6本，认定就业困难人员3人。健全完善村(社区)农家书屋、健身广场等文化体育设施，实现行政村全覆盖，开展健身运动会、群众歌咏比赛、百姓舞台大家乐等文体活动40余场次。扎实开展孕前优生健康检查、无偿献血、病媒生物防治、“两癌”筛查等工作，确保辖区居民卫生健康。申报2021年享受奖励扶助对象242人、特别扶助对象10人，5名生病住院的特扶对象保险护理补贴资金全部落实到位，落实独生子女父母奖励金980人，申报

赤水街道便民服务中心

赤水街道增产社区哈密瓜丰收

全街道未满 18 周岁的独生子女意外保险 573 人。

【脱贫攻坚】 赤水街道 16 个村（社区）均为非贫困村，有 20 户贫困户以上的村（社区）9 个。赤水街道紧盯“两不愁三保障”，坚持“政策兜底保基础、志智双扶增内力、产业就业促增收”工作思路，扎实开展脱贫攻坚各项工作，辖区内 376 户 1051 人建档立卡贫困人口全部高质量脱贫，其中 2014 年减贫 83 户 266 人，2017 年减贫 293 户 785 人。赤水街道精准滴灌、多管齐下落实帮扶政策。先后实施安居工程 174 户，改造危旧房 113 户，解决安全饮水 42 户，开通农村广播电视 376 户；累计教育资助学生 153 人次，投入资金 13.83 万元；落实贫困人口城乡居民医疗保险 1051 人、资金 108.17 万元，医疗救助建档立卡贫困人口 1125 人次、资金 1856 万元；实施临时救助 23 人 1.15 万元，212 户 389 人已脱贫户享受低保、残疾人保障等兜底待遇，扶贫保实现全覆盖。赤水街道志智双扶、多措并举增强内生动力。采取氛围营造、政策宣传、感恩教育“三管齐下”方式抓实群众扶志。累计印制宣传单 6000 余份、脱贫标语 300 余条、宣传手册 1000 余份，营造脱贫攻坚浓厚氛围；每年集中两个月开展扶贫政策有奖问答，累计覆盖群众 30000 余人次；坚持每年开展“万人大走访”行动，全覆盖入户宣讲扶贫政策，提升脱贫户政策知晓率；创新开展感恩教育，组建“赤水街道脱贫攻坚巡回宣讲团”，深入村社累计宣讲 120 余场；营造“我脱贫，我光荣”和感恩党、感恩社会的风气导向，先后评选“四个好脱贫先进户”60 户，举办脱贫典型先进事迹巡回展览 60 余场。赤水街道脱贫造血、广开门路增加群众收入。举办种养殖培训 600 余场次，累计投入产业扶贫到户资金 211.42 万元，打造形成以葡萄、哈密瓜为主的种植业和以山羊、生猪等为主的养殖业扶贫产业体系；实施就业扶贫，累计举办技能培训 18 批次，受训贫困人口 2000 余人次，举办和推荐参加招聘会 60 余场次，帮助 400 余人达成就业协议，推荐 2 名贫困户子女到行政机关工作；先后 5 次引入社会资金 50 万余元，帮助 113 名贫困群众发展产业；推进金融扶贫，先后为 158 户贫困户提供免息创业贷款 203 万元。通过脱贫攻坚“三步走”，已脱贫群众人均纯收入从 2014 年的 2322 元增加到 2020 年的 13125 元，年均增长 33.4%。

【新冠肺炎疫情防控】 赤水街道贴紧一线工作实际，多措并举，全力战“疫”。坚持“土洋结合”强化防控知识宣传，张贴公告、慰问信、告知书、温馨提示等，印制发放各种规格宣传标语 5300 余条、宣传资料 43700 份，制作宣传栏 20 个、移动宣传展架 8 个，录制宣传音频 20 条并利用各村广播循环播放，配备宣传车 2 辆、宣传小喇叭 28 个巡回播放，确保疫情防控知识家喻户晓，杜绝信谣传谣。坚持“群防联控”，先后 7 次组织街道和村干部、志愿者 500 余人开展全覆盖排查，常态化开展疫情排查和上报工作，科学应对密切接触个案，人性化关心关怀密接、次密接或返乡等需隔离人员，未引发一个矛盾。

【赤水街道首届哈密瓜采摘节】 2020 年 6 月 4 日，由简阳市文化体育和旅游局、简阳市文旅产业发展服务中心指导，赤水街道主办，赤水街道综合便民服务中心综合服务科承办，增产社区、新裕农场协办的“2020 年简阳市品尝采摘季暨赤水街道首届哈密瓜采摘节”在增产社区盛大开幕。开幕式邀请市级相关部门现场指导，赤水街道党工委书记叶勇智作开幕式致辞，16 个村（社区）的村民代表及社会各界人士等 300 余人参加。开幕式现场，文艺表演精彩纷呈，观众掌声雷动，参加“吃瓜活动”的吃瓜群众惹人捧腹不已。采摘活动持续到 7 月底基本结束。

（李　青）

东溪街道

【概况】 东溪街道地处简阳东大门，北接射洪坝街道，东接平武镇，南接平泉街道，西与简城街道毗邻，因“小溪之东，曰东溪”而得名，是四川省安全社区。辖区面积 41.75 平方千米，耕地面积 33306 亩。辖 2 个村、10 个社区，有 101 个村（居）民小组，户籍人口 39304 人，常住人口 5.07 万人。东溪街道地处浅丘，海拔高度 418 ~ 488 米，年均气温 17℃，年均降水量 840 毫米。东溪街道地处沱江沿岸，水资源较为丰富。建有小（2）型水库 1 处，万古水库蓄水量 49 万立方米，仙女滩拦河堰（又名仙女滩石河埝）蓄

东溪街道柠檬园

东溪街道天府百果园

水量80万立方米。

【乡镇（街道）行政区划调整】 根据《简阳市人民政府关于转发成都市人民政府关于同意简阳市调整部分乡镇（街道）行政区划的批复的通知》（简府函〔2019〕345号），撤销东溪镇，设立东溪街道。将原东溪镇江南社区、大河村、阳公村、松柏村、双河村、尖山村、万古村、石梯村、泉合村和原平泉镇黄岭村、龙溪村、石马村以及原射洪坝街道凉水社区、星光社区、元灯社区、东溪社区、园艺社区、新阳村、李八村、奎星村、二合村所属行政区域划归东溪街道管辖。2019年12月31日，东溪街道办事处正式挂牌，驻东溪大道403号附2、3、4号。

【村（社区）建制调整改革】 2020年6月，东溪街道辖区内村（社区）建制调整改革：撤销石马村，将原石马村的管理范围划归龙溪村；撤销大河村，将原大河村的管理范围划归黄岭村；撤销泉合村、尖山村，合并设立尖山社区，将原泉合村与原尖山村的管理范围划归尖山社区；撤销阳公村、万古村，合并设立万古社区，将原阳公村与原万古村的管理范围划归万古社区；撤销李八村、新阳村，合并设立新阳社区，将原李八村与原新阳村的管理范围划归新阳社区；撤销松柏村、双河村，合并设立双河社区，将原松柏村与原双河村的管理范围划归双河社区；撤销石梯村，将原石梯村的管理范围划归江南社区；撤销二合村，将原二合村的管理范围划归园艺社区；撤销奎星村、东溪社区，合并设立奎星社区，将原奎星村与原东溪社区的管理范围划归奎星社区；凉水社区、星光社区、元灯社区不作调整。调整改革后有村（社区）12个。

【经济发展状况】 2020年，东溪街道实现地区生产总值21.31亿元，同比增长3%，地方一般公共预算收入3369.66万元，同比增长4.6%，农民人均纯收入19371元，同比增长8.3%，城镇居民可支配收入35654元，同比增长5%。东溪街道工业项目快速推进，成都空天产业功能区建设进入冲刺阶段，完成13.8平方千米范围内地面附作物清理补偿及4.6平方千米核心区范围1670余户房屋拆迁，实现交地6000余亩，为创业大道、展示中心、标准厂房、园区南北干道、安置还房、仙女滩湿地公园等重大项目开工建设打下坚实基础。东溪街道农业发展项目有序推进，构建“龙头企业+平台公司+土地股份专合社+农户”运营模式，创新“四个示范”，打造“四园一体”，立足“龙溪河—仙女滩湿地公园”，聚焦天府百果园、龙溪柠檬园、梨花沟，制定乡村振兴连片组团发展区总体规划，实现农业高质高效、乡村宜居宜业，完成户厕改造835户，生猪出栏10875头，面源污染治理4家。

【放生坝片区开发】 东溪街道重点围绕“一房两路一园”建设总体目标，全年实现土地征收933亩、土地流转260亩、农房拆迁335户，地面附着物清理约1000亩。完成东滨路南二段约2.5千米道路交付施工，完成318国道以西星光北路1.3千米道路交付施工，完成B-9号地块（69亩）、B-13号地块（67亩）两宗年度经营性用地上市保障工作。加快推进B4-3安置还房地块剩余15户农房拆迁，完成星光大道项目征地67.42亩，全力确保棉普高压线路按时进场施工。

【社区治理】 东溪街道构建“党组织+自组织”服务体系，创新打造“明道学堂”。弘扬“奉献、友爱、互助、进步”精神，开展志愿者主体活动60余场。构架“网格化管理+联动式服务”模式，举办“平安创建”活动30余场，加大矛盾纠纷和信访积案化解力度，全面提升基层治理能力。

【基础设施建设】 2020年，东溪街道整治山坪塘3口，修建蓄水池1口、提灌站1座，改建渠道1500米，新建生产便道1.65千米。清理河渠漂浮物56吨，清理沟渠淤泥509立方米，清理垃圾12吨，新增垃圾桶60个，农村旱厕改造835户，土坯房改造6户，危房改造26户。双河社区村组道路硬化项目完成用地协调，完成工程量80%，新增村社道路硬化1.65千米。成都东西城市轴线项目有序推进，完成土地流转243亩，签订房屋搬迁协议53户，完成附着物清理585亩，有力确保六标段园艺6社至创业大道段1.3千米道路交付施工。西内环线顺利启动，80米红线范围内涉及土地80亩、房屋16户、附着物85亩，已完成45亩土地交付，确保跨江大桥进场施工。

【社会事业】 2020年，东溪街道拆除违建13处7800平方米，打击非法弃土2次、盗采砂石3次，查处违法用地10宗。新增失地农民参保604人，办理失业金待遇领取276人，举办失业保险金领取培训4期、270人。实现贫困户劳动力和适龄长江流域退捕渔民就业率100%。组织开展各类文化体育活动150余场，完成文旅资源普查和9处文物挂牌。全面采集录入1119名退役军人、现役军人及其他优抚对象信息，保障208名优抚对象抚恤和生活补助按时发放，分三批次为退役军人及现役军人家属悬挂光荣牌。围绕应保尽保原则，足额足量发放各类民政政策性资金，新增低保户33户69人，低保边缘户10户，特困户死亡和不再符合条件21户，新增1户。人口计生工作持续改善，符合政策生育98%，人口出生率11.08‰，人口自然增长率4.99‰。

【脱贫攻坚】 2020年，东溪街道投入资金816.98万元（其中财政专项资金495.19万元、帮扶资金321.79万元），改善贫困村基础设施和贫困户生产生活条件，实施精准到户22户68人，林下养鸡1500只，晚白桃种植及配套设施建设200亩，硬化村组道路3.7千米，新建蓄水池3口、便民桥1座、观景平台1处，整治护坡5处，安装护栏83米、太阳能路灯231盏，集体经济入股和村活动室提档升级。东溪街道有省定贫困村2个（龙溪村、黄岭村），有建档立卡贫困人口374户1015人[涉及11个村（社区）]。2014年减贫78户194人，2015年减贫14户37人，2016年减贫91户299人，2017年减贫191户485人，全部实现“村摘帽、户脱贫”。2020年，东溪街道聚焦清零行动、挂牌督战、两不愁三保障，推动问题整改1008个，巩固提升建档立卡贫困户374户1015人和2个省定贫困村，顺利迎接省级交叉验收，实现“户脱贫、村摘帽”。

【新冠肺炎疫情防控】 东溪街道统筹安排辖区疫情防控，开展疫情前期三轮大排查及后期常态化摸排、管控、服务，累计排查4万余户12.9万余人。排查到境外返简到东溪街道人员9人，其他重点地区返简人员

东溪街道龙溪村柠檬鸡养殖

东溪街道蔬菜大棚

160余人。对排查出的中、高风险地区来（返）简人员实施集中隔离、居家观察、核酸检测、生活保障、跟踪服务等疫情防控措施，未出现一例脱管、漏管等现象。针对大规模人群快速核酸检测工作等制定专项方案。通过小喇叭、LED屏宣传，发放微信调查问卷、1.2万余张户户联系卡、400余条宣传横幅，设置13个大型路牌，发放6.8万余份宣传单等方式，全面营造宣传氛围，确保群众知晓率达100%，提升群众主动防控以及配合防控意识。

【文物古迹】 *双河社区碉楼* 碉楼位于双河社区10组，始建于清代，坐西北向东南，石质结构，四层方形，碉楼高11米，宽5.06米，壁厚0.5米。每层四面均有射击孔。碉楼主体保存完好，仍可见当年风采。

奎星阁宋代摩崖造像 奎星阁建于北宋庆历二年（1042年），阁下端长15米，在高7.5米的崖壁上有用手工雕刻的佛像。明万历年间重建奎星阁，新增刻几尊佛像。1927年建东溪大佛庙。现保留有宋、明摩崖造像34龛108尊，题记3处，其中释迦牟尼佛像高5米、宽2.7米。东溪大佛庙在1969年至1973年6月进行培修，1973年8月正式开放，2011年又进一步修缮。东溪大佛属国家重点文物保护单位，所有造像至今完好。

原李八村摩崖造像 位于新阳社区1组，分布在八角山、马桑坪、大佛座50米范围内，坐北向南，紧靠水库。共8龛51尊神像，现存3号和8号龛基本完好，其余大部分风化。李八村摩崖造像系国家重点保护文物。摩崖造像后坡建有大佛庙，"文化大革命"时被毁，1986年群众自发捐资重建，占地面积1亩，房屋10余间。

（付　霞）

平泉街道

【概况】 平泉街道位于简阳市东南部，距简阳市区12千米，东与施家镇接壤，西与东溪街道为邻，南与新市街道隔江相望，北与禾丰镇、平武镇相连，幅员80.18平方千米，耕地50929亩，森林覆盖率26.5%。平泉街道辖14个行政村、2个社区，有146个村（居）民小组，总人口46075人，其中农业人口41091人。平泉街道有7个贫困村，建档立卡脱贫户1458户3974人。平泉街道先后获四川省安全社区、成都市"四好农村路"示范创建单位等31项荣誉，荷桥村党委被评为全国脱贫攻坚先进集体、成都市第三届乡村振兴"十大案例"评选十大人居环境优美村，协议村、太阳村、龙泉社区被评为2020年度成都市实施乡村振兴战略推进城乡融合发展先进示范村（社区）。

【乡镇（街道）行政区划调整】 根据《成都市人民政府关于同意简阳市调整部分乡镇（街道）行政区划的批复》（成府函〔2019〕129号），撤销飞龙乡、五星乡、平泉镇，以原平泉镇龙泉寺社区、龙泉村、竹湾村、铁佛村、石盘村、荷桥村、白合村、石子村、白杨沟村、新桥村、长春村、进步村、胜华村、杨家寺村和原飞龙乡、原五星乡所属行政区域为平泉街道的行政区域，平泉街道办事处驻后新街53号。2019年12月31日，平泉街道办事处正式挂牌。

【村（社区）建制调整改革】 2020年6月，平泉街道以产业发展和乡村治理为核心，全面调优调减建制村，由原29个行政村、1个社区撤并为14个行政村、2个社区，减少率47%。将龙王村、方家村、朱家碥村合并设立龙王村，龙王村村委会办公地址为原龙王村党群服务中心；将太阳村、五星村、永安村合并设立太阳村，太阳村村委会办公地址为原五星村党群服务中心；将协议村、和义村合并设立协议村，协议村村委会办公地址为原协议村党群服务中心；将群乐村、荣誉村合并设立群乐村，群乐村村委会办公地址为原群乐村党群服务中心；将农建村、团和村合并设立农建村，农建村村委会办公地址为原团和村党群服务中心；将高坪村、又新村合并设立高坪村，高坪村村委会办公地址为原高坪村党群服务中心；将竹湾村、铁佛村合并设立竹湾村，竹湾村村委会办公地址为原竹湾村党群服务中心；将荷桥村、石盘村、白合村合并设立荷桥村，荷桥村村委会办公地址为原荷桥村党群服务中心；将杨家寺村、白杨沟村合并设立杨家寺村，杨家寺村村委会办公地址为原杨家寺村党群服务中心；将梓桐村、三堰村合并设立梓桐村，梓桐村村委会办公地址为原梓桐村党群服务中心；撤销龙泉村、石子村，合并设立龙泉社区，将原龙泉村与原石子村的管辖范围划归龙泉社区，龙泉社区居委会办公地址为原龙泉村党群服务中心；将龙泉寺社区更名为平泉社区，平泉社区居委会办公地址为原龙泉寺社区党群服务中心（后新街12号）；进步村、长春村、新桥村、胜华村未做调整。2020年11月，村（居）民小组优化调整改革完成，根据前期调研摸底、群众意见征求、综合考虑资源布局等因素，村（居）民小组由原247个调整撤减为146个，撤减率达40.89%。

【经济发展状况】 2020年，平泉街道实现地区生产总值15.6亿元，乡镇企业产值10.2亿元，实现社会消费品零售总额3600万元，农民人均纯收入19869元，较上年同比增长9.1%。平泉街道推进产业发展带动群众持续稳定增收，引进清华同方、松下农业、有机农夫等国内外知名企业发展智慧农业，连片种植黄金柚、血橙、美国甜橙等1400余亩，智慧农场1600亩，薄荷产业基地600亩；引进蓝剑集团打造“一亩田”现代农业示范园，集“一分花园、四分果园、五分菜园”为一体，探索会员制定制种养、私人管家、专人定时配送的高端服务模式，形成农旅融合示范区；提升太阳村“十里荷花长廊”、协议村“水美乡村”等主题景区，形成以荷桥为中心的“三点串联、连片发展”生态格局，成功创建“家风荷乡”AAA级林盘景区，全力争创国家AAAA级旅游景区；协助国光农化公司完成总投资3.4亿元的整体搬迁项目，5条自动化生产线搬迁改造如期完工，智能数控、机器人手臂、研发中心等成功投运。

【基础设施建设】 2020年，平泉街道累计完成村组道路提升及生产便道建设72千米，新建蓄水池59口、提灌站4座；四村联合双挂钩项目场镇集中安置点建设一期工程主体完工，在完成荷桥等5个村土地增减挂钩项目建设基础上，继续加快双挂钩场镇建新点二期规划和协议村6个增减挂钩项目实施；平泉红十字医院搬迁、2019年安置还房项目、平泉中心幼儿园迁建等项目按时交地；完成环保发电厂、河东污水处理厂、危废处置等8个涉及700余户2000余人的重大项目综合保障任务。

【脱贫攻坚】 2020年，平泉街道围绕“两不愁、三保障”，聚焦问题抓整改，坚定执行上级脱贫攻坚决策部署，多措并举、精准施策，开展扶贫领域专项督查10余次，确保所有问题整改到位；开展手工、家政、营养膳食等培训17次800余人次，提供公益性岗位59人，低保兜底144人，累计收到成都市区（市、县）帮扶资金3145万元，建成枇杷园160亩、柑橘园1774.5亩、晚白桃160亩、大棚44亩、花卉种植基地8亩，累计完成村组道路提升及生产便道建设72千米，新建蓄水池59口、提灌站4座；投资300万元壮大村集体经济产业，新建高位玻璃钢循环水养殖基地1个；引领指导贫困户参与入股、经营，入股简裕智慧产业园区2556万余元，实现“土地流转有租金、进园务工有薪金、参与入股有分红”，凝心聚力带领1445户3913人打赢脱贫攻坚收官战。2020年，平泉街道贫困村集体经济收164.14万元（其中荷桥村集体经济收入突破78万元），贫困户人均年收入13657.5元，较上年同比增长37.6%。

【社区治理】 平泉街道推进小龙溪黑臭水体整治和480亩火连桥水库保护治理，实施景观化提升改造，全面完成3.5千米绿道建设，开展“垃圾不落地”和“厕所革命”，完成2500余户户厕改造提升、1.5千米小龙溪景观打造提升、2处林盘院落整治、5个景观节点打造，建成“小游园·微绿地”2000平方米，累计评选“五户五好”525户，成功创建省级“四好村”3个、省级健康村1个、省级卫生村9个、省级“扶贫文化示范村”1个、成都市级“三美”示范村4个、简阳市级“三美”示范村11个。

【社会事业】 2020年，平泉街道辖区有九年义务教育学校3所、初级中学1所、中心小学1所、中心幼儿园1所、民办幼儿园3所、村小1所，初中、小学入学率100%，毕业率100%。城乡居民基本医疗保险参保率达98.5%，参保居民住院医疗费用政策范围内报销比例达到85%，新增养老保险参保2100余人，新增城镇就业760人。低保复核复查214户344人，特困户集中供养86人、分散供养417人。提升群众满意度、获得感，实施困难群众快速救助41户、困难群众医疗救助68户、临时救助36户、补充医疗救助5

9月22日，以“庆丰收、迎小康、兴乡村”为主题的2020年简阳市第三届农民丰收节在平泉街道荷桥村开幕

新冠肺炎疫情后平泉街道辖区产业积极复工复产

人。以文化设施场所为载体，构建农村公共文化服务体系，免费向群众开放综合文化站，围绕“家风”主题形成“天志、古德、正俭、立忠、和孝、为学、知信、明实”八大家风文化元素。加快推进家风荷乡景区建设，走出农商文旅体融合发展的新时代路径，成功举办“住进春天里，感受家风家味——荷桥村2020年五一活动”“庆丰收、迎小康、兴乡村”简阳市第三届农民丰收节、简阳市第二届家风文化旅游活动。

【新冠肺炎疫情防控】 平泉街道第一时间成立10个抗疫工作组，各村（社区）组织志愿者迅速组建抗疫突击队，严格执行简阳市委“1+4”工作方案、入户排查“六步骤”工作法，高效完成多轮村（社区）全覆盖排查，累计排查人员6万人余次、车辆2万余辆，集中隔离5人，居家隔离400余人次，发放口罩10000余个、体温枪36把、消毒液2000千克，张贴发放宣传资料30000余份，悬挂横幅200余条，通过微信公众号和媒体平台发布疫情防控工作中的先进经验和典型事迹50余篇，荷桥村无人机巡查喊话防控模式被央视新闻报道，及时回应村民关切的疫情舆情24件，组织党员群众向重点疫区爱心捐款近18万元、捐赠蔬菜水果近60吨。

【历史文化】 平泉街道历史悠久，古为蜀国地。从明代龙泉寺建场开始，距今600余年，其间建制经历清乾隆五十八年（1793年）属仁善乡，清光绪四年（1878年）改名平泉保，1938年，改名为平泉镇。新中国成立后，平泉镇建制无变化。1958年，平泉镇与石子乡、新桥乡合并，组建平泉人民公社。1962年，平泉镇另单设。1985年，平泉镇与平泉乡合并，更名为平泉镇。1992年，撤区并乡建镇，将原新桥乡、五星乡、飞龙乡并入。1995年，又因行政区划调整划出五星乡、飞龙乡。2019年12月，因乡镇（街道）行政区划调整，设立平泉街道。

【文物古迹】 平泉街道源远流长，名胜古迹较多。

龙泉寺（原武隍庙） 建于清顺治元年（1644年），分四重（灵官殿、车狱殿、观音殿、玉皇楼），原庙古柏参天，黄桷树茂密，面临沱江。1950年，神像被毁，作过粮食仓库，后交供销社管理使用，主要建筑未毁损。1993年，县政府决定，产权回归宗教团体，后经县宗教局批准，恢复龙泉寺的宗教活动，从此武隍庙更名为龙泉寺。由信徒和居士筹集资金，重塑神像，修缮殿堂，现已修复三重（书斋殿、三圣殿、大雄宝殿），有僧人4名，由释志杰主持寺务。

樊光廷炮楼 建于清宣统三年（1911年），由当时的大地主樊光廷出资修建，用于预防土匪。地址在梓桐村7社，占地10余平方米，由石头和砖构成，建筑结构科学、合理，有四层，高12米，成六角形。距今已有100多年的历史，保存完好。

回龙桥 位于飞龙场镇，传说飞龙寺一龙飞走时，回头望顾同伴，期与同飞，不料同伴已被庙内老和尚用扫帚制住，动弹不得。悲愤落泪，滴泪成溪，即螺丝溪。香客感其忠义，在此建桥，名曰回龙桥，后改为廻龙桥。

龙王沱 位于平泉街道龙王村，传说明代末期，有个地阴司（阴阳）撵地，撵到飞龙山嘴，看到不止一条龙，有青龙、瑞龙、龙王、老龙等四条龙。地司一见惊喜，催石工在龙王的颈项处，戳一深凹便于系，防止这些龙逃窜。不料刚动工，狂风大作，烟云密布，龙王飞了，飞到东滩下面，正巧遇上船工在撑船，船工看见黑黢黢的一杠飞来，将近水，都吓呆了。突有一年轻船工，一槁竿向它打去，这龙尾巴一卷，当时就成个深沱，后名龙王沱。境内受保护的不可移动文物有枷担崖墓、毛狗山墓群、南华宫正殿和利济桥。

团和古树　团和村距简阳市区 20 千米，318 国道横穿全村，因村内有两棵团抱互生的百年古树而得名“团和”。两棵古树为黄葛树，已有一百多年历史，得天地雨露之精华，古树茎干粗壮，树形奇特，悬根露爪，大枝横伸，小枝斜出虬曲，蜿蜒交错，古态盎然，互相抱合，团抱在一起，见证了几代人的成长和上百年的时代变迁。两棵生机勃勃的古树，不仅体现了此处拥有极好的大树生长气候和环境，而且也充分印证了此地悠久的历史文明，以及当地人代代相传的浓厚保护意识，令它们能够欣喜地见证今日的朗朗乾坤。

黄桷树　位于飞龙上街（现敬老院外），原有 7 颗上古大树，苍穹古朴，后因老故，现存 3 棵，均成为名木古树挂牌保护。1941 年，飞龙街上五老（关金廷、赖玉章、唐金山、施种福、李隆海）在飞龙上街大黄桷树下乘凉时说出三副地名对联，联中含简阳地名，广为流传。

（蔡　婷）

杨家镇

【概况】 杨家镇位于简阳城南，距简阳市政府 17 千米，东临平泉街道，南界资阳市临江镇，西邻江源镇，北接新市街道，辖区面积 46 平方千米，耕地 36422.36 亩，其中田 18962 亩。杨家镇辖 9 个行政村、1 个社区，总户数 8744 户，总人口 26982 人，农业人口 24792 人。杨家镇交通便捷，成渝铁路、321 国道、成渝高速公路、成渝客运专线、成都第三绕城高速穿境而过。杨家镇地处浅丘地带和沱江冲击坝区，沱江绕镇而过，镇内河岸线 17 千米，砂石资源丰富，常年气候温和，雨量充沛，空气质量良好，四季分明，年均气温 17℃，无霜期 300 天左右，适宜各种农作物、花卉、苗木生长。2020 年，杨家镇获简阳市级表扬 12 次、成都市级表彰 1 次。

【乡镇（街道）行政区划调整】 根据《成都市人民政府关于同意简阳市调整部分乡镇（街道）行政区划的批复》（成府函〔2019〕129 号），新市镇更名为杨家镇。2019 年 12 月 31 日，杨家镇人民政府正式挂牌，驻杨柳巷 17 号。

【村（社区）建制调整改革】 2020 年 6 月，杨家镇实施辖区内 19 个村（社区）建制调整改革：将民会村与和平村合并设立民会村，民会村村委会办公地址为原民会村党群服务中心；将土桥村、松树村和长安村合并设立长安村，长安村村委会办公地址为原土桥村党群服务中心；撤销红鹤村，将原红鹤村管理范围划归杨家社区，杨家社区居委会办公地址为原杨家社区党群服务中心；将桐子湾村与紫金村合并设立桐子湾村，桐子湾村村委会办公地址为原桐子湾村党群服务中心；将常家坪村与农场村合并设立常家坪村，常家坪村村委会办公地址为原常家坪村党群服务中心；将新庙子村与庙子沟村合并设立新庙子村，新庙子村村委会办公地址为原新庙子村党群服务中心；将互助村、荆州村和三江村合并设立互助村，互助村村委会办公地址为原互助村党群服务中心；将下马滩村更名为模范村，模范村村委会办公地址为原下马滩村党群服务中心；金星村、界牌村未做调整。原 19 个村（社区）调整为 10 个，原 125 个村（居）民小组优化调整为 75 个，调减比例 40%。

【经济发展状况】 2020 年，杨家镇实现地区生产总值 8.64 亿元（其中第一产业 3.21 亿元，第二产业 5.4 亿元，第三产业 0.02 亿元），比上年增长 22.4%。杨家镇有企业 52 家，其中规模以上企业 3 家，实现工业总产值 6.54 亿元，实现利润 1748.7 万元，上缴税金 2205.5 万元，固定资产投资完成 1 亿元。杨家镇粮食作物面积 29078 亩，产量 10555 吨，经济作物面积 18450 亩，产量 14489 吨，出栏检疫生猪 33797 头，补栏 18254 头。全年农民人均纯收入 20428 元，同比增长 9.5%。

【基础设施建设】 2020 年，杨家镇整治山坪塘 2 口，修建蓄水池 1 口、提灌站 1 座、气调库 1 座，改建渠道 3.086 千米，安装太阳能路灯 130 盏。实施土坯房改造 11 户、危房改造 25 户。机场卸油库、金海能源 901 连接线等省、成都市重点项目有序推进。持续完善基础设施配套建设，基本建成模范污水处理厂，杨家镇幼儿园、杨家镇卫生院稳步推进。

【集体经济发展】 杨家镇有股份经济合作联合社 10 个，已运行 5 个（金星村、界牌村、常家坪村、互助村、新庙子村）。2020 年，贫困村集体经济运行良好，金星村收益 1.85 万元，界牌村收益 2.9 万元，常家坪村收益 7.7 万元，互助村收益 2.85 万元，新庙子村收益 2 万元。4 月 2 日，杨家镇人民政府与乐山新希望农牧公司举行贫困村集体经济产业发展规模养殖场建设项目签约仪式。项目用地约 89 亩，选址杨家镇界牌村，建设约 3.2 万平方米的标准化猪场及配套设施，项目总投资约 3272.3 万元。养殖场建成后可存栏生猪 12000 头，年出栏生猪 24000 头。乐山新希望农牧公司通过对建成养殖场实施租赁的方式，与五个贫困村集体和 120 户贫困户组成的简阳曲标生猪养殖合作社开展合作。

【脱贫攻坚】 杨家镇与辖区各村（社区）两委签订脱贫攻坚军令状，每月召开扶贫工作例会，定期召开镇党委会，会商研究解决难点问题。为 452 户脱贫户制定“一户一策”帮扶规划，为所有脱贫户购买城乡居民基本医疗保险、“惠蓉保”、扶贫保，一对一签约落实家庭医生，提供免费体检服务，贫困患者个人医疗支出控制在 10% 以内。落实教育帮扶措施，为符合条件的贫困学生 30 人发放 2020 年雨露计划补助 4.5 万元。摸底登记 2020 年新冠肺炎疫情防控期间辖区贫困劳动力外出务工基本信息，将 73 名贫困劳动力纳入公益性岗位安置。全年推进扶贫项目 12 个，其中基础设施建设项目 11 个，产业项目 1 个，涉及资金 3022.9 万元，代表简阳市接受省级脱贫攻坚成效考核交叉检查并通过验收。

【新冠肺炎疫情防控】 杨家镇制定新冠肺炎疫情防控工作方案、预案，建立镇包村、村包社、社包户工作机制，全面宣传发动引导，发放宣传单、海报、疫情防控知识手册 3 万余份，制作户外大型广告 4 处，宣传标语 300 余幅。整合下派干部、镇村干部、志愿者、党员等人员 443 名参与疫情防控工作。突出“三个全覆盖”，聚焦“三个群体”，通过“四问四登记”，严格按照“六步工作法”逐户排查，共组织 5 轮排查，建立外出返乡人员台账，动态管控重点地区返回人员，落实专人每日点名和体温检测。帮助辖区企业复工复产，组织向武汉捐款捐物，各村向武汉免费提供蔬菜 20 吨、禽蛋 10000 个，党员干部自发捐款 15.67 万元，杨家镇贫困村向武汉捐赠果蔬事迹被中央电视台新闻频道报道。

4月2日，杨家镇人民政府与乐山新希望农牧公司举行规模养殖场建设项目签约仪式

2月25日，杨家镇常家坪村准备反季赶制的香肠腊肉捐赠武汉防疫一线

8月17日，杨家镇组织镇村干部及志愿者转移汛期低洼区域群众

【防汛救灾】“8·16”特大暴雨洪灾发生后，杨家镇及时启动红色预警，发动120余名党员干部参与防汛抗洪救灾，安全转移受困群众248户732人，无一例人员伤亡。灾后，通过“部门帮、社会助、党员带”，引导群众开展生产自救，组织群众开展清淤和消杀等常态性工作。利用防汛救灾工作专项党费，慰问奋战在防汛救灾一线的基层党员、干部和群众198人，慰问因灾情导致生活困难群众2户，累计使用慰问资金30300元。杨家镇党委被中共成都市委表彰为成都市防汛救灾先进基层党组织。

【党建引领城乡社区发展】杨家镇提档升级9个村（社区）党群服务中心，亲民化改造率达90%。全年发展预备党员8名，转正12名。吸收20名优秀农民工、退役军人、大学生进入村（社区）两委班子。严格落实村（社区）两委换届纪律，全面完成村级党组织换届。杨家镇组织基层党组织书记、预备党员、发展对象、入党积极分子开展集中培训，有效提升综合素质。推动党建引领脱贫攻坚与乡村振兴有机衔接，推行党组织书记担任村级集体经济组织法人，依托3200万元扶贫资金成立养殖合作社，吸纳120户贫困户集资入股。

【社会民生事业】2020年，杨家镇精准识别农村低保315户537人、城市低保3户4人、城乡特困人员194人、优抚对象163人。发放高龄补贴，90岁以上高龄人员139人（其中百岁高龄5人），80～90岁高龄658人。为998名奖扶对象发放奖励扶助金95.81万元，为29名特扶对象发放特扶金28.63万余元，“双特”家庭2户3人，发放慰问金3000元，奖励政策兑现率100%。社保缴费2609人，城乡居民养老保险新参保506人，退休288人，生存认证2632人次，城乡居民医疗保险参保18000人。管理公益性岗位人员97人，发放社保补贴和岗位补贴69.87万元。超额完成农村厕改994户，清理河道、水面垃圾和漂浮物193余吨，运转农村生活垃圾200余吨。开展各类文体活动，通过送岗位、送信息下乡入村，提供各种就业岗位信息2000余条，就业岗位10000余个。建成镇、村两级退役军人站11个，成功创建“全国示范型退役军人服务站”。

【文物古迹】*石角嘴摩崖造像* 位于长安村6社石角嘴上，当地老百姓在民国年间发掘，发掘后即在此外兴建庙宇，据文物专家鉴定属清代遗留物。“文化大革命”期间，庙宇被损毁。1993年，当地群众重新在此地新建庙宇，取名为石角嘴观音庙。

（王定萍）

石钟镇

【概况】石钟镇地处简阳市东北部，距简城河东新区5千米，东邻平武镇、青龙镇、东溪街道、射洪坝街道，南与赤水街道隔河相望，北连三星镇、成都东部新区，辖区面积65.86平方千米，耕地41422亩，沱江河岸线11千米。石钟镇辖9个行政村、4个社区，其中村民小组92个、居民小组49个，总户数11161户36969人，其中非农业人口3619人。石钟镇属浅丘地带，地势东北高，西南低，海拔350～450米。最高的花果山海拔450米，年平均气温17℃，雨量充沛，风景秀美，气候宜人。境内有两条小溪从东北至西南流经6个村组，于场镇北侧注入沱江。石钟镇区位优势明显，交通便利，境内有成安渝高速、石钟连接线、金简仁快速路、东三路、石均路等重要道路，到成都主城区仅需30分钟，到简阳城区仅需10分钟，是简阳城区向成都北和东的重要出入口，是简阳对外重要门户窗口。

【乡镇（街道）行政区划调整】根据《成都市人民政府关于同意简阳市调整部分乡镇（街道）行政区划的批复》（成府函〔2019〕129号），撤销平窝乡，将其所属行政区域划归石钟镇管辖，将石钟镇民主村划归青龙镇管辖，石钟镇人民政府驻龙颈街55号附5号。

【村（社区）建制调整改革】 2020年5月，石钟镇实施辖区内24个村（社区）建制调整改革：撤销龙颈街社区、长沟村，合并设立长沟社区，将原龙颈街社区、长沟村管理范围划归长沟社区，长沟社区居委会办公地址为原长沟村党群服务中心；撤销义学村、前锋村，合并设立前锋村，将原义学村、前锋村管理范围划归前锋村，前锋村村委会办公地址为原前锋村党群服务中心；撤销黄连村、石河村，合并设立黄连社区，将原黄连村、石河村管理范围划归黄连社区，黄连社区居委会办公地址为原黄连村党群服务中心；撤销均乐村、天鹅村，合并设立均乐社区，将原均乐村、天鹅村管理范围划归均乐社区，均乐社区居委会办公地址为原天鹅村党群服务中心；撤销新华村、山泉村，合并设立山泉村，将原新华村、山泉村管理范围划归山泉村，山泉村村委会办公地址为原新华村党群服务中心；撤销五桂村、古佛庵村，合并设立五桂村，将原五桂村、古佛庵村管理范围划归五桂村，五桂村村委会办公地址为原古佛庵村党群服务中心；撤销郑家楼村、狮子桥村、何家棚村，合并设立平窝社区，将原郑家楼村、狮子桥村、何家棚村管理范围划归平窝社区，平窝社区居委会办公地址为原平窝乡政府；撤销石王村、酸枣村，合并设立石王村，将原石王村、酸枣村管理范围划归石王村，石王村村委会办公地址为原酸枣村党群服务中心；撤销炮楼村、庙山村，合并设立庙山村，将原炮楼村、庙山村管理范围划归庙山村，庙山村村委会办公地址为原庙山村党群服务中心；撤销观音寺村、丁家村，合并设立丁家村，将原观音寺村、丁家村管理范围划归丁家村，丁家村村委会办公地址为原观音寺村党群服务中心；胜锋村、民强村、火烧庙村不作调整。

【经济发展状况】 2020年，石钟镇实现地区生产总值5.97亿元，同比增长2.3%。农村居民人均可支配收入约1.5万元，同比增长5%。农业以种植小麦、玉米、苗木、蔬菜为主。粮食作物以水稻、红薯、小麦、玉米为主。全年生产粮食22533吨，其中水稻3126吨、红薯6007吨、小麦231吨、玉米10001吨。主要经济作物为蔬菜及苗木，全年蔬菜种植面积11636亩，苗木种植面积1599亩。畜牧业以猪、家禽为主。2020年，石钟镇缓解生猪生产保供压力，加大标准化养殖场建设支持力度，扩大标准化规模养殖比重，稳定生猪生产，生猪生产持续恢复。发展生猪生产试点组（山泉9组），完成检疫出栏4万余头。特色农业助力发展，全镇近5000人从事经果苗木产业，成立苗木公司18家、专业合作社49个，种植面积达0.95万亩。推动传统农业向绿色生态农业转型升级，发展果蔬经济作物和生态养殖，种植蔬菜700亩、藤椒380亩、羊肚菌360亩、草莓320亩、西瓜120亩，发展稻虾、大闸蟹等生态养殖360亩。

【重大项目推进】 “西南·红酒奥特莱斯”项目稳步推进，预计总投资48亿元，规划占地面积约11000亩，项目计划建设周期5～6年，分4期建设。先行示范区主要发展葡萄种植示范区、示范酒庄及博物馆、亲子乐园等；一期主要发展种植区、风情酒庄、展览及电商

石钟镇火烧庙村羊肚菌大棚种植

石钟镇川红花种植

中心、安置区及景观带、特色商业街及住宅等；二期主要发展种植区、风情酒庄、主题民宿、集市等；三期主要发展田园康养、酒店、游乐体验设施、配套商业及住宅等；四期主要发展田园康养、文化艺术中心、娱乐及景观打造等。项目2020年流转土地700亩，种植面积100亩，整理土地100亩，聘请当地农民工20人。

天府国际本草园项目有序推进，预计总投资约40亿元，规划用地6700亩，其中中草药种植流转土地约3000亩。总体规划按照分步实施原则，项目规划建设“一带一轴四区”。一带，即石钟滨河景观带；一轴，即雄州大道城市休闲轴；四区，即石钟水镇（中医药医疗服务、疗养度假、文旅体验、集镇服务）、极味乐园（美食聚落、美食文化、定制餐饮服务）、人才基地（中医药健康人才培训基地）、本草天空（本草种植、休闲观光体验）。核心种植区“道地灵草川红花基地”位于石钟镇前锋村8组，基地整体俯瞰如蝴蝶造型，拟取名“川红花蝴蝶谷”。一期流转土地2000余亩，种植药材有红花300亩、芍药120亩、黄精30亩、牛樟1762株等四川道地药材；种植基地二、三期将陆续流转4700亩土地，以“公司+合作社+农户”的方式带动辐射周边农户种植中草药7000亩，带动地方农业产业转型升级。

【基础设施建设】 石钟镇继续推进县乡道路建设与维护工作，协调配套项目用地。建设完工村组道路4.9千米，生产便道5.6千米，入户道路2.4千米。完成金简仁快速路二期征拆，征地1237亩，拆迁127处房屋。水利设施基础有效改善，新建蓄水池15口，新建水渠1.4千米。

【社会治理】 石钟镇建立完善社会治安防控体系，组建专兼职巡逻队伍13支、队员224人，“红袖套”及平安志愿者队伍358人，妥善调处和化解矛盾纠纷109件。建成镇村组三级视频指挥调度平台，实施完成一期、二期“雪亮”工程，布点视频监控125个。构筑治安立体防控网，常态化巡逻防控重点区域、道路点位和中小学校周边。制订“七五”普法规划，开展法治宣传10次，举办普法讲座14次，开展法律咨询500余人次，实施法律援助38次。

【生态环境保护】 2020年，石钟镇召开农村人居环境专题会48次，开展主题活动52次，张贴宣传标语50条，发放宣传单6000张。全面清理交通沿线20千米，清理沟塘淤泥115吨，清理转运生活垃圾1460吨。确保公共场所有序整洁，整治车辆乱停、物料乱放、交通秩序零乱现象100次。整治农户庭院500户，实现户内生产生活物料堆放整齐，院落干净整洁。创建美丽家园，清洁镇村田间塑料废膜和各种农业废弃物2吨，加强秸秆禁烧宣传、检查和督促，实现2020年全镇不见火光、不见烟雾、不见黑斑。

【社会事业】 石钟镇发挥民政救助功能，按政策核定农村低保户322户493人，发放350.8万元，城镇低保17户22人，发放17.4万元，特困人员补助、低保人员补助、申请事后医疗救助13.2万元；80岁、90岁享受高龄津贴老人1501人，发放133.2万元；享受临时救助人员14人，发放3万余元；供养五保老人470人，发放473.5万元；享受困难残疾人生活补贴208人，发放49.2万元；享受重度残疾人护理补贴394人，

金简仁快速路施工现场

“西南·红酒奥特莱斯”项目葡萄种植示范区

发放37.9万元。石钟镇提升公共服务水平，完善公共服务设施，设置社会保障服务站点13个，建成日间照料中心7个，敬老院2个，文化活动阵地、图书阅览室、卫生室各13个。石钟镇持续繁荣科教文化事业，组织举办各类文化体育活动110余场，“庆国庆·迎中秋”“爱成都·迎大运”等大型活动深受群众喜爱；综合文化站以及村（社区）图书室面向社会开放，阅读人数达每月500余人次，每月开展国学经典朗诵、象棋、绘画等青少年培训课程，每季度组织民间歌唱队、舞蹈队开展“送欢声笑语进敬老院”活动。

【脱贫攻坚】 截至2020年12月，石钟镇共收到财政专项扶贫资金2947.5万元、帮扶资金2350万元。贫困村集体产业发展迅速，集体经济发展初显成效。全镇种植藤椒380亩，民强村种植黄花350余亩，前锋村种植川红花、芍药300余亩，庙山村种植景观树70亩，丁家村种植草莓56亩，火烧庙村以“菌菜套种”发展大棚30亩。全镇贫困村集体经济收入实现人均30元以上。贫困村发展瓶颈得到破解，基础设施建设明显改善，省定5个贫困村硬化道路90.1千米，新建蓄水池37口，水渠整治11.6千米，整治山坪塘28口，整治蓄水池42口，新建提灌站1座，改造提灌站2座，新建人行便民桥2座，新建垃圾池17个，为全面实施乡村振兴战略打下坚实基础。贫困村巩固提升全面完成。全镇建档立卡贫困户1069户3149人。其中，2014年减贫491户1442人，2017年退出贫困村5个、减贫578户1707人，全部实现“村摘帽、户脱贫”。每月举办农民夜校2期，开展技能培训84人次。以建设幸福美丽新农村为统揽，以产村相融为载体，5个贫困村发展自主产业，建成7个农户聚居点，安装太阳能路灯378盏。通过产业发展、鼓励务工、政策兜底等方式，实现2019年、2020年持续稳定增收，家庭年人均纯收入超5000元，远高于脱贫线。村民“住上好房子、过上好日子、养成好习惯、形成好风尚”逐步实现。

【新冠肺炎疫情防控】 石钟镇第一时间启动疫情防控预案，发动干部群众齐心协力取得防控阻击战阶段性胜利，确保人民群众生命健康安全。开展正面宣传引导，组织镇村组三级干部主动作为，坚持把疫情宣传与防控作为第一任务，利用“村村通”广播、流动宣传车、张贴公告等形式，编制防疫知识顺口溜，走村入组、挨家逐户宣传疫情防控知识，全面动员、全员参与疫情防控。深入排查不留空白，全覆盖排查返简人员，全程健康监测和居家隔离防控管理重点地区返简人员。每日约173人次参与村（社区）疫情防控排查，累计设置卡点56个、检查亭10个，实行24小时值班值守，组织机关、村（社区）、企业、医院、派出所、社会志愿者等669人参与疫情防控排查。外防输入内保运行，统筹疫情防控和经济社会发展，坚持“两手抓、两手都要硬”，全年经济社会平稳运行。

【历史文化】 石钟镇建制始于清咸丰年间，以“石钟滩”成名，旧时水运业发达。“石钟滩场”沧桑多变，故名未改，沿袭下来。素有“石钟对石鼓，金银万万五，谁能识得破，简阳买至成都府”之传说。

【文物古迹】 金铃寺　始建于清朝年间，位于沱江河畔，距镇北250米，在悬崖峭壁上刻画大师神像，画面栩栩如生、惟妙惟肖。因长期受风雨侵袭而垮塌。2007年7月重建，现有庙堂3间，神像20余尊。

增广寺　始建于清同治十三年（1874年），位于前锋村8组，占地2亩，佛殿百尊，新中国成立前香火旺盛。1996年被毁，1999年复建，已重建庙堂2层，塑像10尊。

雷音寺　新建于1999年，位于黄连社区境内，占地约300平方米，已建成3层，塑像百尊。系当地村民和外来信徒共同捐款筹建。

鹅公危崖墓群　位于黄连社区北方500米，共4座，分布在鹅公包山长50米、宽14米、距地表高3米的崖壁上。M1被扰乱，M2、M3墓室墓本完好。周围环境，前为土，后为鹅公包崖。M3坐南向北，为单室墓。墓门高1.5米，宽1.1米；墓室长6.2米，宽1.6米，高1.7米。左龛深0.9米，宽2.8米，高1.3米；右龛深1.8米，高1.6米。

猪儿山崖墓群　位于黄连社区西南方500米，共3座，M1至M3分布在猪儿山东西长15米、上下高10米的范围，坐南向北，M2、M3墓室墓本完好。周围环境，猪儿山脚为机耕道，左右后为坡。M1墓门为单门槛，高1.7米，宽1.55米。墓道长8.3米，宽1.55米；

墓室长6.6米，高1.7米，宽1.55米；左龛深0.85米，宽2.4米，高0.95米；右龛深0.8米，宽1.9米，高1米。

轿顶山石刻　位于石钟镇长沟村西面1千米处，保存基本完好。石刻分布在轿顶山的崖壁上，坐东向西。数量1龛。形制为长方形顶龛。龛宽1.4米，高1.3米，深0.5米。龛内刻有八边形石柱，高0.77米，宽0.29米；顶部万菱球，直径为0.21米；柱基为六边形，高0.39米，宽0.33米，直径为0.26米。龛衣刻有菱形花纹图案。周围环境，前为沱江，后为山坡，左右为农田。

（范凤燕）

施家镇

【概况】　施家镇地处简阳市东南，距简阳市26千米、距成都市96千米，与资阳市乐至县、雁江区相邻，国道318线横穿全境，是雁（江）简（阳）乐（至）三区市县的交界地和市场农贸的集中地之一，是成都市东部第一个门户镇，故称“东来第一镇”。施家镇辖区面积96.54平方千米，辖17个行政村165个村民小组、3个社区32个居民小组，总人口54000人。施家镇属浅丘地貌，海拔368～511米，属亚热带气候类型，各季多偏北风，年平均气温16.5℃，土壤以紫色土为主。

【乡镇（街道）行政区划调整】　根据《成都市人民政府关于同意简阳市调整部分乡镇（街道）行政区划的批复》（成府函〔2019〕129号），撤销施家镇、平息乡、安乐乡，设立施家镇，以原施家镇、平息乡和安乐乡所属行政区域为施家镇的行政区域。2020年1月1日，施家镇人民政府正式挂牌，驻施乐路132号。

【村（社区）建制调整改革】　2020年5月，施家镇实施辖区内40个村（社区）建制调整改革：撤销施家社区、环溪村，合并设立施家社区，将原施家社区与原环溪村管理范围划归施家社区，施家社区居委会办公地址为原施家社区党群服务中心；撤销乡西村、新民村、金玉村，合并设立金玉社区，将原乡西村、新民村与原金玉村的管理范围划归金玉社区，金玉社区居委会办公地址为金玉社区党群服务中心；撤销永福村、竹山村，合并设立平息社区，将原永福村与竹山村管理范围划归平息社区，平息社区居委会办公地址为平息社区党群服务中心；将清平村与悦乐村合并设立悦乐村，悦乐村村委会办公地址为悦乐村党群服务中心；将天才村与民义村合并设立天才村，天才村村委会办公地址为天才村党群服务中心；将兰坝村与均平村合并设立兰坝村，兰坝村村委会办公地址为兰坝村党群服务中心；将兴隆村与三合村合并设立兴隆村，兴隆村村委会办公地址为兴隆村党群服务中心；将信义村与长琴村合并设立信义村，信义村村委会办公地址为信义村党群服务中心；将四益村与大林村合并设立四益村，四益村村委会办公地址为四益村党群服务中心；将龙河村与儒林村合并设立龙河村，龙河村村委会办公地址为龙河村党群服务中心；将法堂村与踊跃村合并设立法堂村，法堂村村委会办公地址为法堂村党群服务中心；将裕丰村与南河村合并设立裕丰村，裕丰

施家镇“中国人民志愿军抗美援朝出国作战70周年”纪念章颁发仪式合影

施家镇党委书记刘姜伟（左二）调研龙河村百香果产业发展情况

村村委会办公地址为裕丰村党群服务中心；将龙凤村与乡东村合并设立龙凤村，龙凤村村委会办公地址为龙凤村党群服务中心；将义和村与古桥村合并设立义和村，义和村村委会办公地址为义和村党群服务中心；将白羊嘴村与枣子村合并设立白羊嘴村，白羊嘴村村委会办公地址为白羊嘴村党群服务中心；将云林村和民和村合并设立云林村，云林村村委会办公地址为云林村党群服务中心；将张林村与曹家村合并设立张林村，张林村村委会办公地址为张林村党群服务中心；将清水村与太安村合并设立清水村，清水村村委会办公地址为清水村党群服务中心；将新安村与安庆村合并设立新安村，新安村村委会办公地址为新安村党群服务中心；共裕村不变，共裕村村委会办公地址为共裕村党群服务中心。

【场镇发展定位】 施家镇按照“特色镇+产业园区”的发展模式和“一核三区”规划布局，充分考虑基础条件和发展资源，系统研究施家镇场镇规划建设等工作。率先发展施家片场镇核心功能区。2020年，实施信义村、法堂村、裕丰村、龙河村、四益村、施家社区和金玉社区400余户城乡建设用地增减挂钩试点项目和争取特色小城镇打造项目，实施场镇风貌打造和小三线下地，扩大场镇规模、提升场镇品质，增强场镇综合承载力和农贸集聚力。探索发展金玉片合作示范区。以金玉片毗邻乐至高寺、雁江老君和资阳、重庆沿318国道西上成都“第一站”的优势，加强与毗邻镇的产业、交通、社会治理等方面的区域合作。与乐至县高寺镇、资阳市雁江区老君镇签订区域合作共建协议，下一步将落实到具体发展项目上，实现共建共促。整合发展平息片、安乐片农旅融合区。借鉴洛带古镇、平乐古镇发展路径，开发阳春玉桃产业园、兴隆文旅产业园等产业资源，利用平息片、安乐片原有场镇资源和闲置农房，发展休闲观光产业和精品民宿。最终实现场镇全方位整体提升，着力塑造简阳“东大门”新形象。

【产业发展定位】 施家镇属浅丘地貌，环溪河自北向南环绕镇区流入资阳市雁江区境内，318国道穿境而过，境内有小（一）型水库2座（新民水库、清水水库）、小（二）型水库2座（长琴水库、龙凤水库），土壤以紫色土为主，具有良好的农业生产本底。施家镇是典型的农业镇，收入来源主要是传统农业和外出务工。施家镇着力优化调整产业结构，大力发展现代高端农业，大耳羊、水蜜桃、百香果等特色产业初具规模。作为连接成都资阳的重要节点镇、简阳与乐至雁江区域合作的桥头堡，区位优势独特，施家镇抢抓成渝地区双城经济圈建设、成德眉资同城化发展、成都“东进”战略、简阳“沱东”开发重大决策等多重机遇，初步确定打造成都东部农贸门户中心，建设沱东现代智慧农业典范。

【经济发展状况】 施家镇以农业种养殖为主，主要为水蜜桃、青花椒、百香果、羊肚菌和简州大耳羊特色养殖，稻虾养殖，莲藕养鱼等，2020年实现农业总产值5.68亿元，农民人均纯收入18411元。施家镇种植粮食作物78834亩，产量26163吨，种植经济作物29453亩，产量13254吨，出栏检疫生猪55000头，补栏23000头。

【基础设施建设】 2020年，施家镇范围内整治山坪塘35口，修建蓄水池17口，提灌站1座、气调库7座，实施土坯房改造147户、危房改造60户。

【社会事业】 截至2020年12月，施家镇精准识别低保606户965人，月发放救助金58.6万余元；受保城乡特困474人，月发放救助金49.2万余元；临时救助87户180人，发放20万元；紧急临时救助6人次，发放1.13万元；快速救助218户428人，发放9.57万元；

发放 80 ~ 90 岁高龄补贴 16438 人次，90 岁以上高龄补贴 3090 人次，其中百岁高龄 128 人次；为 2022 名奖扶对象发放奖励扶助金 201.02 万元，为 70 名特扶对象发放特扶金及慰问金 80.64 万余元，为 1032 名独生子女家庭人员发放奖励金 6.19 万余元，奖励政策兑现率 100%。为 480 余名优抚对象发放优抚金 36 万余元，为 1406 名退役军人发放八一慰问金 35200 元。社保缴费 2940 余人，城乡居民养老保险新增 180 余人，退休人 1450 余人，生存年检 3800 余人次，城乡居民医疗保险 39870 人。管理公益性岗位人员 47 人，发放社保补贴和岗位补贴 32.83 万元。实施农村厕改 2825 户，清理河道、水面垃圾和漂浮物 500 吨，运转农村生活垃圾 5000 余吨。建成镇、村两级退役军人站 21 个。

【脱贫攻坚】 施家镇有 9 个省定贫困村，有建档立卡贫困户 1631 户 4181 人，2017 年全部脱贫摘帽。施家镇围绕巩固提升阶段目标任务，突出“两不愁三保障”重点，持续加压奋进、攻坚破难，脱贫攻坚巩固提升工作取得良好成效。加强基础设施建设。2016 年以来，通过整合财政扶贫资金、部门单项资金、帮扶单位资金 1 亿余元，建成改扩建村社道路 88.28 千米，新建产业道路 10.135 千米、水渠 3 千米、蓄水池 352 口，塘堰清淤 20 口，土地整理 1500 亩，贫困村生产生活条件进一步改善。统筹贫困村卫生室、文化室、党群服务中心和公共服务中心功能，贫困村公共服务中心综合体建成投用。扎实推动产业发展。依托帮扶单位资金和技术力量，在平息社区、云林村、清水村、龙河村、义和村发展以水蜜桃为主的伏季水果 7000 亩，阳春玉桃产业园成功创建简阳市三星级现代农业产业园，龙河村发展百香果和羊肚菌种植 70 余亩，兴隆村、悦乐村、天才村发展枳壳等中药材 500 余亩。落实贫困户生活保障。全面落实贫困家庭最低生活保障政策，所有贫困户全部由政府兜底参加城乡居民医疗保险，为 70 岁以上贫困户购买城乡居民养老保险；通过易地扶贫搬迁、安居工程、CD 级危房改造等项目，全面保障贫困户住房安全，共为 781 户贫困户改善住房条件。

【新冠肺炎疫情防控】 施家镇各村（社区）在显著位置张贴有中高风险地区公告，专人随时关注最新消息发布及时动态更新，并使用宣传车、宣传专栏、广播、宣传标语等多种形式向群众宣传抗疫知识，提升群众抗疫意识。全年设置宣传栏 21 处，悬挂宣传横幅 85 幅，出动流动宣传车 45 次，发放疫情防控宣传资料 6000 余份。及时收集清运生活垃圾，日产日清，设置口罩专门投放点。劝停坝坝宴 183 场，劝导丧事简办，取消群众性庆祝庆典，取消聚集性宗教和民俗活动，减少人员聚集。各村（社区）落实新返简人员“四问四登记”。高度重视“天府市民云社治在线”及“天府健康通场所码”使用，各村（社区）、各组全部申领“社治在线”二维码，实现群众回乡扫码登记，镇机关、辖区内各村（社区）和各商超、零售店全部申领场所码，并严格实行扫码进入，实现疫情防控信息上网联通，有效改善有信息无信息化的问题。

（吴永妹）

禾丰镇

【概况】 禾丰镇位于简阳市东部中心区域，由原禾丰镇和普安乡合并组成，地处成渝连接线之间，距简阳市区 13 千米，是四川省“百镇建设行动”试点镇、成都市 97 个重点建设特色小城镇之一、简阳市 4 个大力发展小城市之一。禾丰镇东邻云龙镇，南接平泉街道、施家镇，西连平武镇，北交三合镇，环溪河、索溪河穿镇而过，资源丰富、生态良好。禾丰镇辖区面积 107 平方千米，耕地 105510 亩，林地 30185 亩，辖 13 个村、6 个社区，有 198 个村（居）民小组，总人口 62719 人。按照《禾丰镇总体规划（2016—2035）》，禾丰镇围绕农贸功能、旅游功能、成渝“门户功能”和简阳河东“中心”功能，以“一核、四点、一廊两轴、三个组团”的镇区空间结构定位，建立“镇区 + 中心聚居点+一般聚居点”的三级结构体系，规划“三廊三区、一园八点”的镇域景观风貌体系，调整产业布局，发展综合交通，健全公共服务及市政配套设计，努力构建“特色生态农产品、乡村旅游目的地、简阳河东新名片”生态公园特色小镇。

【乡镇（街道）行政区划调整】 根据《成都市人民政府关于同意简阳市调整部分乡镇（街道）行政区划的批

复》（成府函〔2019〕129号），撤销普安乡，将其所属行政区域划归禾丰镇管辖，禾丰镇人民政府驻裕民街220号。

【村（社区）建制调整改革】 2020年4月，禾丰镇实施辖区内38个村（社区）建制调整改革：将太安村与安全村合并设立安全村，安全村村委会办公地址为原安全村党群服务中心；将永明村与连山村合并设立连山村，连山村村委会办公地址为原连山村党群服务中心；将花园村、磨盘村与火盆村合并设立火盆村，火盆村村委会办公地址为原火盆村党群服务中心；将农云村与上游村合并设立农云村，农云村村委会办公地址为原农云村党群服务中心；将丙灵村与香乐村合并设立丙灵村，丙灵村村委会办公地址为原丙灵村党群服务中心；将碑垭村与踏水村合并设立碑垭村，碑垭村村委会办公地址为原碑垭村党群服务中心；将蒋家桥村与林场村合并设立蒋家桥村，蒋家桥村村委会办公地址为原蒋家桥村党群服务中心；将永兴村与翰林村合并设立翰林村，翰林村村委会办公地址为原翰林村党群服务中心；将合群村与牛心山村合并设立牛心山村，牛心山村村委会办公地址为原牛心山村党群服务中心；将城隍村与胜利村合并设立城隍村，城隍村村委会办公地址为原城隍村党群服务中心；将民胜村与结合村合并设立民胜村，民胜村村委会办公地址为原民胜村党群服务中心；将农民村与永乐村合并设立农民村，农民村村委会办公地址为原农民村党群服务中心；将南山村与柿子沟村合并设立南山村，南山村村委会办公地址为原南山村党群服务中心；撤销大柏村、大坝村，合并设立普安社区，将原大柏村与原大坝村的管理范围划归普安社区，普安社区居委会办公地址为原大柏村党群服务中心；撤销元吉村、响水村，合并设立元吉社区，将原元吉村与原响水村的管理范围划归元吉社区，元吉社区居委会办公地址为原元吉村党群服务中心；撤销青枫村、禾丰村，合并设立禾丰社区，将原青枫村与原禾丰村的管理范围划归禾丰社区，禾丰社区居委会办公地址为原禾丰村党群服务中心；撤销接龙村、高石村，合并设立接龙社区，将原接龙村与原高石村的管理范围划归接龙社区，接龙社区居委会办公地址为原接龙村党群服务中心；撤销团林坝村、玉清村，合并设立潮水社区，将原团林坝村与原玉清村的管理范围划归潮水社区，潮水社区居委会办公地址为原玉清村党群服务中心；裕民社区不作调整。

【经济发展状况】 禾丰镇是典型农业大镇，主导产业以种养业为主。2020年，禾丰镇实现地区生产总值15亿元，同比增长8.9%，完成固定资产投资1.2亿元。禾丰镇有规模以上食品酿造加工企业3家，重点食品酿造加工企业5家，以利丰、合华、夏氏、雄州酿造、辣椒商贸等为代表，年加工鲜椒6万吨、青菜9万吨，泡椒系列产品占据成都25%以上市场，泡菜系列产品远销全国各大中城市。禾丰镇现代农业产业园区雏形

禾丰镇黄金柚产业园

禾丰镇呈祥农庄林盘建设

禾丰镇乡村振兴学校

已现。2020年，发放耕地地力补贴751余万元，完成粮食种植9.6万亩、高标准农田建设5万亩、菜粮基地复耕3200亩，推动机耕机收1.4万亩；种植橘柚7800亩、花卉500亩、苗圃400亩，养殖小龙虾2000亩；新建规模生猪养殖场3个，补栏生猪7.6万头、出栏6.7万头；亚洲最大的蛋鸡养殖生产基地——德青源现代蛋鸡产业项目建成投产，年产蛋量1亿枚以上;与成都农学院建立合作,共同探索“产、销、研”全覆盖体系保障。乡村旅游目的地基础夯实。呈祥农庄、丰禾园、杨家大院三个川西林盘建设项目全面完工，申报成都市AAA级林盘景区并通过成都市初步验收；新成立农业专合社4家、家庭农场10家；乡村振兴培训学校建成，打造成都市实施乡村振兴战略推进城乡融合发展先进示范村1个。

【基础设施建设】 禾丰镇通过“优化老城区、开辟新城区、提升村（社区）”的思路，同步实施旧城改造、新区建设和村（社区）提升。优化老城区，实施老场镇市政道路雨污分流、黑化、绿化、亮化，统一美化店招、墙面，拆除破旧老屋，实现旧城新面貌。完成螺简路风貌改造、场镇游步道环境改善、河道沿线环境整治、场镇环境美化绿化等项目，打造“微绿地”“微广场”4个。新（改）建公厕5个，新建农贸市场1个，新建垃圾压缩站1座、标准垃圾房15座，改造垃圾池20个，新增垃圾桶200余个、垃圾分类收集桶65组，新（改）建停车场5个，新增车位350余个。施划交通标示线300余平方米，新增标识标牌30余个，添置巡逻车2辆，划定重点执法区域，组建协管员队伍常态化开展场镇秩序整治。基础配套设施持续完善，完成3个二级场镇的污水处理设施选址规划，启动禾丰镇公立幼儿园、弯墩子大桥项目建设，原永乐村、原火盆村和原磨盘村农民集中建房项目完成主体修建。开辟新城区，依托自然的河道、艺术的田园、斑驳的林盘、灵动的湿地等，沿环溪河长约7.6千米、面积约234.39公顷，规划建设河湖公园，并修建公园环线和跨河大桥，规划“禾丰大道”连接高速通道，不断推进城市建设向两极延伸，环溪河大桥已完工，新区建设迈出稳健的第一步。提升村（社区），推进村组道路建设39千米、道路养护624千米，新建生产作业便道12千米、渠道5.8千米、蓄水池10口，山坪塘清淤整治13座，新铺设自来水管网涉及6个村50千米，新增自来水用水户800户。

【社会事业】 禾丰镇有力保障民生，完成便民服务站点建设、调试19个，设立灵活就业服务窗口20个，组织符合条件的群众约300人参加现场招聘会3场，通过“春风行动”输送农民工就业23人，申报公益性岗位73个，培训职业经理人30人；低保金、五保金、特扶金等社会基本保障资金按时足额上卡发放到位，申请323600元临时救助73人、快速救助322人；打造镇村两级退役军人服务站20个，走访慰问退役军人1641人，为49名抗美援朝老兵颁发纪念章。社会事业蓬勃发展，打造中心文化体育活动广场1处，村级文化广场19处，开展“最美婆婆”“最美家庭”等文明典型评选活动，举办“我们的节日”“爱成都·迎大运”等系列文体活动30余场，播放惠民电影134场，不断丰富基层群众精神文化生活；参加成都市示范社区、三美示范村、文明村等创建活动并取得成效，争取70余万元资金建设文体硬件设施，为19个村（社区）农家书屋新增图书2700余册；完成10个村亲民化改造，申建5个村（社区）党群服务中心并完成选址，打造成都市示范社区1个、简阳市新时代文明实践建设点位2个、三美示范村1个、文明村1个，“蓉城先锋·示范基层党组织”1个，建成全市首个乡村振兴培训学校，基层阵地建设不断夯实；关心关爱全镇党员，利用七一建党节，表扬优秀党务工作者9人、优秀党员50人、优秀基层党组织8个，全年慰问困难党员40人、60年党龄老党员131人；举办简阳市第九届“桃花源”赏花活动，禾丰镇文旅综合形象迈上新台阶。

【新冠肺炎疫情防控】 禾丰镇迅速制定启动《疫情防控应急预案》，组建由党员干部、志愿者为骨干的千人疫情防控队伍，开展全覆盖摸排、全流程监测管控，全力以赴，以最坚决态度、最严格手段、最有效措施防控疫情。宣教组动态关注全部疫情发展情况，迅速公布确诊病例行动轨迹，便利追踪密切接触者；后勤组及时清理、采购、组织防控物资，做好战时状态和非战时状态应对；排查组在小区、菜市场、超市等重点区域开展简易排查和宣讲，提升群众防疫意识、水平和能力；复工组深入群众和企业，收集、协调、解决复工复产过程中的人员、物资、资金、原材料、销售渠道等问题。禾丰镇全年累计排查63万余户176万人次，居家医学观察142人，集中隔离留观14人，对辖区超市、餐饮、冷冻制品等经营者及排查出的重点人员234人实施核酸检测，均呈阴性。组织镇、村、社干部313人注射疫苗，成立社区疫情防控组20个。在非战时状态，不松劲不懈怠，绷紧疫情防控安全之弦，常态化开展中、高风险地区到（返）简阳人员排查、登记、检测和健康管理，持续自查、堵塞疫情防控漏洞，筑牢防控底线。

【文物古迹】 禾丰字库塔　四川省第八批文物保护单位，为宝瓶式刹，建于清道光二十六年（1846年），其作用为收藏字纸，现保存基本完好。位于禾丰场镇下场口禾丰社区，坐北向南，石质，六边形五层式塔形，六角攒尖顶，通高15米，四周均雕有花纹图案。六边，逐渐形须弥座式塔基，高1.7米，每边长1.95米。塔身呈六边形，逐层上收并出檐，檐角微翘。第一至三层为空心，第四至五层为实心。每层有一龛，龛内塑一文官形象，神态尔雅，栩栩如生，在川内字库塔建筑上是较少见的。字库塔建成不久，有乡人王崇德应试中举。

普照寺　位于卧龙山山腰，始建于唐贞观年间，毁于肃宗禁佛事件，中兴于明万历年间，辉煌于清乾隆皇帝御赐火匾“皇觉宝殿”，清道光二十八年（1848年）简州知府宫思晋题“洞天福地”匾额于花山门并作序一篇，使普照寺成为方圆百里内的主寺，下辖永兴寺、三佛寺、朱家观、猫猫寺、简城南华宫等，已是1000多年了。此庙共有五重，第一重是观音殿，第二重是三宝殿，第三重是天王殿，第四重是灵官殿和戏台子，第五重是花山门。庙宇和住房面积为1600平方米，塑有菩萨80多个，一、二、三殿的殿前均有双龙盘柱，东西两廊住有和尚10余人。古庙的菩萨在1966年“文化大革命”开始后不久全部被毁。古庙的遗址建成了原普安乡政府的办公驻地。1997年，经上级批准，普安乡政府办公驻地迁址大柏村（现普安社区）4组（螺简公路旁），建设普新街和乡政府办公驻地。原普照寺古庙遗址经上级有关部门同意为普照寺旅游区，在明万历年间的基础上复建普照禅院。1998年下半年，开始复建，圆通宝殿（观音殿）200平方米。1999年，建大雄宝殿250平方米。2002年，建天王殿200平方米。购买乡政府（1998年）、普安中学（2000年）、供销社（2001年）等单位的住房约1000平方米。2004年，建庙前大门庭为普照禅院。2014年改建念佛堂1000平方米。现有庙宇和住房面积5000平方米，观音殿供有一座缅甸产大型玉石观音菩萨，天王殿前有一对石狮子。总投资（资金投入，包括建材折资）约1800万元。

永兴宫　修建于明洪武五年（1372年），有600余年历史。新中国成立后，道教徒纷纷放弃其信仰，永兴宫道庙毁于1966年“文化大革命”破四旧、立四新时期。中共十一届三中全会后，恢复宗教信仰自由。1997年，永兴宫由成都市道教徒4000多人捐资近100万元重新修建，占地2000平方米，建殿堂三个，即三清殿、观音殿、斗武殿。斗武殿又分为南斗武、北斗武。设有戏台子等。塑有祖像84尊。2005年，经简阳市民宗办批准，同意永兴宫道教恢复重建。2006年10月13日，成都市道教信徒铸造生铁钟一口，赠送永兴宫。现永兴宫道教主持人周治真，有道教信徒 6 人。

万家坟古墓 坐落在安全村 14 组，单座墓，位于园保山西面山脚下，右为园保山，古墓坐东向西，为圆形土塚墓，直径 4.5 米，高 3.2 米。前有墓碑，基碑为石质圆顶，顶上刻有“双凤朝阳”，题记年代“清嘉庆十年”，高 2 米。

花坟山墓 坐落在安全村 15 组，2 座，墓群坐东北向西南。其中 M1 为圆形土塚，高 3.6 米，直径 11 米，M2 墓碑为石质仿木结构，四柱三开间，年代为清道光元年（1821 年），高 2.4 米，宽 2.6 米，厚 0.36 米。

红字库 坐落在安全村 17 组，建于清同治五年（1866 年），石结构，五级窑檐式塔座，塔身呈四边形，塔基高 2.1 米，边长 1.95 米，塔体通高 6.75 米，底层面向东，开有一上窗，四周均为农田。塔第二层正面有题记，第二层题记为“同治六年丁卯春正月吉旦”。原塔顶已损坏，其余保存基本完好，现今塔顶已修复完好。

卧龙观 位于卧龙山后山（连山村 16 组），始建于隋开皇二年（582 年），唐贞观年间香火旺盛。北宋嘉祐二年（1057 年）更名为清风观，后此观被毁。清道光二十四年（1844 年）重建宫观，后因无僧道住持和遭匪劫，观成废墟。1984 年，当地信教群众自发捐资捐物，出劳出力，重建卧龙观，并初具规模。2007 年 12 月 24 日，经简阳市民宗办批准为固定宗教场所，对外开放。卧龙观依山而建，占地 3000 余平方米。有四重殿堂，即天仙殿、地王殿、慈航殿和祖师殿，塑有神像 109 尊。卧龙观有道士 6 人，住持冯至取，皈依弟子 300 余人，常住居士 10 余人，信众 1000 余人。

（胡 平）

三合镇

【概况】 三合镇位于简阳市东北部与金堂县交界处，东接云龙镇，南连禾丰镇，西临平武镇，北靠踏水镇，距简阳市区 26 千米，距成都市区 83 千米，辖区面积 45.12 平方千米，总耕地 39513 亩，辖 6 个村、1 个社区，登记人口 7250 户 23548 人，三合镇人民政府驻南街 119 号。三合镇地处浅丘陵地带，海拔 462～538 米，属亚热带湿润季风气候，气候温和，四季分明，雨量充沛，年降水量 750～800 毫米。三合镇原名三合场，因清代陈王二姓在水磨河两源汇口处建场得名。1992 年，与塘坝乡合并建镇。三合镇交通较便利，有禾塘路、平三路两条乡道，成都第三绕城高速公路穿境而过。三合镇水资源丰富，有马骡河、杨柳河、资水河，有 4 座小（二）型水库。2020 年，三合镇抢抓简阳建设成都东部区域中心城市、成都天府国际机场建设等重大战略机遇，聚焦“生态宜居特色镇”总体建设目标，组织全镇党员干部群众凝心聚力、砥砺奋进，补短板、强弱项、抓产业、谋发展，科学推进经济社会各项事业健康快速发展，脱贫攻坚战顺利收官，“十三五”计划目标全部实现，圆满完成“十三五”全面建设小康社会的重大历史性任务。

三合镇塘坝村葡萄产业

【村（社区）建制调整改革】 2020 年 5 月底，三合镇实施辖区内 13 个村（社区）建制调整改革：撤销石岭村、马骡村，合并设立石岭社区，将原石岭村与原马骡村的管理范围划归石岭社区，石岭社区居委会办公地址为原石岭村党群服务中心；将塘坝村与金明村合并设立塘坝村，塘坝村村委会办公地址为原塘坝村党群服务中心；将利木村与水磨村合并设立利木村，利木村村委会办公地址为原利木村党群服务中心；将小型村与靖水村合并设立靖水村，靖水村村委会办公地址为原靖水村党群服务中心；将斑竹村与民安村合并设立斑竹村，斑竹村村委会办公地址为原斑竹村党群服务中心；将大佛寺村与石马井村合并设立石马井村，石马井村村委会办公地址为原石马井村党群服务中心；沙河村保持原有建制不变。

【经济发展状况】 三合镇主要以特色种植业和传统养殖业为主，2020年成功申报家庭农场20个、专业合作社50个，有效促进现代农业、无公害栽培等先进技术的推广指导和优质高产品种的培育种植。完成水土流失治理110公顷，超出市级下达任务10%，完成退耕还林1300余亩，发展特色种植产业藤椒4300亩，青花椒种植2000余亩，红橘300亩，爱媛柑橘50亩。品牌培育取得新进展，“小猕家”猕猴桃、“简麻”藤椒油等自有品牌效益初步显现，新申报简阳市绿色产品品牌1个。新建大型规模化养殖场4家，有效组织生猪恢复性生产，年出栏生猪2万头、简州大耳羊2000只。石马井村养殖场项目即将建成投产，项目建成后预计年收入可达1200万元，年均利润总额约300万元。农商文体旅融合发展初显成效，成功举办第三届“金秋九月·醉美三合”旅游活动，吸引游客3000余人次，带动村民收入约24万元。

【基础设施建设】 三合镇依托财政专项扶贫资金，进一步完善村组道路路网，硬化2019年批次村组道路25千米，禾塘路升级改造项目有序推进，已完成15千米草油路施工。农田水利基础设施建设有序推进，总投资700万元的塘坝村新建高效节水灌溉工程整体完工，有效改善灌溉面积4000余亩，帮助6家种养大户、5个专合社解决产业发展中的水利设施瓶颈问题，4个村2600户农民直接或间接受益。新建提灌站5座，山坪塘清淤8口，新建蓄水池11口，新增有效灌面560亩，新增节水灌面120亩，新增旱地浇灌面积210亩，新增粮食产量8200公斤。新农村建设大步迈进，建设农村集中居住区10个、场镇集中居住区2个，使用挂钩周转指标171.43亩，节余指标594.8亩，12个建新点全部完工，比计划工期提前6个月。

【社会民生事业】 2020年，三合镇城乡居民医疗保险参保14686人，城乡居民养老保险参保2245人，城乡低保322户433人，残疾人两项补贴覆盖413人，完成重残资助29人。电子社会保障卡申领4215人份，申领率30.1%，居全市第三。相继开展今冬明春农民工五大专项行动、就业创业服务攻坚季行动，帮助100余名群众实现再就业，组织针对贫困户的就业岗位培训11次，申报公益性岗位37人，申报（暂未批复）临时性公益性岗位补贴8人，7项四川省级、成都市级民生工程及民生实事项目超额完成。举办“爱成都·迎大运”运动嘉年华、农民“读书月”等各类文体活动110场次。新增农村奖扶对象95人，城镇奖扶1人，特扶对象1人。组织210人参与无偿献血，总计献血量达46900毫升，超额完成目标任务。沙河小学撤并到塘坝九义校，原中心小学改建为公立幼儿园，已完成外墙装饰。新建三合中心小学于2017年6月开建，2019年6月完成招生，2020年有教职工31人、学生486人。师生教学环境大幅改善，教学质量不断提高，三合初中2020年中考位居学区第一。

【生态环境保护】 城乡环境治理成效显著，处置环境类问题举报线索46条，出动检查人员120余人次，检查企事业单位90余家次，下发责令整改决定书15

新修建的简阳市三合镇中心小学

三合镇整治后的场镇环境

份，整改问题100余起，关停违规企业作坊7处。签订秸秆禁烧目标责任书36份，成立“镇+村+社”三级联合巡查队伍定期开展巡查，全年无一起火点黑斑等情况，秸秆综合利用率达85%。集中开展3次人居环境专项整治行动，扎实推进垃圾污水厕所“三大革命”，累计完成厕改1150户，顺利通过人居环境成果验收。安装小型空气质量监测仪1台，实时动态显示场镇空气质量。污水处理厂改造、生活垃圾中转站等环保设施项目相继建成投用，年度污染减排目标任务全面完成。贯彻落实镇村两级河长制，坚持日常巡河，开展河湖清“四乱”排查3次，专项清理活动2次，定期组织打捞清理河道漂浮物20余次，累计清理各类垃圾3.05吨、水葫芦36.8吨。坚持标本兼治，注重源头和河道两岸治理，改建排污管网3.2千米，整治场镇入河直排口7处，有效消除劣V类黑臭水质，三合镇水生态治理明显好转，其中阳化河流域断面水质稳定达到国家地表水II类标准，集中式饮用水水源地水质达标率100%。

【脱贫攻坚】 研究制订《三合镇2020年脱贫攻坚巩固提升计划》，对照“两不愁、三保障”要求，先后组织开展脱贫户收入、住房、教育等方面问题自查自改13次，分村建立摸排台账，逐一研究解决发现的问题，完成手册类、住房类、就业类等问题整改28处。持续巩固脱贫攻坚挂牌督战和问题整改清零行动成果，通过机械拆除、双挂钩项目覆盖、土坯房改造行动等方式完成土坯房改建33户、农村住房安全保障提升82户。完成石马井、塘坝2个贫困村2019—2020年项目库规划资金898.5万元，村级道路和水利建设等基础设施累计投入资金1648.68万元。动态监测管理635户1729名一般脱贫户，重点关注并指定专人对接脱贫不稳定户和边缘易致贫户。加大扶贫资金专项自查自纠内审力度，结合扶贫项目审计和市委第五巡察组关于资金使用问题反馈，严格扶贫项目和专项资金监管，确保扶贫项目建设进度。

【新冠肺炎疫情防控】 三合镇迅速成立新冠肺炎疫情防控工作领导组，设立9个工作小组，在全镇主要进出口布置检测哨点13个，对进出人员一律实行亮码测温登记。制定常态化防控和应急集中处置方案，强化乡镇卫生院、学校、车站、农贸市场等重点区域风险防控能力。组织人员下村参与排查，摸排6878户21371人。通过播放广播、发放宣传单、改编经典歌曲等方式及时通报防疫信息和基本医疗常识，累计发放口罩、消毒液等防疫物资约1万件。高度重视人民群众正常生产生活秩序，累计发放救助资金总计130余万元。

（赵 芸）

平武镇

【概况】 平武镇位于简阳市沱江以东，距简阳市政府直线距离9.3千米，东邻禾丰镇、三合镇，西连东溪街道、石钟镇，南依平泉街道，北靠青龙镇、踏水镇，面积42.82平方千米，辖胡家街社区、进化社区、黄桷堰社区、高坡村、木桥村、皮匠街村、尤安村、八角村。平武镇辖区有简阳市平武镇中心幼儿园、简阳市平武镇九年义务教育学校、简阳市平武镇安佛九年义务教育学校、简阳市平武镇卫生院等公共服务机构，有四川鸿杰屠宰有限公司、四川腾扬商砼有限公司、简阳市西豪食品有限公司、简阳市嘉乐日用品制造厂、简阳市芳超家具有限责任公司、成都钰玲园艺有限公司、平武永新加油站等社会企业，有场镇个体经营户100余家。辖区交通便捷，有渝蓉高速，县道螺简路、金简路，乡道三平公路，以及主要道路禾丰连接线，村社道路硬化率100%。平武镇是毗河供水工程福泽地带，有小（2）型水库6个，集水面积9.79平方千米，总库容量225.1万立方米，正常库容117.85万立方米，有效库容量90.94万立方米，是宜居宜业之地。2020年，平武镇农业户口7266户，全镇户籍人口25037人，常住人口12444人。2021年1月7日，简阳市平武镇被命名为2020年度成都市实施乡村振兴战略推进城乡融合发展先进镇。

【村（社区）建制调整改革】 平武镇原有村14个、社区1个。2020年6月，实施村（社区）建制调整改革后，设置村5个、社区3个。调整村（社区）12个：将红庙村与木桥村合并设立木桥村，木桥村村委会办公地

9月11日，简阳市平武镇尤安村百鸣湾酒店开业

址为原木桥村党群服务中心；将玉林村、尤安村与安兴村合并设立尤安村，尤安村村委会办公地址为原尤安村党群服务中心；将八角村与三佛村合并设立八角村，八角村村委会办公地址为原八角村党群服务中心；撤销进化村、高店村，合并设立进化社区，将原进化村与原高店村的管理范围划归进化社区，进化社区居委会办公地址为原进化村党群服务中心；撤销黄桷堰村、安乐村、梨园村，合并设立黄桷堰社区，将原黄桷堰村、原梨园村与原安乐村的管理范围划归黄桷堰社区，黄桷堰社区居委会办公地址为原黄桷堰村党群服务中心。不作调整村（社区）3个：胡家街社区、皮匠街村、高坡村。

【经济发展状况】 2020年，平武镇实现地区生产总值4.74亿元，其中第一产业1.72亿元，第二产业0.47亿元，第三产业2.55亿元，地方财政一般预算收入2954万元，农民人均纯收入19843元，固定资产投资9200万元。平武镇有生产企业10家，规模以上企业1家，企业职工413人。平武镇村集体拥有7个股份经济合作联合社、3个集体经营开发公司、8个土地股份合作社，全镇发展以胭脂脆桃为主的桃产业10000余亩，柑橘1200余亩，订单农业4000余亩，集体经济收入780.31万元。平武镇实施农村产业结构调整，全域开展农村“四合一”改革，不断发展和壮大农村优势产业，大力发展以胭脂脆桃为主的桃产业基地，1个AAA级林盘旅游景区初具雏形。平武镇集中力量推进农商文旅融合发展，2020年9月，尤安村乡村民俗酒店正式投入运营。平武镇在乡村振兴领域共实施6个工程建设项目，累计投入各类资金约1000万元。平武镇优化国土空间布局，聘请两家专业规划公司综合规划场镇国土空间、产业发展、道路等，实现“多规合一”，为平武镇10～15年长远发展绘制了蓝图。

【基础设施建设】 全面完成原平武镇尤安村、安兴村、玉林村新农村田园综合体项目建设。有序推进进化、木桥、高坡农民集中建房项目。积极争取资金，改善基础设施，全年完成农村户厕改造2277户及皮匠街、黄桷堰两个厕所革命“示范村”项目建设，实施2020年农村化粪池建设项目7个。在皮匠街村打造农村人居环境整治示范点1个。场镇污水处理厂建成投入试运行，建成投用农村聚居点微污处理站13座。推进全镇农村垃圾收集点及垃圾转运站提档升级，拟2021年新建1个垃圾中转站、8个垃圾房，完成98个垃圾池、点改造。

【社会事业】 2020年，平武镇完成土坯房改造项目6户，挂牌识别319户，完成贫困户住房安全保障提升23户。全面组织9589人参与农村小额保险。认真开展春、秋两季畜禽防疫检疫、非洲猪瘟疫情防控，全年完成生猪出栏27000余头。完成玉林、泉水沟两座水库维修整治建设项目。开展秸秆“五化”利用工作秸秆粉碎还田，为村、社区股份经济联合社争取项目补助及实施机耕社会化服务项目。坚持生活垃圾“日产日清”和每日消杀，逐步推进皮匠街村、尤安村、黄桷堰社区、进化社区等池改桶工作。研究制定《农村人居环境考核细则》，集中整治皮匠街村、黄桷堰社区2处农村人居环境重点点位。加强河长制工作，有序开展河道清漂、环境整治以及日常保洁等工作，水域环境良好。着力解决群众关于环保的信访问题，化解矛盾与风险。不折不扣落实困难群众“应保尽保”，“拉网式”排查全镇城乡低保对象，建立低保户动态管理机制。完成城乡居民基本医疗保险参保工作，特殊人群全部参保。完成农村劳动力实名制录入和贫困劳动力“一库五名单”数据更新。

【脱贫攻坚】 平武镇扎实开展脱贫攻坚问题整改清零行动，整改脱贫攻坚挂牌督战发现问题17个，整改历年各级反馈问题100个，全部问题清零销号。实施扶贫项目1个，涉及巩固提升户7户19人，产业帮扶户19户50人，共26户69人，补助资金6.9万元。项目实施内容为种养殖业，种植业为种植魔芋、甘蔗，养殖业为养殖生猪、山羊、黄牛、草鱼等。实施“经济合作组织+贫困户”的模式，贫困户以土地和资金入股参与分红，并优先做工赚取劳务收入，分红达166080元，入股贫困户人均增收1000元以上。春季雨露计划补助25人，补助资金37500元，秋季雨露计划补助30人，补助资金45000元，补助九年义务教育学生145人。完成贫困户住房提升改造工作。2020年11月，平武镇“零问题”通过省级脱贫攻坚检查验收。

【新冠肺炎疫情防控】 平武镇科学精准做好新冠肺炎疫情防控工作，强化疫情防控指挥调度。建立镇、村、社三级协调联动的高效处置体系，落实镇包村、村包社、社包户责任制。2020年12月至2021年2月，开展入户上门排查，全镇共排查出返乡人员2297人，其中沈阳、河北、黑龙江、北京、上海返乡56人，以上地方属中风险地区所在设区市返乡3人，其余均为低风险地区返乡人员，境外返乡人员2人。按照简阳市疫情防控指挥部要求采取居家隔离医学观察13人，已全部解除居家隔离医学观察。排查冷链食品从业人员、物流人员、司乘人员等重点人群4471人。召开全体机关、村（社区）干部疫情防控工作会10次，传达贯彻各级精神，安排部署各村（社区）完善落实“五有一网格”工作体系、四级责任体系、人员摸排、重点人员管控、应急演练等防控措施。简阳市人大常委会副主任蒋雄带队，市财政局、市审计局、市国经局分管负责人参与，每周定期到平武镇开展疫情防控指导工作，提出工作建议5条，督促整改问题5个。坚持“外防输入、内防反弹”，抓好小区、院落末端管理，扎实开展农村地区冬春疫情防控“百日大宣传行动”和村庄清洁“百日行动”，确保群众生命安全，社会大局稳定。营造浓厚宣传氛围，印发宣传海报500余份，宣传标语1000份，入户宣传单1500余份，制作大型宣传广告画15幅，制作广播宣传稿3份，设置流动宣传车9辆。

【文物古迹】 **语录塔** 塔被一株高约25米的古老大榕树根茎所环抱，枝繁叶茂的树冠像一把巨伞，庇护着古塔，尤为壮观。“文化大革命”期间，红卫兵认为这座佛塔为封资修的流毒，于是在塔的六面墙上工整写满了毛主席语录，时任安佛乡领导宣布这座塔叫“语录塔”。从此，这座塔以“语录塔”这个名称维持至今。

安佛寺 据民间传说，明代有个地理师拿了张地图献给当时的皇帝，说此地风水好，皇帝就准备在此葬坟，并令当地周围六至八里的老百姓都要搬迁让地。老百姓听说后非常气愤，便自动捐款在此修庙，庙内塑三尊大佛和其他神像，既然是神地，就无人敢争，因而就命此为安佛寺。

三佛寺 位于平武镇八角村13组，以三尊大佛为名，始修时间是清乾隆二十九年（1764年）。因为经费来源是用化缘和乐捐的形式凑集的，开始只修了大佛殿，殿内塑有大佛三尊，大佛两边塑有十八罗汉。次年修建观音殿，殿内塑有观音菩萨。第三年修关爷殿，前面塑关羽像，背面塑韦陀像、太阳像，关羽两边塑有哼哈二将。

玉临庵 建于明万历十六年（1588年），清光绪三年（1877年）扩建。殿堂占地面积500平方米，有天王殿、地藏殿、观音殿、客堂，其中有住宿、学堂150平方米，说书台、茶园90平方米。在“文化大革命”之时，玉临庵受毁，后到1977年时得以恢复。

（兰　煊）

云龙镇

【概况】 云龙镇位于简阳市东部，以境内名山云峰山、千年古寺勾龙寺各取一字得名。云龙镇距简阳市区27千米，距成安渝、成都三绕9千米，东与资阳市乐至县大佛镇交界，南连涌泉镇，北接金堂县云合镇、土桥镇，西与禾丰镇毗连，幅员119.7平方千米，耕地112244亩，辖16个行政村133个村民小组、8个社区90个居民小组，总人口71379人。云龙镇境内有小（1）型水库百堰水库、七零水库，小（2）型水库高堰水库、龙安水库，库周风景秀丽。索溪河（阳化河支流）绕西北经万安、鱼荐2个村（社区），再转南入施家镇。龙潭小溪、清水河过境流入索溪河。高庙子小溪发源于境内千佛社区高庙子山脚下，流经千佛、爱民、勾龙场、庄元、鱼荐，在鱼荐滩汇入索溪河。云龙镇属浅丘地带，最高海拔584米（仁和寨山顶），平均海拔420.5米，境内地势东北高，西南低，山丘起伏，宛若龙蛇游弋，沟长谷宽，土壤棕紫色，中性偏碱，岩层水平波状是全镇地质主要特点。全境属亚热带湿润季风气候，冬暖夏热，冬春多云雾，夏秋多阴雨，雨量适中，日照较少，年平均气温16.5℃～17℃，年平均降雨量800毫米，7月、8月最热，元月最冷，霜期短。云龙镇栽植辣椒历史悠久，特别的土壤土质和气候，种出的辣椒、红薯和桃子、梨子、核桃等风味独特、商品性好，远近闻名。

云龙镇金秋砂糖橘产业园区

【乡镇（街道）行政区划调整】 根据《成都市人民政府关于同意简阳市调整部分乡镇（街道）行政区划的批复》（成府函〔2019〕129号），撤销金马镇、五合乡，将原金马镇、原五合乡所属行政区域划归云龙镇管辖。2019年12月31日，云龙镇人民政府正式挂牌，驻云西街40号。

【村（社区）建制调整改革】 2020年4—5月，云龙镇实施辖区内47个村（社区）建制调整改革：撤销爱民村、天宫村、柏林村，合并设立爱民社区，将原爱民村、原天宫村、原柏林村管理范围划归爱民社区，爱民社区居委会办公地址为原爱民村党群服务；撤销千佛村、高堰村，合并设立千佛社区，将原千佛村、原高堰村管理范围划归千佛社区，千佛社区居委会办公地址为原千佛村党群服务中心；将团碾村、芦茅村、时新村合并设立团碾村，团碾村村委会办公地址为原团碾村党群服务中心；将中峰村和白果村合并设立中峰村，中峰村村委会办公地址为原中峰村党群服务中心；撤销庄元村、西岩村，合并设立庄元社区，将原庄元村、原西岩村管理范围划归庄元社区，庄元社区居委会办公地址为原庄元村党群服务中心；撤销阳明村、鱼荐村，合并设立鱼荐社区，将原阳明村、原鱼荐村管理范围划归鱼荐社区，鱼荐社区居委会办公地址为原鱼荐村党群服务中心；将万安村和石玉村合并设立万安村，万安村村委会办公地址为原万安村党群服务中心；撤销云峰村、龙安村、灯塔村，合并设立云峰社区，将原云峰村、原龙安村、原灯塔村管理范围划归云峰社区，云峰社区居委会办公地址为原云峰村党群服务中心；将老河村和宝坡村合并设立老河村，老河村村委会办公地址为原老河村党群服务中心；将石塔村和吉祥村合并设立石塔村，石塔村村委会办公地址为原石塔村党群服务中心；将新乐村、白云村和星宿村合并设立新乐村，新乐村村委会办公地址为原星宿村党群服务中心；撤销玉金社区、金马村、玉泉村，将原玉金社区、原金马村、原玉泉村管理范围划归金马社区，金马社区居委会办公地址为原玉金社区党群服务中心；将龙潭村和护民村合并设立龙潭村，龙潭村村委会办公地址为原龙潭村党群服务中心；将青锋村和施家村合并设立青锋村，青锋村村委会办公地址为原青锋村党群服务中心；将红旗村和伍家村合并设立红旗村，红旗村村委会办公地址为原红旗村党群服务中心；撤销乐安村、三包村、简乐村，合并设立五合社区，将原乐安村、原三包村、原简乐村管理范围划归五合社区，五合社区居委会办公地址为原五合乡政府；将石佛村和天泉村合并设立石佛村，石佛村村委会办公地址为原石佛村党群服务中心；云龙社区、桤木村、海棠村、红坝村、翻身村、全胜村、方井村不作调整。

【经济发展状况】 2020年，云龙镇实现地区生产总值12.52亿元，农民人均可支配收入16040元。云龙镇大力发展以胭脂脆桃、金秋砂糖橘为主的特色林果业，并初具规模。胭脂脆桃产量3000余吨，实现总产值2400余万元。继2019年云龙镇金秋砂糖橘产业核心区500亩高桩嫁接果树率先投产试挂果后，2020年500亩果树实现全面挂果，产量约35万公斤，产值350余万元。云龙镇养殖、种植等传统优势产业稳定发展，小春粮食种植13567.88亩，大春粮食种植

99694亩，合计113261.88亩，生猪出栏48441头。云龙镇一号工程——德青源（简阳）现代蛋鸡产业示范项目稳步推进，德青源饲料厂、鸡蛋厂厂房主体全面建成，生产相关机器设备安装完成60%，有机化肥厂建设进展顺利。德青源项目通过全自动化工业流程，形成有机种植、生态养殖、食品加工、有机肥料的生态循环生产模式，可同时容纳400万只鸡，一年加工鸡蛋7亿枚，提供就业岗位约300人，带动周边村民增收致富，以绿色产业助推周边农业产业发展、优化农业产业结构、推进现代农业和三产融合。

【基础设施建设】 2020年，云龙镇坚持以项目为抓手，不断改善场镇和乡村面貌。建设项目稳步推进，县乡道路提升改造项目蒋云路、放高路、螺简路项目完工，禾金路、云平路实施基础施工；高滩桥改造项目完成，兰家桥改造项目开展前期工作，人行便桥完工；完成场镇基础设施建设二期收尾工作，增设太阳能灯果皮箱90余个，更换雨篦子和窨井盖40余个。城乡环境不断提升，开展农贸市场及周边秩序集中整治20次，组织拆除场镇布幅广告50余条，开展域内扬尘治理巡查7次，结合“双创”工作开展全覆盖城乡环境卫生检查4次、镇村环境大整治5次。乡村面貌不断改善，金马饮用水源地防护隔离栏设置完成，安装标示标牌；马庙河、字库河清淤工作有序推进；原千佛村农村景观化项目完成立项、财评，进入政府采购阶段；2020年乡村振兴连片发展示范组团打造前期资料完成报送；原新乐、护民、伍家村土地增减挂钩项目全部完工，交付农服中心；原白云村项目主体建设完工，实施绿化及道路建设；全胜村项目基本完工。

云龙镇胭脂脆桃盛开

【主导产业和优势产品】 云龙镇按照“标准化、规模化、产业化、组织化、品牌化”模式稳步发展胭脂脆桃产业。以胭脂脆桃为主的早桃产业突破1万亩，专合社、家庭农场等新型农业经营主体达68个，园区达到200亩以上规模的15个，30亩以上的46个，云龙镇被成都市农委和简阳市政府确定为“胭脂脆桃产业基地”。自2018年5月成立简阳市胭脂脆桃种植联合会以来，特别是柔性引进乡土技术人员以来，云龙镇桃产业管理和销售更上一层楼。简阳市云龙镇金秋砂糖橘产业核心区位于云龙镇龙潭村，核心区面积500亩。产业核心区由脱贫攻坚对口帮扶单位成都市新津区引进的成都高橙农业科技有限公司联合当地1家农民合作社和2家村集体经济合作社共同建设，并于2017年示范种植中柑所最新品种金秋砂糖橘。500亩核心区果树种植全部采用香橙桩头改嫁技术，园区建设实行“统一供种服务、统一技术标准、统一生产管理、统一产品营销”，经营主体形成产业联盟。2017—2019年，在核心区示范带动下，全镇扩面发展金秋砂糖橘种植大户8户、农民专业合作社4个、家庭农场2家、贫困村及经济薄弱村集体经济6个、贫困户67户，扩面发展2500余亩，全镇金秋砂糖橘产业扩展到5000余亩。成功举办云龙镇第五届胭脂脆桃线上采摘节，胭脂脆桃产业在四川公共乡村频道《主播看四川》栏目播出后声名远扬，创响了云龙产业发展的金字招牌。

【新农村建设】 云龙镇乡道、村道、社道建设项目稳步推进。乡乡连高速（国省县道提档升级）项目螺简路段完成改造升级，乡道云涌路、蒋云路（金马段）完工。千佛社区被评为成都市2019年度乡村振兴示范村，红坝村被评为成都市2020年度乡村振兴示范村，方井村、庄元社区被评为简阳市2020年度乡村振兴示范村。以“三清三改”为主要内容的环保工作持续强力推进，农村面源污染防控工作成效巩固，镇、村两级河长制工作扎实开展，秸秆禁烧工作有效落实。切实加强水环境治理，定期对45.8千米的河流、四座水库和塘堰开展清漂和环境整治。积极开展农村人居环境整治，2020年夺得流动红旗1次。

【社会事业】 云龙镇有幼儿园1所（云龙镇中心小学附

属公办幼儿园），初级中学2所（云龙镇初级中学、五合吴文森初级中学），中心小学2所（云龙镇中心小学、五合中心小学），九年制义务教育学校2所（云龙镇百堰九义校、金马九义校）。有卫生院3所，村卫生室23个，建成遍布全镇的医疗卫生服务体系，方便病人就医。云龙镇坚持以人民为中心的发展理念，扎实推进民生社会事业不断进步。民生工程深入实施，大力实施就业促进工程，推进就业扶贫工作，新冠肺炎疫情期间向各地企业输送100余人，防止贫困户脱贫返贫，增设临时性公益性岗位44个，开展3场贫困户线下技能培训培训180人。基本保障进一步健全，做好城乡困难群众生活救助、医疗救助、贫困边缘户保障，抓好政府临聘人员摸底登记、退役军人摸底登记，大力宣传成都市基本医疗补充保险“惠蓉保”。文化工作持续推进，成功举办云龙镇第五届胭脂脆桃线上采摘节，胭脂脆桃产业在四川公共乡村频道《主播看四川》栏目播出后声名远扬，创响了云龙产业发展的金字招牌；2020年3月，“云龙水酥”成功申报简阳市第七批市级非物质文化遗产代表性项目，并积极申报成都市第七届非物质文化遗产。安全工作不断强化，严格按照“党政同责、一岗双责、齐抓共管、失职追责”和“三个必须”要求，建立健全安全生产领导小组，细化领导干部、职能部门责任分工，全镇1000余人次参与开展安全隐患排查，共排查安全隐患185处。提高群众安全生产认识，全年发放安全宣传资料2000余份，悬挂横幅50幅，LED宣传300余次，开展安全生产“五进”活动6场。基层治理体系进一步完善，经过细致摸底调研、广泛征求意见，研究形成科学合理、群众认可的村（社区）建制调整改革方案，村（居）民会议表决通过率达100%，未发生相关舆情。

【云龙镇金秋砂糖橘采摘节】 11月10日，简阳市云龙镇金秋砂糖橘采摘节在云龙镇龙潭村举行，活动由云龙镇党委、政府主办，云龙镇龙潭村承办。活动设置多项内容，游客在尽情品尝、采摘金秋砂糖橘的同时，还可参加除采摘节启动仪式外的特色农副产品选购、“爱成都·迎大运”健康跑活动、摄影和美术爱好者采风创作活动。100余名参与者从龙潭村党群服务中心出发，沿着龙潭水库产业道慢跑，全长4.5千米，一路欣赏龙潭村扶贫产业金秋砂糖橘园区沿途景色，实地亲身感受脱贫攻坚成果。金秋砂糖橘采摘节活动既是庆贺丰收，更是产业扶贫的成果展示。云龙镇将继续沿着产业扶贫、产业兴旺之路，进一步深化产业结构调整和一三互动，将胭脂脆桃、金秋砂糖橘、冬草莓三大农业支柱产业做深做细做出特色，做大做强做出品牌。

【脱贫攻坚】 云龙镇贫困村集体产业发展迅速，经济发展初显成效。全镇以胭脂脆桃为主的早桃产业突破10000亩，被成都市农委和简阳市政府确定为“胭脂脆桃产业基地”；冬草莓种植800余亩，培育优质草莓品种5个，在第17届中国（建德）草莓文化旅游节全国精品草莓擂台赛上，获金奖1个、银奖2个；金秋砂糖橘突破5000亩，2019年底受邀参加在广州举办的2020年大湾区国际优质农产品交易会。简阳市王承种植专业合作社获评四川省十佳优秀农业示范单位和省级示范农民合作社。脱贫攻坚巩固提升全面完成，云龙镇建档立卡贫困户1733户5317人，2016年退出贫困村5个，2017年退出贫困村1个，全部实现“村摘帽、户脱贫”。通过产业发展、鼓励务工、政策兜底等方式在2018年、2019年、2020年持续稳定增收，家庭年人均纯收入超5000元，远高于脱贫线。村民“住上好房子、过上好日子、养成好习惯、形成好风气”的梦想稳步实现。

【新冠肺炎疫情防控】 云龙镇严格落实主体责任，全力做好新冠肺炎疫情防控。召开镇村干部大会，专题部署新冠肺炎疫情防控，安排全覆盖入户排查，先后开展3轮全覆盖大排查，定期和不定期动态巡查重点人员及全镇400余处重点场所，投放横幅、传单等宣传品40000余份。抓紧抓实抓细常态化疫情防控，持续开展疫情防控监督检查。督促检查辖区疫情防控工作，严格落实联防联控、群防群控，确保防控工作不留死角，加强重点场所管控。根据常态化防控需要，制定督查方案，成立联合工作组，定期督查村（社区）、学校、敬老院等，排查隐患，巩固疫情防控成果，防止反弹。坚持精准施策，加快恢复正常生产生活秩序。在严格落实防控措施的前提下，分类有序组织企业复工复产。不误农时抓好春耕春播，突出抓好生猪生产恢复，促进农业生产稳定有序。成立农民工外出务工

云龙镇红白塔广场

服务专班，及时掌握、发布、推送企业用工信息，统计全镇农民工外出务工需求、计划出行时间，免费提供健康服务等，累计输出劳动力 23100 余人。

【历史文化】 1935 年初云龙置乡，以境内有云峰山、勾龙寺，两处名胜各取一字，得名云龙乡。云龙镇政府所在地称勾龙场，因场中有勾龙寺得名。原寺中所祀之神曰勾龙，故名勾龙寺。勾龙是社神名，在古史传说中为“共工”之子“后土”的别称，乃是炎帝之后，为华夏族。相传水神共工的儿子勾龙是社神。共工长得人脸蛇身，满头红发，性格暴烈好战。一次他和祝融（传说火神）作战，一怒之下头触不周山，竟把撑天的柱子碰断，顿时天崩地裂，洪水泛滥，多亏女娲炼了五彩石及时把天补好。勾龙见父亲闯下大祸，心理非常难过，于是把九州大裂缝一一填平。皇帝见状，便封他为“后土”，让他丈量并掌管土地，从此勾龙便成为人们祭祀的社神。

【文物古迹】 云龙镇历史悠久，名胜古迹较多。

千佛寺　建于明朝，位于距场镇 1.5 千米的千佛社区，由明至清数百年，后遇明末张献忠兵火被毁。清康熙六十一年（1722 年）重建，占地总面积 2600 余平方米，由寺旁左侧一天然莲花石刻有千尊小佛像而得名千佛寺。千佛寺古木参天，香火旺盛，远近知名。

白莲寺　清光绪初年建寺，位于云峰社区的云峰山山顶，举目四眺，四周延绵的群山如莲花瓣在天地云雾间若隐若现，而云峰山恰置其中，白莲寺由来如此。寺庙建筑面积 400 余平方米，精致小巧、古朴典雅，寺内供奉的塑像神形兼备，香火旺盛。

百堰寺　建于唐朝，位于石塔村 4 组，数次被毁，晚清重修，“文化大革命”期间仅剩玉皇殿。20 世纪 80 年代，重建大雄宝殿、观音殿、天王殿，现有四重殿，佛像 38 尊。寺庙如凤，与如龙的百堰水库主坝相望，风景怡人。

红白塔　位于云龙镇红坝村 1 组东侧，环溪河畔。距离云龙镇 12 千米，兰家桥上行 300 米。塔坐西向东，砖石结构，13 级密檐式。塔体是四边形，层层上级，各层有龛。东西第三层有塑像一尊。素面四边形塔基高 2.2 米，边长 3.7 米。塔体通高 12.3 米。塔红中带白，故曰红白塔。远望去，如金针玉柱，屡经春秋至今尚存，2011 年被列为四川省文物保护单位。

（吴玉芳）

涌泉镇

【概况】 涌泉镇地处简阳市最东端，距市区 38 千米，与云龙镇、施家镇和乐至县高寺镇接壤，辖区面积 37.5 平方千米，总耕地 1771.1 公顷，其中旱地 1359.8 亩。涌泉镇有 7 个村 69 个村民小组、1 个社区 4 个居民小组，总户数 5678 户，总人口 18206 人，常年外出务工人员 8705 人，其中乡外市内 772 人、市外省内 6594 人、省外 1331 人、境外 8 人。

【村（社区）建制调整改革】 涌泉镇原有 14 个村（社区），其中村 13 个、社区 1 个。2020 年 5 月，村（社区）建制调整改革完成后，设置 8 个村（社区），其中村 7 个、社区 1 个。优化调整改革村（居）民小组，涌泉镇原有户籍人口 18182 人，村（社区）8 个，村（居）民小组126个。村（居）民小组优化调整改革完成后，减少村民小组53个，设置村民小组69个，居民小组4个。即将原清河村、四宁村合并为清河村，办公地址为清河村党群服务中心，合并后有村民小组18个，党员86名，户数958户，人口3096人，耕地4860亩，行政区域面积5.11平方千米；将原崇心村、骑龙村合并为崇心村，办公地址为崇心村党群服务中心，合并后有村民小组19个，党员55名，户数730户，人口2489人，耕地3939亩，行政区域面积5.16平方千米；将原新寨村、石柱村合并为石柱村，办公地址为石柱村党群服务中心，合并后有村民小组18个，党员69名，户数667户，人口2143人，耕地4602亩，行政区域面积4.22平方千米；将原齐心村、农田村合并为齐心村，办公地址为齐心村党群服务中心，合并后有村民小组19个，党员69名，户数895户，人口2887人，耕地4329亩，行政区域面积4.5平方千米；将原凉塘村、鼓楼村合并为凉塘村，办公地址为凉塘村党群服务中心，合并后有村民小组21个，党员77名，户数734户，人口2485人，耕地4638亩，行政区域面积3.85平方千米；将原文会村、清泉村合并为文会村，办公地址为文会村党群服务中心，合并后有村民小组17个，党员79名，户数876户，人口2686人，耕地5322亩，行政区域面积4.63平方千米；同德村、涌泉社区行政区划未作调整。

【经济发展状况】 2020年，涌泉镇实现地区生产总值3.66亿元，财政收入1893万元，农村居民可支配收入12989元，固定资产投资6200万元，畜牧业收入4085万元。全年粮食播种22739亩，粮食总产量约8700吨，其他经济作物种植18410亩。

【主导产业和优势产品】 平武镇坚持推进农业供给侧结构改革，紧跟现代农业发展方向，宣传农业招商和简阳市支持现代农业发展政策，鼓励业主集中选好选准产业兴办家庭农场、种养专合社，实现农业规模化。打造“双核多元”循环产业园，以“稻+虾”养殖、“生猪+果蔬”养殖为核心，多元化发展中药材、晚白桃、青花椒等产业，涉及凉塘村、文会村等，核心区5500亩，辐射1.2万亩。引进3家企业（简阳市健硕农牧发展有限公司、简阳市红白塔猪业合作社、简阳市蓉森种养殖专业合作社）在文会村、凉塘村先行试点。

【新农村建设】 涌泉镇文会村5组建设“幸福美丽新村”，举办2020年简阳市品尝采摘季暨涌泉镇第一届柑橘采摘节，采摘现场设在鼓楼山生态家庭农场，坐拥良好生态和地理条件，300多亩柑橘林受到科学养护，是绿色无公害水果的首选。涌泉镇狠抓绿色农业发展，引进简阳汇众农投投资3亿元建设标准化生猪养殖场，加速推进简阳健硕农牧“生猪+”项目发展，加大凉塘村柑橘、崇心村蜂糖李等“一村一品”建设，以“双核多驱”全面建设种养循环农业产业园。强化农业产业结构调整，加强产业园区党建引领，着力打造“一村一品”农业品牌，促进全镇农业绿色生态健康发展。

【基础设施建设】 涌泉镇做好国土城建工作，根据市住建局住房保障安全提升工作要求，仔细排查核查，确定55户为提升对象，其中贫困户6户，非建档立卡贫困户中的低保户、分散供养特困人员48户、其他建房困难户1户，已全部完工入住。启动文会村12组“李映彬屋后”地灾隐患点整治工作。启动原农田村土地增减挂钩项目工作。做好交通工作，摸清家底，做好规划，完成镇路网体系调查摸底，村组道路约172千米，其中村道约53千米，组道约119千米，已硬化约92千米，未硬化约80千米。规划上报与乐至县连接改造提升道路12条30余千米，4条道路纳入2020年村社道路改造提升项目。完成镇桥梁摸底工作，有桥梁34座，其中危桥15座，3座桥纳入2020年村社道路改造提升项目，预计2021年3月实施，其余12座危桥完成前期检测费用的请示工作，检测后根据结果完成改造。抓好道路建设，2019年村组道路硬化项目于2020年11月启动实施，涉及6个村约31千米，同德村、文会村、崇心村路段加紧施工，预计2021年完成建设。完成2020年35千米村组道路硬化项目申报工作。配合阳安交投完成放高路云涌段建设，涌凉段加紧施工，预计2021年初可竣工。两河口大桥已完成前期包装，待资金到位后立即招投标。制定镇“十四五”规划方案。明确全域土地增减挂钩项目、索溪河河道整治项目、凉塘村养殖场建设项目、放高路连接线建设项目、古镇打造项目、提灌站新建和水渠维修整治项目等项目为镇“十四五”规划重点项目，并明确实施期限，助推镇域经济发展。组织企业负责人加入工商联云龙分会，常态化合作交流，平武镇入会8人，当选副会长2人。开展经科信系统危险化学品领域百日安全专项行动，严防“地条钢”死灰复燃排查，为企业发展营造良好社会环境。推动信息产业发展，在场镇安装LED屏2个，免费Wi-Fi 20多组。

【社会事业】 涌泉镇有初级中学1所、中心校1所、幼儿园5所、村小4所，入学率100%，毕业率100%，普九任务全面完成。有卫生院1所，床位23个，持执业医师证9个。涌泉镇落实社会保障，“城乡特困人员”196人，全年发放特困人员护理费13.8万元；落实城乡低保政策，新增低保对象26户73人，共有271户407人；全年上卡直发高龄老人生活补贴78.78万元，离职干部补助12.47万元，临时救助2.77万元，快速救助2.11万元；抓好精简定救人员工作，发放精简定救补助126人次，共计5.05万元。开展居家养老服务老年人223名，新建村（居）日间照料中心2个，新建老年学习点3个，养老服务设施覆盖率达88%。涌泉镇狠抓农村养老保险，城乡居民养老保险参保约7047人，退休人数约3450人；新增参保登记办理245人，死亡185人，待遇领取人员年审2257人；实体卡人数9318人，电子社保卡申领人数3873，签发率41.6%，窗口办理业务5924件，现场办结5924件。城乡居民医疗保险贫困户参保成功811人，优抚对象82人、民政403人，超龄失地农民6人、残联134人、卫计11人参保，一般人群参保10565人。做好技能培训，5月、7月组织农民劳动力、贫困户劳动力14人次参加现场招聘会;每月推送招工信息18条。2020年，出生138人，其中政策内出生134人，符合政策生育率97.11%，出生率7.40‰。死亡120人，死亡率6.50‰。落实奖励扶助447人，开展两次打击两非专项工作，全面加强艾滋病防治，开展宣传教育，扩大监测检测面积，完成无偿献血工作任务。落实新冠肺炎疫情防控工作，将防疫知识宣传、防控措施落实、疫情监测检测等贯穿所有工作之中，确保人民生命安全。狠抓社会事务，协调开展好群众性文化活动，举办成都市“文化四季风·劲舞暖冬”暨简阳市涌泉镇2020年第九届百姓舞台大家乐文艺会演和2020年简阳市品尝采摘季暨涌泉镇第一届柑橘采摘节活动等300人以上的大型文化活动6次，一般文化活动86次，文化培训82场。

涌泉镇第一届柑橘采摘节期间市民采摘柑橘

【脱贫攻坚】 涌泉镇共有建档立卡贫困人口308户812人，7个建制村均为非贫困村。2014年减贫56户150人，2017年减贫252户662人，2017年底全部贫困户实现脱贫摘帽。2019年，贫困户家庭年人均纯收入为10394.46元。2020年，贫困户家庭年人均纯收入17975.06元。2020年，涌泉镇全面落实城乡居民医疗保险制度，实现贫困户全覆盖参保；加快推进社会保障体系建设，进一步完善最低生活保障、临时救助等社会救助体系，对全镇建档立卡贫困户住房开展安全鉴定，将所有危房户和无房户纳入住房安全保障，63.7万元财政专项资金用于贫困户产业发展到户项目及经济薄弱村集体经济项目；加大教育扶贫救助、卫生扶贫救助、扶贫小额信贷风险基金和就业培训覆盖范围，全面实行“三免一补”“雨露计划”等贫困家庭学生资助政策，贫困人口就医实现市域内住院合规费用“零支付”，门诊费用控制在10%以内。2020年11月初，简阳市对涌泉镇贫困户307户809人对照“一超六有”全覆盖成效考核，全镇建档立卡贫困户不存在错评、漏评、错退现象，实现全镇脱贫攻坚工作既定目标。

【新冠肺炎疫情防控】 涌泉镇成立疫情防控工作领导小组，制订疫情防控应急预案，组建2支涌泉镇新冠肺炎疫情流调队，成立应急队伍8支，设置核酸检测点 8 个，文会村和涌泉社区分别围绕核酸检测和突发病例开展 2 次演练，组织 8 个村（社区）干部 241 人参与。实行班子成员包片、机关干部包村、村干部包组、组长包户、庭院长包院、一对一工作组包重点户的六级联包机制，镇村干部践行“一亮”“三先”“六带头”，带头开展巡逻应急、管理服务、保障物资。发挥“1 + 3 + N”群防群治力量，组织社区民警、“红袖套”人员、网格员、院落长等，利用电话广播、微信群朋友圈、微博、横幅等，宣传科学预防知识和官宣消息，共开展各类宣传活动 3000 余场次。部门联动、干部带头、群众参与、社会监督，开展三轮大排查，走访服务到（返）简阳人员，摸底排查来（返）简车辆人员，参与特殊群体服务管理 260 余次，捐助口罩、消毒水等防控物资，全镇人财物资源实现高效利用。

【文物古迹】 涌泉寺　位于涌泉古镇。据说，老涌泉寺建于汉代，位于蜀汉太子刘禅出生地。后清代时，在原来的土地上建成了一个相当规模的涌泉寺（涌泉寺九宫八庙，即涌泉寺由九个宫殿和八个庙宇组成，可考）。在经受“文化大革命”的破坏后，原有的涌泉寺九宫八庙只剩下川黔宫。川黔宫在经过维修后，已经向大众开放，历史上的涌泉古镇再次展现在世人面前。周锦：“踏进川黔宫，回味无穷的古镇风貌。”

天池寺　建于明代末年，位于涌泉镇与乐至县高寺镇交界处的鼓楼山上，海拔 495 米，相对高度 85.9 米。山势陡峻，峰峦重叠，林木葱郁，风景优美。陈子昌赞曰：“娄山悠雅一禅林，三月鼓楼佛地青。前看天地洞旧岭，后探石洞有龙迎。左栽紫竹金鸡栈，右配窗屋显凤灵。佛像庄严居宝座，此间吉世小雷音。”

老庙子　老庙子是涌泉寺九宫八庙之一，后在“文化大革命”中被彻底摧毁，原址建为涌泉镇初级中学，当地佛教信众将摧毁后的佛像收集在重建的庙宇，让历史的画面重现在世人面前。如今的老庙子有佛像百余座，常住僧人、居士、信众数十人。香火鼎盛的老庙子，引来了四面八方信众供奉，每到春节前后，前来供奉的信众就有数千人。

崖墓群　刻于东汉，位于原骑龙村西南方 100 米处，有 3 座；位于崇心村西北 1 千米处，有 9 座。

魔岩造像　刻于宋代，位于原骑龙村东南 500 米处，有净水观音 1 龛 3 尊；东南 1.5 千米处，有 3 龛 49 尊；位于崇心村以南 2 千米处，有 2 龛 6 尊；位于崇心村以东 450 米处，有 1 龛 2 尊。

（王　楠）

三星镇

【概况】 三星镇位于简阳市东北，是简阳市东北方向中心城镇，距简阳市区 31 千米，毗邻金堂县，四面环山，地貌以丘陵为主，属亚热带季风气候，气候温和，雨量充沛，冬季几乎无降雪，夏季高温多雨。三星镇辖区面积 86 平方千米，总耕地 90836 亩，人均占有耕地 1.85 亩。三星镇辖利济社区、新星社区、同合社区、双桂村、共和村、民桥村、水泉村、宝莲村、蟠龙村、游林村、胜天村、平江村、桐麻岭村、雷公庙村、柑子村、干石山村、三沟村、秀阳村，总人口 5.47 万人，其中非农业人口 5791 人。2020 年，三星镇抢抓成都“东进”机遇，深入分析镇情实际，明晰发展定位，以“综合型重点特色镇”为目标，围绕“一核一轴两廊三区”工作思路，聚焦重点工作，倾力打造“成都东进特色镇，沱东开发新样板”，先后获“简阳市乡村振兴考评激励先进镇”“粮食生产先进集体”“维稳工作先进集体”等 19 项称号，顺利通过脱贫攻坚省级检查，脱贫攻坚成果得到成都市人大常委会主任唐川平等领导批示表扬。

【乡镇（街道）行政区划调整】 根据《成都市人民政府关于同意简阳市调整部分乡镇（街道）行政区划的批复》（成府函〔2019〕129 号），撤销同合乡、新星乡，将原同合乡和原新星乡所属行政区域划归三星镇管辖，三星镇人民政府驻隆都路 10 号。

【村（社区）建制调整改革】 2020 年 5 月，三星镇实施辖区内 34 个村（社区）建制调整改革：撤销响水滩村、柑子村，合并设立柑子村，将原响水滩村与原柑子村管理范围划归柑子村，村委会办公地址为原柑子村党群服务中心；撤销秀阳村、花坟村，合并设立秀阳村，将原花坟村与原秀阳村管理范围划归秀阳村，村委会办公地址为原秀阳村党群服务中心；撤销干石山村、靛缸村，合并设立干石山村，将原干石山村与原靛缸村管理范围划归干石山村，村委会办公地址为原干石山村党群服务中心；撤销三沟村、照壁村，合并设立三沟村，将原照壁村与原三沟村管理范围划归三沟村，村委会办公地址为原三沟村党群服务中心；撤销刘家沟村、平江村，合并设立平江村，将原刘家沟村与原平江村管理范围划归平江村，村委会办公地址为原平江村党群服务中心；撤销桐麻岭村、金盆庙村，合并设立桐麻岭村，将原桐麻岭村与原金盆庙村管理范围划归桐麻岭村，村委会办公地址为原金盆庙村党群服务中心；撤销宽沟村、雷公庙村，合并设立雷公庙村，将原宽沟村与原雷公庙村管理范围划归雷公庙村，村委会办公地址为原雷公庙村党群服务中心；撤销春天沟村、双桂村，合并设立双桂村，将原春天沟村与原双桂村管理范围划归双桂村，村委会办公地址为原春天沟村党群服务中心；撤销宝莲村、新元村，合并设立宝莲村，将原新元村与原宝莲村管理范围划归宝莲村，村委会办公地址为原新元村党群服务中心；撤销共和村、飞凤村、冬水村，合并设立共和村，将原飞凤村、冬水村与原共和村管理范围划归共和村，村委会办公地址为原共和村党群服务中心；撤销民桥村、井田村，合并设立民桥村，将原井田村与原民桥村管理范围划归民桥村，村委会办公地址为原民桥村党群服务中心；撤销众合村、水泉村，合并设立水泉村，将原水泉村与原众合村管理范围划归水泉村，村委会办公地址为原水泉村党群服务中心；撤销胜天村、巩固村，合并设立胜天村，将原巩固村与原胜天村管理范围划归胜天村，村委会办公地址为原胜天村党群服务中心；撤销松明村、蟠龙村，合并设立蟠龙村，将原松明村与原蟠龙村管理范围划归蟠龙村，村委会办公地址为原蟠龙村党群服务中心；撤销游林村、六洞村，合并设立游林村，将原六洞村与原游林村管理范围划归游林村，村委会办公地址为原游林村党群服务中心；撤销邹家湾村，设立新星社区，将原邹家湾村管理范围划归新星社区，社区居委会办公地址为原新星乡人民政府；撤销三桥村、西山庙村，合并设立同合社区，将原三桥村与原西山庙村管理范围划归同合社区，社区居委会办公地址为原同合乡人民政府；利济社区不作调整。

三星镇“土地双挂钩”项目桐麻岭建房聚居点

【经济发展状况】 2020年，三星镇实现地区生产总值11亿元，增长6.35%，农民人均纯收入18094元，增长9%。三星镇以产业为先、项目为王，实现经济新发展。加快实施“双挂钩”项目，启动三踏路、三宏路、新双路乡道改造提升工程，完成金简仁二期8.3千米1496亩征地拆迁工作；投入1200余万元，完成2020年第一批、第二批、第六批18个财政专项扶贫资金项目建设；投入500余万元，新启动实施成都市武侯区对口帮扶入户路等帮扶项目建设。三星镇夯实农业基础，发展特色农业，促进农民收入稳增长。成立农民专业合作社62个，金盆庙村养猪场、秀阳村美美兔业、双桂村瓜蒌种植等一批集体经济优质项目成效凸显，村级经济自我“造血”功能明显增强，全镇贫困村实现集体经济收入413.7万元；推动产业发展集约化、规模化、市场化，发展晚白桃、柑橘、苗木、药材等特色优势产业5000余亩，稻虾、稻蛙等养殖3000余亩；拓宽农业产业园区有效规模，建成简阳市首个现代农业产业园区管理中心，服务1.2万亩现代农业产业园区建设，完成1.3万亩高标准农田改造；借助成都市武侯区帮扶单位等搭建的销售平台，园区水蜜桃、柑橘试验田首度挂果上市，实现品牌包装和电商共销，为全镇现代农业产业提质增资奠定了坚实基础。

【基础设施建设】 三星镇健全基础设施，建成桐麻岭村等4个建新点房屋建设及配套设施，占地面积45.25亩，参与农户213户726人，拆旧面积约97.05亩；完成97户困难户住房保障提升改造；推进村组道路改造提升30千米，维护整治水渠9.8千米、山坪塘和蓄水池369口，实施危房改造349户。三星镇完善水利设施，实施“十三五”水美乡村项目，打造水美景观、提升共和村聚居点形象品质；完成农合水库大坝坝体灌浆、坝坡整治、堰塘排水设施修复和白蚁整治；完成狮子水库新建公路1条、管理房60平方米，完成大坝内外坡整治；铺设新星、同合片区自来水管网16.5千米。

【全域土地综合整治】 三星镇全域土地综合整治项目由四川商投天成新简土地整理有限公司投资建设，总投资1.8亿元，总规划面积约40万平方米，涉及原三星镇16个村。项目坚持以产业促新村的思路，与高标准农田整治、农村土坯房改造、川西林盘保护修复项目相结合，以推动新农村建设、促进城乡一体化发展和推动新型城镇化建设为目的。2020年，投入资金1.2亿元，重点实施桐麻岭村集中建房项目、游林村城乡建设用地增减挂钩项目、原巩固村城乡建设用地增减挂钩项目、原冬水村城乡建设用地增减挂钩项目4个项目房屋建设及配套设施，涉及参与农户213户726人，拆旧面积约97.05亩，建新房占地45.26亩，预计节约土地325亩。

【环境治理】 三星镇深入推进环境治理“三大革命”，完成农村无害化户厕改造2546户，开展市容环境卫生大整治行动12次，拆除乱搭违建38户4654平方米;专项整治牛皮癣1200余处，清理标语横幅120条，排查广告招牌85处，督促商家整改15处，立行立改35处，核实三查一体交办的问题图斑21处；规范非机动车停放2100余次，对违停车辆出具罚单80起，教育乱停乱放车辆445人次。

【社会事业】 2020年，三星镇狠抓安全生产隐患排查治理，全年检查企业100余次，排查隐患20余处，下达整改通知书20份；落实禁毒工作，开展大型禁毒宣传活动16次，社区戒毒康复执行率达到100%；扎实开展扫黑除恶专项斗争，营造平安和谐的社会环境，有序化解信访矛盾，处理信访案件936件，办结率100%，化解案件743件。协调发展社会民生事业，建立健全主动发现困难群众机制，全年新增低保60户95人、特困18人，实施临时救助138人次、快速救助221人次，办理残疾人补助797人；实施三星镇敬老院适老化改造，完成118户老年人适老化改造。扩大老年服务辐射面，新建3所日间照料中心；完成1552名残疾人“量体裁衣”式个性化服务工作；实施免费孕优检查199人，“两癌”筛查845人，义务献血403人，献血量达到130350毫升，发放健康生活工具包11969套;新增奖扶171人、特扶9人，艾滋主动检测6634人;为376名贫困户、5515名特殊人群购买城乡居民养老、医疗保险；提供临时性公益岗位20个、短期公益性岗位62个，追回农民工被欠工资37人次。

【脱贫攻坚】 截至2020年底，三星镇共投入财政专项扶贫资金5279.95万元、帮扶资金3801.64万元。三星镇有青花椒、晚白桃、柑橘三大产业，将进一步加大力度引进资金、技术和业主，不断改善农业产业园区基础设施条件，吸引业主入驻园区发展农村产业。三星镇有建档立卡贫困户1367户3785人。其中，2014年减贫201户612人，2015年减贫269户698人，2016年减贫408户1190人，2017年减贫489户1285人，2016年退出贫困村3个，2017年退出贫困村4个，全部实现“村摘帽、户脱贫”。三星镇以建设幸福美丽三星为统揽，坚持产业为先、项目为王，7个贫困村发展自主产业，建成13个农户聚居点，安装太阳能路灯1000余盏。通过产业发展、鼓励务工、政策兜底等方式在2019年、2020年持续稳定增收，家庭年人均纯收入超11646元，远高于脱贫线，贫困村集体经济收入实现人均38元以上。省定7个贫困村道路硬化覆盖近200千米，新建入户路10余千米、生产便道13千米、蓄水池70余口、水渠16千米，整治山坪塘30余口、提灌站11座、便民桥2座，基础设施建设明显改善，为全面实施乡村振兴战略打下坚实基础。

【新冠肺炎疫情防控】 三星镇成立疫情防控工作领导小组，制订疫情防控工作方案、预案，建立镇、村（社区）、小区（院落）联动机制，整合下派干部、镇村干部、志愿者、党员等开展排查、救治工作，通过“四问四登记”，严格按照“六步工作法”逐户开展5轮排查，共走访排查29650户86054人，并建立外出返乡人员台账。全面发动宣传引导，组织机关干部、村（社区）干部、网格员、交通协管员等500余人开展入户走访及政策宣传，共发放宣传单、海报、疫情

10月22—23日，三星镇举办“爱成都·迎大运”简阳休闲垂钓季暨三星镇首届农业休闲观光体验活动

防控知识手册20000余份，张贴宣传横幅190条，出动宣传车2500余次，并通过各村（社区）广播、流动宣传音箱全天候循环播放疫情防控宣传音频，各村（社区）LED屏幕全天滚动播放宣传标语。成都市郫都区疫情发生以来，三星镇扎实开展医疗机构、冷链食品、城乡社区等十个方面“全域体检”，全力排查中高风险地区来三人员，动态管控重点地区返回人员，落实专人每日开展点名和体温检测，累计排查中高风险地区来三人员111人，累计集中隔离17人，均已解除集中隔离。

【“爱成都·迎大运”简阳休闲垂钓季暨三星镇首届农业休闲观光体验活动】 2020年10月23—24日，由三星镇人民政府主办的“爱成都·迎大运”简阳休闲垂钓季暨三星镇首届农业休闲观光体验活动在雷公庙村未来之星家庭农场举行，活动包含脱贫攻坚农产品成果展示、三星镇特色美食汇、休闲观光体验活动、全民健身活动和三星镇“2020成都文化四季风·暖冬劲舞”活动六大部分，吸引了来自成都市龙泉驿区、金堂县等地游客2000余名。活动的举办，让广大游客更好地了解到三星镇众多特色农产品的优质之处，彰显了三星镇以乡土传统文化为基础的新农村文明建设成果，提升了三星知名度、美誉度，带动了乡村旅游产业，丰富了经济发展要素资源，加强了经济发展、致富增收、脱贫攻坚新动力。

【文物古迹】 利济桥　位于三星镇利济社区党群服务中心旁，据记载，清嘉庆十三年（1808年），周公鸿禧寿进八旬，不愿杀生牲宴客，有累亲友，大展善心，独建大桥于星市。共费银千九百余两，周尊沈大本，闻而嘉之，朱批云：“捐资独建桥梁，俾远近乡民。君资利济，属好善急公，殊堪嘉尚，所以该桥当以利济命名，以志耆名善举于不朽。”落成之日给匾云：乐善耆英。

蟠龙村　1992年，蟠龙村一九岁孩童唐华明在游玩时发现了像骨头一样的石头，经成都理工学院教授鉴定，证实是恐龙化石，随后在地里挖出四根完整的恐龙化石，目前依然还能看到镶嵌在玄武石上的生物化石。故蟠龙村还有另一个称号——恐龙的故乡。

（黄　馨）

青龙镇

【概况】 青龙镇位于简城以东20千米，东与踏水镇、三合镇相邻，西同石钟镇毗邻，南接平武镇，北和三星镇接壤，面积46.8平方千米，耕地38656亩，辖行政村9个、社区1个，总人口26031人，青龙镇人民政府驻长寿街152号。青龙镇属浅丘地带，自然条件优越，土壤肥沃，四季分明，无霜期长，年平均气温18.5℃。

【村（社区）建制调整改革】 青龙镇原有18个村和1个社区，2020年5月，实施村（社区）建制调整改革后为9个村和1个社区。即撤销政治村、民主村，将原政治村与民主村的管理范围划归青龙观社区，青龙观社区居委会办公地址为原民主村党群服务中心，辖区面积6.41平方千米，辖居民小组26个，常住人口5341人，户籍人口4544人，党员116人；将粮丰村与粉壁村合并设立粮丰村，粮丰村村委会办公地址为原粮丰村党群服务中心，辖区面积3.18平方千米，辖村民小组15个，常住人口1298人，户籍人口1662人，党员46人；将鞍山村与明星村合并设立明星村，明星村村委会办公地址为原鞍山村党群服务中心，辖区面积3.74平方千米，辖村民小组17个，常住人口1257人，户籍人口1802人，党员63人；将学堂村与联合村合并设立联合村，联合村村委会办公地址为原联合村党群服务中心，辖区面积4.32平方千米，辖村民小组16

个，常住人口1736人，户籍人口2425人，党员84人；将芳草村与极乐村合并设立极乐村，极乐村村委会办公地址为原极乐村党群服务中心，辖区面积4.88平方千米，辖村民小组17个，常住人口1758人，户籍人口3159人，党员102人；将新堰村与石桅村合并设立新堰村，新堰村村委会办公地址为原石桅村党群服务中心，辖区面积5.77平方千米，辖村民小组17个，常住人口2451人，户籍人口3375人，党员96人；将水井村与白庙村合并设立水井村，水井村村委会办公地址为原白庙村党群服务中心，辖区面积6.19平方千米，辖村民小组26个，常住人口3209人，户籍人口3557人，党员96人；将郭家村与芋河村合并设立芋河村，芋河村村委会办公地址为原郭家村党群服务中心，辖区面积5.14平方千米，辖村民小组25个，常住人口2674人，户籍人口3136人，党员75人；银洞村、大松树村不作调整。

【经济发展状况】 2020年，青龙镇农村经济可分配净收入总额4.64亿元，农村居民年人均可支配收入17533元，比上年同期增长9.4%，固定资产投资总额9593万元，增长59%。加快园区建设速度。青龙镇现代农业园位于青龙镇中部，规划总面积1.3万余亩，涉及6个村，规划打造稻鱼（虾）、花卉苗木、果蔬、食用菌为主的立体高效农业产业园区。青龙镇整合多方资源，成立工作机构、高标准建设基础设施、提供"1+N"高质量服务，园区建设速度明显加快，取得显著成果。新型经营主体进一步发展，引进虹兴蔬菜种植专业合作社、简阳绿地天空小龙虾专业合作社、成都一口吖吖农业有限公司等新型经营主体8个，培育较大规模业主3个，流转土地6000余亩，实现年产值8170万元。农业产业规模进一步壮大，在专业合作社及特色种植大户带动下，农业产业结构调整得到优化，发展规模不断壮大，初步形成优质粮油5000亩、花卉苗木4000亩、名优果蔬3000亩、稻鱼稻虾1000亩、食用菌1000余亩的特色农业产业规模，各类养殖专业户、合作社建设向规模化、标准化、集约化发展。现代化科技养殖产业进一步加强，简阳一口吖吖高效农业生态园区项目（数字牧场）总占地面积20万平方米，建筑面积10.8万平方米，预计投资2.4亿元，建成后将实现存栏母猪5000头、年出栏商品猪12万头、销售收入3.9亿元的生产规模。休闲农业进一步发展，引进简阳市稻花乡里生态农庄，在联合村流转土地30余亩，吸引联合村集体以闲置办公室入股，发展稻虾养殖、餐饮服务、会议接待、休闲旅游为一体的农旅融合体，2020年9月正式运行，接待游客3.6万人，营业额120万元，联合村集体分红1.2万元。

【基础设施建设】 青龙镇有小（1）型水库2座（明星水库、新埝水库），小（2）型水库1座（大松树村水库），提灌站16处，山坪塘139口，蓄水池421口。2020年，青龙镇实施农田、水利等农业基础设施建设，增强农业发展后劲，改善农民居住条件。实施高标准农田建设项目，新建渠道13千米、道路13千米、田型调整597亩，整治山坪塘5口，新建蓄水池10口。开展明星水库清淤工作，已进入项目施工，协调堆场占地20.02亩，申报清淤工程占地及附着物补偿费等相关资金13万余元。村组道路建设分三批次由阳安交

青龙镇联合村铁佛寺

青龙镇水井村"双挂钩"项目

投实施，共建设100千米左右，第一批涉及7个村完成建设23.67千米，剩余76.33千米分别在第二、三批动工建设，且均在2020年底前动工，建成后平均道路宽度4.5米以上。

【农业保障】 青龙镇推广10余项农业新技术，其中最成熟的为秸秆粉碎还田及水稻、油菜病虫害统防统治技术。借助秸秆粉碎还田及水稻技术，2020年小春完成秸秆粉碎还田项目4540亩，全年秸秆综合利用率97%以上；推广使用病虫害统防统治技术，大大减少农药使用量及农作物产品损失，保障农业增收。完成农业新机具推广20台套，补贴资金90.34万元；完成水稻飞机直播技术1300亩，技术受到四川省、成都市、简阳市领导和专家好评，并在全成都市推广。提供社会化服务，完成机耕社会化服务3060余亩，秸秆粉碎还田社会化服务4620亩。落实农业政策性保障，2020年完成种植业政策性保险9368亩，养殖业政策性保险参保率达90%，耕地地力补贴年均发放300余万元，完成500亩退耕还林补助资金兑付62500元。

【人居环境提升】 青龙镇在提升村容村貌上下狠工夫，扎实推进农村人居环境整治工作向纵深发展，极大改善生态环境质量，初步形成“推窗望山、开门见绿”的城乡空间形态。2020年，全镇生活垃圾得到有效治理的行政村达100%，垃圾无害化处置率达100%；完成农村改厕2660户，全镇无害化率达93%；整治畜禽乱放45处，畜禽散养改圈养86户，关停规模养殖户27家；清理沟塘18处，转运生活垃圾3800余吨，清理残垣断壁36处、废旧广告牌23个、牛皮癣301处，规范庭院柴草、杂物堆放820余处，整治柴草乱堆75处，秸秆利用量达120余吨；整治线缆乱接26处，整治房屋乱搭2处，拆除违章建筑4户，拆除畜禽棚15个；整治垃圾乱扔83处，整治污水乱排19处，整治墙体乱画48处，完成农村户厕改造591户，验收合格492户；栽植绿化树木1000余株、花草2300平方米，安装路灯200盏，新建公厕2座、污水管网5000余米，硬化河堤170余米，清淤疏浚400余米；落实专人巡护镇域内水域，清漂打捞河湖漂浮物11.24吨，新建堵水坝3个，种植净水水草270米，累计落实专项经费7000余元。

【民生服务】 2020年，青龙镇保障民生，关心关爱困难群众。完善落实城乡低保定期报告和定期复核制度，实行分类施保动态调整，全镇共有农村低保287户479人、城镇低保2户2人，全年共发放低保金约330万元。全年新增低保50户109人，退出减少28户43人。完成农村特困供养动态调整，全镇共有特困对象346人，其中集中供养38人，分散供养308人，全年共发放特困供养金超400万元，全年新增特困30人，死亡减少11人。助力脱贫攻坚扎实开展救助工作，全年受理救助266户，发放快速救助金约5.76万元、临时救助金约28.81万元、紧急临时救助金2.4万元。落实农村留守儿童、孤儿、困境儿童家庭主体责任制，全年特殊群体儿童共67人。开展多种文化活动，提高村（社区）居民文化素质。青龙镇综合文化站多功能室、图书室、电子阅览室和各村（社区）农家书屋按时免费开放，定期不定期组织开展形式多样的阅读活动100余场次，组建文体队伍28支，成功组织“青龙镇第四届稻虾垂钓文化周”“青龙镇金秋趣味运动会”等各类文体活动。

【脱贫攻坚】 2020年，青龙镇狠抓脱贫攻坚责任、政策、工作落实，申请财政专项扶贫资金64.2万元，摸底贫困户外出务工及信息录入629人，申报相对贫困户39户。通过低保兜底、相对贫困户、公益性岗位、住房改造等措施，针对性制定贫困户巩固提升措施，全镇贫困户人均收入达到14393.97元。落实“一超”“两不愁”“三保障”，全镇462户贫困户年人均纯收入超5000元，吃穿两不愁，稳定脱贫。青龙镇贫困人口在校学生全部享受国家教育扶贫政策，即在校幼儿园学生免除保教费，九年义务教育阶段儿童全部入学，全面享受“三免一补”、教育救助基金等政策。全年申请雨露计划50人次，做到应补尽补。全镇建档立卡贫困人口全部纳入城乡居民医疗保险，贫困户购买医疗保险的费用由简阳市级财政补贴。建档立卡贫困户住房不安全的全部实施改造，其中纳入安居工程42户、C级危房维修加固60户、D级危房拆除重建户84户。圆满完成“清零行动”，历年反馈问题共计38项83个问题整改到位，并组织两次镇内交叉检查。

9月26日，青龙镇第四届稻虾美食垂钓周活动开幕

踏水场镇一角

精准识别39户107人纳入相对贫困户，针对性制定、落实相应帮扶措施，通过建房、提供工作岗位、就业培训、民生兜底等举措，解决相对贫困户实际困难。

【新冠肺炎疫情防控】 青龙镇建立科学有效的防控体系，成立领导小组，建立专项工作组10个，组建防疫队伍11支500余人，制定专项防控方案、应急预案15个，确保部署周密、防控精准。形成联防联控工作格局，扎实开展十项基础工作“大体检”，高效完成多轮社区院落、农贸市场、冻库全覆盖大排查，累计排查16.5万户46.6万人，健康监测重点人员140名，排查春节预计返乡人员637名。坚持疫情防控与推动复工复产“两手抓”“两手硬”，开展“联帮挂”“送帮送解”活动，新增临时性公益岗位54个，产业帮扶192户，有效对冲疫情带来的返贫风险。

【青龙镇第四届稻虾美食垂钓周活动】 青龙镇贯彻落实乡村振兴战略，实施“1231”镇域发展总体部署。2020年9月26日，由简阳市文化体育和旅游局、简阳市农业农村局指导，青龙镇党委、镇政府主办，青龙镇社会事业服务中心、青龙镇农业服务中心、青龙镇联合村承办的“2020简阳品尝采摘季暨青龙镇第四届稻虾美食垂钓周活动”在青龙镇联合村开幕。活动以“稻花香里　龙情盛宴”为主题，持续一周，设稻虾百人垂钓大赛、稻田体验活动、特色农产品展销、乡土风情画展、稻虾垂钓体验等活动，吸引成都周边游客上万人。成都电视台、简阳在线、《简阳之声》、今日头条等多家媒体报道活动详情。

（李　瑾）

踏水镇

【概况】 踏水镇位于简阳市河东、金（堂）简（阳）两县市结合部，东北与金堂县竹篙镇相接，西南与三星镇相邻，距成都市区95千米，距简阳市区36千米，辖区面积42平方千米，总耕地37447亩，其中田10091亩。青龙镇辖8个行政村84个村民小组、1个社区8个居民小组，年末总人口22562人，其中非农业人口943人、农业人口21619人。粮食以水稻、小麦、玉米为主，经济作物以花生、油菜、藤椒为主。踏水镇气候温和，四季分明，年平均气温17.4℃，年平均降雨878.64毫米，无霜期300天以上，主要作物一年两熟，生长茂盛，四季常青。

【村（社区）建制调整改革】 2020年5月，根据《简阳市人民政府关于同意简城街道等37个镇（街道）村（社区）建制调整改革操作方案的批复》（简府函〔2020〕126号），踏水镇实施辖区内18个村（社区）建制调整改革：撤销夏家村，将原夏家村的管理范围划归踏水社区，踏水社区居委会办公地址为原踏水社区党群服务中心；将中和村与柏杨村合并设立柏杨村，柏杨村村委会办公地址为原柏杨村党群服务中心；将新生村与发展村合并设立发展村，发展村村委会办公地址为原发展村党群服务中心；将老沟村与店子村合并设立店子村，店子村村委会办公地址为原老沟村党群服务中心；将油房村与泉水村合并设立泉水村，泉水村村委会办公地址为原油房村党群服务中心；将团柏村与石炮村合并设立石炮村，石炮村村委会办公地址为原团柏村党群服务中心；将白蜡村与大兴村合并设立寨子村，寨子村村委会办公地址为原大兴村党群服务中心；将来星村与双益村合并设立双益村，双益村村委会办公地址为原双益村党群服务中心；将良安村与大树村合并设立大树村，大树村村委会办公公地址为原大树村党群服务中心。通过村（居）民小组优化调整，将原有的169个村（居）民小组调整为92个村（居）民小组。

【经济发展状况】 2020年，踏水镇实现地区生产总值4.5亿元，固定资产投资1亿元，社会消费品零售总额8500万元，城镇居民人均可支配收入增长8.0%，农民人均纯收入增长8.8%。踏水镇突出产业兴镇战略，坚持“依路兴产业、组团建园区”发展思路，结合自然条件、资源禀赋、生态本底、交通条件、区位特点、产业定位，做好产业发展规划，重点发展以优质果蔬为主的特色产业，全力做好“抓引进、抓特色、抓培育、抓转型、抓服务”五篇文章，努力打造沱东现代农业示范镇。全年引进各类农业业主6个，流转土地7000余亩，引进大型龙头农业企业3个，养殖生态小家禽10万余只，水产品产量716吨。踏水镇积极发展全域生态观光旅游，立足人文圣地逍遥洞、人间仙境寨子山等丰厚资源，全力打造生态观光旅游目的地，构建集“吃、住、行、游、购、娱”于一体的综合性旅游示范镇。

【重点项目建设】 改善群众居住条件，提升公共服务配套，泉水村农民集中建房整理项目（原油房村项目）加快推进。投资2500万元在泉水10社（原油房6社）修建集中建新点1个，116户农户通过土地整理获政策补偿约700万元，76户参与建新，完成土地复垦面积64亩。打造生态农业示范园区，围绕建设“沱东现代农业示范镇”定位，根据地形地貌，优化园区布局，以土地、水利、人力、种植技术等资源相对集中的村（社区）为组团，形成“一园两带”产业格局。整合高标农田项目未耕种土地，引进四川通吃食品有限公司，整体流转土地5000余亩，发展藤椒产业5000亩，打造现代化藤椒种植基地。

【基础设施建设】 县乡道纵贯踏水镇全境，全长25千米。踏水镇内9个村（社区）机耕道总长121.3千米。简阳河东环线踏水镇境内2.2千米。毗河供水一期工程新建渠系12千米，累计修建提灌站9座、蓄水池120余口，完成辖区内6座小（2）型水库除险加固，整治渠系20千米、山坪塘41个。踏水场镇污水处理厂、标准九义校建设项目竣工并投用，拟实施标准化建设卫生院1座、新建污水处理厂1座。2020年，踏水镇积极向上汇报，争取资金，加快以道路、水利为主的基础设施建设，统筹协调解决全镇基础设施发展不平衡的问题，不断提升基础设施承载能力，切实改善群众生产生活条件。2.5千米青踏路全面建成，星双路实质性开工建设，完成农户户厕改造943户，高标准农田44口蓄水池建设全面完成，2口山坪塘清淤整治项目全面完成。

【社会事业】 踏水镇有卫生院1个，邮政储蓄银行网点1个，农村信用社网点2个，九年制义务教育学校

踏水镇泉水村农民集中建房整理项目

踏水镇500亩优质蔬菜高标准大棚

2所，幼儿园2所，在校学生1280余人（踏水九义校学生828人，寨子九义校学生252人，2所幼儿园200余人）。2020年，城乡居民医疗保险参保16213人，完成2021年医疗保险征缴15600人5177835元，其中贫困户1492人、失地农民1人、民政资助人员714人、残联资助人员168人、卫计特殊家庭资助23人。2020年，基本完成全镇第二代社保卡采集发放工作，社保卡日常服务4000余次，社保待遇认证4000余人，养老保险登记征收500余人，协助完成贫困户人群社会保险资助184人；完成就业（失业）困难登记54人，劳动力实名登记12307人，一般性公益性岗位申报1人，扶贫公益性岗位10人，临时（短期）公益性岗位214人次，安置疫情返乡农民工16人次。全面巩固双益等9个村“三美示范村、文明村”创建成果，累计开展“多彩踏水”文化惠民活动152场次。

【脱贫攻坚】 按照“两年脱贫攻坚、三年巩固提升、五年高标准全面小康”总体部署和贫困户“一超六有”“两不愁、三保障”要求，踏水镇将脱贫攻坚工作作为头等大事，积极争取成都、简阳两级帮扶部门支持。截至2020年12月，踏水镇共收到财政专项扶贫资金1704.6万元、帮扶资金810.52万元。2014—2020年，各级投入扶贫资金2200余万元，贫困村入户路基本实现全覆盖，党群服务中心提档升级进一步强化党组织服务群众功能，通过9个村168户安居工程、148户CD级危房改造、贫困村幸福美丽新村建设，贫困群众居住环境有效改善，农村面貌焕然一新。投入353万元发展壮大集体经济，巩固贫困村摘帽成果。其中，投入153万元入股简裕农业投资公司发展特色农业产业园；投入70万元建设蔬菜大棚，引进业主培育青脆李、羊肚菌等特色果蔬产业；通过入股分红、租赁收入增加集体收入，投资130万元成立大树村农机合作社，至2020年12月实现利润20万元以上，带动贫困户户均增收200余元。踏水镇有建档立卡贫困户541户1480人。其中，2015年减贫468户1408人，2017年退出贫困村2个，减贫100户272人，全部实现“村摘帽、户脱贫”。踏水镇通过开展感恩教育，不断激发贫困户脱贫内生动力，补足精神之“钙”，举办能力提升14次，参与技能培训700余人次。通过产业发展、外出务工、政策兜底等方式，实现脱贫户2019年、2020年持续稳定增收，家庭年人均纯收入5000元以上，远高于脱贫线，全面完成脱贫攻坚收官年工作任务。

【新冠肺炎疫情防控】 踏水镇利用广播、小喇叭、宣传车、宣传标语、送发宣传资料、推送疫情信息等方式全覆盖、多维度宣传疫情防控知识和疫情防控工作部署，提升群众抗疫意识。全年印制各类防疫宣传资料4万余份，张贴公告8000余份，悬挂标语360余幅，出动宣传车26辆。按照混岗编组方式组织400余名干部、志愿者入社到户，按照“六步工作法”，做到“三个全覆盖”，聚焦“三类重点人群”，严格落实“四问四登记”，精细化开展三轮全覆盖入户走访排查，通过走访摸排、电话问排、微信（QQ）查排，确保不漏一户一人。针对复工复产复市开展防疫宣传，提高经营主体公众卫生健康意识，杜绝商户门市内群众扎堆现象。切实做好消杀工作，每天消杀镇村（社区）公共场所、重点人员居所、垃圾池（桶）等，设置废弃口罩专门投放点。强化重点人员管控，每天为居家隔离观察人员监测体温2次，联系领导早中晚3次点名，包点干部24小时监管。同步做好关爱服务，组织志愿者每天为重点人员、居家隔离观察人员开展心理疏导，帮助购买生活物资。加强卡口管控，镇村主干道设置20个卡点，排查返乡人员具体信息，监测出入人员体温，为出入车辆消毒。各村共设置17个卡口，严控出入车辆人员流动；封闭式管理45个居民小区，禁止外来车辆人员进入。

【踏水镇第四届垂钓节】 2020年11月3日，由简阳市文化体育和旅游局、简阳市文旅产业发展服务中心指导，踏水镇党委、政府主办的“爱成都·迎大运”简阳休闲垂钓季暨踏水镇第四届垂钓活动在踏水社区、泉水村举行。活动包括文艺会演，突出群众性、参与性，展现淳朴乡土气息；拔河比赛，展现踏水人民拼搏向上、团结协作精神；垂钓，号召全民参与，愉悦身心、修身养性。钓鱼节吸引700余名群众参与，其中60余名特地从周边乡镇前来参与。第四届垂钓节的成功举办，为推动踏水镇旅游产业向“一三互动、农旅融合”纵深发展，为打造乡村旅游品牌奠定了基础。

【文物古迹】 根据《中华人民共和国文物保护法》的有关规定及简文体发〔2006〕67号文件精神，踏水镇内不可移动文物保护物有：来星山墓，清代，古墓葬，位于双益村；蒋氏家族祖坟，清乾隆年间，古墓群，位于双益村，夫妻合葬墓3座；大兴山墓，清代，古墓葬，位于寨子村；观音堂摩崖造像，1943年，石窟寺石刻，位于寨子村；逍遥洞正殿，清代，近代墓葬，位于柏杨村；店子山摩崖造像，唐代，石窟寺石刻，位于店子村；李氏家族祖坟，清嘉庆年间，古墓群，位于店子村，三妻合葬墓2座；马鞍山陈氏家族祖坟，清咸丰年间，古墓群，位于店子村，三妻合葬墓2座；题公墓，清代，古墓群，位于石炮村，夫妻合葬墓，1座被盗；钟氏家族祖坟，清代，古墓群，位于石炮村，单葬墓1座；钟佳能公墓，清代，古墓群，位于石炮村，夫妻合葬墓。

逍遥洞　位于柏杨村，1995年列为四川省文物保护单位，享誉东南亚国家和地区。东汉汉安元年（142年），文学家、书法家蔡邕书写的“汉安元年四月十八日会仙友”石碑和拓片存于洞内。

（王晨冰）

宏缘镇

【概况】 宏缘镇位于简阳市最北端，距简阳市区43千米，北与金堂县五凤镇、白果街道接壤，西与成都东部新区养马街道毗邻，东与三星镇相接，宏缘镇人民政府驻渡口街15号。宏缘镇面积44.72平方千米，总耕地39065.25亩，人均占有耕地1.48亩。宏缘镇辖1个社区、8个行政村，总户数8918户，总人口26833人。宏缘镇境内山丘起伏，沟谷多为南北走向，平均海拔418～491米，属亚热带湿润气候区，气候温和，自然条件优越，土地肥沃，沱江环绕东部5个村（社区），绵延4.5千米，水利资源和砂石资源丰富。2020年，宏缘镇人民政府获简阳市级脱贫攻坚、促农增收、宣传思想文化、征兵工作、综治工作等各类表扬17项，获2020年度“成都市五一劳动奖章”1人、简阳市级先进个人表扬6人。

【乡镇（街道）行政区划调整】 根据《成都市人民政府关于同意简阳市调整部分乡镇（街道）行政区划的批

宏缘镇大堰村兰家桥葡萄产业园大丰收

复》（成府函〔2019〕129号），撤销宏缘乡，设立宏缘镇，以原宏缘乡所属行政区域为宏缘镇的行政区域。2019年12月31日，宏缘镇人民政府正式挂牌，驻渡口街15号。

【村（社区）建制调整改革】 2020年5月，宏缘镇实施辖区内17个村建制调整改革：撤销渡口村、三多村、荣和村，合并设立渡口社区，将原渡口村、原三多村与原荣和村的管理范围划归渡口社区，渡口社区居委会办公地址为原渡口村党群服务中心；将金盆村与金简村合并设立金盆村，金盆村村委会办公地址为原金盆村党群服务中心；将大堰村与兰家桥村合并设立大堰村，大堰村村委会办公地址为原大堰村党群服务中心；将米家村与矮桥村合并设立矮桥村，矮桥村村委会办公地址为原米家村党群服务中心；将人民村、螺蛳岭村、古井村合并设立人民村，人民村村委会办公地址为原人民村党群服务中心；将红沙村与驼柏村合并设立红沙村，红沙村村委会办公地址为原红沙村党群服务中心；易家坝村、河心村、壮家村不作调整。村（社区）建制调整改革后，宏缘镇由原17个村调整为8个村、1个社区。2020年11月14日，宏缘镇优化调整改革村（居）民小组，将168个村（居）民小组调整为92个。

【经济发展状况】 2020年，宏缘镇实现地区生产总值5.59亿元，增长12.28%，城镇居民人均可支配收入40888元，同比增长3%，农村居民人均可支配收入15944元，同比增长5%，完成固定资产投资1550万元。宏缘镇产业发展以传统农业为主，配合苗木、核桃、葡萄、柑橘等经济作物规模化连片发展。全年第一产业增加值达19428万元，比上年同期18352万元增长5.86%；第二产业增加值6260万元，比上年同期5738万元增长9.25%；第三产业增加值30205万元，比上年同期25868万元增长17.6%。宏缘镇构建“一轴两带四园区”现代农业产业布局，四个特色产业园区主干线基本形成，建成苗木产业园区2000亩、高品质粮油产业园区3000亩、葡萄产业园区600亩、稻虾养殖园区500亩，引进业主3户，培育新型农业经营主体93家，解决180余名贫困户就近务工，其中“524”红薯、糯彩玉米、兰家桥村葡萄、螺蛳岭鸡蛋等优质农产品与成都益民集团达成“订单式”销售协议，现代农业产业初步成型。宏缘镇不断深挖特色品牌影响，发挥“沱江第一湾、雄州北大门”区位优势，努力打造“春踏青、夏赏荷、秋垂钓、冬品果”的一季一节成都近郊乡村旅游目的地。成功举办“葡萄采摘节”活动，被成都电视台、《成都日报》等多家媒体宣传报道。宏缘镇产业升级规划以及沱江绿道、湿地公园等建设项目规划设计稳步推进。

【基础设施建设】 2020年，宏缘镇新建村组道路11.045千米、提灌站2处。开展农村户厕改造提升，创建示范村2个，全年完成农村户厕改造1729户。新建人民村13组、16组农民集中安置建新区2个，并进入施工阶段；新建宏缘镇卫生院项目，进入施工阶段；推进河心村公办幼儿园项目，进入验收阶段，并完成老校址拆除；完成原古井村城乡建设用地增减挂钩项目，整理土地指标93.75亩；全力做好成金简、金简仁(二期)、三宏路等过境重大交通项目用地保障。

【生态建设】 全面实施“垃圾不落地”，有序推进生活垃圾分类，92个村(居)民小组“定时定点定人督导”实现全覆盖；常态化开展禁养区养殖场、沱江流域入河排污口、河长制问题巡查整治，实施农村生活污水治理千村示范工程，改造顺江街排污管网600余米，整治黑臭水体2处，开展巡河2953次，妥善解决29个上报问题，开展排灌系统清淤清障专项整治60余次；全面完成农村户厕改造三年目标任务，完成户厕改造1729户，代表简阳市迎接农业农村部和四川省户厕检查，农村无害化卫生厕所普及率达94.87%；深入开展“最美”“五好”评选活动，促进乡村治理更有效、环境质量再提升。

【社会治理】 宏缘镇深入开展“2020年禁毒人民战争百日攻坚会战”和森林草原防灭火专项行动，悬挂各类安全、森林防火宣传横幅160余幅，进村走访农户1200余人，上路劝导400余次，发放宣传资料2万余张，设置各类警示标牌40余块。完善治安巡逻长效机制，重点协助公安机关开展“扫黑除恶”“扫黄打非”、打击非法集资和吸毒贩毒等工作，与各村(社区)签订“扫黑除恶”、禁毒、防邪等各类目标责任书27份，与金堂县五凤镇签订边际禁毒协议，开展宣传走访20余次，发放宣传资料2500余份。深入开展矛盾纠纷大排查、大调解、信访积案难案攻坚行动，调处信访、矛盾纠纷163件，化解159件，调处率97%以上。完成1317户四类对象房屋安全鉴定，确保群众住房安全有保障。全面排查辖区地质灾害隐患点，针对性开展防汛暨地质灾害应急演练。在8月汛期，转移安置受灾群众200余人次，确保汛期

宏缘镇壮家村苗木产业园

提升改造后的宏缘场镇

安全工作平稳有序。

【社会保障】 2020年，宏缘镇为296名独生子女购买意外保险，为29名计生特扶对象发放慰问金。按政策新增城镇低保户20户（38人），报减33户（81人），为32名大病困难患者发放医疗救助65420元。城乡居民医疗保险参保率99%以上，特殊人群参保率100%。动员组织2515名群众参加艾滋病主动检测。依托老年协会开展“助老探访”“邻里守望”等活动5000余次。经常性组织富有节日特色的文艺会演等庆祝活动，积极参加“爱成都·迎大运”等活动。为175名困难群众申请快速救助，为46名因病或其他特殊原因导致生活困难的群众申请临时救助。全年完成29名计划生育家庭特别扶助对象年审，581名农村计划生育家庭奖励扶助对象年审，3名城镇计划生育家庭奖励扶助对象年审；新增65名农村计划生育家庭奖励扶助对象，1名城镇计划生育家庭奖励扶助对象；计划生育家庭特别扶助对象退出4名，农村计划生育家庭奖励扶助对象退出8名；为280名重残群众和135名困难残疾群众发放残疾人补贴。

【脱贫攻坚】 宏缘镇围绕高质量决战决胜脱贫攻坚目标任务，紧盯“两不愁三保障”目标，尽锐出战、精细“绣花”，以不获全胜决不收兵的决心和定力啃下“硬骨头”，顺利实现5个贫困村摘帽、951户2696名贫困人口全部脱贫目标。累计投入4617万元，实施项目112个，建成农村道路54.86千米，新建各类水利设施91处，新建贫困村党群服务中心5座，累计投入1000万元实施易地扶贫搬迁和危房改造项目447户。精准帮扶累计投入到户资金2500余万元。为贫困户新建机井139口，补助广播电视通讯费95万元，发放贴息贷款418.7万元，发放贫困户低保金460余万元，245名贫困学生累计享受教育补助资金157万元，累计补助贫困户参加城乡居民医疗保险费用310万元。累计开发公益性岗位166个，实施产业帮扶户项目23户，巩固提升户项目42户，1254个贫困劳动力实现稳定就业。2020年，贫困户家庭人均收入达到1.3万元，较2015年增长近5倍，贫困村集体经济资产实现从0元到1475万元。2019年，代表简阳市顺利通过省级脱贫攻坚成效考核；2020年，被简阳市脱贫攻坚领导小组表扬为脱贫攻坚先进集体。

【新冠肺炎疫情防控】 宏缘镇在主要进出口布置新冠肺炎疫情防控检测哨点12个，对进出人员一律实行亮码测温登记。自主开发“宏缘镇联防联控车辆登记”程序，车主通过微信扫码自行填报信息，镇级专人综合分析，以信息化手段，守住新冠肺炎疫情防控“雄州北大门”。运用“大数据+网格化+铁脚板”模式，严格执行集中隔离、健康码管理、核酸检测。保障防疫物资储备，做好生活物资稳价保供，累计发放口罩41000个、红外线体温计10台、84消毒液120瓶。充分发挥党组织战斗堡垒作用和党员先锋模范作用，在最艰难的时期，全镇352名党员递交疫情防控“请战书”，形成抗击疫情强大合力。宏缘镇常态化抓牢疫情防控，制定常态化防控方案和全员核酸检测应急预案，每日开展全国中高风险地区返乡人员排查，全年共计摸排6975户20194人，其中市外返乡人员3961人。建立外出务工人员和外出求学人员台账，加强重点场所、重点人群、重点环节管控，14天居家健康监测外省返乡人员437人，牢牢守住农村地区战疫防线。抢抓农业生产，加速复工复产，以最快速度恢复生产生活秩序，提供困难群众公益性岗位86个，企业就业岗位23个。

（方　帅）

镇金镇

【概况】 镇金镇地处简阳市西南部，西与仁寿县贵平镇接壤，北与成都东部新区董家埂镇毗邻，东与雷家镇相邻，南接资阳市祥符镇和仁寿县北斗镇，距简阳市区50千米，距成都天府国际机场15千米，距成都第三绕城高速公路镇金出口4千米，规划建设的成宜高速、金简仁快速等干道穿境而过。镇金镇辖区面积87.38平方千米，耕地69941亩（水田24846亩，旱地45095亩），辖11个村104个村民小组、2个社区26个居民小组，总户数13757户，总人口44046人。镇金镇属浅丘地貌，海拔370～390米，属亚热带湿润气候区，气候温和，雨量较充沛，四季分明，冬春多云，夏秋多阴雨，日照相对平均，霜雪时间不长，全年无霜期300天左右，年最高温度37℃，最低温度-3℃，平均温度17℃。8月最热，1月最冷，年降雨量900毫米左右。镇金镇赵家水库、和平水库、老龙水库蓄水面积558亩，蓄水总量229.05万立方米。绿川河、高河坎河流经全境，水源较丰富，水流量较大。都江堰龙泉山引水工程贯穿全镇，灌溉便利。

【乡镇（街道）行政区划调整】 根据《成都市人民政府关于同意简阳市调整部分乡镇（街道）行政区划的批复》（成府函〔2019〕129号），撤销老龙乡，将其所属行政区域划归镇金镇管辖，镇金镇人民政府驻金桥新街38号。

【村（社区）建制调整改革】 2020年5月，镇金镇实施辖区内24个村（社区）建制调整改革：撤销镇金村、金桥社区，合并设立镇金社区，将原镇金村与金桥社区管理范围划归镇金社区，镇金社区居委会办公地址为原金桥社区党群服务中心；将三里埂村与土地坳村合并设立三里埂村，三里埂村村委会办公地址为原三里埂村党群服务中心；将干家沟村与灯坝村合并设立干家沟村，干家沟村村委会办公地址为原干家沟村党群服务中心；撤销田铺村、方家沟村与凤亭村，合并设立赵家社区，将原田铺村、原方家沟村与原凤亭村的管理范围划归赵家社区，赵家社区居委会办公地址为原田铺村党群服务中心；将二郎村与彭庙村合并设立二郎村，二郎村村委会办公地址为原二郎村党群服务中心；将青竹沟村与南山坳村合并设立南山坳村，南山坳村村委会办公地址为原青竹沟村党群服务中心；将平顶村、牌坊村与糖坊村合并设立牌坊村，牌坊村村委会办公地址为原糖坊村党群服务中心；将凉水井村与黄家厅村合并设立黄家厅村，黄家厅村村委会办公地址为原黄家厅村党群服务中心；将燕泥村与老龙村合并设立老龙村，老龙村村委会办公地址为原老龙村党群服务中心；朱家村、小湾村、红庙山村、河坝村不作调整。

【经济发展状况】 2020年，镇金镇实现地区生产总值10.7亿元，其中第一产业4.63亿元，第二产业1.22亿元，第三产业4.84亿元。实现固定资产投资9243万元，

镇金镇干家沟村养鸡场

财政一般预算收入4220.73万元，农村居民人均可支配收入15769元，同比增长15.33%。全年输出劳动力16858人（次），劳力收入30030万元。镇金镇是农业大镇，以传统种养殖业为主。2020年，镇金镇大力实施农业产业结构调整，发展现代绿色都市农业，推广玉米22813亩、水稻8763亩、小麦310亩，种植油菜21395亩、菜瓜2166亩，发展蔬菜16625亩。全镇有种养殖大户108家，其中注册经营59家。有养殖专业合作社20个，系统监管内规模养殖大户11户，年出栏肥猪51254头，存栏生猪17460头，出栏山羊2600头，存栏山羊1726头。

【基础设施建设】 镇金镇交通优势明显，成都第三绕城高速公路、成宜高速公路、简仁路（简阳市至仁寿县）、镇董路（镇金镇至成都东部新区董家埂镇）、镇老路（镇金镇至原老龙乡）、望老路（原望水乡至原老龙乡）、镇龙二线（镇金镇至龙云）穿境而过，出入快捷，交通便利。镇金镇水利设施完善，有水库3座，蓄水面积558亩，蓄水总量229.05万立方米，灌溉面积2359亩；有山坪塘186口，蓄水面积718亩，蓄水总量79万立方米，灌溉面积12100亩；有石河堰34节，总蓄水量235万立方米，灌溉面积3530亩；有山腰蓄水池443口，总蓄水量4.3万立方米，灌溉面积13290亩；有提灌站3处，灌溉面积900亩；输水系统有支渠3条、斗渠14条、农渠19条、毛渠319条，总长度366千米，灌溉面积33865亩。镇金镇加强道路等基础设施建设，配合简阳市交通运输局建设完成“成宜”高速公路，并于2021年1月1日通车，完成镇老路、镇董路15千米提档升级并全面通车，硬化村道、社

9月15日，成都市郫都区区委副书记、区长刘印勇（前排左二）与简阳市委书记詹庆（前排左三）一行到镇金镇调研指导脱贫攻坚和乡村振兴工作

9月29日，简阳市2020年脱贫攻坚现场推进会召开。图为简阳市政府市长罗开敏（前排右五）带队到镇金镇牌坊村实地调研和检查脱贫攻坚问题整改及扶贫项目推进情况

道约26千米。镇金镇有汽车客运站1个，营运车辆直达简阳市区、成都市区、仁寿县、资阳市等地，出行极为便利。镇金镇实现光纤电视、电话全覆盖，收视率、通话率较高。13个村(社区)全部实现通广播，有村级多功能活动室，并配有远程教育设备。

【社会事业】 镇金镇有初级中学1所，教学班13个，在校学生635人，教职工51人；有完全小学2所，教学班24个，在校学生1043人，教职工68人；有九义校1所，教学班18个，在校学生678人，教职工50人；有公立幼儿园1所，在园幼儿12个班343人，教职工38人。镇金镇社会保障体系健全，享受城镇低保18户23人、农村低保354户626人，有农村特困供养人员298户、城市特困供养人员28人，有优抚对象302人，有80～90岁老人1064人、90～100岁老人166人、100岁及以上老人1人。各类生活补助资金上卡到户，按月足额发放，确保民政救助帮扶落到实处。全年城乡居民养老保险参保13533人，城乡居民医疗保险参保34714人，参保率100%。镇金镇深化宣传，全面两孩政策群众知晓率100%。独生子女父母奖励和奖励扶助政策全面落实，全镇享受独生子女父母奖励924人(其中继续享受819人，新增0人，停止享受105人)，享受农村计划生育奖励扶助1025人，特别扶助32人，享受成都市城镇奖励扶助5人。有一级甲等医院镇金中心卫生院，医务人员96人，其中高级职称6人、中级职称20人；设有门诊部和住院部，共有21个医疗业务科室，同时承担全镇10个村卫生室和9个村卫生服务点的管理和业务指导，医疗设备齐全；编制床位99张，业务建筑用房6230.7平方米，医疗站点布局合理，基本能达到上级要求，满足患者需要。有乙等乡级卫生院老龙乡卫生院，医务人员14人，其中初级职称12人，无职称2人；有门诊1处，设5个科室，医疗设备不齐全，编制床位20张，业务建筑用房539平方米，医疗站点布局合理，基本能达到上级要求，满足患者需要。镇金镇有电视转播站1个，功率大，信号覆盖全镇及周边地区。有线电视用户8200余户，用户能收看210余套电视节目。村村通广播，在新冠肺炎疫情期间发挥了重要的宣传功能。全镇实现农家书屋全覆盖，镇金社区艺术团、镇金老年协会、健身操队、腰鼓队、太极队等各具特色的文娱队伍不断发展壮大，通过各种形式多样、精彩纷呈的文化活动寓教于乐，极大地丰富了广大群众的精神文化生活。

【脱贫攻坚】 镇金镇举全镇之力决战决胜脱贫攻坚，对照贫困村摘帽“一低五有”、贫困户脱贫“一超六有”标准，对标“两不愁三保障”标准，圆满完成南山坳村等9个省定脱贫村1561户5154人和赵家社区、朱家村等2个经济薄弱村58户164人巩固提升重点户、69户221人产业帮扶户的巩固提升工作任务，如期打赢脱贫攻坚收官之战，全镇人民同步迈入全面小康。镇金镇争取上级财政专项扶贫资金985.3万元实施19个项目，新建(增)排灌渠6.3千米、蓄水池73口、道路4.24千米、路灯240盏等。争取帮扶资金316.3万元实施项目9个，新建(增)管灌70亩、养鸡场1座、便民桥2座等。争取上级行业部门资金315万元实施项目3个，新改建蓄水池10口、农渠5.08千米，清淤河道2千米等。实施住房保障提升行动，争取上级资金362.28万元，维修改造贫困户、特困户、建房困难户危房133户。用好用活土坯房改造、视觉贫困整治政策，投入资金66.34万元，完成16户住房安全改造和风貌整治。争取帮扶单位、爱心企业资助33.34万元，完成101户住房安全整治。集体经济效益良好，整合帮扶资金、产业发展基金、集体经济发展资金1300余万元，入股简阳市农投公司，实现年分红收入70余万元。培育发展小湾村集体农机专合社，成功创建省级示范合作社，总资产410余万元，2020年收入达103万元。

【新冠肺炎疫情防控】 镇金镇成立新冠肺炎疫情防控工作领导小组，及时研究部署相关工作，制定疫情防控工作方案、预案，建立镇包村、村包社、社包户工作机制。全面宣传发动引导，共发放宣传单、海报、疫情防控知识手册4万余份，制作户外大型广告1处、中型户外引导牌27处、宣传标语100余幅。整合下派干部、镇村干部、志愿者、党员等600余人参与全镇疫情防控工作。组织开展大规模人群核酸检测演练1次，疫情防控应急演练1次。主动帮助辖区8家企业142名职工复工复产，感召老龙振兴种养专业合作社向武汉捐赠蔬菜5000公斤，彭庙村村民自发向简阳市人民医院等单位捐赠蔬菜11000余公斤、向红十字会捐赠现金39202元，为抗击疫情贡献了绵薄之力。

（李文杰）

雷家镇

【概况】 雷家镇地处简阳市西部，距简阳市区24千米，距资阳市区33千米，东接江源镇、资阳市雁江区临江镇，西连镇金镇，南临资阳市雁江区祥符镇，北临成都东部新区芦葭镇，面积72.4平方千米，辖2个社区、7个行政村，总人口32186人。雷家镇属丘陵地貌，山丘起伏，沟谷交错，海拔410～440米，属亚热带湿润气候区，气候暖和，雨量充沛，四季分明，冬春多云雾，属川东伏旱区和川西洪涝区过渡地带，气候复杂多变，旱涝交错。8月最热，1月最冷，平均气温17.7℃。无霜期长，年平均为303天。境内有10平方千米的老鹰水库水域。

【乡镇（街道）行政区划调整】 根据《成都市人民政府关于同意简阳市调整部分乡镇（街道）行政区划的批复》（成府函〔2019〕129号），撤销望水乡、雷家乡，设立雷家镇，以原望水乡和原雷家乡所属行政区域为雷家镇的行政区域。2019年12月31日，雷家镇人民政府挂牌，驻永府街137号。

【村（社区）建制调整改革】 2020年5月，雷家镇实施辖区内18个村（社区）建制调整改革：撤销发青村、团山村，合并设立团山社区，将原发青村与原团山村管理范围划归团山社区，团山社区居委会办公地址为原发青村党群服务中心；撤销金家村、宰龙坳村，合并设立金家社区，将原金家村与原宰龙坳村的管理范围划归金家社区，金家社区居委会办公地址为原金家村党群服务中心；将天星井村与金竹村合并设立金竹村，金竹村村委会办公地址为原天星井村党群服务中心；将响坛村与高嘴村合并设立高嘴村，高嘴村村委会办公地址为原响坛村党群服务中心；将九龙滩村与碑湾村合并设立九龙滩村，九龙滩村村委会办公地址为原九龙滩村党群服务中心；将黑水寺村与青杠湾村合并设立黑水寺村，黑水寺村村委会办公地址为原青杠湾村党群服务中心；将望水寺村与斑竹林村合并设立望水寺村，望水寺村村委会办公地址为原望水寺村党群服务中心；将石岩寺村与陈家庙村合并设立石岩寺村，石岩寺村村委会办公地址为原石岩寺村党群服务中心；将高桥村与太医沟村合并设立高桥村，高桥村村委会办公地址为原高桥村党群服务中心。

【经济发展状况】 2020年，雷家镇实现地区生产总值4.25亿元，增长超5%；全社会固定资产投资1.35亿元，较上年增长超3%；工业总产值3429万元；全年农作物播种10.5万亩，其中粮食作物播种50753亩，粮食总产16181吨；畜牧业总产值9646万元。雷家镇采取“党支部+合作社”形式推动全镇致富增收，已发展经果林7100亩（其中晚白桃1000亩、青脆李3600

亩、柠檬800亩、柑橘1300亩、雷竹400余亩），蔬菜种植15100亩（其中大棚蔬菜800余亩、儿菜3000余亩），水产养殖350亩，有专业合作社29个、家庭农场10个。雷家镇提高种养业科技含量，推广新品种、新技术，有效回避旱灾风险，提高粮食综合生产能力。加强农机化示范推广、免耕栽培、秸秆综合利用培训指导，推广绿色防控技术，确保农业生态安全。推进畜牧业品种改良工程，强化农产品质量安全检测和肉产品安全监管，努力推进农畜产品无公害工程。全镇年出栏肥猪4万头、小家禽18万只，畜牧产业收益率明显提高。面对新冠肺炎疫情影响，雷家镇强化劳务输出和培训，年输转农村劳动力5300人，其中输出劳动力3500余人，就近转移1500余人，年人均实现劳务收入约12000元。

【临港高端高效示范农业园建设】 雷家镇坚持高标准、高质量的品质要求，借助脱贫攻坚基础设施项目，依托黑水寺村土地资源、产业资源和配套设施，打造临港高端高效示范农业园。园区已初具规模，带动贫困户脱贫，并带动周边群众致富。截至2020年12月，黑水寺村发展1300亩柠檬产业园，建设现代化果蔬大棚300亩，罗家大弯核心示范园100亩。

【基础设施建设】 雷家镇持续健全基础设施建设，推动简蒲高速雷家出口至雷家快速通道建设项目实施，项目全长5.62千米，总投资2.8亿元，按一级公路标准建设，总占地面积423.37亩。养资路、万罗路提升工程已完成望水寺村、高桥村地面附着物补偿，施工方已进场；成资快速通道、成宜路、成自高铁征地工作全面完成。聚力推进农村“884”工程，完善交通路网，2020年实施村村通水泥路40.4千米。雷家卫生院项目完成征地拆迁，土地已交付，雷家卫生院、望水卫生院门急诊综合楼项目完成用地预审批复、可研批复、施工图审核、财政评审、招标等，施工方已进场施工。利用原雷家九义校空闲校舍和场地改建雷家镇公立幼儿园，空闲校舍和场地改建项目基本完成，项目落地将有效解决适龄儿童入园难问题。

【青杠湾村“融乐阳光家园”项目建设】 青杠湾村“融乐阳光家园”项目搭建无障碍残健融合活动中心，规划占地400平方米，总投资150万元。在成都市残疾人联合会、简阳市残疾人联合会的支持下，已完成项目建设和配套设施设备安装并投入使用。雷家镇人民政府严格按照项目建设程序有序推进，相关建设项目已完成。项目建成后将全方位提升残疾人等弱势群体的幸福感。

【社会治理】 2020年，雷家镇开展两次“万人大联防”工作，建成群众工作之家9个，依托群众工作之家解决矛盾纠纷200余件。

【社会事业】 雷家镇有雷家、望水两所九义校，基础设施完备，全镇适龄儿童入学率100%。雷家镇认真开展“法律进学校”活动，强化中小学生法律意识。制定

雷家镇青脆李示范园

雷家镇九龙滩村雷竹产业

位于雷家镇青杠湾村的“融乐阳光家园”

雷家镇青杠湾村羊肚菌

突发性公共卫生处置预案，开展贫困户家庭医生签约服务。推进农村社会保障改革，社会保障卡相关业务办理4000余人，城镇居民养老保险办理300余人。办理生育服务证100余个，开展卫计相关培训900余人次，献血工作在全市考核评比名列前茅。改善人居环境，实施“生物导弹”绿色防控技术1900亩，挂放赤眼蜂毒卡6000枚，测土配方施肥技术1900余亩。安置太阳能频振式杀虫灯40个，实施村道美化2000余米，安装路灯501盏。开设民政、村建、信访、农保、计生服务窗口，开展便民服务项目20多个，公开办事程序和流程，实行挂牌及座牌制度，积极落实“延时服务”。9个村（社区）坚持落实坐班制度，从周一到周五均有村（社区）干部为农户提供便民服务。贯彻落实市委农村工作“7＋2”工程，全面完成社社通水泥路、农村电网“升级改造”工程；农村饮用水安全工程全面完成到场镇及各村主管道铺设，通过对接整合后开通新水源供水。及时发放低保金、五保供养金等惠民资金，做到应保尽保，实现老有所依、老有所养，实现农村低保和医疗救助有效衔接。全面完成9888户51682.5亩农村土地承包经营权登记确权，依法明晰土地承包经营权，规范土地承包经营权和承包经营流转。

【脱贫攻坚】 雷家镇深入实施脱贫攻坚三年巩固提升行动，做好脱贫攻坚与乡村振兴战略有效衔接，改善交通、安全饮用水、医疗卫生等公共服务保障水平，壮大集体经济。2020年，贫困户家庭年人均纯收入达到1.03万元。巩固户、帮扶户发展产业352人，补助资金35.2万元，贫困村、经济薄弱村发展产业壮大集体经济10个，财政资金补助200万元，成都市新都区帮扶资金补助400万元，财政专项补助资金52.5万元改建基础设施建设生产便道1千米。

【新冠肺炎疫情防控】 雷家镇各村（社区）显著位置张贴有中高风险地区公告，专人随时关注最新消息发布及时动态更新，并使用宣传车、宣传专栏、广播、宣传标语等多种形式向群众宣传抗疫知识，提升群众抗疫意识。全年制作防疫大型广告牌10幅、报备牌60余个、标语60余幅、录音3个。生活垃圾及时收集清运、日产日清，设置口罩专门投放点，减少人员聚集。各村（社区）落实新返简人员“四问四登记”。高度重视“天府市民云社治在线”及“天府健康通场所码”使用，各村（社区）、各组全部申领“社治在线”二维码，实现群众回乡扫码登记，机关、各村（社区）和各商超、零售店全部申领场所码，并严格实行扫码进入，合计申领场所码150余个，疫情防控信息上网联通，有效改善有信息无信息化的问题。

【文物古迹】 莲珠寺　坐落在雷家街后山顶上，寺内有川主殿，该殿边有一大鼓，直径达1.5米，牛皮绷的架鼓方1.32米。川主殿左边有一口铁铸的吊钟，钟口径1.5米，高1.4米，此吊钟，是每月初一、十五及春节等日坐禅打坐礼乐之用。毁于1958年，1992年重建，经过几次扩建后，现占地3亩多，寺内可供50～60人食宿，经常有来自各地的信徒到此烧香许愿。

雷打石湾　位于高嘴村3、6组，有一雷打石湾，这里的石头，山前山后一个样，前面一乌龟般的巨石，头向河边，似下河之势，后面若虾、蟹等石群尾随伴行，栩栩如生，活灵活现。观石乌龟颈上，有四处似石工钻子一样的痕迹，钻孔厚10厘米，传说是雷神脚印。相传，在若干年以前，乌龟等石群，年年大前行，有“下河堵水，泛滥成灾，祸害于民”之难。雷神为消灾济民，一天，大雨滂沱，雷电轰鸣，惊天动地，先灭石乌蚌，后灭石群，将石妖们毁灭。残骸至今尚存。

飞来石　原碑湾村3组有一口井，据说古时候，一个农夫挑水吃，常看见井内有一对金鸭子，并告知于妻子。妻子铭记在心，想捉到金鸭子。在儿子长大后，有一天母子二人用水桶提水，意欲提干井水捉金鸭子，结果久提不干，反而越提越多。当日，人们看见漫天阴沉沉，古井的上空，一片乌云盖顶，掩盖了古井，待乌云散后，不见古井，母子俩不见踪影。却见巨石巍然屹立，巨石有40立方米。从那以后，这里地名就叫“飞来石”。“文化大革命”中破“四旧”，石工李言明打石修房子，当他凿打这块飞来石，发现石头坚硬无比，一天才凿打几个洞，用铁劈席打，铁劈席竟飞出去30余米，将李言明之妻误伤，从此再也没人去凿打这块石头了。

黑水寺　五凤山森林公园内的黑水寺，相传建于明朝。清道光年间扩建，新修大佛殿、观音殿、天王殿。1931年，又增建佛殿禅堂，花园斋房，宫殿式砖木结构，琉璃瓦的建筑。2015—2016年，耗资800余万元新建一座9层转运佛塔，成为标志性建筑。黑水寺在老鹰水库尾子上，后靠山，前临河，整个庙宇近4000平方米。根据《简阳县志》的贵平县治考释，黑水寺始建于隋唐时期。又根据清咸丰五年（1855年）邑庠生（简州学中生员）欧阳淑撰《五凤山记》：“简西有溪名黑水，其上有山名五凤。茂林修竹之中，若藤之大而古，桂之老而芳，石之奇而秀………”也描述了黑水寺的景观。每年夏天有不少士绅来此避暑；每年除夕起到正月初十止，整个庙宇烧香的、念佛的、买卖东西的、看热闹的，人山人海。

（刘云翔）

江源镇

【概况】　江源镇位于简阳市西南部，距简阳市区21千米，与成都天府国际机场直线距离4千米，东南与资阳市雁江区临江镇接壤，西南接雷家镇，西连成都东部新区芦葭街道，北倚成都东部新区石板凳街道，面积75平方千米，辖12个村、2个社区，有127个村（居）民小组，总人口41140人，其中农业人口38499人。江源镇地势以西南为最高，相对高差100米，平均海拔480米。属亚热带湿润季风气候，常年平均气温17.5℃，年平均降雨量800毫米，无霜期300天左右，比较适合农作物生长。辖区有江源水库、红旗水库、永宁水库。

【乡镇（街道）行政区划调整】　根据《成都市人民政府关于同意简阳市调整部分乡镇（街道）行政区划的批复》（成府函〔2019〕129号），撤销永宁乡，将其所属行政区域划归江源镇管辖，江源镇人民政府驻鑫源街186号。

【村（社区）建制调整改革】　2020年5月，江源镇实施辖区内27个村（社区）建制调整改革：将五洞村与保卫村合并设立五洞村，五洞村村委会办公地址为原五洞村党群服务中心；将强民村与月湾村合并设立月湾村，月湾村村委会办公地址为原强民村党群服务中心；将丰产村与民族村合并设立丰产村，丰产村村委会办公地址为原丰产村党群服务中心；将强农村与和睦村合并设立和睦村，和睦村村委会办公地址为原和睦村党群服务中心；将老鹰村与任家村合并设立老鹰村，老鹰村村委会办公地址为原任家村党群服务中心；将顺源村与慈堰村合并设立顺源村，顺源村村委会办公地址为原顺源村党群服务中心；将团岭村与同乐村合并设立团岭村，团岭村村委会办公地址为原团岭村党群服务中心；将大屋村与芦稿村合并设立芦稿村，芦稿村村委会办公地址为原芦稿村党群服务中心；将上坪村与红台村合并设立红台村，红台村村委会办公地址为原红台村党群服务中心；将石泉村、互竞村与慈竹村合并设立石泉村，石泉村村委会办公地址为原石泉村党群服务中心；撤销江源村、江源镇社区，合并设立江源社区，将原江源村管理范围与原江源镇社区管理范围划归江源社区，江源社区居委会办公地址为原江源村党群服务中心；撤销安民村、东岳村，合并设立红旗社区，将原安民村与原东岳村管理范围划归红旗社区，红旗社区居委会办公地址为原安民村党

江源镇团岭村葡萄挂果

成都七中学生到江源镇参观学习古琴制作技艺

群服务中心；花朝村、双井村不作调整。

【经济发展状况】 2020年，江源镇实现地区生产总值9.68亿元，同比增长11.7%，其中工业总值1.22亿元，同比增长9%，固定资产投资总额0.94亿元，一般公共预算收入0.42亿元，农村居民人均可支配收入1.7万元，增长1.6%。2020年，江源镇农业生产社会化服务项目（机耕）4200亩，粮食播种68620亩，总产量25435吨。传统农业创新发展，推广新技术5项，新品种12个，良种推广面积95%以上，测土配方肥98%以上。开展油菜、小麦、水稻新品种试验达55个品种，开展农作物高产攻关，其中油菜最高亩产259.83公斤，小麦最高亩产249.93公斤，水稻最高亩产809.36公斤。江源镇以农村产权制度改革为契机，加快盘活农村土地资源，依法实现土地流转，推广“农业龙头企业+合作社+基地+农户”“合作社+企业+农户”等经营方式。全镇着力发展产业园区建设，“江源晚熟柑橘产业园”发展劲头十足，园区草莓全部挂果、藤椒挂果400余亩、晚白桃挂果2500余亩；“和美智慧农业柑橘产业园”发展前景大好，园区流转土地近2600亩，平整土地1500余亩，种植柑橘1200余亩，栽植红豆杉等名贵树木100余亩，建成设施化玫瑰葡萄园100余亩。2020年，江源镇举办第四届桑葚采摘节，吸引游客2万人次，实现现场销售额600余万元，辐射带动全镇水果销量超1000万公斤。辖区江源面业有限公司、铁山春食品有限公司、顺达建材厂、江源酒厂等企业均产生良好经济效益。

【基础设施建设】 江源镇积极开展石永路、养资路等道路交通项目用地推进工作，配合市交通运输局完成全镇扶贫双通工作（通路、通公交车）。6月，市交通运输局配备一辆专用9人座公交车。镇内有高速公路出入口、服务区和生活区，成渝高铁穿境而过。2020年，完成东进快速路（金简黄一期、金简黄北延段、成简快速路）双自愿模式土地流转1400余亩及135户房屋搬迁，涉及补偿资金1.03亿元。完成户厕改造2850户，农村生活垃圾实现“户集村收镇运”全覆盖，改造四类对象土坯房3户。

【新农村建设】 江源镇深入开展城乡社区发展治理工作，推进新农村建设，14个村（社区）利用社区保障资金完成100个项目，带动群众参与到社区治理中来，初步实现乡风民风、人居环境、文化生活美起来的目标。以民风廊、文化廊建设为基础，开展道德模范评比等活动，创建文明村1个、三美示范村1个。

【社会事业】 江源镇有卫生院2所、村卫生室14个，有九年制义务教育学校3所、中心幼儿园2所。有镇文化站、广播电视站各1处，有村级文化活动中心17处，各类图书室18个，藏书2万余册。江源镇积极组织开展春节文艺会演、禁毒防艾宣传活动、庆端午、全民健身、广场舞培训、迎重阳关爱老年人文艺会演等文化活动100余场。2020年，江源镇在册城乡低保户366户593人，其中农村低保户355户581人，城市低保户11户12人，在册低保边缘户26户67人。新建助餐点1个，新申请居家养老服务259人，适老化改造59户。组织农村妇女“两癌”检查及妇女病筛查，共筛查妇女774人。

江源镇月湾村和美智慧农业柑橘产业园

【脱贫攻坚】 截至2020年12月，江源镇共收到财政专项扶贫资金5279.95万元、帮扶资金3801.64万元。江源镇有桑葚、葡萄、柑橘三大产业，将进一步加大力度引进资金、技术和业主，不断改善园区基础设施条件，吸引业主入驻园区发展种养业以及乡村旅游观光业，打造省内知名的种植园示范区、乡村旅游目的地。江源镇贫困村集体经济收入人均15元以上。江源镇有建档立卡贫困户1160户3354人。其中，2014年减贫123户439人，2015年减贫650户1808人，2016年减贫328户971人，2017年减贫59户136人，2016年退出贫困村3个，2017年退出贫困村7个，全部实现"村摘帽、户脱贫"。江源镇每月举办农民夜校2期，开展技能培训84人次。以建设幸福美丽新农村为统揽，以产村相融为载体，6个贫困村发展自主产业，建成12个农户聚居点，安装太阳能路灯1345盏。通过产业发展、鼓励务工、政策兜底等方式在2019年、2020年持续稳定增收，家庭年人均纯收入超5000元，远高于脱贫线。省定10个贫困村硬化道路90.1千米，新建蓄水池37口，整治水渠11.6千米，整治山坪塘28口，整治蓄水池42口，新建提灌站1座，改造提灌站2座，新建人行便民桥2座，新建垃圾池17个，基础设施明显改善，为全面实施乡村振兴战略打下坚实基础。

【新冠肺炎疫情防控】 江源镇落实省委、成都市委、简阳市委新冠肺炎疫情防控相关部署要求，迅速成立新冠肺炎疫情防控工作领导小组，设立27个工作小组，在全镇主要进出口布置检测哨点54个，对进出人员一律实行亮码测温登记，同时制定常态化防控和应急集中处置方案，强化乡镇卫生院、学校、车站、农贸市场等重点区域风险防控能力。积极组织人员下村参与排查，全年累计走访228771户1545794人。通过微信公众号、微博、广播、公告栏等"线上+线下"方式，及时通报防疫信息和基本医疗常识。全年累计发放口罩、消毒液等防疫物资1万余件，发放救助资金14.54万元，社治专项资金44万元。

【简阳第四届桑葚采摘活动】 4月15日，江源镇成功举办以"游桑海乡田·品葚果美味"为主题的简阳品尝采摘季暨简阳第四届桑葚采摘活动。活动以每户果农为活动单元，开展零散式桑葚采摘、现场熬制桑葚膏体验活动及记者采风活动，采摘活动持续到5月25日，共接待旅游团4批次，吸引游客2万人次，销售桑葚、桑葚干450余吨，桑葚膏3200余瓶，实现现场销售额600余万元，辐射带动全镇水果销量超1000万公斤。

【文物古迹】 江源镇历史悠久、名胜古迹众多，有远近闻名的莲花寺、石岩寺、东岳庙、观音嘴东汉崖墓群、大石包宋代摩崖造像、曹家碥摩崖造像。

莲花寺　位于江源场下场口东北方400余米的莲花山上。据有关资料记载，"寺有古树，其花似莲"，因此得名。另一种说法是：莲花山山上树木遭砍伐前，从二三十里的山上远望此山，真像朵盛开的莲花。两种说法，哪种正确已无从考证。今莲花寺，山川秀丽，香烟缭绕，大殿雄伟，住房宽阔，钟声嘹亮，逢节日，如同集市。文明烧香，文明化纸。莲花寺不失为一修身养性的好去处。在觉勤管寺及鄢春花等居士大力支持下，莲花寺处于发展和壮大之中。

五洞桥　清朝，蔡姓居士在此临溪而住，常于溪边逗留，感叹世事变化、感悟人生百态，一日忽见有霞光映涧、半阴半阳，似五水相连、五马归槽，顿悟！于是建造此桥，桥上五个洞犹如浑然天成，故名“五洞桥”。“五洞桥”之五洞，一为五水相连之洞，汇聚了惜河、老鹰河、黄家沟、阴阳沟、思家沟之水韵；二为五马归槽之洞，凝聚了鸡公山、窝篷山、吊嘴山、马鞍山、乌棒山之精气；三为五行运转之洞，蕴含“金、木、水、火、土”之运道。因五洞桥暗含五行之意，故有“五洞桥上走一走，人生五行全都有”和“五洞桥上跌一跌，跌在哪洞哪行缺”的传说。因此，走在桥上的人们都格外的小心，宁愿慢步走过桥面耽误时间，也不愿因急匆匆跑过桥面跌倒而缺了哪一行。相传，命理缺某一行或某一行过旺之人在桥上相应洞口处停留，并用一定仪式祈祷，即会补五行之缺，保五行平衡。

曹家碥摩崖石像　曹家碥有摩崖石像4龛41尊，半边寺有摩崖石像10龛218尊，为县级文物保护单位，其内石像尊尊惟妙惟肖，具有较高的观赏价值。

（陈诗芸）

人物

领导名录

简阳市成都市管领导干部名录

市委领导名录

赵春淦　市委书记（—2020.6）
詹　庆　市委书记（2020.6—）
易恩弟　市委副书记（—2020.3）
　　　　市政府市长（—2020.4）
　　　　市政府党组书记（—2020.5）
罗开敏　市委副书记
　　　　市政府市长（2020.4—）
　　　　市政府党组书记（2020.5—）
王安宁　市委副书记（2020.9—）
陈建龙　市委常委、政法委书记兼市法学会党组书记、会长
顾晓玲　市委常委、宣传部部长
吴　斌　市委常委、市政府党组副书记、副市长、市行政干部学校校长；市临空经济产业园党工委书记（—2020.3）
李建军　市委常委、统战部部长、市总工会主席，市空天产业功能区（经开区）党工委书记；市政协党组副书记（2020.10—）
曾志勇　市委常委、市纪委书记、市监委主任
黄永忠　市委常委、组织部部长、社治委主任、党校校长、市直机关党工委书记；市西部电商物流产业功能区党工委书记（2020.8—）
马佰让　市委常委
雷启锋　市委常委（2020.3—）

市人大常委会领导名录

钟世全　市人大常委会主任
樊昌华　市人大常委会副主任
李筱丽　市人大常委会副主任
樊　勋　市人大常委会副主任
罗明全　市人大常委会副主任
蒋　雄　市人大常委会副主任

市政府领导名录

易恩弟　市委副书记（—2020.3）
　　　　市政府市长（—2020.4）
　　　　市政府党组书记（—2020.5）
吴　斌　市委常委、市政府党组副书记、副市长、

市行政干部学校校长；市临空经济产业园党工委书记（—2020.3）

钟世斌　市政府党组成员、副市长兼市公安局党委书记、局长、督察长

昌朝戎　市政府党组成员、副市长

雷启锋　市政府党组成员、副市长（—2020.3）

谢　强　市政府党组成员、副市长

罗　胤　市政府党组成员、副市长（—2020.12）；市临空经济产业园党工委书记（2020.3—2020.12）、管委会主任（2020.4—2020.12）；市西部电商物流产业功能区党工委书记（—2020.8）

都学良　市政府党组成员、副市长（2020.3—）

雷　磊　市政府党组成员、副市长（挂职时间1年）（2020.6—）

市政协领导名录

李崇喜　市政协主席

黄叶全　市政协副主席

李茂鸣　市政协副主席

蔡纯午　市政协副主席

陈明清　市政协副主席

安崇伟　市政协副主席

曾继元　市政协副主席

市法院院长、市检察院检察长名录

吴国军　市人民法院党组书记、院长（—2020.1）

周　斌　市人民法院党组书记、院长（2020.1—）

杨堰宁　市人民检察院党组书记、检察长（—2020.7）

刘　东　市人民检察院党组书记、检察长（2020.7—）

其他成都市管领导名录

王　勇　市临空经济产业园党工委副书记（2020.3—）、管委会副主任（2020.4—）

彭能超　市临空经济产业园党工委委员（2020.3—）、管委会副主任（2020.4—）

谢林江　市临空经济产业园党工委委员（2020.3—）、管委会副主任（2020.4—）；简城街道党工委书记

陈晓恒　市临空经济产业园党工委委员（2020.3—）、管委会副主任（2020.4—）

谢　宁　市空天产业功能区党工委副书记、管委会主任（2020.3—）

市纪委监委领导名录

曾志勇　市委常委、市纪委书记、市监委主任

叶　军　市纪委副书记、市监委副主任

曾麒宇　市纪委副书记、市监委副主任

吴艳华　市纪委常委、市监委委员

邓　华　市纪委常委、市监委委员

李传松　市纪委常委

谢　钢　市纪委常委

樊　建　市监委委员

王君华　市监委委员

市纪委监委驻部门（单位）纪检监察组领导名录

邓辛模　市人民法院党组成员、纪检监察组组长

林建涛　市人民法院纪检监察组纪检监察专员

杨　平　市人民检察院党组成员、纪检监察组组长（—2020.5，纪检监察组撤销）

钟建坤　市人民检察院纪检监察组纪检监察专员（—2020.5，纪检监察组撤销）

万玥灵　市委办纪检监察组组长

汪兰英　市委办纪检监察组纪检监察专员

戢　林　市委组织部纪检监察组组长

黎　鸣　市委组织部纪检监察组纪检监察专员

李杰夫　市委宣传部纪检监察组组长

曹小强　市委宣传部纪检监察组纪检监察专员

蒋诗文　市委统战部纪检监察组组长（—2020.3）

黄　梅　市委统战部纪检监察组组长（2020.4—）

石晓琴　市委统战部纪检监察组纪检监察专员

于飞洋　市委政法委纪检监察组组长
邓　粤　市委政法委纪检监察组纪检监察专员
吴　姣　市政府办党组成员、纪检监察组组长
谭念刚　市政府办纪检监察组纪检监察专员
王　勇　市发展和改革局党组成员、纪检监察组组长
马　宇　市发改局纪检监察组纪检监察专员
鄢家刚　市教育局党委委员、纪检监察组组长
钟俊良　市教育局纪检监察组纪检监察专员（保留正局级）
樊　庆　市公安局党委副书记、纪检监察组组长（正局长级）
项双银　市公安局纪检监察组纪检监察专员
钟英文　市民政局党组成员、纪检监察组组长
卢德义　市民政局纪检监察组纪检监察专员
付　波　市财政局党组成员、纪检监察组组长
倪　勇　市财政局纪检监察组纪检监察专员
张泽松　市人力资源和社会保障局党委委员、纪检监察组组长
唐靖琪　市人力资源和社会保障局纪检监察组纪检监察专员
曾绍刚　市住房和城乡建设局党委委员、纪检监察组组长
胡　艳　市住房和城乡建设局纪检监察组纪检监察专员
鄢正茂　市交通运输局党委委员、纪检监察组组长
孟树彬　市交通运输局纪检监察组纪检监察专员
陈　瑜　市农业农村局党委委员、纪检监察组组长
毛泽刚　市农业农村局纪检监察组纪检监察专员（保留正局级）
余生全　市卫生健康局党委委员、纪检监察组组长
山雪艳　市卫生健康局纪检监察组纪检监察专员
胡　海　市国资和金融工作局党组成员、纪检监察组组长（2020.5—，新设纪检监察组）
邱　婷　市市场监管局党委委员、纪检监察组组长
王　迅　市市场监管局纪检监察组纪检监察专员
杨　君　经开区（集中区）党委委员、纪检监察组组长（—2020.5）；市空天产业功能区（经开区）党工委委员、纪检监察组组长（2020.5—）
罗迎会　经开区（集中区）纪检监察组纪检监察专员（—2020.5）；市空天产业功能区（经开区）纪检监察组纪检监察专员（2020.5—）

市人民法院、检察院领导名录

市人民法院

吴国军　市人民法院党组书记、院长（—2020.1）
周　斌　市人民法院党组书记、院长（2020.1—）
陈玉岗　市人民法院党组副书记、副院长
郑　鸣　市人民法院党组成员、副院长
青　巍　市人民法院党组成员、副院长
谢国斌　市人民法院党组成员、副院长
刘冠男　市人民法院党组成员、副院长（挂职）（2020.3—）
邓辛模　市人民法院党组成员、市纪委监委驻市人民法院纪检监察组组长
钟义硕　市人民法院党组成员、政治部主任
徐鸿滨　市人民法院审判委员会专职委员
谢　庆　市人民法院审判委员会专职委员
杨　顺　市人民法院执行局局长
万　静　市人民法院机关党委书记

市人民检察院

杨堰宁　市人民检察院党组书记、检察长（—2020.7）
刘　东　市人民检察院党组书记、检察长（2020.7—）
秦　敏　市人民检察院党组副书记、副检察长
周建新　市人民检察院党组成员、副检察长
缪祖君　市人民检察院党组成员、副检察长
杨　平　市人民检察院党组成员、市纪委监委驻市人民检察院纪检监察组组长（—2020.5，纪检监察组撤销）
李跃龙　市人民检察院党组成员、副检察长
蒋琴琴　市人民检察院党组成员、政治部主任
田　友　市人民检察院机关党委书记

曹洪才　市人民检察院检委会专职委员
陈　平　市人民检察院检委会专职委员

市委部门（单位）领导名录

市委办

王　勇　市委办公室主任（—2020.4）；市临空经济产业园党工委副书记（2020.3—）、管委会副主任（2020.4—）
张　杨　市委办公室主任（2020.4—）
朱贵全　市委党研室主任
张　建　市委办公室副主任（正局长级）（—2020.4）
陈阁斐　市委办公室副主任（正局长级）（—2020.5）
刘　令　市委办公室副主任（正局长级）（—2020.4）
蒲俊伟　市委办公室副主任（正局长级）
李春燕　市档案馆馆长
周海圣　市委办公室副主任（正局长级）
钟卫星　市委办公室副主任、市信访局党组书记、局长
宋晓东　市委办公室机关党委书记
万玥灵　市纪委监委驻市委办公室纪检监察组组长
屈信宇　市委办公室副主任（2020.4—）

市委组织部

黄永忠　市委常委、组织部部长、社治委主任、党校校长、市直机关党工委书记；市西部电商物流产业功能区党工委书记（2020.8—）
刘　勇　市委组织部常务副部长
巫锡良　市委组织部副部长、市人力资源和社会保障局党委书记、局长
傅海峰　市委组织部副部长（正局长级）、市直机关党工委副书记
杜晓舟　市委组织部副部长（正局长级）、市非公有制经济组织和社会组织党工委书记
胡桂玉　市委组织部副部长（正局长级）、市委老干部局局长
李亮熙　市委组织部副部长、市公务员局局长
戢　林　市纪委监委驻市委组织部纪检监察组组长

市委宣传部

顾晓玲　市委常委、宣传部部长
陶敏正　市委宣传部常务副部长、市委外宣办（市互联网信息办、市政府新闻办）主任；市新闻出版局（市版权局）局长
苏　兴　市委宣传部副部长（正局长级）、市文明办主任
徐庆东　市委宣传部副部长、市融媒体中心主任
毛远见　市委宣传部副部长（正局长级）
邓　佳　市委宣传部副部长、市文联主席
王晓红　市委宣传部副部长，市文化体育和旅游局党委书记；市文旅产业发展服务中心主任（兼任）（—2020.11）
潘　高　市委宣传部副部长
崔　静　市委宣传部机关党委书记
李杰夫　市纪委监委驻市委宣传部纪检监察组组长

市委统战部

李建军　市委常委、统战部部长、市总工会主席，市空天产业功能区（经开区）党工委书记；市政协党组副书记（2020.10—）
刘荣华　市委统战部常务副部长、市民族宗教事务局局长
陈　晖　市委统战部副部长（正局长级）、市政府侨务和台湾事务办主任
蒋建忠　市委统战部副部长、市工商联党组书记
王　黎　市委统战部副部长
蒋诗文　市纪委监委驻市委统战部纪检监察组组长（—2020.3）
黄　梅　市纪委监委驻市委统战部纪检监察组组长（2020.4—）

市委政法委

陈建龙　市委常委、政法委书记兼市法学会党组书记、会长
杨天顺　市委政法委常务副书记，市法学会专职副会长
董泽安　市委政法委副书记
杨宗楷　市委政法委副书记（正局长级）
刘巨波　市委政法委副书记（正局长级）
吕永昭　市委政法委副书记
于飞洋　市纪委监委驻市委政法委纪检监察组组长

市委政研室

周星阳　市委政研室主任
李京倍　市委政研室副主任（—2020.5）
周立波　市委政研室副主任
秦柏梅　市委政研室副主任

市委社治委

黄永忠　市委常委、组织部部长、社治委主任、党校校长、市直机关党工委书记；市西部电商物流产业功能区党工委书记（2020.8—）
毛章奇　市委社治委常务副主任
何琨治　市委社治委副主任
孙懿馨　市委社治委副主任（—2020.5）
林　凌　市委社治委副主任

市委编办

徐　建　市委编办主任
曾洪英　市委编办副主任
邹　鸿　市委编办副主任

市委巡察办

雷振邦　市委巡察办主任
卿　熠　市委巡察办副主任
蒋　全　市委巡察办副主任

市委巡察组

都安辉　市委巡察组组长
罗君成　市委巡察组组长
李赟娟　市委巡察组组长
都云波　市委巡察组组长
杨桂芳　市委巡察组组长
程慧英　市委巡察组副组长
李　钰　市委巡察组副组长
黄　丽　市委巡察组副组长
蒋延杰　市委巡察组副组长
叶诗琪　市委巡察组副组长
谢　威　市委巡察组巡察专员
李薇薇　市委巡察组巡察专员
鄢　路　市委巡察组巡察专员
付　锦　市委巡察组巡察专员
汪洪贵　市委巡察组巡察专员

市委党研室

朱贵全　市委党研室主任
彭绍君　市委党研室副主任（—2020.12）

市委党校（市行政干部学校）

吴　斌　市委常委、市政府党组副书记、副市长、市行政干部学校校长；市临空经济产业园党工委书记（—2020.3）
黄永忠　市委常委、组织部部长、社治委主任、党校校长、市直机关党工委书记；市西部电商物流产业功能区党工委书记（2020.8—）
王春华　市委党校（市行政干部学校）常务副校长
汪劲锋　市委党校（市行政干部学校）副校长
黎泽东　市委党校（市行政干部学校）副校长

市档案馆

李春燕　市档案馆馆长

严　剑　市档案馆副馆长
周秀兰　市档案馆副馆长

市融媒体中心

徐庆东　市委宣传部副部长、市融媒体中心党总支书记、主任
田　勇　市融媒体中心党总支委员、副主任
毛　羽　市融媒体中心副主任
周　勤　市融媒体中心党总支委员、副主任

市人大专门委员会、常委会办事工作机构领导名录

市人大常委会办公室

唐　华　主　任
谢居刚　副主任（—2020.12）
朱光钰　副主任（—2020.1）
范昊林　副主任（2020.1—）

市人大监察和司法委员会

（2020年1月19日依法设立）

廖国宏　主任委员（2020.1—）
万　宁　副主任委员（2020.1—）
余华志　副主任委员（2020.1—）
周厚利　副主任委员（2020.1—）

市人大法制委员会

（2020年1月19日机构撤销）

廖国宏　主任委员（—2020.1）
万　宁　副主任委员（—2020.1）
余华志　副主任委员（—2020.1）
周厚利　副主任委员（—2020.1）

市人大经济委员会

韩春健　主任委员（2020.1—）
韩春健　副主任委员（—2020.1）
魏法琼　副主任委员
郑　红　副主任委员
刘　闯　副主任委员
周　伟　副主任委员（—2020.4）

市人大教育科学文化卫生和民族宗教侨务外事委员会

（2020年1月19日依法设立）

王海泉　主任委员（2020.1—）
袁志全　副主任委员（2020.1—）
伍自刚　副主任委员（2020.1—）
王谋智　副主任委员（2020.1—）

市人大社会事业委员会

（2020年1月19日机构撤销）

王海泉　主任委员（—2020.1）
袁志全　副主任委员（—2020.1）
王桢尧　副主任委员（—2020.1）
伍自刚　副主任委员（—2020.1）
王谋智　副主任委员（—2020.1）

市人大城乡建设与环境保护委员会

汪　明　主任委员
傅永红　副主任委员
吴文华　副主任委员
彭育海　副主任委员（—2020.4）
樊　友　副主任委员（2020.1—）

市人大农业和农村委员会

施　亮　主任委员
李发武　副主任委员
唐远君　副主任委员
周家兵　副主任委员
吴光霞　副主任委员

市人大社会建设委员会

（2020年1月19日依法设立）

何小勇　主任委员（2020.1—）
王桢尧　副主任委员（2020.1—）
彭育海　副主任委员（2020.1—）
周　伟　副主任委员（2020.1—）

市人大预算委员会

樊健康　主任委员
谢居刚　副主任委员（2020.12—）
朱　列　副主任委员
李仁祥　副主任委员
阳仲宣　副主任委员

市人大常委会人事代表工作委员会

何小勇　主任（—2020.1）
朱光钰　主任（2020.1—）
杨先菊　副主任

市人大常委会信访工作办公室

周　毅　主任

市政府部门（单位）领导名录

市政府办

张　杨　市政府党组成员，市政府办党组书记、主任（—2020.4）
毛劲松　市政府办党组书记、主任（2020.4—）
张健涛　市政府办党组成员、副主任（正局长级）
胡桃红　市政府办副主任、市机关事务服务中心主任
周　磊　市政府办党组成员、副主任（正局长级）
詹　波　市政府办党组成员、副主任（正局长级）
罗　勇　市政府办党组成员、副主任；市自然资源规划编制研究中心主任（2020.3—）
杨　春　市政府办党组成员、副主任
王　建　市政府办党组成员、机关党委书记（—2020.3）
吴　强　市政府办党组成员；机关党委书记（2020.3—）
吴　姣　市政府办党组成员、市纪委监委驻市政府办纪检监察组组长

市发改局

彭能超　市发展和改革局党组书记、局长兼市粮食和物资储备局局长（—2020.4）
杨　敏　市发展和改革局党组书记、局长兼市粮食和物资储备局局长（2020.4—）
李新泉　市发展和改革局党组副书记（挂职1年）（2020.6—）
石成刚　市发展和改革局党组成员、副局长（正局长级）
钟　华　市发展和改革局党组成员、副局长（正局长级）
王　勇　市发展和改革局党组成员、市纪委监委驻市发展和改革局纪检监察组组长
徐澜耘　市发展和改革局党组成员、副局长
江水清　市发展和改革局党组成员、副局长
吴洋海　市发展和改革局党组成员、机关党委书记

市经科信局

谢　锦　市经济科技和信息化局（市新经济工作局）党委书记、局长
刘加强　市经济科技和信息化局党委委员、机关党委书记
樊　亮　市经济科技和信息化局党委委员、副局长
郭锡涛　市经济科技和信息化局党委委员、副局长
蒋祥波　市经济科技和信息化局党委委员、副局长

市教育局

李强普　市教育系统党委书记，市教育局党委书

记、局长
付　孟　市教育系统党委副书记，市教育局党委委员、副局长（正局长级）
冷国慧　市教育系统党委副书记，市教育局党委委员、副局长
刘德成　市教育局党委委员、副局长（正局长级）
吴　昊　市教育局党委委员、副局长
曾陈伟　市教育局党委委员、机关党委书记
鄢家刚　市教育局党委委员、市纪委监委驻市教育局纪检监察组组长
田正发　市教育局党委委员、勤工办主任
刘国辉　市人民政府教育督导室主任

市公安局

钟世斌　市政府党组成员、副市长兼市公安局党委书记、局长、督察长
王建勇　市公安局党委副书记、政委
樊　庆　市公安局党委副书记、市纪委监委驻市公安局纪检监察组组长
雍　元　市公安局党委委员、副政委
胡永东　市公安局党委委员、副局长、交通警察大队大队长
杨　树　市公安局党委委员、副局长
刘福能　市公安局党委委员、警务指挥中心主任
甘银旭　市公安局党委委员、政治处主任
胡俊火　市公安局党委委员、刑事侦查大队大队长
李全洪　市公安局党委委员、副局长（正局长级）
马健伟　市公安局党委委员、机关党委书记（2020.11—）
李　昳　市公安局党委委员、副局长（成都市公安局下挂）（—2020.7）
王　涛　市公安局副局长（成都市公安局下挂）（—2020.7）

市民政局

陈　强　市民政局党组书记、局长
钟友彬　市民政局党组成员、副局长
李建文　市民政局党组成员、副局长
曾　祥　市民政局党组成员、副局长（正局长级）
钟英文　市民政局党组成员、市纪委监委驻市民政局纪检监察组组长
谢盈莹　市民政局党组成员、机关党委书记

市司法局

文　星　市司法局党委书记
汤　凌　市司法局党委副书记、局长
王江苏　市司法局党委委员、副局长（正局长级）
杨　涛　市司法局党委委员、副局长
陈　芳　市司法局党委委员
黄本刚　市司法局党委委员、机关党委书记
刘　玲　市司法局党委委员

市财政局

曾文辉　市财政局党组书记、局长
陈　刚　市财政局党组成员、副局长，市财政国库支付中心主任
唐　忠　市财政局党组成员、副局长（正局长级）
周　昆　市财政局党组成员、副局长（正局长级）
李　俊　市财政局党组成员、副局长（正局长级）
李　伟　市财政局党组成员、副局长（正局长级）
田　新　市财政局党组成员
钟志刚　市财政局党组成员、副局长
付　波　市财政局党组成员、市纪委监委驻市财政局纪检监察组组长
晋华文　市财政局党组成员、副局长
李光涌　市财政局党组成员、机关党委书记

市人社局

巫锡良　市委组织部副部长、市人力资源和社会保障局党委书记、局长
彭　忠　市人力资源和社会保障局党委委员、副局长
陶　彬　市人力资源和社会保障局党委委员、副局长
胡良才　市人力资源和社会保障局党委委员、副局长、市就业服务中心（市农民工服务中心）主任

李　玲　市人力资源和社会保障局党委委员、副局长（正局长级）
谢宏志　市人力资源和社会保障局党委委员、副局长
黄　恺　市人力资源和社会保障局党委委员、劳务开发办主任
张泽松　市人力资源和社会保障局党委委员、市纪委监委驻市人力资源和社会保障局纪检监察组组长
钟　明　市人力资源和社会保障局党委委员、机关党委书记

市规划和自然资源局

向　波　市规划和自然资源局党组书记
陈晓恒　市规划和自然资源局党组副书记、局长（—2020.8）
彭觉勇　市规划和自然资源局党组副书记、局长（2020.12—）
汪　强　市规划和自然资源局党组成员、副局长
汪广金　市规划和自然资源局党组成员、副局长
吴　斌　市规划和自然资源局党组成员、副局长；市应急管理局副局长（兼职）（2020.11—）
刘进明　市规划和自然资源局党组成员、副局长
卿智玲　市规划和自然资源局党组成员、副局长
付　红　市规划和自然资源局党组成员、副局长
黄　承　市规划和自然资源局党组成员、副局长
王付均　市规划和自然资源局党组成员、机关党委书记
吴勇全　市规划和自然资源局党组成员、市土地储备中心主任

市住建局

朱康敏　市住房和城乡建设局（市人民防空办公室、市公园城市建设局）党委书记、局长（主任）
李再友　市住房和城乡建设局党委委员、副局长（正局长级）
胡永红　市住房和城乡建设局党委委员、副局长
袁　正　市住房和城乡建设局党委委员、市房产保障中心主任
曾绍刚　市住房和城乡建设局党委委员、市纪委监委驻市住房和城乡建设局纪检监察组组长
黄　位　市住房和城乡建设局党委委员、副局长
阳　洋　市住房和城乡建设局党委委员、副局长
钟　军　市住房和城乡建设局党委委员、副局长
姜睿星　市住房和城乡建设局机关党委书记（2020.3—）

市交通局

都学良　市交通运输局党委书记、局长，市交通战备办公室主任（—2020.4）
刘　令　市交通运输局党委书记、局长，市交通战备办公室主任（2020.4—）
施跃宇　市交通运输局党委副书记（2020.1—）；市交通运输局党委委员、机关党委书记
鄢正茂　市交通运输局党委委员、市纪委监委驻市交通运输局纪检监察组组长
王　波　市交通运输局党委委员、副局长（正局长级）
陈华敏　市交通运输局党委委员、副局长（正局长级）
宁　杰　市交通运输局党委委员、副局长（正局长级）
陈　林　市交通运输局党委委员、副局长
唐　诚　市交通运输局党委委员、副局长
谢　彤　市交通运输局党委委员、副局长

市水务局

周　靖　市水务局党组书记、局长
李大林　市水务局党组成员、副局长
李　伟　市水务局党组成员、副局长（正局长级）
周鹏飞　市水务局党组成员、副局长

杨　强　市水务局党组成员、副局长
窦　磊　市水务局党组成员、机关党委书记
王华军　市水务局党组成员、市河道管理所所长
樊　运　市水务局党组成员、市毗河供水工程建设服务中心主任

市农业农村局

吴良先　市农业农村局党委书记
李　毅　市农业农村局局长
张　健　市农业农村局党委委员、副局长
吴　俊　市农业农村局党委委员、副局长
秦　翔　市农业农村局副局长；市应急管理局副局长（兼职）（2020.11—）
陈　瑜　市农业农村局党委委员、市纪委监委驻市农业农村局纪检监察组组长
付建勇　市农业农村局党委委员、市农村经济发展服务中心主任
雷莉萍　市农业农村局党委委员、机关党委书记
曾嵩凌　市农业农村局党委委员、市农机推广站站长

市商投局

刘德贵　市商务和投资促进局党组书记
袁　宁　市商务和投资促进局党组副书记、局长
周　容　市商务和投资促进局党组成员、市投资促进服务中心主任
谢　强　市商务和投资促进局党组成员、副局长
罗　斌　市商务和投资促进局党组成员、副局长
黄　伟　市商务和投资促进局党组成员、机关党委书记
陈玉彬　市商务和投资促进局党组成员、简阳国际商务服务中心主任

市文体旅局

王晓红　市委宣传部副部长，市文化体育和旅游局党委书记；市文旅产业发展服务中心主任（兼任）（—2020.11）
曾兰岚　市文化体育和旅游局（市广播电视局）局长
杨晓勇　市文化体育和旅游局党委委员、市文旅产业发展服务中心主任（2020.11—）
徐三祝　市文化体育和旅游局党委委员、副局长
刘廷宽　市文化体育和旅游局党委委员、副局长
汤楚缨　市文化体育和旅游局副局长
李度科　市文化体育和旅游局党委委员、机关党委书记

市卫健局

黄安文　市卫生健康局党委书记、局长
郭　勇　市卫生健康局党委委员、副局长（正局长级）
鄢建章　市卫生健康局党委委员、副局长
万志成　市卫生健康局党委委员、副局长
何　琴　市卫生健康局党委委员、副局长
谭　勇　市卫生健康局党委委员、市卫计监督执法大队大队长
余生全　市卫生健康局党委委员、市纪委监委驻市卫健局纪检监察组组长
吴志明　市卫生健康局党委委员、机关党委书记

市退役军人局

谢　丰　市退役军人事务局党组书记、局长
肖孝辉　市退役军人事务局党组成员、副局长
周忠雨　市退役军人事务局党组成员、副局长

市应急局

黄建章　市应急管理局党组书记
干玉昌　市应急管理局党组副书记、局长
张家林　市应急管理局党组成员、副局长
谢恒平　市应急管理局党组成员、副局长
周宏伟　市应急管理局党组成员、副局长
吴　斌　市规划和自然资源局党组成员、副局长；市应急管理局副局长（兼职）（2020.11—）

窦　磊　市水务局党组成员、机关党委书记；市应急管理局副局长（兼职）（2020.11—）
秦　翔　市农业农村局副局长；市应急管理局副局长（兼职）（2020.11—）

市审计局

陈卫东　市审计局党组书记、局长
林忠斌　市审计局党组成员、副局长
施尚国　市审计局党组成员、副局长
杨　军　市审计局党组成员、副局长

市国金局

程有聪　市国资和金融工作局党组书记
毛国玺　市国资和金融工作局党组副书记、局长
胡　海　市国资和金融工作局党组成员、市纪委监委驻市国资和金融工作局纪检监察组组长（2020.5—）
翟磊方　市国资和金融工作局党组成员、副局长
陈志英　市国资和金融工作局党组成员、副局长
唐　乐　市国资和金融工作局党组成员、机关党委书记

市市场监管局

方　正　市市场监管局党委书记
陈胜昔　市市场监管局（市知识产权局）党委副书记、局长
付在勇　市市场监管局党委委员、副局长
曾军华　市市场监管局党委委员、副局长
吴立平　市市场监管局党委委员、副局长
文书培　市市场监管局党委委员、副局长
邱　婷　市市场监管局党委委员、市纪委监委驻市市场监管局纪检监察组组长
杨秀伦　市市场监管局党委委员、机关党委书记

市统计局

施　玺　市统计局党组书记、局长
马炳秀　市统计局党组成员、副局长
蒋　涛　市统计局党组成员、副局长

市信访局

钟卫星　市委办副主任，市信访局党组书记、局长
姜素香　市信访局党组成员、副局长（正局长级）
胡　刚　市信访局党组成员、副局长

市综合执法局

杨　敏　市综合行政执法局（市城市管理局）党组书记、局长（—2020.4）
张　建　市综合行政执法局（市城市管理局）党组书记、局长（2020.4—）
杨理均　市综合行政执法局（市城市管理局）党组成员、副局长、市综合行政执法大队大队长（正局长级）
冯　俊　市综合行政执法局（市城市管理局）党组成员、副局长
朱江勇　市综合行政执法局（市城市管理局）党组成员、副局长
刘志勇　市综合行政执法局（市城市管理局）党组成员、机关党委书记
晏华兵　市综合行政执法局（市城市管理局）党组成员，市环境卫生管理所党支部书记、所长
安　波　市综合行政执法局（市城市管理局）党组成员、副局长

市行政审批局

李　林　市行政审批局（市政务服务管理和网络理政办）党组书记、局长（主任）
王　华　市行政审批局（市政务服务管理和网络理政办）党组成员、副局长（副主任）
施红梅　市行政审批局（市政务服务管理和网络理政办）党组成员、副局长（副主任）
李　敏　市行政审批局（市政务服务管理和网络理政办）党组成员，市行政审批综合服务中心主任

市医保局

冯　榕　市医疗保障局党组书记、局长
姚　伟　市医疗保障局党组成员、副局长
陈　果　市医疗保障局党组成员、副局长
张有芳　市医疗保障局党组成员（2020.3—）市医疗保障事务中心主任

市机关事务中心

胡桃红　市政府办副主任、市机关事务服务中心主任
李玉霞　市机关事务服务中心副主任
李　刚　市机关事务服务中心副主任
罗　忠　市机关事务服务中心副主任（—2020.3）
李　信　市机关事务服务中心副主任（2020.3—）

市投促中心

周　容　市商务和投资促进局党组成员、市投资促进服务中心主任
陈　敏　市投资促进服务中心副主任
杨　成　市投资促进服务中心副主任
刘　肖　市投资促进服务中心副主任（2020.1—）

市文旅中心

王晓红　市委宣传部副部长，市文化体育和旅游局党委书记；市文旅产业发展服务中心主任（兼任）（—2020.11）
杨晓勇　市文化体育和旅游局党委委员、市文旅产业发展服务中心主任（2020.11—）
高文君　市文旅产业发展服务中心副主任
王　波　市文旅产业发展服务中心副主任

市供销联社

徐勇刚　市供销联社党委书记、主任
王首贵　市供销联社党委委员、副主任（—2020.12）
汪广文　市供销联社党委委员、副主任
施跃花　市供销联社副主任

市老龄中心

王　燕　市老龄工作服务中心主任
李明远　市老龄工作服务中心副主任（保留正局级）

四川简阳经济开发区管理委员会（简阳工业集中发展区管理委员会）

李建军　市委常委、统战部部长、市总工会主席；市空天产业功能区（经开区）党工委书记（2019.12—）；市政协党组副书记（2020.10—）；经开区（集中区）党工委书记（—2019.12）
谢　宁　经开区（集中区）党工委副书记、集中区管委会主任（—2020.3）
尹冬梅　经开区（集中区）党工委副书记兼纪工委书记（—2020.3）
段　丽　四川简阳经济开发区管委会副主任（—2020.5）
叶明洋　经开区（集中区）党工委委员（—2020.5）、集中区管委会副主任（—2020.6）
杨　君　经开区（集中区）党委委员、纪检监察组组长（—2020.5）

市地志办

杨　勇　市地方志办公室主任
甘立德　市地方志办公室副主任（—2020.12）

市征补中心

周　杰　市房屋征收补偿服务中心主任
唐　敏　市房屋征收补偿服务中心副主任
陈宏伟　市房屋征收补偿服务中心副主任
朱林强　市房屋征收补偿服务中心副主任（2020.3—）

市惠民中心

马　艳　市惠民帮扶中心主任
黄文兴　市惠民帮扶中心副主任

市公资交易中心

杨清白　市公共资源交易服务中心（成都市公共资源交易服务中心简阳市分中心）党组书记、主任
钟永胜　市公共资源交易服务中心（成都市公共资源交易服务中心简阳市分中心）党组成员、副主任
钟建成　市公共资源交易服务中心（成都市公共资源交易服务中心简阳市分中心）党组成员、副主任

市规划中心

陈晓恒　市规划和自然资源局（市林业局）党组副书记、局长（—2020.8）；市自然资源规划编制研究中心主任（—2020.3）
罗　勇　市政府办党组成员、副主任；市自然资源规划编制研究中心主任（2020.3—）
段作文　市自然资源规划编制研究中心副主任
晏若潇　市自然资源规划编制研究中心副主任
周罡正　市自然资源规划编制研究中心副主任

市网格化中心

彭　峰　市网格化服务中心党组书记、主任
杨晓丽　市网格化服务中心党组成员、副主任
晋良炳　市网格化服务中心党组成员、副主任

市就业中心

胡良才　市人力资源和社会保障局党委委员、副局长，市就业服务中心（市农民工服务中心）主任
李　斌　市就业服务中心副主任
魏晓斌　市就业服务中心副主任

产业功能区领导名录

市临空经济产业园党工委、管委会

罗　胤　市政府党组成员、副市长（—2020.12）；市临空经济产业园党工委书记（2020.3—2020.12）、管委会主任（2020.4—2020.12）；市西部电商物流产业功能区党工委书记（—2020.08）
王　勇　市临空经济产业园党工委副书记（2020.3—）、管委会副主任（2020.4—）
彭能超　市临空经济产业园党工委委员（2020.3—）、管委会副主任（2020.4—）
谢林江　市临空经济产业园党工委委员（2020.3—）、管委会副主任（2020.4—）；简城街道党工委书记
陈晓恒　市临空经济产业园党工委委员（2020.3—）、管委会副主任（2020.4—）
唐邦吉　市临空经济产业园党工委委员、成凉产业园党工委书记（2020.5—）
谈梦泽　市临空经济产业园党工委委员、招商融资部部长，成凉产业园党工委副书记、管委会常务副主任（2020.5—）

市空天产业功能区（四川简阳经济开发区）党工委、管委会

李建军　市委常委、统战部部长、市总工会主席、市空天产业功能区（经开区）党工委书记；市政协党组副书记（2020.10—）
谢　宁　市空天产业功能区党工委副书记、管委会主任（2020.3—）
王　旭　市空天产业功能区（经开区）党工委委员（挂职时间1年，2020.7—）

段　丽　市空天产业功能区（经开区）党工委委员、管委会副主任（2020.5—）

刘正和　市空天产业功能区（经开区）党工委委员、管委会副主任

王　建　市空天产业功能区（经开区）党工委委员（2020.5—）；东溪街道人大工委主任

李京倍　市空天产业功能区（经开区）党工委委员、管委会副主任（2020.5—）

杨　君　市空天产业功能区（经开区）党工委委员、市纪委监委驻市空天产业功能区（经开区）纪检监察组组长（2020.5—）

市西部电商物流产业功能区党工委、管委会

罗　胤　市政府党组成员、副市长（—2020.12）；市临空经济产业园党工委书记（2020.3—2020.12）、管委会主任（2020.4—2020.12）；市西部电商物流产业功能区党工委书记（—2020.8）

黄永忠　市委常委、组织部部长、社治委主任、党校校长、市直机关党工委书记；市西部电商物流产业功能区党工委书记（2020.8—）

蒋和平　市西部电商物流产业功能区党工委副书记、管委会主任（2020.5—）

陈先楚　市西部电商物流产业功能区管委会副主任（2020.5—）

付　晋　市西部电商物流产业功能区党工委委员、管委会副主任（2020.5—）

市政协办事机构、工作机构、专门委员会领导名录

办公室

幸凯华　秘书长

施碧君　副秘书长

曹　强　副秘书长

欧欣同　副秘书长

伍家毅　办公室主任

郭洪彬　办公室副主任

研究室

周良才　主任

唐　影　副主任

提案委员会

周　灿　主任

周　健　副主任

文书君　副主任

李　强　副主任

晋中良　副主任

经济委员会

李中槐　主任

周贤刚　副主任

张中顺　副主任

王小惠　副主任

陈　平　副主任

环境资源委员会

黄　辉　主任

曾光卫　副主任

张　锐　副主任

杨清泉　副主任

肖云亮　副主任

农业和农村委员会

付长荼　主任

田　健　副主任

张玉元　副主任

蒋　勇　副主任

毛江林　副主任

教育卫生委员会

何　武　主任

肖　震　副主任
钟　奎　副主任
康　敏　副主任
赖　毅　副主任

社会法制民族宗教委员会

陈玉军　主任
付小刃　副主任
蒋增木　副主任
李仁清　副主任
刘德文　副主任

文化文史委员会

王元新　主任
徐丰裕　副主任
彭云义　副主任（2020.1—）
王　久　副主任
钟　敏　副主任

委员联络委员会

蒋增勤　主任
严　宽　副主任
王　强　副主任
杨承礼　副主任
周　芳　副主任

垂直管理机构领导名录

市税务局

周　琳　党委书记、局长
张　毅　党委副书记、副局长
陈举胜　党委委员、副局长
付甫成　党委委员、副局长
李光灿　党委委员、纪检组长
严康宁　党委委员、副局长
游委先　党委委员、副局长
邹晓强　党委委员、副局长
谭　峰　党委委员、机关党委书记
马彦东　党委委员、副局长
周洪强　党委委员、副局长
熊　立　党委委员、总会计师

简阳生态环境局

刘志强　党组书记、局长；生态环境综合行政执法大队大队长（2020.12—）
邓长学　党组成员、副局长
李燕刚　党组成员；生态环境综合行政执法大队副大队长（2020.12—）
魏　强　党组成员、副局长
罗　建　党组成员、副局长（2020.7—）
李　雪　党组成员、机关党总支书记
吴东明　党组成员、监测站站长

市气象局

周　勇　局长（2020.8—）
周　勇　副局长（—2020.8）
毛　科　副局长
陈月琴　副局长（2020.9—）
闫　军　副局长（挂职）（—2020.5）

中国人民银行简阳市支行

张文豪　党组书记、行长
陈　亚　党组成员、纪检组长、副行长（—2020.10）
叶国良　党组成员、纪检组长、副行长（2020.10—）
郝会凌　党组成员、副行长

国家统计局简阳调查队

樊益全　党组书记、队长
钟泽伟　党组成员、副队长
刘昕宇　党组成员、纪检组长

市烟草专卖局（分公司）

李　峰　党支部书记、局长、经理（—2020.2）
李万权　党支部书记、局长、经理（2020.2—）
靳江军　副局长
邓东海　副经理（—2020.10）
谢　放　副经理（2020.10—）

群众团体领导名录

市总工会

李建军　市委常委、统战部部长、市总工会主席，市空天产业功能区（经开区）党工委书记；市政协党组副书记（2020.10—）
吴　宇　市总工会党组书记、常务副主席
张　毅　市总工会党组成员、副主席
毛正品　市总工会党组成员、副主席

团市委

王幼文　团市委书记
安　然　团市委副书记
曹　洋　团市委副书记（2020.3—）

市妇联

周　利　市妇联党组书记、主席
钟　玲　市妇联党组成员、副主席
陈柢屹　市妇联党组成员、副主席

市科协

王　丽　市科协党组书记、主席
应锡智　市科协党组成员、副主席

市侨联

徐小义　市侨联主席
应文秀　市侨联专职副主席兼秘书长

市工商联

陈明清　市政协副主席、市工商联主席
蒋建忠　市委统战部副部长、市工商联党组书记
田云富　市工商联党组成员、副主席
陈　宇　市工商联秘书长

市残联

肖明华　市残联党组书记、理事长
杨昌德　市残联副理事长

（镇）街道领导名录

简城街道

谢林江　市临空经济产业园党工委委员（2020.3—）、管委会副主任（2020.4—）；简城街道党工委书记
黎　波　党工委副书记、办事处主任（2020.1—）
刘怀勤　党工委委员、人大工委主任
吴远杨　党工委副书记兼纪工委书记、监察办主任
钟世伟　党工委副书记
林　红　党工委委员、组织委员、人大工委副主任、宣传委员（2020.1—）
余天清　党工委委员、政法委员（2020.1—）
孙万英　党工委委员、办事处副主任
徐才勇　党工委委员、办事处副主任（2020.1—）
文　凤　党工委委员、办事处副主任（2020.1—）
李佳骏　党工委委员、办事处副主任（2020.1—）
陈秀明　党工委委员、办事处副主任（—2019.12）
杨　英　综合便民服务中心主任（2020.3—）

射洪坝街道

曾　涛　党工委书记
姚禹宏　党工委副书记、办事处主任
胡　建　党工委委员、人大工委主任（2020.1—）
张潇澜　党工委副书记兼纪工委书记

杨文逊　党工委副书记
尹　生　党工委副书记
李　军　党工委委员、办事处副主任(—2020.1),党工委委员、政法委员(2020.1—)
伍　辉　党工委委员、办事处副主任
蒋治刚　党工委委员、组织委员、宣传委员(—2020.1);党工委委员、组织委员、人大工委副主任、宣传委员(2020.1—)
贺晓龙　党工委委员、办事处副主任
张　浩　党工委委员(—2020.1);党工委委员、办事处副主任(2020.1—)

新市街道

陈中波　党工委书记
毛传旭　党工委副书记、办事处主任
周同超　党工委副书记、人大工委主任
黄克慧　党工委副书记(正局长级)
王　波　党工委副书记
易学全　党工委副书记、纪工委书记、监察办主任
彭廷建　党工委委员、组织委员(人大工委副主任、宣传委员)
曾容康　党工委委员、政法委员
李洪明　党工委委员、办事处副主任
徐　宏　党工委委员、办事处副主任

石桥街道

樊邦贵　党工委书记
李　强　党工委副书记、办事处主任
王浩佑　人大工委主任(2020.4—)
石　伟　党工委副书记、纪工委书记
李友清　党工委副书记
付骅梁　党工委委员、组织委员(人大工委副主任、宣传委员)
陈孝勇　党工委委员、政法委员(—2020.4)
魏　强　党工委委员、办事处副主任
徐荣奎　党工委委员、办事处副主任
付晓惠　党工委委员、办事处副主任
胡晓锦　党工委委员、办事处副主任

赤水街道

叶勇智　党工委书记(2020.1—)
李青果　党工委副书记、办事处主任(2020.1—)
蒋诗文　人大工委主任(2020.4—)
何　斌　党工委副书记、纪工委书记、监察办主任(2020.1—)
毛泽勇　党工委副书记(2020.1—)
毛　英　党工委副书记(2020.1—)
曹　艳　党工委委员、组织委员(宣传委员)、人大工委副主任(2020.1—)
肖　林　党工委委员、政法委员兼武装部长(2020.1—)
吴文彬　党工委委员、副主任(2020.1—)
樊建军　党工委委员、副主任(2020.1—)
钟　亮　党工委委员、副主任(2020.1—)

东溪街道

薛　强　党工委书记
张宏文　党工委副书记、办事处主任
王　建　市空天产业功能区(经开区)党工委委员(2020.5—);东溪街道人大工委主任
吴文强　党工委副书记
张　宇　党工委副书记、纪工委书记
朱　胜　党工委委员、人大工委副主任、组织委员、宣传委员
杨文超　党工委委员、政法委员
饶宣治　党工委委员、办事处副主任
陈　俊　党工委委员、办事处副主任
伍建萍　党工委委员、办事处副主任

平泉街道

邹斯若　党工委书记(2019.12—)

余志红　党工委副书记、办事处主任（2019.12—）
蔡显彬　党工委委员、人大工委主任（2019.12—）
谢文华　党工委副书记、纪工委书记、监察办主任（2019.12—2020.4）
蒋　肖　党工委委员、办事处副主任（2019.12—2020.6）；党工委副书记、纪工委书记、监察办主任（2020.6—）
赖俊全　党工委委员、组织委员、宣传委员、人大工委专职副主任（2019.12—）
刘　勇　党工委委员、政法委员（2019.12—）
温建英　党工委委员、办事处副主任（2019.12—）
段兴堂　党工委委员、办事处副主任（2019.12—）
付建波　党工委委员、办事处副主任（2019.12—）

杨家镇

王　芳　党委书记（2019.12—）
曾　勇　党委副书记、镇长（2019.12—）
钟　南　党委委员、人大主席（2019.12—）
李锦彬　党委副书记、纪委书记、监察办主任（2019.12—）
鄢志雄　党委委员、政法委员（2019.12—）
刘　畅　党委委员、组织委员、人大副主席、宣传委员（2019.12—）
刘　强　党委委员、副镇长（2019.12—）
高　蕾　党委委员、副镇长（2019.12—）
吴俊杰　副镇长（2019.12—）
卿　海　综合便民服务中心主任（事业副局级2020.5—）

石钟镇

李　文　党委书记
苏　阳　党委副书记、镇长（—2020.12）
刘一夫　党委副书记、镇长（2020.12—）
王　超　党委委员、人大主席
蒋汉青　党委副书记、纪委书记
郭　琪　党委副书记
巫　亭　党委委员、组织委员（—2019.12）；党委委员、组织委员（人大副主席、宣传委员）（2019.12—）
刘　成　党委委员、政法委员
叶泽松　党委委员、副镇长
黄　礼　党委委员、副镇长
万乾锋　党委委员、副镇长

施家镇

刘姜伟　党委书记
方延兴　党委副书记、提名镇长（2020.1—2020.4）；党委副书记、镇长（2020.4—）
徐建军　党委委员、人大主席（—2019.12）
魏　铃　党委委员、人大主席（2020.4—）
付　华　党委副书记、纪委书记、监察办主任
袁桂英　党委委员、组织委员（宣传委员）、人大副主席（2020.4—）
何麟龙　党委委员、政法委员（2020.1—）
陈　文　党委委员、副镇长（2020.4—）
秦　璨　副镇长
钟晓辉　党委委员、副镇长（2020.4—）

禾丰镇

毛劲松　党委书记（—2020.4）
陈阁斐　党委书记（2020.4—）
王游修　党委副书记、镇长
袁希铃　党委副书记（—2020.4）；党委委员、人大主席（2020.4—）
陈　伟　党委副书记、纪委书记（—2020.1）；党委副书记、纪委书记、监察办主任（2020.1—）
曾小琼　党委副书记（2020.1—）
曾良涛　党委委员、组织委员（宣传委员）、人大副主席（2020.1—）
钟安顺　党委委员、政法委员（2020.1—）

刁泽君　党委委员、组织委员（—2020.1）；党委委员、副镇长（2020.1—）
徐　建　党委委员、副镇长
卿绍芳　党委委员、副镇长
杨　柳　副镇长（2020.1—）
李　伟　挂职党委委员、派出所所长（—2020.1）

三合镇

曾从鲁　党委书记（2019.12—）
罗韩明　党委副书记、镇长（2019.12—）
李崇伟　党委委员、人大主席（—2020.4）
杨宪华　党委委员、人大主席（2020.4—）
樊文全　党委副书记、纪委书记、监察办主任（2019.12—）
马　毅　党委副书记兼纪委书记（—2019.12）；党委副书记（2019.12—）
袁高禄　党委委员、组织委员（—2019.12）；党委委员、组织委员、宣传委员、人大副主席（2019.12—）
彭　勇　党委委员、副镇长（—2019.12）；党委委员、政法委员（2019.12—）
付子艳　党委委员、副镇长

平武镇

秦　学　党委书记
蒋　茜　党委副书记、镇长
卿　理　党委委员、提名人大主席（—2020.4）；党委委员、人大主席（2020.4—）
曾　玮　党委副书记、纪委书记
杨　航　党委副书记
何文军　党委副书记（挂职）（2020.10—）
刘　东　党委委员、组织委员、宣传委员、提名人大副主席（—2020.4）；党委委员、组织委员、宣传委员、人大副主席（2020.4—）

王大明　党委委员、政法委员
张　锐　党委委员、副镇长
李　杰　党委委员、副镇长（2020.4—）

云龙镇

付敬锋　党委书记
夏　琴　党委副书记、镇长（2019.7—）
袁大刚　党委委员、人大主席（2019.12—）
陈　德　党委副书记、纪委书记（2019.12—）
叶绍培　党委副书记
罗艳辉　党委委员、人大专职副主席、组织委员、宣传委员（2019.12—）
曹绍军　党委委员、政法委员（2019.12—）
卿立慧　党委委员、副镇长
杨廷波　党委委员、副镇长（2019.12—）
刘　平　党委委员、副镇长（2019.12—）
袁　辉　副镇长（2020.4—）

涌泉镇

都进新　党委书记
杨晓勇　党委副书记、镇长（—2020.12）
苏　阳　党委副书记、镇长（2020.12—）
袁　东　党委委员、人大主席
杨宪华　党委副书记、纪委书记（2020.1—2020.4）
李　凡　党委副书记、纪委书记（2020.4—）
宋春茂　党委委员、组织委员、宣传委员、人大副主席
陈　胜　党委委员、政法委员
张光文　党委委员、副镇长
肖全香　党委委员、副镇长

三星镇

徐红彬　党委书记
吴　勇　党委副书记、镇长（2019.12—）

陈孝勇　党委委员、人大主席（2020.4—）
唐良才　党委副书记、纪委书记（2019.12—）
张汝洪　党委副书记（2019.12—）
李　波　党委副书记（2019.12—2020.3）
王雄辉　党委委员、人大副主席、组织委员、宣传委员（2019.12—）
王朝旭　党委委员、政法委员（2019.12—）
陈华伟　党委委员、副镇长（2019.12—）
蒋福廷　综合便民服务中心主任（2020.3—）

青龙镇

李继银　党委书记
张原源　党委副书记（2019.12—）；提名镇长（2020.1—2020.3）；镇长（2020.3—）
卿文满　党委委员、人大主席
文　君　党委副书记、纪委书记
彭育军　党委委员、组织委员、宣传委员、人大副主席（2019.12—）
张卫东　党委委员、政法委员（2019.12—）
钟琳洁　党委委员、提名副镇长（2019.12—2020.3）；党委委员、副镇长（2020.3—）
周才军　党委委员、提名副镇长（2019.12—2020.3）；党委委员、副镇长（2020.3—）
钟　伟　党委委员、提名副镇长（2019.12—2020.3）；党委委员、副镇（2020.3—）

踏水镇

刘　剑　党委书记
李建华　党委副书记、镇长
罗成荣　党委委员、人大主席
刘顺菊　党委副书记兼纪委书记、监察办主任
王　滨　党委委员、政法委员
邓传和　党委委员、副镇长
李　英　党委委员、副镇长
梁　维　党委委员、组织委员（人大副主席、宣传委员）

张晓玲　党委委员、副镇长（2020.4—）

宏缘镇

西艳霜　党委书记
陈国敏　党委副书记、镇长
周崇清　党委委员、人大主席
廖　珲　党委副书记、纪委书记、监察办主任（2019.12—）
李书晗　党委委员、组织委员、宣传委员、人大副主席（2019.12—）
王秀龙　党委委员、政法委员（2019.12—2020.5）；
钟文军　党委委员、政法委员（2020.6—）
张　静　党委委员、副镇长
周向东　党委委员、副镇长（2020.1—）
王　新　党委委员、副镇长（2020.3—）

镇金镇

曾　明　党委书记（2019.12—）
都　奎　党委副书记、提名镇长（2019.12—2020.4）；党委副书记、镇长（2020.4—）
谢文华　人大主席（2020.4—）
胡剑斌　党委副书记、纪委书记、监察办主任
付学彬　党委副书记（2019.12—）
徐　超　党委委员、组织委员（宣传委员）、提名人大副主席（2019.12—2020.4）；党委委员、组织委员（宣传委员）、人大副主席（2020.4—）
徐永强　党委委员、政法委员（2019.12—）
陈玉森　党委委员、提名副镇长（2019.12—2020.4）；党委委员、副镇长（2020.4—）
郑　萱　党委委员、提名副镇长（2019.12—2020.4）；党委委员、副镇长（2020.4—）
黄　春　党委委员、提名副镇长（2019.12—2020.4）；党委委员、副镇长（2020.4—）
李志彬　镇金镇（行政区划调整前）党委委员、人大主席（—2019.12）

陈宗贵　老龙乡（行政区划调整前）党委委员、人大主席（—2019.12）

雷家镇

徐　浩　党委书记（2020.1—）
谭文畅　党委副书记、提名镇长（2020.1—2020.4）；党委副书记、镇长（2020.4—）
付少东　党委委员、提名人大主席（2020.1—2020.4）；党委委员、人大主席（2020.4—）
邓小红　党委副书记、纪委书记、监察办主任（2020.1—）
刘　伟　党委委员、组织委员、宣传委员、提名人大副主席（2020.1—2020.4）；党委委员、组织委员、宣传委员、人大副主席（2020.4—）
王绍奎　党委委员、政法委员（2020.1—）
陈　良　党委委员、提名副镇长（2020.1—2020.4）；党委委员、副镇长（2020.4—）
李俏嘉　党委委员、提名副镇长（2020.1—2020.4）；党委委员、副镇长（2020.4—）
江　恒　党委委员、提名副镇长（2020.1—2020.4）；党委委员、副镇长（2020.4—）

江源镇

刘　阳　党委书记
雷　彪　党委副书记、镇长
罗　忠　党委委员、人大主席（2020.4—）
赖　晶　党委副书记、纪委书记、监察办主任（2019.7—）
付灿旭　党委委员、组织委员、宣传委员、人大副主席（2019.12—）
陈　锦　党委委员、政法委员（2019.12—）
周　丽　党委委员、副镇长（2019.12—）
陈　戢　党委委员、副镇长（2020.5—）

市属国有企业领导名录

四川雄州实业有限责任公司

程有聪　四川雄州实业有限责任公司党支部书记（2020.12—）
万　勇　四川雄州实业有限责任公司党支部书记、负责人（—2020.5）
高　义　四川雄州实业有限责任公司总经理
付文虎　四川雄州实业有限责任公司副总经理
赵　伟　四川雄州实业有限责任公司副总经理
吴雪梅　简阳发展（控股）有限公司副总经理
李登维　四川雄州实业有限责任公司副总工程师、简阳发展（控股）有限公司监事会主席
胡建兵　四川雄州实业有限责任公司副总经理（2020.1—）
徐小佳　四川雄州实业有限责任公司副总经理（2020.1—）

四川龙阳天府新区建设投资发展有限公司

杨巾辉　四川龙阳天府新区建设投资发展有限公司党支部书记、董事长，总经理（—2020.1）
汪　虎　四川龙阳天府新区建设投资发展有限公司副总经理（—2020.1），总经理（2020.1—）
王　琼　四川龙阳天府新区建设投资发展有限公司副总经理
周　忠　四川龙阳天府新区建设投资发展有限公司副总经理
黄蜀海　四川龙阳天府新区建设投资发展有限公司监事会主席
钟　波　四川龙阳天府新区建设投资发展有限公

司副总经理

杨青松　四川龙阳天府新区建设投资发展有限公司副总经理

简阳市现代工业投资发展有限公司

汪辉义　简阳市现代工业投资发展有限公司党支部书记（2020.7—）、董事长

张　旭　简阳市现代工业投资发展有限公司党支部副书记（2020.7—）、总经理

罗光和　简阳市现代工业投资发展有限公司副总经理

吴　娟　简阳市现代工业投资发展有限公司副总经理

王启明　简阳市现代工业投资发展有限公司党支部纪检委员（2020.7—）、副总经理

林　坤　简阳市现代工业投资发展有限公司党支部组织委员（2020.7—）、副总经理（2020.6—）

晋　伟　简阳市现代工业投资发展有限公司党支部宣传委员（2020.7—）、总工程师（2020.5—）

陈龙东　简阳市现代工业投资发展有限公司副总经理（—2020.6）

四川阳安交通投资有限公司

徐　庆　四川阳安交通投资有限公司董事长，总经理（—2020.1）

吴居贵　四川阳安交通投资有限公司总经理（2020.1—）

代学佳　四川阳安交通投资有限公司副总经理

王彬璐　四川阳安交通投资有限公司副总经理

林　坤　四川阳安交通投资有限公司副总经理（—2020.5）

鄢广艺　四川阳安交通投资有限公司副总经理

邓爱明　四川阳安交通投资有限公司副总经理（2020.5—）

简阳市水务投资发展有限公司

李树奎　简阳市水务投资发展有限公司党支部书记、董事长

文礼忠　简阳市水务投资发展有限公司党支部宣传委员、总经理

袁　霞　简阳市水务投资发展有限公司党支部保密委员、副总经理

郑　华　简阳市水务投资发展有限公司副总经理

吴泓涛　简阳市水务投资发展有限公司党支部纪检委员、监事会主席（—2020.1）、副总经理（2020.1—）

杨冬梅　简阳市水务投资发展有限公司党支部组织委员（2020.6—）、副总经理（2020.5—）

赵兴勇　简阳市水务投资发展有限公司监事会主席（2020.1—）

简阳市汇众农业投资发展有限公司

赵贵勋　简阳市汇众农业投资发展有限公司董事长、总经理

赵法林　简阳市汇众农业投资发展有限公司副总经理

文　杰　简阳市汇众农业投资发展有限公司副总经理

庄　薇　简阳市汇众农业投资发展有限公司副总经理

陆锡东　简阳市汇众农业投资发展有限公司总工程师

曾　琳　简阳市汇众农业投资发展有限公司监事会主席

王　玉　简阳市汇众农业投资发展有限公司副总经理（2020.1—）

简阳市雄州建设工程质量检测有限公司

周杨智　简阳市雄州建设工程质量检测有限公司党支部书记、总经理（2020.5—）

李　炽　简阳市雄州建设工程质量检测有限公司总经理（2017.08—2020.5），副总经理（2020.6—）

赖炳祥　简阳市雄州建设工程质量检测有限公司副总经理

代表、委员名录

党代表名单

（截至 2020 年 12 月 31 日）

四川省第十一次党代会党代表（简阳市）

魏运顺

成都市第十三次党代会党代表（简阳市）

刘德贵　李　文　李建军　李强普　吴　斌
陈建龙　胡桃红　都学良　单金铭　黄秀华
曾宗华　温常伟　谢莉茹　詹　庆

简阳市第十五次党代会党代表

第一代表团

袁世钊　吴明春　叶　军　杨清白　杨晓勇
汪　明　辜凯华　徐　庆　吴良先　苏　兴
杨宇峰　陶敏正　钟兴贵　王海泉　周良才
李树奎　袁　宁　陈　平　陈　林　王晓红
王桢尧　肖明华　田云富

第二代表团

樊　勋　曾文辉　蒋　雄　魏法琼　周　利
毛正品　安崇伟　石　英　毛彦莉　陈卫东
干玉昌　黄　辉　蒋增勤　方　正　黄秀华
谢　锦　刘伯明　周　靖　王春华　张　毅
陈　坚　樊益全

第三代表团

马佰让　谢　宁　蒋和平　张德书　陈胜昔
甘银旭　杨　利　徐勇刚　樊建强　何先平
单金铭　吴冬林　曹守志

第四代表团

昌朝戎　罗明全　刘德贵　李强普　游玲丽
巫锡良　刘　红　刘志强　周　丽　曾继元
付长荼　汪辉铭　黄兰英　施　亮　何　武
韩春健　陈晓恒　关永芬　李登怀　黄　岚
刘益民　邓治林　严　敏　陈秀锦

第五代表团

雷启锋　彭能超　朱康敏　刘怀勤　钟世伟
吴远杨　刘　勇　杨　英　李　艳　田正发
曾宗华　曾圣君　谢莉茹　谭　俊　陈举光
谢　伟　黄安文　张潇澜　杨文逊　严照富
温常伟　郭家平　毛朝芬　董　蓉　易学全
施勋杰　罗成玲　陈玉英　张孝勇　赵茄富

第六代表团

黄永忠　周　昆　王　波　何　斌　胡晓锦
毛　英　吴忠仕　晋小玲　陈炳香　陈仲书
付育均　鄢　路　周元亮　魏炳洪　谢林江
胡　建　郑　文　周　君　王　丽　卿　熠
袁　霞　魏国兵　李敬忠　刘　剑　张跃武
伍自刚　王正强

第七代表团

陈建龙　王建勇　杨　敏　陈玉军　杨　成
朱　胜　陈传秀　曾传容　何　鹏　付　华
蒋治刚　王善保　施尚志　都安辉　李　伟
黄　华　李　文　朱　烨　钟　华

第八代表团

李崇喜　张　杨　秦　学　酉艳霜　钟卫星
刁泽君　徐　舟　邬姝妮　杨立文　李明英
赵　伟　唐云富　刘巨波　马　毅　彭　勇
潘颖兰　周殿勋　周正利　郑　萱　朱　彬

段桂福　张　建　樊帮德

第九代表团

吴　斌　黄叶全　唐　忠　罗君成　蒋　全
卿立慧　叶绍培　吴　敏　谢明会　李福齐
张正贵　易礼碧　王君华　袁小勇　文书君
钟　华　王红芳　陈阁斐　曾中林　宁加良
傅海峰　李　强　卿　锦

第十代表团

李继银　张汝洪　钟琳洁　曾维秀　周先衡
王涛兰　文　君　彭育军　邬华南　付文强
徐庆东　刘顺菊　李　英　钟孝贵　成　鸿
方延兴　张　静　秦毓银　黄学毅　雷莉萍
周国胜　彭云义　张家文

第十一代表团

李建军　王　勇　刘德成　李晓苹　杨天顺
谢盈莹

第十二代表团

钟世全　都学良　黄克慧　张志坚　张　宇
李发武　毛家林　田　健　苏永健　曾光卫
曾　明　李青果

第十三代表团

因2017年4月三岔镇等12个乡镇由成都高新区托管，该代表团党代表代表资格终止。

第十四代表团

顾晓玲　钟世斌　吴居贵　胡剑斌　黄　春
王淑珍　付秀萍　李绪铭　周　洋　李跃龙
汪勇华　胡桃红　赵立蓉　杨　军　付灿彬

第十五代表团

樊昌华　陶　彬　涂　军　赖　晶　周　燕
周　英　蒋碧秀　刘双全

人大代表名单

四川省第十三届人民代表大会代表（简阳市）

詹　庆　市委书记
曾　智　九三学社社员，简阳市人民医院内分泌科主任、副主任医师

表51　简阳市任成都市第十七届人民代表大会代表一览表

序号	姓名	现任（或原任）职务	性别	出生年月	民族	党派	备注
1	王平江	成都市政府副市长、党组成员，四川省公安厅党委委员，市公安局局长、党委书记、督察长	男	1963.12	汉族	中共	
2	杨小英	成都市政协原副主席	女	1957.2	汉族	中共	
3	吕天一	成都市人大常委会委员、市人大民族宗教侨务外事委员会主任委员	女	1963.12	汉族	中共	
4	何荣波	成都市人大常委会副秘书长、办公厅主任、机关党组成员	男	1963.4	汉族	中共	
5	何建宏	成都市酒业商会会长，成都蜀酒汇电子商务有限公司董事长	男	1962.3	汉族	民建	

续表51

序号	姓名	现任(或原任)职务	性别	出生年月	民族	党派	备注
6	王　勇	简阳市临空经济产业园党工委副书记、管委会副主任	男	1979.6	汉族	中共	
7	孔志红	简阳市农业综合执法大队高级兽医师	女	1966.4	汉族	九三学社	
8	邓治林	简阳市中医医院党委书记	男	1969.10	汉族	中共	
9	艾正友	简阳市人民医院普外二科主任	男	1964.4	汉族	农工党	
10	冯顺贤	四川空分设备(集团)有限责任公司焊工	女	1971.5	汉族	中共	
11	朱永昌	简阳市阳安中学副校长、中学历史高级教师	男	1965.1	汉族	无党派	
12	李建琼	简阳市石桥街道杨柳社区党委书记、主任	女	1971.4	汉族	中共	
13	李显俊	简阳市东溪街道双河社区党总支委员会委员、新天地水稻专业种植合作社党支部书记	男	1964.3	汉族	中共	
14	杨　敏	简阳市发展和改革局党组书记、局长，市粮食和物资储备局局长	男	1977.9	汉族	中共	
15	杨勇军	简阳中学党委书记、校长	男	1966.10	汉族	中共	
16	邱　红	简阳市融媒体中心策编部主任播音员	女	1968.3	汉族	无党派	
17	陈　永	四川港通医疗设备集团股份有限公司董事长兼总经理	男	1966.9	汉族	中共	
18	罗　胤	简阳市人民政府副市长，市西部电商物流产业功能区党工委书记	男	1979.7	汉族	中共	2020年12月辞去代表职务
19	罗开敏	简阳市委副书记，简阳市政府党组书记、市长	男	1971.11	汉族	中共	2020年12月补选
20	周建芬	简阳市简城一小高级教师	女	1975.7	汉族	无党派	
21	钟　敏	简阳市政协文化文史委员会副主任	女	1979.12	汉族	民建	
22	钟世全	成都市人大常委会委员，简阳市人大常委会主任、党组书记	男	1966.2	汉族	中共	
23	徐　刚	成都市人大农业和农村委员会委员，碑垭口黄金柚种植专业合作社理事长	男	1976.12	汉族	中共	
24	徐英力	成都长江汽车有限公司、成都中聚电池有限公司董事、昆仑长江(成都)股权投资基金管理有限公司、东方昆仑(成都)资产管理有限公司董事长	男	1962.10	汉族	无党派	
25	高志浩	四川新开元制药有限公司操作工小组长	男	1986.10	汉族	无党派	
26	唐　琼	简阳市青龙镇大松树村党支部书记、主任，永华葡萄种植专业合作社法人	女	1987.6	汉族	中共	
27	蒋和平	简阳市西部电商物流产业功能区管委会主任	男	1967.7	汉族	中共	
28	曾志勇	简阳市委常委、市纪委书记、市监委主任	男	1971.10	汉族	中共	
29	谢婷婷	简阳市临空经济产业园管委会运营管理部部长	女	1984.9	汉族	无党派	
30	詹　庆	简阳市委书记	男	1967.10	汉族	中共	2020年6月由成都市青羊区调入
31	谭　俊	简阳市简城街道安象街社区党委书记	男	1971.8	汉族	中共	
32	颜亚奇	四川国光农化股份有限公司总裁	男	1979.2	汉族	无党派	
33	潘　川	唯品会(简阳)电子商务有限公司总经理	男	1977.9	汉族	中共	

表 52　　简阳市第十七届人民代表大会代表一览表

序号	单位	姓名	工作单位及职务	出生年月	性别	民族	政治面貌	备注
1	简城街道	钟世全	市人大常委会党组书记、主任	1966.2	男	汉族	中共党员	
2	简城街道	罗开敏	市委副书记，市政府党组书记、市长	1971.11	男	汉族	中共党员	
3	简城街道	安崇伟	市政协党组成员、副主席	1964.12	男	汉族	中共党员	
4	简城街道	雷启锋	市委常委	1972.9	男	汉族	中共党员	
5	简城街道	谢林江	市临空经济产业园党工委委员、管委会副主任，简城街道党工委书记	1983.1	男	汉族	中共党员	
6	简城街道	谢　丰	市退役军人事务局党组书记、局长	1976.10	男	汉族	中共党员	
7	简城街道	刘怀勤	简城街道党工委委员、人大工委主任	1976.10	女	汉族	中共党员	2020 年 12 月补选
8	简城街道	曾　智	市人民医院主任医师内分泌科主任	1963.3	女	汉族	九三学社社员	2020 年 6 月辞职
9	简城街道	张才良	简城街道办保留正局级待遇干部	1963.7	男	汉族	中共党员	
10	简城街道	曾　德	简阳市德胜商厦公司董事长	1964.12	男	汉族	群众	
11	简城街道	方　毅	天坤国际副总裁	1985.7	男	汉族	中共党员	
12	简城街道	施明菊	简阳空冷器制造有限公司董事长	1954.11	女	汉族	中共党员	
13	简城街道	钟　会	简城街道红塔社区党委书记	1965.6	男	汉族	中共党员	
14	简城街道	张　梅	简城街道金水街社区党委书记	1972.8	女	汉族	中共党员	
15	简城街道	陈邦建	简城街道大井社区副主任	1963.3	男	汉族	群众	
16	简城街道	牟尹翔	简城街道办事处财政办公室主任	1971.10	男	汉族	群众	
17	简城街道	魏红艳	简城街道南街社区副主任	1976.1	女	汉族	群众	
18	简城街道	晋华强	简城学区教育督导组组长	1966.5	男	汉族	中共党员	
19	简城街道	周建芬	简城一小教师	1975.7	女	汉族	群众	
20	简城街道	王　琴	四川科业教学仪器有限公司法人	1969.4	女	汉族	民建会员	
21	简城街道	易春容	阳安中学教师	1970.3	女	汉族	民盟盟员	
22	简城街道	林小彬	市人民医院心脏外科副主任医师	1971.1	男	汉族	农工党党员	
23	简城街道	黄一贵	简城街道中心社区主任	1966.7	男	汉族	中共党员	
24	简城街道	王　永	简城街道南街社区网格员	1972.2	女	汉族	群众	
25	简城街道	李　蓓	空分实验学校教师	1969.11	女	汉族	民盟盟员	
26	简城街道	赵冷松	市文化馆工会主席	1974.6	男	满族	中共党员	
27	简城街道	陈　艳	简城街道应急管理办公室工作人员	1974.1	女	汉族	群众	
28	简城街道	冯炀狄	市房管局工会主席、租赁科科长	1974.1	女	汉族	九三学社社员	
29	川空选区	单金铭	四川空分设备（集团）有限责任公司董事长	1944.4	男	汉族	中共党员	
30	川空选区	冯顺贤	四川空分设备（集团）有限责任公司焊工	1970.6	女	汉族	中共党员	
31	射洪坝街道	赵春淦	市委书记	1971.6	男	汉族	中共党员	2020 年 6 月调离
32	射洪坝街道	曾　涛	射洪坝街道党工委书记	1981.4	男	汉族	中共党员	
33	射洪坝街道	刘　勇	市委组织部常务副部长	1973.11	男	汉族	中共党员	
34	射洪坝街道	黄安文	市卫生健康局党委书记、局长	1973.1	男	汉族	中共党员	

续表52

序号	单位	姓名	工作单位及职务	出生年月	性别	民族	政治面貌	备注
35	射洪坝街道	陈建根	射洪坝街道办保留正局级待遇干部	1965.8	男	汉族	中共党员	
36	射洪坝街道	汪辉义	市工投公司董事长	1973.9	男	汉族	中共党员	
37	射洪坝街道	胡兰琳	简阳中学副校长	1977.6	女	汉族	群众	
38	射洪坝街道	蒋　梅	东溪街道新合九义校教师	1986.1	女	汉族	群众	
39	射洪坝街道	周冬梅	旭海商城经理	1971.12	女	汉族	群众	
40	射洪坝街道	王旭田	四川简阳尽春意酒业有限公司董事长	1956.6	男	汉族	群众	
41	射洪坝街道	邓治林	市中医院党委书记	1969.10	男	汉族	中共党员	
42	射洪坝街道	樊　静	射洪坝学区教育督导组工作人员	1981.11	女	汉族	群众	
43	射洪坝街道	冯　阳	射洪坝街道沱江社区副主任	1984.4	女	汉族	中共党员	
44	党群选区	李书超	市人大常委会原主任	1949.10	男	汉族	中共党员	
45	党群选区	邱　红	市融媒体中心新闻部播音员	1968.3	女	汉族	群众	
46	政府选区	付文勇	港华燃气副总经理	1975.5	男	汉族	中共党员	
47	政府选区	张文豪	中国人民银行简阳支行行长	1967.8	男	汉族	中共党员	
48	政府选区	周　利	市妇联党组书记、主席	1978.10	女	汉族	中共党员	
49	部队选区	马佰让	市委常委、市人武部部长	1972.10	男	汉族	中共党员	
50	新市街道	陈中波	新市街道党工委书记	1986.3	男	土家族	中共党员	
51	新市街道	毛传旭	新市街道党工委副书记、办事处主任	1976.12	男	汉族	中共党员	
52	新市街道	朱康敏	市住房和城乡建设局（市人民防空办公室、市公园城市建设局）党委书记、局长（主任）	1975.12	男	汉族	中共党员	
53	新市街道	袁志全	市人大教育科学文化卫生和民族宗教侨务外事委员会副主任委员	1964.9	男	汉族	中共党员	
54	新市街道	阳仲宣	市人大预算委员会副主任委员	1970.11	男	汉族	中共党员	
55	新市街道	周　三	四川华新南光真空设备有限公司董事长	1973.9	男	汉族	中共党员	
56	新市街道	曾德芳	四川华冠食品有限公司总经理	1969.5	男	汉族	群众	
57	新市街道	陈钦波	四川普拉恩管业有限公司董事长、总经理	1987.3	男	汉族	群众	
58	新市街道	王　迪	新市街道党群办主任	1993.2	男	汉族	中共党员	
59	新市街道	陈纯根	新市街道石家村2社社员	1976.10	男	汉族	中共党员	
60	石桥街道	聂　影	石桥街道办保留正局级待遇干部	1970.7	男	汉族	中共党员	
61	石桥街道	彭能超	市临空经济产业园党工委委员、管委会副主任	1977.9	男	汉族	中共党员	
62	石桥街道	朱光钰	市人大常委会人事代表工作委员会主任	1990.10	男	汉族	中共党员	
63	石桥街道	王浩佑	石桥街道人大工委主任	1988.6	男	汉族	中共党员	2020年12月补选
64	石桥街道	艾正友	市人民医院普外二科主任	1964.4	男	汉族	农工党党员	
65	石桥街道	周海俊	简阳市简城城北九年义务教育学校副校长	1982.5	女	汉族	中共党员	
66	石桥街道	陈家福	石桥街道菱角村3社社员	1964.5	男	汉	群众	

续表52

序号	单位	姓名	工作单位及职务	出生年月	性别	民族	政治面貌	备注
67	石桥街道	杨晓燕	石桥街道海井九义校校长	1981.8	女	汉族	中共党员	
68	赤水街道	叶勇智	赤水街道党工委书记	1977.10	男	汉族	中共党员	
69	赤水街道	周　昆	市财政局党组成员、副局长	1969.9	男	汉族	中共党员	
70	赤水街道	王德全	赤水街道办保留正局级待遇干部	1964.9	男	汉族	中共党员	
71	赤水街道	何小勇	市人大社会建设委员会主任委员	1968.7	男	汉族	中共党员	
72	赤水街道	王谋智	市人大教育科学文化卫生和民族宗教侨务外事委员会副主任委员	1965.4	男	汉族	中共党员	
73	赤水街道	李仁祥	市人大预算委员会副主任委员	1964.11	男	汉族	中共党员	
74	赤水街道	郑　晓	市规划展示中心主任	1985.2	女	汉族	中共党员	
75	赤水街道	潘　川	唯品会（简阳）电子商务有限公司高级总监	1977.9	男	汉族	中共党员	
76	赤水街道	周　伟	市行政审批局法规和政务服务管理科工作人员	1983.2	男	汉族	民革党员	
77	赤水街道	林　剑	赤水街道办综治办工作人员	1986.7	女	汉族	中共党员	
78	赤水街道	郑　毅	石桥中心卫生院住院部主任兼外科主任	1976.2	男	汉族	群众	
79	赤水街道	鄢能宾	赤水街道飞鹅村村主任	1967.12	男	汉族	群众	
80	赤水街道	郭建彬	简阳市鑫裕专业合作社社长	1971.5	男	汉	群众	
81	赤水街道	胡纯英	赤水街道永久村5社社员	1958.1	女	汉族	中共党员	
82	杨家镇	王　芳	杨家镇党委书记	1986.2	女	汉族	中共党员	
83	杨家镇	曾文辉	市财政局党组书记、局长	1974.8	男	汉族	中共党员	
84	杨家镇	蒲俊伟	市委办副主任	1975.7	男	汉族	中共党员	
85	杨家镇	彭育海	市人大社会建设委员会副主任委员	1968.1	男	汉族	中共党员	
86	杨家镇	王　波	市交通运输局党委委员、副局长	1970.12	男	汉族	中共党员	
87	杨家镇	应雪平	杨家镇民会村临时党总支委员、纪检委员	1975.11	女	汉族	中共党员	
88	杨家镇	唐远英	杨家镇模范九义校教师	1980.11	女	汉族	群众	
89	杨家镇	董春霞	杨家镇九义校教师	1988.4	女	汉族	群众	
90	东溪街道	薛　强	东溪街道党工委书记	1976.2	男	汉族	中共党员	2020年12月补选
91	东溪街道	李　俊	市财政局党组成员、副局长	1968.6	男	汉族	中共党员	
92	东溪街道	王晓红	市文化体育和旅游局党委书记，兼市委宣传部副部长	1972.8	女	汉族	中共党员	
93	东溪街道	万　宁	市人大监察和司法委员会副主任委员	1968.12	男	汉族	中共党员	
94	东溪街道	杨勇军	简阳中学党委书记、校长	1966.10	男	汉族	中共党员	
95	东溪街道	都云志	解放九义校校长、党支部书记	1966.8	男	汉族	中共党员	
96	东溪街道	骆　敏	市人大常委会信息服务中心工作人员	1983.4	女	汉族	中共党员	
97	东溪街道	樊建洪	东溪街道江南社区党支部书记	1964.12	男	汉族	中共党员	
98	东溪街道	徐　健	东溪街道江南九义校教师	1968.10	男	汉族	中共党员	

续表52

序号	单位	姓名	工作单位及职务	出生年月	性别	民族	政治面貌	备注
99	石钟镇	李筱丽	市人大常委会副主任	1959.9	女	汉族	群众	
100	石钟镇	王桢尧	市人大社会建设委员会副主任委员	1966.9	男	汉族	中共党员	
101	石钟镇	李　文	石钟镇党委书记	1972.2	女	汉族	中共党员	
102	石钟镇	王　丽	市科协党组书记、主席	1976.9	女	汉族	中共党员	
103	石钟镇	周家兵	市人大农业和农村委员会副主任委员	1965.8	男	汉族	中共党员	
104	石钟镇	桑米娜	市人大常委会信息服务中心工作人员	1985.12	女	汉族	民盟盟员	
105	石钟镇	付贤容	石钟镇民强村监委会主任	1963.7	女	汉族	中共党员	
106	石钟镇	吴运芬	石钟镇综合便民中心副主任	1983.12	女	汉族	群众	
107	石钟镇	蒋万明	石钟镇平窝社区党委副书记	1964.12	男	汉族	中共党员	
108	平泉街道	李崇喜	市政协党组书记、主席	1961.11	男	汉族	中共党员	
109	平泉街道	曾志勇	市委常委、市纪委书记，市监察委主任	1971.10	男	汉族	中共党员	
110	平泉街道	邹斯若	平泉街道党工委书记	1981.9	男	汉族	中共党员	
111	平泉街道	刘荣华	市委统战部常务副部长，市民族宗教事务局局长	1970.5	男	汉族	中共党员	
112	平泉街道	都安辉	市委巡察组组长	1969.11	男	汉族	中共党员	
113	平泉街道	唐远君	市人大农业和农村委员会副主任委员	1964.12	男	汉族	中共党员	
114	平泉街道	陈　永	港通集团董事长兼总经理	1966.9	男	汉族	中共党员	
115	平泉街道	颜亚奇	国光农化副董事长、总经理	1979.2	男	汉族	群众	
116	平泉街道	杨　敏	市发展和改革局党组书记、局长，市粮食和物资储备局局长	1977.9	男	汉族	中共党员	
117	平泉街道	刘　令	市交通运输局党委书记、局长，市交通战备办公室主任	1977.11	男	汉族	中共党员	
118	平泉街道	张　旭	市现代工业投资发展有限公司总经理	1966.2	男	汉族	中共党员	
119	平泉街道	李　俊	平泉街道民生服务办工作人员	1968.11	女	汉族	群众	
120	平泉街道	刘　学	平泉街道应急管理办工作人员	1980.1	男	汉族	群众	
121	平泉街道	刘　敏	平泉街道平泉社区居民委员会委员	1975.10	女	汉族	群众	
122	平泉街道	文学琼	平泉街道退休职工	1964.2	女	汉族	群众	
123	平泉街道	樊文财	平泉街道农建村党总支书记、工作委员会主任	1965.10	男	汉族	中共党员	
124	施家镇	陈建龙	市委常委、政法委书记，法学会党组书记、会长（兼）	1969.12	男	汉族	中共党员	
125	施家镇	罗明全	市人大常委会党组成员、副主任	1963.1	男	汉族	中共党员	
126	施家镇	刘姜伟	施家镇党委书记	1978.9	男	汉族	中共党员	
127	施家镇	吴光霞	市人大农业和农村委员会副主任委员	1972.4	女	汉族	中共党员	
128	施家镇	李　伟	市水务局党组成员、副局长	1977.1	男	汉族	中共党员	
129	施家镇	秦　璨	施家镇副镇长	1987.10	男	汉族	群众	

续表52

序号	单位	姓名	工作单位及职务	出生年月	性别	民族	政治面貌	备注
130	施家镇	侯云生	施家镇龙凤村临时党总支书记、工作委员会主任	1967.4	男	汉族	中共党员	
131	施家镇	何万明	施家镇法堂村临时工作委员会委员	1965.7	男	汉族	群众	
132	施家镇	付超红	施家镇信义村临时党总支组织委员	1985.11	女	汉族	中共党员	
133	施家镇	李兰慧	安乐卫生院办公室主任	1981.5	女	壮族	群众	
134	施家镇	李有德	平息卫生院院长	1976.10	男	汉族	中共党员	
135	施家镇	吴宗旭	施家镇白羊嘴村临时党总支副书记、工作委员会副主任	1961.4	男	汉族	中共党员	
136	禾丰镇	王安宁	简阳市委副书记	1975.9	男	汉族	中共党员	2020年12月补选
137	禾丰镇	吴　斌	市委常委、市政府党组副书记、副市长，市行政干部学校校长	1971.8	男	汉族	中共党员	
138	禾丰镇	杨堰宁	市人民检察院党组书记、检察长	1970.10	男	汉族	中共党员	2020年7月调离
139	禾丰镇	刘　东	市人民检察院党组书记、副检察长、代理检察长	1968.12	男	汉族	中共党员	2020年12月补选
140	禾丰镇	陈阁斐	禾丰镇党委书记	1980.8	男	汉族	中共党员	
141	禾丰镇	毛劲松	市政府办党组书记、主任	1978.9	男	汉族	中共党员	
142	禾丰镇	张　杨	市委办（市政府外事办）主任、市委保密机要局（市国家保密局、市密码管理局、市档案局）局长	1979.3	男	汉族	中共党员	
143	禾丰镇	张　建	市综合行政执法局（市城市管理局）党组书记、局长	1969.8	男	汉族	中共党员	
144	禾丰镇	李光富	禾丰镇政府保留正局级待遇干部	1963.1	男	汉族	中共党员	
145	禾丰镇	都　敏	禾丰镇农业服务中心工作人员	1981.6	女	汉族	群众	
146	禾丰镇	王玉芝	禾丰镇响水村副主任	1987.6	女	汉族	中共党员	
147	禾丰镇	李中长	禾丰片区教育督导组组长	1967.11	男	汉族	中共党员	
148	禾丰镇	吴书秀	禾丰镇民胜村群众	1964.11	女	汉族	中共党员	
149	禾丰镇	王　林	简阳市第四人民医院院长	1972.10	男	汉族	中共党员	
150	禾丰镇	王　雁	励志九义校教师	1982.3	女	汉族	群众	
151	禾丰镇	罗　君	禾丰镇裕民社区网格员	1969.10	女	汉族	群众	
152	禾丰镇	蒋　玲	禾丰镇水务科工作人员	1977.11	女	汉族	群众	
153	禾丰镇	蒋　波	禾丰镇村建环卫中心工作人员	1981.3	男	汉族	群众	
154	禾丰镇	王性奎	禾丰镇连山村村主任	1963.1	男	汉族	中共党员	
155	三合镇	樊　勋	市人大常委会党组成员、副主任	1963.6	男	汉族	中共党员	
156	三合镇	曾从鲁	三合镇党委书记	1978.11	男	汉族	中共党员	
157	三合镇	刘巨波	市委政法委副书记	1976.12	男	汉族	中共党员	
158	三合镇	王秀琼	三合镇利木村村民	1963.7	女	汉族	中共党员	

续表52

序号	单位	姓名	工作单位及职务	出生年月	性别	民族	政治面貌	备注
159	三合镇	陈炳英	三合镇中心小学副校长	1986.3	女	汉族	群众	
160	三合镇	李小兰	三合镇初级中学教师	1981.7	女	汉族	群众	
161	三合镇	王　勇	三合镇利丰家庭农场	1975.9	男	汉族	群众	
162	平武镇	蒋　雄	市人大常委会党组成员、副主任	1966.7	男	汉族	中共党员	
163	平武镇	秦　学	平武镇党委书记	1971.7	男	汉族	中共党员	
164	云龙镇	卿　理	平武镇党委委员、人大主席	1972.11	男	汉族	中共党员	
165	平武镇	伍　云	平武镇农业服务中心技术人员	1964.1	男	汉族	中共党员	
166	平武镇	陈　俊	平武镇九义校教师	1972.9	女	汉族	群众	
167	平武镇	高　勇	平武镇安佛九义校教师	1978.12	男	汉族	群众	
168	平武镇	樊　敏	平武镇农业服务中心主任	1976.12	女	汉族	中共党员	
169	云龙镇	付敬锋	云龙镇党委书记	1971.9	男	汉族	中共党员	2020年12月补选
170	云龙镇	傅海峰	市委组织部副部长兼任市直机关党工委副书记	1987.5	男	汉族	中共党员	
171	云龙镇	唐　华	市人大常委会党组成员、办公室主任	1970.6	男	汉族	中共党员	
172	云龙镇	樊健康	市人大预算委员会主任委员	1964.5	男	汉族	中共党员	
173	云龙镇	魏法琼	市人大经济委员会副主任委员	1973.12	女	汉族	中共党员	
174	云龙镇	肖明华	市残联党组书记、理事长	1970.12	男	汉族	中共党员	
175	云龙镇	付建勇	市农业农村局党委委员、市农村经济发展服务中心主任	1974.12	男	汉族	中共党员	
176	云龙镇	林　涛	中国移动通信集团四川有限公司简阳分公司总经理	1983.11	男	汉族	中共党员	
177	云龙镇	邱晓君	市文旅产业发展服务中心工会主席	1990.3	女	汉族	群众	
178	云龙镇	蔡　亮	云龙镇农业服务中心工作人员	1968.1	男	汉族	群众	
179	云龙镇	晋术辉	云龙镇爱民社区居民	1965.4	女	汉族	群众	
180	云龙镇	袁昌安	云龙镇中峰村村主任	1968.3	男	汉族	中共党员	
181	云龙镇	傅晓斌	云龙镇中心卫生院职工	1967.8	女	汉族	群众	
182	云龙镇	李茂霞	云龙镇初级中学教师	1976.1	女	汉族	群众	
183	云龙镇	徐　梁	云龙镇个体医生	1966.7	男	汉族	群众	
184	云龙镇	张　筠	云龙镇社区云西街居民	1967.12	女	汉族	群众	
185	云龙镇	蔡　辉	金马九义校教师	1967.8	女	汉族	群众	
186	云龙镇	宣明德	五合卫生院院长	1966.7	男	汉族	中共党员	
187	涌泉镇	蒋向东	市人大常委会原副主任	1958.4	男	汉族	民盟盟员	
188	涌泉镇	都进新	涌泉镇党委书记	1978.5	男	汉族	中共党员	
189	涌泉镇	罗君成	市委巡察组组长	1969.10	男	汉族	中共党员	
190	涌泉镇	朱　列	市人大预算委员会副主任委员	1970.9	男	汉族	中共党员	
191	涌泉镇	秦　丽	涌泉镇中心小学教师	1978.2	女	汉族	群众	

续表52

序号	单位	姓名	工作单位及职务	出生年月	性别	民族	政治面貌	备注
192	涌泉镇	叶国良	涌泉镇凉塘村9组村民	1965.11	男	汉族	群众	
193	三星镇	徐红彬	三星镇党委书记	1978.4	男	汉族	中共党员	
194	三星镇	傅永红	市人大城乡建设与环境保护委员会副主任委员	1967.8	男	汉族	中共党员	
195	三星镇	李传松	市纪委常委	1974.9	男	汉族	中共党员	
196	三星镇	周厚利	市人大监察和司法委员会副主任委员	1974.6	女	汉族	中共党员	
197	三星镇	毛国玺	市国金局党组副书记、局长	1976.12	男	汉族	中共党员	
198	三星镇	雷莉萍	市农业农村局党委委员、机关党委书记	1982.7	女	汉族	中共党员	
199	三星镇	吴　炯	三星镇政府保留正局级待遇干部	1970.9	男	汉族	中共党员	
200	三星镇	樊　友	市人大城乡建设与环境保护委员会副主任委员	1970.11	男	汉族	中共党员	
201	三星镇	杨先菊	市人大常委会人代工委副主任	1976.8	女	汉族	中共党员	
202	三星镇	付绍英	市人大教育科学文化卫生和民族宗教侨务外事委员会社事科科长	1972.7	女	汉族	群众	
203	三星镇	陈晓燕	市人大常委会信息服务中心工作人员	1989.2	女	汉族	无党派人士	
204	三星镇	蒋学义	三星镇农业服务中心工作人员	1973.3	男	汉族	群众	
205	三星镇	唐　洁	三星镇双桂村六组村民	1992.1	女	汉族	中共党员	
206	三星镇	张顺格	新星九义校教师	1968.8	男	汉族	群众	
207	三星镇	尹才根	同合九义校后勤主任、会计	1979.7	男	汉族	中共党员	
208	三星镇	唐仕德	三星镇同合社区书记	1967.7	男	汉族	中共党员	
209	青龙镇	詹　庆	简阳市委书记	1967.10	男	汉族	中共党员	2020年12月补选
210	青龙镇	李继银	青龙镇党委书记	1974.11	男	汉族	中共党员	
211	青龙镇	张原源	青龙镇党委副书记、镇长	1990.5	女	汉族	中共党员	
212	青龙镇	刘加强	市经科信局党委委员、机关党委书记	1971.4	男	汉族	中共党员	
213	青龙镇	马存贵	青龙镇新堰村临时党总支书记、工作委员会主任	1967.11	男	汉族	中共党员	
214	青龙镇	吴　彬	四川省曙光钢结构制作有限公司副总经理	1976.9	男	汉族	中共党员	
215	青龙镇	钟仟梅	射洪坝第一小学教师	1987.5	女	汉族	群众	
216	踏水镇	刘　剑	踏水镇党委书记	1974.12	男	汉族	中共党员	
217	踏水镇	李建华	踏水镇党委副书记、镇长	1973.11	男	汉族	中共党员	
218	踏水镇	蒋和平	简阳市西部电商物流产业功能区管委会主任	1967.7	男	汉族	中共党员	
219	踏水镇	徐庆东	市委宣传部副部长、市融媒体中心主任	1973.9	男	汉族	中共党员	
220	踏水镇	钟进勋	市农村经济发展服务中心副主任	1967.11	男	汉族	中共党员	
221	踏水镇	黄永忠	市委常委、组织部部长、社治委主任、党校校长、市直机关党工委书记，市西部电商物流产业功能区党工委书记	1971.7	男	汉族	中共党员	

续表52

序号	单位	姓名	工作单位及职务	出生年月	性别	民族	政治面貌	备注
222	踏水镇	付文茂	吉茂建筑劳务有限公司法人代表	1968.4	男	汉族	群众	2020年3月辞职
223	踏水镇	周　波	踏水镇卫生院院长	1965.5	男	汉族	中共党员	
224	宏缘镇	酉艳霜	宏缘镇党委书记	1987.11	女	汉族	中共党员	
225	宏缘镇	成　鸿	市临空经济产业园安全环保部部长（正局长级）	1970.9	男	汉族	中共党员	
226	宏缘镇	马贵珍	宏缘镇人民村党委群工委员	1976.10	女	汉族	中共党员	
227	宏缘镇	贺文忠	宏缘镇金盆村党支部书记、村委会主任	1968.10	男	汉族	中共党员	
228	宏缘镇	王　川	宏缘镇金盆村党总支副书记	1983.10	男	藏族	中共党员	
229	宏缘镇	陈　梅	宏缘镇人民村党委宣传委员、工作委员会委员	1986.6	女	汉族	群众	
230	宏缘镇	钟龙群	宏缘镇九义校教师	1988.12	男	汉族	群众	
231	镇金镇	李强普	市教育系统党委书记，市教育局党委书记、局长	1967.11	男	汉族	中共党员	
232	镇金镇	李跃龙	市检察院党组成员、副检察长	1978.9	男	汉族	中共党员	
233	镇金镇	孙建国	市公安局保留正局级待遇干部	1963.2	男	汉族	中共党员	
234	镇金镇	李再友	市住建局党委委员、副局长	1976.3	男	汉族	中共党员	
235	镇金镇	李志彬	镇金镇政府保留正局级待遇干部	1964.9	男	汉族	中共党员	
236	镇金镇	伍　丽	镇金镇中心小学教师	1988.1	女	汉族	群众	
237	镇金镇	李玉美	镇金镇二郎村副主任	1989.6	女	汉族	中共党员	
238	镇金镇	吴建伟	镇金镇镇金社区党委副书记	1967.12	男	汉族	中共党员	
239	镇金镇	王勇全	镇金镇三里埂村党支部书记	1977.9	男	汉族	中共党员	
240	镇金镇	钟蓉芳	老龙九义校教师	1976.12	女	汉族	群众	
241	雷家镇	顾晓玲	市委常委、市委宣传部部长	1977.10	女	汉族	中共党员	
242	雷家镇	李建军	市委常委、统战部部长，市总工会主席	1974.5	男	汉族	中共党员	
243	雷家镇	胡桃红	市机关事务服务中心主任、市政府办公室副主任（兼）	1978.10	女	汉族	中共党员	
244	雷家镇	付少东	雷家镇党委委员、人大主席	1967.9	男	汉族	中共党员	
245	雷家镇	吴　宇	市总工会党组书记、常务副主席	1977.11	女	汉族	中共党员	
246	雷家镇	杨　军	市审计局党组成员、副局长	1974.6	男	汉族	中共党员	
247	雷家镇	徐文全	简阳市盛鼎包装制品厂厂长	1970.8	男	汉族	群众	
248	雷家镇	王永明	雷家镇九龙滩村党总支书记	1974.4	男	汉族	中共党员	
249	雷家镇	杨　帆	市扶贫移民服务中心副主任	1983.1	女	汉族	民盟盟员	
250	雷家镇	毛　杰	四川省凤杰食品有限公司法人	1989.1	男	汉族	群众	
251	江源镇	刘　阳	江源镇党委书记	1971.9	男	汉族	中共党员	
252	江源镇	周　斌	市人民法院党组书记、院长	1971.12	男	汉族	中共党员	2020年12月补选
253	江源镇	付　强	市农业农村局保留正局级待遇干部	1962.12	男	汉族	中共党员	

续表52

序号	单位	姓名	工作单位及职务	出生年月	性别	民族	政治面貌	备注
254	江源镇	陶　彬	市人社局党委委员、副局长	1970.1	男	汉族	中共党员	
255	江源镇	蒋碧秀	市总工会保留正局级待遇干部	1968.8	女	汉族	中共党员	
256	江源镇	吴志和	江源镇卫生院院长	1972.2	男	汉族	中共党员	
257	江源镇	李茂全	江源镇花朝村党总支书记、村委会主任	1963.5	男	汉族	中共党员	
258	江源镇	黄春晓	江源镇综合便民服务中心综合服务科工作人员	1987.1	男	汉族	中共党员	
259	江源镇	周洪琼	江源镇红旗九义校教师	1980.3	女	汉族	群众	
260	江源镇	严于刚	江源镇石泉村党委书记、村委会主任	1966.12	男	汉族	中共党员	
261	江源镇	刘　果	江源镇党群办主任	1986.9	男	汉族	中共党员	
262	三岔街道	廖国宏	市人大监察和司法委员会主任委员	1965.2	男	汉族	中共党员	
263	三岔街道	谢居刚	市人大预算委员会副主任委员	1971.11	男	汉族	中共党员	
264	三岔镇	李　璠	三岔湖长岛国际旅游度假中心有限公司常务副总经理	1975.12	男	汉族	群众	2020年1月调离
265	三岔街道	付　勇	三岔街道党工委副书记、办事处主任	1981.9	男	汉族	中共党员	
266	三岔街道	吴春喜	三岔街道党工委副书记	1964.12	男	汉族	中共党员	
267	三岔街道	陶崇和	三岔街道党工委委员、街道人大工委主任	1966.11	男	汉族	中共党员	
268	三岔街道	李学文	成都旭辉房地产有限公司总经理助理	1978.4	男	汉族	群众	
269	三岔街道	付　东	成都体育学院副院长	1971.9	男	汉族	中共党员	
270	三岔街道	曾　燕	三岔街道拆迁办工作人员	1970.6	女	汉族	群众	
271	三岔街道	陈水英	三岔街道清庙村总支书记、村委会主任	1971.9	女	汉族	中共党员	
272	三岔街道	方延林	简阳农村商业银行股份有限公司兴隆分理处主任	1987.8	男	汉族	中共党员	
273	石盘镇	易恩弟	市委副书记，市政府党组书记、市长	1969.2	男	汉族	中共党员	2020年3月辞职
274	石盘街道	王　勇	市临空经济产业园党工委副书记、管委会副主任	1979.6	男	汉族	中共党员	
275	石盘街道	蔡　勇	石盘街道党工委书记	1973.3	男	汉族	中共党员	
276	石盘街道	唐　忠	市财政局党组成员、副局长	1968.2	男	汉族	中共党员	
277	石盘街道	刘兰英	石盘街道党工委委员、人大工委主任	1974.8	女	汉族	中共党员	
278	石盘街道	毛远见	市委宣传部副部长	1977.4	男	汉族	中共党员	
279	石盘街道	孔志红	简阳市农业农村局农业综合执法大队工作人员	1966.4	女	汉族	九三学社社员	
280	石盘街道	刘　侨	四川汇宇生物技术有限公司总经理	1981.10	女	汉族	群众	
281	石盘街道	杨红波	成都东部新区石盘小学副校长	1975.9	女	汉族	群众	
282	石盘街道	邹康茂	四川久真堂生物科技股份有限公司总经理	1972.11	男	汉族	群众	
283	石盘街道	蔡先德	石盘街道龙泉湖社区党总支书记	1963.4	男	汉族	中共党员	
284	石盘街道	施　亮	市人大农业和农村委员会主任委员	1966.11	男	汉族	中共党员	

续表52

序号	单位	姓名	工作单位及职务	出生年月	性别	民族	政治面貌	备注
285	石盘街道	陈洁明	简州新城经济发展局副局长	1975.1	男	汉族	中共党员	
286	石盘街道	刘　闯	市人大经济委员会副主任委员	1968.8	男	汉族	中共党员	
287	石盘街道	方兴琼	石盘街道河嘴村村民	1969.5	女	汉族	中共党员	
288	石盘街道	罗　堃	石盘街道办事处工作人员	1982.4	男	汉族	中共党员	
289	石盘街道	李建平	石盘街道桂花学校教师	1978.11	男	汉族	群众	
290	石盘街道	彭　毅	成都东部新区周家卫生院公共卫生科科长	1985.5	男	汉族	群众	
291	养马街道	雷　云	养马街道党工委书记	1976.1	男	汉族	中共党员	
292	养马街道	周孝亮	市市场监督管理局保留正局级待遇干部	1963.8	男	汉族	中共党员	
293	养马街道	郑　红	市人大经济委员会副主任委员	1968.6	男	汉族	中共党员	
294	养马街道	杨天顺	市委政法委常务副书记、市法学会专职副会长（兼）	1967.5	男	汉族	中共党员	
295	养马街道	陈　直	养马街道党工委副书记、办事处主任	1986.9	男	汉族	中共党员	
296	养马街道	周家友	养马街道办保留正局级待遇干部	1965.11	男	汉族	中共党员	
297	养马街道	王幼文	共青团简阳市委书记	1986.6	女	汉族	中共党员	
298	养马街道	韩光平	成都航天华涛汽车塑料饰件有限公司党支部书记、副总经理	1963.8	男	汉族	中共党员	
299	养马街道	石达君	四川杰特机器有限公司董事长	1956.11	男	汉族	中共党员	
300	养马街道	肖　幸	四川海大橡胶集团有限公司副总经理	1970.6	男	汉族	中共党员	
301	养马街道	余阳辉	中铁23局集团第四工程有限公司养马河分公司党工委书记	1968.6	男	汉族	中共党员	
302	养马街道	钟　训	四川诚德机械有限公司副总经理	1970.11	女	汉族	民建会员	
303	养马街道	尹晓玲	养马中心小学教师	1983.5	女	汉族	群众	
304	养马街道	徐才英	养马中心卫生院会计	1972.9	女	汉族	群众	
305	养马街道	张礼彪	养马街道顺江村党总支书记	1967.1	男	汉族	中共党员	
306	养马街道	吕长芬	养马街道石洞村副主任	1977.2	女	汉族	群众	
307	养马街道	叶枝宣	养马街道先进村党支部书记	1973.11	男	汉族	中共党员	
308	养马街道	卢晓兰	简阳玛莉亚妇产医院院长助理	1986.8	女	汉族	群众	
309	女监选区	毛　新	四川省女子监狱监狱长	1968.12	女	汉族	中共党员	
310	贾家街道	廖忠诚	贾家街道党工委书记	1973.8	男	汉族	中共党员	
311	贾家街道	文　星	市司法局党委书记	1969.5	男	汉族	中共党员	
312	贾家街道	都学良	市政府党组成员、副市长	1977.9	男	汉族	中共党员	
313	贾家街道	余华志	市人大监察和司法委员会副主任委员	1964.5	男	汉族	中共党员	
314	贾家街道	李发武	市人大农业和农村委员会副主任委员	1965.7	男	汉族	中共党员	
315	贾家街道	曹　强	市政协副秘书长	1968.3	男	汉族	民革党员	
316	贾家街道	万　勇	市政协机关党委副书记	1963.2	男	汉族	中共党员	
317	贾家街道	张德学	贾家街道办保留正局级待遇干部	1963.3	男	汉族	中共党员	

续表52

序号	单位	姓名	工作单位及职务	出生年月	性别	民族	政治面貌	备注
318	贾家街道	刘　进	四川帝王洁具有限公司董事长	1961.2	男	汉族	群众	
319	贾家街道	刘贵宣	贾家街道竹林村党支部副书记	1964.2	男	汉族	中共党员	
320	贾家街道	吴　红	成都东部新区中西医结合医院工会主席、感染科长、运营管理科长	1974.4	女	汉族	中共党员	
321	贾家街道	陈　英	简阳市贾家中学教师	1979.12	女	汉族	中共党员	
322	贾家街道	王　忠	贾家街道高坡社区党总支书记	1968.8	男	汉族	中共党员	
323	贾家街道	蔡建英	贾家街道综合便民服务中心工作人员	1983.11	女	汉族	群众	
324	贾家街道	邓廷军	贾家街道商贸街社区乡村振兴专职副书记	1958.5	男	汉族	中共党员	
325	贾家街道	付　丽	贾家街道前进路社区党支部委员	1974.11	女	汉族	中共党员	
326	贾家街道	陈天才	贾家街道大山村村民	1976.8	男	汉族	群众	
327	贾家街道	邓金香	贾家街道老君九义校教师	1974.7	女	汉族	群众	
328	丹景街道	周建江	丹景街道党工委书记	1972.12	男	汉族	中共党员	
329	丹景街道	李华勇	丹景街道党工委副书记、办事处主任	1978.12	男	汉族	中共党员	
330	丹景街道	林　梅	新民学校教师	1976.8	女	汉族	群众	
331	丹景街道	曹春兰	丹景街道保安村村委会文书	1981.1	女	汉族	中共党员	
332	福田街道	方龙刚	福田街道党工委书记	1971.5	男	汉族	中共党员	
333	福田街道	毛远臣	福田街道九义校教师	1965.8	男	汉族	群众	
334	福田街道	杨　芳	福田街道龙游村临时党支部书记	1974.10	女	汉族	中共党员	
335	福田街道	钟育宽	福田街道社会事业服务中心主任	1969.9	男	汉族	中共党员	
336	福田街道	鄢行全	雅仕华龙家具有限公司总经理	1966.2	男	汉族	群众	
337	玉成街道	吴　斌	玉成街道党工委书记	1969.2	男	汉族	中共党员	
338	玉成街道	汪　明	市人大城乡建设与环境保护委员会主任委员	1967.6	男	汉族	中共党员	
339	玉成街道	李和军	玉成街道街邻村党支部书记	1964.7	男	汉族	中共党员	
340	玉成街道	成丽秀	玉成街道回龙九义校教师	1982.8	女	汉族	群众	
341	玉成街道	徐清华	玉成街道同盟村副主任	1969.5	女	汉族	群众	
342	玉成街道	陈　彬	玉成街道秀才沟社区工作者	1968.6	男	汉族	群众	
343	玉成街道	徐素云	玉成街道同盟村副主任	1965.12	女	汉族	群众	
344	玉成街道	曾　军	玉成街道卫生院院长	1977.4	男	汉族	中共党员	
345	草池街道	付茂菊	草池街道幸福村副主任	1969.5	女	汉族	群众	
346	草池街道	汪玉兰	草池街道平桥村党总支副书记	1982.1	女	汉族	中共党员	
347	草池街道	陈　涛	草池街道团委书记	1984.8	女	汉族	中共党员	
348	草池街道	郑典均	草池街道崔家村副主任	1969.2	男	汉族	群众	
349	草池街道	袁娟娟	草池街道工会副主席、群工办负责人	1982.3	女	汉族	中共党员	
350	草池街道	徐尚会	草池街道幸福小学教师	1990.9	女	汉族	群众	
351	草池街道	彭德玉	简阳市精工机械有限公司法人代表	1963.8	男	汉族	群众	

续表52

序号	单位	姓名	工作单位及职务	出生年月	性别	民族	政治面貌	备注
352	草池街道	魏　魁	四川瑞之源农业开发有限公司法人代表	1977.1	男	汉族	群众	
353	石板凳街道	樊昌华	市人大常委会党组副书记、副主任	1962.11	男	汉族	中共党员	
354	石板凳街道	杨炳志	石板凳街道党工委书记	1972.4	男	汉族	中共党员	
355	石板凳街道	王海泉	市人大教育科学文化卫生和民族宗教侨务外事委员会主任委员	1966.2	男	汉族	中共党员	
356	石板凳街道	黄勇成	石板凳街道党工委委员、人大工委主任	1964.5	男	汉族	中共党员	
357	石板凳街道	李龙岗	成都天府国际空港新城管委会综合部部长、成都东部新区综合执法局执法支队副主管（未下文）	1973.3	男	汉族	中共党员	
358	石板凳街道	张恩华	石板凳街道许家村党支部书记	1977.5	男	汉族	中共党员	
359	石板凳街道	李　银	石板凳街道莲花堰社区临时党委委员	1989.8	女	汉族	中共党员	
360	石板凳街道	张　俊	石板中心卫生院中医科科长	1978.4	女	汉族	群众	
361	石板凳街道	王心怡	石板中心幼儿园办公室主任	1996.2	女	汉族	群众	
362	高明镇	陈　林	高明镇党委书记	1988.7	男	汉族	中共党员	
363	高明镇	吴文华	市人大城乡建设与环境保护委员会副主任委员	1972.5	男	汉族	中共党员	
364	高明镇	吴居贵	阳安交投公司总经理	1966.3	男	汉族	中共党员	
365	高明镇	杨泽明	高明镇面房村5组组长	1964.6	男	汉	中共党员	
366	高明镇	郑艳芳	高明九义校教师	1964.2	女	汉族	群众	
367	高明镇	周翠英	高明镇石岗村党支部书记	1971.11	女	汉族	中共党员	
368	高明镇	苏　畅	五指九义校教师	1974.7	女	汉族	群众	
369	武庙镇	钟进军	市民政局保留正局级待遇干部	1964.2	男	汉族	中共党员	
370	武庙镇	李彦良	四川阳安酒业有限公司董事长	1972.2	男	汉族	中共党员	
371	武庙镇	巫坪霞	武庙九义校中学高级教师	1970.9	女	汉族	群众	
372	壮溪镇	李利平	壮溪镇党委书记	1983.10	女	汉族	中共党员	
373	壮溪镇	周　伟	市人大社会建设委员会副主任委员	1977.4	男	汉族	中共党员	
374	壮溪镇	伍自刚	市人大教育科学文化卫生和民族宗教侨务外事委员会副主任委员	1967.12	男	汉族	中共党员	
375	壮溪镇	韩春健	市人大经济委员会主任委员	1965.3	男	汉族	中共党员	
376	壮溪镇	黄德伙	壮溪镇工农村临时党委副书记	1963.2	男	汉族	中共党员	
377	壮溪镇	漆君铭	壮溪镇中心小学教导主任	1991.10	女	汉族	群众	
378	海螺镇	何建坤	海螺镇党委书记	1973.9	男	汉族	中共党员	
379	海螺镇	万春丰	海螺镇党委副书记	1964.12	男	汉族	中共党员	
380	海螺镇	巫思权	海螺镇党委副书记	1970.10	男	汉族	中共党员	
381	海螺镇	万伯昌	海螺镇卫生院院长	1966.7	男	汉族	中共党员	
382	海螺镇	黄玉梅	成都东部新区银海学校政教主任	1986.2	女	汉族	群众	

续表52

序号	单位	姓名	工作单位及职务	出生年月	性别	民族	政治面貌	备注
383	海螺镇	李家富	海螺镇青龙村文书	1988.8	男	汉族	中共党员	
384	董家埂镇	张　影	董家埂镇党委书记	1972.6	女	汉族	中共党员	
385	董家埂镇	陈晓恒	市临空经济产业园党工委委员、管委会副主任	1970.11	男	汉族	中共党员	
386	董家埂镇	李绪强	董家埂镇五马桥村主任	1977.12	男	汉族	中共党员	
387	董家埂镇	胡月如	董家埂镇社区发展办工作人员	1974.1	女	汉族	群众	
388	董家埂镇	刘晓宏	董家埂镇九义校教师	1967.3	男	汉族	中共党员	
389	董家埂镇	胡良星	董家埂镇农业服务中心工作人员	1962.7	男	汉族	中共党员	
390	董家埂镇	汪思杰	董家埂镇高家湾村村民	1967.8	男	汉族	群众	
391	芦葭镇	谢　强	市政府党组成员、副市长	1980.3	男	汉族	中共党员	
392	芦葭镇	吴国军	市人民法院党组书记、院长	1970.2	男	汉族	中共党员	2020年1月调离
393	芦葭镇	李　剑	芦葭镇党委书记	1971.12	男	汉族	中共党员	
394	芦葭镇	吴新林	芦葭镇党委副书记、镇长	1981.7	男	汉族	中共党员	
395	芦葭镇	李赟娟	市委巡察组组长	1981.9	女	汉族	中共党员	
396	芦葭镇	付池彬	芦葭镇建安村党支部书记	1966.11	男	汉族	中共党员	
397	芦葭镇	朱　良	芦葭镇岳王村总支部书记	1961.3	男	汉族	中共党员	
398	芦葭镇	吴　佳	芦葭镇英明小学办公室主任	1986.10	女	汉族	群众	
399	芦葭镇	陈　丽	芦葭镇农业服务中心副主任	1979.10	女	汉族	群众	
400	芦葭镇	毛　艳	芦葭镇九义校教师	1981.6	女	汉族	群众	
401	芦葭镇	王永德	芦葭镇万角村总支部书记	1963.5	男	汉族	中共党员	
402	芦葭镇	李光友	芦葭镇清风社区总支部书记	1967.2	男	汉族	中共党员	
403	芦葭镇	李世玉	清风卫生院副院长	1967.3	女	汉族	群众	

说明：截至2020年12月25日，市人大代表有396名

政协委员名单

表53　简阳市任成都市政协委员一览表

姓名	性别	民族	党派	职务
李崇喜	男	汉族	中共	简阳市政协党组书记、主席
李建军	男	汉族	中共	简阳市委常委，统战部部长，市总工会主席
苏俊清	女	汉族	中共	四川省简阳中学党委委员、副校长、工会主席
李　文	男	汉族	中共	四川杰特机器有限公司总经理
张茑迁	男	汉族	民革	四川师范大学商学院副院长，民革四川师范大学支部副主席
首　峰	男	汉族	九三学社	简阳市人民医院院长助理、肿瘤科主任
刘　进	男	汉族	无党派	四川帝王洁具有限公司董事长
钟守俊	男	汉族	无党派	简阳市农产品质量安全中心主任

表 54　　政协第十四届简阳市委员会委员一览表

序号	界别	姓名	性别	民族	籍贯	党派	文化程度
1	中共	李崇喜	男	汉族	四川简阳	中共	大学
2	中共	黄叶全	男	汉族	四川简阳	中共	大学
3	中共	辜凯华	男	汉族	四川简阳	中共	大学
4	中共	王游修	男	汉族	四川简阳	中共	研究生
5	中共	伍家毅	男	汉族	四川简阳	中共	大学
6	中共	周　灿	男	汉族	四川简阳	中共	研究生
7	中共	朱贵全	男	汉族	四川简阳	中共	大学
8	中共	樊邦贵	男	汉族	四川简阳	中共	大学
9	中共	王用军	男	汉族	四川资阳	中共	大学
10	中共	邓　华	女	汉族	四川简阳	中共	大学
11	中共	吴　勇	男	汉族	四川简阳	中共	大学
12	中共	段　丽	女	汉族	四川简阳	中共	大学
13	中共	董泽安	男	汉族	四川射洪	中共	大学
14	中共	袁方媛	女	汉族	四川简阳	中共	研究生
15	中共	姜素香	女	汉族	四川简阳	中共	大学
16	中共	邹　鸿	男	汉族	四川简阳	中共	大学
17	中共	蒋　勇	男	汉族	四川简阳	中共	大学
18	中共	欧欣同	男	汉族	四川简阳	中共	大学
19	中共	陈　业	男	汉族	四川简阳	中共	大学
20	中共	王　波	男	汉族	四川简阳	中共	大学
21	中共	黄晋华	女	汉族	四川简阳	中共	大学
22	中共	周同超	男	汉族	四川简阳	中共	大学
23	中共	丁树林	男	汉族	四川简阳	中共	大学
24	中共	范厚才	男	汉族	四川简阳	中共	中专
25	中共	卿　熠	男	汉族	四川简阳	中共	大学
26	中共	王　超	男	汉族	四川简阳	中共	大学
27	中共	谢文华	女	汉族	四川简阳	中共	大学
28	中共	付　华	女	汉族	四川简阳	中共	大专
29	中共	杨　航	女	汉族	四川简阳	中共	大专
30	中共	胡廷明	男	汉族	四川简阳	中共	大学
31	中共	王　奎	男	汉族	四川简阳	中共	大专
32	中共	马　毅	男	汉族	四川简阳	中共	大学
33	中共	周正利	男	汉族	四川简阳	中共	大专
34	中共	蒋　全	男	汉族	四川简阳	中共	大学
35	中共	王君华	女	汉族	四川简阳	中共	大学

续表54

序号	界别	姓名	性别	民族	籍贯	党派	文化程度
36	中共	钟　华	男	汉族	四川简阳	中共	大学
37	中共	杨宪华	男	汉族	四川简阳	中共	大学
38	中共	陈　德	男	汉族	四川简阳	中共	研究生
39	中共	李　波	男	汉族	四川简阳	中共	大学
40	中共	文　君	男	汉族	四川简阳	中共	大专
41	中共	刘顺菊	女	汉族	四川简阳	中共	大学
42	中共	方延兴	男	汉族	四川简阳	中共	大学
43	中共	樊文全	男	汉族	四川简阳	中共	大专
44	中共	陈祖林	男	汉族	四川简阳	中共	大学
45	中共	李　艳	女	汉族	四川简阳	中共	大学
46	中共	毛泽超	男	汉族	四川简阳	中共	大学
47	中共	付文科	男	汉族	四川简阳	中共	大学
48	中共	都文全	男	汉族	四川简阳	中共	大学
49	中共	余天清	男	汉族	四川简阳	中共	大学
50	中共	戢曦临	男	汉族	四川简阳	中共	大学
51	中共	陈　容	女	汉族	四川简阳	中共	大学
52	中共	吴　畏	男	汉族	四川简阳	中共	大专
53	中共	雷　刚	男	汉族	四川简阳	中共	大学
54	中共	马　辉	男	汉族	四川简阳	中共	大学
55	中共	王　黎	女	汉族	四川简阳	中共	大学
56	中共	曾慧兰	女	汉族	四川简阳	中共	研究生
57	中共	马执建	男	汉族	四川简阳	中共	大学
58	中共	贾兴才	男	汉族	四川简阳	中共	大学
59	中共	罗成荣	男	汉族	四川简阳	中共	大学
60	中共	胡恒仕	男	汉族	四川简阳	中共	大专
61	中共	李兴彬	男	汉族	四川简阳	中共	大学
62	中共	刘志刚	男	汉族	四川简阳	中共	大学
63	中共	王　静	女	汉族	四川简阳	中共	研究生
64	中共	程慧英	女	汉族	四川简阳	中共	大学
65	中共	周志安	男	汉族	四川简阳	中共	大专
66	中共	钟绍成	男	汉族	四川简阳	中共	大专
67	中共	涂　军	男	汉族	四川简阳	中共	大专
68	中共	李　强	男	汉族	重庆长寿	中共	大学
69	中共	安崇伟	男	汉族	四川简阳	中共	大学
70	医卫	雷德财	男	汉族	四川简阳	农工党	大学
71	医卫	叶世富	男	汉族	四川简阳	九三学社	大学

续表54

序号	界别	姓名	性别	民族	籍贯	党派	文化程度
72	医卫	程　俊	女	汉族	四川简阳	无党派	大学
73	医卫	付建中	男	汉族	四川简阳	民革	大学
74	医卫	胡旭东	男	汉族	贵州遵义	九三学社	大学
75	医卫	贾坤林	男	汉族	四川简阳	农工党	大学
76	医卫	刘　奎	男	汉族	重庆忠县	民盟	大专
77	医卫	刘志燕	女	汉族	四川简阳	民建	大学
78	医卫	毛　英	女	汉族	四川简阳	民建	大学
79	医卫	彭晓佳	男	汉族	四川简阳	民盟	大学
80	医卫	卿明主	男	汉族	四川简阳	无党派	大学
81	医卫	首　峰	男	汉族	湖南郴州	九三学社	大学
82	医卫	万志成	男	汉族	四川简阳	中共	大学
83	医卫	汪压尘	男	汉族	四川射洪	农工党	大学
84	医卫	汪雅兰	女	汉族	四川简阳	民盟	大学
85	医卫	巫　霞	女	汉族	四川简阳	无党派	高中
86	医卫	巫忠良	男	汉族	四川简阳	无党派	大专
87	医卫	张　卫	男	汉族	四川安岳	农工党	大专
88	医卫	朱　艳	女	汉族	四川简阳	无党派	大学
89	医卫	陈国胜	男	汉族	四川简阳	九三学社	大学
90	无党派	樊秀英	女	汉族	四川简阳	无党派	大专
91	无党派	钟　胜	男	汉族	四川简阳	无党派	大学
92	无党派	王　剑	男	汉族	四川简阳	无党派	大学
93	无党派	吴　娟	女	汉族	四川简阳	无党派	大学
94	无党派	施跃花	女	汉族	四川简阳	无党派	大学
95	无党派	曾　强	男	汉族	四川简阳	无党派	大学
96	无党派	辜垚鑫	男	汉族	四川简阳	无党派	大学
97	无党派	毛　羽	女	汉族	四川简阳	无党派	大学
98	文体	陈　祥	男	汉族	四川简阳	九三学社	大学
99	文体	华北英	女	汉族	四川简阳	无党派	大专
100	文体	梁　朗	男	汉族	四川隆昌	中共	大学
101	文体	施　涛	男	汉族	四川简阳	民盟	大专
102	文体	唐小喻	女	汉族	四川简阳	无党派	大专
103	文体	汪广飞	男	汉族	四川简阳	中共	大学
104	文体	钟　敏	女	汉族	四川简阳	民建	大学
105	文体	朱国烨	女	汉族	四川简阳	九三学社	大专
106	特邀	王元新	男	汉族	四川简阳	中共	大学
107	特邀	毛江林	男	汉族	四川简阳	中共	大学

续表54

序号	界别	姓名	性别	民族	籍贯	党派	文化程度
108	特邀	田　健	男	汉族	四川简阳	中共	大学
109	特邀	付长茶	男	汉族	四川简阳	中共	大专
110	特邀	肖　震	男	汉族	四川简阳	中共	大专
111	特邀	何　武	男	汉族	四川简阳	中共	大学
112	特邀	张　宇	女	汉族	四川简阳	中共	大学
113	特邀	张　锐	男	汉族	四川简阳	中共	大专
114	特邀	陈玉军	男	汉族	四川简阳	中共	大学
115	特邀	周　芳	女	汉族	四川简阳	中共	大专
116	特邀	周良才	男	汉族	四川简阳	中共	大学
117	特邀	周贤刚	男	汉族	四川简阳	中共	大学
118	特邀	晋中良	男	汉族	四川简阳	中共	大学
119	特邀	黄　辉	男	汉族	四川简阳	中共	大学
120	特邀	蒋增勤	男	汉族	四川简阳	中共	大专
121	特邀	曾光卫	男	汉族	四川简阳	中共	大学
122	特邀	王小惠	女	汉族	四川简阳	中共	大学
123	特邀	郑　鸣	男	汉族	四川简阳	中共	大学
124	特邀	王凤林	女	汉族	四川简阳	无党派	大专
125	特邀	谭丽萍	女	汉族	四川简阳	无党派	大专
126	特邀	钟智刚	男	汉族	四川简阳	中共	大学
127	特邀	甘立德	男	汉族	四川邻水	中共	大学
128	特邀	高　义	男	汉族	四川简阳	中共	大专
129	特邀	李　勇	男	汉族	四川简阳	无党派	大专
130	特邀	吴立平	男	汉族	江苏苏州	中共	大学
131	特邀	李　庆	男	汉族	四川简阳	中共	大学
132	特邀	税绍波	男	汉族	四川犍为	中共	大学
133	特邀	崔玉兰	女	汉族	四川泸州	无党派	大专
134	特邀	林忠斌	男	汉族	四川资中	中共	大学
135	特邀	陈旭辉	男	汉族	四川简阳	无党派	大专
136	特邀	陈顺军	男	汉族	四川简阳	中共	大学
137	特邀	方　英	女	汉族	四川简阳	无党派	大学
138	特邀	李　敏	女	汉族	四川仁寿	无党派	大学
139	特邀	毛家薇	女	汉族	四川简阳	无党派	大学
140	特邀	陈　平	男	汉族	四川简阳	九三学社	研究生
141	特邀	郑　研	女	土家族	重庆秀山	民盟	大学
142	特邀	刘光成	男	汉族	四川简阳	中共	大学
143	特邀	方义竹	女	汉族	四川成都	无党派	大学

续表54

序号	界别	姓名	性别	民族	籍贯	党派	文化程度
144	特邀	谢　彬	女	汉族	四川梓潼	无党派	大专
145	特邀	张德书	女	汉族	四川简阳	中共	大学
146	特邀	赵金凤	女	汉族	四川简阳	民革	大学
147	特邀	何琨治	男	汉族	四川简阳	中共	大学
148	特邀	吴　坚	男	汉族	重庆巴南	中共	研究生
149	特邀	曾　涛	女	汉族	四川简阳	无党派	大专
150	特邀	蔡纯午	男	汉族	四川简阳	民建	大学
151	特邀	陈明清	男	汉族	四川简阳	无党派	研究生
152	特邀	李茂鸣	男	汉族	四川乐至	民革	大学
153	特邀	施碧君	男	汉族	四川简阳	中共	大学
154	特邀	王　久	男	汉族	四川简阳	中共	大学
155	特邀	徐丰裕	男	汉族	云南石林	中共	大专
156	特邀	严　宽	男	汉族	四川简阳	中共	大学
157	特邀	钟兴贵	男	汉族	四川资中	中共	大专
158	特邀	周　健	男	汉族	四川简阳	中共	大学
159	特邀	王　华	男	汉族	四川简阳	中共	大学
160	特邀	杨志勇	男	汉族	四川简阳	无党派	大学
161	特邀	陈　敏	男	汉族	四川简阳	中共	大学
162	特邀	谢思菊	女	汉族	四川简阳	无党派	大专
163	特邀	刘德洪	男	汉族	四川简阳	中共	大学
164	特邀	周昱如	女	汉族	四川简阳	民盟	大专
165	特邀	郭　惠	女	汉族	四川简阳	九三学社	大专
166	特邀	甘文先	女	汉族	四川资阳	无党派	高中
167	特邀	刘　兵	男	汉族	四川简阳	无党派	大专
168	特邀	袁林斌	男	汉族	四川简阳	民革	大学
169	特邀	吴俊杰	男	汉族	四川简阳	无党派	大学
170	特邀	应文秀	女	汉族	四川简阳	无党派	大学
171	特邀	贺胜芳	女	汉族	四川简阳	无党派	大学
172	特邀	杨　柳	女	汉族	四川简阳	无党派	大专
173	特邀	张金粱	男	汉族	四川简阳	无党派	大专
174	特邀	黄开德	男	汉族	四川简阳	无党派	小学
175	特邀	蒋　慧	女	汉族	四川简阳	无党派	大专
176	特邀	谢婷婷	女	汉族	四川泸州	无党派	大学
177	特邀	曹　强	男	汉族	四川简阳	民革	大专
178	台侨	鲍　彪	男	汉族	四川简阳	无党派	大专
179	台侨	魏基忠	男	汉族	四川资中	无党派	高中

续表54

序号	界别	姓名	性别	民族	籍贯	党派	文化程度
180	台侨	汪辉德	男	汉族	四川简阳	无党派	大学
181	台侨	曾　爽	男	汉族	四川简阳	无党派	大学
182	台侨	徐小义	女	汉族	四川简阳	中共	大学
183	台侨	余　果	女	汉族	四川简阳	无党派	大学
184	台侨	张杨梅	女	汉族	四川乐至	无党派	大学
185	台侨	张　瑛	女	汉族	辽宁沈阳	无党派	中专
186	台侨	朱健强	男	汉族	山东临沂	中共	大专
187	台侨	鄢松林	男	汉族	四川简阳	无党派	大专
188	台侨	郑　蓉	男	汉族	四川简阳	无党派	大专
189	台侨	刘跃亮	男	汉族	中国台湾	无党派	大专
190	农业	廖　华	女	汉族	四川简阳	民革	大学
191	农业	秦　翔	男	汉族	四川简阳	九三学社	大学
192	农业	潘　高	男	汉族	四川简阳	中共	大学
193	农业	付永辉	男	汉族	四川简阳	无党派	中专
194	农业	宋章成	男	汉族	四川成都	中共	大学
195	农业	干国昌	男	汉族	四川简阳	中共	大专
196	农业	樊高扬	男	汉族	四川简阳	中共	大专
197	农业	冯　怡	女	汉族	四川简阳	无党派	大学
198	农业	李　伟	男	汉族	四川简阳	无党派	大专
199	农业	孙国昌	男	汉族	四川简阳	民建	大学
200	农业	魏明清	女	汉族	四川简阳	无党派	大学
201	农业	吴红强	男	汉族	四川简阳	无党派	大专
202	农业	杨军辉	男	汉族	四川资中	无党派	中专
203	农业	张玉元	男	汉族	四川资中	中共	大学
204	农业	钟守俊	男	汉族	四川仁寿	无党派	大专
205	农业	周　良	男	汉族	四川简阳	九三学社	大专
206	农业	尹　胜	男	汉族	四川武胜	无党派	大学
207	农业	杨清泉	男	汉族	四川简阳	中共	大学
208	农业	晋良彬	男	汉族	四川简阳	无党派	初中
209	农业	王青华	女	汉族	四川简阳	无党派	大专
210	农业	曾继元	男	汉族	四川简阳	民盟、中共	大学
211	民宗	陈　晖	男	汉族	四川简阳	中共	大学
212	民宗	释慧明	男	汉族	四川简阳	无党派	初中
213	民宗	释照心	男	土家族	四川遂宁	无党派	大学
214	民宗	陈道江	男	白族	贵州黔西	无党派	大学
215	民宗	释宗妙	男	汉族	四川乐至	无党派	大专

续表54

序号	界别	姓名	性别	民族	籍贯	党派	文化程度
216	民宗	蒋理惠	女	汉族	四川简阳	无党派	中专
217	民宗	刘　耀	男	羌族	四川北川	无党派	大学
218	科技	高乙茗	男	汉族	四川仁寿	民革	大学
219	科技	胡燕华	女	汉族	四川简阳	民革	大专
220	科协	袁志军	男	汉族	四川简阳	无党派	大学
221	科协	付修力	男	汉族	四川简阳	无党派	高中
222	科协	刘正田	男	汉族	四川简阳	无党派	初中
223	科协	吴国勇	男	汉族	四川乐至	无党派	大学
224	科技	魏　强	男	汉族	四川简阳	中共	大专
225	科技	张　军	男	汉族	四川简阳	中共	大专
226	科技	胡行行	女	汉族	四川简阳	无党派	大学
227	科技	王　强	男	汉族	四川简阳	民建	大专
228	科技	王太新	男	汉族	四川乐至	无党派	高中
229	科技	袁　波	男	汉族	四川简阳	中共	大学
230	科技	高　云	男	汉族	四川资中	九三学社	大学
231	科技	张德山	男	汉族	四川广安	九三学社	大学
232	科技	吴　捷	男	汉族	四川简阳	中共	大专
233	科技	付文革	男	汉族	四川简阳	无党派	大专
234	科技	吴　杰	男	汉族	四川内江	无党派	大学
235	科技	周利全	男	汉族	四川简阳	无党派	大学
236	科技	孙丽君	女	汉族	四川简阳	无党派	大专
237	科技	龙平西	男	汉族	四川乐至	民建	大专
238	科技	王　俊	女	汉族	四川简阳	无党派	大专
239	经济	李传军	男	汉族	四川简阳	民建	大专
240	经济	汤　凌	男	汉族	四川简阳	中共	大学
241	经济	杨　萍	女	汉族	四川简阳	无党派	大学
242	经济	邹晓强	男	汉族	四川安岳	中共	大学
243	经济	张　洁	女	汉族	四川简阳	无党派	大学
244	经济	赵贵勋	男	汉族	四川简阳	中共	大学
245	经济	李东明	男	汉族	四川简阳	无党派	高中
246	经济	刘德明	男	汉族	四川简阳	民建	高中
247	经济	陈先楚	男	汉族	四川简阳	民革	大学
248	经济	鲜海林	男	汉族	重庆城口	民革	大学
249	经济	张文豪	男	汉族	四川简阳	无党派	大学
250	经济	陈举胜	男	汉族	四川简阳	中共	大学
251	经济	陈　兰	女	汉族	四川简阳	无党派	大学

续表54

序号	界别	姓名	性别	民族	籍贯	党派	文化程度
252	经济	蔡　斌	男	汉族	四川简阳	九三学社	大学
253	经济	曾兰岚	女	汉族	四川简阳	民建	研究生
254	经济	张泽波	男	汉族	四川资阳	中共	大学
255	经济	何　伟	男	汉族	四川简阳	中共	大学
256	经济	贺国志	男	汉族	四川简阳	民革	大学
257	经济	顾　波	男	汉族	四川简阳	民建	大学
258	经济	周　新	男	汉族	四川简阳	中共	大学
259	经济	李中槐	男	汉族	四川简阳	中共	大学
260	经济	张中顺	男	汉族	四川简阳	中共	大专
261	经济	李　毅	女	汉族	四川简阳	民盟	大学
262	经济	张　鑫	男	汉族	四川安岳	农工党	大学
263	经济	陶华卫	女	汉族	四川简阳	无党派	大专
264	经济	李卫东	男	汉族	四川隆昌	九三学社	大学
265	经济	王廷华	男	汉族	四川简阳	无党派	大学
266	经济	吴小燕	女	汉族	四川简阳	无党派	大专
267	经济	严鹏飞	男	汉族	四川简阳	无党派	大专
268	经济	尹　航	男	汉族	四川简阳	无党派	大专
269	经济	蔡林杉	女	汉族	四川成都	无党派	大学
270	经济	卢贵权	男	汉族	四川简阳	无党派	大学
271	经济	王善英	女	汉族	四川简阳	无党派	大专
272	经济	林昌光	男	汉族	四川仁寿	中共	大学
273	经济	王　桔	男	汉族	四川内江	中共	大学
274	经济	华晓琴	女	汉族	四川简阳	无党派	大专
275	经济	刘　延	男	汉族	四川资阳	无党派	研究生
276	经济	钟　琳	女	汉族	四川简阳	无党派	大学
277	经济	陈　丹	女	汉族	四川简阳	民盟	大学
278	经济	吴玉梅	女	汉族	四川宣汉	中共	大学
279	经济	赖　英	女	汉族	四川简阳	无党派	大专
280	经济	乐文婷	女	汉族	浙江舟山	无党派	大学
281	经济	冯　震	男	汉族	四川简阳	无党派	大专
282	教育	吴　钰	女	汉族	四川简阳	民盟	研究生
283	教育	胡　毅	女	汉族	四川简阳	民盟	大学
284	教育	黄建康	男	汉族	四川简阳	无党派	大学
285	教育	蒋延彬	男	汉族	四川简阳	民盟	大专
286	教育	晋良军	男	汉族	四川简阳	民盟	大学
287	教育	李安富	男	汉族	四川简阳	无党派	大学

续表54

序号	界别	姓名	性别	民族	籍贯	党派	文化程度
288	教育	李雪梅	女	汉族	四川资中	民盟	大学
289	教育	李玉萍	女	汉族	四川简阳	民盟	大学
290	教育	彭育安	男	汉族	四川简阳	民盟	大学
291	教育	曾茂棋	男	汉族	四川简阳	中共	大学
292	教育	苏俊清	女	汉族	四川简阳	中共	大学
293	教育	唐承国	男	汉族	四川资阳	民盟	大学
294	教育	王育顺	男	汉族	四川简阳	无党派	大学
295	教育	鄢文秀	女	汉族	四川简阳	民盟	大学
296	教育	袁秀玲	女	汉族	四川简阳	无党派	大专
297	教育	郑典君	男	汉族	四川简阳	无党派	大学
298	教育	叶　祥	男	汉族	四川简阳	民盟	大学
299	教育	周万银	男	汉族	四川简阳	民盟	大学
300	教育	朱永昌	男	汉族	四川简阳	无党派	大学
301	教育	徐文成	男	汉族	四川简阳	无党派	大学
302	教育	曾春修	男	汉族	四川简阳	无党派	大学
303	共青团	魏　昕	男	汉族	四川简阳	中共	大学
304	共青团	肖　超	男	汉族	四川资中	民建	大专
305	共青团	李　选	男	汉族	四川简阳	中共	研究生
306	共青团	李　玲	女	汉族	四川简阳	中共	大学
307	共青团	倪　丽	女	汉族	四川简阳	无党派	大学
308	共青团	王秀英	女	汉族	四川简阳	中共	大学
309	共青团	陈　皓	男	汉族	四川简阳	无党派	大专
310	工商联	蔡志斌	男	汉族	四川简阳	无党派	高中
311	工商联	陈　伟	男	汉族	重庆南岸	无党派	大学
312	工商联	樊　程	男	汉族	四川简阳	民革	大专
313	工商联	樊均成	男	汉族	四川简阳	无党派	高中
314	工商联	彭　健	男	汉族	四川安岳	无党派	大学
315	工商联	韩式斌	男	汉族	山东济南	无党派	大学
316	工商联	何　颉	男	汉族	陕西旬邑	民建	大学
317	工商联	黄明辉	男	汉族	四川仁寿	无党派	高中
318	工商联	江　文	男	汉族	四川简阳	中共	研究生
319	工商联	李流成	男	汉族	四川简阳	无党派	大学
320	工商联	李　兆	男	汉族	四川简阳	无党派	大专
321	工商联	刘　杰	男	汉族	四川简阳	无党派	大学
322	工商联	刘　敏	女	汉族	四川简阳	无党派	大专
323	工商联	刘树明	男	汉族	四川简阳	无党派	高中

续表54

序号	界别	姓名	性别	民族	籍贯	党派	文化程度
324	工商联	马　明	男	汉族	重庆渝中	无党派	高中
325	工商联	毛向红	女	汉族	四川简阳	无党派	大专
326	工商联	彭公学	男	汉族	四川简阳	无党派	大专
327	工商联	田云富	男	汉族	四川简阳	中共	大学
328	工商联	汪玲西	女	汉族	四川简阳	无党派	大专
329	工商联	王成军	男	汉族	四川简阳	无党派	中专
330	工商联	王　勇	男	汉族	四川简阳	无党派	高中
331	工商联	魏　霖	男	汉族	四川简阳	民革	研究生
332	工商联	吴　静	男	汉族	四川简阳	无党派	研究生
333	工商联	肖瑞彬	男	汉族	四川简阳	无党派	高中
334	工商联	肖旭东	男	汉族	四川简阳	无党派	大专
335	工商联	杨钟立	女	汉族	四川简阳	无党派	大学
336	工商联	曾云超	男	汉族	四川简阳	无党派	中专
337	工商联	张　朝	男	汉族	四川开江	无党派	大学
338	工商联	张俊辉	男	汉族	四川简阳	无党派	高中
339	工商联	章丽华	女	汉族	四川简阳	中共	研究生
340	工商联	钟时明	男	汉族	四川简阳	无党派	高中
341	工商联	周发君	男	汉族	四川简阳	中共	中专
342	工商联	周　军	男	汉族	四川简阳	无党派	中专
343	工商联	周雨桐	女	汉族	四川简阳	无党派	大专
344	工商联	朱　君	男	汉族	四川简阳	无党派	大专
345	工商联	卓巧俐	女	汉族	四川自贡	无党派	大专
346	工商联	赖崇礼	男	汉族	四川简阳	无党派	高中
347	工商联	李　寒	男	汉族	四川简阳	无党派	大专
348	工商联	陈志庆	男	汉族	浙江温州	无党派	大专
349	工商联	陈　翔	男	汉族	四川龙泉	无党派	中专
350	工商联	杨芝富	男	汉族	四川简阳	无党派	大专
351	工会	李春萍	女	汉族	四川简阳	无党派	高中
352	工会	李　勇	男	汉族	四川资中	民盟	大学
353	工会	李方明	男	汉族	四川简阳	农工党	大专
354	工会	曾　艳	女	汉族	四川简阳	无党派	大专
355	工会	陈　勇	男	汉族	四川简阳	无党派	高中
356	工会	康　敏	女	汉族	四川资中	中共	大学
357	工会	汪　建	男	汉族	四川简阳	无党派	大学
358	工会	徐　刚	男	汉族	四川简阳	无党派	大学
359	工会	徐怀谦	男	汉族	四川隆昌	无党派	大专

续表54

序号	界别	姓名	性别	民族	籍贯	党派	文化程度
360	妇联	张晓敏	女	汉族	四川简阳	无党派	大学
361	妇联	李凡君	女	汉族	四川简阳	无党派	大专
362	妇联	王一位	女	汉族	四川简阳	无党派	大学
363	妇联	罗玉姣	女	汉族	四川简阳	中共	大学
364	妇联	何小梅	女	汉族	四川通江	无党派	大学
365	妇联	林小群	女	汉族	四川井研	无党派	高中
366	妇联	万治英	女	汉族	四川简阳	无党派	大学
367	妇联	李玉娟	女	汉族	四川简阳	九三学社	大学
368	妇联	付小刃	女	汉族	四川简阳	无党派	大学

先进人物

【陈呈】 男，汉族，中共党员，1991年8月出生，四川都江堰人。2016年，经省委组织部急需紧缺专业选调参加工作。2016年10月至2020年3月任成都市发展和改革委员会财政金融处副主任科员，2020年3月任成都市成本调查监审局调查科科长。2018年7月，陈呈被派驻简阳市杨家镇新庙子村任第一书记、驻村工作队队长。陈呈担任第一书记以来，推动扶贫项目落地实施，争取各级帮扶资金，推动新庙子村自来水项目、生产便道项目、村道整治项目等基础设施项目落地实施，切实解决村民生产生活问题；推进全村产业发展，争取产业资金40万元发展柑橘种植50余亩，预计三年后年均收入可达10万元；开展招商引资，拟引进社会资金4亿元，启动新庙子村“天府双鱼水寨田园综合体项目”；提升村级治理水平，牵头完成新庙子村“三美示范村”创建、党群服务中心亲民化改造、全村277处村级“厕改”工作，组织开展8次村级文娱活动；参与新冠肺炎疫情防控，深入一线，建立健全新庙子村疫情防控体制机制，先后14次开展全村全覆盖督查工作，取得良好成效；凝聚选调干部工作合力，组建“2018年度成都派驻简阳驻村干部班委”，成功组织班级活动10余期，参与人数250余人次。2019年，获评成都市优秀第一书记；2020年，获“四川省一线优秀扶贫干部”称号。

（王定萍）

【杨敏】 男，1977年9月出生，汉族，四川简阳人，1997年7月参加工作，中共党员，现任简阳市发展和改革局党组书记、局长。2020年4月在市发改局任职以来，杨敏围绕“创新提能年”主题，以创新思维主持开展“十四五”规划编制、成渝地区双城经济圈建设、五项制度改革、固定资产投资、信用体系建设、粮食储备等重点工作；积极向上争取，获得全国百强区培育政策支持；牵头推进交界融合地带建设规划编制工作；扎实抓好固定资产投资工作，简阳市固定资产投资增速长期列成都市前两位，简阳市获评成都市投资和重点项目推进工作先进单位；积极发挥参谋助手作用，认真抓好“六稳”“六保”相关工作，努力克服新冠肺炎疫情影响，推动经济社会高质量发展，简阳市获评“2020年四川省县域经济发展强市”；持续推进社会信用体系建设，完善失信行为联合惩戒机制，实现跨部门、全领域失信约束联动响应，并率先在招标投标、政府采购和行政审批等领域使用信用记录和信用产品，“天天讲信用，人人守诚信”的社会氛围初步形成；创新军粮储备供应管理，切实做到保障有力，军供站建成全省唯一国家级军粮保障基地。2020年，被成都市政府表扬为2019年度投资和重点项目推进工作先进个人；被国家发改委评为全国“十三五”奋进易地搬迁干部。

（曹 宇）

【杨伶俐】 女，汉族，38岁，本科，主管护师。2018年10月，杨伶俐积极响应省委组织部第五批援藏甘孜州脱贫攻坚工作号召，踊跃报名，到平均海拔4200米的甘孜州德格县，挂职德格县妇幼保健计划生育服务中心副主任，主要分管医疗、护理、院感业务部门工作。在进藏工作期间，杨伶俐积极践行“三个代表”重要思想，继承发扬“缺氧不缺精神，吃苦不讲标准”的实干精神，大力弘扬“团结奋进讲奉献，勤政为民谋发展”的工作作风，立足本职，克服困难，开拓创新，树立了援藏干部的良好形象，展现了新时期援藏人员的光辉形象。2020 年 5 月，被中共四川省委表扬为“2019 年省内对口支援帮扶藏区彝区贫困县先进个人”。

（李　燕）

【任小兵、李晓蓉、李利霞、吴胜秋、杨丽、聂姜、杨阳、李想、唐春艳、刘恒超、陈军、邓海波】 简阳市人民医院援鄂医疗队员，中共党员。2020 年 2 月 21 日，医疗队 12 名队员牢记市委、市政府和全市 150 万人民的重托，在四川省第九批援湖北医疗队临时党委领导下，驰援武汉，开展新冠肺炎医疗救治工作。在接到武昌医院工作通知后，12 名队员细分医疗组、护理组、院感组 3 个工作小组，全身心投入到武昌医院病情最重、危险系数最高的一线——重症监护室（ICU），承担危重患者的医疗和护理救治任务。在半个多月的援助期间，扎实开展医疗救治及院感防控工作，简医医疗队医疗组管理住院病人 80 人次、护理组护理病人 100 余人次，所在的重症监护室新冠肺炎病人死亡率由 17% 降到 3%，医疗队员零感染。2020 年 4 月 12 日，中共湖北省委、湖北省人民政府授予 12 名援鄂队员新时代“最美逆行者”称号。

（李　燕）

【付建梅】 女，汉族，中共党员，1990 年 9 月出生，现任简阳市施家镇人民政府综合办主任、施家镇四益村第一书记。2017 年 5 月，付建梅被选派到四益村任第一书记。在村任职期，付建梅深入分析贫困户致贫原因，基于村资源禀赋，以务实的工作作风和有效的工作举措，2020 年带领全村贫困户全部脱贫。巩固提升扎实推进，脱贫攻坚取得新成效。以推进村集体经济和贫困户产业发展为工作重点，依托高标准农田建设土地整理项目，流转土地 1500 余亩，增加土地流转年收入 90 万元。其中，发展桃产业 1000 亩、青花椒 500 余亩。引导农户到合作社务工，增加年务工收入 10 万余元。心系民生工作，社会民生取得新成果。开展“走基层”活动，动态管理“三本问题台账”，切实解决群众困难 31 个，提供安全住房保障 15 户，提供政策兜底保障 13 户，新增太阳能路灯 84 盏，实现村全覆盖。坚持支部堡垒建设，党建工作取得新突破。扎实开展“三会一课”，学习贯彻习近平新时代中国特色社会主义思想，进一步增强“四个意识”、坚定“四个自信”、做到“两个坚决维护”。运用“微党校”教学活动载体，鼓励群众参与教学活动，进一步增强支部战斗力、党员群众凝聚力。2020 年 5 月，因工作成绩突出，脱贫成效显著，被中共四川省委、四川省人民政府表扬为 2019 年脱贫攻坚先进个人（优秀第一书记）。

（吴永妹）

【陈俊英】 女，1980 年出生，汉族，四川简阳人，大专学历，中共党员，农艺师。1998 年 11 月于简阳市种子公司工作。2007 年 6 月简阳市种子公司机构改革成立简阳市种子管理站。2015 年 9 月起担任简阳市新星乡（现三星镇）平江村驻村农技员，在脱贫攻坚工作中成绩突出。陈俊英长期从事种子管理、农作物展示示范工作，多年承担国家或省市农作物新品种示范推广，长期深入田间地头开展各项技术指导，积极把农业新技术、新品种推广到农户。同时在种子管理和种子检验方面也作出突出贡献。2008 年、2010 年先后获评资阳市农业局种子质量监督工作先进个人；2015—2016 年度获得简阳市扶贫办表扬；2020 年 5 月，被中共四川省委评为“2019 年脱贫攻坚‘五个一’帮扶先进个人（优秀驻村农技员）”。

（谭丽群）

【李晶】 女，1990 年出生，汉族，四川盐源人，硕士研究生学历，中共预备党员，现任助理工程师、助理农艺师。2017 年 11 月通过高层次人才引进到简阳市农产品质量安全检验检测站工作。主要从事农产品检验检测工作，并担任平泉街道协议村驻村农技员，且成绩显著。2019 年 9 月底，李晶参加成都市农业农村局、成都市人力资源和社会保障局、成都市总工会联合举办的成都技能大赛——2019 年成都市农产品质量安全检测技能竞赛暨四川省农产品质量安全检测技能竞赛成都选拔赛，荣获畜禽水产品质量安全定量检测“优秀奖”“成都市农业技术能手”荣誉称号；2020年5月，被中共四川省委评为“2019年脱贫攻坚‘五个一’帮扶先进个人（优秀驻村农技员）”。

（谭丽群）

【刘永进】 男，汉族，中共党员，1976年4月出生，重庆铜梁人，2004年12月加入中国共产党，大学学历，现任简阳市财政局机关党委专职副书记。2017年4月以来，下派到简阳市镇金镇河坝村任第一书记。任职以来，刘永进切实履行第一书记职责，任劳任怨，工作兢兢业业，用实际行动扎实推动脱贫攻坚工作，积极为所驻村争取项目、为老百姓落实扶贫政策和制定脱贫措施，为所驻村的整体发展和贫困户的脱贫致富做了大量工作，成效突出，得到群众的一致好评，受到省市表彰和肯定，圆满完成各项扶贫工作任务。2020年5月，刘永进被中共四川省委、四川省人民政府表扬为2019年脱贫攻坚先进个人（优秀第一书记）。

（鄢　芳）

【张健涛】 男，汉族，1972年1月出生，四川简阳人，大学文凭，1993年8月参加工作，1998年5月加入中国共产党，现任简阳市政府办副主任。张健涛经过乡镇基层和市级部门多岗锻炼，特别2016年面对组织重托和信任，义无反顾挑起扶贫办主任重担，充分发挥了扶贫办作为全市脱贫攻坚的“参谋部”“作战部”“督察部”作用，带领一班扶贫人攻坚克难，脱贫攻坚富有成效。简阳市脱贫攻坚工作成效显著，连续四年被省委、省政府表彰为“脱贫攻坚先进县”。其个人被省脱贫攻坚领导小组办公室表彰为2018年全省脱贫攻坚一线优秀扶贫干部，2019年被评为成都市“蓉城先锋党员示范行动”第二批党员示范标兵。2020年6月，被四川省人民政府表彰为四川省先进工作者。

（何　兴）

【王承】 男，汉族，中共党员，1974年3月出生，四川简阳人，简阳市云龙镇龙潭村党总支副书记。2015年11月，成立简阳市王承种植专业合作社，注册地云龙镇龙潭村（省级贫困村），合作社成员110户，其中贫困户42户，共同出资144万元。作为龙潭村党总支副书记，王承不忘初心、牢记使命，带领合作社农户种植简阳晚白桃、金秋砂糖桔，发展林下养殖、林下套种，带领全村老百姓增收致富。简阳市王承种植专业合作社有简阳晚白桃240亩、金秋砂糖桔350亩。建成标准化园区300余亩，林下养鸡场年出栏跑山鸡8000余只。2020年实现可分配盈余31万元。简阳市王承种植专业合作社获“四川省省级示范合作社”“四川省十佳优秀农业示范单位”“全国绿色农业省级示范合作社”称号。2019年11月6日，王承被四川省市场监督品质管理中心及中国产品质量认证企业管理中心授予合作法人，被评为“全国农业科技创业致富带头人”。2020年10月17日，被四川省脱贫攻坚领导小组评为2020年度四川省脱贫攻坚奖先进个人。

（吴玉芳）

【杨丽】 女，汉族，中共党员，1980年9月出生，四川简阳人，2007年参加工作，从事感染性疾病相关工作17年，现任简阳市人民医院感染科副主任。2020年2月21日，随援鄂医疗队前往武汉开展医疗救治工作。在武汉期间，杨丽勇挑武昌医院重症医学科工作重担，积极和同行沟通治疗方案，发挥感染专业人员的长处，指导合理使用抗生素，特别是针对多器官功能障碍、行CRRT治疗的病人，抗生素种类的选择，剂量、频次、疗程的合理使用尤为重要；同时还与武昌医院同行沟通当地在收治新冠病人的治疗方案选择，包括抗病毒药物的方案、副作用、疗程等。在近1个月的医疗救治期间同团队共管理危重型病人22人，其中13人行高流量氧疗或无创正压通气治疗，9人行有创通气治疗，11人接受CRRT治疗，共参加了10余次抢救治疗。通过团队的共同努力，大部分病人病情趋于稳定，得到了武昌医院同行和病人家属的肯定。2020年4月12日，杨丽被中共湖北省委、湖北省人民政府授予新时代“最美逆行者”称号。2020年11月20日，杨丽家庭被中央文明委授予“全国文明家庭”称号。

（李　燕）

【赵水军】 男，汉族，中共党员，1973年3月出生，四川简阳人，1992年8月参加工作，2011年3月加入中国共产党，现任简阳市司法局社区矫正科负责人，保留副局长级干部。从事司法行政工作十余年来，赵水军先后在东溪、射洪坝司法所工作，在司法行政战线上，扎根基层讲奉献、恪尽职守重担当、开拓创新争一流，以实际行动树立了司法干警良好形象。认真学习、钻研业务工作，设计了“人身损害赔偿速算电子表格”，可以精准、快速计算出人身损害赔偿金，极大地方便了调解员的调解工作。督促矫正对象严格遵守法律法规和社区矫正有关规定的同时，始终牢固树立教育帮扶、以人为本的理念，用真情温暖矫正对象，以关怀解决实际困难，用心用情刚柔兼济，帮助社区矫正对象成为守法公民。2020年12月，赵水军被司法部表彰为“全国模范人民调解员”。

（薛文娟）

表55　　2020年简阳市获省级及以上表彰（表扬）的人员一览表

获奖人姓名	工作（学习）单位及职务	获奖称号	发文单位	文号（证书）	发文（表彰／表扬）时间	备注
杨　敏	简阳市发展和改革局党组书记、局长	全国“十三五”奋进易地搬迁干部	国家发改委		2020.11.3	四川省发展和改革委员会关于转发《国家发展改革委办公厅关于全国“十三五”时期异地扶贫搬迁典型案例的通报》的通知（无文号）
赵水军	简阳市司法局保留副局长级干部	全国模范人民调解员	司法部	司发通〔2020〕83号	2020.12.9	
李梦彬	简阳市疾控中心工作员	2018—2019年度无偿献血奉献奖（铜奖）	国家卫生健康委、中国红十字会总会	证书	2020.12	
钟传光	简阳市疾控中心工作员	2018—2019年度无偿献血奉献奖（银奖）	国家卫生健康委、中国红十字会总会	证书	2020.12	
温光芬	阳安中学教师	全国读书活动教师组特等奖	国家青少年爱国主义读书教育活动组委会	全组委文字〔2020〕7号	2020.6	
吴中敏	简阳市射洪坝第一小学教师	全国读书活动教师组优秀奖	国家青少年爱国主义读书教育活动组委会	全组委文字〔2020〕7号	2020.6	
李安娜	阳安中学学生	全国读书活动学生组一等奖	国家青少年爱国主义读书教育活动组委会	全组委文字〔2020〕7号	2020.6	
汪宇晨	简阳市解放九年义务教育学校学生	全国读书活动学生组一等奖	国家青少年爱国主义读书教育活动组委会	全组委文字〔2020〕7号	2020.6	
袁彬益	简阳市简城射洪坝第一小学学生	全国读书活动学生组一等奖	国家青少年爱国主义读书教育活动组委会	全组委文字〔2020〕7号	2020.6	
夏祖旭	简阳市城北九义校沱江校区学生	全国读书活动学生组一等奖	国家青少年爱国主义读书教育活动组委会	全组委文字〔2020〕7号	2020.6	
张　涵	石桥中学学生	全国读书活动学生组二等奖	国家青少年爱国主义读书教育活动组委会	全组委文字〔2020〕7号	2020.6	

续表55

获奖人姓名	工作（学习）单位及职务	获奖称号	发文单位	文号（证书）	发文（表彰／表扬）时间	备注
周　鹏	三星中学学生	全国读书活动学生组二等奖	国家青少年爱国主义读书教育活动组委会	全组委文字〔2020〕7号	2020.6	
张玉瑶	简阳中学学生	全国读书活动学生组三等奖	国家青少年爱国主义读书教育活动组委会	全组委文字〔2020〕7号	2020.6	
蒋皓云	简阳中学学生	全国读书活动学生组三等奖	国家青少年爱国主义读书教育活动组委会	全组委文字〔2020〕7号	2020.6	
高　芋	阳安中学学生	全国读书活动学生组三等奖	国家青少年爱国主义读书教育活动组委会	全组委文字〔2020〕7号	2020.6	
田雨露	石桥中学学生	全国读书活动学生组三等奖	国家青少年爱国主义读书教育活动组委会	全组委文字〔2020〕7号	2020.6	
林鑫怡	实验中学学生	全国读书活动学生组三等奖	国家青少年爱国主义读书教育活动组委会	全组委文字〔2020〕7号	2020.6	
李馨雨	三星中学学生	全国读书活动学生组三等奖	国家青少年爱国主义读书教育活动组委会	全组委文字〔2020〕7号	2020.6	
李　燕	简阳市卫生健康局工作员	2020年度《人口与健康》杂志宣传工作先进个人	国家卫生健康委人口与健康杂志社	证书	2020.7	
艾国军	简阳中学	第三届中小学教育装备新技术应用创新案例评选一等奖	中国教育装备行业协会城市教育装备工作委员会	中教协城〔2020〕7号	2020.8	
康晓林	简阳中学	第三届中小学教育装备新技术应用创新案例评选二等奖	中国教育装备行业协会城市教育装备工作委员会	中教协城〔2020〕7号	2020.8	
张　衬	简阳中学	第三届中小学教育装备新技术应用创新案例评选二等奖	中国教育装备行业协会城市教育装备工作委员会	中教协城〔2020〕7号	2020.8	
曾聪颖	简阳中学	第三届中小学教育装备新技术应用创新案例评选二等奖	中国教育装备行业协会城市教育装备工作委员会	中教协城〔2020〕7号	2020.8	
徐　刚	简阳市呈祥瑞泰农业科技有限公司总经理	2020中国农村电商致富带头人	中国农村电子商务大会组委会	无	2020.10	
周岷江	简阳市水上运动学校运动员	2020全国赛艇青年锦标赛男子八人单桨有舵手（第一名）	全国赛艇青少年锦标赛事组委会	证书	2020.11	

续表55

获奖人姓名	工作（学习）单位及职务	获奖称号	发文单位	文号（证书）	发文（表彰／表扬）时间	备注
周岷江	简阳市水上运动学校运动员	2020全国赛艇青年锦标赛男子四人单桨（第二名）	全国赛艇青少年锦标赛事组委会	证书	2020.11	
曾雪梅	简阳市水上运动学校运动员	2020全国赛艇青年锦标赛女子四人单桨（第八名）	全国赛艇青少年锦标赛事组委会	证书	2020.11	
曾雪梅	简阳市水上运动学校运动员	2020全国赛艇青年锦标赛女子八人单桨有舵手（第三名）	全国赛艇青少年锦标赛事组委会	证书	2020.11	
刘江宇	简阳市水上运动学校运动员	2020全国赛艇青年锦标赛男子四人双桨（第四名）	全国赛艇青少年锦标赛事组委会	证书	2020.11	
任小兵	简阳市人民医院健康管理中心主任	新时代“最美逆行者”	中共湖北省委、湖北省人民政府	证书	2020.4.12	
李晓蓉	简阳市人民医院内分泌科护士长	新时代“最美逆行者”	中共湖北省委、湖北省人民政府	证书	2020.4.12	
李丽霞	简阳市人民医院骨科一副护士长	新时代“最美逆行者”	中共湖北省委、湖北省人民政府	证书	2020.4.12	
吴胜秋	简阳市人民医院骨科二护士长	新时代“最美逆行者”	中共湖北省委、湖北省人民政府	证书	2020.4.12	
杨　丽	简阳市人民医院感染科副主任	新时代“最美逆行者”	中共湖北省委、湖北省人民政府	证书	2020.4.12	
聂　姜	简阳市人民医院感染科副护士长	新时代“最美逆行者”	中共湖北省委、湖北省人民政府	证书	2020.4.12	
杨　阳	简阳市人民医院神经外科副护士长	新时代“最美逆行者”	中共湖北省委、湖北省人民政府	证书	2020.4.12	

续表55

获奖人姓名	工作（学习）单位及职务	获奖称号	发文单位	文号（证书）	发文（表彰/表扬）时间	备注
李　想	简阳市人民医院急救医学部护士	新时代“最美逆行者”	中共湖北省委、湖北省人民政府	证书	2020.4.12	
唐春艳	简阳市人民医院重症医学科护士	新时代“最美逆行者”	中共湖北省委、湖北省人民政府	证书	2020.4.12	
刘恒超	简阳市人民医院重症医学科护士	新时代“最美逆行者”	中共湖北省委、湖北省人民政府	证书	2020.4.12	
陈　军	简阳市人民医院重症医学科主任	新时代“最美逆行者”	中共湖北省委、湖北省人民政府	证书	2020.4.12	
邓海波	简阳市人民医院呼吸内科医生	新时代“最美逆行者”	中共湖北省委、湖北省人民政府	证书	2020.4.12	
陈　呈	成都市成本调查监审局调查科科长、简阳市杨家镇新庙子村党支部第一书记	2019年脱贫攻坚一线优秀扶贫干部	中共四川省委、四川省人民政府	川委〔2020〕279号	2020.5.18	
梁　琳	成都市妇联发展部四级主任科员、简阳市石钟镇民强村党支部第一书记	2019年脱贫攻坚一线优秀扶贫干部	中共四川省委、四川省人民政府	川委〔2020〕279号	2020.5.18	
周明星	简阳市武庙镇党委书记	2019年脱贫攻坚一线优秀扶贫干部	中共四川省委、四川省人民政府	川委〔2020〕279号	2020.5.18	
王晓斌	简阳市石桥镇畜牧兽医站站长，德格县农牧农村局畜牧师	2019年省内对口帮扶藏区彝区贫困县先进个人	中共四川省委、四川省人民政府	川委〔2020〕279号	2020.5.18	
邓　杨	简阳市投资审计和信息中心工作人员，德格县审计局固定投资审计股股长	2019年省内对口帮扶藏区彝区贫困县先进个人	中共四川省委、四川省人民政府	川委〔2020〕279号	2020.5.18	

续表55

获奖人姓名	工作（学习）单位及职务	获奖称号	发文单位	文号（证书）	发文（表彰/表扬）时间	备注
杨伶俐	简阳市妇幼保健院产科护士长，德格县妇幼保健计划生育服务中心副主任	2019年省内对口帮扶藏区彝区贫困县先进个人	中共四川省委、四川省人民政府	川委〔2020〕279号	2020.5.18	
邓　勇	成都市规划和自然资源局建筑规划管理处二级主任员，简阳市平泉街道荷桥村党支部第一书记	2019年脱贫攻坚“五个一”帮扶先进个人（优秀第一书记）	中共四川省委、四川省人民政府	川委〔2020〕279号	2020.5.18	
韩　郸	成都市政府办公厅机关目标处一级主任科员，简阳市平泉街道协义村党支部第一书记	2019年脱贫攻坚“五个一”帮扶先进个人（优秀第一书记）	中共四川省委、四川省人民政府	川委〔2020〕279号	2020.5.18	
闵　楠	成都市人大经济委员会办公室四级主任科员，简阳市三星镇共和村党支部第一书记、驻村工作队队长	2019年脱贫攻坚“五个一”帮扶先进个人（优秀第一书记）	中共四川省委、四川省人民政府	川委〔2020〕279号	2020.5.18	
刘永进	简阳市财政局机关党委专职副书记，简阳市镇金镇河坝村党支部第一书记	2019年脱贫攻坚“五个一”帮扶先进个人（优秀第一书记）	中共四川省委、四川省人民政府	川委〔2020〕279号	2020.5.18	
张　瑾	简阳市法院审判管理办公室副主任，简阳市禾丰镇安全村党支部第一书记	2019年脱贫攻坚“五个一”帮扶先进个人（优秀第一书记）	中共四川省委、四川省人民政府	川委〔2020〕279号	2020.5.18	
付建梅	简阳市施家镇综合办主任，简阳市施家镇四益村党支部第一书记	2019年脱贫攻坚“五个一”帮扶先进个人（优秀第一书记）	中共四川省委、四川省人民政府	川委〔2020〕279号	2020.5.18	

续表55

获奖人姓名	工作（学习）单位及职务	获奖称号	发文单位	文号（证书）	发文（表彰 / 表扬）时间	备注
陈建波	简阳市壮溪镇综合办主任，简阳市壮溪镇大池村党支部第一书记	2019 年脱贫攻坚“五个一”帮扶先进个人（优秀第一书记）	中共四川省委、四川省人民政府	川委〔2020〕279 号	2020.5.18	
陈启龙	成都市科技局科学技术服务中心办公室科员，简阳市石钟镇火烧庙村驻村工作队队员	2019 年脱贫攻坚“五个一”帮扶先进个人（优秀驻村工作队队员）	中共四川省委、四川省人民政府	川委〔2020〕279 号	2020.5.18	
王　永	简阳市规划和自然资源局林业技术服务中心林业产业科科员，简阳市云龙镇龙潭村驻村工作队队员	2019 年脱贫攻坚“五个一”帮扶先进个人（优秀驻村工作队队员）	中共四川省委、四川省人民政府	川委〔2020〕279 号	2020.5.18	
钟剑波	简阳市公安局经侦大队副大队长，简阳市江源镇双井村驻村工作队队员	2019 年脱贫攻坚“五个一”帮扶先进个人（优秀驻村工作队队员）	中共四川省委、四川省人民政府	川委〔2020〕279 号	2020.5.18	
李　晶	简阳市农产品质量安全检验检测站助理工程师，简阳市平泉街道协义村农技员	2019 年脱贫攻坚“五个一”帮扶先进个人（优秀农技员）	中共四川省委、四川省人民政府	川委〔2020〕279 号	2020.5.18	
陈俊英	简阳市植保植检站种子管理科科长、农艺师，简阳市三星镇平江村农技员	2019 年脱贫攻坚“五个一”帮扶先进个人（优秀农技员）	中共四川省委、四川省人民政府	川委〔2020〕279 号	2020.5.18	
李建军	中国共产党简阳市委员会常委	四川省第八届先进工作者	四川省人民政府	川府发〔2020〕7 号	2020.6.2	
张健涛	简阳市人民政府办公室副主任	四川省第八届先进工作者	四川省人民政府	川府发〔2020〕7 号	2020.06.02	

续表55

获奖人姓名	工作（学习）单位及职务	获奖称号	发文单位	文号（证书）	发文（表彰／表扬）时间	备注
马　艳	成都市简阳市射洪坝街道蜀阳社区居民委员会	四川省第八届劳动模范	四川省人民政府	川府发〔2020〕7号	2020.6.2	
周富坤	成都市简阳市青龙镇联合村党支部书记、主任	四川省第八届劳动模范	四川省人民政府	川府发〔2020〕7号	2020.6.2	
应锡章	国网四川省电力公司简阳市供电分公司输电运检班长	四川省第八届劳动模范	四川省人民政府	川府发〔2020〕7号	2020.6.2	
汤志明	成都东部新区贾家街道菠萝村村民委员会党支部书记	四川省第八届劳动模范	四川省人民政府	川府发〔2020〕7号	2020.6.2	已转入成都东部新区
陈　超	简阳市疾病预防控制中心科长	四川省抗击新冠肺炎疫情优秀共产党员	中共四川省委	证书、奖章	2020.11	
王　承	简阳市云龙镇龙潭村党支部副书记	2020年四川省脱贫攻坚奖先进个人	四川省脱贫攻坚领导小组	川脱贫领发〔2020〕7号	2020.9.27	
孙瑞娟	成都传媒集团成都全搜索科技有限责任公司记者，简阳市东溪街道龙溪村第一书记	2020年四川省脱贫攻坚奖先进个人	四川省脱贫攻坚领导小组	川脱贫领发〔2020〕7号	2020.9.27	
李东京	市政协研究室综合科科长	2020年度全省政协优秀通讯员	政协四川省委员会办公厅	川政协厅〔2020〕27号	2020.10.14	
杨　敏	简阳市发展和改革局党组书记、局长	2019年度代表优秀建议	成都市人大常委会	成人发〔2020〕1号	2020.1.14	
谢林江	简阳市临空经济产业园党工委委员、管委会副主任，简城街道党工委书记	2019年度成都建设全面体现新发展理念的城市改革创新先进个人	中共成都市委、成都市人民政府	证书	2020.4	
钟　敏	简阳市政协文化文史委副主任	新冠肺炎疫情防控先进委员	政协成都市委员会办公厅		2020.6.1	

续表55

获奖人姓名	工作（学习）单位及职务	获奖称号	发文单位	文号（证书）	发文（表彰/表扬）时间	备注
李峻伶	中共简阳市委政法委维稳指导科科长	中华人民共和国成立70周年大庆安保维稳信访工作中表现突出的公务员（记三等功）	中共成都市委、成都市人民政府	成委〔2020〕181号	2020.6.8	
付晓惠	简阳市石桥街道办副主任	中华人民共和国成立70周年大庆安保维稳信访工作中表现突出的公务员（记三等功）	中共成都市委、成都市人民政府	成委〔2020〕181号	2020.6.8	
叶　军	简阳市纪委副书记	中华人民共和国成立70周年大庆安保维稳信访工作中表现突出的公务员（记三等功）	中共成都市委、成都市人民政府	成委〔2020〕181号	2020.6.8	
李跃龙	简阳市检察院副检察长	中华人民共和国成立70周年大庆安保维稳信访工作中表现突出的公务员（记三等功）	中共成都市委、成都市人民政府	成委〔2020〕181号	2020.6.8	
张　杨	简阳市委办主任	中华人民共和国成立70周年大庆安保维稳信访工作中表现突出的公务员（记三等功）	中共成都市委、成都市人民政府	成委〔2020〕181号	2020.6.8	
李亮熙	简阳市委组织部副部长	中华人民共和国成立70周年大庆安保维稳信访工作中表现突出的公务员（记三等功）	中共成都市委、成都市人民政府	成委〔2020〕181号	2020.6.8	
王建勇	简阳市公安局政委	中华人民共和国成立70周年大庆安保维稳信访工作中表现突出的公务员（记三等功）	中共成都市委、成都市人民政府	成委〔2020〕181号	2020.6.8	
周　昆	简阳市财政局副局长	中华人民共和国成立70周年大庆安保维稳信访工作中表现突出的公务员（记三等功）	中共成都市委、成都市人民政府	成委〔2020〕181号	2020.6.8	

续表55

获奖人姓名	工作（学习）单位及职务	获奖称号	发文单位	文号（证书）	发文（表彰／表扬）时间	备注
钟志刚	简阳市财政局副局长	中华人民共和国成立70周年大庆安保维稳信访工作中表现突出的公务员（记三等功）	中共成都市委、成都市人民政府	成委〔2020〕181号	2020.6.8	
朱康敏	简阳市住建局局长	中华人民共和国成立70周年大庆安保维稳信访工作中表现突出的公务员（记三等功）	中共成都市委、成都市人民政府	成委〔2020〕181号	2020.6.8	
杨　敏	简阳市发展和改革局党组书记、局长	2019年度投资和重点项目推进工作先进个人	成都市人民政府办公厅	成办函〔2020〕48号	2020.11.2	
杨　东	简阳市疾病预防控制中心党总支委员、副主任，主治医师	成都市抗击新冠肺炎疫情先进个人	中共成都市委、成都市人民政府	成委〔2020〕425号	2020.11.30	
任小兵	简阳市人民医院健康管理中心主任，副主任医师	成都市抗击新冠肺炎疫情先进个人	中共成都市委、成都市人民政府	成委〔2020〕425号	2020.11.30	
谢　钟	简阳市中医医院急诊科副主任、感染性疾病科副主任，主治医师	成都市抗击新冠肺炎疫情先进个人	中共成都市委、成都市人民政府	成委〔2020〕425号	2020.11.30	
朱　琳	简阳市人民医院感染科护士长，主任护师	成都市抗击新冠肺炎疫情先进个人	中共成都市委、成都市人民政府	成委〔2020〕425号	2020.11.30	
张春兰	简阳市涌泉镇齐心村卫生室医士	成都市抗击新冠肺炎疫情先进个人	中共成都市委、成都市人民政府	成委〔2020〕425号	2020.11.30	
王　林	简阳市三星中心卫生院院感科科长兼手术室主任，主管护师	成都市抗击新冠肺炎疫情先进个人	中共成都市委、成都市人民政府	成委〔2020〕425号	2020.11.30	
杨潇琳	简阳市文化体育和旅游局办公室主任兼财务科科长、一级科员	成都市抗击新冠肺炎疫情先进个人	中共成都市委、成都市人民政府	成委〔2020〕425号	2020.11.30	

续表55

获奖人姓名	工作（学习）单位及职务	获奖称号	发文单位	文号（证书）	发文（表彰 / 表扬）时间	备注
宁　杰	简阳市交通运输局党委委员、副局长、四级调研员	成都市抗击新冠肺炎疫情先进个人	中共成都市委、成都市人民政府	成委〔2020〕425 号	2020.11.30	
詹　喆	简阳市市场监督管理局市场秩序监管科（消费者权益保护科）科长、四级主任科员	成都市抗击新冠肺炎疫情先进个人	中共成都市委、成都市人民政府	成委〔2020〕425 号	2020.11.30	
郭锡涛	简阳市经济科技和信息化局党委委员、副局长	成都市抗击新冠肺炎疫情先进个人	中共成都市委、成都市人民政府	成委〔2020〕425 号	2020.11.30	
彭　涛	简阳市公安局治安管理大队副大队长、一级警员	成都市抗击新冠肺炎疫情先进个人	中共成都市委、成都市人民政府	成委〔2020〕425 号	2020.11.30	
毛晓慧	简阳市射洪坝街道筒车路社区网格员	成都市抗击新冠肺炎疫情先进个人	中共成都市委、成都市人民政府	成委〔2020〕425 号	2020.11.30	
钟树林	简阳市雷家镇金竹村党总支书记	成都市防汛救灾优秀共产党员	中共成都市委	成委〔2020〕427 号	2020.12.2	
赵文乐	简阳市石钟镇农业综合服务中心水务科科长	成都市防汛救灾优秀共产党员	中共成都市委	成委〔2020〕427 号	2020.12.2	
窦　磊	简阳市水务局党组成员、机关党委书记	成都市防汛救灾优秀共产党员	中共成都市委	成委〔2020〕427 号	2020.12.2	
喻　波	四川港通医疗设备集团股份有限公司副总经理	2020 年成都市劳动模范	中共成都市委、成都市人民政府	成委发〔2020〕492 号	2020.12.30	
黄安文	简阳市卫生健康局党委书记、局长	2020 年成都市劳动模范	中共成都市委、成都市人民政府	成委发〔2020〕492 号	2020.12.30	
徐　刚	简阳市禾丰镇丙灵村党支部书记	2020 年成都市劳动模范	中共成都市委、成都市人民政府	成委发〔2020〕492 号	2020.12.30	

续表55

获奖人姓名	工作（学习）单位及职务	获奖称号	发文单位	文号（证书）	发文（表彰／表扬）时间	备注
汪　彬	四川海大橡胶集团有限公司半钢技术部工艺室主任	2020年成都市劳动模范	中共成都市委、成都市人民政府	成委发〔2020〕492号	2020.12.30	已转入成都东部新区
王　强	简阳市人民医院肝胆外科医生	2019年贫困地区“传帮带”工程优秀人员	四川省卫生健康委员会		2020.3	四川省卫生健康委员会关于全省城乡医疗卫生和对口支援“传帮带”工程2019年年度评估结果的通报
贺　腊	简阳市人民医院检验医学中心主管检验师	2019年贫困地区“传帮带”工程优秀人员	四川省卫生健康委员会		2020.3	四川省卫生健康委员会关于全省城乡医疗卫生和对口支援“传帮带”工程2019年年度评估结果的通报
张　帆	简阳市人民医院麻醉手术部医生	2019年贫困地区“传帮带”工程优秀人员	四川省卫生健康委员会		2020.3	四川省卫生健康委员会关于全省城乡医疗卫生和对口支援“传帮带”工程2019年年度评估结果的通报
彭　李	简阳市人民医院肾内科医生	2019年贫困地区“传帮带”工程优秀人员	四川省卫生健康委员会		2020.3	四川省卫生健康委员会关于全省城乡医疗卫生和对口支援“传帮带”工程2019年年度评估结果的通报
彭明建	简阳市人民医院心血管内科二医生	2019年贫困地区“传帮带”工程优秀人员	四川省卫生健康委员会		2020.3	四川省卫生健康委员会关于全省城乡医疗卫生和对口支援“传帮带”工程2019年年度评估结果的通报
龚柳胜	简阳市人民医院神经内科医生	2019年贫困地区“传帮带”工程优秀人员	四川省卫生健康委员会		2020.3	四川省卫生健康委员会关于全省城乡医疗卫生和对口支援“传帮带”工程2019年年度评估结果的通报

续表55

获奖人姓名	工作(学习)单位及职务	获奖称号	发文单位	文号(证书)	发文(表彰/表扬)时间	备注
吴森洋	简阳市水务局办公室(人事科)主任	2019年度全省农村水利工作先进个人	四川省水利厅	川水函〔2020〕464号	2020.4.26	
杨　强	简阳市水务局党组成员、副局长	2019年度全省水利工程建设工作先进个人	四川省水利厅	川水函〔2020〕545号	2020.5.9	
聂　姜	简阳市人民医院感染科副护士长	四川省"心中最美护士"	四川省卫生健康委员会	健康四川官网公布	2020.5.21	
杨　丽	简阳市人民医院感染科副主任	四川省"最美家庭"	四川省妇女联合会	证书	2020.5.22	
刘　佳	简阳市综合行政执法大队副大队长	四川省三八红旗手	四川省妇女联合会、四川省人力资源和社会保障厅	川妇知〔2020〕21号	2020.5.22	
殷燕利	简阳市水务局水利水保科负责人	2019年度全省水土保持工作先进个人	四川省水利厅	川水函〔2020〕986号	2020.7.30	
樊　成	简阳市东溪街道江南社区党支部副书记	四川省优秀河长、巡河员	四川省总河长办公室	川总河长办发〔2020〕16号	2020.8.3	
陈光全	简阳市赤水街道永平村党委书记	四川省优秀河长、巡河员	四川省总河长办公室	川总河长办发〔2020〕16号	2020.8.3	
张　虎	简阳市云龙镇鱼荐社区党总支副书记	四川省优秀河长、巡河员	四川省总河长办公室	川总河长办发〔2020〕16号	2020.8.3	
杜志强	简阳市人民医院消化内科主任	第十四批省卫生健康委学术技术带头人	四川省卫生健康委员会	川卫函〔2020〕279号	2020.9.15	
罗志刚	简阳市人民医院检验医学中心副主任	第十四批省卫生健康委学术技术带头人	四川省卫生健康委员会	川卫函〔2020〕279号	2020.9.15	
文　强	平武镇胡家街社区01网格员	2019年度省级优秀消防网格管理员	中共四川省委政法委员会办公室、四川省消防救援总队	川消〔2020〕132号	2020.9.22	
刘秀兰	简城街道政府街社区04网格员	2019年度省级优秀消防网格管理员	中共四川省委政法委员会办公室、四川省消防救援总队	川消〔2020〕132号	2020.9.22	

续表55

获奖人姓名	工作（学习）单位及职务	获奖称号	发文单位	文号（证书）	发文（表彰／表扬）时间	备注
李先容	简城街道政府街社区08网格员	2019年度省级优秀消防网格管理员	中共四川省委政法委员会办公室、四川省消防救援总队	川消〔2020〕132号	2020.9.22	
蔡　馨	简城街道政府街社区13网格员	2019年度省级优秀消防网格管理员	中共四川省委政法委员会办公室、四川省消防救援总队	川消〔2020〕132号	2020.9.22	
袁红梅	简城街道政府街社区07网格员	2019年度省级优秀消防网格管理员	中共四川省委政法委员会办公室、四川省消防救援总队	川消〔2020〕132号	2020.9.22	
曾晓玲	简城街道政府街社区15网格员	2019年度省级优秀消防网格管理员	中共四川省委政法委员会办公室、四川省消防救援总队	川消〔2020〕132号	2020.9.22	
张燕梅	简城街道政府街社区05网格员	2019年度省级优秀消防网格管理员	中共四川省委政法委员会办公室、四川省消防救援总队	川消〔2020〕132号	2020.9.22	
袁　艳	射洪坝街道蜀阳社区05网格员	2019年度省级优秀消防网格管理员	中共四川省委政法委员会办公室、四川省消防救援总队	川消〔2020〕132号	2020.9.22	
王兰花	简城街道政府街社区03网格员	2019年度省级优秀消防网格管理员	中共四川省委政法委员会办公室、四川省消防救援总队	川消〔2020〕132号	2020.9.22	
王拥彬	简城街道政府街社区06网格员	2019年度省级优秀消防网格管理员	中共四川省委政法委员会办公室、四川省消防救援总队	川消〔2020〕132号	2020.9.22	
彭　建	简阳中学	教书育人名师	中共四川省委教育工作委员会、四川省教育厅	川教工委函〔2020〕57号	2020.9	
马　杰	简阳中学	中小学名班主任	中共四川省委教育工作委员会、四川省教育厅	川教工委函〔2020〕57号	2020.9	
禹玉芳	阳安中学	教书育人名师	中共四川省委教育工作委员会、四川省教育厅	川教工委函〔2020〕57号	2020.9	

续表55

获奖人姓名	工作(学习)单位及职务	获奖称号	发文单位	文号(证书)	发文(表彰/表扬)时间	备注
杨　帆	简阳市扶贫移民服务中心副主任	四川省事业单位脱贫攻坚先进个人(记大功)	四川省人力资源和社会保障厅	川人社发〔2020〕30号	2020.12.14	
苏健奇	简阳市动物疫病预防控制中心工会主席	2020年县级畜牧统计监测工作突出个人	四川省农业农村厅		2020.12.28	关于2020年度全省农业(畜牧、农情)统计监测工作情况的通报
张　建	简阳市综合行政执法局党组书记、局长	全省“厕所革命”三年行动先进个人	四川省推进“厕所革命”工作领导小组	川厕发〔2020〕1号	2020.12.29	
陈　锐	简阳市人民政府办公室工作人员	2020年度政务信息报送工作先进个人	四川省人民政府办公厅	川办函〔2021〕1号	2021.01.04	

说明：统计成都市委、市政府、市人大、市政协，省级部门及以上表彰(表扬)情况

文 存

表 56　2020 年简阳市委、市政府（市委办、市政府办）政策性文件一览表

序号	文件名称	发文字号	发文时间
1	中共简阳市委关于全面贯彻落实党的十九届四中全会精神推进城乡基层治理体系和治理能力现代化的决定（2020 年 1 月 18 日中国共产党简阳市第十五届委员会第十二次全体会议通过）	简委发〔2020〕1 号	2020.2.6
2	中共简阳市委关于建立市政府向市人大常委会报告国有资产管理情况制度的实施意见	简委发〔2020〕3 号	2020.3.2
3	中共简阳市委简阳市人民政府关于建设成都东部区域性消费中心的实施意见	简委发〔2020〕6 号	2020.6.18
4	中共简阳市委关于坚定贯彻成渝地区双城经济圈建设战略部署抢抓机遇加快建设成都东部区域中心城市的决定（2020 年 9 月 7 日中国共产党简阳市第十五届委员会第十三次全体会议通过）	简委发〔2020〕8 号	2020.9.8
5	中共简阳市委简阳市人民政府关于印发《“健康简阳 2030”规划纲要》的通知	简委发〔2020〕9 号	2020.10.30
6	中共简阳市委印发《关于健全“三重一大”事项决策机制的意见（修订）》的通知	简委发〔2020〕10 号	2020.11.5
7	中共简阳市委简阳市人民政府关于完善重大疫情防控体制机制健全公共卫生应急管理体系的实施意见	简委发〔2020〕11 号	2020.11.11
8	中共简阳市委办公室简阳市人民政府办公室关于印发《进一步精简和规范市委、市政府全市性会议的措施》的通知	办字〔2020〕32 号	2020.3.25
9	中共简阳市委办公室简阳市人民政府办公室关于印发《简阳市进一步优化提升国际化营商环境工作方案》的通知	办字〔2020〕34 号	2020.3.27
10	中共简阳市委办公室关于印发《2020—2024 年简阳市干部教育培训规划》的通知	办字〔2020〕38 号	2020.4.27

续表56

序号	文件名称	发文字号	发文时间
11	中共简阳市委办公室简阳市人民政府办公室关于印发《简阳市建设国家安全发展示范城市实施方案》的通知	办字〔2020〕39号	2020.4.30
12	中共简阳市委办公室简阳市人民政府办公室关于印发《简阳市国有企业退休人员社会化管理实施方案》的通知	办字〔2020〕78号	2020.6.18
13	中共简阳市委办公室印发《关于进一步加强和改进基层理论宣讲工作的意见》的通知	办字〔2020〕81号	2020.7.6
14	中共简阳市委办公室关于印发《简阳市推进党校分类建设实施方案》的通知	办字〔2020〕96号	2020.9.3
15	中共简阳市委办公室简阳市人民政府办公室关于印发《加强市属国有企业党的建设推动国资国企转型赋能实施方案（2020—2022）》的通知	办字〔2020〕109号	2020.11.27
16	中共简阳市委办公室简阳市人民政府办公室关于党政机关厉行节约坚决制止餐饮浪费行为的通知	办字〔2020〕110号	2020.11.27
17	中共简阳市委办公室印发《关于进一步加强和改进党委（党组）理论学习中心组学习的实施意见》的通知	简委办〔2020〕3号	2020.7.2
18	中共简阳市委办公室关于加强和改进新形势下档案工作的实施意见	简委办〔2020〕5号	2020.8.25
19	中共简阳市委办公室简阳市人民政府办公室关于印发《简阳市进一步加强农民工服务保障工作方案》的通知	简委办〔2020〕6号	2020.11.6
20	中共简阳市委办公室简阳市人民政府办公室关于印发《简阳市行政执法改革实施方案》的通知	简委办〔2020〕8号	2020.12.22
21	简阳市人民政府关于印发简阳市工业企业搬迁入产业功能区及园区暂行办法的通知	简府发〔2020〕6号	2020.4.7
22	简阳市人民政府关于印发《简阳市公用移动通信基站规划设置管理暂行办法》的通知	简府发〔2020〕10号	2020.6.9
23	简阳市人民政府关于印发《成都市简阳市声环境功能区划分方案》的通知	简府发〔2020〕24号	2020.12.23
24	简阳市人民政府办公室关于印发简阳市60周岁以上老年人意外伤害保险统保工作实施方案的通知	简府办〔2020〕25号	2020.4.3
25	简阳市人民政府办公室关于印发简阳市沱江流域禁捕和渔民推捕转产工作实施方案的通知	简府办〔2020〕45号	2020.7.21
26	简阳市人民政府办公室关于印发简阳市施工围挡规范管理实施方案的通知	简府办〔2020〕47号	2020.8.7
27	简阳市人民政府办公室关于印发《简阳市促进3岁以下婴幼儿照护服务发展工作实施方案》的通知	简府办〔2020〕53号	2020.9.11
28	简阳市人民政府办公室关于印发《建立简阳市“府院联动”机制打造一流营商环境实施方案》的通知	简府办〔2020〕62号	2020.11.6

说明：涉密除外

表 57 2020 年简阳市委、市政府（市委办、市政府办）表扬性文件一览表

序号	文件名称	发文字号	发文时间
1	中共简阳市委简阳市人大常委会关于表扬 2019 年度优秀市人大代表和优秀人大工作者的通报	简委〔2020〕1 号	2020.1.18
2	中共简阳市委政协简阳市委员会关于表扬 2019 年度优秀市政协委员和优秀政协工作者的通报	简委〔2020〕2 号	2020.1.18
3	中共简阳市委简阳市人民政府关于表彰 2019 年经济社会发展“三年行动计划”工作先进集体和先进个人的决定	简委〔2020〕3 号	2020.1.23
4	中共简阳市委简阳市人民政府关于表扬 2019 年“十大行动计划”重点项目工作优秀指挥长、项目工作能手、优秀项目、先进集体和先进个人的通报	简委〔2020〕4 号	2020.1.23
5	中共简阳市委简阳市人民政府关于表扬 2019 年度妇女工作先进集体（个人）、妇女儿童工作先进集体（个人）、“两纲”工作先进集体（个人）、三八红旗集体、三八红旗手和巾帼创新创业标兵的通报	简委〔2020〕13 号	2020.3.18
6	中共简阳市委简阳市人民政府关于表扬 2019 年度全市政法、信访和网格化服务管理等工作先进集体和先进个人的通报	简委〔2020〕14 号	2020.4.10
7	中共简阳市委简阳市人民政府关于表扬 2019 年度民生实事工作先进集体和先进个人的通报	简委〔2020〕15 号	2020.4.13
8	中共简阳市委简阳市人民政府关于表扬 2019 年度农业农村工作先进集体和先进个人的通报	简委〔2020〕16 号	2020.4.30
9	中共简阳市委简阳市人民政府关于表扬 2019 年度脱贫攻坚先进集体和先进个人的通报	简委〔2020〕17 号	2020.4.30
10	中共简阳市委关于表扬 2019 年度共青团系统先进集体和先进个人的通报	简委〔2020〕18 号	2020.4.30
11	中共简阳市委关于表扬 2019 年度农村党风廉政建设工作先进个人的通报	简委〔2020〕19 号	2020.4.30
12	中共简阳市委关于表扬 2019 年度工会工作先进集体和先进个人的通报	简委〔2020〕20 号	2020.4.30
13	中共简阳市委关于表扬 2019 年度宣传思想文化工作先进集体和先进个人的通报	简委〔2020〕25 号	2020.6.08
14	中共简阳市委关于表扬 2019 年度基层统战、民族宗教、侨台、非公经济“两个健康”等工作先进集体和先进个人的通报	简委〔2020〕27 号	2020.7.27
15	简阳市人民政府关于表扬 2018 年度征兵工作先进单位和个人的通报	简府发〔2020〕1 号	2020.1.16
16	简阳市人民政府关于表扬 2019 年度全市人口服务管理工作单位、先进个人和优秀信息采集员的通报	简府发〔2020〕9 号	2020.5.29
17	简阳市人民政府关于表扬 2019 年度征兵工作先进单位和个人的通报	简府发〔2020〕20 号	2020.12.2
18	简阳市人民政府关于表扬 2019 年度安全生产和消防工作先进集体和个人的通报	简府发〔2020〕21 号	2020.12.2
19	简阳市人民政府关于表扬 2020 年“两考”工作先进单位和先进个人的通报	简府发〔2020〕23 号	2020.12.16
20	简阳市人民政府关于表扬 2019 年度无偿献血先进集体和先进工作者的通知	简府发〔2020〕25 号	2020.12.29
21	简阳市人民政府关于表扬 2019 年度农村道路交通安全综合治理工作先进集体和先进个人的通报	简府函〔2020〕7 号	2020.1.9

说明：涉密除外

附 录

2020 年简阳市国民经济和社会发展主要统计指标

主要指标完成情况

（2020 年 1—12 月）

地区生产总值（GDP）425.79 亿元，增速 4.3%；
规模以上工业增加值增速 0.3%；
固定资产投资增长 14.5%；
社会消费品零售总额 334.7 亿元，增速 0.1%；
一般公共预算收入 30.07 亿元，增速 12.4%；
城镇居民人均可支配收入 39752 元，增长 6.3%，
农村居民人均可支配收入 19643 元，增长 9.1%。
注：数据统计口径不含成都东部新区。

简阳市主要指标排位情况表

表 58

（2020 年 1—12 月）

指标	绝对量	成都排位	近郊排位	同比 ±%	成都排位	近郊排位
地区生产总值（亿元）	425.79	17	4	4.3	10	5
规模以上工业增加值增速（%）	—	—	—	0.3	21	8
固定资产投资增速（%）	—	—	—	14.5	3	3
社会消费品零售总额（亿元）	334.7	8	1	0.1	1	1
一般公共预算收入（亿元）	30.07	—	—	12.4	—	—
城镇居民人均可支配收入（元）	39752	19	6	6.3	5	5
农村居民人均可支配收入（元）	19643	16	9	9.1	1	1

说明：固定资产投资为 23 个区市县排位，其余指标为 22 个区市县排位；近郊为 9 个区市县排位（含成都市新津区）

简阳市地区生产总值主要指标表

表 59

（2020 年 1—12 月）

指标	单位	总量	累计同比 ±%
地区生产总值	万元	4257911	4.3
农林牧渔业	万元	667410	4.0
工业	万元	878071	1.6
# 采矿业	万元	16146	-0.4
制造业	万元	635429	-1.7
电力、热力、燃气及水生产和供应业	万元	226496	14.5
建筑业	万元	246381	-7.2
批发和零售业	万元	340070	12.6
# 批发业	万元	141144	36.9
零售业	万元	198926	-1.0
交通运输、仓储和邮政业	万元	102254	-0.9
住宿和餐饮业	万元	188329	44.4
# 住宿业	万元	19912	-14.3
餐饮业	万元	168417	56.7
金融业	万元	341467	5.8
房地产业	万元	276056	15.9
其他服务业	万元	1217873	1.8
# 营利性服务业	万元	494037	1.2
非营利性服务业	万元	723836	2.3
第一产业	万元	655995	3.9
第二产业	万元	1124331	0.1
第三产业	万元	2477585	7.5

说明：地区生产总值及国民经济三次产业增加值的增减比例按 2015 年不变价计算；计算口径不含成都东部新区

简阳市城乡居民收支情况表

表 60

（2020 年 1—12 月）

城乡居民收支	单位	绝对额	增速
1. 城镇居民人均可支配收入	元 / 人	39752	6.3
2. 城镇居民人均（生活）消费支出	元 / 人	22957	-3.5
3. 农村居民人均可支配收入	元 / 人	19643	9.1
# 工资性收入	元 / 人	6991	9.0
经营净收入	元 / 人	5482	10.7
转移净收入	元 / 人	6464	6.8
4. 农村居民人均（生活）消费支出	元 / 人	14439	4.8
# 食品烟酒	元 / 人	5701	17.2
居住	元 / 人	3045	2.7

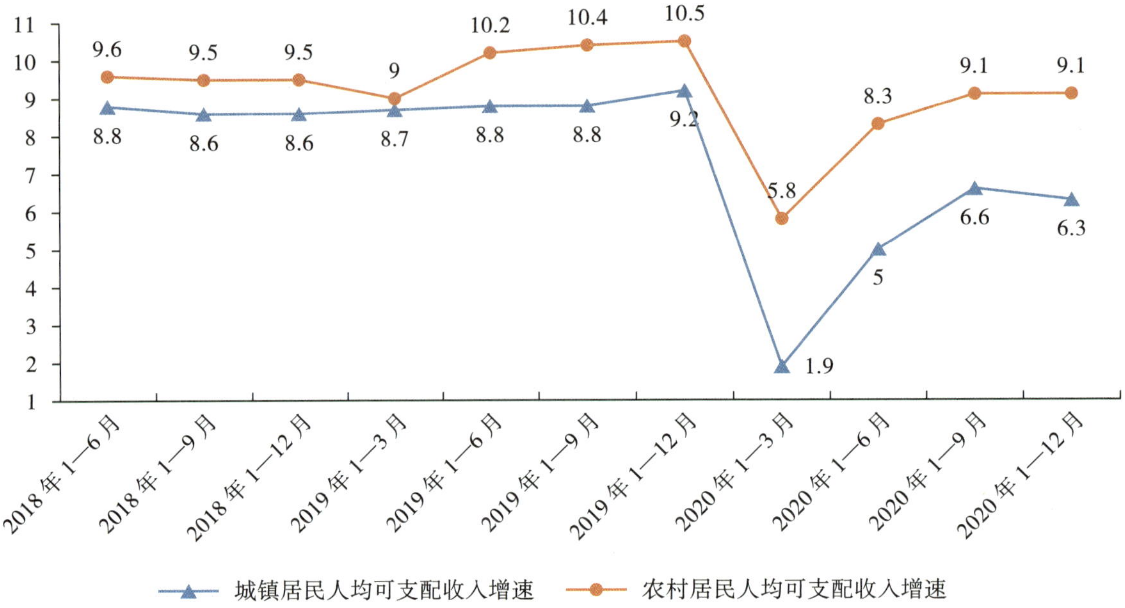

图7　城乡居民收支增速走势图

简阳市农业生产情况表

（2020 年 1—12 月）

表 61　　　　单位：吨

指标	1—12 月	
	总量	同比 ±%
农林牧渔业总产值（万元）	1028433	3.9
粮食总产量	459148	1.4
# 小春粮食总产量	24234	2.6
# 小麦	4013	–25.0
# 大春粮食总产量	434914	1.3
# 稻谷	84906	–3.2
油料产量	63793	–9.2
# 油菜籽	55720	–10.4
肉类总产量	51403	9.6
# 猪肉	33691	17.1
羊肉	5870	1.4
生猪出栏（头）	481984	20.6
羊出栏（只）	393345	5.4
家禽出栏（只）	7011358	2.8
兔出栏（只）	—	—
生猪存栏（头）	352406	25.0
羊存栏（头）	180034	2.3

说明：粮食数据含成都东部新区简州新城区域内外 6 个镇（街道），不含成都东部新区原成都高新区托管 9 个镇（街道）

简阳市规模以上工业主要指标表

（2020 年 12 月）

表 62 （企业户数：91 户） 单位：万元

名称	至本月止累计	上年同期累计	累计同比±%
1. 工业总产值总计（现行价格）	1339911	2555501	-47.6
其中：大中型工业企业	406701	708186	-42.6
2. 工业销售产值总计（现行价格）	1329531	2504219	-46.9
其中：出口交货值	50220	59867	-16.1
3. 规模工业营业收入	1348401	2503071	-46.1
4. 规模工业利税总额	128237	231707	-44.7
5. 规模工业利润总额	91478	153897	-40.6
6. 产销率（%）	99.2	98.0	1.2
7. 增加值增速（%）	0.3	9.2	-8.9

说明：因部分企业本期进行了数据修正，导致同比下降，特此说明

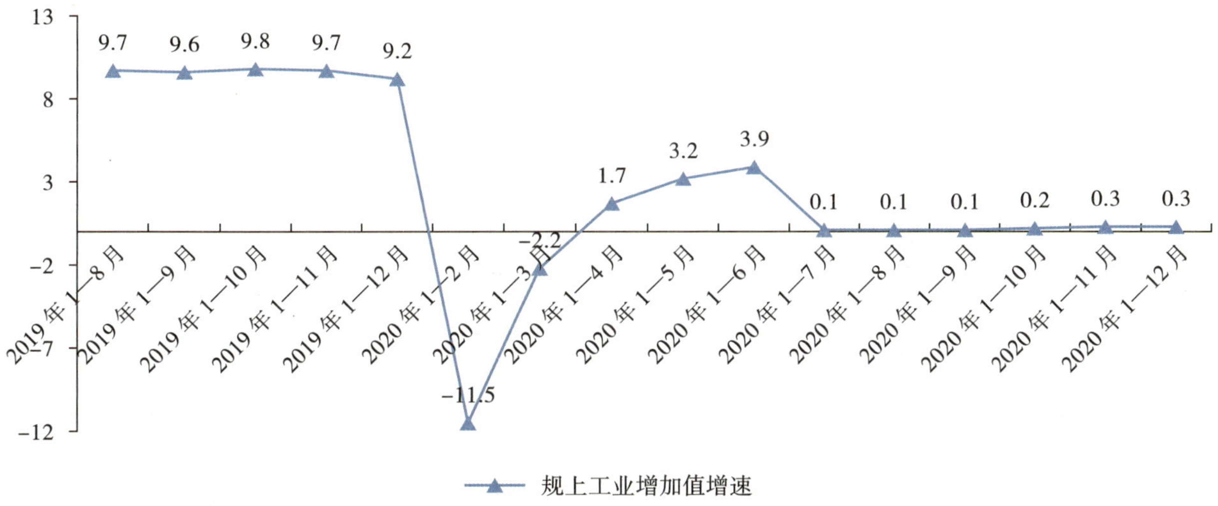

图8 简阳市规模以上工业增加值增速走势图

简阳市主要工业产品产量表

（2020 年 1—12 月）

表 63 （汇总户数：91 户）

产品代码	产品名称	计量单位	本月止累计	去年同月止累计
1320010	饲料◇	吨	16839	36908
1331020	精制食用植物油	吨	21734	21347
1421010	糖果	吨	596	1262
1440010	乳制品◆	吨	5757	6859

续表63

产品代码	产品名称	计量单位	本月止累计	去年同月止累计
1781020	口罩	万个（只）	1844	0
1800010	服装◆	万件	285	752
2221010	机制纸及纸板（外购原纸加工除外）◇	吨	12276	10012
2631010	化学农药原药（折有效成分 100%）◇	吨	21593	21029
2710010	化学药品原药	吨	469	504
2911010	橡胶轮胎外胎◇☆	条	950508	996461
3011030	水泥◇	吨	179311	177067
3021010	商品混凝土	立方米	1018329	782926
3021020	水泥混凝土排水管	千米	13	122
3321010	金属切削工具	万件	32895	36103
3332010	金属压力容器	吨	4275	0
3391710	铸铁件	吨	73462	130695
3391720	铸钢件	吨	1460	2050
3441010	泵◇	台	62366	114119
3442010	气体压缩机◆	台	158	130
3443010	阀门	吨	1536	28151
3463020	气体分离及液化设备	台	825	66
3630710	改装汽车	辆	0	13

简阳市固定资产投资表

表 64　（2020 年 1—12 月）

指标名称	同比 ±%
一、固定资产投资额	14.5
1. 固定资产项目投资	11.9
2. 房地产开发投资	28.5
# 住宅投资	22.4
按产业分	
1. 一产业投资	6.7
2. 二产业投资	18.0
# 工业投资	18.0
3. 三产业投资	13.4
二、民间投资	17.8
三、工业技改投资	8.5

说明：以上数据扣除成都东部新区

简阳市房地产开发表

（2020 年 1—12 月）

表 65

指标名称	单位	本月止累计	同比 ±%
商品房屋施工面积	平方米	4579923	-1.4
商品房新开工面积	平方米	1038900	-9.2
商品房屋竣工面积	平方米	519316	-64.8
商品房屋销售面积	平方米	1157317	28.9
其中：住宅	平方米	941353	70.3
商品房屋销售额	万元	1166591	66.1
其中：住宅	万元	988574	109.0
商品房待售面积	平方米	0	0

说明：以上数据扣除成都东部新区

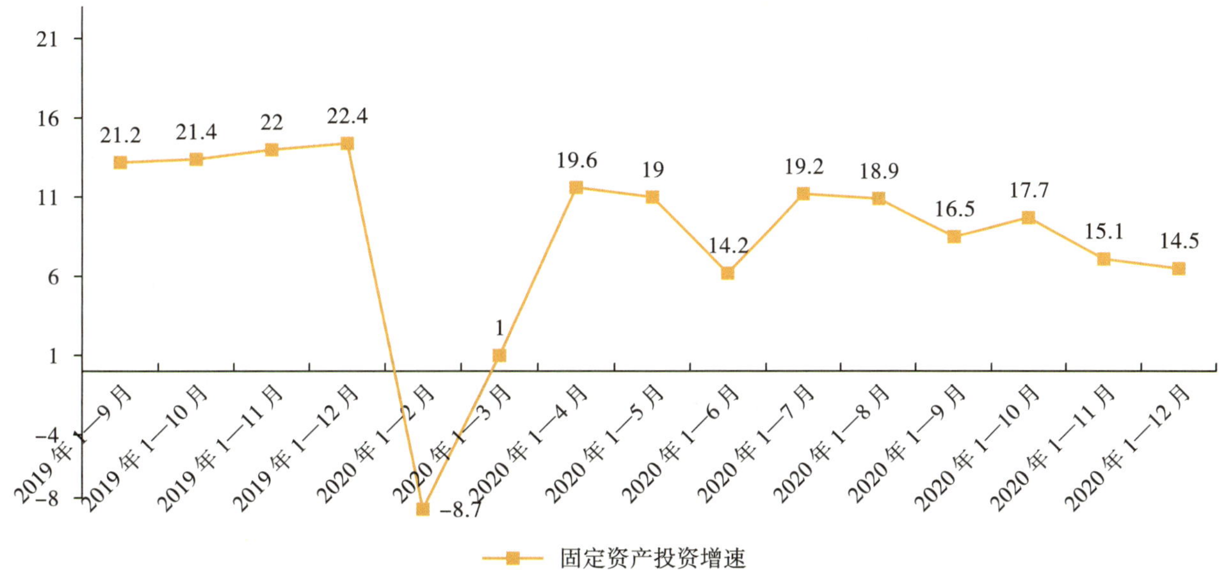

图9 简阳市固定资产投资增速走势图表

简阳市内外市场贸易、招商引资表

（2020 年 1—12 月）

表 66 单位：万元

名称	至本月止累计	上年同期累计	累计同比 ±%
1. 社会消费品零售总额	3346775	3342840	0.1
# 城镇	3060442	3051021	0.3
乡村	286333	291819	-1.9
# 餐饮收入	1051679	1022587	2.8
商品零售	2295096	2320254	-1.1

续表66

名称	至本月止累计	上年同期累计	累计同比 ±%
2. 对外贸易	—	—	—
合同利用外资（万美元）	—	—	—
实际到位外资（万美元）	8000	5642	41.8
出口创汇（自营出口万元）	108065	106606	1.4
进口（万元）	10935	1847	492.0

说明：进出口数据为企业上报数

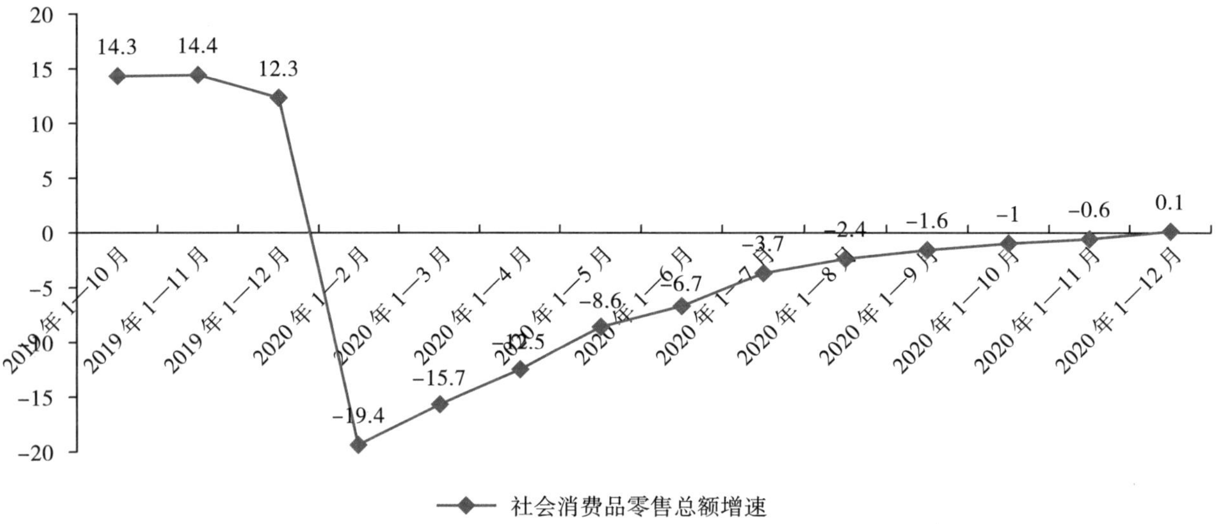

图10　简阳市社会消费品零售总额增速走势图

简阳市社会消费品零售额表

（2020 年 1—12 月）

表 67　　单位：万元

名称	至本月止累计	上年同期累计	累计同比 ±%
按消费形态分	3346775	3342840	0.1
（一）餐饮收入	1051679	1022587	2.8
其中：限上企业（单位）餐饮收入	862473	474189	81.9
其中：通过互联网实现的餐饮收入	—	6	-100.0
（二）商品零售	2295096	2320254	-1.1
其中：限上企业（单位）商品零售	2392807	2335630	2.4
其中：通过互联网实现的商品零售额	2314821	2265917	2.2
1. 粮油、食品、饮料、烟酒类	24475	18537	12.9
2. 服装、鞋帽、针纺织品类	2105813	1954999	7.7
3. 化妆品类	94250	146189	-35.5

续表67

名称	至本月止累计	上年同期累计	累计同比 ±%
4. 金银珠宝类	48974	90376	-45.8
5. 日用品类	41880	29413	41.5
8. 家用电器和音像器材类	41063	70943	-37.6
9. 中西药品类	20015	15760	27.0
10. 文化办公用品类	942	1436	-34.4
12. 通信器材类	2248	1962	14.6
15. 汽车类	7562	2484	150.7
16. 其他类	5585	3532	57.7

简阳市物价指数表

（2020 年 12 月）

表 68

	本月	累计
居民消费价格总指数	100.6	103.8
一、食品烟酒	101.2	111.3
二、衣着	101.0	101.3
三、居住	100.1	99.1
四、生活用品及服务	100.2	98.8
五、交通和通信	101.0	96
六、教育文化和娱乐	100.2	100.8
七、医疗保健	100.0	104.2
八、其他用品和服务	99.8	105.1
商品零售价格总指数	100.9	104.4
农业生产资料价格指数	102.2	122.8

说明：物价指数以上年同期为 100

简阳市财政、税收表

（2020 年 1—12 月）

表 69

单位：万元

	至本月止累计	上年同期累计	累计同比 ±%
1. 一般预算收入	300726	267610	12.4
# 税收性收入	198889	183934	8.1
# 税务部门	198889	183934	8.1
# 非税收入	101837	83676	21.7
2. 上划中央两税收入	79728	79950	-0.3
增值税	78957	78925	0.0
消费税	771	1025	-24.8

续表69

	至本月止累计	上年同期累计	累计同比 ±%
3. 一般预算支出	707113	656675	7.7
# 一般公共服务支出	79763	86366	-7.7
公共安全支出	31918	35730	-10.7
教育支出	124124	115454	7.5
科学技术支出	1482	1781	-16.8
社会保障和就业支出	115436	131152	-12.0
卫生健康支出	71827	58147	23.5
节能环保支出	26535	28947	-8.3
城乡社区支出	36138	44730	-19.2

说明：该表数据由市财政局提供

简阳市税收入库情况表

（2020 年 1—12 月）

表 70　　单位：万元

项目	累计入库	上年同期	同比 %
合计	422660	380273	11.1
第一产业	804	217	270.5
第二产业	117353	132173	-11.2
（一）采矿业	748	1363	-45.1
（二）制造业	51396	47967	7.1
（三）电力、燃气及水的生产和供应业	9332	8345	11.8
（四）建筑业	55877	74498	-25.0
第三产业	304503	247883	22.8
（一）交通运输、仓储及邮政业	6222	5149	20.8
（二）信息传输、计算机服务及软件业	505	1015	-50.2
（三）批发和零售业	62226	52557	18.4
（四）住宿和餐饮业	4430	1224	261.9
（五）金融业	33636	27950	20.3
（六）房地产业	138974	89721	54.9
（七）租赁和商务服务业	35573	42351	-16.0
（八）居民服务和其他服务业	1547	1250	23.8
（九）教育业	256	335	-23.6
（十）卫生、社会保险和社会福利业	1469	1457	0.8
（十一）文化、体育和娱乐业	101	194	-47.9
（十二）其他行业	19564	24680	-20.7

简阳市金融情况表

（2020 年 12 月）

表 71

单位：万元

	至本月止累计	上年同期累计	累计同比 ±%
一、各项存款	8224092	7775054	5.8
#境内存款	8223679	7774717	5.8
（一）单位存款	1072058	1097155	-2.3
（二）个人存款	6129942	5710794	7.3
（三）财政性存款	49656	42626	16.5
（四）其他存款	972023	924143	5.2
二、各项贷款	4745816	4017111	18.1
#境内贷款	4745810	4017104	18.1
1. 短期贷款	567447	519088	9.3
#个人贷款	211028	262093	-19.5
单位贷款	356420	256995	38.7
2. 中长期贷款	3861283	3147370	22.7
#个人贷款	1711388	1350755	26.7
单位贷款	2149896	1796615	19.7
3. 票据融资贷款	121980	260106	-53.1
4. 各项垫资	0	540	-100.0

全国主要经济指标表

表 72

（2020 年 1—12 月）

指标	单位	累计	累计同比 ±%
地区生产总值（GDP）	亿元	1015986	2.3
#第一产业增加值	亿元	77754	3.0
第二产业增加值	亿元	384255	2.6
第三产业增加值	亿元	553977	2.1
规模以上工业增加值增速	%	—	2.8
固定资产投资	亿元	518907	2.9
社会消费品零售总额	亿元	391981	-3.9
一般公共预算收入	亿元	—	—
城镇居民人均可支配收入	元	43834	3.5
农村居民人均可支配收入	元	17131	6.9
居民消费价格指数	%	102.5	2.5
工业生产者出厂价格指数	%	98.2	-1.8
工业生产者购进价格指数	%	97.7	-2.3

说明：固定资产投资不含农户投资；物价指数同期为 100

四川主要经济指标表

表 73　　（2020 年 1—12 月）

指标	单位	累计	累计同比 ±%
地区生产总值（GDP）	亿元	48599	3.8
# 第一产业增加值	亿元	5557	5.2
第二产业增加值	亿元	17571	3.8
第三产业增加值	亿元	25471	3.4
规模以上工业增加值增速	%	—	4.5
全社会固定资产投资	亿元	—	9.9
社会消费品零售总额	亿元	20825	-2.4
地方一般公共预算收入	亿元	—	—
金融机构人民币各项存款余额	亿元	90350	10.5
金融机构人民币各项贷款余额	亿元	69505	13.8
城镇居民人均可支配收入	元	38253	5.8
农村居民人均可支配收入	元	15929	8.6
进出口总额	亿元	8081.9	19.0
# 出口额	亿元	4654.3	19.2
进口额	亿元	3427.5	18.8
居民消费价格指数	%	103.2	3.2
工业生产者出厂价格指数	%	98.8	-1.2
工业生产者购进价格指数	%	98.1	-1.9

说明：存贷款余额增幅比年初，物价指数以上年同期为 100

成都主要经济指标

表 74　　（2020 年 1—12 月）

指标	单位	累计	累计同比 ±%
地区生产总值（GDP）	亿元	17716.68	4.0
# 第一产业增加值	亿元	655.17	3.3
第二产业增加值	亿元	5418.50	4.8
# 工业增加值		4208.27	4.7
第三产业增加值	亿元	11643.00	3.6
规模以上工业增加值	亿元	—	5.0
社会消费品零售总额	亿元	8118.5	-2.3
固定资产投资额	亿元	—	9.9
一般预算收入（1—11 月）	亿元	1369	2.0
# 税收收入（1—11 月）	亿元	1034	2.7
一般预算支出（1—11 月）	亿元	1833	7.3
金融机构人民币各项存款余额	亿元	42266	9.5
金融机构人民币各项贷款余额	亿元	39686	13.0

续表74

指标	单位	累计	累计同比 ±%
城镇居民人均可支配收入	元	48593	5.9
农村居民人均可支配收入	元	26432	8.5
居民消费价格指数	%	102.5	—
商品零售价格指数	%	102.2	—

成都市各区（市、县）主要指标及排位表（一）

表 75

（2020 年 1—12 月）

地区生产总值	绝对量（亿元）	排位	近郊排位	同比 ±%	排位	近郊排位
四川天府新区	518.78	13	—	8	2	—
成都高新区	2401.88	1	—	8.3	1	—
锦江区	1145.9	6	—	2	21	—
青羊区	1304.84	4	—	2.2	19	—
金牛区	1329.94	3	—	2.8	17	—
武侯区	1232.29	5	—	2.3	18	—
成华区	1103.29	7	—	3.2	16	—
龙泉驿区	1355.19	2	—	3.9	13	—
青白江区	559.07	12	—	5.7	6	—
新都区	877.95	9	—	5.2	7	—
温江区	623.84	11	—	5.1	8	—
双流区	1002.04	8	—	2.1	20	—
郫都区	655.63	10	—	3.5	15	—
新津区	400.59	19	6	6	3	1
简阳市	425.79	17	4	4.3	10	5
都江堰市	441.7	16	3	4.1	12	7
彭州市	507.37	14	1	-4.1	22	9
邛崃市	350.84	20	7	5.1	8	4
崇州市	405.85	18	5	5.8	4	2
金堂县	468.89	15	2	5.8	4	2
大邑县	300.67	21	8	4.2	11	6
蒲江县	178.18	22	9	3.9	13	8

说明：成都市双流区数据不包括四川天府新区数据

成都市各区（市、县）主要指标及排位表（二）

表 76

（2020 年 1—12 月）

城镇居民人均可支配收入	绝对量（元）	排位	近郊排位	同比 ±%	排位	近郊排位
四川天府新区	50091	7	—	5.9	11	—
成都高新区	54354	1	—	6.0	8	—

续表76

城镇居民人均可支配收入	绝对量(元)	排位	近郊排位	同比 ±%	排位	近郊排位
锦江区	51306	4	—	5.6	20	—
青羊区	51319	3	—	5.8	15	—
金牛区	50002	9	—	5.7	18	—
武侯区	52036	2	—	5.8	15	—
成华区	51202	6	—	5.9	11	—
龙泉驿区	48572	12	—	5.7	18	—
青白江区	46257	13	—	6.0	8	—
新都区	50089	8	—	5.9	11	—
温江区	49633	11	—	5.8	15	—
双流区	51299	5	—	5.6	20	—
郫都区	49741	10	—	5.5	22	—
新津区	43586	14	1	6.7	1	1
简阳市	39752	19	6	6.3	5	5
都江堰市	39794	18	5	6.6	2	2
彭州市	39613	21	8	6.2	6	6
邛崃市	39946	17	4	6.0	8	8
崇州市	41473	15	2	6.5	3	3
金堂县	41367	16	3	6.4	4	4
大邑县	39652	20	7	5.9	11	9
蒲江县	39016	22	9	6.1	7	7

成都市各区(市、县)主要指标及排位表(三)

表 77 （2020 年 1—12 月）

农村居民人均可支配收入	绝对量(元)	排位	近郊排位	同比 ±%	排位	近郊排位
四川天府新区	31647	4	—	8.6	8	—
成都高新区	—	—	—	—	—	—
锦江区	—	—	—	—	—	—
青羊区	—	—	—	—	—	—
金牛区	—	—	—	—	—	—
武侯区	—	—	—	—	—	—
成华区	—	—	—	—	—	—
龙泉驿区	32863	1	—	8.1	16	—
青白江区	27099	7	—	8.4	12	—
新都区	29547	6	—	8.5	10	—
温江区	32635	2	—	8.3	13	—
双流区	31898	3	—	8.3	13	—

续表77

农村居民人均可支配收入	绝对量（元）	排位	近郊排位	同比 ±%	排位	近郊排位
郫都区	30897	5	—	8.2	15	—
新津区	26482	8	1	8.8	5	5
简阳市	19643	16	9	9.1	1	1
都江堰市	25980	9	2	8.9	3	3
彭州市	25520	13	6	8.6	8	8
邛崃市	24497	14	7	8.9	3	3
崇州市	25747	12	5	9.0	2	2
金堂县	23153	15	8	8.7	7	7
大邑县	25821	10	3	8.8	5	5
蒲江县	25805	11	4	8.5	10	9

说明：因五城区农村住户样本较少已无代表性，故无农村人均可支配收入数据

成都市各区（市、县）主要指标及排位表（四）

表78

（2020年1—12月）

规模以上工业增加值	同比 ±%	排位	近郊排位
四川天府新区	10.2	3	—
成都高新区	7.8	9	—
锦江区	13.4	1	—
青羊区	7.9	7	—
金牛区	5.3	17	—
武侯区	1.0	20	—
成华区	6.8	14	—
龙泉驿区	4.8	19	—
青白江区	6.7	15	—
新都区	6.9	13	—
温江区	7.1	11	—
双流区	9.5	4	—
郫都区	7.2	10	—
新津区	7.9	7	4
简阳市	0.3	21	8
都江堰市	6.5	16	6
彭州市	–9.8	22	9
邛崃市	8.3	6	3
崇州市	10.5	2	1
金堂县	9.1	5	2
大邑县	7.1	11	5
蒲江县	5.0	18	7

成都市各区（市、县）主要指标及排位表（五）

表 79

（2020 年 1—12 月）

固定资产投资	同比 ±%	排位	近郊排位
四川天府新区	13.5	4	—
成都东部新区	1.3	22	—
成都高新区	9.4	14	—
锦江区	-12.8	23	—
青羊区	6.3	20	—
金牛区	9.4	13	—
武侯区	8.9	17	—
成华区	8.9	16	—
龙泉驿区	3.8	21	—
青白江区	12.3	8	—
新都区	10.9	10	—
温江区	8.3	18	—
双流区	9.1	15	—
郫都区	10.4	11	—
新津区	16.2	1	1
简阳市	14.5	3	3
都江堰市	16.2	2	2
彭州市	11.7	9	7
邛崃市	10.3	12	8
崇州市	13.4	5	4
金堂县	12.8	6	5
大邑县	8.3	19	9
蒲江县	12.4	7	6

成都市各区（市、县）主要指标及排位表（六）

表 80

（2020 年 1—12 月）

社会消费品零售总额	绝对量（亿元）	排位	近郊排位	同比 ±%	排位	近郊排位
四川天府新区	134.2	14	—	-1.1	4	—
成都高新区	834.5	5	—	-2.2	15	—
锦江区	1164.6	1	—	-2.5	18	—
青羊区	947.5	3	—	-3.9	22	—
金牛区	866.0	4	—	-3.0	21	—
武侯区	1098.9	2	—	-2.1	13	—
成华区	555.4	6	—	-2.7	20	—
龙泉驿区	230.1	10	—	-2.1	13	—
青白江区	134.2	14	—	-1.4	5	—

续表80

社会消费品零售总额	绝对量(亿元)	排位	近郊排位	同比 ±%	排位	近郊排位
新都区	302.7	9	—	-1.7	9	—
温江区	148.5	13	—	-1.6	7	—
双流区	394.3	7	—	-2.3	17	—
郫都区	150.1	12	—	-1.7	9	—
新津区	92.6	20	7	-1.9	11	6
简阳市	334.7	8	1	0.1	1	1
都江堰市	150.9	11	2	-1.5	6	4
彭州市	107.9	18	5	-2.5	18	9
邛崃市	100.1	19	6	-1.6	7	5
崇州市	113.5	17	4	-1.9	11	6
金堂县	120.4	16	3	-0.4	2	2
大邑县	84.1	21	8	-2.2	15	8
蒲江县	39.1	22	9	-0.9	3	3

成都市各区(市、县)主要指标及排位表(七)

表 81　(2020 年 1—11 月)

一般公共预算收入	绝对量(亿元)	排位	近郊排位	同比 ±%	排位	近郊排位
四川天府新区	80.9	5	—	19.0	1	—
成都高新区	187.3	1	—	3.6	13	—
锦江区	75.6	6	—	-7.3	21	—
青羊区	81.0	4	—	-0.5	19	—
金牛区	82.5	3	—	3.7	12	—
武侯区	87.3	2	—	-1.5	20	—
成华区	65.9	9	—	0.5	17	—
龙泉驿区	68.2	8	—	4.8	10	—
青白江区	32.8	14	—	11.5	3	—
新都区	63.6	10	—	11.3	4	—
温江区	40.9	11	—	5.2	9	—
双流区	73.6	7	—	8.0	7	—
郫都区	40.1	12	—	-9.2	22	—
新津区	26.3	18	5	9.2	5	2
简阳市	27.2	17	4	8.6	6	3
都江堰市	28.9	16	3	5.5	8	4
彭州市	33.2	13	1	0.9	16	8
邛崃市	22.2	20	7	3.7	11	5
崇州市	23.0	19	6	2.7	14	6

续表81

一般公共预算收入	绝对量（亿元）	排位	近郊排位	同比 ±%	排位	近郊排位
金堂县	32.6	15	2	0.4	18	9
大邑县	14.4	21	8	1.7	15	7
蒲江县	10.2	22	9	18.7	2	1

说明：财政数据为1—11月数据，下表同

成都市各区（市、县）主要指标及排位表（八）

表82

（2020年1—11月）

税收收入	绝对量（亿元）	排位	近郊排位	同比 ±%	排位	近郊排位
四川天府新区	75.0	3	—	17.4	2	—
成都高新区	164.6	1	—	3.0	12	—
锦江区	63.9	6	—	3.7	11	—
青羊区	66.8	4	—	-0.7	15	—
金牛区	62.2	7	—	5.0	8	—
武侯区	76.9	2	—	-0.7	16	—
成华区	49.5	9	—	6.0	7	—
龙泉驿区	59.0	8	—	6.6	5	—
青白江区	22.5	14	—	6.6	6	—
新都区	41.8	10	—	3.8	10	—
温江区	34.2	11	—	5.0	9	—
双流区	65.4	5	—	11.2	3	—
郫都区	28.3	12	—	-15.3	22	—
新津区	16.4	17	4	2.6	14	4
简阳市	18.2	16	3	7.9	4	2
都江堰市	20.1	15	2	2.9	13	3
彭州市	23.3	13	1	-7.9	19	7
邛崃市	13.4	20	7	-6.9	17	5
崇州市	15.5	18	5	-9.8	20	8
金堂县	15.2	19	6	-10.9	21	9
大邑县	8.6	21	8	-7.0	18	6
蒲江县	5.8	22	9	20.4	1	1

成都市各区（市、县）主要指标及排位表（九）

表83

（2020年1—11月）

一般公共预算支出	绝对量（亿元）	排位	近郊排位	同比 ±%	排位	近郊排位
四川天府新区	91.1	4	—	3.8	15	—
成都高新区	196.2	1	—	19.7	3	—
锦江区	46.2	18	—	-3.2	21	—

续表83

一般公共预算支出	绝对量（亿元）	排位	近郊排位	同比 ± %	排位	近郊排位
青羊区	51.2	14	—	-0.5	19	—
金牛区	67.6	8	—	15.7	8	—
武侯区	80.7	6	—	21.9	2	—
成华区	59.9	11	—	-0.9	20	—
龙泉驿区	100.7	2	—	2.4	16	—
青白江区	55.4	12	—	0.6	18	—
新都区	89.0	5	—	8.9	11	—
温江区	66.3	9	—	32.4	1	—
双流区	92.6	3	—	6.0	14	—
郫都区	60.2	10	—	17.0	7	—
新津区	39.8	20	7	18.2	4	1
简阳市	67.8	7	1	7.6	12	6
都江堰市	49.4	16	4	17.5	5	2
彭州市	50.4	15	3	17.5	6	3
邛崃市	46.5	17	5	7.4	13	7
崇州市	43.8	19	6	9.0	10	5
金堂县	54.2	13	2	-10.9	22	9
大邑县	30.9	21	8	15.5	9	4
蒲江县	20.7	22	9	1.7	17	8

说明：国民经济和社会发展主要统计指标由市统计局提供

表 84

2020 年央级主流媒体报道简阳市情况表

序号	时间	媒体	标题	内容	备注
1	2020.4.15	人民日报	一把尺子　护好沱江（小康路上·绿色力量·关注地方生态保护立法③）	报道简阳市贯彻落实《四川省沱江流域水环境保护条例》，投资 11.5 亿元启动 33 座乡镇污水处理厂新建项目，实现全市乡镇（街道）污水处理厂全覆盖，有效解决乡镇（街道）居民生活污水直排问题，水生态环境明显改善	03 版
2	2020.4.24	人民日报	做好“六稳”“六保”决战决胜脱贫攻坚——习近平总书记陕西考察重要讲话引发热烈反响	报道简阳市有针对性地制定一户一策的发展规划，依托劳动技术培训、发展特色产业、推荐务工方式保障易地搬迁户后续发展。同时，通过发展乡村旅游、农村电商物流、农产品储存，为搬迁户稳步脱贫打好基础	头版
3	2020.6.9	人民日报	四川服务业加速转型（经济聚焦）通过援企稳岗、刺激消费等对冲疫情影响，加快行业恢复振兴	报道西部电商物流产业功能区是简阳打造“物商之都”城市名片的重要载体，也是成都“东进”战略区域唯一以电子商务为主导产业的功能区，已入驻企业 141 家，申通、韵达、中通等 11 家企业在功能区建立区域总部。2019 年，西部电商物流产业功能区实现销售额 230 亿元。未来，产业功能区将以“新电商经济、现代物流”为主导产业，重点布局跨境电商、垂直电商、农业电商、B2B 电商等，聚焦供应链管理、物流仓储、代运营三大领域，打造新服务格局	07 版
4	2020.12.14	人民日报	种下希望（扶贫印记）	报道简阳市火烧庙村第一书记蒋青淞带领村干部、群众共同努力，建成标准化大棚 30 余亩，种植羊肚菌、甜瓜等作物，发展藤椒产业 200 余亩。产业结构的调整带来了经济的持续增收，2020 年，火烧庙村人均纯收入 1 万余元	10 版
5	2020.3.8	新华每日电讯	山上的放羊娃不见了　凉山教育扶贫斩断贫困“代际传递”	报道简阳市纪委监委扶贫干部邱婷扶贫事迹	头版
6	2020.5.16	新华每日电讯	疫情摁下的“暂停键”，需“吐故纳新”来重启 人群分散、“云游”盛行、倒逼升级——复苏中的旅游业“众生相”	报道简阳市农家乐“大山邻居”有序复工复产，开展“直播带货”拉人气	07 版
7	2020.11.25	新华每日电讯	这里的农村“小”厕所变干净了	报道简阳市推进“厕所革命”成效显著，农村人居环境明显改善	07 版
8	2020.2.26	经济参考报	一项目一方案　成都交投按下重点项目复工“快进键”	报道简阳市重点项目有序复工复产	04 版

续表84

序号	时间	媒体	标题	内容	备注
9	2020.11.25	经济参考报	市场情绪提振板块　商业航天业绩动能持续释放	报道“谷神星一号（遥一）简阳号”商业固体运载火箭成功发射，未来商业航天需求显著提升，预计未来五年中国卫星发射需求达到数千颗，商业航天领域值得关注	03 版
10	2020.2.4	CCTV13	战疫情·群防群控：四川无人机巡逻　疫情防控出新招	关注简阳市平泉街道荷桥村疫情防控成效	《共同关注》栏目
11	2020.2.25	CCTV13	四川成都　脱贫攻坚驻村献爱心　向防疫一线捐献物资	报道简阳市脱贫村杨家镇常家坪村向防疫一线捐献物资	《午夜新闻》栏目
12	2020.2.29	CCTV17		走进四川简阳	《乡约》栏目
13	2020.3.12	CCTV13	战疫情　聂姜：支援武汉　救死扶伤是家训	报道简阳市人民医院聂姜湖北一线战疫事迹	《新闻直播间》栏目
14	2020.4.4	CCTV3	“武汉日记”影像志：记录疫情中值得铭记的时刻	播出简阳市人民医院赴鄂医疗队队员杨阳家属画面	《战“疫”正清明》栏目
15	2020.4.13	CCTV2	四川简阳：樱桃红了　酸酸甜甜心头爱	报道简阳市樱桃成熟，吸引游客前来采摘	《正点财经》栏目
16	2020.4.13	CCTV2	酸甜可口　美味诱人！云南、四川、贵州樱桃成熟等你来摘	报道简阳市樱桃成熟，贾家街道农家乐生意红火	《第一时间》栏目
17	2020.7.6	CCTV4	四川简阳：658 千米乡村道路全面升级	报道简阳市加快推进乡村道路全面升级	《中国新闻》栏目
18	2020.9.27	CCTV17		报道四川省简阳市人民法院平泉人民法庭帮助村民解决工伤补偿问题	《乡理乡亲》栏目
19	2020.11.8	CCTV4	谷神星一号商业运载火箭首飞成功	报道谷神星一号商业运载火箭首飞成功	《中国新闻》栏目
20	2020.11.17	CCTV14	寻找最美孝心少年：吴钟	报道简阳中学孝心少年吴钟事迹	《新闻袋袋裤》栏目
21	2020.2.4	CGTN	Sichuan company speeds up window production for Wuhan’s prefab hospital	关注简阳市企业驰援雷神山医院建设	
22	2020.5.7	光明日报	藏粮于地　藏粮于技——四川省成都市把农业标准化有机融入农业产业生态圈建设	报道简阳市平泉街道荷桥村引入高科技农业企业有机农夫，在不足 10 亩的场地上建起一座玻璃厂房，内有三个容量约 100 立方米的圆形水池。这是一种自动化、标准化的养殖模式：水温、含氧量、pH 值、氨氮含量、鱼苗长势、饲料投放等都由计算机系统自动监测和控制，并且每一个环节都有相应的控制标准，成鱼品质自然可控。将科技真正转化成了生产力	05 版

续表84

序号	时间	媒体	标题	内容	备注
23	2020.08.09	光明日报	四川：五场战役，决胜脱贫攻坚	报道简阳市按照成都市部署要求，围绕“两年脱贫攻坚、三年巩固提升、五年高标准全面小康”总体目标，高质量推进脱贫攻坚，奋力推进脱贫攻坚与乡村振兴有机衔接，推动116个贫困村实现了大变样	头版
24	2020.01.07	经济日报	四川港通医疗设备集团股份有限公司：减税降费为企业发展添动力	简阳市企业四川港通医疗设备集团股份有限公司每年各项优惠算下来能减税约1400万元。国家税务总局四川简阳市税务局局长周琳介绍，2019年简阳市实施了提升优化纳税服务行动计划，通过全面落实税收优惠政策、进一步压缩企业办税时间、推进发票便捷使用、优化税务注销服务等多方面举措，进一步减轻了纳税人负担，提高了办税效率	06版
25	2020.08.16	经济日报	读者来信	刊登简阳市读者来信：要实行最严格的耕地保护制度，像保护大熊猫一样保护耕地。对于某些强占多占、非法出售等恶意占地建房行为，各地相关部门要“零容忍”，该拆除的拆除，该没收的没收，该复耕的限期复耕，该追究责任的依法依规追究责任。同时，也要保障农村村民住宅建设合理用地。只有从“堵”和“疏”两个方面同时发力，才能兼顾好保护耕地和保障住宅用地	10版
26	2020.10.25	经济日报	老旧小区改造可从细节入手	刊登简阳市禾丰镇评论员李瑛评论：最是“细节”暖人心。各地在老旧小区改造过程中，不能只顾“面子”，应该直面居民最关心、最直接、最现实的利益问题，多从与居民生活密切相关的日常细节入手，力争给百姓一个更有温度的家，更好满足人民群众的美好生活需要	10版
27	2020.12.08	经济日报	四川简阳：让土地生金环境变现	报道简阳市“产业兴旺”作为乡村振兴的关键一环来抓，高举“生态旗”、打好“特色牌”，念好“优、绿、特、强、新、实”六字经，聚焦优质水果、优质粮油、优质蔬菜、特色养殖、特色林产、花卉苗木六大特色产业，成片集聚、规模发展	09版
28	2020.05.27	China daily	New area in Chengdu aims to stimulate regional economy	报道中通西南总部落户简阳，计划投资2000多亿元在简阳建设产业园	20版

续表84

序号	时间	媒体	标题	内容	备注
29	2020.12.2	China Daily	Chengdu spearheads western China's science and technology industries	聚焦成都在科技创新领域取得的最新成就。稿件用三分之一左右的篇幅报道星河动力在成都空天产业功能区支持下发展航空航天的产业故事	06 版
30	2020.9.30	科技日报	创新引领　中国高铁“八纵八横”已建七成	报道 9 月 14 日零时，四川简阳。中国铁建电气化局集团职工开始为成渝高铁进行接触网整体吊弦改换，完成运营时速由 300 千米提至 350 千米改造。国庆后将开启联调联试	头版
31	2020.1.3	中国纪检监察报	纪检监察干部心声　到脱贫攻坚任务重的地方去	刊登简阳市委巡察办刘长伟评论：开局就是决战，出发就是冲锋。收官之年，作为基层巡察干部，要保持灵敏嗅觉，多看一看扶贫政策在镇村组落实得好不好，多想一想问题发现得全不全、准不准，多问一问群众还有哪些困难诉求，用脚板丈量短板，“巡”到实处、“察”出实效，及时纠治扶贫领域的不正之风	04 版
32	2020.2.22	中国纪检监察报	紧紧依靠人民群众　汇聚全民战疫强大力量	报道简阳市借助群众监督，解决 612 个落实疫情防控措施不到位问题，充分发挥群众监督作用	头版
33	2020.5.11	中国纪检监察报	好政策更要促落实	报道简阳市纪委监委通过督促“压责”，推动简阳市支持中小企业发展的“16 条政策措施”落地见效。要“沉下去”监督，通过实地走访，掌握最真实的情况，着力发现和查处执行政策不作为乱作为、借机刁难企业等违规违纪违法行为，打通政策执行“最后一公里”。同时，针对企业普遍反映的问题，督促主管部门开展行业整治，确保问题彻底整改	02 版
34	2020.9.17	中国纪检监察报	各地综合用好巡视巡察成果整治共性问题　推动改革发展	报道在每轮巡察结束后，简阳市委巡察办会同巡察组对发现的问题进行分析研判，全面梳理系统性、领域性共性问题。对个性问题由被巡察单位按时落实整改，而共性问题则及时向主管部门制发问题移交通知书，要求其认真履行主管部门监管职责，查找制度漏洞，采取切实有效措施，标本兼治推动问题整改，杜绝类似问题重复发生	头版

续表84

序号	时间	媒体	标题	内容	备注
35	2020.10.28	中国纪检监察报	搭建协作平台　整合人员力量　交叉审理提升基层办案质效	报道简阳市纪委监委建立交叉审理机制，根据被监督单位所属行业领域和行政职能特点，将20个派驻纪检监察组分设为5个协作审理组，对组内成员单位办理的案件进行内部交叉审理，着力破解派驻机构查审分离难题	头版
36	2020.5.25	中国新闻	抢抓成渝地区双城经济区建设、成德眉资同城化发展等重大机遇　简阳建设三大千亿级产业集群	专版报道简阳市高质量建设产业功能区	B06版
37	2020.10.26	中国新闻	下好交通"先手棋"助推跨越式发展　四川简阳加快打造国际空港门户枢纽	报道简阳市正全方位提升交通区位优势	A15版
38	2020.10.29	中国新闻	画好城市"工笔画"绘就生态"绿丝带"四川简阳打造宜业宜居山水公园城市	报道简阳市加快打造宜业宜居山水公园城市	A12版
39	2020.11.16	中国新闻	四川简阳探索新集体经济发展模式　发展内生动力不断增强　创新四合一　真正让农民富起来	报道简阳市平武镇尤安村发展集体经济带领村民致富	A14版
40	2020.11.18	中国新闻	四川简阳一核三治破解社区治理难题	报道简阳市社区治理成效	A14版
41	2020.7.6	中国青年报	铜梁简阳两地团组织签署合作协议	报道团重庆市铜梁区委与团四川省简阳市委近日签署合作发展协议，就融入成渝双城经济圈建设提出了若干行动计划。《助力铜简融入成渝地区双城经济圈建设合作发展协议》围绕青少年思想引领、就业创业、青年志愿服务、助力乡村振兴、工作平台联建、青少年交流互促6个方面提出了合作计划	03版
42	2020.8.19	中国妇女报	四川成都妇联不断织密组织网络　把工作触角从最后一公里延伸到最后一米	报道近年来为联系服务外地创业、务工妇女，简阳市妇联在北京、广州、昆明3地的简阳商会建立了妇联组织，商会内设立的妇女儿童维权站点，已为20余名简阳籍妇女提供了法律咨询和心理辅导服务，各商会妇联还积极组织妇女开展素质提升等活动。创建工作中，简阳市妇联创造性提出了"三个一"模式建组织、"菜单式"模式强服务、"共享式"模式搭平台	10版

续表84

序号	时间	媒体	标题	内容	备注
43	2020.2.28	农民日报	党员变身服务员　助耕代购显担当——成都农村18万党员凝心聚力抗大疫解民忧	报道简阳市围绕口岸检查、社区排查和专业化隔离治疗3项基础性工作，由村（社区）党组织牵头，以网格员为主力，动员辖区民警、集体经济组织、农民合作社、自治组织等多方力量，与红色党员先锋队形成合力，全覆盖开展3轮大排查工作，累计排查197.8万户次594.8万人次，切实抓好动态管理，确保不漏一户一人	03版
44	2020.10.26	农民日报	补短板　兴产业　缩差距——脱贫攻坚与乡村振兴有效衔接的简阳实践	报道简阳市脱贫攻坚成效	头版
45	2020.12.10	农民日报	四川简阳市　创新三项举措驻村帮扶有实效	报道自开展干部驻村帮扶工作以来，简阳市委组织部选优配强贫困村“五个一”帮扶力量，创新三项举措，实现了驻村帮扶“全覆盖、无真空、起作用、有实效”	08版
46	2020.1.3	法制日报	税务部门创新服务提高纳税人获得感　全年减税降费数额超两万亿元	报道简阳市税务局在全省率先创新开展“契税服务进家门”服务，交房现场即可受理契税申报，打造“缴税、交房、接房”三位一体的服务新体验	05版
47	2020.10.9	农民日报	“党的农村好政策让我们过上了好日子”	报道简阳市平武镇尤安村发展变化	04版
48	2020.12.1	中国纪检监察报	小节不可小觑	刊发简阳市纪检监察干部刘长伟心得体会	02版
49	2020.12.19	CCTV2	四川：冬至将至　简阳羊肉汤出锅	报道简阳羊肉汤	《第一时间》栏目
50	2020.12.21	CCTV2	成都简阳：冬至到　喝羊汤	报道简阳羊肉汤	《正点财经》栏目
51	2020.12.21	瞭望	成都：排兵布阵未来产业	报道成都空天产业功能区	第51期

说明：市委宣传部提供

表 85　**2020 年简阳市获省级及以上表彰（表扬）的单位一览表**

获奖单位	获奖称号	发文单位	文号（证书）	发文（表彰 / 表扬）时间	备注
简阳市	2019 年信访工作“三无”县（市、区）	国家信访局	国信办发〔2020〕7 号	2020.5.14	
简阳市教育局	全国读书活动组织优秀奖	国家青少年爱国主义读书教育活动组委会	全组委文字〔2020〕7 号	2020.6	
简阳市卫生健康局	2020 年度《人口与健康》杂志宣传工作优秀单位	国家卫生健康委员会人口与健康杂志社	证书	2020.7.1	
简阳市妇幼保健院	第一届“妇幼药学知识与技能大赛”四川省一等奖	中国妇幼保健协会药事管理专业委员会		2020.9	奖状
简阳市妇幼保健院	第一届“妇幼药学知识与技能大赛”华南西南区域赛一等奖	中国妇幼保健协会药事管理专业委员会		2020.9	奖状
简阳市	全国农村承包地确权登记颁证工作典型地区	中央农村工作领导小组办公室、农业农村部	中农发〔2020〕12 号	2020.10.19	
中共简阳市委宣传部	2020“新时代乡村阅读季”之“我爱阅读 100 天”活动“全国百强”	中共中央宣传部印刷发行局、农业农村部农村社会事业促进司	无	2020.10	
简阳市文化体育和旅游局	2020 年全国第六届柔力球柔乐球网络视频比赛柔力球中级组一等奖	2020 年全国第六届柔力球柔乐球网络视频比赛组委会	奖状	2020.10	
国家税务总局简阳市税务局	全国文明单位（继续保留）	中央精神文明建设指导委员会	文明委〔2020〕9 号	2020.11.20	
简阳市人民医院	第六届全国文明单位	中央精神文明建设指导委员会	文明委〔2020〕8 号	2020.11.20	
杨丽家庭	第三届全国文明家庭	中央精神文明建设指导委员会	文明委〔2020〕8 号	2020.11.20	
简阳市河长制办公室、简阳市水务局	第二届“守护美丽河湖—争创示范河湖”全国短视频公益大赛优秀奖	水利部宣传教育中心	证书	2020.11.25	
简阳市农业农村局	全国农村固定观测点县级优秀主管部门	中共中央政策研究室、农业农村部农村固定观测点办公室	农调办〔2020〕15 号	2020.12.2	

续表85

获奖单位	获奖称号	发文单位	文号（证书）	发文（表彰／表扬）时间	备注
简阳市老年大学	2020年全国“敬老文明号”	国家卫生健康委员会、全国老龄工作委员会办公室		2020.12.14	网站公布
中共简阳市纪律检查委员会简阳市监察委员会宣传部	2020年度学刊用刊工作先进单位	中国纪检监察杂志社	无	2020.9.25	
简阳市妇幼保健院	第一届全国妇幼药学知识技能大赛“优胜奖”	中国妇幼保健协会		2020.12	证书
简阳市	2018—2020周期国家卫生城市（区）	全国爱国卫生运动委员会	全爱卫发〔2021〕2号	2021.1.12	
简阳市平泉街道荷桥村、简阳市贾家街道菠萝村	2019年度四川省实施乡村振兴战略工作示范村	中共四川省委、四川省人民政府	奖牌	2020.3.27	
简阳市	四川省双拥模范城	中共四川省委、四川省人民政府、中国人民解放军四川省军区	川委〔2020〕148号	2020.4.11	
简阳市	2019年脱贫攻坚先进县（市、区）	中共四川省委、四川省人民政府	川委〔2020〕279号	2020.5.18	
中共简阳市委城乡社区发展治理委员会、简阳市妇女联合会	2019年脱贫攻坚“五个一”帮扶先进集体	中共四川省委、四川省人民政府	川委〔2020〕279号	2020.5.18	
简阳市人民医院	四川省抗击新冠肺炎疫情先进集体	中共四川省委、四川省人民政府	牌匾	2020.11	
简阳市卫生健康局	四川省文明单位	四川省精神文明建设委员会	证书	2020.12	
简阳市人民检察院	四川省最佳文明单位	四川省精神文明建设委员会	川文明委〔2020〕19号	2020.12.29	
徐刚家庭	四川省文明家庭	四川省精神文明建设委员会	川文明委〔2020〕19号	2020.12.29	
简阳市公安局	成都市文明单位	成都市精神文明建设委员会	成文明委发〔2019〕8号	2020.1.3	

续表85

获奖单位	获奖称号	发文单位	文号（证书）	发文（表彰 / 表扬）时间	备注
简阳市	2019年度全市农民增收工作先进区（市）县	中共成都市委办公厅、成都市人民政府办公厅	成委厅〔2020〕24号	2020.3.19	
简阳市信访局	中华人民共和国成立70周年大庆安保维稳信访工作中表现突出的公务员集体（记三等功）	中共成都市委、成都市人民政府	成委〔2020〕181号	2020.6.8	
简阳市东溪街道、简阳市平泉街道、简阳市交通运输局、简阳市公安局网安大队、简阳市应急管理局	中华人民共和国成立70周年大庆安保维稳信访工作中表现突出的公务员集体（嘉奖）	中共成都市委、成都市人民政府	成委〔2020〕181号	2020.6.8	
简阳市人民政府征兵办公室	成都市征兵工作先进基层单位	成都市人民政府	成府函〔2020〕71号	2020.9.7	
简阳市文化体育和旅游局	成都市第十四届体育道德风尚奖	成都市运会组委会	奖状	2020.7	
简阳市卫生健康局	成都市先进基层党组织	中共成都市委	奖牌	2020.11	
简阳市杨家镇党委、简阳市石桥街道党工委	成都市防汛救灾先进基层党组织	中共成都市委	成委〔2020〕427号	2020.12.2	
简阳市政府、简阳市射洪坝街道办事处、简阳市石桥街道办事处、简阳港华燃气有限公司	成都市2019年安全生产先进集体	成都市人民政府	成府函〔2020〕69号	2020.9.1	
简阳市政府、简阳市新市街道办事处、简阳市旭海物业管理有限公司	成都市2019年消防工作先进单位	成都市人民政府	成府函〔2020〕69号	2020.9.1	

续表85

获奖单位	获奖称号	发文单位	文号（证书）	发文（表彰／表扬）时间	备注
简阳市疾病预防控制中心、简阳市中医医院、简阳市卫生健康局党委、简阳市委城乡社区发展治理委员会、简阳市公安局特警大队、简阳市简城街道办事处	成都市抗击新冠肺炎疫情先进集体	中共成都市委、成都市人民政府	成委〔2020〕425 号	2020.11.30	
中共简阳市委社治委	2020 年成都市模范单位	中共成都市委、成都市人民政府	成委〔2020〕492 号	2020.12.30	
简阳市农业农村局	2020 年度成都建设全面体现新发展理念的城市改革创新先进集体	中共成都市委、成都市人民政府	成委〔2020〕491 号	2020.12.30	
简阳市平泉街道	四川省安全社区（2020—2022）	四川省安全生产委员会	奖牌	2020.1	2017 年验收，2020 年复评
简阳市教育局	第三届四川省学生武术套路锦标赛中学组团体总分一等奖	四川省精神文明建设办公室、四川省教育厅、四川省体育局	证书	2020.1	
简阳市信访局	四川省2019年“人民满意窗口”	四川省信访局	川信发〔2020〕1 号	2020.2.14	
简阳市公安局特警大队	2019 年度全省公安机关“最强支部”	中共四川省公安厅委员会	川公委〔2020〕19 号	2020.2.28	
简阳市	2019 年度农机安全监管工作先进单位	四川省农业农村厅	川农函〔2020〕82 号	2020.2.10	
简阳市养马街道、简阳市东溪街道（建成），简阳市简城街道、简阳市射洪坝街道、简阳市杨家镇（复评）	四川省安全社区	四川省安全生产委员会	川安委〔2020〕4 号	2020.3.13	
简阳市信访局	2019 年度《社情与民意》“优秀通联单位”	四川省信访局	川信发〔2020〕3 号	2020.3.10	

续表85

获奖单位	获奖称号	发文单位	文号（证书）	发文（表彰 / 表扬）时间	备注
简阳市水务局	2019 年度四川省水利脱贫攻坚先进单位	四川省水利厅	川水函〔2020〕548 号	2020.5.9	
简阳市司法局射洪坝司法所、简阳市司法局青龙司法所	省级规范化司法所	四川省司法厅	川司法发〔2020〕66 号	2020.5.8	
中共简阳市律师行业委员会	四川省律师行业新冠肺炎疫情防控先进单位	中共四川省律师行业委员会	川律行党委〔2020〕11 号	2020.3.25	
简阳市文化体育和旅游局	全省文化市场十大案件（查处擅自拆除文物案）	四川省文化和旅游厅	成文广旅发〔2020〕73 号转发文件	2020.5.26	
四川瑞能律师事务所党支部	四川省律师行业党建标准化律师事务所党组织	中共四川省律师行业委员会	川律行党委〔2020〕27 号	2020.6.28	
简阳市文化体育和旅游局	四川省广播电视基本公共服务标准化试点工作单位	四川省广播电视局	川广发〔2020〕32 号	2020.7	
简阳市关心下一代工作委员会	四川省关心下一代宣传工作先进集体	四川省关心下一代工作委员会	荣誉证书	2020.9	
简阳市公安局出入境大队	2020 全省公安出入境三星窗口	四川省公安厅	公安网网发	2020.11.13	
国家税务总局简阳市税务局	档案工作规范化管理省一级	四川省档案局	《档案工作规范化管理证书》（证书编号：202001003）	2020.11.19	
简阳市文化体育和旅游局	四川省第 33 届老年门球比赛体育道德风尚奖	四川省第 33 届老年门球比赛组委会	奖状	2020.11	
简阳市简城街道	2020 年度《四川日报》全媒体“问政四川”网民留言办理工作奋进单位	中共四川省委网络安全和信息化委员会办公室	奖牌	2020.12	
简阳市强制隔离戒毒所	四川省安全文明监所	四川省公安厅	川公传发〔2020〕2121 号	2020.12.15	
简阳市	2020 年全省农村经营管理工作突出单位	四川省农业农村厅		2020.12.21	关于 2020 年全省农村经营管理工作情况的通报

续表85

获奖单位	获奖称号	发文单位	文号（证书）	发文（表彰/表扬）时间	备注
简阳市妇幼保健院	2020年四川省妇幼临床检验室间质评优秀质量奖	四川省妇幼临床检验质量控制中心	川妇幼检中心发〔2020〕5号	2020.12.22	
简阳市	2020年度四川省农作物病虫害监测预警工作优秀单位、2020年度四川省绿色植保示范县工作优秀单位、2020年度四川省政府购买植保病虫灾害防治公共服务工作优秀单位	四川省农业农村厅		2020.12.25	四川省农业农村厅关于2020年度四川省植物保护工作绩效考核情况的通报
简阳市农业农村局	2020年县级畜牧统计监测工作突出单位	四川省农业农村厅		2020.12.28	关于2020年度全省农业（畜牧、农情）统计监测工作情况的通报
简阳市供销合作社联合社	2020年度财会工作成绩突出单位、2020年度信息宣传成绩突出单位	四川省供销合作社联合社	川供社〔2021〕20号	2021.1.28	
简阳市供销合作社联合社	2020年度监事会工作成绩突出单位	四川省供销合作社联合社	川供社〔2021〕20号	2021.1.28	

说明：统计成都市委、市政府、市人大、市政协，省级部门及以上表彰（表扬）情况

表 86

2020年简阳市纳税大户一览表

序号	纳税人名称	纳税额（万元）	所属行业
1	唯品会（简阳）电子商务有限公司	27995	批发和零售业
2	四川简阳农村商业银行股份有限公司	21647	金融业
3	四川雄州实业有限责任公司	21462	租赁和商务服务业
4	四川省精华房地产开发有限公司	20723	房地产业
5	简阳市土地储备中心	17041	房地产业
6	四川省诚卓房地产开发有限公司	11275	房地产业
7	简阳荣盛均益投资开发有限公司	8157	建筑业
8	四川万安三峰置业有限公司	8042	房地产业
9	四川海之雁贸易有限公司	7508	批发和零售业
10	四川省简阳市红塔房地产开发公司	7463	房地产业
11	简阳市海捞餐饮管理有限公司	5965	住宿和餐饮业
12	简阳市喜和悦房地产开发有限责任公司	5841	房地产业
13	简阳亿联置业发展有限公司	5342	房地产业
14	简阳市佰盛房地产开发有限公司	5246	房地产业
15	成都中弘信置业有限公司	4545	房地产业
16	成都碧贤置业有限公司	4371	房地产业
17	四川新派餐饮管理有限公司	4097	租赁和商务服务业
18	四川通汇建筑工程有限公司	3756	建筑业
19	四川德源房地产开发有限公司	3262	房地产业
20	成都凯安置业有限公司	3228	房地产业
21	成都晖江置业有限公司	3168	房地产业
22	成都和谦房地产开发有限公司	3075	房地产业
23	颐海（成都）食品有限公司	3049	制造业
24	简阳攸住房地产开发有限责任公司	3022	房地产业
25	四川南格尔生物科技有限公司	2993	科学研究和技术服务业
26	四川凯力威科技股份有限公司	2842	制造业
27	简阳天慧置业有限公司	2788	房地产业
28	四川国光农资有限公司	2613	批发和零售业
29	帝欧家居股份有限公司	2600	制造业
30	简阳市水务投资发展有限公司	2569	电力、热力、燃气及水生产和供应业
31	简阳市金控投资有限公司	2484	租赁和商务服务业
32	简阳市实业建筑工程有限公司	2159	建筑业
33	简阳港华燃气有限公司	2096	电力、热力、燃气及水生产和供应业
34	简阳嘉美印铁制罐有限公司	2083	制造业
35	四川港通医疗设备集团股份有限公司	1919	制造业

续表86

序号	纳税人名称	纳税额（万元）	所属行业
36	四川空分设备（集团）有限责任公司	1915	制造业
37	四川新开元制药有限公司	1670	制造业
38	简阳海天水务有限公司	1612	电力、热力、燃气及水生产和供应业
39	四川众生跃劳务有限公司简阳分公司	1601	建筑业
40	四川润尔科技有限公司	1577	制造业
41	四川金地城房地产开发有限公司	1559	房地产业
42	四川鑫源建筑工程有限公司	1514	建筑业
43	简阳市京新房地产开发有限公司	1500	房地产业
44	四川荟储房地产开发有限责任公司	1472	房地产业
45	中国农业银行股份有限公司简阳市支行	1456	金融业
46	简阳蜀弘实业有限责任公司	1443	建筑业
47	四川派安建材有限公司	1442	制造业
48	四川龙阳天府新区建设投资有限公司	1333	租赁和商务服务业
49	牡丹江市新大陆经贸有限责任公司简阳分公司	1305	批发和零售业
50	四川香榕源食品有限公司	1294	批发和零售业
51	简阳市恒益商混有限公司	1247	制造业
52	简阳市君晟睿混凝土有限公司	1235	制造业
53	中国太平洋财产保险股份有限公司简阳支公司	1221	金融业
54	四川省第一建筑工程有限公司	1118	建筑业
55	四川省优佳房地产开发有限公司	1084	房地产业
56	中国人民财产保险股份有限公司简阳支公司	1063	金融业
57	中国建设银行股份有限公司简阳支行	1053	金融业
58	简阳市佳昊商品混凝土有限责任公司	1051	制造业
59	四川简阳能投建工发展有限公司	1051	建筑业
60	四川雄洲建设集团有限公司	1033	建筑业
61	国网四川省电力公司成都市东部新区供电分公司	1010	电力、热力、燃气及水生产和供应业
62	中国工商银行股份有限公司简阳支行	1010	金融业
63	简阳精涛混凝土有限公司	1008	制造业
64	四川阳安交通投资有限公司	969	租赁和商务服务业
65	成都建工科技有限公司	955	制造业
66	国网四川省电力公司简阳市简州供电分公司	925	电力、热力、燃气及水生产和供应业
67	四川川空低温设备有限公司	913	制造业
68	四川信德药业有限公司	913	批发和零售业
69	简阳市人民医院	894	卫生和社会工作
70	四川双实建筑新材料有限公司	804	制造业

续表86

序号	纳税人名称	纳税额（万元）	所属行业
71	四川阳安东进建材有限公司	758	批发和零售业
72	成都银行股份有限公司成都简阳支行	753	金融业
73	成都市艾德易达商贸有限公司	752	批发和零售业
74	四川通汇房地产开发有限公司	752	房地产业
75	成都兴赫房地产开发有限公司	716	房地产业
76	四川简阳宏力机械有限责任公司	704	制造业
77	成都成房城市更新发展有限公司	702	科学研究和技术服务业
78	简阳市亿晟房地产开发有限公司	699	房地产业
79	成都惠厘诚房地产营销有限公司	694	房地产业
80	简阳市鸿和福建设发展有限公司	691	房地产业
81	四川空分低温工程安装有限公司	684	建筑业
82	中国平安财产保险股份有限公司四川分公司简阳营销服务部	667	金融业
83	中铁北京工程局集团有限公司	652	建筑业
84	四川省都江堰龙泉山灌区管理处建筑工程公司	617	建筑业
85	简阳蜀能天然气有限公司	611	电力、热力、燃气及水生产和供应业
86	中建新疆建工（集团）有限公司	591	建筑业
87	成都建工集团有限公司简阳分公司	587	建筑业
88	四川辅正药业股份有限公司	586	制造业
89	四川省简阳市鸿擎贸易有限公司	577	批发和零售业
90	四川天虎建筑工程咨询有限公司	573	租赁和商务服务业
91	中国银行股份有限公司简阳支行	569	金融业
92	中航城乡建设（深圳）有限公司	563	建筑业
93	简阳市石桥镇建强建材有限公司	562	制造业
94	简阳嘉欣瑞恒投资开发有限公司	557	房地产业
95	成都农村商业银行股份有限公司简阳支行	554	金融业
96	简阳市鸿琛建设工程有限公司	548	建筑业
97	简阳市五雄建材有限公司	545	制造业
98	四川华冠食品有限公司	541	制造业
99	四川展凰建筑材料有限公司	523	批发和零售业
100	四川天成置业有限责任公司简阳分公司	523	房地产业
101	四川宏鑫吉物资有限公司	512	批发和零售业
102	遂宁银行股份有限公司成都简阳支行	510	金融业
103	简阳市南方建筑工程有限公司	509	建筑业
104	简阳市洪成腾达建材有限公司	503	批发和零售业

说明：市税务局提供

表 87

2020 年简阳市辖区医疗机构一览表

医疗机构名称	地址	医院等级	实有床位（张）	经济类型	性质（营利性／非营利性、政府办／非政府办）
简阳市人民医院	简阳市医院路 196 号	三级甲等综合医院	1600	全民	非营利性（政府办）
简阳市中医医院	简阳市雄州大道南段 421 号	三级甲等中医医院	950	全民	非营利性（政府办）
简阳市妇幼保健院	简阳市雄州大道南段 868 号	三级乙等妇幼保健院	189	全民	非营利性（政府办）
简阳市疾病预防控制中心	简阳市建设东路	二级甲等疾控机构	0	全民	非营利性（政府办）
简阳市禾丰中心卫生院	简阳市禾丰镇裕民街 338 号	二级乙等综合医院	188	全民	非营利性（政府办）
简阳市云龙中心卫生院	简阳市云龙镇文化路 89 号（原 41 号）及云西街 13 号	一级甲等综合医院	200	全民	非营利性（政府办）
简阳市红十字平泉中心卫生院	简阳市平泉街道堤坝街 148 号	一级甲等综合医院	100	全民	非营利性（政府办）
简阳市镇金中心卫生院	简阳市镇金镇金桥新街 213 号	一级甲等综合医院	111	全民	非营利性（政府办）
简阳市三星中心卫生院	简阳市三星镇祠堂街 1 号	一级甲等综合医院	130	全民	非营利性（政府办）
简阳市精神病医院	简阳市青龙镇建设路 134 号	无等级	260	全民	非营利性（政府办）
简阳市东溪中心卫生院	简阳市东溪大道 403 号附 30 号	无等级	99	全民	非营利性（政府办）
简阳市石桥中心卫生院	简阳市石桥街道石桥大街 92 号	一级甲等	88	全民	非营利性（政府办）
简阳市新市中心卫生院	简阳市新市街道新达街 516 号	一级甲等	40	全民	非营利性（政府办）
简阳市城东社区卫生服务中心	简阳市射洪坝街道筒车路 105 号	无等级	20	全民	非营利性（政府办）
简阳市城南社区卫生服务中心	简阳市简城街道农兴街 7 号	一级甲等	18	全民	非营利性（政府办）
简阳市城北社区卫生服务中心	简阳市简城街道红建路北段 284~302 号	无等级	24	全民	非营利性（政府办）
简阳市简城中心卫生所	简阳市简城街道正中街 48~50 号	无等级	0	全民	非营利性（政府办）

续表87

医疗机构名称	地址	医院等级	实有床位（张）	经济类型	性质（营利性/非营利性、政府办/非政府办）
简阳市太平桥镇卫生院	简阳市赤水街道太平桥平桥街45号	无等级	70	全民	非营利性（政府办）
简阳市三合镇卫生院	简阳市三合镇南街118号	无等级	46	全民	非营利性（政府办）
简阳市平武镇卫生院	简阳市平武镇胡家街143号	无等级	30	全民	非营利性（政府办）
简阳市普安乡卫生院	简阳市禾丰镇普安新街1号	无等级	30	全民	非营利性（政府办）
简阳市施家镇卫生院	简阳市施家镇施乐路274号	无等级	30	全民	非营利性（政府办）
简阳市五星乡卫生院	简阳市平泉街道五星合兴街70号	无等级	40	全民	非营利性（政府办）
简阳市飞龙乡卫生院	简阳市平泉街道飞龙回龙街20号	无等级	15	全民	非营利性（政府办）
简阳市安乐乡卫生院	简阳市施家镇安乐梨园街27号	无等级	50	全民	非营利性（政府办）
简阳市老龙乡卫生院	简阳市镇金镇老龙堰坪街192号	无等级	20	全民	非营利性（政府办）
简阳市望水乡卫生院	简阳市雷家镇望水顺河街104号	一级乙等	15	全民	非营利性（政府办）
简阳市雷家乡卫生院	简阳市雷家镇永兴街76号	无等级	40	全民	非营利性（政府办）
简阳市江源镇卫生院	简阳市江源镇新场街14号	无等级	50	全民	非营利性（政府办）
简阳市永宁乡卫生院	简阳市江源镇永宁自力街2号	无等级	35	全民	非营利性（政府办）
简阳市涌泉镇卫生院	简阳市涌泉镇泉井街159号	一级乙等	40	全民	非营利性（政府办）
简阳市平息乡卫生院	简阳市施家镇平息东街72号	一级乙等	66	全民	非营利性（政府办）
简阳市金马镇卫生院	简阳市云龙镇金马马庙街131号	无等级	20	全民	非营利性（政府办）
简阳市五合乡卫生院	简阳市云龙镇五合和平街146号	无等级	45	全民	非营利性（政府办）

续表87

医疗机构名称	地址	医院等级	实有床位（张）	经济类型	性质（营利性/非营利性、政府办/非政府办）
简阳市踏水镇卫生院	简阳市踏水镇中心街52号	无等级	55	全民	非营利性（政府办）
简阳市宏缘乡卫生院	简阳市宏缘镇渡口街87号	无等级	27	全民	非营利性（政府办）
简阳市新星乡卫生院	简阳市三星镇新星月亮街39号	无等级	50	全民	非营利性（政府办）
简阳市同合乡卫生院	简阳市三星镇同合三座桥北街19号	无等级	38	全民	非营利性（政府办）
简阳市石钟镇卫生院	简阳市石钟镇龙颈街46号	无等级	40	全民	非营利性（政府办）
简阳市平窝乡卫生院	简阳市石钟镇平窝西街25号	无等级	30	全民	非营利性（政府办）
简阳市城西社区卫生服务中心	简阳市建设中路239号	无等级	10	全民	非营利性（政府办）
简阳空分医院	简阳市建设中路239号	二级甲等	355	股份制	营利性（非政府办）
简阳玛莉亚妇产医院	简阳市广场路38号	二级乙等	130	股份制	非营利性（非政府办）
简阳北门医院	简阳市简城街道北街19号	一级甲等	110	股份制	非营利性（非政府办）
简阳绛溪医院	简阳市简城街道安象街安西巷9号	无等级	70	股份制	非营利性（非政府办）
简阳国康医院	简阳市建设西路中段298号	一级甲等	71	股份制	非营利性（非政府办）
简阳仁和医院	简阳市简城街道农兴街192号	无等级	90	股份制	非营利性（非政府办）
简阳金玉医院	简阳市施家镇金玉街1号	无等级	10	私人	非营利性（非政府办）
家乐康复医院	简阳市简城街道中心村5社	无等级	400	私人	非营利性（非政府办）
简阳兴新雄州口腔医院	简阳市射洪路南段74号	无等级	0	股份制	非营利性（非政府办）

说明：市卫健局提供，不含成都东部新区

索 引

编制说明

一、本索引为《简阳年鉴（2021）》的内容分析索引。通过本索引所选的主题词条，可以对具有独立检索意义的完整资料进行检索。

二、本索引按汉语拼音字母（同音字按声调）顺序排列。索引词条用宋体字标明。数字表示该词条内容所在页码，后面的拉丁字母（a、b）表示栏别（从左到右）。

三、内文中的“大事记”“文献·法规·文件”类目，以及随文照片和彩色图片未做索引。

A

B

C

D

F

G

J

K

L

M

N

P

Q

R

S

T

W

X

Y